Wolls Lehr- und Handbücher der Wirtschafts- und Sozialwissenschaften

Herausgegeben von
Universitätsprofessor Professor h. c. Dr. Dr. h. c. Artur Woll

Bisher erschienene Werke:

Aberle, Transportwirtschaft, 3. A.
Anderegg, Agrarpolitik
Assenmacher, Konjunkturtheorie, 8. A.
Barro, Makroökonomie, 3. A.
Barro · Grilli, Makroökonomie – Europäische Perspektive
Barro · Sala-i-Martin, Wirtschaftswachstum
Blum, Volkswirtschaftslehre, 3. A.
Branson, Makroökonomie, 4. A.
Bretschger, Wachstumstheorie, 2. A.
Brinkmann, Einführung in die Arbeitsökonomik
Brösse, Industriepolitik, 2. A.
Büschges · Abraham · Funk, Grundzüge der Soziologie, 3. A.
Cezanne, Allgemeine Volkswirtschaftslehre, 5. A.
Fischer · Wiswede, Grundlagen der Sozialpsychologie, 2. A.
Glastetter, Außenwirtschaftspolitik, 3. A.
Leydold, Mathematik für Ökonomen, 2. A.
Müller, Angewandte Makroökonomik
Rosen · Windisch, Finanzwissenschaft I
Rush, Übungsbuch zu Barro, Makroökonomie, 3. A.
Sachs · Larrain, Makroökonomik – in globaler Sicht
Schneider, Grundlagen der Volkswirtschaftslehre, 3. A.
Tirole, Industrieökonomik, 2. A.
Varian, Mikroökonomie, 3. A.
Wachtel, Makroökonomik
Wacker · Blank, Ressourcenökonomik I
Wacker · Blank, Ressourcenökonomik II
Wohltmann, Grundzüge der makroökonomischen Theorie, 3. A.

Allgemeine Volkswirtschaftslehre

Von
Universitätsprofessor
Dr. Wolfgang Cezanne

Fünfte, unwesentlich veränderte Auflage

R. Oldenbourg Verlag München Wien

Die Deutsche Bibliothek - CIP-Einheitsaufnahme

Cezanne, Wolfgang:
Allgemeine Volkswirtschaftslehre / von Wolfgang Cezanne. – 5.,
unwes. veränd. Aufl. – München ; Wien : Oldenbourg, 2002
  (Wolls Lehr- und Handbücher der Wirtschafts- und
  Sozialwissenschaften)
  ISBN 3-486-25984-9

© 2002 Oldenbourg Wissenschaftsverlag GmbH
Rosenheimer Straße 145, D-81671 München
Telefon: (089) 45051-0
www.oldenbourg-verlag.de

Das Werk einschließlich aller Abbildungen ist urheberrechtlich geschützt. Jede Verwertung außerhalb der Grenzen des Urheberrechtsgesetzes ist ohne Zustimmung des Verlages unzulässig und strafbar. Das gilt insbesondere für Vervielfältigungen, Übersetzungen, Mikroverfilmungen und die Einspeicherung und Bearbeitung in elektronischen Systemen.

Gedruckt auf säure- und chlorfreiem Papier
Druck: R. Oldenbourg Graphische Betriebe Druckerei GmbH

ISBN 3-486-25984-9

Vorwort zur vierten und fünften Auflage

In der vierten Auflage wurden hauptsächlich folgende Überarbeitungen vorgenommen:
- Im 9. Kapitel (Volkswirtschaftliches Rechnungswesen) sind die quantitativen Angaben zur wirtschaftlichen Entwicklung in Deutschland aktualisiert worden.
- Im 14. Kapitel (Geld und Kredit) sind die Änderungen berücksichtigt worden, die sich durch die Übertragung der Zuständigkeit für die Geldpolitik auf das Europäische System der Zentralbanken am 1. Januar 1999 für die Geldpolitik der Deutschen Bundesbank ergeben.
- Im 23. Kapitel (Wechselkursentwicklung und internationale Währungspolitik) ist die seit dem 1. Januar 1999 bestehende Europäische Währungsunion eingearbeitet worden.

Daneben wurden Druckfehler und ungenaue Formulierungen behoben und an verschiedenen Stellen Zahlenangaben aktualisiert.

Wegen der guten Aufnahme der vierten Auflage konnte ich mich in der fünften Auflage darauf beschränken, den gesamten Text kritisch durchzusehen.

Wolfgang Cezanne

Vorwort zur ersten Auflage

Dieses Buch ist unter der täglichen Herausforderung sehr unterschiedlicher Lehrveranstaltungen entstanden. Ich habe in zahlreichen Vorlesungen, Seminaren und Vorträgen zu volkswirtschaftlichen Themen die Erfahrung gemacht, daß zwar regelmäßig ein ausgeprägtes Interesse an wirtschaftlichen Fragestellungen vorhanden ist, daß dieses Interesse jedoch nicht selten mit verwunderlichen Vorurteilen und einer gewissen Unkenntnis über wirtschaftliche Zusammenhänge, ja selbst über schlichte Fakten des Wirtschaftslebens gepaart ist.

Aus diesen Erfahrungen ergeben sich die Ziele, die mit dem Buch verfolgt werden. Das Buch soll bei dem Leser zur Klärung von drei Fragen beitragen:
- Was ist Soziale Marktwirtschaft?
- Was ist und wie funktioniert der Markt?
- Wozu ist wieviel von welcher Art von Staat notwendig?

Erstens informiert das Buch über quantitative und institutionelle Fakten der Wirtschaftsordnung der Sozialen Marktwirtschaft in Deutschland.

Zweitens behandelt das Buch die Funktionsweise von Märkten. Wirtschaftsgeschehen ist Marktgeschehen, auch wenn sich die Märkte im Ungleichgewicht befinden, und auch wenn der Staat auf den Märkten interveniert.

Drittens behandelt das Buch die Rolle des Staates in der Marktwirtschaft. Staatliche Regulierungen sind im Fall von Marktmängeln notwendig und nützlich. Aber die Frage ist, in welchen Bereichen dies konkret der Fall ist, und wie die staatliche Regulierung sinnvoll zu organisieren ist. Viele Eingriffe des Staates in das Wirtschaftsgeschehen haben faktisch mehr Nachteile als Vorteile, da sie nicht notwendig und/oder falsch organisiert sind.

Die Gliederung des Stoffes folgt bewährten Grundsätzen. Das Buch besteht aus den vier Teilen Einführung, Mikroökonomik, Makroökonomik und Außenwirtschaft. Eine Besonderheit ist, daß unter Verzicht auf methodische Überlegungen bereits in der Einführung ein vollständiger Überblick über das Fach gegeben wird. Diese Einführung richtet sich an diejenigen, die sich kurz und knapp informieren wollen, worum es geht. Im zweiten Teil werden Grundzüge der Mikroökonomik behandelt. Im Zentrum stehen die Funktionsweise und die Mängel des Marktmechanismus und die sich daraus ergebende Rolle des Staates in der Marktwirtschaft. Im dritten Teil werden Grundzüge der Makroökonomik behandelt. Es geht um gesamtwirtschaftliche Zusammenhänge und die Möglichkeiten und Grenzen der Einkommens-, Geld- und Fiskalpolitik. Im vierten Teil werden die Besonderheiten behandelt, die sich aus der wirtschaftlichen Verflechtung der Volkswirtschaft mit dem Ausland ergeben.

Die vier Teile können jeweils für sich gelesen werden. Das gilt auch für die einzelnen Kapitel. Diese Methode der Darstellung bringt gewisse Wiederholungen mit sich, von denen bewußt als didaktisches Hilfsmittel Gebrauch gemacht wird. Die Kapitel sind zu Beginn jeweils möglichst einfach gehalten und führen sukzessive zu komplizierteren Fragestellungen. Es kann im Prinzip vor Beendigung eines Kapitels zu einem nächsten Kapitel gewechselt werden, ohne daß der Anschluß verlorengeht. Vorrangig behandelt werden die trotz aller Meinungsverschiedenheiten im Fach zahlreich vorhandenen unstrittigen Tatbestände. Strittige Positionen werden nicht lediglich unkommentiert nebeneinander gestellt, sondern es wird versucht, die konsensfähigen Schnittmengen herauszuarbeiten, die trotz aller Unterschiedlichkeiten im theoretischen Detail ebenfalls zahlreich vorhanden sind.

Das Buch ist für jeden Menschen geschrieben, der sich für Wirtschaft interessiert, und der lesen, rechnen und schreiben kann. Das Buch kann an Hochschulen – insbesondere im Grundstudium – verwendet werden, aber auch an anderen Bildungseinrichtungen, wo ein Überblick ohne Tiefgang gewünscht ist.

Bei der Fertigstellung des Buches sind bei mir einige Dankesschulden entstanden. Der erste Teil ist eine überarbeitete und ergänzte Fassung von Teilen eines einführenden Lehrbuchs zur Volkswirtschaftslehre, welches aus einer fruchtbaren Zusammenarbeit mit Herrn Professor Dr. Jürgen Franke stammt und im gleichen Verlag veröffentlicht ist. Wertvolle Unterstützung bis hin zu ausformulierten Entwürfen erhielt ich von Frau Diplom-Volkswirt Gesa Bruno-Latocha zu dem 14. Kapitel, von Herrn Diplom-Volkswirt Oliver Perschau zu dem 10. und 16. Kapitel, von Herrn Diplom-Kaufmann Oliver Bathe zu dem 19. Kapitel und von Herrn Diplom-Volkswirt Sung-Hoon Park zu dem 20. Kapitel. Einige Studierende, die an meinen Lehrveranstaltungen im SS 1990 an der TU Berlin teilnahmen, haben in höchst uneigennütziger Weise Regressionsrechnungen zu den makroökonomischen Verhaltensfunktionen durchgeführt. Herr stud. rer. oec. Marcus Kruber und Herr Diplom-Volkswirt Sung-Hoon Park haben wertvolle Hilfe bei der Anfertigung von Schaubildern und Zeichnungen geleistet. Die Herren Diplom-Kaufmann Oliver Bathe, Diplom-Volkswirt Stefan Bülow und Diplom-Volkswirt Sung-Hoon Park haben Teile des Buches kritisch gelesen und mit mir diskutiert, und haben mich beim Korrekturlesen und beim Anfertigen des Stichwortverzeichnisses tatkräftig unterstützt. Ihnen allen sei herzlich gedankt.

Wolfgang Cezanne

Inhaltsübersicht

Vorwort V

1. Teil: Einführung 1
  1. Kapitel: Ökonomische Grundprobleme jeder Gesellschaft 2
  2. Kapitel: Marktwirtschaft versus Planwirtschaft – Die beiden Lösungsversuche für die ökonomischen Grundprobleme 19
  3. Kapitel: Die Rolle des Staates in der Marktwirtschaft – Grundzüge der Wirtschaftspolitik 43

2. Teil: Mikroökonomik 81
  4. Kapitel: Güternachfrage und Faktorangebot des privaten Haushalts – Grundzüge der Haushaltstheorie 82
  5. Kapitel: Güterangebot und Faktornachfrage der Unternehmung – Grundzüge der Unternehmenstheorie 109
  6. Kapitel: Marktformen und Produktpreisbildung – Grundzüge der Preistheorie 151
  7. Kapitel: Preisbildung auf Faktormärkten 184
  8. Kapitel: Markt und Staat – Wohlfahrtsökonomik, Allokationstheorie und die Rolle des Staates in der Marktwirtschaft . . . 198

3. Teil: Makroökonomik 235
  9. Kapitel: Volkswirtschaftliches Rechnungswesen 236
 10. Kapitel: Gesamtwirtschaftliche Nachfrage 289
 11. Kapitel: Keynesianische Makroökonomik – Die Bedeutung der Nachfrage für Realeinkommen und Produktion 314
 12. Kapitel: Produktion, Beschäftigung und Preisniveau – Das makroökonomische Standard-Modell 340
 13. Kapitel: Makroökonomische Lehrmeinungen 373
 14. Kapitel: Geld und Kredit 390
 15. Kapitel: Inflation 428
 16. Kapitel: Das Problem der Staatsverschuldung 446
 17. Kapitel: Konjunktur 463
 18. Kapitel: Wachstum 495
 19. Kapitel: Einkommensverteilung 525

4. Teil: Außenwirtschaft 547
 20. Kapitel: Internationaler Handel 548
 21. Kapitel: Zahlungsbilanz und Zahlungsbilanzausgleich 568
 22. Kapitel: Makroökonomik der offenen Volkswirtschaft 591
 23. Kapitel: Wechselkursentwicklung und internationale Währungspolitik 616

Literaturverzeichnis 643
Symbolverzeichnis 655
Abbildungsverzeichnis 659

Kontenverzeichnis 663
Schaubilderverzeichnis 664
Tabellenverzeichnis 665
Stichwortverzeichnis 667

Inhaltsverzeichnis

Vorwort V

1. Teil: Einführung 1

1. Kapitel: Ökonomische Grundprobleme jeder Gesellschaft 2
I. Knappheit 2
II. Produktion 3
III. Wirtschaftliche Entscheidungen 6
  1. Produktionsstruktur 6
  2. Faktorallokation 7
  3. Faktoreinsatzmengen 9
IV. Arbeitsteilung und Tausch 9
V. Probleme der arbeitsteiligen Wirtschaft 12
  1. Lenkung und Koordinierung 12
  2. Verteilung 13
    a. Verteilung, Diskriminierung und Knappheit 13
    b. Verteilungsverfahren 13
      (1) Bedarfsgerechtigkeit 13
      (2) Leistungsgerechtigkeit 14
    c. Zurechnungsproblematik 15
  3. Konjunkturschwankungen 16
VI. Zusammenfassung 18

2. Kapitel: Marktwirtschaft versus Planwirtschaft – Die beiden Lösungsversuche für die ökonomischen Grundprobleme 19
I. Freie Marktwirtschaft 19
1. Funktionsweise des Marktmechanismus 19
  a. Märkte, Marktteilnehmer und Kreislauf 19
  b. Nachfrage und Angebot 20
    (1) Die Nachfrager 20
    (2) Die Anbieter 21
  c. Der Marktmechanismus als Lösung der ökonomischen Grundprobleme 22
    (1) Koordinierung 22
    (2) Faktorallokation 24
    (3) Produktionsstruktur 26
    (4) Verteilung 27
  d. Eigentumsrechte 28
  e. Ein Beispiel 29
2. Mängel des Marktmechanismus 31
  a. Marktunvollkommenheiten 32
    (1) Marktmacht 32
    (2) Negative externe Effekte, insbesondere Umweltverschmutzung 32
    (3) Positive externe Effekte 33
  b. Marktversagen bei öffentlichen Gütern 34

II. Zentralplanwirtschaft 36
1. Funktionsweise der Zentralplanwirtschaft 36
   a. Planungsinstanz 36
   b. Planungsgegenstand 36
      (1) Zentralverwaltungswirtschaft 37
      (2) Konkurrenzsozialismus 37
   c. Koordinierung 38
   d. Anreiz- und Sanktionsmechanismus 38
2. Mängel der Zentralplanwirtschaft 38
   a. Ineffizienz 38
      (1) Fehlsteuerungen wegen Nicht-Kenntnis aller
          Produktionsmöglichkeiten 39
      (2) Fehlsteuerungen wegen Nicht-Kenntnis aller
          Konsumentenwünsche 39
      (3) Fehlsteuerungen wegen mangelhafter Koordinierung 40
   b. Autonom-elitäre Entscheidungsfindung 40
   c. Schwerfälligkeit 40

III. Zusammenfassung 41

3. Kapitel: Die Rolle des Staates in der Marktwirtschaft – Grundzüge der Wirtschaftspolitik 43

I. Die Bedeutung des Staates im Wirtschaftsgeschehen 43
II. Wirtschaftspolitik in der Sozialen Marktwirtschaft 46
1. Gesellschaftspolitische Grundziele 46
2. Ziele der Wirtschaftspolitik – Teilbereiche staatlicher Regulierung
   in der Sozialen Marktwirtschaft 48
   a. Allokation 48
      (1) Öffentliche Güter und ökonomische Rechtfertigung
          des Minimalstaates 48
      (2) Öffentliche Güter, private Güter und Mischgüter –
          Systematische Überlegungen 50
      (3) Externe Effekte 52
          (3.1) Überblick 52
          (3.2) Externe Erträge, meritorische Güter und das Prinzip der
                Konsumentensouveränität 53
          (3.3) Externe Kosten, Umweltpolitik und
                demeritorische Güter 54
          (3.4) Resümee 57
      (4) Wettbewerbspolitik 57
      (5) Natürliche Monopole 62
      (6) Inflexibilitäten und Informationsmängel 63
   b. Stabilisierung 65
      (1) Das Magische Viereck der Wirtschaftspolitik 65
      (2) Geld- und Fiskalpolitik 66
      (3) Wachstums- und Strukturpolitik 68
      (4) Außenwirtschafts- und EG-Politik 69
   c. Distribution 71
3. Zielbeziehungen und die Kunst der Wirtschaftspolitik 73
4. Resümee – Die Wirtschaftsordnung der Sozialen Marktwirtschaft
   im Überblick 75

Inhaltsverzeichnis

III. Theorie des Staatsversagens	75
1. Wohlfahrtstheorie versus ökonomische Theorie der Politik	75
2. Die Akteure: Politiker, Interessengruppen und Bürokratie	76
3. Schlußfolgerungen	78
IV. Zusammenfassung	78

2. Teil: Mikroökonomik ... 81

4. Kapitel: Güternachfrage und Faktorangebot des privaten Haushalts – Grundzüge der Haushaltstheorie ... 82

I. Nutzentheorie	82
1. Nutzenfunktion	82
2. Indifferenzkurvenanalyse	84
II. Güternachfrage	86
1. Optimaler Haushaltsplan	86
2. Determinanten der Güternachfrage	89
a. Preis des Gutes	89
b. Einkommen	93
c. Preise anderer Güter	94
d. Präferenzen	95
e. Zusammenfassung	95
3. Nachfrageelastizitäten	95
4. Ableitung der Gesamtnachfrage	97
5. Konsum und Einkommen – Empirische Zusammenhänge	98
III. Arbeitsangebot	100
IV. Angebot an Ersparnis	103
V. Zusammenfassung	107

5. Kapitel: Güterangebot und Faktornachfrage der Unternehmung – Grundzüge der Unternehmenstheorie ... 109

I. Überblick	109
II. Produktionstheorie	111
1. Produktionsfunktion	111
2. Klassisches Ertragsgesetz	111
3. Neoklassische Produktionsfunktion	113
4. Limitationale Produktionsfunktion	121
5. Technischer Fortschritt	124
III. Kostentheorie	126
1. Überblick	126
2. Kurzfristige Kostenfunktionen – Partielle Faktorvariation	127
a. Gesamtkosten, Fixkosten und variable Kosten	127
b. Ertragsgesetzlicher Kostenverlauf	127
c. Kostenverlauf mit durchweg steigenden Grenzkosten	129
d. Linearer Kostenverlauf	130
3. Langfristige Kostenfunktionen – Totale Faktorvariation und Minimalkostenkombination	131

4. Zusammenhang zwischen kurz- und langfristigen Kostenfunktionen . 134
5. Empirie von Kostenfunktionen, mindestoptimale Betriebsgröße
   und der Fall des natürlichen Monopols 136

IV. Der optimale Produktionsplan 139
1. Vollständige Konkurrenz 139
   a. Kurzfristige Betrachtung – Partielle Faktorvariation 140
      (1) Ertragsgesetzlicher Kostenverlauf 140
      (2) Linearer Kostenverlauf 142
   b. Verschiedene Formulierungen der Bedingungen für das
      Gewinnmaximum 143
   c. Langfristige Betrachtung – Totale Faktorvariation 144
2. Monopol 145

V. Güterangebot und Faktornachfrage 147
1. Güterangebot 147
2. Faktornachfrage 147

VI. Zusammenfassung 149

**6. Kapitel: Marktformen und Produktpreisbildung –
Grundzüge der Preistheorie** 151

I. Koordinierung durch den Markt 151
II. Marktformen und Marktverhalten 152
1. Anzahl der Marktteilnehmer 152
2. Marktvollkommenheit 153
3. Verhalten der Marktteilnehmer 154

III. Vollständige Konkurrenz 155
1. Marktform 155
2. Kurzfristiges Gleichgewicht und Produzentenrente 157
3. Langfristiges Gleichgewicht und Differentialrente 157

IV. Monopol 159
1. Marktmacht des Monopolisten 159
2. Nachteile gegenüber der Konkurrenz 161
3. Preisdifferenzierung 162

V. Monopolistische Konkurrenz 163
1. Bestreitbare Märkte, versunkene Kosten und die Tangentenlösung .. 163
2. Doppelt geknickte Preis-Absatz-Kurve 165

VI. Oligopol 166
1. Marktform 166
2. Geknickte Preis-Absatz-Kurve 167
3. Strategie-Modelle 168
   a. Rahmenbedingungen 168
   b. LAUNHARDT-HOTELLING-Lösung 169
   c. KRELLE-Lösung 170
   d. STACKELBERG-Lösung 171
   e. Kooperation 172

VII. Staatliche Eingriffe in die Preisbildung 172
1. Höchst- und Mindestpreise 172

Inhaltsverzeichnis XIII

2. Steuern und Subventionen 175
3. Preisstabilisierung 178
VIII. Totales mikroökonomisches Konkurrenzgleichgewicht 179
IX. Zusammenfassung 182

7. Kapitel: Preisbildung auf Faktormärkten 184
I. Arbeit und Lohn 184
II. Kapital und Zins 188
III. Boden und Bodenrente 193
IV. Zusammenfassung 196

8. Kapitel: Markt und Staat – Wohlfahrtsökonomik, Allokationstheorie und die Rolle des Staates in der Marktwirtschaft 198
I. Überblick 198
II. Effizienz des totalen mikroökonomischen Konkurrenzgleichgewichts – Die Marginalbedingungen 199
   1. Verteilung – Die 1. Marginalbedingung 199
   2. Allokation – Die 2. und 3. Marginalbedingung 203
   3. Produktionsstruktur – Die 4. Marginalbedingung 206
   4. Modell-Erweiterungen 207
III. Das Problem der Verteilungsgerechtigkeit 208
   1. PARETO-Optimum und Verteilungsgerechtigkeit 208
   2. Soziale Wohlfahrtsfunktionen – Die Problematik exogener Gerechtigkeitspostulate 208
   3. Zielkonflikt zwischen Gerechtigkeit und Einkommen 211
   4. Wahlparadoxon 212
IV. Marktmängel und die Rolle des Staates 213
   1. Marktmacht 213
      a. Monopol 213
      b. Natürliches Monopol 215
   2. Externe Effekte 216
      a. Überblick 216
      b. Negative externe Effekte 217
         (1) Fehlallokation durch negative externe Effekte 217
         (2) Maßnahmen zur Internalisierung 219
            (2.1) Auflagen 219
            (2.2) Steuern 221
            (2.3) Abgaben 222
            (2.4) Verhandlungen 222
            (2.5) Zertifikate 225
         (3) Fehlallokation durch Gemeineigentum 225
      c. Positive externe Effekte 226
   3. Öffentliche Güter 228
   4. Systematik 230
V. Zusammenfassung 232

3. Teil: Makroökonomik ... 235
9. Kapitel: Volkswirtschaftliches Rechnungswesen ... 236
I. Vermögensrechnungen ... 236
1. Einzelwirtschaftliche Vermögensrechnung ... 236
2. Gesamtwirtschaftliche Vermögensrechnung ... 237
   a. Konsolidierung ... 237
   b. Vermögensrechnung für eine geschlossene Volkswirtschaft ... 237
   c. Vermögensrechnung für eine offene Volkswirtschaft ... 237

II. Kreislaufanalyse ... 238
1. Vermögensrechnungen, Kreislaufanalyse, Sektorenbildung ... 238
2. Geschlossene Volkswirtschaft ohne staatliche Aktivitä ... 240
   a. Entstehung des Volkseinkommens ... 240
      (1) Produktionskonto eines Unternehmens ... 240
      (2) Gesamtwirtschaftliches Produktionskonto ... 241
   b. Verwendung des Volkseinkommens ... 244
      (1) Einkommensverwendungskonto der Haushalte ... 244
      (2) Einkommensverwendungskonto der Unternehmen ... 245
   c. Vermögensänderungskonten und Finanzierungsrechnung ... 245
   d. Kreislaufschema einer geschlossenen Volkswirtschaft ohne staatliche Aktivität ... 247
3. Geschlossene Volkswirtschaft mit staatlicher Aktivität ... 249
   a. Ökonomische Aktivitäten des Staates ... 249
   b. Die Auswirkungen der Staatstätigkeit auf die Haushalte und Unternehmen ... 251
   c. Kreislaufschema einer geschlossenen Volkswirtschaft mit staatlicher Aktivität ... 252
4. Offene Volkswirtschaft mit staatlicher Aktivität am Beispiel der Bundesrepublik Deutschland ... 255
   a. Ökonomische Transaktionen zwischen In- und Ausländern ... 255
   b. Exporte, Importe und Inlandsprodukt ... 255
   c. Erwerbs- und Vermögenseinkommen und Sozialprodukt ... 256
   d. Übertragungen ... 256
   e. Auslandsposition und Leistungsbilanz ... 256
   f. Kreislaufschema einer offenen Volkswirtschaft mit staatlicher Aktivität ... 257

III. Input-Output-Analyse ... 260
1. Input-Output-Tabellen ... 260
2. Input-Output-Modell ... 261
   a. Bestimmung der Produktionsmengen ... 262
   b. Bestimmung der primären Einsatzfaktoren ... 264

IV. Inlandsprodukt, Zahlungsbilanz und Finanzierungsrechnung ... 266
1. Entstehung, Verwendung und Verteilung des Inlandsprodukts ... 267
   a. Entstehungsrechnung ... 267
   b. Verwendungsrechnung ... 268
   c. Verteilungsrechnung ... 268
2. Zahlungsbilanz ... 271
3. Finanzierungsrechnung ... 272

Inhaltsverzeichnis XV

V. *Stabilitätsindikatoren und wirtschaftliche Entwicklung –*
Das magische Viereck der Wirtschaftspolitik 274
1. Preisniveaustabilität 274
2. Wachstum 278
3. Beschäftigung 280
4. Außenwirtschaftliches Gleichgewicht 282

VI. *Mängel des volkswirtschaftlichen Rechnungswesens* 283

VII. *Struktur makroökonomischer Theorien* 284
1. Angebot und Nachfrage 284
2. Märkte, Gleichgewicht, Anpassungsprozesse 285
3. Ein makroökonomisches Standard-Modell 286

VIII. *Zusammenfassung* 287

10. Kapitel: Gesamtwirtschaftliche Nachfrage 289

I. *Konsum* 289
1. Überblick 289
2. Konsumfunktion 289
3. Absolute Einkommenshypothese 293
4. Relative Einkommenshypothese 294
5. Permanente Einkommenshypothese 295
6. Lebenszyklus-Hypothese und Vermögenseffekt 297

II. *Investition* 298
1. Investitionstätigkeit und gesamtwirtschaftliche Aktivität 298
2. Theorie der Investitionsfunktion 301
 a. Optimaler Kapitalbestand und Investitionstätigkeit 301
 b. Investitionsfunktion 307
 (1) Neoklassische Investitionsfunktion 307
 (2) Akzelerator 308

III. *Staatsnachfrage und Außenbeitrag* 310

IV. *Zusammenfassung* 311

11. Kapitel: Keynesianische Makroökonomik – Die Bedeutung der
 Nachfrage für Realeinkommen und Produktion 314

I. *Überblick* 314

II. *Einkommensbildung bei autonomen Investitionen* 315
1. Gleichgewichtseinkommen 315
2. Multiplikator 319

III. *Gleichgewichtseinkommen und staatliche Aktivität* 320

IV. *Güterwirtschaftliches Gleichgewicht – Die IS-Linie* 325

V. *Geldmarkt und Zinsbildung* 328
1. Geldfunktionen, Geldnachfrage und Geldangebot 328
2. Gleichgewicht am Geldmarkt – Die LM-Linie 330

VI. *Realeinkommen und Zinssatz – Das IS-LM-Modell* 332
1. Simultanes Gleichgewicht am Geld- und Gütermarkt 332
2. Geld- und Fiskalpolitik 333
 a. Geldpolitik 334

b. Fiskalpolitik 336
VII. *Zusammenfassung* 338

12. Kapitel: Produktion, Beschäftigung und Preisniveau – Das makroökonomische Standard-Modell 340

I. *Gesamtwirtschaftliche Nachfrage und Preisniveau* 340
II. *Gesamtwirtschaftliches Angebot* 343
1. Produktion und Arbeitsnachfrage 343
2. Vollbeschäftigung, Arbeitslosigkeit und Überbeschäftigung 346
   a. Arbeitsmarkt 346
   b. Vollbeschäftigung 347
   c. Konjunkturelle Unterbeschäftigung 348
   d. Konjunkturelle Überbeschäftigung 350
3. Angebot und Preisniveau 352
   a. Angebot bei vollständiger Preis- und Lohnflexibilität 352
   b. Angebot bei verzögerter Lohnanpassung 353
III. *Möglichkeiten und Grenzen der Beschäftigungspolitik* 358
1. Unterbeschäftigungs-Gleichgewicht 358
2. Beschäftigungspolitik 360
   a. Nachfrageorientierte Beschäftigungspolitik 361
      (1) Darstellung 361
      (2) Beurteilung 364
   b. Angebotsorientierte Beschäftigungspolitik 367
      (1) Lohnsenkung 367
      (2) Kapitalbildung 368
      (3) Wettbewerb 369
      (4) Beurteilung 369
   c. Verringerung des Arbeitsangebots 370
IV. *Zusammenfassung* 371

13. Kapitel: Makroökonomische Lehrmeinungen 373

I. *Klassik* 373
II. *Neoklassik* 375
III. *Keynesianismus* 376
IV. *Monetarismus* 380
V. *Neue keynesianische Makroökonomik* 382
VI. *Post-Keynesianismus* 385
VII. *Neue klassische Makroökonomik* 387
VIII. *Zusammenfassung* 388

14. Kapitel: Geld und Kredit 390

I. *Verwendung von Geld* 390
1. Funktionen von Geld 390
2. Geldmengendefinitionen 391
II. *Geldnachfrage* 394
1. Determinanten der Geldhaltung 394

a.	Transaktionsmotiv	394
b.	Vorsichtsmotiv	396
c.	Spekulationsmotiv	396
d.	Inflationsrate	397

2. Geldnachfragefunktionen ... 398
3. Klassische, keynesianische und monetaristische Geldnachfragefunktionen – Ein Vergleich ... 402

III. Geldangebot ... 404
1. Geldmengen im Bilanzzusammenhang ... 404
2. Theorie des Geldangebots ... 405
  a. Geldschöpfung ... 405
  b. Gelschöpfungsmultiplikator und Geldangebotsfunktion ... 408
  c. Kreditmarkttheorie des Geldangebots ... 411

IV. Gleichgewicht am Geldmarkt ... 415

V. Geldpolitik in der Europäischen Währungsunion ... 416
1. Die Bilanz des ESZB ... 416
2. Das geldpolitische Instrumentarium ... 418
  a. Offenmarktpolitik ... 418
  b. Ständige Fazilitäten ... 419
  c. Mindestreservepolitik ... 420
3. Potentialorientierte Geldmengenpolitik ... 420
4. Pro und Contra der Geldmengenpolitik ... 423

VI. Zusammenfassung ... 425

15. Kapitel: Inflation ... 428

I. Inflationstheorien ... 428
1. Quantitätstheorie ... 428
  a. Darstellung ... 428
  b. Kritik ... 430
2. Keynesianische Inflationstheorien ... 431
  a. Die Höhe des Preisniveaus ... 431
  b. Nichtmonetäre Nachfrageinflation ... 432
  c. Kosteninflation ... 432
  d. Kritik ... 433
3. PHILLIPS-Kurven-Theorie ... 433
4. Das monetaristische Inflations-Modell als Synthese ... 438

II. Inflationswirkungen ... 442
1. Konjunkturelle Effekte ... 442
2. Umverteilungseffekte ... 442
3. Allokations- und Wachstumseffekte ... 443

III. Zusammenfassung ... 444

16. Kapitel: Das Problem der Staatsverschuldung ... 446

I. Entwicklung und Stand der Staatsverschuldung ... 446
1. Staatsdefizit ... 446
2. Staatsverschuldung ... 447
3. Defizitquote ... 447

Inhaltsverzeichnis

4. Verschuldungsquote 448
5. Zinsen und Zinsquote 449

II. Ursachen der Staatsverschuldung 449
1. Trend 449
2. Zyklus 450

III. Finanzierung von Staatsdefiziten 450
1. Finanzierungsrechnung 450
2. Geldmengenfinanzierung und Kapitalmarktfinanzierung 451

IV. Pro und Contra der Staatsverschuldung 454
1. Kurzfristige Effekte 455
2. Langfristige Effekte 455
   a. Geldmengenfinanzierung, Inflation und Kapitalauszehrung 456
   b. Kapitalmarktfinanzierung und Verdrängungseffekte 456
      (1) Transaktions-crowding-out im IS-LM-Modell 456
      (2) Vermögenseffekte 457
      (3) Unvollkommene Kapitalmärkte und Portfolio-crowding-out .. 457
   c. Sind Staatsschuldtitel Vermögen? – Das RICARDO-BARRO-Äquivalenztheorem 459
   d. Die Last der Staatsschuld 460

V. Zusammenfassung 461

17. Kapitel: Konjunktur 463

I. Konjunkturschwankungen – Der Befund 463

II. Konjunkturtheorien – Die Diagnose 468
1. Das SAY'sche Theorem 468
2. Ältere Konjunkturerklärungen 469
   a. Nichtmonetäre Überinvestitionstheorien 469
   b. Unterkonsumtionstheorien 470
   c. Monetäre Theorien 470
   d. SCHUMPETERsche Konjunkturtheorie 471
3. Modelltheoretische Konjunkturerklärungen 472
   a. Multiplikator-Akzelerator-Modelle 472
   b. Exogene Schocks oder inhärente Instabilität? – Zur Frage der Stabilität des Marktsystems 475
   c. Konjunktur und Kapitalbildung – Ein Anwendungsbeispiel aus der Chaos-Theorie 476
   d. Konjunktur und Verteilung – Ein Anwendungsbeispiel für den Raubtier-Beutetier-Fall aus der Ökologie 479
   e. Konjunktur und Inflation – Konjunkturtheoretische Aspekte der Neuen klassischen Makroökonomik 483
   f. Konjunktur und Mengenrationierung – Konjunkturtheoretische Aspekte der Neuen keynesianischen Makroökonomik 486

III. Konjunkturpolitik – Die Therapie 487
1. Antizyklische Nachfragesteuerung – Die keynesianische Position 487
2. Angebotspolitik und Verstetigungsstrategie – Die neoklassisch-monetaristische Position 488
3. Beurteilung der unterschiedlichen konjunkturpolitischen Ansätze ... 491

Inhaltsverzeichnis

IV. Zusammenfassung 493

18. Kapitel: Wachstum 495
I. Messung des Wirtschaftswachstums 495
1. Produktion 495
2. Produktion pro Kopf 496
3. Produktionspotential 497
II. Determinanten des Wachstums – Definitorische Zusammenhänge ... 498
III. Wachstum und Arbeitsmarktentwicklung 499
IV. Wachstumstheorie 504
1. Postkeynesianische Wachstumstheorie 504
2. Neoklassische Wachstumstheorie 506
3. Wachstum und technischer Fortschritt 511
V. Wachstums- und Strukturpolitik 514
VI. Wachstum und Wohlstand 516
1. Argumente für Wirschaftswachstum 516
2. Einwände gegen das Wachstumsziel 517
   a. Mängel der Indikatoren 517
   b. Grenzen des Wachstums? 518
VII. Zusammenfassung 523

19. Kapitel: Einkommensverteilung 525
I. Messung der Einkommensverteilung 525
1. Arten der Einkommensverteilung 525
2. Funktionelle Einkommensverteilung 526
   a. Volkseinkommen nach der Verteilungsseite 526
   b. Kennziffern 527
3. Personelle Einkommensverteilung 532
   a. LORENZ-Kurve und staatliche Umverteilung 532
   b. Entwicklung der Einkommensschichtung im Zeitverlauf ... 535
II. Verteilungstheorien 537
1. Grenzproduktivitätstheorie 537
2. Produktivitätsorientierter Ansatz, Lohnpolitik und Zielkonflikte ... 540
3. Kreislauftheoretischer Ansatz 541
4. Machttheoretischer Ansatz 543
III. Zusammenfassung 544

4. Teil: Außenwirtschaft 547
20. Kapitel: Internationaler Handel 548
I. Welthandel und Außenhandelsverflechtung der Bundesrepublik Deutschland 548
1. Entwicklung und Struktur des Welthandels 548
2. Außenhandelsverflechtung der Bundesrepublik Deutschland ... 550

II. Ursachen und Bedingungen des internationalen Handels 554
1. Überblick 554
2. Theorie der komparativen Kostenunterschiede 555
   a. Unterschiedliche Arbeitsproduktivität 555
   b. Unterschiedliche Faktorausstattung 557
      (1) Faktorproportionentheorie 557
      (2) LEONTIEF-Paradoxon 560
   c. Ausblick 561
3. Realaustauschverhältnisse 561

III. Internationale Handelspolitik 564
1. Freihandel oder Protektionismus? 564
2. Ökonomische Effekte von Importzöllen 564

IV. Zusammenfassung 566

21. Kapitel: Zahlungsbilanz und Zahlungsbilanzausgleich 568

I. Zahlungsbilanz 568

II. Zahlungsbilanz und inländischer Wirtschaftskreislauf 571

III. Zahlungsbilanzgleichgewicht als Ziel der Wirtschaftspolitik 572

IV. Zahlungsbilanzausgleich 573
1. Devisenmarkt, Wechselkursmechanismus und das System flexibler Wechselkurse 573
2. Geldmengen-Preismechanismus und das System fester Wechselkurse 577
3. Direkter internationaler Preiszusammenhang, Kaufkraftparität und realer Wechselkurs 580
4. Einkommensmechanismus 582
5. Einkommen-Absorption-Ansatz 584
6. Monetärer Ansatz der Zahlungsbilanztheorie 586
7. Resümee – Determinanten der Zahlungsbilanz 587

V. Zusammenfassung 589

22. Kapitel: Makroökonomik der offenen Volkswirtschaft 591

I. Die Wirtschaft bei festen Wechselkursen 591
1. Zahlungsbilanz, Zins und Sozialprodukt 591
2. Geld- und Fiskalpolitik bei konstantem Preisniveau 593
   a. Internes und externes Gleichgewicht und zahlungsbilanzorientierte Geldpolitik 593
   b. Zuordnungsproblem und Policy-Mix 595
3. Geld- und Fiskalpolitik bei Preisniveauanpassung 597
   a. Zahlungsbilanz, Preisniveau und Sozialprodukt 597
   b. Geld- und Fiskalpolitik 598
      (1) Klassischer Anpassungsmechanismus 599
      (2) Zahlungsbilanzorientierte Geldpolitik 600
      (3) Expansive Fiskalpolitik und stabilitätsorientierte Geldpolitik . 600
      (4) Expansive Geld- und Fiskalpolitik 601
      (5) Resümee 601
   c. Wechselkurspolitik 601

II. Die Wirtschaft bei flexiblen Wechselkursen 603
1. Geld- und Fiskalpolitik bei konstantem Preisniveau 603
2. Wechselkurserwartungen und überschießende Wechselkursreaktion .. 606
   a. Zinsparität-Theorie 606
   b. Kaufkraftparität-Theorie 608
   c. Überschießende Wechselkursreaktion 610
3. Geld- und Fiskalpolitik bei Preisniveauanpassung 612

III. Zusammenfassung 614

23. Kapitel: Wechselkursentwicklung und internationale Währungspolitik 616

I. Der Zusammenbruch des Bretton-Woods-Systems und die Problematik von Wechselkursschwankungen 616

II. Determinanten der Wechselkursentwicklung 619
1. Keynesianische Leistungsbilanztheorie des Wechselkurses 619
2. Kaufkraftparität-Theorie mit handelsfähigen und nichthandelsfähigen Gütern 620
3. Monetärer Ansatz bei flexiblen Preisen 621
4. Monetärer Ansatz bei rigiden Preisen 623
5. Portfolio-Ansatz und Risikoprämien 624
6. Effiziente Devisenmärkte, unvollständige Voraussicht und die Bedeutung unerwarteter Ereignisse 625
7. Resümee 626

III. Währungsintegration und Währungskooperation 627
1. Arten, Ziele, Vor- und Nachteile einer währungspolitischen Zusammenarbeit 627
2. Theorie des optimalen Währungsgebiets 629
   a. Faktormobilität 629
   b. Offenheitsgrad 629
   c. Diversifizierungsgrad 630
   d. Reale Wechselkursvariabilität 630
3. Strategien der Währungsintegration 631
   a. Kartellstrategie 631
   b. Leitwährungsstrategie 631
   c. Konkurrenzstrategie 632
   d. Resümee 633
4. Die Europäische Währungsunion 633
5. Zum Problem einer internationalen Währungskooperation zwischen US-Dollar, DM und Yen 637
   a. Koordinierte Steuerung der Weltgeldmenge 637
   b. Wechselkurszielzonen 638

IV. Zusammenfassung 639

Literaturverzeichnis 641
Symbolverzeichnis 655
Abbildungsverzeichnis 659

Kontenverzeichnis 663
Schaubilderverzeichnis 664
Tabellenverzeichnis 665
Stichwortverzeichnis 667

1. Teil:
Einführung

In Deutschland wurden 1992 von ca. 35,5 Mio Erwerbstätigen für ca. 3.000 Mrd DM Güter hergestellt (ohne Vorleistungen). Wozu dient diese Produktion? Wer bestimmt, wie diese Güter produziert werden? Wer entscheidet darüber, welche Güter produziert werden? Wer bezieht die Einkommen, die aus dieser Produktion fließen? Wie werden die zahllosen einzelwirtschaftlichen Entscheidungen koordiniert? Welche Rolle spielt das Geld im Wirtschaftskreislauf? Was bedeuten Konjunkturschwankungen für den einzelnen Arbeitnehmer, Unternehmer und Sparer? Mit diesen Fragen sind einige typische **ökonomische Grundprobleme** angesprochen, die sich in jeder Gesellschaft stellen. In jeder Gesellschaft – wie diese auch immer konkret organisiert sein mag – muß in irgendeiner Weise auf diese Fragen eine Antwort gefunden werden. Wir wählen diese ökonomischen Grundprobleme im 1. Kapitel als Ausgangspunkt für unsere Überlegungen.

Im 2. Kapitel werden die beiden **Wirtschaftssysteme** Freie Marktwirtschaft einerseits und Zentralplanwirtschaft andererseits behandelt. Diese beiden Wirtschaftssysteme sind zwei konkurrierende Extremformen zur Lösung der im 1. Kapitel skizzierten ökonomischen Grundprobleme.

Im 3. Kapitel werden die Grundzüge der **Wirtschaftspolitik** behandelt. Wir beschäftigen uns mit der Rolle des Staates in der Marktwirtschaft, speziell in der **Sozialen Marktwirtschaft** Deutschlands. Dieses Kapitel ist gleichzeitig ein Überblick über die Wirtschaftsordnung der Sozialen Marktwirtschaft in Deutschland.

1. Kapitel:
Ökonomische Grundprobleme jeder Gesellschaft

I. Knappheit

Die Wirtschaftswissenschaft ist die Lehre vom Umgang mit der **Knappheit**. Mit dieser – mit Absicht knapp gehaltenen – **Definition** dürfte sich wahrscheinlich die Mehrheit der Ökonomen im Grundsatz einverstanden erklären können. Der Begriff der Knappheit soll hierbei eine Grunderfahrung menschlicher Existenz beschreiben. Dieser Grundtatbestand ist, daß es in der Welt, in der wir leben, unmöglich ist, alle unsere **Bedürfnisse** zu befriedigen. Zwischen dem, was wir wollen, und dem, was machbar ist, herrscht regelmäßig eine unüberbrückbare Diskrepanz.

Zahllose **Beispiele** der alltäglichen Erfahrung belegen diese Aussage. Nicht jeder kann das studieren, was er möchte. Studienplätze sind knapp. Nicht jeder, der gerne so reich wäre, daß er nicht zu arbeiten bräuchte, wird das hierzu notwendige Vermögen jemals in seinem Leben besitzen. Vermögen ist knapp. Nicht jeder, der keine Steuern zahlen möchte, bleibt vom Zugriff der Finanzämter verschont. Finanzmittel sind knapp. Nicht jeder, der arbeiten will, findet auch einen Arbeitsplatz. Arbeitsplätze sind knapp. Nicht jeder, der sich ein Haus oder eine Wohnung wünscht, kann diesen Wunsch realisieren. Wohnraum ist knapp. Nicht jeder, der Hunger hat, kann sich satt essen. Nahrungsmittel sind knapp. Nicht jeder, der friert, kann sich ausreichend kleiden. Kleidung ist knapp. Nicht jeder, der in einer unverbrauchten Natur leben möchte, bleibt von der Umweltverschmutzung verschont. Saubere Umwelt ist knapp. Nicht jeder, der nach seinen Vorstellungen unbehelligt von den Nachbarn leben möchte, kann dies tun. Frieden ist knapp.

Die Liste solcher Beispiele ließe sich beliebig fortsetzen. Das gemeinsame Merkmal der Beispiele ist, daß die Menge der vorhandenen **Güter**, die zur **Bedürfnisbefriedigung** zur Verfügung stehen, nicht ausreicht, alle Bedürfnisse zu befriedigen, die auf den **Verbrauch** dieser Güter gerichtet sind. Dieser Zustand der **Knappheit** kann somit formal wie folgt charakterisiert werden:

Knappheit: Bedürfnisse > Gütermenge.

Bei dieser Betrachtungsweise werden die **Bedürfnisse als vorgegeben** betrachtet. Dem Ökonomen geht es nicht darum, die Bedürfnisse von Menschen unter moralisch-ethischen Aspekten zu begrüßen oder zu verwerfen. Es geht nicht darum, das Bedürfnis nach Alkoholgenuß z.B. niedriger einzustufen als das Bedürfnis, arbeiten zu wollen. Es wird einfach der unstrittige Tatbestand der Knappheit zunächst einmal lediglich diagnostiziert.

Die Mittel zur Bedürfnisbefriedigung werden als **Güter** bezeichnet. Die Güter können hinsichtlich der Struktur der Güterproduktion in **Waren** und **Dienstleistungen** unterschieden werden (Abbildung 1.1).

Die Tatsache, daß es überall auf der Welt Knappheit gibt, darf allerdings nicht darüber hinwegtäuschen, daß es auch Güter gibt, die nicht knapp sind. Unter

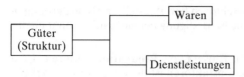

Abb. 1.1 Güterklassifikation nach der Struktur

normalen Umständen ist z.B. die Luft ein solches Gut. Die Luft ist zweifellos ein Gut, da der Verbrauch der Luft das Bedürfnis befriedigt, atmen zu wollen. Unter normalen Umständen ist aber genügend Luft vorhanden, um alle diese Bedürfnisse zu befriedigen. Ein solches Gut wird als **freies Gut** bezeichnet. Demgegenüber werden die nicht in ausreichender Menge vorhandenen Güter als **knappe, oder auch wirtschaftliche Güter bezeichnet** (Abbildung 1.2).

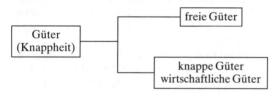

Abb. 1.2 Güterklassifikation nach der Knappheit

Eine Welt, in der es nur freie Güter gibt, ist vergleichbar mit dem **Schlaraffenland**, oder auch – um zur Verdeutlichung andere Vergleiche heranzuziehen – mit dem **Paradies** der christlichen Lehre, oder der **kommunistischen Gesellschaft** von KARL MARX. Der Mensch ist befreit von dem Zwang, wirtschaften zu müssen. Der Ökonom ist in einer solchen Welt überflüssig, er ist gewissermaßen arbeitslos. Die Beschäftigung mit ökonomischen Fragestellungen ist hier nicht notwendig. Eine solche Welt ist zwar denkbar, jedoch ist diese Vorstellung völlig **unrealistisch**. In der Realität sind die Menschen gezwungen, mit der Knappheit umzugehen. Es muß gewirtschaftet werden.

II. Produktion

Eine Möglichkeit des Umgangs mit der Knappheit ist die Tätigkeit der **Produktion**. Die Gütermenge wird hierbei erhöht, um die Knappheit abzumildern. Im Prinzip ist es natürlich auch möglich, durch eine Verringerung der Bedürfnisse die Knappheit abzumildern („Werdet bescheiden"). Dies ist jedoch nicht die Methode, mit der sich die Ökonomie beschäftigt. Der Ökonom nimmt die Bedürfnisse der Menschen als gegeben hin und versucht, durch Produktion die Gütermenge zu steigern.

Es wurde bereits erwähnt, daß **Güter** nach **Waren** und **Dienstleistungen** unterschieden werden können. Folglich stellen nicht nur technische Vorgänge der Herstellung von Waren Produktion dar, sondern zur Produktion zählt auch die Bereitstellung von **Dienstleistungen** durch die Branchen Handel, Verkehr, Banken,

Versicherungen usw. Die von diesen Sektoren bereitgestellten **Dienstleistungen** tragen nicht unwesentlich zur Bedürfnisbefriedigung bei und zählen somit uneingeschränkt zur **Produktion**.

Die Produktion entsteht durch den Einsatz von **Produktionsfaktoren**. Eine verbreitete Klassifikation der Produktionsfaktoren ist die Gliederung in **Arbeit, Kapital und technisches Wissen**.

Der Faktor **Arbeit** ist die menschliche Arbeit, die im Produktionsprozeß eingesetzt wird, und ohne die eine Produktion nicht möglich ist. Hierunter sind sowohl manuelle, als auch geistige Tätigkeiten in der Produktion zu verstehen. Der Umfang der eingesetzten Arbeitsmenge wird üblicherweise in Erwerbstätigenstunden gezählt.

Ein zweiter Produktionsfaktor ist das **Kapital**. Hierunter ist in diesem Zusammenhang **Sachkapital (Realkapital)** zu verstehen und nicht Geldkapital. Eine Produktion ist nur dadurch möglich, daß (neben Arbeit) Maschinen, Fabriken usw. zum Einsatz kommen. Die bloße Bereitstellung von Geld schafft noch keine Produktion. In einer Gesellschaft, in der die Menschen lediglich mit Geld ausgestattet werden, und in der diese Menschen im übrigen nicht arbeiten und kein Sachkapital einsetzen, wird keine Produktion geschaffen. Zu dem Produktionsfaktor Kapital wird daher sinnvollerweise nur das Sachkapital gezählt. Die Menge des eingesetzten Kapitals wird durch den Geldwert des Realkapitals gemessen. Hierbei sind die Zahlen **real** zu berechnen, d.h. die sich im Zeitverlauf ergebenden Preissteigerungen müssen aus den nominalen Werten herausgerechnet werden. Der **Boden und die sonstigen natürlichen Ressourcen** werden natürlich auch im Produktionsprozeß eingesetzt und tragen zur Produktion bei. Teilweise werden diese Faktoren als eigenständiger Produktionsfaktor Boden klassifiziert. Man kann jedoch auch diese Faktoren mit unter dem entsprechend weit definierten Kapitalbegriff subsumieren.

Schließlich wird das sog. **technische Wissen** als eigenständiger dritter Produktionsfaktor behandelt. Hierdurch soll zum Ausdruck gebracht werden, daß es zur Erstellung einer Produktion nicht genügt, Arbeit und Kapital zur Verfügung zu haben und einfach einzusetzen. Vielmehr müssen diese Faktoren auch möglichst geschickt miteinander kombiniert werden, was ein entsprechendes Wissen voraussetzt. Anders ausgedrückt: Es ist durchaus möglich und kommt auch häufig vor, daß die Produktion in einer Gesellschaft erbärmlich niedrig ist, obwohl die Mitglieder dieser Gesellschaft viel arbeiten und viel und gutes Kapital einsetzen. Der Grund für die niedrige Produktion ist einfach der, daß diese Gesellschaft nicht über das notwendige Wissen verfügt, wie die Faktoren Arbeit und Kapital am besten einzusetzen sind. Diesem Produktionsfaktor technisches Wissen kommt eine ganz **erhebliche Bedeutung** zu, wie in den folgenden Erläuterungen noch an zahlreichen Stellen deutlich wird.

Zur Verdeutlichung der **Produktionsverhältnisse in Deutschland (West)** sind in der Tabelle 1.1 die Entwicklung der Produktionswerte und der Werte der Einsatzmengen der Produktionsfaktoren Arbeit und Kapital angegeben.

Hiernach ist im Zeitraum 1960 bis 1989 der **Arbeitseinsatz um über 22% gesunken**, während der **Kapitaleinsatz um über 230% gesteigert** wurde. Die **Produktion konnte um über 140% gesteigert** werden. In der westdeutschen Wirtschaft ist also die Güterproduktion kräftig angestiegen, obwohl die Menschen ihren Arbeitseinsatz permanent verringert haben. Dies war offensichtlich möglich durch

Tab. 1.1 Produktionsfaktoren und Produktion

Jahr	Arbeitsvolumen Mrd Std.	Kapitaleinsatz Mrd DM	Bruttoinlands- produkt Mrd DM
		(in Preisen von 1980)	
1960	56,1	2.065,6	728,9
1970	51,8	3.679,3	1.132,8
1980	45,9	4.966,1	1.478,9
1989	43,6	6.873,1	1.750,7
Durchschnitt	Veränderung %	Veränderung %	Veränderung %
1961-1970	− 0,8	+ 5,8	+ 4,5
1971-1983	− 1,3	+ 2,6	+ 2,1
1984-1989	− 0,1	+ 4,7	+ 2,7

Quellen: Statistisches Bundesamt; IAB; eigene Berechnungen.

eine außerordentlich starke Vermehrung des Kapitaleinsatzes. Bemerkenswert ist darüber hinaus die Entwicklung der jahresdurchschnittlichen Veränderungen. Die Abnahme des Produktionswachstums in den 70er Jahren bis Anfang der 80er Jahre kann damit erklärt werden, daß sich der Rückgang des Arbeitsvolumens verstärkte und das Wachstum des Kapitaleinsatzes abschwächte. Seit Anfang der 80er Jahre steigen die Wachstumsraten der Produktion wieder an, was auf die wieder zunehmenden Wachstumsraten des Kapitaleinsatzes und die Abschwächung des Arbeitseinsatzrückganges zurückgeführt werden kann.

Die Tabelle 1.1 gibt zwar einen ersten Eindruck über die Produktionsverhältnisse in der Bundesrepublik. Der Nachteil der Tabelle 1.1 ist jedoch, daß die Rolle des technischen Wissens als Produktionsfaktor nicht explizit zum Ausdruck kommt.

Zusammenfassend können wir also feststellen, daß die Produktion positiv abhängt von den Produktionsfaktoren Arbeit, Kapital und technisches Wissen. Diesen Sachverhalt drückt man durch eine **Produktionsfunktion** aus. Ist Y die Produktion, N der Arbeitseinsatz, K der Kapitaleinsatz und W das technische Wissen, dann lautet eine entsprechende Produktionsfunktion:

$$Y = Y(N, K, W), \qquad \delta Y/\delta N, K, W > 0.$$

Eine häufig verwendete Kennzahl zur Kurz-Charakterisierung der Produktionsverhältnisse in einem Land ist die **Arbeitsproduktivität**. Eine **Produktivität** ist allgemein das **Verhältnis aus Produktion zu einem Produktionsfaktor**. Die Arbeitsproduktivität, abgekürzt z.B. mit α, ist also der Quotient $\alpha = (Y/N)$. Für die alten Bundesländer Deutschlands ergibt sich z.B. für 1990 für die Arbeitsproduktivität ein Wert von 85.734 DM je Erwerbstätigen und Jahr. Hierbei ist der Wert der gesamtwirtschaftlichen Produktion an Gütern im Jahre 1990 (2.428 Mrd DM) dividiert worden durch die Zahl der Erwerbstätigen (28,320 Mio). Man kann also sagen, daß 1990 in West-Deutschland jeder Erwerbstätige durchschnittlich für 85.734 DM Güter erzeugt hat. In den neuen Bundesländern dagegen beträgt die Arbeitsproduktivität 1990 27.924 DM je Erwerbstätigen (243,5 Mrd DM Produktion/8,720 Mio Erwerbstätige = 27.924 DM je Erwerbstätigen). Die Arbeitsproduktivität ist also in den alten Bundesländern 1990 ca. 3mal so hoch wie in den neuen Bundesländern. Hierdurch wird konzentriert in einer Zahl sehr deutlich, wie gewaltig sich die Produktionsbedingungen in einer Region verschlechtern können, wenn die Kapitalbildung vernachlässigt wird und das technische Wissen veraltet. Es dürfte unmittelbar einleuchten, daß sich aus dieser Diskrepanz in der Arbeitsproduktivität eine ganze Reihe schwerwiegender Probleme ergeben.

III. Wirtschaftliche Entscheidungen

Bei jeder Produktion von Gütern müssen eine Reihe **wirtschaftlicher Entscheidungen** getroffen werden. In keiner Wirtschaftsordnung ist eine Umgehung dieser Entscheidungen möglich.

Zunächst einmal muß entschieden werden, **was** produziert werden soll. Dies liegt daran, daß Knappheit nicht nur an Gütern herrscht, sondern auch an den Produktionsfaktoren zur Herstellung der Güter. Also muß irgendwie festgelegt werden, welche Güter mit den knappen Produktionsfaktoren hergestellt werden sollen. Denn es können ja nicht alle Güter hergestellt werden, die gewünscht werden. Die Frage, **was** produziert werden soll, wird als das Problem der **Produktionsstruktur** bezeichnet.

Zweitens muß entschieden werden, **wie** produziert werden soll. Es muß festgelegt werden, wieviel Produktionsfaktoren zur Herstellung welcher Güter unter Verwendung welcher technischer Verfahren eingesetzt werden sollen. Diese Frage bezeichnet man als das Problem der **Faktorallokation**.

Schließlich muß drittens entschieden werden, **wieviel Produktionsfaktoren** im Produktionsprozeß eingesetzt werden sollen. Es ist z.B. die Dauer der Wochenarbeitszeit zu klären, d.h. wieviel überhaupt gearbeitet werden soll. Diese Fragen betreffen das Problem der **Faktoreinsatzmengen**.

Diese 3 Probleme der Produktionsstruktur, der Faktorallokation und der Faktoreinsatzmengen sollen im folgenden unter Zuhilfenahme des Konzepts der **Transformationskurve** erläutert werden.

1. Produktionsstruktur

Wir stellen uns zur Vereinfachung eine Wirtschaft vor, in der nur 2 Güter produziert werden. Wenn nun von dem einen Gut eine bestimmte Menge produziert wird (x_1), dann ist – bei optimaler Entscheidung des Problems der Faktorallokation – nur noch eine bestimmte Produktionsmenge des anderen Gutes maximal möglich (x_2). Die Gütermengenkombination (x_1, x_2) liegt auf einer **Transformationskurve** (auch: **Produktionsmöglichkeitenkurve**), wie sie in Abbildung 1.3 dargestellt ist.

Die Transformationskurve gibt die Güterkombinationen an, die bei vorgegebenen Faktoreinsatzmengen (die Entscheidung über die Faktoreinsatzmengen ist getroffen) und einer optimalen Lösung des Problems der Faktorallokation möglich sind. Wenn die Faktorallokation suboptimal ist, dann landet die Volkswirtschaft gewissermaßen unterhalb ihrer Transformationskurve. Hierauf wird in der nächsten Ziffer eingegangen. Ist jedoch die Faktorallokation optimiert, dann sind mit bestimmten Faktoreinsatzmengen nur die Güterkombinationen auf der

1. Kap.: Ökonomische Grundprobleme

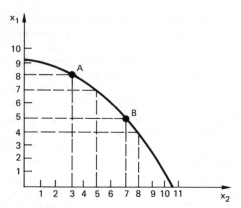

Abb. 1.3 Transformationskurve

Transformationskurve möglich. Das heißt aber, daß ein Mehr von einem Gut mit einem Weniger des anderen Gutes „bezahlt" werden muß. Man bezeichnet diesen Sachverhalt als **Alternativkosten (Opportunitätskosten)**, die die Mehr-Produktion eines Gutes verursacht. In Abbildung 1.3 kommt dies durch die negative Steigung der Transformationskurve zum Ausdruck. Außerdem ist die Transformationskurve konkav vom Ursprung dargestellt. Hierdurch soll zum Ausdruck gebracht werden, daß die **Alternativkosten** in der Produktion in der Regel **ansteigen**. In A hat die zuletzt produzierte Einheit des Gutes 1 Alternativkosten von 2 Einheiten des Gutes 2 verursacht, während in B die zuletzt produzierte Einheit des Gutes 1 Alternativkosten von (nur) 1 Einheit des Gutes 2 verursacht hat. Der allgemeine Sachverhalt ist der, daß auf um so mehr alternativ produzierbare Güter verzichtet werden muß, je mehr von einem Gut bereits produziert wird und diese Produktion nun noch weiter gesteigert werden soll.

Zur Demonstration dieser Zusammenhänge wird häufig auf das **Beispiel „Butter oder Kanonen"** verwiesen. Jedes Volk muß entscheiden, ob mit der Arbeit und dem Kapital, welche zur Verfügung stehen, mehr „Butter" oder mehr „Kanonen" hergestellt werden sollen. In Deutschland z.B. beträgt der Militärhaushalt 1990 ca. 60 Mrd DM bei einem BSP von ca. 2.700 Mrd DM. Man kann nun den Militärhaushalt als Indikator für x_2 wählen und das BSP als Indikator für $x_1 + x_2$. Dies bedeutet, daß Deutschland auf seiner nationalen Transformationskurve sehr weit oben links produziert. Denn der Anteil 60/2.700 = 2,2% ist recht bescheiden. Das Volk ist außenpolitisch nicht angriffslüstern und in diesem Sinne eine friedliche Nation. Völker, die aus welchen Gründen auch immer einen höheren Quotienten realisieren, müssen dies jedenfalls mit einem Verzicht auf nichtmilitärische Güterproduktion („Butter") bezahlen.

2. Faktorallokation

Das Problem der Faktorallokation besteht darin, die knappen Produktionsfaktoren möglichst **effizient (wirtschaftlich)** einzusetzen. Es geht allgemein darum, mit einem gegebenen Aufwand an Produktionsfaktoren einen maximalen Ertrag an Gütern zu realisieren, oder – anders gewendet – eine gegebene Güterproduktion mit einem minimalen Aufwand an Produktionsfaktoren herzustellen. Diese allgemeine Regel wird als **ökonomisches Prinzip** bezeichnet. Die Realisierung dieses Prinzips ist eine außerordentlich komplexe und schwierige Aufgabe. Scheitert eine Volkswirtschaft an dieser Aufgabe, dann bedeutet dies, daß die Produktionsfaktoren ineffizient, d.h. unwirtschaftlich, eingesetzt werden. Das Volk wird, obwohl u.U. viel gearbeitet wird und reichlich Kapital zur Verfügung steht, mit weniger Gütern versorgt, als bei einer effizienten Nutzung der Produktionsfaktoren möglich wäre. Die Volkswirtschaft produziert unterhalb ihrer Transformationskurve. Es wäre bei einer **effizienten Nutzung** möglich, von **allen** Gütern **mehr** zu produzieren. Gelingt es dagegen, die Faktorallokation zu optimieren, dann produziert die Volkswirtschaft **auf** der Transformationskurve. Man sagt auch, daß dann die **produktionsorganisatorische Effizienz** gewährleistet ist.

Wegen seiner grundsätzlichen Bedeutung soll dieser Sachverhalt an einem **Zahlenbeispiel** verdeutlicht werden. Wir wollen annehmen, daß insgesamt 300 Einheiten Arbeit und 200 Einheiten Kapital zur Produktion der beiden Güter 1 und 2 zur Verfügung stehen. Die Produktionsfunktionen für die beiden Güterproduktionen sind vom sog. COBB-DOUGLAS-Typ. Dies sind Funktionen, in denen die Produktionsfaktoren multiplikativ verknüpft sind und Hochzahlen tragen, die jeweils kleiner als 1 sind. Produktionsfunktionen dieses Typs sind empirisch recht gut abgesichert. In Abbildung 1.4 ist das Faktorallokationsproblem für dieses Zahlenbeispiel dargestellt.

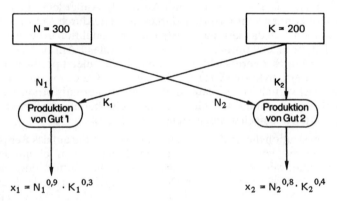

Abb. 1.4 Faktorallokationsproblem

Obwohl das Beispiel mit nur 2 Güterproduktionen außerordentlich primitiv strukturiert ist, ist es bereits auf dieser Ebene nicht mehr ohne weiteres möglich, die Frage der Faktorallokation zu entscheiden. In welcher Weise sollen die zur Verfügung stehenden Faktormengen auf die beiden Produktionen verteilt werden? In Tabelle 1.2 sind 3 mögliche Allokationen berechnet.

Tab. 1.2 Effiziente und nicht-effiziente Allokationen

Allokation Nr.	N_1	K_1	x_1	N_2	K_2	x_2	N	K
1	260	30	414	40	170	149	300	200
2	180	100	426	120	100	291	300	200
3	120	180	353	180	20	211	300	200

Offensichtlich ist nur die Allokation Nr. 2 optimal. Bei den Allokationen Nr. 1 und 3 wird von **beiden** Gütern **weniger** produziert, d.h. die Wirtschaft produziert hier unter ihrer Transformationskurve. Es wird deutlich, daß in einer Wirtschaft im Vergleich zu einer zweiten Wirtschaft die Versorgung der Bevölkerung mit Gütern u.U. erbärmlich niedrig ausfallen kann, obwohl in beiden Wirtschaften gleich viel gearbeitet wird und gleich viel Kapital eingesetzt wird. Der Unterschied im Versorgungsniveau kommt einzig daher, daß es der zweitgenannten Wirtschaft besser gelingt, die optimale Faktorallokation zu finden.

3. Faktoreinsatzmengen

Bei dem Problem der Faktoreinsatzmengen geht es um die Frage, **wieviel Produktionsfaktoren** im Produktionsprozeß überhaupt eingesetzt werden sollen. Es muß z.B. über die Länge der Arbeitszeit entschieden werden. Je mehr Arbeit und je mehr Kapital im Produktionsprozeß eingesetzt werden, um so weiter rechts außen liegt die Transformationskurve. Allerdings kann auch bei Konstanz der Faktoreinsatzmengen die Transformationskurve auf ein höheres Niveau gelangen, wenn die Produktivität der Produktionsfaktoren steigt.

IV. Arbeitsteilung und Tausch

Arbeitsteilung bedeutet **Spezialisierung**. In einer arbeitsteiligen Wirtschaft findet die Produktion in spezialisierter Weise statt. Der einzelne Arbeiter und die einzelne Maschinenstunde werden jeweils nur in ganz bestimmten Tätigkeiten eingesetzt. Der Gegensatz zu einer **arbeitsteiligen Wirtschaft** ist die sog. **isolierte Hauswirtschaft**, in der jedes Mitglied alle Güter jeweils alleine selbst herstellt. Eine solche Organisationsform des Produktionsprozesses ist zwar vorstellbar, jedoch völlig unrealistisch. Alle existierenden Volkswirtschaften sind mehr oder weniger arbeitsteilig organisiert. Dies liegt daran, daß es durch den Übergang zur Arbeitsteilung regelmäßig möglich ist, die **Arbeitsproduktivität** und damit den Wohlstand des Volkes drastisch zu steigern. Dieser Sachverhalt ist in dem berühmten Stecknadelbeispiel von ADAM SMITH treffend und einprägsam geschildert (A. SMITH: Der Wohlstand der Nationen, Eine Untersuchung seiner Natur und seiner Ursachen, London 1776, Übersetzung von H. RECKTENWALD, München 1974, S. 9f.):

„Wir wollen daher als Beispiel die Herstellung von Stecknadeln wählen, ein recht unscheinbares Gewerbe, das aber schon häufig zur Erklärung der Arbeitsteilung diente. Ein Arbeiter, der noch niemals Stecknadeln gemacht hat und auch nicht dazu angelernt ist (erst die Arbeitsteilung hat daraus ein selbständiges Gewerbe gemacht), so daß er auch mit den dazu eingesetzten Maschinen nicht vertraut ist (auch zu deren Erfindung hat die Arbeitsteilung vermutlich Anlaß gegeben), könnte, selbst wenn er sehr fleißig ist, täglich höchstens eine, sicherlich aber keine zwanzig Nadeln herstellen. Aber so, wie die Herstellung von Stecknadeln heute betrieben wird, ist sie nicht nur als Ganzes ein selbständiges Gewerbe. Sie zerfällt vielmehr in eine Reihe getrennter Arbeitsgänge, die zumeist zur fachlichen Spezialisierung geführt haben. Der eine Arbeiter zieht den Draht, der andere streckt ihn, ein dritter schneidet ihn, ein vierter spitzt ihn zu, ein fünfter schleift das obere Ende, damit der Kopf aufgesetzt werden kann. Auch die Herstellung des Kopfes erfordert zwei oder drei getrennte Arbeitsgänge. Das Ansetzen des Kopfes ist eine eigene Tätigkeit, ebenso das Weißglühen der Nadeln, ja selbst das Verpacken der Nadeln ist eine Arbeit für sich. Um eine Stecknadel anzufertigen, sind somit etwa 18 verschiedene Arbeitsgänge notwendig, die in einigen Fabriken jeweils verschiedene Arbeiter besorgen, während in anderen ein einzelner zwei oder drei davon ausführt. Ich selbst habe eine kleine Manufaktur dieser Art gesehen, in der nur 10 Leute beschäftigt waren, so daß einige von ihnen zwei oder drei solcher Arbeiten übernehmen mußten. Obwohl sie nun sehr arm und nur recht und schlecht mit dem nötigen Werkzeug ausgerüstet waren, konnten sie zusammen am Tage doch etwa 12 Pfd. Stecknadeln anfertigen. Rechnet man für ein Pfund über 4.000 Stecknadeln mittlerer Größe, so waren die 10 Arbeiter imstande, täglich etwa 48.000 Nadeln herzustellen, jeder also ungefähr 4.800 Stück. Hätten sie indes alle einzeln und unabhängig voneinander gearbeitet, noch dazu ohne besondere Ausbildung, so hätte der einzelne gewiß nicht einmal 20, vielleicht sogar keine einzige Nadel zustande gebracht. Mit anderen Worten, sie hätten mit Sicherheit nicht den zweihundertvierzigsten, vielleicht nicht einmal den vierhundertachtzigsten Teil von dem produziert, was sie nunmehr infolge einer sinnvollen Teilung und Verknüpfung der einzelnen Arbeitsgänge zu erzeugen imstande waren."

Durch Arbeitsteilung ist es also möglich, die **Arbeitsproduktivität erheblich zu steigern**. Dies ist der entscheidende Vorteil der Arbeitsteilung. Allerdings bringt die Arbeitsteilung auf der anderen Seite auch gewisse Nachteile mit sich.

Erstens kann Arbeitsteilung zu **Entfremdung** führen. Damit ist gemeint, daß sich das einzelne Mitglied in einer hochgradig spezialisierten Wirtschaft u.U. als unbedeutendes Rädchen in einem undurchschaubaren Prozeß einer technisch und organisatorisch perfekten, im übrigen aber sinnentleerten Güterproduktion empfindet.

Zweitens führt Arbeitsteilung zu **Abhängigkeit**. Die Mitglieder einer arbeitsteilig organisierten Gemeinschaft müssen miteinander kommunizieren und können nicht unabhängig voneinander wirtschaften. Dies zeigt sich z.B. auch in internationalem Rahmen. Deutschland importiert zur Energieproduktion Rohöl. Dies bedeutet eine internationale Arbeitsteilung. Die deutsche Arbeitsproduktivität ist durch das vergleichsweise billige Energiepreisniveau höher, als sie es wäre, wenn die Energie autark aus heimischer Kohle hergestellt werden würde. Diesem Vorteil steht jedoch der Nachteil der Abhängigkeit vom Ausland gegenüber, aus welchem das Öl importiert wird. Diese mit der Arbeitsteilung notwendigerweise einhergehende Abhängigkeit kann allerdings auch als Vorteil gewertet werden. Denn wenn Abhängigkeiten existieren, dann kann dies zu mehr Kooperation und Kompromißbereitschaft führen, was als Vorteil eingeschätzt werden kann.

Eine weitere Konsequenz der Arbeitsteilung ist die Notwendigkeit von **Tausch**. Dies liegt daran, daß der einzelne mit dem in der Spezialisierung erstellten Produkt alleine nicht lebensfähig ist. Er ist auf Tauschbeziehungen angewiesen. Zur Verdeutlichung dieses Sachverhalts wird häufig auf folgendes Gleichnis verwiesen. In einer arbeitsteiligen Wirtschaft muß der frierende Bäcker mit dem hungrigen Schneider Brot gegen Tuch tauschen, um zu überleben. Allgemein bedeutet dies, daß die Arbeitsteilung über **unterschiedliche Produktionsstrukturen** zu Tausch führt.

1. Kap.: Ökonomische Grundprobleme

Zu Tausch kommt es jedoch nicht nur infolge unterschiedlicher Produktionsstrukturen, sondern auch infolge **unterschiedlicher Bedürfnisstrukturen**. Stellen wir uns zwei Wirtschaftseinheiten vor, die über eine bestimmte Ausstattung mit Gütern verfügen, wobei die Frage der Produktion dieser Güter bei dieser Überlegung jetzt außer Betracht bleibt. Dann wäre es reiner Zufall, wenn die Güterausstattung genau den Bedürfnisstrukturen der beiden entsprechen würde. Regelmäßig besteht eine Diskrepanz zwischen dem, was man an Gütern hat (aus welchen Quellen auch immer), und dem, was man haben möchte. Also wird man versuchen, durch geeignete Tauschakte die Güterausstattung den Bedürfnisstrukturen anzupassen, um so das Wohlstandsniveau zu heben.

Die Wirtschaftseinheiten in einer Tauschwirtschaft werden in **Haushalte** und **Unternehmungen** unterschieden. In den Unternehmungen findet die **Produktion** statt, in den Haushalten der **Verbrauch**. Die Unternehmungen sind die **Anbieter** der produzierten **Güter**, und die Haushalte sind die **Nachfrager**. Dagegen bieten die Haushalte **Produktionsfaktoren** an, die die Unternehmungen nachfragen. Der Tausch kann nun in unterschiedlicher Weise abgewickelt werden. Eine Möglichkeit ist die **Naturaltauschwirtschaft**. Hier werden Güter direkt gegen Güter getauscht. Dies ist ein außerordentlich umständliches Verfahren. Als einzelner ist man darauf verwiesen, diejenige Wirtschaftseinheit zu finden, die genau das hat, was man selbst haben möchte, und genau das braucht, was man selbst hat. In einer solchen Wirtschaft vergeuden die Menschen einen erheblichen Teil ihrer Zeit damit, sich die notwendigen Informationen für vorteilhafte Tauschakte zu beschaffen. Dementsprechend ist die Arbeitsproduktivität in einer solchen Wirtschaft sehr niedrig. Hier kann die Verwendung eines allgemein akzeptierten Tauschmittels Abhilfe schaffen. Ein solches **allgemein akzeptiertes Tauschmittel wird als Geld bezeichnet**, und die entsprechende Wirtschaft – im Gegensatz zur Naturaltauschwirtschaft – als **Geldwirtschaft**. Es wird dann nicht mehr Gut gegen Gut getauscht, sondern Gut gegen Geld und Geld gegen Gut. Der Kauf kann vom Verkauf getrennt werden. Dies bedeutet eine erhebliche Vereinfachung des Wirtschaftsverkehrs. Das Geld dient gewissermaßen als **Informationsträger**, der die zeitraubende Informationsbeschaffung über einen geeigneten Tauschpartner überflüssig macht. Insofern führt die Verwendung eines allgemeinen Tauschmittels als Geld auch zu einer **Steigerung der Arbeitsproduktivität**.

Das Geld wird also hierbei von seiner **Funktion** her definiert. Geld ist, was als Geld dient. Dies muß nicht unbedingt das in Form von Papierzeichen vom Staat emittierte gesetzliche Zahlungsmittel sein. Insbesondere dann, wenn das staatliche Papiergeld durch eine offene oder zurückgestaute Inflation wertinstabil wird, bedient sich der Wirtschaftsverkehr spontan alternativer Güter, die dann als allgemeines Tauschmittel und somit im eigentlichen Sinne als Geld benutzt werden. So hatte z.B. in der ehemaligen DDR die Mark der DDR nur beschränkt die Eigenschaft von Geld im Sinne eines allgemein akzeptierten Tauschmittels. Vielmehr wurde in weiten Bereichen des Wirtschaftsverkehrs die DM als Tauschmittel und somit im eigentlichen Sinne als Geld verwendet.

Eine zweite Funktion des Geldes ist es, als **Recheneinheit** zu dienen. In einer Geldwirtschaft werden die Preise aller Güter in Einheiten des einen Gutes Geld ausgedrückt. Auch dies bedeutet gegenüber dem Fall der Naturaltauschwirtschaft eine erhebliche Informationskostenersparnis. Man stelle sich zur Verdeutlichung den Fall einer Wirtschaft mit nur 100 Gütern vor. Zwischen diesen nur 100 Gütern existieren bereits 4.950 Preise in Form von Austauschrelationen (ohne die Kehrwerte), die im Wirtschaftsverkehr beim Handel mitgeteilt werden müssen (die allgemeine Formel ist $(n^2 - n)/2$ für den Fall von n Gütern). Wird ein bestimmtes Gut, nämlich das Geld, als alleinige Recheneinheit verwendet, dann reduziert sich die Anzahl der Preise auf 99. Man sieht, auch durch die Verwendung als Recheneinheit führt Geld zu erheblichen Vorteilen gegenüber dem Fall der Naturaltauschwirtschaft.

Schließlich kann das Geld auch als **Wertaufbewahrungsmittel** dienen. Es ist häufig vorteilhaft, Vermögen in Geld anstatt in sonstigen Gütern anzulegen. Die Anlage in sonstigen Gütern ist nachteilig, weil diese z.B. im Preis stark schwanken, oder leicht verderblich sind, oder nur schwer veräußerbar sind, oder nur mit hohen Kosten lagerfähig sind usw.

All dies macht deutlich, daß die **Verwendung von Geld erheblichen Nutzen stiftet**. Die Frage, ob die Bereitstellung eines funktionsfähigen Geldwesens eine originäre **Aufgabe des Staates** ist, oder ob man die Herausbildung eines funktionsfähigen Geldwesens der Wirtschaft selbst überläßt, ist schwierig zu beantworten. Dieses äußerst komplexe Problem braucht hier nicht weiter vertieft zu werden. Es genügt, die Vorteile einer befriedigend funktionierenden Organisation des Geldwesens zu erkennen. Damit ist auch klar, daß der Staat, wenn er für das Geldwesen verantwortlich ist, der Wirtschaft erheblichen Schaden zufügt, wenn er das staatliche Geld durch Inflation für den Wirtschaftsverkehr untauglich macht.

V. Probleme der arbeitsteiligen Wirtschaft

1. Lenkung und Koordinierung

In einer arbeitsteiligen Wirtschaft müssen die Pläne der verschiedenen Haushalte und Unternehmungen aufeinander abgestimmt werden. Wenn die Haushalte bestimmte Güter verbrauchen wollen, dann ist dies nur machbar, wenn von den Unternehmungen eine diesen Plänen entsprechende Produktion auch geplant wird. Analog sind die Pläne der Unternehmungen, z.B. eine bestimmte Arbeitsmenge im Produktionsprozeß einzusetzen, nur realisierbar, wenn von den Haushalten die Abgabe einer entsprechenden Arbeitsmenge geplant wird. Kurzum, die Pläne der Millionen und Abermillionen von Haushalten und Unternehmungen sind zu ihrer **Realisierung aufeinander angewiesen**. Eine arbeitsteilige Wirtschaft erfordert einen funktionierenden **Koordinationsmechanismus (Lenkungsmechanismus)**. Die Hervorbringung eines funktionsfähigen Koordinationsmechanismus ist sowohl eine außerordentlich komplizierte als auch eine außerordentlich bedeutsame Aufgabe für jedes Wirtschaftssystem. Gelingt die Lösung dieses Problems nur unbefriedigend, dann entsteht ein wirtschaftliches Chaos. Wie wir im nächsten Kapitel kennenlernen werden, sind die beiden grundsätzlichen Möglichkeiten zur Lösung dieser Aufgabe der **Markt** einerseits und der **Zentralplan** andererseits.

2. Verteilung

a. Verteilung, Diskriminierung und Knappheit

In einer arbeitsteiligen Wirtschaft muß ein **Verteilungsverfahren** festgelegt werden, nach dem die gemeinsam in spezialisierten Tätigkeiten erstellte gesamtwirtschaftliche Produktion verteilt werden soll. Die Frage ist, nach welchen Verfahren die knappen Güter unter den diese Güter begehrenden Wirtschaftseinheiten verteilt werden sollen. Nach welchen Verfahren sollen die knappen Nahrungsmittel, der knappe Wohnraum, die knappe Kleidung, die knappen Krankenhausplätze, die knappen Studienplätze, die knappen Arbeitsplätze, die knappen Autos, die knappe Energie usw. usw. verteilt werden? Fragen dieser Art sind in der Volkswirtschaftslehre Gegenstand der **Verteilungstheorie**. In den täglichen wirtschaftspolitischen Debatten werden Fragen dieser Art in der Regel außerordentlich emotional diskutiert. Aus ökonomischer Sicht sollte jedoch eines unstrittig sein. Ein **Verteilungs-Problem** existiert als Problem überhaupt nur dann, wenn **Knappheit** vorliegt. Wenn dagegen keine Knappheit herrscht, dann gibt es auch kein Verteilungs-Problem, da sich dann jeder nehmen kann, was und wieviel er will, ohne einem anderen etwas wegzunehmen, da alles im Überfluß vorhanden ist. Herrscht dagegen Knappheit, dann ist die Tatsache, daß jemandem knappe Güter nach irgendeinem Verteilungsverfahren zugeteilt werden, gleichbedeutend damit, daß irgendjemand anderem diese Güter vorenthalten werden. Mit anderen Worten: **Bei Vorliegen von Knappheit ist die Frage nie, ob diskriminiert werden soll oder nicht, sondern die Frage ist stets nur, wer und wie diskriminiert wird.**

b. Verteilungsverfahren

Es gibt **zahllose verschiedene Verteilungsverfahren**, nach denen knappe Güter verteilt werden. Ein recht archaisches Verfahren ist z.B. die Gewalt. Das knappe Gut bekommt derjenige, der am brutalsten und hemmungslosesten Gewalt einsetzt. Gewisse Erscheinungen unserer Zivilisation (Kriege, Demonstrationen, Durchsetzung von Partikularinteressen unter Druck, Erpressung, Entführungen usw.) beweisen, daß dieses Verfahren auch heute weithin praktiziert wird. Andere Verfahren sind z.B. die Verteilung über den Preis (Marktmechanismus), Schlange stehen („Wer zuerst kommt, mahlt zuerst"), Notendurchschnitt (Vergabe von Studienplätzen), Zufall (Auslosung) usw.

Häufig wird das Problem der Verteilung mit **Gerechtigkeitsüberlegungen** irgendwelcher Art verknüpft. Im folgenden werden die beiden Verfahren der **Bedarfsgerechtigkeit** und der **Leistungsgerechtigkeit** etwas ausführlicher dargestellt. Die Vorbemerkung sollte jedoch deutlich machen, daß diese beiden Verfahren **nur Beispiele** sind und die Liste möglicher Verteilungsverfahren damit in keiner Weise vollständig behandelt ist.

(1) Bedarfsgerechtigkeit

Das Verfahren der **Bedarfsgerechtigkeit** könnte bedeuten, jeden nach seinen Bedürfnissen bei der Verteilung der knappen Güter zu berücksichtigen. KARL MARX hat dieses Verfahren in seiner berühmten Forderung „Jeder nach seinen Fähigkeiten, **jedem nach seinen Bedürfnissen**" angesprochen. Bei Vorliegen von Knappheit ist dies jedoch unmöglich. Denn Knappheit bedeutet ja gerade, daß nicht alle Bedürfnisse zu befriedigen sind. Also muß das Verfahren der Bedarfsgerechtigkeit anders interpretiert werden.

Eine mögliche andere Interpretation lautet **„Jedem das gleiche"**. Aber auch mit dieser Interpretation stößt man sehr schnell auf unüberwindliche Schwierigkeiten. Was soll „das gleiche" konkret bedeuten? Soll dem Arbeiter am Hochofen die gleiche Menge an Nahrungsmitteln zugeteilt werden wie dem sterbenskrank an Krebs leidenden Säugling? Das Beispiel soll verdeutlichen, daß gerade in Extremsituationen das Verteilungsverfahren „Jedem das gleiche" häufig nicht besonders sinnvoll erscheint.

Eine weitere mögliche Interpretation lautet **„Berücksichtigung besonderer Bedarfslagen"**. Hiernach wären z.B. Kranken, Bedürftigen usw. nach besonderen Vorschriften knappe Güter zuzuteilen. Das Problem bei dieser Interpretation besteht darin, die Kriterien zur Bestimmung „besonderer Bedarfslagen" nicht zu weit festzulegen. Gewisse Auswüchse der Sozialgesetzgebung in Deutschland machen deutlich, zu welchen perversen Konsequenzen eine Überstrapazierung dieses Grundsatzes führen kann.

(2) Leistungsgerechtigkeit

Mit dem Verfahren der Bedarfsgerechtigkeit konkurriert insbesondere das Verfahren der **Leistungsgerechtigkeit**. Hiernach bekommt nur derjenige knappe Güter zugeteilt, der sich auch an der Produktion der Güter durch Leistung, d.h. durch Einsatz von Arbeit und/oder Kapital beteiligt. Das Problem besteht hierbei allerdings darin, was als Leistung gelten soll und was nicht. Eine mögliche (nach verbreiteter Meinung die einzig sinnvolle) Vorgehensweise ist z.B., das als Leistung zu werten, was im Urteil anderer, d.h. derjenigen, die das produzierte Gut im Austausch begehren, Wert hat. Geht man mit dieser Ansicht konform, dann bedeutet dies eine Absage an alle Formen der egoistischen Selbstverwirklichung. Denn dann ist z.B. das von einem sich selbst verwirklichenden Künstler unter viel Zeit, Mühe und persönlichen Entbehrungen produzierte Theaterstück u.U. nichts wert, weil es niemand gegen Entgelt sehen will. Und andererseits stellt irgendeine, mit wenig Aufwand bereitgestellte Freizeitbeschäftigung, die zudem von Kulturkritikern als sinnlos abqualifiziert wird, eine wertvolle Leistung dar, wenn Menschen dafür bereit sind zu bezahlen.

Das Verfahren der Leistungsgerechtigkeit scheint dem Verfahren der Bedarfsgerechtigkeit aus **zwei Gründen überlegen** zu sein.

Erstens scheint das Verfahren der Leistungsgerechtigkeit den meisten Menschen, insbesondere wenn sie sich an der Produktion beteiligen, unter dem **Gerechtigkeitsaspekt** dem Verfahren der Bedarfsgerechtigkeit überlegen zu sein. Die Gerechtigkeit besteht darin, daß eine Ungleichbehandlung derjenigen, die sich durch Leistung an der Produktion beteiligen, vermieden wird.

Zweitens scheint das Verfahren der Leistungsgerechtigkeit unter dem **Produktionsaspekt** dem Verfahren der Bedarfsgerechtigkeit überlegen zu sein. Denn wenn nur derjenige knappe Güter erhält, der sich auch an der Produktion beteiligt, dann ist gesichert, daß überhaupt eine verteilbare Produktion entsteht. Was nutzt einem Volk ein ausgeklügeltes bedarfsgerechtes Verteilungsverfahren, wenn niemand den Sinn einer Leistung einsieht – weil eben die Verteilung nicht nach dem Leistungsgerechtigkeitsprinzip vorgenommen wird – und sich dementsprechend auch nicht durch Leistung an der Produktion beteiligt? Es entsteht mangels Leistung keine Produktion, und es gibt dementsprechend auch nichts zu verteilen.

c. Zurechnungsproblematik

Das Verteilungsverfahren der Leistungsgerechtigkeit ist also unter dem Gerechtigkeitsaspekt und insbesondere unter dem Produktionsaspekt dem Verfahren der Bedarfsgerechtigkeit vorzuziehen. Jedoch ist es auch mit Hilfe des Verfahrens der Leistungsgerechtigkeit nicht möglich, das sog. **Zurechnungsproblem** eindeutig zu lösen. Der Grundsatz der Leistungsgerechtigkeit erlaubt es lediglich, jemandem, der **mehr** leistet, auch **mehr** von der Produktion zuzuteilen. Es handelt sich um ein **Marginalprinzip**. Wenn jedoch in einer **Totalanalyse** entschieden werden soll, wieviel von der Produktion den verschiedenen Produktionsfaktoren **insgesamt** zugerechnet werden soll, dann ist auch auf der Basis des Leistungsgerechtigkeitsverfahrens **keine eindeutige Antwort möglich**. Dies kann mit Hilfe der folgenden Überlegung verdeutlicht werden. Nehmen wir an, an der Produktion sind die beiden Produktionsfaktoren Arbeit und Kapital beteiligt. Nun kann z.B. völlig zutreffend argumentiert werden, daß der Einsatz von Kapital alleine unter Verzicht auf jeglichen Arbeitseinsatz praktisch keine Produktion erbringt („Wenn dein starker Arm es will, stehen alle Räder still"). Dies zeigt sich formal auch anhand der weiter oben im Zusammenhang mit dem Problem der Faktorallokation bereits erläuterten COBB-DOUGLAS-Produktionsfunktion (vgl. Ziffer III.2). Setzt man nämlich in dieser Produktionsfunktion $N = 0$, dann ergibt sich für die Produktion der Wert $Y = 0$. Aufgrund dieser durchaus zutreffenden Überlegung ist also die gesamte Produktion logischerweise dem Faktor Arbeit zuzurechnen, denn ohne ihn kommt ja keine Produktion zustande. Aber mit genau der gleichen Überlegung ergibt sich umgekehrt, daß die gesamte Produktion dem Faktor Kapital zuzurechnen ist. Denn wenn nur Arbeit im Produktionsprozeß eingesetzt wird, dann sinkt die Produktion – abgesehen von den mit bloßen Händen gesammelten Beeren, gepflückten Bananen, gefangenen Fischen usw. – praktisch auf Null. Also ist aufgrund dieser ebenfalls durchaus zutreffenden Überlegung die gesamte Produktion dem Faktor Kapital zuzurechnen. Die Logik solcher Zurechnungs-Überlegungen führt also zu dem unrealisierbaren Ergebnis, daß die Summe der den Produktionsfaktoren zuzurechnenden Produktionsanteile zusammen die verteilbare Produktion übersteigt.

Auch die durchaus zutreffende Feststellung, daß das **Kapital, die produzierten Produktionsmittel, letztlich durch Arbeit entstanden ist** und somit keinen Produktionsanteil bei der Verteilung zu beanspruchen habe, hilft nicht weiter. Dies kann mit Hilfe des berühmten Roscher'schen Fischerbeispiels verdeutlicht werden (zitiert nach E.v. BÖHM-BAWERK: Kapital und Kapitalzins, Erste Abteilung, Geschichte und Kritik der Kapitalzinstheorien, Jena 1921, S. 97f.):

„Denken wir uns ein Fischervolk ohne Privateigentum und Kapital, das nackt in Höhlen wohnt und sich von Seefischen ernährt, welche, bei der Ebbe in Uferlachen zurückgeblieben, mit bloßer Hand gefangen werden. Alle Arbeiter mögen hier gleich sein und jeder täglich 3 Fische sowohl fangen als verzehren. Nun beschränkt ein kluger Mann 100 Tage lang seinen Konsum auf 2 Fische täglich und benutzt den auf solche Art gesammelten Vorrat von 100 Fischen dazu, 50 Tage lang seine ganze Arbeitskraft auf Erstellung eines Bootes und Fischnetzes zu verwenden. Mit Hilfe dieses Kapitals fängt er fortan 30 Fische täglich."

Der Kapitalbesitzer in diesem Beispiel kann nun einem Arbeiter vorschlagen, das Boot und das Netz gegen ein Entgelt von z.B. 24 Fischen pro Tag zu vermieten. Der Arbeiter wird diesem Vorschlag zustimmen, denn er hat nun mit 6 Fischen bei gleicher Arbeitsleistung ein höheres Einkommen als bisher. Der Kapitalbesitzer erhält nun fortan ohne jegliche Arbeit mit 24 Fischen 80% der Produktion von 30 Fischen, während der Arbeiter sich mit einem Lohn von lediglich 20% der Produktion von 30 Fischen begnügen muß. Diese Zurechnung der Produktion auf die beiden Produktionsfaktoren mag als ungerecht empfunden werden. Wird jedoch mit der Begründung, auch das Kapital sei letztlich durch Arbeit entstanden, der dem Kapital zurechenbare Produktionsanteil auf Null reduziert, dann ist zwar einer bestimmten Gerechtigkeitsvorstellung Genüge getan. Jedoch kommt es in der Gesellschaft zu ökonomisch äußerst nachteiligen Zuständen. Denn wenn der zur Kapitalbildung notwendige Konsumverzicht nicht entgolten wird, dann wird es über kurz oder lang zu keiner Kapitalbildung mehr kommen, und die Gesellschaft fällt in Armut und niedrige Arbeitsproduktivität zurück.

Das **Zurechnungsproblem ist allgemein nicht lösbar**. Darin liegt ein **Konfliktpotential**, das der in jedem Wirtschaftssystem notwendige Mechanismus für die Einkommensverteilung bewältigen muß.

3. Konjunkturschwankungen

In arbeitsteiligen Wirtschaften tritt regelmäßig auch das Problem auf, daß die Auslastung der vorhandenen Produktionskapazitäten im Zeitablauf schwankt. Diese sog. **Konjunkturschwankungen** sind eine spezielle Ausprägung der **Koordinierungsproblematik**. Die Schwankungen bedeuten, daß die Produktionskapazitäten im Zeitverlauf entweder überdurchschnittlich oder unterdurchschnittlich ausgelastet sind. Solche Abweichungen vom Normalauslastungsgrad bedeuten, daß die wirtschaftlichen Tätigkeiten unbefriedigend koordiniert sind, was mit nachteiligen Begleiterscheinungen verbunden ist, die es zu vermeiden gilt.

Sind die Kapazitäten **überdurchschnittlich** stark ausgelastet, dann ist dies regelmäßig mit einem Anstieg der **Inflationsrate** verbunden. Die Absatzlage ist für die Unternehmer so gut, daß sie am Markt höhere Preise durchsetzen können. Die Inflation muß sich nicht unbedingt in einem offen sichtbaren Anstieg der Preise äußern, sondern kann auch – wenn der Staat z.B. die Preise durch entsprechende Vorschriften festschreibt – als sog. **zurückgestaute Inflation** auftreten. Das Problem der nicht ausreichenden und deswegen überausgelasteten Kapazitäten äußert sich dann nicht in offen steigenden Preisen, sondern z.B. in Schlangen vor den Kaufhäusern oder lange Lieferfristen.

Im umgekehrten Fall der **unterdurchschnittlichen** Kapazitätsauslastung entsteht in der Volkswirtschaft **Arbeitslosigkeit**. Der Absatz der Produktion stockt, und die Unternehmer entlassen Arbeitskräfte. Auch hierbei ist es möglich, daß die Störung des Wirtschaftsablaufs nicht in Form offener Arbeitslosigkeit auftritt, sondern in Form der sog. **versteckten Arbeitslosigkeit**. Im statistischen Ausweis herrscht zwar Vollbeschäftigung, weil formal jeder Arbeitswillige eine Stelle hat. Materiell herrscht jedoch Arbeitslosigkeit, weil ein Teil der Beschäftigten faktisch keiner produktiven Tätigkeit nachgeht.

Insgesamt kommt es also darauf an, durch eine geeignete **Konjunkturpolitik** den Konjunkturverlauf möglichst zu verstetigen. Die Ziele, die damit letztlich verfolgt werden, sind **Vollbeschäftigung und Preisniveaustabilität**.

In Abbildung 1.5 ist ein Konjunkturzyklus schematisch in idealisierter Form dargestellt.

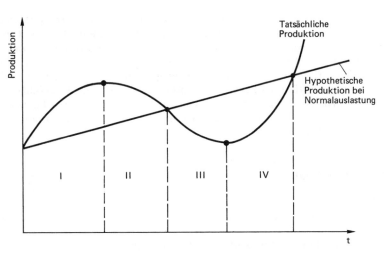

Abb. 1.5 Konjunkturschwankungen

Auf der Abszisse ist die Zeit abgetragen. Auf der Ordinate sind zwei Arten von Produktionswerten abgetragen. Zum einen sind die Produktionswerte abgetragen, die sich ergeben würden, wenn die Kapazitäten normal ausgelastet wären. Dies sind hypothetische Produktionswerte. Zum anderen sind auch die tatsächlichen Werte der Produktion abgetragen. Die Produktionsentwicklung folgt insgesamt einem Wachstumstrend. Die Konjunkturschwankungen bedeuten, daß die tatsächlichen Produktionswerte um die Normalauslastungswerte schwanken.

Der gesamte **Konjunkturzyklus** wird üblicherweise in **4 Phasen** eingeteilt. Für Phase I sind die Bezeichnungen **Boom oder Hochkonjunktur** verbreitet. Die Produktion liegt über derjenigen bei Normalauslastung und wächst mit abnehmenden Zuwachsraten. Phase II ist die **Konjunkturabschwächung oder der Konjunkturabschwung**. Die Produktion sinkt, liegt jedoch noch über dem Niveau bei Normalauslastung. Phase III wird als die **Rezession** bezeichnet. Der Ausdruck Depression ist für Phase III nicht mehr unbedingt gebräuchlich, da wegen des Wachstumstrends die Produktion auch in Phase III regelmäßig noch höhere Werte aufweist als in der entsprechenden Phase des vorlaufenden Zyklus. In dieser Phase III der Rezession sinkt die Produktion unter den Normalauslastungswert. Phase IV ist die **Erholung oder der Konjunkturaufschwung**. Die Produktion steigt mit wachsenden Zuwachsraten, wobei das Produktionsniveau jedoch noch unter dem bei Normalauslastung liegt.

Die negativen Begleiterscheinungen der Konjunkturschwankungen bestehen darin, daß eine überdurchschnittliche Kapazitätsauslastung (Phasen I und II) mit relativ hohen **Inflationsraten** und eine unterdurchschnittliche Kapazitätsauslastung (Phasen III und IV) mit relativ hohen **Arbeitslosenquoten** einhergehen. Diese Störungen möglichst zu vermeiden, ist ein Problem jeder arbeitsteiligen Wirtschaft.

VI. Zusammenfassung

Knappheit zwingt zum **Wirtschaften**. Die Knappheit kann verringert werden durch den Einsatz von **Produktionsfaktoren** in der **Produktion**. Hierbei ist zu entscheiden, **was** und **wie** produziert werden soll und **wieviel Produktionsfaktoren** eingesetzt werden sollen. Die Produktion kann bei gleichem Faktoreinsatz durch **Arbeitsteilung** erhöht werden, d.h. die **Arbeitsproduktivität** kann gesteigert werden. Arbeitsteilung führt zu **Tausch**, der durch die Verwendung von **Geld** erleichtert wird. In arbeitsteiligen Wirtschaften muß das Problem der **Koordinierung** gelöst werden, es muß über **Verteilungsverfahren** entschieden werden, und es gilt, **Konjunkturschwankungen** zu vermeiden.

Literatur zum 1. Kapitel

Lehrbücher:

Bartling, H. und **F. Luzius**: Grundzüge der Volkswirtschaftslehre. 7. Aufl. München 1989. S. 3-34.
Basseler, U., J. Heinrich und **W. Koch**: Grundlagen und Probleme der Volkswirtschaft. 13. Aufl. Köln 1991. S. 39-57.
Cezanne, W. und **J. Franke**: Volkswirtschaftslehre. Einführung. 5. Aufl. München 1991. S. 1-14.
Demmler, H.: Einführung in die Volkswirtschaftslehre. Elementare Preistheorie. 2. Aufl. München 1991. S. 1-9.
Gruber, U. und **M. Kleber**: Grundlagen der Volkswirtschaftslehre. München 1992. S. 1-30.
Hanusch, H. und **T. Kuhn**: Einführung in die Volkswirtschaftslehre. Berlin 1991. S. 1-19.
Hardes, H.-D. und **J. Mertes**: Grundzüge der Volkswirtschaftslehre. 3. Aufl. München 1991. S. 1-26.
Hübl, L., W. Meyer und **W. Ströbele**: Grundkurs in Volkswirtschaftslehre. 4. Aufl. Berlin 1989. S. 11-19.
Lachmann, W.: Volkswirtschaftslehre 1. Grundlagen. Berlin 1990. S. 5-25.
Samuelson, P. A. und **W. D. Nordhaus**: Economics. 12. Aufl. New York 1985. Dt. Ausgabe: Volkswirtschaftslehre. Grundlagen der Makro- und Mikroökonomie. Bd. 1. 8. Aufl. Köln 1987. S. 59-83.
Siebert, H.: Einführung in die Volkswirtschaftslehre. 11. Aufl. Stuttgart 1992. S. 15-55.
Woll, A.: Allgemeine Volkswirtschaftslehre. 9. Aufl. München 1987. S. 47-62.

2. Kapitel:
Marktwirtschaft versus Planwirtschaft –
Die beiden Lösungsversuche
für die ökonomischen Grundprobleme

Im 1. Kapitel sind die ökonomischen Grundprobleme geschildert worden, mit denen jede Gesellschaft konfrontiert ist, wenn Knappheit und Arbeitsteilung herrschen. Es müssen stets Antworten auf folgende Fragen gefunden werden:
1. **Was** soll produziert werden? (Produktionsstruktur),
2. **Wie** soll produziert werden? (Faktorallokation),
3. **Für wen** soll produziert werden? (Verteilung),
4. Wie soll **koordiniert** werden? (Koordinierung, spez. Konjunktur).

Zur Lösung dieser ökonomischen Grundprobleme werden regelmäßig 2 idealtypische Wirtschaftsordnungen diskutiert. Die eine Ordnung ist die **Freie Marktwirtschaft**, die andere Ordnung ist die **Zentralplanwirtschaft**. In der Freien Marktwirtschaft erfolgt die Lösung der Probleme durch **dezentrale Planung** und deren Koordinierung über den Markt. In der Zentralplanwirtschaft erfolgt die Lösung der Probleme durch einen **zentralen Plan** einer staatlichen Planungsinstanz.

I. Freie Marktwirtschaft

1. Funktionsweise des Marktmechanismus

a. Märkte, Marktteilnehmer und Kreislauf

In einer Marktwirtschaft findet eine dezentrale Planung zur Lösung der ökonomischen Grundprobleme statt. Dies ist zunächst lediglich eine sehr allgemeine Formel, die näher erläutert werden muß. Wer sind in der Marktwirtschaft die einzelnen Wirtschaftseinheiten, in denen die dezentrale Planung stattfindet? Man sagt, daß auf einem **Markt** zwischen den Marktteilnehmern **Anbieter** und **Nachfrager** ein **Austausch von Gütern** stattfindet.

Zwei wesentliche Gruppen von Märkten sind die **Konsumgütermärkte** einerseits und die **Faktormärkte** andererseits. Auf einem Konsumgütermarkt werden Konsumgüter gehandelt. Die Anbieter sind die Unternehmer, die in den Betrieben die Konsumgüter produzieren und auf den Konsumgütermärkten zum Verkauf anbieten. Die Nachfrager sind die Haushalte, die ihr Einkommen zum Kauf von Konsumgütern verwenden. Dagegen treten auf den Faktormärkten die Haushalte als Anbieter z.B. für den Produktionsfaktor Arbeit auf, und die Unternehmer sind dementsprechend Nachfrager nach diesem Produktionsfaktor. Diese Zusammenhänge kann man sich als einen **wirtschaftlichen Kreislauf** vorstellen, wie er in Abbildung 2.1 dargestellt ist.

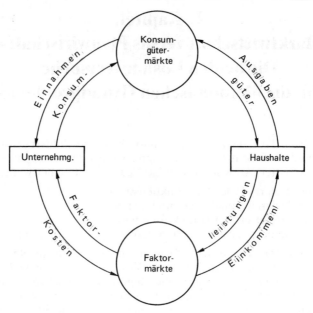

Abb. 2.1 Güter- und Geldkreislauf

Dem **Güterkreislauf** der Konsumgüter und Faktorleistungen fließt ein **Geldkreislauf** entgegen, der die Entgelte charakterisiert, die von den jeweiligen Nachfragern an die Anbieter für die gelieferten Konsumgüter bzw. Faktorleistungen zu leisten sind.

Die Tatsache, daß in diesem Wirtschaftssystem die Planung dezentral stattfindet, bedeutet insbesondere, daß keine der beteiligten Wirtschaftseinheiten einer anderen Wirtschaftseinheit ihre Pläne aufzwingen kann. Jede Wirtschaftseinheit ist zur **Realisierung ihrer Pläne auf andere Wirtschaftseinheiten angewiesen.** Fehlt ein entsprechender Partner, kann der Plan nicht realisiert werden.

b. Nachfrage und Angebot

Wie sehen die Planungen der einzelnen Wirtschaftseinheiten konkret aus? Wie revidieren die Wirtschaftseinheiten ihre Pläne, wenn sie mit den Plänen anderer Wirtschaftseinheiten nicht kompatibel sind? Die allgemeine Antwort lautet: Die Anbieter und Nachfrager planen **Mengen auf der Grundlage von Preisen**, die sich auf den Märkten bilden. Die Märkte fungieren gewissermaßen als Informationslieferant für die Preise, auf deren Grundlage die Anbieter und Nachfrager eine Mengenplanung vollziehen.

(1) Die Nachfrager

Üblicherweise kauft man ein Gut um so eher, je weniger es kostet. Allgemein bedeutet dies, daß **zwischen Preis und nachgefragter Menge eine negative Beziehung** besteht. Der Preis ist hierbei die unabhängige Variable, und die nachgefragte Menge ist die abhängige Variable. Die analytisch exakte Ableitung dieser Aussage ist ein Gegenstand der Mikroökonomik. Die Ableitung geschieht auf der Grundlage der Annahme, daß der Nachfrager seinen **Nutzen maximieren** will und sich hierbei rational verhält. Hier an dieser Stelle soll dieser Zusammenhang noch nicht vertieft dargestellt werden. Wir begnügen uns mit einer Plausibilitätsüberlegung. Diese lautet einfach, daß ein Nachfrager aufgrund wirtschaftlicher Überlegungen typischerweise um so mehr von einem Gut bereit ist zu kaufen, je weniger es kostet. Eine solche **Nachfragefunktion** ist grafisch in Abbildung 2.2 dargestellt.

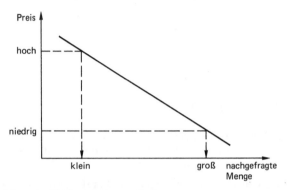

Abb. 2.2 Nachfrage in Abhängigkeit vom Preis

Wenn sich der Preis z.B. erhöht, dann bedeutet dies in Abbildung 2.2 eine Bewegung auf der Nachfragefunktion nach links oben.

Außer dem Preis spielen natürlich bei der Kaufentscheidung auch noch zahlreiche **andere Einflußgrößen** eine Rolle. Von Bedeutung sind die Höhe des Einkommens, die Erziehung, der kulturelle Hintergrund, die familiäre Situation, die geografische Lage, das Klima, die Jahreszeit usw. Wenn sich z.B. das Einkommen erhöht, dann bedeutet dies, daß der Nachfrager bei alternativ gegebenen Preisen wegen des höheren Einkommens bereit ist, mehr als bisher von dem Gut zu kaufen. Die **Nachfragefunktion verschiebt sich** also nach rechts außen. Man kann auch sagen, daß der Nachfrager für eine bestimmte Menge des Gutes wegen des höheren Einkommens bereit ist, einen höheren Preis zu zahlen. Auch diese Überlegung macht deutlich, daß sich die Nachfragefunktion nach rechts außen verschiebt.

Alle Einflußgrößen außer dem Preis sind in der Abbildung 2.2 gedanklich konstant gehalten. Man macht Gebrauch von der sog. **ceteris-paribus-Klausel**. Das heißt nicht, daß sich die anderen Einflußgrößen außer dem Preis nicht ändern können. Es bedeutet lediglich, daß sich dann, wenn sich eine oder auch mehrere dieser anderen Größen ändern, die Nachfragefunktion in Abbildung 2.2 **verschiebt**. Dagegen bedeutet eine Änderung des Preises bei Konstanz aller anderen Größen (ceteris-paribus-Klausel) eine **Bewegung auf** der Nachfragefunktion.

(2) Die Anbieter

Für die typische Verhaltensweise eines Anbieters kann eine analoge Plausibilitätsüberlegung angestellt werden. Das Kalkül des Anbieters ist die **Gewinnmaximierung**. Aufgrund dieses Kalküls wird ein Anbieter um so mehr von einem Gut produzieren und an den Markt geben, je höher der Preis ist, den er erzielen kann. **Zwischen Preis und angebotener Menge besteht typischerweise eine positive Beziehung**. Eine solche Angebotsfunktion ist grafisch in Abbildung 2.3 dargestellt.

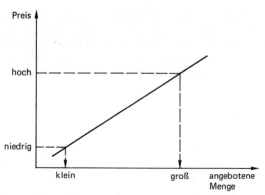

Abb. 2.3 Angebot in Abhängigkeit vom Preis

Wenn sich der Preis z.B. verringert, dann wird der Anbieter nur noch eine geringere Menge anzubieten bereit sein. In Abbildung 2.3 ist dies eine Bewegung auf der Angebotsfunktion nach links unten.

Natürlich spielen auch hier beim Angebot außer dem Preis noch **zahlreiche andere Größen** für die Produktionsentscheidung eine Rolle. Ändert sich z.B. die Kostenstruktur eines Anbieters, dann wird sich die **Angebotsfunktion verschieben**. Nehmen wir als **Beispiel** die Produktion von Benzin. Das zur Produktion notwendige Rohöl wird importiert. Wertet die DM nun z.b. gegenüber dem US-Dollar ab, von z.B. 1,50 DM/US-Dollar auf 1,80 DM/US-Dollar, dann bedeutet dies, daß die DM-Kosten der Benzinproduzenten steigen. Diese Verschlechterung der Kostenstruktur äußert sich in der Angebotsfunktion darin, daß sich diese nach links oben verschiebt. Die Produzenten sind zu alternativen Preisen wegen der gestiegenen Kosten nur noch bereit, eine geringere Menge anzubieten. Oder, anders ausgedrückt: Die Produzenten sind die gleiche Menge nur noch zu höheren Preisen bereit anzubieten. Beide Überlegungen machen deutlich, daß sich die Angebotsfunktion nach links oben verschiebt.

c. Der Marktmechanismus als Lösung der ökonomischen Grundprobleme

(1) Koordinierung

Wir sind nun in der Lage, die Lösung der ökonomischen Grundprobleme im System der Freien Marktwirtschaft zu erläutern. Zunächst soll erläutert werden, auf welche Weise der Marktmechanismus das **Koordinierungsproblem** löst.

Es wurde bereits erwähnt, daß die Pläne der verschiedenen dezentral entscheidenden Wirtschaftseinheiten zur Realisierung aufeinander angewiesen sind. In Abbildung 2.4 ist ein Markt, d.h. das Zusammenspiel zwischen Angebot und Nachfrage dargestellt.

Beginnen wir unsere Überlegungen z.B. mit dem Preis p_1. Dieser Preis ist relativ niedrig. Dementsprechend ist die geplante angebotene Menge x^{s1} relativ gering. Bei dem niedrigen Preis sind nur wenige Anbieter in der Lage, mit Gewinn zu produzieren. Auf der anderen Seite ist jedoch die bei diesem Preis geplante nachgefragte Menge x^{d1} relativ hoch. Viele Nachfrager würden das Gut gerne kaufen, weil es so billig ist. Bei dem Preis p_1 liegt ein **Ungleichgewicht** vor, nämlich ein **Nachfrageüberschuß** in Höhe $x^{d1} - x^{s1}$ vor. Marktverhältnisse dieser Art

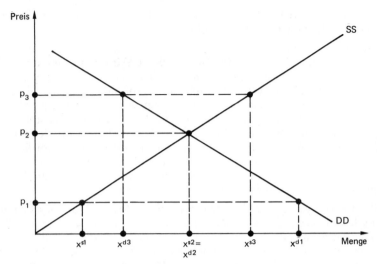

Abb. 2.4 Markt und Marktgleichgewicht

sind äußerlich erkennbar an Käuferschlangen vor den Kaufhäusern, langen Lieferfristen, Abstandszahlungen usw. Das **Koordinierungsproblem ist nicht befriedigend gelöst**. Es herrscht **Mangel**. Auf einem freien Markt, d.h. in diesem Zusammenhang insbesondere, daß die Preise keinen behördlichen Beschränkungen unterliegen und vollständig flexibel sind, hält sich dieser Zustand nicht lange. Der Nachfrageüberschuß treibt die Preise nach oben. Der **Preisanstieg** löst sowohl auf der Angebotsseite als auch auf der Nachfrageseite **Anpassungsreaktionen** aus. Die angebotene Menge reagiert auf die Preissteigerung positiv. Zu höheren Preisen gehen mehr Anbieter mit mehr Produktion an den Markt. Auf der anderen Seite geht die geplante nachgefragte Menge in Reaktion auf die Preissteigerung zurück. Die Nachfrager schränken sich ein und weichen auf Substitutionsgüter aus.

Nehmen wir nun an, daß der Preis aufgrund des Nachfrageüberschusses bis auf p_3 in die Höhe schießt. Bei diesem relativ hohen Preis ist die angebotene Menge x^{s3} reichlich. Viele Produzenten sind in der Lage, mit Gewinn zu produzieren und anzubieten. Andererseits ist der Preis nun aber so hoch, daß die von den Nachfragern geplante nachgefragte Menge x^{d3} relativ klein ausfällt. Es herrscht ein **Angebotsüberschuß**. Die Produzenten können das Angebot x^{s3} nicht vollständig absetzen. Der Teil $x^{s3} - x^{d3}$ muß auf Lager genommen werden. Das äußere Kennzeichen solcher Marktverhältnisse sind hohe Läger, Zugaben beim Kauf usw. Das Koordinierungsproblem ist auch bei diesem Preis nicht gelöst. Es wird mehr produziert, als die Nachfrager bei den herrschenden Preisen bereit sind abzunehmen. Sind die Preise nun wieder vollständig flexibel, dann treibt der Angebotsüberschuß den **Preis nach unten**. Dies löst wiederum **Anpassungsreaktionen** auf der Angebots- und der Nachfrageseite aus, die das Ungleichgewicht zwischen angebotener Menge und nachgefragter Menge abbauen.

Das Koordinierungsproblem ist dann gelöst, wenn der Preis so hoch ist, daß sich angebotene und nachgefragte Menge gerade die Waage halten. In Abbildung 2.4 ist dies der Preis p_2. Dieser Preis heißt **Gleichgewichtspreis**. Der Markt ist im **Gleichgewicht**. Bei diesem Preis herrscht weder Mangel noch Überproduktion.

Das Instrument, durch welches diese Lösung des Koordinierungsproblems herbeigeführt wird, ist die **Flexibilität der Preise**.

Dieser Mechanismus ist nicht nur von theoretischem Interesse, sondern auch von grundsätzlicher Bedeutung für die **praktische Wirtschaftspolitik**. Greift der Staat in die freie Preisbildung ein, indem z.B. aus sozialen Überlegungen ein relativ niedriger Preis als Höchstpreis durch eine Verordnung festgelegt wird, dann ist die gewissermaßen automatische Konsequenz hiervon, daß es zu Mangelerscheinungen wegen Unterproduktion kommt. Der Marktmechanismus verliert durch die Preisfixierung seine Fähigkeit, das Koordinierungsproblem zu lösen. **Flexible Preise sind ein geeignetes Instrument zur Lösung des Koordinierungsproblems**. Sozialpolitische Ziele sollten nicht mit Eingriffen in die freie Preisbildung verfolgt werden, sondern mit anderen Instrumenten, z.b. direkten Einkommenszuwendungen an bedürftige Personenkreise.

Teilweise wird gesagt, daß Darstellungen dieser Art des Marktgeschehens unrealistisch sind, da die den Angebots- und Nachfragefunktionen zugrunde liegenden Pläne gar nicht bekannt sind. Nun ist es zweifellos richtig, daß diese Funktionen nur in seltenen Ausnahmefällen bekannt sind, z.b. im Falle von börsenmäßig organisierten Märkten. Die Kenntnis dieser Funktionen ist jedoch gar nicht notwendig. Denn Veränderungen der ohne weiteres beobachtbaren Marktpreise signalisieren, daß Ungleichgewichte vorliegen, und sorgen dafür, daß es auf der Angebots- und der Nachfrageseite zu den für die Lösung des Koordinierungsproblems geeigneten Anpassungsreaktionen hin zum Marktgleichgewicht kommt. **Der Marktmechanismus ist ein adaptives, sich selbst regulierendes System.**

(2) Faktorallokation

Das Problem der Faktorallokation besteht darin, die knappen Produktionsfaktoren **möglichst effizient, d.h. wirtschaftlich** einzusetzen. Wir haben anhand des Konzepts der **Transformationskurve** erfahren, daß es hierbei darum geht, die Produktionsfaktoren so einzusetzen, daß die Volkswirtschaft auf der Transformationskurve produziert und nicht darunter. Wie löst der Marktmechanismus dieses Problem? Die allgemeine Antwort lautet, daß der **Anreiz- und Sanktionsmechanismus des Marktes** für einen effizienten Einsatz der Produktionsfaktoren sorgt. Aufgrund des **Gewinnstrebens** besteht für die Unternehmer ein Anreiz, eine bestimmte Produktion zu minimalen Kosten zu erstellen, d.h. die billigste Faktorkombination zu realisieren. Dies ist aber gleichbedeutend damit, daß die Transformationskurve erreicht wird und nicht unterhalb dieser produziert wird. Der **Sanktionsmechanismus** besteht darin, daß unter den Produzenten **Konkurrenz (Wettbewerb)** herrscht. Die Konkurrenz besorgt, daß solche Unternehmer aus dem Markt ausscheiden, die ineffiziente Produktionsverfahren anwenden.

Der Anreiz- und Sanktionsmechanismus verleiht der Marktwirtschaft auch ein **dynamisches Element**. Die Unternehmer sind, um ihre Gewinne zu steigern, permanent auf der Suche nach neuen Produktionsverfahren, durch deren Einsatz sie ihre Kosten senken können. Im Konzept der Transformationskurve bedeutet dies, daß sich die Transformationskurve nach rechts außen verschiebt. Denn durch das billigere Produktionsverfahren ist es möglich, mit der gleichen Menge an Produktionsfaktoren (d.h. aus unternehmerischer Sicht mit gleichen Kosten) eine höhere Produktion zu erstellen. Dieser Anreiz- und Sanktionsmechanismus kann anhand der Abbildung 2.5 erläutert werden.

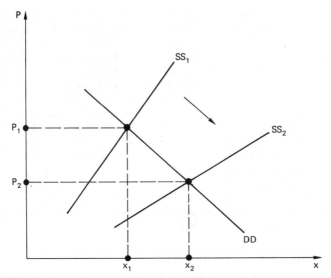

Abb. 2.5 Marktmechanismus und Faktorallokation

Die Möglichkeit eines **billigeren Produktionsverfahrens** bedeutet, daß sich die Angebotsfunktion in Abbildung 2.5 nach rechts unten von SS_1 nach SS_2 verschiebt. Die Kalkulation des einzelnen Unternehmers ist, beim herrschenden Marktpreis p_1 durch eine Ausweitung der Produktion seine **Gewinne zu steigern**. Denn wenn bei gleichbleibendem Preis der mengenmäßige Absatz gesteigert wird, dann steigt mit Sicherheit der Umsatz. Der **Gewinn**, d.h. die **Differenz zwischen Umsatz und Kosten**, steigt dadurch zwar nicht automatisch, sondern nur, wenn die Kosten weniger stark ansteigen als der Umsatz. Dies ist aber gerade durch das billigere Produktionsverfahren gewährleistet. Die beim Preis p_1 bisher geplante Angebotsmenge x_1 steigt also an. Beim Preis p_1 liegt dann kurzfristig am Markt ein Angebotsüberschuß vor. Dieser Angebotsüberschuß löst eine Tendenz zur **Preissenkung** aus, bis das **neue Marktgleichgewicht** mit dem niedrigeren Preis p_2 und der größeren Menge x_2 erreicht ist. Die Verbraucher ziehen aus dieser Entwicklung also den Vorteil, daß eine größere Menge zu einem niedrigeren Preis an den Markt kommt. Dieser Verlauf setzt allerdings voraus, daß zwischen den Anbietern **Konkurrenz** herrscht. Denn die Preissenkung läuft den ursprünglichen Plänen der Anbieter, bei gleichem Preis die Produktion auszudehnen, zuwider. Sie versuchen daher durch Absprachen, Kartellbildung u.ä. Konkurrenzverhinderungsmaßnahmen, die Preissenkung abzuwehren. Dies muß in einer funktionierenden Marktwirtschaft durch die staatliche **Wettbewerbspolitik** verhindert werden. Die Konkurrenz ist dann gewährleistet, wenn die seitens der einzelnen Anbieter am Markt angebotene Menge im Vergleich zur Gesamtangebotsmenge so gering ist, daß der einzelne Unternehmer mit seinem verschwindend **geringen Marktanteil** keinen signifikanten Einfluß auf den Marktpreis hat. Wenn nämlich unter solchen Bedingungen einzelne Unternehmer versuchen, weiter zu dem hohen Preis p_1 anzubieten, dann haben sie keinen Absatz mehr, da am Markt der von ihnen unbeeinflußbare Preis p_2 herrscht. Wenn dagegen einzelne Unternehmer aufgrund ihres hohen Marktanteils in der Lage sind, durch ihr Mengenangebot den Marktpreis zu beeinflussen, liegt **Marktmacht** vor.

In der Freien Marktwirtschaft wird also durch das Gewinnstreben der Unternehmer die produktionsorganisatorische Effizienz gewährleistet unter der Voraussetzung, daß am Markt Konkurrenz herrscht. Dieser Mechanismus ist auch unter **ethischen Aspekten** hochinteressant. Der Marktmechanismus ist nicht eine Ordnung, die die Menschen zu Wohltätern zu überreden versucht. Vielmehr wird der unter moralischen Aspekten nicht unbedingt lobenswerte, aber sehr verbreitete Egoismus von Menschen akzeptiert und in einen Rahmen – wettbewerblich organisierte Märkte – eingebunden, in dem diese egoistischen Verhaltensweisen zu sozial wünschenswerten Zuständen führen. **Die Faktorallokation ist nicht deswegen optimal, weil die Unternehmer eine möglichst billige Versorgung der Bevölkerung mit knappen Gütern im Auge haben, sondern deswegen, weil sie möglichst hohe Gewinne machen wollen.** Die Freie Marktwirtschaft ist eine Organisationsform, die die egoistische Zielsetzung der Gewinnmaximierung in einen sozial akzeptablen Zustand transformiert. ADAM SMITH sprach in diesem Zusammenhang von einer „**unsichtbaren Hand**", die den einzelnen zu einem Ziel führt, welches er gar nicht angestrebt hat.

(3) Produktionsstruktur

Bei dem Problem der **Produktionsstruktur** geht es um die Frage, **was** mit den knappen Produktionsfaktoren produziert werden soll. Die Frage ist, ob Butter oder Kanonen produziert werden sollen, Autos oder Studienplätze, Oberhemden oder Theateraufführungen, Brot oder Bier, Wohnungen oder Sportstadien usw. In der Marktwirtschaft wird auch dieses Problem nach dem **Gewinnmaximierungskalkül der Unternehmer** gelöst. Die Unternehmer produzieren diejenigen Güter, die sich auch absetzen lassen, d.h. mit denen sich am meisten verdienen läßt. Das bedeutet aber, daß letztlich **die Verbraucher darüber entscheiden, was produziert wird.** Denn nur solche Güter lassen sich absetzen, die von den Verbrauchern auch gewünscht werden. Die Produktionsstruktur wird durch das Gewinnstreben der Unternehmer an die Konsumentenwünsche angepaßt. Man sagt, in der Marktwirtschaft wird das Problem der Produktionsstruktur nach dem Prinzip der **Konsumentensouveränität** gelöst.

Die Anpassung der Produktionsstruktur an die Konsumentenwünsche kann anhand der Abbildung 2.6 erläutert werden.

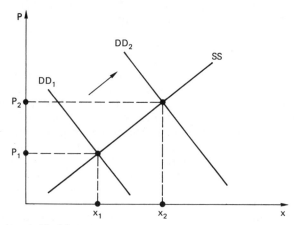

Abb. 2.6 Steigende Nachfrage

2. Kap.: Marktwirtschaft versus Planwirtschaft

Nehmen wir an, daß von einem Gut im Ausgangszustand die Menge x_1 produziert wird. Nun ändern sich die **Bedürfnisse** der Verbraucher. Es wird mehr als bisher von diesem Gut gewünscht. Dies bedeutet eine Rechtsverschiebung der Nachfragefunktion von DD_1 nach DD_2. Bei dem bisherigen Preis p_1 liegt dann kurzfristig ein Nachfrageüberschuß vor. Die Preise steigen. Diese Preissteigerung lockt jedoch zusätzliches Angebot hervor. Die Unternehmer sind, weil sie ihre **Gewinne maximieren** wollen, bereit, bei höheren Preisen mehr zu produzieren. Das neue Marktgleichgewicht liegt bei dem höheren Preis p_2 und der größeren Menge x_2. Den Konsumentenwünschen entsprechend, ist die Produktion des Gutes ausgedehnt worden.

Die prinzipiell gleiche Überlegung kann auch anhand der **Transformationskurve** angestellt werden. Zur Erläuterung kann die Abbildung 1.3 oben im 1. Kapitel, Ziffer III.1 verwendet werden. Wir wollen annehmen, daß die Gesellschaft im Ausgangszustand die Produktionsstruktur des Punktes B realisiert. Nun steigen die Bedürfnisse nach dem Gut 1. In der Marktwirtschaft löst dies eine Preissteigerung dieses Gutes aus, die über das Gewinnstreben der Unternehmer zu einer Ausweitung der Produktion dieses Gutes führt. Im Konzept der Transformationskurve bedeutet die Preissteigerung, daß der in **Opportunitätskosten ausgedrückte Preis** von Gut 1 ansteigen muß. In B hat die zuletzt produzierte Einheit von Gut 1 eine Einheit von Gut 2 gekostet. In Punkt A z.B. kostet die zuletzt produzierte Einheit von Gut 1 zwei Einheiten von Gut 2.

Ein Anstieg des in Opportunitätskosten ausgedrückten Preises von Gut 1 bedeutet also eine Bewegung auf der Transformationskurve nach links oben. Das heißt aber, daß die Produktion von Gut 1 zu Lasten derjenigen von Gut 2 ausgedehnt wird. Die Produktionsstruktur hat sich entsprechend den Konsumentenwünschen geändert.

Es muß auch hier bei dem Problem der Produktionsstruktur wiederum betont werden, daß die **Anpassung der Produktionsstruktur von den Unternehmern nicht vorgenommen wird, weil sie etwa den Veränderungen der Konsumentenwünsche Rechnung tragen wollen, sondern weil sie höhere Gewinne machen wollen bzw. Verluste vermeiden wollen**. Die Marktwirtschaft ist eine Organisationsform, die die egoistische Zielsetzung der unternehmerischen Gewinnmaximierung in einen sozial wünschenswerten Zustand transformiert. Die Menschen werden mit den Gütern versorgt, die sie haben wollen. Die Zusammensetzung der Güterproduktion wird in dieser Ordnung entschieden nach dem Kriterium der **Konsumentensouveränität**.

(4) Verteilung

Bei dem Problem der Verteilung geht es um die Frage, wem die produzierten Güter zur Nutzung zur Verfügung gestellt werden sollen. Im System der Marktwirtschaft werden diejenigen Güter produziert, für die Nachfrager bereit sind, zu bezahlen. Das hierzu notwendige **Einkommen** erhalten die Haushalte auf den **Faktormärkten** für die Bereitstellung von Produktionsfaktoren. Also erfolgt die Verteilung der Güter nach dem Prinzip der **Leistungsgerechtigkeit**. Die knappen Güter können sich diejenigen Haushalte kaufen, die sich durch eine entsprechende **Leistung auf den Faktormärkten** das zum Kauf notwendige Einkommen erworben haben.

Von besonderem Interesse ist das Einkommen, welches von den Kapitalbesitzern in der Form von **Zinsen** für die Bereitstellung des Produktionsfaktors Kapital erzielt wird. Der Zins als spezielles Faktoreinkommen erfüllt die Funktion, einen **Anreiz für die Bereitstellung von Kapital** zu bieten. Denn Kapitalbildung ist nur durch Konsumverzicht möglich. Der Zins bietet hierzu einen Anreiz. Damit regelt der Zins als spezieller Preis die **Aufteilung der Produktion** einer bestimmten Periode in den Teil, der in dieser Periode als **Gegenwartskonsum** zur Verfügung steht, und in den Teil, der gespart wird, d.h. also zur Kapitalbildung und damit für den **Zukunftskonsum** verwendet wird.

Im System der Freien Marktwirtschaft wird also das Problem der Verteilung nach dem Prinzip der **Leistungsgerechtigkeit** gelöst. In der Realität marktwirtschaftlicher Wirtschaftsordnungen wird von diesem Prinzip regelmäßig in mindestens **zwei Fällen abgewichen**. Erstens erhalten weniger leistungsfähige Mitglieder der Gesellschaft (Kinder, Kranke, Alte, Behinderte) einen Teil der knappen Güter als nicht-leistungsbezogene Zuwendung. Zweitens kommt es zu nicht-leistungsbezogenen Einkommen, wenn Vermögen vererbt wird und die Erbschaftsteuer niedriger als 100% ist.

d. Eigentumsrechte

Eine **Voraussetzung** für das Funktionieren des Marktmechanismus ist, daß die Wirtschaftseinheiten über die Verwendung der Produktionsfaktoren und Güter **eigenverantwortlich entscheiden** können. Dies läßt sich an zahlreichen **Beispielen** demonstrieren. Das Funktionieren des Anreiz- und Sanktionsmechanismus der Gewinne z.B. setzt voraus, daß der Unternehmer über die erzielten Gewinne verfügen kann, bzw., falls er Verluste erwirtschaftet, die Konsequenzen der Pleite zu tragen hat. Die Bereitschaft, ein Unternehmen zu gründen und sich als Unternehmer zu betätigen, setzt voraus, daß man über den Einsatz der gekauften Maschinen, des erworbenen Bodens, der erworbenen Lizenzen usw. eigenverantwortlich entscheiden kann. Das Funktionieren der Konsumentensouveränität setzt voraus, daß der Nachfrager sicher sein kann, über die Verwendung des gekauften Gutes auch selbst entscheiden zu können. Die Entstehung von Einkommen auf den Faktormärkten setzt voraus, daß die Produktionsfaktoren frei veräußerbar sind.

Ein Instrument zur Erfüllung dieser Voraussetzungen sind Eigentumsrechte. Das Eigentum an einem Unternehmen begründet das Recht, über den erwirtschafteten Gewinn verfügen zu können. Das Eigentum an einem gekauften Grundstück begründet das Recht, über die Nutzung dieses Grundstücks entscheiden zu können. Das Eigentum an einem gekauften Konsumgut begründet das Recht, die Verwendung dieses Gutes bestimmen zu können. Das Eigentum an Arbeit begründet das Recht, diese Arbeit gegen eine zu vereinbarende Lohnzahlung verkaufen zu können. Das Eigentum an Kapital begründet das Recht, dieses Kapital gegen einen zu vereinbarenden Zins in einem Darlehensvertrag dem Kreditnehmer zur Verfügung zu stellen, oder auch als Eigenkapital mit variablem Gewinnanspruch zur Verfügung zu stellen.

In einer allgemeinen Sichtweise sind **Eigentumsrechte ein Instrument, um zur optimalen Lösung der Probleme der Faktorallokation, der Produktionsstruktur und der Verteilung beizutragen.**

Die **Faktorallokation** ist optimal, wenn der Einsatz der Produktionsfaktoren dem Wirtschaftlichkeitsprinzip genügt. Sind die Produktionsfaktoren im Privateigentum, dann wird das Eigeninteresse der Eigentümer in der Regel dazu führen, daß diese mit den ihnen eigenen Produktionsfaktoren gemäß dem ökonomischen Prinzip verfahren. Existiert dagegen ein unscharf definiertes Gemeineigentum, dann fühlt sich im Zweifel niemand für einen effizienten Einsatz verantwortlich. Der Einsatz wird nach irgendwelchen sonstigen, d.h. unwirtschaftlichen Überlegungen festgelegt. Es kommt zur Übernutzung.

Die **Produktionsstruktur** ist dann optimal, wenn sie dem Prinzip der Konsumentensouveränität genügt. Sind die Produktionsfaktoren im Privateigentum, dann kann aufgrund des Eigeninteresses der Eigentümer erwartet werden, daß Produktionsfaktoren in der Produktion von solchen Gütern eingesetzt werden, die die besten Aussichten haben, abgesetzt werden zu können. Dagegen besteht bei einem Fehlen von wohl definierten privaten Eigentumsrechten die Gefahr, daß Produktionsfaktoren dauerhaft in der Produktion von Gütern eingesetzt werden, die letztlich niemand haben will. Weil die Sanktion der Pleite fehlt, werden solche Produktionen über Gebühr lange fortgeführt.

Was schließlich das Problem der **Verteilung** anbelangt, so ist unmittelbar einsichtig, daß das Privateigentum an den Produktionsmitteln zu einer Verteilung nach dem Leistungsgerechtigkeitsprinzip führt. Nur derjenige erzielt Einkommen und kann sich dementsprechend knappe Güter kaufen, der durch Leistung erworbene, in seinem Eigentum befindliche Produktionsfaktoren verkauft.

Der **Staat** hat in einer Marktwirtschaft die zentrale Aufgabe, den **rechtlichen und institutionellen Rahmen** festzulegen, der von den Haushalten und Unternehmen bei ihren wirtschaftlichen Transaktionen einzuhalten ist. Die Definition und der Schutz von **Eigentumsrechten** sind ein ganz wesentliches Element dieses rechtlichen und institutionellen Rahmens. Der Staat hat durch die Festlegung von **Eigentumsrechten** durch die Rechtsordnung außerordentlich weitreichende Möglichkeiten, den Wirtschaftsablauf zu beeinflussen. So haben sich z.B. im Gefolge der deutschen Einigung die unklaren Eigentumsverhältnisse im Immobilienbereich als entscheidendes Investitionshindernis erwiesen. Allgemein läßt sich sagen, daß die **Gewährung und die Einschränkung von Eigentumsrechten in sehr starkem Maße das wirtschaftliche Geschehen beeinflussen.**

e. Ein Beispiel

Die Funktionsweise des Marktmechanismus soll zur Verdeutlichung abschließend an einem **Beispiel** nochmals demonstriert werden. Als Beispiel wollen wir das Gut **Wohnraum** wählen. Der Markt für Wohnraum ist schematisch dargestellt in Abbildung 2.7.

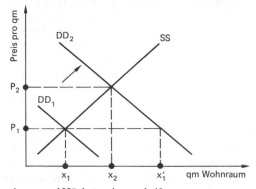

Abb. 2.7 Marktmechanismus und Höchstpreisvorschrift

Der Markt für Wohnraum befindet sich im Ausgangszustand im Gleichgewicht bei der Menge x_1 und dem Preis p_1. Wir nehmen nun an, daß die **Nachfrage nach Wohnraum zunimmt**. Die Menschen wollen z.B. aufgrund veränderter Präferenzen oder auch aufgrund gestiegener Einkommen mehr Wohnraum als bisher. Dies bedeutet, daß sich die Nachfragefunktion DD_1 nach rechts verschiebt auf DD_2. Bei dem alten Preis liegt zunächst eine Überschußnachfrage vor. Dies treibt den Preis nach oben. Preis und Menge steigen. Die Wirkungsweise des Marktmechanismus läßt sich also schlagwortartig wie folgt zusammenfassen:

- Die Preissteigerung bewirkt die notwendige **Umlenkung von Produktionsfaktoren in den Wohnungsbau**. Die Unternehmer bauen mehr Wohnungen, weil sie hierdurch wegen der gestiegenen Nachfrage mehr Gewinne machen können. Allgemein läßt sich sagen, daß die **Flexibilität der Preise und das Gewinnstreben der Unternehmer eine an den Konsumentenwünschen orientierte effiziente Ressourcenallokation garantieren**.

- Die Preissteigerung legt offen, daß wegen der Knappheit zugunsten von Wohnraum auf **andere Güter verzichtet werden muß**. Die Preissteigerung fällt um so stärker aus, je mehr die Nachfrage nach Wohnraum steigt. Die Opportunitätskosten der Produktion von Wohnraum sind um so höher, je mehr Wohnraum gewünscht wird.

Das Gut Wohnraum ist hier bewußt als Beispiel gewählt worden. Denn häufig wird der Wohnraum als absolut lebensnotwendiges Gut angesehen, und es wird die Auffassung vertreten, daß man die Bereitstellung dieses Gutes daher aus sozialen Überlegungen nicht dem nur an privater Gewinnmaximierung ausgerichteten Marktmechanismus überlassen dürfe. Eine Konsequenz dieser Auffassung ist es dann, daß der **Staat aus sozialen Überlegungen einen Höchstpreis festlegt**, der z.B. in Mietverträgen nicht überschritten werden darf.

Was sind jedoch die Folgen einer solchen Höchstpreisvorschrift? Nehmen wir z.B. an, der Staat legt den Höchstpreis p_1 fest. Ein Höchstpreis darf unterboten werden, nicht jedoch überboten werden, er liegt folglich unter dem Gleichgewichtspreis. Also ergeben sich die **folgenden Konsequenzen**:

- Die angebotene **Menge an Wohnraum steigt nicht**. Es bleibt bei dem Angebot x_1, weil kein Produzent bei dem Preis p_1 zusätzlichen Wohnraum anzubieten bereit ist. Durch die staatliche Preisverordnung entsteht keine zusätzliche Produktion. Die Knappheit an Wohnraum wird nicht beseitigt.

- Die **Wohnraumanbieter geraten in eine Machtposition**. Denn bei dem Preis p_1 liegt ja ein Nachfrageüberschuß vor. Die an mehr Wohnraum interessierten Nachfrager stehen bei den Anbietern gewissermaßen Schlange. Damit können sich die Vermieter und Bauherren aus der Menge der Schlange stehenden Nachfrager nach eigenem Gutdünken diejenigen Nachfrager aussuchen, an die sie Wohnraum abzugeben bereit sind. Das knappe Gut erhält nicht mehr derjenige, der mehr zu zahlen bereit ist, sondern derjenige, der keinen Lärm macht, keine Kinder hat, die Straße fegt, eine bestimmte politische Gesinnung vertritt usw.

Beide Konsequenzen der staatlichen Höchstpreisvorschrift sind unsozial. Die Diskriminierung erfolgt nicht mehr über den Preis, unabhängig von Stand und Ansehen des Wohnungssuchenden, sondern über Reputation, Ansehen usw. Gerade schützenswerte Schwache gehen leer aus. **Die sozial gedachte Preisverordnung führt zu unsozialen Konsequenzen**.

Will man die auf der anderen Seite bei freien Preisen ebenfalls als unsozial empfundenen Folgen der Preissteigerung abmildern, dann verbleiben als adäquate Maßnahmen offensichtlich nur solche, die die Preisflexibilität nicht beeinträchtigen. Der Staat kann entweder **direkte Geldzuwendungen** aus dem Steueraufkommen an bedürftige Personenkreise (z.B. kinderreiche Familien mit niedrigem Einkommen) leisten, oder aber die Produktion von **Wohnungen subventionieren bzw. selbst Wohnungen bauen**. Mit der ersten Methode wird versucht, das hohe Preisniveau p_2 auch für Bezieher niedriger Einkommen erschwinglich zu machen. Bei der zweiten Methode wird versucht, durch ein Mehrangebot die Preissteigerung zu verhindern oder zumindest abzumildern. Diese zweite Methode hat allerdings häufig den Nachteil, daß der staatlich subventionierte Wohnungsbau bzw. die staatliche Eigenproduktion von Wohnraum **wegen fehlender Konkurrenz ineffizient**, d.h. überteuert ist. Die Angebotsfunktion verschiebt sich durch die staatliche Wohnungspolitik nicht nur nach rechts (Mengenausweitung), sondern auch nach oben (überhöhte Kosten), so daß es per Saldo nicht zu der erwünschten Preisdämpfung kommt.

2. Mängel des Marktmechanismus

Eine **optimale Allokation der Ressourcen** ist durch den Marktmechanismus gewährleistet, wenn in effizienten Produktionsverfahren die von den Konsumenten vorrangig gewünschten Güter hergestellt werden. Die hiermit angesprochenen zwei Hauptprobleme sind das Problem der **Faktorallokation** und das Problem der **Produktionsstruktur**. Das Problem der Faktorallokation ist optimal gelöst, wenn die Produktion dem **Wirtschaftlichkeitsprinzip** (Effizienz) genügt. Das Problem der Produktionsstruktur ist optimal gelöst, wenn die Güterproduktion an den **Konsumentenwünschen** orientiert ist.

Die Frage ist, ob der Marktmechanismus eine in diesem Sinne optimale Ressourcenallokation garantiert. Diese Frage kann nicht ohne Einschränkungen bejaht werden. **Eine seitens des Staates unregulierte Marktwirtschaft kann zu Mängeln im Sinne einer nicht-optimalen Ressourcenallokation führen**. Kommt es zu einer solchen Fehlallokation von Ressourcen, dann kann eine **staatliche Regulierung** der Marktwirtschaft notwendig werden und gerechtfertigt werden.

Die möglichen Fehlentwicklungen einer Marktwirtschaft im Bereich der **Allokation** können nach MUSGRAVE (1959) unterschieden werden in **Marktunvollkommenheiten** und **Marktversagen**. Diese Mängel des Marktmechanismus sollen im folgenden **kurz erläutert** werden. Damit soll insbesondere ein **systematischer Vergleich** mit dem anschließend zu behandelnden System der **Planwirtschaft** ermöglicht werden. Denn auch für dieses Wirtschaftssytem werden wir die Funktionsweise und die Mängel schildern.

Wir behandeln also hier im 2. Kapitel die möglichen Marktmängel im Bereich der **Allokation noch nicht ausführlich**. Zudem werden weitere, also über den Bereich der Allokation hinausgehende Betätigungsfelder für den Staat, hier im 2. Kapitel noch gar nicht behandelt. Es handelt sich hierbei um die Bereiche der **Stabilisierung** und der **Distribution**. Mit der gesamten Problematik der Rolle des Staates in der Marktwirtschaft beschäftigen wir uns im 3. Kapitel, wo wir die Wirtschaftsordnung der Sozialen Marktwirtschaft behandeln.

a. Marktunvollkommenheiten

(1) Marktmacht

In einer Marktwirtschaft kann es aus verschiedenen Gründen zu Konzentrationsprozessen kommen. Eine Möglichkeit ist, daß die Produzenten versuchen, durch Kartelle, abgestimmte Verhaltensweisen, Fusionen, Preisbindungen usw. die Konkurrenz durch **Wettbewerbsbeschränkungen** zu verhindern. Das vorrangige Ziel solcher Konkurrenz-Verhinderungsmethoden ist die Erlangung von Marktmacht. Eine andere Möglichkeit ist, daß technisch bedingte **Mindestgrößen** in der Produktion (sog. **Unteilbarkeiten**, z.B. Verteilungsnetze für Strom, Gas usw., Kanalisation, Eisenbahnnetz) zu **sinkenden Durchschnittskosten** führen, und daß es dadurch auf der Anbieterseite zu Konzentrationsprozessen kommt. Der Fall, daß die Produktion am kostengünstigsten von nur einem einzigen Anbieter hergestellt wird, wird als ein sog. **natürliches Monopol** bezeichnet.

Im Extrem führen also solche Entwicklungen zum Aufkommen von Monopolen. Im **Monopol** kommt jedoch im Vergleich zum Fall der Konkurrenz weniger Produktion zu höheren Preisen an den Markt. Dieser Sachverhalt ist dargestellt in Abbildung 2.8.

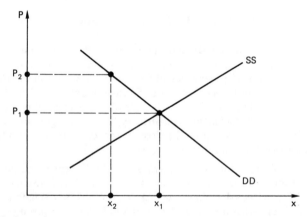

Abb. 2.8 Marktmacht

Im Monopol ist die gewinnmaximierende Preis-Mengen-Kombination (p_2/x_2), während bei der vollständigen Konkurrenz die Preis-Mengen-Kombination (p_1/x_1) ist. Es wird also im Monopol **weniger produziert**, und die Konsumenten müssen **höhere Preise** bezahlen. Die Allokation der Ressourcen ist suboptimal. Der **Staat** ist gefordert. Entsprechende staatliche Maßnahmen sind z.B. die **Wettbewerbspolitik** (im Fall der Kartelle u.ä. Konkurrenzverhinderungs-Methoden) und die **Steuer- und Subventionspolitik** (in den Fällen der Unteilbarkeiten und des natürlichen Monopols).

(2) Negative externe Effekte, insbesondere Umweltverschmutzung

In einer Marktwirtschaft werden Güter produziert, wenn die Produktion entsprechende Gewinne abwirft. Der Gewinn ist die Differenz zwischen Umsatz und Kosten. Sind also z.B. die Kosten der Verstromung von Kohle deswegen so niedrig, weil die Schwefeldioxydemissionen ungefiltert in die Luft emittiert werden können, dann kommt es zu einer Überversorgung mit Elektrizität. In die Kalkulation des Stromproduzenten gehen nur die bei ihm direkt anfallenden Kosten ein, und nicht auch die Kosten, die der Gesellschaft in Form von Luftverschmutzung aufgebürdet werden. Die erstgenannten Kosten werden als **private Kosten** bezeichnet, während die Kosten der Luftverschmutzung **externe Kosten** sind. Externe Kosten sind **negative externe Effekte**. In dem Beispiel der Kohleverstromung kann es zu einer Produktionsstruktur kommen, die nicht an den Konsumentenwünschen orientiert ist, weil eine Kombination von zuviel Elektrizität und zuwenig sauberer Umwelt zustande kommt. Die **Umweltverschmutzung ist ein Beispiel für einen negativen externen Effekt**. Negative externe Effekte führen zu einer **Überversorgung mit Gütern**, deren Produktion diese externen Kosten verursacht. Die Aufgabe des Staates ist es, durch eine geeignete **Umweltpolitik die externen Kosten zu internalisieren**, d.h. entsprechende Maßnahmen zu treffen, daß sämtliche Kosten in den Kalkül des Produzenten eingehen. Denn wenn der Stromproduzent auch die Kosten der Luftreinhaltung zu tragen hat, dann wird Strom wegen der dann höheren privaten Kosten nur zu dem richtigen, d.h. die gesamten Kosten umfassenden höheren Preis produziert. Der die gesamten Kosten umfassende höhere Strompreis führt wegen der negativ reagierenden Nachfrage folgerichtig zu weniger Stromproduktion, verbunden mit mehr sauberer Umwelt.

(3) Positive externe Effekte

Ein **positiver externer Effekt (externer Ertrag, externer Nutzen)** liegt vor, wenn eine bestimmte Aktivität positive Wirkungen hat, die dem Verursacher der Aktivität am Markt nicht entgolten werden. Ein **Standardbeispiel** zur Verdeutlichung ist die **Honigproduktion**. Der Imker erbringt einen externen Ertrag, da außer dem Honig, der sein privater Ertrag ist, auch noch dem Obstbauern durch die Bienen ein wirtschaftlicher Vorteil entsteht. Dieser Ertrag wird aber dem Imker nicht entgolten, stellt also einen externen Ertag (externen Nutzen) dar. Das wirtschaftspolitische Problem solcher externer Erträge besteht darin, daß es – weil die Verursacher der externen Nutzen diese nicht entgolten bekommen – zu einer **Unterversorgung** mit den entsprechenden Gütern kommen kann, d.h. also zu einer Fehlallokation der Ressourcen.

Das einfache Beispiel mit dem Imker ist natürlich recht primitiv. Gewichtigere Fälle sind z.B. das **Gesundheitswesen** und das **Bildungswesen**.

Im **Gesundheitswesen** können externe Erträge z.B. im Fall ansteckender Krankheiten auftreten. Ist ein Mensch gegen die ansteckende Krankheit geimpft, dann zieht nicht nur er selbst aus seiner Gesundheit einen Nutzen (privater Ertrag), sondern der Allgemeinheit fließt auch ein Nutzen (externer Ertrag) zu, dadurch, daß es nicht zu Ansteckungen kommt. Wenn nun die Schutzimpfungen nur über den Markt produziert und angeboten werden, dann kann es zu einer Unterversorgung mit Schutzimpfungen kommen, weil sich wegen des Marktpreises für Impfungen weniger als die optimale Anzahl von Menschen impfen läßt.

Das **Bildungswesen** ist ein ähnlicher Fall möglicher externer Erträge. Ein gut ausgebildeter Mensch zieht nicht nur selbst aus seiner Bildung Nutzen (privater Ertrag) z.B. in Form eines relativ hohen Einkommens. Die Bildung bedeutet auch für die Gesamtwirtschaft einen Nutzen (externer Ertrag). Wenn in einer Gesellschaft jedes Mitglied lesen, rechnen und schreiben kann, und wenn sich darüber hinaus ein Raster allgemein akzeptierter Verhaltensnormen herausbildet, dann wird der Wohlstand dieser Gesellschaft im Regelfall höher ausfallen als in einer Gesellschaft raub- und mordgieriger Analphabeten. Wird nun das Gut Bildung nur über den Markt in Form privater Bildungseinrichtungen angeboten, dann kann es wegen der Ausbildungskosten, die jeder selbst aufzubringen hat, zu einer Unterversorgung mit Bildung, d.h. also gewissermaßen zu einem Bildungsnotstand kommen.

Es wird nun gefordert, daß der **Staat** in den Fällen externer Erträge diese externen Erträge durch geeignete Maßnahmen **internalisieren** muß, um eine optimale Allokation der Ressourcen zu gewährleisten. Vom Ansatz her ist diese Forderung zweifellos gerechtfertigt. Jedoch ist es eine außerordentlich schwierige Frage, wie solche Maßnahmen im Einzelfall konkret ausgestaltet sein sollen. Greift der Staat z.B. zum Mittel der **Subventionierung** des Gesundheits- und Bildungswesens (bis hin zum Nulltarif-Angebot), dann kann dies ebenfalls zu ökonomisch ineffizienten Ergebnissen führen. Denn wenn jeder Mensch Güter wie Gesundheit und Bildung zu einem durch staatliche Subventionen sehr niedrigen Preis erhalten kann, dann entsteht die Neigung einer hemmungslosen Ausnutzung dieser aus privater Sicht relativ billig zur Verfügung stehenden Güter (sog. **moral hazard**). Es kommt zu einer Überversorgung mit diesen Gütern, d.h. daß die in diese Bereiche fließenden Ausgaben in keinem ökonomisch vernünftigen Verhältnis mehr zu dem Ertrag stehen. Eine andere Möglichkeit ist die **staatliche Eigenproduktion** der in Rede stehenden Güter. Dann ist aber das Ergebnis häufig eine völlig **ineffiziente, d.h. überteuerte Produktionsweise**, da die staatliche Eigenproduktion keine Konkurrenz hat und somit der Zwang zur Kostenminimierung fehlt.

b. Marktversagen bei öffentlichen Gütern

Die bisher behandelten Marktunvollkommenheiten sind Fälle, in denen ein nur gradueller Mangel des Marktmechanismus vorliegt. Der Markt funktioniert im Prinzip, jedoch wird von bestimmten Gütern zuviel oder zuwenig produziert. Ein grundsätzlich weitergehender Mangel des Marktmechanismus liegt vor, wenn der Marktmechanismus total versagt. Man spricht dann von **Marktversagen**. Das soll bedeuten, daß **bestimmte Güter überhaupt nicht produziert werden**, obwohl dies im Sinne einer optimalen Allokation der Ressourcen angezeigt wäre.

Ein typisches und in der Ökonomie verbreitetes **Beispiel** ist der Fall des **Leuchtturmes**. Die Errichtung und das Betreiben eines Leuchtturmes sind für einen gewinnorientierten Unternehmer im Zweifel völlig uninteressant. Der Leuchtturm verursacht dem Unternehmer Kosten, die – in der hier verwendeten Terminologie – private Kosten sind. Auf der anderen Seite fallen jedoch bei dem Unternehmer keine privaten Erträge an. Dies ist zumindest dann der Fall, wenn es nicht möglich ist, ein Schiff, welches das Leuchtfeuer als Orientierungshilfe nutzt, deswegen von der Nutzung der Dienste des Leuchtturmes auszuschließen, weil der Schiffsführer keinen Preis für die Nutzung entrichtet. Der den Leuchtturm betreibende Unternehmer kann in diesem Fall eine kostenlose Nutzung des Leuchtturmes nicht verhindern. Es fallen bei ihm keine privaten Erträge an. Die wirtschaftlichen Vorteile, die der Leuchtturm zweifellos für die Gesellschaft erbringt, fallen **vollständig als externe Erträge** an. Der private Unternehmer macht, wenn er einen Leuchtturm betreibt, mangels privater Erträge nur Verluste.

Man erkennt, daß es sich bei Gütern wie dem als Beispiel gewählten Leuchtturm um einen **Spezialfall externer Erträge** handelt. Das wirtschaftspolitische Problem besteht darin, daß in einer marktwirtschaftlichen Ordnung die Produktion solcher Güter vollständig unterbleibt, obwohl die gesamten Erträge (private Erträge und externe Erträge) die Kosten übersteigen. Es kommt zu einer **totalen Unterversorgung mit Gütern, deren Produktion nur externe Erträge verursacht.**

Der Leuchtturm ist ein Beispiel für ein **öffentliches Gut (auch: Kollektivgut).** In einer allgemeinen Sichtweise zeichnen sich öffentliche Güter durch **zwei Merkmale** aus:

- Erstens liegt **Nichtrivalität beim Konsum** vor. Ein öffentliches Gut kann durch einen zusätzlichen Konsumenten genutzt werden, ohne daß dessen Nutzung die Nutzung eines anderen beeinträchtigt. Im Gegensatz zu öffentlichen Gütern ist dies bei privaten Gütern nicht möglich. Bei privaten Gütern liegt rivalisierender Konsum vor.

- Zweitens liegt eine **Nicht-Ausschließbarkeit** vor. Es ist bei öffentlichen Gütern außerordentlich aufwendig, im reinen Fall überhaupt unmöglich, jemanden vom Konsum des Gutes auszuschließen.

Bei öffentlichen Gütern komme es zu dem sog. **Trittbrettfahrer-Phänomen**. Der potentielle Konsument spekuliert darauf, daß das Gut „schon irgendwie" bereitgestellt wird, und daß er dann kostenlos daran partizipieren kann. Denn es wäre ja unsinnig, von ihm einen Preis zu verlangen, wo er doch wegen des nichtrivalisierenden Konsums niemanden bei der Nutzung beeinträchtigt. Die Nicht-Ausschließbarkeit hat zur Folge, daß auch niemand freiwillig bereit ist, sich an der Finanzierung der Produktion zu beteiligen. Denn es kann ja niemand von der kostenlosen Nutzung ausgeschlossen werden. Wenn alle potentiellen Konsumenten aufgrund solcher Spekulationen ihre **Präferenzen nicht offenlegen**, kommt es in der Marktwirtschaft zu einer **Unterversorgung mit öffentlichen Gütern**, weil – mangels Gewinnerzielungsmöglichkeit – keine Unternehmer solche Güter herstellen.

Dem **Staat** wird nun die Aufgabe zugewiesen, durch geeignete Maßnahmen die **Bereitstellung von öffentlichen Gütern** zu sichern. Hier kommt insbesondere der **rechtliche und institutionelle Rahmen** für das Wirtschaftsgeschehen in Frage, den der Staat durch die **Gesetzgebung** bereitstellt und durch sein **Gewaltmonopol** durchsetzt. Diese **Rahmenordnung** kann als **öffentliches Gut** interpretiert werden. Denn es liegt Nichtrivalität im Konsum vor, und ein Ausschluß einzelner ist kaum möglich. In Einzelfällen mag es möglich sein, die Festlegung und Einhaltung von Regeln für das Zusammenleben durch eine privat organisierte und finanzierte Ordnungsmacht zu gewährleisten. Jedoch wird diese Organisationsform zur Anarchie tendieren, weil sich jedermann wegen der hohen Kosten der privaten Bereitstellung von Recht und Ordnung als Trittbrettfahrer versuchen wird. Ohne einen rechtlichen und institutionellen Rahmen ist jedoch ein Wirtschaften unmöglich. Also muß der Staat für die Bereitstellung dieses öffentlichen Gutes, nämlich des rechtlichen und institutionellen Rahmens, sorgen.

Die Frage, durch **welche Maßnahmen** der Staat die Bereitstellung von öffentlichen Gütern sichern soll, kann im konkreten Einzelfall zu schwierigen Abwägungsproblemen führen. Die Methoden der staatlichen Eigenproduktion und der staatlichen Subventionierung sind nicht unproblematisch, da sie häufig zu Ineffizienz und übermäßiger Beanspruchung führen. Diese Probleme sollen hier nicht weiter behandelt werden. Es genügt zunächst die Erkenntnis, daß öffentliche Güter einen möglichen Mangelbereich einer marktwirtschaftlichen Ordnung darstellen, der durch den Staat nicht in allen Fällen ohne Probleme abgedeckt werden kann.

II. Zentralplanwirtschaft

Die grundsätzliche Alternative zum System der Freien Marktwirtschaft ist die Zentralplanwirtschaft. Die Funktionsweise einer idealtypischen Zentralplanwirtschaft ist im Vergleich zu der Freien Marktwirtschaft sehr einfach zu erklären und auch gedanklich leicht nachzuvollziehen. An die Stelle des – insbesondere für ökonomisch ungebildete Laien relativ undurchsichtigen – Marktmechanismus tritt die leicht verständliche und einfach durchschaubare Einheit des **zentralen Plans**.

1. Funktionsweise der Zentralplanwirtschaft

a. Planungsinstanz

In der Zentralplanwirtschaft wird von einer **zentralen Planbehörde ein Plan** aufgestellt, in dem sowohl die Produktion der Betriebe als auch das Faktorangebot der Haushalte geplant wird. Den einzelnen Betrieben und Haushalten werden die entsprechenden Teile des zentralen Plans als Vorschriften für ihre wirtschaftlichen Handlungen vorgegeben. Dieser Sachverhalt ist dargestellt in Abbildung 2.9.

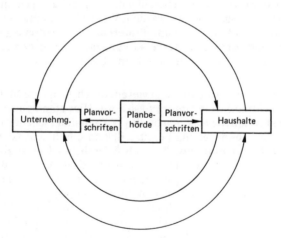

Abb. 2.9 Zentralplanwirtschaft

Die zwischen den Haushalten und Betrieben stattfindenden Transaktionen sind nicht das Ergebnis von Abstimmungen zwischen diesen Wirtschaftseinheiten, sondern das Ergebnis der **Ausführung der Planvorschriften** der zentralen Planbehörde.

b. Planungsgegenstand

Die Gegenstände der zentralen Planung hängen davon ab, wie weitgehend das System zentralisiert ist. Es kann in diesem Zusammenhang das System der **Zentralverwaltungswirtschaft** einerseits und des **Konkurrenzsozialismus** andererseits unterschieden werden.

(1) Zentralverwaltungswirtschaft

Im System der Zentralverwaltungswirtschaft ist der Zentralisationsgrad am weitestgehenden. Das System ist durch eine totale **Mengenplanung** gekennzeichnet. Grundlage der Planung sind:

- hinsichtlich der **Faktorallokation** die Produktionsmöglichkeiten der Betriebe, die der zentralen Planbehörde vollständig bekannt sind,
- hinsichtlich der **Produktionsstruktur** und der **Verteilung**:
    - entweder die Bedürfnisse und Präferenzen der Haushalte, die der zentralen Planbehörde ebenfalls vollständig bekannt sind,
    - oder – falls die Informationen der zentralen Planbehörde unvollständig sind oder die zentrale Planbehörde aus anderen Gründen anders entscheidet – eine autonom-elitäre Entscheidung der zentralen Planbehörde über die Produktionsstruktur und die Verteilung.

Die zentrale Planbehörde kennt also sämtliche Produktionsmöglichkeiten aller Betriebe und kann somit – vorausgesetzt sie verfügt über ein geeignetes Optimierungsverfahren bei der Planerstellung – im Rahmen der Erstellung des zentralen Plans eine optimale Faktorallokation gewährleisten. Darüber hinaus sind der zentralen Planbehörde entweder sämtliche Bedürfnisse und Präferenzen der Haushalte bekannt und sie plant somit verbindlich, was produziert werden soll und an wen die produzierten Güter in welchen Mengen zugeteilt werden sollen, oder aber die zentrale Planbehörde trifft hierüber entweder aus Nicht-Kenntnis oder aus sonstigen Gründen eine autonom-elitäre Entscheidung (Bestimmung der Produktionsstruktur und der Verteilung).

Dies ist der Prozeß der **Mengenplanung**. Es ist eine interessante Frage, ob in einem solchen System eine Planung über die **Güterpreise** überhaupt notwendig ist. Strikt genommen ist diese Frage zu verneinen. Durch den zentralen Plan ist genau und endgültig festgelegt, wieviel Produktionsfaktoren eingesetzt werden, mit welchen Produktionsverfahren welche Güter hergestellt werden, und wie die hergestellten Güter an die einzelnen Mitglieder der Gesellschaft verteilt werden. Es ist im Detail und optimal festgelegt, wer wo was wie und wieviel arbeitet und wer von was wieviel bekommt. In einem solchen System sind somit **strikt genommen weder Preise noch Märkte notwendig**. In realen Planwirtschaften werden allerdings Preise und die damit zustande kommenden Geldströme durchaus auch geplant, jedoch überwiegend zu Kontrollzwecken benutzt.

(2) Konkurrenzsozialismus

Im Konkurrenzsozialismus ist der Zentralisationsgrad weniger weitgehend als in der Zentralverwaltungswirtschaft. Der **Produktionsfaktor Kapital ist vergesellschaftet**, d.h. das Privateigentum an den Produktionsmitteln ist abgeschafft. Andererseits finden jedoch in den Betrieben marktwirtschaftlich **dezentralisierte Entscheidungen auf der Grundlage von Preisen** statt. Die entscheidende Frage ist, wie diese Preise zustande kommen. Das Modell von LANGE hat in der Diskussion die größte Bedeutung erlangt. In diesem Modell können sich für Konsumgüter und für den Produktionsfaktor Arbeit freie Marktpreise bilden, während die Preise für die Kapitalgüter von der Planbehörde als **Verrechnungspreise (auch: Schattenpreise)** festgesetzt werden. Stellen sich die Verrechnungspreise als Ungleichgewichtspreise heraus, dann werden sie von der Planbehörde so lange angepaßt, bis sie markträumend sind. Die Betriebe verfolgen auf der Grundlage der so existierenden Preise Gewinnmaximierung. Es wird gewissermaßen ein Marktmechanismus simuliert. Damit sind die **Faktorallokation** und die **Produktionsstruktur** optimiert. Das Problem der **Verteilung** wird über die Einkommensverteilung gelöst, die dadurch festgelegt ist, daß auch für die Produktionsfaktoren Arbeit und Kapital Preise existieren.

c. Koordinierung

Die Koordinierung der Teilpläne erfolgt im Rahmen der Erstellung des zentralen Gesamt-Plans. Die zentrale Planbehörde kann sich z.b. des Systems der **Bilanzen** als Planungsinstrument bedienen. Für jede geplante Menge werden mit Hilfe von Produktionskoeffizienten die benötigten Roh-, Hilfs- und Betriebsstoffe sowie Vormaterialien, Maschinen und Arbeitskräfte errechnet. Da bis auf die Arbeitskräfte alle diese Güter ihrerseits produziert werden müssen, ist auch für diese wiederum eine Aufstellung der benötigten Faktoren notwendig usw. Wenn nun sichergestellt sein soll, daß die ursprünglich geplanten Gütermengen auch wirklich produziert werden können, dann muß auch eine entsprechende Menge an Vormaterialien usw. und an Arbeitskräften vorhanden sein. Dies wird mit Hilfe von Mengenbilanzen überprüft, in denen die Zugänge durch Produktion, Import und Lagerabbau den Abgängen durch Konsum, Verbrauch in der gleichen und in anderen Branchen, Exporte und Lagerbildung gegenübergestellt werden. Die Planung ist nur dann konsistent, wenn alle diese Bilanzen zumindest keine Unterdeckung der geplanten Abgänge aufweisen. Die Planziele müssen so lange revidiert werden, bis diese Konsistenz erreicht ist. Die ist im Prinzip möglich. Ein Instrument hierzu ist z.b. die von LEONTIEF entwickelte **Input-Output-Analyse**. Hierbei werden die für eine bestimmte Produktionsstruktur (Output) bei gegebenen Produktionsmöglichkeiten notwendigen Faktoreinsatzmengen (Input) durch Lösen eines Systems linearer Gleichungen für die gesamte Volkswirtschaft bestimmt.

d. Anreiz- und Saktionsmechanismus

Zentralplanwirtschaften haben vom Ansatz her **keine systemimmanenten Anreiz- und Sanktionsmechanismen** wie z.B. das System der Freien Marktwirtschaft mit seinen Konsequenzen für Gewinn und Einkommen. Eine Zentralplanwirtschaft basiert vielmehr auf behördlichen Vorschriften, die den Betrieben und Haushalten von der zentralen Planbehörde aufgegeben werden. Eine korrekte Befolgung dieser Vorschriften ist in einem System denkbar, in welchem die einzelnen Gesellschaftsmitglieder aus **Einsicht in die Notwendigkeit** die Vorschriften des zentralen Plans ausführen. Allerdings benötigen reale Planwirtschaften zur Durchsetzung der Vorschriften durchaus Sanktionsmechanismen bis hin zur Todesstrafe. Daneben findet man auch noch Anreize wie Auszeichnungen in sozialistischen Wettbewerben, Prämien, Bevorzugungen usw.

2. Mängel der Zentralplanwirtschaft

a. Ineffizienz

Die zentrale Planbehörde in einer Zentralplanwirtschaft verfügt in der Regel nicht über die Informationen, die notwendig sind, um die Probleme der Faktorallokation, der Produktionsstruktur und der Koordinierung optimal zu lösen. Diese **Informationsmängel** stellen vermutlich den **entscheidenden Nachteil** des Systems der Zentralplanwirtschaft dar. Grundsätzlich können natürlich Informationsmängel auch in einer Freien Marktwirtschaft eine Optimierung der Faktorallokation, der Produktionsstruktur und der Koordinierung verhindern. Wenn hierauf oben im Text bei der Behandlung der Mängel des Marktmechanismus nicht ausdrücklich eingegangen worden ist, dann kommt damit implizit zum Ausdruck, daß das Informationssystem der Preise in der Freien Marktwirtschaft dem Informationssystem in der Zentralplanwirtschaft für überlegen erachtet wird. Diese Ansicht ist vor allem durch die Erfahrung begründet, wonach marktwirtschaftlich organisierte Wirtschaftssysteme den planwirtschaftlich organisierten Systemen bei der Hervorbringung des zur Optimierung des gesamtwirtschaftlichen Prozesses notwendigen Wissens offensichtlich weit überlegen sind. Im folgenden soll nun zunächst auf diesen Nachteil der Informationsmängel im System der Zentralplanwirtschaft eingegangen werden.

(1) Fehlsteuerungen wegen Nicht-Kenntnis aller Produktionsmöglichkeiten

Die Herbeiführung einer optimalen **Faktorallokation** setzt voraus, daß der zentralen Planbehörde sämtliche Produktionsmöglichkeiten sämtlicher Betriebe vollständig bekannt sind. Diese perfekte Information ist in der Regel nicht gegeben. Ein Grund hierfür ist z.b., daß es für die Bürokraten in der zentralen Planbehörde wegen fehlender Anreize völlig uninteressant ist, sich die nötigen Informationen zu beschaffen. Die **mangelhafte Information** der zentralen Planbehörde hat zur Folge, daß **ineffizient produziert** wird. Es wird mit dem vorhandenen Einsatz der Produktionsfaktoren weniger produziert, als bei effizientem Einsatz der Faktoren möglich wäre. Die Wirtschaft produziert in einem Punkt unterhalb der Transformationskurve.

(2) Fehlsteuerungen wegen Nicht-Kenntnis aller Konsumentenwünsche

Abgesehen von dem Fall, daß die zentrale Planbehörde die Konsumentenwünsche bei ihrer Entscheidungsfindung ignoriert, setzt die Herbeiführung einer an den Konsumentenwünschen orientierten **Produktionsstruktur** die Kenntnis der Konsumentenwünsche bei der zentralen Planbehörde voraus. Die Mitglieder der Planbehörde müssen gewissermaßen die richtigen, die wahren Bedürfnisse der Gesellschaftsmitglieder kennen. Dies ist jedoch deshalb praktisch nicht zu erreichen, weil das Individuum selbst seine Bedürnisse a priori gar nicht genau kennen kann, da die künftigen Verhältnisse, von denen die Bedürfnisse abhängen, wegen der **Unsicherheit** der Zukunft gegenwärtig gar nicht bekannt sind. Letztlich kann das Individuum nur in der konkreten Situation selbst entscheiden, welche Güter es vorrangig haben will und auf welche Güter es zu welchen Bedingungen bereit ist zu verzichten. Diese Tatsache macht eine hohe Flexibilität jeglichen Wirtschaftsprozesses notwendig, wenn auf die prinzipiell nicht exakt vorhersehbare Zukunft mit der Produktionsstruktur optimal reagiert werden soll. Hier liegt ein schwerer Mangel des Systems der Zentralplanwirtschaft. Die zentrale Planbehörde wird – selbst wenn sie eine Orientierung an den Konsumentenwünschen ernsthaft anstreben sollte – **höchstens zufällig** einen Punkt auf der Transformationskurve realisieren, der an den Konsumentenwünschen orientiert ist. Vielmehr werden regelmäßig einerseits Halden verrottender, da unerwünschter Güter produziert, und andererseits stehen Menschen nach besonders begehrten Gütern Schlange. Die Produktionsstruktur ist suboptimal.

(3) Fehlsteuerungen wegen mangelhafter Koordinierung

Eine weitere Möglichkeit der Ineffizienz des Systems der Zentralplanwirtschaft liegt im Bereich der **Koordinierung**. Die Organisation des Wirtschaftsprozesses ist in der Zentralplanwirtschaft ineffizient, wenn die Teilpläne des zentralen Plans **nicht aufeinander abgestimmt** sind. Ist z.B. die Produktion verderblicher Lebensmittel nicht hinreichend genug mit der Produktion entsprechender Verpackungsmaterialien und Konservierungsstoffe koordiniert, dann kann es zum Verfaulen von Lebensmitteln kommen. Oder die neu gebauten Wohnungen können nicht bezogen werden, weil die Produktion von Fensterrahmen unzureichend ist. Die Differenziertheit und Kompliziertheit eines zentralen Plans für eine Wirtschaft mit Millionen unterschiedlicher Güterproduktionen und die erfahrungsgemäß mangelhafte Flexibilität und Weitsichtigkeit behördlicher Bürokratien machen solche Fehlsteuerungen sehr wahrscheinlich.

b. Autonom-elitäre Entscheidungsfindung

Die Erfüllung des zentralen Plans geschieht auf der Grundlage von Vorschriften der zentralen Planbehörde an die einzelnen Betriebe und Haushalte. Es besteht in der Gesellschaft eine strikte Befehlshierarchie. Man kann nun der Ansicht sein, daß ein möglichst großer Freiheitsspielraum – unter Berücksichtigung eines Rahmens, der durch die Freiheit der Mitmenschen zu ziehen ist – etwas Erstrebenswertes ist. Teilt man diese Auffassung, dann ist die Systemeigenschaft der Befehlshierarchie in der Zentralplanwirtschaft ein über die rein ökonomischen Mängel hinausgehender weiterer Nachteil. Im System der Freien Marktwirtschaft müssen die einzelnen Wirtschaftseinheiten in gewisser Weise zwar auch bestimmten Befehlen gehorchen, nämlich den Befehlen des Marktes. Jedoch eröffnet dieses System den einzelnen die Möglichkeit der gegenseitigen Anpassung. In der Freien Marktwirtschaft entscheiden einzelne Wirtschaftseinheiten auf der Grundlage von Marktpreisen, die Ergebnis einer gegenseitigen Abstimmung der einzelwirtschaftlichen Pläne sind.

c. Schwerfälligkeit

In der Zentralplanwirtschaft wird der zentrale Plan von einer **Behörde** erstellt. Eine schnelle Reaktion auf unerwartete Ereignisse oder die planmäßige Entwicklung fortschrittlicher Techniken und neuer Produkte kann von einem solchen Apparat nicht erwartet werden. Der Planapparat ist in der Regel für die Erfüllung solcher Aufgaben zu **schwerfällig**. Für Verbesserungen müssen Lösungsideen entstehen, und die Chancen und Risiken der dadurch möglichen Entwicklungen müssen abgeschätzt werden. Es muß eine Entscheidung für eine bestimmte Entwicklungslinie getroffen werden, und die dementsprechende Verantwortung muß übernommen werden. Das alles sind Aufgaben, für die eine Bürokratie wegen **fehlender Anreize** bekanntermaßen kaum geeignet ist.

Vergleichen wir die beiden Systeme der Freien Marktwirtschaft einerseits und der Zentralplanwirtschaft andererseits, dann können wir zusammenfassend die folgende durch die Erfahrung begründete These vertreten. Die Freie Marktwirtschaft basiert auf einem höchst einfachen und wirksamen Konstruktionselement (Flexibilität der Preise bei Konkurrenz und Privateigentum), ist aber recht schwierig zu erklären und zu verstehen. Demgegenüber basiert die Zentralplanwirtschaft auf einem höchst komplizierten und schwerfällig funktionierenden Konstruktionselement (zentraler Plan), ist aber recht einfach zu erklären und zu verstehen. Dies führt aller Erfahrung nach dazu, daß marktwirtschaftlich organisierte Systeme recht gut funktionieren, weil sie einfach konstruiert sind, aber häufig deswegen abgelehnt werden, weil sie schwierig zu durchschauen sind. Umgekehrt funktionieren zentralplanwirtschaftlich organisierte Systeme recht schlecht, weil sie kompliziert konstruiert sind, werden aber häufig deswegen propagiert, weil sie einfach zu verstehen sind.

III. Zusammenfassung

Die Lösung ökonomischer Grundprobleme erfolgt im System der **Freien Marktwirtschaft** durch **dezentrale Planung** und deren Koordinierung über den Markt und im System der **Zentralplanwirtschaft** durch den **zentralen Plan**. Im System der Freien Marktwirtschaft besorgt der **Anreiz- und Sanktionsmechanismus des Marktes**, daß sich die Wirtschaftseinheiten aus Eigeninteresse die **Informationen** beschaffen und die Entscheidungen treffen, die zur Optimierung des gesamtwirtschaftlichen Prozesses notwendig sind. Mängel des Marktmechanismus sind **Marktmacht**, negative und positive **externe Effekte** und fehlende Bereitstellung von **öffentlichen Gütern**. Hierdurch kann eine **staatliche Regulierung** des Wirtschaftsprozesses gerechtfertigt werden. Im System der Zentralplanwirtschaft erfolgt die Optimierung des gesamtwirtschaftlichen Prozesses durch die Erstellung und den Vollzug des **zentralen Plans**. Mängelbereiche der Zentralplanwirtschaft sind **Ineffizienz** aufgrund von Informationsmängeln, **autonom-elitäre Entscheidungsfindung** und **Schwerfälligkeit**.

Literatur zum 2. Kapitel

Überblick:

Thieme, J.: Wirtschaftssysteme. In: D. Bender u.a.: Vahlens Kompendium der Wirtschaftstheorie und Wirtschaftspolitik. Band 1. 4. Aufl. München 1990. S. 1-49.

Lehrbücher:

Blum, U.: Volkswirtschaftslehre. Studienhandbuch. München 1992. S. 479-491.
Demmler, H.: Einführung in die Volkswirtschaftslehre. Elementare Preistheorie. 2. Aufl. München 1991. S. 9-21.
Eucken, W.: Die Grundlagen der Nationalökonomie. 8. Aufl. Berlin 1965. (1. Aufl. 1940).
Gruber, U. und **M. Kleber**: Grundlagen der Volkswirtschaftslehre. München 1992. S. 31-52.
Hanusch, H. und **T. Kuhn**: Einführung in die Volkswirtschaftslehre. Berlin 1991. S. 20-26, 64-106.
Hedtkamp, G.: Wirtschaftssysteme. Theorie und Vergleich. München 1974.
Hensel, K. P.: Grundformen der Wirtschaftsordnung. Marktwirtschaft – Zentralverwaltungswirtschaft. 3. Aufl. München 1978.
Holesovsky, V.: Economic systems. Analysis and comparison. New York 1977.
Lachmann, W.: Volkswirtschaftslehre 1. Grundlagen. Berlin 1990. S. 26-38.
Leipold, H.: Wirtschafts- und Gesellschaftssysteme im Vergleich. Grundzüge einer Theorie der Wirtschaftssysteme. 4. Aufl. Stuttgart 1985.
Neuberger, E. und **W. J. Duffy**: Comparative economic systems. A decision-making approach. Boston 1976.

Samuelson, P. A. und **W. D. Nordhaus**: Economics. 12. Aufl. New York 1985. Dt. Ausgabe: Volkswirtschaftslehre. Grundlagen der Makro- und Mikrotheorie. Bd. 1. 8. Aufl. Köln 1987. S. 85-111.

Schönwitz, D. und **H. J. Weber**: Wirtschaftsordnung. Eine Einführung in Theorie und Politik. München 1983.

Sammelbände:

Eckstein, A. (Hrsg.): Comparison of economic systems. Theoretical and methodological approaches. Berkeley 1971.

3. Kapitel:
Die Rolle des Staates in der Marktwirtschaft – Grundzüge der Wirtschaftspolitik

I. Die Bedeutung des Staates im Wirtschaftsgeschehen

Die Wirtschaftsordnung der Bundesrepublik Deutschland ist die **Soziale Marktwirtschaft**. Diese Wirtschaftsordnung ist weder eine Freie Marktwirtschaft noch eine Zentralplanwirtschaft, sondern ein **Mischsystem**. Durch diese Bezeichnung soll zum Ausdruck gebracht werden, daß in dieser Wirtschaftsordnung nicht nur Haushalte und Unternehmen über Märkte miteinander kommunizieren. Vielmehr existiert neben den Haushalten und Unternehmen auch noch der **Staat als eigenständiger Sektor**. Der Staat stellt ein nicht-marktmäßiges Element in der Marktwirtschaft dar, da in diesem Sektor nach eigenen, nicht-marktmäßigen Regeln Entscheidungen getroffen werden. Der Wirtschaftsprozeß wird hierdurch in erheblicher Weise beeinflußt. Zu dem Sektor Staat zählt man die Gebietskörperschaften, d.h. also den Bund, die Länder und die Gemeinden, und darüber hinaus auch noch die Sozialversicherungsträger.

Wir wollen uns zunächst einen Eindruck davon verschaffen, welches Gewicht der Staat im System der Sozialen Marktwirtschaft hat. Einen ersten Anhaltspunkt hierfür liefert der **Staatshaushalt** (das **Staatsbudget**), in dem die Einnahmen und Ausgaben des Staates zusammengefaßt sind. In Tabelle 3.1 ist der Staatshaushalt für das Jahr 1999 dargestellt.

Man sieht, daß der Staat sich immerhin für ca. 1,8 Billionen DM **Einnahmen** verschafft. Der überwiegende Teil dieser Einnahmen sind **Steuern und Sozialbeiträge**. Hier wird ein nicht-marktwirtschaftliches Element des staatlichen Tätigwerdens deutlich. Denn es handelt sich bei diesen Staatseinnahmen um Zwangsabgaben, denen keine direkte Gegenleistung gegenübersteht.

Auf der anderen Seite betragen die **Ausgaben** des Staates ca. 1,9 Billionen DM pro Jahr. Hier sind die **laufenden Übertragungen** mit ca. 850 Mio DM der größte Posten. Es handelt sich hierbei z.B. um Rentenzahlungen, Arbeitslosenunterstützung, Subventionen, Beiträge an internationale Organisationen usw. Auch hier kommt der nichtmarktmäßige Charakter des staatlichen Tätigwerdens dadurch zum Ausdruck, daß diese Zahlungen den Empfängern in der Regel ohne direkte Gegenleistung zufließen.

Der zweitgrößte Posten auf der Ausgabenseite ist der **Staatsverbrauch** im Umfang von ca. 730 Mio DM. Dies sind Käufe des Staates von Waren und Dienstleistungen für Verbrauchszwecke. Hierzu gehören z.B. Wareneinkäufe von Behörden und die Gehälter der Staatsbediensteten. Auch der Militärhaushalt wird hier rubriziert. Dieser Staatsverbrauch ist ebenfalls ein nichtmarktmäßiges Element in der Sozialen Marktwirtschaft. Denn die Güter werden nicht gekauft, um ein Geschäft zu betreiben und Gewinne zu erzielen, oder um aus dem Verbrauch selbst einen Nutzen zu ziehen. Vielmehr werden die Dienste der gekauften Güter in der Regel der Gesellschaft ohne direkte Entgeltzahlung zur Verfügung gestellt.

Tab. 3.1 Staatshaushalt (1999, Mrd DM)

Posten	1999, Mrd DM
Einnahmen	
Steuern	897,9
Sozialbeiträge	759,0
Erwerbseinkünfte	40,0
Sonstige Einnahmen	43,3
Verm.übertragungen, Abschreibung	43,5
Einnahmen insgesamt	1.783,7
Ausgaben	
Staatsverbrauch	727,5
Zinsen	144,5
Laufende Übertragungen an	850,1
Private Haushalte	720,4
Unternehmen	70,2
Übrige Welt	59,5
Verm.übertragungen	56,1
Bruttoinvestitionen	72,8
Ausgaben insgesamt	1.851,0
Finanzierungssaldo	−67,3

Quelle: Forschungsinstitute, Gutachten Oktober 1998.

Weiterhin gibt der Staat auch Geld aus in Form von Zinsen zur Bedienung der Staatsschuld. Die Zinsausgaben betragen 1999 immerhin ca. 140 Mrd DM. Dieser Betrag ist wegen des Umfangs der im Zeitverlauf aufgenommenen Kredite bereits größer als die Ausgaben für den Kauf von **Investitionsgütern** (z.B. Bau von Universitäten, Straßen, Brücken usw.), die mit ca. 70 Mrd DM nicht sehr ins Gewicht fallen.

Die Differenz zwischen den Einnahmen und den Ausgaben ist der **Finanzierungssaldo**. Dieser ist negativ, wenn die Ausgaben die Einnahmen übersteigen. Dann liegt ein **Staatsdefizit** vor, welches im Jahre 1999 ca. 70 Mrd DM beträgt. In diesem Umfang nimmt der Staat zur Ausgabenfinanzierung netto Kredite auf. Diese Größe stellt also die **Netto-Neuverschuldung** pro Jahr dar.

Ein Nachteil der bisher erläuterten Zahlenangaben ist, daß es sich um absolute DM-Beträge handelt. Von Bedeutung ist natürlich letztlich das Verhältnis zu der dahinter stehenden Wirtschaftskraft des Landes. Daher müssen diese absoluten Zahlen in geeigneter Weise relativiert werden. Die **relative Bedeutung des Staates** im Wirtschaftsgeschehen kann ermessen werden am Anteil einzelner Komponenten des Staatshaushalts an entsprechenden gesamtwirtschaftlichen Größen.

Häufig werden die Staatsausgaben, die Staatseinnahmen und der Finanzierungssaldo jeweils zum Bruttoinlandsprodukt ins Verhältnis gesetzt. Der Anteil der gesamten Staatsausgaben am BIP wird als **Staatsquote** bezeichnet. Die Staatsquote vermittelt einen ersten Gesamteindruck von dem Gewicht, welches der Staat im Wirtschaftsgeschehen hat. Der Anteil der Staatseinnahmen am BIP wird als Abgabenquote bezeichnet. Durch die **Abgabenquote** kann man die Belastung der gesamtwirtschaftlichen Leistung mit staatlichen Zwangsabgaben zum Ausdruck bringen. Der Anteil des Finanzierungssaldos am BIP gibt – für den Fall des Staatsdefizits – die **Defizitquote** (relative Neuverschuldung) des Staates an. Die zeitliche Entwicklung dieser drei Quoten im internationalen Vergleich ist in Tabelle 3.2 dargestellt. Die jeweilige Summe aus Abgabenquote und (absoluter) Defizitquote müßte eigentlich die Staatsquote ergeben. Daß dies für die Zahlenangaben in Tabelle 3.2 nicht durchgehend der Fall ist, liegt insbesondere an unterschiedlichen Abgrenzungen der einzelnen Quoten.

Tab. 3.2 Staatsquoten, Abgabequoten und Defizitquoten

Land	1970	1980	1982	1990	1993	1999
Staatsausgaben % BIP						
BRD	38,6	48,3	49,0	45,1	49,5	46,9
EU	36,9	45,6	48,7	47,8	52,1	47,4
USA	31,7	33,7	33,4	32,8	33,8	31,2
Japan	19,4	32,6	33,0	31,3	33,7	38,4
Staatseinnahmen % BIP						
BRD	38,3	44,7	45,7	43,0	45,9	44,7
EU	36,5	41,3	43,0	43,9	45,6	45,7
USA	28,9	30,8	30,0	30,1	30,2	32,0
Japan	20,6	27,6	29,4	34,2	32,1	30,6
Budgetsaldo % BIP						
BRD	–0,2	–2,9	–3,3	–2,1	–3,2	–2,1
EU	.	.	–5,2	–3,9	–6,4	–1,7
USA	–0,8	–1,3	–3,5	–2,7	–3,6	+0,8
Japan	+1,5	–4,4	–3,6	+2,9	–1,6	–7,8

Quelle: OECD, Economic Outlook.

Man erkennt, daß die **Staats- und die Abgabenquote** in den angeführten Ländern im Verlauf der **70er Jahre stark angestiegen** sind. Die staatliche Regulierung der Wirtschaft hat aufgrund der expansiven Finanzpolitik in dieser Zeit deutlich zugenommen. Man hat in den 70er Jahren offensichtlich geglaubt, die ökonomischen Probleme der Zeit (Arbeitslosigkeit, Inflation, Strukturkrisen) mit einem Mehr an Staat besser lösen zu können. Dieser Glaube ist jedoch durch die Erfahrung häufig enttäuscht worden. In den 80er Jahren ist nach Überwindung der 80/82er Rezession bei der Staats- und der Abgabenquote daher auch eine gewisse Umkehr festzustellen.

Zu Beginn der 90er Jahre steigen die Staats- und Abgabenquoten zunächst rezessionsbedingt wieder an, um sodann **im Verlauf der 90er Jahre zu sinken**.

Weiterhin ist an den in den Jahren 1982 und 1993 sehr hohen Budgetdefiziten ersichtlich, daß die expansive Finanzpolitik durch einen kräftigen **Anstieg der Staatsverschuldung** finanziert wurde. Die jeweils anschließende Rückführung der Staatsquote hat sodann in einzelnen Ländern zu Budgetüberschüssen geführt.

Was **speziell die Bundesrepublik Deutschland** anbelangt, so betragen die Staatsquote und die Abgabenquote 1999 ca. 47% bzw. 45%. Im internationalen Vergleich liegen diese Werte leicht unter dem EU-Durchschnitt und deutlich über den Werten für die USA und Japan. Die deutsche Finanzpolitik hat die Staatsquote nach 1983 kontinuierlich zurückgeführt. Bei etwa konstanter Abgabenquote ist die Defizitquote demzufolge gesunken, und 1989 hat sich sogar ein Budgetüberschuß ergeben. Diese Entwicklung hat sich durch die **deutsche Einigung** abrupt umgekehrt. Die außerordentlich hohen staatlichen Finanztransfers von West- nach Ostdeutschland haben zu einem kräftigen Anstieg der Staats- und Abgabenquote auf knapp 50% und zu einem Anstieg der Defizitquote auf knapp 4% des BIP geführt. Seit ca. 1997 sind Konsolidierungstendenzen erkennbar.

Eine weitere Relation zur Charakterisierung der staatlichen Regulierung der Wirtschaft ist der **Anteil der staatlichen Endnachfrage am BSP**. Zur staatlichen Endnachfrage zählen der Staatsverbrauch und die staatlichen Bruttoinvestitionen. Damit umfaßt die staatliche Endnachfrage diejenigen Staatsausgaben, die für Güter getätigt werden. Die staatlichen Transferzahlungen und Zinsen sind in der Endnachfrage nicht enthalten. Der Anteil der staatlichen Endnachfrage am BSP gibt also an, welchen Teil der gesamtwirtschaftlichen Güterproduktion der Staat für seine Zwecke absorbiert. Dieser Anteil beträgt in der Bundesrepublik ca. 25%.

Zusätzlich zu diesen Relationen kann die Rolle des Staates in der Wirtschaft durch eine **Vielzahl weiterer Angaben** verdeutlicht werden. Der Staat betreibt z.B. in nicht unerheblichem Ausmaß eine direkte **Investitionslenkung**. Denn der Anteil der staatlichen Netto-Investitionen an den insgesamt getätigten Netto-Investitionen beträgt in der Bundesrepublik ca. 25%. Der Staat betreibt **öffentliche Unternehmen** (Bahn, Post, Energie, Medien), die häufig Monopolcharakter haben. Der Staat kontrolliert – gemessen an der Bilanzsumme – ca. 50% des gesamten Bankwesens (Anteil von Sparkassensektor, öffentlich-rechtlichen Grundkreditanstalten und Postgiro- und Postsparkassenämtern am Bilanzvolumen aller Banken).

Es wäre also höchst unzutreffend, die Wirtschaftsordnung der Bundesrepublik Deutschland als eine Freie Marktwirtschaft zu bezeichnen. Andererseits wäre es genauso unzutreffend, diese Wirtschaftsordnung als eine Zentralplanwirtschaft zu bezeichnen, da dem Charakteristikum der Marktwirtschaft, der dezentralen Planung seitens einzelner Haushalte und Unternehmen, breiter Raum gegeben ist.

II. Wirtschaftspolitik in der Sozialen Marktwirtschaft

1. Gesellschaftspolitische Grundziele

Die Wirtschaftsordnung der Bundesrepublik Deutschland ist – dies sollte der einleitende Abschnitt deutlich machen – ein **Mischsystem**, in dem der Staat den Wirtschaftsprozeß in mannigfaltiger Weise reguliert. In einer freiheitlichen und demokratischen Gesellschaft muß jedoch jeder **staatliche Eingriff gerechtfertigt** werden. Dies ist insbesondere deswegen notwendig, weil der Staat als einzige Institution in der Gesellschaft ein Machtmonopol besitzt. Jede staatliche Maßnahme bedeutet somit letztlich eine Machtausübung und damit eine freiheitsbeschränkende Intervention. Ein solches Tätigwerden muß jedoch – auch wenn es legitim ist und auf wohl definierten gesetzlichen Grundlagen basiert – gerechtfertigt werden. Darüber hinaus müssen die staatlichen Interventionen auch kontrolliert werden, und es muß eine ungerechtfertigte Ausdehnung in immer mehr Bereiche verhindert werden.

Jede staatliche Regulierung des Wirtschaftsprozesses bedarf also der Rechtfertigung. Dies kann durch die Festlegung von **Zielen** geschehen, die durch das staatliche Tätigwerden erreicht werden sollen. Welche Ziele dies im einzelnen sind, ist eine außerordentlich schwierig zu beantwortende Frage. In der Theorie der Wirtschaftspolitik wird häufig als **Oberziel** jeden staatlichen Tätigwerdens die **Maximierung der gesellschaftlichen Wohlfahrt** genannt. Dies ist natürlich zunächst einmal nur eine sehr abstrakte Formel, aus der kaum Handlungsanweisungen für konkrete wirtschaftspolitische Maßnahmen abgeleitet werden können. In der **Wohlfahrtsökonomik** wird versucht, dieses abstrakte Oberziel zu formalisieren und zu operationalisieren. Die Ergebnisse dieser Bemühungen der Wissenschaft für die praktische Wirtschaftspolitik sind jedoch bisher recht dürftig. Es bleibt lediglich der weniger anspruchsvolle Versuch, eine Anzahl von Zielen festzulegen, die dem Oberziel gewissermaßen vorgelagert sind und die den Vorteil haben, daß sie konkreter formuliert sind. Dadurch soll erreicht werden, daß der Zielkatalog in praktische Handlungsanweisungen für die Wirtschaftspolitik umsetzbar ist.

In einem ersten Schritt werden häufig die folgenden **gesellschaftspolitischen Grundziele** genannt (die Reihenfolge ist alphabetisch und soll keine Rangfolge ausdrücken):

- Freiheit,
- Friede,
- Gerechtigkeit,
- Sicherheit,
- Wohlstand.

Jedes staatliche Tätigwerden soll diesen gesellschaftspolitischen Grundzielen dienen und damit letztlich zur Steigerung der gesellschaftlichen Wohlfahrt beitragen. Diese gesellschaftspolitischen Grundziele sind zwar im Zweifel bereits konkreter und können eher mit bestimmten Inhalten verbunden werden als das Oberziel der gesellschaftlichen Wohlfahrt. Jedoch stellt sowohl die Auswahl als auch die Gewichtung dieser gesellschaftspolitischen Grundziele ein **Werturteil** dar. Und selbst dann, wenn man sich auf diesen Zielkatalog im Prinzip geeinigt hat – was bei den positiven Assoziationen, die mit diesen Schlagworten im allgemeinen verbunden werden, in der Regel relativ problemlos erreicht werden kann –, ist eine eindeutige Definition dieser Ziele nicht möglich. Es bleibt immer ein Spielraum für Auslegungen bis hin zu Pervertierungen. Es ist somit auch auf der Basis dieser gesellschaftspolitischen Grundziele in der Regel nicht ohne weiteres möglich, eindeutige und unstrittige Handlungsanweisungen für die praktische Wirtschaftspolitik abzuleiten. In einem zweiten Schritt versucht man daher, diese gesellschaftspolitischen Grundziele durch die Festlegung von **Zielen der Wirtschaftspolitik** weiter zu konkretisieren.

2. Ziele der Wirtschaftspolitik – Teilbereiche staatlicher Regulierung in der Sozialen Marktwirtschaft

Die Formulierung möglichst konkreter Ziele der Wirtschaftspolitik läuft darauf hinaus, aus ökonomischer Sicht eine **Rechtfertigung für staatliches Tätigwerden** in einer Marktwirtschaft zu liefern. Die **Ziele der Wirtschaftspolitik** können in 3 Bereiche unterteilt werden (MUSGRAVE, 1959):

- Allokation,
- Stabilisierung,
- Distribution.

a. Allokation

Im Bereich der **Allokation** geht es um die optimale Organisation der **Güterproduktion**. Das Ziel ist es, die **optimale Ressourcenallokation** zu realisieren. Dieses Ziel ist dann erreicht, wenn die Produktionsfaktoren effizient eingesetzt werden, und wenn die Produktionsstruktur an den Konsumentenwünschen orientiert ist. Durch den **Marktmechanismus** ist eine optimale Ressourcenallokation im Prinzip **garantiert**. Jedoch sind gewisse **Fehlentwicklungen** (öffentliche Güter, externe Effekte, Marktmacht usw.) nicht auszuschließen. Diese möglichen Fehlentwicklungen können die Existenz und das Tätigwerden einer staatlichen Obrigkeit rechtfertigen. Der gleiche Gedankengang ist teilweise bereits weiter oben im 2. Kapitel bei der Erläuterung der **Mängel des Marktmechanismus** angesprochen worden. Im folgenden wollen wir einige dieser Betätigungsfelder des **Staates** eingehender erläutern, wobei für die Aufzählung kein Anspruch auf Vollständigkeit erhoben wird.

(1) Öffentliche Güter und ökonomische Rechtfertigung des Minimalstaates

Eine genuine Staatstätigkeit im Bereich der Allokation ist es, eine ausreichende Versorgung der Gesellschaft mit **öffentlichen Gütern** zu sichern. Öffentliche Güter sind Güter, die sich durch 2 Merkmale auszeichnen. Erstens können sie von mehreren Benutzern gleichzeitig in Anspruch genommen werden, ohne daß diese sich gegenseitig behindern (Merkmal der **Nichtrivalität im Konsum**). Zweitens ist ein Ausschluß einzelner Benutzer (weil diese z.B. nichts für die Nutzung zahlen) technisch nicht oder nur mit einem unverhältnismäßig hohen Aufwand möglich (Merkmal der **Nicht-Ausschließbarkeit**). Der Marktmechanismus versagt bei der Bereitstellung solcher Güter, weil es einem Unternehmer nicht möglich ist, solche Güter gegen Entgelt am Markt zu verkaufen, d.h. die Produktion unterbleibt wegen der Unmöglichkeit der Erzielung von Verkaufserlösen.

Ein ganz wesentliches, wenn nicht das wichtigste öffentliche Gut ist der **rechtliche und institutionelle Rahmen**, ohne den ein Wirtschaften nicht möglich ist und der bei jeder Handlung einzuhalten ist. Der Staat stellt diese Rahmenordnung durch Gesetze und Verordnungen bereit und garantiert die Einhaltung dieser Ordnung, indem er Verstöße durch die Rechtsprechung und den Einsatz seines Gewaltmonopols ahndet. Der Kollektivgut-Charakter dieser Rahmenordnung wird deutlich, wenn man sich bewußt macht, daß jedermann an den Wohltaten dieser Anarchie-Vermeidungs-Ordnung partizipiert, ohne einem anderen hierdurch etwas wegzunehmen (Nichtrivalität), und ohne von der Teilnahme an dieser Ordnung ausgeschlossen werden zu können (Nicht-Ausschließbarkeit). Wenn von der staatlichen Instanz eine rechtliche und institutionelle Rahmenordnung nicht garantiert wird, besteht die Gefahr, daß die Gesellschaft in Anarchie abgleitet, weil sich eine privatwirtschaftlich organisierte Rahmenordnung wahrscheinlich gar nicht oder nur unzureichend herausbildet. Der allgemeine Wohlstand würde mangels einer funktionierenden Rahmenordnung stark absinken. Also kann dem Staat aufgrund **ökonomischer Überlegungen** die Aufgabe zugewiesen werden, eine stabile **rechtliche und institutionelle Rahmenordnung** bereitzustellen und zu garantieren.

Man kann die rechtliche und institutionelle Rahmenordnung auch als Beispiel für einen **positiven externen Effekt** interpretieren. Der Staat als Produzent dieses Gutes liefert der Gesellschaft Vorteile, die von ihm nicht über den Markt gegen Entgelt abgegeben werden können. Denn erstens ist es wegen der Nichtrivalität nicht möglich, dem einzelnen Bürger einen bestimmten, von ihm in Anspruch genommenen Teil dieser Ordnung zuzurechnen, für den dann ein Preis verlangt werden könnte. Und zweitens ist ein Ausschluß von nicht zahlenden Nutzern dieser Ordnung praktisch unmöglich. Die unentgeltliche Abgabe eines geldwerten Vorteils stellt jedoch einen positiven externen Effekt, d.h. einen externen Ertrag dar. Wenn nun aber eine Finanzierung der Kosten für die Bereitstellung der Rahmenordnung über Verkaufserlöse am Markt nicht möglich ist, dann müssen diese Kosten folglich über **Zwangsbeiträge (Steuern)** finanziert werden.

Der im Prinzip gleiche Sachverhalt läßt sich auch wie folgt erklären. Die Existenz eines Staates wird positiv-ökonomisch mit der Begründung gerechtfertigt, daß die Individuen in einem Gemeinwesen mit staatlichem Gewaltmonopol geringere Verteidigungsaufwendungen haben als in dem rechtlosen Zustand der Anarchie (BUCHANAN und TULLOCK, 1962). Die originäre Aufgabe des Staates ist somit die Definition und der Schutz von **Verfügungsrechten (property rights)**.

RAWLS (1971) geht von einem Urzustand aus, in dem die Menschen in Ungewißheit über ihre Fähigkeiten leben, und deswegen keine Vorstellungen über ihre künftige materielle Situation haben (Schleier der Ungewißheit). Die Menschen sind in diesem Sinne alle gleich und verständigen sich daher leicht auf einen Kanon **gemeinsamer Regeln**, die jeder bei seinen Handlungen zu beachten hat.

Eine ähnliche Argumentation ist, den Staat als einen Vertrag zwischen Individuen zum Schutz eng abgegrenzter Grundrechte zu interpretieren. Diese Schutzvereinigung kann jedoch nicht gewissermaßen am Reißbrett entworfen werden, sondern sie bildet sich in einem gesellschaftlichen Suchprozeß allmählich heraus (VON HAYEK, 1969; NOZICK, 1974). Die Individuen bilden unterschiedlichste Gemeinschaften zum Schutz und zur Wiederherstellung von Rechten. Der Staat ist diejenige **Schutzvereinigung**, die sich im **Konkurrenzprozeß** unter den diversen Vereinigungen als effizient erweist und somit dominant als einzige verbleibt.

Welcher Sichtweise man auch immer den Vorzug geben mag, die rechtliche und institutionelle Rahmenordnung kann als der Fall eines **reinen öffentlichen Gutes** (MUSGRAVE: social goods proper) angesehen werden. Die Bereitstellung und Garantie einer solchen Rahmenordnung ist eine originäre Aufgabe des Staates, die die Existenz eines Staates rechtfertigt.

In der Wirtschaftsordnung der **Sozialen Marktwirtschaft** ist der Bereich der **Allokation im Prinzip marktwirtschaftlich** organisiert. Das heißt, daß der Staat möglichst nicht direkt in den Produktionsprozeß eingreifen soll, da Effizienz und Konsumentensouveränität nach aller Erfahrung am ehesten durch den Marktmechanismus realisiert werden. Wesentliche Elemente dieses Mechanismus sind eine **freie Preisbildung** auf den Märkten und **Gewinne als Anreiz- und Sanktionsmechanismus**. Es wäre jedoch falsch, hieraus den Schluß zu ziehen, daß der Staat sich diesem Marktprozeß gegenüber völlig abstinent zu verhalten habe. Vielmehr ist es die zentrale Aufgabe des Staates, die Elemente der freien Preisbildung und der Gewinnerzielung durch das **öffentliche Gut der rechtlichen und institutionellen Rahmenordnung** zu sichern. In der Wirtschaftsordnung der **Sozialen Marktwirtschaft** sind in diesem Zusammenhang die wesentlichen gesetzlichen Grundlagen das **Grundgesetz** und das **Gesetz gegen Wettbewerbsbeschränkungen**, in denen Privateigentum, Rechtssicherheit und Wettbewerb garantiert sind. Dies ist der vom Staat etablierte allgemeine Rahmen, innerhalb dessen der im übrigen marktwirtschaftlich organisierte Produktionsprozeß ablaufen kann.

Außer der rechtlichen und institutionellen Rahmenordnung gibt es nur noch **wenige reine öffentliche Güter**. Die Fälle, in denen sowohl Nichtrivalität im Konsum vorliegt, als auch das Ausschlußprinzip nicht praktizierbar ist, sind relativ selten. Als weitere reine Kollektivgüter können noch die **Landesverteidigung**, d.h. also die äußere Sicherheit des Gemeinwesens, angeführt werden und Dinge wie **Leuchttürme** und **Deichanlagen**. Darüber hinaus gibt es jedoch kaum noch staatliche Betätigungsfelder, die mit dem Hinweis auf das Vorliegen eines reinen öffentlichen Gutes gerechtfertigt werden können. So sind z.B. Müllabfuhr, Bäder, Friedhöfe, Theater, Museen, Krankenhäuser, Schulen, Universitäten usw. eindeutig keine reinen öffentlichen Güter. Wenn der Staat also diese Bereiche einer Regulierung unterwirft bis hin zur Eigenproduktion, so muß dies anders gerechtfertigt werden.

(2) Öffentliche Güter, private Güter und Mischgüter – Systematische Überlegungen

Die beiden Merkmale Rivalität und Ausschlußmöglichkeit können systematisch kombiniert werden. Man kommt so zu einer Güterklassifikation, wie sie in Abbildung 3.1 dargestellt ist.

Der **Fall 1** ist der Fall der **privaten Güter**. Es liegt Rivalität im Konsum vor, und ein Ausschluß von Nichtzahlern kann ohne weiteres praktiziert werden. Das Bier, welches ich trinke, kann nicht gleichzeitig mein Nachbar trinken. Und ein Bierkonsum von Trittbrettfahrern, die trinken wollen ohne zu bezahlen, kann von den Anbietern problemlos verhindert werden. Die Produktion solcher Güter wird am besten über den **Marktmechanismus** besorgt. Die gewinnmaximierenden Unternehmer produzieren die Güter effizient, und produzieren auch

		Rivalität			
		ja		nein	
Ausschluß	ja	private Güter	1	Mischgüter mit Tendenz zu Unterproduktion	2
	nein	Mischgüter mit Tendenz zu Übernutzung	3	öffentliche Güter Kollektivgüter	4

Abb. 3.1 Öffentliche Güter, private Güter und Mischgüter

nur solche Güter, die die Leute haben wollen. Die beiden Bedingungen für eine **optimale Ressourcenallokation**, nämlich Effizienz und Konsumentensouveränität, sind durch den Marktmechanismus garantiert.

Der **Fall 4** beschreibt die Merkmalskombination der **reinen öffentlichen Güter**. Der Marktmechanismus versagt bei der Bereitstellung solcher Güter. Die **Existenz des Staates** kann damit gerechtfertigt werden, daß der Staat für die Bereitstellung solcher reinen öffentlichen Güter sorgen muß. Wie der Staat diese Aufgabe im Einzelfall konkret erfüllen soll, ist eine schwierige Frage. Bei dem öffentlichen Gut der rechtlichen und institutionellen Rahmenordnung dürfte es noch sinnvoll sein, daß dieses Gut durch den Staat gewissermaßen selbst produziert wird. Eine **Eigenproduktion** von reinen öffentlichen Gütern durch den Staat generell ist jedoch nicht unbedingt nötig und auch häufig nicht sinnvoll. Denn wenn man die Produktion von Leuchttürmen, Deichanlagen usw. dem Staat selbst überträgt, dann führt dies wegen der mangelnden Konkurrenz häufig zu **überhöhten Kosten** und **Überproduktion**. Eine Teil-Lösung des Problems ist, daß der Staat die Produktion solcher Güter durch private Unternehmer besorgen läßt, denen er unter **Konkurrenzbedingungen** die entsprechenden Aufträge erteilt und im übrigen das **Steueraufkommen die Finanzierung** sichert. Ungelöst ist allerdings auch bei dieser Vorgehensweise dann immer noch die Frage, in welchem Umfang das Gut bereitgestellt werden soll. Die dazu notwendigen Informationen über die Verbraucherpräferenzen sind in der Regel auch beim Staat nicht vorhanden.

Der **Fall 2** beschreibt einen bestimmten Typ von **Mischgütern mit Ausschlußmöglichkeit**. Beispiele sind Straßen, Sportveranstaltungen, oder auch das Kabelfernsehen. Ein zusätzlicher Nutzer solcher Güter behindert die anderen Nutzer nicht, d.h. es liegt Nichtrivalität vor, zumindest in gewissem Umfang bis an die Kapazitätsgrenze. Dagegen ist ein Ausschluß von Nichtzahlern ohne weiteres möglich. Für die Straßenbenutzung kann eine Maut erhoben werden, für Sportveranstaltungen kann Eintritt verlangt werden, und für Kabelfernsehempfang können Gebühren erhoben werden. Solche Güter können also im Prinzip durch private Unternehmer produziert und angeboten werden. Jedoch kann eine Bereitstellung solcher Güter über den Markt zu einer gesamtwirtschaftlich suboptimalen **Unterversorgung** führen. Denn die Möglichkeit, einen zusätzlichen Nutzer praktisch ohne zusätzliche Kosten mit dem Gut versorgen zu können (Nichtrivalität), bedeutet sinkende Durchschnittskosten und damit **Tendenz zur Monopolisierung**. Der Monopolist jedoch wird versuchen, durch eine Verknappung hohe Preise zu erzielen. Gesamtwirtschaftlich ist dagegen im Sinne der optimalen Ressourcenallokation ein höheres Angebot als das Monopolangebot angebracht, da zusätzliche Nutzer weniger Kosten verursachen als den Monopolpreis. Wie soll der Staat hier eingreifen? Auch hier ist eine Eigenproduktion mit der Gefahr der Unwirtschaftlichkeit nicht unbedingt notwendig. Möglichkeiten sind eine **Mißbrauchsaufsicht** über die Monopolmacht, oder staatliche **Zuschüsse**, um den gesamtwirtschaftlich optimalen niedrigen Preis am Markt zu realisieren.

Wenden wir uns schließlich noch dem **Fall 3** zu. Ein Beispiel sind **natürliche Ressourcen** wie z.B. die Umwelt. Es besteht die Gefahr einer übermäßigen Ausbeutung. Denn wenn die natürliche Ressource beginnt knapp zu werden, liegt Rivalität vor. Anderseits kann ein Trittbrettfahrertum nicht verhindert werden, solange z.B. der Verbrauch der sauberen Umwelt gewissermaßen kostenlos ist. Beides zusammen führt dazu, daß die Umwelt – um bei diesem Beispiel zu bleiben – so zerstört wird, daß dies nicht mehr einer optimalen Ressourcenallokation entspricht. Auch hier liegt also ein mögliches Betätigungsfeld für den Staat. Die Abbildung 3.1 legt die adäquate Vorgehensweise nahe. Notwendig ist offensichtlich eine gesetzliche Regelung, den bisher nicht möglichen **Ausschluß von Trittbrettfahrern zu ermöglichen**, indem **Eigentumsrechte an der natürlichen Ressource** definiert werden. Wir werden hierauf weiter unten näher eingehen.

Was bleibt als **Resümee**? Die Existenz von öffentlichen Gütern und Mischgütern kann zu einer suboptimalen Ressourcenallokation führen und rechtfertigt somit das Tätigwerden eines Staates. Wie dies im Einzelfall aussehen soll, ist schwierig zu beantworten und kann nicht pauschal einheitlich geregelt werden. Auf jeden Fall ist es **nicht gerechtfertigt, dem Staat eine Eigenproduktion weiter Teile des Güterspektrums** mit dem Hinweis auf öffentliche Güter und Mischgüter zu übertragen. Im folgenden wollen wir uns etwas eingehender mit den Fällen der Mischgüter befassen. Diese Mischgüter haben eine gewisse Affinität zu den sog. externen Effekten. Wir beschäftigen uns daher im nächsten Abschnitt mit dem Phänomen der externen Effekte.

(3) Externe Effekte

(3.1) Überblick

Während Kollektivgüter vom Marktmechanismus überhaupt nicht hervorgebracht werden, bedeuten **externe Effekte**, daß von bestimmten Gütern zu viel bzw. zu wenig an den Markt kommt. Kollektivgüter stellen ein **Marktversagen** dar, während externe Effekte **Marktunvollkommenheiten** sind. Die Problematik entsteht dadurch, daß neben die in den privaten Kalkül eingehenden privaten Erträge bzw. privaten Kosten auch externe Erträge (positive externe Effekte) bzw. externe Kosten (negative externe Effekte) entstehen. Die gesamtwirtschaftlichen (sozialen) Erträge bzw. Kosten einer wirtschaftlichen Aktivität bestehen aus den privaten Erträgen bzw. Kosten und den externen Erträgen bzw. Kosten. Diese Zusammenhänge sind in der folgenden Abbildung 3.2 dargestellt.

Das gesamtwirtschaftliche Ziel einer optimalen Ressourcenallokation bedeutet, daß letztlich die sozialen Gewinne zu maximieren sind.

Der Verursacher externer Effekte muß jedoch für die externen Kosten nicht aufkommen, bzw. er bekommt die externen Erträge nicht entgolten. Das führt dann dazu, daß im Fall **externer Kosten** von dem betreffenden Gut **zu viel produziert wird**, weil der private Gewinn höher als der soziale Gewinn ist. Im umgekehrten Fall externer Erträge wird von dem betreffenden Gut **zu wenig produziert**, weil der private Gewinn kleiner als der soziale Gewinn ist. Die Allokation der Ressourcen ist bei Vorliegen solcher externer Effekte nicht optimal. Also – so die Schlußfolgerung – kann man in solchen Fällen ein Tätigwerden des Staates rechtfertigen.

Private Erträge	–	Private Kosten	=	Private Gewinne
+		+		+
Externe Erträge	–	Externe Kosten	=	Externe Gewinne
=		=		=
Soziale Erträge	–	Soziale Kosten	=	Soziale Gewinne

Abb. 3.2 Externe Effekte

3. Kap.: Die Rolle des Staates in der Marktwirtschaft

Das Phänomen der externen Effekte ist offensichtlich sehr eng mit dem Phänomen der Mischgüter verbunden, die weder reine private Güter, noch reine öffentliche Güter sind. Wir haben oben in Abbildung 3.1 eine Güterklassifikation kennengelernt, die die beiden Merkmale Rivalität und Ausschlußmöglichkeit miteinander kombiniert.

Der eine Fall der Mischgüter ist die Merkmalskombination **Nichtrivalität und Ausschlußmöglichkeit**, die zu einer Unterversorgung führen kann. Dies bedeutet jedoch **positive externe Effekte**. Denn die Tatsache, daß die Produktion unterhalb des gesamtwirtschaftlichen Optimums liegt, entspricht genau dem Fall positiver externer Effekte.

Der zweite Fall der Mischgüter ist die Merkmalskombination **Rivalität ohne Ausschlußmöglichkeit**. Ein Beispiel sind natürliche Ressourcen, die mangels Eigentumsrechten übermäßig ausgebeutet werden. Dies ist gleichbedeutend mit dem Fall **negativer externer Effekte**.

Wir wollen im folgenden an einigen Beispielen der Frage nachgehen, wie der Staat sich in diesen Fällen faktisch verhält und welche Art der staatlichen Regulierung aus ökonomischer Sicht angebracht ist.

(3.2) Externe Erträge, meritorische Güter und das Prinzip der Konsumentensouveränität

Wenden wir uns zunächst dem Fall externer Erträge zu. Welche konkreten Maßnahmen zur Realisierung einer optimalen Ressourcenallokation der Staat hier ergreifen soll, ist eine schwierig zu beantwortende Frage. In der Bundesrepublik wird in diesen Fällen, in denen die Produktion des betreffenden Gutes mit **positiven externen Effekten** verbunden ist, überwiegend die Methode der **staatlichen Eigenproduktion** praktiziert. Typische Beispiele sind das **Gesundheits- und das Bildungswesen**. Ein gesunder und gut ausgebildeter Mensch zieht aus diesem seinem Zustand nicht nur selbst einen Nutzen, sondern dadurch, daß er keine ansteckenden Krankheiten hat und eine gute Berufsausbildung aufweist, ist er für die Gesellschaft ein nützlicheres Mitglied als ein verseuchter Analphabet. Das Gesundheits- und Bildungswesen weisen also **positive externe Effekte** auf. Die staatliche Eigenproduktion – d.h. also staatliche Krankenhäuser und staatliche Schulen – wird nun mit dem Hinweis darauf gerechtfertigt, daß es im Falle einer privatwirtschaftlichen Organisation des Gesundheits- und Bildungswesens zu einer sowohl für das Individuum als auch für das Gemeinwesen insgesamt schädlichen Unterversorgung mit Gesundheits- und Bildungsleistungen kommt.

Die Argumentation mag für die Beispiele des Gesundheits- und Bildungswesens zutreffen. Jedoch muß betont werden, daß die Methode der staatlichen Eigenproduktion auch schwerwiegende **Nachteile** hat. Erstens führt die staatliche Eigenproduktion wegen mangelnder Konkurrenz häufig zu überhöhten Kosten, d.h. in staatlichen Krankenhäusern und Schulen wird **ineffizient** gewirtschaftet. Zweitens werden die vom Staat bereitgestellten Leistungen zu niedrigeren als kostendeckenden Preisen, teilweise zum Nulltarif (Bildungswesen) abgegeben. Dies führt zu einer **übermäßigen Beanspruchung** des Angebots (sog. moral hazard), d.h. es kommt zu einer Überversorgung mit den betreffenden Gütern.

Weiterhin ist es ein Nachteil der staatlichen Eigenproduktion, daß dies in vielen Fällen eine **Beschränkung der Konsumentensouveränität** bedeutet. So betätigt sich der Staat z.B. als Betreiber von Wohnungen, Museen, Theatern, Fernsehprogrammen, Bädern, Friedhöfen usw. Natürlich kommt es bei der Produktion dieser Güter in irgendeiner Form zu externen Erträgen. Aber dies ist letztlich bei jeglicher Güterproduktion der Fall. Es gibt praktisch keine Produktion, die nicht mit irgendwelchen externen Erträgen verbunden ist. Wenn der Staat nun bestimmte Güter, die keine reinen Kollektivgüter sind, selbst herstellt und anbietet, dann wird damit ein letztlich nicht objektiv begründbares **Werturteil** gefällt. Dieses Werturteil lautet, daß die vom Markt bereitgestellten Wohnungen, Museen, Theater, Fernsehprogramme usw. im Urteil der Politiker unzureichend sind. Es handelt sich hierbei also letztlich um einen Eingriff in die Konsumentensouveränität, der in einer im Grundsatz marktwirtschaftliche Ordnung **nicht objektiv begründet** werden kann. Man nennt solche Güter, die keine reinen Kollektivgüter sind, die vom Markt ohne schwerwiegende Probleme bereitgestellt werden können, und die der Staat trotzdem selbst herstellt und anbietet, **meritorische Güter**. Meritorische Güter haben also positive externe Effekte. Jedoch ist die Meritorisierung bestimmter Güter Ausfluß subjektiver Werturteile von Politikern und kann nicht objektiv begründet werden. Die Theorie meritorischer Güter ist daher auch als Theorie einer Rechtfertigung staatlichen Tätigwerdens im Bereich der Allokation höchst umstritten.

(3.3) Externe Kosten, Umweltpolitik und demeritorische Güter

Wenden wir uns nun der Frage zu, wie der Staat bei Vorliegen negativer externer Effekte verfährt. Das inzwischen geradezu klassische **Beispiel ist die Umweltverschmutzung**. Die Umweltverschmutzung durch die Güterproduktion kann als ein Fall externer Kosten interpretiert werden (umgekehrt kann man die saubere Umwelt als ein Kollektivgut interpretieren). Die kostenlose Inanspruchnahme von Luft, Wasser und anderen natürlichen Ressourcen bedeutet, daß durch die entsprechende Produktion nicht nur private Kosten bei dem Produzenten anfallen, sondern daß durch diese Produktion auch noch externe Kosten entstehen. Da diese externen Kosten nicht in den privaten Kalkül des Produzenten eingehen, kommt es zu einer Überproduktion des betreffenden Gutes, d.h. zu einer suboptimalen Ressourcenallokation. Welche konkrete **Umweltpolitik** der Staat nun zur Realisierung einer optimalen Ressourcenallokation praktizieren soll, ist eine schwierig zu beantwortende Frage. Die hauptsächlichen **möglichen Maßnahmen** sind:

- **Auflagen** (Ge- und Verbote),
- **Abgaben** (Steuern bzw. Subventionen),
- **Zertifikate** (handelbare Verfügungsrechte).

Wenden wir uns zunächst der Methode der **Auflagen** zu. Bei dieser Methode werden den Produzenten bestimmte quellenspezifische Grenzwerte vorgeschrieben, die dem Stand der Technik entsprechen (z.B. **Luftreinhaltepolitik**). Die Einhaltung dieser Grenzwerte ist Voraussetzung für die Erteilung der Genehmigung zum Betrieb einer neuen Produktionsanlage. Für Altanlagen gelten häufig Übergangsregelungen. Durch die Auflagen soll erreicht werden, daß die Umweltschädigungen allmählich entsprechend dem Stand der Technik reduziert werden. Die **praktische Umweltpolitik** in der Bundesrepublik entspricht ganz **überwiegend dieser Methode**.

Wir wollen uns nun kurz der Frage zuwenden, wie diese Methode der Auflagen zu beurteilen ist. Die Methode hat aus ökonomischer Sicht erhebliche **Nachteile**.

Erstens gehen von der Methode **keine Anreizwirkungen** zur Weiterentwicklung der Umwelttechnik aus. Die Vorschrift, daß der Betrieb neuer Anlagen nur genehmigt wird, wenn diese dem neuesten Stand der Technik entsprechen, führt dazu, daß die Unternehmen sich gegen den Fortschritt sträuben, statt ihn zu fördern. In den betroffenen Branchen bildet sich ein „Schweigekartell der Oberingenieure" zur Verhinderung des technischen Fortschritts.

Zweitens ist die Methode in der Regel **ökonomisch ineffizient**. Die Unternehmen haben in der Regel unterschiedliche Kostenstrukturen. Der Staat kennt die Kostenstruktur der Betriebe nicht und kann daher nicht die Verteilung der insgesamt zu erreichenden Emissionsvermeidung auf die einzelnen Betriebe so vornehmen, daß dort die Emissionen am meisten reduziert werden, wo dies am billigsten möglich ist. Alle Betriebe müssen den gesetzlich definierten Stand der Technik erfüllen, d.h. auch diejenigen, die dies nur relativ teuer können. Wirtschaftlicher wäre es, die gleiche Umweltqualität mit weniger Aufwand zu erreichen, indem die Betriebe, die das am billigsten können, verstärkt Umweltschutz betreiben, und diejenigen, die das nur teuer können, weniger Umweltschutz betreiben.

Drittens ist die Methode **ökologisch ungenau**. Es ist durch staatliche Auflagen praktisch nicht möglich, genau den erstrebten Zielwert an Umweltqualität zu realisieren. Der Staat verfügt nicht über die notwendigen Informationen, um exakt die Auflage als Vorschrift zu erlassen, die genau die angestrebte Umweltqualität zur Folge hätte. Die Auflagen-Methode kann nicht ökologisch treffsicher sein.

Wenden wir uns nunmehr der **Methode der Abgaben** zu. Bei dieser Methode wird das Verursachen des negativen externen Effekts mit einer Abgabe belegt. Die Abgaben-Methode ist eine sog. **Preislösung**. Die Abgaben-Methode bedeutet, daß der Staat gewissermaßen einen Preis für die Umweltnutzung festlegt, weil sich am Markt für das Gut Umwelt keine Preise bilden. Umweltressourcen erhalten politisch festgesetzte Preise, so daß bei Umweltnutzungen eine Abgabe fällig wird. In Deutschland findet diese Methode im Bereich der Umweltpolitik kaum Anwendung. Ein Beispiel ist das **Abwasserabgabengesetz**, wonach jeder Wasserverschmutzer pro definierte Schadenseinheit eine Abgabe zu zahlen hat.

Ein **Vorteil** der Abgaben-Methode besteht darin, daß von dieser Methode eine **Anreizwirkung** ausgeht, die Umwelttechnik zu verbessern. Der gewinnmaximierende Unternehmer kann seine Kosten senken, wenn es ihm gelingt, eine Umwelttechnik zu entwickeln, die billiger ist als die ansonsten zu zahlende Abgabe.

Ein zweiter Vorteil der Abgaben-Methode ist es, daß die ökonomische Ineffizienz der Auflagen-Methode vermieden wird. Diejenigen Betriebe praktizieren den Umweltschutz, die dies am besten, d.h. am billigsten beherrschen. Betriebe, die Umweltschutz nur zu relativ hohen Kosten betreiben können, zahlen die Abgabe. Eine bestimmte Umweltqualität wird mit den geringstmöglichen Kosten erreicht. Die Methode ist **ökonomisch effizient**.

Die Abgaben-Methode ist allerdings – genau wie die Auflagen-Methode – mit dem **Nachteil der ökologischen Ungenauigkeit** behaftet. Der Grad der erreichten Umweltqualität ist von der technisch vorgegebenen Kostenstruktur der Betriebe abhängig und somit im Prinzip von vornherein nicht kalkulierbar. Wenn die meisten Betriebe nur über unzureichende, d.h. teure Umwelttechniken verfügen, zahlen sie lieber die Abgabe. Der ökologisch vertretbare Höchstverschmutzungsgrad wird höchstens zufällig eingehalten.

Ein weiterer **Nachteil** ist, daß die Methode mit einem Kaufkrafttransfer vom privaten an den öffentlichen Sektor verbunden ist. Die **Steuerquote** steigt, wenn nicht andere Steuern verringert werden. Das Argument, daß der Staat mit den Steuereinnahmen zukunftsträchtige Pioniertechnologien fördert, geht fehl. Eine Bürokratie ist regelmäßig nicht in der Lage, sich die Informationen darüber zu beschaffen, was eine Pioniertechnologie ist. Dies kann nur der Markt.

Der Vollständigkeit halber wollen wir noch kurz auf die Methode der **Zertifikate** eingehen. Dieses Konzept wird insbesondere von der Seite der Wissenschaft favorisiert, hat jedoch in Deutschland bisher keinen Eingang in die Politik gefunden. Zertifikate sind im Gegensatz zur Preismethode der Abgaben eine reine Mengenmethode. Der Staat legt z.B. bei der Luftreinhaltepolitik die insgesamt zulässige Höchstmenge an Schadstoffen, z.B. Kohlendioxyd, fest. In diesem Rahmen werden Emissionsrechte (Zertifikate) an die Betriebe verteilt, die diese untereinander zu freien Preisen übertragen können. Die Zertifikate sind fungible Umweltnutzungsrechte. Durch dieses Verfahren wird versucht, die ökonomischen, ökologischen und fiskalischen **Nachteile** der Auflagen- und Abgaben-Methode zu **vermeiden**.

Erstens ist dieses Verfahren **ökonomisch effizient**. Denn es führt dazu, daß die Luft von denjenigen Betrieben verschmutzt wird, die Umwelttechnik nur sehr ungenügend beherrschen. Diese Betriebe zahlen lieber den Preis für die Zertifikate, als die für sie zu teure Technik zu realisieren. Damit ist der ökonomische Nachteil der Kosten-Ineffizienz der Auflagen-Methode vermieden.

Zweitens entsteht dadurch, daß die Emissionszertifikate einen Preis haben, ein **Anreiz**, eine billigere Umwelttechnik zu erfinden. Damit ist der Nachteil fehlender Anreize der Auflagen-Methode vermieden.

Drittens wird durch die Festlegung der insgesamt zulässigen Höchstschadstoffmenge erreicht, daß auch wirklich nicht mehr als diese Schadstoffmenge entsteht. Damit ist die Methode **ökologisch genau** und der ökologische Nachteil der Abgaben-Methode vermieden.

Und viertens kommt es **nicht zu einem Kaufkrafttransfer** vom privaten zum öffentlichen Sektor, da der Handel in Umweltzertifikaten innerhalb des privaten Sektors stattfindet.

Wenn ein Betrieb ein Zertifikat erwirbt, dann zahlt dieser Betrieb an den Betrieb, der Umwelttechnik besser beherrscht und deshalb das Zertifikat verkauft. Damit ist der fiskalische Nachteil der Abgaben-Methode vermieden.

Insgesamt ergibt sich, daß in der **Umweltpolitik der Bundesrepublik Deutschland noch erhebliche Spielräume für die Einführung marktwirtschaftlicher Elemente** bestehen. Das umweltpolitische Instrumentarium wird überwiegend von der Methode der Auflagen geprägt, die erhebliche Nachteile hat. Systemtheoretisch ist dies auch nicht weiter verwunderlich. Handelt es sich doch bei dieser Methode um ein planwirtschaftliches Instrument, welches aus ökonomischer Sicht nach aller Erfahrung nur unbefriedigend funktionieren kann. Abgaben und Zertifikate könnten zum Nutzen für Umwelt und Wirtschaft in erheblich stärkerem Maße mit der traditionellen Auflagenpolitik kombiniert werden.

Wir haben uns bisher mit der Umweltverschmutzung als einem Beispiel für einen negativen externen Effekt beschäftigt. Nun gibt es natürlich noch zahlreiche weitere Beispiele negativer externer Effekte, und es ist eine interessante Frage, wie der Staat in diesen anderen Bereichen der Problematik versucht gerecht zu werden. Wir wollen im folgenden noch auf ein **Anwendungsbeispiel für die Abgaben-Methode** des Umgangs mit negativen externen Effekten eingehen. Der Staat besteuert den Genuß von **Alkohol, Tabak und ähnlichen Drogen**. Solche Güter können als **demeritorische Güter** interpretiert werden. Ihr Genuß hat negative externe Effekte, da nicht nur der Süchtige selbst nachteilig betroffen ist, sondern auch die Gesamtheit in Form von Arbeitsausfällen, Krankheiten, Unfällen usw. Die Besteuerung ist – abgesehen von dem fiskalischen Zweck – eine Anwendung der Abgaben-Methode, um den Konsum zu reduzieren. Allerdings ist an dieser Argumentation die gleiche Kritik zu üben, die wir weiter oben im Abschnitt über die positiven externen Effekte bei der Erläuterung des Konzepts der meritorischen Güter bereits kennengelernt haben. Die Besteuerung des Konsums von Alkohol u.ä. Drogen mit dem Hinweis auf negative externe Effekte zu rechtfertigen, ist gleichbedeutend damit, daß von Politikern auf der fragwürdigen Grundlage eines prinzipiell **nicht objektiv begründbaren Werturteils** in die Konsumentensouveränität eingegriffen werden soll.

(3.4) Resümee

Als Resümee können wir festhalten, daß die Existenz externer Effekte zahlreiche Rechtfertigungsgründe für **staatliche Regulierungen** der Marktwirtschaft liefern kann. Allerdings geben die Methoden, die der Staat einsetzt, auch Anlaß zur **Kritik**. Der Staat praktiziert die Methoden der staatlichen Bereitstellung (im Falle externer Erträge), der Auflagen (im Falle der Umweltverschmutzung) und der Besteuerung (im Falle demeritorischer Güter). Die Folgen hiervon sind kostenüberhöhte Produktionen (Gesundheitswesen, Bildungswesen), ökonomische und ökologische Ineffizienz der Auflagen-Methode gegenüber der Zertifikatlösung (Luftreinhaltepolitik) und Eingriffe in die Konsumentensouveränität (durch Meritorisierung bzw. Demeritorisierung von Gütern). Der Staat reguliert also die Marktwirtschaft mit **nicht-marktwirtschaftlichen Methoden**, obwohl von der Wissenschaft durchaus Methoden angeboten werden, die den marktwirtschaftlichen Charakter der Wirtschaftsordnung nicht so sehr verfälschen würden. Dies legt den Verdacht nahe, daß es nicht nur ein Marktversagen gibt, sondern auch ein **Staatsversagen**. Hierauf werden wir folglich in einem späteren Abschnitt einzugehen haben.

(4) Wettbewerbspolitik

Die Sicherung des Wettbewerbs ist eine zentrale Aufgabe des Staates in der Sozialen Marktwirtschaft. Wettbewerb (Konkurrenz) herrscht, wenn auf einem Markt so viele Anbieter bzw. Nachfrager vorhanden sind, daß der einzelne Marktteilnehmer nur einen sehr geringen Marktanteil hat und somit keinen Einfluß auf den Marktpreis ausüben kann. **Wettbewerb** ist eine Voraussetzung für eine **optimale Ressourcenallokation** und für eine **leistungsgerechte Verteilung**. Durch Konzentrationsprozesse nimmt der Wettbewerb ab, und es entsteht Marktmacht. **Marktmacht jedoch verhindert** eine optimale Ressourcenallokation, da – im Vergleich zur Konkurrenzsituation – eine niedrigere Produktion zu höheren Preisen umgesetzt wird. Zudem entstehen bei den Inhabern der Machtpositionen übermäßige Einkünfte, die mit einer am Leistungsprinzip orientierten Verteilung nicht vereinbar sind. Dem **Staat** kommt somit in der Sozialen Marktwirtschaft unter **Allokations- und Distributionsaspekten** die Aufgabe zu, die **Konkurrenz auf den Märkten zu sichern**.

Es muß allerdings angemerkt werden, daß es auch Fälle von Marktmacht geben kann, die akzeptiert und sogar **positiv beurteilt** werden. Dies sind Marktmachtstellungen, die aufgrund von **Leistungen** entstehen, und die **vorübergehend** sind. Ein typisches Beispiel ist eine Erfindung technischer oder organisatorischer Art, die die Produktivität erhöht und für den betreffenden Betrieb einen zumindest vorübergehenden Wettbewerbsvorteil bedeutet. In solchen Fällen kann eine vorübergehende Machtstellung z.B. durch einen Patentschutz garantiert werden. Diese Garantie dient als Anreiz, durch Erfindungen zum technischen Fortschritt beizutragen. Wichtig ist, daß keine dauerhafte Machtstellung entsteht, d.h. die Machtstellung darf nur vorübergehender Natur sein.

Einschränkungen der Wettbewerbsfreiheit müssen außerdem in Kauf genommen werden, wenn eine Produktion von nur wenigen Anbietern bzw. im Extremfall von nur einem einzigen Anbieter am kostengünstigsten hergestellt werden kann. Dieser Fall des **natürlichen Monopols** beruht auf sog. **Unteilbarkeiten**. Beispiele sind Verteilungsnetze für Strom, Gas usw., Kanalisation, Eisenbahnnetz usw. In solchen Fällen findet häufig eine Eigenproduktion durch den Staat statt. Auf diese Problematik der Unteilbarkeiten wird in der folgenden Ziffer eingegangen.

Abgesehen von diesen Einschränkungen ist eine staatliche Wettbewerbspolitik unter Allokations- und unter Distributionsgesichtspunkten ein konstitutives Merkmal der Sozialen Marktwirtschaft. Neben den ökonomischen Rechtfertigungen kann eine staatliche Wettbewerbspolitik **auch außerökonomisch begründet** werden. In einem freiheitlichen und demokratischen Gemeinwesen gilt es, Machtpositionen zu verhindern. Denn Macht bedeutet eine Einschränkung der Freiheitsspielräume der Beherrschten, und Macht gefährdet auf Dauer die Stabilität der politischen Ordnung der Demokratie.

In Deutschland ist das **Gesetz gegen Wettbewerbsbeschränkungen (GWB)** das staatliche Instrument zur Sicherung der Konkurrenz. Das Gesetz trat am 1.1.1958 in Kraft und wurde mit Wirkung vom 1.1.1999 zum sechsten Male novelliert. Die durch das GWB auch eingerichtete **Monopolkommission** unterrichtet im Abstand von 2 Jahren in Gutachten insbesondere über die Entwicklung der Unternehmenskonzentration. Am 1.1.1958 wurde auch der **EWG-Vertrag** wirksam, der in den Artikeln 85 und 86 wettbewerbsrechtliche Vorschriften für den grenzüberschreitenden Verkehr innerhalb der EG enthält.

Einige Bereiche der Volkswirtschaft sind von der Anwendung des GWB mehr oder weniger ausgenommen. Diese **Ausnahmebereiche** sind nach der sechsten Novelle noch die Land- und Forstwirtschaft und die Kredit- und Versicherungswirtschaft. Abgesehen von der Kredit- und Versicherungswirtschaft, die eigenen Regelungen unterworfen sind, gelten hier **Mißbrauchsaufsichtsregelungen**.

Die Bestimmungen des GWB sind in der folgenden Abbildung 3.3 in einer **Übersicht** schematisch dargestellt.

Die Bestimmungen des Gesetzes können in **3 große Gruppen** unterteilt werden. Eine Gruppe von Bestimmungen dient der **Verhinderung des Entstehens von Marktmacht**. Dies ist der weitestgehende Anspruch des Gesetzes. Marktmacht soll möglichst überhaupt nicht entstehen. Eine zweite Gruppe von Bestimmungen dient der **Auflösung marktbeherrschender Anbieter**. Falls eine marktbeherrschende Stellung entstanden ist, dann soll diese möglichst aufgelöst werden. Schließlich dient eine dritte Gruppe von Bestimmungen der **Kontrolle**

3. Kap.: Die Rolle des Staates in der Marktwirtschaft

marktbeherrschender Anbieter. Falls es weder gelingt, die Entstehung von Marktmacht zu verhindern, noch gelingt, die entstandene marktbeherrschende Stellung aufzulösen, dann soll der existierende marktbeherrschende Anbieter zumindest kontrolliert werden.

Die Bestimmungen zur Verhinderung der Entstehung marktbeherrschender Anbieter können nun ihrerseits in 4 Gruppen unterteilt werden.

Erstens sind **Kartelle im Prinzip verboten**. Ein Kartell ist ein Vertrag zwischen ansonsten selbständig bleibenden Unternehmen zur Beschränkung des Wettbewerbs. Allerdings kennt das Gesetz eine Reihe von **Ausnahmen**. Das sind Rabattkartelle, Verträge über einheitliche Normen und Typen, Rationalisierungskartelle, Spezialisierungskartelle und Strukturkrisenkartelle. Hier kann das Kartellamt im Einzelfall eine Genehmigung erteilen. Darüber hinaus kann

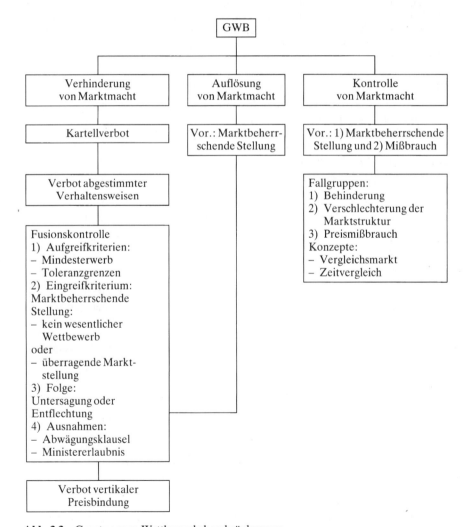

Abb. 3.3 Gesetz gegen Wettbewerbsbeschränkungen

der Bundesminister für Wirtschaft unabhängig vom Kartellamt Kartellverträge erlauben, wenn dies aus übergeordneten Gründen angezeigt erscheint. Schließlich kann der Mittelstand Kartelle bilden, wenn es seine Wettbewerbsposition gegenüber grossen Anbietern stärkt.

Zweitens verbietet das Gesetz **abgestimmte Verhaltensweisen**. Eine abgestimmte Verhaltensweise entspricht einem Kartell, ohne daß jedoch ein Vertrag vorliegt. Ein Nachweis ist in der Praxis häufig schwierig zu führen.

Drittens dienen die Bestimmungen zur **Fusionskontrolle** der Verhinderung des Entstehens marktbeherrschender Anbieter. Hierdurch soll verhindert werden, daß durch Unternehmenszusammenschlüsse einzelne Anbieter einen zu großen Marktanteil bekommen. Dem Kartellamt kommen Fusionen entweder durch eine Anzeige der fusionswilligen Unternehmen zur Kenntnis, oder ohne eine Anzeige auf sonstigen Wegen. Besonders gewichtige Zusammenschlüsse sind anzeigepflichtig. Im ersten Schritt müssen vom Kartellamt zunächst die **Aufgreifkriterien** geprüft werden. Diese sind erfüllt, wenn ein Anteilserwerb von mindestens 25% erfolgt, und wenn es sich nicht um einen Bagatellfall (niedrige Umsätze, kleiner Markt, kleine Unternehmen) handelt. Sodann ist das **Eingreifkriterium** zu prüfen. Das Kartellamt muß gegen die Fusion vorgehen, wenn eine sog. **marktbeherrschende Stellung** entsteht oder vorliegt.

Von einer marktbeherrschenden Stellung ist auszugehen, wenn entweder **kein wesentlicher Wettbewerb** mehr gegeben ist, oder wenn eine **überragende Marktstellung** vorliegt. Zur Messung der Wettbewerbsintensität werden Konzentrationsraten verwendet. Das sind Anteilsquoten, durch die der Marktanteil der betreffenden Unternehmen gemessen wird. Von einer Marktbeherrschungsvermutung wird ausgegangen, wenn die Konzentrationsraten bestimmte Schwellen überschreiten, d.h. z.B. dann, wenn ein Unternehmen 1/3 Marktanteil oder mehr hat. Was den Begriff der überragenden Marktstellung anbelangt, so werden hier außer dem Marktanteil andere Merkmale wie die Finanzkraft, Zugang zu Beschaffungs- und Absatzmärkten, Verflechtungen usw. berücksichtigt. Ergibt die Prüfung des Eingreifkriteriums, daß eine marktbeherrschende Stellung entsteht oder vorliegt, dann muß das Kartellamt die **Fusion untersagen** bzw. eine **Entflechtung** vornehmen.

In der Praxis hat sich dies jedoch als außerordentlich kompliziert herausgestellt, und die Monopolkommission hat in den Gutachten auch festgestellt, daß die Fusionskontrolle eine Zunahme der Konzentration nicht hat verhindern können. Dies mag auch daran liegen, daß im Gesetz von dem Grundsatz der Untersagung der Fusion bei Vorliegen des Eingreifkriteriums **zwei Ausnahmen** vorgesehen sind. Erstens kann von der **Abwägungsklausel** Gebrauch gemacht werden. Das Kartellamt kann eine Fusion auch bei Vorliegen des Eingreifkriteriums genehmigen, wenn außer der Verschlechterung der Wettbewerbsverhältnisse durch die Fusion eine Verbesserung des Wettbewerbs auf einem anderen Markt zu erwarten ist. Ein typischer Fall ist die Fusion Karstadt/Neckermann. Diese Fusion wurde vom Kartellamt erlaubt unter der Voraussetzung, daß Karstadt seine Beteiligung an der Touristik Union International (TUI) verkaufte. Damit blieb der Wettbewerb auf dem Reiseveranstaltermarkt erhalten. Denn wenn man die Fusion Karstadt/Neckermann untersagt hätte, dann wäre durch die Pleite von Neckermann der Konkurrent NUR auf dem Reiseveranstaltermarkt auch ausgeschieden und TUI hätte dort eine marktbeherrschende Stellung erlangt. Allerdings wurde durch die Fusion der Wettbewerb auf dem Kaufhausmarkt verschlechtert. Die zweite Ausnahme ist die **Ministererlaubnis**. Der Bundesminister für Wirtschaft kann unabhängig vom Kartellamt eine Fusion erlauben, wenn dies aus übergeordneten Interessen der Allgemeinheit gerechtfertigt erscheint.

Die vierte Bestimmung zur Verhinderung des Entstehens marktbeherrschender Anbieter ist das **Verbot vertikaler Preisbindung**. Vertikale Preisbindung liegt vor, wenn Abnehmer oder auch Lieferanten ihre Preise mit Dritten nicht frei vereinbaren können. Bei Verlagserzeugnissen ist die vertikale Preisbindung erlaubt. Erlaubt sind auch unverbindliche Preisempfehlungen.

Wenden wir uns nun der zweiten Gruppe von Bestimmungen des GWB zu, nämlich der Bestimmung zur **Auflösung marktbeherrschender Anbieter**. Diese Bestimmung ist die einzige, die eine **Entflechtung** durch das Kartellamt ermöglicht. Die Bestimmung ist in der Systematik der Abbildung 3.3 identisch mit derjenigen, die bereits bei der Fusionskontrolle erläutert wurde. Es muß gemäß dem Eingreifkriterium eine marktbeherrschende Stellung vorliegen. Allerdings können fusionierende Unternehmen durch eine Anzeige des Zusammenschlusses das Kartellamt in Zugzwang setzen. Wenn der Zusammenschluß dem Kartellamt angezeigt wurde, dann darf das Kartellamt nur noch innerhalb eines Jahres gegen den Zusammenschluß vorgehen.

Wenden wir uns abschließend den Bestimmungen zur **Kontrolle marktbeherrschender Anbieter** zu. Hierdurch soll eine **Mißbrauchsaufsicht** in den Fällen ausgeübt werden, in denen eine Entflechtung einer marktbeherrschenden Stellung nicht möglich ist. Voraussetzungen für ein Tätigwerden des Kartellamtes ist das Vorliegen einer **marktbeherrschenden Stellung** und der **Mißbrauch** derselben. Wesentliche Fallgruppen des Mißbrauchs sind die **Behinderung** potentieller Wettbewerber beim Markteintritt, die **Verschlechterung der Marktstruktur** (z.B. das sog. Dumping) und der **Preismißbrauch**. Besonders problematisch in der Praxis ist der Nachweis eines Preismißbrauchs. Hier muß nachgewiesen werden, daß das Unternehmen aufgrund seiner Machtstellung überhöhte Preise fordert und durchsetzt. Als Konzepte sind der Vergleich mit einem vergleichbaren Markt (**Vergleichsmarktkonzept**) und der historische Vergleich der Entwicklung der Preise (**Zeitvergleichskonzept**) entwickelt worden, die jedoch beide unbefriedigend sind. Die Monopolkommission empfiehlt daher auch eine zurückhaltende Handhabung der Mißbrauchsaufsicht über zu hohe Preisforderungen.

Gemäß der sechsten Novelle kann auch ohne ein Verfahren des Kartellamtes gegen ein marktbeherrschendes Unternehmen direkt vor einem Zivilgericht geklagt werden.

Eine eindeutige **Beurteilung des GWB** ist wohl nicht möglich. Gemessen an einer idealen Wettbewerbspolitik hat das Gesetz unübersehbare **Schwächen**. Diese sind die Ausnahmeregelungen beim Kartellverbot, die relative Wirkungslosigkeit der Fusionskontrolle, das Fehlen einer echten Entflechtungsmöglichkeit und die relative Wirkungslosigkeit der Mißbrauchsaufsicht. Andererseits ist jedoch die deutsche Wettbewerbspolitik mit dem GWB im internationalen Vergleich neben derjenigen der USA wohl **sehr positiv** einzuschätzen. Andere Länder haben durchweg eine weniger strenge Gesetzgebung, und die praktische Wettbewerbspolitik ist häufig noch weniger streng.

(5) Natürliche Monopole

In Deutschland wird die Versorgung mit Gütern wie Strom, Gas, Fernwärme, Wasser, Kanalisation, Müllbeseitigung, Telefon, Kabel-TV, Post- und Verkehrsdienste in staatlicher Regie betrieben. Es ist zu fragen, welche ökonomischen Argumente dafür sprechen, daß diese Güter nicht von privaten Unternehmen bereitgestellt werden, sondern von Staatsbetrieben, die häufig Monopolcharakter haben. Als Begründung wird angeführt, daß bei solchen Produktionen der Fall sog. **Unteilbarkeiten** vorliegt. Nehmen wir als Beispiel die Versorgung einer Gemeinde mit einer Kanalisation. Natürlich ist es möglich, einzelne Haushalte jeweils getrennt von verschiedenen konkurrierenden Privatunternehmen mit einer Kanalisation zu versorgen und in diesem Sinne eine Teilung der Produktion vorzunehmen. Aber es ist insgesamt billiger, von einem Betrieb ein Kanalisationssystem für die gesamte Gemeinde errichten zu lassen und die einzelnen Haushalte an die Gemeindekanalisation anzuschließen. Die Summe der Kosten einzelner Mini-Kanalisationsbetriebe ist höher als die Kosten eines Betriebes für die Gesamt-Kanalisation. Der für eine Kanalisation vom Betreiber zu errichtende Mindest-Kostenblock ist nicht beliebig teilbar. Man bezeichnet diesen Sachverhalt auch als sog. **subadditive Kostenfunktionen**. Anders ausgedrückt bedeutet dies, daß für einen Produzenten bei **steigender Produktion die Durchschnittskosten sinken**, da mit dem einmal errichteten Betrieb zusätzliche Nutzer zu sehr niedrigen Zusatzkosten mitversorgt werden können.

Der Fall der Unteilbarkeiten kann auch als ein Beispiel für **positive externe Effekte** interpretiert werden. Denn über den gesamten Absatzbereich sinkende Durchschnittskosten bedeuten, daß zusätzliche Nutzer zu sinkenden Stückkosten bedient werden können. Unter gesamtwirtschaftlichen Optimalitätsgesichtspunkten ist es sinnvoll, die Produktion bis zu dem Punkt auszudehnen, wo die Kosten, die ein zusätzlicher Nutzer verursacht, nicht mehr niedriger sind als der Preis, den er zahlen muß. Unterbleibt diese Produktionsausdehnung wegen monopolistischer Verknappungspraktiken des Anbieters, dann kommt es zu einer suboptimalen Unterversorgung, die wir oben bei der Güterklassifikation in Abbildung 3.1 als einen Fall positiver externer Effekte kennengelernt haben.

Ein typischer Fall sinkender Durchschnittskosten ist das sog. **natürliche Monopol**. Wir wollen der Einfachheit halber diesen Fall zur Erläuterung der damit verbundenen Problematik wählen. Ein natürliches Monopol liegt vor, wenn die in Frage stehende Produktion **am billigsten von einem einzigen Produzenten** hergestellt werden kann. Damit gerät die staatliche **Wettbewerbspolitik in ein Dilemma**, welches wir in der vorhergehenden Ziffer bereits angedeutet haben und mit dem wir uns nun etwas eingehender beschäftigen wollen. Das Dilemma besteht darin, daß Konkurrenz einerseits aus Kostengründen unerwünscht ist, daß aber andererseits Konkurrenz zur Verhinderung von Macht und Unterversorgung sehr wohl erwünscht ist. Aus Kostengründen ist die Konkurrenz unerwünscht, da dann, wenn der natürliche Monopolist sich den Markt mit anderen Konkurrenten teilen muß, die Gesamtkosten zur Erstellung des Gutes höher sind als in dem Fall, in dem der natürliche Monopolist den Markt allein versorgt. Das Gut von mehreren Konkurrenten herstellen zu lassen, ist unter gesamtwirtschaftlichen Aspekten unwirtschaftlich, d.h. es kommt zu einer ineffizienten Ressourcenallokation. Andererseits ist aber der Monopolist ohne Konkurrenz auch ein unerwünschter Zustand. Denn die Machtstellung führt durch geringe Mengen, überhöhte Preise und Kosten und Vernachlässigung des technischen Fortschritts ebenfalls zu einer suboptimalen Ressourcenallokation.

Wie soll der Staat sich verhalten? Sollen unteilbare Produktionen einer **staatlichen Regulierung** unterworfen werden, um die gesamtwirtschaftlich optimale Produktion zu gewährleisten? Dies ist aus folgendem Grund **nicht generell angezeigt**. Man kann auch unteilbare Produktionen dem Marktmechanismus überlassen, wenn die Anbieter (im Extremfall des natürlichen Monopols ein einziger Anbieter) durch **potentielle Konkurrenten** diszipliniert werden, d.h. an einem Mißbrauch ihrer Machtstellung gehindert werden. Dies ist das Konzept der **bestreitbaren Märkte (contestable markets)**. Eine **potentielle Konkurrenz** ist gegeben, wenn die Kosten, die bei einem Marktaustritt abgeschrieben werden müssen, nicht sehr hoch sind. Bei einer Eisenbahnlinie z.B. sind die Marktaustrittskosten sehr hoch. Die Schienen einer Eisenbahnlinie haben einen relativ niedrigen Wiederverkaufswert, da sie praktisch nur für den Zugverkehr verwendbar sind. Die Differenz zwischen den Anschaffungskosten und dem Wiederverkaufswert sind die **Marktaustrittskosten, die sog. sunk costs**. Sind diese sunk costs hoch, dann gibt es keine potentiellen Konkurrenten und die Machtproblematik des natürlichen Monopolisten wird virulent. Ein **Staatseingriff** kann also in den Fällen gerechtfertigt werden, in denen zwei Kriterien erfüllt sind, nämlich sowohl das der **Unteilbarkeiten**, als auch das der **hohen sunk costs**.

Empirische Untersuchungen (KRUSE, 1989) haben ergeben, daß diese Fälle **relativ selten** sind. Es handelt sich praktisch nur um die **Verteilungsnetze** für Strom, Gas, Fernwärme, Wasser, TV und Öl, um die Kanalisation, um das Telefonortsnetz und um das Eisenbahn-Schienennetz. Man kann diese Fälle als **leitungsgebundene Versorgungsnetze** bezeichnen. Hier kann eine staatliche Regulierung bis hin zur Eigenproduktion gerechtfertigt werden. Dagegen ist z.B. die **Produktion** von Strom, Gas, Fernwärme, Wasser und Fernsehprogrammen durch den Staat mit dem Hinweis auf ein Vorliegen natürlicher Monopole nicht zu rechtfertigen, da die Kostenfunktionen dieser **Produktionen nicht subadditiv** sind. Und weiterhin ist auch eine Übernahme von Flug-, Fähr- und Bus-Linien durch den Staat nicht zu rechtfertigen. Hier sind die **sunk costs relativ niedrig**, so daß Monopolisten durch potentielle Konkurrenten diszipliniert werden. Einschränkend muß allerdings darauf hingewiesen werden, daß unter bestimmten Bedingungen selbst bei bestreitbaren Märkten ein Staatseingriff gerechtfertigt werden kann. Wir werden uns mit dieser Problematik weiter unten im 8. Kapitel beschäftigen.

(6) Inflexibilitäten und Informationsmängel

Inflexibilität bedeutet, daß auf den Märkten die Anbieter und Nachfrager nicht flexibel genug auf Änderungen reagieren. In einer evolutorischen Welt sind sowohl die Angebots- als auch die Nachfrageseite permanenten Änderungen unterworfen. Auf der Angebotsseite ändern sich die Produktionsbedingungen durch das Auftreten neuartiger Techniken, Organisationsformen usw., und auf der Nachfrageseite ändern sich die Bedürfnisse der Nachfrager. Der Wachstumsprozeß verläuft um so reibungsloser, je flexibler und damit schneller die laufende **Anpassung der sich ändernden Produktionsbedingungen an die sich ändernden Nachfragebedingungen** gelingt. Dagegen bedeuten Inflexibilitäten bei diesem **notwendigen Struktur-Anpassungsprozeß** Wachstumsverluste. Es kann nun die Auffassung vertreten werden, daß dem Staat in einer Marktwirtschaft die Aufgabe zukommt, diesen Anpassungsprozeß zu unterstützen und zu fördern. Die Frage, welche Maßnahmen hierzu geeignet sind und zum Einsatz kommen, kann als ein Problem der **Wachstums- und Strukturpolitik** angesehen werden. Wir gehen daher auf diese Problematik weiter unten im Abschnitt Stabilisierung, Wachstums- und Strukturpolitik ein.

Außer Inflexibilitäten werden auch **Informationsmängel** als Rechtfertigung für ein staatliches Eingreifen angeführt. Informationsmängel bedeuten, daß Anbieter und Nachfrager auf den Märkten wegen **mangelhafter Informationen** die für eine optimale Ressourcenallokation falschen Entscheidungen treffen.

Häufig wird diese Problematik speziell im Hinblick auf die **Konsumenten** behauptet. Es wird behauptet, daß der Konsument nicht hinreichend genug informiert ist, um die für ihn optimalen Entscheidungen treffen zu können. Diese Ansicht ist sehr weitgehend. Denn mit diesem Hinweis auf die angebliche Unmündigkeit des Verbrauchers kann praktisch jedes staatliche Eingreifen gerechtfertigt werden. Wird das Argument akzeptiert, dann kann dem Staat die Aufgabe einer **Verbraucherpolitik** zugewiesen werden. Hierzu ist zu bemerken, daß der Marktmechanismus durch die **Konkurrenz** einen Verbraucherschutz an sich darstellt. Der Verbraucher ist – soweit Konkurrenz herrscht – geschützt vor der Ausübung wirtschaftlicher Macht durch Monopole. Das **GWB** ist also in dieser Sicht ein Instrument des Verbraucherschutzes. **Spezielle staatliche Regelungen** des rechtlichen und gesundheitlichen Schutzes der Verbraucher sind das Lebensmittel- und Arzneimittelrecht, der Mieterschutz, das Verbot irreführender Werbung, das Widerrufsrecht zugunsten der Käufer bei Abzahlungsgeschäften, die Beseitigung unfairer Benachteiligung der Konsumenten in den AGB usw.

Darüber hinaus gibt es aber auch insbesondere **nichtstaatliche Träger der Verbraucherpolitik**. Dies sind insbesondere die Arbeitsgemeinschaft der Verbraucherverbände (AgV) als Dachverband und die darin zusammengeschlossenen zahlreichen Selbsthilfeeinrichtungen. Diese Maßnahmen der Verbraucherpolitik zielen auf Herstellung der Markttransparenz (Preisauszeichnung, vergleichende Warentests usw.) ab.

Weiterhin wird die Ansicht vertreten, daß **Informationsmängel** auf den Märkten zu **Überreaktionen** führen können, die starke **Preisausschläge** zur Folge haben. Als Beispiele werden häufig börsenmäßig organisierte Devisen- und Rohstoffmärkte genannt. Nach der sog. Büffelherden-Theorie agieren die Händler auf solchen Märkten teilweise irrational wie eine Büffelherde. Sie treiben – weil sie nur mangelhaft über die wahren ökonomischen Fundamentalfaktoren informiert sind – durch ihre Kauf- bzw. Verkaufsentscheidungen die Preise der gehandelten Güter spekulativ so stark nach oben bzw. nach unten, daß diese jegliche Verbindung zu den ökonomischen Realitäten verlieren, was negative Rückwirkungen auf das reale ökonomische Geschehen hat. Zur Vermeidung solcher Überreaktionen werden dann **staatliche Interventionen** zur Preisstabilisierung gefordert, d.h. der Staat soll durch Interventionen die spekulativen Preisausschläge einebnen. Selbst wenn jedoch die Möglichkeit spekulativer Überreaktionen nicht a priori ausgeschlossen werden kann, so ist es dennoch **fragwürdig**, ausgerechnet dem Staat die Aufgabe der Stabilisierung zuzuweisen. Denn ein adäquates Tätigwerden des Staates würde ja voraussetzen, daß der Staat über die korrekten und vollständigen Informationen darüber verfügt, was der richtige, der die ökonomischen Realitäten korrekt wiedergebende Preis ist, der durch Interventionen durchzusetzen wäre. Von einer solchen Informationslage staatlicher Instanzen kann jedoch nicht ausgegangen werden. Der **Staat** verfügt im Zweifel über noch **unvollständigere Informationen** als die Marktteilnehmer und wird demgemäß durch seine Interventionen nur Marktungleichgewichte verstärken mit allen negativen Begleiterscheinungen.

Staatliche **Interventionen** zur Preisstabilisierung werden jedoch auch noch aus **anderen Gründen** vorgenommen. Ein typisches Beispiel ist der **Agrarmarkt**. Im Rahmen der einschlägigen EG-Bestimmungen werden den Produzenten von Agrarerzeugnissen Mindestpreise garantiert. Diese Garantie wird durchgesetzt, indem der Staat das zu diesen Mindestpreisen entstehende Überschußangebot zu diesen Mindestpreisen aufkauft. Bei diesen Interventionen steht nicht das Ziel der Preisstabilisierung im Vordergrund, sondern das Ziel der **Einkommenssicherung** für die Landwirte, d.h. ein **Distributionsziel**. Die Kritik an dieser Methode zur Verfolgung von Distributionszielen lautet, daß das Ziel der Einkommenssicherung effizienter durch direkte Einkommenszuwendungen erreicht wird, da hierdurch die bei der Interventions-Methode entstehenden Marktungleichgewichte mit Überschußproduktion vermieden werden.

b. Stabilisierung

(1) Das Magische Viereck der Wirtschaftspolitik

Im Bereich der Stabilisierung geht es darum, unliebsame Begleiterscheinungen des arbeitsteiligen Wirtschaftsprozesses wie Arbeitslosigkeit, Inflation, Wachstumsschwäche und außenwirtschaftliche Ungleichgewichte möglichst zu vermeiden. Wir haben das Phänomen der Konjunkturschwankungen bereits oben im 1. Kapitel, Ziffer V.3 grundsätzlich kennengelernt. Hier kommt es jetzt darauf an, die Rolle des Staates in diesem Zusammenhang zu erkennen.

Die **wirtschaftspolitischen Ziele**, die es im Bereich der Stabilisierung zu erreichen gilt, sind:

- **Vollbeschäftigung**,
- **Preisniveaustabilität**,
- **Wachstum**,
- **außenwirtschaftliches Gleichgewicht**.

Dem Staat wird die Aufgabe zugewiesen, durch den Einsatz stabilitätspolitischer Instrumente eine Konjunktur- und Wachstumspolitik zu betreiben, die im Idealfall Konjunkturschwankungen mit Arbeitslosigkeit und Inflation vollständig einebnet, außerdem die Wirtschaft auf einen Pfad angemessenen Wachstums führt, und im übrigen auch die außenwirtschaftlichen Beziehungen störungsfrei regelt. Die Einebnung der Konjunkturschwankungen ist hierbei eine mehr kurzfristige Aufgabe, während die Herbeiführung eines angemessenen Wirtschaftswachstums eine langfristige Aufgabe ist.

Die vier Ziele der Stabilisierungspolitik werden häufig als das **Magische Viereck der Wirtschaftspolitik** bezeichnet. Damit soll zum Ausdruck gebracht werden, daß es praktisch nirgendwo gelingt, alle diese vier Ziele gleichzeitig zu verwirklichen. Trotzdem soll sich der Staat bemühen, durch den Einsatz stabilitätspolitischer Instrumente zur möglichst weitgehenden Erreichung dieser Ziele beizutragen.

In der Sozialen Marktwirtschaft in Deutschland sind die wesentlichen **gesetzlichen Grundlagen** in diesem Zusammenhang das **Gesetz über die Deutsche Bundesbank** von 1957, das **Gesetz zur Förderung der Stabilität und des Wachstums der Wirtschaft** von 1967 und das **Außenwirtschaftsgesetz** von 1961. Im Bundesbankgesetz sind die Preisniveaustabilität als oberstes Ziel der Geldpolitik der Deutschen Bundesbank und die Unabhängigkeit der Bundesbank insbesondere von Weisungen der Exekutiven festgelegt. Im Stabilitäts- und Wachstumsgesetz ist festgelegt, daß die staatliche Wirtschaftspolitik neben ihren originären Aufgaben auch zur Erreichung der vier Ziele des Magischen Vierecks beitragen soll. Im Außenwirtschaftsgesetz sind das Freihandelsprinzip verankert und die Zuständigkeiten für einige außenwirtschaftliche Einzelmaßnahmen geregelt.

Die **praktischen Erfahrungen** mit der staatlichen Stabilisierungspolitik sind **nicht sehr ermutigend**. Eine perfekte Erreichung der Ziele ist meistens nicht gelungen. Wahrscheinlich ist der Staat überfordert, mit seinen stabilisierungspolitischen Instrumenten so komplexe Ziele wie z.B. die Vollbeschäftigung zu realisieren. Ja, es sind **sogar kontraproduktive Wirkungen** nicht auszuschließen, d.h. daß der Einsatz staatlicher Stabilisierungspolitik nicht nur nichts nutzt, sondern sogar schadet. In der Volkswirtschaftslehre ist es eine komplizierte und demgemäß strittige Frage, ob der Staat durch den Einsatz seiner Instrumente die Konjunktur stabilisiert oder sogar destabilisiert. Dies ist ein **Gegenstand der Makroökonomik**. Wir werden hierauf ausführlich weiter unten im 3. Teil eingehen. Hier wollen wir lediglich festhalten, daß der Staat das Wirtschaftsgeschehen unter dem Aspekt der Stabilisierung in mannigfaltiger Weise steuert. Von diesen Politikbereichen wollen wir uns im folgenden einen kurzen Eindruck verschaffen. Die Politikbereiche sind die Geld- und Fiskalpolitik, die Wachstums- und Strukturpolitik und die Außenwirtschafts- und EG-Politik.

(2) Geld- und Fiskalpolitik

Träger der **Geldpolitik** ist seit dem Beginn der Europäischen Währungsunion (EWU) am 1. Januar 1999 das **Europäische System der Zentralbanken** (ESZB). Das ESZB (Eurosystem) besteht aus der **Europäischen Zentralbank** (EZB) und den **nationalen Zentralbanken** der teilnehmenden Mitgliedstaaten. Die EZB hat die Entscheidungsbefugnis in der Geldpolitik der Gemeinschaft. Die Geldpolitik umfaßt alle Maßnahmen, mit Hilfe des geldpolitischen Instrumentariums die Höhe der umlaufenden **Geldmenge** in der Gemeinschaft zu steuern. Die EZB legt z.B. den Leitzins fest, zu dem sich die Banken bei der Zentralbank refinanzieren können, sie interveniert an den Devisenmärkten usw. Die nationalen Zentralbanken der teilnehmenden Mitgliedstaaten, also auch die Deutsche Bundesbank, sind die Ausführungsorgane für die Geldpolitik der EZB in den Mitgliedstaaten.

Die gesetzliche Grundlage für die Geldpolitik der Deutschen Bundesbank ist das **Gesetz über die Deutsche Bundesbank** von 1957, welches durch das sechste Änderungsgesetz von 1997 an die Bestimmungen zur WWU angepaßt wurde. Die wesentlichen Bestimmungen des Bundesbankgesetzes und auch der **Satzung des ESZB** sind:

- Vorrangiges Ziel der Geldpolitik ist die **Stabilität des Preisniveaus**.
- Die Zentralbank ist von der **Exekutiven unabhängig**.
- Eine Finanzierung von **Staatsdefiziten durch die Notenpresse ist ausgeschlossen**.

Das vorrangige **Ziel** der Geldpolitik ist also die Wahrung der **Preisniveaustabilität**. Die EZB und mit ihr die Bundesbank sollen in erster Linie dafür Sorge tragen, daß eine Inflation vermieden wird. Diese Vorschrift des Gesetzes ist Ausfluß der **historischen Erfahrung** zweier großer Inflationen in Deutschland

(1914/23, 1933/48) mit katastrophalen wirtschaftlichen und politischen Folgen. Beide Inflationen hatten ihre Ursache in einer übermäßigen Geldvermehrung durch Notenbankkredite an den Staat zur unsoliden Finanzierung von Staatsausgaben. Daher ist im Gesetz die Unabhängigkeit der Bundesbank von Weisungen der Regierung verankert, und es ist eine Notenbankfinanzierung von Staatsdefiziten ausgeschlossen.

Zur Wahrung der Preisniveaustabilität versucht die EZB, das **Geldmengenwachstum auf das Wachstum des Produktionspotentials plus einen unvermeidlichen Preisniveauanstieg zu begrenzen**. Hierdurch soll der Gefahr eines unerwünschten Anstiegs der Inflationsrate begegnet werden. Dahinter steht die auch empirisch abgesicherte Vorstellung, daß es zu einer Inflation auf Dauer nur kommen kann, wenn mehr Geld in Umlauf gebracht wird, als es durch die Produktion an Gütern gewissermaßen real gerechtfertigt ist. Anders ausgedrückt: Die Preise steigen immer dann, wenn die Leute mehr Papiergeld haben, als Güter aus der Produktion zur Verfügung stehen. Zur Vermeidung von Inflation muß also das Geldmengenwachstum auf das Wachstum der Produktion begrenzt werden.

Die **Geldpolitik** ist also in erster Linie und hauptsächlich mit dem **Ziel der Preisniveaustabilität** des magischen Vierecks verknüpft. Soweit es der Bundesbank gelingt, durch eine Begrenzung des Geldmengenwachstums die Inflation unter Kontrolle zu halten, trägt sie mit dieser Politik aber auch – zumindest langfristig – zur Erreichung der **anderen 3 Ziele des magischen Vierecks** bei. Denn eine Inflation bedeutet häufig Beschäftigungseinbußen, Wachstumsverluste und außenwirtschaftliche Defizite. Diese Zusammenhänge sind ein **Gegenstand der Makroökonomik** (wir werden hierauf im 3. Teil näher eingehen) und sollen hier nicht eingehend behandelt werden. Wir halten lediglich fest, daß im Bereich der Stabilisierung die staatliche Geldpolitik durch eine unabhängige, dem Ziel der Preisniveaustabilität verpflichtete Bundesbank ein Kennzeichen der staatlichen Wirtschaftspolitik in der Sozialen Marktwirtschaft ist.

Wenden wir uns nun dem Bereich der **Fiskalpolitik** zu. Zunächst ist der Begriff der Fiskalpolitik von dem der Finanzpolitik abzugrenzen. Finanzpolitik ist Vollzug der öffentlichen Haushalte. Die Finanzpolitik umfaßt also sämtliche staatlichen Einnahme-Ausgabe-Tätigkeiten, die den unterschiedlichsten Zielen dienen. Bei dem Begriff der Fiskalpolitik dagegen steht das **Stabilisierungsziel im Vordergrund**. Die wesentliche gesetzliche Grundlage ist das **Stabilitäts- und Wachstumsgesetz** von 1967. Der Staat soll hiernach seine Einnahmen und Ausgaben zur Einebnung der Konjunkturschwankungen je nach Konjunkturlage aktiv variieren. In Zeiten eines konjunkturellen Abschwungs sollen zur Anregung der Güternachfrage die Steuern gesenkt und die Ausgaben erhöht werden. Umgekehrt soll in Zeiten eines konjunkturellen Aufschwungs mit überhitzter Nachfrage und Gefahren für die Preisniveaustabilität die Güternachfrage durch Steuererhöhungen und Ausgabekürzungen begrenzt werden. Einzelne Konstruktionselemente des Staatsbudgets wirken sogar automatisch stabilisierend (**automatische Stabilisatoren**). Der Progressionstarif der Einkommensteuer z.B. führt dazu, daß im Aufschwung die Steuereinnahmen überproportional ansteigen, was eine entsprechende Nachfrageminderung bedeutet. Auch das Arbeitslosengeld z.B. wirkt automatisch stabilisierend, da es im Abschwung verstärkt zu Zahlungen an die steigende Anzahl der Arbeitslosen führt und somit Nachfrage schafft.

Insgesamt geht es bei der Fiskalpolitik im Prinzip darum, im **Abschwung bewußt Staatsdefizite** zu machen (**Deficit spending**), und im **Aufschwung entsprechende Budgetüberschüsse** zu realisieren. Über einen ganzen Konjunkturzyklus gerechnet, wäre dann das Budget ausgeglichen. Diese Art der Politik ist eng mit dem Namen KEYNES (1936) verbunden. Nach KEYNES soll der Staat durch sein Budget aktiv zur Konjunkturstabilisierung beitragen. Gerade diese Frage, ob die Fiskalpolitik zur Stabilisierung beiträgt oder sogar zur Destabilisierung führt, wird **recht kontrovers** diskutiert. Auch auf diesen Gegenstand der **Makroökonomik** gehen wir hier nicht näher ein, sondern verweisen auf eine eingehendere Behandlung im 3. Teil. Wir halten hier lediglich fest, daß der Staat in der Sozialen Marktwirtschaft durch die Fiskalpolitik versucht, in mannigfaltiger Weise durch seine Einnahme-Ausgabe-Tätigkeiten zur Stabilisierung der Konjunkturschwankungen beizutragen.

(3) Wachstums- und Strukturpolitik

Während es bei der Geld- und Fiskalpolitik vorrangig um das kurzfristige Ziel der Konjunkturstabilisierung geht, ist das Ziel der Wachstums- und Strukturpolitik mehr die Beeinflussung des **langfristigen Entwicklungstrends** der Wirtschaft. Wir können uns zur Verdeutlichung die Abbildung 1.5 (Konjunkturschwankungen) aus dem 1. Kapitel, Ziffer V. 3 in Erinnerung zurückrufen. Dort ist dargestellt, wie die Produktion kurzfristig um einen langfristigen Trend schwankt. Aufgabe der Wachstums- und Strukturpolitik ist es, den langfristigen Wachstumstrend positiv zu beeinflussen.

Wovon hängt es ab, ob eine Wirtschaft langfristig ein „angemessenes und stetiges Wachstum" (Stabilitäts- und Wachstumsgesetz) aufweist oder nicht? Dies ist ein außerordentlich komplexes Problem. Wir wissen, daß die Produktion in einer Volkswirtschaft positiv von den Produktionsfaktoren Arbeit, Kapital und technisches Wissen abhängt. Empirische Untersuchungen (DENISON, 1967) haben ergeben, daß für den langfristigen Wachstumstrend ganz überwiegend die schwer faßbare Determinante **„technischer Fortschritt"** verantwortlich ist.

Im Bereich der Wachstums- und Strukturpolitik ist es kaum möglich, eine einzige gesetzliche Grundlage zu benennen. Dem **Stabilitäts- und Wachstumsgesetz** kommt – wie der Name bereits sagt – eine gewisse Bedeutung zu. Aber der Staat versucht, eine erfolgreiche Wachstums- und Strukturpolitik durch **zahlreiche Maßnahmen zur Anregung des technischen Fortschritts** zu betreiben. Wir wollen uns daher hier mit dem Wachstumsfaktor des technischen Fortschritts unter systematischen Gesichtspunkten etwas näher befassen.

Der technische Fortschritt kann aufgegliedert werden in einen **arbeitsgebundenen technischen Fortschritt**, einen **kapitalgebundenen technischen Fortschritt** und einen **ungebundenen technischen Fortschritt**.

Den arbeitsgebundenen technischen Fortschritt regt der Staat an durch Investitionen in die **Ausbildung** und die **Mobilität** der Arbeitskräfte, den kapitalgebundenen technischen Fortschritt durch **Infrastrukturinvestitionen**.

Mit dem Begriff des **ungebundenen technischen Fortschritts** sind alle Maßnahmen der Strukturpolitik angesprochen und Maßnahmen zur **Verbesserung der verwendeten Technik**.

Der Bereich der **Strukturpolitik** umfaßt alle Maßnahmen zur Verbesserung des notwendigen Strukturwandels. Je reibungsloser eine Volkswirtschaft den notwendigen Strukturwandel bewältigt, um so höher ist die langfristige Wachstumsrate. Je reibungsloser es z.b. gelingt, die von der Industrie auf gesättigten Märkten freigesetzten Arbeitskräfte in wachsende Dienstleistungsbereiche umzulenken, desto stärker wächst die betreffende Volkswirtschaft. Der Staat kann die notwendigen Substitutionsvorgänge unterstützen. Theoretisch mag es strittig sein, ob hierzu der Marktmechanismus oder eine Zentralplanwirtschaft besser geeignet ist. Die reale Entwicklung der Wirtschaftssysteme spricht dafür, daß die Marktwirtschaft der Zentralplanwirtschaft weit überlegen ist. **Wettbewerb, marktwirtschaftliche Organisationsformen und privates Unternehmertum** sind zur Lösung der Anpassungsprobleme besser geeignet als eine zentrale Lenkung durch den Staat. Unbeschadet dieser grundsätzlichen Sichtweise kann der Staat durch **Anpassungssubventionen** den Strukturwandel unterstützen. Vermieden werden müssen allerdings Erhaltungssubventionen, die überkommene Strukturen auf gestättigten Märkten künstlich am Leben erhalten. In der Bundesrepublik Deutschland genügt die staatliche Strukturpolitik diesen Anforderungen **nur eingeschränkt**. Dies verdeutlichen die hohen Summen an staatlichen Subventionen, die **häufig Erhaltungssubventionen** sind und nicht Anpassungsbeihilfen.

Schließlich versucht der Staat, die **verwendete Technik** zu verbessern. Hier liegt eine Überschneidung zu den bereits oben in anderem Zusammenhang erwähnten **externen Effekten** vor. Der Staat versucht, durch eine entsprechende Gesetzgebung den **Verbrauch begrenzter Rohstoffe und die Umweltverschmutzung zu begrenzen**. Ziel muß es sein, durch Anregung von notwendigen Substitutionsvorgängen und von technisch verbesserten Produktionsverfahren einen reibungslosen Übergang zu einem Wachstum zu finden, das die natürlichen Lebensgrundlagen nicht zerstört. Wir werden uns mit diesem Aspekt staatlicher Wachstumspolitik im 2. und 3. Teil im Zusammenhang mit dem Problem der Begrenztheit natürlicher Ressourcen noch eingehender beschäftigen.

(4) Außenwirtschafts- und EG-Politik

Deutschland ist eine hochgradig mit dem Ausland verflochtene **offene Volkswirtschaft**. Ex- und Importe von Gütern machen jeweils ca. 1/3 des BSP aus. Das Schwergewicht der Im- und Exporte von Waren liegt im Bereich von Fertigwaren. Das regionale Schwergewicht liegt im Bereich der EG. Der Bereich der Außenwirtschaft und insbesondere der EG-Raum haben somit für das wirtschaftliche Geschehen in Deutschland erhebliche Bedeutung.

Die starke Auslandsverflechtung der deutschen Wirtschaft ist Ausfluß des **Freihandelsprinzips**. Dahinter steht die Erkenntnis, daß bei national unterschiedlichen Produktivitätsverhältnissen und auch Bedürfnissen – wovon man im Regelfall ausgehen kann – Spezialisierung und Freihandel zu einer **Wohlstandssteigerung aller beteiligten Nationen** führen. Zwischen der marktwirtschaftlichen Wirtschaftsordnung und dem Freihandelsprinzip besteht also eine enge Verbindung. Protektionistische Schutzmaßnahmen zugunsten inländischer Produzenten sind mit diesem Grundsatz im Interesse des Wohlstandes des gesamten Volkes unvereinbar.

Das Oberziel des Freihandels ist also die Wohlstandsmaximierung. Diesem Oberziel dient das wirtschaftspolitische Ziel des **außenwirtschaftlichen Gleichgewichts**. Wir wollen uns an dieser Stelle nicht detailliert mit dem Begriff des außenwirtschaftlichen Gleichgewichts beschäftigen (vgl. hierzu weiter unten Teil

4. Außenwirtschaft). Das außenwirtschaftliche Gleichgewicht ist – stark vereinfacht argumentiert – dann gewahrt, wenn das Freihandelsprinzip durchgehalten werden kann. Dies bedeutet, daß die privatwirtschaftlichen Transaktionen mit dem Ausland unbeeinflußt vom Staat stattfinden können, d.h. ohne daß der Staat durch behördliche Reglementierungen in den grenzüberschreitenden Güter- und Kapitalverkehr eingreift. Wann wird der Staat auf solche Maßnahmen verzichten können? Der Staat hat insbesondere dann keine Veranlassung, die Transaktionen mit dem Ausland behördlich zu reglementieren, wenn sich **Ein- und Auszahlungen im Verkehr mit dem Ausland etwa die Waage halten**. Dies ist der Zustand eines **Zahlungsbilanzgleichgewichts**, den man auch als **außenwirtschaftliches Gleichgewicht** bezeichnet. Die Devisenreserven der Bundesbank bleiben in diesem Falle des Zahlungsbilanzgleichgewichts unverändert, d.h. sie nehmen nicht ab und sie nehmen auch nicht zu. Der Staat hat unter diesen Umständen keine Veranlassung, einer Devisenknappheit (abnehmende Devisenreserven) durch eine Devisenbewirtschaftung, durch Zölle, durch Importkontingente u.ä. Maßnahmen zu begegnen. Und der Staat hat auch keine Veranlassung, unerwünschten Devisenzuflüssen (steigende Devisenreserven) durch eine Devisenbannwirtschaft, durch Exportbesteuerung, durch Verzinsungsverbote für Ausländerguthaben usw. zu begegnen. Solche **protektionistischen Maßnahmen** sind mit dem Prinzip des Freihandels unvereinbar und **schmälern den Wohlstand** der Bevölkerung. Die Realisierung des außenwirtschaftlichen Gleichgewichts im Sinne eines Zahlungsbilanzgleichgewichts ist also eine Voraussetzung dafür, daß behördliche Reglementierungen des grenzüberschreitenden Güter- und Kapitalverkehrs (Protektionismus) unterbleiben.

Der Staat kann und soll durch seine Wirtschaftspolitik zur Realisierung des außenwirtschaftlichen Gleichgewichts beitragen. Gesetzliche Grundlagen sind in erster Linie das **Außenwirtschaftsgesetz** und das **Bundesbankgesetz**, daneben aber auch das **Stabilitäts- und Wachstumsgesetz**. Im Außenwirtschaftsgesetz ist das Freihandelsprinzip festgeschrieben. Einschränkungen sind nur für speziell definierte Ausnahmefälle vorgesehen. Das Bundesbankgesetz enthält Bestimmungen zur Devisenpolitik durch die Bundesbank (An- und Verkauf von Auslandswährungen). Allerdings liegt die Kompetenz zur Festlegung des Wechselkurssystems bei der Bundesregierung. Im Stabilitäts- und Wachstumsgesetz ist die Außenwirtschaftspolitik dadurch angesprochen, daß die staatliche Wirtschaftspolitik zur Erreichung des außenwirtschaftlichen Gleichgewichts beitragen soll.

Im Bereich der Außenwirtschaftspolitik sind auch **internationale Abkommen** von Bedeutung. Wir wollen daher im folgenden noch kurz auf die Welthandels- und Weltwährungsordnung und auf die EU-Bestimmungen im Bereich des Handels und der Währungen eingehen.

Grundlage der Welthandelsordnung ist das **Allgemeine Zoll- und Handelsabkommen (GATT)** von 1947, welches 1995 durch das **WTO-Abkommen** abgelöst wurde. Grundlage der Weltwährungsordnung ist das **Abkommen über den Internationalen Währungsfonds (IWF)** von 1944 (Abkommen von Bretton Woods) und 1976 (Vertragsänderung von Kingston). Ziel des WTO-Abkommens ist es, in Verhandlungsrunden einen möglichst weitgehenden Freihandel im Waren- und Dienstleistungsverkehr zwischen den Nationen zu erreichen und aufkommende Streitfälle zwischen den Nationen durch ein wirksames Schiedsspruchverfahren zu schlichten. Ziel des IWF ist es, die Konvertibilität bei möglichst geringen Wechselkursschwankungen zwischen den Währungen zu erreichen. Eine Gefahr für diese liberale Welthandels- und Weltwährungsordnung stellen Protektionismus und starke Wechselkursschwankungen dar. Beide Entwicklungen sind dem Wohlstand der Nationen abträglich. Die Mitgliedstaaten der EU versuchen, diese negativen Entwicklungen innerhalb der EU zu vermeiden durch die EG-Verträge im Bereich des Handels und durch die Europäische Währungsunion (EWU) im Bereich der Währungen.

Im Bereich des Handels ist die EU durch das **Vorhaben EG 92** seit dem 1. Januar 1993 über den EWG-Vertrag hinausgehend ein **Wirtschaftsraum ohne Binnengrenzen**, in dem der freie Verkehr von Personen, Waren, Dienstleistungen und Kapital gewährleistet ist. Realisiert ist seitdem die Beseitigung der physischen Schranken für den freien Personen-, Güter-, Dienstleistungs- und Kapitalverkehr, die Beseitigung der technischen Schranken für den Warenverkehr, die Schaffung eines Binnenmarktes für öffentliche Aufträge, die Schaffung eines gemeinsamen Marktes für Verkehrsdienstleistungen, die Verwirklichung eines europäischen Finanzmarktes und der Abbau der Steuerschranken.

Im Bereich der Währungen haben sich seit dem 1. Januar 1999 zunächst elf Mitgliedstaaten der EU (außer Dänemark, England, Griechenland und Schweden) zu einer **Europäischen Währungsunion (EWU)** zusammengeschlossen. Der Euro ersetzt seit dem 1. Januar 1999 als gemeinsame Währung die nationalen Währungen. Allerdings ist der Euro für eine Übergangszeit von drei Jahren nur in Form von Buchgeld vorhanden. Die nationalen Währungen sind zunächst noch als nicht-dezimale Untereinheiten in Umlauf und sollen erst ab dem 1. Januar 2002 durch Euro-Banknoten und -Münzen ersetzt werden. Zwei Merkmale der EWU sind entscheidend. Erstens sind die Wechselkurse zwischen den Währungen der teilnehmenden Mitgliedstaaten unwiderruflich festgeschrieben. Und zweitens liegt die Kompetenz für die Geld- und Währungspolitik nicht mehr bei den nationalen Zentralbanken, sondern bei dem Europäischen System der Zentralbanken (ESZB).

c. Distribution

Wir haben bisher die Ziele behandelt, die der Staat im Bereich der Allokation und der Stabilisierung verfolgt. Als dritter Bereich ist nun noch der Bereich der **Distribution** zu behandeln. Hiermit ist das Ziel der **Umverteilung durch den Staat** angesprochen. In den heutigen Massendemokratien rückt dieses Ziel staatlichen Tätigwerdens immer mehr in den Vordergrund.

Das Staatsbudget verändert die Einkommensverteilung, die sich für die Produktionsfaktoren am Markt ergibt. Die Menschen erzielen auf den Märkten Einkommen durch den Einsatz von Produktionsfaktoren. Die sich hieraus ergebende marktmäßige Einkommensverteilung wird durch das Staatsbudget korrigiert. Die einen werden durch staatliche Zwangsabgaben belastet, denen keine direkte Gegenleistung gegenübersteht. Und andere kommen in den Genuß staatlicher Leistungen, ohne entsprechend dafür zahlen zu müssen. Man kann sich zunächst fragen, **wieso der Staat überhaupt eine solche Umverteilung betreibt**. Denn schließlich ist dies eine sehr weitgehende Beschneidung der Eigentumsrechte von Individuen. In der Regel werden für diese staatlichen Umverteilungsaktivitäten irgendwelche **Gerechtigkeitsüberlegungen oder soziale Erfordernisse** angeführt. Wir wollen diesen Gedanken hier nicht weiter verfolgen, weil die Begriffe „Gerechtigkeit" und „soziale Erfordernisse" kaum allgemein verbindlich definierbar sind und individuell höchst unterschiedlich interpretiert werden. Wir wollen vielmehr im folgenden lediglich beschreiben, durch welche Maßnahmen der Staat in der Sozialen Marktwirtschaft eine Umverteilung bewirken kann, und welche Gruppen der Gesellschaft durch diese Umverteilung begünstigt bzw. belastet werden.

Auf der **Einnahmenseite** des Staatsbudgets wirken die Steuern und Sozialversicherungsbeiträge umverteilend. Haushalte und Unternehmen müssen Zahlungen an den Staat abführen in Form von **Einkommensteuern, Sozialversicherungsbeiträgen, Umsatzsteuern und Verbrauchsteuern**. Diese Abgaben belasten die Haushalte und Unternehmen unterschiedlich stark, wodurch sich die Einkommensverteilung ändert. Unmittelbar einsichtig ist die Umverteilungswirkung des Progressionstarifs bei der Einkommensteuer. Beziehern hoher Einkommen müssen einen höheren Prozentanteil ihres Einkommens an den Staat abführen als Beziehern niedriger Einkommen. Die Progression hat folglich eine Nivellierung der Einkommen zur Folge. Im übrigen kann die Umverteilungswirkung von Steuern und sonstigen Abgaben strenggenommen nur festgestellt werden durch Ermittlung derjenigen Personen, die letztlich die **Steuerlast tragen**. Dies ist das empirisch außerordentlich schwer zu fassende Problem der sog. **Steuerinzidenz**. Es ist die Frage möglicher Überwälzungen zu klären. In empirischen Untersuchungen für die Bundesrepublik Deutschland (GRÜSKE, 1985) werden in diesem Zusammenhang Überwälzungen insbesondere bei den Arbeitgeberanteilen der Sozialversicherungsbeiträge und bei den Umsatz- und Verbrauchsteuern unterstellt.

Auf der **Ausgabenseite** des Staatsbudgets bewirkt der Staat eine Umverteilung durch **unentgeltliche Transferzahlungen**, durch das Angebot **öffentlicher Dienstleistungen** und durch die Bereitstellung von **öffentlichen Gütern**. Die Transferzahlungen sind überwiegend Rentenzahlungen der Rentenversicherungsträger (aber auch Kindergeld, Arbeitslosengeld usw.), deren umverteilende Wirkung unmittelbar einsichtig ist. Die Empfänger sind personell identifizierbar und bekommen eine exakt quantifizierte Zuwendung ohne direkte Gegenleistung. Bei den öffentlichen Dienstleistungen (Schulen, Sportstätten, Museen, Theater usw.) und den öffentlichen Gütern (z.B. Landesverteidigung) ist die Frage der Umverteilungswirkung schon komplizierter. Die Inanspruchnahme ist schwer feststellbar. Analog zu der Steuerinzidenz bei den Staatseinnahmen ist hier jetzt die Frage der **Ausgabeninzidenz** zu untersuchen. Hier wird in empirischen Untersuchungen (GRÜSKE, 1985) für die öffentlichen Dienstleistungen eine einkommensabhängige Inanspruchnahme unterstellt und für die öffentlichen Güter eine gleichmäßige Inanspruchnahme.

Welchen Gruppen der Gesellschaft nutzen nun per Saldo diese staatlichen Umverteilungsaktivitäten? In der Theorie ist diese Frage recht umstritten. Man kann 3 Positionen unterscheiden. Entweder es wird eine Umverteilung von den Reichen zu den Armen behauptet (DOWNS, 1957), oder von den Armen zu den Reichen (BARAN und SWEEZY, 1966), oder die Mittelklasse wird als Profiteur der staatlichen Umverteilung vermutet (STIGLER, 1970). Für die Bundesrepublik ergibt sich (GRÜSKE, 1985), daß die Hypothese von DOWNS zutrifft. Die staatlichen **Umverteilungsmaßnahmen kommen per Saldo überwiegend den unteren Einkommensschichten zugute**. Finanziert wird dies von den Beziehern hoher Einkommen. Bei der Mittelklasse halten sich Be- und Entlastungen etwa die Waage.

Was die **gesetzlichen Grundlagen der staatlichen Umverteilungsmaßnahmen** anbelangt, so ist es kaum möglich, einige wenige Gesetze anzuführen. Strenggenommen haben jede staatliche Verordnung und jedes Gesetz in irgendeiner Weise eine umverteilende Wirkung. Besonders hervorstechend mit seiner Umverteilungswirkung ist der gesamte Bereich der Arbeitsmarkt- und Sozialgesetzgebung.

3. Zielbeziehungen und die Kunst der Wirtschaftspolitik

Wir haben bisher erfahren, daß die staatliche Wirtschaftspolitik der Erreichung bestimmter gesamtwirtschaftlicher Ziele dient. Hierzu setzt der Staat bestimmte Instrumente (Mittel) ein, wovon man sich erhofft, den Zielen näher zu kommen.

Nun bestehen **sowohl zwischen den Zielen als auch zwischen den Instrumenten und den Zielen vielfältige Beziehungen** unterschiedlichster Art.

Nehmen wir als Beispiel für die **Beziehungen zwischen zwei Zielen** die Ziele Vollbeschäftigung und Preisniveaustabilität. Hier ist es möglich, daß zwischen diesen Zielen ein **Konflikt** entsteht. Dies bedeutet, daß z.B. ein Mehr an Beschäftigung eine Geld- und Fiskalpolitik erfordert, die die Inflationsrate ansteigen läßt. Für eine rationale Wirtschaftspolitik müßte dann der Politiker eigentlich zwei Dinge wissen. Erstens müßte er wissen, wie dieser Zielkonflikt quantitativ genau aussieht (d.h. wieviel Prozent mehr Inflation wieviel Prozent mehr Beschäftigung bringen). Und zweitens müßte er wissen, wie die Gesellschaftsmitglieder die beiden Ziele Vollbeschäftigung und Preisniveaustabilität untereinander und im Verhältnis zu anderen Zielen gewichten. Denn nur dann könnte optimal entschieden werden, wieviel Geld zur Erreichung von wieviel Arbeitsplätzen verwendet werden soll. Es ist völlig illusorisch zu glauben, daß solche Informationen jemals gewonnen werden können. Insofern ist also eine in diesem Sinne rationale Wirtschaftspolitik gar nicht möglich. Das Problem wird dadurch noch verkompliziert, daß – um bei dem Beispiel zu bleiben – zwischen Vollbeschäftigung und Preisniveaustabilität durchaus auch eine **Komplementaritätsbeziehung** bestehen kann. Ist dies der Fall, dann bringt eine Inflationspolitik nicht nur keine zusätzliche Beschäftigung, sondern sie führt sogar zu zusätzlicher Arbeitslosigkeit. In einer konkreten Situation zu ermessen, ob nun gerade Verhältnisse eines Zielkonflikts vorherrschen oder einer Zielkomplementarität, ist in der Praxis außerordentlich schwierig.

Eine zusätzliche Komplikation entsteht dadurch, daß auf der **Ziel-Mittel-Ebene Mehrfachbeziehungen** möglich sind. Nehmen wir als ein Beispiel die staatliche Bildungspolitik. Wir haben erfahren, daß eine staatliche Bildungspolitik mit Nulltarif-Angeboten mit dem Hinweis darauf gerechtfertigt werden kann, daß Bildung ein Gut mit externen Erträgen darstellt, welches vom Markt nicht ausreichend bereitgestellt wird. Die staatliche Bildungspolitik kann also als ein Instrument interpretiert werden, welches dem **Allokationsziel** einer Bereitstellung des Gutes Bildung in befriedigendem Umfang dient. Worin liegt das Problem? Das Problem besteht darin, daß Maßnahmen der staatlichen Bildungspolitik **auch dem Distributionsziel** zugeordnet werden können. Wenn verstärkt Kinder von solchen Eltern die Universitäten zum Nulltarif besuchen, die relativ niedrige Einkommen beziehen, dann bewirkt diese Bildungspolitik auch eine Einkommensumverteilung. Für eine rationale Bildungspolitik müßte der

Politiker dann aber eigentlich wissen, wieviel die in die Universitäten investierte Summe zur Erreichung des Allokationsziels und zur Erreichung des Distributionsziels beiträgt. Denn nur wenn das bekannt ist, können dann die vorher geschilderten Fragen angegangen werden, d.h. also diese Zielerreichungsgrade müssen dann verglichen und bewertet werden mit den in alternativen Möglichkeiten (z.B. im Verteidigungshaushalt) erzielbaren Zielerreichungsgraden.

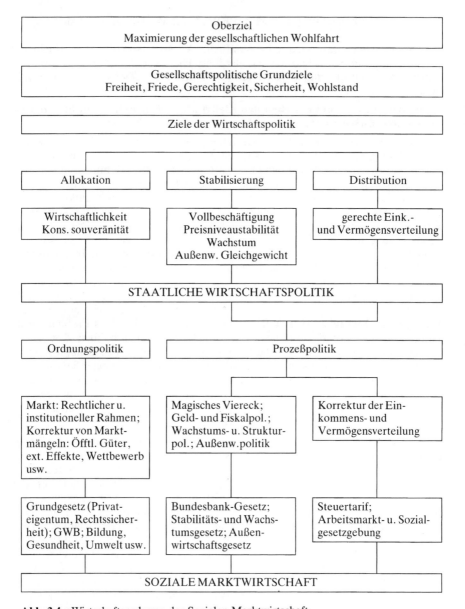

Abb. 3.4 Wirtschaftsordnung der Sozialen Marktwirtschaft

Man könnte solche Überlegungen für zahllose Beispiele weiterführen. Wir wollen durch solche Überlegungen deutlich machen, daß wirtschaftspolitische **Ziele und Instrumente ein außerordentlich komplexes System mit gegenseitigen Abhängigkeiten darstellen, die zu unlösbaren Abwägungsproblemen führen.** Das heißt aber, daß man von der staatlichen Wirtschaftspolitik keine perfekten und optimalen Lösungen erwarten sollte. Die Wirtschaftspolitik ist permanent mit der Herausforderung konfrontiert, auf der Grundlage völlig unzureichender Informationen darüber entscheiden zu müssen, wieviel Geld in welchen Bereichen eingesetzt werden soll. Wegen der unzulänglichen Informationen ist weder ein ökonomisch effizienter Einsatz der Mittel möglich, geschweige denn eine Befriedigung aller an die Adresse des Staates gerichteten Forderungen.

4. Resümee – Die Wirtschaftsordnung der Sozialen Marktwirtschaft im Überblick

Wir haben nunmehr in diesem 3. Kapitel die Wirtschaftsordnung der Sozialen Marktwirtschaft und insbesondere die Rolle des Staates in dieser Wirtschaftsordnung in den Grundzügen kennengelernt. In der Abbildung 3.4 (s. S. 74) ist die Wirtschaftsordnung der Sozialen Marktwirtschaft in einer **Übersicht** schematisch dargestellt.

Die gesamte Wirtschaftsordnung ist – unter ökonomischen Aspekten – letztlich eine Veranstaltung zur Maximierung der **gesellschaftlichen Wohlfahrt**. Diesem Oberziel dient die Erreichung **gesellschaftspolitischer Grundziele** wie Freiheit, Friede, Gerechtigkeit, Sicherheit und Wohlstand. Diesen Grundzielen sind die **Ziele der Wirtschaftspolitik** vorgelagert. Diese können in die Bereiche Allokation, Stabilisierung und Distribution unterteilt werden. Das **zentrale Merkmal** der Sozialen Marktwirtschaft ist der **Marktmechanismus**, der im Bereich der Allokation für Wirtschaftlichkeit und Konsumentensouveränität sorgt. Die staatliche Ordnungspolitik stellt den hierzu notwendigen rechtlichen und institutionellen Rahmen bereit (Privateigentum und Rechtssicherheit) und korrigiert auftretende Marktmängel. Die Soziale Marktwirtschaft erschöpft sich jedoch nicht in der Regelung der Produktionsbedingungen durch den Marktmechanismus, sondern **geht über diese Regelung hinaus**. Dies geschieht durch die Verfolgung von **Stabilisierungs- und Distributionszielen** über den Einsatz der staatlichen Prozeßpolitik.

III. Theorie des Staatsversagens

1. Wohlfahrtstheorie versus ökonomische Theorie der Politik

Die bisherige Schilderung der Rolle des Staates in der Sozialen Marktwirtschaft hat einen elementaren Mangel. Sie basiert auf recht idealistischen Annahmen und Voraussetzungen. Man kann in der Wirtschaftswissenschaft **zwei Ansätze** zur Analyse der Rolle des Staates in einer Marktwirtschaft unterscheiden. Die eine Sicht der Dinge ist die **normative Sicht der Wohlfahrtstheorie**. Und die andere Sicht der Dinge ist die **positive Sicht der ökonomischen Theorie der Politik**.

Unseren bisherigen Überlegungen liegt die **normative Sicht der Wohlfahrtstheorie** zugrunde. Der Staat verfolgt durch sein Tätigwerden positiv zu beurteilende gesamtwirtschaftliche Ziele, die der Marktmechanismus allein nicht zu realisieren in der Lage ist. Der **Wirtschaftspolitiker ist Altruist** und handelt als eine Art wohlwollender Diktator im Interesse der Allgemeinheit. Er kennt die Mängel des Marktsystems (Versagen bei der Bereitstellung öffentlicher Güter, bei der Internalisierung externer Effekte, bei Fragen der Stabilisierung und der Distribution). Er kennt außerdem die Präferenzen der Gesellschaftsmitglieder und die Wirkungsweisen der wirtschaftspolitischen Instrumente. Auf der Basis dieses Wissens setzt er die Instrumente der Wirtschaftspolitik so ein, daß im Interesse der Menschen ein gesamtwirtschaftliches Optimum realisiert wird in Form einer **Maximierung der gesellschaftlichen Wohlfahrt**.

Man kann dieser Sichtweise zunächst einmal entgegenhalten, daß der Staatslenker praktisch nie über die Informationen verfügt, die für eine optimale Wirtschaftspolitik notwendig sind. Wir sind hierauf oben in Ziffer 3 (Zielbeziehungen und die Kunst der Wirtschaftspolitik) bereits eingegangen. Die Kritik der **ökonomischen Theorie der Politik** ist noch weitergehender. Selbst wenn der Staatslenker diese Informationen hätte, spricht vieles dafür, daß er sich nicht im Sinne des normativen Ansatzes der Wohlfahrtstheorie verhält, sondern als **Egoist, der seinen individuellen Nutzen zu maximieren trachtet**. Diese Position hat vieles für sich. Es ist sehr unwahrscheinlich, daß der Nachbar, den man immer wieder als einen Menschen mit allen seinen Schwächen kennengelernt hat, der im Zweifel nichts anderes im Sinn hat als sein Eigenwohl, daß sich dieser Nachbar z.B. als Bürgermeister plötzlich in einen Idealisten verwandelt, der die Maximierung des Gemeinwohls im Auge hat. Warum sollte im politischen Raum der Mensch sich anders verhalten als in sonstigen Lebensbereichen? Alle Erfahrung spricht dagegen. Dies ist die grundsätzliche Position der ökonomischen Theorie der Politik. Es wird für den Wirtschaftspolitiker einfach genau die Verhaltensweise unterstellt, die in der Ökonomie üblicherweise unterstellt wird, nämlich individuelle Nutzenmaximierung.

Mit dem normativen Ansatz der Wohlfahrtstheorie lassen sich **zwei Phänomene** nicht erklären, die man in jeder demokratischen Wirtschaftsordnung beobachten kann. Diese sind erstens die **wachsenden Staatsquoten** und zweitens die **Ineffizienz staatlichen Handelns**. Die wachsenden Staatsquoten sind ein Faktum, welches auf der Basis der Wohlfahrtstheorie eigentlich andauernd zunehmende Notwendigkeiten für staatliches anstatt privates Tätigwerden impliziert – eine kaum haltbare Hypothese. Und die weit verbreitete faktische Ineffizienz staatlichen Handelns bleibt unter der Annahme von uneigennützig und sparsam die gesamtwirtschaftlichen Ziele verfolgenden Staatslenkern unerklärt. Beide Phänomene – die wachsenden Staatsquoten und die Ineffizienz – können mit Hilfe der grundsätzlichen Annahmen der ökonomischen Theorie der Politik erklärt werden. Hierauf wollen wir im folgenden kurz eingehen.

2. Die Akteure: Politiker, Interessengruppen und Bürokraten

In der ökonomischen Theorie der Politik werden 3 Akteure unterschieden, die im politischen Raum aktiv sind: die Politiker, die Interessengruppen und die Bürokraten.

Für das Handeln des **Politikers** sind in der **ökonomischen Theorie der Demokratie** Erklärungsansätze entwickelt worden (DOWNS, 1957; TULLOCK, 1959). Hiernach ist der typische Politiker in erster Linie am Machterhalt interessiert. Der Nutzen, den er zu maximieren trachtet, ist die Macht, die er aus seinem Amt zieht. Die Macht ist in der Demokratie nur zu behalten und auszubauen, wenn man als Politiker wiedergewählt wird. Also verhält sich der **typische Politiker als Stimmenmaximierer** – ganz analog zu dem typischen Unternehmer, der sich als Gewinnmaximierer verhält. Mit diesem gedanklichen Ansatz lassen sich z.B. die wachsenden Staatsquoten wie folgt erklären. Eine typische Folge des Strebens nach Stimmenmaximierung sind **in der repräsentativen Demokratie Stimmentausch-Koalitionen**. Mit diesem Verfahren gebildete Mehrheiten bringen ausgabenwirksame Paket-Beschlüsse zustande, die bei Einzel-Abstimmungen über die jeweils einzelnen Elemente des Pakets nie zustande kommen würden. Abgeordnete stimmen für bestimmte Vorlagen nur deswegen, weil andere Abgeordnete für die Vorlage der erstgenannten Abgeordneten stimmen. Die mit Stimmentausch operierende Mehrheit läßt gewissermaßen die für ihre Klientel vorteilhaften Maßnahmen teilweise auf Kosten der überstimmten Minderheit aus dem Steuertopf finanzieren. Die Folge ist, daß die **Staatsausgaben wachsen**, ohne daß dieses Wachstum zur Erreichung gesamtwirtschaftlicher, aus Wohlfahrtsmaximierungs-Überlegungen abgeleiteter Ziele eigentlich notwendig ist.

Als zweite Gruppe sind die **Interessengruppen** im politischen Geschäft aktiv (OLSON, 1982). Lobbyisten verpacken die Wünsche ihrer Klientel so geschickt, daß eine Finanzierung durch den Staat geradezu selbstverständlich wird. Die gängige Methode ist, **private Bedürfnisse als öffentliche Güter darzustellen**, die vom Staat im Interesse der Allgemeinheit bereitgestellt werden müssen. So können z.B. steigende Ausgaben im staatlichen Gesundheitswesen, die letztlich lediglich der Interessengruppe der im Gesundheitswesen Erwerbstätigen dienen, dadurch zustande kommen, daß für zusätzliche Krankenhäuser, höhere Arzneimittelzuschüsse usw. eine Mehrheit zustande kommt, weil diese Güter im Volk positiv mit mehr Gesundheit assoziiert werden. Die Anzahl dergestalt erfolgreich agierender Interessengruppen ist tendenziell um so höher, je länger und stabiler ein Staatswesen ist. So gesehen sind die im Zeitverlauf wachsenden Staatsquoten das Ergebnis von miteinander um Vorteile konkurrierender Interessengruppen, und nicht Folge davon, daß vom Staat zur Erreichung gesamtwirtschaftlicher Ziele mehr Aufgaben wahrgenommen werden müssen.

Wie ist schließlich die **Bürokratie** zu beurteilen, wenn man den Bürokraten als egoistischen Nutzenmaximierer interpretiert und nicht als sparsam wirtschaftenden Staatsdiener? Dies ist der Ansatz der **ökonomischen Theorie der Bürokratie** (NISKANEN, 1971). Der Bürokrat maximiert seinen persönlichen Nutzen in Form von Einkommen, Macht, Prestige usw., indem er sein **Budget maximiert**. Nirgendwo ist dies vermutlich so treffend geschildert worden wie bei PARKINSON (1957). Nach dem so benannten PARKINSONschen Gesetz wächst die Zahl der Staatsdiener gewissermaßen mit naturgesetzlichem Zwang. Der einzelne Bürokrat ist stets bestrebt, die Anzahl seiner Mitarbeiter und den Umfang seines Etats zu erhöhen, weil dadurch sein Einkommen, sein Ansehen, seine Wichtigkeit usw. mit ansteigen. Der eigentlich weisungsberechtigte Politiker spielt hierbei eine mehr passive Rolle, die durch den angeblichen Sachverstand und das Verwaltungswissen des Bürokraten bedingt ist. Die Folge ist, daß die **Staatsquote wächst**, ohne daß dem zusätzliche staatliche Tätigkeiten zur Erreichung gesamtwirtschaftlicher Ziele zugrunde liegen. Hinzu kommt, daß ein zunehmender Teil der **Staatsausgaben von der Bürokratie selbst in Anspruch genommen wird**, d.h. also letztlich überhaupt nicht in Form zusätzlicher staatlicher Dienstleistungen den Bürgern zugute kommt. Und schließlich neigt die staatliche Bürokratie zu **Ineffizienz, weil sie keinem Konkurrenzdruck** ausgesetzt ist. Denn staatliche Bürokratien zeichnen sich ja gerade dadurch aus, daß sie Verwaltungsakte nach Vorschriften vollziehen, d.h. – ökonomisch ausgedrückt – als Monopole tätig werden.

3. Schlußfolgerungen

Insgesamt ergibt sich also, daß Politiker, Interessengruppen und Bürokraten in einer unheilvollen Art und Weise zusammenwirken. Die Folgen sind steigende Staatsquoten und Ineffizienz staatlichen Handelns. Dies ist eine völlig andere Interpretation des Staates als diejenige des wohlfahrtstheoretischen Ansatzes. Staatliches Tätigwerden nützt nicht nur nichts zur Erreichung gesamtwirtschaftlicher Ziele und zur Korrektur von Marktmängeln, sondern ist einer positiven Entwicklung des Gemeinwesens sogar abträglich – es liegt **Staatsversagen** vor.

Vieles spricht dafür, daß diese Diagnose nicht völlig abwegig ist. Wie kann dann aber **dieser Entwicklung begegnet** werden? Man kann 2 Gruppen von Vorschlägen unterscheiden. Erstens wird vorgeschlagen, im Sektor Staat verstärkt **ökonomische Mechanismen** zur Wirkung kommen zu lassen. Und zweitens wird vorgeschlagen, die steigenden Staatsausgaben durch **Vorschriften** zu begrenzen.

Mehr Ökonomie im Sektor Staat bedeutet z.B., daß man für die Staatsdiener **Anreizstrukturen** für wirtschaftliches Verhalten schafft. Belohnt sollte derjenige werden, der mit einem gegebenen Budget unter Beachtung der einzuhaltenden Ordnungsmäßigkeit die meisten „Fälle" (z.B. Grundbuchumschreibungen, Examensprüfungen, Gutachten usw.) erledigt. Weiterhin sollte der Staat zur Korrektur von Marktmängeln nach Möglichkeit **marktmäßige Methoden** und nicht planwirtschaftliche Methoden anwenden. So ist z.B. im Bereich der Umweltpolitik die marktmäßige Zertifikatmethode effizienter als die planwirtschaftliche Vorschriftenmethode.

Daneben kann versucht werden, das Wachstum der Staatsausgaben durch **gesetzliche Maßnahmen zu begrenzen**. Hier kommen Begrenzungen des Einnahmevolumens in Betracht in Form von z.B. maximalen Steuersätzen, Obergrenzen für die Staatsverschuldung usw. Auf der Ausgabenseite kann man die Ausgabeentscheidungen durch Verfahrensvorschriften erschweren. Hier kommen z.B. eine gesetzliche Beschränkung des Stimmentauschs und ein gesetzlicher Zwang zur Einnahmespezifizierung als Voraussetzung für jede Ausgabe in Betracht.

IV. Zusammenfassung

Die **Soziale Marktwirtschaft in Deutschland** ist ein Mischsystem, in dem der Staat das Wirtschaftsgeschehen in mannigfaltiger Weise steuert. Der Staat versucht, durch die **staatliche Wirtschaftspolitik** zur Maximierung der gesellschaftlichen Wohlfahrt und zur Erreichung bestimmter gesellschaftspolitischer Grundziele beizutragen. Die Bereiche staatlicher Wirtschaftspolitik können in Allokation, Stabilisierung und Distribution unterschieden werden. Das **zentrale Merkmal der Sozialen Marktwirtschaft ist der Marktmechanismus**, der im Bereich der **Allokation** für Wirtschaftlichkeit und Konsumentensouveränität sorgt. Die staatliche Ordnungspolitik stellt den hierzu notwendigen **rechtlichen und institutionellen Rahmen** bereit und korrigiert **Marktmängel**, die in Form von öffentlichen Gütern, externen Effekten und Marktmacht auftreten können. Daneben verfolgt der Staat durch den Einsatz der Prozeßpolitik, insbesondere der Geld- und Fiskalpolitik, die **Stabilisierungsziele** des Magischen Vierecks und das **Distributionsziel** einer gerechten Einkommens- und Vermögensverteilung. Die Phänomene der **wachsenden Staatsquoten** und der **Ineffizienz staatlichen Handelns** können mit dem Ansatz der **ökonomischen Theorie der Politik** erklärt werden, wonach Politiker, Interessengruppen und Bürokraten durch ihr egoistisches Verhalten einer positiven Entwicklung des Gemeinwesens abträglich sind. Diesen Entwicklungen kann durch mehr **Anreizstrukturen** für wirtschaftliches Verhalten im Staatssektor und durch gesetzliche **Beschränkungen der Staatsausgaben** begegnet werden.

Literatur zum 3. Kapitel

Wirtschaftsordnung der Sozialen Marktwirtschaft:

Cassel, D., G. Gutmann und **H. J. Thieme** (Hrsg.): 25 Jahre Marktwirtschaft in der Bundesrepublik Deutschland. Stuttgart 1972.
Grosser, D. u.a.: Soziale Marktwirtschaft. Geschichte – Konzept – Leistung. Stuttgart 1988.
Lampert, H.: Die Wirtschafts- und Sozialordnung der Bundesrepublik Deutschland. 9. Aufl. München 1988.
Pilz, F.: Das System der Sozialen Marktwirtschaft. Konzeption, Wirklichkeit, Perspektiven. München 1974.
Schlecht, O.: Grundlagen und Perspektiven der Sozialen Marktwirtschaft. Tübingen 1990.
Seidenfus. H. S.: Deregulierung. Eine Herausforderung an die Wirtschafts- und Sozialpolitik in der Marktwirtschaft. Berlin 1989.
Stützel, W. u.a. (Hrsg.): Grundtexte zur Sozialen Marktwirtschaft.
 Bd. 1: Zeugnisse aus zweihundert Jahren ordnungspolitischer Diskussion. Stuttgart 1981.
 Bd. 2: Das Soziale in der Sozialen Marktwirtschaft. Stuttgart 1988.
Thieme, H. J.: Wirtschaftspolitik in der Sozialen Marktwirtschaft. 2. Aufl. Bad Harzburg 1976.
Thieme, H. J.: Soziale Marktwirtschaft. Ordnungskonzeption und wirtschaftspolitische Gestaltung. München 1991.
Tuchtfeldt, E. (Hrsg.): Soziale Marktwirtschaft im Wandel. Freiburg 1973.
Vaubel, R. und **H. D. Barbier** (Hrsg.): Handbuch Marktwirtschaft. Pfullingen 1986.

Theorie der Wirtschaftspolitik:

Überblick:

Berg, H. und **Cassel, D.**: Theorie der Wirtschaftspolitik. In: D. Bender u.a.: Vahlens Kompendium der Wirtschaftstheorie und Wirtschaftspolitik. Band 2. 4. Aufl. München 1990. S. 157-232.

Standardwerke:

Eucken, W.: Grundsätze der Wirtschaftspolitik. 5. Aufl. Tübingen 1975. (1. Aufl. 1952).
Giersch, H.: Allgemeine Wirtschaftspolitik.
Bd. 1: Grundlagen. Wiesbaden 1961.
Bd. 2: Konjunktur- und Wachstumspolitik in der offenen Wirtschaft. Wiesbaden 1977.
Tinbergen, J.: Economic policy. Principles and design. Amsterdam 1956.

Lehrbücher:

Külp, B. u.a.: Einführung in die Wirtschaftspolitik. Freiburg 1980.
Molitor, B.: Wirtschaftspolitik. 2. Aufl. München 1990.
Pütz, T.: Grundlagen der theoretischen Wirtschaftspolitik. 4. Aufl. Stuttgart 1979.
Schmidt, K.-H.: Wirtschaftspolitik. Stuttgart 1979.
Streit, M. E.: Theorie der Wirtschaftspolitik. 4. Aufl. Düsseldorf 1991.
Teichmann, U.: Wirtschaftspolitik. Eine Einführung in die demokratische und instrumentelle Wirtschaftspolitik. 2. Aufl. München 1983.
Woll: Wirtschaftspolitik. München 1984.

Sammelbände:

Gäfgen, G. (Hrsg.): Grundlagen der Wirtschaftspolitik. 3. Aufl. Köln 1974.
Teichmann, U. (Hrsg.): Probleme der Wirtschaftspolitik.
Bd. 1: Zielfindung und politischer Entscheidungsprozeß. Ordnungspolitik. Darmstadt 1978.
Bd. 2: Konjunkturpolitik, Wachstums- und Strukturpolitik. Verteilungs- und Sozialpolitik. Darmstadt 1978.

Spezielle Themengebiete:

Ökonomische Theorie des Staates:

Blankart, C. B.: Öffentliche Finanzen in der Demokratie. Eine Einführung in die Finanzwissenschaft. München 1991. S. 7-149.
Buchanan, J. M. und **G. Tullock**: The calculus of consent. Ann Arbor 1962.
Hayek, F. A. von: Recht, Gesetz und Freiheit.
Bd. 1: Regeln und Ordnung. München 1980.
Bd. 2: Die Illusion der sozialen Gerechtigkeit. München 1981.
Bd. 3: Die Verfassung einer Gesellschaft freier Menschen. München 1981.
Musgrave, R. A.: The theory of public finance. New York 1959.
Nozick, R.: Anarchy, state, and utopia. New York 1974.
Rawls, J.: A theory of justice. Cambridge 1971.
Samuelson, P. A. und **W. D. Nordhaus**: Economics. 12. Aufl. New York 1985. Dt. Ausgabe: Volkswirtschaftslehre. Grundlagen der Makro- und Mikroökonomie. Bd. 2. 8. Aufl. Köln 1987. S. 393-470.

Ökonomische Theorie der Politik und Staatsversagen:

Blankart, C. B.: Öffentliche Finanzen in der Demokratie. Eine Einführung in die Finanzwissenschaft. München 1991. S. 389-408.
Downs, A.: An economic theory of democracy. New York 1957.
Frey, B. S.: Die ökonomische Theorie der Politik oder die neue politische Ökonomie. Eine Übersicht. In: Zeitschrift für die gesamte Staatswissenschaft. Bd. 126/1970. S. 1-23.
Hillinger, C. und **J. M. Holler** (Hrsg.): Ökonomische Theorie der Politik. Eine Einführung. München 1979.
Kirsch, G.: Neue Politische Ökonomie. 2. Aufl. Düsseldorf 1983.

2. Teil: Mikroökonomik

Im 2. Teil beschäftigen wir uns mit **mikroökonomischen Fragestellungen**. Wie verhält sich ein privater Haushalt? Wovon hängt es ab, welche Güter er in welchen Mengen kauft? Wie verhält sich ein Unternehmer? Wovon hängen die Entwicklung des Gewinns, des Absatzes, der Kosten usw. ab? Wie bilden sich Marktpreise? Welche Rolle spielen dabei unterschiedliche Marktformen? Wie ist eine marktwirtschaftliche Ordnung unter Wohlfahrtsaspekten zu beurteilen? Funktioniert der Marktmechanismus ohne Mängel, oder muß der Staat korrigierend eingreifen? Dies sind typische mikroökonomische Fragestellungen. Im Zentrum der Analyse stehen die einzelne Wirtschaftseinheit, z.B. die Unternehmung, die Funktionsweise von Märkten, und die Rolle des Staates zur Korrektur von Marktmängeln.

Im 4. und 5. Kapitel untersuchen wir die Verhaltensweisen des **Haushalts und der Unternehmung**. Daran anschließend werden im 6. Kapitel die **Preisbildung bei verschiedenen Marktformen** und staatliche Eingriffe in die Preisbildung analysiert. Im 7. Kapitel wird speziell die **Faktorpreisbildung** analysiert, also Fragen von Lohn, Zins und Bodenrente. Im 8. Kapitel wird das Verhältnis zwischen **Markt und Staat** behandelt, also Fragen der Beurteilung des Marktsystems unter Wohlfahrtsaspekten und die Rolle des Staates bei der Korrektur möglicher Marktmängel.

4. Kapitel:
Güternachfrage und Faktorangebot des privaten Haushalts – Grundzüge der Haushaltstheorie

In diesem 4. Kapitel werden die wirtschaftlichen Entscheidungen der privaten Haushalte näher behandelt. Wir haben uns mit diesen Fragen bereits weiter oben im 2. Kapitel ansatzweise beschäftigt, allerdings lediglich in Form von Plausibilitätsüberlegungen. Nunmehr sollen diese Fragen eingehender behandelt werden. In den Wirtschaftswissenschaften ist dies ein Teil der **Mikroökonomik**. Im Zentrum der Analyse steht die einzelne Entscheidungseinheit, im folgenden zunächst der private Haushalt.

I. Nutzentheorie

1. Nutzenfunktion

Was ist aus ökonomischer Sicht die Triebfeder für die Verhaltensweisen eines privaten Haushalts? Die Antwort lautet: Der typische **Haushalt versucht, seinen Nutzen zu maximieren**. Dieser grundsätzliche Ansatz verlangt eine Konkretisierung des Nutzenbegriffs. Wir können davon ausgehen, daß der Verbrauch von Gütern die Quelle der Nutzenstiftung für einen Haushalt ist. Ein Gut ist aus ökonomischer Sicht gewissermaßen ein Bedürfnisbefriedigungspotential, durch dessen Verbrauch dem Haushalt ein individuell empfundener Nutzen entsteht.

Diese Vorstellung entspricht dem nachfrageseitig orientierten Standpunkt der **subjektiven Wertlehre** (GOSSEN, 1854). Der Wert eines Gutes bestimmt sich aus dem Nutzen, der aus dem Verbrauch gezogen werden kann. Der konkurrierende Ansatz ist die angebotsseitig orientierte **objektive Wertlehre**. Hiernach ist der Wert eines Gutes bestimmt durch die Produktionsfaktoren, die im Produktionsprozeß für die Herstellung des Gutes eingesetzt werden müssen. In der Haushaltstheorie geht man von der subjektiven Wertlehre aus, da es um die Wertschätzung durch das Individuum privater Haushalt geht. So kann man dann – wie im folgenden gezeigt wird – z.B. mit diesem Ansatz erklären, daß reichlich vorhandene Güter relativ billig sind, obwohl sie doch sehr viel eingesetzte Produktionsfaktoren verkörpern und somit (vom Standpunkt der objektiven Wertlehre aus argumentiert) eigentlich teuer sein müßten.

Der Ansatz der subjektiven Wertlehre kann durch eine **Nutzenfunktion** ausgedrückt werden, wonach das Nutzenniveau positiv von der Menge der verbrauchten Güter abhängt. Eine solche Nutzenfunktion ist die Gleichung (1):

mit
$$U = U(x_1, ..., x_n), \qquad x_1, ..., x_n > 0 \qquad (1)$$
$$\delta U/\delta x_i > 0.$$

In Gleichung (1) steht U für den Nutzen, und die x_i (i = 1, ..., n) stehen für die Verbrauchsmengen der n Güter. Zwischen dem Nutzen und den Verbrauchsmengen besteht eine positive Beziehung.

Welche Eigenschaften hat nun eine solche Nutzenfunktion typischerweise? Zunächst einmal nimmt der Nutzen zu, wenn die Verbrauchsmengen zunehmen, d.h. wir können von $\delta U/\delta x_i > 0$ ausgehen. Außerdem nimmt der Nutzenzuwachs pro Einheit zusätzlicher Verbrauchsmenge typischerweise ab. Dies ist das **1. GOSSENsche Gesetz**. Formal ausgedrückt bedeutet dies, daß die 2. Ableitung der Nutzenfunktion nach einer Verbrauchsmenge negativ ist. Trinkt ein Haushalt z.B. Bier, um seinen Durst zu stillen, dann wird mit zusätzlichen Gläsern Bier sein Nutzenniveau ansteigen (wobei wir davon ausgehen wollen, daß er aufhört zu trinken, bevor ihm schlecht wird). Aber der Nutzenzuwachs durch das zweite Glas wird bereits kleiner sein als der durch das erste Glas usw. Dieser zusätzliche Nutzen wird als der **Grenznutzen** bezeichnet. Das 1. GOSSENsche Gesetz ist somit das **Gesetz vom abnehmenden Grenznutzen**. Dieser Sachverhalt ist grafisch in Abbildung 4.1 dargestellt.

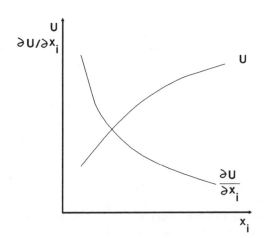

Abb. 4.1 Nutzenfunktion

Die ansteigende Kurve in Abbildung 4.1 beschreibt die Tatsache, daß mit steigendem Verbrauch der Nutzen zunimmt. Mit drei Gläsern Bier kann man seinen Durst besser stillen als mit nur einem Glas Bier. Die fallende Kurve beschreibt das 1. GOSSENsche Gesetz vom abnehmenden Grenznutzen. Der Nutzenzuwachs durch das zweite Glas Bier ist geringer als der durch das erste Glas Bier usw. Mit diesem Ansatz kann jetzt auch der oben bereits erwähnte Sachverhalt erklärt werden, daß nämlich reichlich vorhandene Güter relativ billig sind. Sie sind deswegen so billig, weil die Verbraucher so wenig dafür zu zahlen bereit sind. Und die Verbraucher haben deswegen eine so geringe Zahlungsbereitschaft, weil zusätzliche Verbrauchsmengen des Gutes so wenig zusätzlichen Nutzen stiften.

2. Indifferenzkurvenanalyse

Die Nutzenfunktion (1) besagt, daß der Nutzen eines Haushalts bestimmt dann zunimmt, wenn die Verbrauchsmenge von mindestens einem Gut c.p. zunimmt. Schwieriger ist bereits der Fall zu beurteilen, bei dem der Haushalt zwar von einem Gut mehr hat, jedoch dafür andererseits von einem anderen Gut weniger. Im allgemeinen kann man davon ausgehen, daß in diesem Fall der **Substitution eines Gutes durch ein anderes Gut** das von dem Haushalt empfundene Nutzenniveau nur unter ganz bestimmten Bedingungen konstant bleibt. Diese Bedingungen wollen wir anhand der Abbildung 4.2 kennenlernen.

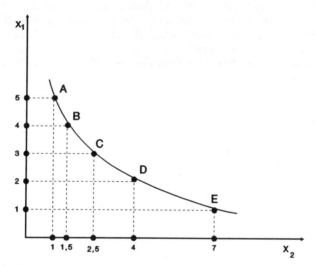

Abb. 4.2 Indifferenzkurve

In Abbildung 4.2 sind auf der Ordinate die Mengen x_1 eines Gutes 1 und auf der Abszisse die Mengen x_2 eines Gutes 2 abgetragen. Die konvex zum Ursprung verlaufende Linie ist eine **Indifferenzkurve**. Eine solche Indifferenzkurve charakterisiert ein ganz bestimmtes Nutzenniveau U_1. Man verwendet bei der Indifferenzkurvenanalyse einen Nutzenindex anstatt eines quantifizierten Nutzenwertes. Der Grund ist, daß eine **kardinale Nutzenmessung** im allgemeinen nicht möglich ist und deswegen eine **ordinale Messung** angebracht ist. Bei einer ordinalen Messung können zwar verschiedene Nutzenniveaus in eine Rangordnung gebracht werden, ohne daß man jedoch die Differenzen zwischen den verschiedenen Niveaus exakt quantifizieren könnte. Die Annahme der ordinalen Nutzenmessung ist wirklichkeitsnah und genügt trotz ihrer gegenüber der kardinalen Messung relativen Schwäche zur Herleitung der wesentlichen Aussagen der Haushaltstheorie.

Das Nutzenniveau ist um so höher, je weiter weg vom Ursprung eine Indifferenzkurve liegt. Da eine Indifferenzkurve ein ganz bestimmtes Nutzenniveau repräsentiert, können sich Indifferenzkurven nicht schneiden. Die Tatsache, daß eine Indifferenzkurve ein ganz bestimmtes Nutzenniveau repräsentiert, bedeutet, daß der Haushalt allen Güterkombinationen gegenüber, die auf dieser Linie liegen, indifferent ist, d.h. allen diesen Kombinationen den **gleichen Nutzen** U_1 zuordnet. So stiftet ihm z.B. die Kombination A (viel von Gut 1 und wenig von Gut 2) den gleichen Nutzen wie die Kombination E (wenig von Gut 1 und viel von Gut 2). Warum stellt man sich die typische Indifferenzkurve konvex zum Ursprung vor? Betrachten wir dazu die Bewegung auf der Indifferenzkurve von A über B, C, D nach E. Kombination B ist dem Haushalt genau so viel wert wie Kombination A, da er zwar 1 Einheit von Gut 1 weniger hat, dafür aber 0,5 Einheiten von Gut 2 mehr. Wenn nun in B die zur Verfügung stehende Menge von Gut 1 weiter um eine Einheit verringert wird, d.h. also auf 3 Einheiten, dann möchte der Haushalt zum Ausgleich mehr als 0,5 Einheiten von Gut 2 mehr haben, z.B. 1,0 Einheiten. Dies liegt daran, daß Gut 1 dadurch, daß in B nur noch 4 Einheiten (gegenüber 5 Einheiten in A) zur Verfügung stehen, relativ knapp geworden ist und damit relativ wertvoll. Wenn die Verbrauchsmenge von Gut 1 noch weiter verringert wird (C nach D, Verringerung von Gut 1 von 3 auf 2 Einheiten), dann werden zum Ausgleich 1,5 Einheiten von Gut 2 verlangt. Und wenn schließlich die Verbrauchsmenge von Gut 1 von 2 Einheiten noch weiter auf 1 Einheit sinkt (D nach E), dann sind sogar 3 Einheiten von Gut 2 notwendig, um das Nutzenniveau aufrecht zu erhalten.

Man kann allgemein sagen, daß der Haushalt bei Rückgang eines Gutes um so mehr von einem anderen Gut zum Ausgleich mehr haben möchte, je weniger von dem erstgenannten Gut noch vorhanden ist. Je knapper ein Gut wird, um so höhere Mengen müssen von anderen Gütern zum Ausgleich zur Verfügung stehen, wenn der Nutzen konstant bleiben soll.

Man drückt diesen Sachverhalt durch die **Grenzrate der Substitution** aus. Die Grenzrate der Substitution ist definiert als das negative Verhältnis der Verbrauchsmengenänderungen bei konstantem Nutzenniveau. Es gilt:

Grenzrate der Substitution = GRS = $- dx_1/dx_2 > 0$.

Die Grenzrate der Substitution ist also formal identisch mit der (negativen) ersten Ableitung der Indifferenzkurve in einem bestimmten Punkt. Da die Indifferenzkurve konvex zum Ursprung ist, wird die Grenzrate der Substitution bei einer Bewegung entlang der Indifferenzkurve von links oben nach rechts unten immer kleiner. Betrachten wir zur Verdeutlichung die Grenzraten der Substitution in A, B, C und D. Unter Berücksichtigung der Tatsache, daß bei dieser Bewegung die Änderungen der Verbrauchsmengen endlich groß sind, ergibt sich für die Grenzraten der Substitution in diesen 4 Punkten auf der Indifferenzkurve:

GRSA = $- (-1/0,5) = 2$,
GRSB = $- (-1/1,0) = 1$,
GRSC = $- (-1/1,5) = 2/3$,
GRSD = $- (-1/3,0) = 1/3$.

Man sieht, daß die Grenzrate der Substitution von 2 über 1, 2/3, abnimmt auf 1/3. Dies ist das **Gesetz von der abnehmenden Grenzrate der Substitution**.

Wir wollen uns nun noch unter einem anderen Aspekt mit der Grenzrate der Substitution beschäftigen. Wir wissen, daß bei einer Bewegung entlang einer Indifferenzkurve das Nutzenniveau des Haushalts konstant bleibt, d.h. daß die Änderung des Nutzens dU = 0 ist. Für das totale Differential dU gilt jedoch:

$$dU = \frac{\delta U}{\delta x_1} \cdot dx_1 + \frac{\delta U}{\delta x_2} \cdot dx_2 = 0,$$

$$- dx_1/dx_2 = (\delta U/\delta x_2)/(\delta U/\delta x_1). \tag{2}$$

Gemäß Gleichung (2) gilt also stets, daß die **Grenzrate der Substitution gleich ist dem umgekehrten Verhältnis der Grenznutzen**. Man kann sich anhand der Gleichung (2) das Gesetz von der abnehmenden Grenzrate der Substitution verdeutlichen. Denn wenn Gut 1 gegen Gut 2 substituiert wird, dann sinkt der Grenznutzen von Gut 2 (weil mit steigendem Verbrauch der Grenznutzen sinkt), und es steigt der Grenznutzen von Gut 1 (weil der Grenznutzen bei einem niedrigeren Verbrauchsniveau relativ hoch ist). Das heißt aber, daß in Gleichung (2) auf der rechten Seite der Zähler sinkt und der Nenner steigt. Der gesamte Ausdruck, die Grenzrate der Substitution, sinkt also. Zwischen dem Gesetz vom abnehmenden Grenznutzen (1. GOSSENsches Gesetz) und dem Gesetz von der abnehmenden Grenzrate der Substitution bestehen offensichtlich enge Beziehungen. Strenggenommen sind jedoch die beiden Gesetze nicht ganz identisch. Man kann mathematisch nachweisen, daß das Gesetz vom abnehmenden Grenznutzen nur dann identisch ist mit dem Gesetz von der abnehmenden Grenzrate der Substitution, wenn die Grenznutzen jeweils unabhängig vom jeweils anderen Gut sind. Auf diese sehr spezielle Fragestellung gehen wir hier jedoch nicht weiter ein.

Zusammenfassend können wir folgendes feststellen. Der Haushalt ist in der Lage, bestimmten Gütermengenkombinationen bestimmte Nutzenniveaus zuzuordnen. Bekommt der Haushalt von allen Gütern mehr, steigt sein Nutzen. Bei zunehmendem Verbrauch eines Gutes nimmt der Nutzenzuwachs ab (Gesetz vom abnehmenden Grenznutzen). Wird ein Gut gegen ein anderes substituiert, dann ist es für eine Aufrechterhaltung des Nutzenniveaus notwendig, daß pro Einheit des abzugebenden Gutes zunehmende Mengen des Substitutionsgutes verbraucht werden können (Gesetz von der abnehmenden Grenzrate der Substitution). Dieser Sachverhalt wird für den 2-Güter-Fall durch Indifferenzkurven dargestellt, die konvex zum Ursprung verlaufen, und die ein um so höheres Nutzenniveau repräsentieren, je weiter sie vom Ursprung entfernt liegen.

II. Güternachfrage

1. Optimaler Haushaltsplan

Indifferenzkurven repräsentieren die Präferenzen des Haushalts. Kein Haushalt kann jedoch alles haben, was er gerne haben möchte. Seine Konsummöglichkeiten sind beschränkt durch sein Einkommen. Diese **Einkommensbeschränkung** wollen wir jetzt in der Analyse berücksichtigen.

Wir gehen von einem bestimmten Einkommen Y aus, welches dem Haushalt zur Verfügung steht und welches er vollständig für die beiden Güter 1 und 2 ausgibt. Die Preise der beiden Güter sind p_1 und p_2. Wir können damit die folgende **Budgetgleichung (Einkommensgleichung)** formulieren. Es gilt:

$$Y = p_1 \cdot x_1 + p_2 \cdot x_2. \qquad (3)$$

Wenn wir die Budgetgleichung (3) nach x_1 auflösen, erhalten wir:

$$x_1 = Y/p_1 - (p_2/p_1) \cdot x_2. \qquad (4)$$

In einem x_1-x_2-Achsenkreuz entsprechend der Abbildung 4.2 kann also gemäß Gleichung (4) die Budgetgleichung (3) als eine **Budgetgerade** mit der negativen Steigung $-p_2/p_1$ eingezeichnet werden. Die Achsenabschnitte sind Y/p_1 auf der Ordinate und Y/p_2 auf der Abszisse. Wir erhalten eine Darstellung gemäß Abbildung 4.3, in der für die folgenden Überlegungen zusätzlich zur Budgetgeraden noch zwei Indifferenzkurven eingezeichnet sind.

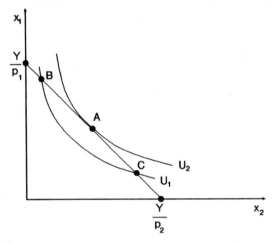

Abb. 4.3 Haushaltsoptimum

In Abbildung 4.3 kennzeichnet die durch die Budgetgerade umgrenzte Fläche die Gütermengenkombinationen, die sich der Haushalt mit seinem Einkommen Y leisten kann. Wird das gesamte Einkommen für Güterkäufe ausgegeben, dann wird irgendein Punkt auf der Budgetgeraden realisiert. Welchen Punkt auf der Budgetgeraden soll nun der Haushalt realisieren, der seinen Nutzen maximieren will? Diese Frage kann unter Zuhilfenahme der Indifferenzkurven beantwortet werden. Wenn der Haushalt z.B. den Punkt B (Abbildung 4.3) realisiert, dann bedeutet das für ihn ein Nutzenniveau U_1. Realisiert er dagegen den Punkt A, d.h. er substituiert – von B kommend – Gut 1 gegen Gut 2, dann bedeutet das für ihn ein höheres Nutzenniveau, nämlich U_2. Der Haushalt maximiert offensichtlich genau dann seinen Nutzen, wenn er sein Einkommen auf die Güter so aufteilt, daß er **mit dem gegebenen Einkommen die höchstmögliche Indifferenzkurve gerade erreicht**. Das heißt, daß der Tangentialpunkt zwischen Budgetgerade und Indifferenzkurve die Optimalbedingung repräsentiert. Wodurch ist dieser Tangentialpunkt gekennzeichnet? **Die Steigung der Budgetgeraden ist hier gleich**

der Steigung der Indifferenzkurve. Für diese **Optimalbedingung** können wir **3 Formulierungen** angeben. In Punkt A gilt:

$$-p_2/p_1 = dx_1/dx_2, \qquad (5)$$

$$p_2/p_1 = (\delta U/\delta x_2)/(\delta U/\delta x_1), \qquad (6)$$

$$(\delta U/\delta x_2)/p_2 = (\delta U/\delta x_1)/p_1. \qquad (7)$$

Gleichung (5) bringt zum Ausdruck, daß in A die Steigung der Budgetgeraden gleich ist der Steigung der Indifferenzkurve. Gemäß dieser Formulierung ist das **Haushaltsoptimum** also dann erreicht, wenn das **Preisverhältnis umgekehrt gleich ist der Grenzrate der Substitution**.

Gleichung (6) erhält man durch Einsetzen der Gleichung (2) in Gleichung (5). Gemäß dieser Formulierung ist das **Haushaltsoptimum** dadurch gekennzeichnet, daß das **Preisverhältnis gleich ist dem Verhältnis der Grenznutzen**.

Gleichung (7) ist einfach eine Umformulierung der Gleichung (6). Gemäß dieser Formulierung ist das **Haushaltsoptimum** dadurch gekennzeichnet, daß der **Grenznutzen des Geldes** (den Quotienten aus Grenznutzen durch Güterpreis kann man als den Genznutzen des Geldes interpretieren) **in allen Verwendungen** (d.h. in allen für die Einkommensverwendung zur Auswahl stehenden Ausgabemöglichkeiten) **gleich** ist.

Die Bedingung für das Haushaltsoptimum wird als das **2. GOSSENsche Gesetz** bezeichnet.

Die Formulierung gemäß Gleichung (7) ist wohl am verständlichsten. Die Aussage der Bedingung für das Haushaltsoptimum ist einfach die, daß ein rationaler Haushalt bei der Verausgabung seines Einkommens ein Güterbündel anstrebt, bei dem die für die verschiedenen Güter jeweils zuletzt ausgegebene DM in allen Verwendungen den gleichen Nutzenzuwachs erzielt. Denn wenn dies noch nicht der Fall ist, dann ist es durch eine Umschichtung der Ausgaben noch möglich, das Nutzenniveau zu steigern, ohne mehr Geld ausgeben zu müssen. Hat z.B. die für Zigaretten zuletzt ausgegebene DM den Nutzen um 3 Einheiten erhöht, und hat die für Bier zuletzt ausgegebene DM den Nutzen um 4 Einheiten erhöht, dann ist es nützlich, weniger zu rauchen und mehr zu trinken. Denn die Umschichtung von 1 DM aus dem Zigarettenverbrauch in den Bierkonsum bedeutet einen Nutzenentgang von 3 Einheiten und einen Nutzenzuwachs von knapp 4 Einheiten, also per Saldo ein um knapp 1 Einheit höheres Nutzenniveau.

Wir haben uns bei unseren bisherigen Überlegungen zur Vereinfachung auf den 2-Güter-Fall beschränkt. Wir wollen nun die Bedingung für das **Haushaltsoptimum für den allgemeinen Fall** von n Gütern herleiten. Die Aufgabe besteht allgemein darin, den Nutzen zu maximieren unter der Nebenbedingung eines gegebenen Einkommens. Wir können diese Aufgabe also wie folgt ausdrücken:

Zielfunktion: $U = U(x_i) = \max!, \quad i = 1, ..., n,$
Nebenbedingung: $Y = \Sigma x_i \cdot p_i.$

Für die LAGRANGE-Funktion (λ = LAGRANGE-Multiplikator) gilt:

$$L = U + \lambda \cdot (Y - \Sigma x_i \cdot p_i).$$

Die partiellen Ableitungen der LAGRANGE-Funktion werden Null gesetzt. Dann gilt:

$$\delta U/\delta x_i - \lambda \cdot p_i = 0, \quad i = 1, \ldots, n,$$
$$(\delta U/\delta x_i)/(\delta U/\delta x_j) = p_i/p_j, \quad i, j = 1, \ldots, n,$$
$$(\delta U/\delta x_i)/p_i = (\delta U/\delta x_j)/p_j, \quad i, j = 1, \ldots, n. \tag{8}$$

Gleichung (8) drückt in allgemeiner Form das 2. GOSSENsche Gesetz aus. **Das Haushaltsoptimum ist dadurch gekennzeichnet, daß der Grenznutzen des Geldes in allen Verwendungen gleich ist.**

2. Determinanten der Güternachfrage

a. Preis des Gutes

Wir können nunmehr die Bedingung für das Haushaltsoptimum dazu verwenden, den **Einfluß von Preisänderungen** auf die von dem Haushalt nachgefragte Gütermenge zu untersuchen. Wir nehmen als Beispiel an, daß der Preis von Gut 2 sinkt. Wie wird der Haushalt auf diese Preisänderung reagieren? Der Sachverhalt ist dargestellt in Abbildung 4.4.

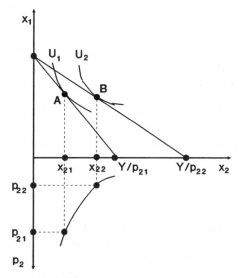

Abb. 4.4 Preisänderung und Nachfrage

In Abbildung 4.4 dreht sich im oberen Teil die Budgetgerade durch die Senkung des Preises von Gut 2 um den Ordinatenschnittpunkt nach rechts. Denn bei niedrigerem Preis und gleichem Nominaleinkommen kann sich der Haushalt jetzt mehr von Gut 2 kaufen. Das Realeinkommen steigt. Der Abszissenschnittpunkt wandert nach rechts. Damit kann der Haushalt ein höheres Nutzenniveau erreichen. Der Haushalt bewegt sich von dem alten Optimum in Punkt A auf der Indifferenzkurve U_1 zu dem neuen Optimum in Punkt B auf der höheren Indifferenzkurve U_2. Bei dem alten hohen Preis p_{21} fragt der Haushalt von dem Gut 2 die Menge x_{21} nach. Bei dem neuen niedrigen Preis p_{22} ist die Nachfrage $x_{22} > x_{21}$. Der Zusammenhang zwischen Preis und Nachfrage ist im unteren Teil der Abbildung 4.4 direkt dargestellt. **Die nachgefragte Menge ist negativ vom Preis des Gutes abhängig.**

In Abbildung 4.5 ist die **Nachfragefunktion** in einem p-x-Achsenkreuz in der üblichen Form dargestellt.

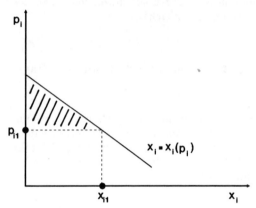

Abb. 4.5 Nachfragefunktion

Auf der Ordinate ist der Güterpreis als die unabhängige Variable abgetragen. Auf der Abszisse ist die nachgefragte Menge als die abhängige Variable abgetragen. Dies mag verwirrend erscheinen, da in der Mathematik üblicherweise auf der Ordinate die abhängige Variable und auf der Abszisse die unabhängige Variable erscheint. Die Darstellung gemäß der Abbildung 4.5 hat sich jedoch in der Ökonomie eingebürgert.

Die Abbildung 4.5 ist eine grafische Darstellung der **Nachfragefunktion**:

mit
$$x_i = x_i(p_i), \qquad i = 1, \ldots, n \qquad (9)$$
$$\delta x_i / \delta p_i < 0.$$

Die Nachfragefunktion (9) beschreibt die Normalreaktion des Haushalts auf Preisänderungen. Im Normalfall besteht zwischen **Preis und nachgefragter Menge eines Gutes eine negative Beziehung**. Dies ist letztlich ein Ausdruck des Gesetzes vom abnehmenden Grenznutzen. Der typische Haushalt kauft nur bei sinkenden Preisen mehr von einem Gut, weil jede zusätzlich konsumierte Einheit ihm einen niedrigeren Nutzenzuwachs verschafft.

Bei dem Preis p_{i1} z.B. ist die nachgefragte Menge x_{i1}. Das bedeutet aber, daß die Nachfrager im Umfang der Fläche des schraffierten Dreiecks eine **Rente** beziehen (MARSHALL, 1890). Denn die Nachfrager sind ja ausweislich der Nachfragefunktion bereit, für einzelne Stücke die Preise entlang dieser Nachfragefunktion zu bezahlen. Man kann die Nachfragefunktion als die Linie der **marginalen Zahlungsbereitschaft** interpretieren. Die Nachfrager zahlen für jedes Stück nur den Preis p_{i1}, obwohl sie für jedes einzelne Stück unterhalb x_{i1} bereit sind, einen höheren Preis zu bezahlen. Die Differenz zwischen der Zahlungsbereitschaft und den tatsächlichen Ausgaben ist die **Konsumentenrente**.

In **Ausnahmefällen sind auch anormale Reaktionen** auf Preisänderungen möglich. In Abbildung 4.4 deutet sich bereits an, daß es bei einer Senkung des Preises von Gut 2 auch zu einer Abnahme der Nachfrage nach Gut 2 kommen kann. Dies ist offensichtlich dann möglich, wenn in Abbildung 4.4 die Indifferenzkurve U_2 die neue Budgetgerade genügend weit links oben tangiert, so daß der Abszissenabschnitt x_{22} links von x_{21} zu liegen kommt. Wir können die Bedingungen für eine normale bzw. anormale Nachfragereaktion anhand der Abbildung 4.6 erläutern.

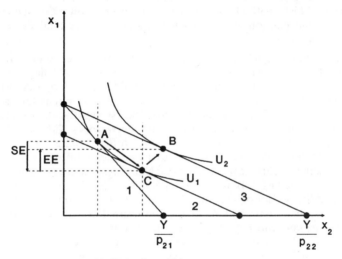

Abb. 4.6 Einkommens- und Substitutionseffekt

Wir gehen – ganz analog zu dem in Abbildung 4.4 dargestellten Fall – von einer Senkung des Preises von Gut 2 von p_{21} auf p_{22} aus. Die Budgetgerade 1 dreht sich auf die Budgetgerade 3. Im Normalfall wandert das Haushaltsoptimum von Punkt A nach Punkt B. Diese Gesamtreaktion von A nach B kann man in 2 Effekte zerlegen, nämlich einen **Substitutionseffekt** und einen **Einkommenseffekt**.

Der **Substitutionseffekt** besteht darin, daß der Haushalt das billiger gewordene Gut x_2 zu Lasten des Gutes x_1 mehr nachfragt, wobei man gedanklich das Nutzenniveau U_1 zunächst konstant hält. Dieser Substitutionseffekt ist in Abbildung 4.6 die Bewegung von A nach C. Die Budgetgerade 1 dreht sich entlang der Indifferenzkurve U_1 auf die Budgetgerade 2. Der **Substitutionseffekt ist immer negativ**. Nachfrageänderung und Preisänderung sind gegenläufig.

Nun ist aber das Realeinkommen durch die Preissenkung gestiegen. Dies bedeutet eine Parallelverschiebung der Budgetgeraden 2 nach rechts oben auf die Budgetgerade 3. Der Haushalt bewegt sich von C nach B. Dies ist der **Einkommenseffekt**. In Abbildung 4.6 ist der **Normalfall** dargestellt, daß nämlich der **Einkommenseffekt positiv** ist. Im Normalfall sind Nachfrageänderung und Einkommensänderung gleichläufig.

Insgesamt ist in Abbildung 4.6 in B gegenüber A die nachgefragte Menge nach Gut 2 aufgrund der Preissenkung gestiegen. Der negative Substitutionseffekt und der positive Einkommenseffekt bewirken zusammen eine der Preisänderung entgegengesetzte Nachfragereaktion. Dies ist der **Normalfall** der Reaktion des Haushalts auf eine Preissenkung.

Allgemein sind für die Gesamtreaktion **3 verschiedene Fälle** möglich. Dies rührt daher, daß der Einkommenseffekt nicht unbedingt positiv zu sein braucht.

Erstens ist es möglich, daß der Punkt B rechts von der durch C verlaufenden senkrechten gestrichelten Linie liegt. Dieser Fall ist in der Abbildung 4.6 dargestellt. Ausgehend von C wird bei einer Einkommenssteigerung von beiden Gütern mehr nachgefragt, also auch und insbesondere mehr von Gut 2. Der **Einkommenseffekt ist positiv**. Das Gut 2 ist ein **superiores Gut**. Dies ist der **Normalfall**. Die Gesamtreaktion der Nachfrage ist in diesem Normalfall der Preisänderung entgegengesetzt.

Zweitens ist es möglich, daß B links von der gestrichelten Senkrechten durch C, aber noch rechts von der gestrichelten Senkrechten durch A liegt. Die Indifferenzkurve U_2 verläuft weiter links, als es in Abbildung 4.6 dargestellt ist. Ausgehend von C verringert der Haushalt jetzt bei einer Einkommenssteigerung seine Nachfrage nach Gut 2. Der **Einkommenseffekt ist negativ**, d.h. anormal. Das Gut 2 ist in diesem Fall ein **inferiores, d.h. minderwertiges Gut**. Man denke z.B. an ein einfaches Grundnahrungsmittel wie Kartoffeln. Bei einer Einkommenssteigerung kann sich der Haushalt eine luxuriösere Ernährung leisten und reduziert daher seine Nachfrage nach einfachen Nahrungsmitteln. Er verbraucht, weil er reicher geworden ist, z.B. mehr Fleisch und weniger Kartoffeln. Das Gut Kartoffeln ist in diesem Beispiel ein inferiores Gut. Der Einkommenseffekt ist negativ. Jedoch ist in diesem zweiten Fall die **Gesamtreaktion des Haushalts auf eine Preisänderung noch normal**. Der Punkt B liegt zwar links von der durch C verlaufenden gestrichelten Senkrechten, aber noch rechts von A (nicht eingezeichnet). Die Preissenkung hat noch zur Folge, daß die Nachfrage zunimmt, obwohl der Einkommenseffekt bereits negativ ist. Dieser anormale negative Einkommenseffekt wird in diesem Fall noch von dem Substitutionseffekt überkompensiert.

Drittens ist es möglich, daß der Punkt B sogar links von der durch A verlaufenden gestrichelten Senkrechten liegt. Der **Einkommenseffekt ist extrem negativ**. Das Gut 2 ist also auch hier ein inferiores Gut. Diese **Inferiorität ist aber in diesem Fall so ausgeprägt, daß sie sogar den Substitutionseffekt überkompensiert**. Die Folge ist, daß jetzt sogar die **Gesamtreaktion auf eine Preisänderung anormal** ausfällt, d.h. also in unserem Beispiel geht die Nachfrage nach Gut 2 bei einer Preissenkung zurück. Das Gut 2 ist in diesem Fall ein **GIFFEN-Gut**. Das GIFFENsche Paradoxon geht auf R. GIFFEN (1837-1910) zurück. GIFFEN schildert den Fall, daß Bezieher von niedrigen Einkommen bei einer Erhöhung des Brotpreises mehr Brot nachfragen. Dazu sind sie zur Existenzsicherung gezwungen.

Inferiorität und **GIFFEN-Paradoxon** sind also mögliche **Ausnahmefälle**. Diese Ausnahmen sollten jedoch nicht darüber hinwegtäuschen, daß die in Abbildung 4.5 dargestellte Nachfragefunktion den ganz überwiegenden Normalfall zutreffend beschreibt. Im **Normalfall** ist die **nachgefragte Menge negativ vom Preis** abhängig.

Wir haben bisher den Fall behandelt, daß sich der Preis eines Gutes ändert, während alle übrigen Preise der anderen Güter und das nominale Einkommen konstant bleiben. Dieser Fall ist gleichbedeutend mit einer **Änderung der relati-**

ven **Güterpreise und des Realeinkommens**. Im Beispiel des 2-Güter-Falles ist der relative Preis das Verhältnis p_1/p_2. Wenn sich dieser relative Preis ändert, reagiert der Haushalt mit seiner nachgefragten Menge. Wenn sich dagegen alle Preise und das nominale Einkommen im gleichen Verhältnis ändern, so daß die relativen Preise und das Realeinkommen konstant bleiben, dann kommt es zu keiner Reaktion des Haushalts. Im 2-Güter-Fall ist dies daran erkennbar (vgl. Abbildung 4.3), daß sich bei Konstanz des relativen Preises p_1/p_2 und des Realeinkommens Y/p_1 bzw. Y/p_2 die Budgetlinie nicht ändert und es somit auch nicht zu einer Änderung des Haushaltsoptimums kommt. Worauf es also für eine Änderung der nachgefragten Menge letztlich ankommt, ist eine Änderung der relativen Güterpreise und des Realeinkommens.

b. Einkommen

In Abbildung 4.6 ist der Einfluß von Einkommensänderungen auf die Nachfrage bereits angesprochen worden. Eine Erhöhung des Einkommens bedeutet, daß sich die Budgetgerade parallel nach rechts verschiebt. Im Normalfall wandert das Haushaltsoptimum somit nach rechts außen. Dies ist in Abbildung 4.7 dargestellt.

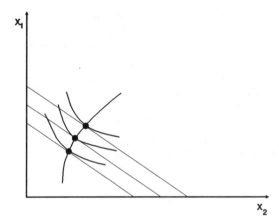

Abb. 4.7 Einkommen-Konsum-Kurve

Die Verbindungslinie der Haushaltsoptima wird als **Einkommen-Konsum-Kurve** bezeichnet. Zwischen Konsum (Nachfrage nach Gütern) und Einkommen besteht eine positive Beziehung.

In der Einkommen-Konsum-Kurve kommt – bezogen auf die Nachfrage nach **Nahrungsmitteln** – eine Aussage des **ENGELschen Gesetzes** zum Ausdruck. E. ENGEL (1821-1896) wies 1857 nach, daß mit steigendem Einkommen die Nachfrage nach Nahrungsmitteln zunimmt. Die darüber hinausgehende Feststellung ENGELs, daß nämlich der Anteil der Nahrungsmittelausgaben an den Gesamtausgaben abnimmt, kommt in der Einkommen-Konsum-Kurve nicht ohne weiteres zum Ausdruck. Dazu muß die Einkommen-Konsum-Kurve einen unterproportionalen Verlauf nehmen, durch den die relative Abnahme der Nahrungsmittelausgaben gewährleistet ist. Man kann eine solche relative Abnahme durch den Elastizitätsbegriff beschreiben, worauf wir weiter unten in der Ziffer 3 (Nachfrageelastizitäten) eingehen.

Die nach ENGEL benannte **ENGEL-Kurve** ist in Abbildung 4.8 dargestellt.

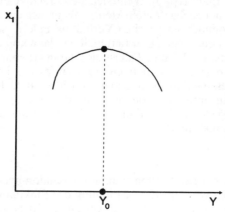

Abb. 4.8 ENGEL-Kurve

In dem Einkommensbereich links von Y_0 nimmt die Nachfrage nach Gut 1 bei Einkommenssteigerungen absolut zu, jedoch unterproportional. Das Gut 1 ist in diesem Bereich superior. In dem Einkommensbereich rechts von Y_0 liegt Inferiorität vor.

H. SCHWABE (1830-1874) hat 1868 denselben Zusammenhang für die **Wohnungsausgaben** nachgewiesen. Das nach ihm benannte **SCHWABEsche Gesetz** besagt, daß mit steigendem Einkommen die Wohnungsausgaben zunehmen und der relative Anteil der Wohnungsausgaben an den Gesamtausgaben abnimmt.

Wir können also im **Normalfall** davon ausgehen, daß zwischen **Güternachfrage und Einkommen ein positiver Zusammenhang** besteht.

c. Preise anderer Güter

Als dritte Einflußgröße für die Nachfrage nach einem Gut kommen **Preise anderer Güter** in Betracht. Die Nachfrage nach Benzin z.B. ist nicht unabhängig vom Preis für Automobile. Wenn Autos sehr teuer sind, ist die Nachfrage nach Benzin relativ niedrig, weil relativ wenig Auto gefahren wird. Benzin und Autos sind **komplementäre Güter**. Andererseits gibt es auch **Substitutionsbeziehungen** zwischen Gütern. So kann man als Haushalt z.B. Butter gegen Margarine substituieren. Wenn also der Preis von Butter z.B. steigt, dann wird normalerweise die Nachfrage nach Margarine zunehmen, weil weniger Butter und dafür mehr Margarine verbraucht wird. Als dritte Möglichkeit sind **unverbundene Güter** denkbar. So dürfte wohl der Preis für Zeitschriften normalerweise keinen Einfluß auf die Nachfrage nach Nahrungsmitteln haben. In Abbildung 4.9 sind diese 3 Fälle in einer Übersicht dargestellt.

Der linke Teil der Abbildung 4.9 beschreibt den Fall der **Komplementarität**. Zwischen dem Preis des Gutes 2 und der Nachfrage nach Gut 1 besteht eine negative Beziehung. Der mittlere Teil ist der Fall der **Substitutionsgüter**. Zwischen dem Preis des Gutes 2 und der Nachfrage nach Gut 1 besteht eine positive Beziehung. Der rechte Teil der Abbildung 4.9 schließlich beschreibt den Fall der **unverbundenen Güter**. Die Nachfrage nach Gut 1 hängt überhaupt nicht vom Preis

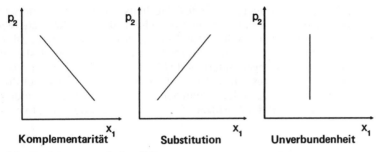

Abb. 4.9 Beziehungen zwischen Gütern

des Gutes 2 ab. Der Preis des Gutes 2 kann sich beliebig ändern, ohne daß die Nachfrage nach Gut 1 darauf reagiert.

d. Präferenzen

Außer Preisen und Einkommen können sich auch die **Präferenzen** des Haushalts ändern und hierüber eine Reaktion der Nachfrage auslösen. Bekommt ein Haushalt z.B. den Wunsch, unter allen Umständen eine doppelt so große Wohnung als bisher haben zu müssen, dann ist dies – in der Sprache der Haushaltstheorie – eine Änderung seiner Präferenzen. In einer Indifferenzkurven-Darstellung analog dem oberen Teil der Abbildung 4.4 verändern sich die Indifferenzkurven so, daß sich das Haushaltsoptimum zugunsten des auf einer Achse abgetragenen Gutes Wohnung verschiebt. Für eine Nachfragefunktion entsprechend der Abbildung 4.5 mit dem Gut Wohnung auf der Abszisse bedeutet dies eine **Verschiebung der Nachfragefunktion** nach rechts außen. Zu jedem vorgegebenen Preis wünscht der Haushalt jetzt mehr Wohnraum. Oder, anders ausgedrückt: Für eine gegebene Menge Wohnraum ist jetzt der Haushalt bereit, einen höheren Preis zu zahlen.

e. Zusammenfassung

Insgesamt ergibt sich, daß die **Nachfrage** nach einem Gut negativ vom **Preis des Gutes** (im Normalfall) abhängt, je nach Beziehung positiv, negativ oder gar nicht vom Preis anderer Güter, positiv vom **Einkommen** (im Normalfall) und allgemein von den **Präferenzen** des Haushalts. Es gilt die Nachfragefunktion:

$$x_i = x_i(p_i, p_j, Y, W), \qquad i, j = 1, ..., n \qquad (10)$$

mit

$$\delta x_i/\delta p_i < 0, \qquad \delta x_i/\delta p_j \gtreqless 0, \qquad \delta x/\delta Y \gtreqless 0, \qquad \delta x/\delta W \gtreqless 0.$$

In Gleichung (10) bedeuten die $p_{i,j}$ die Preise der Güter $i, j = 1, ..., n$, Y steht für das Einkommen, und W charakterisiert die Präferenzordnung des Haushalts.

3. Nachfrageelastizitäten

Häufig interessiert die Frage, wie stark eine Reaktion, z.B. die Nachfragereaktion eines Haushalts, auf eine Datenänderung ausfällt. Zur Beschreibung des Ausmaßes einer solchen Reaktion verwendet man in der Ökonomie den Begriff der **Elastizität**. Die Preiselastizität der Nachfrage z.B. ist eine Größe, mit der man die Stärke der Nachfragereaktion des Haushalts auf eine Preisänderung beschreibt. Die Elastizität wird als Quotient berechnet, der im **Zähler die relative Änderung der reagierenden Größe und im Nenner die relative Änderung der verursachenden Größe** enthält. So wird z.B. zur Berechnung der Preiselastizität der Nachfrage die relative Mengenänderung dividiert durch die relative Preisänderung des betreffenden Gutes. Diese Elastizität gibt also an, um wieviel Prozent sich die nachgefragte Menge ändert, wenn der Preis sich um 1 Prozent ändert. Es gilt für die **Preiselastizität der Nachfrage** (g = Wachstumsrate = relative Änderung):

$$\eta_p = (\delta x_i / x_i) / (\delta p_i / p_i),$$
$$\eta_p = (\delta x_i / \delta p_i) \cdot (p_i / x_i),$$
$$\eta_p = gx/gp. \qquad (11)$$

Mit Hilfe der Preiselastizität der Nachfrage gemäß Gleichung (11) kann nun einfach ausgedrückt werden, ob es sich bei einem bestimmten Gut um ein normales Gut oder ein GIFFEN-Gut handelt. Im Normalfall ist die Preiselastizität der Nachfrage negativ, während im Fall des GIFFEN-Paradoxons die Preiselastizität der Nachfrage positiv ist.

In analoger Weise können wir auch eine Einkommenselastizität der Nachfrage ausrechnen. Wir dividieren dazu die relative Mengenänderung (Reaktion) durch die relative Einkommensänderung (Ursache). Es gilt für die **Einkommenselastizität der Nachfrage**:

$$\eta_y = gx/gY. \qquad (12)$$

Mit Hilfe der Einkommenselastizität der Nachfrage gemäß Gleichung (12) können wir nun die folgenden systematisierenden Aussagen treffen. Ein superiores Gut ist ein Gut mit einer positiven Einkommenselastizität, und ein inferiores Gut ist ein Gut mit einer negativen Einkommenselastizität. Das ENGELsche bzw. das SCHWABEsche Gesetz besagen, daß die Einkommenselastizitäten der Nachfrage nach Nahrungsmitteln (ENGEL) bzw. nach Wohnungen (SCHWABE) kleiner als 1 sind.

Schließlich können wir noch die erläuterten Beziehungen zwischen Gütern mit Hilfe von Elastizitäten beschreiben. Dazu wird die Kreuzpreiselastizität der Nachfrage verwendet. Die Kreuzpreiselastizität der Nachfrage ist der Quotient aus relativer Mengenänderung (Reaktion) in Reaktion auf die relative Änderung des Preises eines anderen Gutes (Ursache). Es gilt für die **Kreuzpreiselastizität der Nachfrage**:

$$\eta_{i,j} = gx_i/gp_j, \qquad i,j = 1, ..., n. \qquad (13)$$

Die Kreuzpreiselastizität der Nachfrage gemäß Gleichung (13) ist (vgl. Abbildung 4.9) im Fall von Komplementärgütern negativ, im Fall von Substitutionsgütern positiv und im Fall von unverbundenen Gütern gleich Null.

Die verschiedenen Nachfrageelastizitäten und die erläuterten Anwendungsfälle sind in einer **Übersicht** dargestellt in Tabelle 4.1.

Tab. 4.1 Nachfrageelastizitäten

Elastizität	Definition	Anwendung
Preiselastizität der Nachfrage	$\eta_p = (\delta x_i/\delta p_i) \cdot (p_i/x_i)$	normales Gut: <0 GIFFEN-Gut: >0
Einkommenselastizität der Nachfrage	$\eta_y = (\delta x_i/\delta Y) \cdot (Y/x_i)$	superiores Gut: >0 inferiores Gut: <0
Kreuzpreiselastizität der Nachfrage	$\eta_{i,j} = (\delta x_i/\delta p_j) \cdot (p_j/x_i)$	Komplementarität: <0 Substitution: >0 Unverbundenheit: $=0$

Einkommenselastizität der Nachfrage nach:	Wertebereich	
Nahrungsmitteln N	$0 < \eta_Y^N < 1$	ENGELsches Gesetz
Wohnungen W	$0 < \eta_Y^W < 1$	SCHWABEsches Gesetz

4. Ableitung der Gesamtnachfrage

Wir haben unseren bisherigen Überlegungen immer einen einzigen Haushalt zugrunde gelegt. Wir wollen uns nun noch der Frage zuwenden, wie sich aus den jeweils individuellen Nachfrageentscheidungen der einzelnen Haushalte die Gesamtnachfrage auf einem Markt ergibt.

Die Gesamtnachfrage auf einem Markt ergibt sich einfach durch Addition der individuellen Nachfragen. Legt man Nachfragefunktionen entsprechend derjenigen in Abbildung 4.5 zugrunde, dann erhält man die **Gesamtnachfragefunktion durch eine Horizontaladdition** der einzelnen Nachfragefunktionen. In Abbildung 4.10 ist diese Aggregation für einen einfachen Fall von 2 Haushalten grafisch dargestellt.

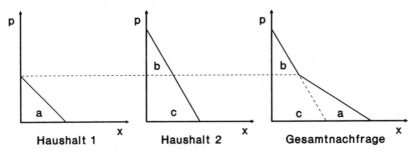

Abb. 4.10 Gesamtnachfrage

Die Gesamtnachfragefunktion erhält man, indem man die zu jedem vorgegebenen Preis gehörenden Nachfragemengen (a, b, c) addiert.

Diese Methode der Horizontaladdition ist allerdings **nur für private Güter** ein adäquates Verfahren. Für **öffentliche Güter** (Kollektivgüter) muß ein anderes Verfahren gewählt werden. Wir haben uns mit dem Phänomen der öffentlichen Güter bereits weiter oben im 2. und 3. Kapitel beschäftigt. Es soll jetzt hier an dieser Stelle lediglich in Erinnerung gerufen werden, daß sich öffentliche Güter u.a. durch **Nichtrivalität im Konsum** auszeichnen. Das heißt, daß solche Güter von mehreren Nachfragern gleichzeitig genutzt werden können, während ein privates Gut nur von einem Nachfrager genutzt werden kann. Man kann sich nun fragen, wie im Fall eines öffentlichen Gutes aus den individuellen Nachfragefunktionen die Gesamtnachfrage gebildet werden soll. Die Überlegungen zur Haushaltstheorie lehren, daß eine individuelle Nachfragefunktion die zu jeder auf der Abszisse abgetragenen Nachfragemenge in der Vertikalen abzulesende Zahlungsbereitschaft des Haushalts repräsentiert. Da die Menge von mehreren Nachfragern gleichzeitig genutzt werden kann, ist die **Vertikaladdition** der individuellen Nachfragefunktionen das geeignete Verfahren zur Ableitung der Gesamtnachfrage nach einem öffentlichen Gut.

5. Konsum und Einkommen – Empirische Zusammenhänge

Der Zusammenhang zwischen Güternachfrage und Einkommen ist für die Wirtschaftspolitik von besonderer Bedeutung. Nach den mehr theoretischen Überlegungen wollen wir uns daher mit diesem Zusammenhang etwas eingehender unter **wirtschaftspolitischen Aspekten** beschäftigten.

Zum einen sind Verbrauch und Einkommen die beiden zentralen Grundlagen für die **Steuereinnahmen** in Form der Mehrwertsteuer und der Einkommensteuer. Mit Verweis auf das ENGELsche Gesetz wird auf Nahrungsmittel ein relativ niedriger Mehrwertsteuersatz gerechtfertigt. Niedrigverdiener geben gemäß dem ENGELschen Gesetz einen relativ hohen Anteil ihres Einkommens für Nahrungsmittel aus, und deswegen werden diese Güter aus Gerechtigkeitsüberlegungen nur mit der Hälfte des üblichen Mehrwertsteuersatzes belegt.

Zum anderen und insbesondere ist die Abhängigkeit der Konsumnachfrage von der Einkommensentwicklung von erheblicher Bedeutung für die gesamtwirtschaftliche Entwicklung und die demgemäß vom Staat zu verfolgende Konjunkturpolitik. Wenn die **Einkommenselastizität kleiner als 1** ist, dann kommt es im Verlauf der wirtschaftlichen Entwicklung mit steigender Produktion und demzufolge steigenden Einkommen zu einem zunehmenden **Nachfrageausfall**. Die Menschen erhalten aus der steigenden Produktion immer höhere Einkommen, geben aber – bei einer Einkommenselastizität kleiner als 1 – einen immer niedrigeren Teil ihres Einkommens für Konsum aus und sparen entsprechend einen immer größeren Teil ihres Einkommens. Diese Ersparnis bedeutet im gesamtwirtschaftlichen Kreislauf für die Unternehmer einen Ausfall von Nachfrage. Dieser Nachfrageausfall bei dem Konsum wird nicht unbedingt durch andere Nachfragekomponenten (z.B. die Investitionsnachfrage) kompensiert. Insofern kann dieser Nachfrageausfall zu **Absatzkrisen, Produktionseinschränkungen und Arbeitslosigkeit** führen. Der Staat ist gefordert, die Nachfragelücke durch **staatliche Nachfrage** zu schließen. Was ist von dieser Hypothese zu halten?

Die Frage nach der Einkommenselastizität der Konsumnachfrage kann nur **empirisch** beantwortet werden. Man bestimmt zu diesem Zweck **Konsumfunktionen**, die die Abhängigkeit des Konsums vom Einkommen beschreiben.

BEDAU (1987) hat in einer **Querschnittanalyse für die Bundesrepublik Deutschland** Einkommenselastizitäten für einzelne Gütergruppen ermittelt. Hiernach sind die Einkommenselastizitäten für Nahrungsmittel, Wohnungsmieten, Genußmittel und Energie (ohne Kraftstoffe) kleiner als 1. Dagegen sind bei Verkehrsdienstleistungen und Nachrichtenübermittlung, Gesundheitspflege, Bildung, persönlicher Ausstattung und sonstigen Dienstleistungen (Touristik, Banken und Versicherungen) die Einkommenselastizitäten größer als 1. WESTPHAL (1988) ermittelte in einer **Zeitreihenanalyse für die Bundesrepublik Deutschland** prinzipiell gleiche Ergebnisse in Form disaggregierter Konsumfunktionen für den Zeitraum 1970 bis 1986.

Für gesamtwirtschaftliche Überlegungen sind **gesamtwirtschaftliche Konsumfunktionen** von Interesse, die das Konsumverhalten aller Haushalte in Abhängigkeit vom Einkommen beschreiben. Solche Konsumfunktionen werden üblicherweise in Zeitreihenanalysen ermittelt. Nach KEYNES (1936) lautet die Konsumfunktion:

$$C = \bar{C} + c \cdot Y, \qquad \bar{C} > 0, 0 < c < 1.$$

Nach dieser sog. **absoluten Einkommenshypothese** besteht der Konsum aus einem autonomen Teil und einem einkommensabhängigen Teil, wobei $\bar{C}$ der autonome Konsum und c die marginale Konsumquote ist. Mit steigendem Einkommen nimmt der Konsum zu. Insofern handelt es sich bei dem Konsum um ein superiores Gut. Jedoch nimmt mit steigendem Einkommen die durchschnittliche Konsumquote (C/Y), d.h. der Anteil der Konsumausgaben am Einkommen, ab. Die **Einkommenselastizität (dC/dY) · (Y/C) liegt also zwischen 0 und 1**. Dies ist der oben geschilderte Fall der säkularen Stagnation mit den erläuterten Nachteilen. KEYNES fordert daher auch folgerichtig eine staatliche Wirtschaftspolitik, die den Nachfrageausfall durch Staatsnachfrage wettmacht.

Das Problem bei der KEYNESschen Konsumfunktion ist, daß sich eine solche Funktion – wenn überhaupt – nur für ausgewählte kurzfristige Zeiträume nachweisen läßt. Wählt man den Untersuchungszeitraum hinreichend lang, dann ergeben sich regelmäßig Konsumfunktionen des Typs:

$$C = c \cdot Y.$$

In dieser Konsumfunktion sind marginale Konsumquote und durchschnittliche Konsumquote gleich, nämlich c. Diese Konsumquote liegt in Deutschland bei knapp 90%. Der Anteil des Konsums am Einkommen bleibt also gemäß dieser Konsumfunktion bei steigendem Einkommen konstant. Die **Einkommenselastizität (dC/dY) · (Y/C) = c · (1/c) = 1**. Das Problem des Nachfrageausfalls wird nicht so virulent. Diese Konsumfunktion entspricht der **permanenten Einkommenshypothese** von FRIEDMAN (1957). Nach FRIEDMAN orientiert sich der Nachfrager mit seinem Konsum an einem über einen längeren Zeitraum im Durchschnitt erwarteten permanenten Einkommen und versucht, den Anteil des permanenten Konsums am permanenten Einkommen langfristig konstant zu halten. Diese Hypothese entspricht der empirisch abgesicherten Konsumfunktion mit der konstanten durchschnittlichen Konsumquote.

III. Arbeitsangebot

Ein Haushalt gibt nicht nur Geld aus für Güterkäufe, sondern üblicherweise geht er auch einer Arbeit nach. Das heißt, daß private Haushalte auf den Märkten nicht nur als Nachfrager nach Gütern auftreten. Sie sind darüber hinaus auch Anbieter, nämlich Anbieter ihrer Arbeitskraft. So wie wir bisher die Güternachfrage analysiert haben, so wollen wir uns jetzt fragen, wie das **Arbeitsangebot** eines Haushalts zustande kommt und von welchen Einflußgrößen es abhängt.

Wir gehen von der Tatsache aus, daß ein Tag 24 Stunden hat. Diese 24 Stunden kann man sich aufgeteilt denken in Arbeitszeit N und Freizeit F. Es gilt:

$$N + F = 24. \tag{14}$$

Sowohl die Arbeitszeit als auch die Freizeit stiften dem Haushalt einen Nutzen. Der Nutzen der Arbeitszeit besteht darin, daß die Arbeit entgolten wird. Es entsteht ein Einkommen, welches der Haushalt verbrauchen kann. Der Nutzen von Freizeit versteht sich von selbst.

Für das durch Arbeit erzielbare Einkommen gilt (Y = Einkommen, W = Stundenlohn):

$$Y = W \cdot N.$$

Einsetzen in (14) ergibt:

$$Y = W \cdot (24 - F). \tag{15}$$

Für die Nutzenfunktion gilt:

$$U = U(Y, F), \tag{16}$$

mit
$$\delta U/\delta Y > 0, \qquad \delta U/\delta F > 0.$$

Gleichung (16) besagt, daß das Nutzenniveau U positiv vom Einkommen Y und von der Freizeit F abhängt. Außerdem wollen wir wie bisher annehmen, daß die Nutzenfunktion (16) eine abnehmende Grenzrate der Substitution aufweist.

Das Problem besteht nun darin, den Tag in eine **optimale Mischung aus Arbeitszeit und Freizeit** einzuteilen. Viel Arbeitszeit bringt zwar viel Einkommen und damit einen hohen Nutzen. Andererseits ist aber die ebenfalls Nutzen stiftende Freizeit um so niedriger, je mehr man arbeitet. Wie soll man sich verhalten?

Man kann dieses Problem nach der gleichen Methode lösen, die wir weiter oben bei der Ableitung des Haushaltsoptimums für die Güternachfrage bereits kennengelernt haben. Hier geht es jetzt darum, das **optimale Arbeitszeitangebot** zu finden. Wir wollen zunächst die grafische Ableitung anhand der Abbildung 4.11 erläutern.

In Abbildung 4.11 ist auf der Ordinate das Einkommen abgetragen und auf der Abszisse die Freizeit. Arbeitet der Haushalt im Extrem 24 Stunden am Tag, dann ist ein maximales Einkommen von $Y = 24 \cdot W$ erzielbar. Dagegen ist sein Einkommen $Y = 0$, wenn er überhaupt nicht arbeitet, d.h. $F = 24$. Die Nutzenfunk-

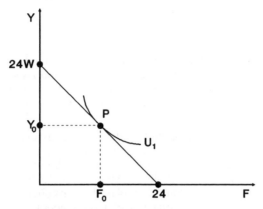

Abb. 4.11 Optimales Arbeitszeitangebot

tion ist in Abbildung 4.11 eine Schar von Indifferenzkurven, die – wie üblich – wegen der Annahme der abnehmenden Grenzrate der Substitution konvex zum Urprung verlaufen. In Abbildung 4.11 ist der Übersichtlichkeit halber nur eine Indifferenzkurve U_1 eingezeichnet. Der nutzenmaximierende Haushalt strebt eine Einkommen-Freizeit-Kombination an, die ihn auf die höchstmögliche Indifferenzkurve führt. In Abbildung 4.11 ist dies U_1. Der Tangentialpunkt P charakterisiert dieses Optimum. Das optimale Einkommen ist Y_0, und die optimale Freizeit ist F_0. Der Achsenabschnitt $(24 - F_0)$ ist das optimale Arbeitszeitangebot des Haushalts.

Was ist die Bedingung für das optimale Arbeitszeitangebot? Offensichtlich muß hier die **Steigung der Indifferenzkurve gleich der Steigung der Einkommen-Freizeit-Gerade** sein. Es gilt:

$$- dY/dF = W. \tag{17}$$

Gleichung (17) besagt, daß das Arbeitszeitangebot dann optimal ist, wenn die **Grenzrate der Substitution zwischen Einkommen und Freizeit gleich dem Stundenlohn** ist.

Wir wollen nun noch eine **formale Ableitung** der Bedingung für das optimale Arbeitszeitangebot liefern. Die Aufgabe besteht formal darin, die Nutzenfunktion (16) zu maximieren unter der Nebenbedingung der Einkommensgleichung (15). Der Ansatz ist also:

Zielfunktion: $U = U(Y, F) = \max!$
Nebenbedingung: $Y = W \cdot (24 - F)$.

Für die LAGRANGE-Funktion gilt:

$$L = U + \lambda \cdot [Y - W \cdot (24 - F)].$$

Die partiellen Ableitungen der LAGRANGE-Funktion nach Y und F werden Null gesetzt. Dann gilt:

$(\delta U/\delta F) / (\delta U/\delta Y) = W,$

$- dY/dF = W.$ (17)

Wir erhalten wiederum Gleichung (17). Die Bedingung für das optimale Arbeitszeitangebot ist, daß die **Grenzrate der Substitution zwischen Einkommen und Freizeit gleich dem Stundenlohn** ist. Der Haushalt ist bereit, auf eine Einheit Freizeit zugunsten von Arbeitszeit zu verzichten, wenn er dafür mit dem Stundenlohn entschädigt wird.

Wir können nun diese Bedingung (17) dazu benutzen, eine **Arbeitsangebotsfunktion** abzuleiten. Diese Arbeitsangebotsfunktion gibt an, wie der Haushalt mit seinem Arbeitsangebot reagiert, wenn sich der Lohnsatz ändert. Nehmen wir z.B. an, daß sich der Lohnsatz erhöht. In Abbildung 4.11 dreht sich die Einkommen-Freizeit-Gerade um den Punkt F = 24 nach rechts oben. Der Optimalpunkt verlagert sich. Wie sich das optimale Arbeitszeitangebot $(24 - F_0)$ verändert, kann nicht eindeutig angegeben werden. Das hängt im Einzelfall von dem Verlauf der Indifferenzkurven ab, d.h. von der individuellen Nutzenfunktion. Je nachdem, welche Nutzenvorstellungen der Haushalt mit Einkommen einerseits und Freizeit andererseits verbindet, wird die Reaktion im Einzelfall unterschiedlich ausfallen. Im Normalfall wird man wohl von einem Verlauf ausgehen können, wie er in Abbildung 4.12 in einem Lohn-Arbeitszeit-Achsenkreuz dargestellt ist.

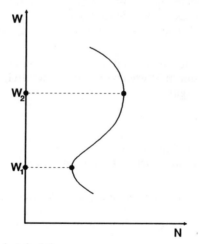

Abb. 4.12 Arbeitsangebotsfunktion

In einem **Normalbereich** (der Lohnsatz liegt zwischen W_1 und W_2) führt eine **Lohnerhöhung zu einer Ausdehnung des Arbeitsangebots**. Dies hat seinen Grund darin, daß der Haushalt in diesem Bereich wegen noch reichlich verfügbarer Freizeit den Nutzenzuwachs aus der Einkommenssteigerung höher einschätzt als den Nutzenentgang aus dem Freizeitverlust.

Ab dem Lohnsatz W_2 führt dann allerdings eine **weitere Steigerung des Lohnes zu einer Einschränkung des Arbeitsangebots**. Der Haushalt arbeitet bereits so lange, daß sein Einkommen recht hoch ist, d.h. zusätzliches Einkommen seinen Nutzen nur geringfügig steigert. Andererseits ist aber Freizeit für ihn ein extrem wertvolles Gut. Wird der Lohn hier weiter angehoben, dann schränkt der Haushalt sein Arbeitsangebot ein, d.h. er verzichtet auf die mögliche weitere Einkommenssteigerung zugunsten von mehr Freizeit.

Umgekehrt ist es unterhalb des Lohnes W_1. Wegen der geringen Arbeitszeit hat der Haushalt ein recht niedriges Einkommen. Wird nun der **Lohn weiter verringert**, dann schränkt der Haushalt sein Arbeitsangebot nicht ein, wie es im Normalbereich die Reaktion auf eine Lohnsenkung ist. Vielmehr **dehnt der Haushalt sein Arbeitsangebot** aus, um sein Einkommensniveau zur physischen Existenzsicherung zu halten. In diesem Lohnbereich können weitere Lohnsenkungen zu unvertretbaren Zuständen führen, wie z.B. 18-Stunden-Arbeitstage, Kinderarbeit usw. Die Menschen arbeiten nicht trotz, sondern wegen der Lohnsenkung länger, um nicht zu verhungern. Hier liegt ein ökonomischer Rechtfertigungsgrund für die Existenz von **Gewerkschaften**. Gewerkschaften sind in dieser Sicht der Dinge ein notwendiger Konkurrenzverhinderungsverband, um Erscheinungen wie überlange Arbeitszeiten, Kinderarbeit usw. zu verhindern. Jedoch kann mit dieser Argumentation nicht gerechtfertigt werden, daß Gewerkschaften einen möglichst hohen Lohn anstreben sollen.

IV. Angebot an Ersparnis

Der typische private Haushalt gibt sein Einkommen nicht vollständig für Konsum aus, sondern spart einen Teil davon. Wovon hängt es ab, ob ein Haushalt überhaupt spart, und wenn ja, wieviel er spart?

Wir gehen zunächst von dem **definitorischen Zusammenhang** zwischen Einkommen, Konsum und Ersparnis aus. Es gilt:

$$Y = C + S. \tag{18}$$

In Gleichung (18) ist Y das Einkommen, C der Konsum und S die Ersparnis. Ist die Ersparnis positiv, dann bedeutet dies, daß der Haushalt in der Gegenwart auf einen möglichen Konsum verzichtet, um in der Zukunft einen Konsum tätigen zu können, der ohne die Ersparnis in diesem Umfang nicht möglich ist. Die Ersparnis kann verzinslich angelegt werden, so daß der künftig mögliche Konsum höher ist als der gegenwärtige Konsumverzicht. Der **Zins ist die Belohnung für den Konsumverzicht**. Natürlich ist für einen einzelnen Haushalt auch eine negative Ersparnis möglich. Ein Haushalt, der in der Gegenwart mehr als sein Einkommen verbraucht, hat eine negative Ersparnis. Man sagt, daß ein solcher Haushalt entspart. Durch die Kreditaufnahme ist ein Gegenwartskonsum möglich, der das Einkommen übersteigt. Der Preis hierfür ist der zusätzlich zur künftigen Rückzahlung zu entrichtende Zins.

Sparen bedeutet also Konsumverzicht. Die Einflußgrößen für diesen Konsumverzicht können nun mit Hilfe des Instrumentariums bestimmt werden, welches wir oben bei der Ableitung des Haushaltsoptimums bereits kennengelernt haben. Wir müssen dieses Instrumentarium einfach auf die Frage anwenden, wie der Haushalt einen gegebenen **zeitlichen Einkommensstrom durch Sparen bzw. Entsparen so strukturiert, daß sein Nutzen maximiert wird**. Der vorgegebene Einkommensstrom ist durch eine Budgetgleichung charakterisiert. Und die Nutzenstiftung des Gegenwartskonsums gegenüber dem Zukunftskonsum ist durch ein Indifferenzkurvensystem charakterisiert. Die Verhaltensweise des nutzenmaximierenden Haushalts kann anhand der Abbildung 4.13 erläutert werden.

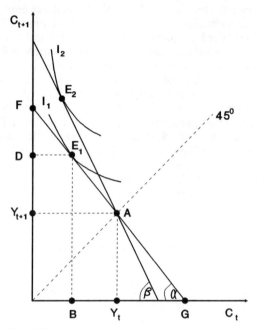

Abb. 4.13 Ersparnis und Zins

In Abbildung 4.13 ist auf der Abszisse der Gegenwartskonsum C_t und auf der Ordinate der Zukunftskonsum C_{t+1} abgetragen. Der Ausgangszustand ist durch den Punkt A charakterisiert. Dem Haushalt steht in t das Einkommen Y_t zur Verfügung und in t + 1 das Einkommen Y_{t+1}. Zur Vereinfachung ist angenommen, daß die beiden Einkommen gleich sind.

Die Budgetgerade FAG beschreibt die bei dem herrschenden Zinssatz r möglichen Kombinationen zwischen Gegenwartskonsum und Zukunftskonsum. Der Punkt G beschreibt den Fall, daß der Haushalt sein gesamtes Einkommen in der Gegenwart konsumiert. Er kann in diesem Fall das Gegenwartseinkommen Y_t konsumieren und das abgezinste Zukunftseinkommen $Y_{t+1}/(1 + r)$. Das andere Extrem ist der Punkt F. Hier verlagert der Haushalt seinen gesamten Konsum in die Zukunft. Es steht ihm dann das Einkommen Y_{t+1} und zusätzlich das durch den Zins auf $Y_t \cdot (1 + r)$ angewachsene Einkommen für Konsumzwecke zur Verfügung. Die Steigung der Budgetgeraden ist der tan α und ergibt sich z.B. durch $- FY_{t+1}/Y_{t+1}A = - Y_t \cdot (1 + r)/Y_t = - (1 + r)$. Die **Budgetgleichung** ist also:

$$C_{t+1} = - (1 + r) \cdot C_t + Y_{t+1} + Y_{t+1} \cdot (1 + r). \qquad (19)$$

Die Budgetgleichung (19) beschreibt den objektiven Tatbestand des vorgegebenen Einkommensstroms und des herrschenden Marktzinses.

Nun zu dem subjektiven Tatbestand der **Präferenzordnung** des Haushalts. Die Präferenzen des Haushalts schlagen sich in einer Schar von Indifferenzkurven nieder. Auf einer Indifferenzkurve liegen alle Kombinationen aus Gegenwartskonsum und Zukunftskonsum, die dem Haushalt den gleichen Nutzen stiften. In Abbildung 4.13 sind zwei Indifferenzkurven I_1 und I_2 dargestellt. Die Steigung einer Indifferenzkurve in einem bestimmten Punkt gibt die Grenzrate der Substitution zwischen Gegenwartskonsum und Zukunftskonsum an. Diese Substitutionsrate wird als **Grenzrate der Zeitpräferenz** bezeichnet. Es gilt:

Grenzrate der Zeitpräferenz = GRZ = $-dC_{t+1}/dC_t$.

Wie agiert nun ein Haushalt, der seinen Nutzen maximieren will? Der Haushalt erreicht sein Nutzenmaximum, wenn mit der gegebenen Budgetlinie die höchstmögliche Indifferenzkurve erreicht wird. Dies ist in Abbildung 4.13 Tangentialpunkt E_1. Der Haushalt spart den Teil BY_t seines Gegenwartseinkommens Y_t. Er gibt einen Kredit im Umfang von BY_t. Diese Ersparnis liefert durch den Zins r in der nächsten Periode ein zusätzliches Einkommen $DY_{t+1} = BY_t \cdot (1 + r)$. Der Haushalt gelangt durch diese Umstrukturierung seines vorgegebenen Einkommensstroms auf die Indifferenzkurve I_1. Diese Indifferenzkurve bedeutet für ihn ein höheres Nutzenniveau als die durch die Ausgangskombination A verlaufende Indifferenzkurve (in Abbildung 4.13 wegen der Übersichtlichkeit nicht eingezeichnet). Die **Bedingung für das Nutzenmaximum** ist:

GRZ = 1 + r.

Prinzipiell ist es natürlich auch möglich, daß der Tangentialpunkt von Budgetlinie und Indifferenzkurve in dem Bereich zwischen A und G liegt. Ein solcher Haushalt entspart beim herrschenden Zins r, weil ihm dieser Zins aufgrund seiner persönlichen Präferenzordnung für eine positive Ersparnis zu niedrig ist.

Zwei Fragen sind nun von besonderem Interesse. Erstens interessiert die Frage, wieso sich auf den Kreditmärkten regelmäßig ein **positiver Zins** herausbildet, d.h., womit ein positiver Zins überhaupt gerechtfertigt werden kann. Und zweitens ist zu klären, wie ein typischer Haushalt auf eine **Änderung des Zinses** mit seiner Ersparnis reagiert.

Wenden wir uns der ersten Frage zu. Woran liegt es, daß es ein positives Zinsniveau gibt? Diese Frage hat die Ökonomen sehr intensiv beschäftigt. Ein positiver Zins bedeutet, daß sämtliche Haushaltsoptima sich durch eine **Grenzrate der Zeitpräferenz auszeichnen, die größer 1 ist** (vgl. Abbildung 4.13; GRZ > 1). Das heißt aber, daß die Haushalte nur dann zu einem gegenwärtigen Konsumverzicht bereit sind (dC_t), wenn ihnen dies durch einen Zukunftskonsum entgolten wird, der größer ist als der Konsumverzicht in der Gegenwart ($dC_{t+1} > dC_t$). Mit anderen Worten: Die Haushalte verlangen einen Zins als Entgelt für einen Konsumverzicht. Man bezeichnet diesen Sachverhalt als **Gegenwartsvorliebe**.

Der Grund für die Gegenwartsvorliebe kann einmal in dem Gesetz vom **abnehmenden Grenznutzen** gesehen werden, hier angewendet auf den Konsum in der Zeit (FISHER, 1930). Ein im Zeitverlauf abnehmender Grenznutzen bedeutet, daß der Grenznutzen des Gegenwartskonsums höher ist als der Grenznutzen des Zukunftskonsums. Das heißt aber, daß eine Verringerung des Gegenwartskonsums zur Aufrechterhaltung des gleichen Nutzenniveaus eine größere Zunahme des Zukunftskonsums verlangt.

Eine andere Begründung für die Gegenwartsvorliebe ist die **Minderschätzung künftiger Bedürfnisse** (BÖHM-BAWERK, 1921). Hiernach ist es eine menschliche Eigenheit, wegen ungenauer Vorstellungen über die künftigen Bedürfnisse, Willensschwäche, Kürze und Unsicherheit des Lebens usw. künftige Bedürfnisse systematisch zu unterschätzen. Folglich sind die Menschen bereit, für eine Erhöhung ihres Gegenwartskonsums in der Zukunft zusätzlich zur Rückzahlung ein Aufgeld, den Zins, zu bezahlen. Oder, umgekehrt: Die Menschen verlangen für eine Einschränkung ihres Gegenwartskonsums zusätzlich zur künftigen Rückzahlung einen Zins.

Man kann sich zur Verdeutlichung dieses Sachverhalts der Gegenwartsvorliebe überlegen, was ein Null-Zins, bzw. – im Extremfall – ein negativer Zins bedeutet. Die Budgetlinie in Abbildung 4.13 hat dann eine Steigung von – 1 bzw. verläuft noch flacher. Dies bedeutet in den Haushaltsoptima eine Grenzrate der Zeitpräferenz von 1 bzw. von < 1. Eine GRZ = 1 (r = 0) bedeutet aber, daß den Haushalten ein bestimmter Konsum gleich viel wert ist, gleichgültig, ob dieser Konsum gegenwärtig oder erst in der Zukunft möglich ist. Es liegt eine **neutrale Zeitpräferenz** vor. Bei einer GRZ < 1 ist den Haushalten der Gegenwartskonsum sogar weniger wert als ein gleich hoher Zukunftskonsum. Es liegt gewissermaßen eine **Zukunftsvorliebe** vor. Beide Fälle sind völlig **unrealistisch**. Wir müssen davon ausgehen, daß es eine Gegenwartsvorliebe gibt. Dies ist letztlich die Ursache für das Entstehen eines positiven Zinses.

Wenden wir uns nun der zweiten Frage zu. Wie reagiert der Haushalt, wenn der Zins z.B. ansteigt? In Abbildung 4.13 bedeutet ein **Zinsanstieg** eine Drehung der Budgetlinie in A im Uhrzeigersinn nach rechts. Der Winkel α erhöht sich zu dem Winkel β. Der Gegenwartswert des Einkommensstroms verringert sich, da das Zukunftseinkommen mit einem höheren Zins abgezinst werden muß. Der Punkt G wandert nach links. Der Zukunftswert des Einkommensstroms erhöht sich, da das Gegenwartseinkommen mit einem höheren Zins aufgezinst werden muß. Der Punkt F wandert nach oben. Dem Haushalt ist es nunmehr möglich, im Tangentialpunkt E_2 die höhere Indifferenzkurve I_2 zu erreichen. Die **Ersparnis wird erhöht**. Für den Punkt E_2 ist die Ersparnis größer als BY_t (in Abbildung 4.13 wegen der Übersichtlichkeit nicht eingezeichnet). Dies ist die typische Reaktion des Haushalts. Es kann allerdings im Einzelfall nicht ganz ausgeschlossen werden, daß der Haushalt auf eine Erhöhung des Zinses mit einer Rücknahme seiner Ersparnis reagiert. Der Tangentialpunkt E_2 zwischen neuer Budgetlinie und höherer Indifferenzkurve muß dazu rechts von der Senkrechten durch E_1 liegen. Wir haben hier ein prinzipiell gleiches Phänomen vor uns wie oben im Fall des GIFFEN-Gutes. Auch dieser Fall der möglichen negativen Abhängigkeit der Ersparnis vom Zins ist jedoch eine Ausnahme, und wir wollen daher nicht weiter darauf eingehen. Im **Normalfall** gilt:

mit
$$S = S(r) \tag{20}$$
$$dS/dr > 0.$$

Gemäß der Sparfunktion (20) können wir davon ausgehen, daß zwischen **Ersparnis und Zins eine positive Beziehung** besteht. Die Haushalte sparen um so mehr, d.h. sie üben um so mehr Konsumverzicht, je höher der Zins ist.

V. Zusammenfassung

Der private Haushalt ist **Nutzenmaximierer**. Auf den **Produktmärkten** ist der private Haushalt Nachfrager nach Produkten. Der Nutzen ist positiv abhängig vom Güterverbrauch. Die Güternachfrage hängt in der Regel negativ vom **Preis des Gutes** ab, positiv vom **Einkommen**, unterschiedlich je nach Substitutionsbeziehung vom **Preis anderer Güter** und von den **Präferenzen** des Haushalts. Ausnahmefälle von den Normalreaktionen sind denkbar. Bei einheitlichem Marktpreis fließt dem Haushalt eine **Konsumentenrente** zu. Die Reaktionen des Haushalts auf Datenänderungen werden durch **Nachfrageelastizitäten** beschrieben. Auf den **Faktormärkten** ist der private Haushalt Anbieter von Produktionsfaktoren. Der Nutzen ist positiv abhängig vom Einkommen und von der Freizeit. Das **Arbeitsangebot** des Haushalts ist in einem Normalbereich positiv vom Lohn abhängig. Bei sehr hohen und bei sehr niedrigen Löhnen kommt es aufgrund der Zeit- bzw. der Einkommensrestriktion zu anormalen Reaktionen. Das **Angebot an Ersparnissen** ist aufgrund der Gegenwartsvorliebe positiv vom Zins abhängig.

Literatur zum 4. Kapitel

Überblick:

Gabisch, G.: Haushalte und Unternehmen. In: D. Bender u.a.: Vahlens Kompendium der Wirtschaftstheorie und Wirtschaftspolitik. Band 2. 4. Aufl. München 1990. S. 1-29.

Lehrbücher:

Böventer, E. von u.a.: Einführung in die Mikroökonomie. 7. Aufl. München 1991. S. 45-140.
Fehl, U. und **P. Oberender**: Grundlagen der Mikroökonomie. Eine Einführung in die Produktions-, Nachfrage- und Markttheorie. Ein Lehr- und Arbeitsbuch mit Aufgaben und Lösungen. 5. Aufl. München 1992. S. 205-237.
Franke, J.: Grundzüge der Mikroökonomik. 5. Aufl. München 1992. S. 41-104, 232-255.
Helmstädter, E.: Wirtschaftstheorie. Bd. 1: Mikroökonomische Theorie. 4. Aufl. München 1991. S. 47-110.
Luckenbach, H.: Theorie des Haushalts. Göttingen 1975.
Neumann, M.: Theoretische Volkswirtschaftslehre II. Produktion, Nachfrage und Allokation. 3. Aufl. München 1991. S. 104-158.
Samuelson, P. A. und **W. D. Nordhaus**: Economics. 12. Aufl. New York 1985. Dt. Ausgabe: Volkswirtschaftslehre. Grundlagen der Makro- und Mikroökonomie. Bd. 1. 8. Aufl. Köln 1987. S. 629-663.
Schumann, J.: Grundzüge der mikroökonomischen Theorie. 4. Aufl. Berlin 1984. S. 5-87.
Stobbe, A.: Mikroökonomik. 2. Aufl. Berlin 1991. S. 67-160.
Streissler, M.: Theorie des Haushalts. Stuttgart 1974.
Varian, H. R.: Microeconomic analysis. 2. Aufl. New York 1984. Übers. v. M. Weigert: Mikroökonomie. 2. Aufl. München 1985. S. 116-175.
Woll: Allgemeine Volkswirtschaftslehre. 9. Aufl. München 1987. S. 121-150, 237-256.

Sammelbände:

Streissler, E. und **M. Streissler** (Hrsg.): Konsum und Nachfrage. Köln 1966.

Spezielle Themengebiete:

Konsumfunktion:

Bedau, K.-D.: Verbrauch und Ersparnis sozialer Haushaltsgruppen in der Bundesrepublik Deutschland im Jahr 1985. in: DIW-Wochenbericht. 54. Jg./1987. S. 69-78.
Friedman, M.: A theory of the consumption function. Princeton 1957.
Göseke, G. und **K.-D. Bedau**: Einkommens- und Verbrauchsschichtung für die größeren Verwendungsbereiche des privaten Verbrauchs und die privaten Ersparnisse in der Bundesrepublik Deutschland 1955 bis 1974. Berlin 1978.
Houthakker, H. S.: An international comparison of household expenditure patterns. Commemorating the centenary of Engels law. In: Econometrica. Bd. 25/1987. S. 69-78.
Westphal, U.: Makroökonomik. Theorie, Empirie und Politikanalyse. Berlin 1988. S. 143f.

Arbeitsangebot:

Bender, D.: Angebot des Haushalts I: Arbeitsangebot. In: Handwörterbuch der Wirtschaftswissenschaft. Bd. 9. Stuttgart 1976. S. 223-232.

Ersparnis und Zins:

Böhm-Bawerk, E. von: Kapital und Kapitalzins. Zweite Abteilung: Positive Theorie des Kapitals. Erster Band. Jena 1921.
Fisher, I.: The theory of interest. New York 1930.
Lutz, F. A.: Zinstheorie. 2. Aufl. Tübingen 1967.

5. Kapitel:
Güterangebot und Faktornachfrage der Unternehmung –
Grundzüge der Unternehmenstheorie

Wir wollen uns in diesem 5. Kapitel mit den wirtschaftlichen Entscheidungen der Unternehmung beschäftigen. Unternehmer treten auf den Gütermärkten als Anbieter von Produkten auf, und sie treten auf den Faktormärkten als Nachfrager nach Produktionsfaktoren wie z.B. Arbeit und Kapital auf. Wir fragen uns in einer einleitenden Ziffer I zunächst, wovon der Gewinn eines Unternehmers überhaupt abhängt, und wie folglich ein Unternehmer vorgehen muß, der seinen **Gewinn maximieren** will. In den folgenden Überlegungen wollen wir dann im Ergebnis herausarbeiten, von welchen Einflußgrößen das Güterangebot und die Faktornachfrage der Unternehmer abhängen.

I. Überblick

Der typische Unternehmer ist daran interessiert, einen **möglichst hohen Gewinn** zu erwirtschaften. Es geht hier in diesem 5. Kapitel (noch) nicht darum, die gesamtwirtschaftlichen und auch sozialen Konsequenzen dieser Verhaltensweise zu untersuchen. Wir fragen uns vielmehr in diesem Kapitel aus der einzelwirtschaftlichen Sicht des Unternehmers, wie zu verfahren ist, damit mit der Unternehmung ein möglichst hoher Gewinn erwirtschaftet wird.

Der Gewinn G ergibt sich als die Differenz zwischen dem Erlös E (auch: Umsatz, Ertrag) und den Kosten K. Alle 3 Größen sind von der Produktion x abhängig. Zur Vereinfachung vernachlässigen wir Lagerbestandsveränderungen, d.h. die Produktion wird vollständig abgesetzt. Somit gilt:

$$G(x) = E(x) - K(x). \tag{1}$$

Die Gewinnentwicklung hängt also davon ab, wie sich bei einer Produktionsänderung einerseits der Erlös und andererseits die Kosten entwickeln.

Der **Erlös E (x)** ist das Produkt aus Stückpreis p und Produktion x, d.h. also E = p x. Wie sich dieser Erlös bei einer Produktionsänderung entwickelt, hängt von der **Marktform** ab, in der sich der Unternehmer als Anbieter befindet. Im Fall der **vollständigen Konkurrenz** ist der Marktanteil des einzelnen Unternehmers so verschwindend gering, daß er mit seiner Angebotsmenge keinen Einfluß auf den Marktpreis ausüben kann. Der Preis ist also für den Unternehmer ein Datum. In diesem Fall besteht eine eindeutig positive Beziehung zwischen Produktion und Erlös. Mit steigender Produktion (steigendem Absatz) steigt auch der Erlös, da der Stückpreis konstant ist. Hat dagegen der Unternehmer einen hinreichend hohen Marktanteil – im Extremfall ist er ein **Monopolist** mit einem Marktanteil von 100% –, dann besteht keine eindeutige Beziehung mehr zwischen Produktion und Erlös, da seine Produktion den erzielbaren Preis beeinflußt. Ist der Markt noch relativ schwach mit Gütern versorgt, dann wird wegen der noch hohen Preise eine Produktionssteigerung noch mit einer Erlöszunahme einhergehen. Dagegen führt auf einem recht gesättigten Markt wegen der bereits relativ niedrigen Preise eine weitere Produktionssteigerung zu Erlöseinbußen. Für eine Abschätzung der Erlösentwicklung bei einer Produktionsänderung ist also die Kenntnis der Marktform notwendig.

Wie entwickeln sich auf der anderen Seite die **Kosten** bei einer Produktionsänderung? Dies ist eine ungleich schwierigere Fragestellung. Die Frage nach dem Verlauf der Kostenfunktion K (x) ist ein ganz zentraler Untersuchungsgegenstand der Unternehmenstheorie. Die Kosten sind das Produkt aus den in der Produktion eingesetzten Produktionsfaktoren multipliziert mit deren Preisen, d.h. also den Faktorpreisen. Der Zusammenhang zwischen der Produktion und den eingesetzten Produktionsfaktoren wird beschrieben durch die **Produktionsfunktion**. Um die Kostenfunktion einer Unternehmung ermitteln zu können, ist also zunächst die Kenntnis der Produktionsfunktion nötig.

Der Gang der weiteren Überlegungen orientiert sich an diesen unstrittigen Gegebenheiten. Wir beschäftigen uns zunächst mit den Produktionsfunktionen, die in Unternehmen vorkommen können. Aus diesen Produktionsfunktionen entwickeln wir entsprechende Kostenfunktionen. Daran anschließend kann dann in Abhängigkeit von der Marktform analysiert werden, wie der optimale, d.h. gewinnmaximale Produktionsplan einer Unternehmung auszusehen hat.

Wir können bereits an dieser Stelle anhand der Gewinngleichung (1) und mit Hilfe sehr vereinfachender Annahmen das **Prinzip der gesamten folgenden Vorgehensweise demonstrieren**. Die Maximierung des Gewinns G verlangt als notwendige Bedingung, daß Gleichung (1) nach x differenziert wird und Null gesetzt wird. Es gilt:

$$dG/dx = dE/dx - dK/dx = 0,$$
$$dK/dx = dE/dx. \qquad (2)$$

Gleichung (2) ist die (notwendige) Bedingung für das Gewinnmaximum. **Die Grenzkosten dK/dx müssen gleich dem Grenzerlös dE/dx sein.** Die Produktion sollte so lange ausgedehnt werden (dx), so lange durch diese Änderung der zusätzliche Erlös (dE) noch größer ist als die zusätzlichen Kosten (dK). Dies ist natürlich zunächst lediglich eine Tautologie. Erst durch zusätzliche Annahmen sind gehaltvollere Aussagen möglich.

Nehmen wir als **ein Beispiel** auf der Erlösseite den Fall der **vollständigen Konkurrenz** und auf der Kostenseite den Fall eines **linearen Kostenverlaufs** an. In der vollständigen Konkurrenz ist der Preis aus der Sicht des einzelnen Unternehmers ein Datum. Folglich ist der Grenzerlös dE/dx = p = konstant. Die Grenzkosten dK/dx sind bei einem linearen Kostenverlauf ebenfalls konstant. Damit ergeben sich zwei Möglichkeiten (abgesehen von dem Fall, daß Grenzerlös und Grenzkosten zufällig gerade gleich sind). Entweder der Preis (= Grenzerlös) ist größer als die Grenzkosten, oder der Preis ist kleiner als die Grenzkosten. Im erstgenannten Fall produziert der Unternehmer **bis an seine Kapazitätsgrenze**. Denn jede zusätzlich produzierte Produkteinheit bringt ihm mehr Erlös, als sie ihm zusätzliche Kosten verursacht. Es ist stets dE = p > dK. Im zweitgenannten Fall wird der Unternehmer **überhaupt nicht produzieren**. Denn jede produzierte Einheit kostet ihn mehr, als sie ihm Erlös bringt. Es ist stets dE = p < dK.

Nehmen wir als ein **zweites Beispiel** auf der Erlösseite wiederum den Fall der **vollständigen Konkurrenz** an, auf der Kostenseite jetzt allerdings einen **progressiv ansteigenden Kostenverlauf**. Dies hat zur Folge, daß die Grenzkosten mit steigender Produktion ansteigen. In diesem Fall wird der Unternehmer die Produktion bis zu dem Punkt ausdehnen, bei dem der **Preis gerade gleich den Grenzkosten** ist (hierbei nehmen wir an, daß die 2. Ableitung der Gewinnfunktion negativ ist, d.h. es handelt sich um ein Gewinnmaximum und nicht um ein Verlustminimum). Denn so lange dies noch nicht der Fall ist, bringt ihm jede zusätzlich produzierte Einheit mehr Erlös (p), als sie ihm zusätzliche Kosten (dK) verursacht. Eine weitere Ausdehnung der Produktion verringert den Gewinn, da jede zusätzliche Produktionseinheit mehr kostet, als sie Erlös bringt (dK > p).

Man sieht, daß der Kostenverlauf eine ganz wesentliche Determinante der Unternehmerentscheidung ist. Wir beschäftigen uns daher im folgenden zunächst mit möglichen Produktionsfunktionen und daraus abgeleiteten Kostenfunktionen.

II. Produktionstheorie

1. Produktionsfunktion

Wie läßt sich der Produktionsprozeß in einer Unternehmung beschreiben? Wir sagen, daß die Produktion von Gütern durch den Einsatz von Produktionsfaktoren geschieht. Die Produktion von Autos z.B. geschieht durch den Einsatz von Arbeit, Gebäuden, Maschinen, Stahl, Glas, Kunststoffen, Gummi, Strom usw. Der Zusammenhang zwischen den eingesetzten Produktionsfaktoren und der daraus entstehenden Produktion wird durch eine **Produktionsfunktion** beschrieben. In der Produktionsfunktion wird gewissermaßen mathematisch den eingesetzten Produktionsfaktoren die **maximal mögliche Güterproduktion** (d.h. man geht von einer **technischen Effizienz** aus, durch die eine Vergeudung von Produktionsfaktoren vermieden wird) formal zugeordnet. In einer sehr allgemeinen Schreibweise gilt für eine Produktionsfunktion:

$$x = x(v_1, \ldots, v_n), \qquad v_1, \ldots, v_n > 0. \tag{3}$$

In Gleichung (3) steht x für die Produktion, und die v_i ($i = 1, \ldots, n$) stehen für die Einsatzmengen der Produktionsfaktoren. Zwischen der Produktionsmenge und den eingesetzten Produktionsfaktormengen bestehen gewisse technische Beziehungen, die durch die Produktionsfunktion beschrieben werden.

2. Klassisches Ertragsgesetz

Eine schon lange Zeit in der Volkswirtschaftslehre bekannte Produktionsfunktion ist das **klassische Ertragsgesetz**. J. TURGOT (1727-1781) und später J. VON THÜNEN (1783-1850) stellten fest, daß bei der **landwirtschaftlichen Produktion** der aus einer vorgegebenen Fläche bei sukzessive steigendem Arbeitseinsatz zusätzlich erzielbare Ertrag zunächst zunimmt, ab einem bestimmten Punkt aber abnimmt. Dieser Sachverhalt ist in Abbildung 5.1 dargestellt.

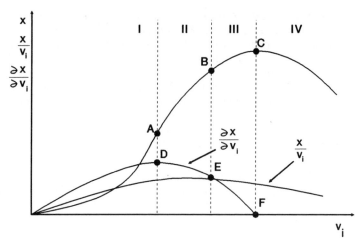

Abb. 5.1 Klassisches Ertragsgesetz

Auf der Abszisse ist die eingesetzte Menge des variablen Produktionsfaktors abgetragen, hier v_i = Arbeit. Die anderen an der Produktion beteiligten Produktionsfaktoren, hier insbesondere der Boden, sind konstant vorgegeben und werden nicht variiert. Man bezeichnet solche Produktionsfunktionen auch als partielle Produktionsfunktion oder partielle Ertragsfunktion, da nur ein Faktor variiert wird, während alle anderen Faktoren konstant gehalten werden. Es handelt sich um den Fall einer **partiellen Faktorvariation bei Konstanz aller übrigen Produktionsfaktoren**.

Auf der Ordinate sind 3 verschiedene Produktionsgrößen abgetragen.

Erstens ist die Entwicklung des **Ertrages** x in Abhängigkeit von dem variablen Faktor abgetragen. Dies ist die Ertragsfunktion. Bis zum Punkt A (Region I) steigt der Ertrag mit zunehmenden Ertragszuwächsen an. Die ersten auf den Äckern eingesetzten Arbeiter steigern den Ertrag kräftig. Ab dem Punkt A (Regionen II und III) nimmt der Ertrag zwar weiter zu, jedoch degressiv, d.h. mit abnehmenden Zuwächsen. Ab einer gewissen Anzahl von Arbeitern bringen weitere zusätzlich eingesetzte Arbeiter nicht mehr im bisherigen Ausmaß zusätzlichen Ertrag. Ab dem Punkt C (Region IV) nimmt der Ertrag sogar ab. Die zusätzlichen Arbeiter stehen den anderen im Wege und behindern so die Produktion.

Zweitens ist auf der Ordinate der **Grenzertrag** (auch: **Grenzproduktivität, marginale Faktorproduktivität**) $\delta x / \delta v_i$ abgetragen. Im vorliegenden Fall des klassischen Ertragsgesetzes ist dies die **marginale Arbeitsproduktivität**, da die Arbeit der variable Produktionsfaktor ist. Der Grenzertrag ist mathematisch die erste Ableitung der Ertragsfunktion x (v_i) nach dem Faktor v_i. Der Grenzertrag gibt an, wie sich der Ertrag ändert, wenn der Faktoreinsatz des variablen Faktors um einen (infinitesimal kleinen) Betrag geändert wird. Bis zum Punkt A (Region I) steigt dieser Grenzertrag an, und ab dem Punkt A (Regionen II-IV) sinkt er. Ab dem Punkt F (Region IV) wird der Grenzertrag sogar negativ. Die Steigung der Ertragsfunktion im Punkt C ist Null.

Drittens ist auf der Ordinate der **Durchschnittsertrag** (auch: **durchschnittliche Produktivität** des Produktionsfaktors) x/v_i abgetragen. Im Fall des klassischen

Ertragsgesetzes ist dies die **durchschnittliche Arbeitsproduktivität**. Der Durchschnittsertrag ist mathematisch die Steigung eines Fahrstrahls aus dem Ursprung an die Ertragsfunktion. Der Fahrstrahl durch B hat die höchste Steigung. Folglich steigt der Durchschnittsertrag bis zum Punkt E (Regionen I und II) an und sinkt danach (Regionen III und IV). In E sind Durchschnitts- und Grenzertrag gleich groß.

Eine Produktionsfunktion, die das klassische Ertragsgesetz mathematisch einfängt, ist z.B. die **SATO-Produktionsfunktion**:

$$x = (v_1^2 \cdot v_2^2)/(a \cdot v_1^3 + b \cdot v_2^3).$$

Die Gültigkeit des klassischen Ertragsgesetzes ist eine Frage **empirischer Untersuchungen**. Für landwirtschaftliche Produktionsprozesse läßt sich das klassische Ertragsgesetz nachweisen. So bestätigt eine kanadische Untersuchung von 1956 über den Zusammenhang von Gerstenertrag und alternativen Einsätzen von Phosphatdünger einerseits und Stickstoffdünger andererseits die Aussagen des klassischen Ertragsgesetzes (vgl. nähere Angaben bei STOBBE, Mikroökonomik, S. 180-182). Für industrielle Produktionsprozesse ist das klassische Ertragsgesetz nur beschränkt zutreffend. Dies liegt daran, daß hier häufig die Faktoreinsatzverhältnisse nicht beliebig variiert werden können. Wir kommen hierauf weiter unten bei der Behandlung der sog. limitationalen Produktionsfunktionen zurück.

3. Neoklassische Produktionsfunktion

Bei den meisten Produktionen (auf Ausnahmen kommen wir später zurück) kommen steigende Ertragszuwächse – wenn überhaupt – nur am Anfang nach der Produktionsaufnahme vor. Es kommt über kurz oder lang wegen Kapazitätsengpässen zu abnehmenden Ertragszuwächsen. Insofern ist die Region I in Abbildung 5.1 für weite Teile der Güterproduktion ziemlich uninteressant. Das Interesse in der volkswirtschaftlichen Produktionstheorie hat sich daher zunehmend auf Produktionsfunktionen konzentriert, die nur abnehmende Ertragszuwächse aufweisen. Solche Funktionen sind die neoklassischen Produktionsfunktionen, die sich also als Sonderfall des klassischen Ertragsgesetzes interpretieren lassen.

Die COBB-DOUGLAS-Produktionsfunktion (COBB und DOUGLAS, 1928) ist eine in der Produktionstheorie sehr häufig und mit viel Erfolg verwendete neoklassische Produktionsfunktion. In COBB-DOUGLAS-Produktionsfunktionen sind die Produktionsfaktoren multiplikativ verknüpft und tragen Exponenten kleiner als 1. Beschränkt man sich zur Vereinfachung auf 2 Faktoren, so ist eine solche Funktion z.B.:

$$x = v_1^a \cdot v_2^b, \quad 0 < a, b < 1. \tag{4}$$

Die beiden Produktionsfaktoren 1 und 2 kann man z.B. als Arbeit und Kapital interpretieren.

Wir wollen die Eigenschaften einer solchen Produktionsfunktion im folgenden an einem konkreten **Beispiel** studieren. Als Beispiel wählen wir:

$$x = v_1^{0,6} \cdot v_2^{0,4}. \tag{5}$$

Die Produktionsfunktion (5) ist eine **spezielle COBB-DOUGLAS-Produktionsfunktion**, da wir zusätzlich für die Summe der Exponenten a + b = 0,6 + 0,4 = 1,0 angenommen haben. Dies ist nicht unbedingt notwendig. Gesichert sein muß nur, daß die Exponenten jeweils kleiner als 1 sind. Falls die Summe von 1 abweicht, spricht man von **allgemeinen COBB-DOUGLAS-Produktionsfunktionen**.

In Tabelle 5.1 ist für die Produktionsfunktion (5) der Zusammenhang zwischen Produktion und Faktoreinsatzmengen für die Faktoreinsatzmengen von jeweils 1 bis 10 dargestellt.

Tab. 5.1 COBB-DOUGLAS-Produktionsfunktion

v_2											
10	0	2,51	3,81	4,86	5,77	6,60	7,36	8,07	8,75	9,39	10,0
9	0	2,41	3,65	4,66	5,53	6,33	7,06	7,74	8,39	9,00	9,59
8	0	2,30	3,48	4,44	5,28	6,03	6,73	7,38	8,00	8,59	9,15
7	0	2,18	3,30	4,21	5,00	5,72	6,38	7,00	7,58	8,14	8,67
6	0	2,05	3,10	3,96	4,70	5,38	6,00	6,58	7,13	7,65	8,15
5	0	1,90	2,89	3,68	4,37	5,00	5,58	6,12	6,63	7,11	7,58
4	0	1,74	2,64	3,37	4,00	4,57	5,10	5,60	6,06	6,51	6,93
3	0	1,55	2,35	3,00	3,57	4,08	4,55	4,99	5,40	5,80	6,18
2	0	1,32	2,00	2,55	3,03	3,47	3,87	4,24	4,59	4,93	5,25
1	0	1,00	1,52	1,93	2,30	2,63	2,93	3,21	3,48	3,74	3,98
0	0	0	0	0	0	0	0	0	0	0	0
	0	1	2	3	4	5	6	7	8	9	10 v_1

Wir wollen anhand dieses Zahlenbeispiels einige produktionstheoretische Größen erläutern und deren Eigenschaften speziell für den Fall der COBB-DOUGLAS-Produktionsfunktion.

Die Linie A in Tabelle 5.1 beschreibt die Entwicklung der Produktion bei einem konstanten Einsatz von $v_2 = 5$ und einem sukzessive ansteigenden Einsatz des Faktors 1. Die Variation entspricht derjenigen bei dem klassischen Ertragsgesetz. Ein Faktor ist variabel, die anderen Faktoren sind konstant. Man sieht an der Entwicklung der Produktion entlang der Linie A, daß die Produktion zunimmt, jedoch durchweg mit sinkenden Ertragszuwächsen. Die **partielle Ertragsfunktion** x (v_1) verläuft in zweidimensionaler Darstellung wie in Abbildung 5.2 dargestellt.

Außer der partiellen Ertragsfunktion x (v_1) sind in Abbildung 5.2 noch der Verlauf der **Grenzproduktivität** $\delta x/\delta v_1$ und der Verlauf der **Durchschnittsproduktivität** x/v_1 dargestellt. Für die Grenzproduktivität gilt allgemein für die COBB-DOUGLAS-Produktionsfunktion (4):

$$\delta x/\delta v_1 = a \cdot v_1^{a-1} \cdot v_2^b = a \cdot x/v_1.$$

Die Grenzproduktivität sinkt im Fall von COBB-DOUGLAS-Produktionsfunktionen durchweg. Wegen a < 1 ist die Grenzproduktivität im übrigen durch-

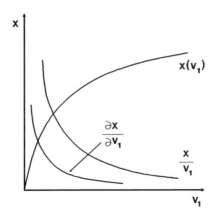

Abb. 5.2 Partielle Faktorvariation bei einer COBB-DOUGLAS-Produktionsfunktion

weg kleiner als die Durchschnittsproduktivität x/v_1, d.h. die Linie der Grenzproduktivität verläuft in Abbildung 5.2 durchweg unterhalb der Linie der Durchschnittsproduktivität.

In Tabelle 5.1 ist weiterhin eine Linie B eingezeichnet, entlang der die Höhe des Ertrags konstant x = 5,00 ist. Linien wie die Linie B werden als **Isoquanten** bezeichnet. Auf einer **Isoquanten liegen alle Faktorkombinationen, die zu einem konstant gleichen Ertrag führen**. Wie die Linie B in Abbildung 5.2 verdeutlicht, ist der gleiche Ertrag mit verschiedenen Kombinationen der Produktionsfaktoren erzielbar. Die Produktionsfaktoren sind substituierbar. Der Ertrag von x = 5,00 ist z.B. produzierbar mit der Kombination ($v_1 = 4,00$; $v_2 = 7,00$), aber auch mit den Kombinationen ($v_1 = 5,00$; $v_2 = 5,00$) und ($v_1 = 7,03$; $v_2 = 3,00$). Die klassischen und die neoklassischen Produktionsfunktionen werden wegen dieser Eigenschaft der Substituierbarkeit der Produktionsfaktoren als **substitutionale oder auch variable Produktionsfunktionen** bezeichnet. Strenggenommen sind diese Produktionsfunktionen jedoch nur **beschränkt substitutional**. Dies erkennt man daran, daß eine vollkommene Substitution des einen durch den anderen Faktor keine Produktion mehr zuläßt. Da die Faktoren multiplikativ miteinander verknüpft sind, sinkt die Produktion auf Null, wenn einer der Faktoren vollständig ausfällt. Eine vollkommen substitutionale Produktionsfunktion dagegen liegt z.B. dann vor, wenn die Produktionsfaktoren additiv miteinander verknüpft sind.

Die Bewegung entlang einer Isoquanten kann man mit Hilfe der **Grenzrate der Faktorsubstitution** (auch: Grenzrate der technischen Substitution) beschreiben. Es handelt sich hierbei im Prinzip um das gleiche Konzept, welches wir schon bei der Haushaltstheorie kennengelernt haben. Die Grenzrate der Faktorsubstitution ist definiert als das negative Verhältnis der Faktormengenänderungen bei konstantem Ertragsniveau. Es gilt:

Grenzrate der Faktorsubstitution = GRFS = $- dv_2/dv_1 > 0$.

Die Grenzrate der Faktorsubstitution ist also formal identisch mit der (negativen) ersten Ableitung der Isoquanten in einem bestimmten Punkt. Da die Isoquante konvex zum Ursprung ist, wird die Grenzrate der Faktorsubstitution bei einer Bewegung entlang der Indifferenzkurve von links oben nach rechts unten immer kleiner. Dies ist das **Gesetz von der abnehmenden Grenzrate der Faktorsubstitution.**

Man kann die Grenzrate der Faktorsubstitution auch mit Hilfe der Grenzproduktivitäten der Faktoren ausdrücken. Wir wissen, daß bei einer Bewegung entlang einer Isoquanten das Ertragsniveau der Unternehmung konstant bleibt, d.h. daß die Änderung des Ertrags dx = 0 ist. Für das totale Differential dx gilt jedoch:

$$dx = \frac{\delta x}{\delta v_1} \cdot dv_1 + \frac{\delta x}{\delta v_2} \cdot dv_2 = 0,$$

$$- dv_2/dv_1 = (\delta x/\delta v_1)/(\delta x/\delta v_2) = (a \cdot v_2)/(b \cdot v_1). \tag{6}$$

Gemäß Gleichung (6) gilt also stets, daß die **Grenzrate der Faktorsubstitution gleich ist dem umgekehrten Verhältnis der Grenzproduktivitäten**. Man kann sich anhand der Gleichung (6) das Gesetz von der abnehmenden Grenzrate der Faktorsubstitution verdeutlichen. Denn wenn Faktor 2 gegen Faktor 1 substituiert wird, dann sinkt die Grenzproduktivität von Faktor 1 (weil mit steigendem Einsatz die Grenzproduktivität sinkt), und es steigt die Grenzproduktivität von Faktor 2 (weil die Grenzproduktivität bei einem niedrigeren Faktoreinsatz relativ hoch ist). Das heißt aber, daß in Gleichung (6) in der mittleren Darstellung der Zähler sinkt und der Nenner steigt. Der gesamte Ausdruck, die Grenzrate der Faktorsubstitution, sinkt also.

Als nächste Größe wollen wir die technische **Substitutionselastizität** erläutern. Die hinter dieser Größe stehende Fragestellung ist, in welchem Ausmaß einer Unternehmung eine Substitution der Produktionsfaktoren möglich ist. Nehmen wir zur Erläuterung an, daß sich die Faktorpreisrelation ändert. Ein Faktor wird relativ billiger. Der Unternehmer wird versuchen, den billiger gewordenen Faktor verstärkt einzusetzen, d.h. den relativ teurer gewordenen Faktor zu substituieren. Die Möglichkeit der Substitution kann nun durch die Substitutionselastizität gemessen werden. Die Substitutionselastizität SE ist definiert als der **Quotient aus der relativen Änderung des Einsatzverhältnisses (Reaktion) zur relativen Änderung der Grenzrate der Faktorsubstitution (Ursache)**. Es gilt:

$$SE = -\frac{\dfrac{d(v_1/v_2)}{v_1/v_2}}{\dfrac{d(dv_1/dv_2)}{dv_1/dv_2}} = -\frac{\text{relative Änderung des Faktoreinsatzverhältnisses}}{\text{relative Änderung der Grenzrate der Faktorsubstitution}}. \tag{7}$$

Im Gewinnmaximum ist – der Nachweis wird weiter unten erbracht – die **Grenzrate der Faktorsubstitution gleich dem Verhältnis der Faktorpreise**. Im Nenner der Definition (7) steht also die relative Änderung des Faktorpreisverhältnisses. Damit liefert die Substitutionselastizität eine Antwort auf die eingangs gestellte Frage, nämlich wie sich das **Faktoreinsatzverhältnis ändert (Zähler) in Reaktion auf eine Änderung der Faktorpreisrelation (Nenner).**

Im Falle der **COBB-DOUGLAS-Produktionsfunktion hat die Substitutionselastizität gerade den Wert 1** (auf den mathematischen Nachweis hierfür wird hier verzichtet; vgl. dazu z.B. STOBBE, Mikroökonomik, S. 201.). Das hat zur Folge, daß sich an der Einkommensverteilung, d.h. an der Verteilung des aus der

Produktion fließenden Einkommens auf die Faktoren, im Gefolge einer Veränderung der Faktorpreisrelation nichts ändert. Wählen wir zur Erläuterung folgendes Beispiel. Die beiden Produktionsfaktoren sind Arbeit (Faktor 1) und Kapital (Faktor 2) mit den Faktorpreisen Lohn und Zins. Nun steigt das Faktorpreisverhältnis Lohn zu Zins um 1% (Nenner von SE). Der Unternehmer wird die relativ teure Arbeit durch das relativ billige Kapital substituieren. Im Falle SE = 1 sinkt das Einsatzverhältnis genau um 1% (Zähler von SE). Das heißt aber, daß das Gesamteinkommen des Faktors Arbeit gleich bleibt (der Anstieg des Lohnes und der Rückgang des Arbeitseinsatzes gleichen sich gerade aus), und daß das Gesamteinkommen des Faktors Kapital ebenfalls gleich bleibt (aus analogem Grund). Die **Einkommensverteilung bleibt also konstant**.

Die Eigenschaft der konstanten Einkommensverteilung haben die sog. CES-Produktionsfunktionen nicht. Bei einer **CES-Produktionsfunktion ist die Substitutionselastizität lediglich konstant** (CES = Constant Elasticity of Substitution), ohne daß der Spezialfall SE = 1 vorliegt. Wir gehen nicht weiter auf diesen Typ von Produktionsfunktionen ein, da er lediglich von formalem Interesse ist.

Man kann sich die Aussage der Substitutionselastizität auch grafisch anhand der Krümmung der zu einer Produktionsfunktion gehörenden Isoquanten verdeutlichen. Die Linie B in Tabelle 5.1 stellt eine Isoquante in einem Faktormengen-Achsenkreuz dar. In Abbildung 5.3 sind 3 mögliche Verläufe von Isoquanten mit unterschiedlichen Substitutionselastizitäten dargestellt.

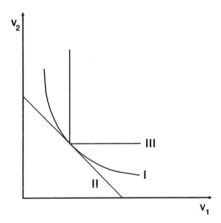

Abb. 5.3 Substitutionselastizitäten

Bei konvex zum Ursprung verlaufenden Isoquanten (Typ I) ist die Substitutionselastizität größer 0 und kleiner unendlich. Eine **Substitution ist mehr oder weniger ausgeprägt möglich**, je nach Krümmung der Isoquanten. Ein Spezialfall ist die COBB-DOUGLAS-Produktionsfunktion mit SE = 1.

Der Fall der **vollkommenen Substitution** liegt vor, wenn die Isoquanten Geraden sind mit negativer Steigung (Typ II). Die Substitutionselastizität ist hier unendlich groß. Die Grenzrate der Faktorsubstitution ist konstant und nimmt entlang einer Isoquanten nicht ab, d.h. der Nenner in der Definition (7) ist Null. Die Faktoren können vollständig substituiert werden. Im Extremfall genügt ein Faktor zur Produktion (Schnittpunkt mit den Achsen).

Dagegen ist **überhaupt keine Substitution** zwischen den Faktoren möglich, wenn das Faktoreinsatzverhältnis konstant vorgegeben ist. Der Zähler in der Definition (7) ist Null, d.h. die Substitutionselastizität ist Null. Die Isoquanten sind in diesem Fall rechte Winkel im Faktormengen-Achsenkreuz (Typ III). Ausgehend von einem Eckpunkt bringt eine Erhöhung eines Faktors bei Konstanz des anderen Faktors keine zusätzliche Produktion, d.h. nur die Eckpunkte beschreiben effiziente Einsatzverhältnisse. Es handelt sich um **limitationale Produktionsfunktionen**, auf die wir weiter unten im nächsten Abschnitt näher eingehen.

Wir wollen noch kurz auf einen weiteren Aspekt der Faktorsubstitution eingehen, der in der Diskussion um eine geeignete **Beschäftigungspolitik** eine gewisse Rolle spielt. Wir kehren hierzu zurück zu obigem Beispiel mit den beiden Produktionsfaktoren Arbeit und Kapital. Es wurde erläutert, daß bei einer relativen Lohnsteigerung mehr Kapital und weniger Arbeit eingesetzt wird. Eine relative **Zinssenkung** – so das Argument – führt also zu Arbeitslosigkeit, und eine Politik niedriger Zinsen ist folglich keine geeignete Beschäftigungspolitik. Diese Argumentation verkennt jedoch völlig, daß die Faktorsubstitution entlang einer Isoquanten stattfindet, also bei konstanter Produktion. Die Politik der Zinssenkung ist jedoch als **Wachstumspolitik** gedacht. Durch die Zinssenkung soll ja gerade über eine steigende Investitionstätigkeit die Produktion angeregt werden. Die Isoquante verschiebt sich durch die steigende Produktion nach rechts außen, und es ist bei steigendem Kapitaleinsatz ein ebenfalls steigender Arbeitseinsatz möglich.

Als nächste Größe wollen wir die partielle **Produktionselastizität** erläutern. Die Produktionselastizität gibt die relative Produktionsänderung an, die von einer relativen Änderung eines Produktionsfaktors verursacht wird. Die Produktionselastizität PE ist also der **Quotient aus der relativen Änderung der Produktion (Reaktion) zur relativen Änderung eines Produktionsfaktors (Ursache)**. Es gilt:

$$PE = \frac{\delta x/x}{\delta v/v} = (\delta x/\delta v) \cdot (v/x). \qquad (8)$$

Im Fall der COBB-DOUGLAS-Produktionsfunktion gilt für die Grenzproduktivität $\delta x/\delta v = ax/v$, so daß hier für die Produktionselastizität gilt:

$$PE = (ax/v) \cdot (v/x) = a. \qquad (9)$$

Im Fall der COBB-DOUGLAS-Produktionsfunktion ist also gemäß Gleichung (9) die **Produktionselastizität eines Faktors gleich dem Faktorexponenten**. Wählen wir als Beispiel zur Verdeutlichung die Produktionsfunktion (5). Wird hier der Einsatz von Faktor 1 z.B. um 10% erhöht, dann kann man sofort erkennen, daß dadurch die Produktion um 0,6 von 10%, also um 6% ansteigt.

Während die partielle Produktionselastizität Auskunft über die Produktionsänderung bei einer partiellen Faktorvariation gibt, informiert die **Niveauelastizität** (auch: Skalenelastizität) über die Produktionsänderung bei einer **totalen Faktorvariation**. Wir können zur Veranschaulichung dieser Größe auf die Tabelle 5.1 zurückgreifen. Dort ist eine Linie C eingezeichnet, entlang der nicht nur ein Faktor vermehrt wird (partielle Faktorvariation), sondern beide Faktoren so vermehrt werden (totale Faktorvariation), daß das Faktoreinsatzverhältnis konstant bleibt. Bei der Linie C ist das Faktoreinsatzverhältnis $v_2/v_1 = 1$. Dies ist nicht unbedingt notwendig. Man kann auch ein anderes Faktoreinsatzverhältnis wählen. Dann verlaufen die analogen Linien einfach flacher oder steiler als die Linie C. Notwendig für die totale Faktorvariation ist, daß das Faktoreinsatzverhältnis konstant bleibt. Wie man der Tabelle 5.1 entnehmen kann, steigt die Produktion entlang der Linie C genau in dem Maß an, wie die Faktoreinsatzmengen vermehrt werden. Werden die Faktoreinsatzmengen z.B. verdoppelt, dann verdoppelt sich auch die Produktion usw. **Die Niveauelastizität ist der Quotient aus der relativen Produktionsänderung (Reaktion) zur relativen Niveauänderung der Faktoreinsatzmengen (Ursache).** Bezeichnet man den Faktor der Niveauänderung mit λ, dann gilt für die Niveauelastizität NE:

$$NE = \frac{dx/x}{d\lambda/\lambda} = (dx/d\lambda) \cdot (\lambda/x). \tag{10}$$

Für den Fall der COBB-DOUGLAS-Produktionsfunktion nimmt die Niveauelastizität den Wert 1 an. Denn es gilt für die COBB-DOUGLAS-Produktionsfunktion (4):

$$x = \lambda \bar{x} = (\lambda \bar{v}_1)^a \cdot (\lambda \bar{v}_2)^b,$$

wobei der Querstrich über x und v_i die Anfangswerte charakterisieren soll. Somit gilt:

$$dx/d\lambda = \bar{x} \text{ und } \lambda/x = 1/\bar{x}.$$

Einsetzen in (10) ergibt NE = 1. Man sagt, die Funktion (4) ist **linear homogen**.

Man kann diesen am Beispiel der COBB-DOUGLAS-Produktionsfunktion erläuterten Sachverhalt verallgemeinern. Für **homogene Funktionen** gilt:

$$x = \lambda^r \cdot \bar{x} = x(\lambda \bar{v}_1, \lambda \bar{v}_2), \qquad \bar{x} = \bar{x}(\bar{v}_1, \bar{v}_2). \tag{11}$$

In Gleichung (11) gibt die Größe r den Homogenitätsgrad der Funktion an. Dieser **Homogenitätsgrad ist gleich der Niveauelastizität**. Dies erkennt man, wenn man die Definition der Niveauelastizität aus Gleichung (10) anwendet auf die Gleichung (11).

Was bedeutet das für die Produktionsbedingungen eines Unternehmens? Man kann **3 Möglichkeiten für die Niveauelastizität** unterscheiden.

Eine Möglichkeit ist, daß die Niveauelastizität 1 ist. Wenn eine COBB-DOUGLAS-Produktionsfunktion vorliegt, dann ist die Niveauelastizität 1. Das heißt, daß eine Vervielfachung aller Faktoreinsatzmengen zu einer gleichen Vervielfachung der Produktion führt. Man bezeichnet diesen Fall als einen Fall von **konstanten Skalenerträgen**. Dieser Fall erscheint unmittelbar plausibel. Wenn wirklich alle Faktoren variabel sind, dann wird sich wohl, wenn man zu einer vorhandenen Fabrik eine identisch gleiche Fabrik dazubaut, der Produktionsausstoß verdoppeln. Allerdings setzt dies voraus, daß alle Faktoren in entsprechender Menge auch vorhanden sind und von der Unternehmung eingesetzt werden können. Häufig liegen aber ab einer bestimmten Größenordnung **Faktorrestriktionen** vor. Fruchtbare Böden, gute Manager, billige Rohstoffe, günstige Standorte usw. sind nicht in gleicher Qualität und beliebiger Menge vorhanden. Bei Vorliegen solcher Faktorrestriktionen wird sich die Produktion durch eine Vervielfachung der Faktoreinsatzmengen nicht endlos in genau entsprechendem Ausmaß vervielfachen lassen.

Zweitens ist es möglich, daß der Homogenitätsgrad der Produktionsfunktion, d.h. also die Niveauelastizität kleiner als 1 ist. In diesem Fall spricht man von **fallenden Skalenerträgen**. Das ist für die Unternehmung recht ungünstig. Bei einer Vervielfachung der Faktoreinsatzmengen (und damit der Kosten), steigt die Produktion nur in geringerem Maß an. Der Unternehmer wird diese Möglichkeit durch **Parallelproduktion** vermeiden, d.h. er zerlegt die Produktion in kleinere Einheiten und vermeidet somit die ungünstigen fallenden Skalenerträge der Großeinheit. Bei der Parallelproduktion wird jedoch das geschilderte Problem der **Faktorrestriktionen** relevant, so daß es letztlich doch zu fallenden Skalenerträgen kommen kann.

Drittens sind **steigende Skalenerträge** möglich (Niveauelastizität > 1), wenn die Produktionsfunktion einen Homogenitätsgrad größer als 1 aufweist. Dies ist der Fall, den sich jeder Unternehmer zusammen mit einer Monopolsituation wünscht. Bei einer Vervielfachung der Faktoreinsatzmengen steigt die Produktion stärker an, als es der Vervielfachung der Faktoreinsatzmengen entsprechen würde. Aufgrund technischer Gegebenheiten kann so etwas durchaus vorkommen. Man denke z.B. an den Materialverbrauch bei Behältern, der bei Vergrößerung unterproportional zum Inhalt des Behälters ansteigt. Ein typisches Beispiel ist der Tankerbau, oder auch der Rohrleitungsbau. Zum Bau eines Tankers mit doppeltem Fassungsvermögen wird weniger als das Doppelte an Material (Stahl usw.) benötigt. Aber auch hier kommt es regelmäßig über kurz oder lang zu **Faktorrestriktionen** (beim Tankerbau z.B. mangelnde Hafenanlagen), die eine Fortsetzung des Ausnutzens steigender Skalenerträge unmöglich machen.

Realiter dürften diese 3 Möglichkeiten in Unternehmen **kombiniert anzutreffen** sein. Man muß wohl insgesamt davon ausgehen, daß es bei einer totalen Faktorvariation anfangs durchaus zu steigenden Skalenerträgen kommen kann, die dann bei weiterer Produktionsausdehnung in einen Bereich konstanter Skalenerträge übergehen, bis es schließlich wegen unvermeidbarer Faktorrestriktionen zu sinkenden Skalenerträgen kommt.

Wir wollen noch auf den **Zusammenhang zwischen den Produktionselastizitäten und der Niveauelastizität** eingehen. Dieser Zusammenhang ist im Falle homogener Produktionsfunktionen recht einfach. Für homogene Produktionsfunktionen gilt nämlich das EULERsche Theorem (auf den mathematischen Nachweis wird hier verzichtet). Nach EULER gilt für homogene Funktionen:

$$rx = \frac{\delta x}{\delta v_1} \cdot v_1 + \frac{\delta x}{\delta v_2} \cdot v_2,$$

$$r = (\delta x/\delta v_1) \cdot (v_1/x) + (\delta x/\delta v_2) \cdot (v_2/x), \qquad (12)$$

$$r = \quad a \quad + \quad b.$$

In Gleichung (12) ist r die Niveauelastizität und die beiden Summanden auf der rechten Seite sind die Produktionselastizitäten a und b. Im Falle homogener Produktionsfunktionen entspricht also die **Niveauelastizität stets der Summe der Produktionselastizitäten (WICKSELL-JOHNSON-THEOREM).**

Mit Hilfe des EULERschen Theorems läßt sich weiterhin eine interessante Eigenschaft der COBB-DOUGLAS-Produktionsfunktion erläutern. Diese Eigenschaft betrifft die Frage der **Einkommensverteilung**. Wir gehen wiederum von dem nach EULER für homogene Funktionen geltenden Satz aus:

$$rx = \frac{\delta x}{\delta v_1} \cdot v_1 + \frac{\delta x}{\delta v_2} \cdot v_2.$$

Wir berücksichtigen nun zwei Dinge. Erstens ist eine COBB-DOUGLAS-Produktionsfunktion linear homogen, d.h. $r = 1$. Zweitens sind im Gewinnmaximum (der Nachweis hierfür wird weiter unten geführt) die Grenzproduktivitäten $\delta x/\delta v_i$ gleich den jeweiligen Faktorpreisen, die wir mit q_i abkürzen wollen. Es gilt also $\delta x/\delta v_i = q_i$. Wird dies beides berücksichtigt, dann ergibt sich:

$$\begin{aligned} x &= q_1 \cdot v_1 + q_2 \cdot v_2, \\ 1 &= (q_1 \cdot v_1)/x + (q_2 \cdot v_2)/x, \\ 1 &= a + b. \end{aligned} \quad (13)$$

Werden also die Produktionsfaktoren entsprechend ihren Grenzproduktivitäten entlohnt, dann wird die gesamte Produktion gerade vollständig unter den Produktionsfaktoren aufgeteilt. Dieser Sachverhalt wird daher auch als das **Ausschöpfungstheorem** bezeichnet. Wie Gleichung (13) zeigt, entspricht der Anteil eines Faktors an dem Gesamteinkommen der jeweiligen Produktionselastizität des betreffenden Faktors. Die Produktionselastizität ist aber eine Größe, die die Technik des Produktionsprozesses beschreibt. Somit sind hiernach **Verteilungskämpfe ergebnislos**, da sie bei gegebener Technik nicht in der Lage sind, die Einkommensverteilung zu ändern. Eine Lohnpolitik z.B., durch die versucht wird, den Anteil des Faktors Arbeit am Gesamteinkommen zu steigern, ist hiernach bei gegebener Technik zum Scheitern verurteilt.

4. Limitationale Produktionsfunktion

Bei der Erläuterung der Substitutionselastizität haben wir bereits den Fall angesprochen, daß eine Substitution der Produktionsfaktoren aufgrund technischer Gegebenheiten völlig unmöglich ist. Die Substitutionselastizität ist Null. Man bezeichnet solche Produktionsfunktionen als **limitationale Produktionsfunktionen** (auch: **WALRAS-LEONTIEF-Produktionsfunktion, GUTENBERG-Produktionsfunktion**). Solche Verhältnisse sind z.B. in der industriellen Montageproduktion anzutreffen, soweit man eine kurzfristige Betrachtung anstellt. Wenn z.B. in einem Automobilwerk an 1 Fließbandanlage (Faktor Kapital) 20 Arbeiter (Faktor Arbeit) notwendig sind, um in einer bestimmten Zeiteinheit 5 Kraftfahrzeuge (Produktion) herzustellen, dann ist kurzfristig eine Substitution zwischen den Faktoren Arbeit und Kapital nicht möglich. Es macht keinen Sinn, z.B. die Arbeiterzahl auf 30 zu erhöhen, in der Hoffnung, hierdurch etwas vom Einsatz der Fließbandanlage einsparen zu können. Die Faktoren stehen in einem festen Verhältnis zur Produktion.

Unter solchen Bedingungen besteht also **zwischen der Produktion und dem jeweiligen Faktoreinsatz ein festes Verhältnis**. Man bezeichnet solche Produktionsverhältnisse auch als eine **lineare Technologie**. Es gilt:

$$x = a_i \cdot v_i, \qquad i = 1, \ldots, n.$$

Die fixe Größe a_i, durch die die Produktion mit dem Faktoreinsatz verknüpft ist, ist offensichtlich die **Durchschnittsproduktivität** des Faktors i. Bei einer limitationalen Produktionsfunktion ist also diese Durchschnittsproduktivität konstant, während sie bei der im vorhergehenden Abschnitt behandelten neoklassischen Produktionsfunktion bei steigender Produktion sinkt.

Die Durchschnittsproduktivität a_i entspricht dem Kehrwert des **Produktionskoeffizienten** b_i. Der Produktionskoeffizient gibt als Kehrwert der Durchschnittsproduktivität an, wieviel von einem Faktor zur Produktion einer Produkteinheit mindestens benötigt wird. Somit gilt:

$$b_i = 1/a_i = v_i/x,$$
$$x = v_i/b_i, \qquad i = 1, \ldots, n. \tag{14}$$

Gleichung (14) leuchtet unmittelbar ein. Die Produktionsmenge ergibt sich einfach durch Division der vorhandenen Faktormenge durch den Produktionskoeffizienten.

Welche Produktion ist in einem Unternehmen mit einer limitationalen Produktionsfunktion möglich? Wenn z.B., um zu dem erwähnten Beispiel der Fließbandproduktion zurückzukehren, nur 20 Arbeiter zur Verfügung stehen, dann sind zusätzlich zu der 1 Fließbandanlage weitere eventuell vorhandene Fließbandanlagen für den Unternehmer völlig uninteressant. Der Faktor Arbeit ist der **Engpaßfaktor**. Umgekehrt kann aber auch der Faktor Kapital der Engpaßfaktor sein. Dies ist z.B. dann der Fall, wenn 2 Fließbandanlagen und 70 Arbeiter zur Verfügung stehen, von denen aber für die 2 Fließbandanlagen nur 40 benötigt werden. Kurz: **Der Engpaßfaktor limitiert die Produktion**. Dies drückt man wie folgt aus:

$$x = \min(v_i/b_i), \qquad i = 1, \ldots, n. \tag{15}$$

Die kleinste der gemäß Gleichung (14) möglichen Produktionen ist die Produktion des Unternehmens (sog. bottle-neck-Phänomen). Gleichung (15) ist eine limitationale Produktionsfunktion.

Der gewinnmaximierende Unternehmer versucht, zur Erstellung einer bestimmten Produktion nur die hierfür mindestens notwendigen Faktoreinsatzmengen einzusetzen. Das ist die Voraussetzung für eine technisch effiziente Produktion. Wenn z.B. nur 20 Arbeiter zur Verfügung stehen, ist es ineffizient, in mehr als 1 Fließbandanlage zu investieren. Wenn – umgekehrt – z.B. nur 2 Fließbandanlagen zur Verfügung stehen, ist es ineffizient, mehr als 40 Arbeiter zu beschäftigen. Gleichung (14) beschreibt diese Bedingung für die **technische Effizienz**. Ist die Bedingung erfüllt, dann gilt gemäß Gleichung (14):

$$v_i/v_j = b_i/b_j, \qquad i,j = 1, \ldots, n. \tag{16}$$

Da die Produktionskoeffizienten konstant sind, besagt Gleichung (16), daß im Falle technischer Effizienz die **Faktoreinsatzverhältnisse konstant** sind. Dieser Sachverhalt kann anhand der Abbildung 5.4 erläutert werden.

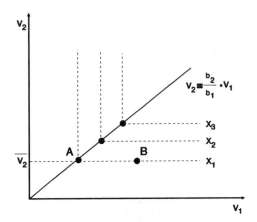

Abb. 5.4 Isoquanten einer limitationalen Produktionsfunktion

In Abbildung 5.4 sind auf den Achsen die Faktoreinsatzmengen der beiden Produktionsfaktoren 1 und 2 abgetragen. Die Isoquanten sind die rechtwinkligen gestrichelten Linien. Technisch effizient sind nur die Eckpunkte. Die Verbindungslinie der Eckpunkte wird als **Prozeßstrahl** bezeichnet. Nehmen wir z.B. an, daß von dem Faktor 2 die vorgegebene Menge $\bar{v}_2$ zur Verfügung steht und von dem Faktor 1 beliebig viel. Wird nun die Produktion aufgenommen, dann ist bis zur Produktionsmenge x_1 der Faktor 2 noch der Überschußfaktor und der Faktor 1 der Engpaßfaktor. Man bewegt sich bei steigender Produktion entlang dem Prozeßstrahl bis zum Punkt A mit der Produktion x_1. Die Produktion steigt entsprechend der Produktivität a_1 an. Bei technischer Effizienz ist das Faktoreinsatzverhältnis stets konstant b_2/b_1. Ab dem Punkt A ist der Faktor 2 der Engpaßfaktor und der Faktor 1 der Überschußfaktor. Wird nun weiter der Einsatz von 1 erhöht, dann ist keine Produktionssteigerung mehr möglich, da die Produktion durch den Engpaßfaktor 2 limitiert ist. Es findet bei konstanter Produktion x_1 eine Bewegung von A nach B statt. Dies ist nicht mehr technisch effizient, da zusätzliche Kosten ohne Produktionssteigerung entstehen. Wird **technische Effizienz** vorausgesetzt, dann sind also strenggenommen die Isoquanten **nur in den Eckpunkten** definiert.

Man kann diesen Sachverhalt auch in Form einer Produktionsfunktion mit **partieller Faktorvariation** darstellen (vgl. oben die Darstellung des klassischen Ertragsgesetzes in Abbildung 5.1). Dies ist in Abbildung 5.5 geschehen.

In Abbildung 5.5 ist der Faktor 2 der fest vorgegebene Faktor, und der Faktor 1 wird variiert. Durch steigenden Einsatz des variablen Faktors kann die Produktion bis zum Wert x_1 gesteigert werden (Punkt A). Danach limitiert der Engpaßfaktor 2 die Produktion.

Limitationale Produktionsfunktionen liegen realiter wohl insbesondere dann vor, wenn eine sehr **kurzfristige Betrachtungsweise** angestellt wird. Die Technik des Produktionsprozesses kann nicht in sehr kurzer Zeit umgestellt werden. Eine

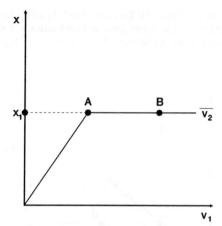

Abb. 5.5 Partielle Faktorvariation bei einer limitationalen Produktionsfunktion

Umstellung z.B. einer Fließbandproduktion in Richtung einer verstärkten Rationalisierung zur Einsparung von Arbeitskräften durch erhöhten Kapitaleinsatz braucht eine gewisse Zeit. Ist der Planungszeitraum dagegen hinreichend lang, dann können die Produktionsfaktoren auch und gerade in industriellen Prozessen substituiert werden. In mittel- bis langfristiger Sicht kann man also in den meisten Fällen die Einsatzverhältnisse der Faktoren variieren, so daß dann nicht mehr von limitationalen Produktionsfunktionen ausgegangen werden kann.

5. Technischer Fortschritt

Wir wollen nun auf den **technischen Fortschritt als eigenständigen Produktionsfaktor** eingehen. In unseren bisherigen Überlegungen haben wir die Produktion nur auf den mengenmäßigen Einsatz von homogenen Produktionsfaktoren wie z.B. Arbeit, Maschinen, Werkstoffe usw. zurückgeführt. Ein Produktionsanstieg ist hiernach nur durch eine Erhöhung der Faktoreinsatzmengen möglich. Nun macht man jedoch immer wieder die Erfahrung, daß eine Produktionssteigerung auch ohne eine mengenmäßige Ausdehnung des Faktoreinsatzes möglich ist, und zwar durch Verbesserung der Faktorqualitäten (z.B. bessere Ausbildung, bessere Maschinen usw.) und/oder der Faktorkombination (z.B. bessere Organisation, bessere Technik usw.). Empirische Untersuchungen des gesamtwirtschaftlichen Wachstums (DENISON, 1967) haben sogar ergeben, daß gerade diesem qualitativen Produktionsfaktor technischer Fortschritt für das gesamtwirtschaftliche Produktionswachstum eine größere Bedeutung zukommt als der einfach quantitativen Ausweitung der Faktoreinsatzmengen.

Wie kann man den Einfluß des technischen Fortschritts in der Produktionsfunktion berücksichtigen? Hierfür werden **2 Methoden** angewendet.

Eine sehr einfache Methode besteht darin, die **Produktion x außer von den Faktoreinsatzmengen auch von der Zeit abhängig** zu machen. Gehen wir z.B. von einer COBB-DOUGLAS-Produktionsfunktion mit den 2 Produktionsfaktoren Arbeit und Kapital aus:

$$x = N^a \cdot K^b, \qquad 0 < a, b < 1.$$

Zur Berücksichtigung des technischen Fortschritts wird diese Produktionsfunktion jetzt wie folgt erweitert:

$$x = N^a \cdot K^b \cdot e^{ct}, \qquad 0 < a, b, c < 1. \tag{17}$$

In der Produktionsfunktion (17) ist N die eingesetzte Arbeitsmenge, K die eingesetzte Kapitalmenge, e die EULERsche Zahl, t ein Zeitindex und c ist die Rate des technischen Fortschritts pro Zeiteinheit, z.B. 1 Jahr. Ist die Rate des technischen Fortschritts z.B. $c = 0{,}02$, dann steigt gemäß (17) die Produktion x pro Jahr um 2% an, ohne daß dazu eine Erhöhung der beiden Faktoreinsatzmengen N und/oder K notwendig ist. Bei dieser Art der Berücksichtigung des technischen Fortschritts bleiben die **Produktionselastizitäten a und b konstant**, z.B. $a = 0{,}6$ und $b = 0{,}4$. Die **Grenzrate der Faktorsubstitution ändert sich durch den technischen Fortschritt nicht**.

Der Sachverhalt kann auch grafisch anhand der Abbildung 5.6 erläutert werden.

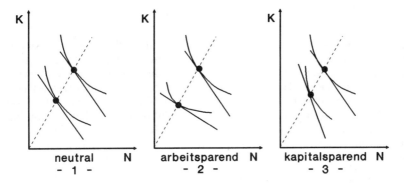

Abb. 5.6 Technischer Fortschritt

Die Abbildung 5.6 ist analog zu der Abbildung 5.3 konstruiert. Auf den Achsen sind die Faktoreinsatzmengen K (Ordinate) und N (Abszisse) abgetragen. Die Isoquanten repräsentieren bestimmte Produktionsniveaus für den Fall der substitutionalen COBB-DOUGLAS-Produktionsfunktion. Die Wirkung des technischen Fortschritts gemäß Produktionsfunktion (17) ist im linken Teil 1 der Abbildung 5.6 dargestellt. Durch den technischen Fortschritt kann eine gegebene Produktion (repräsentiert durch eine bestimmte Isoquante) mit weniger Faktoreinsatzmengen hergestellt werden. Die Isoquante verschiebt sich zum Ursprung hin, und zwar in diesem Fall parallel. Wegen der Neutralität in Bezug auf die Grenzrate der Faktorsubstitution bezeichnet man diese Art von technischem Fortschritt als **neutralen technischen Fortschritt** oder auch als **HICKS-neutralen technischen Fortschritt** (HICKS, 1932).

Die zweite Methode zur Berücksichtigung des technischen Fortschritts besteht darin, die **Produktionselastizitäten a und b direkt von der Zeit t abhängig** zu machen:

$$x = N^{a(t)} \cdot K^{b(t)}, \qquad 0 < a, b < 1. \tag{18}$$

Gemäß dieser Produktionsfunktion (18) ändern sich die Produktionselastizitäten a und b im Zeitverlauf. Wir können die Wirkung anhand der Abbildung 5.6 erläutern. Durch den technischen Fortschritt verschiebt sich die Isoquante im K-N-Achsenkreuz im Zeitverlauf zum Ursprung hin. Im Falle der Produktionsfunktion (18) **ändert sich nun die Grenzrate der Faktorsubstitution**. Hierbei gibt es wiederum zwei Möglichkeiten. Entweder es handelt sich um einen **arbeitsparenden technischen Fortschritt**. Dann kann eine gegebene Arbeitsmenge durch weniger Kapital substituiert werden. Die Steigung der Isoquante wird flacher (mittlerer Teil 2 in Abbildung 5.6). Oder aber es liegt **kapitalsparender technischer Fortschritt** vor. Eine gegebene Menge Kapital kann durch weniger Arbeit substituiert werden. Die Steigung der Isoquante wird steiler (rechter Teil 3 in Abbildung 5.6).

III. Kostentheorie

1. Überblick

Wir wollen im folgenden der Frage nachgehen, mit welchen Kostenverläufen die Unternehmung bei verschiedenen Produktionsfunktionen konfrontiert ist. Die Fragestellung der vorhergehenden Ziffer II. Produktionstheorie wird jetzt gewissermaßen umgekehrt. Haben wir bisher gefragt, welche Faktoreinsatzmengen bei technischer Effizienz zu welcher Produktion führen (Frage nach der Produktionsfunktion), so fragen wir jetzt, welche Produktion zu welchen Faktoreinsatzmengen und damit Kosten führt (Frage nach der **Kostenfunktion**). Da wir für den Unternehmer Gewinnmaximierung unterstellen, ist dies stets auch die Frage nach den für eine bestimmte Produktionsmenge minimalen Kosten.

Zunächst einmal sind die gesamten Kosten einer Unternehmung die geldwerte Summe der Faktoreinsatzmengen. Dies kann durch eine **Kostengleichung** ausgedrückt werden:

$$K = q_1 \cdot v_1 + q_2 \cdot v_2 + \ldots + q_n \cdot v_n. \tag{19}$$

In der Kostengleichung (19) sind die q_i die Faktorpreise und die v_i die Faktoreinsatzmengen ($i = 1, \ldots, n$).

In der Kostentheorie sucht man nun die **Kostenfunktion K = K (x)**, die der Produktionsmenge x die **minimalen Kosten** zuordnet. Aus der Produktionstheorie ist der Zusammenhang zwischen Produktion und Faktoreinsatzmengen durch die Produktionsfunktion $x = x(v)$ bekannt. Die Definition der Produktionsfunktion impliziert hierbei die technische Effizienz des Produktionsprozesses. Die Umkehrfunktion der Produktionsfunktion ist die **Faktorverbrauchsfunktion** $v = v(x)$. Die Faktorverbrauchsfunktion ist nun das **Bindeglied zwischen Produktionsfunktion und Kostenfunktion**. Denn man muß offensichtlich die zu bestimmten Produktionsmengen x zugehörigen Faktoreinsatzmengen v der Faktorverbrauchsfunktion v (x) lediglich gemäß der Kostengleichung (19) mit den Faktorpreisen q multiplizieren, um zu den entsprechenden Werten der Kostenfunktion zu gelangen. Die folgenden Erläuterungen orientieren sich an diesem grundsätzlichen Gedankengang.

2. Kurzfristige Kostenfunktionen – Partielle Faktorvariation

a. Gesamtkosten, Fixkosten und variable Kosten

Wir gehen zunächst – ganz analog zu der Vorgehensweise in der vorhergehenden Ziffer II. Produktionstheorie – von dem Fall der **partiellen Faktorvariation** aus. Bei partieller Faktorvariation kann kurzfristig nur ein Teil der Faktoren variiert werden, da die restlichen Faktoren kurzfristig fixiert sind. Im Grundsatz ist dies der Fall der **gegebenen Betriebsgröße** mit einer gegebenen **Kapazitätsgrenze**. Diese Kapazitätsgrenze ist kurzfristig nicht variierbar. Lediglich die Kapazitätsauslastung ändert sich bei Produktionsschwankungen. Die Kosten setzen sich dementsprechend aus den konstant anfallenden **Fixkosten** für die fixen Faktoren und den **variablen Kosten** für den variablen Faktoreinsatz zusammen. Es gilt:

$$K(x) = FK + VK(x) = FK + q_v \cdot v_v(x). \tag{20}$$

In der Kostenfunktion (20) sind FK die Fixkosten, z.B. Miete oder Abschreibung für kurzfristig nicht variierbare Gebäudenutzung, Kapitalkosten usw. Die variablen Kosten VK ergeben sich aus der Faktorverbrauchsfunktion $v_v(x)$ durch Multiplikation der produktionsabhängigen Einsatzmenge v_v des variablen Faktors v mit dem Faktorpreis q_v. Die Faktorverbrauchsfunktion ist die Umkehrfunktion der zugrunde liegenden Produktionsfunktion.

b. Ertragsgesetzlicher Kostenverlauf

Beschäftigen wird uns zunächst mit dem Kostenverlauf des **klassischen Ertragsgesetzes**. Grafisch erhalten wir die Kostenfunktion, indem wir einfach die entsprechende Produktionsfunktion aus Abbildung 5.1 an der Winkelhalbierenden durch den Ursprung spiegeln, die Ordinatenwerte der sich so ergebenden Faktorverbrauchsfunktion (die kostenminimalen variablen Faktoreinsatzmengen) mit dem Faktorpreis des variablen Faktors multiplizieren und um den Betrag der Fixkosten nach oben verschieben. Die sich so ergebende Gesamtkostenfunktion K (x) ist zusammen mit einigen daraus abgeleiteten zusätzlichen Kostenverläufen in Abbildung 5.7 dargestellt.

Im oberen Teil der Abbildung 5.7 ist der Verlauf der **Gesamtkosten** K (x) dargestellt. Auch wenn nichts produziert wird (x = 0), fallen Fixkosten FK an. Es müssen auch bei ruhender Produktion kurzfristig noch Miete, Fremdkapitalzinsen usw. bezahlt werden. Bei steigender Produktionsmenge steigen die Kosten bis zum Wendepunkt A nur degressiv an. Der Grund ist, daß gemäß dem klassischen Ertragsgesetz in diesem Bereich die Grenzproduktivität des variablen Produktionsfaktors ansteigt. Ab dem Punkt A steigen die Gesamtkosten progressiv an wegen sinkender marginaler Faktorproduktivität.

Im unteren Teil der Abbildung 5.7 sind die Grenzkosten GK, die totalen Durchschnittskosten TDK und die variablen Durchschnittskosten VDK angegeben.

Die **Grenzkosten** geben an, wie sich die Gesamtkosten ändern, wenn die Produktionsmenge um eine infinitesimal kleine Einheit variiert wird. Die Grenzkosten sind also die erste Ableitung der Gesamtkostenfunktion. Es gilt:

$$GK(x) = dK(x)/dx.$$

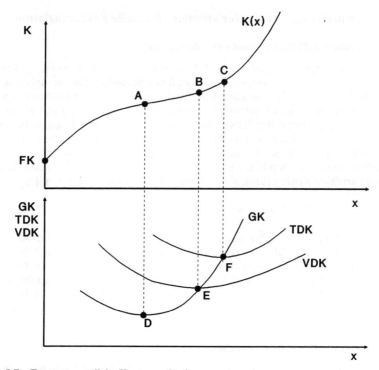

Abb. 5.7 Ertragsgesetzliche Kostenverläufe

Die Grenzkosten sinken bis zum Punkt D wegen der nur degressiv ansteigenden Gesamtkosten. Sie erreichen im Punkt D ihr Minimum und steigen danach an, da die Gesamtkosten hier progressiv steigen.

Die **totalen Durchschnittskosten oder auch totalen Stückkosten** sind die Gesamtkosten pro Produktionseinheit. Es gilt:

TDK (x) = K (x)/x.

Man erhält die totalen Durchschnittskosten grafisch als Steigung des Fahrstrahls aus dem Ursprung an die Gesamtkostenkurve. Der Fahrstrahl durch C hat die geringste Steigung. Also liegt in F das Minimum der totalen Durchschnittskosten. Da der Fahrstrahl durch C die Steigung der Gesamtkostenkurve in C mißt, ist F auch ein Punkt auf der Grenzkostenkurve. Das Minimum der totalen Durchschnittskosten ist also identisch mit den Grenzkosten in diesem Produktionsniveau.

Für die **variablen Durchschnittskosten** gilt:

VDK (x) = VK (x)/x.

Für die variablen Durchschnittskosten gelten ganz analoge Überlegungen wie für die totalen Durchschnittskosten. Man erhält die variablen Durchschnittskosten grafisch als die Steigung des Fahrstrahls aus dem Fixkostenabschnitt auf der Ordinaten an die Gesamtkostenkurve. Also liegt in E das Minimum der variablen

Durchschnittskosten. Da der Fahrstrahl durch B die Steigung der Gesamtkostenkurve in B mißt, ist E auch ein Punkt auf der Grenzkostenkurve. Das Minimum der variablen Durchschnittskosten ist also identisch mit den Grenzkosten in diesem Produktionsniveau.

Wir können festhalten, daß die Unternehmung in der Lage ist, in einem gewissen Bereich (links von F) **niedriger Produktionsmengen die Produktion zu sinkenden totalen Durchschnittskosten auszudehnen**. Dies ist möglich, so lange die Grenzkosten noch unterhalb der Durchschnittskosten liegen. In diesem Bereich erhöht eine Produktionsausdehnung die Kosten um weniger als die bisherigen Durchschnittskosten, so daß diese durch die Produktionsausdehnung sinken. Erst wenn die Grenzkosten über die Durchschnittskosten ansteigen, ziehen die **steigenden Grenzkosten auch die Durchschnittskosten nach oben**. Dies liegt an der durch die fixen Faktoren vorgegebenen **Kapazitätsgrenze**.

c. Kostenverlauf mit durchweg steigenden Grenzkosten

Bei vielen Produktionen existiert auch bei kleinen Produktionsmengen kein Bereich progressiv steigender Erträge und steigender Grenzproduktivitäten. So steigt z.B. bei der COBB-DOUGLAS-Produktionsfunktion die partielle Ertragsfunktion durchweg nur degressiv an. Die Grenzproduktivität des variablen Faktors sinkt durchweg. Die Kostenverläufe für diesen Fall sind in Abbildung 5.8 dargestellt.

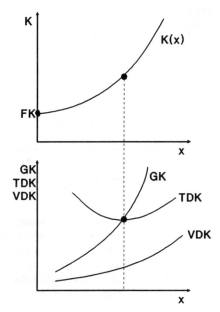

Abb. 5.8 Kostenverläufe mit durchweg steigenden Grenzkosten

Wegen der nur degressiv ansteigenden Ertragsfunktion steigen die **Gesamtkosten** durchweg progressiv an. Folglich steigen auch die **Grenzkosten** und die **variablen Durchschnittskosten** durchweg an. Dagegen sinken die **totalen Durchschnittskosten** eine gewisse Zeit wegen der Fixkosten, die sich bei einer Produktionsausdehnung auf eine größere Produktmenge verteilen, und steigen sodann an. Ein besonderes Merkmal dieser Kostenverläufe ist also, daß die Grenzkosten durchweg ansteigen.

d. Linearer Kostenverlauf

Zu linearen Kostenverläufen kommt es z.B. bei einer **limitationalen Produktionsfunktion**. Die Produktion entwickelt sich bis zur Kapazitätsgrenze linear (vgl. Abbildung 5.5). Die Produktivität des variablen Faktors ist konstant. Die entsprechenden Kostenverläufe sind in Abbildung 5.9 dargestellt.

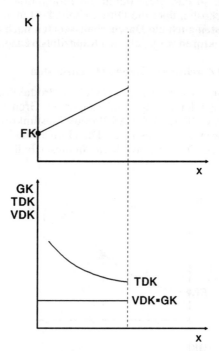

Abb. 5.9 Kostenverläufe bei linearen Gesamtkosten

Die lineare Technologie hat auch einen linearen **Gesamtkostenverlauf** zur Folge. Für die Gesamtkosten gilt K = FK + VDK · x. Folglich gilt für die Grenzkosten GK = dK/dx = VDK = konstant. Die **Grenzkosten** sind also konstant und gleich den **variablen Durchschnittskosten**. Für die totalen Durchschnittskosten gilt TDK = K/x = FK/x + VDK. Die totalen **Durchschnittskosten** sinken also wegen der Fixkosten bis an die durch den Engpaßfaktor gezogene Kapazitätsgrenze und steigen dann senkrecht an.

Insgesamt ergibt sich als ein wesentliches Merkmal der kurzfristigen Kostenverläufe, daß im kurzfristigen Fall der **gegebenen Betriebsgröße** bei steigender Produktion die **Kosten um so stärker ansteigen**, je näher die Unternehmung an die durch die fixen Faktoren vorgegebene **Kapazitätsgrenze** stößt. Ein gemeinsames Merkmal aller kurzfristigen Kostenverläufe ist, daß die totalen Durchschnittskosten bis zu einer gewissen Produktion sinken und danach ansteigen.

3. Langfristige Kostenfunktionen – Totale Faktorvariation und Minimalkostenkombination

Bei einer langfristigen Betrachtung sind **sämtliche Faktoren variierbar**. Das heißt insbesondere, daß auch die **Betriebsgröße verändert werden kann**. Die Unternehmung ist nicht nur in der Lage, auf Nachfrageschwankungen mit der vorgegebenen Kapazität durch Veränderungen des Auslastungsgrades zu reagieren. Vielmehr kann sich die Unternehmung – insbesondere wenn sich eine Nachfrageänderung als dauerhaft erweist – mit einer entsprechenden **Änderung ihrer Kapazität, ihrer Betriebsgröße, an die veränderte Nachfragesituation anpassen**. Die Frage ist, welche Faktorkombination gewählt werden soll, wenn zum Zwecke der Gewinnmaximierung ein kostenminimierender Faktoreinsatz angestrebt wird. Wir wollen dieses Problem im folgenden zunächst für den übersichtlichen Fall von nur 2 Faktoren behandeln. Daran anschließend wird dann der allgemeine Fall mit n Faktoren behandelt.

Im Fall von 2 Faktoren steht die Unternehmung, die ihren Gewinn maximieren will, im Prinzip vor dem gleichen Problem wie der private Haushalt, der seinen Nutzen maximieren will. Wir können also bei unseren Überlegungen genau so vorgehen wie oben im 4. Kapitel bei der Bestimmung des Haushaltsoptimums (vgl. Abbildung 4.3 Haushaltsoptimum). Die Bedingung für die optimale Faktorkombination bei totaler Faktorvariation, die **Minimalkostenkombination**, kann anhand der Abbildung 5.10 erläutert werden.

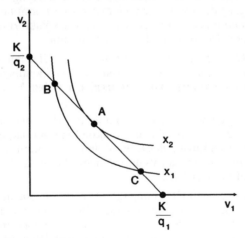

Abb. 5.10 Minimalkostenkombination

Die Unternehmung verfügt über ein bestimmtes Kostenbudget, charakterisiert durch die **Kostengleichung**:

$$K = q_1 \cdot v_1 + q_2 \cdot v_2. \tag{21}$$

Wenn wir die Kostengleichung (21) nach v_2 auflösen, erhalten wir:

$$v_2 = K/q_2 - (q_1/q_2) \cdot v_1. \tag{22}$$

Gleichung (22) ist die Gleichung der **Kostengeraden** mit der negativen Steigung $-q_1/q_2$ in Abbildung 5.10. Zusätzlich zur Kostengeraden sind in Abbildung 5.10 noch zwei Isoquanten eingezeichnet, die das Ertragsniveau x_1 bzw. x_2 repräsentieren. Welchen Punkt auf der Kostengeraden soll die Unternehmung realisieren, die ihren Gewinn maximieren will? Die Unternehmung maximiert offensichtlich genau dann ihren Gewinn, wenn die Kosten so auf die beiden Faktoren verteilt werden, daß mit dem **gegebenen Kostenbudget die höchstmögliche Isoquante erreicht** wird. Das heißt, daß der Tangentialpunkt A zwischen Kostengerade und Isoquante die Optimalbedingung repräsentiert. In Punkt A wird mit dem gegebenen Kostenbudget der maximale Ertrag realisiert, d.h. hier ist der Gewinn maximal. Dies ist z.B. in den Punkten B und C nicht der Fall, da bei gleichen Kosten (B und C liegen auf der Kostengeraden) nur ein niedrigerer Ertrag erzielt wird ($x_1 < x_2$). Wodurch ist der Tangentialpunkt A gekennzeichnet? **Die Steigung der Kostengeraden ist hier gleich der Steigung der Isoquanten.** Man nennt diese Optimalbedingung die **Minimalkostenkombination**. Für diese **Minimalkostenkombination** können wir **3 Formulierungen** angeben. In Punkt A gilt:

$$-q_1/q_2 = dv_2/dv_1, \qquad (23)$$

$$q_1/q_2 = (\delta x/\delta v_1)/(\delta x/\delta v_2), \qquad (24)$$

$$(\delta x/\delta v_1)/q_1 = (\delta x/\delta v_2)/q_2. \qquad (25)$$

Gleichung (23) bringt zum Ausdruck, daß in A die Steigung der Kostengeraden gleich ist der Steigung der Isoquanten. Gemäß dieser Formulierung ist die **Minimalkostenkombination** also dann erreicht, wenn das **Faktorpreisverhältnis umgekehrt gleich ist der Grenzrate der Faktorsubstitution**.

Die Gleichung (24) erhält man durch Einsetzen der Gleichung (6) in Gleichung (23). Gemäß dieser Formulierung ist die **Minimalkostenkombination** dadurch gekennzeichnet, daß das **Faktorpreisverhältnis gleich ist dem Verhältnis der Grenzproduktivitäten**.

Gleichung (25) ist einfach eine Umformulierung der Gleichung (24). Gemäß dieser Formulierung ist die **Minimalkostenkombination** dadurch gekennzeichnet, daß die **Grenzproduktivität des Geldes** (den Quotienten aus Grenzproduktivität durch Faktorpreis kann man als die Grenzproduktivität des Geldes interpretieren) **bei allen Faktoren gleich** ist.

Die Formulierung gemäß Gleichung (25) ist recht einleuchtend. Die Aussage ist einfach die, daß ein gewinnmaximierender Unternehmer den Faktoreinsatz so organisieren muß, daß durch jede für die verschiedenen Faktoren jeweils zuletzt ausgegebene DM der gleiche Produktionszuwachs erzielt wird. Denn wenn dies noch nicht der Fall ist, dann ist es durch eine Umschichtung der Kosten noch möglich, den Gewinn zu steigern. Hat z.B. die für den Faktor 1 zuletzt ausgegebene DM die Produktion um 3 Einheiten erhöht, und hat die für den Faktor 2 zuletzt ausgegebene DM die Produktion um 4 Einheiten erhöht, dann steigert es den Gewinn, den Einsatz von Faktor 1 zugunsten des Einsatzes von Faktor 2 zu verringern. Denn die Umschichtung von 1 DM Ausgaben von Faktor 1 nach Faktor 2 bedeutet einen Produktionsrückgang von 3 Einheiten und einen Produktionszuwachs von knapp 4 Einheiten, also per Saldo eine um knapp 1 Einheit höhere Produktion bei gleichen Kosten. Der Gewinn steigt.

Die Minimalkostenkombination gibt die Bedingung für das Kostenminimum bei einem bestimmten Produktionsniveau an. In Abbildung 5.10 ist dies das Produktionsniveau x_2. Wir sind jedoch letztlich auf der Suche nach der **Kostenfunktion bei totaler Faktorvariation**. Die Frage ist also, wie sich die Kosten entwickeln, wenn die Produktion x_2 verändert wird und der Faktoreinsatz optimal, d.h. gewinnmaximierend, an diese Produktionsänderung angepaßt werden soll. Verschiedene Produktionsniveaus können in einem v_2-v_1-Achsenkreuz entsprechend der Abbildung 5.10 durch verschiedene Isoquanten dargestellt werden. Für jedes Produktionsniveau gibt es eine Minimalkostenkombination. Die Verbindungslinie dieser Minimalkostenkombinationen heißt **Expansionspfad**. Bei homogenen Produktionsfunktionen ist dieser Expansionspfad eine Gerade durch den Ursprung. Es sind auch gekrümmte Expansionspfade möglich, wenn sich die Grenzrate der Faktorsubstitution mit dem Produktionsniveau ändert.

Der **Kostenverlauf** hängt nun davon ab, wie sich die Faktoreinsatzmengen bei einer Produktionsänderung entlang des Expansionspfades ändern. Für die Beschreibung des Zusammenhangs zwischen Faktoreinsatz und Produktion bei totaler Faktorvariation kennen wir den Begriff der **Skalenerträge**. Der Kostenverlauf hängt also davon ab, welche Skalenerträge die zugrunde liegende Produktionsfunktion aufweist. Es gibt 3 Möglichkeiten. Die Skalenerträge können konstant sein, fallen oder steigen. Die entsprechenden Kostenverläufe sind in Abbildung 5.11 dargestellt.

Konstante Skalenerträge, wie sie z.B. bei der COBB-DOUGLAS-Produktionsfunktion vorliegen, bedeuten einen **linearen langfristigen Gesamtkostenver-**

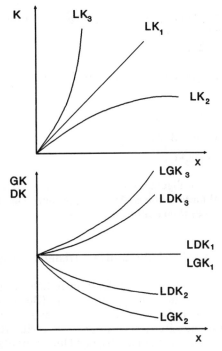

Abb. 5.11 Langfristige Kostenverläufe

lauf LK1. Wenn die Produktion um einen bestimmten Faktor vervielfacht wird, dann müssen die Einsatzmengen der Produktionsfaktoren um den gleichen Faktor vervielfacht werden. Also vervielfachen sich die Kosten auch um den gleichen Faktor. Der lineare Verlauf der Gesamtkosten impliziert **konstante langfristige Durchschnitts- und Grenzkosten** LDK1 und LGK1. Einen Unterschied zwischen totalen und variablen Durchschnittskosten gibt es nicht, da langfristig keine Fixkosten existieren.

Bei **fallenden Skalenerträgen steigen die langfristigen Gesamtkosten LK3 progressiv** an, da der Faktorverbrauch bei steigender Produktion überproportional ansteigt. Die langfristigen **Durchschnitts- und Grenzkosten LDK3 und LGK3 steigen ebenfalls progressiv** an.

Steigende Skalenerträge sind mit **degressiv steigenden langfristigen Gesamtkosten** LK2 verbunden, da der Faktorverbrauch bei Produktionssteigerung nur unterproportional ansteigt. Entsprechend **sinken die langfristigen Durchschnitts- und Grenzkosten** LDK2 und LGK2.

Wir haben uns bei unseren bisherigen Überlegungen zur Vereinfachung auf den 2-Faktoren-Fall beschränkt. Wir wollen nun die Bedingung für das **Gewinnmaximum für den allgemeinen Fall** von n Faktoren herleiten. Die Aufgabe besteht allgemein darin, den Ertrag zu maximieren unter der Nebenbedingung eines gegebenen Kostenbudgets. Wir können diese Aufgabe also wie folgt ausdrücken:

Zielfunktion: $x = x(v_i) = \max!$, $\quad i = 1, \ldots, n$,
Nebenbedingung: $K = \Sigma q_i \cdot v_i$.

Für die LAGRANGE-Funktion (λ = LAGRANGE-Multiplikator) gilt:

$$L = x + \lambda \cdot (K - \Sigma q_i \cdot v_i).$$

Die partiellen Ableitungen der LAGRANGE-Funktion werden Null gesetzt. Dann gilt:

$$\delta x/\delta v_i - \lambda \cdot q_i = 0, \qquad i = 1, \ldots, n,$$
$$(\delta x/\delta v_i)/(\delta x/\delta v_j) = -dv_j/dv_i = q_i/q_j, \qquad i, j = 1, \ldots, n,$$
$$(\delta x/\delta v_i)/q_i = (\delta x/\delta v_j)/q_j, \qquad i, j = 1, \ldots, n. \qquad (26)$$

Gleichung (26) drückt in allgemeiner Form die Minimalkostenkombination aus. **Die Minimalkostenkombination ist dadurch gekennzeichnet, daß die Grenzproduktivität des Geldes bei allen Faktoren gleich ist.**

4. Zusammenhang zwischen kurz- und langfristigen Kostenfunktionen

Nach der Behandlung der verschiedenen Kostenverläufe in kurzfristiger Sicht (Betriebsgröße vorgegeben) und in langfristiger Sicht (Betriebsgröße variabel) fragen wir nunmehr nach dem Zusammenhang zwischen kurz- und langfristigen Kosten. Wir stellen uns einen Betrieb vor, der – wie erläutert – kurzfristig im Prinzip mit einem U-förmigen Verlauf der totalen Durchschnittskosten konfrontiert ist. Wie reagiert der Betrieb, wenn sich der mögliche Absatz erhöht und wel-

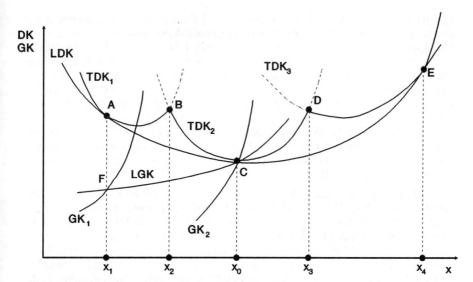

Abb. 5.12 Kurz- und langfristige Kostenverläufe

che Konsequenzen hat dies für seine Kosten? Wir können diese Fragen anhand der Abbildung 5.12 behandeln.

Stellen wir uns zunächst vor, daß **3 Betriebsgrößen** möglich sind. Jede dieser 3 Betriebsgrößen ist mit bestimmten kurzfristigen totalen Durchschnittskosten TDK und kurzfristigen Grenzkosten GK verbunden. Für die Betriebsgröße 1 sind z.B. TDK1 und GK1 die kurzfristigen Kostenverläufe. Nun fragen wir uns, welche Betriebsgröße kostenminimal ist, wenn z.b. eine Produktionsmenge unterhalb x_2 hergestellt werden soll. Offensichtlich kann in diesem Produktionsbereich nur mit der Betriebsgröße 1 kostenminimierend produziert werden. Denn mit der Betriebsgröße 2 können Produktionsmengen unter x_2 nur zu höheren Stückkosten hergestellt werden, da bei Produktionsniveaus unter x_2 TDK2 > TDK1 ist. Erst wenn der mögliche Absatz über x_2 ansteigt, lohnt sich eine Kapazitätserweiterung auf die Betriebsgröße 2. Und wenn die Produktion über x_3 gesteigert werden soll, dann kann nur mit der Betriebsgröße 3 kostenminimal produziert werden. Die durchgezogene Wellenlinie ABCDE ist die **langfristige Durchschnittskostenkurve** der Unternehmung. **Langfristig** ist für eine kostenminimale Produktionssteigerung eine **Kapazitätserweiterung** erforderlich, da die kurzfristigen Kosten wegen der kurzfristig vorhandenen Kapazitätsengpässe stark ansteigen.

Wir sind bisher von dem diskontinuierlichen Fall von nur 3 Betriebsgrößen ausgegangen. Nun kann man sich ohne weiteres vorstellen, daß die **Betriebsgröße kontinuierlich variiert** werden kann. Das heißt, daß es gewissermaßen unendlich viele Betriebsgrößen gibt. Dieser Fall ist in Abbildung 5.12 durch die langfristige Durchschnittskostenkurve LDK und langfristige Grenzkostenkurve LGK gekennzeichnet. Die langfristige Durchschnittskostenkurve LDK tangiert die kurzfristigen Durchschnittskostenkurven TDK jeweils bei der Menge (x_1, x_0, x_4), die mit der Betriebsgröße kostenminimal hergestellt werden kann, die durch die entsprechenden kurzfristigen Kostenverläufe charakterisiert ist. Es kann also die Menge x_1 kostenminimal mit der Betriebsgröße 1 hergestellt werden, die Menge

x_0 kostenminimal mit der Betriebsgröße 2 und die Menge x_4 kostenminimal mit der Betriebsgröße 3. Die **langfristige Durchschnittskostenkurve** LDK ist die sog. **Hüllkurve** der kurzfristigen totalen Durchschnittskostenkurven. Die Minima der kurzfristigen totalen Durchschnittskosten liegen also über den langfristigen Durchschnittskosten (ausgenommen x_0). Das bedeutet folgendes: Für die Produktionsmenge x_1 z.B. ist die Betriebsgröße 1 zu wählen. Mit der Betriebsgröße 1 ist aber bei der Produktionsmenge x_1 noch nicht das Minimum der kurzfristigen totalen Durchschnittskosten erreicht. Der Punkt A liegt noch über dem Minimum der TDK1-Kurve. Wenn nun die Produktion über x_1 gesteigert werden soll, dann ist es also langfristig günstiger, die Kapazitäten zu erweitern (die Betriebsgröße zu erhöhen), da die langfristigen Durchschnittskosten LDK stärker sinken als die kurzfristigen TDK1.

In Abbildung 5.12 sind außer den Durchschnittskosten auch die **kurzfristigen Grenzkosten** GK1, GK2 und GK3 und die **langfristigen Grenzkosten** LGK eingezeichnet. Die Grenzkosten verlaufen durch die jeweiligen Minima der Durchschnittskosten. Bei der Produktionsmenge x_0 sind im Punkt C also die langfristigen Grenzkosten LGK gleich den kurzfristigen Grenzkosten GK2. Man kann dies verallgemeinern. Wird eine bestimmte Produktion mit langfristig minimalen Kosten hergestellt, dann sind lang- und kurzfristige Grenzkosten gleich. In Abbildung 5.12 schneiden sich z.B. bei x_1 LGK und GK1 im Punkt F.

5. Empirie von Kostenfunktionen, mindestoptimale Betriebsgröße und der Fall des natürlichen Monopols

Wie verläuft die langfristige Durchschnittskostenkurve? Man kann dies als die zentrale Frage der gesamten Unternehmenstheorie ansehen. Wir haben in Abbildung 5.12 einen U-förmigen Verlauf der langfristigen Durchschnittskosten unterstellt. Ist dieser Verlauf zwingend? Oder ist es vielleicht so, daß die langfristigen Durchschnittskosten durchweg sinken, oder durchweg steigen? Diese Fragen sind von ganz zentraler Bedeutung für die Produktionsbedingungen einer Volkswirtschaft. Entscheidet sich doch daran, wie die Produktion zu organisieren ist und mit welchen Preisen die Verbraucher zu rechnen haben.

Im Prinzip sind 3 Verläufe der langfristigen Durchschnittskosten denkbar. Die langfristigen Durchschnittskosten können sinken, konstant verlaufen oder steigen.

Sinkende langfristige Durchschnittskosten sind einerseits vorteilhaft, da mit ständig niedrigeren Stückkosten mehr produziert werden kann. Andererseits bringt dieser Fall gewisse Probleme mit sich, da er zu Massenproduktion in Großbetrieben einlädt, die mit wirtschaftlicher Macht verbunden ist. Wir werden uns wegen dieser Ambivalenz auch noch eingehender mit diesem Fall zu beschäftigen haben. Im Moment wollen wir jedoch lediglich überlegen, ob dieser Fall überhaupt realistisch ist.

Sinkende langfristige Durchschnittskosten sind der kostenmäßige Ausdruck **steigender Skalenerträge** (vgl. Abbildung 5.11). Dies kann aus verschiedenen Gründen durchaus vorkommen. Eine vieldiskutierte Möglichkeit sind die **Unteilbarkeiten**. Manche Produktionen erfordern auch zur Bedienung kleiner Einheiten einen hohen Fixkostenapparat, der nicht beliebig teilbar ist. Man denke z.B.

an Ölraffinerien, Automobilbau, leitungsgebundene Versorgungsnetze, wie Eisenbahn, Kanalisation, Kabelfernsehen, Strom-, Gas-, Wasserversorgung usw. Zusätzliche Nachfrager können – nachdem der unteilbare Fixkostenapparat einmal etabliert ist – zu extrem **niedrigen Grenzkosten** bedient werden. Es verursacht kaum zusätzliche Kosten, an ein bestehendes Kabelnetz noch einen zusätzlichen Haushalt anzuschließen. So lange aber die Grenzkosten noch unterhalb der Durchschnittskosten liegen, ziehen die niedrigen Grenzkosten bei einer Ausdehnung der Produktion die Durchschnittskosten nach unten.

Sinkende langfristige Durchschnittskosten können auch aufgrund **technisch-physikalischer** Gegebenheiten auftreten. Bei einer Vergrößerung von Behältern steigt der Materialverbrauch unterproportional zum Inhalt des Behälters an. Zum Bau eines Tankers mit verdoppeltem Fassungsvermögen wird weniger als das Doppelte an Material (Stahl usw.) benötigt.

Weiterhin können sinkende langfristige Durchschnittskosten eine Folge **verstärkter Arbeitsteilung und Spezialisierung** in größeren Betrieben sein. Im Großbetrieb kann die einzelne Arbeitskraft auf bestimmte Tätigkeiten spezialisiert werden, während in kleineren Betrieben verschiedene Tätigkeiten häufig von der gleichen Arbeitskraft verrichtet werden müssen.

Aufgrund dieser und ähnlicher Gegebenheiten sind also sinkende langfristige Durchschnittskosten durchaus möglich. Allerdings kommt es bei jeder Produktionsausdehnung über kurz oder lang zu einem Punkt, ab dem die Unternehmung mit dem Problem der **Faktorrestriktion** konfrontiert ist. Es sind nicht alle Faktoren in beliebigen Mengen vorhanden. Fruchtbare Böden, gute Manager, billige Rohstoffe, günstige Standorte usw. sind nicht beliebig vermehrbar, so daß es bei einem Hochfahren der Produktion dann doch irgendwann auch **langfristig wegen solcher Faktorrestriktionen zu steigenden Durchschnittskosten** kommt.

Wenden wir uns der zweiten Möglichkeit des Verlaufs der langfristigen Durchschnittskosten zu, nämlich der **konstanten langfristigen Durchschnittskosten**. Die LDK-Kurve aus Abbildung 5.12 verläuft in diesem Fall parallel zur x-Achse. Dies ist z.B. dann der Fall, wenn **konstante Skalenerträge** vorliegen (vgl. Abbildung 5.11). Die Kosten entwickeln sich proportional zur Produktion. Für einen gewissen Produktionsbereich ist dies durchaus typisch. Eine bestimmte Produktionssteigerung erhöht die Kosten um den gleichen Faktor. Jedoch ist es auch hier regelmäßig unmöglich, dies gewissermaßen ad infinitum fortzusetzen. Die Unternehmung ist auch hier – wie im Fall der sinkenden totalen Durchschnittskosten – ab irgendeiner Betriebsgröße mit dem Problem der **Faktorrestriktion** konfrontiert und daraus resultierenden steigenden langfristigen Durchschnittskosten.

Wir müssen also wegen Faktorrestriktionen ab einer bestimmten Produktionsmenge mit steigenden langfristigen Durchschnittskosten rechnen. Sprechen auch noch andere Gründe für steigende langfristige Durchschnittskosten? Wir wissen, daß die langfristigen Durchschnittskosten bestimmt dann steigen, wenn **sinkende Skalenerträge** vorliegen (vgl. Abbildung 5.11). Sinkende Skalenerträge kann der Unternehmer aber durch den Übergang zu kleineren Einheiten und **Parallelproduktion** vermeiden. Es macht also keinen Sinn, steigende langfristige Durchschnittskosten mit dem Hinweis auf sinkende Skalenerträge zu begründen. Jedoch wird bei der Parallelproduktion auch irgendwann das Problem der **Faktorrestriktionen** virulent, so daß spätestens ab dieser Produktionsmenge die langfristigen Durchschnittskosten bei weiterer Produktionssteigerung dann doch ansteigen.

Insgesamt müssen wir also davon ausgehen, daß die **langfristigen Durchschnittskosten** bei einer Produktionssteigerung typischerweise zunächst **sinken**, dann in einem gewissen Bereich **konstant** verlaufen, und schließlich ab einer bestimmten kritischen Produktionsmenge wegen unüberwindlicher Faktorrestriktionen zu **steigen** beginnen. Dieser Verlauf ist in Abbildung 5.13 dargestellt.

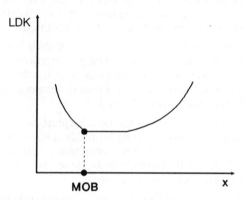

Abb. 5.13 Langfristige Durchschnittskosten und mindestoptimale Betriebsgröße (MOB)

Von besonderem Interesse ist die Produktionsmenge, ab der die langfristigen Durchschnittskosten nicht mehr sinken. Die entsprechende Betriebsgröße wird als **mindestoptimale Betriebsgröße MOB** bezeichnet (auch: minimale optimale Betriebsgröße, minimale effiziente Betriebsgröße). In Tabelle 5.2 sind einige empirische Angaben zu mindestoptimalen Betriebsgrößen in der BRD und den USA zusammengestellt.

In den **mittleren Spalten** der Tabelle 5.2 ist die **Anzahl der Betriebe** mit mindestoptimaler Betriebsgröße angegeben, die den nationalen Markt versorgen können. Wenn hier kleine Zahlen auftreten, wie z.B. für die Bundesrepublik bei

Tab. 5.2 Mindestoptimale Betriebsgröße

Wirtschaftszweig; Produkt	Anzahl der Betriebe mit MOB, die den nationalen Markt versorgen können		Stückkostenanstieg bei 1/3 der MOB in %
	USA	BRD	
Bierbrauerein	29,0	16,1	5,0
Zigaretten	15,2	2,8	2,2
Stoffe (Webereien)	451,7	52,1	7,6
Farben	69,8	8,4	4,4
Ölraffinerien	51,6	9,9	4,8
Schuhe	532,0	196,9	1,5
Glasflaschen	65,5	7,9	11,0
Zement	59,0	28,8	26,0
Rohstahl	38,9	10,1	11,0
Kugellager	72,0	n.v.	8,0
Kühlschränke	7,1	2,8	6,5
Autobatterien	53,5	10,5	4,6

Quellen: SCHERER (1980), S. 96; SCHERER u.a. (1975), S. 80, 94; zitiert nach: FRANKE (1992), S. 155; STOBBE (1991), S. 253.

Zigaretten und Kühlschränken, dann bedeutet das, daß der Markt unter Kostengesichtspunkten effizient von nur wenigen Betrieben zu versorgen ist. In der Bundesrepublik wird die nationale Kühlschrankproduktion z.b. am billigsten von nur 2,8 Betrieben hergestellt. In der **rechten Spalte** ist angegeben, um wieviel die **Durchschnittskosten ansteigen**, wenn mehr Betriebe die Produktion aufnehmen und dadurch die Betriebsgröße auf 1/3 der MOB sinkt. Werden z.B. in der Bundesrepublik Kühlschränke von mehr als 2,8 Betrieben hergestellt und sinkt dadurch die Betriebsgröße auf 1/3 der MOB, dann steigen die Durchschnittskosten um 6,5%.

Der extreme Fall der sinkenden Durchschnittskosten ist das **natürliche Monopol**. Der Markt wird dann am billigsten von nur einem einzigen Produzenten versorgt. Es ist ineffizient, das Gut von mehreren Betrieben herstellen zu lassen. Das natürliche Monopol wird regelmäßig mit dem bereits erwähnten Fall der **Unteilbarkeiten** in Verbindung gebracht, wo zur Bedienung auch nur kleiner Einheiten ein hoher Fixkostenapparat notwendig ist, der nicht beliebig geteilt werden kann.

Wie ist die Möglichkeit des Auftretens sinkender Durchschnittskosten zu beurteilen? Sinkende Durchschnittskosten können einen **Konflikt** zwischen dem Erfordernis nach **Kostenminimierung** und dem Erfordernis nach **Wettbewerb** heraufbeschwören. Ist die Anzahl der Betriebe mit mindestoptimaler Betriebsgröße klein, dann sind gesamtwirtschaftlich unter Kostengesichtspunkten wenige Betriebe vorteilhaft, im Extrem liegt der Fall des natürlichen Monopols vor. Dies bedeutet jedoch eine hohe Konzentration mit entsprechender Marktmacht. Der Staat ist gefordert, z.B. in Form einer wirkungsvollen Mißbrauchskontrolle oder einer staatlichen Eigenproduktion.

IV. Der optimale Produktionsplan

Auf der Grundlage der Kostenfunktionen können wir jetzt die Frage nach dem optimalen Produktionsplan der Unternehmung behandeln, d.h. die Frage nach der **gewinnmaximalen Produktionsmenge**. Wir gehen im folgenden zuerst vom Fall der vollständigen Konkurrenz aus und analysieren den optimalen Produktionsplan für die partielle Faktorvariation (kurzfristige Betrachtungsweise) und die totale Faktorvariation (langfristige Betrachtungsweise). Bei der partiellen Faktorvariation unterscheiden wir den ertragsgesetzlichen Kostenverlauf und den linearen Kostenverlauf. Im Anschluß an den Fall der vollständigen Konkurrenz wird der optimale Produktionsplan des Monopolisten behandelt.

1. Vollständige Konkurrenz

Bei der vollständigen Konkurrenz sind die Anbieter so zahlreich und so klein, daß der einzelne Anbieter einen verschwindend geringen Marktanteil hat. Außerdem sind die Güter homogen, es herrscht vollständige Markttransparenz und es gibt keine Präferenzen. Dies hat zur Folge, daß der einzelne Anbieter keinen Einfluß auf den Marktpreis ausüben kann. Unterbietet er den herrschenden Marktpreis, dann zieht er die gesamte Marktnachfrage auf sich, so daß seine Kapazitätsengpässe den Preis wieder in die Höhe treiben. Setzt er seinen Preis über den herrschenden Marktpreis, verliert er seine gesamte Kundschaft, da diese von der Konkurrenz bedient wird. Kurz: Bei vollständiger Konkurrenz ist der **Marktpreis für den einzelnen Anbieter ein Datum**, an das er sich mit seiner Produktionsmenge anpaßt. Bei vollständiger Konkurrenz ist der einzelne Anbieter **Mengenanpasser**.

a. Kurzfristige Betrachtung – Partielle Faktorvariation

(1) Ertragsgesetzlicher Kostenverlauf

Mit welcher Produktionsmenge geht der Mengenanpasser an den Markt? Hierzu überlegen wir uns zunächst die allgemeine Bedingung für das **Gewinnmaximum**. Wir haben diese Bedingung bereits ganz am Anfang dieses 3. Kapitels kennengelernt. Der Gewinn jedes Unternehmers ist die Differenz zwischen dem Erlös und den Kosten, die beide von der Produktion abhängen. Die allgemeine Bedingung für das Gewinnmaximum ist folglich, daß Grenzkosten und Grenzerlös gleich sind (vgl. Gleichung (2) am Anfang dieses 3. Kapitels). Im Fall der vollständigen Konkurrenz nimmt diese allgemeine Bedingung eine spezielle Form an. Es gilt:

$$G(x) = E(x) - K(x),$$
$$G(x) = p \cdot x - K(x),$$
$$\delta G/\delta x = p - GK = 0,$$
$$GK = p. \qquad (27)$$

Gemäß Gleichung (27) ist der Gewinn G im Fall der vollständigen Konkurrenz dann maximal, wenn die Grenzkosten GK gleich dem Preis p sind. Für den Erlös gilt $E(x) = p \cdot x$, wobei p im Fall der vollständigen Konkurrenz für den einzelnen Anbieter ein Datum ist. Für den Grenzerlös gilt also $\delta E/\delta x = p$. Jede Produktionsänderung um 1 Einheit führt zu einer Erlösänderung in Höhe des Stückpreises, da dieser bei vollständiger Konkurrenz für den einzelnen Anbieter konstant ist. Folglich ist der **Gewinn dann maximal, wenn die Grenzkosten gleich dem Preis** sind. Dies ist die Grenzkosten-Preis-Regel.

Wir wollen uns nun speziell mit dem Anbieterverhalten bei einem ertragsgesetzlichen Kostenverlauf beschäftigen. Der optimale Produktionsplan kann anhand der Abbildung 5.14 erläutert werden.

Die Kostenverläufe in Abbildung 5.14 entsprechen den Kostenverläufen, die bereits oben in Abbildung 5.7 erläutert worden sind. Hier sind jetzt lediglich noch die Erlösfunktion und die Gewinnfunktion hinzugekommen.

Im oberen Teil der Abbildung 5.14 sind die Erlösfunktion $E = p_1 \cdot x$, die Kostenfunktion $K(x)$ und die Gewinnfunktion $G(x)$ eingezeichnet. Die Erlöse steigen linear mit der Produktion. Jede produzierte Einheit kann zum konstanten Preis p_1 verkauft werden. Der Kostenverlauf ist ertragsgesetzlich. Bei Produktionsmengen unter x_1 entstehen Verluste, da die Kosten höher sind als die Erlöse. Ab x_1 entsteht ein Gewinn. Der Gewinn steigt zunächst bei steigender Produktion, durchschreitet bei x_4 ein Maximum, sinkt sodann und kehrt sich ab der Produktionsmenge x_5 wieder in einen Verlust um. Wodurch ist die gewinnmaximale Produktionsmenge x_4 gekennzeichnet? Die Steigung der Kostenfunktion ist hier gleich der Steigung der Erlösfunktion, d.h. hier ist die Grenzkosten-Preis-Regel $GK = p_1$ erfüllt.

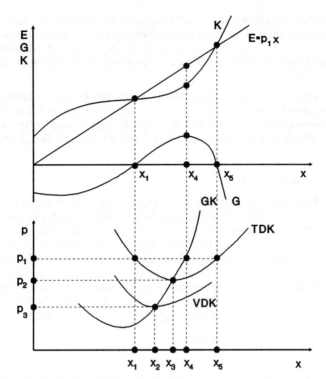

Abb. 5.14 Optimaler Produktionsplan des Mengenanpassers mit ertragsgesetzlichem Kostenverlauf

Im unteren Teil der Abbildung 5.14 sind die Funktionen der Grenzkosten GK(x), der totalen Durchschnittskosten TDK(x) und der variablen Durchschnittskosten VDK(x) eingezeichnet. Herrscht am Markt der Preis p_1, dann ist der Gewinn bei der Produktion x_4 maximal, da hier die Grenzkosten gleich dem Preis p_1 sind. Bei den Produktionsmengen x_1 und x_5 ist der Gewinn bei einem Preis p_1 Null. Bei diesen Mengen reicht der Preis p_1 gerade aus, um die Durchschnittskosten zu decken.

Wie verhält sich der Anbieter, wenn der Marktpreis sich ändert? Dann ändert sich der Schnittpunkt zwischen Preisgerade und Grenzkostenkurve. Der Anbieter **reagiert also auf Preisänderungen mit seiner Produktion entlang seiner Grenzkostenkurve.** Nehmen wir an, der Preis sinkt. Dann nimmt der Anbieter entlang seiner Grenzkosten die Produktion zurück. Wie weit kann der Preis sinken, bis die Produktion völlig eingestellt wird? Beim Preis p_2 entsteht kein Gewinn mehr, da hier (genau wie bei den Mengen x_1 und x_5 beim Preis p_1) der Preis gleich den totalen Durchschnittskosten ist. Dieser Preis p_2 muß auf Dauer, d.h. langfristig, mindestens zur Kostendeckung erzielt werden. Sinkt der Preis unter p_2, dann ist die Produktion auf Dauer nicht mit Gewinn möglich und wird daher eingestellt. Kurzfristig ist es für den Unternehmer aber sinnvoll, auch noch bei Preisen zwischen p_3 und p_2 zu produzieren. Denn Preise in diesem Bereich liegen noch über den variablen Durchschnittskosten und decken somit teilweise die auch bei Produktionsstillstand anfallenden Fixkosten. Es wird bei Produktion zu diesen Preisen gewissermaßen kurzfristig eine Verlustminimierung betrieben. Jedoch muß bei Preisen unterhalb p_2 auf Dauer die Produktion eingestellt werden, da ja Verluste entstehen. Sinkt der Preis auch noch unter p_3, dann wird auch kurzfristig nicht produziert. Das Produktionsniveau x_2 ist das **Betriebsminimum (auch: Produktionsschwelle)**. Das Produktionsniveau x_3 wird auch als **Betriebsoptimum** bezeichnet.

Insgesamt können wir also sagen, daß der **aufsteigende Ast der Grenzkostenkurve die Angebotsfunktion liefert**. Diese Angebotsfunktion hat **kurzfristig** ihren Beginn im **Minimum der variablen Durchschnittskosten**. In **langfristiger** Betrachtung beginnt die Angebotsfunktion im **Minimum der totalen Durchschnittskosten**.

(2) Linearer Kostenverlauf

Mit welcher Produktionsmenge geht der Mengenanpasser mit einem linearen Kostenverlauf an den Markt? Ein linearer Kostenverlauf liegt z.b. bei einer limitationalen Produktionsfunktion vor. Die grafische Darstellung der entsprechenden Kostenverläufe haben wir bereits oben in Abbildung 5.9 kennengelernt. Die **Grenzkosten sind konstant und gleich den variablen Durchschnittskosten**. Für einen linearen Verlauf der Gesamtkosten gilt natürlich bei vollständiger Konkurrenz auch die Grenzkosten-Preis-Regel. Damit wird die Gewinnmaximierungsbedingung problematisch, da Gleichheit von zwei Größen verlangt wird, die konstant sind. Es sind 3 Fälle möglich, die wir wie folgt erläutern wollen.

Der Gewinn des Unternehmers ist:

$$G = E - K.$$

Im Fall des linearen Kostenverlaufs gilt:

$$K = FK + VDK \cdot x.$$

Also gilt für den Gewinn:

$$G = p \cdot x - FK - VDK \cdot x,$$
$$G = -FK + x \cdot (p - VDK),$$
$$G = -FK + x \cdot (p - GK). \qquad (28)$$

Erstens ist es möglich, daß der **Preis kleiner ist als die Grenzkosten**. Gemäß Gleichung (28) macht der Unternehmer dann nur Verluste. Die **Produktion unterbleibt** also.

Zweitens ist es möglich, daß **Preis und Grenzkosten gleich** sind. Gemäß Gleichung (28) fällt dann ein Verlust in Höhe der Fixkosten an. Es ist also kurzfristig gleichgültig, ob produziert wird oder nicht. Es entsteht auf jeden Fall ein Verlust in Höhe der Fixkosten. Auf Dauer wird die Produktion unterlassen, da Verluste entstehen.

Drittens ist es möglich, daß der **Preis über den Grenzkosten** liegt. Gleichung (28) macht deutlich, daß der Unternehmer in diesem Fall seinen Gewinn durch jede zusätzlich produzierte Einheit um die Differenz zwischen Preis und Grenzkosten steigern kann. Stünden unbegrenzte Kapazitäten zur Verfügung, würde der Unternehmer die Produktion endlos ausdehnen. Das ist natürlich nicht möglich. Die Produktion wird in diesem Fall einfach **bis an die Kapazitätsgrenze** hochgefahren. Falls die Deckungsbeiträge (in Gleichung (28) zweiter Summand) noch nicht zur vollständigen Fixkostendeckung ausreichen, ist eine Produktion kurzfristig sinnvoll, da kurzfristig der Verlust kleiner ist als bei Produktionsstillstand.

b. Verschiedene Formulierungen der Bedingungen für das Gewinnmaximum

Wir haben bisher die Bedingung für das Gewinnmaximum in der einfachen Form Grenzkosten = Preis kennengelernt. Wir wollen nunmehr im folgenden eine allgemeine Herleitung und daraus resultierende verschiedene Formulierungen der Bedingung für das Gewinnmaximum erläutern.

Man kann die Maximierung des Gewinns durch den Unternehmer formal als das gleiche Problem behandeln wie die Maximierung des Nutzens durch den privaten Haushalt. In der Haushaltstheorie geht es um die Maximierung des Nutzens unter der Nebenbedingung der Einkommensgleichung. In der Unternehmenstheorie geht es um die Maximierung des Gewinns unter der Nebenbedingung der Produktionsfunktion. Wir können diese Aufgabe wie folgt formulieren:

Zielfunktion: $G = p \cdot x - \Sigma q_i \cdot v_i = \max!$,
Nebenbedingung: $x = x(v_i)$, $i = 1, ..., n$.

Die Symbole haben die bisherigen Bedeutungen. Der Produktpreis und die Faktorpreise sind wegen vollständiger Konkurrenz auf den Güter- und Faktormärkten gegeben. Die Zielfunktion beschreibt den Gewinn als Differenz zwischen Erlös und Kosten. Die Nebenbedingung beschreibt die Produktionsfunktion.

Für die LAGRANGE-Funktion (λ = LAGRANGE-Multiplikator) gilt:

$L = p \cdot x - \Sigma q_i \cdot v_i + \lambda \cdot [x - x(v_i)]$.

Die partiellen Ableitungen der LAGRANGE-Funktion werden Null gesetzt. Daraus ergibt sich:

$\delta x / \delta v_i = q_i / p$, $i = 1, ..., n$. (29)

Diese Bedingung kann in dreifacher Weise interpretiert werden.

Erstens bringt Gleichung (29) zum Ausdruck, daß für das Gewinnmaximum die **reale Grenzproduktivität gleich den realen Faktorkosten** sein muß. Die Größe $\delta x / \delta v_i$ ist die reale Produktivität des Faktors i, und q_i/p ist der reale Faktorpreis des Faktors i. Die Aussage ist einfach die, daß der Gewinn durch Mehreinsatz eines Faktors so lange noch gesteigert werden kann, so lange dieser Mehreinsatz real noch mehr erbringt als er real kostet.

Zweitens kann Gleichung (29) auch wie folgt geschrieben werden:

$(\delta x / \delta v_i) \cdot p = q_i$, $i = 1, ..., n$. (30)

Gleichung (30) ist eine nominale Formulierung der Gewinnmaximierungsbedingung. Jetzt lautet die Bedingung, daß das **Wertgrenzprodukt gleich dem Faktorpreis** sein muß. Die Größe $(\delta x / \delta v_i) \cdot p$ ist die mit dem Produktpreis bewertete

Faktorgrenzproduktivität, genannt das Wertgrenzprodukt. Die Größe q_i ist der nominale Faktorpreis. Die Aussage ist die, daß der Gewinn so lange noch gesteigert werden kann, so lange durch einen Mehreinsatz eines Faktors der nominale Erlös noch mehr ansteigt als die nominalen Kosten. Auch dies leuchtet unmittelbar ein.

Formuliert man Gleichung (30) für zwei Faktoren i und j und dividiert diese beiden Bedingungen, dann ergibt sich:

$$(\delta x/\delta v_i)/(\delta x/\delta v_j) = - dv_j/dv_i = q_i/q_j.$$

Dies ist die Minimalkostenkombination (vgl. Gleichung (26) oben). Die Gewinnmaximierungsbedingung (29) impliziert also die Minimalkostenkombination.

Schließlich kann man drittens die Gleichung (29) auch nach p auflösen und über alle Faktoren summieren. Dies ergibt:

$$p = \Sigma q_i \cdot (\delta v_i/\delta x). \qquad (31)$$

Gleichung (31) besagt, daß der **Preis gleich den Grenzkosten** sein muß. In Gleichung (31) stellt der Ausdruck auf der rechten Seite die Grenzkosten dar. Die Größe $\delta v_i/\delta x$ ist ein Ausdruck für die realen Grenzkosten, die durch eine zusätzliche Produktion δx entstehen, wenn der Faktor i im Umfang δv_i verstärkt eingesetzt wird. Multiplikation mit dem Faktorpreis q_i ergibt die nominalen Grenzkosten dieses Faktormehreinsatzes. Aufsummierung über alle Faktoren ergibt die durch vermehrten Einsatz mehrerer Faktoren insgesamt entstehenden Grenzkosten. Gleichung (31) ist also lediglich eine andere Formulierung der bereits bekannten Grenzkosten-Preis-Regel.

c. Langfristige Betrachtung – Totale Faktorvariation

Wir haben bisher eine kurzfristige Betrachtungsweise unterstellt, d.h. eine partielle Faktorvariation. Wir fragen nun, wie der optimale Produktionsplan in langfristiger Sicht, d.h. bei totaler Faktorvariation aussieht.

Auch bei totaler Faktorvariation gilt bei vollständiger Konkurrenz die Gewinnmaximierungsbedingung Grenzkosten = Preis. Die nun zusätzlich auftretende Frage ist lediglich, **wie die Grenzkosten bei totaler Faktorvariation verlaufen**. Wir haben uns mit diesem Problem des langfristigen Kostenverlaufs weiter oben in den Ziffern III.3-III.5 dieses Kapitels bereits ausführlich beschäftigt. Die langfristigen Durchschnittskosten sinken bis zur mindestoptimalen Betriebsgröße, können danach eine gewisse Zeit konstant verlaufen und steigen dann wegen unvermeidlicher Faktorrestriktionen an. Welche Konsequenzen ergeben sich daraus für das Anbieterverhalten bei vollständiger Konkurrenz?

Bei sinkenden langfristigen Durchschnittskosten liegen die ebenfalls **sinkenden Grenzkosten unterhalb der Durchschnittskosten** (vgl. z.B. Abbildung 5.11). Die Gewinnmaximierungsbedingung Grenzkosten = Preis führt also hier zu **Verlusten**, da die Verkaufspreise zur Deckung der Durchschnittskosten nicht ausreichen. Die **Produktion unterbleibt**. Auf Märkten, auf denen die Gesamtnachfrage kleiner ist als die mindestoptimale Betriebsgröße, kommt also bei vollständiger Konkurrenz kein Angebot zustande. Der Anbieter macht wegen der Grenzkosten-Preis-Regel Verluste. Wir haben den Fall des **natürlichen Monopols** vor uns.

Das Problem besteht darin, daß der Markt am kostengünstigsten von einem einzigen Anbieter versorgt wird. Im Fall der vollständigen Konkurrenz unterbleibt aber die Produktion. Die mit dieser Problematik zusammenhängenden Fragen betreffen insbesondere die Rolle des Staates bei der Sicherung solcher Produktionen. Wir werden uns hiermit im 8. Kapitel näher beschäftigen. Im Moment genügt die Erkenntnis, daß im Fall sinkender Durchschnittskosten bei vollständiger Konkurrenz die Produktion unterbleibt, da keine Gewinne erzielt werden.

Im Bereich konstanter langfristiger Durchschnittskosten haben wir den gleichen Sachverhalt vor uns, den wir für den Fall eines linearen Kostenverlaufs bei der kurzfristigen Betrachtung bereits kennengelernt haben. Lineare Gesamtkosten bedeuten außer konstanten Durchschnittskosten auch **konstante Grenzkosten**. Je nachdem, ob der Preis unter oder über den Grenzkosten liegt, produziert der Unternehmer nichts oder er fährt die Produktion bis an seine Kapazitätsgrenze hoch. Dann beginnen jedoch auch in langfristiger Sicht die Durchschnittskosten wegen der Faktorrestriktionen zu steigen.

Im Falle steigender langfristiger Durchschnittskosten **steigen auch die Grenzkosten**. Hier bedeutet die Grenzkosten-Preis-Regel, daß der Unternehmer die Produktion bis zu dem Punkt ausdehnt, bei dem die Grenzkosten gleich dem Preis sind. Der ansteigende Ast der Grenzkostenkurve oberhalb des Minimums der Durchschnittskosten ist die Angebotsfunktion des Unternehmers.

2. Monopol

Wir wenden uns nun der Frage zu, wie der optimale Produktionsplan eines Monopolisten aussieht. Bisher haben wir die Marktform der vollständigen Konkurrenz unterstellt, in der der einzelne Anbieter wegen seines verschwindend geringen Marktanteils mit seinem Angebot keinen Einfluß auf den Preis ausüben kann. Jetzt gehen wir davon aus, daß dies sehr wohl möglich ist. Im Extremfall hat der Unternehmer einen Marktanteil von 100%. Diesen Fall des Monopolisten wollen wir jetzt näher untersuchen. Der **optimale Produktionsplan des Monopolisten** kann anhand der Abbildung 5.15 erläutert werden.

In Abbildung 5.15 ist für den Monopolisten ein ertragsgesetzlicher Kostenverlauf angenommen worden, wie er in Abbildung 5.7 erläutert worden ist. Das ist nicht unbedingt notwendig. Man kann auch einen linearen Kostenverlauf annehmen. Die wesentlichen Aussagen der Analyse bleiben davon unberührt.

Im oberen Teil der Abbildung 5.15 sind die Kostenfunktion K (x) und die Erlösfunktion $E = p(x) \cdot x$ eingezeichnet. Eine Gewinnfunktion G (x) ist wegen der Übersichtlichkeit nicht eingezeichnet. Die Erlöse nehmen bei steigendem Absatz zunächst zu und sinken sodann nach Durchlaufen eines Maximums. Dies liegt an dem fallenden Verlauf der Preis-Absatz-Funktion PAF des Monopolisten (vgl. im unteren Teil der Abbildung 5.15). Der Monopolist übt durch eine Variation seines Angebots einen Einfluß auf den Preis aus. Mit steigender Produktion verfallen die Preise entsprechend der Nachfragesituation am Markt, charakterisiert durch die PAF. Der Monopolgewinn ist dort maximal, wo die Differenz zwischen Erlös und Kosten maximal ist. Dies ist bei der Produktion x_c der Fall. Wodurch ist diese gewinnmaximale Produktionsmenge gekennzeichnet? Die Steigung der Erlösfunktion ist hier gleich der Steigung der Kostenfunktion. Es gilt:

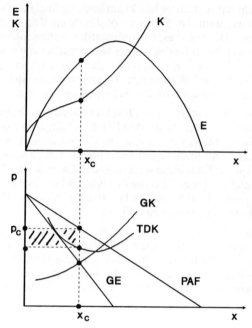

Abb. 5.15 Optimaler Produktionsplan des Monopolisten

$$G(x) = E(x) - K(x),$$
$$dG/dx = dE/dx - dK/dx = 0,$$
$$GK(x) = GE(x). \tag{32}$$

Gleichung (32) ist die Gewinnmaximierungsbedingung für den Monopolisten. Der Gewinn ist maximal, wenn die **Grenzkosten gleich dem Grenzerlös** sind. Der Gewinn kann noch so lange gesteigert werden, so lange durch eine zusätzliche Produktion die Erlöse mehr zunehmen als die Kosten. Dies ist im Prinzip die gleiche Aussage wie im Fall der vollständigen Konkurrenz. Bei der vollständigen Konkurrenz ist lediglich der Grenzerlös konstant gleich dem Preis, so daß in diesem Fall die Gleichung (32) zu der bereits bekannten Grenzkosten-Preis-Regel wird.

Man kann sich diesen Sachverhalt auch im unteren Teil der Abbildung 5.15 verdeutlichen. Dort sind neben der PAF die Grenzerlösfunktion GE eingezeichnet und die Funktionen der Grenzkosten GK und der totalen Durchschnittskosten TDK. Die Grenzerlösfunktion schneidet die x-Achse bei der halben Sättigungsmenge. Das Gewinnmaximum liegt dort, wo **Grenzkosten und Grenzerlös** gleich sind. Der Preis, den der Monopolist verlangt, ist p_c. Man nennt den Punkt auf der PAF auch den COURNOTschen Punkt. Das schraffierte Rechteck kennzeichnet den Monopolgewinn. Der Abstand zwischen dem COURNOTschen Punkt und den totalen Durchschnittskosten ist der Stückerlös, den der Monopolist über seine Stückkosten hinausgehend erzielt. Multiplikation mit der Produktionsmenge x_c ergibt den Gesamterlös, der die Gesamtkosten des Monopolisten übersteigt und somit den Monopolgewinn darstellt.

Im Gegensatz zum Mengenanpasser verlangt also der Anbieter im Monopol einen **Preis, der die Grenzkosten übersteigt**. Gesamtwirtschaftlich ist diese Monopolsituation der Situation bei vollständiger Konkurrenz unterlegen. Wir werden uns mit diesem Aspekt des Monopols weiter unten im 6. Kapitel näher beschäftigen.

V. Güterangebot und Faktornachfrage der Unternehmung

Wir können nunmehr abschließend die zu Beginn dieses Kapitels aufgeworfenen Fragen beantworten. Wir wollen im Ergebnis herausarbeiten, von welchen Einflußgrößen das Güterangebot und die Faktornachfrage der Unternehmung abhängen.

1. Güterangebot

Wie sieht die Angebotsfunktion der Unternehmung aus? Für den Fall der vollständigen Konkurrenz haben wir erfahren, daß die Bedingung Grenzkosten = Preis erfüllt sein muß. Daraus ergibt sich als Konsequenz, daß der ansteigende Ast der Grenzkostenkurve oberhalb des Minimums der Durchschnittskosten die Angebotsfunktion ist. Weiterhin haben wir festgestellt, daß das Niveau der Grenzkosten positiv von den Faktorkosten abhängt (vgl. Gleichung (31) oben). Werden die Produktionsfaktoren z.B. teurer, dann erhöht sich das gesamte Kostenniveau der Unternehmung und das Angebot wird somit bei gegebenem Produktpreis eingeschränkt. Die Angebotsfunktion ist schematisch dargestellt in Abbildung 5.16, wobei zur Vereinfachung ein linearer Verlauf gewählt wurde.

Für die **Güterangebotsfunktion des Mengenanpassers** gilt:

mit
$$x^s = x^s(p, q) \tag{33}$$
$$\delta x/\delta p > 0, \quad \delta x/\delta q < 0.$$

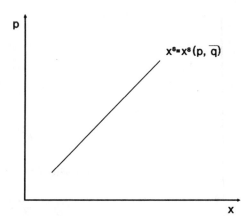

Abb. 5.16 Güterangebotsfunktion des Mengenanpassers

Die Angebotsfunktion (33) beschreibt die Normalreaktion des Güterangebots des Mengenanpassers auf Änderungen des Produktpreises und der Faktorpreise. Das hochgestellte s steht für supply = Angebot. Das **Angebot ist positiv abhängig vom Produktpreis und negativ abhängig von den Faktorpreisen**. Die positive Angebotsreaktion auf Produktpreisänderungen ist in Abbildung 5.16 eine Bewegung auf der Angebotsfunktion. Die negative Reaktion des Angebots auf Faktorpreisänderungen ist in Abbildung 5.16 eine Verschiebung der Angebotsfunktion.

Diese Aussagen gelten für den Fall der vollständigen Konkurrenz. Für den Monopolisten können für den Normalfall ganz analoge Reaktionen abgeleitet werden, indem man in Abbildung 5.15 eine Verschiebung der Nachfrage (Änderung des Produktpreises) bzw. der Grenzkostenfunktion (Änderung der Faktorpreise) vornimmt. Dies gilt auch für die folgende Erläuterung der Faktornachfragefunktion der Unternehmung.

2. Faktornachfrage

Für die Faktornachfrage erinnern wir uns an die Gewinnmaximierungsbedingung bei vollständiger Konkurrenz in Form der Gleichung (30). Hiernach muß das Wertgrenzprodukt gleich dem Faktorpreis sein. Bei steigendem Faktoreinsatz sinkt die Grenzproduktivität und damit bei gegebenem Produktpreis auch das Wertgrenzprodukt. Die sinkende Wertgrenzprodukt-Funktion kann somit als Nachfragefunktion der Unternehmung nach dem jeweiligen Produktionsfaktor in Abhängigkeit von dessen Preis interpretiert werden. Die Unternehmung fragt bei gegebenem Produktpreis nur dann mehr von einem Produktionsfaktor nach, wenn dessen Preis sinkt. Dies rührt daher, daß die Grenzproduktivität bei steigendem Faktoreinsatz sinkt. Außerdem übt gemäß Gleichung (30) auch der Produktpreis einen Einfluß auf das Wertgrenzprodukt aus, und zwar einen positiven. Zwischen Faktornachfrage und Produktpreis besteht also eine positive Abhängigkeit. Die Faktornachfragefunktion ist schematisch dargestellt in Abbildung 5.17, wobei zur Vereinfachung ein linearer Verlauf gewählt wurde.

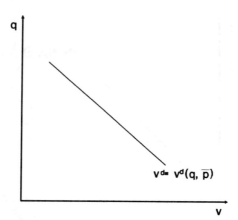

Abb. 5.17 Faktornachfragefunktion des Mengenanpassers

Für die **Faktornachfragefunktion des Mengenanpassers** gilt:

mit
$$v^d = v^d(q, p) \tag{34}$$
$$\delta v/\delta q < 0, \quad \delta v/\delta p > 0.$$

Die Nachfragefunktion (34) beschreibt die Normalreaktion der Faktornachfrage des Mengenanpassers auf Änderungen des Faktorpreises und des Produktpreises. Das hochgestellte d steht für demand = Nachfrage. Die **Faktornachfrage ist negativ abhängig vom Faktorpreis und positiv abhängig vom Produktpreis.** Die negative Nachfragereaktion auf Faktorpreisänderungen ist in Abbildung 5.17 eine Bewegung auf der Nachfragefunktion. Die positive Reaktion der Faktornachfrage auf eine Änderung des Produktpreises ist in Abbildung 5.17 eine Verschiebung der Nachfragefunktion.

VI. Zusammenfassung

Der Unternehmer ist **Gewinnmaximierer**. Auf den **Produktmärkten** ist der Unternehmer Produzent und Anbieter von Produkten. Die Produktion ist positiv abhängig von den eingesetzten Produktionsfaktoren und wird durch **Produktionsfunktionen** beschrieben. Aus den Produktionsfunktionen ergeben sich die **Kostenfunktionen**. Der typische langfristige **Durchschnittskostenverlauf** ist zunächst sinkend, dann konstant, und schließlich wegen Faktorrestriktionen ansteigend. Liegt die Nachfrage unter der **mindestoptimalen Betriebsgröße** (natürliches Monopol), kann es zu einem Konflikt zwischen dem Erfordernis nach Kostenminimierung und dem Erfordernis nach Wettbewerb kommen. In der **vollständigen Konkurrenz** ist der Unternehmer Mengenanpasser. Die Gewinnmaximierungsbedingung lautet Grenzkosten = Preis. Für den **Monopolisten** lautet die Gewinnmaximierungsbedingung Grenzkosten = Grenzerlös. Im Monopol liegt der Preis über den Grenzkosten. Das **Angebot des Unternehmers** auf den Produktmärkten ist positiv vom Produktpreis abhängig und negativ von den Faktorpreisen. Auf den **Faktormärkten** ist der Unternehmer Nachfrager nach Produktionsfaktoren. Die **Nachfrage des Unternehmers** nach Produktionsfaktoren ist negativ vom Faktorpreis abhängig und positiv vom Produktpreis.

Literatur zum 5. Kapitel

Überblick:

Gabisch, G.: Haushalte und Unternehmen. In: D. Bender u.a.: Vahlens Kompendium der Wirtschaftstheorie und Wirtschaftspolitik. Band 2. 4. Aufl. München 1990. S. 29-57.

Lehrbücher:

Böventer, E. von u.a.: Einführung in die Mikroökonomie. 7. Aufl. München 1991. S. 141-238.

Fehl, U. und **P. Oberender**: Grundlagen der Mikroökonomie. Eine Einführung in die Produktions-, Nachfrage- und Markttheorie. Ein Lehr- und Arbeitsbuch mit Aufgaben und Lösungen. 5. Aufl. München 1992. S. 93-161.

Franke, J.: Grundzüge der Mikroökonomik. 5. Aufl. München 1992. S. 105-174, 190-197.
Helmstädter, E.: Wirtschaftstheorie. Bd. 1: Mikroökonomische Theorie. 3. Aufl. München 1983. S. 111-206.
Neumann, M.: Theoretische Volkswirtschaftslehre II. Produktion, Nachfrage und Allokation. 3. Aufl. München 1991. S. 23-88.
Schumann, J.: Grundzüge der mikroökonomischen Theorie. 4. Aufl. Berlin 1984. S. 89-164.
Shephard, R. W.: Theory of cost and production functions. Princeton 1970.
Stobbe, A.: Mikroökonomik. 2. Aufl. Berlin 1991. S. 161-277.
Varian, H. R.: Microeconomic analysis. 2. Aufl. New York 1984. Übers. v. M. Weigert: Mikroökonomie. 2. Aufl. München 1985. S. 7-81.
Woll: Allgemeine Volkswirtschaftslehre. 9. Aufl. München 1987. S. 153-185.

Spezielle Themengebiete:

Produktionstheorie:

Cobb, W. und **P. Douglas**: A theory of production. In: American Economic Review. Papers and Proceedings. Bd. 18/1928. S. 139-165.
Ferguson, C. E.: The neoclassical theory of production and distribution. Cambridge 1969.
Hesse, H. und **R. Linde**: Gesamtwirtschaftliche Produktionstheorie. Teile I und II. Würzburg 1976.
Krelle, W.: Produktionstheorie. Tübingen 1969.

Kostentheorie:

Buchanan, J. M.: Cost and choice. Chicago 1969.
Demmler, H.: Einführung in die Volkswirtschaftslehre. Elementare Preistheorie. 2. Aufl. München 1991, S. 123-151.
Johnston, J.: Statistical cost analysis. New York 1960.
Müller, J. und **R. Hochreiter**: Stand und Entwicklungstendenzen der Konzentration in der Bundesrepublik Deutschland. Göttingen 1975, S. 156ff., 258ff.
Scherer, F. M.: Industrial market structure and economic performance. 2. Aufl. Chicago 1980.
Scherer, F. M. u.a.: The economics of multi-plant operation. An international comparison study. Cambridge 1975.
Walters, A. A.: Production and cost functions. An econometric survey. In: Econometrica. Bd. 31/1963. S. 1-66.

Technischer Fortschritt:

Bombach, G. und **N. Blattner**: Technischer Fortschritt. Kritische Beurteilung von Meß- und Prognosekonzepten. Göttingen 1976.

6. Kapitel:
Marktformen und Produktpreisbildung – Grundzüge der Preistheorie

I. Koordinierung durch den Markt

Wie bilden sich auf Märkten die Preise? Dies ist die zentrale Fragestellung dieses Kapitels. Zur Beantwortung können wir von den Überlegungen in den letzten beiden Kapiteln Gebrauch machen. Wir haben im 4. Kapitel (Haushaltstheorie) die Determinanten der Güternachfrage der privaten Haushalte kennengelernt. Und wir haben im 5. Kapitel (Unternehmenstheorie) die Determinanten des Güterangebots seitens der Unternehmen kennengelernt. Die pauschale Antwort auf die Frage nach der Preisbildung lautet schlicht: Angebot und Nachfrage bestimmen die Höhe des Preises. In Abbildung 6.1 ist dieses Prinzip schematisch dargestellt.

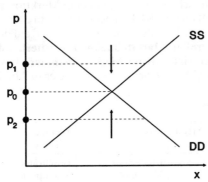

Abb. 6.1 Preisbildung

Die Angebotsfunktion SS ist positiv vom Preis abhängig. Hierin artikuliert sich die mit steigender Produktion über kurz oder lang ansteigende Kostenfunktion. Die Nachfragefunktion DD ist negativ vom Preis abhängig. Hierin artikuliert sich der mit steigendem Verbrauch sinkende Grenznutzen. Der Marktpreis, bei dem Angebot und Nachfrage gleich sind, ist der **Gleichgewichtspreis p_0**. Die Preise, die sich am Markt bilden, bewegen sich in der Tendenz auf diesen Gleichgewichtspreis hin. Bei Preisen oberhalb Gleichgewichtsniveau (z.B. p_1) liegt ein Angebotsüberschuß vor, der die Preise nach unten treibt. Bei Preisen unterhalb Gleichgewichtsniveau (z.B. p_2) liegt ein Nachfrageüberschuß vor, der die Preise in die Höhe zieht. Bei Ungleichgewichtspreisen sind die Angebots- und Nachfragepläne der Marktteilnehmer nicht koordiniert. Es existieren Überschüsse bzw. es herrscht Mangel. Die Flexibilität der Preise garantiert die **Koordinierung**. Im Gleichgewicht sind die Pläne der Marktteilnehmer miteinander kompatibel. Die Koordinierungsaufgabe ist gelöst. Die Höhe des Gleichgewichtspreises hängt ab vom Kostenniveau auf der Angebotsseite und von der Zahlungsbereitschaft auf der Nachfrageseite.

Dies ist nach den Ausführungen der letzten beiden Kapitel unmittelbar einsichtig. Vernachlässigt bleibt bei dieser pauschalen Darstellung allerdings die nähere Beschaffenheit der beiden Marktseiten Angebot und Nachfrage. Wenn auf der Angebotsseite z.b. ein Monopol vorliegt, dann wird sich ein höherer Preis ergeben als in dem Fall, in dem zahlreiche Anbieter miteinander konkurrieren. Die Preisbildung hängt also auch davon ab, durch **welche konkreten Merkmale der jeweilige Markt gekennzeichnet ist**. Im folgenden werden zunächst einige Merkmale behandelt, nach denen Märkte klassifiziert werden können. Daran anschließend beschäftigen wir uns mit der Preisbildung unter einigen verschiedenen Marktbedingungen. In einer abschließenden Ziffer beschäftigen wir uns dann mit einigen Fällen staatlicher Eingriffe in die Marktpreisbildung.

II. Marktformen und Marktverhalten

1. Anzahl der Marktteilnehmer

Ein Kriterium zur Unterscheidung verschiedener Marktformen ist die **Anzahl der Marktteilnehmer** (VON STACKELBERG, 1934). In einer Grob-Klassifikation können wir annehmen, daß auf der Angebotsseite und auf der Nachfrageseite jeweils entweder **ein großer Marktteilnehmer existiert, oder wenige mittlere Marktteilnehmer oder viele kleine Marktteilnehmer**. Wir erhalten dann das STACKELBERGsche Marktformenschema, wie es in Abbildung 6.2 dargestellt ist.

Nachfrager \ Anbieter	Ein großer	Wenige mittlere	Viele kleine
Ein großer	Bilaterales Monopol	Beschränktes Monopson	Monopson
Wenige mittlere	Beschränktes Monopol	Bilaterales Oligopol	Oligopson
Viele kleine	Monopol	Oligopol	Polypol

Abb. 6.2 Marktformen

Wir erhalten 9 verschiedene Marktformen, deren Bezeichnungen in der Abbildung 6.2 angegeben sind. Untergliedert man z.b. das Monopol und das Oligopol weiter in Teilmonopol und Teiloligopol (EUCKEN, 1940), dann erhält man bereits 25 verschiedene Marktformen. Das Schema wird schnell unübersichtlich. Die Aufgabe der Preistheorie ist es, die Preisbildung in den unterschiedlichen Marktformen zu erklären. Wie bereits angedeutet, ergibt sich z.B. im Monopol aufgrund der Machtstellung des alleinigen Anbieters ein höherer Preis als in der Marktform des Polypols, in der viele kleine Anbieter in Konkurrenz zueinander stehen. Wir gehen an dieser Stelle noch nicht weiter auf den Prozeß der Preisbildung ein. Es soll zunächst lediglich gezeigt werden, welche Marktformen sich aufgrund verschiedener Kriterien, hier des Kriteriums **Anzahl der Marktteilnehmer**, unterscheiden lassen.

2. Marktvollkommenheit

Neben der Anzahl der Marktteilnehmer können Märkte auch danach unterschieden werden, ob sie **vollkommene Märkte oder unvollkommene Märkte** sind. Der Vollkommenheitsgrad eines Marktes hängt von verschiedenen Merkmalen ab.

Erstens ist ein vollkommener Markt dadurch gekennzeichnet, daß die gehandelten Güter **homogen** sind. Homogenität bedeutet, daß die Güter von den Nachfragern in jeder Beziehung als gleich gut eingeschätzt werden, d.h. vollständig substituierbar sind.

Zweitens bestehen zwischen Anbietern und Nachfragern **keine sachlichen, räumlichen, zeitlichen oder persönlichen Präferenzen**. Der Kunde kauft also z.B. nicht nur wegen der attraktiven Verkäuferin in einem ganz bestimmten Bekleidungsgeschäft seinen Anzug. Dies ist eine persönliche Präferenz, die erhebliche Preisunterschiede ansonsten gleichartiger Güter begründen kann. Auf einem vollkommenen Markt gibt es solche Präferenzen nicht.

Drittens ist ein vollkommener Markt durch vollständige **Markttransparenz** gekennzeichnet. Das heißt, daß sämtliche Marktteilnehmer vollständige und gleichartige Informationen über das Marktgeschehen besitzen. Ist dies auf einem auch ansonsten vollkommenen Markt der Fall, dann können z.B. Preisunterschiede nicht bestehen. Wenn vollständige Markttransparenz gegeben ist, dann kann ein gebrauchter BMW im Westen der Stadt nicht das 3fache dessen kosten, was er im Osten der Stadt kostet. Nachfrager und Händler werden sehr schnell für einen Preisausgleich sorgen.

Sind diese Kriterien erfüllt, dann wird der Markt in Anlehnung an W. S. JEVONS (1835-1882) in der Volkswirtschaftslehre teilweise bereits als vollkommener Markt bezeichnet. Auf solchen Märkten gilt das **JEVONSsche Indifferenzgesetz (auch: Gesetz der Unterschiedslosigkeit der Preise)**, wonach es auf vollkommenen Märkten **keine Preisunterschiede** geben kann. Je mehr ein Markt unvollkommen ist, desto mehr sind dauerhafte Preisunterschiede aufgrund von Präferenzen und/oder unvollständigen Informationen möglich. In der Realität kommen börsenmäßig organisierte Märkte dem Bild des vollkommenen Marktes ziemlich nahe. Der Devisenmarkt ist z.B. ein solcher Markt. Man kann dies daran erkennen, daß z.B. der DM-Dollar-Kurs in Frankfurt/Main nicht vom DM-Dollar-Kurs in New York oder in Tokyo abweichen kann.

Teilweise werden noch weitere Kriterien für den Vollkommenheitsgrad eines Marktes angeführt.

Ein viertes Kriterium der Vollkommenheit ist die **Offenheit** des Marktes. Auf einem offenen Markt herrscht freier Marktzugang für potentielle Konkurrenten. Der Gegensatz ist ein geschlossener Markt. Hier erschweren Eintrittshemmnisse dem Newcomer den Marktzugang bis hin zur Unmöglichkeit, in den Markt einzudringen. Solche Eintrittshemmnisse können institutioneller Art sein, wie z.B. Kammern, Verbände, staatliche Zugangsbeschränkungen in Form von Eignungsprüfungen, Importbeschränkungen, Gewerbeaufsicht usw. Die Eintrittshemmnisse können aber auch ökonomische Ursachen haben. Hierbei denkt man insbesondere an den Fall des natürlichen Monopols. Für einen potentiellen Konkurrenten kann der unteilbare Fixkostenapparat, der mindestens erstellt werden muß (z.B. die zu verlegenden Schienen für einen Eisenbahnbetrieb), zu einem unüberwindlichen Markteintrittshemmnis werden. Tendenziell kann man sagen, daß die Marktpreise um so niedriger sind, je offener der Markt ist. Geschlossene Märkte erlauben die Durchsetzung monopolistisch überhöhter Preise.

Schließlich wird als fünftes Kriterium der Marktvollkommenheit die **Dauer** des Marktgleichgewichts angesehen. Langfristig sind Märkte vollkommener als kurzfristig. So ist z.b. ein Marktzugang, der überhöhte Preise verhindert, langfristig eher möglich als kurzfristig. Und so verschwinden z.b. Informationsmängel, die kurzfristig eine Marktunvollkommenheit begründen können, mit der Zeit.

Zusammenfassend können wir sagen, daß auf einem Markt die Preise im Niveau um so höher und in der Differenzierung um so unterschiedlicher sind, je unvollkommener der Markt ist. Die Vollkommenheit des Marktes hängt positiv ab von der Homogenität, dem Fehlen von Präferenzen, der Markttransparenz, der Offenheit und der Dauer.

3. Verhalten der Marktteilnehmer

Das Marktgeschehen und damit die Preisgestaltung wird außer von der Anzahl der Marktteilnehmer und dem Vollkommenheitsgrad des Marktes auch noch beeinflußt von den **Verhaltensweisen der Marktteilnehmer**. Ein aggressiver Wettbewerber entwickelt u.U. die Verhaltensweise, seine Konkurrenten auszuschalten, um anschließend Monopolpreise durchdrücken zu können. Auf einem solchen Markt sind die Preise tendenziell höher (kurzfristig können sie wegen der Dumping-Aktionen des Aggressors niedriger sein) als auf einem Markt, auf dem die Konkurrenten sich in friedlicher Koexistenz um die Gunst der Kunden bemühen.

Die Verhaltensweisen können unterschieden werden in **Anpassung, Strategie und Kooperation**.

Die Verhaltensweise der **Anpassung** ist dadurch gekennzeichnet, daß der einzelne Marktteilnehmer keine Möglichkeit hat und auch keine Versuche unternimmt, Marktgrößen wie z.B. den Preis durch eigene Aktionen zu beeinflussen. Er paßt sich passiv an die herrschenden Marktverhältnisse an. Die Anpassung ist die typische Verhaltensweise im Polypol. Hier ist der Marktanteil des einzelnen Anbieters so gering, daß er den Marktpreis als Datum akzeptiert. Teilweise wird diese Marktform auch als ein „Schlafmützenwettbewerb" bezeichnet.

Die Verhaltensweise der **Strategie** ist durch zwei Elemente gekennzeichnet. Erstens kann der einzelne Marktteilnehmer durch eigene Aktionen Marktgrößen wie z.B. den Preis beeinflussen. Und zweitens muß der einzelne Marktteilnehmer bei seinen Aktionen mit Reaktionen anderer Marktteilnehmer rechnen, die er in seiner Strategie mit zu berücksichtigen hat. So kann z.B. der Monopolist durch seine Menge den Marktpreis beeinflussen. Er muß aber mit Reaktionen der Nachfrager auf Preisänderungen rechnen, die er bei der Aufstellung seines optimalen Produktionsplans berücksichtigen muß. Im Oligopol kann der Anbieter den Preis ebenfalls beeinflussen. Gerade in dieser Marktform muß der Anbieter aber mit Reaktionen seiner Konkurrenten rechnen, die er bei seinen Aktionen zu berücksichtigen hat. Kurzfristig können die Nachfrager im Oligopol in den Genuß niedriger Preise kommen, die durch Preisunterbietungsaktionen der miteinander konkurrierenden Anbieter ausgelöst werden. Langfristig führen solche Aktionen jedoch häufig zu Kartellen mit hohen Preisen.

Bei der Verhaltensweise der **Kooperation** steht das gemeinsame Handeln im Vordergrund. Häufig haben Kooperationen lediglich zum Ziel, den Wettbewerb zu beschränken. Durch Absprachen, wettbewerbsbeschränkende Verträge und ähnliche Kooperationen sollen Marktmachtpositionen aufgebaut werden, um für die Anbieter relativ hohe Preise durchsetzen zu können. Auch auf der Nachfrageseite kann es zu Kooperationen kommen, um Nachfragemacht auszuüben zur Durchsetzung niedriger Preise für die Abnehmer.

Die Verhaltensweisen der Marktteilnehmer üben also einen nicht unerheblichen Einfluß auf die Höhe der Preise aus.

III. Vollständige Konkurrenz

1. Marktform

Die Marktform der vollständigen Konkurrenz zeichnet sich durch zwei Merkmale aus. Erstens handelt es sich um ein **Polypol** mit vielen kleinen Anbietern und Nachfragern. Der Marktanteil des einzelnen ist verschwindend gering. Zweitens liegt ein **vollkommener Markt** vor mit der Folge eines einheitlichen Preises. In der vollständigen Konkurrenz ist der Preis für den einzelnen Marktteilnehmer ein Datum, an das er sich anpaßt. Der Anbieter in der vollständigen Konkurrenz ist ein **Mengenanpasser**.

Wir wollen im folgenden untersuchen, auf welcher Höhe sich unter diesen Bedingungen die Marktpreise einpendeln. Bilden sich zum Nachteil der Nachfrager Preise weit über den Produktionskosten? Oder besorgt der Mechanismus der vollständigen Konkurrenz Preise, die auf möglichst niedrigem Niveau lediglich die Produktionskosten widerspiegeln?

Natürlich muß man sich darüber im klaren sein, daß die Bedingungen der vollständigen Konkurrenz in der Realität nur recht selten erfüllt sind. Die genannten Annahmen sind zu restriktiv, als daß sie zur Erklärung der Realität dienen könnten. Es gibt nur wenige Märkte, die dem Ideal der vollständigen Konkurrenz entsprechen. Trotzdem ist das Modell der vollständigen Konkurrenz äußerst nützlich, da es als Referenzsystem mit hohem didaktischem Wert verwendet werden kann.

2. Kurzfristiges Gleichgewicht und Produzentenrente

Wir gehen von dem optimalen Produktionsplan des Mengenanpassers mit ertragsgesetzlichem Kostenverlauf aus, den wir im 5. Kapitel, Ziffer IV.1.a.(1) kennengelernt haben. Der Unternehmer bietet gemäß der Grenzkosten-Preis-Regel diejenige Menge an, bei der die Grenzkosten gleich dem Marktpreis sind. Liegt der Marktpreis über dem Minimum der totalen Durchschnittskosten, dann macht der Unternehmer einen **Gewinn, der Konkurrenten anlockt**. Dieser Sachverhalt und die sich daraus ergebenden Konsequenzen können anhand der Abbildung 6.3 erläutert werden.

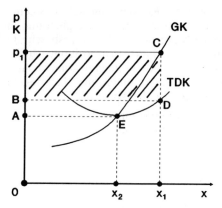

Abb. 6.3 Produzentenrente

Wir nehmen einen Marktpreis in Höhe p_1 an. GK sind die Grenzkosten, TDK die totalen Durchschnittskosten. Der gewinnmaximierende Unternehmer bietet die Menge x_1 an, da hier die Grenzkosten gleich dem Preis sind.

Bei der Menge x_1 macht der Unternehmer einen Stückgewinn in Höhe von CD, da in dieser Höhe der Preis über seinen totalen Durchschnittskosten liegt. Der Gewinn des Unternehmers ist die Differenz Erlös minus Kosten. Der Erlös entspricht der Fläche $0p_1Cx_1$. Die Kosten entsprechen der Fläche $0BDx_1$. Der Gewinn kann auch noch auf eine andere Weise ermittelt werden. Die Menge x_2 ist die Schwellenmenge, deren Produktion die Kosten $0AEx_2$ verursacht. Für die zusätzliche Menge $x_1 - x_2$ entstehen Kosten entlang der Grenzkostenfunktion im Umfang x_2ECx_1. Der Gewinn, der bei der Produktion x_1 entsteht, ergibt sich also auch als Flächeninhalt des Vierecks Ap_1CE.

Bei Marktpreisen über den totalen Durchschnittskosten entsteht also ein **Gewinn**. Dieser Gewinn wird auch als **Produzentenrente** bezeichnet, wobei eine angemessene Verzinsung des Eigenkapitals als kalkulatorische Kosten in den totalen Durchschnittskosten enthalten sein muß. Die **Produzentenrente ist der Überschuß des am Markt erzielten Erlöses über die Kosten der Produktion**. Wir wollen diesen Begriff der Produzentenrente an einem Beispiel kurz erläutern. Nehmen wir an, ein Mensch verfügt über 1 Mio DM, für deren Einsatz ihm 2 Alternativen offenstehen. Entweder legt er das Geld zu 8% an und betätigt sich als Vermögensverwalter. Oder er gründet mit der 1 Mio DM als Eigenkapital einen Betrieb und betätigt sich als Unternehmer. In dem Betrieb fallen Kosten an in Höhe von 19,82 Mio DM ohne kalkulatorische Eigenkapitalverzinsung. Einschließlich einer kalkulatorischen Eigenkapitalverzinsung von 8% auf 1 Mio DM = 80.000 DM betragen die Kosten 19,9 Mio DM. Wenn nun mit dem Betrieb 19,9 Mio DM Umsatz erzielbar sind, dann ist der Mensch den beiden Alternativen gegenüber gerade indifferent. Der Umsatz übersteigt die Kosten ohne Eigenkapitalverzinsung gerade um die 80.000 DM, die bei einer Anlage der 1 Mio DM am Kapitalmarkt erzielbar sind. Der Unternehmer erzielt mit dem Betrieb keine Produzentenrente. Wenn dagegen mit dem Betrieb z.B. ein Umsatz von 20 Mio DM möglich ist, dann erzielt der Unternehmer einen Überschuß von 100.000 DM über die Kosten einschließlich der kalkulatorischen Eigenkapitalverzinsung. Dieser Überschuß ist der Gewinn. Man kann diesen so errechneten Gewinn auch als

Produzentenrente bezeichnen, da er über den in der nächstbesten Alternative erzielbaren Erlös (im Beispiel sind dies die 80.000 DM) hinausgeht. Damit sind wir bei einer **allgemeinen Definition der Rente** eines Produktionsfaktors. Die Rente eines Produktionsfaktors ist der **Überschuß des in einer bestimmten Faktorverwendung entstehenden Faktorertrages, der über die Opportunitätskosten (den Alternativvertrag) des Faktors in der nächstbesten Verwendung hinausgeht.**

Wir kehren zurück zu der Abbildung 6.3. Ist die in Abbildung 6.3 dargestellte Situation dauerhaft möglich? Der Unternehmer bezieht eine Produzentenrente. In der vollständigen Konkurrenz ist der Marktzugang frei. Die Produzentenrente lockt also zusätzliche Unternehmer an. Die Produzentenrente sorgt langfristig für eine **Ausweitung der Produktion**, weil auch andere Unternehmer in den Genuß einer Produzentenrente kommen wollen. Welche Konsequenzen hat dies für die Höhe des Marktpreises?

3. Langfristiges Gleichgewicht und Differentialrente

Unsere Überlegungen sind bisher kurzfristiger Natur, da die Ausdehnung der Produktion entlang der Grenzkostenkurve geschieht. Wir wenden uns jetzt der langfristigen Fragestellung zu, zu welchen Kosten eine Produktionsausweitung durch **Markteintritt zusätzlicher Anbieter** möglich ist.

Wir haben uns mit der Frage des langfristigen Kostenverlaufs im 5. Kapitel, Ziffer III.3-III.5 bereits beschäftigt. Wir wollen hier jetzt zunächst den Fall analysieren, daß eine Produktionsausweitung bei **konstanten Durchschnittskosten** möglich ist. Dies entspricht der Annahme **konstanter Skalenerträge**. In Abbildung 6.4 ist ein solcher Fall für 3 Produzenten dargestellt.

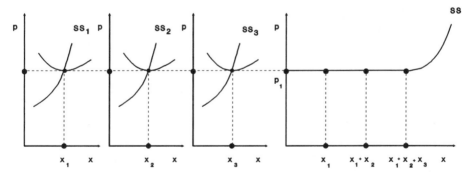

Abb. 6.4 Langfristiges Gleichgewicht ohne Produzentenrenten

In dem linken Achsenkreuz ist die Situation des Anbieters 1 dargestellt mit dessen Kurven der Grenzkosten und der totalen Durchschnittskosten. Die Marktnachfrage soll die Kurve der totalen Durchschnittskosten im Minimum schneiden (nicht eingezeichnet). Die Gleichgewichtsmenge ist x_1. Der Gleichgewichtspreis ist p_1. Der Unternehmer bezieht gerade keine Produzentenrente. Nun steigt die Nachfrage an, z.B. um x_2. Kurzfristig dehnt der Produzent 1 sein Angebot entlang seiner Grenzkostenkurve aus. Die Grenzkostenkurve ist die kurzfristige Angebotskurve SS_1. Da der Marktpreis über p_1 und damit über die totalen Durchschnittskosten ansteigt, kommt der Unternehmer 1 in den Genuß einer Produzentenrente. Dies lockt langfristig den Konkurrenten 2 an, der im zweiten Achsenkreuz von links dargestellt ist. Dessen Minimum der totalen Durchschnittskosten ist aber genau so hoch wie das von Produzent 1 (konstante Skalenerträge). Durch den Markteintritt des Produzenten 2 wird die Produzentenrente also gerade herauskonkurriert. Steigt die Nachfrage stärker an, tritt der Produzent 3 auf den Plan usw. In dem Ausmaß, in dem kurzfristig eine Produzentenrente entsteht, wird sie langfristig durch zusätzliche Anbieter wieder herauskonkurriert. Die neu in den Markt eintretenden Produzenten bringen durch ihr Angebot genau das zum Verschwinden, was sie eigentlich zum Markteintritt bewogen hat, nämlich die Produzentenrente. Im rechten Achsenkreuz ist die Gesamt-Angebotskurve SS (die langfristige Angebotskurve) dargestellt. Im Falle konstanter Skalenerträge verläuft die Gesamt-Angebotskurve horizontal. Die langfristige Gleichgewichtsmenge ist $x_1 + x_2 + x_3$. Der langfristige Gleichgewichtspreis ist p_1. Die Nachfrager werden in der vollständigen Konkurrenz zu den **geringstmöglichen Preisen** bedient, nämlich zum Minimum der totalen Durchschnittskosten. Die vollständige Konkurrenz besorgt insbesondere durch den ungehinderten Marktzugang, daß die kurzfristig möglichen **Produzentenrenten langfristig herauskonkurriert** werden.

Der in Abbildung 6.4 dargestellte Fall hat natürlich einen Haken. Dieser Fall ist insofern unrealistisch, als es auf Dauer unmöglich ist, die Produktion zu konstanten Durchschnittskosten auszudehnen. Über kurz oder lang machen sich **Faktorrestriktionen** bemerkbar (vgl. 5. Kapitel, Ziffer III.5). Man gelangt in den Bereich **steigender Durchschnittskosten**. Dieser Fall ist in Abbildung 6.5 dargestellt.

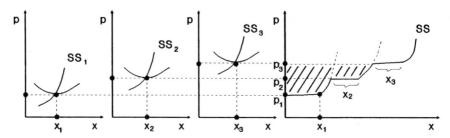

Abb. 6.5 Langfristiges Gleichgewicht mit Differentialrenten

Produzent 2 hat ein höheres Kostenniveau als Produzent 1, und Produzent 3 hat ein höheres Kostenniveau als Produzent 2. Wird nun Produzent 1 mit einer Nachfragesteigerung konfrontiert, dann kann er eine gewisse Produktionsausdehnung entlang seiner Grenzkostenkurve vornehmen, ohne daß wegen der entstehenden Produzentenrente sofort Produzent 2 in den Markt eintritt. Denn dieser kann erst ab dem Preis p_2 mit Gewinn produzieren. Analog kann Produzent 3 erst ab dem Preis p_3 in den Markt eindringen, weil er bei Preisen unter p_3 Verluste macht. Der schraffierte Bereich über der Gesamt-Angebotskurve SS im rechten Achsenkreuz gibt die Produzentenrenten an, die die Produzenten (hier 1 und 2) auch in der vollständigen Konkurrenz dauerhaft beziehen können wegen ansteigender Durchschnittskosten. Man nennt solche Renten **Differentialrenten (auch: intramarginale Renten)**. Der Produzent, der gerade keine Rente mehr erzielt (hier 3), ist der **Grenzanbieter**. Der Grenzanbieter verfügt über so schlechte Produktionsfaktoren (Boden in schlechter Lage, miese Manager, unqualifizierte Arbeiter usw.), daß er damit beim herrschenden Marktpreis keine Überschüsse über die Produktionskosten erwirtschaftet. Dagegen verfügen die Produzenten 1 und 2 über so gute Produktionsfaktoren, daß sie damit Erlöse erwirtschaften, die bei dem herrschenden Marktpreis über den Produktionskosten liegen. Aber auch in diesem Fall der dauerhaft bestehenden Produzentenrenten in Form der Differentialrenten haben diese **Renten eine ökonomische Funktion**. Sie fungieren als Anreiz, die Nachfrager mit den gewünschten Produkten zu minimalen Kosten zu versorgen.

In einer systematisch vollständigen Analyse bleibt noch der Fall der **sinkenden Durchschnittskosten** zu behandeln. Die Grenzkosten-Preis-Regel führt hier zu Verlusten, so daß eine Produktion unterbleibt. Die mindestoptimale Betriebsgröße liegt links von dem oder gerade im Minimum der langfristigen Durchschnittskosten. Dies ist der Fall des schon mehrfach erwähnten **natürlichen Monopols** (vgl. z.B. 5. Kapitel, Ziffer IV.1.c). Der Fall ist nicht völlig auszuschließen. Wir werden hierauf im 8. Kapitel näher eingehen.

IV. Monopol

1. Marktmacht des Monopolisten

Der Monopolist maximiert seinen Gewinn bei der Produktion, bei der die Grenzkosten gleich dem Grenzerlös sind (vgl. 5. Kapitel, Ziffer IV.2). Während der Konkurrenzanbieter die Produktion bis zu der Menge ausdehnt, bei der die Grenzkosten auf die Höhe des Preises angestiegen sind (Bedingung Grenzkosten = Preis), stoppt der Monopolist die Produktion bereits bei der relativ niedrigen Menge, bei der die Grenzkosten noch relativ niedrig sind, aber schon gleich dem Grenzerlös sind. Die Preisbildung im Monopol ist schematisch in Abbildung 6.6 dargestellt (vgl. im übrigen Abbildung 5.15 im 5. Kapitel).

In Abbildung 6.6 sind die Grenzkostenfunktion GK, die Grenzerlösfunktion GE und die Nachfragefunktion DD eingezeichnet. Für den Monopolisten ist die

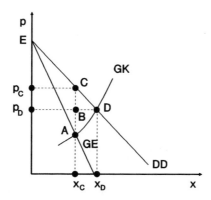

Abb. 6.6 Vergleich Monopol gegenüber Konkurrenz

Nachfragefunktion seine Preis-Absatz-Funktion. Im Fall der vollständigen Konkurrenz charakterisiert die Nachfragefunktion DD die gesamte Marktnachfrage, und die Grenzkostenfunktion ist die Angebotsfunktion. Der Monopolist realisiert den Punkt A, in dem die Grenzkosten gleich dem Grenzerlös sind. Somit ergibt sich im **Monopol** ein Preis p_c, der über den Grenzkosten liegt. Demgegenüber ergibt sich in der **vollständigen Konkurrenz** der Preis $p_D < p_C$, da in Punkt D die Bedingung Grenzkosten = Preis erfüllt ist.

Der Monopolist hat also aufgrund seiner Marktmacht die Möglichkeit, einen **Preis über den Grenzkosten** durchzusetzen. Es bietet sich an, den Abstand zwischen dem Preis und den Grenzkosten als einen Indikator zur Messung der **Marktmacht des Monopolisten** zu verwenden. Relativiert man den absoluten Abstand zwischen Preis und Grenzkosten durch Division durch den Preis selbst, dann erhält man den **LERNERschen Monopolgrad** μ (LERNER, 1933):

$$\mu = (p - GK)/p. \tag{1}$$

Die Aussage der Meßvorschrift (1) für den Monopolgrad kann man durch Einfügung der Preiselastizität der Nachfrage verdeutlichen. Wir gehen hierzu aus von der Definition des Erlöses als Produkt aus Preis und Menge, wobei der Preis über die Nachfragefunktion von der Menge abhängt. Es gilt:

$$E = p(x) \cdot x,$$
$$dE/dx = GE(x) = (dp/dx) \cdot x + p,$$
$$GE(x) = p \cdot [1 + (1/\eta)]. \tag{2}$$

In Gleichung (2) ist η die Preiselastizität der Nachfrage (vgl. 4. Kapitel, Ziffer II.3). Gleichung (2) ist die **AMOROSO-ROBINSON-Relation**. Diese Relation beschreibt den Zusammenhang zwischen Grenzerlös und Preis in Abhängigkeit von der Nachfrageelastizität. Der Grenzerlös ist gleich dem Preis, wenn die Preiselastizität unendlich groß ist, d.h. wenn die Nachfragefunktion waagrecht verläuft. Dies ist aus der Sicht des einzelnen Anbieters der Fall bei der vollständigen Konkurrenz. Verläuft die Nachfragefunktion steiler, d.h. wird die Preiselastizität kleiner, dann weicht der Grenzerlös vom Preis ab und ist so lange positiv, so lange die Preiselastizität absolut > 1 ist.

Die Gewinnmaximierungsbedingung des Monopolisten verlangt, daß GK = GE ist. Also kann (2) für GK in (1) eingesetzt werden. Dies ergibt nach einigen Umformungen:

$$\mu = -1/\eta. \tag{3}$$

Gemäß Gleichung (3) ist der **Monopolgrad gleich dem negativen Kehrwert der Preiselastizität der Nachfrage**. Die Marktmacht des Monopolisten ist also um so größer, je weniger preiselastisch die Nachfrage ist. Anders ausgedrückt: Je mehr die Nachfrager die Möglichkeit haben, bei Preiserhöhungen auf andere Produkte oder andere Anbieter auszuweichen, um so geringer ist die Macht des Monopolisten. Bei völlig preisunelastischer Nachfrage verläuft die Nachfragefunktion senkrecht, und die Macht des Monopolisten ist maximal. Dies ist z.B. der Fall, wenn die Nachfrager keine Möglichkeit der Substitution haben. Der Monopolist kann den Preis beliebig heraufsetzen, ohne daß die Nachfrage zurückgeht. Das andere Extrem ist eine völlig preiselastische Nachfrage. Die Nachfragefunktion verläuft waagrecht, die Preiselastizität ist unendlich groß, und der Monopolist verfügt über keine Marktmacht mehr. Geringste Preiserhöhungen lassen die Nachfrage auf Null schrumpfen. Dies ist eine Beschreibung der Verhältnisse bei vollständiger Konkurrenz, oder auch bei perfekten Substituten. Die **vollständige Konkurrenz** ist eine Organisation des Wirtschaftsgeschehens zur **Verhinderung von Marktmacht**.

2. Nachteile gegenüber der Konkurrenz

Wie ist ein Monopol unter dem Aspekt der **gesellschaftlichen Wohlfahrt** zu beurteilen? Abbildung 6.6 macht deutlich, daß die Nachfrager einen Nachteil haben, da sie im Monopol gegenüber der vollständigen Konkurrenz für eine niedrigere Menge höhere Preise zahlen müssen. Auf der anderen Seite hat aber der Monopolist einen Vorteil, da er höhere Gewinne macht als die Anbieter in der vollständigen Konkurrenz. Wie ist die Netto-Wirkung für die gesellschaftliche Wohlfahrt?

Man kann diese Frage mit Hilfe des **Renten-Konzepts** beantworten. Zwar ist es strenggenommen nicht möglich, die Nutzen interpersonell zu vergleichen. Jedoch geben die Überlegungen mit Hilfe des Renten-Konzepts einen eindeutigen Hinweis zur Beantwortung der aufgeworfenen Frage.

Wir haben bei der Behandlung der Produzentenrente erfahren, daß bei vollständiger Konkurrenz die Fläche zwischen der Preislinie und der Grenzkostenlinie ein Maß für die Produzentenrente ist (vgl. die Ausführungen zu Abbildung 6.3). Wir können diese Überlegung auf die Abbildung 6.6 anwenden. Wenn sich im Monopol anstelle des Konkurrenzpunktes D der Punkt C einstellt, dann bedeutet dies offensichtlich einen **Verlust an Produzentenrente** im Umfang der Fläche des Dreiecks ABD.

Warum verhält sich dann aber der Monopolist überhaupt als Monopolist? Die Antwort ist, daß im Monopol eine Rentenübertragung von den Nachfragern auf den Anbieter stattfindet. Wir können nämlich das Renten-Konzept auch auf die Nachfrage-Seite anwenden (vgl. 4. Kapitel, Ziffer II.2.a). In der vollständigen Konkurrenz (Punkt D) beziehen die Nachfrager eine Rente im Umfang der Fläche des Dreiecks p_DED. Denn die Nachfrager sind ja ausweislich der Nachfragefunktion DD bereit, für einzelne Stücke die Preise entlang dieser Nachfragefunktion zu bezahlen. Sie bezahlen aber für jedes Stück nur den Marktpreis p_D, obwohl sie für jedes einzelne Stück unterhalb x_D bereit sind, einen höheren Preis zu bezahlen. Man kann die Nachfragefunktion als die Linie der **marginalen Zahlungsbereitschaft** interpretieren. Somit beziehen die Nachfrager in der vollständigen Konkurrenz eine Rente im beschriebenen Umfang. Von dieser **Nachfrager-Rente** geht im Monopol der durch das Viereck p_Dp_CCB charakterisierte Teil **auf den Monopolisten über**. Denn im Monopol müssen die Nachfrager p_C für die Menge x_C zahlen. Dies ist die **Verteilungswirkung** des Monopols.

Außerdem geht den Nachfragern die Rente im Umfang der Fläche des Dreiecks BCD verloren. Denn sie können ja im Monopol nicht mehr x_D zum Preis p_D kaufen. Dieser **Verlust an Nachfrager-Rente ist zusammen mit dem Verlust an Produzentenrente die Wohlfahrtswirkung** des Monopols (Gesamt-Wirkung Dreieck ACD).

Insgesamt ist also das Monopol mit einem **Verlust an Wohlfahrt** verbunden (Wohlfahrtswirkung) und einer **Umverteilung** zu Lasten der Konsumenten (Verteilungswirkung).

3. Preisdifferenzierung

Wir sind bisher von einem Monopol ausgegangen, in dem homogene Güter gehandelt werden. Dieses Merkmal der Marktvollkommenheit wird nun gelockert. Gerade der Monopolist zeichnet sich häufig dadurch aus, daß er **Differenzierungen unter der Kundschaft** durchsetzen kann. Der Monopolist ist z.B. in der Lage, in räumlich getrennten Märkten unterschiedliche Preise zu verlangen. Oder er ist in der Lage, aufgrund persönlicher Beziehungen höhere Preise zu realisieren. Oder er ist in der Lage, ein Produkt als einen sogenannten Markenartikel zu präsentieren und bei einer gewissen Kundschaft höhere Preise zu realisieren, obwohl das Produkt im übrigen billigeren Alternativangeboten völlig gleichwertig ist. All dies bedeutet, daß das Vollkommenheitskriterium der Homogenität nicht mehr erfüllt ist. Die Konsequenz ist, daß sich dem Anbieter die Möglichkeit der **Preisdifferenzierung** eröffnet.

In Abbildung 6.7 ist ein Fall der Preisdifferenzierung für 2 Teilmärkte dargestellt.

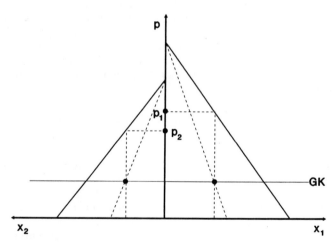

Abb. 6.7 Preisdifferenzierung

In Abbildung 6.7 sind 2 Teilmärkte mit unterschiedlichen Preiselastizitäten der Nachfrage dargestellt. Der rechte Teilmarkt 1 weist eine relativ unelastische Nachfragefunktion auf. Die Kunden reagieren auf Preisänderungen relativ schwach. Der linke Teilmarkt 2 weist eine stärker elastische Nachfragefunktion auf. Die Kunden reagieren auf Preisänderungen relativ ausgeprägt. Die Kostenstruktur des Produzenten ist einheitlich. Der Einfachheit halber werden konstante Grenzkosten GK unterstellt. Welche Preise spielen sich bei diesen Marktverhältnissen ein?

Der Anbieter versucht, seinen Gewinn zu maximieren. Das Gewinnmaximum verlangt, daß die Grenzkosten gleich dem Grenzerlös sind, und daß die **Grenzerlöse auf beiden Teilmärkten gleich** sind. Denn so lange die Grenzerlöse noch nicht gleich sind, kann der Gewinn gesteigert werden, indem das Angebot von dem Markt mit dem niedrigeren Grenzerlös auf den Markt mit dem höheren Grenzerlös umgeschichtet wird. Die Bedingung für das Gewinnmaximum ist also:

$$GK = dK/d(x_1 + x_2) = GE_1(x_1) = GE_2(x_2). \qquad (4)$$

Einsetzen der AMOROSO-ROBINSON-Relation aus Gleichung (2) in die Gewinnmaximierungsbedingung (4) ergibt:

$$p_1 \cdot [1 + (1/\eta_1)] = p_2 \cdot [1 + (1/\eta_2)]. \qquad (5)$$

Gleichung (5) besagt, daß der **Preisunterschied zwischen den Teilmärkten von den Nachfrageelastizitäten abhängt**. Auf dem Teilmarkt mit der absolut niedrigeren Elastizität (in Abbildung 6.7 der rechte Teilmarkt 1) ist der Preis p_1 höher als der Preis p_2 auf dem Teilmarkt mit der absolut höheren Elastizität (in Abbildung 6.7 der linke Teilmarkt 2). Die Nachfrager, die weniger elastisch auf Preisänderungen reagieren (in Abbildung 6.7 der rechte Teilmarkt 1), werden mit höheren Preisen zur Kasse gebeten.

Durch Preisdifferenzierung können sich also Preisunterschiede ergeben. Unterschiedliche Preise auf Teilmärkten können allerdings nur bestehen, wenn die Güter nicht homogen sind oder Präferenzen existieren, oder wenn durch interventionistische Eingriffe des Staates die Preisunterschiede abgesichert werden (z.B. Zölle). Ansonsten setzt sofort ein Handel ein, der auf dem Markt mit dem niedrigen Preis die Güter aufkauft, um sie auf dem Markt mit dem höheren Preis mit Gewinn zu verkaufen. Man nennt solche Handelsaktivitäten **Arbitrage**. Durch Arbitrage gleichen sich die Preise an, was allerdings Homogenität der Güter ohne Präferenzen und freie Märkte voraussetzt.

V. Monopolistische Konkurrenz

1. Bestreitbare Märkte, versunkene Kosten und die Tangentenlösung

Der Monopolist kann Preise über den Grenzkosten durchsetzen und dadurch hohe Gewinne realisieren. Die Erlangung eines Monopols ist der Traum eines jeden Anbieters. Sind Monopole stabil und erfordert ihre Existenz deswegen spezielle staatliche Gegenmaßnahmen? Oder reichen die Selbstheilungskräfte der Konkurrenzwirtschaft aus, Monopole – soweit sie aus irgendwelchen Gründen einmal entstanden sind – aufzubrechen? Mit dieser Frage wollen wir uns nunmehr beschäftigen.

Die Stabilität eines Monopols hängt entscheidend davon ab, ob der **Markt offen oder geschlossen** ist. Ein dauerhaftes Monopol setzt einen geschlossenen Markt mit unüberwindlichen Eintrittshemmnissen voraus. Nur dann kann der Monopolist sicher sein, daß ihm keine Konkurrenten seine Monopolgewinne versuchen streitig zu machen. Genau dies geschieht, wenn der Marktzugang offen ist, d.h. wenn potentielle Konkurrenten ohne Eintrittshemmnisse in den Markt eindringen können. Man nennt solche Märkte **bestreitbare Märkte (contestable markets)**.

Was kann als **Eintrittshemmnis** wirken und so den freien Marktzugang verhindern? Wir haben uns hiermit bereits oben bei der Erläuterung der Kriterien für die Marktvollkommenheit beschäftigt. Es gibt **institutionelle Eintrittshemmnisse** (Kammern, Verbände, staatliche Zugangsbeschränkungen in Form von Eignungsprüfungen, Importbeschränkungen, Gewerbeaufsicht usw.) und **ökonomische Eintrittshemmnisse** wie z.b. und insbesondere hohe Marktaustrittskosten (versunkene Kosten, sunk costs). **Marktaustrittskosten** sind die Differenz zwischen den Anschaffungskosten und dem Wiederverkaufswert für den zum Markteintritt notwendigen Fixkostenapparat. Will ein Unternehmer z.b. einem monopolistischen Omnibusbetrieb Konkurrenz machen, dann sind die Marktaustrittskosten nicht allzu hoch. Die Omnibusse, die der Konkurrent zum Markteintritt kaufen muß, können beim Marktaustritt zu durchaus befriedigenden Wiederverkaufswerten veräußert werden. Die sunk costs sind also für den newcomer nicht allzu hoch. Wenn der im Markt etablierte Omnibusbetrieb nicht durch staatliche Lizenzen o.ä. institutionelle Eintrittshemmnisse abgesichert ist, dann muß er mit Konkurrenz rechnen. Der Markt ist ein bestreitbarer Markt und der Monopolgewinn wird sich nicht halten lassen. Der Monopolist wird diszipliniert. Handelt es sich bei dem Verkehrsbetrieb dagegen um eine Eisenbahn, dann sind die Marktaustrittskosten sehr hoch. Die von dem potentiellen Konkurrenten zu verlegenden Schienen haben bei Marktaustritt praktisch keinen Wiederverkaufswert. Die versunkenen Kosten sind sehr hoch. Es liegt ein hohes Markteintrittshemmnis vor. Der Markt ist nicht bestreitbar. Der Monopolist hat eine stabile Machtstellung. Der Staat muß durch wettbewerbspolitische Maßnahmen (Mißbrauchsaufsicht usw.) den Monopolisten kontrollieren, oder zum staatlichen Eigenbetrieb übergehen.

Das Monopol auf einem bestreitbaren Markt ist ein Fall der **monopolistischen Konkurrenz** (CHAMBERLIN, 1933; ROBINSON, 1933). Der Monopolgewinn ist nicht von Dauer. Die Monopolsituation auf einem bestreitbaren Markt wird als die **Tangentenlösung** in der Mikroökonomik behandelt und ist in Abbildung 6.8 dargestellt.

Im Ausgangszustand realisiert der Monopolist den COURNOTschen Punkt (vgl. z.B. Abbildung 6.6, Punkt C). Der Preis liegt über den totalen Durchschnittskosten. Dieser Gewinn lockt Konkurrenten an. Durch den Zustrom von Konkurrenten verschiebt sich seine Preis-Absatz-Funktion PAF zum Ursprung hin und wird flacher. Die PAF des Monopolisten ist dadurch nicht mehr die Gesamt-Nachfragefunktion. Der Monopolist deckt nur noch einen Teil der Marktnachfrage, da die Konkurrenten einen Teil der Marktnachfrage auf sich ziehen. Dies geschieht so lange, bis die Monopolgewinne des ursprünglichen Monopolisten auf Null herunterkonkurriert sind. Der Preis p_1 ist gleich den totalen Durchschnittskosten. Die Kurve der totalen Durchschnittskosten TDK tangiert die PAF (Punkt A).

Die Machtstellung eines Monopolisten ist also dann gefährdet, wenn der Monopolist auf einem bestreitbaren Markt agiert. Der Markt ist bestreitbar, wenn keine institutionellen Eintrittshemmnisse und keine ökonomischen Eintrittshemmnisse in Form hoher versunkener Kosten vorliegen. Auf einem bestreitba-

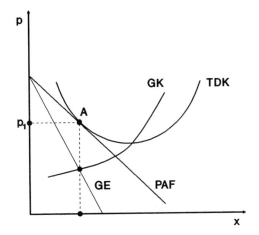

Abb. 6.8 Tangentenlösung

ren Markt wird der Monopolist durch Konkurrenten diszipliniert, die von den Monopolgewinnen angelockt werden und in den Markt eindringen. Der Marktpreis pendelt sich in Höhe der totalen Durchschnittskosten ein.

2. Doppelt geknickte Preis-Absatz-Kurve

Wir haben im letzten Abschnitt erfahren, daß das Monopol um so stabiler ist, je geschlossener der Markt ist. Eine andere Einflußgröße für die Stabilität des Monopols sind Präferenzen. Hiermit wollen wir uns jetzt beschäftigen.

Wir haben weiter oben bei der Preisdifferenzierung bereits erfahren, daß Präferenzen dem Monopolisten die Möglichkeit unterschiedlicher Preisstellungen eröffnen. Diesen Gedanken greifen wir jetzt wieder auf. Wir können sagen, daß das Monopol um so stabiler ist, je mehr **Nichtpreispräferenzen** (gute Geschäftslage, viele Parkplätze, persönliche Bekanntschaft, sympathische Angestellte, positives Image usw.) der Monopolist mit Erfolg aufgebaut hat (GUTENBERG, 1955: **akquisitorisches Potential**). Der Anbieter verfügt dann über einen mehr oder weniger breiten Spielraum für Preiserhöhungen, ohne daß ihm die Kunden in großen Mengen untreu werden und zur Konkurrenz überlaufen.

Diese Spielart der monopolistischen Konkurrenz läßt sich durch eine **doppelt geknickte Preis-Absatz-Kurve** demonstrieren (GUTENBERG, 1955). Der Sachverhalt kann anhand der Abbildung 6.9 erläutert werden.

Die Preis-Absatz-Funktion PAF des Anbieters verläuft zwischen der Preisuntergrenze p_1 und der Preisobergrenze p_3 relativ unelastisch. In diesem Preisintervall hat der Anbieter die Möglichkeit, sich als Monopolist zu verhalten. Preisvariationen rufen nur schwache Reaktionen der Nachfrager hervor, da Präferenzen existieren. Der Anbieter wird den Preis p_2 realisieren gemäß der Gewinnmaximierungsbedingung für den Monopolisten Grenzerlös gleich Grenzkosten, GE = GK. Oberhalb p_3 und unterhalb p_1 muß der Anbieter bei Preisvariationen mit empfindlichen Reaktionen der Nachfrager rechnen. Wenn er den Preis über p_3 anhebt, ist die Präferenz-Toleranz der Kunden überstrapaziert. Sie wandern in

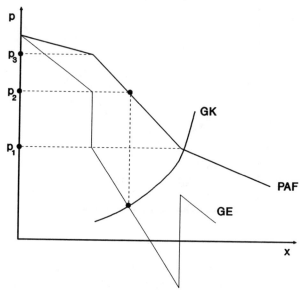

Abb. 6.9 Doppelt geknickte Preis-Absatz-Kurve

großen Mengen zur Konkurrenz ab. Wenn der Anbieter den Preis unter p_1 senkt, zieht er sehr viel Nachfrage auf sich, da er auch für bisherige Nicht-Kunden wegen des niedrigen Preises interessant wird.

VI. Oligopol

1. Marktform

Im Oligopol konkurrieren einige wenige größere Anbieter miteinander. Jeder Anbieter hat einen genügend großen Marktanteil, um mit **seinen Aktionen wichtige Marktgrößen wie insbesondere den Preis beeinflussen** zu können. Das ist aber nur eine Seite der Medaille. Der Anbieter muß damit rechnen, daß seine Aktionen Auswirkungen auf die Verhaltensweise seiner Konkurrenten haben, was wiederum auf seine eigene Situation Rückwirkungen hat. Er muß also mit **Reaktionen seiner Konkurrenten** rechnen, und deren Rückwirkungen auf seine eigene Lage in seiner eigenen Planung berücksichtigen. Die Situation des einzelnen Oligopolisten wird häufig mit der Situation des Schachspielers verglichen. Jeder Spieler entwickelt eine Strategie, in der er die Strategie seines Gegners möglichst perfekt einzubauen versucht.

Im Oligopol kommt also dem Element der **Verhaltensweisen** (vgl. oben Ziffer II.3) der Oligopolisten entscheidende Bedeutung zu. Je nach unterstellter Verhaltensweise ergeben sich völlig unterschiedliche Oligopol-Modelle. Das Gebiet der Oligopoltheorie ist dementsprechend sehr weit gespannt.

In einer grundsätzlichen Unterscheidung kann man das **homogene** und das **heterogene** Oligopol unterscheiden. Im homogenen Oligopol ist das Homogenitätspostulat erfüllt, und es gibt keine Präferenzen, so daß ein einheitlicher Preis herrscht. Der Aktionsparameter der Oligopolisten ist die Menge. Man versucht, sich durch Variation des Mengenangebots Konkurrenz zu machen. Dieser Fall ist ziemlich uninteressant und ohne allzu große Bedeutung. Denn typisch für oligopolistische Märkte sind gewisse Preisunterschiede ähnlicher Substitutions-Güter aufgrund von Präferenzen der Nachfrager (z.b. Markt für Automobile). Dies ist das heterogene Oligopol und der weitaus bedeutsamere Fall. Im heterogenen Oligopol ist der Preis ein wichtiger Aktionsparameter der miteinander konkurrierenden Anbieter.

Wie bilden sich im heterogenen Oligopol die Preise? Das ist die zentrale Frage der Oligopoltheorie. Die Erfahrung lehrt, daß die Preise im heterogenen Oligopol nicht wild schwanken, sondern eine gewisse Starrheit aufweisen. In den Oligopol-Modellen geht es folglich überwiegend um die Erklärung dieser **Preisstarrheit**. Zur Vereinfachung unterstellen wir den Fall des Dyopols, in dem nur zwei Anbieter miteinander konkurrieren.

2. Geknickte Preis-Absatz-Kurve

Das Modell der geknickten Preis-Absatz-Kurve (SWEEZY, 1939) kann anhand der Abbildung 6.10 erläutert werden.

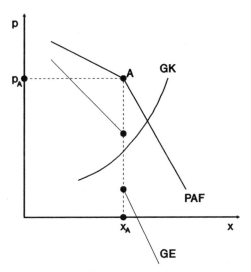

Abb. 6.10 Geknickte Preis-Absatz-Kurve

Die Marktsituation ist dadurch gekennzeichnet, daß die Konkurrenten in erster Linie an einem hohen **Marktanteil** interessiert sind. Die Preis-Absatz-Funktion PAF des Anbieters verläuft oberhalb von Punkt A relativ elastisch. Der Anbieter rechnet damit, daß Preisanhebungen von ihm zu starken Absatzeinbußen bei ihm führen. Er erwartet, daß die Konkurrenz die Preisanhebung nicht mitmacht, um Marktanteile zu gewinnen. Dagegen verläuft die PAF unterhalb von Punkt A relativ unelastisch. Der Anbieter rechnet im Gefolge eigener Preissenkungen mit nur geringem Absatzzugewinn. Er erwartet, daß die Konkurrenz bei Preissenkungen mitzieht, um keine Marktanteile zu verlieren.

Der Knick in Punkt A der PAF bedeutet für die Grenzerlösfunktion GE eine Unstetigkeitsstelle unterhalb A. Für die Grenzkostenfunktion GK nehmen wir an, daß sie durch diese Unstetigkeitsstelle verläuft. Der Anbieter maximiert seinen Gewinn dann, wenn GK = GE ist. Er bietet die Menge x_A an und erzielt den Preis p_A. Was ist damit erklärt? Kosten und/oder Nachfrage können sich ändern, ohne daß dies unbedingt zu Preisänderungen führen muß. Der Preis verharrt auch bei Änderungen der Kosten und/oder der Nachfrage auf der Höhe p_A, so lange der Schnittpunkt zwischen der Grenzkostenfunktion und der Grenzerlösfunktion in dem Unstetigkeitsintervall verbleibt, was durchaus möglich ist. Damit ist die **Preisstarrheit** im Oligopol erklärt. Es sind Änderungen der Marktbedingungen (Kosten, Nachfrage) möglich, ohne daß dies zu Preisänderungen führt.

3. Strategie-Modelle

a. Rahmenbedingungen

Wir wollen im folgenden einige Oligopol-Modelle erläutern, in denen die Konsequenzen der gegenseitigen Abhängigkeit der Oligopolisten voneinander exemplarisch deutlich werden. Diese Modelle werden häufig als **Strategie-Modelle** bezeichnet. Strategie ist hierbei als Ober-Begriff (Strategie im weiten Sinne) für verschiedene Verhaltensweisen (vgl. oben Ziffer II.3) zu verstehen, zu denen neben Anpassung und Kooperation auch die Strategie im engen Sinne zählt.

Wir wählen zur Vereinfachung den Fall des Dyopols. Die Rahmenbedingungen für die Strategie der beiden Dyopolisten sind in Abbildung 6.11 dargestellt.

Wir verzichten auf eine genaue Herleitung der in Abbildung 6.11 enthaltenen Linien und begnügen uns mit Plausibilitätsüberlegungen.

Auf der Ordinate ist der Preis p_A des A abgetragen, und auf der Abszisse ist der Preis p_B des B abgetragen. Die Preise sind die Aktionsparameter der beiden Konkurrenten, die Waffen im Kampf um Marktanteile und Gewinne. Das Achsenkreuz enthält 3 Arten von Linien, nämlich erstens **Isogewinnlinien** G (zwei für den A und zwei für den B), zweitens **Reaktionslinien** R (eine für den A und eine für den B) und drittens eine **Maximallinie** M. Der Verlauf der Linien ergibt sich aus der Annahme U-förmiger Durchschnittskostenverläufe und der Annahme der Abhängigkeit des Absatzes eines Anbieters vom eigenen Preis und vom Preis des Konkurrenten.

Die **Isogewinnlinien** repräsentieren Preiskombinationen **gleichen Gewinns** für den betreffenden Dyopolisten. Auf der Isogewinnlinie GA_1 z.B. befinden sich alle p_A-p_B-Kombinationen, die für den A mit dem gleichen Gewinn GA_1 verbunden sind. Linien mit höherem Index bedeuten einen höheren Gewinn.

Die **Reaktionslinien** repräsentieren die **gewinnmaximalen Preise** eines Anbieters bei vorgegebenen Preisen des Konkurrenten. Ist z.B. der A mit einem Preis p_{B1} seines Gegners konfrontiert, dann ist der Preis p_{A1} für den A der gewinnmaximale Preis. Der A sucht sich auf seiner Reaktionslinie R_A die Isogewinnlinie (hier

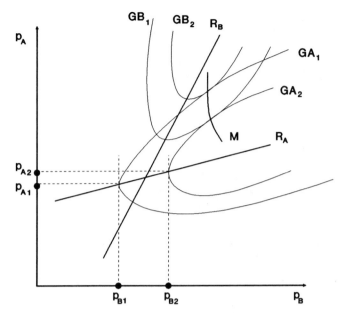

Abb. 6.11 Isogewinnlinien und Reaktionslinien im Dyopol

GA_1), die die gestrichelt gezeichnete Senkrechte durch p_{B1} gerade tangiert. Das garantiert ihm den höchstmöglichen Gewinn. Setzt der Gegner den Preis p_{B2}, dann setzt A den für ihn unter dieser Bedingung gewinnmaximalen Preis p_{A2}. Die gestrichelt gezeichnete Senkrechte durch p_{B2} tangiert die Isogewinnlinie GA_2. Die Reaktionslinie R_B des B ergibt sich analog.

Die **Maximallinie** repräsentiert Preiskombinationen, bei denen es **nicht mehr** möglich ist, durch eine Änderung der Preiskombination die **Gewinne beider Anbieter zu steigern**. Befindet sich der Markt auf dieser Linie, dann bedeutet eine Änderung der Preiskombination für mindestens einen Anbieter eine Gewinnverschlechterung.

Welche Preise bilden sich unter diesen Rahmenbedingungen auf dem Markt? Kann man mit diesem Grundmuster die relative Preisstarrheit im Oligopol erklären?

b. LAUNHARDT-HOTELLING-Lösung

In Abbildung 6.12 sind die beiden Reaktionslinien der Konkurrenten isoliert dargestellt.

Eine mögliche Verhaltensweise der Konkurrenten besteht darin, daß **jeder glaubt, der andere werde nicht reagieren**, wenn man selbst in bestimmter Weise agiert. Das bedeutet, daß jeder glaubt, der andere hält an seinem einmal gewählten Preis fest. Welche Konsequenzen ergeben sich aus dieser Verhaltensweise für die Preisbildung?

Nehmen wir als Ausgangspunkt des strategischen Spiels die Preiskombination des Punktes C in Abbildung 6.12 an. Wenn A den Preis p_{A1} setzt, dann wird der B bei dieser Strategie auf seiner Reaktionslinie den Punkt D anstreben (man könn-

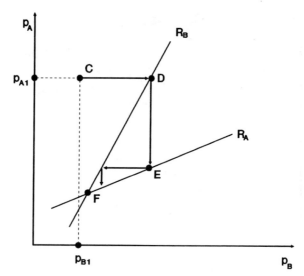

Abb. 6.12 LAUNHARDT-HOTELLING-Lösung

te auch von p_{B1} ausgehen, und den A reagieren lassen). Denn unter der Voraussetzung, daß A an seinem Preis p_{A1} festhält, ist Punkt D für den B gewinnmaximal. Der mit D korrespondierende Preis von B veranlaßt nun jedoch den A, auf seiner Reaktionslinie den Punkt E anzustreben usw. Die Preiskombinationen bewegen sich auf den Schnittpunkt F hin (LAUNHARDT-HOTELLING-Punkt) und verharren dort. Die Preisstarrheit im heterogenen Oligopol ist erklärt. Für den Fall des homogenen Oligopols mit der Menge als Aktionsparameter ist das entsprechende Modell von COURNOT formuliert worden.

Was ist von diesem Modell zu halten? Das Modell hat zwei schwerwiegende **Nachteile**.

Erstens basiert das Modell auf der fragwürdigen Annahme, daß die Konkurrenten aus ihren Irrtümern **nicht lernen**. Sie verhalten sich beide andauernd so, als ob der Preis des Konkurrenten ein Datum sei, obwohl er sich permanent ändert. Sie irren sich dauernd und lernen nichts daraus. Das Modell ist ein NIQ-Modell (NIQ = Niedriger-Intelligenz-Quotient).

Zweitens erreicht der Markt in F ein Gleichgewicht, in dem sich **beide schlechter stellen** als z.B. in D. Beider Gewinn ist in F niedriger als in D. Es kann zu Recht vermutet werden, daß dies von den beiden Konkurrenten erkannt wird. Eine mögliche Konsequenz ist, daß die beiden Konkurrenten durch Kooperation versuchen, dieses für beide nachteilige Ergebnis zu verhindern. Dann ist aber die im Modell getroffene Annahme über die Verhaltensweise hinfällig. Es kommt die Strategie der Kooperation ins Spiel.

c. KRELLE-Lösung

KRELLE (1961) unterstellt den Konkurrenten ein Normal-Verhalten, wonach sie in erster Linie an einer Erhaltung ihrer einmal erreichten Gewinnsituation interessiert sind. Die Konkurrenten sind nicht aggressiv auf ein Ausschalten des Gegners aus, sondern begnügen sich mit dem, was sie erreicht haben. Das versuchen sie allerdings zu verteidigen. Man kann dieses Verhalten als eine Art **friedfertige Saturiertheit** charakterisieren. Das heißt, daß eine Aktion eines Konkurrenten vom Gegner unbeantwortet bleibt, so lange der Gewinn dieses Gegners durch die Aktion nicht geschmälert wird. Falls der Gewinn geschmälert wird, versucht der Gegner durch seine Reaktion seinen Gewinn zu halten. Unter den Rahmenbedingungen der Abbildung 6.11 läuft das im Ergebnis darauf hinaus, daß der **Bereich zwischen der Maximallinie und den beiden Reaktionslinien** (vgl. Abbildung 6.11) ein Gebiet ist, in das sich die Preiskombinationen hineinentwickeln und dort stabil sind.

Damit kann die KRELLE-Lösung die relative Preisstarrheit im Oligopol erklären, ohne die mangelhaften Annahmen der LAUNHARDT-HOTELLING-Lösung treffen zu müssen.

Beginnen wir z.B. mit dem Bereich unterhalb der Reaktionslinie R_A. Der A kann hier seinen Preis zum Zwecke der Gewinnsteigerung erhöhen, ohne daß der B reagiert, da auch dessen Gewinn steigt. In dem Bereich oberhalb der Maximallinie und unterhalb der Reaktionslinie R_B kann der A durch Preissenkung seinen Gewinn erhöhen. Der B wird, da hiervon negativ tangiert, seinen Preis auch senken. Dann ist es für A doch noch möglich, daß sein Gewinn größer ist als vorher. In dem Bereich links oberhalb R_B ist eine Preissenkung seitens des A für ihn gewinnsteigernd. Wegen der nach rechts gekrümmten Gewinnlinien GB wird der B nicht reagieren, da auch sein Gewinn im Gefolge der Preissenkung des A steigen kann. So entwickeln sich die Preiskombinationen in den **Bereich hinein, der von den beiden Reaktionslinien und der Maximallinie umgrenzt** wird. Wie geht hier die Entwicklung weiter? Wenn z.B. der A zum Zwecke der Gewinnsteigerung seinen Preis senkt, dann muß er mit Preissenkungen seitens des B rechnen, zu denen dieser greifen wird, um der Gewinnschmälerung bei ihm gegenzusteuern. Preissenkungen seitens des B verringern jedoch den Gewinn von A. Die beiden Konkurrenten erkennen dies (im Gegensatz zum NIQ-Modell der LAUNHARDT-HOTELLING-Lösung) und unterlassen Preissenkungen. Isolierte Preiserhöhungen werden auch nicht vorgenommen, da sich jeder jeweils für sich genommen schlechter stellt. Kurz: In diesem Bereich herrscht eine **Preisstarrheit**, was es zu erklären gilt.

d. STACKELBERG-Lösung

VON STACKELBERG (1934) hat sein Modell zwar für den Fall des homogenen Dyopols entwickelt. Wir können den Grundgedanken aber ohne weiteres auf das heterogene Dyopol übertragen.

Der Grundgedanke ist, daß ein Konkurrent der Stärkere ist und sich daher in einer **Unabhängigkeitsposition** befindet. Der Stärkere ist im STACKELBERG-Modell nicht nur stark, sondern auch gut informiert und intelligent. Nehmen wir an, der A ist in der Unabhängigkeitsposition. Der A kennt die Angewohnheiten seines Konkurrenten B. Modellmäßig heißt das, daß der A die Reaktionslinie des B kennt. A baut nun dieses Reaktionsmuster des B in seine Strategie ein. Er sucht sich also seine Isogewinnlinie, die die Reaktionslinie des B gerade tangiert. Sein hiermit korrespondierender Preis P_A maximiert unter diesen Bedingungen seinen Gewinn.

Man kann sich nun natürlich ohne weiteres vorstellen, daß auch der B in die Unabhängigkeitsposition drängt. Wenn der B sich so verhält, dann wird er den Punkt suchen, bei dem seine Isogewinnlinie gerade die Reaktionslinie des A tangiert. Insgesamt ergibt sich dann eine Preiskombination innerhalb des von der Maximallinie und den beiden Reaktionslinien umgrenzten Bereichs, der sog. **BOWLEYsche Dyopolpunkt**. Im vorliegenden Fall des heterogenen Dyopols stellen sich beide Konkurrenten in diesem Punkt besser als bei der Variante, in der jeweils nur einer seine Unabhängigkeitsposition realisiert (Punkte auf den Reaktionslinien). Wenn dies die beiden Konkurrenten erkennen, wächst ihre Neigung zur Strategie der Kooperation.

e. Kooperation

Bei allen drei erläuterten Lösungen deutet sich bereits an, daß eine Kooperation unter gewissen Bedingungen für beide Konkurrenten von Vorteil sein kann. Gehen wir von irgendeiner Preiskombination aus, die in dem Bereich liegt, der von den beiden Reaktionslinien und der Maximallinie umgrenzt wird. Durch eine Bewegung auf die Maximallinie hin ist es offensichtlich möglich, den Gewinn von beiden Konkurrenten zu steigern. Eine solche Bewegung bedeutet, daß **beide ihren Preis erhöhen** müssen. Das erfordert aber eine **Kooperation** zwischen den beiden Konkurrenten. Denn isolierte Preiserhöhungen werden nicht vorgenommen, da dadurch der Gewinn desjenigen, der seinen Preis isoliert erhöht, abnimmt. Man kann so das Zustandekommen von Kooperationen zum Zwecke der gemeinsamen Preiserhöhung erklären. Nach Erreichen der Maximallinie verharren die Preise auf dem erreichten Niveau.

VII. Staatliche Eingriffe in die Preisbildung

Der Staat greift mannigfaltig in die Preisbildung ein. Wir wollen im folgenden am Beispiel von 3 typischen Eingriffen die Konsequenzen dieser staatlichen Eingriffe in die Preisbildung erläutern.

1. Höchst- und Mindestpreise

Das klassische Beispiel für **Mindestpreise** ist das Preissystem der EG für Agrargüter. Auf EG-Ebene werden durch politische Entscheidungen Preise für die Agrargüter festgesetzt, die den Landwirten als Mindestpreise für ihre Produkte garantiert sind. Der Produzent von Butter, Fleisch, Eiern, Milch usw. kann also sicher sein, daß die Preise für seine Produkte nicht unter das Niveau des garantierten Mindestpreises absinken. Da durch die Garantie ein Absinken des Preises unter das Mindestpreisniveau verhindert werden soll, muß der garantierte Mindestpreis über dem Gleichgewichtspreis liegen. Denn wenn er nicht darüber liegt, braucht ein Absinken nicht verhindert zu werden, da Preise unter Gleichgewichtsniveau tendenziell steigen (vgl. Abbildung 6.1).

Ein staatlicher **Höchstpreis** ist einfach der umgekehrte Fall. Durch die Höchstpreisvorschrift will der Staat verhindern, daß der Preis das festgesetzte Niveau des Höchstpreises übersteigt. Ein typisches Beispiel ist der Mietstop. Durch die staatlich festgesetzte Höchstmiete soll verhindert werden, daß die Mieten über das Niveau der Höchstmiete ansteigen. Die Vorschrift eines Höchstpreises macht nur Sinn für Preise unterhalb Gleichgewichtsniveau. Denn nur in diesem Bereich haben die Preise eine steigende Tendenz. Wenn sie über das Gleichgewichtsniveau gesetzt werden, braucht ein Steigen nicht verhindert zu werden, da solche Preise sinken (vgl. Abbildung 6.1).

Wie sind solche Aktionen, die auf den ersten Blick ja häufig durchaus sinnvoll erscheinen und auch von vielen Menschen begrüßt werden, zu beurteilen? Die Konsequenzen von Höchst- und Mindestpreisvorschriften können anhand der Abbildung 6.13 erläutert werden.

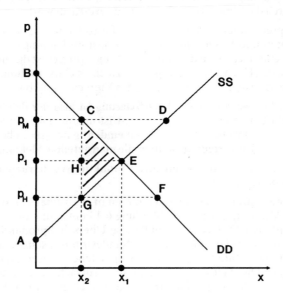

Abb. 6.13 Höchst- und Mindestpreis

In Abbildung 6.13 ist eine Angebotsfunktion SS und eine Nachfragefunktion DD eingezeichnet. Das Marktgleichgewicht liegt in Punkt E. Der Gleichgewichtspreis ist p_1. Die Gleichgewichtsmenge ist x_1. Der staatlich festgesetzte Mindestpreis ist p_M. Der staatlich festgesetzte Höchstpreis ist p_H.

Die Wirkungen der staatlichen Preisfixierungen können unterschieden werden in **Wohlfahrtsverlust, Umverteilung und Produktionsverzerrung**.

Eine Preisfixierung führt zu einem **Wohlfahrtsverlust und zu einer Umverteilung**. Wir wollen beide Effekte zusammen erläutern. Man kann diese Wirkungen mit Hilfe des bereits mehrfach verwendeten **Rentenkonzepts** erläutern. Die Anwendung des Rentenkonzepts ist zwar insbesondere in diesem Zusammenhang nicht unproblematisch. Denn strenggenommen muß eine interpersonelle Vergleichbarkeit der Nutzen vorausgesetzt werden, was in der Regel nicht möglich ist. Trotzdem wird das Konzept angewendet, da es zumindest einen Hinweis auf die Wohlfahrtswirkung der Preisfixierungen gibt.

Wählen wir als Beispiel die Festsetzung des Mindestpreises p_M. Zu diesem Preis wird nur noch die Menge x_2 umgesetzt, da die Nachfrager nicht mehr als diese Menge kaufen. Die Konsumentenrente ist im Gleichgewicht E die Fläche des Dreiecks p_1BE. Diese Konsumentenrente sinkt durch die Mindestpreisfestsetzung auf die Fläche des Dreiecks $p_M BC$. Die Konsumentenrente geht im Umfang des Dreiecks HCE definitiv verloren, und sie geht im Umfang des Vierecks $p_1 p_M CH$ auf die Produzenten über. Analoge Überlegungen können für die Produzentenrente angestellt werden. Die Produzentenrente ist im Gleichgewicht E die Fläche des Dreiecks $Ap_1 E$. Diese Produzentenrente geht durch die Mindestpreisfestsetzung im Umfang des Dreiecks GHE definitiv verloren. Durch Umverteilung erhalten die Produzenten von den Konsumenten eine Rente im Umfang des Vierecks $p_1 p_M CH$. Konsumenten und Produzenten zusammen verlieren also eine Rente im Umfang des schraffierten Dreiecks GCE. Dies ist der Wohlfahrtsverlust, der durch die Mindestpreisfestsetzung verursacht wird.

In ganz entsprechender Weise bedeutet die Festsetzung eines Höchstpreises p_H für Konsumenten und Produzenten einen Verlust im Umfang des schraffierten Dreiecks. Der Unterschied zu dem Fall des Mindestpreises ist die andere Umverteilung. Im Fall des Höchstpreises kommt es zu einer Umverteilung von den Produzenten an die Konsumenten im Umfang des Vierecks $p_H p_1 HG$.

Ein wesentlicher **Nachteil jeder Preisfixierung ist also der damit verbundene Wohlfahrtsverlust**. Dieser Wohlfahrtsverlust ist unabhängig von ansonsten unterschiedlichen persönlichen Standpunkten **eindeutig negativ** zu beurteilen. Daneben kommt es zu **Umverteilungen, über die man geteilter Meinung** sein kann.

Weiterhin haben Preisfixierungen auch **Produktionsverzerrungen** mit schwerwiegenden Nachteilen zur Folge.

Wird ein **Mindestpreis** festgesetzt, dann kommt es zu einer **Überschußproduktion**. Bei dem Mindestpreis p_M in Abbildung 6.13 entsteht eine Überschußproduktion im Umfang CD. Der Staat muß diese Überschußproduktion zum Preis p_M aufkaufen, sonst wird die Garantie des Mindestpreises sinnlos. Der Mindestpreis ist der staatliche Interventionspreis. Es entstehen Butterberge, Milchseen, Fleischberge usw. Die staatliche Lagerhaltung verursacht Kosten, teilweise müssen die Überschüsse bei vollen Lagerhäusern vernichtet werden. Dies alles sind negative Auswirkungen der Mindestpreisvorschrift.

Wird ein **Höchstpreis** festgesetzt, dann entsteht eine Mangelsituation. Bei dem Höchstpreis p_H in Abbildung 6.13 wollen die Nachfrager im Umfang GF mehr Güter haben, als am Markt zu diesem Preis angeboten werden.

Man kann **4 negative Wirkungen** der Höchstpreisvorschrift unterscheiden, z.B. eines Mietstops.

Erstens **unterbleibt eine Ausweitung des Angebots**, obwohl die Nachfrager dies wollen. Bei Wegfall des Mietstops werden entsprechend den Wünschen der Konsumenten mehr Wohnungen gebaut, wogegen der Mietstop die Wohnungsnot zementiert.

Zweitens findet ein **Wechsel im Verteilungsverfahren** statt. Die Wohnung bekommt nicht mehr derjenige, der dafür zu zahlen bereit ist, sondern derjenige, der keine Kinder hat, nachts keinen Lärm macht, keine Tiere hält, das Treppenhaus putzt, dem Vermieter zu Diensten ist, eine bestimmte politische Gesinnung zeigt usw. Durch den Mietstop kommt der Vermieter in eine Machtposition. Er kann außerökonomische Kriterien für die Zuteilung der Wohnungen anlegen. Bei freien Preisen kann der Nachfrager dem Anbieter diese Macht abkaufen.

Drittens entstehen bei Höchstpreisen regelmäßig **schwarze Märkte**. Dort bilden sich freie Preise. Die Menschen tun nichts anderes, als ihre Zahlungsbereitschaft zu artikulieren. Dafür werden sie, da der schwarze Markt verboten ist, kriminalisiert.

Viertens versucht der Staat regelmäßig, die Höchstpreisvorschrift durch **Rationierungsmaßnahmen**, wie z.b. Ausgabe von Bezugsscheinen, abzusichern. Das wirft aber das Problem auf, die individuellen Bedürfnisse ermitteln zu müssen, auf deren Grundlage die Bezugsscheine zuzuteilen sind. Da das unmöglich ist, muß der Staat nach eigenem Gutdünken die Bezugsscheine verteilen. Das heißt aber nichts anderes, als daß der Staat ohne hinreichende Kenntnis der Bedürfnisse durch einen autonomen hoheitlichen Akt die Verteilung festlegt, d.h. ohne hinreichende Kenntnis der Bedürfnisse über Armut und Reichtum entscheidet. Politischen Fehlurteilen, Bestechungen, Lobbyismus usw. sind Tür und Tor geöffnet.

Insgesamt kommt man aufgrund dieser Überlegungen zu dem Ergebnis, daß Mindest- und Höchstpreise aus ökonomischer Sicht nicht zu rechtfertigen sind. Man fragt sich dann natürlich, wozu der Staat überhaupt zu solchen Maßnahmen greift. Eine mögliche Antwort ist, daß die Politiker unfähig und/oder unwillig sind, geeignete Maßnahmen zu ergreifen, sich aber nicht den Vorwurf der Untätigkeit einhandeln möchten.

2. Steuern und Subventionen

Der Staat greift in die Preisbildung auch durch Steuern und Subventionen ein.

Beschäftigen wir uns zunächst mit den Wirkungen einer Steuer. Wir wählen als Beispiel den Fall einer **Verbrauchsteuer** im Umfang t pro Stück. Der Produzent muß für jedes verkaufte Stück eine Steuer t an den Staat abführen. Die Wirkungen können anhand der Abbildung 6.14 erläutert werden.

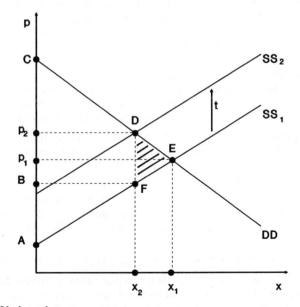

Abb. 6.14 Verbrauchsteuer

In Abbildung 6.14 ist DD die Nachfragefunktion, und SS_1 ist die Angebotsfunktion ohne Steuer. Die Steuer muß von den Produzenten an den Staat abgeführt werden. Die Produzenten haben die **Zahllast**. Die Steuern bedeuten für die Produzenten Kosten. Die Angebotsfunktion SS_1 verschiebt sich um die Steuer t nach oben auf SS_2.

Die **Wirkungen der Steuer** können wie folgt unterschieden werden.

Erstens führt die Steuer in der Regel zu einer **Produktionseinschränkung und einer Preiserhöhung**. Die Produktion sinkt von x_1 auf x_2. Der Preis steigt von p_1 auf p_2. Der Staat treibt durch die Steuer den Marktpreis nach oben und reduziert somit Produktion und Verbrauch. Das Ausmaß dieser Normal-Wirkungen **hängt von den Angebots- und Nachfrageelastizitäten ab**. Bei völlig unelastischer Nachfrage (senkrechte DD-Linie) steigt der Preis genau um den Steuersatz, und die Menge verändert sich überhaupt nicht. Die **Steuerüberwälzung** gelingt vollständig. Die Konsumenten haben die volle **Traglast**. Die Steuerüberwälzung gelingt auch vollständig bei völlig elastischem Angebot (waagrechte SS-Linie). Allerdings kommt es in diesem Fall zu einer Produktionseinschränkung. Die Steuerüberwälzung gelingt dagegen überhaupt nicht bei völlig elastischer Nachfrage (waagrechte DD-Linie). Die Produktionseinschränkung ist in diesem Fall sehr groß. Die Überwälzung gelingt auch nicht bei völlig unelastischem Angebot (senkrechte SS-Linie). In diesem Sonderfall bleiben Preis und Menge konstant.

Zweitens führt die Steuer zu einem **Wohlfahrtsverlust**. Diese Argumentation kann mit dem **Rentenkonzept** geführt werden, mit dem erwähnten Vorbehalt der mangelnden interpersonellen Nutzenvergleichbarkeit. Im Gleichgewicht ohne Steuer (Punkt E) ist die Konsumentenrente die Fläche des Dreiecks p_1CE. Durch die Steuer sinkt die Konsumentenrente auf die Fläche des Dreiecks p_2CD. Die Produzentenrente ist im Gleichgewicht die Fläche des Dreiecks Ap_1E. Diese Produzentenrente sinkt auf die Fläche des Dreiecks ABF. Der Staat erzielt Steuereinnahmen im Umfang des Vierecks Bp_2DF. Diese Staatseinnahmen fließen als Staatsausgaben der Gemeinschaft der Konsumenten und Produzenten wieder zu. Nimmt man an, daß der Nutzen aus den Steuereinnahmen den Gesamt-Rentenverlust von Konsumenten und Produzenten im Umfang dieses Vierecks aufwiegt, dann entsteht der Gesellschaft per Saldo ein Rentenverlust im Umfang der Fläche des schraffierten Dreiecks DEF. Man spricht in diesem Zusammenhang auch von einer **Überschußbelastung** durch die Verbrauchsteuer. Der Staat könnte diese Überschußbelastung vermeiden, indem er die Steuer abschafft und die Verbraucher selbst über die Verwendung ihres Einkommens entscheiden läßt.

Wenden wir uns nun den Wirkungen einer **Subvention** zu. Im Prinzip wirkt die Subvention auf Menge und Preis genau umgekehrt wie die Steuer, und hat genau wie die Steuer einen Wohlfahrtsverlust zur Folge. Wir können die Subventionswirkung anhand der Abbildung 6.15 erläutern.

In Abbildung 6.15 ist DD die Nachfragefunktion, SS_1 ist die Angebotsfunktion ohne Subvention, und SS_2 ist die Angebotsfunktion mit der Subvention z. Die Subvention ist gleichbedeutend mit einer Kostensenkung. Die Angebotsfunktion verschiebt sich nach unten.

Die **Wirkungen der Subvention** können wie folgt unterschieden werden.

Erstens führt die Subvention in der Regel zu einer **Produktionausdehnung und einer Preissenkung**. Die Produktion steigt von x_1 auf x_2. Der Preis sinkt von p_1 auf p_2. Der Staat schleust durch die Subvention den Marktpreis nach unten und regt

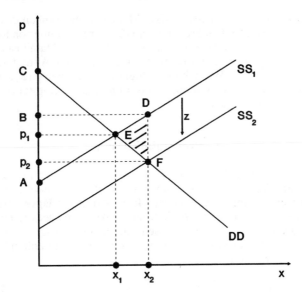

Abb. 6.15 Subvention

somit Produktion und Verbrauch an. Das Ausmaß dieser Normal-Wirkungen **hängt von den Angebots- und Nachfrageelastizitäten** ab. Wir verzichten auf eine Erläuterung der verschiedenen möglichen Fälle. Die Argumentation verläuft analog zu dem oben ausführlich erläuterten Fall der Steuer.

Zweitens führt die Subvention zu einem **Wohlfahrtsverlust**. Die Argumentation basiert wiederum auf dem **Rentenkonzept**. Allerdings nehmen im Unterschied zu der Steuer die Konsumenten- und Produzentenrenten durch die Subvention zu. Möglicherweise ist das der Grund, warum Subventionen so verbreitet sind. Im Gleichgewicht ohne Subvention (Punkt E) ist die Konsumentenrente die Fläche des Dreiecks p_1CE. Durch die Subvention steigt die Konsumentenrente auf die Fläche des Dreiecks p_2CF. Die Produzentenrente ist im Gleichgewicht die Fläche des Dreiecks Ap_1E. Diese Produzentenrente steigt auf die Fläche des Dreiecks ABD. Dem Staat entstehen Ausgaben für die Subventionszahlungen im Umfang des Vierecks p_2BDF. Diese Staatsausgaben übersteigen die Summe der Rentenzuwächse bei den Konsumenten und den Produzenten um die Fläche des schraffierten Dreiecks DEF. Die Subventionszahlungen sind also höher als die Rentenzuwächse. Auch im Fall der Subvention liegt somit eine **Überschußbelastung** vor. Der Staat könnte diese Überschußbelastung vermeiden, indem er die Subvention abschafft und die Entscheidung der Verbraucher über ihre Einkommensverwendung mit den Folgen für Preis und Produktion respektiert.

Drittens belasten die Subventionszahlungen das **Staatsbudget**. Auch der Staat steht aber unter dem Zwang, nicht beliebig viel ausgeben zu können. Wenn die Ausgaben die regulären Einnahmen z.B. wegen hoher Subventionen übersteigen, kommt es zu Staatsdefiziten mit schwerwiegenden negativen Folgen.

Insgesamt ergibt sich aufgrund dieser preis- und wohlfahrtstheoretischen Überlegungen, daß Steuern und Subventionen per Saldo eigentlich nur Nachteile haben. Es drängt sich dann natürlich die Frage auf, wozu der Staat überhaupt Steuern erhebt und Subventionen zahlt. Eine mögliche Antwort ist, daß der Staat mit diesen Maßnahmen versucht, gewisse Mangelerscheinungen des Marktmechanismus wie z.B. externe Effekte, mangelhafte Bereitstellung von Kollektivgütern, ungerechte Einkommensverteilung usw. zu beheben. Damit ist man bei der grundsätzlichen Frage nach der Rechtfertigung staatlicher Aktivitäten in einer Marktwirtschaft angelangt. Wir haben uns hierzu bereits oben im 3. Kapitel einen Überblick verschafft, und wir kommen weiter unten im 8. Kapitel auf diese Problematik noch einmal zurück.

3. Preisstabilisierung

Bei Produkten wie Kaffee, Baumwolle, Zucker, Erze usw. kommt es insbesondere auf den Weltmärkten zu teilweise sehr starken Preisschwankungen. Zur Preisstabilisierung werden immer wieder **staatliche Ausgleichsläger** vorgeschlagen und auch praktiziert. Dem Staat wird hierbei die Aufgabe zugewiesen, durch Interventionen auf den Märkten die Preisschwankungen möglichst auszuschalten, d.h. die Preisentwicklung zu stabilisieren. Das Prinzip kann anhand der Abbildung 6.16 erläutert werden.

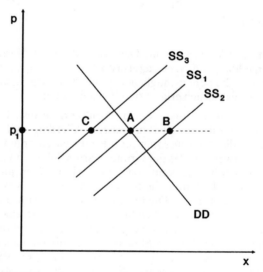

Abb. 6.16 Preisstabilisierung

Ausgangspunkt sei das Gleichgewicht in Punkt A mit dem Preis p_1. Nun kommt es z.B. zu einer überdurchschnittlich guten Ernte. Durch das erhöhte Angebot verschiebt sich die Angebotsfunktion von SS_1 nach SS_2. Die daraus resultierende Preissenkung kann der Staat verhindern, indem er die Menge AB zum Preis p_1 aus dem Markt nimmt (die Nachfrage DD verschiebt sich dadurch nach rechts) und in ein staatliches Ausgleichslager einlagert. Kommt es dagegen zu einer schlechten Ernte, dann verschiebt sich durch die Verknappung die Angebotsfunktion von SS_1 nach SS_3. Der Preis wird nach oben gedrückt. Diese Preissteigerung kann durch den Staat verhindert werden, indem jetzt aus dem Ausgleichslager zusätzliches Angebot im Umfang AC auf den Markt geworfen wird und so der Preis bei p_1 stabilisiert wird.

Das klingt recht vernünftig. Und es scheint insbesondere für arme Länder eine geeignete Politik zu sein, um die negativen Wirkungen starker Preisschwankungen für deren Exporte auf den Weltmärkten zu dämpfen. Jedoch ist auch dieser staatliche Eingriff in die Preisbildung mit schweren **Nachteilen** behaftet.

Erstens verursacht das staatliche Ausgleichslager erhebliche **Kosten**. Diese Kosten stehen häufig in einem krassen Mißverhältnis zum Vorteil der erreichten Preisstabilisierung.

Zweitens kann der Staat nicht wissen, ob eine Preisänderung nicht vielleicht Reflex einer dauerhaften Nachfrageänderung ist. Wenn dies der Fall ist, dann wird durch die staatliche Intervention der notwendige Anpassungsprozeß an die geänderten Nachfragebedingungen nur unnötig verzögert. Es kommt zu einer nachteiligen **Verzerrung der Produktionsstruktur**.

Drittens kann die Interventions-Methode sogar kontraproduktiv wirken, d.h. zu einer **Destabilisierung** führen. Nehmen wir z.B. den Fall, daß die Nachfrage kräftig steigt. Aus dem Ausgleichslager werden Mengen an den Markt abgegeben, um die Preissteigerung zu verhindern. Irgendwann ist das Ausgleichslager aber leer. Spätestens dann kommt es zu einem abrupten Preisanstieg. Der Preis schießt in die Höhe, weil das Angebot kurzfristig nicht aus mehr Produktion ausgeweitet werden kann. Dagegen führt ein Verzicht auf die Intervention zu einem langsameren Preisanstieg, und es bleibt Zeit, das Angebot durch ein Hochfahren der Produktion auszuweiten.

Eine diskussionswürdige **Alternative** zur Preisstabilisierung ist die direkte **Erlösstabilisierung**. Aus Beiträgen aus guten Erntejahren und von reichen Ländern wird ein Fonds gespeist, der bei Erlöseinbrüchen den betroffenen Ländern durch direkte Zahlungen einen Ausgleich schafft. Bei dieser Methode bleiben die Preise frei. Die Preisflexibilität kann ungehindert den notwendigen Marktausgleich ohne Lagerkosten und ohne nachteilige Verzögerungen bewerkstelligen.

VIII. Totales mikroökonomisches Konkurrenzgleichgewicht

Wir wollen uns zum Abschluß dieses Kapitels mit einem mehr theoretischen Aspekt der Preistheorie beschäftigen. Die Frage ist, ob bei vollständiger Konkurrenz das freie Spiel sämtlicher Preise auf allen Märkten ein Gleichgewicht auf allen Märkten ermöglicht, ein sog. totales Konkurrenzgleichgewicht. Wenn ja, um welche Art von Preisen handelt es sich bei diesen Gleichgewichtspreisen? Und welche Rolle spielt in diesem Prozeß das Geld? Dies sind Fragen der **Allgemeinen Gleichgewichtstheorie** (WALRAS, 1874; ARROW und DEBREU, 1954; ARROW und HAHN, 1971).

Wir gehen von n Gütern aus, für die normale Angebots- und Nachfragefunktionen gelten. Wir können für jedes Gut eine Marktgleichgewichtsbedingung formulieren, in der Angebot und Nachfrage nach diesem Gut von sämtlichen Preisen abhängen. Das System der Angebots- und Nachfragefunktionen sieht dann im Prinzip wie folgt aus:

$$x_1^s[(p_1/p_n), (p_2/p_n), \ldots, (p_{n-1}/p_n)] \stackrel{!}{=} x_1^d[\ldots]$$
$$\vdots \qquad\qquad\qquad\qquad\qquad \vdots$$
$$x_n^s[(p_1/p_n), (p_2/p_n), \ldots, (p_{n-1}/p_n)] \stackrel{!}{=} x_n^d[\ldots]$$

Einige der n Güter können durchaus als Produktionsfaktoren interpretiert werden. Die entsprechenden Preise sind dann für diese Güter einfach als Faktorpreise zu interpretieren.

An dem Gleichungssystem fällt auf, daß die Preise als Preisverhältnisse p_i/p_n, i = 1, …, n − 1, formuliert sind. Das hat einen bestimmten Grund.

Von den n Gleichgewichtsbedingungen sind nur n − 1 voneinander unabhängig. Dies ist das **Gesetz von WALRAS**. Man kann sich diesen Sachverhalt wie folgt erklären.

Wenn zwei Wirtschaftssubjekte auf einem Markt eine Transaktion tätigen, dann schlägt sich das zwingend nicht nur auf diesem Markt nieder, sondern auf mindestens noch einem anderen Markt. Tritt z.B. auf dem Markt für das Gut 1 der A als Anbieter auf und der B als Nachfrager, dann muß auf irgendeinem anderen Markt der A als Nachfrager und der B als Anbieter auftreten. Denn das Angebot des A an Gut 1 muß der B, der das Gut 1 nachfragt, mit irgendetwas bezahlen, z.B. mit Gut 24. Und das ist das Angebot des B auf dem Markt für das Gut 24 und die Nachfrage des A auf dem Markt für das Gut 24. Jede ökonomische Transaktion in einem solchen geschlossenen System schlägt sich auf mindestens zwei Märkten nieder. Es gibt keine ökonomische Transaktion, die sich nur auf einem Markt niederschlägt. Wenn also von den n Märkten n − 1 Märkte im Gleichgewicht sind, dann muß also auch der n-te Markt im Gleichgewicht sein. Von den n Gleichungen sind also nur n − 1 voneinander unabhängig.

Man kann diesen Sachverhalt auch unter Verwendung der Überschußnachfragen $x^d - x^s$ erläutern, die für jeden Markt gebildet werden können. Die einzelnen Märkte können vor Beendigung der zum Gleichgewicht hinführenden Preisanpassungen im Ungleichgewicht sein. So kann z.B. der A auf dem Markt für das Gut 1 ein Angebot planen, und seine dementsprechende Einnahme auf dem Markt für das Gut 24 als Nachfrage planen. Es ist ohne weiteres möglich, daß zu dieser Planung des A keine einzige weitere Planung irgendeines anderen Wirtschaftssubjektes ex ante hinzukommt. Dann herrscht auf dem Markt für das Gut 1 ex ante eine negative Überschußnachfrage (ein Überschußangebot) und auf dem Markt für das Gut 24 eine positive Überschußnachfrage. Diese bewerteten Überschußnachfragen müssen offensichtlich in der Summe stets Null ergeben. Auch das ist ein Ausdruck für das **Gesetz von WALRAS**. Dieses Gesetz hat also **nichts mit Gleichgewicht zu tun**. Die einzelnen Märkte können ex ante im Ungleichgewicht sein, was in der Regel auch der Normalfall ist. Auf jedem Markt herrscht dann noch eine von Null verschiedene Überschußnachfrage. Aber trotzdem muß die Summe all dieser im Ungleichgewicht noch von Null verschiedenen Überschußnachfragen aus dem erwähnten Grund zusammen Null ergeben. Dann muß aber, wenn von den n Märkten n − 1 Märkte im Gleichgewicht sind, auch der n-te Markt im Gleichgewicht sein. Also sind von den n Gleichgewichtsbedingungen nur n − 1 voneinander unabhängig.

Wir können also das System der n Gleichungen nur nach n − 1 endogenen Variablen auflösen, nämlich den n − 1 Preisverhältnissen p_i/p_n, i = 1, ..., n − 1. Ein Preisverhältnis p_i/p_n ist der in Einheiten des Gutes n ausgedrückte Preis des Gutes i. Das Gut n dient als der **numéraire**. Das Preisverhältnis für den numéraire ist $p_n/p_n = 1$. Das freie Spiel der in Einheiten des numéraire ausgedrückten Preise sorgt – wenn die Nachfrage- und Angebotsfunktionen die normalen Eigenschaften haben – für Gleichgewicht auf allen Märkten. Der Mechanismus zur Erreichung dieses totalen Gleichgewichts funktioniert wie folgt. Wenn für ein Gut ex ante eine positive Überschußnachfrage vorliegt, dann steigt der Preis dieses Gutes. Wenn für ein Gut ex ante eine negative Überschußnachfrage vorliegt (ein Überschußangebot), dann fällt der Preis dieses Gutes. Wenn für ein Gut eine Überschußnachfrage von Null vorliegt, dann ändert sich der Preis dieses Gutes nicht mehr. Durch diese Preisanpassungen wird das totale Gleichgewicht erreicht. Das **freie Spiel sämtlicher Preise garantiert das totale Gleichgewicht** auf allen Märkten.

Das n-te Gut, der **numéraire**, dient in dem System als **Recheneinheit**. Alle Preise der n − 1 restlichen Güter werden in Einheiten dieses n-ten Gutes ausgedrückt. Wenn dieses Gut aber schon als Recheneinheit benutzt wird, dann liegt es nahe, dieses Gut auch als **allgemeines Tauschmittel** bei der Abwicklung der Transaktionen zu benutzen. Das n-te Gut hat dann recht vollständig den Charakter von **Geld**, denn es dient im Wirtschaftsverkehr als Recheneinheit und Tauschmittel.

Zwei Fragen sind jetzt noch ungeklärt.

Erstens ist die **Existenz des Geldes** in diesem Modell nicht ganz einsichtig. Denn wenn zur Abwicklung der Transaktionen Geld gehalten wird, dann verursacht das Kosten. Die Kosten der Geldhaltung sind die entgangenen Zinseinnahmen, die man erzielen kann, wenn man das Geld nicht hält, sondern verzinslich anlegt. Wozu soll man dann aber Geld in einer Welt halten, in der die wirtschaftlichen Transaktionen ganz ohne irgendwelche **Transaktionskosten** abgewickelt werden können? Wenn ein Tausch ohne Transaktionskosten möglich ist, kann die Existenz von Geld kaum begründet werden. Dies ist ein recht komplizierter Gegenstand der Geldtheorie. Wir werden auf die Motive der Geldhaltung weiter unten im Teil Makroökonomik näher eingehen.

Zweitens muß die Frage gestellt werden, wie dieses totale Konkurrenzgleichgewicht unter **Wohlfahrtsgesichtspunkten** zu beurteilen ist. Es genügt nicht, auf die Möglichkeit der Existenz eines Konkurrenzgleichgewichts zu verweisen. Wenn man eine Volkswirtschaft wie die Bundesrepublik Deutschland als Marktwirtschaft organisiert, dann muß auch die Bedeutung dieser Organisationsform für die gesellschaftliche Wohlfahrt begründet werden. Dies ist ein Gegenstand der Allokationstheorie und Wohlfahrtsökonomik. Hiermit werden wir uns im 8. Kapitel näher beschäftigen.

IX. Zusammenfassung

In der Preistheorie werden die Mechanismen der **Preisbildung auf Märkten** analysiert. Preise bilden sich allgemein durch das Zusammenspiel von Angebot und Nachfrage. Wesentliche Merkmale der beiden Marktseiten Angebot und Nachfrage sind die **Anzahl der Marktteilnehmer**, die **Marktvollkommenheit** und das **Verhalten der Marktteilnehmer**. In der **vollständigen Konkurrenz** bildet sich der Marktpreis in Höhe der Grenzkosten. Bei langfristig steigenden Durchschnittskosten können Produzenten Differentialrenten beziehen. Im **Monopol** bildet sich der Marktpreis über den Grenzkosten. Gegenüber der Konkurrenz kommt es zu einem Wohlfahrtsverlust und zu einer Umverteilung zugunsten der Produzenten. Auf unvollkommenen Märkten kann der Monopolist Preisdifferenzierung betreiben. Bei **monopolistischer Konkurrenz** ist bei freiem Marktzugang und niedrigen Marktaustrittskosten der Markt des Monopolisten bestreitbar. Der Marktpreis bildet sich in Höhe der Durchschnittskosten. Im **Oligopol** sind die Konkurrenten in einer Situation der gegenseitigen Abhängigkeit. Die Preise sind relativ starr, was durch spieltheoretische Modelle erklärt werden kann. Es kann zwischen den Anbietern zu Absprachen über Preisanhebungen kommen. **Staatliche Eingriffe in die Marktpreisbildung** sind Höchst- und Mindestpreise, Steuern und Subventionen und Ausgleichsläger zur Preisstabilisierung. Die staatlichen Eingriffe haben per Saldo nachteilige Wirkungen. Ein **totales mikroökonomisches Konkurrenzgleichgewicht** auf allen Märkten ist bei normalen Angebots- und Nachfragefunktionen durch das freie Spiel sämtlicher Preise realisierbar. **Geld** dient als Recheneinheit und Tauschmittel.

Literatur zum 6. Kapitel

Überblick:

Siebke, J.: Preistheorie. In: D. Bender u.a.: Vahlens Kompendium der Wirtschaftstheorie und Wirtschaftspolitik. Band 2. 4. Aufl. München 1990. S. 59-119.

Lehrbücher:

Blum, U.: Volkswirtschaftslehre. Studienhandbuch. München 1992. S. 130-159.
Demmler, H.: Einführung in die Volkswirtschaftslehre. Elementare Preistheorie. 2. Aufl. München 1991. S. 163-261.
Fehl, U. und P. Oberender: Grundlagen der Mikroökonomie. Eine Einführung in die Produktions-, Nachfrage- und Markttheorie. Ein Lehr- und Arbeitsbuch mit Aufgaben und Lösungen. 5. Aufl. München 1992. S. 7-66, 239-288.
Franke, J.: Grundzüge der Mikroökonomik. 5. Aufl. München 1992. S. 175-223.
Herberg, H.: Preistheorie. 2. Aufl. Stuttgart 1989.
Hirshleifer, J.: Price theory and applications. 3. Aufl. Englewood Cliffs 1984.
Krelle, W.: Preistheorie. I. und II. Teil. 2. Aufl. Tübingen 1976. (1. Aufl. 1961).
Ott, A. E.: Grundzüge der Preistheorie. 3. Aufl. Göttingen 1984.
Richter, R.: Preistheorie. Wiesbaden 1970.
Schumann, J.: Grundzüge der mikroökonomischen Theorie. 4. Aufl. Berlin 1984. S. 165-314.
Siebert, H.: Einführung in die Volkswirtschaftslehre. 11. Aufl. Stuttgart 1992. S. 98-155.
Stobbe, A.: Mikroökonomik. 2. Aufl. Berlin 1991. S. 295-364, 392-461.
Varian, H. R.: Microeconomic analysis. 2. Aufl. New York 1984. Übers. v. M. Weigert: Mikroökonomie. 2. Aufl. München 1985. S. 82-115.

Sammelbände:

Ott, A. E. (Hrsg.): Preistheorie. Köln 1965.

Spezielle Themengebiete:

Monopolistische Konkurrenz:

Chamberlin, E. H.: The theory of monopolistic competition. 8. Aufl. Cambridge 1965.
Robinson, J.: The economics of imperfect competition. 13. Aufl. London 1972.
Stackelberg, H. von: Marktform und Gleichgewicht. Wien 1934.

Oligopoltheorie:

Sweezy, P. M.: Demand under conditions of oligopoly. In: Journal of Political Economy. Bd. 47/1939. S. 568-573.

Allgemeine Gleichgewichtstheorie:

Hansen, B.: General equilibrium systems. New York 1970.

7. Kapitel:
Preisbildung auf Faktormärkten

Nach welchen Regeln bilden sich in einer Marktwirtschaft die Einkommen? Warum gibt es hohe Einkommen, warum niedrige? Wie bilden sich die Löhne? Haben hohe Löhne etwas mit Arbeitslosigkeit zu tun? Warum gibt es Zins- und Mieteinkommen, für die nicht gearbeitet werden muß? Ist das nicht ungerecht? Können solche Einkommen verboten werden, ohne daß für die Volkswirtschaft ein Schaden entsteht? Auf Fragen dieser Art kann man Antworten erhalten durch das Studium der Preisbildung auf Faktormärkten. Einkommen sind in einer Marktwirtschaft die für den Einsatz von Produktionsfaktoren gezahlten Entgelte. Die Produktionsfaktoren können gegliedert werden in **Arbeit, Kapital und Boden**. Entsprechend dieser Gliederung behandeln wir im folgenden die Lohnbildung am Arbeitsmarkt, die Zinsbildung am Kapitalmarkt und die Preisbildung am Markt für den Faktor Boden.

I. Arbeit und Lohn

Auf dem Arbeitsmarkt sind die privaten Haushalte die Anbieter, und die Unternehmer sind die Nachfrager. Gehandelt wird das Gut menschliche Arbeit. Die Haushalte verkaufen ihre Arbeit an die Unternehmer, die diese nachfragen, um sie im Produktionsprozeß einzusetzen.

Beginnen wir zunächst mit dem **Arbeitsangebot seitens der privaten Haushalte**. Von welchen Größen hängt das Arbeitsangebot ab? Wann arbeitet ein Mensch viel? Wann wird er zum Faultier? Wir haben uns hiermit im 4. Kapitel, Ziffer III beschäftigt und wollen das Ergebnis unserer Überlegungen kurz rekapitulieren.

Der Haushalt ist bestrebt, eine optimale Mischung aus Arbeitszeit und daraus fließendem Einkommen einerseits und Freizeit andererseits zu finden. Das Ergebnis dieses Nutzenmaximierungskalküls ist eine **Arbeitsangebotsfunktion**, wie sie in Abbildung 4.12 dargestellt ist. In einem Normalbereich besteht zwischen Arbeitsangebot und Lohn eine positive Beziehung. Der Mensch ist um so eher bereit, mehr zu arbeiten, je höher der Lohn ist, den er dafür bekommt. Bei sehr hohen und bei sehr niedrigen Löhnen kommt es zu anormalen Reaktionen. Ist der Lohn sehr hoch und arbeitet der Mensch deswegen sehr lange, dann führt eine weitere Lohnerhöhung zu einer Einschränkung des Arbeitsangebots, weil die Freizeit zu wertvoll wird. Ist dagegen der Lohn sehr niedrig und wird deswegen nur ein geringes Einkommen bezogen, dann führt eine weitere Lohnsenkung zu einer Ausdehnung des Arbeitsangebots, um das Existenzminimum zu sichern.

Die Gesamtangebotsfunktion für Arbeit ergibt sich durch Horizontaladdition der individuellen Arbeitsangebotsfunktionen. Hierbei können sich durch den geschwungenen Verlauf der individuellen Angebotsfunktionen alle möglichen Verläufe für die Gesamtangebotsfunktion ergeben. Wir gehen auf dieses Problem nicht weiter ein und unterstellen einen Verlauf der Angebotsfunktion am Ar-

7. Kap.: Preisbildung auf Faktormärkten

beitsmarkt, der im Prinzip dem Verlauf der individuellen Angebotsfunktion entspricht.

Wir unterstellen weiterhin, daß das Arbeitsangebot nicht vom Nominallohn abhängt, sondern vom **Reallohn**. Division des Nominallohnes W (auch: Geldlohn) durch das Preisniveau P ergibt den Reallohn W/P. Hierdurch wird berücksichtigt, daß für den aufgeklärten Arbeitnehmer bei Inflation letztlich der Reallohn die ihn interessierende Größe ist. Er zieht von der Nominallohnsteigerung die Inflationsrate (Wachstumsrate des Preisniveaus) ab, und erhält so die Steigerungsrate des Reallohnes. Ist die Inflation z.B. 4%, und steigt der Tariflohn um 6%, dann steigt der Reallohn – die letztlich für das Arbeitsangebot entscheidende Größe – um 2%. Dieser Sachverhalt ist durch den Ansatz W/P anstelle von W adäquat berücksichtigt. Man sagt auch, die Arbeitnehmer leiden nicht unter **Geldillusion**. Dagegen leiden sie unter Geldillusion, wenn sie ihr Arbeitsangebot bei Inflation am Nominallohn ausrichten.

Wir können also die Arbeitsangebotsfunktion wie folgt formulieren:

mit
$$N^s = N^s(W/P) \tag{1}$$

$\delta N^s/\delta(W/P) > 0$ im Normalbereich.

In der Arbeitsangebotsfunktion (1) ist N die Arbeit (in der Regel gemessen in Stunden), W der Nominallohn, P das Preisniveau, und das hochgestellte s steht für supply = Angebot. Das **Arbeitsangebot ist in einem Normalbereich positiv vom Reallohn abhängig**.

Wir wenden uns nun der anderen Seite des Arbeitsmarktes zu, der Arbeitsnachfrage seitens der Unternehmer. Hier können wir auf die Überlegungen im 5. Kapitel zurückgreifen. Wir haben festgestellt, daß der gewinnmaximierende Unternehmer den Einsatz eines Produktionsfaktors so lange ausdehnt, bis das Wertgrenzprodukt gleich dem Faktorpreis ist (vgl. 5. Kapitel, Ziffer IV.1.b). Es wird so lange mehr von einem Faktor eingesetzt, bis der zusätzliche Erlös, den der zusätzliche Faktoreinsatz bringt, nicht mehr größer ist als die zusätzlichen Kosten, die der zusätzliche Faktoreinsatz verursacht. Für den Produktionsfaktor Arbeit gilt also:

$$(\delta x/\delta N) \cdot P = W,$$
$$\delta x/\delta N = W/P. \tag{2}$$

Gemäß Gleichung (2) maximiert der Unternehmer seinen Gewinn, wenn die reale Grenzproduktivität der Arbeit (reale marginale Arbeitsproduktivität) $\delta x/\delta N$ gleich dem Reallohn W/P ist. Bei einem gegebenen Reallohn fragt der Unternehmer den Arbeitseinsatz nach, bei dem die reale marginale Arbeitsproduktivität gleich dem Reallohn ist. Der **Verlauf der realen marginalen Arbeitsproduktivität ist also identisch mit dem Verlauf der Arbeitsnachfragefunktion** des Unternehmers in Abhängigkeit vom Reallohn. Typischerweise sinkt die reale marginale Arbeitsproduktivität bei steigendem Arbeitseinsatz. Das liegt an den für die Produktion typischen Produktionsfunktionen mit abnehmenden Ertragszuwächsen (vgl. 5. Kapitel, Ziffer II.3, insbesondere Abbildung 5.2). Die Arbeitsnachfrage ist somit negativ vom Reallohn abhängig. Der Unternehmer setzt mehr Arbeit c.p. nur bei sinkendem Reallohn ein, da die reale marginale Arbeitsproduktivität mit zunehmendem Arbeitseinsatz auch sinkt. Die Gesamtnachfragefunktion erhält man wieder durch Horizontaladdition der Einzelnachfragefunktionen. Für die Arbeitsnachfragefunktion (hochgestelltes d = demand = Nachfrage) gilt:

$$N^d = N^d(W/P) \tag{3}$$

mit

$$\delta N^d / \delta (W/P) < 0.$$

Die **Arbeitsnachfrage ist negativ vom Reallohn abhängig**.

Die Arbeitsangebotsfunktion (1) und die Arbeitsnachfragefunktion (3) sind zusammen in Abbildung 7.1 dargestellt.

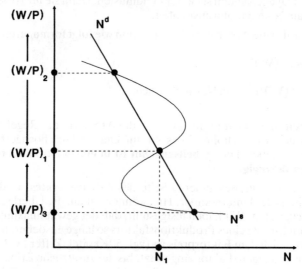

Abb. 7.1 Arbeitsmarkt

In dem Reallohnbereich zwischen $(W/P)_2$ und $(W/P)_3$ ist der Arbeitsmarkt **stabil**. In diesem Bereich sinken auf einem ungeregelten Arbeitsmarkt Reallöhne über $(W/P)_1$ wegen des Überschußangebots auf $(W/P)_1$. Entsprechend steigen Reallöhne unter $(W/P)_1$ in diesem Bereich wegen der Überschußnachfrage auf $(W/P)_1$ an. Bei dem Gleichgewichtslohn $(W/P)_1$ wird die Arbeitsmenge N_1 eingesetzt. Diese Menge kann als **Vollbeschäftigung** definiert werden. Bei Vollbeschäftigung finden alle Menschen Arbeit, die beim herrschenden Reallohn arbeiten wollen, und das Gleichgewicht ist stabil.

Oberhalb $(W/P)_2$ und unterhalb $(W/P)_3$ ist der Arbeitsmarkt **instabil**. Oberhalb $(W/P)_2$ wird der Reallohn wegen der Überschußnachfrage weiter nach oben getrieben, und es vergrößert sich das Ungleichgewicht. Unterhalb $(W/P)_3$ sinkt der Reallohn wegen des Überschußangebots, ohne daß ein Gleichgewicht erreicht wird.

Man kann anhand dieser Darstellung das Problem der **Arbeitslosigkeit** analysieren. Wir wollen hierauf kurz eingehen. Dies ist ein typischer Gegenstand der Makroökonomik, und wir werden uns hiermit ausführlich im 3. Teil beschäftigen.

Arbeitslosigkeit herrscht, wenn die Unternehmer beim herrschenden Reallohn weniger Arbeit als die Vollbeschäftigungsmenge einsetzen. Dies ist im Reallohnbereich zwischen $(W/P)_2$ und $(W/P)_1$ der Fall. Die Unternehmer setzen weniger Arbeit als die Vollbeschäftigung N_1 ein. Der in diesem Zustand herrschende Ungleichgewichts-Reallohn (nicht eingezeichnet) kann nun nach unten inflexibel sein. Dies ist dann der Fall, wenn der Tariflohn als **Mindestlohn** auf einem entsprechenden Niveau fixiert ist, und wenn die Arbeitnehmer Reallohnsenkungen durch **Inflation nicht akzeptieren**. Der Tariflohn ist die nominale Untergrenze, so daß Reallohnsenkungen durch Nominallohnsenkungen ausgeschlossen sind. Und eine Reallohnsenkung durch Inflation ist auch ausgeschlossen, da jede Preisniveausteigerung mit einer entsprechenden Anhebung des Nominallohnes beantwortet wird. Die Arbeitslosigkeit wird dann zum Dauerzustand. Der Reallohn hängt über dem Vollbeschäftigungsniveau fest. Man nennt das auch ein **Unterbeschäftigungs-Gleichgewicht**.

Aus dieser Diagnose kann man die folgende Therapie ableiten. Für mehr Beschäftigung ist eine **Reallohnsenkung** durch Tariflohnsenkung und/oder Inflation notwendig. Die Arbeit muß real verbilligt werden, damit die Unternehmer mehr nachfragen. Es handelt sich um eine **Mindestlohn-Arbeitslosigkeit**. Wenn die Arbeitnehmer eine Tariflohnsenkung und/oder eine Inflation akzeptieren, werden von den Unternehmern mehr Arbeitsplätze geschaffen.

Diese Methode setzt außer der Bereitschaft der Arbeitnehmer, Reallohnsenkungen zu akzeptieren, voraus, daß die Unternehmer bei einer Reallohnsenkung auch wirklich entlang der Arbeitsnachfragefunktion mehr Arbeit einsetzen. Dies wiederum setzt voraus, daß sie die Mehrproduktion auch glauben absetzen zu können. In einer totalen Überflußgesellschaft führt die Reallohnsenkung nicht zu mehr Beschäftigung, da die Leute von allen Gütern genug haben und die Unternehmer sich deswegen einer **Absatzschranke** gegenübersehen. Die Arbeitsnachfragefunktion verläuft in diesem Fall senkrecht. Die Arbeitsnachfrage ist in Bezug auf den Reallohn unelastisch. Es liegt eine **Nachfragemangel-Arbeitslosigkeit** vor. Als Therapie nutzt nur eine künstliche Anregung von Produktion und Beschäftigung, wofür praktisch nur der **Staat** in Frage kommt.

Wir können bisher festhalten, daß Arbeitslosigkeit unter bestimmten Bedingungen die Folge zu hoher Reallöhne ist, was wiederum die Folge eines auf zu hohem Niveau fixierten Tariflohnes und fehlender Geldillusion der Arbeitnehmer ist. Es ist nun allerdings nicht ohne weiteres zulässig, daraus die unbedingte Forderung nach einer völligen Freigabe des Tariflohnes abzuleiten. Denn Lohnsenkungen können in dem Instabilitätsbereich unter $(W/P)_3$ zu unhaltbaren Zuständen führen. Liegt der Reallohn unter $(W/P)_3$, dann führen Lohnsenkungen wegen des Überschußangebots endlos zu weiteren Lohnsenkungen. Die Menschen arbeiten bei weiteren Lohnsenkungen immer länger, um nicht zu verhungern. Unter diesem Aspekt sind **Gewerkschaften** sinnvolle und notwendige Konkurrenzverhinderungsverbände zur Abwehr unsozialer Lohnsenkungen. Aber es ist nicht sinnvoll – weil zu Arbeitslosigkeit führend –, das Lohnniveau über das mit Vollbeschäftigung zu vereinbarende Niveau hinaus in die Höhe zu treiben.

Man kann sich nun noch die Frage stellen, ob es bei einem Reallohnniveau in dem Bereich zwischen $(W/P)_2$ und $(W/P)_1$ denn keine **andere Möglichkeit außer der Reallohnsenkung und der staatlichen Nachfrageanregung** gibt, die Arbeitslosigkeit abzubauen. Es kommen zwei Möglichkeiten in Betracht. Das Überschußangebot an Arbeit kann durch eine Erhöhung der Arbeitsnachfrage (Rechtsverschiebung der N^d-Funktion) oder durch eine Verringerung des Arbeitsangebots (Linksverschiebung der N^s-Funktion) abgebaut werden.

Eine Rechtsverschiebung der N^d-Funktion kann erreicht werden durch einen **erhöhten Kapitaleinsatz**. Die Arbeitslosigkeit wird hier als eine **Kapitalmangel-Arbeitslosigkeit** diagnostiziert. Die reale marginale Arbeitsproduktivität ist zu niedrig. Durch Investitionen steigt der Einsatz des zweiten Produktionsfaktors Kapital. Die Produktionsfunktion und die daraus abgeleitete Arbeitsnachfragefunktion verschieben sich auf ein höheres Niveau. Die Unternehmer stellen zu dem hohen Reallohn mehr Arbeiter ein, weil das von der gestiegenen Arbeitsproduktivität her gerechtfertigt ist. Gerade bei dieser Methode kommt es allerdings darauf an, daß die Unternehmer entsprechend positive Absatzerwartungen haben.

Eine Linksverschiebung der N^s-Funktion kann erreicht werden durch Maßnahmen wie Arbeitszeitverkürzung, vorgezogenen Ruhestand, verlängerte Ausbildungszeiten usw. Man kann das eine **Wohlstands-Arbeitslosigkeit** nennen. Die Methode läuft auf eine Kapitulation vor dem Problem der Arbeitslosigkeit hinaus. Die Methode besteht einfach darin, nicht zu arbeiten, weil es keine Arbeit gibt, und sich damit zu begnügen, die Nicht-Arbeit auf alle gleichmäßig zu verteilen.

II. Kapital und Zins

Das Verleihen von Geld erbringt zusätzlich zur Rückzahlung auch Zinsen. Man sagt, als Gläubiger kann man den Kuchen essen und ihn trotzdem behalten. Umgekehrt kostet eine Kreditaufnahme zusätzlich zur Rückzahlung des Kredits auch Zinsen. Man sagt, beim Schuldner sitzen Schulden stets mit am Tisch. Diese Tatsache hat die Gemüter schon immer erregt. Worin liegt der Ursprung des Zinses? Welches Zinsniveau pendelt sich in einer Marktwirtschaft ein? Wie können Zinsen gerechtfertigt werden? Was passiert, wenn Zinsen verboten werden?

Auf dem Kapitalmarkt sind die privaten Haushalte die Anbieter, und die Unternehmer sind die Nachfrager. Die Haushalte bieten ihre Ersparnisse den Unternehmern an, die diese nachfragen, um sie im Produktionsprozeß als Investitionen zur Kapitalaufstockung einzusetzen. Unabhängig von dieser Terminologie ist es natürlich z.B. auch möglich, daß ein Haushalt nicht als Darlehensgeber auftritt, sondern einen Kredit aufnimmt, um eine Urlaubsreise zu finanzieren. Der Kreditgeber ist in diesem Beispiel eben nicht Anbieter von Ersparnissen am Kapitalmarkt, da die Mittel nicht zur Kapitalbildung verwendet werden. Auf dem Kapitalmarkt wird der Teil der Produktion gehandelt, der nicht in den Konsum fließt, sondern zur Kapitalbildung (Maschinen, Fabriken, Ausrüstungen usw.) verwendet wird.

Beginnen wir zunächst mit der **Ersparnis der privaten Haushalte**. Hiermit haben wir uns im 4. Kapitel, Ziffer IV bereits beschäftigt. Rekapitulieren wir kurz unsere dortigen Überlegungen. Der Haushalt ist bestrebt, die zeitliche Struktur seines Einkommensstroms zu optimieren. Durch Sparen bzw. Entsparen strukturiert er seinen vorgegebenen Einkommensstrom so um, daß er entsprechend seiner persönlichen Zeitpräferenz seinen Nutzen maximiert. Sparen bedeutet für den Haushalt einen Konsumverzicht in der Gegenwart. Für diesen gegenwärtigen Konsumverzicht verlangt er ein Entgelt in Form des Zinses, da er typischerweise eine Gegenwartsvorliebe hat. Das Ergebnis dieses Nutzenmaximierungskalküls ist eine Sparfunktion, wonach die Ersparnis positiv vom Zins abhängt. Die Gesamtsparfunktion am Kapitalmarkt erhält man durch Horizontaladdition der individuellen Sparfunktionen.

Wir können also die Sparfunktion wie folgt formulieren:

$$S = S(r) \tag{4}$$

mit $\delta S/\delta r > 0.$

In der Sparfunktion (4) ist S die Ersparnis, und r ist der Realzins (Nominalzins abzüglich Inflationsrate). **Die Ersparnis ist positiv vom Realzins abhängig.**

Wenden wir uns nun der **Kapitalnachfrage seitens der Unternehmer** zu. Für den Unternehmer ist Kapital ein Produktionsfaktor, den er gewinnmaximierend einsetzt. Wir können auf die Gewinnmaximierungsbedingung zurückgreifen, wonach das Wertgrenzprodukt des Produktionsfaktors gleich dem Faktorpreis sein muß (vgl. 5. Kapitel, Ziffer IV.1.b). Wenn wir diese Bedingung auf den Produktionsfaktor Kapital anwenden, ergibt sich:

$$(\delta x/\delta K) \cdot p = q_K,$$
$$\delta x/\delta K = q_K/p. \tag{5}$$

Gemäß Gleichung (5) maximiert der Unternehmer seinen Gewinn, wenn die reale Grenzproduktivität des Kapitals (reale marginale Kapitalproduktivität) $\delta x/\delta K$ gleich dem realen Faktorpreis des Kapitals q_K/p ist.

Bei der Interpretation der Gleichung (5) ist in besonderem Maße darauf zu achten, daß man sich nicht zu sehr in Details verliert, die nur den Blick für das Wesentliche verstellen.

Machen wir zunächst eine vereinfachende Annahme über die Länge des Untersuchungszeitraums, die durchaus zulässig ist und das Ergebnis der Überlegungen nicht berührt. Der Kapitalbestand wird durch Reinvestitionen in Höhe der Abschreibungen aufrechterhalten. In diesem Sinne können wir eine unendliche Lebensdauer unterstellen. Durch Nettoinvestitionen wird der Kapitalstock erweitert.

Versetzen wir uns nun in die Situation eines Unternehmers und versuchen aus seiner Sicht, die Gleichung (5) zu interpretieren. Der Kapitalbestand K wird in DM gemessen. Der Ertrag einerseits und die Kosten andererseits des Kapitaleinsatzes werden als Prozentrate pro Jahr ausgedrückt.

Die linke Seite der Gleichung (5) beschreibt die **Rendite des Anlagevermögens** auf der Aktivseite der Bilanz. Der Zähler δx ist der reale Ertrag, den der Einsatz von $\delta K = 1$ DM Kapital erbringt. Ist z.B. $\delta x = 0,09$ DM pro Jahr, dann ist die reale marginale Kapitalproduktivität 9% pro Jahr. Die zuletzt in Anlagevermögen investierte DM wirft eine Sachvermögensrendite von 9% ab.

Die rechte Seite der Gleichung (5) beschreibt entsprechend die in Prozent pro Jahr ausgedrückten **realen marginalen Kapitalkosten**. Mit den Kapitalkosten muß der Unternehmer die Passivseite seiner Bilanz bedienen. Das umfaßt die Eigenkapital- und Fremdkapitalverzinsung. Dazu kommt die Abschreibungsrate für die Kapitalabnutzung (alternativ kann man die Abschreibungsrate von der Kapitalproduktivität auf der linken Seite der Gleichung (5) subtrahieren). Wir können somit den Quotienten q_K/p interpretieren als die Prozentrate pro Jahr $gq_k - gp = i - \pi = r$. Hierbei bedeutet g = Operator für prozentuale Änderung, i = Nominalzins (incl. Abschreibung für die Kapitalabnutzung) und π = prozentuale Änderung des Preisniveaus = Inflationsrate. Die Größe r = Realzins ist der reale Faktorpreis für die Nutzung einer Einheit Kapital (1 DM Kapitaleinsatz) pro Jahr. **Der Realzins r gibt die realen marginalen Kapitalkosten an.** Ist z.B. r = 8% und K = 500 DM, dann betragen die realen marginalen Kapitalkosten pro Jahr 0,08 DM (1 DM Kapitaleinsatz kostet incl. Kapitalabnutzung real 0,08 DM pro Jahr), und der Realwert der jährlichen gesamten Kapitalkosten ist 40 DM.

Zusammenfassend können wir also für (5) auch schreiben:

$$\delta x/\delta K = r. \tag{6}$$

Gemäß Gleichung (6) ist für den Unternehmer **der Kapitalbestand gewinnmaximal, bei dem die reale marginale Kapitalproduktivität** $\delta x/\delta K$ gleich dem Realzins r ist. Dieser gewinnmaximale Kapitalbestand ist der **optimale Kapitalbestand K^***. Dieser Sachverhalt ist in Abbildung 7.2 dargestellt.

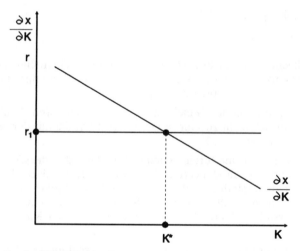

Abb. 7.2 Optimaler Kapitalbestand

In Abbildung 7.2 ist $\delta x/\delta K$ die Funktion der realen marginalen Kapitalproduktivität in Abhängigkeit vom Kapitaleinsatz. Die reale marginale Kapitalproduktivität sinkt bei steigendem Kapitaleinsatz. Das liegt an den für die Produktion typischen Produktionsfunktionen mit abnehmenden Ertragszuwächsen (vgl. 5. Kapitel, Ziffer II.3, insbesondere Abbildung 5.2). Bei einem gegebenen Realzins r_1 fragt der Unternehmer den Kapitalbestand K^* nach, bei dem die reale marginale Kapitalproduktivität gleich dem Realzins ist. Der **Verlauf der realen marginalen Kapitalproduktivität ist also identisch mit dem Verlauf der Kapitalnachfragefunktion** des Unternehmers in Abhängigkeit vom Realzins. Es gilt:

$$K^* = K^*(r) \tag{7}$$

mit
$$\delta K^*/\delta r < 0.$$

Gemäß der Kapitalnachfragefunktion (7) ist **der optimale Kapitalbestand negativ vom Realzins abhängig.**

Überlegen wir uns zur Verdeutlichung das folgende Beispiel. Nehmen wir z.B. an, der tatsächliche Kapitalbestand K liegt noch unter dem optimalen Kapitalbestand K*. Dann bringt ausweislich der Linie der marginalen Kapitalproduktivität die zuletzt investierte DM dem Unternehmer noch mehr realen Ertrag pro Jahr $\delta x/\delta K$ ein (im obigen Beispiel 9%), als diese zuletzt investierte DM pro Jahr reale Kosten r_1 verursacht (im obigen Beispiel 8 %). Also dehnt der Unternehmer diesen Kapitalbestand noch weiter aus. Eine Bilanzverlängerung erhöht den Gewinn, da das zusätzliche Anlagevermögen auf der Aktivseite mehr bringt, als die zusätzliche Verschuldung auf der Passivseite kostet. Der Kapitalbestand wird so lange erhöht, so lange die zuletzt investierte DM real noch mehr erbringt, als sie real kostet. Entsprechend senkt der Unternehmer den tatsächlichen Kapitalbestand, wenn K > K* ist.

Man kann die Kapitalnachfragefunktion (7) auch wie folgt interpretieren. Auf der Abszisse **werden die Projekte zur Erhöhung des Kapitalbestandes (die Investitionsprojekte) nach ihrer Rendite sortiert.** Begonnen wird mit der Investition, die die höchste Rendite erbringt, dann kommt die Investition mit der zweithöchsten Rendite, dann die mit der dritthöchsten Rendite usw. Das zuletzt realisierte Investitionsprojekt ist dasjenige, welches gerade noch so viel Rendite erbringt, um den vorgegebenen Realzins zu erwirtschaften. Mit diesem zuletzt realisierten Investitionsprojekt erreicht der Unternehmer seinen optimalen Kapitalbestand. Die Investitionsprojekte mit Renditen unter dem Realzins bleiben in der Schublade. Wenn Geld vorhanden ist, wird es besser zum herrschenden Realzins angelegt, als in einem Firmenprojekt investiert, welches sich nur unter dem Realzins rentiert.

Wir müssen nun noch die Kapitalnachfragefunktion (7) in eine Form bringen, die direkt mit der Sparfunktion (4) kombiniert werden kann. Wir können nicht (7) direkt mit (4) kombinieren, da in (7) das Kapital eine Bestandsgröße (zeitpunktbezogene Größe) ist, während in (4) die Ersparnis eine Stromgröße (zeitraumbezogene Größe) ist. Der Zusammenhang besteht darin, daß die **Änderung der Bestandsgröße Kapital die Stromgröße Investition ist.** Es gilt:

$$I = [K^*(r) - K] = I(r) \qquad (8)$$

mit
$$\delta I/\delta r < 0.$$

In Gleichung (8) ist I die Investition. Eine Investition wird vorgenommen, wenn der optimale Kapitalbestand K* größer ist als der tatsächliche Kapitalbestand K. Die **Investition dient der Anpassung des tatsächlichen Kapitalbestandes an den optimalen Kapitalbestand.** Gleichung (8) ist eine Investitionsfunktion. Gemäß dieser Investitionsfunktion ist die **Investition negativ vom Realzins abhängig.**

Die Sparfunktion (4) und die Investitionsfunktion (8) sind zusammen in Abbildung 7.3 dargestellt.

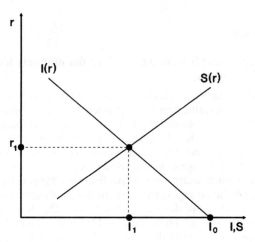

Abb. 7.3 Kapitalmarkt

Bei dem Zinsniveau r_1 herrscht am Kapitalmarkt Gleichgewicht. Von den Haushalten wird bei diesem Zins gerade so viel gespart (nicht konsumiert), wie die Unternehmer bei diesem Zins zu investieren wünschen, d.h. den Kapitalbestand aufzustocken wünschen.

Zwei Fragen sind von besonderem Interesse. Wieso gibt es einen positiven Zins und welche Konsequenzen hat es, wenn Zinsen aus ideologischen Gründen verboten werden? Und welche Rolle spielt die Kapitalproduktivität für die Höhe des Zinsniveaus?

Die Antwort auf die erste Frage ist, daß letztlich die **Gegenwartsvorliebe die Ursache für das Entstehen eines positiven Zinses** ist. Wenn die Menschen keine Gegenwartsvorliebe haben, dann sind sie bereit, zum Zins von Null Darlehen zu geben. Die Sparfunktion in Abbildung 7.3 verlagert sich gewissermaßen so weit nach rechts, daß zum Zins von Null im Extrem das gesamte Einkommen als Kredit vergeben wird. Das hat zur Folge, daß alle Investitionsprojekte finanziert werden können, auch diejenigen, die keine Rendite bringen. Das Kapitalmarktgleichgewicht in Abbildung 7.3 liegt bei I_0. Das liegt aber lediglich daran, daß eben wegen der fehlenden Gegenwartsvorliebe genügend gespart wird.

Was passiert, wenn bei vorherrschender Gegenwartsvorliebe – und davon müssen wir realiter ausgehen – **Zinsen behördlich verboten** werden? Bei einem Zins von Null wird sehr wenig gespart. Es kann folglich auch nur sehr wenig investiert werden. Durch die Investitionen fallen jedoch die künftige Produktion und damit das künftige Realeinkommen höher aus, als sie es ohne die Investitionen sind. Mit den durch den heutigen Konsumverzicht ermöglichten Maschinen ist künftig bei gleichem Arbeitseinsatz eine höhere Produktion möglich, als ohne Maschinen. Man nennt das auch die **Mehrergiebigkeit der Produktionsumwege** (BÖHM-BAWERK, 1921). Durch die behördliche Vorschrift eines Null-Zinsniveaus kann also zwar einem ideologischen Dogma Genüge getan werden. Jedoch die Folge davon ist, daß **mangels Ersparnis nichts investiert wird** und die Gesellschaft dadurch langfristig in Armut und Elend versinkt. Eine Gesellschaft mit einem Null-Zins ist eine sog. Ex-und-Hopp-Gesellschaft, in der die Gegenwartsvorliebe absoluten Vorrang genießt und nichts für die Zukunft getan wird.

Wenden wir uns nun noch der Frage nach der **Rolle der Kapitalproduktivität für die Höhe des Zinses** zu. Die Kapitalproduktivität alleine ist nicht in der Lage, einen Zins hervorzubringen. Das zeigen die Überlegungen für den Fall der fehlenden Gegenwartsvorliebe. Ein Zins von Null ist durchaus mit dem Vorhandensein einer normalen Investitionsfunktion vereinbar (Gleichgewicht in I_0). Allerdings ist **bei gegebener Gegenwartsvorliebe die Höhe des Zinses von der Kapitalproduktivität abhängig**. Stellen wir uns vor, die Kapitalproduktivität steigt (die Produktionsumwege werden noch ergiebiger). Die Investitionsfunktion in Abbildung 7.3 verschiebt sich nach rechts. Der Zins steigt. Die Zinssteigerung lockt die zusätzliche Ersparnis hervor (Bewegung entlang der Sparfunktion von r_1 aus nach rechts oben), die zur Finanzierung der renditeträchtigeren Investitionen nötig ist. Andererseits kann aber eine Zinssteigerung auch mit einem Rückgang der Investitionen einhergehen. Wenn die Ersparnis sinkt (wegen zunehmender Gegenwartsvorliebe wird weniger gespart), dann verschiebt sich die Sparfunktion nach links. Der Zins steigt, und die Investitionen sinken. Die geringere Ersparnis ermöglicht bei gegebener Kapitalproduktivität nur noch die Investitionen mit entsprechend höheren Renditen.

III. Boden und Bodenrente

Nach der deutschen Einigung explodieren in Berlin die Bodenpreise. Das Vermögen von Bodenbesitzern vervielfacht sich in kurzer Zeit ohne deren eigenes Zutun. Dagegen sinken in Bonn nach dem Beschluß, daß Berlin Regierungssitz ist, die Grundstückspreise. An diesen und ähnlichen Entwicklungen stört viele Menschen, daß sich Vermögensverschiebungen teilweise immensen Ausmaßes ergeben, ohne daß die Betroffenen in irgendeiner Weise direkt etwas dazu beitragen. Man kann die Beispiele auf die Spitze treiben. Der nichtsnutzige Urenkel eines Menschen, der in grauer Vorzeit für einen Pappenstiel ein paar Wiesengrundstücke erworben hat, wird wegen eines neuen Erschließungsplans der Gemeinde über Nacht mehrfacher Millionär. Er verkauft die Parzellen an bauwillige Familienväter, die ihr ganzes Leben lang schwer arbeiten müssen, um die Hypotheken zu bedienen. Was hat die Volkswirtschaftslehre hierzu zu sagen?

Gehen wir zunächst von einem einfachen Fall aus. Wir nehmen an, daß eine **fest vorgegebene Bodenmenge völlig gleicher Art** zur Vergügung steht. Das Angebot an Boden ist völlig unelastisch, und die Qualität des Bodens ist völlig gleichartig. Die Nachfrage nach Boden ist normal negativ vom Preis abhängig. Der Sachverhalt ist in Abbildung 7.4 dargestellt.

Der vorhandene Bodenbestand B_1 ist fest vorgegeben. Bei dem Nachfrageniveau DD ergibt sich bei freier Preisbildung der Gleichgewichtspreis p_1 für Boden. Der Preis p_1 ist beim Kauf als Kaufpreis zu interpretieren und beim Pachtvertrag als abdiskontierter Wert der Pachtzinszahlungen.

Welche Schlüsse lassen sich hieraus ziehen? Erinnern wir uns hierzu an das Konzept der Produzentenrente, welches wir im 6. Kapitel, Ziffer III.2 kennengelernt haben. Die Produzentenrente kann als der Überschuß des am Markt erzielten Erlöses über die Kosten der Produktion interpretiert werden. Abbildung 7.4 macht deutlich, daß der Bodenpreis bei gegebenem Bodenbestand nur von der

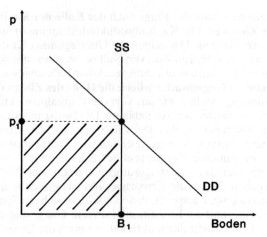

Abb. 7.4 Bodenrente

Nachfrage abhängt. Steigt die Nachfrage, dann steigt der Bodenpreis, ohne daß dem Bodenbesitzer irgendwelche Kosten entstehen. Das gesamte schraffierte Rechteck in Abbildung 7.4 ist also eine Rente, nämlich die **Bodenrente**. Diese Bodenrente hat in diesem Beispiel nicht die angenehme Eigenschaft, daß sie Konkurrenten anlockt, dadurch für eine Ausweitung der Produktion sorgt, und dadurch die Produzentenrenten herauskonkurriert. Der Boden ist eben nicht vermehrbar. Der Sachverhalt kann auch mit dem Hinweis darauf verdeutlicht werden, daß die Produzentenrente der Fläche zwischen der waagrechten Preislinie und der Angebotslinie entspricht. Wenn die Angebotslinie wie im Beispiel des nicht vermehrbaren Bodens unelastisch verläuft, dann ist das gesamte Rechteck unter der Preislinie die Bodenrente. Der Wert des Bodens steigt bei Nachfragesteigerungen, ohne daß dies mit irgendwelchen Kosten für den Bodenbesitzer verbunden ist, und ohne daß die Preissteigerung eine Angebotsausweitung hervorlockt.

Damit drängt sich natürlich die Frage auf, ob man nicht sinnvollerweise die funktionslosen Einkommen der Bodenbesitzer und Spekulanten enteignet und/oder die Preissteigerung durch einen Preisstop unterbindet. Hierzu ist zu sagen, daß auch diese **Bodenrente eine ökonomische Funktion** hat. Der Boden wird bei freier Preisbildung von dem Nachfrager genutzt, der dafür zahlt. Die Nachfragefunktion repräsentiert die Nutzungsmöglichkeiten für den Boden. Bei freier Preisbildung wird also der Boden den Nutzungen zugeführt, die den höchsten Ertrag garantieren. Der Preis p_1 in Abbildung 7.4 schließt alle Nachfrager von der Nutzung aus, die ausweislich der Nachfragefunktion nur einen Nutzen aus dem Boden zu ziehen vermögen, der unter dem Preis p_1 liegt. Gegen dieses ökonomische Kalkül lassen sich kaum zugkräftige Einwände vorbringen. Wird dieser Preismechanismus durch Enteignung und/oder Preisstop außer Kraft gesetzt, dann heißt das lediglich, daß an die Stelle des ökonomischen Zuteilungsverfahrens über den Preis ein anderes Zuteilungsverfahren tritt. Über die Verwendung von Boden entscheiden dann nicht mehr die Kaufleute und bauwilligen Familien, sondern der Gemeinderat, die Abgeordnetenversammlung oder ähnliche Gremien. Damit ist nicht mehr gesichert, daß der Boden der produktivsten Verwendung zugeführt wird. Wohlfahrtsverluste sind die Folge.

Der in Abbildung 7.4 dargestellte Sachverhalt kann modifiziert werden, indem **Böden mit unterschiedlicher Qualität** berücksichtigt werden. Die unterschiedliche Qualität kann sich verschieden äußern. Landwirtschaftlich genutzte Flächen haben unterschiedliche Ertragskraft. Industriell oder als Wohngrundstücke genutzte Flächen haben unterschiedliche Erschließungskosten, Lagen usw. All diese Eigenschaften beeinflussen die Kosten der Bodenproduktion. Ein fruchtbarer Boden verursacht zur Erstellung eines bestimmten Ernteertrages weniger Kosten als ein unfruchtbarer steiniger Acker. Bei den Erschließungskosten leuchtet der Kostencharakter unmittelbar ein. Bei einer guten Lage sind die Transportkosten niedriger als bei einer miesen Randlage. Wir können diesen Sachverhalt durch eine **positiv vom Preis abhängige Angebotsfunktion für Boden** beschreiben, wie sie in Abbildung 7.5 dargestellt ist.

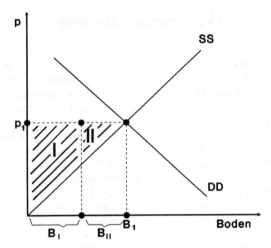

Abb. 7.5 Differentialrenten bei Böden

In Abbildung 7.5 ist der Fall dargestellt, daß jedes Bodenangebot nur mit Kosten möglich ist, d.h. die Angebotsfunktion SS beginnt im Ursprung. Das Angebot an Boden kann zu steigenden Kosten ausgedehnt werden. Der qualitativ beste Boden B_I (fruchtbar, niedrige Erschließungskosten, zentrale Lage) verursacht verhältnismäßig niedrige Kosten. Der schlechtere Boden B_{II} verursacht höhere Kosten. Bei der Nachfrage DD bildet sich der Gleichgewichtspreis p_1 und die Bodenmenge B_1 kommt an den Markt.

Diese Darstellung macht zwei Dinge deutlich.

Erstens werfen die Böden unterschiedlicher Qualität unterschiedliche Renten ab. Der gute Boden bringt die Rente I, der schlechte Boden die Rente II. Diese Renten können **Qualitätsrenten und/oder Lagerenten** sein. Steigt die Nachfrage, dann kommen auch bisher ungenutzte Böden an den Markt, da durch den höheren Preis die höheren Kosten abgedeckt werden. Die Preissteigerung schlägt sich also nicht nur in einem Anstieg der Bodenrenten nieder, sondern lockt auch ein zusätzliches Angebot hervor. Die Renten der bereits genutzten Böden steigen durch den Preisanstieg. Der zuletzt erschlossene Quadratmeter ist der Grenzboden, der gerade keine Rente mehr abwirft.

Zweitens kann der **Staat Bodenpreise und Bodenangebot beeinflussen**, indem er auf die Angebotsbedingungen einwirkt. Werden Grundsteuern erhöht, baurechtliche Auflagen verschärft, Grundbuchämter schwerfällig, Eigentumsverhältnisse unklar, Sanierungsauflagen gemacht usw., dann erhöhen sich die Kosten, die Angebotsfunktion verschiebt sich nach links oben, die Bodenpreise steigen, und die Bodenmenge sinkt. Umgekehrt kann der Staat die Grundsteuern senken, die Verwaltungsbürokratie effizienter gestalten, zügig neue Areale in Flächennutzungsplänen ausweisen, Zuschüsse zu den Erschließungskosten und zur Altlastensanierung leisten usw. Die Angebotsfunktion verschiebt sich nach rechts. Der Staat kann so zu einer Dämpfung der Bodenpreise und einer Ausweitung des Bodenangebots beitragen.

IV. Zusammenfassung

Auf dem **Arbeitsmarkt** treffen das Arbeitsangebot der Haushalte und die Arbeitsnachfrage der Unternehmer zusammen. Das **Arbeitsangebot** ist in einem Normalbereich **positiv vom Reallohn** abhängig. Die **Arbeitsnachfrage** ist **negativ vom Reallohn** abhängig. Im Normalbereich ist das Gleichgewicht am Arbeitsmarkt stabil. Bei sehr hohen und sehr niedrigen Reallöhnen ist der Arbeitsmarkt instabil. Im Instabilitätsbereich niedriger Reallöhne sind **Gewerkschaften** notwendig, um einen schädlichen Unterbietungsprozeß unter den Arbeitnehmern zu verhindern. **Vollbeschäftigung** ist ein Zustand, bei dem der Reallohn im stabilen Bereich auf einem Niveau liegt, bei dem Arbeitsangebot und Arbeitsnachfrage gleich sind. **Arbeitslosigkeit** kann verschiedene Ursachen haben. Die Mindestlohn-Arbeitslosigkeit kann durch Reallohnsenkung abgebaut werden, die Nachfragemangel-Arbeitslosigkeit durch eine staatliche Nachfrageanregung, die Kapitalmangel-Arbeitslosigkeit durch mehr Investitionen und die Wohlstands-Arbeitslosigkeit durch Maßnahmen der Arbeitsangebotskürzung.

Auf dem **Kapitalmarkt** treffen das Ersparnisangebot der Haushalte und die Kapitalnachfrage der Unternehmer zusammen. Die **Ersparnis** ist wegen der Gegenwartsvorliebe **positiv vom Realzins** abhängig. Die **Kapitalnachfrage** ist wegen der mit steigendem Kapitaleinsatz sinkenden marginalen Kapitalproduktivität **negativ vom Realzins** abhängig. Die Ursache für das Entstehen eines positiven Zinsniveaus ist letztlich die **Gegenwartsvorliebe**. Ein **Zinsverbot** führt zu einem Investitionsrückgang mit nachteiligen Wirkungen für die künftigen Realeinkommen. Bei gegebener Gegenwartsvorliebe ist der Zins und das Spar- und Investitionsvolumen positiv von der **Kapitalproduktivität** abhängig.

Auf dem Markt für **Boden** ist der Bodenpreis das Regulativ für Angebot und Nachfrage. Bei **unelastischem Bodenangebot** fließt der gesamte Marktwert des Bodens den Bodenbesitzern als **Rente** zu. Preissteigerungen führen nur zu höheren Bodenrenten. Der **Preis** hat die Funktion, den knappen Boden in die günstigsten Verwendungen zu lenken. Bei **preiselastischem Bodenangebot** fließen den Besitzern unterschiedlich guter Böden **Qualitäts- und/oder Lagerenten** zu. **Preissteigerungen** erhöhen das Angebot, indem bisher ungenutzte Böden wirtschaftlich verwendbar werden. Der **Staat** kann durch angebotsfreundliche Rahmenbedingungen zu einer Dämpfung der Bodenpreise und einer Ausweitung des Bodenangebots beitragen.

Literatur zum 7. Kapitel

Lehrbücher:

Demmler, H.: Einführung in die Volkswirtschaftslehre. Elementare Preistheorie. 2. Aufl. München 1991. S. 289-340.
Franke, J.: Grundzüge der Mikroökonomik. 5. Aufl. München 1992. S. 225-263.
Gruber, U. und M. Kleber: Grundlagen der Volkswirtschaftslehre. München 1992. S. 149-164.
Hirshleifer, J.: Price theory and applications. 3. Aufl. Englewood Cliffs 1984. S. 314-398.
Samuelson, P. A. und W. D. Nordhaus: Economics. 12. Aufl. New York 1985. Dt. Ausgabe: Volkswirtschaftslehre. Grundlagen der Makro- und Mikroökonomie. Bd. 2. 8. Aufl. Köln 1987. S. 279-389.
Schumann, J.: Grundzüge der mikroökonomischen Theorie. 4. Aufl. Berlin 1984. S. 315-336.
Siebert, H.: Einführung in die Volkswirtschaftslehre. 11. Aufl. Stuttgart 1992. S. 156-171.

Spezielle Themengebiete:

Arbeit und Lohn:

Neumann, M.: Theoretische Volkswirtschaftslehre II. Produktion, Nachfrage und Allokation. 3. Aufl. München 1991. S. 222-241.
Rothschild, K. W.: Lohntheorie. Berlin 1963.
Vaubel, R.: Eine marktwirtschaftliche Lösung der Beschäftigungsprobleme. In: Zeitschrift für Wirtschaftspolitik. Bd. 31/1982. S. 111-122.

Kapital und Zins:

Böhm-Bawerk, E. von: Kapital und Kapitalzins. Zweite Abteilung: Positive Theorie des Kapitals. Erster Band. Jena 1921.
Fisher, I.: The theory of interest. New York 1930.
Lutz, F. A.: Zinstheorie. 2. Aufl. Tübingen 1967.
Lutz, F. A. und J. Niehans: Faktorpreisbildung III: Zinstheorie. In: Handwörterbuch der Wirtschaftswissenschaft. Bd. 2. Stuttgart 1980. S. 530-548.

Boden und Bodenrente:

Ziercke, M.: Faktorpreisbildung III: Rente, Bodenpreise. In: Handwörterbuch der Wirtschaftswissenschaft. Bd. 2. Stuttgart 1980. S. 548-567.

8. Kapitel:
Markt und Staat – Wohlfahrtsökonomik, Allokationstheorie und die Rolle des Staates in der Marktwirtschaft

I. Überblick

Wie soll eine Marktwirtschaft unter Wohlfahrtsaspekten beurteilt werden? Sind die Ergebnisse, die eine auf Konkurrenz und Wettbewerb gegründete Ordnung hervorbringt, gut oder schlecht? Welche Einkommensverteilung ist gerecht? Funktioniert der Markt ohne staatliche Eingriffe befriedigend? Wie können staatliche Eingriffe in einer Marktwirtschaft gerechtfertigt werden? Nach welchen Kriterien sollen solche grundsätzlichen Fragen überhaupt beantwortet werden?

Mit solchen Fragen bewegt man sich in der Volkswirtschaftslehre in dem Gebiet der **Wohlfahrtsökonomik**. Die Wohlfahrtsökonomik ist ein stark normativ geprägter Teil der Volkswirtschaftslehre, in dem versucht wird, **Kriterien** zur wertenden Beurteilung unterschiedlicher Zustände einer Volkswirtschaft zu formulieren. Mit Hilfe dieser Kriterien sollen die unterschiedlichen Zustände der Volkswirtschaft in eine möglichst eindeutige **Rangordnung** gebracht werden, damit dann durch geeignete **Maßnahmen** der optimale Zustand, das Wohlfahrtsmaximum, realisiert werden kann.

Man kann heute **2 Entwicklungslinien der Wohlfahrtsökonomik** ausmachen.

In einem älteren Zweig der Wohlfahrtsökonomik konzentriert sich das Interesse sehr stark auf Fragen der **Einkommensverteilung und staatlichen Umverteilung**. Die Ergebnisse dieser Bemühungen sind bisher recht dürftig. Das ist nicht weiter verwunderlich. In einer Gesellschaft mit individuell höchst unterschiedlichen Wertvorstellungen ist es praktisch unmöglich, einen breiten Konsens darüber herzustellen, welche Einkommensverteilung die beste ist und deswegen durch entsprechende Umverteilungsmaßnahmen angestrebt werden soll. Gerade bei Fragen der Einkommensverteilung zeigt sich bei individualistischer Grundhaltung der Menschen, daß sich jeder zuerst einmal selbst der Nächste ist. Solidarität ist nur gewünscht, so lange sie nichts kostet.

In einem jüngeren Entwicklungsstrang der Wohlfahrtsökonomik klammert man die Verteilungsproblematik durch einen gedanklichen Trick aus, und konzentriert sich auf das Problem möglicher **Marktmängel und daraus abgeleiteter Staatsaktivitäten**. Dies ist eine allokationstheoretische Vorgehensweise. Man fragt – unter Ausklammerung der Verteilungsproblematik – nach den Bedingungen für eine **optimale Allokation der Ressourcen**. Wenn diese Effizienzbedingungen in einer Marktwirtschaft aus irgendwelchen Gründen nicht erfüllt sind, dann ergeben sich daraus Rechtfertigungsgründe für die Existenz und das Tätigwerden des Staates. Dieser Zweig der Wohlfahrtsökonomik hat fruchtbare Ergebnisse auch für die praktische Wirtschaftspolitik erbracht.

Die **Verteilungsproblematik** kann durch den Rückgriff auf das **PARETO-Kriterium** (PARETO, 1897) zunächst einmal umgangen werden. Das PARETO-Kriterium besagt, daß ein Zustand einem anderen Zustand überlegen ist, wenn es mindestens einem Wirtschaftssubjekt besser geht, ohne daß es einem anderen Wirtschaftssubjekt schlechter geht. Dieser Grundsatz hat gute Chancen, auch in einer Gesellschaft mit sehr unterschiedlichen Wertvorstellungen eine hinreichend breite Zustimmung zu finden. Positiv gewendet bedeutet das PARETO-Kriterium, daß eine Maßnahme auf jeden Fall dann vorteilhaft ist und die gesellschaftliche Wohlfahrt erhöht, wenn sich durch die Maßnahme die Situation von mindestens einem Wirtschaftssubjekt verbessert und kein Wirtschaftssubjekt schlechter gestellt wird. Einigt man sich auf diesen Grundsatz, dann besteht die Aufgabe der Allokationstheorie (Wohlfahrtsökonomik im engen Sinne) darin, die Effizienzbedingungen für ein PARETO-Optimum zu formulieren, und bei Abweichungen geeignete Maßnahmen zur Korrektur zu finden.

Wir behandeln in Ziffer II die **Effizienzbedingungen**, die erfüllt sein müssen, damit der Zustand eines totalen mikroökonomischen Konkurrenzgleichgewichts nach dem PARETO-Kriterium optimal ist. Das Problem der Verteilungsgerechtigkeit ist hierbei noch ausgeklammert. Aufgrund dieser Überlegungen kann noch nicht entschieden werden, ob eine Umverteilung, durch die auch nur ein einziges Wirtschaftssubjekt schlechter gestellt wird, vorgenommen werden soll oder nicht. Mit diesem Problem der **Verteilungsgerechtigkeit** beschäftigen wir uns in Ziffer III. Daran anschließend behandeln wir in Ziffer IV die allokationstheoretische Fragestellung möglicher **Marktmängel** und daraus abgeleiteter staatlicher Maßnahmen.

II. Effizienz des totalen mikroökonomischen Konkurrenzgleichgewichts – Die Marginalbedingungen

1. Verteilung – Die 1. Marginalbedingung

Wir gehen zuerst der Frage nach, wie eine vorgegebene Güterproduktion optimal im Sinne des PARETO-Kriteriums unter den Konsumenten verteilt werden soll. Wir klammern also zunächst das Problem der Optimierung des Produktionsprozesses aus. Es steht ein bestimmter Vorrat an Gütern zur Verfügung, und dieser Gütervorrat soll unter die Nachfrager optimal im Sinne des PARETO-Kriteriums verteilt werden.

Wir beschränken uns zur Vereinfachung auf eine Gesellschaft aus 2 Personen A und B, in der 2 Güter 1 und 2 zur Verteilung anstehen. A und B haben von jedem Gut eine Erstausstattung. Wie gelangen A und B zu einem **Tauschoptimum**? Der Sachverhalt ist in Form einer EDGEWORTH-Box in Abbildung 8.1 dargestellt.

Das Achsenkreuz des B ist um 180 Grad gedreht. Auf den Ordinaten sind die Mengen von Gut 1 abgetragen, und auf den Abszissen sind die Mengen von Gut 2 abgetragen. Der Erstausstattungspunkt ist C. Der A hat relativ viel von Gut 1 und relativ wenig von Gut 2. Bei dem B ist es umgekehrt. Die Achsenlängen geben die

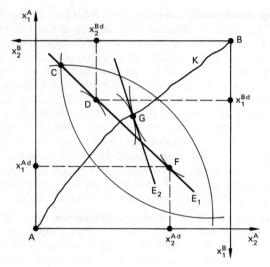

Abb. 8.1 Tauschoptimum

von jedem Gut insgesamt vorhandene Menge an. Durch C verläuft eine Budgetgerade E_1, deren Steigung durch ein willkürlich gewähltes Preisverhältnis − $p_{2\,1}/p_{1\,1}$ gegeben ist. Durch den Erstausstattungspunkt C verlaufen 2 Indifferenzkurven, die die mit der Erstausstattung verbundenen Nutzenniveaus von A und B repräsentieren. Diese beiden Indifferenzkurven bilden eine Linse, die sog. Einigungslinse. Bei dem durch E_1 gegebenen Preisverhältnis strebt A den Punkt F an, da er hier bei dem herrschenden Preisverhältnis seinen Nutzen maximiert. Entsprechend strebt B den Punkt D an, der für ihn beim herrschenden Preisverhältnis das Nutzenmaximum bedeutet. Die Gesamtnachfragen sind also bei diesem Preisverhältnis:

$$x_1^d = x_1^{Ad} + x_1^{Bd} < \bar{x}_1,$$
$$x_2^d = x_2^{Ad} + x_2^{Bd} > \bar{x}_2.$$

Bei dem durch die Budgetgerade E_1 gegebenen Preisverhältnis ist für das Gut 1 die Gesamtnachfrage von A und B kleiner als die vorhandene Gütermenge. Für Gut 1 herrscht ein Überschußangebot. Für das Gut 2 herrscht eine Überschußnachfrage. Die Pläne der beiden Wirtschaftssubjekte sind nicht alle realisierbar.

Was wird passieren, wenn diese Wirtschaft als **Marktwirtschaft** mit freien Preisen organisiert ist? Wegen des Überschußangebots am Markt für das Gut 1 sinkt der Preis p_{11}. Entsprechend steigt am Markt für das Gut 2 wegen der Überschußnachfrage der Preis p_{21}. Das Preisverhältnis ändert sich so, daß sich die Budgetgerade E_1 im Uhrzeigersinn bis auf E_2 dreht. Das Preisverhältnis ändert sich, bis die Pläne von A und B miteinander kompatibel sind, d.h. bis auf den beiden Märkten für die beiden Güter Gleichgewicht herrscht. Dies ist dann der Fall, wenn sich die beiden Indifferenzkurven von A und B tangieren. In Abbildung 8.1 ist dies in Punkt G der Fall. Die Gesamtnachfrage von A und B nach Gut 1 bzw. nach Gut 2 entspricht genau der von jedem Gut vorhandenen Menge. Die Märkte sind im Gleichgewicht.

Bis hierhin bedeutet das einfach, daß das freie Spiel der Preise für Gleichgewicht auf den Märkten sorgt. Dieser Aspekt des Marktgeschehens ist in Abbildung 8.2 in der üblichen Form mit 2 Preis-Mengen-Achsenkreuzen dargestellt.

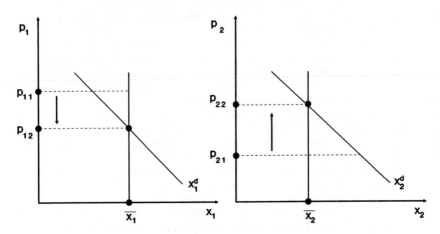

Abb. 8.2 Gleichgewicht durch Preisflexibilität

Auf dem Markt für das Gut 1 sinkt der Preis wegen des anfangs herrschenden Überschußangebots von p_{11} auf p_{12}. Auf dem Markt für das Gut 2 steigt der Preis wegen der anfangs herrschenden Überschußnachfrage von p_{21} auf p_{22}.

Was hat das mit **Wohlfahrtsökonomik** zu tun? Unter Wohlfahrtsgesichtspunkten sind 2 Eigenschaften des Punktes G in Abbildung 8.1 sehr bemerkenswert.

Erstens bedeutet G gegenüber dem Erstausstattungspunkt sowohl für A als auch für B eine Verbesserung. Die Nutzenniveaus von A und B sind beide in G höher als in C. Zweitens ist es in G nicht mehr möglich, das Nutzenniveau von einem zu erhöhen, ohne das Nutzenniveau des anderen zu verringern. Der Punkt G ist ein PARETO-Optimum. **Die Organisation der Wirtschaft als Marktwirtschaft mit freien Preisen führt also automatisch zu einem PARETO-Optimum.** Es ist keine staatliche Obrigkeit zur paretooptimalen Verteilung der vorhandenen Güter notwendig. Man braucht nur die Preise frei zu lassen, und der Markt besorgt von sich aus die Herbeiführung dieses Optimalzustandes.

Der Übergang von C nach G bedeutet für beide Personen eine Verbesserung. Man kann daran die **Vorteilhaftigkeit des Tauschs** erkennen. Bei ökonomisch ungebildeten Laien herrscht häufig die Vorstellung, daß die Wohlfahrt nur durch Produktion erhöht werden kann. Nach dieser Vorstellung ist der Tausch unproduktiv, weil sich der vorhandene Gütervorrat durch den Tausch ja nicht vermehrt. Wie das Beispiel zeigt, ist diese Vorstellung hinsichtlich des Wohlstandsniveaus der Beteiligten unzutreffend. Auch durch Tausch alleine ist es möglich, den Wohlstand der Tauschpartner insgesamt zu erhöhen. Die Durchführung des Tauschs setzt allerdings voraus, daß die potentiellen Tauschpartner überhaupt voneinander wissen, d.h. die entsprechenden **Informationen** haben. Der Makler ist also als Informationslieferant ein nützliches Mitglied der Gesellschaft, welches das äußerst wertvolle Gut Informationen produziert und dafür entlohnt werden muß. Man kann **Preise als Informationsträger** interpretieren, die den Marktteilnehmern die zur Realisierung des Optimums notwendigen Informationen liefern. Das **Geld**, welches als Recheneinheit und Tauschmittel dient, ist aus dieser Sicht eine Einrichtung zur Minimierung der Informationskosten.

Der Punkt G in Abbildung 8.1 ist ein PARETO-Optimum. Abbildung 8.1 macht deutlich, daß es offensichtlich **unendlich viele PARETO-Optima mit unterschiedlichen Verteilungen** gibt. Es gibt auf einer Linie zwischen A und B unendlich viele Punkte, in denen sich jeweils zwei Indifferenzkurven tangieren. Die Linie, auf denen diese PARETO-Optima liegen, ist die **Kontraktkurve** (K in Abbildung 8.1). Unsere Analyse eröffnet bisher noch keine Möglichkeit, einen Übergang von einem PARETO-Optimum zu einem anderen zu rechtfertigen. Stellen wir uns einen Punkt auf der Kontraktkurve ganz dicht bei dem Nullpunkt des A vor. Die Verteilung der vorhandenen Gütermengen ist höchst ungleich. A nagt am Hungertuch, B lebt im Überfluß. Die Kinder der Armen hungern, während die Katzen der Reichen Milch saufen. Trotzdem ist dieser Zustand paretooptimal, weil auf der Kontraktkurve gelegen. Unsere Analyse gibt uns noch keine Möglichkeit an die Hand, eine Umverteilung zugunsten des A zu rechtfertigen. Denn das bedeutet, da der Ausgangspunkt bei unserer Überlegung auf der Kontraktkurve liegt, eine Schlechterstellung des B. Wir haben in unserer Analyse bisher noch kein Kriterium entwickelt, um diese Umverteilung zu Lasten des B zu rechtfertigen. Solche **Umverteilungsmaßnahmen**, die auch nur für ein einziges Wirtschaftssubjekt eine Verschlechterung bedeuten, sind pareto-neutral. Die Umverteilungsproblematik ist in unseren Überlegungen noch ausgeklammert.

Wodurch zeichnen sich die PARETO-Optima auf der Kontraktkurve aus? Wir wissen, daß sich in diesen Punkten jeweils zwei Indifferenzkurven tangieren und die jeweilige Steigung gleich dem Preisverhältnis – p_2/p_1 in dem Tangentialpunkt ist. Aus der Haushaltstheorie wissen wir (vgl. 4. Kapitel, Ziffer I.2 und Ziffer II.1), daß der Negativwert der Steigung einer Indifferenzkurve in einem Punkt gleich der Grenzrate der Substitution und gleich dem umgekehrten Verhältnis der Grenznutzen ist. Wenn die Grenzrate der Substitution gleich dem umgekehrten Preisverhältnis ist, dann ist die Bedingung für den optimalen Haushaltsplan erfüllt. Die paretooptimalen Punkte auf der Kontraktkurve sind also Punkte, in denen beide Nachfrager einen optimalen Haushaltsplan realisieren. In den Punkten auf der Kontraktkurve gilt also:

$$[- dx_1/dx_2]_A = [(\delta U/\delta x_2) / (\delta U/\delta x_1)]_A = p_2/p_1,$$
$$[- dx_1/dx_2]_B = [(\delta U/\delta x_2)/ (\delta U/\delta x_1)]_B = p_2/p_1,$$
$$[- dx_1/dx_2]_A = [- dx_1/dx_2]_B. \tag{1}$$

Gleichung (1) ist die Bedingung für das Tauschoptimum. Das Tauschoptimum ist erreicht, wenn **die Grenzraten der Substitution zwischen zwei Gütern bei allen Nachfragern gleich sind. Man nennt das auch die 1. Marginalbedingung.**

Entscheidend ist, daß eine als **Marktwirtschaft** mit vollständiger Konkurrenz organisierte Wirtschaft gewissermaßen automatisch die Realisierung dieser Bedingung garantiert. Denn dadurch, daß alle Nachfrager mit den gleichen Preisen konfrontiert sind, gleichen sich auch die Grenzraten der Substitution einander an. Das freie Spiel der Preise sorgt für Marktgleichgewicht. Jeder Nachfrager strebt für sich seinen optimalen Haushaltsplan an. Jeder Nachfrager muß sich an die gleichen, von ihm unbeeinflußbaren Marktpreise anpassen. Dadurch ist gewährleistet, daß die Grenzraten der Substitution bei allen Nachfragern gleich sind. Genau das ist die 1. Marginalbedingung für ein PARETO-Optimum. Die Marktwirtschaft mit vollständiger Konkurrenz führt zu einem Optimalzustand, ohne daß es dazu einer staatlichen Regulierung bedarf.

2. Allokation – Die 2. und 3. Marginalbedingung

Wir wenden uns nun der Frage zu, wie in der Marktwirtschaft der Faktoreinsatz optimiert wird. Wer sorgt dafür, daß jeder Arbeiter und jede Maschine genau dort und genau so eingesetzt werden, daß die gesamtwirtschaftliche Wohlfahrt maximiert wird? Zunächst einmal ist das Optimierungskriterium zu klären. Wir wenden weiter das PARETO-Kriterium an, jetzt übertragen auf das Problem der optimalen Faktorallokation. Die **Faktorallokation ist paretooptimal, wenn es durch eine Reallokation der Produktionsfaktoren nicht mehr möglich ist, bei gleichem Faktoreinsatz die Produktion zu erhöhen**. Wenn also z.B. der Programmierer in der Ablage arbeitet, und die ungebildete Bürohilfskraft am PC, dann ist diese Faktorallokation höchstwahrscheinlich nicht paretooptimal. Durch Einsatz des Programmierers am PC und der Hilfskraft in der Ablage kann bei gleichem Arbeitsstundeneinsatz das Betriebsergebnis verbessert werden. Die Umorganisation des Faktoreinsatzes führt zum paretooptimalen Zustand.

Die Optimierung der Faktorallokation hat 2 Marginalbedingungen zur Voraussetzung. Die grafische Darstellung kann genau wie bei der Ableitung der 1. Marginalbedingung mit der Methode der EDGEWORTH-Box geschehen. Wir verzichten auf eine grafische Darstellung, da formal keine Unterschiede gegenüber der Darstellung des Tauschoptimums bestehen.

Zur Ableitung der 2. Marginalbedingung stellen wir uns 2 Produzenten A und B vor, die mit Faktor 1 und Faktor 2 das Gut 1 herstellen. Die Unternehmen A und B sind Gewinnmaximierer. Es herrscht vollständige Konkurrenz.

Die Optimierung der Faktorallokation setzt voraus, daß für jeden Faktor die Grenzproduktivitäten in den beiden Unternehmen gleich sind. Wenn die Grenzproduktivität des Faktors 1 im Unternehmen A z.B. höher ist als im Unternehmen B, dann ist die Faktorallokation noch nicht optimal, da eine Umlenkung des Faktors 1 aus dem Unternehmen B in das Unternehmen A die Produktion bei gleichem Gesamt-Faktoreinsatz erhöht. Im Optimum gilt:

$$[\delta x_1/\delta v_1]_A = [\delta x_1/\delta v_1]_B,$$
$$[\delta x_1/\delta v_2]_A = [\delta x_1/\delta v_2]_B.$$

Also muß gelten:

$$[(\delta x_1/\delta v_1) / (\delta x_1/\delta v_2)]_A = [(\delta x_1/\delta v_1) / (\delta x_1/\delta v_2)]_B,$$
$$[-dv_2/dv_1]_A = [-dv_2/dv_1]_B. \qquad (2)$$

Gleichung (2) ist die **2. Marginalbedingung. Für eine optimale Faktorallokation müssen die Grenzraten der Faktorsubstitution zwischen zwei Faktoren bei allen Unternehmen einer Branche gleich sein.**

Wodurch ist in einer **Marktwirtschaft** die Einhaltung dieser Marginalbedingung garantiert? Die Unternehmer maximieren ihren Gewinn. Die Bedingung für das Gewinnmaximum ist (vgl. 5. Kapitel, Ziffer III.3 und Ziffer IV.1.b), daß die Grenzrate der Faktorsubstitution gleich ist dem umgekehrten Faktorpreisverhältnis. Für jedes Unternehmen A und B gilt also:

$$[-dv_2/dv_1]_A = q_1/q_2,$$
$$[-dv_2/dv_1]_B = q_1/q_2.$$

Folglich gilt:

$$[-dv_2/dv_1]_A = [-dv_2/dv_1]_B. \tag{2}$$

Die 2. Marginalbedingung ist also dadurch erfüllt, daß sich alle Unternehmer als Gewinnmaximierer verhalten, und sich bei vollständiger Konkurrenz alle **an die gleichen Faktorpreisrelationen anpassen müssen**. Die Faktorpreisrelationen sind für alle Unternehmer gleich, und daher gleichen sich auch die Grenzraten der Faktorsubstitution einander an. Die Organisationsform der Marktwirtschaft garantiert die Einhaltung der Optimalbedingung, hier der 2. Marginalbedingung.

Die Einhaltung der 2. Marginalbedingung sichert die Effizienz der Faktorallokation in der Produktion von einem Gut. Damit ist aber noch nicht gesichert, daß in der Gesamtproduktion aller Güter die Faktorallokation effizient ist. Dies führt uns zu der 3. Marginalbedingung. Wir erweitern unser bisheriges Beispiel mit nur dem Gut 1 um ein Gut 2. Damit in beiden Güterproduktionen die Faktorallokation effizient ist, muß das Verhältnis der Grenzproduktivitäten der beiden Faktoren in beiden Produktionen gleich sein. Es muß gelten:

$$(\delta x_1/\delta v_1) / (\delta x_1/\delta v_2) = (\delta x_2/\delta v_1) / (\delta x_2/\delta v_2),$$
$$[-dv_2/dv_1]_1 = [-dv_2/dv_1]_2. \tag{3}$$

Gleichung (3) ist die **3. Marginalbedingung. Für eine optimale Faktorallokation müssen die Grenzraten der Faktorsubstitution zwischen zwei Faktoren in allen Produktionen gleich sein.**

Wir können uns überlegen, wieso eine Verletzung dieser Bedingung eine ineffiziente Faktorallokation bedeutet. Nehmen wir an, das Verhältnis der Grenzproduktivitäten in der Produktion von Gut 1 ist 2 : 1, und in der Produktion von Gut 2 ist es 1 : 1. Gleichung (3) ist noch nicht erfüllt. Wir lenken nun 1 Einheit von Faktor 1 aus der Produktion von Gut 2 in die Produktion von Gut 1. Das kostet 1 Einheit von Gut 2 und erbringt 2 Einheiten von Gut 1. Außerdem lenken wir 1 Einheit von Faktor 2 in umgekehrter Richtung um, nämlich aus der Produktion von Gut 1 in die Produktion von Gut 2. Das kostet 1 Einheit von Gut 1 und erbringt 1 Einheit von Gut 2. Per Saldo bleibt also die Produktion von Gut 2 konstant, und die Produktion von Gut 1 erhöht sich um 1 Einheit. Man hat also insgesamt mehr Produktion, ohne mehr Faktoren einsetzen zu müssen. Die Faktorallokation ist vor der Reallokation noch nicht effizient. Sie ist erst effizient, wenn solche Faktorumschichtungen keine Produktionssteigerung mehr erbringen. Dies ist dann der Fall, wenn Gleichung (3), die 3. Marginalbedingung, erfüllt ist.

Wir müssen uns nun wieder fragen, durch welchen Mechanismus in einer **Marktwirtschaft** die Einhaltung der 3. Marginalbedingung garantiert ist. Die Einhaltung ist auch hier wieder dadurch garantiert, daß die Unternehmer ihre Gewinne maximieren und sich bei vollständiger Konkurrenz **an die gleichen Faktor-**

preisrelationen anpassen müssen. Die Produzenten von Gut 1 sind mit den gleichen Faktorpreisrelationen konfrontiert wie die Produzenten von Gut 2. Die Faktoren werden so eingesetzt, bis die Grenzrate der Faktorsubstitution dem umgekehrten Faktorpreisverhältnis entspricht. Also gleichen sich die Grenzraten der Substitution in den verschiedenen Branchen an, d.h. die Gleichung (3) wird erfüllt.

Wenn die 2. und 3. Marginalbedingung erfüllt sind, ist die Faktorallokation effizient. Die Faktoren sind dann so eingesetzt, daß eine Steigerung der Produktion bei konstantem Faktoreinsatz nicht mehr möglich ist. Die **egoistische Zielsetzung der Gewinnmaximierung wird durch den Marktprozeß in das produktionsorganisatorische Optimum der effizienten Faktorallokation transformiert.**

Die effiziente Faktorallokation kann auch grafisch in Form der Abbildung 8.3 dargestellt werden.

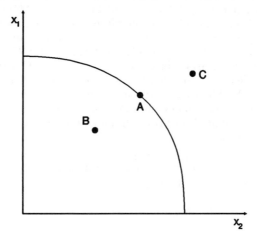

Abb. 8.3 Effiziente Faktorallokation

In Abbildung 8.3 ist eine **Transformationskurve (auch: Produktionsmöglichkeitenkurve)** dargestellt. Auf den Achsen sind die Produktionsmengen von Gut 1 und Gut 2 abgetragen. Diese beiden Güter können durch den Einsatz von Produktionsfaktoren, z.B. Arbeit und Kapital, produziert werden. Die Einsatzmengen der Produktionsfaktoren sind fest vorgegeben. Auf der Kurve liegen alle Produktionskombinationen, bei denen die Faktorallokation effizient ist. Dies ist z.B. in Punkt A der Fall. Die Steigerung der Produktion eines Gutes ist nur noch möglich durch Reduzierung der Produktion des anderen Gutes. Dagegen erreicht die Volkswirtschaft bei einer ineffizienten Faktorallokation nur Kombinationen unterhalb der Transformationskurve, z.B. den Punkt B. Ausgehend von Punkt B ist es durch eine Umorganisation des Faktoreinsatzes hin zu einer effizienten Faktorallokation möglich, von allen Gütern mehr zu produzieren (Übergang zu Punkt A), ohne mehr Faktoren einsetzen zu müssen. Punkte außerhalb der Transformationskurve (z.B. Punkt C) sind mit den vorgegebenen Faktoreinsatzmengen und der vorgegebenen Technik nicht realisierbar. Dazu muß der Faktoreinsatz erhöht werden und/oder die Produktivität des vorgegebenen Faktoreinsatzes muß steigen.

3. Produktionsstruktur – Die 4. Marginalbedingung

Durch die Effizienz der Faktorallokation ist gesichert, daß die Volkswirtschaft einen Punkt auf der Transformationskurve erreicht. Damit ist aber noch nicht gesagt, welcher Punkt auf der Transformationskurve angestrebt werden soll. Soll viel von Gut 1 und dementsprechend wenig von Gut 2 produziert werden? Oder soll umgekehrt viel von Gut 2 und dementsprechend wenig von Gut 1 produziert werden? Dies ist die Frage nach der **Produktionsstruktur**. Bei dieser Frage geht es um die Abstimmung der Produktion (deren Optimierung durch die Regel der 2. und 3. Marginalbedingung gesichert ist) mit dem Verbrauch (dessen Optimierung durch die Regel der 1. Marginalbedingung gesichert ist).

Welche Produktionsstruktur soll als die **optimale Produktionsstruktur** gelten? Dies ist eine ungleich schwieriger zu beantwortende Frage als die vorhergehenden Fragen nach der optimalen Aufteilung der vorhandenen Gütermengen und nach der optimalen Faktorallokation. Auf die ersten 3 Marginalbedingungen können sich im Zweifel auch Menschen mit sehr unterschiedlichen Wertvorstellungen verständigen. Die Frage nach der Produktionsstruktur hat dagegen einen mehr normativen Charakter. Wir wenden auch hier das PARETO-Kriterium an. Die Produktionsstruktur ist optimal, wenn es durch eine Umstrukturierung des Gütersortiments nicht mehr möglich ist, die Wohlfahrt der Konsumenten zu steigern. Und was die Wohlfahrt der Konsumenten ist, das können letzlich und sollen daher auch nur die Konsumenten selbst entscheiden. Wir legen also ein stark individualistisch geprägtes Werturteil zugrunde. Produziert werden soll das, was die Leute haben wollen.

In der Sprache unserer Marginalbedingungen bedeutet das, daß für eine **optimale Produktionsstruktur das Wertgrenzprodukt eines Faktors in allen Produktionen gleich sein muß**. Es muß gelten:

$$(\delta x_1/\delta v_i) \cdot p_1 = (\delta x_2/\delta v_i) \cdot p_2.$$

In den Güterpreisen p_1 und p_2 kommt die Zahlungsbereitschaft der Konsumenten zum Ausdruck. Wenn z.B. das Wertgrenzprodukt in der Produktion von Gut 1 noch höher ist als in der Produktion von Gut 2, dann ist die Produktionsstruktur noch nicht optimal. Eine Rückführung der Produktion von Gut 2 zugunsten einer Mehrproduktion von Gut 1 erhöht die Wohlfahrt der Konsumenten. Auf der Transformationskurve in Abbildung 8.3 ist dies – wenn man z.B. den Punkt A als Ausgangszustand nimmt – eine Bewegung von A nach links oben.

Wir können die Bedingung der Übereinstimmung der Wertgrenzprodukte wie folgt umformen:

$$(\delta x_1/\delta v_i) \cdot p_1 = (\delta x_2/\delta v_i) \cdot p_2,$$
$$(\delta x_1/\delta v_i) / (\delta x_2/\delta v_i) = p_2/p_1,$$
$$[- dx_1/dx_2]_P = p_2/p_1 = [- dx_1/dx_2]_C. \qquad (4)$$

In Gleichung (4) ist der Ausdruck auf der linken Seite die Grenzrate der Transformation zwischen den beiden Gütern 1 und 2 in der Produktion (gekennzeichnet durch das tiefgestellte P). Diese Grenzrate der Transformation muß gleich dem umgekehrten Güterpreisverhältnis sein. Der Ausdruck auf der rechten Seite von Gleichung (4) ist die Grenzrate der Substitution zwischen den beiden Gütern

1 und 2 im Konsum (gekennzeichnet durch das tiefgestellte C). Gemäß der 1. Marginalbedingung muß aber die Grenzrate der Substitution auch gleich dem umgekehrten Güterpreisverhältnis sein. Gleichung (4) ist **die 4. Marginalbedingung. Für eine optimale Produktionsstruktur muß die Grenzrate der Transformation zwischen zwei Gütern in der Produktion gleich sein der Grenzrate der Substitution zwischen diesen beiden Gütern im Konsum.**

Wir stellen uns nun wieder die Frage, wodurch in einer **Marktwirtschaft** die Einhaltung dieser 4. Marginalbedingung gewährleistet ist. Die Unternehmer in der Marktwirtschaft sind Gewinnmaximierer. Bei vollständiger Konkurrenz sind sie alle mit den gleichen Faktorpreisen konfrontiert. Die Gewinnmaximierungsbedingung ist, daß das Wertgrenzprodukt in einer Produktion gleich dem Faktorpreis ist. Wenn aber der Faktorpreis für den Faktor i für alle Unternehmer gleich ist, dann ist über das Gewinnstreben auch das Wertgrenzprodukt dieses Faktors in allen Güterproduktionen gleich. Die gewinnmaximierenden Unternehmer lenken die Produktionsfaktoren so in die Güterproduktion, daß durch den Einsatz eines Faktors in allen Produktionen ein gleich hohes Wertgrenzprodukt erwirtschaftet wird. Damit ist die Produktionsstruktur den Konsumentenwünschen optimal angepaßt. Die Leute werden optimal mit dem versorgt, was sie nach ihrem Geschmack haben wollen. Die **egoistische Zielsetzung der Gewinnmaximierung wird durch den Marktprozeß in einen Zustand transformiert, der im Interesse der Konsumenten optimal ist.**

4. Modell-Erweiterungen

Die 4 Marginalbedingungen für ein Tauschoptimum, eine effiziente Faktorallokation und eine effiziente Produktionsstruktur sind noch keine vollständige Beschreibung des Bedingungsrahmens für eine effiziente Allokation der Ressourcen. Zur Vervollständigung des Modells ist noch die Optimierung der **Faktorabgabe** zu formulieren (wieviel Produktionsfaktoren in der Produktion überhaupt eingesetzt werden sollen), und es ist die Bedingung für eine optimale Aufteilung der Produktion in **Gegenwartskonsum und Investition (Zukunftskonsum)** zu formulieren. Wir wollen hier lediglich die Richtung der Überlegungen andeuten. Die Herleitung der 1. bis 4. Marginalbedingung macht deutlich, daß es im Prinzip stets darum geht, Substitutions- und Transformationsraten in Übereinstimmung zu bringen. Dementsprechend geht es bei der optimalen Faktorabgabe um die Übereinstimmung der Grenzraten der Substitution zwischen einem Gut und einem Faktor in den beiden Nutzungsmöglichkeiten Produktion und Konsum. Die Optimierung der Zeitstruktur der Produktion verlangt eine Entsprechung der Grenzrate der Transformation von Gegenwarts- in Zukunftsgüter, die durch das technisch-objektive Element der Grenzproduktivität des Kapitals bestimmt ist, und der Grenzrate der Substitution zwischen Gegenwarts- und Zukunftsgüter, die durch das subjektive Element der Gegenwartsvorliebe bestimmt ist.

III. Das Problem der Verteilungsgerechtigkeit

1. PARETO-Optimum und Verteilungsgerechtigkeit

Das Ergebnis der Überlegungen ist bisher, daß man die Realisierung des PARETO-Optimums, die effiziente Ressourcenallokation, dem Marktgeschehen überlassen kann, soweit es keine Marktmängel gibt. Mit der Verwirklichung eines PARETO-Optimums ist aber das Problem der **Verteilungsgerechtigkeit noch nicht geklärt**. Ein PARETO-Optimum ist lediglich ein Zustand, in dem durch eine Maßnahme kein Wirtschaftssubjekt mehr besser gestellt werden kann, ohne daß ein anderes Wirtschaftssubjekt schlechter gestellt wird. Ein solcher Zustand kann aber durchaus mit einer höchst ungleichen Verteilung einhergehen. In einem PARETO-Optimum ist es möglich, daß die Katzen der Reichen Milch saufen, während die Kinder der Armen hungern. Die Frage, ob hier eine Umverteilung von den Reichen zu den Armen vorgenommen werden soll, kann auf der Basis des PARETO-Kriteriums nicht beantwortet werden. Denn eine solche Maßnahme bedeutet eine Schlechterstellung der Reichen. Und wenn durch eine Maßnahme auch nur ein einziges Wirtschaftssubjekt schlechter gestellt wird, dann ist diese Maßnahme pareto-unvergleichbar. Zur Rechtfertigung von Umverteilungsmaßnahmen ist ein anderes Kriterium als das PARETO-Kriterium notwendig. Üblicherweise wird die Frage der Umverteilung mit irgendwelchen **Gerechtigkeitsvorstellungen** verknüpft.

Man kann sich vor dem Hintergrund dieser Überlegungen eine Wirtschaftsordnung vorstellen, in der in einer zweistufigen Vorgehensweise wie folgt verfahren wird.

Erstens sorgt der **Staat durch Umverteilungsmaßnahmen** für die Verteilung, die den Gerechtigkeitsvorstellungen der Gesellschaftsmitglieder entspricht.

Zweitens sorgt die Organisation der Wirtschaft als **Marktwirtschaft für eine effiziente Ressourcenallokation**, indem die Marginalbedingungen eingehalten werden.

Diese Wirtschaftsordnung ist eine Marktwirtschaft mit einem Staat als Umverteilungsinstanz.

Damit diese Wirtschaftsordnung wie gewünscht funktioniert, müssen zwei Voraussetzungen erfüllt sein.

Ersten muß **bekannt sein, welche Gerechtigkeitsvorstellungen** die Gesellschaftsmitglieder haben. Hiermit beschäftigen wir uns in der folgenden Ziffer III.2.

Zweitens muß der **Markt ohne Marktmängel funktionieren**. Mit diesem Problem beschäftigen wir uns in der darauffolgenden Ziffer IV.

2. Soziale Wohlfahrtsfunktionen – Die Problematik exogener Gerechtigkeitspostulate

In der Wohlfahrtsökonomik ist zur Formulierung verschiedener Gerechtigkeitsvorstellungen der Gesellschaft hinsichtlich der Verteilung das Instrument der **sozialen **Wohlfahrtsfunktion** entwickelt worden. Die gesellschaftliche Wohlfahrt hängt positiv von den Nutzenniveaus der Gesellschaftsmitglieder ab. Es gilt:

$$W = W(U_1, ..., U_n), \qquad \delta W/\delta U_i > 0. \tag{5}$$

In der Wohlfahrtsfunktion (5) steht W für die gesellschaftliche Wohlfahrt (auch: soziale Wohlfahrt), und die U_i (i = 1, ..., n) sind die Nutzenniveaus der n Gesellschaftsmitglieder. Zwischen der Wohlfahrt und den individuellen Nutzenniveaus besteht eine positive Beziehung. Ist die Wohlfahrtsfunktion bekannt, dann kann der Staat durch Umverteilungsmaßnahmen die soziale Wohlfahrt maximieren.

Wie sieht eine solche Wohlfahrtsfunktion aus? Das hängt von den **Gerechtigkeitsvorstellungen** der Gesellschaftsmitglieder ab. Im folgenden werden 5 mögliche Gerechtigkeitspostulate und die entsprechenden Wohlfahrtsfunktionen behandelt. Wir beschränken uns zur Vereinfachung auf eine 2-Personen-Gesellschaft. Wir sortieren die Wohlfahrtsfunktionen nach dem Grad der Aversion der Gesellschaftsmitglieder gegen Ungleichheit.

Eine mögliche Vorstellung ist die des **Naturrechts** (NOZICK, 1974). Die Verteilung wird so akzeptiert, wie sie sich aus dem Marktgeschehen ergibt. Staatliche Umverteilungsmaßnahmen sind nicht zu rechtfertigen, da eine verbindliche soziale Wohlfahrtsfunktion überhaupt nicht formulierbar ist.

In Abbildung 8.4 sind verschiedene Wohlfahrtsfunktionen grafisch dargestellt. Die Vorstellung des Naturrechts bedeutet, daß sich aus dem Marktgeschehen z.B. der Punkt A ergibt, der dann einfach zusammen mit der damit einhergehenden Verteilung akzeptiert wird. Der Staat hat als Verteilungsinstanz in dieser Welt keinen Platz.

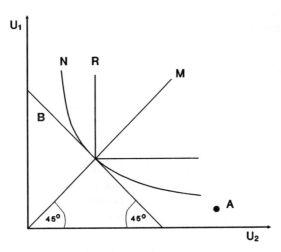

Abb. 8.4 Soziale Wohlfahrtsfunktionen

Eine zweite Vorstellung ist die des **Utilitarismus**. Die soziale Wohlfahrt ist die Summe der individuellen Nutzenniveaus. Die Wohlfahrtsfunktion, die es zu maximieren gilt, ist die Funktion $W = U_1 + U_2 + ... + U_n$. Man sagt, daß das größte

Glück der größten Zahl angestrebt wird (BENTHAM, 1789). In Abbildung 8.4 sind die entsprechenden gesellschaftlichen Indifferenzkurven Geraden mit der Steigung -1. Die Gerade ist anzustreben, die am weitesten rechts liegt. Eine dieser Linien ist eingezeichnet und mit B gekennzeichnet. Gemäß dieser utilitaristischen Wohlfahrtsfunktion ist die Gesellschaft gegenüber dem Grad der Ungleichheit bei der Verteilung völlig indifferent. So bleibt z.B. bei einer Umverteilung auf B nach links oben das soziale Wohlfahrtsniveau konstant, obwohl sich eine ungleiche Verteilung zugunsten der Person 1 ergibt.

Eine gewisse Ungleichheitsaversion der Gesellschaft kommt in der **NASH-Wohlfahrtsfunktion** zum Ausdruck. Gemäß dieser Variante haben die gesellschaftlichen Indifferenzkurven im Prinzip den gleichen Verlauf wie die individuellen Indifferenzkurven, die aus der Haushaltstheorie bekannt sind. Eine Indifferenzkurve ist in Abbildung 8.4 eingezeichnet und mit N gekennzeichnet. Wenn z.B. der Nutzen von 2 sinkt, dann bleibt die soziale Wohlfahrt nur gleich, wenn der Nutzen von 1 um so stärker ansteigt, je geringer der von 2 ist. Die Ungleichheit muß also kompensiert werden durch einen verstärkten Nutzenzuwachs.

Bei der **Maximin-Wohlfahrtsfunktion** (RAWLS, 1971) ist die Ungleichheitsaversion noch stärker ausgeprägt. Das Gerechtigkeitspostulat ist, den Nutzen des ärmsten Individuums zu maximieren. Die entsprechenden Indifferenzkurven sind rechte Winkel um die 45-Grad-Linie aus dem Ursprung, z.B. die Linie R in Abbildung 8.4. Bei Gleichverteilung im Ausgangszustand (ein Punkt auf der 45-Grad-Linie aus dem Ursprung) wird durch eine Besserstellung einer Person die gesellschaftliche Wohlfahrt so lange nicht gesteigert, so lange der relativ Arme sich nicht auch verbessert. Bei Ungleichverteilung im Ausgangszustand (ein Punkt auf einem Schenkel des rechten Winkels) wird die gesellschaftliche Wohlfahrt gesteigert, wenn das Nutzenniveau des relativ Armen steigt.

Die Ungleichheitsaversion ist am stärksten ausgeprägt bei dem Gerechtigkeitspostulat des **Egalitätsprinzips**. Hiernach sind überhaupt nur Gleichverteilungen gerecht, d.h. Punkte auf der 45-Grad-Linie aus dem Ursprung (Linie M in Abbildung 8.4). Man kann diese Vorstellung als das Gerechtigkeitspostulat des Marxismus interpretieren. Jede Umverteilung, die zu der Gleichverteilung hinführt, erhöht die gesellschaftliche Wohlfahrt.

Die Versuche, auf der Basis solcher Überlegungen die zu maximierende soziale Wohlfahrtsfunktion zu finden, sind aus zwei Gründen recht fruchtlose, ja unter Umständen kontraproduktive Unterfangen.

Selbst wenn man einmal davon ausgeht, daß die Nutzen kardinal meßbar und interpersonell vergleichbar sind und die soziale Wohlfahrtsfunktion der staatlichen Verteilungsinstanz bekannt ist (was realiter nicht der Fall ist), dann bleibt immer noch der Einwand, daß **Umverteilungsmaßnahmen zu einem für alle Beteiligten nachteiligen Einkommensverlust führen können**. Hierauf gehen wir in der nächsten Ziffer III.3 ein.

Da die Nutzen nicht kardinal meßbar und nicht interpersonell vergleichbar sind und die staatliche Verteilungsinstanz die soziale Wohlfahrtsfunktion nicht kennen kann, liegt es nahe, die Gerechtigkeitsvorstellungen der Gesellschaftsmitglieder über ein demokratisches **Abstimmungsverfahren** herauszufinden. Aber auch dieser Weg ist nicht gangbar, da er zu **unlösbaren Widersprüchen** führt. Hierauf gehen wir in Ziffer III.4 ein.

Aus all dem läßt sich der Schluß ziehen, daß der **Staat als Umverteilungsinstanz** – wenn überhaupt – nur nach eng umgrenzten und genau definierten **Regeln** tätig werden soll, auf die sich die Gesellschaftsmitglieder verständigen.

Zum Herausfinden der **optimalen Ressourcenallokation ist der Marktmechanismus** das beste Verfahren. Das Abstimmungsverfahren des Marktes garantiert die Einhaltung der Effizienzbedingungen, soweit **keine Marktmängel** vorliegen. Dem Staat kommt, neben der Umverteilungsfunktion, die Aufgabe zu, das Auftreten möglicher Marktmängel durch geeignete Maßnahmen zu korrigieren. Hierauf gehen wir in Ziffer IV ein.

3. Zielkonflikt zwischen Gerechtigkeit und Einkommen

Die kompromißlose Verfolgung bestimmter Gerechtigkeitspostulate durch Umverteilungsmaßnahmen kann für alle Beteiligten nachteilige Einkommensverluste zur Folge haben (OKUN, 1975). Wir können diesen Zielkonflikt zwischen Gerechtigkeit und Einkommen anhand der Abbildung 8.5 erläutern. Die Darstellung fußt hauptsächlich auf BLANKART (1991, S. 71f.).

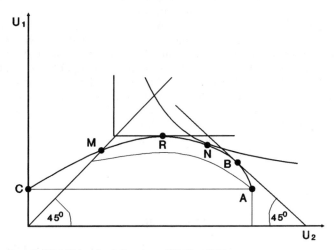

Abb. 8.5 Soziale Wohlfahrtsfunktionen und Optimalität

Ausgangspunkt ist die Situation in Punkt A. Die Verteilung ergibt sich aus dem Marktgeschehen. Das Wirtschaftssubjekt 2 ist gesund, intelligent, fleißig, gebildet und geschickt, und erreicht ein relativ hohes Nutzenniveau. Das Wirtschaftssubjekt 1 fällt im Vergleich hierzu zurück. Der Staat betreibt eine Umverteilung von 2 nach 1. Der Linienzug ABNRMC ist eine **Nutzentransformationsfunktion**, die den Residualnutzen von 2 nach Umverteilung zugunsten von 1 angibt. Es ist davon auszugehen, daß 2 seinen Faktoreinsatz bei zunehmender leistungsfeindlicher Umverteilung reduziert. Die Folge ist, daß die Produktion sinkt und damit der Nutzen für 1 von einem bestimmten Punkt an auch abnimmt. Die Nutzentransformationsfunktion verläuft also ab einem bestimmten Punkt wieder nach unten in Richtung auf die Abszisse. Man kann diese Transformationskurve auch als **Nutzengrenze** bezeichnen.

Der Staat strebt durch die Umverteilung den **optimalen Punkt auf der Nutzentransformationskurve** an, d.h. den Punkt, in dem die soziale Wohlfahrtsfunktion tangiert wird. Welcher Punkt dies genau ist, hängt von dem Aussehen der sozialen Wohlfahrtsfunktion ab, die die Gerechtigkeitsvorstellungen der Gesellschaft repräsentiert. In B ist das Gerechtigkeitspostulat in der BENTHAM-Version (Utilitarismus) erfüllt. Durch die Umverteilung steigt der Nutzen von 1 zu Lasten des Nutzens von 2. Wirtschaftssubjekt 2 schränkt seinen Faktoreinsatz in der Produktion wegen der zu seinen Lasten gehenden leistungsfeindlichen Umverteilung allmählich ein. Folgt der Staat der NASH-Variante, ist der Punkt N durch eine weitergehende Umverteilung anzustreben. Das Maximin-Gerechtigkeitspostulat kann durch eine weitere Umverteilung in R realisiert werden. Wird die Umverteilung noch weiter getrieben, geht der Faktoreinsatz von 2 so zurück, daß für 1 nur noch ein niedrigerer Nutzen realisierbar ist. Das Gleichheitspostulat ist in M erreicht. Führt man die Umverteilung bis zur totalen Besteuerung von 2, dann reduziert sich dessen Faktoreinsatz auf Null, so daß 1 in seiner ursprünglichen Position C landet.

Man kann dem Ergebnis dieser Überlegungen durchaus einen positiven Zug abgewinnen. Die Aussage ist einfach die, daß der Staat bei Kenntnis der Gerechtigkeitsvorstellungen der Gesellschaft die soziale Wohlfahrtsfunktion unter Inkaufnahme von Einkommensverlusten maximiert. Das Sozialprodukt ist nicht unbedingt maximiert. Dafür wird aber eine gerechte Verteilung erreicht. Gegen diese Sicht der Dinge muß jedoch eingewendet werden, daß die **Reduzierung des Faktoreinsatzes** durch die Wirtschaftssubjekte, zu deren Lasten die Umverteilung geht, nicht feststeht, sondern **von der Umverteilung abhängt**. Der Faktoreinsatz wird unter Umständen so stark reduziert, daß der insgesamt zu verteilende Kuchen auf ein sehr niedriges Niveau absinkt. In Abbildung 8.5 bedeutet das, daß die Nutzengrenze ABNRMC sich um A gegen den Uhrzeigersinn nach unten dreht. Die durch Umverteilung dann noch zu erreichenden Nutzen liegen auf sehr niedrigen Niveaus. **Die Umverteilung wirkt kontraproduktiv.** Die Verteilung ist gerecht, aber die Leute sind bettelarm.

4. Wahlparadoxon

Nutzen sind nicht kardinal meßbar und nicht interpersonell vergleichbar. Die Verwendung sozialer Wohlfahrtsfunktionen zur Maximierung der gesellschaftlichen Wohlfahrt durch staatliche Umverteilungsmaßnahmen sind daher letztlich zum Scheitern verurteilt. Wir behandeln nun die Frage, ob es nicht durch ein demokratisches Abstimmungsverfahren, also gewissermaßen durch eine Umfrage, möglich ist, die Vorstellungen der Gesellschaft über die vom Staat durch Umverteilungsmaßnahmen zu realisierende gerechte Verteilung herauszufinden.

Wir gehen von einer Gesellschaft von 3 Individuen A, B und C aus. Die zur Wahl stehenden gesellschaftlichen Zustände, interpretierbar als ökonomische Situationen, sind X, Y und Z. Die Individuen haben bestimmte Präferenzen, die in Tabelle 8.1 dargestellt sind.

Individuum A z.B. zieht den Zustand X dem Zustand Y vor und diesen dem Zustand Z. Auf der Grundlage dieser Präferenzen können folgende Mehrheitsentscheidungen zustande kommen (P = Präferenz):

Tab. 8.1 Wahlparadoxon

Individuum	Rangordnung der Alternativen		
	1	2	3
A	X	Y	Z
B	Y	Z	X
C	Z	X	Y

1) A + C : X P Y,
2) A + B : Y P Z,
3) B + C : Z P X.

Die Mehrheitsentscheidungen 1) und 2) bedeuten zusammen, daß mehrheitlich der Zustand X dem Zustand Z vorgezogen wird. Die Mehrheitsentscheidung 3) bedeutet aber das Gegenteil, daß nämlich der Zustand Z dem Zustand X vorgezogen wird. Dies ist ein Beispiel für das ARROW-Paradoxon (ARROW, 1951). Paradoxon deswegen, weil sich offensichtlich inkonsistente Mehrheitsentscheidungen ergeben können. Das ARROW-Paradoxon zeigt, daß **die Mehrheitsregel auch bei konsistenten individuellen Präferenzstrukturen bei paarweiser Abstimmung zu inkonsistenten gesellschaftlichen Präferenzstrukturen führt.** Mit anderen Worten: Auch durch ein demokratisches Abstimmungsverfahren ist eine Ermittlung sozialer Wohlfahrtsfunktionen nicht möglich. Es bleibt nur der pragmatische Ausweg, daß sich die Gesellschaftsmitglieder auf irgendwelche Regeln verständigen, die auch der Staat bei Umverteilungsmaßnahmen einhalten muß und deren Verletzung als ungerecht abzulehnen ist.

IV. Marktmängel und die Rolle des Staates

Neben dem schwierigen Feld der Distribution kann ein Tätigwerden des Staates in der Marktwirtschaft auch im Bereich der Allokation gerechtfertigt werden, nämlich um Marktmängel zu korrigieren. Hiermit beschäftigen wir uns im folgenden. In Frage kommen die Bereiche Marktmacht, externe Effekte und öffentliche Güter.

1. Marktmacht

a. Monopol

Der klassische Fall der Marktmacht ist das Monopol. Wir haben uns mit dem Monopol bereits oben im 6. Kapitel, Ziffer IV beschäftigt. Das Monopol ist gegenüber der Konkurrenz mit einem Wohlfahrtsverlust und einer Umverteilung zu Lasten der Konsumenten verbunden (vgl. 6. Kapitel, Ziffer IV.2).

Der Wohlfahrtsverlust durch das Monopol ist auch daran erkennbar, daß das **Monopol eine Verletzung der Marginalbedingungen für eine effiziente Ressourcenallokation** bedeutet. Nehmen wir an, mit einem Faktor 1 kann ein Produkt von 2 Produzenten produziert werden. Produzent 1 ist auf dem Produktmarkt Monopolist. Produzent 2 ist auf dem Produktmarkt Mengenanpasser in der vollständigen Konkurrenz. Auf dem Faktormarkt sind beide Produzenten Mengenanpasser. Beide Produzenten sind Gewinnmaximierer. Für beide ist die Gewinnmaximierungsbedingung Grenzkosten = Grenzerlös.

Aus der Gewinnmaximierungsbedingung für den Monopolisten ergibt sich (vgl. die Ableitung der AMOROSO-ROBINSON-Relation im 6. Kapitel, Ziffer IV.1):

Grenzkosten = Grenzerlös,

$q_1 \cdot (\delta v_1/\delta x_1) = p_1 \cdot [1 + (1/\eta)]$,

$q_1 = (\delta x_1/\delta v_1) \cdot p_1 \cdot [1 + (1/\eta)]$,

$q_1 < (\delta x_1/\delta v_1) \cdot p_1$, wegen $\eta < 0$,

Grenzkosten < Wertgrenzprodukt.

Die Symbole haben die übliche Bedeutung. Der Faktorpreis ist q, der Produktpreis ist p, und die Produktionsmenge ist x. Im Monopol sind die Grenzkosten kleiner als das Wertgrenzprodukt.

Aus der Gewinnmaximierungsbedingung für den Mengenanpasser ergibt sich:

Grenzkosten = Grenzerlös,

$q_1 \cdot (\delta v_1/\delta x_2) = p_2$,

$q_1 = (\delta x_2/\delta v_1) \cdot p_2$,

Grenzkosten = Wertgrenzprodukt.

In der vollständigen Konkurrenz sind die Grenzkosten gleich dem Wertgrenzprodukt.

Das Wertgrenzprodukt auf dem Monopolmarkt ist also bei gleichen Grenzkosten größer als das Wertgrenzprodukt auf dem Konkurrenzmarkt. Eine Umlenkung von Produktionsfaktoren in eine Mehrproduktion auf dem Monopolmarkt erhöht die Produktion bei gleichem Faktoreinsatz. **Das Monopol ist nicht paretooptimal.**

Man erkennt die Suboptimalität des Monopols auch daran, daß die 4. Marginalbedingung verletzt ist. Gemäß der 4. Marginalbedingung muß die Grenzrate der Transformation zwischen 2 Gütern in der Produktion gleich dem umgekehrten Preisverhältnis sein:

$[-dx_1/dx_2]_P = (\delta x_1/\delta v_1)/(\delta x_2/\delta v_1) = p_2/p_1$.

Diese Marginalbedingung ist durch das Auftreten eines Monopolisten verletzt. Das läßt sich zeigen, indem man die Faktorgrenzproduktivitäten aus den Gewinnmaximierungsbedingungen für den Monopolisten und den Mengenanpasser in die Marginalbedingung einsetzt. Nach Umformungen ergibt sich:

$(\delta x_1/\delta v_1)/(\delta x_2/\delta v_1) = p_2/[p_1(1 + 1/\eta)]$,

$[-dx_1/dx_2]_P > p_2/p_1$.

Durch das Monopol ist die 4. Marginalbedingung verletzt. Die Grenzrate der Transformation ist nicht mehr gleich dem umgekehrten Preisverhältnis. Eine

Ausdehnung der Produktion auf dem Monopolmarkt durch Umlenkung von Produktionsfaktoren aus dem Konkurrenzmarkt in den Monopolmarkt erhöht bei gleichem Gesamt-Faktoreinsatz die Produktion, so lange das Wertgrenzprodukt im Monopolmarkt noch größer ist als das Wertgrenzprodukt im Konkurrenzmarkt.

Die Konsequenz dieser Überlegungen ist, daß der Staat in einer Marktwirtschaft im Interesse einer optimalen Ressourcenallokation die Aufgabe hat, durch eine **Wettbewerbspolitik die Entstehung von Monopolen zu verhindern**. Wir haben im 3. Kapitel, Ziffer II.2.a.(4) die Möglichkeiten kennengelernt, die in Deutschland das GWB hierzu bietet.

b. Natürliches Monopol

Wir haben uns mit dem natürlichen Monopol bereits an mehreren Stellen beschäftigt, z.B. bei der Behandlung der Kostenfunktionen im 5. Kapitel, Ziffer III.5. Im natürlichen Monopol ist die Nachfrage gegenüber der mindestoptimalen Betriebsgröße so gering, daß der gesamte Markt am billigsten von einem einzigen Unternehmen versorgt wird. Die **totalen Durchschnittskosten sinken** wegen eines ziemlich aufwendigen und unteilbaren Fixkostenapparates über den gesamten Absatzbereich. Der Fall des natürlichen Monopols ist in Abbildung 8.6 dargestellt.

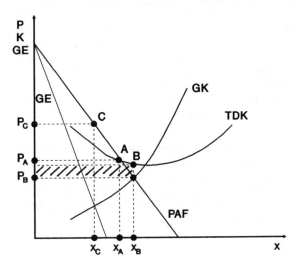

Abb. 8.6 Natürliches Monopol

Die Nachfrage ist charakterisiert durch die Preis-Absatz-Funktion PAF. GE ist der Grenzerlös. GK und TDK sind die Grenzkosten und die totalen Durchschnittskosten.

Unter den Bedingungen der **vollständigen Konkurrenz** richtet sich der gewinnmaximierende Produzent nach der Regel Grenzkosten = Preis. Die entsprechende Menge x_B, die eine optimale Ressourcenallokation bedeutet, wird aber nicht angeboten. Der Preis p_B liegt unter den totalen Durchschnittskosten. Der Unternehmer produziert überhaupt nicht, da die Produktion x_B nur Verluste bringt.

Die Produktionsfaktoren werden in anderen Produktionen eingesetzt. Dies ist **keine optimale Allokation der Ressourcen**. Eine Umlenkung von Produktionsfaktoren in die Produktion x ist wohlfahrtssteigernd, da ausweislich der PAF eine Zahlungsbereitschaft auf dem Markt existiert. Eine Produktion von Mengen bis x_B liefert ausweislich der Zahlungsbereitschaft höhere Wertgrenzprodukte als sie Grenzkosten verursacht.

Was ist zu tun? Man kann den Markt bewußt, gewissermaßen mit staatlicher Erlaubnis, von einem **Monopolisten** bedienen lassen. Der Monopolist richtet sich nach der Gewinnmaximierungsbedingung Grenzerlös = Grenzkosten, d.h. er bietet die Menge x_C zum COURNOT-Preis p_C an. Dies ist aber, wie in der vorhergehenden Ziffer gezeigt, auch nicht paretooptimal. Das Wertgrenzprodukt liegt im Monopol immer noch über den Grenzkosten. Eine Ausdehnung der Produktion über x_C hinaus ist wohlfahrtssteigernd.

Eine Hoffnung besteht darin, daß ein **bestreitbarer Markt** vorliegt. Wenn das der Fall ist, wird wegen der monopolistischen Konkurrenz der Preis bis auf die totalen Durchschnittskosten heruntergekonkurriert (vgl. 6. Kapitel, Ziffer V.1). Es wird die Menge x_A zum Preis p_A angeboten. Wenn durch A die Grenzkosten verlaufen, ist die Ressourcenallokation optimal, und es besteht kein staatlicher Handlungsbedarf.

Nun ist es aber nicht auszuschließen, daß selbst bei Vorliegen der Bestreitbarkeit des Marktes ein **staatlicher Handlungsbedarf** besteht. Wenn die Kostenstrukturen so sind wie in Abbildung 8.6 dargestellt, dann ist auch die Menge x_A noch nicht paretooptimal. Denn die Zahlungsbereitschaft der Nachfrager liegt immer noch über den Grenzkosten. Erst wenn Preis und Grenzkosten übereinstimmen, ist es nicht mehr möglich, durch eine Produktionsausdehnung die Wohlfahrt zu erhöhen. Paretooptimal ist die Produktion x_B zum Preis p_B. Und diese Produktion kommt bei den in Abbildung 8.6 dargestellten Kostenstrukturen von alleine aus dem Marktgeschehen heraus nicht zustande. Es besteht zur Herbeiführung einer optimalen Ressourcenallokation ein staatlicher Handlungsbedarf.

Staatlicher Handlungsbedarf bedeutet **nicht unbedingt, daß der Staat das Gut in Eigenregie produzieren** muß. Eine andere Möglichkeit ist z.B., die Produktion kostenminimierenden Unternehmern zu überlassen und diesen zum Verlustausgleich eine **Subvention** im Umfang der Fläche des schraffierten Rechtecks zu zahlen. Damit ist die staatliche Eigenproduktion vermieden, die in der Regel mit überhöhten Kosten verbunden ist.

2. Externe Effekte

a. Überblick

Ein Chemiewerk leitet ungeklärtes Abwasser kostenlos in einen Fluß ein. Einem Fischereiunternehmen entstehen dadurch kostentreibende Produktionsausfälle. Man sagt, das Chemiewerk verursacht einen negativen externen Effekt, d.h. **externe Kosten**. Das Chemiewerk braucht für diese von ihm verursachten Kosten nicht aufzukommen. Die chemische Produktion wird über Gebühr ausgedehnt. Die Allokation der Ressourcen ist suboptimal.

8. Kap.: Markt und Staat

Ein Mensch läßt sich auf eigene Kosten gegen eine ansteckende Krankheit impfen. Er zieht hieraus nicht nur selbst einen privaten Ertrag in Form seiner persönlichen Gesundheit. Andere Menschen laufen nun keine Gefahr mehr, sich eventuell bei ihm anzustecken. Durch die Impfung fließt diesen anderen Menschen ein positiver externer Effekt zu, ein **externer Ertrag**. Sie brauchen hierfür nichts zu bezahlen. Da die Impfung privat zu bezahlen ist, besteht die Gefahr, daß sich manche Menschen nicht impfen lassen. Die Ressourcenallokation ist suboptimal, da die Kosten der Impfung geringer sind als die Summe aus privaten und externen Erträgen.

Die Beispiele lassen sich verallgemeinern. Externe Effekte sind Wirkungen, die von wirtschaftlichen Aktivitäten verursacht werden, und die die wirtschaftliche Situation von Wirtschaftssubjekten positiv oder negativ beeinflussen, ohne daß der Verursacher der Wirkungen den positiven externen Effekt (externen Ertrag) entgolten bekommt, bzw. für den negativen externen Effekt (externe Kosten) aufkommen muß. Die gesamtwirtschaftlichen (sozialen) Erträge bzw. Kosten einer wirtschaftlichen Aktivität bestehen aus den privaten Erträgen bzw. Kosten und den externen Erträgen bzw. Kosten. Diese Zusammenhänge sind in der Abbildung 8.7 dargestellt.

Private Erträge	–	Private Kosten	=	Private Gewinne
+		+		+
Externe Erträge	–	Externe Kosten	=	Externe Gewinne
=		=		=
Soziale Erträge	–	Soziale Kosten	=	Soziale Gewinne

Abb. 8.7 Externe Effekte

Der Verursacher externer Effekte muß für die externen Kosten nicht aufkommen bzw. er bekommt die externen Erträge nicht entgolten.

Das führt dazu, daß im Fall **externer Kosten** von dem betreffenden Gut **zu viel produziert wird**, weil der private Gewinn höher als der soziale Gewinn ist. Im umgekehrten Fall **externer Erträge** wird von dem betreffenden Gut **zu wenig produziert**, weil der private Gewinn kleiner als der soziale Gewinn ist. Die Allokation der Ressourcen ist bei Vorliegen solcher externer Effekte nicht optimal. Also – so die Schlußfolgerung – kann man in solchen Fällen ein **Tätigwerden des Staates** rechtfertigen. Mit diesen Zusammenhängen wollen wir uns im folgenden eingehender beschäftigen.

b. Negative externe Effekte

(1) Fehlallokation durch negative externe Effekte

Der Fall externer Kosten wird üblicherweise mit negativen Auswirkungen in Verbindung gebracht, die von der Produktion ausgehen. Man denkt bei externen Kosten in erster Linie an das Problem der Umweltverschmutzung. Es sind auch externe Kosten möglich, die vom Konsum ausgehen. Man denke z.B. an ein Nachbarschaftsverhältnis, bei dem sich ein die Ruhe liebender Mensch von seinem Nachbarn belästigt fühlt, der regelmäßig laute Zechgelage veranstaltet. Wir beschränken uns im folgenden auf negative externe Effekte, die in der Produktion auftreten, insbesondere die Umweltverschmutzung. Der Sachverhalt kann anhand der Abbildung 8.8 erläutert werden.

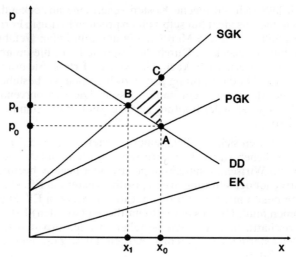

Abb. 8.8 Externe Kosten

Die Angebotsfunktion ist die Funktion der privaten Grenzkosten PGK. Die Produktion verursacht außer privaten Kosten auch externe Kosten EK. Die sozialen Grenzkosten SGK sind die Summe aus den privaten Grenzkosten und den externen Kosten. DD ist die Nachfragefunktion.

Der Produzent richtet sich nach der Gewinnmaximierungsbedingung Preis = PGK. Es wird der Punkt A realisiert mit der Menge x_0 und dem Preis p_0. Dieser Punkt ist aber nicht paretooptimal. Unter gesamtwirtschaftlichen Wohlfahrtsaspekten ist der Punkt B optimal, in dem der Preis den sozialen Grenzkosten entspricht. Ein Übergang von A nach B, d.h. eine Produktionseinschränkung von x_0 auf x_1, bedeutet eine gesamtwirtschaftliche Kosteneinsparung im Umfang der Fläche des Vierecks x_0CBx_1. Dem steht ein Nutzenentgang im Umfang der Fläche des Vierecks x_0ABx_1 gegenüber. Per Saldo bedeutet also die Produktionseinschränkung einen Wohlfahrtsgewinn im Umfang der Fläche des schraffierten Dreiecks ABC. Oder anders ausgedrückt: Die Produktionsmenge x_0 ist gegenüber der Produktionsmenge x_1 mit einem Wohlfahrtsverlust im Umfang der Fläche des schraffierten Dreiecks ABC verbunden. Externe Kosten in der Produktion führen dazu, daß die **Produktion wohlfahrtsmindernd ausgedehnt wird**. Der Grund ist, daß die **externen Kosten nicht in dem privaten Gewinnmaximierungskalkül berücksichtigt** werden.

Man kann den gleichen Sachverhalt auch in der Form darstellen, daß bei Vorliegen externer Kosten die **Marginalbedingungen für das PARETO-Optimum verletzt** sind. Nehmen wir das Beispiel mit dem Chemieunternehmen, welches Abwasser in den Fluß einleitet und dadurch die wirtschaftliche Lage eines Fischfangunternehmens negativ beeinflußt. Das Chemieunternehmen A produziert das Gut 1. Die Fischerei B produziert das Gut 2. Beide setzen einen Produktionsfaktor 1 ein, z.B. Arbeit. Weitere Faktoreinsätze werden vernachlässigt. Die privaten Produktionsfunktionen von A und B sind:

$$x_1 = x_1(v_{1A}),$$
$$x_2 = x_2(v_{1B}).$$

8. Kap.: Markt und Staat

Die einzelwirtschaftlichen Gewinnmaximierungsbedingungen bei vollständiger Konkurrenz sind Wertgrenzprodukt = Faktorpreis:

$$(\delta x_1/\delta v_{1A}) \cdot p_1 = q_1,$$
$$(\delta x_2/\delta v_{1B}) \cdot p_2 = q_1.$$

Bei Gleichheit der Wertgrenzprodukte ergibt sich hieraus die 4. Marginalbedingung:

$$- dx_1/dx_2 = p_2/p_1.$$

Bis hierhin sind die externen Kosten, die das Chemiewerk verursacht, nicht berücksichtigt. Man kann diese externen Kosten dadurch in das Modell einbauen, daß man den Faktoreinsatz des Chemiewerks in der Produktionsfunktion der Fischerei so berücksichtigt, daß die Fischproduktion vom Faktoreinsatz des Chemiewerks negativ abhängt. Je mehr das Chemiewerk die Produktion hochfährt, um so stärker ist davon die Fischerei negativ betroffen. Es gilt:

$$x_2 = x_2(v_{1B}, v_{1A}), \qquad \delta x_2/\delta v_{1A} < 0.$$

Für die Wertgrenzprodukte im Chemiewerk und in der Fischerei gilt somit unter Berücksichtigung der externen Kosten:

$$(\delta x_1/\delta v_{1A}) \cdot p_1 + (\delta x_2/\delta v_{1A}) \cdot p_2 < (\delta x_2/\delta v_{1B}) \cdot p_2.$$

Die linke Seite der Ungleichung ist das soziale Wertgrenzprodukt im Chemiewerk. Der zweite Summand auf der linken Seite ist negativ. Eine Steigerung der Produktion im Chemiewerk durch Mehreinsatz des Produktionsfaktors 1 beeinflußt durch die Abwässer den Fischfang, d.h. die Produktion des Gutes 2, negativ. Dadurch ist das soziale Wertgrenzprodukt des Chemiewerkes kleiner als das Wertgrenzprodukt der Fischerei, welches auf der rechten Seite der Ungleichung steht. **Die Wertgrenzprodukte unter Einschluß der externen Kosten sind nicht mehr gleich. Die 4. Marginalbedingung ist verletzt. Die Faktorallokation ist suboptimal.** Die Parole muß lauten: Chemiearbeiter in die Fischproduktion. Durch Umlenkung einer Einheit des Produktionsfaktors 1 aus dem Chemiewerk in die Fischerei sinkt im Chemiewerk das Wertgrenzprodukt um weniger, als es in der Fischerei steigt. Wegen des privaten Kalküls ist $(\delta x_1/\delta v_{1A}) \cdot p_1 = (\delta x_2/\delta v_{1B}) \cdot p_2$. Zusätzlich bringt aber die Umlenkung des Produktionsfaktors in der Fischerei den Ertrag $(\delta x_2/\delta v_{1A}) \cdot p_2$. Das ist der in Werteinheiten Fisch gemessene Ertrag, der durch eine marginale Reduktion der Chemieproduktion entsteht.

(2) Maßnahmen zur Internalisierung

(2.1) Auflagen

Eine Methode zur Internalisierung externer Kosten sind staatliche Auflagen. Der Verursacher bekommt eine Betriebserlaubnis nur unter der Voraussetzung, daß er quellenspezifische **Grenzwerte einhält, die dem Stand der Technik entsprechen**. In unserem Beispiel darf das Chemiewerk nur produzieren, wenn es eine dem Stand der Technik entsprechende Abwasserreinigungsanlage installiert. Was ist von dieser Methode aus ökonomischer Sicht zu halten?

Erstens hat die Methode den **Nachteil der Ungenauigkeit**. Damit ist gemeint, daß durch die Auflage höchstens zufällig der Grad an Umweltqualität erreicht wird, der optimal ist. Damit ist die Frage aufgeworfen, was eine **optimale Umweltqualität** ist. Dieses Problem kann anhand der Abbildung 8.9 erläutert werden.

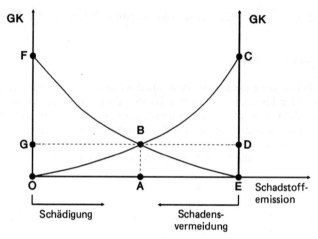

Abb. 8.9 Optimale Umweltqualität

Auf der Abszisse ist von links nach rechts die Schädigung durch die Menge der Schadstoffemission abgetragen. Die Linie OBC beschreibt die durch die Schadstoffemission verursachten externen Grenzkosten. Man kann das als Grenzschaden bezeichnen. In Punkt E wird keinerlei Schadensvermeidung betrieben. Die externen Grenzkosten sind hier EC. Wird von E aus nach links gehend die Schadstoffemission reduziert, dann verursacht das Grenzkosten der Schadensvermeidung. Diese Grenzkosten sind durch die Linie EBF charakterisiert. Im Ursprungspunkt 0 ist die Umweltqualität maximal. Die Schadstoffemission und die externen Kosten sind Null. Die Grenzkosten der Schadensvermeidung sind maximal 0F.

Die optimale Umweltqualität ist durch Punkt A gegeben. Die Schadstoffemissionsmenge 0A ist optimal. Eine Reduzierung der Schadstoffemission unter 0A ist suboptimal, da die Vermeidung einer Tonne Schadstoff mehr kostet, als sie Schaden verursacht. Umgekehrt ist ein Überschießen der Schadstoffmenge über 0A hinaus suboptimal, da jede Tonne Schadstoff, die über diese Menge hinausgeht, mehr Schaden verursacht, als die Vermeidung Kosten verursacht. Unter ökonomischen Aspekten ist also **nicht eine vollständige Schadensvermeidung anzustreben, sondern die Schadensmenge ist optimal, bei der der Grenzschaden gleich den Grenzkosten der Schadensvermeidung ist.**

Aus diesem Grund sind Auflagen nicht so formuliert, daß jegliche Emission verboten wird. Vielmehr zielen die Auflagen darauf ab, die Emission um einen bestimmten Prozentsatz zu reduzieren. Woher soll der Staat aber wissen, welche Reduktion zur optimalen Umweltqualität führt? Und woher soll der Staat wissen, welche Umweltqualität sich durch eine bestimmte Auflage ergibt? Die hierzu notwendigen **Informationen** sind bei der staatlichen Obrigkeit in der Regel nicht vorhanden. Die Auswirkungen der Auflage auf die Umweltqualität ist nicht vorhersehbar.

Zweitens ist die Auflagen-Methode **ökonomisch ineffizient**. Das liegt daran, daß die Unternehmen in der Regel unterschiedliche Kostenstrukturen haben. Einige Unternehmen können eine bestimmte Schadensvermeidung mit weniger Kosten realisieren als andere. Nehmen wir als Beispiel die Luftreinhaltung. Betrieb 1 muß zur Reduktion von 100 Tonnen SO_2-Emission z.B. 100.000 DM aufwenden, während Betrieb 2 120.000 DM Kosten entstehen. Soll nun z.b. eine Reduktion von 200 Tonnen SO_2-Emission erreicht werden, dann ist es ineffizient, jedem Betrieb die einheitliche Auflage zu machen, eine Reduktion um 100 Tonnen zu realisieren. Das verursacht Kosten von 220.000 DM. Die gleiche Reduktion kann billiger erreicht werden, wenn man nämlich Betrieb 1 200 Tonnen reduzieren läßt, und Betrieb 2 weiterhin emittieren läßt. Dann wird die gleiche Reduktion für 200.000 DM erreicht. Wenn also alle Unternehmen einheitlich den gesetzlich definierten Stand der Technik erfüllen müssen, dann wird nicht erreicht, daß die Unternehmen verstärkt Umweltschutz betreiben, die dies am billigsten können, und diejenigen, die das nur relativ teuer können, dafür weniger Umweltschutz betreiben. Eine bestimmte Umweltqualität wird zu teuer erkauft.

Drittens gehen von der Auflagen-Methode **keine Anreizwirkungen** zur Weiterentwicklung der Umwelttechnik aus. Die Vorschrift, daß der Betrieb neuer Anlagen nur genehmigt wird, wenn diese dem neuesten Stand der Technik entsprechen, führt dazu, daß die Unternehmen sich gegen den Fortschritt sträuben, statt ihn zu fördern. In den betroffenen Branchen bildet sich ein „Schweigekartell der Oberingenieure" zur Verhinderung des technischen Fortschritts.

Alles in allem hat die Auflagen-Methode schwerwiegende Nachteile. Welche Alternativen bieten sich an?

(2.2) Steuern

Man kann die externen Kosten internalisieren, indem man den Verursacher im Umfang der verursachten Schäden besteuert. Die Methode geht zurück auf PIGOU und wird daher auch **PIGOU-Steuer** genannt (PIGOU, 1912).

Die Methode kann anhand der Abbildung 8.8 erläutert werden. Dem Produzenten werden die von ihm verursachten externen Kosten steuerlich angelastet. Er muß in Höhe der externen Kosten EK (x_1) eine Mengensteuer bezahlen. Die Angebotsfunktion PGK verschiebt sich um den Betrag EK (x_1) parallel nach oben. Die Angebotsfunktion einschließlich der Steuer verläuft durch B. Durch die Angebotsverteuerung reduziert sich die Produktion auf die paretooptimale Menge x_1.

Was ist von dieser Methode zu halten?

Erstens hat die PIGOU-Steuer wie die Auflagen-Methode auch den **Nachteil der Ungenauigkeit**. Der Staat verfügt nicht über die Informationen, um genau die Auswirkungen der Steuer auf die Umweltqualität abschätzen zu können.

Zweitens hat die PIGOU-Steuer den Vorteil, **ökonomisch effizient** zu sein. Alle Unternehmen realisieren die Bedingung Steuersatz gleich Grenzkosten der Schadensvermeidung. Bei unterschiedlichen Kostenstrukturen betreiben die Unternehmen mit relativ niedrigen Grenzkosten der Schadensvermeidung relativ viel Schadensreduktion. In Abbildung 8.9 ist der Steuersatz die Strecke AB. Bei

Unternehmen mit niedrigen Grenzkosten der Schadensvermeidung verläuft die Grenzkostenfunktion der Schadensvermeidung EBF relativ flach, d.h. der Punkt A liegt bei diesen Unternehmen relativ weit links. Eine bestimmte Umweltqualität wird also bei der PIGOU-Steuer zu den minimalen gesamtwirtschaftlichen Kosten erreicht.

Drittens besteht eine **positive Anreizwirkung**. Die Unternehmen haben ein Eigeninteresse daran, eine Umwelttechnik zu entwickeln, die billiger als die Steuer ist.

Viertens hat die PIGOU-Steuer den **fiskalischen Nachteil**, daß durch die Besteuerung ein Transfer vom privaten Sektor in den Staatssektor stattfindet. Die Steuerquote steigt, wenn nicht andere Steuern verringert werden.

Insgesamt hat die Methode der Besteuerung gegenüber der Auflagen-Methode insbesondere den Vorteil der ökonomischen Effizienz und der positiven Anreizwirkung.

(2.3) Abgaben

Bei der Abgaben-Methode wird vom Staat eine Abgabe festgesetzt, die jeder Schadstoffemittent pro definierte Schadstoffeinheit zu zahlen hat. Dies ist wie die PIGOU-Steuer eine Preislösung.

Insofern ist die Abgaben-Methode der Steuer-Methode ähnlich. Der **Staat legt einen Preis für die Umweltnutzung fest**. Der Unterschied zur Steuer-Methode ist der politische Charakter der Abgaben-Methode. Bei der Abgaben-Methode wird die Nutzung des Gutes Umwelt nicht einem ökonomischen Kalkül unterworfen. Es wird nicht versucht, die externen Kosten zu quantifizieren und eine optimale Steuer festzulegen. Vielmehr wird die zu erreichende Umweltqualität politisch festgelegt, und dementsprechend eine Abgabe zur Erreichung dieser Umweltqualität festgesetzt. Die Abgaben-Methode ist hinsichtlich der Genauigkeit, der Effizienz, der Anreizwirkung und der Steuerquote so zu beurteilen wie die Steuer-Methode.

(2.4) Verhandlungen

Bei der Methode der Verhandlungen wird das Herausfinden der optimalen Umweltqualität den beteiligten Wirtschaftssubjekten überlassen. Wenn klar definierte **Eigentumsrechte** existieren, dann verständigen sich Schädiger und Geschädigter auf Zahlungen für die Nutzung des knappen Gutes Umwelt. Ein **Staatseingriff ist nicht notwendig**. Bei klar definierten Eigentumsrechten gibt es überhaupt kein Marktversagen. Die **optimale Umweltqualität ergibt sich durch Verhandlungen der Betroffenen**. Die These geht zurück auf COASE (1960). Man spricht in diesem Zusammenhang auch von dem COASE-Theorem.

Das COASE-Theorem kann anhand der Abbildung 8.9 mit Hilfe des Rentenkonzepts erläutert werden. Man kann 2 Fälle unterscheiden.

Die eine Möglichkeit ist, daß der Schadstoffemittent das Recht zur Schädigung hat. Wie ergibt sich unter diesen Umständen die optimale Umweltqualität? Der Geschädigte zahlt freiwillig an den Schädiger die Summe AB pro Einheit Schadensvermeidung. Der Schädiger akzeptiert freiwillig diese Zahlung und reduziert im Umfang AE die Schadstoffemission.

Für den Geschädigten hat dieses Geschäft folgenden Vorteil. Die Reduktion der Schadstoffemission um AE bedeutet für ihn einen Nutzenzuwachs im Umfang der Fläche des Vierecks ABCE. Hiervon ist die Summe abzuziehen, die er an den Schädiger zahlt, damit dieser die Emission im Umfang AE reduziert. Diese Zahlung entspricht der Fläche des Vierecks ABDE. Es verbleibt ihm ein positiver Nutzenzuwachs gegenüber der Totalschädigung im Umfang der Fläche des Dreiecks BCD.

Nun zu dem Schädiger. Dieser hat zur Schadensvermeidung im Umfang AE Kosten im Umfang der Fläche des Dreiecks ABE. Er erhält von dem Geschädigten eine Zahlung im Umfang der Fläche des Vierecks ABDE. Für ihn verbleibt also ein Gewinn im Umfang der Fläche des Dreiecks BDE.

Die Summe der beiden Vorteile ist die Wohlfahrtssteigerung gegenüber dem Fall der Totalschädigung in Punkt E. Dieser gemeinsame Wohlfahrtsgewinn entspricht der Fläche des Dreiecks BCE. Beide haben durch die Kompensationszahlung einen Vorteil. Beide verständigen sich folglich freiwillig auf diese Verhandlungslösung. Und es ergibt sich die optimale Umweltqualität im Punkt A ohne jeden Staatseingriff.

Wenden wir uns nun der zweiten Möglichkeit der Rechtsverhältnisse zu. Wir nehmen jetzt den Fall an, daß der Emittent nicht das Recht zur Schädigung hat. Er kann allerdings dem potentiell Geschädigten eine Zahlung anbieten, um mit dessen Erlaubnis emittieren zu dürfen. Der Emittent zahlt an den potentiell Geschädigten freiwillig die Summe AB pro emittierte Schadenseinheit, um im Umfang 0A Schadstoffe emittieren zu dürfen. Der Geschädigte akzeptiert diese Zahlung freiwillig und erlaubt die Schädigung.

Für den Geschädigten hat dieses Geschäft folgenden Vorteil. Die Schadstoffemission 0A bedeutet für ihn eine Schädigung im Umfang der Fläche des Dreiecks 0AB. Er erhält eine Kompensationszahlung im Umfang der Fläche des Vierecks 0ABG. Er erzielt also einen Nutzenzuwachs im Umfang der Fläche des Dreiecks 0BG.

Nun zu dem Schädiger. Dieser leistet die Zahlung im Umfang der Fläche des Vierecks 0ABG. Sein Gewinn besteht darin, daß er Kosten einspart, die bei totaler Schadensvermeidung anfallen. Diese eingesparten Kosten entsprechen der Fläche des Vierecks 0ABF. Er macht also einen Gewinn im Umfang der Fläche des Dreiecks BFG.

Die Summe der beiden Vorteile ist die gemeinsame Wohlfahrtssteigerung gegenüber dem Fall der totalen Schadensvermeidung in Punkt 0. Dieser Wohlfahrtsgewinn entspricht der Fläche des Dreiecks 0BF. Beide haben durch die Kompensationszahlung einen Vorteil. Beide verständigen sich folglich freiwillig auf diese Verhandlungslösung. Und es ergibt sich die optimale Umweltqualität im Punkt A ohne jeden Staatseingriff.

Man kann diese Überlegungen verallgemeinern. Das **COASE-Theorem** gipfelt in 2 Thesen.

Erstens ergibt sich bei klar definierten Eigentumsrechten an der knappen Ressource ein paretooptimaler Zustand, ohne daß ein Staatseingriff notwendig ist (**Optimalitätsthese**).

Zweitens ist das optimale Ergebnis unabhängig von der Aufteilung der Eigentumsrechte (**Invarianzthese**).

Zur Invarianzthese ist zur Vermeidung von Mißverständnissen eine Erläuterung notwendig. Die Frage, wer die Eigentumsrechte an der knappen Ressource besitzt, hat natürlich erhebliche Konsequenzen für die Einkommensverteilung. In unserem obigen ersten Fall zahlt der Geschädigte an den Schädiger. Im zweiten Fall zahlt der Schädiger an den Geschädigten. Die Invarianzthese heißt lediglich, daß der Optimalzustand unabhängig davon erreicht wird, wem die Eigentumsrechte zustehen.

Wir wollen nun noch eine andere Möglichkeit zur Demonstration der Verhandlungslösung erläutern. Man kann die Verhandlungslösung auch so interpretieren, daß sich die Betroffenen zusammenschließen und den gemeinsamen Gewinn maximieren. Der **Zusammenschluß** (Fusion) ist eine Verhandlungsmethode zur Internalisierung der negativen externen Effekte. Wir können diesen Aspekt der Verhandlungslösung an unserem früheren Beispiel mit dem Chemiewerk und der Fischerei erläutern. Wenn sich das Chemiewerk und die Fischerei zusammenschließen, dann gilt für den gemeinsamen Gewinn:

$$G = p_1 \cdot x_1(v_{1A}) + p_2 \cdot x_2(v_{1B}, v_{1A}) - q_1 \cdot v_{1A} - q_1 \cdot v_{1B}.$$

Der gemeinsame Gewinn wird maximiert:

$$\delta G/\delta v_{1A} = p_1 \cdot (\delta x_1/\delta v_{1A}) + p_2 \cdot (\delta x_2/\delta v_{1A}) - q_1 = 0,$$
$$\delta G/\delta v_{1B} = p_2 \cdot (\delta x_2/\delta v_{1B}) - q_1 = 0.$$

Also gilt:

$$p_1 \cdot (\delta x_1/\delta v_{1A}) + p_2 \cdot (\delta x_2/\delta v_{1A}) = p_2 \cdot (\delta x_2/\delta v_{1B}),$$

| Wertgrenzprodukt von Faktor 1 in A | = | Wertgrenzprodukt von Faktor 1 in B. |

Die beiden Wertgrenzprodukte sind gleich. Die 4. Marginalbedingung ist erfüllt.

Das COASE-Theorem bedeutet einen Frontalangriff gegen die Hypothese, daß externe Effekte einen Marktmangel darstellen, der einen Staatseingriff notwendig macht. Nach dem COASE-Theorem funktioniert der Marktmechanismus durch Verhandlungen sehr wohl auch bei Vorliegen externer Effekte, wenn nur die Eigentumsrechte an der knappen Ressource eindeutig definiert sind. Für die Optimalität der Nutzung ist es gleichgültig, wem die Eigentumsrechte zustehen. Sie müssen nur eindeutig definiert sein.

Eine **Kritik** an dem COASE-Theorem lautet, daß es zu Verhandlungen zwischen den Betroffenen nur kommt, wenn die **Transaktionskosten** zur Definition und Errichtung von Eigentumsrechten niedrig genug sind. So kann sich z.B. ein ruhebedürftiger Mensch mit seinem zu Trunksucht und Randale neigenden Nachbarn durch Verhandlungen auf ein gedeihliches Auskommen einigen, da – ökonomisch argumentiert – die Transaktionskosten niedrig sind. Man redet miteinander und findet eine Lösung, die für beide Beteiligten von Vorteil ist. Dagegen ist es ziemlich unwahrscheinlich, daß zwischen den Bewohnern einer ganzen Region einerseits und umweltschädigenden Unternehmen andererseits, die im Zweifel gar nicht bekannt und identifizierbar sind, Verhandlungen zustande kommen. Die Transaktionskosten sind zu hoch. Hier kann der Staat durch die

Zertifikat-Methode dem COASE-Theorem gewissermaßen auf die Sprünge helfen.

(2.5) Zertifikate

Bei der Zertifikat-Methode legt der Staat die insgesamt zulässige Höchstmenge an Schadstoffen fest. In diesem Umfang werden den emittierenden Unternehmen Emissionsrechte (Zertifikate) zugeteilt, die diese zu freien Preisen übertragen können. Die **Zertifikate sind handelbare Umweltnutzungsrechte**. Die Methode bietet sich an, wenn wegen hoher Transaktionskosten zwischen Schädigern und Geschädigten keine Verhandlungen zustande kommen.

Die Methode ist positiv zu beurteilen.

Erstens kann der Staat durch die Festlegung der insgesamt zulässigen Höchstschadstoffmenge erreichen, daß auch wirklich nicht mehr als diese Schadstoffmenge entsteht. Die Zertifikat-Methode ist im Gegensatz zu den Preis-Methoden der Steuer und der Abgabe eine **reine Mengenmethode**. Die politisch gewünschte Umweltqualität wird auch wirklich erreicht.

Zweitens ist dieses Verfahren **ökonomisch effizient**. Denn es führt dazu, daß die Umwelt von denjenigen Unternehmen verschmutzt wird, die Umwelttechnik nur sehr ungenügend beherrschen. Diese Unternehmen zahlen lieber den Preis für die Zertifikate, als die für sie zu teure Technik zu realisieren. Damit vermeidet diese Methode den Nachteil der Kosten-Ineffizienz.

Drittens entsteht dadurch, daß die Emissionszertifikate einen Preis haben, ein Anreiz, eine billigere Umwelttechnik zu erfinden. Von der Methode gehen positive **Anreizwirkungen** aus.

Viertens kommt es **nicht zu einem Kaufkrafttransfer** vom privaten zum öffentlichen Sektor, da der Handel mit Umweltzertifikaten innerhalb des privaten Sektors stattfindet. Damit ist der fiskalische Nachteil der Steuer- und der Abgaben-Methode in Form einer Erhöhung der Abgabenquote vermieden.

(3) Fehlallokation durch Gemeineigentum

Eine suboptimale Allokation der Ressourcen kann sich auch dadurch ergeben, daß sich die knappe Ressource nicht im Privateigentum befindet, sondern im Gemeineigentum mit freiem Zugang für alle. Nehmen wir als Beispiel die Nutzung von Fischgründen auf hoher See. Die Fehlallokation kann anhand der Abbildung 8.10 erläutert werden.

Auf der Abszisse ist der Arbeitseinsatz N abgetragen, der beim Fischfang eingesetzt wird. Weitere Produktionsfaktoren werden vernachlässigt. Es wird ein Ertragsverlauf gemäß dem klassischen Ertragsgesetz unterstellt. Die Linie DE charakterisiert den Durchschnittsertrag, die Linie WGP das Wertgrenzprodukt. Für eine Arbeitsstunde wird der Lohn W gezahlt.

Bei vollständiger Konkurrenz realisieren die Fischereiunternehmen die Gewinnmaximierungsbedingung Wertgrenzprodukt = Faktorpreis = Lohn, d.h. WGP = W. Es werden N_1 Arbeitsstunden eingesetzt. Das setzt allerdings voraus, daß an den Fischgründen eindeutig definierte Nutzungsrechte z.B. in der Form des Privateigentums existieren. Diese Voraussetzung ist bei Fischgründen auf hoher See nicht gegeben.

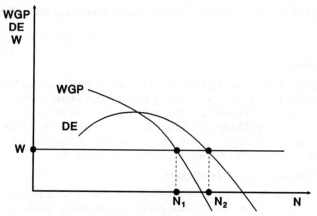

Abb. 8.10 Fehlallokation durch Gemeineigentum

Wie verhält sich das typische Fischereiunternehmen, wenn kein Privateigentum an den Fischgründen vorliegt? Die Schiffe fahren so lange zum Fang aus, so lange der Durchschnittsertrag einer Arbeitsstunde noch größer ist als der Lohn, der gezahlt werden muß. Es kommt die Arbeitsmenge N_2 zum Einsatz. Die Fischgründe werden pareto-suboptimal ausgebeutet. Das Wertgrenzprodukt liegt unter dem Faktorpreis. Bei dem in Abbildung 8.10 dargestellten Fall ist das Wertgrenzprodukt bei N_2 sogar negativ. Die gesamtwirtschaftliche Wohlfahrt kann gesteigert werden, wenn Arbeiter aus der Fischerei in andere Branchen umgelenkt werden. Denn der Verlust in Form nicht gefangener Fische pro reduzierter Arbeitsstunde in der Fischerei ist kleiner als das Wertgrenzprodukt, welches in Höhe des Lohnsatzes in anderen Branchen erwirtschaftet wird.

Welche Konsequenz läßt sich aus diesen Überlegungen ziehen? **Beim Gemeineigentum mit freiem Zugang für alle kommt es zu einer suboptimalen Übernutzung der knappen Ressource.** Der Fall ist inhaltlich identisch mit einem negativen externen Effekt. Genau wie im Fall externer Kosten kommt es zu einer suboptimalen Produktionsausdehnung. Der Staat hat zwei Möglichkeiten der Regulierung. Erstens können eindeutige **Nutzungsrechte** zugeteilt werden, z.B. in Form von Fangquoten. Zweitens kann die Fischerei mit einer **Steuer** auf den Arbeitseinsatz belegt werden. Die W-Linie muß sich so nach oben verschieben, daß sie die Linie des Durchschnittsertrags über dem optimalen Arbeitseinsatz N_1 schneidet.

c. Positive externe Effekte

Externe Erträge sind genau wie externe Kosten auch im Bereich der Produktion möglich. Man denke an das Beispiel mit der Honigproduktion. Der Imker erbringt einen externen Ertrag, da außer dem Honig, der sein privater Ertrag ist, auch noch dem Obstbauern durch die Bienen ein wirtschaftlicher Vorteil entsteht. Externe Erträge entstehen aber auch auf der Nachfrageseite, z.B. im Bereich der Bildung und der Gesundheit. Wir beschränken uns im folgenden auf positive externe Effekte, die auf der Nachfrageseite auftreten. Der Sachverhalt kann anhand der Abbildung 8.11 erläutert werden.

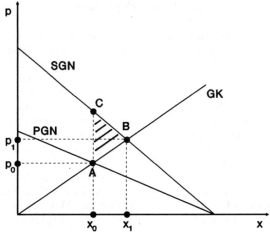

Abb. 8.11 Externe Erträge

Die Nachfragefunktion ist die Funktion des privaten Grenznutzens PGN. Die Nachfragefunktion charakterisiert die marginale Zahlungsbereitschaft der Konsumenten. Wird das Gut konsumiert, z.B. die Schutzimpfung oder die Weiterbildung, dann entstehen außer dem privaten Nutzen auch externe Erträge EE (nicht eingezeichnet). Der soziale Grenznutzen SGN ist die Summe aus privatem Grenznutzen und externen Erträgen. Die Angebotsfunktion ist die Funktion der privaten Grenzkosten GK.

Auf einem freien Markt wird der Punkt A realisiert, in dem Nachfrage und Angebot übereinstimmen. Es kommt die Menge x_0 zum Preis p_0 an den Markt. Dieser Punkt ist aber nicht paretooptimal. Unter gesamtwirtschaftlichen Wohlfahrtsaspekten ist der Punkt B optimal, in dem der Preis dem sozialen Grenznutzen entspricht. Ein Übergang von A nach B, d.h. eine Produktionsausdehnung von x_0 auf x_1, bedeutet zusätzliche gesamtwirtschaftliche Kosten im Umfang der Fläche des Vierecks x_0ABx_1. Dem steht ein Nutzenzuwachs im Umfang der Fläche des Vierecks x_0CBx_1 gegenüber. Per Saldo bedeutet also die Produktionsausdehnung einen Wohlfahrtsgewinn im Umfang der Fläche des schraffierten Dreiecks ABC. Oder anders ausgedrückt: Die Produktionsmenge x_0 ist gegenüber der Produktionsmenge x_1 mit einem Wohlfahrtsverlust im Umfang der Fläche des schraffierten Dreiecks ABC verbunden. Externe Erträge führen dazu, daß die **Produktion wohlfahrtsmindernd zu gering ausfällt**. Der Grund ist, daß die **externen Erträge nicht in dem privaten Nutzenmaximierungskalkül berücksichtigt** werden.

Welche Möglichkeiten der **staatlichen Regulierung** bieten sich zur Internalisierung der externen Erträge an? Der Staat kann z.B. **an die Konsumenten eine Subvention** in Höhe des externen Ertrags EE (x_1) zahlen. Die Nachfragefunktion PGN verschiebt sich parallel nach oben. Die Nachfragefunktion einschließlich der Subvention verläuft durch B. Die Nachfrage steigt beim Preis p_1 auf das paretooptimale Niveau x_1. Eine Eigenproduktion des Gutes durch den Staat selbst ist nicht unbedingt notwendig. Eine **staatliche Eigenproduktion** hat häufig zwei Nachteile. Erstens führt sie wegen fehlender Konkurrenz zu überhöhten Kosten. Zweitens wird die staatliche Leistung häufig zum Nulltarif angeboten, so daß es wegen der hohen Nachfrage zu einer suboptimalen Überproduktion (mehr als x_1) kommt.

3. Öffentliche Güter

Für die Schiffahrt sind Leuchttürme nützliche Einrichtungen. Die Frage ist, wer für den Bau von Leuchttürmen sorgt. In einer Marktwirtschaft ist es für einen gewinnorientierten Unternehmer im Zweifel völlig uninteressant, einen Leuchtturm zu errichten und zu betreiben. Der Leuchtturm verursacht dem Unternehmer Kosten, die – in der hier verwendeten Terminologie – private Kosten sind. Auf der anderen Seite fallen jedoch bei dem Unternehmer keine privaten Erträge an. Dies ist zumindest dann der Fall, wenn es nicht möglich ist, ein Schiff, welches das Leuchtfeuer als Orientierungshilfe nutzt, deswegen von der Nutzung der Dienste des Leuchtturmes auszuschließen, weil der Schiffsführer keinen Preis für die Nutzung entrichtet. Der den Leuchtturm betreibende Unternehmer kann in diesem Fall eine kostenlose Nutzung des Leuchtturmes nicht verhindern. Die wirtschaftlichen Vorteile, die der Leuchtturm zweifellos für die Gesellschaft erbringt, fallen **vollständig als externe Erträge** an. Der private Unternehmer macht, wenn er einen Leuchtturm betreibt, mangels privater Erträge nur Verluste.

Der Leuchtturm ist ein Beispiel für ein **öffentliches Gut (auch: Kollektivgut)**. Öffentliche Güter werfen das Problem auf, daß in einer marktwirtschaftlichen Ordnung die Produktion solcher Güter unter Umständen vollständig unterbleibt, obwohl die gesamten Erträge (private Erträge und externe Erträge) die Kosten übersteigen. Es kommt zu einer **totalen Unterversorgung mit Gütern, deren Produktion nur externe Erträge verursacht**.

Man kann das Beispiel mit dem Leuchtturm verallgemeinern. Öffentliche Güter zeichnen sich durch **zwei Merkmale** aus.

Erstens kann ein öffentliches Gut von mehreren Benutzern gleichzeitig in Anspruch genommen werden, ohne daß diese sich gegenseitig behindern (Merkmal der **Nichtrivalität im Konsum**). Im Gegensatz zu öffentlichen Gütern ist dies bei privaten Gütern nicht möglich. Bei privaten Gütern liegt rivalisierender Konsum vor.

Zweitens ist ein Ausschluß einzelner Benutzer (weil diese z.B. nichts für die Nutzung zahlen) technisch nicht oder nur mit einem unverhältnismäßig hohen Aufwand möglich (Merkmal der **Nicht-Ausschließbarkeit**).

Bei öffentlichen Gütern kommt es zu dem sog. **Trittbrettfahrer-Phänomen**. Der potentielle Konsument spekuliert darauf, daß das Gut „schon irgendwie" bereitgestellt wird, und daß er dann kostenlos daran partizipieren kann. Denn es wäre ja unsinnig, von ihm einen Preis zu verlangen, wo er doch wegen der Nichtrivalität im Konsum niemanden bei der Nutzung beeinträchtigt. Die Nicht-Ausschließbarkeit hat zur Folge, daß auch niemand freiwillig bereit ist, sich an der Finanzierung der Produktion zu beteiligen. Denn es kann ja niemand von der kostenlosen Nutzung ausgeschlossen werden. Wenn alle potentiellen Konsumenten aufgrund solcher Spekulationen ihre **Präferenzen nicht offenlegen**, kommt es in der Marktwirtschaft zu einer totalen **Unterversorgung mit öffentlichen Gütern**, weil – mangels Gewinnerzielungsmöglichkeit – keine Unternehmer solche Güter herstellen.

Man kann die Problematik öffentlicher Güter systematisch mit Hilfe des mikroökonomischen Instrumentariums anhand der Abbildung 8.12 erläutern.

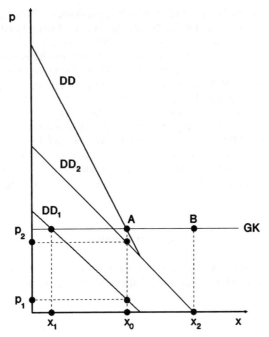

Abb. 8.12 Öffentliches Gut

In Abbildung 8.12 sind zur Vereinfachung nur 2 Nachfrager angenommen, die das öffentliche Gut nutzen können. Die 2 individuellen Nachfragefunktionen sind DD_1 und DD_2. Die Nichtrivalität im Konsum bedeutet, daß sich die Gesamtnachfragefunktion DD durch Vertikaladdition ergibt (vgl. 4. Kapitel, Ziffer II.4). Die Produktion des öffentlichen Gutes ist mit Grenzkosten GK verbunden.

Die optimale Produktionsmenge des öffentlichen Gutes ist x_0. Die Produktion wird bis zu dem Punkt ausgedehnt, bis zu dem der Nutzenzuwachs (repräsentiert durch die DD-Linie) noch größer ist als die Grenzkosten (repräsentiert durch die GK-Linie). Die Finanzierung ist gesichert, wenn Nachfrager 1 den Preis p_1 und Nachfrager 2 den Preis p_2 zahlt. Was geschieht aber, wenn die Nachfrager sich als Trittbrettfahrer verhalten? So ist es z.B. ohne weiteres möglich, daß Nachfrager 2 nichts zahlt. Dann sinkt die Produktion auf x_1, da nur Nachfrager 1 in Höhe der Grenzkosten einen Preis entrichtet. Die Produktionsmenge x_1 bedeutet aber eine suboptimale Ressourcenallokation. Eine Ausdehnung der Produktion über x_1 hinaus erbringt noch mehr Nutzenzuwachs, als zusätzliche Kosten anfallen (DD liegt noch über GK). Es liegt eine suboptimale Unterversorgung an dem öffentlichen Gut vor. Wenn alle Nachfrager ihre Präferenzen verhüllen, d.h. sich als Trittbrettfahrer versuchen, dann kommt es zu einer totalen Unterversorgung an dem öffentlichen Gut. Kein Unternehmer produziert mangels Erlösen auch nur eine Einheit von dem öffentlichen Gut. Es liegt **Marktversagen** vor.

Wie soll der Staat sich verhalten? Eine häufig praktizierte Möglichkeit ist die **staatliche Eigenproduktion**. Die staatliche Eigenproduktion hat die **Nachteile der Kostenüberhöhung** wegen mangelnder Konkurrenz und der **suboptimalen Überversorgung**. Der zweite Punkt kann anhand der Abbildung 8.12 wie folgt erläutert werden. Wenn der Staat das Gut selbst produziert, dann geschieht die Abgabe des Gutes regelmäßig zum Nulltarif oder in einer Form, bei der die Benutzer jeglichen direkten Kontakt zu den verursachten Kosten verlieren. Es wird die Menge x_2 nachgefragt und auch produziert. Dies ist jedoch eine suboptimale Ressourcenallokation. Es wird zu viel von dem öffentlichen Gut produziert. Denn eine Einschränkung der Produktion z.B. auf x_0 bedeutet einerseits eine Kosteneinsparung im Umfang der Fläche des Vierecks x_0ABx_2, und andererseits einen Nutzenentgang im Umfang der Fläche des Dreiecks x_0Ax_2. Per Saldo bedeutet also diese Produktionseinschränkung eine Wohlfahrtssteigerung im Umfang der Fläche des Dreiecks x_2AB. Anders ausgedrückt: Wenn die Überproduktion x_2 realisiert wird, dann bedeutet dies gegenüber der Menge x_0 eine Verschwendung mit einem Wohlfahrtsverlust im Umfang der Fläche des Dreiecks x_2AB. Gewisse Erscheinungen im deutschen Gesundheitswesen entsprechen wohl dieser Darstellung.

4. Systematik

Die beiden Merkmale Rivalität und Ausschlußmöglichkeit können systematisch kombiniert werden. Man erhält eine Güterklassifikation, wie sie in Abbildung 8.13 dargestellt ist.

		Rivalität	
		ja	nein
Ausschluß	ja	private Güter 1	Mischgüter mit Tendenz zu Unterproduktion 2
	nein	Mischgüter mit Tendenz zu Übernutzung 3	öffentliche Güter Kollektivgüter 4

Abb. 8.13   Öffentliche Güter, private Güter und Mischgüter

Der **Fall 1** ist der Fall der **privaten Güter**. Es liegt Rivalität im Konsum vor, und ein Ausschluß von Nichtzahlern kann ohne weiteres praktiziert werden. Die Produktion solcher Güter wird am besten über den **Marktmechanismus** besorgt. Die gewinnmaximierenden Unternehmen und die Konkurrenz sind Garanten dafür, daß die Effizienzbedingungen des PARETO-Optimums eingehalten werden. Die Bedingungen für eine **optimale Ressourcenallokation** sind durch den Marktmechanismus garantiert.

Der **Fall 4** beschreibt die Merkmalskombination der **reinen öffentlichen Güter**. Der Marktmechanismus versagt bei der Bereitstellung solcher Güter. Ein **Tätigwerden des Staates** kann damit gerechtfertigt werden, daß der Staat für die Bereitstellung solcher öffentlicher Güter sorgen muß. Wie der Staat diese Aufgabe im Einzelfall konkret erfüllen soll, ist eine schwierige Frage. Bei dem öffentlichen Gut der rechtlichen und institutionellen Rahmenordnung dürfte es noch sinnvoll sein, daß dieses Gut durch den Staat gewissermaßen selbst produziert wird. Eine **staatliche Eigenproduktion** von öffentlichen Gütern ist jedoch nicht generell nötig und auch häufig nicht sinnvoll. Denn wenn man die Produktion von Leuchttürmen, Deichanlagen usw. dem Staat selbst überträgt, dann führt dies wegen der mangelnden Konkurrenz häufig zu **überhöhten Kosten** und wegen des Nulltarif-

Angebots zu **Überproduktion**. Eine Teil-Lösung des Problems ist, daß der Staat die Produktion solcher Güter durch private Unternehmer besorgen läßt, denen er unter Konkurrenzbedingungen die entsprechenden Aufträge erteilt und im übrigen durch das Steueraufkommen die Finanzierung sichert. Ungelöst ist allerdings auch bei dieser Vorgehensweise dann immer noch die Frage, in welchem Umfang das Gut bereitgestellt werden soll. Die dazu notwendigen Informationen über die Verbraucherpräferenzen sind in der Regel auch beim Staat nicht vorhanden.

Der **Fall 2** beschreibt einen bestimmten Typ von **Mischgütern mit Ausschlußmöglichkeit**. In diese Gruppe können die Fälle der **externen Erträge** und des **natürlichen Monopols** eingeordnet werden. Beispiele sind Straßen, Sportveranstaltungen, Kabelfernsehen, oder auch die Schutzimpfung. Ein zusätzlicher Nutzer solcher Güter behindert die anderen Nutzer nicht, d.h. es liegt Nichtrivalität vor, zumindest in gewissem Umfang bis an die Kapazitätsgrenze. Dagegen ist ein Ausschuß von Nichtzahlern ohne weiteres möglich. Für die Straßenbenutzung kann eine Maut erhoben werden, für Sportveranstaltungen kann Eintritt verlangt werden, für Kabelfernsehempfang können Gebühren erhoben werden, und für die Verabreichung einer Schutzimpfung kann ein Preis verlangt werden. Solche Güter können also im Prinzip durch private Unternehmer produziert und angeboten werden. Jedoch kann eine Bereitstellung solcher Güter über den Markt zu einer gesamtwirtschaftlich suboptimalen **Unterversorgung** führen, da die Produktion mit externen Erträgen verbunden ist, oder aber die Durchschnittskosten über den gesamten Absatzbereich sinken. Der Staat kann hier z.B. durch Subventionen und Mißbrauchsaufsicht tätig werden.

Wenden wir uns schließlich noch dem **Fall 3** zu, dem Fall der **Mischgüter mit Rivalität im Konsum**. In diese Gruppe können die Fälle der **externen Kosten** und des **Gemeineigentums** eingeordnet werden. Es besteht die Gefahr einer übermäßigen Ausbeutung. Denn wenn die natürliche Ressource beginnt knapp zu werden, liegt Rivalität vor. Andererseits kann ein Trittbrettfahrertum nicht verhindert werden, solange z.B. der Verbrauch der sauberen Umwelt gewissermaßen kostenlos ist. Beides zusammen führt dazu, daß die Ressource ausgebeutet wird, was nicht einer optimalen Ressourcenallokation entspricht. Auch hier liegt ein mögliches Betätigungsfeld für den Staat. Der Staat kann durch die Definition von privatwirtschaftlichen Nutzungsrechten eine optimale Ressourcenallokation besorgen.

Was bleibt als **Resümee**? Die Existenz von öffentlichen Gütern und externen Effekten kann zu einer suboptimalen Ressourcenallokation führen und rechtfertigt somit das Tätigwerden eines Staates. Wie dies im Einzelfall aussehen soll, ist schwierig zu beantworten und kann nicht pauschal einheitlich geregelt werden. Auf jeden Fall ist es **nicht gerechtfertigt, dem Staat eine Eigenproduktion weiter Teile des Güterspektrums** mit dem Hinweis auf öffentliche Güter und externe Effekte zu übertragen.

V. Zusammenfassung

In der **Wohlfahrtsökonomik** werden Kriterien zur wertenden Beurteilung unterschiedlicher Zustände einer Volkswirtschaft formuliert. Nach dem **PARETO-Kriterium** ist die Allokation der Ressourcen optimal, wenn es nicht mehr möglich ist, die Situation von mindestens einem Wirtschaftssubjekt zu verbessern, ohne die Situation eines anderen Wirtschaftssubjekts zu verschlechtern. Die **optimale Allokation der Ressourcen** ist bei Abwesenheit von Marktmängeln durch den **Marktmechanismus** garantiert. Die Effizienzbedingungen für eine optimale Ressourcenallokation können als **Marginalbedingungen** formuliert werden. Mit der Verwirklichung eines PARETO-Optimums ist das Problem der **Verteilungsgerechtigkeit** noch nicht geklärt. Staatliche Umverteilungsmaßnahmen zur Maximierung sozialer Wohlfahrtsfunktionen auf der Basis exogener Gerechtigkeitspostulate können zu einem **Konflikt zwischen Gerechtigkeit und materiellem Wohlstand** führen. Das Herausfinden der Gerechtigkeitsvorstellungen der Gesellschaft über ein **demokratisches Abstimmungsverfahren** kann auch bei konsistenten individuellen Präferenzordnungen zu unlösbaren Widersprüchen führen. Im Bereich der **Allokation** kann ein Tätigwerden des Staates in der Marktwirtschaft zur **Korrektur von Marktmängeln** gerechtfertigt werden. Marktmängel können sein **Marktmacht, externe Effekte und öffentliche Güter**. Das Auftreten von Marktmängeln führt zu einer Verletzung der Effizienzbedingungen für eine optimale Ressourcenallokation und damit zu Wohlfahrtsverlusten. Die Möglichkeiten für **staatliche Regulierungen** sind vielfältig. Es können und sollten Methoden der staatlichen Regulierung zur Anwendung kommen, die den marktwirtschaftlichen Charakter der Wirtschaftsordnung stärken und nicht aushöhlen.

Literatur zum 8. Kapitel

Standardwerke:

Arrow, K. J.: Social choice and individual values. 2. Aufl. New York 1963. (1. Aufl. 1951).
Giersch, H.: Allgemeine Wirtschaftspolitik. Bd. 1: Grundlagen. Wiesbaden 1961.
Pareto, V.: Cours d'économie politique. Lausanne 1897.
Pigou, A. C.: The economics of welfare. London 1912.
Sohmen, E.: Allokationstheorie und Wirtschaftspolitik. Tübingen 1976.

Lehrbücher:

Böventer, E. von u.a.: Einführung in die Mikroökonomie. 7. Aufl. München 1991. S. 279-319.
Demmler, H.: Einführung in die Volkswirtschaftslehre. Elementare Preistheorie. 2. Aufl. München 1991. S. 207-288.
Samuelson, P. A. und **W. D. Nordhaus**: Economics. 12. Aufl. New York 1985. Dt. Ausgabe: Volkswirtschaftslehre. Grundlagen der Makro- und Mikroökonomie. Bd. 2. 8. Aufl. Köln 1987. S. 393-559.
Stobbe, A.: Mikroökonomik. 2. Aufl. Berlin 1991. S. 356-378, 488-509.

Sammelbände:

Streissler, E. und **C. Watrin** (Hrsg.): Zur Theorie marktwirtschaftlicher Ordnungen. Tübingen 1980.

8. Kap.: Markt und Staat

Spezielle Themengebiete:

Wohlfahrtsökonomik:

Franke, J.: Grundzüge der Mikroökonomik. 5. Aufl. München 1992. S. 265-290.
Külp, B.: Wohlfahrtsökonomik II. Maßnahmen und Systeme. Düsseldorf 1976.
Külp, B. und E. Knappe: Wohlfahrtsökonomik I. Die Wohlfahrtskriterien. 2. Aufl. Düsseldorf 1984.
Mishan, E. J.: A survey of welfare economics. 1939-1959. In: Economic Journal. Bd. 70/1960. S. 197-265.
Schumann, J.: Wohlfahrtsökonomik. In: Wirtschaftswissenschaftliches Studium. Heft 10/1983. S. 512-520.
Zameck, W. von: Soziale Wohlfahrtsfunktionen. In: Wirtschaftswissenschaftliches Studium. Heft 1/1988. S. 255-258.

Externe Effekte und öffentliche Güter:

Claassen, E.-M.: Ökonomische Aspekte gesellschaftlicher Probleme. In: D. Bender u.a.: Vahlens Kompendium der Wirtschaftstheorie und Wirtschaftspolitik. Band 2. 4. Aufl. München 1990. S. 121-155.
Gruber, U. und M. Kleber: Grundlagen der Volkswirtschaftslehre. München 1992. S. 125-147.
Mishan, E. J.: The postwar literature on externalities. An interpretative essay. In: Journal of Economic Literature. Bd. 9/1971. S. 1-28.

3. Teil:
Makroökonomik

Im 3. Teil beschäftigen wir uns mit **makroökonomischen Fragestellungen**. Warum gibt es Inflation, warum Arbeitslosigkeit? Welcher Zusammenhang besteht zwischen diesen beiden Erscheinungen? Wovon hängt es ab, ob in einer Volkswirtschaft viel oder wenig verdient, gespart und investiert wird? Was sind Konjunkturschwankungen und welche Wirkungen haben sie? Wovon hängt das Wachstum der gesamtwirtschaftlichen Produktion ab? Welche Rolle spielt der Staat mit den Staatsausgaben und den Steuern in der Volkswirtschaft? Wie entwickelt sich die Einkommensverteilung? Welche Wirkungen gehen von der Einkommenspolitik aus? Dies sind typische makroökonomische Fragestellungen.

Das **Ziel makroökonomischer Analysen** ist die Gewinnung von Informationen über gesamtwirtschaftliche Aggregate wie z.B. Bruttosozialprodukt, Inflationsrate, Arbeitslosenquote, Investitionsquote, Konsumquote, Sparquote, Kapazitätsauslastung, Wachstumsrate, Steuerquote, Staatsdefizit, Lohnquote u.ä. mehr.

Als **Teilbereiche der Makroökonomik** kann man die Ex-post-Analyse (auch: Volkswirtschaftliches Rechnungswesen) einerseits und die Ex-ante-Analyse (auch: makroökonomische Theorie) andererseits unterscheiden. Das **Volkswirtschaftliche Rechnungswesen** dient der Ermittlung quantitativer Daten über den Wirtschaftsablauf, wobei sich diese Daten auf die Vergangenheit beziehen. Wir behandeln diesen Gegenstand im 9. Kapitel. In der **makroökonomischen Theorie** wird versucht zu klären, welche Determinanten in welcher Weise die Entwicklung der makroökonomischen Aggregate beeinflussen und welche Wirkungszusammenhänge zwischen den makroökonomischen Aggregaten bestehen. Wir behandeln diese Gegenstände im 10. bis 19. Kapitel.

9. Kapitel:
Volkswirtschaftliches Rechnungswesen

I. Vermögensrechnungen

1. Einzelwirtschaftliche Vermögensrechnung

Ausgangspunkt der Ex-post-Analyse des Wirtschaftsgeschehens sind die einzelwirtschaftlichen **Vermögensrechnungen** der Wirtschaftssubjekte. Im Eigentum eines Wirtschaftssubjektes können zunächst verschiedene Sachgüter sein. Die Summe aller bewerteten Sachaktiva ist das **Sachvermögen (Realvermögen)** des Wirtschaftssubjektes. Neben dem Sachvermögen sind Forderungen an andere Wirtschaftssubjekte Bestandteil des Vermögens des Wirtschaftssubjektes. Die Forderungen können unterteilt werden in Zahlungsmittel und sonstige Geldforderungen, wobei die Zahlungsmittel ihrerseits aus Bargeld und Giralgeld bestehen. Bargeld stellt eine Forderung an die Zentralbank dar, die die Noten ausgibt. Giralgeld ist eine Forderung an die Bank, bei der das Guthaben gehalten wird. Das Sachvermögen und die Forderungen bilden zusammen das **Bruttovermögen (Rohvermögen)** des Wirtschaftssubjektes. Dem Bruttovermögen stehen die Verbindlichkeiten gegen andere Wirtschaftssubjekte gegenüber. Die Differenz zwischen dem Bruttovermögen und den Verbindlichkeiten ist das **Reinvermögen (Nettovermögen)** des Wirtschaftssubjektes. Die Differenz zwischen den Forderungen und den Verbindlichkeiten wird häufig als **Geldvermögen (Nettoposition)** bezeichnet. Ein positives Geldvermögen heißt Nettogläubigerposition, ein negatives Geldvermögen Nettoschuldnerposition.

Die übliche Darstellungsform einer Vermögensrechnung ist die **Bilanz**. Aktiva sind das Sachvermögen und die Forderungen. Diesen Aktiva werden die Verbindlichkeiten gegenübergestellt. Als Saldo ergibt sich das Reinvermögen. Eine Bilanz ist schematisch als Konto 9.1 dargestellt.

Konto 9.1

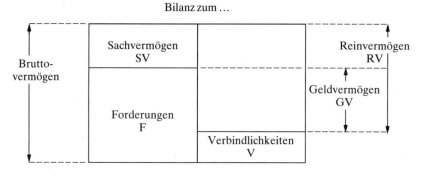

Es gilt also stets die **Grundgleichung der Vermögensrechnung**:

SV + F = V + RV.

Für das Geldvermögen gilt:

$$GV = F - V.$$

Also gilt für das Reinvermögen:

$$RV = SV + GV.$$

Das Reinvermögen eines Wirtschaftssubjektes ist stets gleich der Summe aus Sachvermögen und Geldvermögen.

2. Gesamtwirtschaftliche Vermögensrechnung

a. Konsolidierung

Für gesamtwirtschaftliche Analysen werden die Wirtschaftseinheiten einer Volkswirtschaft zu **Sektoren** zusammengefaßt und Vermögensrechnungen für die einzelnen Sektoren und für die Gesamtheit aller Sektoren erstellt. Solche Vermögensrechnungen ergeben sich durch Zusammenfassung (Konsolidierung) der einzelnen Vermögensrechnungen der jeweiligen Wirtschaftssubjekte. In einer konsolidierten Vermögensrechnung sind die Forderungen, die die Wirtschaftssubjekte einer Gesamtheit (Sektor oder gesamte Volkswirtschaft) an Wirtschaftssubjekte der gleichen Gesamtheit haben, stets genau gleich groß wie die Verbindlichkeiten, die die Wirtschaftssubjekte dieser Gesamtheit gegenüber Wirtschaftssubjekten dieser Gesamtheit haben. Die Forderung des A an den B ist in identisch gleicher Höhe eine Verbindlichkeit des B gegenüber dem A. In der Regel werden daher in konsolidierten Vermögensrechnungen die Forderungen und Verbindlichkeiten nicht aufgeführt, die zwischen den Wirtschaftssubjekten der betreffenden Gesamtheit bestehen.

b. Vermögensrechnung für eine geschlossene Volkswirtschaft

Eine Volkswirtschaft, die keine Beziehungen zum Ausland hat, heißt **geschlossene Volkswirtschaft**. Für die Gesamtheit der Wirtschaftssubjekte einer geschlossenen Volkswirtschaft gilt stets, daß das Geldvermögen Null ist. Jeder Forderung eines Wirtschaftssubjektes entspricht in gleicher Höhe eine Verbindlichkeit bei einem anderen Wirtschaftssubjekt. Es gilt somit für eine geschlossene Volkswirtschaft stets, daß das Reinvermögen (Volksvermögen) gleich dem Sachvermögen ist.

c. Vermögensrechnung für eine offene Volkswirtschaft

In einer **offenen Volkswirtschaft** haben die Wirtschaftssubjekte Beziehungen zu Ausländern. Hierdurch entstehen regelmäßig Forderungen von Inländern an Ausländer (F_A) und Verbindlichkeiten von Inländern gegenüber Ausländern (V_A). Die Forderungen und Verbindlichkeiten der Inländer untereinander sind stets gleich groß. Also gilt für das Geldvermögen einer offenen Wirtschaft:

$$GV_A = F_A - V_A.$$

Das Geldvermögen einer offenen Wirtschaft heißt daher auch **Auslandsposition**. Ist die Auslandsposition positiv, so ist die betreffende Volkswirtschaft ein

Gläubigerland, umgekehrt ein Schuldnerland. Das Reinvermögen (Volksvermögen) einer offenen Volkswirtschaft ist somit stets gleich der Summe aus Sachvermögen und Auslandsposition.

Die statistische Ermittlung von gesamtwirtschaftlichen Vermögensrechnungen bereitet wegen Erfassungs- und Bewertungsproblemen erhebliche Schwierigkeiten. Eine **Vermögensrechnung für die Bundesrepublik Deutschland** ist als Konto 9.2 dargestellt.

Konto 9.2 Volksvermögensrechnung für die Bundesrepublik Deutschland Ende 1982 in Mrd DM

1. Nichtreproduzierbares Sachvermögen		1. Auslandsverbindlichkeiten		
1.1 Bebaute Grundstücke	2.682	1.1 Mit festem Nennwert		468
1.2 Landwirtschaftliche Grundstücke	720	1.2 Festverzinsl. Wertpapiere (Kurswert)		26
1.3 Wald, Gewässer u.ä.	172	1.3 Aktien (Kurswert)		37
2. Reproduzierbares Sachvermögen		2. Volksvermögen		
2.1 Wohnbauten	2.244	2.1 Priv. Haushalte		4.696
2.2 Nichtwohnbauten	2.179	2.2 Unternehmen		4.041
2.3 Ausrüstungen	868	2.3 Staat		1.275
2.4 Vorräte	431			
2.5 Gebrauchsvermögen der priv. Haushalte	661			
3. Auslandsforderungen				
3.1 Mit festem Nennwert	484			
3.2 Festverzinsl. Wertpapiere (Kurswert)	47			
3.3 Aktien (Kurswert)	53			
Bruttovermögen	10.542	Bruttovermögen		10.542

Quelle: SCHMIDT (1986), S. 127-131; zitiert nach: STOBBE (1989), S. 75.

Nach diesen Angaben beträgt das **Volksvermögen** Ende 1982 10,012 Billionen DM. Dieses **Reinvermögen** der Gesamtheit aller Inländer setzt sich zusammen aus dem **Sachvermögen** in Höhe von 9957 Mrd DM und dem **Geldvermögen** in Höhe von 55 Mrd DM. Das Geldvermögen in Höhe von 55 Mrd DM ist die **Auslandsposition** der Bundesrepublik. Die Bundesrepublik ist Ende 1982 ein **Gläubigerland**. Die Gesamtheit aller Bundesrepublikaner hat Ende 1982 55 Mrd DM mehr Auslandsforderungen als Auslandsverbindlichkeiten.

II. Kreislaufanalyse

1. Vermögensrechnungen, Kreislaufanalyse, Sektorenbildung

Die Angaben in Vermögensrechnungen beziehen sich auf einen bestimmten Zeitpunkt. Solche Größen werden als **Bestandsgrößen** bezeichnet. Eine systematische Zusammenstellung von Bestandsgrößen wie z.B. eine Vermögensrechnung heißt Bestandsrechnung. Von Bestandsgrößen zu unterscheiden sind Größen, die sich auf einen Zeitraum beziehen. Solche Größen werden als **Stromgrößen** bezeichnet. Eine systematische Zusammenstellung von Stromgrößen heißt Stromrechnung. Zwischen korrespondierenden Bestands- und Stromgrößen besteht der folgende Zusammenhang:

Anfangsbestand + Zugang − Abgang = Endbestand,
Anfangsbestand + Bestandsänderung = Endbestand.

Im Gegensatz zu Vermögensrechnungen sind die Rechnungen der Kreislaufanalyse Stromrechnungen, wobei der Betrachtungszeitraum in der Regel ein Kalenderjahr ist. Die zu den Stromrechnungen der Kreislaufanalyse korrespondierenden Bestandsrechnungen sind Vermögensrechnungen. Wir wollen diesen grundsätzlichen Zusammenhang an einem einfachen Beispiel erläutern. Die Änderung des Bestandes Reinvermögen ist definiert als Ersparnis S und die Änderung des Bestandes Sachvermögen als Investition I. Damit gilt:

Bestandsrechnung: $RV = SV + GV$,

Stromrechnung: $\Delta RV = \Delta SV + \Delta GV$,
$S = I + \Delta GV$.

Aus dieser einfachen Beziehung lassen sich bereits zwei grundsätzliche Aussagen der Kreislaufanalyse ableiten. In einer geschlossenen Volkswirtschaft ist die Änderung des gesamtwirtschaftlichen Geldvermögens stets Null. In der geschlossenen Volkswirtschaft ist daher gesamtwirtschaftlich stets:

S $=$ I,
Ersparnis = Investition.

In einer offenen Volkswirtschaft ist die Änderung des gesamtwirtschaftlichen Geldvermögens stets gleich der Änderung der Auslandsposition. Die Änderung der Auslandsposition ist der Leistungsbilanzsaldo. (Dieser Zusammenhang wird weiter unten näher erläutert.) In der offenen Volkswirtschaft ist daher gesamtwirtschaftlich stets:

S $=$ I $+$ ΔGV_A,
Ersparnis = Investition + Leistungsbilanzsaldo.

Im folgenden werden die Grundzüge der Kreislaufanalyse und der Volkswirtschaftlichen Gesamtrechnung der Bundesrepublik Deutschland dargestellt. Da es sich um eine makroökonomische Analyse handelt, werden die Wirtschaftssubjekte zu Sektoren zusammengefaßt. Allgemein werden möglichst solche Wirtschaftssubjekte zu einem Sektor zusammengefaßt, die die gleiche Art von Transaktionen durchführen. Im folgenden werden die **vier Sektoren Unternehmen, (private) Haushalte, Staat und Ausland** unterschieden. Aufgrund der Konsolidierung werden die Transaktionen innerhalb der Sektoren nicht weiter analysiert, sondern nur die Transaktionen zwischen den Sektoren. In einem ersten Schritt wird die Analyse auf eine geschlossene Volkswirtschaft ohne staatliche Aktivität beschränkt. In einem zweiten Schritt wird dann der Staat und das Ausland in die Analyse einbezogen.

2. Geschlossene Volkswirtschaft ohne staatliche Aktivität

In einer **geschlossenen Volkswirtschaft** lassen sich die Wirtschaftssubjekte in die beiden Sektoren **Unternehmen** und **Haushalte** einteilen. Die Haushalte treten als Anbieter von Produktionsfaktoren auf und erzielen auf diese Weise Einkommen, mit dem sie Konsumgüter nachfragen. Die Unternehmen fragen Produktionsfaktoren nach und produzieren damit Waren und Dienstleistungen, die sie an die Haushalte verkaufen. Diese wechselseitigen Markt-Beziehungen zwischen Haushalten und Unternehmen sind schematisch in Abbildung 9.1 dargestellt.

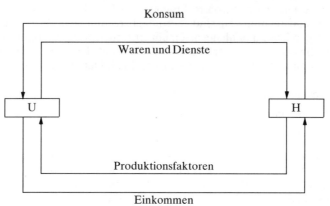

Abb. 9.1 Kreislaufschema

Die Abbildung 9.1 ist eine sehr einfache Form eines **volkswirtschaftlichen Kreislaufs**. Im folgenden werden die wirtschaftlichen Aktivitäten der jeweiligen Sektoren detaillierter analysiert. Hierbei werden die Grundsätze der doppelten Buchführung angewendet. Durch entsprechende Darstellungen in Form von Konten wird deutlich, daß in der Realität nicht irgendwelche Dinge „im Kreis fließen". Vielmehr sind Kreislaufbilder analog der Abbildung 9.1 nichts anderes als Kontensysteme, wobei die Kästchen Konten darstellen, und die Pfeilrichtungen den Buchungssätzen entsprechen.

a. Entstehung des Volkseinkommens

(1) Produktionskonto eines Unternehmens

Waren und Dienstleistungen werden in den Unternehmen durch den Einsatz von Produktionsfaktoren produziert. Die diesbezüglichen Transaktionen eines Unternehmens werden festgehalten auf dem betrieblichen GuV-Konto. Das **volkswirtschaftliche Produktionskonto eines Unternehmens** ist eine leicht modifizierte GuV-Rechnung. Das Produktionskonto eines Unternehmens ist schematisch als Konto 9.3 dargestellt.

Da in diesem Abschnitt die Aktivität des Staates noch nicht berücksichtigt ist, sind in dem Produktionskonto keine Steuern und keine Subventionen aufgeführt. Auf der Ertragsseite steht an erster Stelle der Umsatz des Unternehmens (= Menge der abgesetzten Produkte bewertet mit dem Produktpreis), an zweiter Stelle die Bestandsänderung der Halb- und Fertigfabrikate und schließlich die

Konto 9.3

Produktionskonto eines Unternehmens

		Verbrauch von Vorleistungen	Verkäufe an andere Wirtschaftssubjekte	
Nettoproduktionswert	Wertschöpfung	Abschreibungen		Bruttoproduktionswert
		Faktoreinkommen (Löhne, Zinsen, Mieten, Pachten, Gewinn)	Erhöhung des Bestands an Halb- und Fertigfabrikaten	
			selbsterstellte Anlagen	

selbsterstellten Anlagen. Die gesamte rechte Seite des Produktionskontos stellt also den Wert der Waren und Dienstleistungen dar, die das Unternehmen in einer Periode erzeugt hat. Dies ist der **Bruttoproduktionswert**.

Dem Bruttoproduktionswert stehen auf der Aufwandsseite alle die Werte gegenüber, die bei dieser Produktion eingesetzt wurden. Das sind zunächst die Roh-, Hilfs- und Betriebsstoffe und Dienstleistungen, die von anderen Unternehmen bezogen werden. Dies sind die Vorleistungen. Außerdem werden Produktionsmittel eingesetzt (Maschinen, Gebäude, Geschäftsausstattung), deren Wert sich durch die Nutzung im Produktionsprozeß vermindert. Diese Wertminderung wird durch die Abschreibungen erfaßt. Schließlich stehen auf der Aufwandsseite die gezahlten Löhne und Gehälter (Einkommen für Arbeitsleistung), sowie Mieten, Pachten, Zinsen (Einkommen für Kapitaleinsatz). Als Saldo ergibt sich der Gewinn, der ebenfalls ein Faktoreinkommen ist.

Die Differenz zwischen dem Bruttoproduktionswert des Unternehmens und den Vorleistungen ist der **Nettoproduktionswert**. Werden vom Nettoproduktionswert die Abschreibungen subtrahiert, so ergibt sich die **Wertschöpfung** des Unternehmens. Diese Wertschöpfung ist gleich der Summe aller Faktoreinkommen.

(2) Gesamtwirtschaftliches Produktionskonto

In der gesamtwirtschaftlichen Analyse werden die einzelwirtschaftlichen Produktionskonten der Unternehmen durch **Konsolidierung** zusammengefaßt. Durch die Konsolidierung fallen die Stromgrößen heraus, die innerhalb des Sektors Unternehmen zwischen den einzelnen Unternehmen fließen. Dies sind die Vorleistungen. Die Verkäufe von Sachvermögensgegenständen (Anlagegüter und Vorprodukte zur Lageraufstockung) seitens einzelner Unternehmen an andere Unternehmen bilden mit den selbsterstellten Anlagen und den Bestandserhöhungen an eigenen Halb- und Fertigfabrikaten die Änderung des gesamtwirtschaftlichen Bestandes an Sachvermögen. Diese Änderung des Sachvermögensbestandes wird als **Investition** bezeichnet. Das konsolidierte Produktionskonto des Sektors Unternehmen ist als Konto 9.4 dargestellt.

Konto 9.4

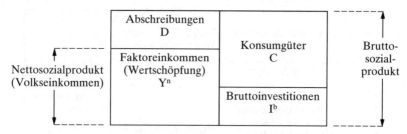

Das konsolidierte Produktionskonto des Sektors Unternehmen ist identisch mit dem **gesamtwirtschaftlichen Produktionskonto**, soweit für den Sektor Haushalte kein gesondertes Produktionskonto aufgestellt wird. Die in dem Konto 9.4 ausgewiesene gesamtwirtschaftliche Produktion enthält also nicht die durch Haus- und Heimwerkerarbeit erstellten Dienstleistungen.

Die rechte Seite des Produktionskontos enthält die Summe aller Nettoproduktionswerte der Unternehmen. Diese Summe entspricht den insgesamt produzierten Waren und Dienstleistungen, die für die sog. letzte Verwendung (d.h. ohne die in den Produktionsprozeß eingehenden Vorleistungen) in Form von Konsum und Investition zur Verfügung stehen. Diese gesamtwirtschaftliche Produktion wird als **Bruttosozialprodukt** bezeichnet.

Werden vom Bruttosozialprodukt die Abschreibungen abgezogen, ergibt sich das **Nettosozialprodukt**. In der betrachteten Volkswirtschaft (ohne staatliche Aktivität) ist das Nettosozialprodukt gleich der gesamtwirtschaftlichen Wertschöpfung. Da die Wertschöpfung identisch ist mit dem Faktoreinkommen (vgl. oben Konto 9.3), heißt die gesamtwirtschaftliche Wertschöpfung auch **Volkseinkommen**. Das Volkseinkommen kann somit unter drei Gesichtspunkten aufgegliedert werden. Das Volkseinkommen entspricht nach der **Entstehungsseite** (Produktionsseite) der Summe der Nettoproduktionswerte (abzüglich der Abschreibungen), nach der **Verteilungsseite** der Summe aller Faktoreinkommen und nach der **Verwendungsseite** der Summe aus Konsum und (Netto-) Investition.

Wir wollen die Ermittlung des Volkseinkommens durch Konsolidierung der einzelwirtschaftlichen Produktionskonten wegen ihrer grundsätzlichen Bedeutung an einem **Beispiel** veranschaulichen. Zur Vereinfachung nehmen wir an, daß die Volkswirtschaft aus einem landwirtschaftlichen Betrieb, einer Mehlfabrik und einer Bäckerei besteht. Die Produktionskonten sind in Abbildung 9.2 dargestellt. In dem Beispiel ergibt sich ein Bruttosozialprodukt von 187.000,–. Das Beispiel zeigt, wie durch die Konsolidierung die Doppelzählung von Getreide, Mehl und Brot vermieden wird.

9. Kap.: Volkswirtschaftliches Rechnungswesen

Bauer (U–I)

Löhne Zinsen Pacht 24.000,–	Getreideverkauf an U-II 20.000,–
	Lagerbestandserhöhung 10.000,–
Gewinn 6.000,–	

Mehlfabrik (U-II)

Getreideverbrauch (Vorleistungen) 20.000,–	Mehlverkauf an U-III 50.000,–
Abschreibungen 3.000,–	
Löhne… 30.000,–	Lagerbestandserhöhung 12.000,–
Gewinn 9.000,–	

Bäckerei (U-III)

Mehlverbrauch (Vorleistungen) 50.000,–	Verkauftes Brot an Haushalte 165.000,–
Abschreibungen 10.000,–	
Löhne… 100.000,–	
Gewinn 5.000,–	

Gesamtwirtschaftliches Produktionskonto

Abschreibungen 13.000,–	Brot (= C) 165.000,–
Wertschöpfung 174.000,–	Lagerbestandserhöhung (I[b]) 22.000,–

Abb. 9.2 Einzelwirtschaftliche Produktionskonten und konsolidiertes gesamtwirtschaftliches Produktionskonto

Das Volkseinkommen nach der Entstehungsseite ist die Summe aller Nettoproduktionswerte (abzüglich der Abschreibungen):

$$
\begin{array}{rll}
Y^n = & 30\,000,- & \text{(U-I)} \\
+ & 42\,000,- & \text{(U-II)} \\
+ & 115\,000,- & \text{(U-III)} \\
\hline
= & 187\,000,- & \\
- & 13\,000,- & \text{(Abschreibungen)} \\
\hline
= & 174\,000,- &
\end{array}
$$

Das Volkseinkommen nach der Verteilungsseite ist die Summe aller Faktoreinkommen:

$$
\begin{array}{rll}
Y^n = & 30\,000,- & \text{(U-I)} \\
+ & 39\,000,- & \text{(U-II)} \\
+ & 105\,000,- & \text{(U-III)} \\
\hline
= & 174\,000,- &
\end{array}
$$

Das Volkseinkommen nach der Verwendungsseite ist die Summe aus Konsum und (Netto-) Investition:

$$
\begin{array}{rll}
Y^n = & 165\,000,- & \text{(Konsum)} \\
+ & 9\,000,- & \text{(Investition netto)} \\
\hline
= & 174\,000,- &
\end{array}
$$

b. Verwendung des Volkseinkommens

(1) Einkommensverwendungskonto der Haushalte

Die gesamten Faktoreinkommen können untergliedert werden in Faktorentgelte und einbehaltene Gewinne. Faktorentgelte sind der Teil der Faktoreinkommen, der an die Haushalte ausgeschüttet wird (Löhne, Pachten, Mieten, Zinsen und ausgeschüttete Gewinne). Die einbehaltenen Gewinne sind der Teil der Faktoreinkommen, der im Unternehmenssektor verbleibt. Die Faktorentgelte werden von den Haushalten entweder für Konsumgüter und Dienstleistungen ausgegeben oder gespart. Diese Aktivitäten werden auf dem **Einkommensverwendungskonto der Haushalte** erfaßt (Konto 9.5).

Konto 9.5
    Einkommensverwendungskonto
    der Haushalte

Konsum C	Faktorentgelte E
Ersparnis S_H	

Das Einkommensverwendungskonto der Haushalte ist ein Gegenkonto zum Produktionskonto 9.4. Die Einkommenszahlungen stehen im Einkommensverwendungskonto 9.5 auf der rechten Seite, während sie im Produktionskonto 9.4 auf der linken Seite Teil der Faktoreinkommen sind. Umgekehrt stehen die Konsumausgaben im Einkommensverwendungskonto 9.5 auf der linken Seite und im Produktionskonto 9.4 als Ertrag auf der rechten Seite. Dieser Zusammenhang zwischen dem Produktionskonto des Sektors Unternehmen und dem Einkommensverwendungskonto des Sektors Haushalte ist in Abbildung 9.3 dargestellt, wobei D die Abschreibungen und G_U die einbehaltenen Gewinne sind.

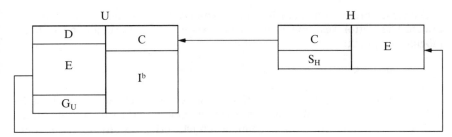

Abb. 9.3 Produktion und Einkommensverwendung

(2) Einkommensverwendungskonto der Unternehmen

Die einbehaltenen Gewinne der Unternehmen ergeben sich als Saldo auf dem Produktionskonto der Unternehmen. Die Gegenbuchung erfolgt auf dem **Einkommensverwendungskonto der Unternehmen** als Einkommen. Da Unternehmen ex definitione nicht konsumieren und in einer Volkswirtschaft ohne staatliche Aktivität keine Steuern zahlen und auch keine Subventionen erhalten, sind die einbehaltenen Gewinne gleich der Ersparnis der Unternehmen (Konto 9.6).

Konto 9.6
　　　Einkommensverwendungskonto
　　　　　der Unternehmen

Ersparnis der Unternehmen S_U	Einbehaltene Gewinne G_U

c. Vermögensänderungskonten und Finanzierungsrechnung

Die drei Konten 9.4 bis 9.6 sind noch kein geschlossenes Kontensystem. Es fehlen noch die Gegenbuchungen für die Positionen:

- Ersparnis der Haushalte S_H,
- Ersparnis der Unternehmen S_U,
- Bruttoinvestitionen I^b,
- Abschreibungen D.

Die Ersparnis der Haushalte ist die Differenz zwischen den Faktorentgelten und dem Konsum der Haushalte (vgl. Konto 9.5). Die Ersparnis der Unternehmen ist identisch mit den einbehaltenen Gewinnen, da die Unternehmen ex definitione nicht konsumieren (vgl. Konto 9.6). Allgemein ist die **Ersparnis die Differenz zwischen dem Einkommen und dem Konsum** eines Wirtschaftssubjektes oder einer Gesamtheit. Die Ersparnis ist somit eine Stromgröße, die den Bestand des korrespondierenden Reinvermögens ändert. Es gilt:

$$S = \Delta RV.$$

Die Gegenbuchung zu der Ersparnis, die sich als Saldo auf dem Einkommensverwendungskonto ergibt, ist also auf einem **Vermögensänderungskonto** vorzunehmen.

Die Bruttoinvestitionen abzüglich der Abschreibungen sind die Nettoinvestitionen. Die Nettoinvestitionen stellen eine Änderung des Bestandes an Sachvermögen dar. Es gilt:

$$I^n = \Delta SV.$$

Die Gegenbuchung zu den Investitionen und Abschreibungen ist also ebenfalls auf einem Vermögensänderungskonto vorzunehmen, und zwar – da Investitionen ex definitione im Unternehmensbereich erfaßt werden – auf dem Vermögensänderungskonto der Unternehmen.

Die Differenz zwischen der Ersparnis und der Nettoinvestition ist gleich der Änderung des Geldvermögens. Es gilt:

$$\Delta RV - \Delta SV = \Delta GV,$$
$$S - I = \Delta GV.$$

Die Änderung des Geldvermögens ist der **Finanzierungssaldo**, der sich somit als Saldo zwischen Ersparnis und Nettoinvestition auf dem jeweiligen Vermögensänderungskonto ergibt. Wird mehr investiert als eigene Ersparnisse gebildet werden, liegt ein Finanzierungsdefizit vor. Übersteigt die Ersparnis die Sachvermögensbildung, dann liegt ein Finanzierungsüberschuß vor.

Die Vermögensänderungskonten der Unternehmen und der Haushalte sind als Konto 9.7 und Konto 9.8 dargestellt.

Konto 9.7
    Vermögensänderungskonto
    der Unternehmen

Bruttoinvestition I^b	Abschreibungen D
	Ersparnis d. Unter. S_U
	Finanzierungsdefizit $\Delta GV_U < 0$

Eine systematische Zusammenstellung der sektoralen Vermögensänderungskonten einer Volkswirtschaft heißt **Finanzierungsrechnung**. Aus der Finanzierungsrechnung ist ersichtlich, in welchem Umfang und in welcher Form (Sachvermögen oder Geldvermögen) die Sektoren Vermögen gebildet haben, und wie

Konto 9.8
  Vermögensänderungskonto
  der Haushalte

Finanzierungs- überschuß	Ersparnis der Haushalte
$\Delta GV_H > 0$	S_H

sich dadurch die Verschuldung zwischen den Sektoren geändert hat. Da die Änderung des gesamtwirtschaftlichen Geldvermögens in einer geschlossenen Volkswirtschaft Null ergeben muß, ist in der geschlossenen Volkswirtschaft ohne staatliche Aktivität das Finanzierungsdefizit der Unternehmen gleich dem Finanzierungsüberschuß der Haushalte. Die gesamtwirtschaftliche Ersparnis ist somit hier gleich der gesamtwirtschaftlichen Nettoinvestition. Werden die beiden sektoralen Vermögensänderungskonten 9.7 und 9.8 konsolidiert, dann heben sich die sektoralen Finanzierungssalden in dem **gesamtwirtschaftlichen Vermögensänderungskonto** (Konto 9.9) gegenseitig auf.

Konto 9.9
  Gesamtwirtschaftliches
  Vermögensänderungskonto

Bruttoinvestition I^b	Abschreibungen D
	Ersparnis d. Unternehmen S_U
	Ersparnis d. Hh. S_H

Das gesamtwirtschaftliche Vermögensänderungskonto 9.9 weist die Aufteilung der gesamtwirtschaftlichen Vermögensbildung auf die sektoralen Ersparnisse aus. Es gilt:

$$S = I^n = S_U + S_H.$$

d. Kreislaufschema einer geschlossenen Volkswirtschaft ohne staatliche Aktivität

Die Konten 9.4 (Produktion), 9.5 (Einkommensverwendung der Haushalte), 9.6 (Einkommensverwendung der Unternehmen) und 9.9 (Vermögensänderung) stellen ein geschlossenes Kontensystem dar, da zu jeder Buchung eine Gegenbuchung gehört.

Dieses Kontensystem der geschlossenen Volkswirtschaft ohne staatliche Aktivität ist als **Kreislaufschema** in Abbildung 9.4 dargestellt. Die Kästchen sind hierbei als Konten zu interpretieren, und die Pfeilrichtungen entsprechen den Buchungssätzen.

Das Schema läßt sich vereinfachen, indem das Produktionskonto und das Einkommensverwendungskonto der Unternehmen konsolidiert werden und die

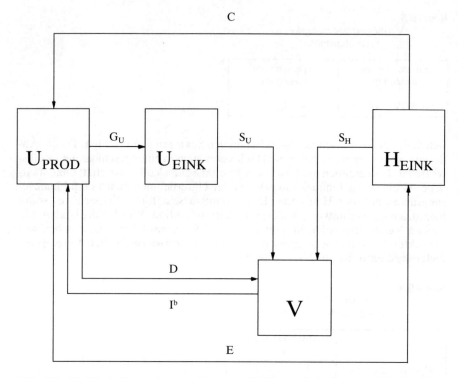

Abb. 9.4 Kreislaufschema einer geschlossenen Volkswirtschaft ohne staatliche Aktivität

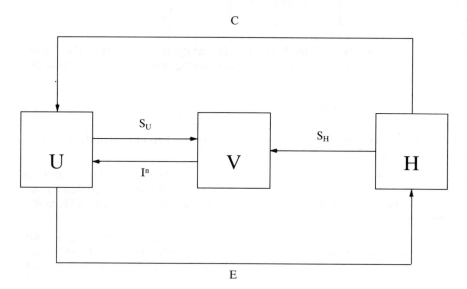

Abb. 9.5 Vereinfachtes Kreislaufschema einer geschlossenen Volkswirtschaft ohne staatliche Aktivität

Bruttoinvestitionen mit den Abschreibungen zu den Nettoinvestitionen saldiert werden. Es ergibt sich dann das Kreislaufschema in Abbildung 9.5.

Wir können zur Verdeutlichung ein Zahlenbeispiel bilden. Wir nehmen an:

Konsum der Haushalte $\quad$ C $= 255$,
Ersparnis der Haushalte $\quad S_H = 45$,
Investitionen netto $\quad I^n = 50$.

Aufgrund des Kreislaufzusammenhangs ergibt sich:

Faktorentgelte $\quad\quad\quad\quad\quad\quad\quad\quad\quad\quad\quad$ E = $\quad$ 300,

einbehaltene Gewinne $\quad\quad\quad\quad\quad\quad\quad\quad$ S_u = $\quad\quad$ 5,

Volkseinkommen nach
der Verwendungsseite $\quad\quad\quad Y^n = C + I^n = 255 + 50 = \quad$ 305,

Volkseinkommen nach
der Verteilungsseite $\quad\quad\quad\quad Y^n = E + S_u = 300 + 5 = \quad$ 305,

Finanzierungssaldo
der Unternehmen $\quad\quad\quad\quad\quad \Delta GV_u = S_u - I^n = 5 - 50 = -$ 45,

Finanzierungssaldo
der Haushalte $\quad\quad\quad\quad\quad\quad\quad\quad \Delta GV_H = S_H = +$ 45.

3. Geschlossene Volkswirtschaft mit staatlicher Aktivität

In der Kreislaufanalyse zählen zum **Sektor Staat** die Gebietskörperschaften (Bund, Länder, Gemeinden) und die Sozialversicherungen. Nicht zum Sektor Staat gehören die staatlichen Unternehmen (z.B. Bundesbahn, Bundespost), die im Sektor Unternehmen erfaßt werden.

Der Staat greift auf vielfältige Weise in den Wirtschaftskreislauf ein. Für die Kreislaufanalyse von Bedeutung sind die Aktivitäten des Staates im Bereich der Produktion von Waren und Dienstleistungen und im Bereich der Umverteilung von Einkommen. Im folgenden werden zunächst das Produktions-, das Einkommensverwendungs- und das Vermögensänderungskonto des Staates erstellt. Anschließend wird dann an den jeweiligen Gegenbuchungen erläutert, wie sich die Aktivitäten des Staates auf den Konten von Haushalten und Unternehmen niederschlagen.

a. Ökonomische Aktivitäten des Staates

Was den Bereich der **staatlichen Produktion** anbelangt, so produziert der Staat durch Einsatz von Kapital und Arbeit im wesentlichen Dienstleistungen. Auf der linken Seite des **Produktionskontos des Staates** werden also analog dem Produktionskonto von Unternehmen als Aufwand die Käufe von Vorleistungen, die Abschreibungen und die gezahlten Faktorentgelte verbucht. Im Gegensatz zu Unternehmen, deren Produktion zu Marktpreisen bewertet werden kann, existieren jedoch für staatliche Dienste **keine Marktpreise**. Der Staat verkauft seine Dienstleistungen nicht am Markt, sondern stellt sie ganz überwiegend unentgeltlich zur Verfügung. Beispiele sind die Dienste öffentlicher Verwaltungen, die Rechtspflege, das Schulwesen, die Landesverteidigung u.ä. mehr. Die staatlichen Dienstleistungen werden daher auf der rechten Seite des Produktionskontos des Staates einfach mit den **Herstellungskosten** bewertet (Konto 9.10).

Konto 9.10
Produktionskonto des Staates

Vorleistungen VL_{St}	
Abschreibungen D_{St}	Dienstleistungen C_{St}
Faktorentgelte E^{St}	

Die Gegenbuchung zu den unentgeltlich abgegebenen staatlichen Dienstleistungen ist strikt genommen als Konsum bei den Haushalten oder als Vorleistungen bei den Unternehmen vorzunehmen. Da eine solche **Zurechnung nicht möglich** ist, werden die staatlichen Dienstleistungen als **Eigenverbrauch des Staates** (**Staatskonsum** C_{St}) auf der linken Seite des **Einkommensverwendungskontos des Staates** (Konto 9.11) gegengebucht. Das Einkommensverwendungskonto des Staates enthält im übrigen auf der linken Seite die Ausgaben des Staates in Form von Transferzahlungen an Haushalte und Unternehmen. Auf der rechten Seite werden die Einnahmen verbucht, die in Form von indirekten und direkten Steuern (einschließlich der Sozialversicherungsbeiträge) und Gewinnen aus Beteiligungen anfallen. Als Saldo ergibt sich auf dem Einkommensverwendungskonto 9.11 die Ersparnis des Staates.

Konto 9.11
Einkommensverwendungskonto des Staates

Transferzahlungen an H: Z_H an U: Z_U	Indirekte Steuern T^{ind}
Eigenverbrauch C_{St}	Direkte Steuern T_U^{dir} T_H^{dir}
Ersparnis S_{St}	Gew. a. Beteiligungen G_{St}

Das **Vermögensänderungskonto des Staates** (Konto 9.12) enthält analog den Vermögensänderungskonten der Haushalte und der Unternehmen auf der linken Seite die staatliche Sachvermögensbildung. Die Gegenbuchung erfolgt auf dem Produktionskonto der Unternehmen als verkaufte Investitionsgüter. Die rechte

Konto 9.12
Vermögensänderungskonto des Staates

Bruttoinvestitionen I_{St}^b	Abschreibungen D_{St}
	Ersparnis S_{St}
	Budgetdefizit

Seite des staatlichen Vermögensänderungskontos weist die Ersparnis des Staates aus. Ist diese Ersparnis kleiner als die staatlichen Nettoinvestitionen, liegt ein **staatliches Finanzierungsdefizit (Budgetdefizit)** vor. Ist die Sachvermögensbildung geringer als die Ersparnis, erwirtschaftet der Staat einen **Finanzierungsüberschuß**.

b. Die Auswirkungen der Staatstätigkeit auf die Haushalte und Unternehmen

Die ökonomische Aktivität des Staates schlägt sich nieder auf dem Produktionskonto der Unternehmen und den Einkommensverwendungs- und Vermögensänderungskonten der Haushalte und Unternehmen.

Das Produktionskonto der Unternehmen (Konto 9.13) enthält auf der rechten Seite außer dem Konsum der Haushalte und den Investitionen der Unternehmen die **Verkäufe von Vorleistungen und Investitionsgüter an den Staat**. Was die von den Unternehmen abzuführenden **indirekten Steuern** und die an die Unternehmen gezahlten **Subventionen** anbelangt, so wird davon ausgegangen, daß die indirekten Steuern auf die Produktpreise überwälzt werden und die Subventionen die Produktpreise verringern. Die Differenz „Indirekte Steuern – Subventionen" erhöht also den Wert der Ertragsseite des Produktionskontos der Unternehmen, ohne daß diesem Betrag Faktoreinkommen gegenüberstehen. Darum wird dieser Betrag auf der linken Seite des Produktionskontos berücksichtigt. Der Saldo auf dem Produktionskonto entspricht damit wieder der Wertschöpfung des Unternehmenssektors. Ein Teil dieser Wertschöpfung besteht aus den Gewinneinkommen des Staates aus Beteiligungen.

Konto 9.13
  Produktionskonto der Unternehmen

Abschreibungen	Vorleistungen für Staat
$T^{ind} - Z_U$	C_H
Wertschöpfung $E^U + G_U + G_{St}$	$I_U^b + I_{St}^b$

Auf den Einkommensverwendungskonten der Unternehmen und Haushalte (Konto 9.14 und Konto 9.15) sind auf der linken Seite die **direkten Steuern** zu berücksichtigen. Auf dem Einkommensverwendungskonto der Haushalte sind auf der rechten Seite die **Transferzahlungen** vom Staat zu berücksichtigen, da diese das Einkommen der Haushalte erhöhen.

Die Struktur des jeweiligen Vermögensänderungskontos des Sektors Haushalte und des Sektors Unternehmen ändert sich durch die ökonomische Aktivität des Staates nicht. Dagegen wird das konsolidierte Vermögensänderungskonto der

Konto 9.14
  Einkommensverwendungskonto der Unternehmen

direkte Steuern T_U^{dir}	einbehaltene Gewinne G_U
Ersparnis S_U	(vor Steuern)

Konto 9.15
Einkommensverwendungskonto der
Haushalte

Konsum C_H	Faktorentgelte E
direkte Steuern T_H^{dir}	
Ersparnis S_H	empfangene Transferzahlungen Z_H

beiden Sektoren Haushalte und Unternehmen verändert. In der geschlossenen Volkswirtschaft ohne staatliche Aktivität heben sich die Finanzierungssalden von Haushalten und Unternehmen gegenseitig auf, da hier Haushalte und Unternehmen die Gesamtwirtschaft sind und die Änderung des gesamtwirtschaftlichen Geldvermögensbestandes Null sein muß. In der geschlossenen Volkswirtschaft mit staatlicher Aktivität müssen die Finanzierungssalden der drei Sektoren Haushalte, Unternehmen und Staat zusammen Null ergeben. Die Summe der Finanzierungssalden der beiden Sektoren Haushalte und Unternehmen ist nicht zwingend Null, sondern mit umgekehrtem Vorzeichen gleich dem Finanzierungssaldo des Staates.

c. Kreislaufschema einer geschlossenen Volkswirtschaft mit staatlicher Aktivität

Das Kontensystem der geschlossenen Volkswirtschaft mit staatlicher Aktivität ist in den Abbildungen 9.6 und 9.7 (Kreislaufschema) im Zusammenhang dargestellt. In Abbildung 9.7 sind der Übersichtlichkeit halber die sektoralen Vermögensänderungskonten zu einem gesamtwirtschaftlichen (konsolidierten) Vermögensänderungskonto zusammengefaßt. Abbildung 9.6 enthält außer den sektoralen Konten auch die konsolidierten gesamtwirtschaftlichen Konten für Produktion, Einkommensverwendung und Vermögensänderung. In diesen gesamtwirtschaftlichen Konten sind durch die Konsolidierung die Vorleistungsverkäufe der Unternehmen an den Staat, die von den Unternehmen und Haushalten an den Staat gezahlten direkten Steuern sowie die Transferzahlungen des Staates an die Haushalte entfallen.

Die rechte Seite des gesamtwirtschaftlichen Produktionskontos ist das **Bruttosozialprodukt zu Marktpreisen**. Die Struktur der rechten Seite des gesamtwirtschaftlichen Produktionskontos gibt die **Verwendung der gesamtwirtschaftlichen Produktion** in der geschlossenen Volkswirtschaft mit staatlicher Aktivität an. Es gilt:

$$BSP = Y_m^b = C_H + C_{St} + I_U^b + I_{St}^b.$$

Werden vom Bruttosozialprodukt zu Marktpreisen die Abschreibungen abgezogen, ergibt sich das **Nettosozialprodukt zu Marktpreisen**. Es gilt:

$$NSP_m = Y_m^n = C_H + C_{St} + I_U^n + I_{St}^n.$$

Werden vom Nettosozialprodukt zu Marktpreisen die indirekten Steuern abzüglich der Subventionen abgezogen, ergibt sich die gesamtwirtschaftliche Wert-

9. Kap.: Volkswirtschaftliches Rechnungswesen

Gesamtwirtschaft

Produktion

D	C_H
$T^{ind} - Z_U$	C_{St} } Y_m^b
E	I_U^b
Y_f^n { G_U	I_{St}^b
G_{St}	

Einkommensverw.

Einkommensverwendung	
C_H	E
C_{St}	G_U } Y_f^n
S_H	G_{St}
S_U	$T^{ind} - Z_U$
S_{St}	

Vermögensänderung

Vermögensänderung	
I^b	D
	S_U
	S_H
	S_{St}

Staat

St_PROD

VL_{St}	C_{St}
D_{St}	
E^{St}	

St_EINK

Z_H	G_{St}
C_{St}	$T^{ind} - Z_U$
S_{St}	T_U^{dir}
	T_H^{dir}

St_VERM

I_{St}^b	D_{St}
	S_{St}
	(Defizit)

Haushalte

H_EINK

T_H^{dir}	$E^U + E^{St}$
C_H	Z_H
S_H	

H_VERM

(Überschuß)	S_H

Unternehmen

U_PROD

D_U	VL_{St}
$T^{ind} - Z_U$	C_H
E^U	I_U^b
G_U	I_{St}^b
G_{St}	

U_EINK

T_U^{dir}	G_U
S_U	

U_VERM

I_U^b	S_U
	D_U
	(Defizit)

Abb. 9.6 Kontensystem einer geschlossenen Volkswirtschaft mit staatlicher Aktivität

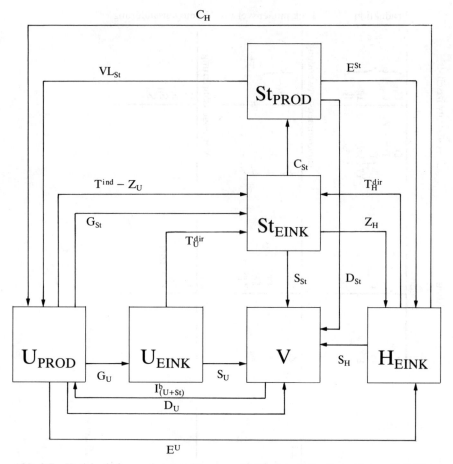

Abb. 9.7 Kreislaufschema einer geschlossenen Volkswirtschaft mit staatlicher Aktivität

schöpfung. Diese gesamtwirtschaftliche Wertschöpfung ist das **Nettosozialprodukt zu Faktorkosten oder Volkseinkommen**. Es gilt:

$$NSP_f = Y_f^n = C_H + C_{St} + I_U^n + I_{St}^n - (T^{ind} - Z_U).$$

Das Volkseinkommen ist nach der **Verteilungsseite** gleich der Summe aus **Faktorentgelten und Gewinneinkommen**. Es gilt:

$$Y_f^n = E + G_U + G_{St}.$$

Auf dem konsolidierten Vermögensänderungskonto müssen sich die Finanzierungssalden der Sektoren zu Null addieren und fallen daher weg. Das gesamtwirtschaftliche Vermögensänderungskonto gibt die Aufteilung der gesamtwirtschaftlichen Vermögensbildung auf die Ersparnisse der Sektoren an. Es gilt:

$$I^b - D = I^n = S_H + S_U + S_{St}.$$

9. Kap.: Volkswirtschaftliches Rechnungswesen

In der geschlossenen Volkswirtschaft mit staatlicher Aktivität ist die gesamtwirtschaftliche Vermögensbildung (Reinvermögensänderung) gleich der Nettoinvestition (Sachvermögensänderung) und entspricht der Summe der Ersparnisse.

4. Offene Volkswirtschaft mit staatlicher Aktivität am Beispiel der Bundesrepublik Deutschland

a. Ökonomische Transaktionen zwischen In- und Ausländern

Für die deutsche Wirtschaft haben die Beziehungen zum Ausland eine sehr große Bedeutung. Die **Beziehungen zum Ausland** schlagen sich in ökonomischen Transaktionen zwischen In- und Ausländern nieder. Für die Abgrenzung zwischen In- und Ausländern kommt es nicht auf die Staatsangehörigkeit an, sondern darauf, wo das Zentrum der wirtschaftlichen Aktivität des Wirtschaftssubjekts liegt. So gilt z.B. ein in Deutschland ansässiger ausländischer Arbeitnehmer in der Kreislaufanalyse als Inländer. Analog wird ein in Deutschland ansässiges Unternehmen zum Inland gezählt, auch wenn es eine 100%ige Tochter einer ausländischen Muttergesellschaft ist.

Wir beschränken uns in der Kreislaufanalyse auf die ökonomischen Transaktionen zwischen In- und Ausländern, die Netto-Wirkungen auf Einkommen und Vermögen haben. Diese werden in der Statistik untergliedert in:

- Ex- und Importe von Waren,
- Ex- und Importe von Dienstleistungen,
- Erwerbs- und Vermögenseinkommen,
- laufende Übertragungen,
- Vermögensübertragungen.

Man nennt solche Transaktionen auch **Leistungstransaktionen**. Im Gegensatz hierzu stehen die reinen **Finanztransaktionen**, die die Höhe des Einkommens und Vermögens unberührt lassen. Die Summe aller Transaktionen, d.h. Leistungs- und Finanztransaktionen, zwischen In- und Ausländern wird in der **Zahlungsbilanz** erfaßt. Wir behandeln die Zahlungsbilanz in ihrer Gesamtheit weiter unten in Ziffer IV.2. Hier in der Kreislaufanalyse beschränken wir uns auf die oben angeführten **Leistungstransaktionen**.

b. Exporte, Importe und Inlandsprodukt

Die **Exporte** sind die Waren und Dienstleistungen, die von Inländern an Ausländer verkauft werden. Die Exporte sind ein Teil der von den Inländern erzeugten Waren und Dienstleistungen und werden daher auf der rechten Seite des Produktionskontos der Unternehmen gebucht.

Umgekehrt sind die **Importe** die Waren und Dienstleistungen, die von Ausländern an Inländer geliefert werden. Diese Importe sind gewissermassen Vorleistungen des Auslands für die inländische Produktion und werden daher auf der linken Seite des Produkionskontos der Unternehmen gebucht.

Die im Inland erzeugte gesamtwirtschaftliche Produktion an Waren und Dienstleistungen ist das **Bruttoinlandsprodukt (BIP) zu Marktpreisen**. Es gilt:

BIP zu Marktpreisen = $C_H + C_{St} + I_U^b + I_{St}^b + X - Q$.

Die Symbole X bzw. Q stehen für die Exporte bzw. für die Importe. Der Betrag (X–Q) heißt auch **Außenbeitrag**. Dieser Außenbeitrag kann positiv oder negativ sein. Der Außenbeitrag gibt gewissermaßen an, wieviel der Inlandsproduktion an das Ausland geliefert wird (positiver Außenbeitrag) bzw. wieviel der im Inland verwendeten Güter aus Auslandslieferungen stammen (negativer Außenbeitrag).

c. Erwerbs- und Vermögenseinkommen und Sozialprodukt

Vom Bruttoinlandsprodukt ist das **Bruttoinländerprodukt** zu unterscheiden. Das Bruttoinländerprodukt enthält zusätzlich zu den Ex- und Importen von Waren und Dienstleistungen die Erwerbs- und Vermögenseinkommen zwischen In- und Ausländern. Hierzu gehören z.B. der Lohn eines Pendlers, der im Ausland arbeitet, oder auch die Kapitalerträge, die aus Kapitalbesitz im Ausland erzielt werden. Das Bruttoinländerprodukt heißt auch Bruttosozialprodukt.

d. Übertragungen

Die Übertragungen (Transferzahlungen) von Inländern an Ausländer und umgekehrt sind **unentgeltliche Zahlungen**, denen keine Gegenleistung gegenübersteht. Man unterscheidet **laufende Übertragungen**, die regelmäßig anfallen und **Vermögensübertragungen**, die unregelmäßig anfallen.

Der Saldo der laufenden Übertragungen ist im Fall Deutschlands regelmäßig negativ, d.h. die Übertragungen von Inländern an Ausländer übersteigen die Übertragungen von Ausländern an Inländer. Es handelt sich hierbei im wesentlichen um Überweisungen der Gastarbeiter in ihre Heimatländer und um Beiträge des Staates an internationale Organisationen.

Der Saldo der Vermögensübertragungen wechselt im Vorzeichen und fällt von der Größenordnung her nicht sehr ins Gewicht.

e. Auslandsposition und Leistungsbilanz

Die gesamten Transaktionen zwischen In- und Ausländern werden auf einem **Auslandskonto** gegengebucht, vgl. hierzu das Auslandskonto als letztes Konto unten in Abbildung 9.8. Die Symbole haben die Bedeutung V = Erwerbs- und Vermögenseinkommen, VZ = Vermögensübertragungen und Z = laufende Übertragungen.

Wir wollen davon ausgehen, daß der Saldo der Erwerbs- und Vermögenseinkommen zwischen In- und Ausländern positiv und der Saldo der Übertragungen zwischen In- und Ausländern negativ ist.

Auf dem Auslandskonto erscheinen somit links die Exporte und die Erwerbs- und Vermögenseinkommen, und rechts erscheinen die Importe, die laufenden Übertragungen und die Vermögensübertragungen.

Der Saldo $[(X - Q) + V_A - Z_A - VZ_A]$ ist die Änderung der **Auslandsposition** der Volkswirtschaft. Diese Änderung der Auslandsposition ist gleichbedeutend mit der Änderung des **Geldvermögens** der Gesamtheit aller Inländer. Dieser

Saldo wird folglich auf dem gesamtwirtschaftlichen Vermögensänderungskonto gegengebucht.

Die ex-post-Gleichheit zwischen Investition und Ersparnis gilt somit in dieser einfachen Form für eine offene Volkswirtschaft nicht. Dies rührt daher, daß eine offene Volkswirtschaft eine Geldvermögensänderung realisieren kann, während in der geschlossenen Volkswirtschaft die Geldvermögensänderung stets Null sein muß. Der Saldo des Auslandskontos, d.h. die Änderung der Auslandsposition, ist die Geldvermögensänderung der Volkswirtschaft. Die **Ersparnis ist somit gleich der Summe aus Nettoinvestition plus Änderung der Auslandsposition.**

Die Änderung der Auslandsposition ohne den Saldo der Vermögensübertragungen, d.h. also der Außenbeitrag plus der Saldo der Erwerbs- und Vermögenseinkommen und der laufenden Übertragungen, ist in der Sprache der Zahlungsbilanzstatistik der sog. **Leistungsbilanzsaldo**. Wir kommen hierauf weiter unten unter Ziffer IV.2 bei der Behandlung der Zahlungsbilanz zurück.

f. Kreislaufschema einer offenen Volkswirtschaft mit staatlicher Aktivität

Das Kontensystem der offenen Volkswirtschaft mit staatlicher Aktivität ist in Abbildung 9.8 im Zusammenhang dargestellt. Die ökonomischen Transaktionen zwischen In- und Ausländern sind durch einen Pfeil gesondert gekennzeichnet. Auf dem **Auslandskonto** werden die Gegenbuchungen zu den ökonomischen Transaktionen zwischen In- und Ausländern gesammelt.

Das Kontensystem ist als Kreislaufschema dargestellt in Abbildung 9.9. Die Abbildung 9.9 enthält zudem die Angaben (in Mrd DM) für den **volkswirtschaftlichen Kreislauf in der Bundesrepublik Deutschland** 1983. Die Quelle der Angaben sind die entsprechenden Konten und Standardtabellen des Statistischen Jahrbuchs 1986, S. 525ff. Das Statistische Bundesamt verwendet ein wesentlich umfangreicheres Kontenschema als das der Abbildungen 9.8 und 9.9. Durch die hier vorgenommenen Vereinfachungen kann jedoch leichter und schneller eine gewisse Übersicht gewonnen werden, ohne daß entscheidende Informationen verlorengehen.

Auf eine Gruppe von Transaktionen ist jedoch hinzuweisen, die in dem hier dargestellten Schema nicht berücksichtigt sind. Es handelt sich um die **Vermögensübertragungen** zwischen den Sektoren (z.B. Kapitalentschädigungen im Rahmen der Kriegsfolgengesetzgebung, Investitionszulagen, Wohnungsbau- und Sparprämien). Vermögensübertragungen sind analog den Transferzahlungen unentgeltliche Übertragungen, die ohne Gegenleistung erfolgen. Im Gegensatz zu den Transferzahlungen stellen die Vermögensübertragungen jedoch keine regelmäßigen Transaktionen dar. Im Konten- und Kreislaufschema bedeuten diese Vermögensübertragungen, daß die Ersparnisse zwischen den Sektoren noch einmal umverteilt werden. Die in der Abbildung 9.9 angegebenen Werte für S_H, S_U und S_{St} beziehen sich auf die Ersparnis des jeweiligen Sektors vor dieser Vermögensumverteilung und sind somit nicht mit der Reinvermögensänderung des Sektors identisch, die sich unter Berücksichtigung der Vermögensübertragungen ergibt. An der Höhe der gesamtwirtschaftlichen Reinvermögensänderung ändert sich durch die Vermögensübertragungen nichts. Aus den Angaben in Abbildung 9.9 über die Ersparnis des Staates und die staatlichen Nettoinvestitionen läßt sich also z.B. nicht das **Staatsdefizit** bestimmen. Es fehlt die Angabe über den Saldo der Vermögensübertragungen vom und an den Staat. Der

3. Teil: Makroökonomik

	Produktion	Einkommensverw.	Vermögensänderung

Gesamtwirtschaft Produktion

$\uparrow Q \quad\quad X$
$D_U \quad C_H$
$T^{ind} - Z_U \quad C_{St}$
$E \atop G_U \atop G_{St}$ $\}Y_t^n \quad I_U^b$
$\quad\quad\quad\quad I_{St}^b$

Einkommensverwendung

$\quad\quad E \quad\quad Y_t^n$
$\uparrow Z_A \quad G_U$
$\uparrow VZ_A \quad G_{St}$
C_H
C_{St}
S_H
$S_U \quad T^{ind} - Z_U \downarrow$
$S_{St} \quad V_A$

Vermögensänderung

$I^b \quad\quad D$
$\rightarrow (X-Q) + V_A \quad S_U$
$-Z_A - VZ_A \quad S_H$
$\quad\quad\quad\quad S_{St}$

Staat St_{PROD}

$\quad\quad C_{St}$
VL_{St}
D_{St}
E_{St}

St_{EINK}

$\uparrow Z_A^{St} \quad G_{St}$
$Z_H \quad T^{ind} - Z_U$
$C_{St} \quad T_U^{dir}$
$S_{St} \quad T_H^{dir}$

St_{VERM}

$\quad\quad D_{St}$
$\quad\quad S_{St}$
$I_{St}^b \quad$ (Defizit)

Haushalte

H_{EINK}

$\quad\quad E^U + E^{St}$
$\uparrow Z_A^H$
$\uparrow VZ_A$
T_H^{dir}
$C_H \quad Z_H \downarrow$
$S_H \quad V_A$

H_{VERM}

(Überschuß) S_H

Auslandskonto

$\quad\quad Q$
$\quad\quad Z_A^{H+St}$
$\quad\quad VZ_A$
$X \quad (X-Q) + V_A - Z_A - VZ_A$
$V_A \uparrow$

Unternehmen U_{PROD}

$\uparrow Q \quad X \downarrow$
$D_U \quad VL_{St}$
$T^{ind} - Z_U \quad C_H$
$E^U \quad I_U^b$
G_U
$G_{St} \quad I_{St}^b$

U_{EINK}

$T_U^{dir} \quad G_U$
S_U

U_{VERM}

$I_U^b \quad S_U$
$\quad\quad D_U$
(Defizit)

Abb. 9.8 Kontensystem einer offenen Volkswirtschaft mit staatlicher Aktivität

9. Kap.: Volkswirtschaftliches Rechnungswesen

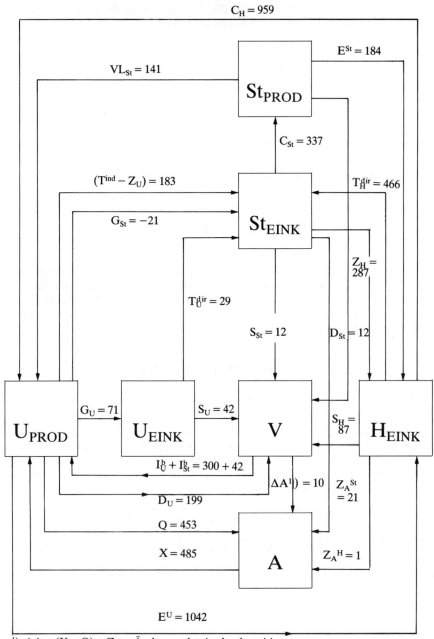

[1]) $\Delta A = (X - Q) - Z_A =$ Änderung der Auslandsposition

Quelle: Statistisches Bundesamt (Hrsg.): Statistisches Jahrbuch 1986 für die Bundesrepublik Deutschland, Stuttgart 1986, S. 525 ff.

Abb. 9.9 Kreislaufschema für die Bundesrepublik Deutschland 1983 (Mrd DM)

Staat leistete 1983 per Saldo 25 Mrd DM Vermögensübertragungen an andere Sektoren. Damit ergibt sich für das Staatsdefizit 1983:

$$\Delta GV_{St} = \overbrace{\Delta RV_{St}}^{= S_{St} + \text{Saldo der Verm. üb.}} - \Delta SV_{St}$$
$$= S_{St} + \text{Saldo der} - I_{St}^n$$
$$ \text{Verm. üb.}$$
$$= 12 - 25 \quad -30$$
$$= -43 \,\text{Mrd DM}.$$

Der Staat hat sich 1983 im Umfang von 43 Mrd DM netto verschuldet.

III. Input-Output-Analyse

In der Kreislaufanalyse werden vorwiegend gesamtwirtschaftliche Aggregate wie Einkommen, Konsum, Investition usw. ermittelt. Diese Art der Analyse kann vom Ansatz her wenig zur Lösung struktureller Fragestellungen beitragen. Eine speziell für Strukturfragen entwickelte Vorgehensweise ist die Input-Output-Analyse (LEONTIEF, 1941).

1. Input-Output-Tabellen

In Abbildung 9.10 ist eine **Input-Output-Tabelle** dargestellt. Der Unternehmenssektor ist zur Vereinfachung in nur 3 Sektoren aufgeteilt.

Die produzierenden Sektoren heißen auch **endogene Sektoren**. **Exogene Sektoren** sind die Haushalte, der Staat und das Ausland. Die in der Produktion eingesetzten Produktionsfaktoren sind die **Inputs**. Diese werden in den Spalten der Input-Output-Tabelle angegeben. Das Produktionsergebnis ist der **Output**, der in den Zeilen angegeben wird.

	U_1	U_2	U_3	C_H	C_{St}	I	X	Gesamt-output
U_1	VL_{11}	VL_{12}	VL_{13}	C_{H1}	C_{St1}	I_1	X_1	BpW_1
U_2	VL_{21}	..	..	..	..	..	..	BpW_2
U_3	VL_{31}	..	..	..	..	..	..	BpW_3
D	D_1	..	..					
E+G	$E_1 + G_1$	..	..					
T−Z	$T_1 - Z_1$	..	..					
Q	Q_1	..	..					
Gesamt-input	BpW_1	BpW_2	BpW_3					

Abb. 9.10 Input-Output-Tabelle

Die Inputs eines endogenen Sektors sind zunächst einmal die bezogenen Vorleistungen (VL; auch: sekundäre Inputs, intermediäre Inputs). Außer den Vorleistungen gehen Primärinputs ein, die von den exogenen Sektoren stammen. Die Aufwendungen für die Primärinputs sind Abschreibungen (D), Faktoreinkommen (Faktorentgelte und einbehaltene Gewinne, E + G), indirekte Steuern abzüglich Subventionen (T − Z) und Aufwendungen für Importe (Q).

Für den Gesamtinput eines endogenen Sektors gilt also:

Gesamtinput = VL + D + (E + G) + (T − Z) + Q.

Der **Gesamtinput** eines endogenen Sektors ist gleich der gesamten **Aufwandsseite des Produktionskontos** dieses Sektors und damit gleich dem **Bruttoproduktionswert** (BpW) dieses Sektors.

Die Outputs der endogenen Sektoren sind erstens Vorleistungen, die wieder in den Produktionsprozeß eingehen. Die Outputs, die nicht als Vorleistungen in den Produktionsprozeß eingehen, sind die Endprodukte, die von den exogenen Sektoren nachgefragt werden. Die Endnachfrage setzt sich zusammen aus dem privaten Konsum (C_H), dem Staatskonsum (C_{St}), den Investitionen (I) und den Exporten (X).

Für den Gesamtoutput eines endogenen Sektors gilt also:

Gesamtoutput = VL + C_H + C_{St} + I + X.

Der **Gesamtoutput** eines endogenen Sektors ist gleich der gesamten **Ertragsseite des Produktionskontos** dieses Sektors und damit gleich dem **Bruttoproduktionswert** dieses Sektors.

Gesamtinput und Gesamtoutput eines Sektors sind gleich, da sie jeweils gleich dem Bruttoproduktionswert sind.

Die Summe der **Primärinputs** eines Sektors entspricht dem Beitrag dieses Sektors zum **Bruttoinlandsprodukt** nach der Verteilungsseite. Die Summe der **Endnachfragen** nach dem Output eines Sektors entspricht dem Beitrag dieses Sektors zum **Bruttoinlandsprodukt** nach der Verwendungsseite.

Eine Input-Output-Tabelle entsprechend der Abbildung 9.10 liefert also eine Fülle von Informationen über die **Struktur der Volkswirtschaft**. Im Vergleich zur Kreislaufanalyse ist der Informationsgehalt einer solchen Input-Output-Tabelle wesentlich größer.

2. Input-Output-Modell

Auf der Grundlage von Input-Output-Tabellen können Input-Output-Modelle formuliert werden, mit denen die Beziehungen zwischen **Produktionsmengen und Endnachfrage** und zwischen **Primärinputs und Endnachfrage** analysiert werden können.

In Abbildung 9.11 ist eine Input-Output-Tabelle in allgemeiner Form dargestellt.

Die Volkswirtschaft besteht aus m endogenen Sektoren und r exogenen Sektoren. Die Produktionsmengen sind durch x_{ij} (i, j = 1, ..., m) charakterisiert, die

	1	..	m	Endnachfrage	Gesamtoutput
1	x_{11}	..	x_{1m}	y_1	x_1
..	..	..	..	..	..
m	x_{m1}	..	x_{mm}	y_m	x_m
..		..	..	..	
m+r	..	..	..		
Gesamtinput	x_1	..	x_m		

Abb. 9.11 Input-Output-Tabelle in allgemeiner Form

primären Einsatzfaktoren durch $x_{m+k,j}$ ($k = 1, ..., r$) und die Endnachfragen durch y_i.

a. Bestimmung der Produktionsmengen

Das Input-Output-Modell zur Bestimmung der zur Befriedigung einer bestimmten Endnachfrage notwendigen Produktionsmengen besteht aus 2 Gleichungen:

$$\sum_j x_{ij} + y_i = x_i, \tag{1}$$

$$x_{ij} = a_{ij} \cdot x_j, \qquad (i, j = 1, ..., m). \tag{2}$$

Gleichung (1) besagt, daß der Output x_i eines Sektors i aus Vorleistungsprodukten und Konsum- und Investitionsgütern (einschließlich der Ersatzinvestitionen) besteht. In Gleichung (2) wird angenommen, daß zwischen den intermediären Inputs und dem Output eines Sektors jeweils eine Proportionalitätsbeziehung besteht. Die Konstanten a_{ij} heißen **Input-** oder **Produktionskoeffizienten**. Gleichung (2) entspricht einer limitationalen WALRAS-LEONTIEF-Produktionsfunktion.

Das Modell erlaubt es, die zur Befriedigung bestimmter Endnachfragen y_i notwendigen Produktionsmengen zu bestimmen. Zur Lösung des Modells kann wie folgt verfahren werden:

(2) in (1):

$$x_i - \sum_j a_{ij} x_j = y_i, \qquad (i = 1, ..., m),$$

$$x_i - a_{i1}x_1 - a_{i2}x_2 - ... - a_{ii}x_i - ... - a_{im}x_m = y_i,$$
$$- a_{i1}x_1 - a_{i2}x_2 - ... + (1 - a_{ii})x_i - ... - a_{im}x_m = y_i. \tag{3}$$

(3) stellt ein **System von m inhomogenen linearen Gleichungen** dar, mit den m Endnachfragen y_i als **Konstanten** und den m Outputs x_i als **Unbekannten**.
In Matrix-Schreibweise:

$$[E - A] X = Y. \tag{3}$$

E ist die Einheitsmatrix, A die Matrix der Inputkoeffizienten und X bzw. Y stellen die Spaltenvektoren der Outputs bzw. der Endnachfragen dar:

$$E = \begin{bmatrix} 1 & 0 & \cdots & 0 \\ 0 & 1 & & \\ \cdot & & \cdots & \\ \cdot & & 1 & 0 \\ 0 & \cdot & \cdot & 0 & 1 \end{bmatrix} \quad A = \begin{bmatrix} a_{11} & \cdots & a_{1m} \\ \cdot & & \cdot \\ \cdot & \cdots & \cdot \\ \cdot & & \cdot \\ a_{m1} & \cdots & a_{mm} \end{bmatrix} \quad X = \begin{bmatrix} x_1 \\ \cdot \\ \cdot \\ \cdot \\ x_m \end{bmatrix} \quad Y = \begin{bmatrix} y_1 \\ \cdot \\ \cdot \\ \cdot \\ y_m \end{bmatrix}$$

Das Gleichungssystem (3) läßt sich mit Hilfe der Cramer'schen Regel zur Lösung linearer Gleichungssysteme nach den Outputs x_i lösen:

$$x_i = \frac{|A_i|}{|E-A|}, \quad (i = 1, \ldots, m).$$

$|E-A|$ ist die Koeffizienten-Determinante des Systems (3), und $|A_i|$ ist die Determinante, die sich ergibt, wenn man in $|E-A|$ die i-te Spalte durch die Endnachfragen substituiert. Entwickelt man $|A_i|$ nach den Elementen der i-ten Spalte, so ergibt sich:

$$x_i = \frac{|A_{1i}|}{|E-A|} y_1 + \frac{|A_{2i}|}{|E-A|} y_2 + \ldots + \frac{|A_{mi}|}{|E-A|} y_m, \quad (i = 1, \ldots, m), \quad (4)$$

wobei $|A_{ji}|$ der Kofaktor des Elements in der j-ten Zeile und der i-ten Spalte von $|E-A|$ ist. (4) stellt die Lösung des Systems (3) nach den Outputs x_i dar. Die Koeffizienten vor y_j in (4) geben an, wieviel Einheiten x_i zur Erstellung einer Einheit von y_j notwendig sind. Die Matrix dieser Lösungs-Koeffizienten ist jedoch gleich der inversen Matrix $[E-A]^{-1}$ (LEONTIEF-Inverse):

$$[E-A]^{-1} = \frac{\begin{bmatrix} A_{11} & \cdots & A_{m1} \\ \cdot & & \cdot \\ \cdot & \cdots & \cdot \\ \cdot & & \cdot \\ A_{1m} & \cdots & A_{mm} \end{bmatrix}}{|E-A|}$$

Die Lösung (4) ergibt sich also auch sofort aus **Matrix-Schreibweise** (3):

$[E-A] X = Y,$
$X = [E-A]^{-1} Y.$ (4)

Das Gleichungssystem (3) ist lösbar, wenn die Determinante $|E-A| \neq 0$ ist, d.h. wenn die m Gleichungen aus (3) linear unabhängig voneinander sind.

Bilden wir zur Verdeutlichung ein Beispiel.

Die Volkswirtschaft bestehe aus m = 3 endogenen Sektoren und es werde mit r = 2 Primärfaktoren produziert. Die Input-Output-Tabelle sehe wie folgt aus:

Sektor	1	2	3	Endnachfrage	Gesamtoutput
1	200	40	50	110	400
2	20	64	30	46	160
3	80	24	100	46	250
4	60	24	50		
5	40	8	20		

Gleichungssystem (3) lautet also:

$$(1-0,5)x_1 - 0,25x_2 - 0,20x_3 = 110,$$
$$-0,05x_1 + (1-0,40)x_2 - 0,12x_3 = 46,$$
$$-0,20x_1 - 0,15x_2 + (1-0,40)x_3 = 46.$$

Berechnung der LEONTIEF-Inverse $[E-A]^{-1}$ ergibt:

$$[E-A]^{-1} = \begin{bmatrix} 2,59 & 1,36 & 1,14 \\ 0,41 & 1,97 & 0,53 \\ 0,97 & 0,95 & 2,18 \end{bmatrix}$$

Die Lösung (4) lautet also (Fehler in den Summen resultieren aus Auf- und Abrundungen):

$$x_1 = 2,59y_1 + 1,36y_2 + 1,14y_3 = 400,$$
$$x_2 = 0,41y_1 + 1,97y_2 + 0,53y_3 = 160,$$
$$x_3 = 0,97y_1 + 0,95y_2 + 2,18y_3 = 250.$$

Zur Befriedigung einer Endnachfrage von 1 Einheit nach z.B. Gut 1 sind also 2,59 Einheiten von Gut 1 notwendig, 0,41 Einheiten von Gut 2 und 0,97 Einheiten von Gut 3.

b. Bestimmung der primären Einsatzfaktoren

Neben den zur Befriedigung einer bestimmten Endnachfrage notwendigen Produktionsmengen x_{ij} und x_i interessieren häufig auch die zur Erstellung einer bestimmten Outputstruktur bzw. einer bestimmten Struktur der Endnachfrage notwendigen Mengen von **primären Inputs** $x_{m+k,j}$.

Analog zu (2) wird angenommen, daß auch zwischen den primären Inputs und dem Output eines Sektors jeweils eine **Proportionalitätsbeziehung** besteht:

$$x_{m+k,j} = a_{m+k,j} \cdot x_j, \qquad (k=1,\ldots,r \quad j=1,\ldots,m). \tag{5}$$

Werden die Elemente der inversen Matrix $[E-A]^{-1}$ mit a^{ij} bezeichnet, dann ist nach (4):

$$x_j = \sum_i a^{ij} \cdot y_i, \qquad (j=1,\ldots,m). \tag{6}$$

(6) in (5):

$$x_{m+k,j} = a_{m+k,j} \cdot \sum_i a^{ij} y_i, \qquad (k = 1, \ldots, r \quad j = 1, \ldots, m). \qquad (7)$$

Ist also die inverse Matrix $[E-A]^{-1}$ bestimmt, dann lassen sich mit Hilfe der Produktionskoeffizienten aus den LEONTIEF-Produktionsfunktionen und mit Hilfe der Endnachfragen y_i auch sofort die zur Erstellung einer bestimmten Outputstruktur x_j notwendigen primären Inputs errechnen.

Die von einem Sektor m+k insgesamt gelieferte Menge x_{m+k} des jeweiligen Primärinputs ergibt sich durch Summation:

$$\sum_j x_{m+k,j} = x_{m+k} = \sum_j \sum_i a_{m+k,j} a^{ij} y_i, \qquad (k = 1, \ldots, r). \qquad (8)$$

Gleichung (7) gibt die Einsatzmenge des von Sektor m+k gelieferten Primärinputs an, die zur Erzeugung des Gesamtoutputs des Sektors j notwendig ist. Gleichung (8) gibt die Einsatzmengen des von Sektor m+k gelieferten Primärinputs an, die direkt und indirekt zur Erzeugung der Endnachfragen y_i notwendig sind. Weiterhin lassen sich folgende Verhältniszahlen bilden:

$$\frac{a_{m+k,j} \cdot a^{ij} \cdot y_i}{y_i} = a_{m+k,j} \cdot a^{ij}, \qquad (k = 1, \ldots, r \quad i, j = 1, \ldots, m), \qquad (9)$$

$$\frac{a_{m+k,j} \cdot \sum_i a^{ij} \cdot y_i}{\sum_i y_i}, \qquad (k = 1, \ldots, r \quad j = 1, \ldots, m). \qquad (10)$$

(9) gibt die Inputmenge x_{m+k} an, die in Sektor j zur Produktion einer Einheit Endnachfrage nach Gut i benötigt wird.

(10) gibt die Inputmenge x_{m+k} an, die in Sektor j zur Produktion einer Einheit der gesamten Endnachfrage benötigt wird.

Für das Zahlenbeispiel ergeben sich als Produktionskoeffizienten $a_{m+k,j}$ für die primären Inputs:

Sektor	1	2	3
4	0,15	0,15	0,20
5	0,10	0,05	0,08

Legt man als Endnachfragen z.B. 100 Einheiten von Gut 1, 50 Einheiten von Gut 2 und 60 Einheiten von Gut 3 zugrunde, ergibt sich gem. (7) und (8) (Fehler in den Summen durch Rundungen):

		Notwendige Inputmengen	
		x_4	x_5
Zur Produktion von Gut	1	59,31	39,54
	2	25,70	8,57
	3	55,06	22,02
Zur Deckung der Endnachfrage nach Gut	1	64,40	35,71
	2	34,48	15,53
	3	41,19	18,89
Gesamte Einsatzmenge		140,07	70,13

Es zeigt sich z.B., daß zur Produktion von Gut 3 sowohl mehr von Produktionsfaktor 4 als auch mehr von Produktionsfaktor 5 eingesetzt werden muß als zur Deckung der Endnachfrage nach Gut 3.

Gem. (9) und (10) ergibt sich:

		Notwendige Inputmengen					
		x_4			x_5		
		In Sektor			In Sektor		
		1	2	3	1	2	3
Zur Produktion einer Einheit Endnachfrage nach Gut	1	$a_{41} \cdot a^{11}$ =0,39	0,06	0,19	0,26	0,02	0,08
	2	0,20	0,30	0,19	0,14	0,10	0,08
	3	0,17	0,08	0,44	0,11	0,03	0,17
Zur Produktion einer Einheit Endnachfrage nach insgesamt		0,28	0,12	0,26	0,19	0,04	0,10

Es zeigt sich z.B., daß Sektor 1 zur Produktion einer Einheit Endnachfrage nach Gut 3 sowohl weniger von Produktionsfaktor 4 als auch weniger von Produktionsfaktor 5 benötigt als Sektor 3; dagegen zur Produktion einer Einheit Endnachfrage insgesamt sowohl von Produktionsfaktor 4 als auch von Produktionsfaktor 5 mehr benötigt als Sektor 3.

IV. Inlandsprodukt, Zahlungsbilanz und Finanzierungsrechnung

In der aktuellen wirtschaftspolitischen Diskussion werden aus dem System der Volkswirtschaftlichen Gesamtrechnung überwiegend 3 Rechenwerke verwendet. Diese 3 Rechenwerke sind die Inlandsprodukt- bzw. Sozialprodukt-Statistiken, die Zahlungsbilanz und die Finanzierungsrechnung. Wir wollen im folgenden diese 3 Rechenwerke mit den Daten für die Bundesrepublik Deutschland näher kennenlernen.

1. Entstehung, Verwendung und Verteilung des Inlandsprodukts

a. Entstehungsrechnung

Die Entstehungsseite des Sozialprodukts gibt die Wertschöpfung (vgl. oben Ziffer II. 2. a) der verschiedenen Branchen der Volkswirtschaft an. Man kann aus dieser Statistik die **Produktionsstruktur** erkennen. Eine verbreitete Branchen-Gliederung ist die Aufteilung der gesamten Volkswirtschaft in einen **primären, einen sekundären und einen tertiären Sektor**. Zum primären Sektor zählen Landwirtschaft, Forstwirtschaft und Fischerei, in manchen Statistiken auch noch Energieversorgung und Bergbau. Der sekundäre Sektor ist das warenproduzierende Gewerbe (die Industrie), bestehend aus Energieversorgung und Bergbau (falls nicht im primären Sektor registriert), verarbeitendes Gewerbe und Baugewerbe. Den tertiären Sektor bilden die Dienstleistungen, bestehend aus Dienstleistungsunternehmen, Staat und private Haushalte.

Die Entstehung des Inlandsprodukts ist für die Jahre 1996 bis 1998 in Tabelle 9.1 dargestellt (Fehler in den Summen durch Rundungen). Eine einfach und für jedermann zugängliche Quelle für solche Daten sind die Monatsberichte der Deutschen Bundesbank.

Tab. 9.1 Entstehung des Inlandsprodukts

Wertschöpfung	1996	1997	1998	1996	1997	1998
	Mrd DM in jew. Preisen			Anteil in %		
Primärer Sektor – Land- u. Forstwirtschaft u. Fischerei	38,7	39,4	40,1	1,1	1,1	1,1
Sekundärer Sektor – Produzierendes Gewerbe	1.123,9	1.144,5	1.192,8	31,9	31,6	31,7
Tertiärer Sektor – Handel und Verkehr – Dienstleist.untern.	1.741,9 496,2 1.245,7	1.813,8 508,7 1.305,1	1.891,0 522,5 1.368,5	49,5 14,1 35,4	50,0 14,0 36,0	50,3 13,9 36,4
Unternehmen	2.904,5	2.997,6	3.123,9	82,4	82,7	83,1
Staat, priv. Haushalte	489,2	492,3	495,7	13,9	13,6	13,2
Bruttowertschöpfung	3.393,6	3.489,9	3.619,6	96,3	96,3	96,3
BIP zu Marktpreisen	3.523,5	3.624,0	3.758,1	100	100	100

Quelle: Deutsche Bundesbank, Monatsberichte; eigene Berechnungen.

Man erkennt aus Tabelle 9.1 zunächst einmal, daß in Deutschland 1998 für ca. 3.760 Mrd DM Güter für die Endnachfrage produziert werden. Diese Summe ist das **Bruttoinlandsprodukt zu Marktpreisen**. Die Enstehungsrechnung liefert darüber hinaus Informationen darüber, welche Branchen wie stark an dieser Produktion beteiligt sind. Das BIP entsteht nur noch zu ca. 1% im primären Sektor. Im sekundären Sektor entstehen gut 30% des BIP. Den größten Anteil liefert der tertiäre Sektor mit über 60%.

Mehr als die Hälfte der gesamten Güterproduktion sind also Dienstleistungen. In diesen Zahlen kommt der **Strukturwandel gemäß der sog. 3-Sektoren-Hypothese** zum Ausdruck. Durch die Industrialisierung verliert zunächst der primäre Sektor immer mehr an Bedeutung zugunsten des sekundären Sektors. Der Gipfel der Industrialisierung ist in Deutschland (West) überschritten. Der Anteil des sekundären Sektors geht zurück zugunsten des Anteils des tertiären Sektors, der bereits mehr als die Hälfte der gesamten Güterproduktion ausmacht.

b. Verwendungsrechnung

Die Verwendungsseite des Inlandsprodukts gibt an, für welche Zwecke die Produktion verwendet wird. Man macht Gebrauch von folgender Gleichung für das BIP einer offenen Volkswirtschaft mit staatlicher Aktivität (vgl. oben Ziffer II. 4. b):

$$BIP = C_H + C_{St} + I^b + X - Q.$$

Das BIP wird verwendet für privaten Verbrauch, Staatsverbrauch, Investitionen und Ausfuhr abzüglich Einfuhr.

Die Verwendung des Inlandsprodukts in Deutschland ist in Tabelle 9.2 dargestellt.

Für **Gesamt-Deutschland** ist die Verwendung des BIP für den Zeitraum 1996 bis 1998 dargestellt. In Deutschland wird das BIP zum größten Teil für den privaten Verbrauch verwendet, nämlich zu knapp 60%. Der Staat absorbiert für seine Konsumzwecke knapp 20% der nationalen Produktion. Die Investitionen machen gut 20% aus. Die starke Verflechtung mit dem Ausland kommt darin zum Ausdruck, daß ca. 25% des BIP ex- bzw. importiert werden.

West- und Ostdeutschland sind für die Jahre 1991 bis 1993 separat dargestellt, um die ausserordentlich unterschiedlichen Verhältnisse in den beiden Regionen zur Zeit der Einigung zu verdeutlichen.

In **Westdeutschland** sind die Anteile der einzelnen Verwendungsarten nicht sehr abweichend von den Werten für Gesamt-Deutschland. Mit anderen Worten: Durch die Einigung verschieben sich die Zahlen gegenüber denjenigen Westdeutschlands nicht sehr stark.

Dagegen sind die Unterschiede in **Ostdeutschland** bemerkenswert. Die ostdeutsche Wirtschaft ist nach der Einigung in einem tiefgreifenden Anpassungsprozeß begriffen. Auffallend sind die außerordentlich hohen Anteile des privaten Verbrauchs und der Importe. Die ostdeutsche Produktion ist nach der Einigung durch den rapiden Strukturwandel sehr stark gesunken. Gleichzeitig ist die Kaufkraft der Bevölkerung durch hohe Finanztransfers aus Westdeutschland aufrecht erhalten worden. Die Nachfrage fließt stark in den privaten Verbrauch. Da eine Befriedigung aus eigener Produktion kurzfristig nicht möglich ist, steigt der Importanteil stark an.

c. Verteilungsrechnung

Bei der Verteilungsrechnung steht die Frage im Vordergrund, wie die aus der Produktion fließenden Einkommen sich auf die verschiedenen Produktionsfak-

9. Kap.: Volkswirtschaftliches Rechnungswesen 269

toren verteilen. Ausgangspunkt ist folglich nicht das Bruttoinlandsprodukt, sondern das Bruttosozialprodukt. Zwischen dem BSP und dem zur Verteilung zur Verfügung stehenden Volkseinkommen besteht folgender Zusammenhang (vgl. oben Ziffer II.3.c; gesamtwirtschaftliches Produktionskonto in Abbildung 9.6):

Tab. 9.2 Verwendung des Inlandsprodukts

Bundesrepublik Deutschland

Posten	1996	1997	1998	1996	1997	1998
	Mrd DM in jew. Preisen			Anteil in %		
Privater Verbrauch	2.046,4	2.095,2	2.156,1	58,1	57,8	57,4
Staatsverbrauch	705,1	703,4	710,1	20,0	19,4	18,9
Investitionen	729,3	770,6	826,0	20,7	21,2	22,0
Inländ. Verwendung	3.480,8	3.569,1	3.692,2	98,8	98,5	98,2
Außenbeitrag	42,7	54,9	65,9	1,2	1,5	1,8
Ausfuhr (+)	866,2	971,8	1.028,2	24,6	26,8	27,4
Einfuhr (−)	823,5	916,9	962,3	23,4	25,3	25,6
BIP	3.523,5	3.624,0	3.758,1	100,0	100,0	100,0

Westdeutschland

Posten	1991	1992	1993	1991	1992	1993
	Mrd DM in jew. Preisen			Anteil in %		
Privater Verbrauch	1.420,7	1.492,7	1.534,0	54,4	53,9	54,3
Staatsverbrauch	468,1	499,1	510,5	17,9	18,0	18,1
Investitionen	556,5	590,4	590,0	21,3	21,3	20,9
Ausfuhr (+)	891,7	928,5	922,5	34,1	33,5	32,6
Einfuhr (−)	724,3	736,8	729,5	27,7	26,6	25,8
BIP	2.612,6	2.772,0	2.827,5	100,0	100,0	100,0

Ostdeutschland

Posten	1991	1992	1993	1991	1992	1993
	Mrd DM in jew. Preisen			Anteil in %		
Privater Verbrauch	186,7	216,1	232,5	100,3	91,8	82,6
Staatsverbrauch	86,2	105,9	117,0	46,3	45,0	41,6
Investitionen	85,6	109,3	130,5	46,0	46,5	46,4
Ausfuhr (+)	44,0	51,2	56,5	23,6	21,8	20,1
Einfuhr (−)	216,3	247,3	255,5	116,2	105,1	90,8
BIP	186,2	235,3	281,5	100,0	100,0	100,0

Quellen: Forschungsinstitute, Gutachten Mai 1993; Deutsche Bundesbank, Monatsberichte; eigene Berechnungen.

BSP zu Marktpreisen
– Abschreibungen
= NSP zu Marktpreisen
– (ind. Steuern – Subv.)
= NSP zu Faktorkosten
= Volkseinkommen

Die Abschreibungen und die um die Subventionen bereinigten indirekten Steuern stehen nicht zur Verteilung an die Produktionsfaktoren zur Verfügung. Die Abschreibungen werden zur Erhaltung des Kapitalstocks verwendet. Die indirekten Steuern abzüglich der Subventionen werden an die Staatskasse abgeführt.

Das **Volkseinkommen** wird in der Statistik nach der Verteilungsseite aufgegliedert in **Bruttoeinkommen aus unselbständiger Arbeit** und in **Bruttoeinkommen aus Unternehmertätigkeit und Vermögen**. Die Verteilung des Volkseinkommens ist für den Zeitraum 1991 bis 1998 in Tabelle 9.3 dargestellt.

Tab. 9.3 Verteilung des Volkseinkommens

Jahr	Volks-einkom-menVE	Bruttoeinkommen aus				Gewinn-Erlös-Relation
		unselbständiger Arbeit		Unternehmertätigkeit und Vermögen		
	Mrd DM	Mrd DM	%VE	Mrd DM	% VE	%
1991	2.227,4	1.611,6	72,4	615,8	27,6	2,94
1992	2.373,8	1.741,2	73,4	632,5	26,6	2,02
1993	2.400,5	1.777,9	74,1	622,6	25,9	1,57
1994	2.510,0	1.824,1	72,7	685,9	27,3	2,97
1995	2.599,0	1.883,4	72,5	715,6	27,5	3,21
1996	2.657,0	1.902,5	71,6	754,5	28,4	4,14
1997	2.735,7	1.907,0	69,7	828,7	30,3	5,69
1998	2.833,4	1.933,0	68,2	900,4	31,8	6,57

Quellen: Deutsche Bundesbank, Monatsberichte; SVR, JG; eigene Berechnungen.

Der Anteil der Einkommen aus unselbständiger Arbeit am Volkseinkommen wird als **Lohnquote** bezeichnet. Man erkennt aus Tabelle 9.3, daß die Lohnquote ca. 70% beträgt. In den Jahren 1991 bis 1993 steigt die Lohnquote von 72,4% auf 74,1% an, und in den 6 Jahren 1993 bis 1998 sinkt sie infolge einer moderaten Lohnpolitik von 74,1% auf 68,2%.

Der Anteil der Einkommen aus Unternehmertätigkeit und Vermögen am Volkseinkommen ist definitionsgemäß 100% minus Lohnquote. In dem Ausmaß, in dem die Lohnquote z.B. steigt, sinkt folglich dieser Anteil.

Bei der Interpretation des Anteils der Einkommen aus Unternehmertätigkeit und Vermögen am Volkseinkommen ist vor einem verbreiteten Mißverständnis zu warnen. Dieser Anteil wird insbesondere in der öffentlichen Debatte häufig als **Gewinnquote** bezeichnet. Damit wird der Eindruck erweckt, daß der Anteil der Unternehmensgewinne am Volkseinkommen bei knapp 30% liegt. Dieser Eindruck ist falsch. In den Einkommen aus Unternehmertätigkeit und Vermögen sind z.B. auch die Zinsen auf ein Sparguthaben, oder auch die kalkulatorischen Einnahmen aus selbst genutztem Wohnraum enthalten. Es ist also unzutreffend, den Anteil der Einkommen aus Unternehmertätigkeit und Vermögen als Gewinnquote zu interpretieren. Ist man an der Größenordnung der Gewinnquote interessiert, so bietet sich als Anhaltspunkt die **Gewinn-Erlös-Relation** an, die in Tabelle 9.3 in der rechten Spalte angegeben ist. Die Gewinn-Erlös-Relation ist einer gesamtwirtschaftlichen **Umsatzrendite** vergleichbar. Aus Tabelle 9.3 ist ersichtlich, daß diese Umsatzrendite im Tiefpunkt der Rezession 1993 unter 2% liegt und danach parallel zum Wirtschaftsaufschwung auf knapp 7% ansteigt.

2. Zahlungsbilanz

Wir wollen uns nun einen Eindruck über die außenwirtschaftliche Situation Deutschlands verschaffen. Die gängige Statistik hierfür ist die Zahlungsbilanz.

Ausgangspunkt für die Zahlungsbilanzstatistik ist das Auslandskonto aus der Kreislaufanalyse (vgl. Abbildung 9.8). Die Ex- und Importe von Waren (= **Handelsbilanz**), die Ex- und Importe von Dienstleistungen (= **Dienstleistungsbilanz**), die **Erwerbs- und Vermögenseinkommen** und die laufenden Übertragungen (= **Übertragungsbilanz**) werden zusammengefaßt zur **Leistungsbilanz**. Die Leistungsbilanz ist die eine der vier Teilbilanzen der Zahlungsbilanz.

Die zweite Teilbilanz ist die Bilanz der **Vermögensübertragungen**. Diese Teilbilanz fällt von der Größenordnung her nicht sehr ins Gewicht.

Die dritte Teilbilanz ist die **Kapitalbilanz**, in der der Kapitalexport (–) und der Kapitalimport (+) mit dem Ausland registriert werden.

Die vierte Teilbilanz ist die **Devisenbilanz**. Hier werden die Bestandsveränderungen der Devisenreserven der Bundesbank registriert. Diese Bestandsveränderung muß dem Saldo der Leistungsbilanz plus dem Saldo der Bilanz der Vermögensübertragungen plus dem Saldo der Kapitalbilanz entsprechen, da die gesamte Zahlungsbilanz nach dem Prinzip der doppelten Buchführung aufgebaut ist.

In Tabelle 9.4 sind die Salden der Teilbilanzen der Zahlungsbilanz für ausgewählte Jahre dargestellt (Fehler in den Summen durch Rundungen).

Tab. 9.4 Zahlungsbilanz (Mrd DM, Kapitalbilanz einschl. Restposten)

	1987	1988	1991	1997	1998
Leistungsbilanz	84	94	–28	–2	–6
– Handel	113	125	19	110	125
– Dienstl.	–9	–15	–23	–57	–62
– Erw.V.E.	9	17	33	–3	–16
– Übertr.	–30	–33	–58	–53	–53
Verm.Über.	–2	–2	–5	+0	1
Kapitalbilanz	–44	–120	23	–4	12
Devisenbilanz	38	–28	–10	–7	7

Quelle: Deutsche Bundesbank, Monatsberichte; eigene Berechnungen.

Nehmen wir als Beispiel für einen Zahlungsbilanzüberschuß das Jahr 1987. Der Leistungsbilanzüberschuß ist mit 84 Mrd DM deutlich höher als der Netto-Kapitalexport von 44 Mrd DM. Folglich nehmen die Devisenreserven zu (um 38 Mrd DM). Der Saldo der Devisenbilanz wird häufig als **Zahlungsbilanzsaldo** bezeichnet. Hiernach weist die deutsche Zahlungsbilanz 1987 einen Überschuß von 38 Mrd DM auf.

1988 ist ein Beispiel für ein Zahlungsbilanzdefizit im Umfang von −28 Mrd DM, da der Leistungsbilanzüberschuß von den hohen Kapitalexporten überkompensiert wird.

Durch die deutsche Einigung wird die deutsche Leistungsbilanz defizitär. In Ostdeutschland sinkt die Produktion sehr stark, während die Nachfrage durch Finanztransfers aus Westdeutschland hoch gehalten wird. Die Nachfrage erzeugt einen Importsog, durch den der Handelsbilanzüberschuß stark schrumpft (1991 nur noch 19 Mrd DM). Der Handelsbilanzüberschuß reicht nicht mehr aus, die Defizite bei den Dienstleistungen und den Übertragungen zu decken. Trotzdem ist die Zahlungsbilanz 1991 mit -10 Mrd DM nur geringfügig im Defizit, da dem Leistungsbilanzdefizit hohe Kapitalimporte gegenüberstehen. Man kann sagen, daß die Lasten der deutschen Einigung teilweise durch Auslandskapital finanziert werden. Allerdings ist eine Folge davon, daß dadurch der Saldo der Erwerbs- und Vermögenseinkommen wegen der Zinszahlungen an das Ausland allmählich negativ wird (erstmalig 1997 mit −3 Mrd DM). Die durch die Einigung entstandenen Leistungsbilanzdefizite bilden sich allmählich zurück (1997 nur noch −2 Mrd DM), da die Handelsbilanzüberschüsse kontinuierlich zunehmen.

3. Finanzierungsrechnung

Die Finanzierungsrechnung basiert auf der folgenden Beziehung (vgl. oben Ziffer II. 2. c):

Ersparnis = Netto-Investition + Finanzierungssaldo.

Diese Größen können aus den Vermögensänderungskonten und dem Auslandskonto (vgl. Abbildung 9.8) für die gesamte Volkswirtschaft und für die einzelnen Sektoren ermittelt werden. Man erhält dadurch Aufschluß darüber, in welcher Form Ersparnisse gebildet wurden (Sachvermögen oder Geldvermögen), und wie die Sachvermögensbildung (Investition) finanziert wurde (aus eigenen Ersparnissen oder durch Verschuldung). Die Finanzierungsrechnung gibt auch Aufschluß über die Entwicklung der Verschuldungsstruktur zwischen den Sektoren.

In Tabelle 9.5 ist eine Finanzierungsrechnung für ausgewählte Jahre im Zeitraum 1970 bis 1996 dargestellt.

Aus dieser Finanzierungsrechnung ergeben sich insbesondere drei Erkenntnisse.

Erstens ist der **Finanzierungssaldo der Unternehmen regelmäßig negativ und der Finanzierungssaldo der Haushalte regelmäßig positiv**. Dies bedeutet, daß die Ersparnisse der Unternehmen (einbehaltene Gewinne und Vermögensübertragungen) nicht ausreichen, um die Investitionen aus eigenen Mitteln zu finan-

Tab. 9.5 Finanzierungsrechnung (Mrd DM, Sektor Unternehmen einschl. Banken, Versicherungen usw., bis Ende 1994 einschl. Treuhandanstalt)

		70	75	79	82	84	88	89	91	92	93	96
Ersparnis	H	55	96	98	117	111	142	147	214	234	220	233
	U	39	24	55	16	45	112	111	95	62	55	112
	St	29	–23	4	–19	–5	–11	42	–39	–21	–50	–79
	A	–5	–12	9	–10	–22	–87	–104	36	34	28	30
	Σ	118	85	166	104	129	156	196	306	309	253	296
Investitionen netto	H	–	–	–	–	–	–	–	–	–	–	–
	U	90	51	127	70	100	122	159	251	244	191	241
	St	28	34	39	34	29	34	37	55	65	62	55
	A	–	–	–	–	–	–	–	–	–	–	–
	Σ	118	85	166	104	129	156	196	306	309	253	296
Finanzierungssaldo	H	55	96	98	117	111	142	147	214	234	220	233
	U	–51	–27	–72	–54	–55	–10	–48	–156	–182	–136	–129
	St	1	–57	–35	–53	–34	–45	5	–94	–86	–112	–134
	A	–5	–12	9	–10	–22	–87	–104	36	34	28	30
	Σ	0	0	0	0	0	0	0	0	0	0	0

Quelle: SVR, JG; eigene Berechnungen.

zieren. Die Investitionen müssen in beträchtlichem Umfang durch Fremdkapitalaufnahme (negative Finanzierungssalden) finanziert werden. Diese Fremdkapitalaufnahme geschieht bei den Haushalten, die die entsprechenden Überschüsse (positive Ersparnisse und Finanzierungssalden) bilden.

Vor einer Fehlinterpretation der als Finanzierungsdefizite der Unternehmen nach 1991 ausgewiesenen Zahlen muß allerdings gewarnt werden. Die seit 1991 relativ hohen Finanzierungsdefizite der Unternehmen sind nicht das Ergebnis einer regen Investitionstätigkeit der Unternehmen, sondern rühren daher, daß nach der deutschen Einigung die **Treuhandanstalt** mit ihren hohen Defiziten als Holding dem Unternehmenssektor zugerechnet wird, und nicht dem Sektor Staat.

Zweitens beginnt der Staat in der Bundesrepublik etwa 1975 mit einer **defizitären Haushaltspolitik**. Die Staatsdefizite (allgemein: die Budgetsalden) sind als Finanzierungssaldo des Sektors Staat ausgewiesen. Das Staatsdefizit erreicht 1981 mit ca. 60 Mrd DM einen ersten Höhepunkt. Danach wird das Staatsdefizit allmählich durch eine Konsolidierungspolitik zurückgeführt, bis 1989 zum ersten Mal wieder ein Finanzierungsüberschuß realisiert wird. Seit 1990 macht der Staat wieder erhebliche Defizite, bedingt durch die Finanzaufwendungen im Zusammenhang mit der deutschen Einheit. Diese Finanzierungsdefizite fallen noch höher aus, wenn die Defizite der **Treuhandanstalt** nicht dem Unternehmenssektor, sondern dem Sektor Staat zugerechnet werden.

Drittens besteht zwischen **Staatsdefiziten und dem Leistungsbilanzsaldo ein gewisser Zusammenhang**. Der Leistungsbilanzsaldo ist die Summe der Finanzierungssalden der inländischen Sektoren und entspricht mit umgekehrtem Vorzeichen dem Finanzierungssaldo des Auslands. Wird das Staatsdefizit so in die Höhe gefahren, daß die Geldvermögensbildung der inländischen Sektoren zur Finanzierung nicht ausreicht, dann müssen sich zwingend Leistungsbilanzdefizite ergeben. Außer der Gesamtheit aller Inländer kommt nur noch das Ausland als

Finanzier in Frage. Man sieht dies sehr deutlich an der Parallelität seit 1991 zwischen den hohen Staatsdefiziten im Gefolge der deutschen Einheit und der Entwicklung der deutschen Leistungsbilanz hin zum Defizit. Umgekehrt entsteht ein Leistungsbilanzüberschuß, wenn der Staat einen hinreichend hohen Budgetüberschuß realisiert. Zusammen mit dem Überschuß der privaten Haushalte wird mehr Geldvermögen gebildet, als von den Unternehmen für Fremdkapitalaufnahme beansprucht wird. So entwickelt sich z.b. 1989 parallel zum positiven Budgetsaldo der Leistungsbilanzsaldo rasant nach oben.

Ein Staatsdefizit muß jedoch nicht unbedingt mit einem Leistungsbilanzdefizit einhergehen. Der Zusammenhang ist von dem **Konjunkturverlauf** überlagert. Wenn bei schlechter Konjunkturlage wegen schwacher Investitionstätigkeit das Finanzierungsdefizit der Unternehmen relativ niedrig ausfällt, führt ein steigendes Staatsdefizit nicht zwingend zu einem Leistungsbilanzdefizit (z.B. 1975, 1982). Bei guter Konjunkturlage realisieren die Unternehmen wegen der anziehenden Investitionstätigkeit höhere Finanzierungsdefizite. Nun kommt es darauf an, welche Budgetpolitik der Staat verfolgt. Werden auch bei der guten Konjunktur hohe Staatsdefizite gemacht (strukturelle Defizite), dann wird die Geldvermögensbildung der Privaten durch die Defizite des Staates überkompensiert, so daß Leistungsbilanzdefizite entstehen (z.B. 1979). Führt der Staat dagegen im Konjunkturaufschwung sein Defizit zurück und bildet u.U. sogar einen Überschuß, dann kann sich trotz steigender Finanzierungsdefizite der Unternehmen insgesamt ein Leistungsbilanzüberschuß ergeben (z.B. 1984, 1989).

V. Stabilitätsindikatoren und wirtschaftliche Entwicklung – Das magische Viereck der Wirtschaftspolitik

Die aktuelle wirtschaftspolitische Diskussion konzentriert sich häufig auf die 4 stabilitätspolitischen Ziele **Preisniveaustabilität, Wirtschaftswachstum, Vollbeschäftigung und außenwirtschaftliches Gleichgewicht**. Wir wollen im folgenden die statistischen Indikatoren für dieses **magische Viereck** der Wirtschaftspolitik erläutern und in diesem Zusammenhang auch die wirtschaftliche Entwicklung in der Bundesrepublik in diesen 4 Bereichen darstellen.

1. Preisniveaustabilität

Für das Ziel der Preisniveaustabilität wird als Indikator die **prozentuale Veränderung eines Preisindex** gegenüber dem Vorjahresmonat (Abstandsrate) oder gegenüber dem Vormonat (laufende Rate) verwendet. Ein Preisindex P für das Jahr t ist eine Zahl, die den Abstand der Preise pi für ein Güterbündel mit den Mengen xi gegenüber einem **Basisjahr** t = 0 angibt. Das Güterbündel wird auch als **Güterkorb** bezeichnet. Der Preisindex heißt Paasche-Index (PP), wenn ein Güterbündel des neuesten Beobachtungszeitraums der Berechnung zugrunde liegt. Dagegen liegt einem Laspeyres-Index (LP) ein Güterbündel des Basiszeitraumes zugrunde.

Tab. 9.6 Inflationsraten

Zeit		Preisindex für die Lebenshaltung aller privaten Haushalte						
		insgesamt	nach Gebieten		nach Gütergruppen			
			Westdeutschland	Ostdeutschland	Nahrungsmittel	andere Ver- und Gebrauchsgüter	Dienstleistungen ohne Wohnungsmieten	Wohnungsmieten
1995 = 100								
Indexstand								
1995		100,0	100,0	100,0	100,0	100,0	100,0	100,0
1996		101,4	101,3	101,9	100,9	100,5	101,6	103,4
1997		103,3	103,2	104,2	102,1	101,8	104,1	106,3
1998		104,3	104,1	105,3	103,0	101,9	106,1	108,0
1997	Juli	103,9	103,7	104,8	102,8	101,9	105,8	106,5
	Aug.	104,0	103,9	104,9	101,7	102,2	106,1	106,6
	Sept.	103,8	103,6	104,8	101,5	102,2	105,3	106,6
1998	April	104,1	103,9	105,0	103,6	101,9	105,1	107,8
	Mai	104,4	104,2	105,4	104,3	102,0	105,7	107,9
	Juni	104,5	104,4	105,5	104,5	101,9	106,2	108,0
	Juli	104,8	104,6	105,7	103,6	102,2	107,2	108,1
	Aug.	104,6	104,5	105,6	102,5	101,8	107,6	108,1
	Sept.	104,4	104,2	105,4	101,9	102,0	106,5	108,3
Veränderung gegen Vorjahr in %								
1995		+ 1,7	+ 1,6	+ 2,0	+ 0,6	+ 0,7	+ 2,4	+ 4,1
1996		+ 1,4	+ 1,3	+ 1,9	+ 0,8	+ 0,5	+ 1,6	+ 3,4
1997		+ 1,9	+ 1,8	+ 2,2	+ 1,2	+ 1,3	+ 2,5	+ 2,8
1998		+ 0,9	+ 0,9	+ 1,0	+ 0,8	+ 0,1	+ 1,9	+ 1,6
1997	Juli	+ 2,2	+ 2,1	+ 2,5	+ 0,9	+ 1,6	+ 3,1	+ 2,9
	Aug.	+ 2,4	+ 2,4	+ 2,6	+ 1,0	+ 1,9	+ 3,3	+ 2,9
	Sept.	+ 2,2	+ 2,1	+ 2,6	+ 1,7	+ 1,5	+ 3,0	+ 2,7
1998	April	+ 1,5	+ 1,5	+ 1,4	+ 1,5	+ 0,5	+ 2,8	+ 1,7
	Mai	+ 1,4	+ 1,4	+ 1,4	+ 1,3	+ 0,6	+ 2,6	+ 1,5
	Juni	+ 1,4	+ 1,4	+ 1,4	+ 1,1	+ 0,7	+ 2,5	+ 1,6
	Juli	+ 0,9	+ 0,9	+ 0,9	+ 0,8	+ 0,3	+ 1,3	+ 1,5
	Aug.	+ 0,6	+ 0,6	+ 0,7	+ 0,8	– 0,4	+ 1,4	+ 1,4
	Sept.	+ 0,6	+ 0,6	+ 0,6	+ 0,4	– 0,2	+ 1,1	+ 1,6

Quelle: Deutsche Bundesbank, Monatsberichte.

Es gilt:

$$PP = \frac{\sum_i x_{it} \cdot p_{it}}{\sum_i x_{it} \cdot p_{i0}} \cdot 100,$$

$$PL = \frac{\sum_i x_{i0} \cdot p_{it}}{\sum_i x_{i0} \cdot p_{i0}} \cdot 100.$$

In der Praxis werden vorrangig Laspeyres-Indizes verwendet, d.h. es wird die Änderung der Preise eines konstant gehaltenen Güterbündels aus einem Basisjahr ausgewiesen. Die Entwicklung verschiedener Preisindizes ist dargestellt in Tabelle 9.6.

Die Angabe von z.B. 104,4 für September 1998 besagt, daß ein Güterkorb, der 1995 (das Basisjahr in Tabelle 9.6 ist 1995) für die Lebenshaltung aller privaten Haushalte repräsentativ war, im September 1998 4,4% mehr kostete als 1995.

Als Indikatoren für das Ziel der Preisniveaustabilität dienen prozentuale Veränderungen solcher Preisindizes, die häufig einfach als **Inflationsraten** bezeichnet werden. In Tabelle 9.6 ist für September 1998 die Inflationsrate insgesamt mit 0,6% angegeben.

Zur Berechnung dieser Zahl wird die Differenz (104,4 − 103,8) = 0,6 auf den Preisindex des Ausgangsmonats, also auf 103,8 bezogen. Es ergibt sich die Abstandsrate von 0,6%. Vorsicht ist insofern geboten, als Inflationsraten nicht nur als Abstandsraten, sondern auch als laufende Raten angegeben werden. Hierbei ergeben sich teilweise Ergebnisse, die widersprüchlich erscheinen und Verwirrung stiften können. Betrachten wir z.B. den Monat Juli 1998. Man kann für die Inflationsentwicklung in diesem Monat 2 Aussagen machen:

• Im Juli 1998 ist die Inflationsrate gestiegen.
• Im Juli 1998 ist die Inflationsrate gesunken.

Beide Aussagen sind richtig.

Die erste Aussage beruht auf der Entwicklung der laufenden Rate. Im Juli 1998 steigt der Preisindex um 0,3% (104,8 ist bezogen auf 104,5 um 0,3% höher), während im Juni 1998 der Preisindex nur um 0,1% ansteigt (104,5 ist bezogen auf 104,4 um 0,1% höher).

Die zweite Aussage beruht auf der Entwicklung der Abstandsrate. Diese Rate beträgt im Juli 0,9%, während sie im Juni bei 1,4 liegt.

Die langfristige Entwicklung der Inflationsrate in der Bundesrepublik Deutschland ist dargestellt in Tabelle 9.7

Bis Ende der 60er Jahre schwankt die Inflationsrate um 2% herum. In den 70er Jahren steigt die Inflationsrate kräftig an bis auf 7% (1974 6,9%). Eine deutliche Rückbildung ist in der 2. Hälfte der 80er Jahre zu verzeichnen. Anfang der 90er Jahre steigt die Inflationsrate durch die Einigung deutlich an (1992 4,1%). In der 2. Hälfte der 90er Jahre bildet sich die Inflationsrate wieder zurück, so daß Ende der 90er Jahre praktisch Preisniveaustabilität herrscht.

9. Kap.: Volkswirtschaftliches Rechnungswesen 277

Tab. 9.7 Preisindex für die Lebenshaltung (Westdeutschland)

Zeitraum	1950 bis 1959	1960 bis 1969	1970 bis 1974	1975 bis 1979	1980 bis 1984	1985 bis 1989	1990 bis 1994	1995 bis 1998
Preisindex (4-Personen Haushalte; durchschnittl. jährl. Veränd. in %)	2,0	2,4	5,5	4,1	4,5	1,7	3,4	1,5

Quelle: SVR, JG; eigene Berechnungen.

Die Inflationsrate steigt in den 70er Jahren nicht nur in der Bundesrepublik Deutschland kräftig an, sondern weltweit. In Tabelle 9.8. ist ein **internationaler Vergleich** von Inflationsraten dargestellt. Die deutsche Inflationsrate ist langfristig niedriger als die der meisten anderen Länder.

Tab. 9.8 Internationaler Vergleich der Inflationsraten

Zeitraum Land	JD 65/70	JD 69/78	JD 78/87	1988	1989	1990
BR Deutschland	2,8	5,0	3,2	1,3	2,8	2,7
Frankreich	4,0	8,6	8,6	2,7	3,6	3,4
Großbritannien	4,6	12,4	8,2	4,9	7,8	9,5
Italien	3,3	12,1	12,8	5,0	6,6	6,1
Österreich	3,6	6,4	4,2	2,0	2,5	3,3
Schweden	4,6	8,7	8,2	5,8	6,4	10,5
Schweiz	3,4	5,1	3,5	1,9	3,2	5,4
Spanien	6,4	14,1	11,8	4,8	6,8	6,7
Türkei	.	21,4	46,6	75,4	63,3	60,3
Japan	5,7	9,6	2,9	0,7	2,3	3,1
Kanada	3,6	7,2	7,2	4,0	5,0	4,8
USA	3,8	6,6	6,4	4,1	4,8	5,4

Quelle: OECD Wirtschaftsausblick.

Über die mögliche Größenordnung einer ungebremsten Inflation (Hyperinflation) informiert die dramatische Entwicklung in Deutschlang 1922/23. Die Entwicklung ist dargestellt in Tabelle 9.9.

Auffallend ist die Parallelität zwischen der Steigerung des Preisindex einerseits und der Steigerung des Notenumlaufs und des Dollarpreises andererseits.

Was die Aussagekraft des Indikators für die Preisniveaustabilität anbelangt, so bleiben in den Inflationsraten **Änderungen der Verbrauchsgewohnheiten** und der **Produktqualitäten** unberücksichtigt. Die Festlegung eines Güterkorbes aus einem Basisjahr hat zur Folge, daß Änderungen in der Zusammensetzung des repräsentativen Güterbündels nicht berücksichtigt werden, bis ein neues Basisjahr der Berechnung zugrunde gelegt wird. Qualitätsänderungen werden in den Inflationsraten nicht ausgewiesen.

Tab. 9.9 Inflation im Deutschen Reich 1922/23

Zeit	Preisindex für die Lebenshaltung 1913 = 1	Notenumlauf in Mio RM	Preis des US-Dollars in RM
Juli 1922	53,9	203 246	493
Jan. 1923	1 120	$2{,}015 \cdot 10^6$	17 972
Juni	7 650	$17{,}4 \cdot 10^6$	$110 \cdot 10^3$
Sept.	$15{,}2 \cdot 10^6$	$29 \cdot 10^9$	$98{,}86 \cdot 10^6$
Dez.	$1247 \cdot 10^9$	$608 \cdot 10^{12}$	$4{,}2 \cdot 10^{12}$

Quelle: SCHERF (1978), S. 161.

2. Wachstum

Für das Ziel des Wirtschaftswachstums wird als Zielindikator in der Regel die prozentuale Veränderung des **realen Bruttoinlandsprodukts zu Marktpreisen** gegenüber dem entsprechenden Vorjahreswert verwendet.

Werden die Mengen der n produzierten Waren und Dienstleistungen mit x_i bezeichnet (i = 1, ..., n) und die Preise mit p_i, dann gilt für das Bruttoinlandsprodukt in einem bestimmten Jahre t:

$$BIP_t = \sum_i x_{it} \cdot p_{it}.$$

Das Bruttoinlandsprodukt steigt nun auch dann, wenn die produzierten Mengen konstant bleiben und lediglich die Preise steigen. Ein diese Komponente enthaltendes Wachstum wird als **nominales Wachstum** bezeichnet und die mit ihren jeweiligen Preisen bewertete Produktion dementsprechend als nominales Bruttoinlandsprodukt. Dagegen wird die mit den Preisen eines Basisjahres bewertete Produktion als reales Bruttoinlandsprodukt bezeichnet. Es leuchtet unmittelbar ein, daß das nominale Bruttoinlandsprodukt ein wenig geeigneter Indikator für das Wachstumsziel ist, und daß sinnvollerweise das **reale Bruttoinlandsprodukt** als Zielindikator verwendet wird. Zur Umrechnung der nominalen Größe in eine reale können Paasche-Preisindizes verwendet werden, die die Änderung der Preise gegenüber einem Basisjahr (t = 0) angeben.

Es gilt:

Reales BIP = Nominales BIP/Preisindex,

$$BIP_t^r = \Sigma x_{it} \cdot p_{it} \Big/ \frac{\Sigma x_{it} \cdot p_{it}}{\Sigma x_{it} \cdot p_{i0}} = \Sigma x_{it} \cdot p_{i0}.$$

Der hier verwendete Preisindex ist der Paasche-Index des Bruttoinlandsproduktes, wodurch sich als reales Bruttoinlandsprodukt der Wert der derzeitigen Produktion zu Preisen des Basisjahres ergibt.

Durch die Division der nominalen Größe durch den Preisindex (Deflationierung) wird die Wirkung von Preisänderungen gegenüber dem Basisjahr ausgeschaltet. In der Praxis werden als Preisindizes vorrangig Laspeyres-Indizes verwendet.

9. Kap.: Volkswirtschaftliches Rechnungswesen

Als Indikatoren für die Ziele Wachstum und Preisniveaustabilität werden prozentuale Änderungsraten und nicht absolute Größen verwendet. Für die Wachstumsraten gilt näherungsweise (g = growth rate = Operator für prozentuale Änderung):

$$g\ BIP_t^r = g\ BIP_t - gP.$$

Die Differenz zwischen der Wachstumsrate des nominalen Bruttoinlandsprodukts und der Inflationsrate entspricht der Wachstumsrate des realen Bruttoinlandsprodukts. Die Wachstumsraten des realen und des nominalen Bruttoinlandsprodukts sind in Tabelle 9.10 angegeben.

Tab. 9.10 Bruttoinlandsprodukt (bis 1990 Westdeutschland)

	Nominales BIP jew. Preise Mrd DM	Veränd. gegen Vj. %	Reales BIP Preise 1991 Mrd DM	Veränd. gegen Vj. %
1960	302,7	.	1.000,0	.
1970	675,3	13,1	1.543,2	5,0
1980	1.472,0	6,0	2.018,0	1,0
1990	2.426,0	9,1	2.520,4	5,7
1995	3.442,8	3,4	2.996,2	1,2
1996	3.523,5	2,3	3.034,6	1,3
1997	3.624,0	2,9	3.101,4	2,2
1998	3.761,5	3,8	3.186,6	2,7
1999	3.890,4	3,4	3.259,4	2,3

Quellen: SVR, JG; Forschungsinstitute, Gutachten Oktober 1998; eigene Berechnungen.

Aus den Angaben für 1999 kann also z.B. geschlossen werden, daß die Inflationsrate der im Bruttoinlandsprodukt erfaßten Waren und Dienstleistungen 1999 1,1% beträgt. Während das nominale Bruttoinlandsprodukt 1999 um 3,4% zunimmt, wächst das reale Bruttoinlandsprodukt nur um 2,3%.

In Tabelle 9.11 ist die langfristige Entwicklung der Wachstumsrate dargestellt.

Die Wachstumsraten des realen BIP gehen bis Anfang der 80er Jahre stetig zurück. Nach Überwindung der 80/82er Rezession steigen von 1984 bis Anfang der 90er Jahre die Wachstumsraten deutlich an. Danach gehen die Wachstumsraten wieder zurück und schwanken seit Anfang der 90er Jahre um 2%.

Tab. 9.11 Wachstumsraten (bis 1991 Westdeutschland)

Zeitraum	1950 bis 1959	1960 bis 1969	1970 bis 1979	1980 bis 1983	1984 bis 1991	1992 bis 1999
Reales BIP (durchschn. jährl. Veränd. in %)	8,0	4,4	3,1	0,5	3,3	1,7

Quellen: SVR, JG; Forschungsinstitute, Gutachten Oktober 1998; eigene Berechnungen.

Was die Aussagekraft des Indikators für das Wachstum anbelangt, so ist das reale Bruttosozialprodukt mit verschiedenen Nachteilen behaftet, auf die weiter unten näher eingegangen wird. Hier soll der Hinweis darauf genügen, daß das reale Bruttosozialprodukt die Produktion von Waren und Dienstleistungen nicht enthält, die von der Statistik nicht erfaßt wird. Der Anteil dieser „**Schattenwirtschaft**" (Schwarzarbeit, unentgeltliche Arbeit in den privaten Haushalten usw.) wird für die Bundesrepublik Deutschland auf einen Anteil von 8-12% am Bruttosozialprodukt geschätzt (WECK u.a., 1984, Tab. 2). Eine mögliche Ursache hierfür dürfte die zunehmende Belastung offizieller Tätigkeiten mit Steuern und Sozialabgaben sein.

3. Beschäftigung

Der Indikator für das Ziel der Vollbeschäftigung ist die **Arbeitslosenquote**. Hierbei ist zu beachten, daß unterschiedliche Arten von Arbeitslosenquoten veröffentlicht werden. Häufig werden die beiden folgenden Methoden zur Berechnung einer Arbeitslosenquote verwendet.

Erstens werden die registrierten Arbeitslosen auf die **abhängigen Erwerbspersonen** bezogen. Die abhängigen Erwerbspersonen setzen sich zusammen aus den Arbeitnehmern (abhängig Beschäftigte) und den registrierten Arbeitslosen.

Zweitens werden die registrierten Arbeitslosen auf **alle Erwerbspersonen** bezogen. Die beschäftigten Arbeitnehmer ergeben zusammen mit den Selbständigen die Anzahl der Erwerbstätigen, d.h. die Zahl der gesamten Arbeitsplätze. Die Anzahl aller Erwerbspersonen setzt sich zusammen aus den Erwerbstätigen und den registrierten Arbeitslosen. Die nach dieser Methode ermittelte Arbeitslosenquote ist niedriger als die erstgenannte Quote, da die Bezugsbasis um die Zahl der Selbständigen größer ist.

Der Zahl der registrierten Arbeitslosen kann die Zahl der **offenen Stellen** gegenübergestellt werden. Jedoch hat die Statistik der offenen Stellen heute nur noch einen geringen Aussagewert. Der größte Teil der freien Stellen wird an den Arbeitsämtern vorbei ausgeschrieben und besetzt. Das gleichzeitige Vorhandensein offener Stellen und registrierter Arbeitsloser weist auf die Existenz einer strukturellen Arbeitslosigkeit hin. Viele offene Stellen können nicht besetzt werden, weil keiner der registrierten Arbeitslosen für die speziellen Anforderungen der offenen Stellen hinreichend genug qualifiziert oder am richtigen Ort ist. Das Ausmaß der strukturellen Arbeitslosigkeit kann man z.B. daran ermessen, daß 1985 kanpp 60% der registrierten Arbeitslosen ohne berufliche Qualifikation (i.S. von Nichtfacharbeiter und Angestellte mit einfacher Tätigkeit) waren.

Entwicklung und Situation am Arbeitsmarkt sind in Tabelle 9.12 dargestellt.

In **Westdeutschland** erreicht die Zahl der Arbeitsplätze – legt man den Zeitraum seit 1960 zugrunde – 1983 im Tiefpunkt der Rezession mit ca. 26,3 Mio ein Minimum. Danach nimmt die Zahl der Arbeitsplätze und der beschäftigten Arbeitnehmer durch den Konjunkturaufschwung wieder zu. Bis 1992 werden ca. 3,2 Mio zusätzliche Arbeitsplätze geschaffen. Die Arbeitslosenquote sinkt. Nach 1992 steigt die Arbeitslosenquote wieder an und liegt 1999 bei ca. 9%.

Der **ostdeutsche Arbeitsmarkt** ist von dem strukturellen Anpassungsprozeß geprägt, den die ostdeutsche Wirtschaft durchmacht. Die Zahl der Arbeitsplätze

Tab. 9.12 Arbeitsmarkt

Westdeutschland

	Erwerbs-tätige	besch. Arbeit-nehmer	Arbeits-lose	offene Stellen	Arbeits-losenquote*
	1.000				%
1950	19.997	13.674	1.580	116	10,4
1960	26.063	20.073	271	465	1,0
1970	26.560	22.138	149	795	0,6
1975	26.020	22.377	1.074	236	4,0
1980	26.980	23.818	889	308	3,2
1983	26.251	23.197	2.258	76	7,9
1992	29.457	26.390	1.808	324	5,8
1997	27.884	24.770	3.021	282	9,9
1998	27.925	.	2.900	.	9,4
1999	28.075	.	2.725	.	8,9

Ostdeutschland

	Erwerbs-tätige	besch. Arbeit-nehmer	Arbeits-lose	offene Stellen	Arbeits-losenquote*
1990	8.885	.	240	.	.
1991	7.321	6.950	913	31	10,7
1997	6.078	5.544	1.364	56	18,3
1998	6.050	.	1.380	.	18,6
1999	6.020	.	1.345	.	18,3

Bundesrepublik Deutschland

	Erwerbs-tätige	besch. Arbeit-nehmer	Arbeits-lose	offene Stellen	Arbeits-losenquote*
1991	36.510	33.086	2.602	363	6,6
1997	33.962	30.314	4.384	337	11,4
1998	33.975	.	4.280	.	11,2
1999	34.095	.	4.070	.	10,7

* = bezogen auf alle Erwerbspersonen.
Quellen: SVR, JG; Forschungsinstitute, Gutachten Oktober 1998.

sinkt von knapp 9 Mio 1990 auf ca. 6 Mio 1999. Parallel dazu steigt die Arbeitslosenquote auf knapp 20%.

In der **Bundesrepublik insgesamt** gibt es 1999 ca. 38 Mio Erwerbspersonen, von denen ca. 4 Mio = ca.11% arbeitslos sind.

Die **langfristige Entwicklung der Arbeitslosenquote** ist in Tabelle 9.13 dargestellt.

Tab. 9.13 Arbeitslosenquoten (bis 1990 Westdeutschland)

Zeitraum	1950 bis 1954	1955 bis 1959	1960 bis 1964	1965 bis 1974	1975 bis 1979	1980 bis 1984	1985 bis 1990	1991 bis 1997
Arbeitslosenquote (Durchschnitt %)	8,5	3,8	0,9	1,3	4,4	7,0	8,5	10,1

Quelle: SVR, JG; eigene Berechnungen.

Bedingt durch die Kriegsfolgen war die Arbeitslosenquote in den 50er Jahren zunächst noch verhältnismäßig hoch. Vollbeschäftigung war etwa zu Beginn der 60er Jahre erreicht. Seit Mitte der 70er Jahre gibt es andauernd eine gewisse Arbeitslosigkeit, die zum erheblichen Teil struktureller Natur ist.

Die Arbeitslosenquote als Zielindikator unterschätzt die tatsächliche Arbeitslosigkeit insofern, als Arbeitslose, die nicht beim Arbeitsamt registriert sind, nicht in der Quote enthalten sind. Andererseits wird die Arbeitslosigkeit durch die Arbeitslosenquote als zu hoch insofern ausgewiesen, als Erwerbsfähige in der Arbeitslosenquote als Arbeitslose enthalten sind, die an einem Arbeitsvertrag nicht ernsthaft interessiert sind, aber auch nicht der Arbeitslosenunterstützung verlustig gehen wollen.

4. Außenwirtschaftliches Gleichgewicht

Für das Ziel des außenwirtschaftlichen Gleichgewichts wird als Indikator häufig der **Anteil des Außenbeitrags am BIP** verwendet. Der Außenbeitrag ist die Differenz zwischen Export (+) und Import (–) an Waren und Dienstleistungen. Ein positiver Außenbeitrag gibt also an, wieviel von der inländischen Produktion die Volkswirtschaft per Saldo nicht selbst absorbiert, sondern dem Ausland verkauft oder als unentgeltliche Übertragung überläßt. Entsprechend gibt ein negativer Außenbeitrag an, wieviel der inländischen Güterverwendung per Saldo durch Auslandslieferungen (Kauf oder unentgeltliche Übertragung vom Ausland) gedeckt werden. Angaben über diese Größen sind in Tabelle 9.14 dargestellt.

Für die Bundesrepublik vor der deutschen Einigung sind hohe positive Außenbeiträge typisch, bei teilweise defizitärer Dienstleistungsbilanz. Eine Ausnahme ist lediglich 1980 als Folge der Ölpreisexplosion. Ein Außenbeitrag bis zu ca. +/– 2,5% des BIP wird häufig als noch vereinbar mit dem **Ziel des außenwirtschaftlichen Gleichgewichts** angesehen. Hiernach hat die Bundesrepublik in der 2. Hälfte der 80er Jahre ungleichgewichtig hohe Außenbeiträge. Nach der deutschen Einigung wird der Außenbeitrag zunächst leicht negativ, steigt jedoch

Tab. 9.14 Außenbeitrag (bis 1989 Westdeutschland)

	Handelsbilanz	Dienstleistungs-bilanz	Außenbeitrag	Anteil BIP
	Mio DM			%
1950	–3.062	674	–2.388	•
1960	5.036	4.064	9.100	+3,0
1970	14.069	474	14.543	+2,2
1980	5.333	–11.058	–5.725	–0,4
1985	71.505	–1.345	70.160	+3,8
1990	101.549	–17.711	83.838	+3,5
1991	19.095	–22.800	–3.705	–0,1
1995	80.581	–52.361	28.220	+0,8
1997	110.318	–56.928	53.390	+1,5
1998	124.920	–61.796	63.124	+1,7

Quellen: SVR, JG; Deutsche Bundesbank, Monatsberichte; eigene Berechnungen.

sodann wieder auf positive Werte von knapp 2% des BIP an, was mit dem Erfordernis eines außenwirtschaftlichen Gleichgewichts vereinbar ist.

Teilweise werden auch **andere Indikatoren** für das Ziel des außenwirtschaftlichen Gleichgewichts verwendet. So ist z.B. gemessen an der **Leistungsbilanz** das außenwirtschaftliche Gleichgewicht gestört, da die deutsche Leistungsbilanz im Gefolge der deutschen Einigung hoch defizitär ist. Dagegen ist das außenwirtschaftliche Gleichgewicht gewahrt, wenn man den Zahlungsbilanzsaldo, gemessen am **Devisenbilanzsaldo** zugrunde legt.

Insgesamt ist die wirtschaftliche Situation – gemessen an den Stabilitätsindikatoren – in Deutschland Ende der 90er Jahre entscheidend geprägt von einem **intensiven Strukturwandel** und nach wie vor auch von dem Ereignis der **deutschen Einigung**. Die **westdeutsche Wirtschaft** entwickelt sich in der 2. Hälfte der 80er Jahre recht positiv. Inflationsrate und Arbeitslosenquote sinken, die Wachstumsrate steigt und es werden hohe Außenbeiträge bis hin zum Ungleichgewicht erwirtschaftet. Die deutsche Einigung und der verschärfte Strukturwandel machen große wirtschaftliche Anstrengungen notwendig. In **Ostdeutschland** ist ein tiefgreifender struktureller Anpassungsprozeß im Gange. Die Belastungen zeigen sich für die **gesamtdeutsche Wirtschaft** in hohen Arbeitslosenquoten und niedrigen Wachstumsraten. Die Ziele der Preisniveaustabilität und des außenwirtschaftlichen Gleichgewichts sind nach vorübergehenden Störungen Ende der 90er Jahre erreicht.

VI. Mängel des Volkswirtschaftlichen Rechnungswesens

Die in der Kreislaufanalyse ermittelten Sozialproduktgrößen werden häufig zur Charakterisierung des Wohlstands (der Wohlfahrt) der betreffenden Gesellschaft herangezogen. Hiergegen kann kritisch eingewendet werden,

- daß in den Meßziffern nur solche Waren und Dienste berücksichtigt werden, die am Markt gehandelt werden (**konzeptionelles Problem**); so wird in der VGR die Produktion in den privaten Haushalten nur unzureichend erfaßt,
- daß in den Meßziffern viele Waren und Dienste aus erfassungstechnischen Gründen empirisch überhaupt nicht erfaßt werden können (**Erfassungsproblem**); so sind z.B. Schwarzarbeit, Selbstverbrauch produzierter Güter (insbes. in der Landwirtschaft) usw. in den Sozialproduktgrößen nicht enthalten,
- daß in den Meßziffern **negative Aspekte** des Produktionsprozesses wie z.B. Lärm und Umweltzerstörung nicht entsprechend berücksichtigt sind.

Die konzeptionellen und erfassungstechnischen Mängel sind bei der Beschreibung der zeitlichen Entwicklung (intertemporaler Vergleich) einer Sozialproduktgröße insofern ohne Bedeutung, als davon ausgegangen werden kann, daß sich das Ausmaß der Fehlschätzungen im Zeitablauf nicht wesentlich ändert. Bei interregionalen und internationalen Vergleichen von Sozialproduktgrößen sind diese beiden Mängel dagegen von Bedeutung. Dem Argument, daß in den üblichen Sozialproduktgrößen negative Aspekte des Produktionsprozesses nicht entsprechend berücksichtigt sind, kann durch zwei Methoden Rechnung getragen werden. Entweder werden die ermittelten Sozialproduktgrößen modifiziert z.B. dadurch, daß Aufwendungen, die der Beseitigung der negativen Begleiterscheinungen des Produktionsprozesses dienen, in Abzug gebracht werden. Oder aber es werden zusätzlich zu den ermittelten Sozialproduktgrößen noch andere Indikatoren (Luftverschmutzungsgrad, Säuglingssterblichkeit, Selbstmordrate, Verkehrstote usw.) zur Charakterisierung der Wohlfahrt der Gesellschaft herangezogen (Konzept der Wohlfahrtsindikatoren oder auch Sozialindikatoren).

VII. Struktur makroökonomischer Theorien

1. Angebot und Nachfrage

Die Ergebnisse des volkswirtschaftlichen Rechnungswesens sind Daten, die sich auf die Vergangenheit beziehen. Dagegen werden im Rahmen der makroökonomischen Ex-ante-Analyse Theorieansätze entwickelt, die der Bestimmung der künftigen Entwicklungsrichtung gesamtwirtschaftlicher Größen dienen. Hierbei wird häufig so vorgegangen, daß die ökonomischen Transaktionen der Wirtschaftssubjekte in **Angebots- und Nachfrageentscheidungen** unterschieden werden und die Determinanten analysiert werden, die diese Entscheidungen (Pläne) beeinflussen. Die prinzipielle Vorgehensweise soll der Einfachheit halber am Beispiel der geschlossenen Volkswirtschaft ohne staatliche Aktivität erläutert werden.

Die Unternehmen stellen Angebotspläne auf über die Konsum- und Investitionsgüter, die sie zu produzieren gedenken und stellen Nachfragepläne auf über die Produktionsfaktoren, die sie im Produktionsprozeß einsetzen wollen. Diese Produktionspläne implizieren für den Unternehmenssektor geplante einbehaltene Gewinne in bestimmter Höhe. Planen die Unternehmen z.B., Konsumgüter für 90 Währungseinheiten (WE) und Investitionsgüter für 60 WE zu produzieren, und planen die Unternehmen hierzu für 110 WE Produktionsfaktoren nachzufragen, dann ist dies gleichbedeutend damit, daß im Unternehmenssektor mit einbehaltenen Gewinnen in Höhe von 40 WE gerechnet wird. Diese Pläne der Unternehmen sind dargestellt in Konto 9.16 (die Symbole d und s stehen für Nachfrage und Angebot).

Konto 9.16
  Produktionspläne der
  Unternehmen

$E^d = 110$	$C^s = 90$
$G_U = 40$	$I^s = 60$

Die Unternehmen treten außerdem als Nachfrager nach Investitionsgütern auf. Die Pläne von Unternehmen, Investitionsgüter nachzufragen, werden in der Regel abweichen von den Angebotsplänen der Unternehmen, die Investitionsgüter produzieren. Eine solche **Diskrepanz zwischen Angebotsplänen einerseits und Nachfrageplänen andererseits** ist in Volkswirtschaften mit dezentralisierten Entscheidungsprozessen generell nicht nur denkbar, sondern höchst wahrscheinlich. Es wäre reiner Zufall, wenn korrespondierende Angebots- und Nachfragepläne a priori miteinander kompatibel wären. Für das Beispiel sei angenommen, daß die im Unternehmenssektor geplante Investitionsgüternachfrage 50 WE beträgt. Ist im Unternehmenssektor die Investitionsgüternachfrage größer als die einbehaltenen Gewinne, dann impliziert dies, daß im Unternehmenssektor per Saldo ein Finanzierungsdefizit geplant wird. Ein geplantes Finanzierungsdefizit kann interpretiert werden als ein Angebot an Geldvermögen. Die Vermögensbildungspläne der Unternehmen sind dargestellt in Konto 9.17.

Konto 9.17
Vermögenspläne
der Unternehmen

$I^d = 50$	$S_U = 40$
	$GV^s = 10$

Neben den Unternehmen treffen auch die Haushalte Angebots- und Nachfrageentscheidungen. Die Haushalte treten als Nachfrager nach Konsumgütern und als Anbieter von Faktorleistungen auf. Auch die Pläne der Haushalte, Konsumgüter nachzufragen und Faktorleistungen anzubieten, weichen in der Regel ab von den entsprechenden Plänen der Unternehmen. Für das Beispiel sei angenommen, daß die geplante Konsumgüternachfrage der Haushalte 70 WE beträgt und das geplante Faktorangebot 100 WE. Dies bedeutet, daß die Haushalte einen Finanzierungsüberschuß in Höhe von 30 WE planen, der als Nachfrage nach Geldvermögen interpretiert werden kann. Die Planentscheidungen der Haushalte sind dargestellt in den Konten 9.18 und 9.19.

Konto 9.18
Einkommenspläne der
Haushalte

$C^d = 70$	$E^s = 100$
$S_H = 30$	

Konto 9.19
Vermögensbildungspläne der
Haushalte

$GV^d = +30$	$S_H = 30$

2. Märkte, Gleichgewicht, Anpassungsprozesse

Das vollständige Kontensystem 9.16 bis 9.19 entspricht einem System von **drei makroökonomischen Märkten**. Auf dem **Gütermarkt** treffen Angebot an und Nachfrage nach Konsum- und Investitionsgütern zusammen und auf dem **Faktormarkt** Angebot an und Nachfrage nach Produktionsfaktoren. Auf dem **Markt für Geldvermögen** bilden die geplanten Finanzierungsdefizite das Angebot und die geplanten Finanzierungsüberschüsse die Nachfrage. In dem Zahlenbeispiel liegt auf dem Gütermarkt ein Angebotsüberschuß vor und auf dem Faktormarkt und dem Markt für Geldvermögen jeweils ein Nachfrageüberschuß. Die Diskrepanzen zwischen den Nachfrage- und Angebotsplänen auf dem jeweiligen Markt lassen sich einheitlich angeben in Form einer **Überschußnachfrage** für jeden Markt. Das System der drei Märkte ist zusammen mit dem Zahlenbeispiel dargestellt in Abbildung 9.12.

In dem Zahlenbeispiel der Abbildung 9.12 sind die Pläne der Wirtschaftssubjekte nicht miteinander kompatibel. Das Ausmaß der Inkompatibilität auf dem jeweiligen Markt kommt in den in der rechten Spalte ausgewiesenen Überschußnachfragen zum Ausdruck. Es sei nochmals betont, daß eine solche **In-**

Markt	Angebot	Nachfrage	Überschußnachfrage
Gütermarkt	$Y^s = C^s + I^s$ $150 = 90 + 60$	$Y^d = C^d + I^d$ $120 = 70 + 50$	$Y^d - Y^s$ -30
Faktormarkt	E^s 100	E^d 110	$E^d - E^s$ $+10$
Markt für Geldvermögen	GV^s $+10$	GV^d $+30$	$GV^d - GV^s$ $+20$

Abb. 9.12 Makroökonomische Märkte

kompatibilität nicht nur denkbar ist, sondern in der Realität bei dezentralisierten Entscheidungsprozessen der Regelfall ist, der mit an Sicherheit grenzender Wahrscheinlichkeit eintritt. Bei Inkompatibilität der einzelwirtschaftlichen Pläne können die Pläne nicht alle gleichzeitig verwirklicht werden. Die Versuche, die Planentscheidungen zu realisieren, führen zwingend zu Enttäuschungen bei einzelnen Wirtschaftssubjekten. Die Enttäuschungen führen bei den betroffenen Wirtschaftssubjekten zu **Anpassungsprozessen**. In dem Zahlenbeispiel in Abbildung 9.12 ist es z.B. möglich, daß die geplante Produktion realisiert wird, aber nur entsprechend der geplanten Nachfrage abgesetzt werden kann. Dies ist dann gleichbedeutend damit, daß die Unternehmen ungeplante Lageraufstockungen hinnehmen müssen, daß die Haushalte mehr Einkommen erzielen als erwartet, und daß – was die Geldvermögensbildung anbelangt – die Haushalte ungeplante Finanzierungsüberschüsse und die Unternehmen ungeplante Finanzierungsdefizite hinnehmen müssen. Von diesen Ereignissen werden Anpassungsprozesse ausgelöst. So ist es – um bei dem Beispiel zu bleiben – möglich, daß von den Unternehmen auf dem Gütermarkt die Produktion und auf dem Faktormarkt die Nachfrage nach Arbeitskräften eingeschränkt wird, und daß auf dem Markt für Geldvermögen die Neigung abnimmt, Finanzierungsüberschüsse zu bilden. In der Volkswirtschaft finden erst dann keine Anpassungsprozesse mehr statt, wenn auf jedem Markt ex-ante die Überschußnachfrage Null ist. Ein solcher Zustand heißt **Gleichgewicht**. Eine Gleichgewichtssituation ist also ein hypothetischer Zustand, in dem alle Angebots- und Nachfragepläne in der Volkswirtschaft vollständig miteinander kompatibel sind. Ein solcher Zustand wird in der Realität praktisch nie erreicht. Die Volkswirtschaft befindet sich realiter regelmäßig in einem ständigen Anpassungsprozeß an Gleichgewichtszustände, die ihrerseits durch Änderungen wirtschaftlicher Gegebenheiten dauernd Veränderungen unterworfen sind. Die Kenntnis der Bedingungen für einen Gleichgewichtszustand ist trotzdem von außerordentlich großer Bedeutung, da damit die Entwicklungsrichtung der interessierenden gesamtwirtschaftlichen Größen wie Produktion, Beschäftigung u.ä. mehr angegeben werden kann. In der makroökonomischen Theorie werden daher die Determinanten analysiert, die Angebot und Nachfrage und damit die Gleichgewichtszustände auf den makroökonomischen Märkten beeinflussen.

3. Ein makroökonomisches Standard-Modell

Viele makroökonomische Theorieansätze können auf ein **Standard-Modell** reduziert werden, dessen Struktur dem in Abbildung 9.12 dargestellten System von Märkten entspricht. Was den Faktormarkt anbelangt, so wird die Analyse beschränkt auf Angebot an und Nachfrage nach dem Produktionsfaktor **Arbeit** (N). Der Markt für Geldvermögen wird aufgespalten in einen Markt für **verzinsliche Geldvermögensbestände** (Wertpapiere B) und in einen Markt für unverzinsliche Geldvermögensbestände (Geld M). Der Markt für unverzinsliche Geldvermögensbestände wird kurz als **Geldmarkt** bezeichnet. Die Größen, die auf den makroökonomischen Märkten Angebot und Nachfrage beeinflussen, können in einer ersten Grob-Klassifikation unterschieden werden in Güterpreise (P), Löhne (W) und Zinsen (i). Die Gleichgewichtsbedingungen für die makroökonomischen Märkte sind dann:

$$\text{Gütermarkt:} \quad Y^s(W, P, i) \stackrel{!}{=} Y^d(W, P, i),$$

$$\text{Arbeitsmarkt:} \quad N^s(W, P, i) \stackrel{!}{=} N^d(W, P, i),$$

$$\text{Wertpapiermarkt:} \quad B^s(W, P, i) \stackrel{!}{=} B^d(W, P, i),$$

$$\text{Geldmarkt:} \quad M^s(W, P, i) \stackrel{!}{=} M^d(W, P, i).$$

Die Analyse dieses Systems von vier Märkten kann eingeschränkt werden auf eine Analyse von nur drei dieser vier Märkte, da die Summe der Überschußnachfragen eines solchen geschlossenen Systems stets Null ergeben muß (vgl. z.B. das Zahlenbeispiel in Abbildung 9.12). Dies ist ein Ausdruck für das Gesetz von WALRAS (vgl. 6. Kapitel, Ziffer VIII). Es gibt keine ökonomische Transaktion, die sich nur auf einem Markt niederschlagen würde. Jede ökonomische Transaktion schlägt sich auf mindestens zwei Märkten nieder. Kauft z.B. A bei B ein Gut gegen Barzahlung, dann ist das auf dem Gütermarkt eine Nachfrage des A und ein Angebot des B und auf dem Geldmarkt ein Angebot des A und eine Nachfrage des B. Wenn also auf drei der vier Märkte die Gleichgewichtsbedingungen erfüllt sind, dann ist auch der vierte Markt im Gleichgewicht.

Häufig sind makroökonomische Theorien beschränkt auf die Analyse der Determinanten von **Angebot und Nachfrage auf dem Gütermarkt, dem Arbeitsmarkt und dem Geldmarkt**. In dem folgenden Text werden die einzelnen Elemente dieser drei makroökonomischen Märkte systematisch dargestellt. Diese Bestandteile werden zu einer Gesamt-Analyse zusammengefaßt, in der im Gesamt-Zusammenhang analysiert wird, wovon die Entwicklung makroökonomischer Größen wie Einkommen, Beschäftigung, Preisniveau u.ä. mehr abhängt.

VIII. Zusammenfassung

Das Volkswirtschaftliche Rechnungswesen ist eine makroökonomische **Ex-post-Analyse** zur quantitativen Beschreibung des Wirtschaftsgeschehens. Ausgangspunkt sind **Vermögensrechnungen**, auf denen die Kreislaufanalyse basiert. In der **Kreislaufanalyse** wird die gesamte Volkswirtschaft in die 4 Sektoren Unternehmen, Haushalte, Staat und Ausland unterteilt. Für die Sektoren werden Produktionskonten, Einkommensverwendungskonten und Vermögensänderungskonten geführt. Nach dem Prinzip der doppelten Buchführung werden systematisch die zwischen den Sektoren stattfindenden ökonomischen Transaktionen auf den Konten festgehalten. Eine spezielle Methode ist die **Input-Output-Analyse**, mit deren Hilfe strukturelle Zusammenhänge innerhalb und zwischen den Produktions- und Nachfragebereichen der Volkswirtschaft systematisiert und analysiert werden. Die wesentlichen Rechenwerke aus dem System der Volkswirtschaftlichen Gesamtrechnung sind die **Sozialprodukt-Statistiken, die Zahlungsbilanz und die Finanzierungsrechnung**. Die aktuelle wirtschaftspolitische Diskussion konzentriert sich häufig auf die 4 **stabilitätspolitischen Ziele Preisniveaustabilität, Wirtschaftswachstum, Vollbeschäftigung und außenwirtschaftliches Gleichgewicht**. Das Volkswirtschaftliche Rechnungswesen ist Ausgangspunkt zur Formulierung makroökonomischer Theorien, die der Analyse der gegenseitigen Abhängigkeiten und der künftigen Entwicklungsrichtung der makroökonomischen Aggregate dienen.

Literatur zum 9. Kapitel

Überblick:

Bombach, G.: Kreislauftheorie und Volkswirtschaftliche Gesamtrechnung. In: Jahrbuch für Sozialwissenschaft. Bd. 11/1960. S. 217-242 und S. 331-350.
Hübl, L.: Wirtschaftskreislauf und Gesamtwirtschaftliches Rechnungswesen. In: D. Bender u.a.: Vahlens Kompendium der Wirtschaftstheorie und Wirtschaftspolitik. Band 1. 4. Aufl. München 1990. S. 51-86.

Lehrbücher:

Brümmerhoff, D.: Gesamtwirtschaftliches Rechnungswesen. Eine problemorientierte Einführung. 2. Aufl. Köln 1982.
Cassel, D. und H. Müller: Kreislaufanalyse und volkswirtschaftliche Gesamtrechnung. Einführung in die ex-post-Analyse des Sozialprodukts. 2. Aufl. Stuttgart 1983.
Haslinger, F.: Volkswirtschaftliche Gesamtrechnung. 4. Aufl. München 1986.
Hübl, L., R. Hartig und **W. Schepers**: Einführung in das gesamtwirtschaftliche Rechnungswesen. Darmstadt 1986.
Krelle, W.: Volkswirtschaftliche Gesamtrechnung einschließlich input-output-Analyse mit Zahlen für die Bundesrepublik Deutschland. 2. Aufl. Berlin 1967.
Richter, R.: Volkswirtschaftliche Gesamtrechnung, Volkswirtschaftliche Finanzierungsrechnung, Zahlungsbilanz. Ein Grundriß. 2. Aufl. Wiesbaden 1982.
Stobbe, A.: Volkswirtschaftliches Rechnungswesen. 7. Aufl. Berlin 1989.

Spezielle Themengebiete:

Input-Output-Analyse:

Holub, H.-W. und H. Schnabl: Input-Output-Rechnung. Input-Output-Tabellen. 2. Aufl. München 1985.
Leontief, W.: The structure of american economy, 1919-1939. 2. Aufl. New York 1951. (1. Aufl. Cambridge 1941).

Aktuelle wirtschaftliche Entwicklung:

Arbeitsgemeinschaft Deutscher Wirtschaftswissenschaftlicher Forschungsinstitute: Gutachten.
Deutsche Bundesbank: Monatsberichte.
Organisation für Wirtschaftliche Zusammenarbeit und Entwicklung OECD: OECD Wirtschaftsausblick.
Sachverständigenrat zur Begutachtung der gesamtwirtschaftlichen Entwicklung: Jahresgutachten.

10. Kapitel:
Gesamtwirtschaftliche Nachfrage

I. Konsum

1. Überblick

Gegenstand dieses Abschnitts ist die Analyse der Determinanten der **Konsumnachfrage der privaten Haushalte**. Aus der Ex-post-Analyse ist bekannt, daß für die privaten Konsumausgaben stets gilt:

$$\text{Konsum C} = \text{Einkommen Y} - \text{Ersparnis S}. \tag{1}$$

Der Konsum ist der Teil des Einkommens, der nicht gespart wird. Die Ersparnis ist identisch mit der Änderung des Reinvermögens. Ausgehend von dieser Beziehung erscheint die Annahme plausibel, daß der Konsum von der Höhe des **Einkommens** und von der Höhe des **Vermögens** abhängt.

Hinsichtlich der Abhängigkeit vom Einkommen dürfte davon auszugehen sein, daß der Konsum positiv vom Einkommen abhängt. Diese Annahme kann damit begründet werden, daß jede Einkommenserzielung letztlich dem Konsum dient.

Hinsichtlich der Abhängigkeit vom Vermögen dürfte ebenfalls davon auszugehen sein, daß der Konsum positiv vom Vermögen abhängt. Diese Annahme kann damit begründet werden, daß die Vermögensbildung (das Sparen) abhängig ist von der Höhe des bereits vorhandenen Vermögensbestandes. Bei einem – im Vergleich zum gewünschten Vermögensbestand – bereits relativ hohen Vermögensbestand wird die Vermögensbildung relativ niedriger (und damit der Konsum relativ höher) sein als bei einem noch relativ niedrigen Vermögensbestand.

Für die Bestimmungsgrößen der Konsumnachfrage gilt also:

$$C = C(Y, V) \tag{2}$$

mit

$$\delta C/\delta Y > 0, \qquad \delta C/\delta V > 0.$$

Hierbei stellt C den realen Konsum, Y das reale Einkommen und V den realen Vermögensbestand der privaten Haushalte dar. Diese Zusammenhänge sollen im folgenden eingehender analysiert werden.

2. Konsumfunktion

Die Abhängigkeit des Konsums vom Einkommen kann in einem ersten Schritt wie folgt dargestellt werden:

$$C = \bar{C} + cY, \qquad \bar{C} > 0, \qquad 0 < c < 1. \tag{3}$$

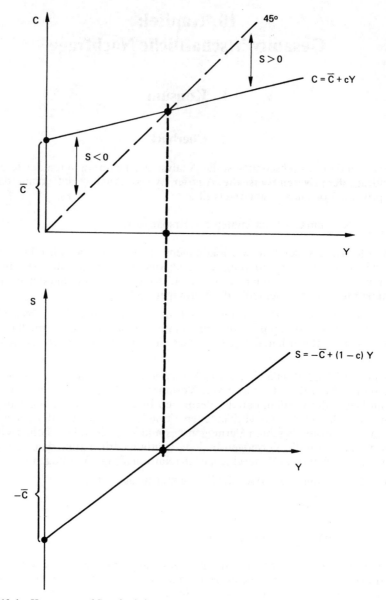

Abb. 10.1 Konsum- und Sparfunktion

Hierbei charakterisiert $\bar{C}$ den Teil des Konsums, der nicht vom Einkommen abhängig ist. Dieser Teil des Konsums wird als **autonomer Konsum** bezeichnet. Der Koeffizient c gibt den Teil von zusätzlichem Einkommen an, der konsumiert wird. Dieser Koeffizient wird als **marginale Konsumquote** bezeichnet. Der Quotient aus Konsum und Einkommen C/Y wird als **durchschnittliche Konsumquote** bezeichnet.

Durch Einsetzen der Konsumfunktion (3) in die Definitionsgleichung (1) ergibt sich:

$$S = -\bar{C} + (1 - c)\,Y. \tag{4}$$

Die Beziehung (4) stellt die zu der Konsumfunktion (3) gehörende **Sparfunktion** dar. Der Koeffizient $(1 - c) = s$ wird als **marginale Sparquote** bezeichnet. Die Konsumfunktion (3) und die Sparfunktion (4) sind grafisch in Abbildung 10.1 dargestellt.

Aus der Konsumfunktion (3) ergibt sich für die durchschnittliche Konsumquote:

$$C/Y = \bar{C}/Y + c,$$

und für die marginale Konsumquote:

$$dC/dY = c.$$

Der Verlauf der durchschnittlichen und der marginalen Konsumquote in Abhängigkeit vom Einkommen ist in Abbildung 10.2 dargestellt. Man erkennt, daß die Konsumfunktion (3) zwei besondere Eigenschaften hat.

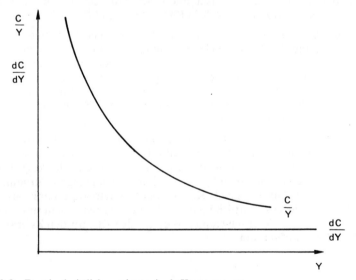

Abb. 10.2 Durchschnittliche und marginale Konsumquote

Erstens ist die **durchschnittliche Konsumquote** größer als die marginale Konsumquote und sinkt mit steigendem Einkommen. Die durchschnittliche Konsumquote übersteigt die marginale Konsumquote um den durchschnittlichen autonomen Konsum. Und wenn das Einkommen steigt, sinkt die durchschnittliche Konsumquote wegen des konstanten autonomen Konsums.

Zweitens ist die **marginale Konsumquote** unabhängig von der Höhe des Einkommens konstant.

KEYNES nennt dieses Konsumverhalten ein „fundamentales psychologisches Gesetz" (KEYNES, 1936, S. 96). Die Konsumfunktion (3) ist eine **keynesianische Konsumfunktion**.

Ist die Hypothese der keynesianischen Konsumfunktion eine korrekte Beschreibung des tatsächlichen Konsumverhaltens? Oder verhalten sich die Haushalte anders als es die keynesianische Hypothese unterstellt? Diese Frage hat die Ökonomen intensiv beschäftigt. Man kann anhand der empirischen Daten für Y und C die keynesianische Konsumfunktion durchaus nachweisen, allerdings nur für ausgewählte kurze Zeiträume. So ergibt sich z.B. für den **Zeitraum 1985 bis 1990 die Konsumfunktion**:

$$C = 279{,}9 + 0{,}63 \cdot Y. \tag{5}$$

In der Konsumfunktion (5) sind C und Y die realen Konsumausgaben und das reale verfügbare Einkommen der privaten Haushalte (in Preisen von 1985).

Die Konsumfunktion (5) ist eine **kurzfristige Konsumfunktion und bestätigt die keynesianische Hypothese**. Der autonome Konsum beträgt 279,9 Mrd DM und ist damit von einer relevanten Größenordnung. Die marginale Konsumquote ist 63%. Die Haushalte konsumieren in diesem Zeitraum von zusätzlichem Einkommen 63 % und sparen dementsprechend 37%. Die durchschnittliche Konsumquote liegt in diesem Zeitraum wegen des relativ hohen autonomen Konsums deutlich über der marginalen Konsumquote. Die durchschnittliche Konsumquote sinkt in diesem Zeitraum von 89% in 1985 auf 84% in 1990.

Die Tatsache, daß in diesem Zeitraum die marginale Konsumquote relativ niedrig ist und die durchschnittliche Konsumquote sinkt, rührt daher, daß das Einkommen nach Überwindung der 80/82er Rezession stark ansteigt, während der Konsum sich demgegenüber relativ stetig entwickelt. Der Zähler in den Konsumquoten steigt nicht so stark an wie der Nenner. Wir kommen auf dieses typische Konsumverhalten, daß sich nämlich der Konsum im Zeitverlauf relativ stetig entwickelt, weiter unten nochmals zurück.

Ist also mit dem empirischen Ergebnis (5) die keynesianische Konsumhypothese bewiesen? Diese Schlußfolgerung ist unzutreffend. Aus Ergebnissen der Art der Konsumfunktion (5) darf nicht gefolgert werden, daß die keynesianische Konsumhypothese allgemein gültig ist. Für hinreichend lange Zeiträume ergibt sich regelmäßig, daß die marginale Konsumquote langfristig höher ist als kurzfristig, und daß die durchschnittliche Konsumquote langfristig nicht sinkt, sondern um einen konstanten Wert schwankt. So ergibt sich z.B. für den **Zeitraum 1960 bis 1990 die Konsumfunktion**:

$$C = -40{,}7 + 0{,}88 \cdot Y. \tag{6}$$

In der Konsumfunktion (6) sind C und Y wiederum die realen Konsumausgaben und das reale verfügbare Einkommen der privaten Haushalte (in Preisen von 1985; unter Ausschaltung der statistischen Ausreißer während der Rezession). Der negative autonome Konsum von − 40,7 Mrd DM bedeutet strenggenommen, daß die durchschnittliche Konsumquote nicht nur nicht sinkt, wie es die keynesianische Hypothese fordert, sondern sogar leicht ansteigt. Allerdings ist der Betrag von − 40,7 Mrd DM größenordnungsmäßig vernachlässigbar gering. Die Konsumausgaben betragen mehr als 1.000 Mrd DM, z.B. knapp 1.200 Mrd

DM in 1990. Die Konsumfunktion (6) verläuft praktisch durch den Nullpunkt. Unter Vernachlässigung der − 40,7 Mrd DM sind in der langfristigen Konsumfunktion (6) marginale und durchschnittliche Konsumquote gleich und konstant gleich 88%. Die Haushalte geben im langfristigen Durchschnitt einen konstanten Bruchteil von ca. 88% ihres Einkommens für Konsum aus. Die Konsumfunktion (6) ist eine **langfristige Konsumfunktion und widerspricht der keynesianischen Hypothese**.

Empirische Untersuchungen über lange Zeiträume liefern durchweg langfristige Konsumfunktionen mit konstantem durchschnittlichen Konsum (KUZNETS, 1946). Die Diskrepanz zwischen einerseits kurzfristig sinkender durchschnittlicher Konsumquote und andererseits langfristig konstanter durchschnittlicher Konsumquote ist in der Volkswirtschaftslehre eingehend analysiert worden. Diese Frage nach der Entwicklung der durchschnittlichen Konsumquote ist von nicht unerheblicher Bedeutung für die praktische Wirtschaftspolitik. Eine abnehmende durchschnittliche Konsumquote bedeutet einen zunehmenden Nachfrageausfall mit negativen Konsequenzen für Produktion und Beschäftigung (keynesianische kurzfristige Sicht). Eine konstante durchschnittliche Konsumquote dagegen führt nicht zu Problemen dieser Art (klassische langfristige Sicht). Ist es möglich, beide Sichtweisen in einer Synthese aufgehen zu lassen?

3. Absolute Einkommenshypothese

In der Volkswirtschaftslehre sind verschiedene Theorien entwickelt worden, die zur Erklärung der unterschiedlichen durchschnittlichen Konsumquoten dienen können. Nach der sog. **absoluten Einkommenshypothese** (SMITHIES, 1945) sind Funktionen mit konstanter durchschnittlicher Konsumquote statistische

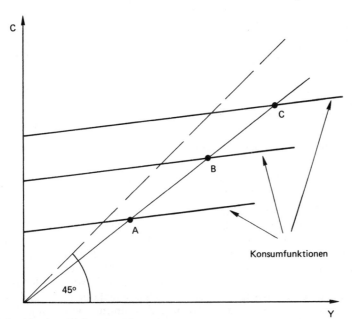

Abb. 10.3 Absolute Einkommenshypothese

Trugbilder, die sich dadurch ergeben, daß sich die „richtige" keynesianische Konsumfunktion von Typ (3) im Zeitablauf nach oben verschiebt. Die absolute Einkommenshypothese ist in Abbildung 10.3 dargestellt.

Die Punkte A, B und C in Abbildung 10.3 liegen auf unterschiedlichen Konsumfunktionen. Die Gerade durch die Punkte A, B und C ist hiernach keine Konsumfunktion. Eine für diese Theorie typische Konsumfunktion ist z.B. die Konsumfunktion (5).

Die Schwierigkeit bei der absoluten Einkommenshypothese besteht darin, daß es häufig nicht gelingt, die Konsumfunktion eindeutig zu identifizieren, die sich im Zeitablauf nach oben verschiebt. Es gibt nur wenige, über den langen Zeitraum unsystematisch verstreute kurzfristige Zeiträume, für die sich eine keynesianische Konsumfunktion nachweisen läßt.

4. Relative Einkommenshypothese

Nach der **relativen Einkommenshypothese** (DUESENBERRY, 1949) ist bei der Analyse des Konsumverhaltens zwischen **kurz- und langfristiger Konsumfunktion** zu unterscheiden. Die relative Einkommenshypothese ist in Abbildung 10.4 dargestellt.

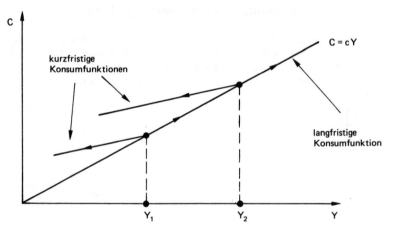

Abb. 10.4 Relative Einkommenshypothese

Für den Konsum der Haushalte ist die **Relation** zwischen dem Einkommen der laufenden Periode und dem höchsten Einkommen der Vergangenheit relevant.

Bei einer Einkommensreduktion (z.B. ausgehend von Y_1 oder auch von Y_2) wird der Konsum nur allmählich verringert. Es findet (kurzfristig) eine Bewegung nach links auf der kurzfristigen Konsumfunktion statt. Erst wenn sich die Einkommensreduktion als dauerhaft herausstellt, wird der Konsum auf das Niveau der langfristigen Konsumfunktion verringert. Bei einer Einkommenserhöhung dagegen (z.B. ausgehend von Y_1 oder auch von Y_2) wird der Konsum sofort entsprechend der langfristigen Konsumfunktion angehoben. Durch diese Unterscheidung zwischen kurz- und langfristiger Konsumfunktion gelingt es, den Widerspruch zwischen den verschiedenen empirisch feststellbaren Konsum-Einkommen-Relationen aufzuheben. Beide Konsumfunktionen liefern – unter Beachtung der Unterscheidung zwischen kurz- und langfristiger Betrachtungsweise – Beschreibungen des Konsumverhaltens, die mit den empirischen Ergebnissen vereinbar sind. Allerdings wird bei der relativen Einkommenshypothese die unterschiedliche Reaktion auf Einkommenserhöhungen einerseits und Einkommensreduktionen andererseits nicht erklärt.

5. Permanente Einkommenshypothese

Nach der **permanenten Einkommenshypothese** (FRIEDMAN, 1957) sind die Haushalte bestrebt, ihren **Konsum im Zeitablauf möglichst stetig** zu gestalten. Der permanenten Einkommenshypothese liegt damit eine ähnliche Annahme zugrunde wie der relativen Einkommenshypothese. Die Haushalte verändern ihren Konsum bei Einkommensänderungen nur allmählich und nicht abrupt. Im Gegensatz zur relativen Einkommenshypothese gilt diese Verhaltensannahme allerdings auch bei steigenden und nicht nur bei sinkenden Einkommen. Die angestrebte Verstetigung des Konsumstroms wird dadurch erreicht, daß Schwankungen des Einkommens durch Reinvermögensbildung (bei relativ hohem Einkommen) und durch Entsparen (bei relativ niedrigem Einkommen) ausgeglichen werden. Diese Verstetigung ist dargestellt in Abbildung 10.5.

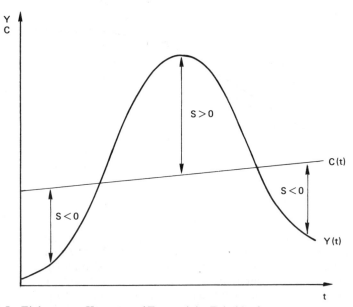

Abb. 10.5 Einkommen, Konsum und Ersparnis im Zeitablauf

Die Konsumausgaben einer bestimmten Periode sind nach dieser Hypothese nicht an dem tatsächlichen Perioden-Einkommen orientiert, sondern vielmehr an dem über einen längeren Zeitraum im Durchschnitt erwarteten sogenannten **permanenten Einkommen** (Y_p). Eine entsprechende Konsumfunktion ist:

$$C = c\, Y_p. \tag{7}$$

Die permanente Einkommenshypothese ist sehr plausibel und läßt sich theoretisch auch sehr gut begründen. Die theoretische Begründung basiert auf der mikroökonomischen Annahme zur Nutzenmaximierung des Haushalts im Zeitablauf. Die Schwierigkeit besteht in der Bestimmung des permanenten Einkommens. Strikt genommen ist das permanente Einkommen ein Element des (rechnerischen) Einkommensstroms, der sich ergibt, wenn der Barwert des gesamten Einkommensstroms kontinuierlich auf die gesamte Planungsperiode des Haushalts verteilt wird. Zur **einfachen Erläuterung** des grundsätzlichen Prinzips genügt es, das permanente Einkommen als einen gewogenen Durchschnitt aus gegenwärtigem und vergangenem Einkommen zu definieren. Hiernach gilt:

$$Y_p = h Y_t + (1 - h) Y_{t-1}, \quad 0 < h < 1. \tag{8}$$

Aus Gleichungen (7) und (8) ergibt sich die Konsumfunktion:

$$C_t = ch Y_t + c(1 - h) Y_{t-1}. \tag{9}$$

Die Konsumfunktion (9) kann anhand der Abbildung 10.6 erläutert werden.

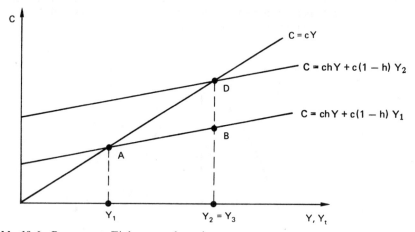

Abb. 10.6 Permanente Einkommenshypothese

In Punkt A entspricht das tatsächliche dem permanenten Einkommen, und der Konsum beträgt $C = cY_1$. Steigt das Einkommen auf $Y_2 > Y_1$, dann wird dies im Konsum zunächst nur mit dem Gewicht $h < 1$ berücksichtigt (Bewegung von A nach B; marginale Konsumquote $c \cdot h$). Erweist sich die Einkommenserhöhung als dauerhaft ($Y_3 = Y_2$), dann erhöht sich der Konsum auf cY_2 (Punkt D). Die langfristige Bewegung von A nach D kann gewissermaßen aufgeteilt werden in die kurzfristigen Bewegungen A nach B und B nach D, wobei B nach D nur vollzogen wird, wenn sich die Einkommenserhöhung $Y_2 > Y_1$ als dauerhaft erweist ($Y_3 = Y_2$).

Die permanente Einkommenshypothese liefert eine sehr einfache und einleuchtende Erklärung für die Tatsache, daß die kurzfristige marginale Konsumquote $c \cdot h$ kleiner ist als die langfristige marginale Konsumquote c. Gemäß der permanenten Einkommenshypothese sind die **langfristigen Einkommenserwar-**

tungen der Haushalte für die Konsumnachfrage entscheidend. Die Haushalte orientieren sich in erster Linie an der langfristig erwarteten Einkommensentwicklung, und weniger an kurzfristigen, vorübergehenden, sog. transitorischen Einkommensänderungen. **Transitorische Einkommensänderungen** gehen nur schwach in den Konsum ein. Die marginale Konsumquote transitorischer Einkommenselemente ist niedriger als die marginale Konsumquote **permanenter Einkommenselemente**.

Bilden wir zur Verdeutlichung ein **Beispiel**. Nehmen wir an, der Gewichtungsfaktor in Gleichung (8) ist h = 0,75. Dann ergibt sich unter Verwendung der langfristigen Konsumquote von c = 0,88 aus Gleichung (6) für die Konsumfunktion gemäß der permanenten Einkommenshypothese:

$$C = 0{,}88 \cdot 0{,}75 \cdot Y + 0{,}88 \cdot 0{,}25 \cdot Y_{-1},$$
$$C = 0{,}66 \cdot Y + 0{,}22 \cdot Y_{-1}. \tag{10}$$

Die Konsumfunktion (10) besagt, daß eine Einkommenserhöhung in der laufenden Periode zunächst nur zu einer Erhöhung des Konsums um 66% führt und erst in der folgenden Periode, wenn sich die Einkommenserhöhung als dauerhaft herausstellt, um weitere 22%. Die Konsumfunktion (10) erklärt sehr gut den Unterschied zwischen der kurz- und der langfristigen marginalen Konsumquote.

6. Lebenszyklus-Hypothese und Vermögenseffekt

In unseren bisherigen Überlegungen sind wir nur auf das Einkommen als Einflußgröße für den Konsum eingegangen. Die Rolle des **Vermögens** ist noch nicht berücksichtigt. Für die meisten Menschen spielt die Höhe ihres Vermögens für die Konsumausgaben eine nicht unwesentliche Rolle. Vermögensbesitzer geben mehr für Konsum aus, weil sie aus dem Vermögen ein zusätzliches Einkommen beziehen, und weil sie wegen des bereits vorhandenen Vermögens weniger für ihre Altersvorsorge sparen müssen. Dagegen geben Menschen ohne Vermögen vergleichsweise weniger für Konsum aus, weil sie keine Vermögenseinkünfte haben, und weil sie zum Aufbau eines Vermögensbestandes, falls gewünscht, sparen müssen.

Die Rolle des Vermögens für die Konsumausgaben wird in der **Lebenszyklus-Hypothese** (ANDO und MODIGLIANI, 1963) berücksichtigt. Die Lebenszyklus-Hypothese geht von der gleichen grundsätzlichen Annahme aus wie die permanente Einkommenshypothese. Es wird vermutet, daß die Haushalte einen **möglichst kontinuierlichen Konsumstrom über ihren gesamten Lebenszyklus** anstreben (vgl. oben Abbildung 10.5).

Gegenüber der permanenten Einkommenshypothese wird jedoch der Vermögensbestand ausdrücklich als eine Determinante des Konsums berücksichtigt.

Der Ansatz der Lebenszyklus-Hypothese kann einfach durch folgende Konsumfunktion dargestellt werden:

$$C = a \cdot V + c \cdot Y_N, \quad 0 < a, c < 1. \tag{11}$$

In der Konsumfunktion (11) ist V der reale Vermögensbestand und Y_N ist das Arbeitseinkommen (N = Arbeit). Die Faktoren a und c sind die entsprechenden marginalen Konsumquoten. Man kann den Faktor a als marginale Konsum-Vermögens-Quote bezeichnen. Wir können uns als Beispiel für die Konsumfunktion (11) einen 40 Jahre alten Menschen vorstellen, der ein Vermögen von V = 600.000 DM besitzt und ein jährliches Arbeitseinkommen von Y_N = 100.000 DM bezieht. Die marginalen Konsumquoten sind z.B. a = 0,03 und c = 0,70. Unter diesen Bedingungen beträgt der Konsum C = 18.000 + 70.000 = 88.000 DM.

Man kann den Ansatz der **permanenten Einkommenshypothese** gemäß der Konsumfunktion (9) und den Ansatz der **Lebenszyklus-Hypothese** gemäß der Konsumfunktion (11) in einer einzigen **Konsumfunktion zusammenfassen**. Eine solche Konsumfunktion lautet im Prinzip wie folgt:

$$C = a \cdot V + b \cdot h \cdot Y + b \cdot (1-h) \cdot Y_{-1}. \tag{12}$$

Die Konsumfunktion (12) berücksichtigt durch den ersten Summanden auf der rechten Seite explizit den Einfluß des Vermögensbestandes auf den Konsum, und sie berücksichtigt durch die Zeitverzögerung bei den beiden Einkommenskomponenten den Ansatz der permanenten Einkommenshypothese.

Ein Zahlenbeispiel für die Konsumfunktion (12) ist C = 0,04 · V + 0,55 · Y + 0,17 · Y_{-1}. In diesem Beispiel übersetzt sich eine Vermögensänderung mit 4% in eine Konsumänderung. Die langfristige marginale Konsumquote (in Bezug auf das Einkommen) ist 0,55 + 0,17 = 0,72. Der Gewichtungsfaktor h gemäß Gleichung (8) ist h = 0,55/0,72 = 0,76.

Wir wollen abschließend noch auf einen weiteren Aspekt der Einbeziehung des Vermögens in die Konsumfunktion eingehen. Der Einfluß des Vermögens auf den Konsum impliziert auch einen Einfluß von **Änderungen des Preisniveaus P auf den Konsum**. Das Vermögen V setzt sich zusammen aus dem Sachvermögen SV und dem realen Geldvermögen GV/P. Ein Anstieg des Preisniveaus, d.h. also eine Inflation, verringert den Realwert des Geldvermögens. Ein bestimmtes nominales Geldvermögen GV verliert bei einer Inflation im Zeitablauf an realem Wert, da man wegen der Inflation mit dem nominalen Geldvermögen immer weniger Güter kaufen kann. Da aber der Konsum positiv vom Vermögen abhängt, besteht zwischen Preisniveau und Konsum ein negativer Zusammenhang. Eine Inflation tangiert über die Verringerung des Realwerts des Geldvermögens den Konsum negativ. Man bezeichnet diesen Effekt von Preisniveauänderungen auf den Konsum als **Vermögenseffekt (auch: PIGOU-Effekt, Realkassen-Effekt)**.

II. Investition

1. Investitionstätigkeit und gesamtwirtschaftliche Aktivität

Nach dem privaten Konsum sind die Bruttoinvestitionen anteilmäßig die zweitgrößte Komponente des Bruttosozialprodukts. Der Anteil der Bruttoinvestitionen am Bruttosozialprodukt schwankt zwischen knapp 20% und knapp 30%. Zudem ist die Investitionstätigkeit mit den Schwankungen der gesamtwirtschaftlichen Aktivität (den **Konjunkturschwankungen**) enger verbunden als andere Komponenten des Sozialprodukts wie z.B. der private Konsum. Die Investitionen sind gewissermaßen der am stärksten „sensible" Teil der gesamtwirtschaftlichen Produktion. Dieser Sachverhalt ist in Schaubild 10.1 dargestellt. Die Investitionstätigkeit ist hierbei gemessen als Anteil der Bruttoinvestitionen am Bruttosozialprodukt. Die Konjunkturschwankungen sind durch die Kapazitätsauslastung in der verarbeitenden Industrie und die Arbeitslosenquote charakterisiert. Schaubild 10.1 macht deutlich, daß eine hohe Investitionsquote mit hoher Kapazitätsauslastung und niedrigen Arbeitslosenquoten einhergeht, während eine niedrige Investitionsquote mit niedriger Kapazitätsauslastung und hoher Arbeitslosigkeit verbunden ist. Die Analyse der Determinanten der Investitionstätigkeit ist also für die praktische Wirtschaftspolitik von besonderem Interesse.

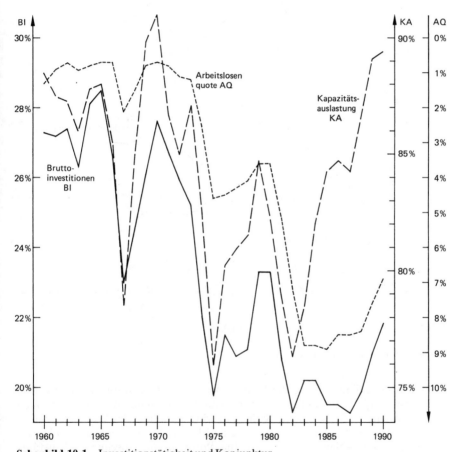

Schaubild 10.1 Investitionstätigkeit und Konjunktur

Quellen: Ifo-Institut, Unternehmensbefragungen; SVR, JG; eigene Berechnungen.

Die gesamtwirtschaftliche **Investitionstätigkeit kann aufgegliedert werden** hinsichtlich des Investors und hinsichtlich der Investitionsart. Investoren sind private Unternehmer und der Staat. Was die Art der Investitionen anbelangt, bestehen die gesamten Bruttoinvestitionen aus Anlageinvestitionen und Lagerinvestitionen. Die Anlageinvestitionen werden weiter unterschieden in Ausrüstungsinvestitionen und Bauinvestitionen. Der Teil der Bauinvestitionen, der Wohnungsbauinvestitionen darstellt, wird in der Statistik gesondert ausgewiesen. Die Entwicklung der Anteile der verschiedenen Komponenten der gesamten Bruttoinvestitionen am Bruttosozialprodukt ist in Schaubild 10.2 dargestellt.

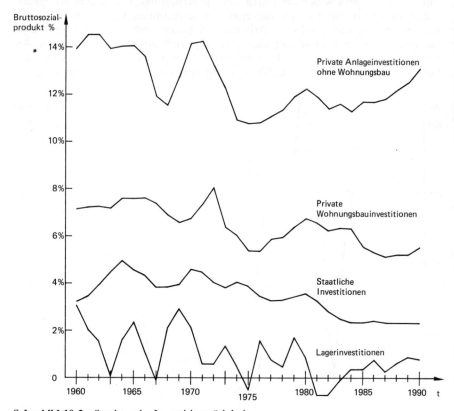

Schaubild 10.2 Struktur der Investitionstätigkeit

Quellen: SVR, JG; eigene Berechnungen.

Eine vollständige Analyse der Determinanten der Investitionstätigkeit würde eine eingehende Behandlung sämtlicher Komponenten der Bruttoinvestitionen erfordern. Hier sollen hinsichtlich der Lagerinvestitionen, der Wohnungsbauinvestitionen und der Staatsinvestitionen einige kurze Hinweise genügen und lediglich die privaten Anlageinvestitionen ohne Wohnungsbau anschließend ausführlich behandelt werden.

Was die **Lagerinvestitionen** anbelangt, so ist aus Schaubild 10.2 ersichtlich, daß diese im Vergleich zu den anderen Investitionsarten die stärksten Schwankungen aufweisen, und daß diese Schwankungen praktisch synchron zu den Konjunkturschwankungen (insbesondere gemessen an der Kapazitätsauslastung) verlaufen. Dieser Sachverhalt kann u.a. darauf zurückgeführt werden, daß die Unternehmen eine bestimmte Relation zwischen Lagerbestand und Absatz anstreben, wobei die Lagerbildung bzw. der Lagerabbau orientiert ist am Absatz der Vergangenheit und nicht am künftig erwarteten Absatz. Die Unternehmen bauen also im Verlauf des Aufschwungs entsprechend dem steigenden Absatz die Läger auf. Die Lagerinvestitionen erreichen ihren Höhepunkt, wenn der Abschwung bereits beginnt (z.B. 1965, 1973, 1979). Umgekehrt werden im Verlauf des Abschwungs entsprechend dem sinkenden Absatz die Läger reduziert, und die Lagerinvestitionen erreichen ihren Tiefpunkt, wenn der Aufschwung beginnt (z.B. 1967, 1972, 1982).

Hinsichtlich der **Wohnungsbauinvestitionen** ist zu bemerken, daß diese in der Bundesrepublik Deutschland stark durch staatliche Interventionen beeinflußt sind. Der Staat reglementiert den privaten Wohnungsbau durch Subventions- und Steuergesetzgebung, durch Mietstop-Verordnungen, Mieterschutz u.ä. Maßnahmen. Bemerkenswert ist die relative Schwäche der Wohnungsbauinvestitionen seit etwa 1975 (vgl. Schaubild 10.2). Dies kann mit den insbesondere im Mietwohnungsbau ungenügenden Erlös-Kosten-Relationen erklärt werden.

Was die **Staatsinvestitionen** anbelangt, so betragen diese etwa 1/6 der gesamten Bruttoinvestitionen (vgl. Schaubilder 10.1 und 10.2). In den Angaben über die Staatsinvestitionen sind hierbei nicht enthalten die Militärausgaben und die Ausgaben im Bildungsbereich. Die gesamtwirtschaftliche Investitionstätigkeit wird also in der Bundesrepublik Deutschland in nicht unerheblichem Ausmaß vom Staat direkt gelenkt.

2. Theorie der Investitionsfunktion

Unternehmer investieren, um Gewinne zu erzielen. Aus dieser allgemeinen Zielsetzung versucht man in der Volkswirtschaftslehre abzuleiten, von welchen Einflußgrößen die Investitionen abhängen. Es wird versucht, eine Theorie der Investitionsfunktion zu formulieren. Eine Investitionsfunktion ist eine Funktion, die die Abhängigkeit der Investitionen von einer Reihe von Einflußgrößen beschreibt. Hiermit wollen wir uns im folgenden näher beschäftigen.

a. Optimaler Kapitalbestand und Investitionstätigkeit

Positive Nettoinvestitionen sind gleichbedeutend mit einer Zunahme des Kapitalbestandes. Die Einflußgrößen, die die Höhe des gewünschten Kapitalbestandes determinieren, bestimmen somit auch den Umfang der Nettoinvestitionen. Die Unternehmen streben den Kapitalbestand an, der die Gewinne maximiert. Dieser gewünschte Kapitalbestand ist der optimale Kapitalbestand. Es gilt also zunächst, die Determinanten dieses optimalen Kapitalbestandes herauszufinden.

Die gesamtwirtschaftliche Produktion wird durch den Einsatz von Produktionsfaktoren erstellt. Dieser Zusammenhang wird durch eine Produktionsfunktion beschrieben. In der Produktionsfunktion ist das Kapital einer der Produktionsfaktoren. Die Höhe dieses Produktionsfaktors Kapital ist optimal, wenn die Gewinne maximal sind. Man kann also den optimalen Kapitalbestand dadurch bestimmen, daß man die Gewinne unter der Annahme einer gegebenen Produktionsfunktion maximiert.

Wir gehen von einer **COBB-DOUGLAS-Produktionsfunktion** aus:

$$Y = K^a \cdot N^{1-a}, \quad 0 < a < 1. \tag{13}$$

In der Produktionsfunktion (13) ist Y die gesamtwirtschaftliche Produktion, K der Kapitalbestand, N der Arbeitseinsatz und a die Produktionselastizität des Faktors Kapital.

Wie hoch ist der **optimale Kapitalbestand**? Wir haben uns mit diesem Problem bereits oben im Teil Mikroökonomik bei der Bestimmung des optimalen Produktionsplans (5. Kapitel, Ziffer IV.1.b) und bei der Frage der Faktorpreisbildung auf dem Kapitalmarkt (7. Kapitel, Ziffer II) beschäftigt. Der Kapitalbestand ist dann optimal, wenn die reale Grenzproduktivität des Kapitals (die reale marginale Kapitalproduktivität) gleich den realen Grenzkosten des Kapitals (den realen marginalen Kapitalkosten) ist. Wir können diesen Zusammenhang anhand der Abbildung 10.7 erläutern.

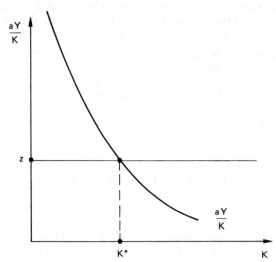

Abb. 10.7 Optimaler Kapitalbestand

Die fallende Linie $\delta Y/\delta K = aY/K$ in Abbildung 10.7 beschreibt den Verlauf der **marginalen Kapitalproduktivität**, wenn in der Produktionsfunktion (13) der Kapitalbestand sukzessive erhöht wird. Man erhält den Ausdruck aY/K, wenn man die erste Ableitung der Produktionsfunktion (13) nach K bildet. Diese marginale Kapitalproduktivität gibt an, um wieviel sich der reale Output Y ändert, wenn der Kapitaleinsatz marginal um eine Einheit variiert wird. Wird der Kapitalbestand z.B. um $\delta K = 1$ DM erhöht, und steigt dadurch der Output um $\delta Y = 0{,}09$ DM pro Jahr, dann ist die reale marginale Kapitalproduktivität an dieser Stelle des Kapitalbestandes 9% pro Jahr. Man kann diese marginale Kapitalproduktivität aus betriebswirtschaftlicher Sicht als die **marginale Rendite des Anlagevermögens** interpretieren. Bei einer COBB-DOUGLAS-Produktionsfunktion sinkt die marginale Kapitalproduktivität bei steigendem Kapitaleinsatz. Wird mehr Kapital eingesetzt, dann steigt die Produktion zwar an, aber mit abnehmenden Zuwächsen.

Die waagrechte Linie z in Abbildung 10.7 beschreibt den Verlauf der **marginalen Kapitalkosten (auch: rental cost of capital)**. Diese marginalen Kapitalkosten sind der reale Faktorpreis, den der Unternehmer für die Nutzung einer Einheit Kapital kalkulieren muß. Ist z.B. $z = 8\%$, dann kostet 1 DM Kapitaleinsatz 0,08

DM pro Jahr. So wie aus betriebswirtschaftlicher Sicht die marginale Kapitalproduktivität als die marginale Rendite des Anlagevermögens auf der Aktivseite der Bilanz interpretiert werden kann, so können die marginalen Kapitalkosten als die **marginale Zinsbelastung** interpretiert werden, mit der der Unternehmer die Passivseite seiner Bilanz bedienen muß. In Abbildung 10.7 sind die marginalen Kapitalkosten zur Vereinfachung als konstant angenommen.

Nach diesen Erläuterungen leuchtet es ein, daß der **Kapitalbestand dann optimal ist, wenn die marginale Kapitalproduktivität gleich den marginalen Kapitalkosten ist.** Der optimale Kapitalbestand ist in Abbildung 10.7 als K^* gekennzeichnet. Es gilt:

$$K^* = aY/z. \tag{14}$$

Nehmen wir z.B. an, daß der tatsächliche Kapitalbestand unter dem optimalen Kapitalbestand liegt, d.h. es ist $K < K^*$. Dann lohnt es sich, mehr Kapital einzusetzen, d.h. zu investieren. Denn jede investierte DM erbringt noch mehr, als sie kostet, da $\delta Y/\delta K > z$ ist. Analog steigert es auch den Gewinn, einen $K > K^*$ herunterzufahren, d.h. zu desinvestieren.

Wir können also feststellen, daß dann investiert wird, wenn die marginale Kapitalproduktivität über den marginalen Kapitalkosten liegt. In irgendeiner Form liegt letztlich dieser grundsätzliche Zusammenhang allen empirischen Untersuchungen der Bestimmungsfaktoren der Investitionstätigkeit zugrunde. Für die marginale Kapitalproduktivität werden Indikatoren verwendet, die die Rentabilität des investierten Kapitals messen. Für die marginalen Kapitalkosten kann man den Realzins ansetzen, der die reale Verzinsung für langfristig laufende festverzinsliche Wertpapiere am sog. Kapitalmarkt angibt. Häufig wird die **Differenz zwischen Kapitalrentabilität und Realzins** gebildet und dieses **Renditedifferential** der Investitionstätigkeit gegenübergestellt. Die Hypothese ist, daß die Investitionen positiv von diesem Renditedifferential abhängen. Ist das Renditedifferential hoch, d.h. liegt die marginale Kapitalproduktivität deutlich über dem Realzins, dann wird kräftig investiert. Dann erbringt die Investition in Sachkapital mehr als eine Anlage in Wertpapieren am Kapitalmarkt.

In Schaubild 10.3 ist ein einfacher Test dieses vermuteten Zusammenhangs für den Zeitraum 1965 bis 1990 dargestellt.

In Schaubild 10.3 wird für die Investitionstätigkeit (Linie I) eine **Investitionsquote** verwendet, und zwar der Anteil der Nettoanlageinvestitionen am BSP (in Preisen von 1985). Für die marginale Kapitalproduktivität wird eine Umsatzrendite verwendet, und zwar die **Gewinn-Erlös-Relation** gemäß der Berechnung des SVR (vgl. oben Tabelle 9.3). Zur Messung der marginalen Kapitalkosten wird der **Realzins** als Differenz zwischen nominalem Kapitalmarktzins und Inflationsrate verwendet. Das Renditedifferential (Linie R) ist die Differenz zwischen der Gewinn-Erlös-Relation und dem Realzins. Schaubild 10.3 bestätigt die aus der Theorie des optimalen Kapitalbestandes abgeleitete Hypothese. Die Investitionsquote (Linie I) entwickelt sich unter Schwankungen parallel zu dem Renditedifferential (Linie R) nach unten. Die wesentliche Ursache ist, daß ca. mit Beginn der 70er Jahre die Gewinn-Erlös-Relation kräftig sinkt (vgl. oben Tabelle 9.3), wodurch das Renditedifferential nach unten gezogen wird. Teilweise ist das Renditedifferential sogar negativ. Das bedeutet, daß sich eine Investition in Sachkapital im Durchschnitt niedriger rentiert als eine Anlage in Wertpapieren.

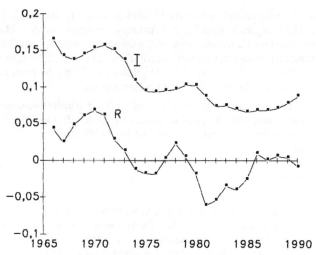

Schaubild 10.3 Investitionsquote und Renditedifferential

Quellen: Deutsche Bundesbank, Monatsberichte; SVR, JG; eigene Berechnungen.

Seit ca. 1983 verbessert sich die Gewinn-Erlös-Relation wieder, wodurch das Renditedifferential ansteigt. Die Investitionsquote wächst. Allerdings ist das Renditedifferential zur Wiedergewinnung von Investitionsquoten wie in der 2. Hälfte der 60er Jahre noch zu niedrig.

Man kann auch die **Investitionstätigkeit direkt mit der Entwicklung des Realzinses vergleichen**. Die Hypothese der Theorie des optimalen Kapitalbestandes ist, daß zwischen Investitionen und Realzins eine negative Abhängigkeit besteht. Wenn sich in Abbildung 10.7 die Linie z z.b. nach unten verschiebt, dann erhöht sich wegen der sinkenden marginalen Kapitalkosten der optimale Kapitalbestand, und es wird demgemäß mehr investiert. Eine Prüfung dieses Zusammenhangs für den Zeitraum 1960 bis 1989 ergibt folgende Investitionsfunktion:

$$I = 63{,}75 - 2{,}60 \cdot r. \tag{15}$$

In der Investitionsfunktion (15) sind die Investitionen I die trendbereinigten privaten Bruttoausrüstungsinvestitionen (in Preisen von 1980), und r ist der Realzins als Differenz zwischen nominalem Kapitalmarktzins und Inflationsrate. Die Datenpaare 1975 und 1981 sind als Ausreißer nicht berücksichtigt. Die Investitionsfunktion (15) bestätigt den hypothetisch vermuteten negativen Zusammenhang zwischen Investitionstätigkeit und Realzins. Eine Änderung des Realzinses um 1 Prozentpunkt korrespondiert mit einer entgegengesetzten Änderung der Investitionen um 2,6 Mrd DM. Gegenüber der Darstellung in Schaubild 10.3 hat die Methode der Funktion (15) den Nachteil, daß nur der isolierte Einfluß des Realzinses beschrieben wird. Dieser Einfluß ist überlagert von der Entwicklung der marginalen Kapitalproduktivität, die in dem Ansatz (15) konstant angenommen ist. Außerdem sind in dem Ansatz (15) die Bauinvestitionen nicht berücksichtigt, die erfahrungsgemäß stark vom Zins abhängen. Man sollte also das Ergebnis (15) nicht zu stark gewichten.

Wir kehren zurück zu der Gleichung (14) für den optimalen Kapitalbestand. Wir haben uns bisher mit dem Einfluß der marginalen Kapitalproduktivität und der marginalen Kapitalkosten auf die Höhe des optimalen Kapitalbestandes beschäftigt. Wir haben festgestellt, daß bei gegebener marginaler Kapitalproduktivität ein negativer Zusammenhang zwischen optimalem Kapitalbestand und marginalen Kapitalkosten besteht. Der optimale Kapitalbestand hängt außer von den marginalen Kapitalkosten auch noch von den **Absatzerwartungen** der Unternehmer ab. Man kann die Größe Y in aY/K als die Absatzerwartungen der Unternehmer interpretieren. Gemäß dieser Interpretation streben die Unternehmer einen bestimmten Kapitalbestand an, mit dem sie ein bestimmtes erwartetes Absatzvolumen Y_0 zu befriedigen gedenken. Wenn sich diese Absatzerwartungen ändern, dann bedeutet das in Abbildung 10.7 eine entsprechende Verschiebung der Linie aY/K. Bei optimistischen Absatzerwartungen z.B. verschiebt sich die Linie aY/K nach rechts. Wir können somit sagen, daß der optimale Kapitalbestand positiv von den Absatzerwartungen abhängt.

Zusammengefaßt gilt also für den optimalen Kapitalbestand:

$$K^* = K^*(Y, z) \tag{16}$$

mit

$$\delta K^*/\delta Y > 0, \qquad \delta K^*/\delta z < 0.$$

Der optimale Kapitalbestand ist positiv abhängig von den Absatzerwartungen der Unternehmer und negativ abhängig von den marginalen Kapitalkosten.

Wir wollen nun nach diesen Vorüberlegungen die Einflußgrößen für den optimalen Kapitalbestand genauer analysieren. Man kann hierbei so vorgehen, daß man die gesamtwirtschaftliche Unternehmergewinngleichung ausformuliert und unter der Nebenbedingung gegebener Absatzerwartungen maximiert. Für den Gewinn gilt:

$$G = Y - \text{Kapitalkosten} - \text{Arbeitskosten}.$$

Für die Kapitalkosten gilt:

$$\text{Kapitalkosten} = r \cdot K/(1 - k) + d \cdot K.$$

Hierbei ist r der Realzins, k der Steuersatz auf die Bruttokapitaleinkommen $r \cdot K/(1 - k)$, und d ist die Abschreibungsrate.

Für die Arbeitskosten gilt:

$$\text{Arbeitskosten} = (W/P) \cdot N.$$

Hierbei ist W der Bruttonominallohn pro Arbeitseinheit, P das Preisniveau (die Größe (W/P) ist also der reale Bruttolohn pro Arbeitseinheit), und N ist der Arbeitseinsatz.

Die Aufgabe der Gewinnmaximierung unter der Nebenbedingung gegebener Absatzerwartungen lautet also:

$$G = K^a \cdot N^{1-a} - r \cdot K/(1-k) - d \cdot K - (W/P) \cdot N = \max!,$$
Nebenbedingung: $Y_0 = Y = K^a \cdot N^{1-a}.$

Für die LAGRANGE-Funktion (λ = LAGRANGE-Multiplikator) gilt:

$$L = G + \lambda \cdot (Y_0 - Y).$$

Die partiellen Ableitungen der LAGRANGE-Funktion werden Null gesetzt. Dann ergibt sich für den optimalen Kapitalbestand (die Ausrechnung wird hier übergangen):

$$K^* = Y_0 \cdot \left[\frac{(W/P) \cdot a}{r \cdot (1-a)/(1-k) + d \cdot (1-a)} \right]^{(1-a)}. \tag{17}$$

Gemäß Gleichung (17) ist der **optimale Kapitalbestand positiv abhängig von den Absatzerwartungen, negativ abhängig vom Steuersatz auf Kapitaleinkommen und negativ abhängig vom Realzins.**

Die Abhängigkeiten von den Absatzerwartungen und dem Steuersatz kann man zusammenfassen, indem man Gleichung (17) wie folgt schreibt:

$$K^* = Y_0^a \cdot \left[\frac{a \cdot Y_0 \cdot (1-k) \cdot (W/P)}{r \cdot (1-a) + d \cdot (1-k) \cdot (1-a)} \right]^{(1-a)}. \tag{18}$$

In Gleichung (18) entspricht der Teil $a \cdot Y_0 \cdot (1 - k)$ im Zähler den Nettokapitaleinkommen nach Kapitaleinkommensteuern. Der Teil a der Produktion Y_0 ist die Produktionselastizität und gibt bei Entlohnung der Produktionsfaktoren nach den Grenzproduktivitäten den Einkommensanteil des Faktors Kapital an. Gleichung (17) impliziert also auch eine **positive Abhängigkeit des optimalen Kapitalstocks von den Gewinnerwartungen.**

Wir müssen noch eine Aussage der Gleichung (17) erläutern, die teilweise zu erheblichen Mißverständnissen führt. Gleichung (17) besagt auch, daß zwischen dem optimalen Kapitalbestand und dem **Reallohn** W/P eine positive Beziehung besteht. Das heißt, daß eine Reallohnerhöhung zu einer Zunahme des optimalen Kapitalbestands führt. Dies scheint ein Widerspruch zu gängigen Vorstellungen zu sein. Denn üblicherweise verbindet man mit Reallohnerhöhungen negative Beschäftigungswirkungen, und mit einer Kapitalstockerhöhung positive Beschäftigungswirkungen. Die Gleichung (17) scheint das Gegenteil auszusagen. Dies ist aber nur ein **scheinbarer Widerspruch** zu den gängigen Vorstellungen. Der Widerspruch löst sich auf, wenn wir uns daran erinnern, daß Gleichung (17) unter der Nebenbedingung gegebener Absatzerwartungen abgeleitet wird. Der steigende Reallohn führt – ganz in Übereinstimmung mit den gängigen Vorstellungen – zu einem Rückgang der Beschäftigung. Da aber die Produktion gleich bleibt (gegebene Absatzerwartungen), muß der Kapitaleinsatz steigen. Die gleiche Produktion wird wegen des höheren Reallohns mit mehr Kapital und weniger Arbeit hergestellt. Die positive Abhängigkeit zwischen Reallohn und optimalem Kapitalbestand darf also nicht so interpretiert werden, daß steigende Reallöhne zu mehr Kapitaleinsatz und darüber zu mehr Beschäftigung führen. Vielmehr führen steigende Reallöhne zu vermehrtem Kapitaleinsatz, was bei gegebenen Absatzerwartungen weniger Beschäftigung bedeutet.

Zusammengefaßt gilt also für den optimalen Kapitalbestand:

$$K^* = K^*(Y, k, r) \tag{19}$$

mit
$$\delta K^*/\delta Y > 0, \quad \delta K^*/\delta k < 0, \quad \delta K^*/\delta r < 0.$$

Der **optimale Kapitalbestand ist positiv abhängig von den Absatz- und Gewinnerwartungen und negativ abhängig vom Steuersatz auf Kapitaleinkommen und vom Realzins.**

Diese Schlußfolgerungen sind von erheblicher Bedeutung für die praktische Wirtschaftspolitik.

Im Rahmen der **Finanzpolitik** hat der Staat zwei Möglichkeiten, die Absatz- und Gewinnerwartungen zu beeinflussen. Durch eine Steuerung der staatlichen Güternachfrage können die Absatzerwartungen beeinflußt werden. Durch eine Variation des Steuersatzes können die Gewinnerwartungen direkt beeinflußt werden.

Im Rahmen der **Geldpolitik** kann der Staat über eine Steuerung des nominalen Zinsniveaus und der erwarteten Inflationsrate den Realzins und damit die marginalen Kapitalkosten beeinflussen.

Finanz- und geldpolitische Maßnahmen haben also Einfluß auf die Höhe des optimalen Kapitalstocks. Dies wiederum wirkt auf die Investitionsnachfrage. Mit diesem Zusammenhang wollen wir uns im folgenden Abschnitt beschäftigen.

b. Investitionsfunktion

(1) Neoklassische Investitionsfunktion

Wir haben uns bisher mit der Bestimmung des optimalen Kapitalbestandes beschäftigt. Der Zusammenhang zu der Investitionstätigkeit ist, daß **Nettoinvestitionen eine Änderung des Kapitalbestandes** sind. Es gilt:

$$I = K - K_{-1}. \tag{20}$$

Gleichung (20) beschreibt einen rein definitorischen Zusammenhang und ist noch keine Investitionsfunktion. Wir können in Gleichung (20) für K den optimalen Kapitalbestand K* einsetzen und durch einen Anpassungskoeffizienten α berücksichtigen, daß die Anpassung des tatsächlich vorhandenen Kapitalbestandes an den optimalen Kapitalbestand z.B. wegen Kapazitätsengpässen in der Investitionsgüterindustrie in der Regel eine gewisse Zeit erfordert. Hiernach gilt:

$$I = \alpha \cdot [K^*(Y, k, r) - K_{-1}], \quad 0 < \alpha \le 1. \tag{21}$$

Gleichung (21) ist eine **Investitionsfunktion**. Die Aussage ist, daß der aus der Vorperiode übernommene tatsächliche Kapitalbestand K_{-1} im Zeitverlauf an den gewünschten optimalen Kapitalbestand K* angepaßt wird. Der optimale Kapitalbestand hängt positiv von den Absatz- und Gewinnerwartungen und negativ von dem Steuersatz und dem Realzins ab. Die Anpassung des tatsächlichen Kapitalbestandes an den optimalen Kapitalbestand ist nicht sofort möglich, sondern geschieht mit einem periodenkonstanten Anteil der Differenz zwischen tatsächlichem und optimalem Kapitalbestand.

Bilden wir zu der Art der **verzögerten Anpassung** ein Zahlenbeispiel. Nehmen wir z.B. K* = 100, K_0 = 70 und α = 0,6 an. Der periodenkonstante Anpassungskoeffizient beträgt also 60%. Die Entwicklung von I und K in den ersten 3 Perioden ist dann wie folgt. Es ergibt sich $I_1 = 18,0$, $I_2 = 7,2$ und $I_3 = 2,9$. Für die Entwicklung des Kapitalbestandes ergibt sich dementsprechend $K_1 = 88,0$, $K_2 = 95,2$ und $K_3 = 98,1$. Der tatsächliche Kapitalbestand entwickelt sich also im Zeitverlauf allmählich auf den optimalen Kapitalbestand zu. Man kann sich zum Verständnis des verzögerten Anpassungsprozesses auch einen theoretischen Sonderfall vorstellen, nämlich den Fall $\alpha = 1$. Dann besteht zwischen tatsächlichem Kapitalbestand und optimalem Kapitalbestand nie eine Lücke. Diese sofortige Anpassung ist realiter praktisch nie gegeben.

In der Investitionsfunktion (21) steht Y für die **Absatzerwartungen** der Unternehmer. Die Annahme ist plausibel, daß die Unternehmer ihre Investitionstätigkeit an einem langfristig erwarteten Produktionsvolumen orientieren, und nicht auf jede kurzfristige Schwankung der Produktion mit einer entsprechenden Änderung ihrer Nettoinvestitionen reagieren. Dies läßt sich z.B. dadurch berücksichtigen, daß in der Investitionsfunktion (21) für Y auch Produktionswerte aus weiter zurückliegenden Perioden eingehen, d.h. daß die Investitionen auf die Produktion mit einer zeitlichen Verzögerung reagieren. Durch den Einbau zeitlicher Verzögerungen in die Investitionsfunktion können **zyklische Schwankungen** der Produktion um einen Trend **(Konjunkturschwankungen)** sehr gut erklärt werden. Die eingehende Analyse verschiedener Varianten von Investitionsfunktionen dieser Art ist daher auch ein Gegenstand der volkswirtschaftlichen **Konjunkturtheorie**.

In der Investitionsfunktion (21) liegt dem optimalen Kapitalbestand eine COBB-DOUGLAS-Produktionsfunktion mit substitutionalen Produktionsfaktoren zugrunde. Die dahinter stehende grundsätzliche Annahme ist, daß für die Höhe des Einsatzes der Produktionsfaktoren Kapital und Arbeit die Faktorpreisrelationen, also z.B. auch die marginalen Kapitalkosten und der Realzins entscheidend sind. Man nennt eine solche Investitionsfunktion häufig eine **neoklassische Investitionsfunktion**. Die Ansicht, daß Entscheidungen über Mengen (hier: Faktoreinsatzmengen) sehr stark von den Preisrelationen (hier: Faktorpreisrelationen) abhängen, ist neoklassisches Gedankengut. Die konkurrierende Ansicht lernen wir in der nächsten Ziffer bei der Behandlung der Akzeleratorhypothese kennen.

Zusammengefaßt können wir also die **Investitionsfunktion** allgemein wie folgt formulieren:

$$I = I(Y, k, r) \tag{22}$$

mit

$$\delta I/\delta Y > 0, \quad \delta I/\delta k < 0, \quad \delta I/\delta r < 0.$$

Die Unternehmer nehmen Nettoinvestitionen vor, wenn der optimale Kapitalbestand größer ist als der vorhandene Kapitalbestand. Die Anpassung des vorhandenen an den gewünschten Kapitalbestand durch die Nettoinvestitionen erfordert in der Regel eine gewisse Zeit. Die Nettoinvestitionen sind positiv abhängig von den langfristigen Absatz- und Gewinnerwartungen der Unternehmer und negativ abhängig vom Steuersatz auf Kapitaleinkommen und vom Realzins.

(2) Akzelerator

Der Vollständigkeit halber wollen wir noch eine zweite Investitionsfunktion erläutern, die in der Volkswirtschaftslehre eine gewisse Rolle spielt. Ausgangspunkt der Überlegungen ist auch hier der definitorische Zusammenhang der Gleichung (20):

$$I = K - K_{-1}. \tag{20}$$

Nettoinvestitionen bedeuten eine Erhöhung des Kapitalbestandes. Nun werden zwei sehr einfache Annahmen getroffen. Erstens wird angenommen, daß der optimale Kapitalbestand jederzeit dem tatsächlichen Kapitalbestand entspricht. Das bedeutet, daß die Anpassung des vorhandenen an den gewünschten Kapitalbestand **ohne jede zeitliche Verzögerung** möglich ist, d.h. der Anpassungskoeffizient $\alpha = 1$. Es gilt:

$$K = K^*.$$

Zweitens wird angenommen, daß zwischen dem optimalen Kapitalbestand und der Produktion Y eine feste **proportionale Beziehung** besteht. Es gilt:

$$K^* = \beta \cdot Y, \qquad \beta > 0.$$

Gemäß diesen beiden Annahmen gilt unter Berücksichtigung von (20):

$$I = \beta \cdot (Y - Y_{-1}). \tag{23}$$

Gleichung (23) ist die Investitionsfunktion gemäß der **Akzeleratorhypothese** (CLARK, 1917). Nach dieser Investitionsfunktion sind die Investitionen von der Änderung der Produktion abhängig. Die Unternehmer passen den Kapitalbestand der Produktion an. Die Anpassung dient dazu, eine bestimmte Relation zwischen Kapitalbestand und Produktion zu realisieren. Die Relation β ist der Kehrwert der durchschnittlichen Kapitalproduktivität und wird als **Akzelerator** bezeichnet (auch: **Kapitalkoeffizient**).

Die Anpassung geschieht dadurch, daß netto investiert (oder auch – falls die Nachfrage schrumpft – netto desinvestiert) wird, wobei nie eine Differenz zwischen dem tatsächlich vorhandenen und dem optimalen Kapitalbestand auftritt. Der Zusammenhang zwischen Investitionstätigkeit und Änderung der Produktion gemäß dieser Hypothese ist in Abbildung 10.8 dargestellt.

In Phase I steigt die Nachfrage mit zunehmenden Änderungen, was zur Folge hat, daß die Investitionen von Jahr zu Jahr höher ausfallen. In Phase II steigt die Nachfrage mit abnehmenden Änderungen, was zur Folge hat, daß die Investitionen von Jahr zu Jahr niedriger ausfallen. Sinkt die Nachfrage (Phase III und IV), dann werden die Investitionen sogar negativ. Nachfrageänderungen haben also einen beschleunigenden Effekt auf die Investitionstätigkeit. Die Investitionsfunktion (23) wird daher auch als das **Akzelerationsprinzip** (in seiner einfachen Form) bezeichnet und die Relation β als der Akzelerator.

Die Investitionsfunktion (23) kann als eine **keynesianische Investitionsfunktion** interpretiert werden. Die Ansicht, daß zwischen Faktoreinsatzmenge (hier: Kapital) und Produktion ein starres Verhältnis besteht, entspricht keynesianischem Gedankengut und stellt einen gewissen Gegensatz zu der neoklassischen Produktionsfunktion dar. Gemäß der Akzelaratorhypothese steht die Faktoreinsatzmenge unabhängig von den Faktorpreisrelationen in einem festen Verhältnis zur Produktion. Eine bestimmte Produktion wird also stets mit dem gleichen Ka-

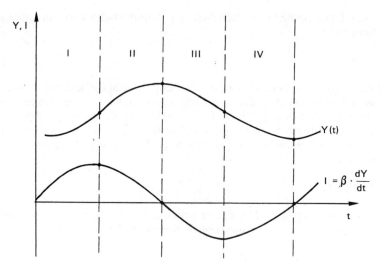

Abb. 10.8 Akzelerationsprinzip

pitalbestand hergestellt, unabhängig von dem Preis für den Faktor Kapital. Demgegenüber sind in der neoklassischen Produktionsfunktion in Abhängigkeit von den Faktorpreisrelationen durchaus Substitutionen zwischen den Faktoreinsatzmengen möglich, d.h. die gleiche Produktion kann durchaus mit unterschiedlichen Kapitalbeständen realisiert werden.

Empirisch läßt sich die einfache (starre) Form des Akzelerationsprinzips kaum nachweisen. Dies kann damit erklärt werden, daß die Investitionsfunktion (23) auf der Hypothese basiert, daß zwischen dem vorhandenen und dem optimalen Kapitalbestand nie eine Differenz auftritt. Diese recht **unrealistische Annahme** läßt sich durch die realistischere Annahme der zeitlich verzögerten Anpassung ersetzen, wie sie in der neoklassischen Produktionsfunktion inkorporiert ist. Dieser Ansatz wird daher auch teilweise als flexible Form des Akzelerationsprinzips bezeichnet.

III. Staatsnachfrage und Außenbeitrag

Die Staatsnachfrage nach Gütern und der Außenbeitrag sind neben dem privaten Konsum und den privaten Investitionen die beiden restlichen Bestandteile der gesamtwirtschaftlichen Nachfrage. Wir wollen an dieser Stelle keine entsprechenden Funktionen mit den Einflußgrößen für die Staatsnachfrage und den Außenbeitrag erläutern. Wir behandeln vielmehr diese beiden Nachfragekomponenten zunächst als **exogene Größen**, d.h. hinsichtlich ihrer Determinanten nicht näher analysierte Größen.

Wir wollen uns jedoch einen Eindruck von der quantitativen Bedeutung dieser beiden Nachfragekomponenten für die gesamtwirtschaftliche Nachfrage verschaffen.

In Tabelle 10.1 ist die Entwicklung des Anteils der Staatsnachfrage am BIP dargestellt.

Tab. 10.1 Staatsanteil am BIP

Zeitraum	JD 60/73	JD 74/83	JD 84/90	JD 91/96
Staatsnachfrage (% BIP)	20,1	23,4	21,8	22,4

Quelle: SVR, JG; eigene Berechnungen.

Der **Anteil der Staatsnachfrage am BIP** ist von ca. 20% in den 60er Jahren zwischen 1974 und 1983 deutlich hochgefahren worden auf über 23%. Die Zeitspanne 1974 bis 1983 ist geprägt von 2 Rezessionen, in denen man versuchte, durch vermehrte Staatseingriffe in den Wirtschaftsablauf der wirtschaftlichen Probleme Herr zu werden. Diesen Versuchen war nicht der erhoffte Erfolg beschieden. In den Jahren des wirtschaftlichen Aufschwungs von 1984 bis 1990 bildet sich der Staatsanteil zurück auf unter 22%. Nach der deutschen Einigung steigt der Staatsanteil wieder an auf über 22%. Dies kann als Zeichen der wachsenden Staatstätigkeit im Gefolge der deutschen Einigung gewertet werden.

In Tabelle 10.2 ist die Entwicklung der Anteile der Aus- und Einfuhr am BIP dargestellt.

Tab. 10.2 Anteile von Aus- und Einfuhr am BIP

Zeitraum	JD 60/69	JD 70/79	JD 80/90	JD 91/96
Ausfuhranteil (% BIP)	19,3	24,0	30,1	23,6
Einfuhranteil (% BIP)	17,1	21,7	26,4	23,1

Quelle: SVR, JG; eigene Berechnungen.

Die **Anteile von Aus- und Einfuhr am BIP** entwickeln sich bis 1990 recht stetig nach oben. Die Offenheit der deutschen Volkswirtschaft nimmt kontinuierlich zu. Im Durchschnitt der 80er Jahre betragen der Ausfuhranteil ca. 30% und der Einfuhranteil ca. 26%. Knapp 1/3 des deutschen BIP wird also zu dieser Zeit ex- bzw. importiert. Seit Anfang der 90er Jahre gehen die Anteile im Gefolge der deutschen Einheit auf ca. 24% bzw. 23% zurück.

IV. Zusammenfassung

Die gesamtwirtschaftliche Nachfrage besteht aus dem privaten Konsum, den privaten Investitionen, der Staatsnachfrage und dem Außenbeitrag.

Der reale **private Konsum** ist positiv abhängig von dem realen verfügbaren **Einkommen** und dem realen **Vermögensbestand**. Die marginale Konsumquote ist kurzfristig kleiner als langfristig. Die durchschnittliche Konsumquote ist langfristig etwa konstant 88%. Dieser empirische Sachverhalt wird durch verschiedene Hypothesen erklärt, wonach die privaten Haushalte einen im Zeitverlauf möglichst **stetigen Konsumstrom** anstreben. Hiernach ist der Konsum hauptsächlich von dem langfristig erwarteten permanenten Einkommen und dem realen Vermögensbestand abhängig. Eine entsprechende **Konsumfunktion** ist:

$$C = a \cdot V + b \cdot h \cdot Y + b \cdot (1 - h) \cdot Y_{-1}. \tag{12}$$

Gemäß der Konsumfunktion (12) gehen Vermögenselemente mit der marginalen Quote a in den Konsum ein. Über den Realwert des Geldvermögens besteht eine negative Abhängigkeit zwischen Konsum und Preisniveau (Vermögenseffekt). Kurzfristige transitorische Einkommenselemente gehen mit einer kurzfristigen marginalen Konsumquote b · h in den Konsum ein, die kleiner ist als die langfristige marginale Konsumquote b, mit der permanente Einkommenselemente in den Konsum eingehen.

Der Anteil der **Bruttoinvestitionen am BSP** schwankt zwischen knapp 20% und knapp 30%. Die Investitionsquote ist eng mit den **Konjunkturschwankungen** verbunden. Investitionen werden von den Unternehmern vorgenommen, um den vorhandenen Kapitalbestand an den optimalen Kapitalbestand anzupassen. Die Anpassung geschieht in Form einer verzögerten Anpassung über eine gewisse Zeit. In allgemeiner Form lautet die Investitionsfunktion:

mit
$$I = I(Y, k, r)$$
$$\delta I/\delta Y > 0, \qquad \delta I/\delta k < 0, \qquad \delta I/\delta r < 0. \tag{22}$$

Der optimale Kapitalbestand und damit die Investitionen sind positiv abhängig von den **langfristigen Absatz- und Gewinnerwartungen** der Unternehmer, und negativ abhängig vom **Steuersatz auf Kapitaleinkommen** und vom **Realzins**. Der Staat kann durch finanz- und geldpolitische Maßnahmen auf die Determinanten der Investitionstätigkeit einwirken.

Der Anteil der **Staatsnachfrage** am BSP schwankt um 20%. Die Anteile von **Aus- und Einfuhr** am BSP steigen kontinuierlich an und machen jeweils ca. 1/3 des BSP aus.

Literatur zum 10. Kapitel

Konsum:

Überblick:

Ferber, R.: Consumer economics. A survey. In: Journal of Economic Literature. Bd. 11/1973. S. 1303-1342.
Knorring, E. von: Die makroökonomische Konsumtheorie. Ein Überblick. In: Wirtschaftswissenschaftliches Studium. Heft 7/1972. S. 288-293.
König, H.: Konsumfunktionen. In: Handwörterbuch der Wirtschaftswissenschaft. Bd. 4. Stuttgart 1978. S. 513-528.

Lehrbücher:

Blümle, G. und **W. Patzig**: Grundzüge der Makroökonomie. Freiburg 1988. S. 90-101.

Claassen, E.-M.: Grundlagen der makroökonomischen Theorie. München 1980. S. 23-54.
Dornbusch, R. und **S. Fischer**: Macroeconomics. 4. Aufl. New York 1987. S. 253-288.
Majer, H.: Makroökonomik. Theorie und Politik. Eine anwendungsbezogene Einführung. 5. Aufl. München 1992. S. 27-36.
Münnich, F. E.: Einführung in die empirische Makroökonomik. 3. Aufl. Berlin 1982. S. 80-100.
Rettig, R. und **D. Voggenreiter**: Makroökonomische Theorie. 5. Aufl. Düsseldorf 1985. S. 82-94.
Richter, R., U. Schlieper und **W. Friedmann**: Makroökonomik. Eine Einführung. 4. Aufl. Berlin 1981. S. 212-237.
Rittenbruch, K.: Makroökonomie. 7. Aufl. München 1990. S. 137-156.
Stobbe, A.: Volkswirtschaftslehre III. Makroökonomik. 2. Aufl. Berlin 1987. S. 7-14.
Westphal, U.: Makroökonomik. Theorie, Empirie und Politikanalyse. Berlin 1988. S. 120-148.

Investition:

Überblick:

Dicke, H. und **P. Trapp**: Zinsen, Gewinne, Nettoinvestitionen. Zu den Bestimmungsfaktoren der Sachvermögensbildung westdeutscher Unternehmen. Kieler Diskussionsbeiträge. Nr. 99/1984.
Fuhrmann, W.: Die Investition als Anpassungsprozeß. In: Wirtschaftswissenschaftliches Studium. Heft 3/1985. S. 113-118.
Jorgenson, D. W.: Econometric studies of investment behaviour. A survey. In: Journal of Economic Literature. Bd. 9/1971. S. 1111-1147.
König, H.: Neoklassische Investitionstheorie und Investitionsverhalten in der Bundesrepublik Deutschland. In: Jahrbücher für Nationalökonomie und Statistik. Bd. 190/1976. S. 316-348.
Krelle, W.: Investitionsfunktionen. In: Handwörterbuch der Wirtschaftswissenschaft. Bd. 4. Stuttgart 1978. S. 275-293.

Lehrbücher:

Claassen, E.-M.: Grundlagen der makroökonomischen Theorie. München 1980. S. 55-86.
Dornbusch, R. und **S. Fischer**: Macroeconomics. 4. Aufl. New York 1987. S. 289-332.
Fuhrmann, W. und **J. Rohwedder**: Makroökonomik. Zur Theorie interdependenter Märkte. 2. Aufl. München 1987. S. 46-72.
Münnich, F. E.: Einführung in die empirische Makroökonomik. 3. Aufl. Berlin 1982. S. 141-180.
Richter, R., U. Schlieper und **W. Friedmann**: Makroökonomik. Eine Einführung. 4. Aufl. Berlin 1981. S. 237-249.
Westphal, U.: Makroökonomik. Theorie, Empirie und Politikanalyse. Berlin 1988. S. 149-179.

11. Kapitel:
Keynesianische Makroökonomik – Die Bedeutung der Nachfrage für Realeinkommen und Produktion

I. Überblick

Wir lernen im folgenden ein makroökonomisches Modell kennen, in welchem die gesamtwirtschaftliche Nachfrage und deren Bedeutung für Produktion, Einkommen und Beschäftigung ganz im Zentrum der Überlegungen stehen. Diese Art der Analyse geht zurück auf KEYNES (1936). Der Ansatz wird daher als keynesianische Makroökonomik oder auch als nachfrageorientierte Einkommensanalyse bezeichnet.

Man kann den keynesianischen Ansatz als einen Spezialfall des heute in der Makroökonomik verbreiteten Standard-Modells interpretieren. Kernstück dieses Standard-Modells ist das Angebot-Nachfrage-Diagramm der Abbildung 11.1.

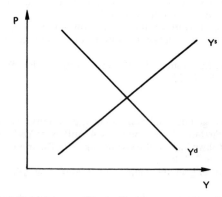

Abb. 11.1 Produktion, Nachfrage und Preisniveau

Das gesamtwirtschaftliche Realeinkommen Y und das Preisniveau P ergeben sich aus dem Zusammenspiel zwischen dem aus der Produktion stammenden geplanten Angebot Y^s und der geplanten Nachfrage Y^d nach Waren und Diensten. Die geplante Produktion Y^s ist hierbei positiv abhängig vom Preisniveau, und die geplante gesamtwirtschaftliche Nachfrage Y^d ist negativ abhängig vom Preisniveau. Dies ist der allgemeine Hintergrund der im folgenden näher zu analysierenden Zusammenhänge.

In dem keynesianischen Ansatz wird hinsichtlich des gesamtwirtschaftlichen Angebots davon ausgegangen, daß die Produktion bei konstantem Preisniveau ausgedehnt werden kann. Diese Annahme trifft tendenziell auf Verhältnisse zu, in denen Unterbeschäftigung herrscht und freie Kapazitäten vorhanden sind. Die Produktion kann unter diesen Bedingungen bei konstantem Preisniveau ausgedehnt werden, ohne daß es zu Kapazitätsengpässen und daraus resultierenden Preissteigerungen kommt. Das Hauptproblem der wirtschaftlichen Situation ist die Arbeitslosigkeit wegen nicht ausgelasteter Kapazitäten, was wiederum Folge einer zu geringen Nachfrage ist. Diese Konstellation entspricht im Grundsatz der Weltwirtschaftskrise in den 30er Jahren. Das Hauptwerk von KEYNES (The general theory of employment, interest, and money) stammt aus dem Jahre 1936, und der keynesianische Ansatz muß vor diesem Hintergrund gesehen werden.

In Abbildung 11.2 ist die keynesianische, nachfrageorientierte Einkommensanalyse schematisch dargestellt.

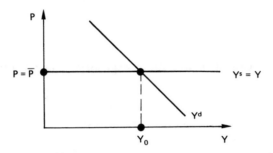

Abb. 11.2 Nachfrageorientierte Einkommensanalyse

Aus Abbildung 11.2 wird bereits deutlich, daß Änderungen der gesamtwirtschaftlichen Nachfrage (Verschiebungen der Linie Y^d) keinen Einfluß auf das Preisniveau haben. Eine Zunahme der Nachfrage z.B. führt bei konstantem Preisniveau zu einer Erhöhung des Realeinkommens Y_0, da die Produktion der Nachfrage ohne Preiserhöhungen angepaßt werden kann. Im Rahmen des keynesianischen Ansatzes kann also von den Auswirkungen von Preisniveauänderungen abstrahiert werden. Eine solche Analyse ist qua Annahme beschränkt auf die Analyse der Auswirkungen von Nachfrageänderungen auf Produktion und Realeinkommen. Diese Zusammenhänge sollen im folgenden eingehender analysiert werden.

II. Einkommensbildung bei autonomen Investitionen

1. Gleichgewichtseinkommen

Die grundsätzlichen Aussagen der nachfrageorientierten Einkommensanalyse sollen zunächst der Einfachheit halber am Beispiel der geschlossenen Volkswirtschaft ohne staatliche Aktivität erläutert werden. In einer solchen Volkswirtschaft besteht die geplante **gesamtwirtschaftliche Nachfrage** aus der geplanten **Konsumnachfrage** und der geplanten **Investitionsnachfrage**.

Hinsichtlich der Konsumnachfrage gehen wir von einer kurzfristigen keynesianischen Konsumfunktion aus. Es gilt hiernach:

$$C^d = \bar{C} + c\,Y, \qquad \bar{C} > 0, \qquad 0 < c < 1. \tag{1}$$

Die Investitionsnachfrage nehmen wir zunächst als exogene Größe an, d.h. als Größe, die nicht von bestimmten Parametern der Analyse abhängig ist. Für die geplante Investitionsnachfrage wird also zunächst ausgegangen von:

$$I^d = \bar{I}. \tag{2}$$

Gemäß Gleichungen (1) und (2) gilt dann für die geplante **gesamtwirtschaftliche Nachfrage**

$$Y^d = C^d + I^d,$$
$$Y^d = \bar{C} + c\,Y + \bar{I}. \tag{3}$$

Für das geplante **gesamtwirtschaftliche Angebot** gilt annahmegemäß:

$$Y^s = Y. \tag{4}$$

Die Gleichungen (3) und (4) sind grafisch dargestellt in Abbildung 11.3.

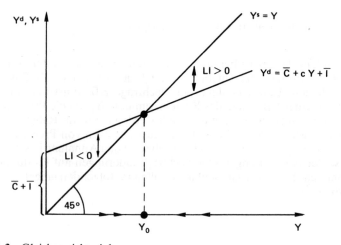

Abb. 11.3 Gleichgewichtseinkommen

Ein Gleichgewicht zwischen geplanter gesamtwirtschaftlicher Nachfrage und geplantem gesamtwirtschaftlichen Angebot herrscht nur bei dem Einkommen Y_0. Dieses Einkommen ist das **Gleichgewichtseinkommen**. Ist das tatsächliche Einkommen kleiner als das Gleichgewichtseinkommen, dann wächst dieses tatsächliche Einkommen. Die Unternehmen produzieren bei diesem Niveau des Einkommens weniger Konsum- und Investitionsgüter als abgesetzt werden ($Y^s < Y^d$). Die Lagerbestände der Unternehmen sinken (Lagerinvestitionen LI < 0), und die Unternehmen werden daher die Produktion ausdehnen. Aus analogen Gründen sinkt das tatsächliche Realeinkommen, wenn die Produktion höher ist als das Gleichgewichtseinkommen. Das Gleichgewichtseinkommen ist also gewissermaßen eine hypothetische Orientierungsgröße, auf die hin sich bei gegebener Konsum- und Investitionsnachfrage das tatsächliche Realeinkommen entwickelt. Dieser **dynamische Prozeß** kann auch anhand der Abbildung 11.4 erläutert werden.

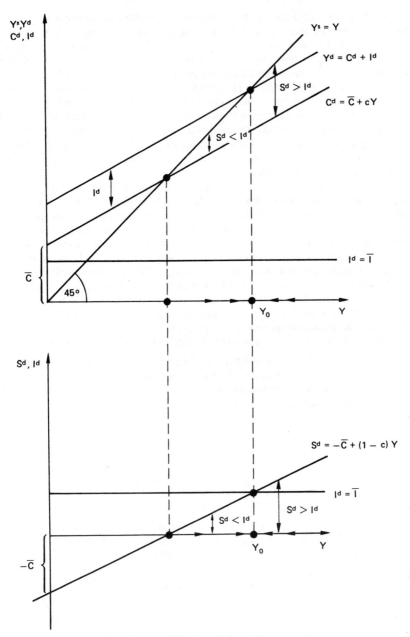

Abb. 11.4 Ersparnis, Investition und Gleichgewichtseinkommen

In Abbildung 11.4 sind im oberen Teil außer der geplanten Gesamtnachfrage Y^d auch die geplante Konsumnachfrage und die geplante Investitionsnachfrage je einzeln eingezeichnet. Der senkrechte Abstand zwischen der geplanten Konsumnachfrage und dem gesamtwirtschaftlichen Einkommen entspricht der geplanten

Ersparnis S^d. Die geplante Ersparnis und die geplante Investitionsnachfrage sind zusammen im unteren Teil der Abbildung 11.4 eingezeichnet. Aus Abbildung 11.4 wird deutlich, daß nur bei dem Gleichgewichtseinkommen Y_0 die geplante Ersparnis der geplanten Investition entspricht. Ist das tatsächliche Einkommen kleiner als das Gleichgewichtseinkommen, dann ist die geplante Ersparnis kleiner als die geplante Investition. Da jedoch ex-post Ersparnis und Investition stets gleich groß sind und ex-post die geplante Investition gleich der tatsächlichen Investition ist, ist bei tatsächlichen Einkommen, die kleiner als das Gleichgewichtseinkommen sind, ex-post die tatsächliche Ersparnis größer als die geplante Ersparnis. Die Wirtschaftssubjekte realisieren in diesem Fall ungeplante Ersparnisse. Hiervon werden Anpassungsprozesse dergestalt ausgelöst, daß die Wirtschaftssubjekte ihre Ausgaben erhöhen. Dies wiederum wirkt auf die Produktion und damit auf das Einkommen expansiv. Ist umgekehrt das tatsächliche Einkommen größer als das Gleichgewichtseinkommen, dann kommt es aus analogen Gründen zu kontraktiv wirkenden Anpassungsprozessen. Nur dasjenige Einkommen, bei dem geplante Ersparnis und geplante Investition gleich sind, ändert sich nicht mehr. Expansions- und Kontraktionsprozesse des gesamtwirtschaftlichen Einkommens können somit erklärt werden als Folge von Diskrepanzen zwischen den Spar- und den Investitionsplänen der Wirtschaftssubjekte. Die Spar- und Investitionsentscheidungen werden in den dezentralen Entscheidungseinheiten Haushalte und Unternehmen getroffen. Es wäre daher reiner Zufall, wenn die Spar- und Investitionspläne ex-ante miteinander kompatibel wären. **Expansions- und Kontraktionsprozesse** des gesamtwirtschaftlichen Einkommens sind insofern keine Ausnahme, sondern die Regel im Wirtschaftsgeschehen.

Aus Abbildung 11.3 ist ersichtlich, daß die Höhe des Gleichgewichtseinkommens von drei Größen abhängt. Das **Gleichgewichtseinkommen** ist positiv abhängig von den **autonomen Konsumausgaben**, von den **Investitionsausgaben** und von der **marginalen Konsumquote**. Es gilt:

$$Y_0 = Y_0(\bar{C}, \bar{I}, c) \tag{5}$$

mit

$$\delta Y_0/\delta \bar{C} > 0, \qquad \delta Y_0/\delta \bar{I} > 0, \qquad \delta Y_0/\delta c > 0.$$

Das Gleichgewichtseinkommen steigt, wenn der autonome Konsum zunimmt und/oder wenn die Investitionsausgaben zunehmen. In Abbildung 11.3 ist dies eine Verschiebung der Linie Y^d nach oben.

Die expansive Wirkung einer Erhöhung der autonomen Konsumausgaben und der Investitionsausgaben ist unmittelbar einsichtig, da beide Ausgabekomponenten Elemente der gesamtwirtschaftlichen Nachfrage sind.

Das Gleichgewichtseinkommen steigt auch, wenn die marginale Konsumquote zunimmt. In Abbildung 11.3 verläuft hierdurch die Linie Y^d steiler. Die expansive Wirkung einer Zunahme der marginalen Konsumquote resultiert daraus, daß sich hierdurch der relative Nachfrageausfall in Form von Sparen verringert.

Bei einer Abnahme der autonomen Konsumausgaben, der Investitionsausgaben und/oder der marginalen Konsumquote sinkt das Gleichgewichtseinkommen entsprechend.

Häufig interessieren insbesondere die Auswirkungen von Änderungen der autonomen Konsumausgaben und/oder der Investitionsausgaben auf die Höhe des Gleichgewichtseinkommens. Diese Zusammenhänge sollen im folgenden näher analysiert werden.

2. Multiplikator

Das Gleichgewichtseinkommen kann analytisch bestimmt werden aus den Gleichungen (3) und (4). Im Gleichgewicht gilt:

$$Y^d = Y^s,$$
$$\bar{C} + c Y_0 + \bar{I} = Y_0.$$

Werden die autonomen Ausgabekomponenten zusammengefaßt zu $A = \bar{C} + \bar{I}$, dann gilt:

$$Y_0 = \frac{1}{1-c} \cdot A. \tag{6}$$

Gemäß der Bestimmungsgleichung (6) für das Gleichgewichtseinkommen gilt für die Reaktion des Gleichgewichtseinkommens auf Änderungen der autonomen Ausgaben:

$$\Delta Y_0 = \frac{1}{1-c} \cdot \Delta A. \tag{7}$$

Der Faktor $1/(1-c)$ wird als **Ausgabenmultiplikator** bezeichnet. Der Ausgabenmultiplikator ist größer als 1, soweit die marginale Konsumquote positiv und kleiner als 1 ist. Veränderungen der autonomen Ausgaben (z.B. der Investitionsausgaben) führen also zu Änderungen des Gleichgewichtseinkommens, die ein Vielfaches der Ausgabenänderung betragen. Dieser multiplikative Prozeß kann erläutert werden anhand der Abbildung 11.5.

Ausgangspunkt ist ein tatsächliches Einkommen, das dem Gleichgewichtseinkommen Y_0 entspricht. Die autonomen Ausgaben sollen um den Betrag ΔA steigen und auf dem erhöhten Niveau konstant bleiben. Dies ist eine Verschiebung der Linie Y_1^d nach Y_2^d. Die Erhöhung der autonomen Ausgaben um ΔA erhöht das tatsächliche Einkommen im ersten Schritt von Y_0 um $\Delta Y^1 = \Delta A$ auf Y_1. Diese Zunahme des Einkommens führt nun zu einer zusätzlichen Einkommenssteigerung, da entsprechend der Konsumfunktion von der Einkommenserhöhung der Teil $c \cdot \Delta A$ zu Konsumausgaben (sog. induzierte Konsumausgaben) verwendet wird. Das tatsächliche Einkommen steigt hierdurch im zweiten Schritt von Y_1 um $\Delta Y^2 = c \cdot \Delta A$ auf Y_2. Dieser Prozeß setzt sich mit abnehmenden Zuwächsen fort in Richtung auf das neue Gleichgewichtseinkommen Y_0', wobei dieser Anpassungsprozeß erst nach unendlich vielen Perioden abgeschlossen ist. Die Differenz zwischen dem neuen Gleichgewichtseinkommen Y_0' und dem bisherigen Gleichgewichtseinkommen Y_0 ist also:

$$Y_0' - Y_0 = \Delta Y_0 = \Delta A + c \cdot \Delta A + c^2 \cdot \Delta A + ...,$$
$$\Delta Y_0 = \Delta A (1 + c + c^2 + ...),$$
$$\Delta Y_0 = \Delta A \cdot \frac{1}{1-c} = \Delta A \cdot \frac{1}{s}.$$

Die Änderung des Gleichgewichtseinkommens ist größer als die Änderung der autonomen Ausgaben, soweit die marginale Konsumquote positiv und kleiner als

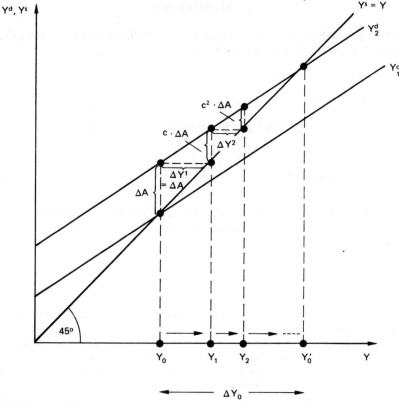

Abb. 11.5 Multiplikator

1 ist. Da $(1-c)$ gleich der marginalen Sparquote s ist, entspricht der Ausgabenmultiplikator dem Kehrwert der marginalen Sparquote.

III. Gleichgewichtseinkommen und staatliche Aktivität

In der bisherigen Analyse der Zusammenhänge zwischen gesamtwirtschaftlicher Nachfrage und Realeinkommen sind die ökonomischen Aktivitäten des Staates nicht explizit berücksichtigt worden. Der Anteil der Staatsnachfrage am BSP beträgt mehr als 20%. Die Analyse der Auswirkungen der staatlichen Aktivitäten auf das gesamtwirtschaftliche Realeinkommen ist somit von erheblicher Bedeutung für die praktische Wirtschaftspolitik.

Die **ökonomische Aktivität des Staates** kann im Rahmen der nachfrageorientierten Einkommensanalyse wie folgt berücksichtigt werden:

- Der Staat fragt **Waren und Dienstleistungen** nach im Umfang $G = \bar{G}$.
- Der Staat leistet **unentgeltliche Übertragungen** an private Haushalte im Umfang $Z = \bar{Z}$.
- Der Staat erhebt einkommensabhängige **Steuern** im Umfang $T = t \cdot Y$.

11. Kap.: Keynesianische Makroökonomik

Für das verfügbare Einkommen der privaten Haushalte gilt hiernach:

$$Y_v = Y - T + \bar{Z}.$$

Für die vom verfügbaren Einkommen abhängige geplante Konsumnachfrage gilt somit:

$$C^d = \bar{C} + c(Y - T + \bar{Z}),$$
$$C^d = \bar{C} + c\bar{Z} + c(1-t)Y. \tag{8}$$

Der autonome Konsum besteht jetzt neben der Ausgabenkomponente $\bar{C}$ noch aus dem Teil der staatlichen Transferzahlungen, der entsprechend der marginalen Konsumquote für Konsumzwecke verwendet wird. Hinsichtlich der einkommensabhängigen Konsumausgaben ist der auf das Bruttoeinkommen bezogene Steuersatz zu berücksichtigen.

Was die geplante Investitionsnachfrage angeht, so wird wie bisher ausgegangen von:

$$I^d = \bar{I}. \tag{2}$$

Gemäß Gleichungen (8) und (2) gilt für die geplante gesamtwirtschaftliche Nachfrage unter Berücksichtigung der ökonomischen Aktivität des Staates:

$$\begin{aligned} Y^d &= C^d + \bar{I} + \bar{G}, \\ Y^d &= \underbrace{\bar{C} + c\bar{Z} + \bar{I} + \bar{G}}_{A} + c(1-t)Y, \\ Y^d &= A + c(1-t)Y. \end{aligned} \tag{9}$$

Für das geplante gesamtwirtschaftliche Angebot wird wie bisher ausgegangen von:

$$Y^s = Y. \tag{4}$$

Die Gleichungen (9) und (4) und das Gleichgewichtseinkommen unter Berücksichtigung der ökonomischen Aktivität des Staates sind grafisch dargestellt in Abbildung 11.6.

Aus Abbildung 11.6 sind die Auswirkungen von Änderungen der staatlichen Aktivitäten auf das Gleichgewichtseinkommen einfach ersichtlich.

Das Gleichgewichtseinkommen steigt, wenn die staatliche Nachfrage nach Waren und Diensten und/oder die staatlichen Transferzahlungen erhöht werden. In Abbildung 11.6 ist dies eine Verschiebung der Linie Y^d nach oben. Die expansive Wirkung einer Erhöhung der **staatlichen Nachfrage nach Waren und Diensten** ist unmittelbar einsichtig, da diese Staatsausgaben eine Komponente der gesamtwirtschaftlichen Nachfrage sind.

Die expansive Wirkung einer Erhöhung der **Transferzahlungen** resultiert daraus, daß die privaten Haushalte einen Teil der empfangenen Transferzahlungen für Konsumzwecke verwenden.

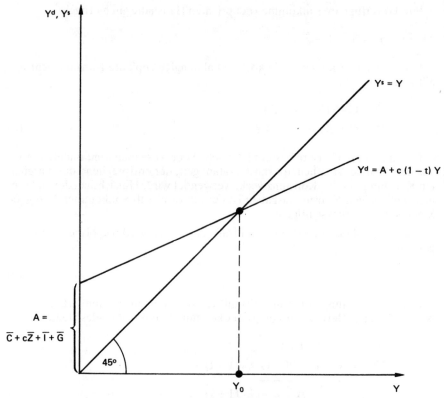

Abb. 11.6 Gleichgewichtseinkommen und staatliche Aktivität

Das Gleichgewichtseinkommen steigt auch, wenn der **Steuersatz** verringert wird. In Abbildung 11.6 verläuft hierdurch die Linie Y^d steiler. Die expansive Wirkung einer Senkung des Steuersatzes resultiert daraus, daß hierdurch das verfügbare Einkommen der privaten Haushalte und damit die privaten Konsumausgaben steigen. Was die Auswirkungen einer Kombination aus Ausgabenvariation und paralleler Änderung des Steuersatzes anbelangt, so sind diese aus Abbildung 11.6 nicht ohne weiteres ersichtlich. Es bedarf hierzu analytischer Überlegungen, die u.a. im folgenden näher erläutert werden sollen.

Analytisch können die Auswirkungen von Änderungen der ökonomischen Aktionsparameter des Staates auf das Gleichgewichtseinkommen bestimmt werden analog der Ableitung des Ausgabenmultiplikators im vorhergehenden Abschnitt. Gemäß Gleichungen (9) und (4) gilt für das Gleichgewichtseinkommen unter Berücksichtigung der ökonomischen Aktivität des Staates:

$$Y^d = Y^s,$$
$$\underbrace{\bar{C} + c\bar{Z} + \bar{I} + \bar{G}}_{A} + c(1-t)Y_0 = Y_0,$$
$$A = (1 - c + ct)Y_0,$$
$$Y_0 = \frac{1}{1 - c + ct} \cdot A. \tag{10}$$

11. Kap.: Keynesianische Makroökonomik

Differenzierung der Bestimmungsgleichung (10) für das Gleichgewichtseinkommen ergibt die Reaktion des Gleichgewichtseinkommens auf Änderungen der ökonomischen Aktionsparameter des Staates.

Der **Staatsausgabenmultiplikator** gibt die Reaktion des Gleichgewichtseinkommens an auf Änderungen der staatlichen Ausgaben für Waren und Dienste. Differenzierung von (10) nach G ergibt:

$$\Delta Y_0 = \frac{1}{1 - c + ct} \cdot \Delta G. \tag{11}$$

Der Staatsausgabenmultiplikator ist größer als 1, soweit die marginale Konsumquote positiv und kleiner als 1 ist. Der Staatsausgabenmultiplikator in Gleichung (11) ist kleiner als der Ausgabenmultiplikator in Gleichung (7), da der Staat durch die Erhebung von Steuern einen kontraktiven Effekt auf die Konsumnachfrage der privaten Haushalte ausübt.

Der **Transfermultiplikator** gibt die Reaktion des Gleichgewichtseinkommens an auf Änderungen der staatlichen Transferzahlungen an private Haushalte. Differenzierung von (10) nach Z ergibt:

$$\Delta Y_0 = \frac{c}{1 - c + ct} \cdot \Delta Z. \tag{12}$$

Der Transfermultiplikator ist in der Regel größer als 0. Der Transfermultiplikator ist kleiner als der Staatsausgabenmultiplikator, da die Transferzahlungen des Staates an private Haushalte nur entsprechend der marginalen Konsumquote nachfragewirksam werden, während die staatlichen Ausgaben für Waren und Dienste zu 100% nachfragewirksam werden.

Der **Steuermultiplikator** gibt die Reaktion des Gleichgewichtseinkommens an auf Änderungen des Steuersatzes. Differenzierung von:

$$\bar{A} + c(1 - t) Y_0 = Y_0$$

nach t ergibt:

$$c \Delta Y_0 - c Y_0 \Delta t - ct \Delta Y_0 = \Delta Y_0,$$
$$\Delta Y_0 (1 - c + ct) = -c Y_0 \Delta t,$$
$$\Delta Y_0 = - \frac{c Y_0}{1 - c + ct} \cdot \Delta t. \tag{13}$$

Der Steuermultiplikator ist negativ. Eine Erhöhung des Steuersatzes bewirkt eine Verringerung des Gleichgewichtseinkommens (und umgekehrt), da die Erhöhung des Steuersatzes eine Verringerung des verfügbaren Einkommens der privaten Haushalte bedeutet.

Von besonderem Interesse ist die Frage, wie sich das Gleichgewichtseinkommen ändert, wenn der Staat seine Ausgaben für Waren und Dienste erhöht und diese Ausgabenerhöhung durch entsprechende Steuererhöhungen finanziert (sog. **Parallelpolitik**).

Differenzierung von:

$$A + c(1-t)Y_0 = Y_0$$

unter der Bedingung:

$$\Delta A = \Delta G = \Delta T$$

ergibt:

$$\Delta A + c\,\Delta Y_0 - c\,\Delta T = \Delta Y_0,$$
$$\Delta Y_0 (1-c) = \Delta G (1-c),$$
$$\Delta Y_0 = \Delta G. \qquad (14)$$

Der Multiplikator ist also in diesem Fall 1. Das Gleichgewichtseinkommen steigt gemäß Gleichung (14) genau in dem Ausmaß der Verlängerung des Staatsbudgets (sog. **HAAVELMO-Theorem**; HAAVELMO, 1945). Die expansive Wirkung einer solchen Politik resultiert daraus, daß die Erhöhung der Staatsausgaben für Waren und Dienste zu 100% nachfragewirksam wird, während die Steuererhöhung über die marginale Konsumquote der privaten Haushalte um weniger als 100% kontraktiv wirkt. Die marginale Konsumquote des öffentlichen Haushalts ist gewissermaßen 1, während die marginale Konsumquote der privaten Haushalte kleiner als 1 ist.

Das Ergebnis der Gleichung (14) basiert auf der impliziten Annahme, daß die Änderung des Steueraufkommens sowohl aus einer Änderung des Steuersatzes als auch aus einer Änderung der Steuerbemessungsgrundlage resultiert. Für die Änderung des Steueraufkommens gilt:

$$T = t \cdot Y,$$
$$\Delta T = Y \cdot \Delta t + t \cdot \Delta Y.$$

Die Änderung des Steueraufkommens kann auch vollständig über eine Änderung des Steuersatzes herbeigeführt werden. Es gilt dann:

$$\Delta T = Y \cdot \Delta t.$$

In diesem Fall ergibt sich für den Multiplikator der Parallelpolitik aus Gleichungen (11) und (13):

$$\Delta Y_0 = \frac{1}{1-c+ct} \cdot \Delta G - \frac{c\,Y_0}{1-c+ct} \cdot \Delta t,$$

$$\Delta Y_0 = \frac{1-c}{1-c+ct} \cdot \Delta G. \qquad (15)$$

Der Multiplikator in Gleichung (15) ist kleiner als der Multiplikator in Gleichung (14), da die Änderung des Steuersatzes (und damit die Kontraktionswirkung der Parallelpolitik) größer ist als in dem Fall, in dem die Änderung des Steueraufkommens auch aus der Änderung der Bemessungsgrundlage resultiert.

Abschließend muß an dieser Stelle betont werden, daß die bisherigen Ergebnisse der Analyse der Wirkungen der ökonomischen Aktivitäten des Staates auf das Gleichgewichtseinkommen unter sehr **restriktiven Annahmen** abgeleitet worden sind. Es wurde bisher durchweg insbesondere davon ausgegangen, daß die private **Investitionsnachfrage konstant** ist, und daß das **Preisniveau konstant** ist. Beide Annahmen sind im Hinblick auf mögliche Nebenwirkungen staatlicher Aktivitäten höchst fragwürdig. Die bisherigen Ergebnisse sind also keinesfalls als abschließende Handlungsanweisungen für die praktische Wirtschaftspolitik zu verstehen. Vielmehr ist die Analyse im folgenden sukzessive durch wirklichkeitsnähere Prämissen zu modifizieren zum Zwecke der Gewinnung empirisch gehaltvoller Aussagen.

IV. Güterwirtschaftliches Gleichgewicht – Die IS-Linie

In der bisherigen Darstellung sind wir davon ausgegangen, daß die Komponenten der gesamtwirtschaftlichen Nachfrage entweder exogen sind (Investitionen, Staatsnachfrage) oder vom Einkommen abhängen (private Konsumnachfrage). Wir wollen nunmehr berücksichtigen, daß die Investitionsnachfrage u.a. vom Zins abhängt. Wir haben im 10. Kapitel, Ziffer II erfahren, daß der Realzins eine der Einflußgrößen für die Investitionsnachfrage ist. Zwischen Investitionsnachfrage und Realzins besteht eine negative Beziehung. Diesen Zusammenhang wollen wir jetzt in der Analyse berücksichtigen.

Wir können den Zins in Form des Nominalzinses berücksichtigen, da in dem keynesianischen Ansatz von einem konstanten Preisniveau ausgegangen wird. Es gibt also keine Inflation, und der Realzins ist folglich gleich dem Nominalzins. Wir können also die Investitionsfunktion einfach wie folgt formulieren:

$$I^d = \bar{I} - ai. \tag{16}$$

In Gleichung (16) charakterisiert $\bar{I}$ den zinsunabhängigen Teil der geplanten Investitionsnachfrage und der Parameter a die Zinsabhängigkeit der geplanten Investitionsnachfrage.

Was die geplante Konsumnachfrage der privaten Haushalte und die staatliche Nachfrage nach Waren und Diensten anbelangt, so wird wie bisher ausgegangen von:

$$C^d = \bar{C} + c\bar{Z} + c(1-t)Y, \tag{17}$$

$$G = \bar{G}. \tag{18}$$

Gemäß Gleichungen (16) bis (18) gilt somit für die geplante gesamtwirtschaftliche Nachfrage:

$$Y^d = \underbrace{\bar{C} + c\bar{Z} + \bar{I} + \bar{G}}_{A} + c(1-t)Y - ai,$$

$$Y^d = A + c(1-t)Y - ai. \tag{19}$$

Zu den autonomen Komponenten der geplanten Gesamtnachfrage und dem einkommensabhängigen Teil der geplanten Gesamtnachfrage tritt noch ein **zinsabhängiger Teil der geplanten Gesamtnachfrage** hinzu.

Für das geplante gesamtwirtschaftliche Angebot wird wie bisher ausgegangen von:

$$Y^s = Y. \qquad (4)$$

Gemäß Gleichungen (19) und (4) gilt somit für das Gleichgewichtseinkommen unter Berücksichtigung der Zinsabhängigkeit der geplanten Investitionsnachfrage:

$$Y^d = Y^s,$$
$$A + c(1-t)Y_0 - ai = Y_0,$$
$$Y_0 = \frac{1}{1-c+ct} \cdot (A - ai). \qquad (20)$$

Aus der Bestimmungsgleichung (20) für das Gleichgewichtseinkommen wird deutlich, daß das Gleichgewichtseinkommen außer von der marginalen Konsumquote, dem Steuersatz und den autonomen Ausgaben auch abhängt vom Zinssatz. Eine Erhöhung des Zinssatzes verringert die geplante Investitionsnachfrage und hierüber das Gleichgewichtseinkommen. Entsprechend verursacht ein Rückgang des Zinssatzes eine Zunahme des Gleichgewichtseinkommens, da die geplante Investitionsnachfrage zunimmt. Diese Zusammenhänge sind dargestellt in Abbildung 11.7.

Im oberen Teil der Abbildung 11.7 sind die geplante gesamtwirtschaftliche Nachfrage und das geplante gesamtwirtschaftliche Angebot eingezeichnet. Die Lage der Linie für die geplante Nachfrage ist wegen der Zinsabhängigkeit der geplanten Investitionsnachfrage abhängig von der Höhe des Zinssatzes. Sinkt der Zinssatz z.B. von i_0 auf i_1, dann bedeutet dies eine Verschiebung der Linie der geplanten Nachfrage nach oben. Bei dem Zinssatz i_1 und der Produktion Y_0 (Punkt D) liegt dann auf dem Gütermarkt ein Nachfrageüberschuß vor, der eine Tendenz zur Produktions- und damit Einkommenssteigerung auslöst. Das zu dem (im Vergleich zu i_0) niedrigeren Zinssatz i_1 korrespondierende Gleichgewichtseinkommen ist das (im Vergleich zu Y_0 höhere) Einkommen Y_1. Die Linie derjenigen Kombinationen aus Zinssatz und Einkommen, die mit Gleichgewicht am Gütermarkt vereinbar sind, heißt Linie des **güterwirtschaftlichen Gleichgewichts** oder IS-Linie. Das Symbol I steht für Investition und das Symbol S für Ersparnis. Im Falle der geschlossenen Volkswirtschaft ist die IS-Linie gleichbedeutend mit Zins-Einkommen-Kombinationen, bei denen die geplante Investition gleich der geplanten Ersparnis ist. Kombinationen von Zinssatz und Einkommen oberhalb der IS-Linie (z.B. Punkt E) sind gleichbedeutend mit einem Angebotsüberschuß am Gütermarkt. Es werden Anpassungsprozesse ausgelöst, durch die die Produktion sinkt und/oder der Zinssatz sinkt. Eine Verringerung der Produktion (Bewegung auf der Linie Y^s nach links) führt zu einem Rückgang der geplanten Nachfrage (Bewegung auf der Linie Y_0^d nach links). Hierbei sinkt die geplante Nachfrage wegen des Multiplikators langsamer als die Produktion. Der Angebotsüberschuß wird somit abgebaut, bis ein neues Gleichgewicht (Kombination $Y_0 - i_0$) erreicht ist. Der Angebotsüberschuß kann auch abgebaut werden durch

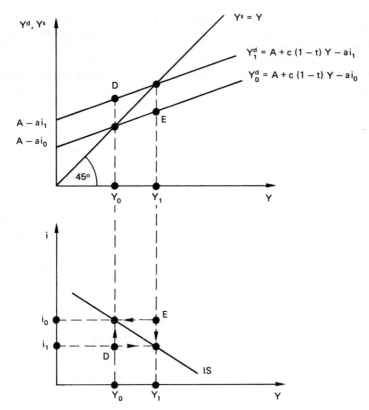

Abb. 11.7 Güterwirtschaftliches Gleichgewicht

eine Zinssenkung. Hierbei führt die Zinssenkung zu einer Zunahme der geplanten Investitionsnachfrage, wodurch die Nachfragelücke bei dem Produktionsvolumen Y_1 geschlossen wird (Parallelverschiebung der Linie Y_0^d nach oben).

Anhand der Abbildung 11.7 kann auch erläutert werden, von welchen Determinanten Steigung und Lage der IS-Linie abhängen.

Was die **Steigung der IS-Linie** anbelangt, so wird aus Abbildung 11.7 deutlich, daß diese bei Konstanz der autonomen Ausgaben abhängt von

- der marginalen Konsumquote (c),
- dem Steuersatz (t),
- der Zinsabhängigkeit der Investitionsnachfrage (a).

Je kleiner die **marginale Konsumquote** ist, desto steiler verläuft die IS-Linie. Eine Abnahme der marginalen Konsumquote hat zur Folge, daß das Ausmaß der Reaktion des Gleichgewichtseinkommens auf eine bestimmte Zinssatzänderung geringer ausfällt. Dies resultiert daraus, daß eine Verringerung der marginalen Konsumquote einen kontraktiven Effekt auf die geplante Nachfrage ausübt. Umgekehrt bedeutet eine Zunahme der marginalen Konsumquote wegen des expansiven Effektes eine flachere IS-Linie. Die IS-Linie verläuft auch um so steiler, je größer der **Steuersatz** ist. Eine Erhöhung des Steuersatzes übt einen kontraktiven Effekt (steilere IS-Linie) auf die geplante Nachfrage dadurch aus, daß das verfügbare Einkommen der privaten Haushalte sinkt. Umgekehrt bedeutet eine Senkung des Steuersatzes wegen des expansiven Effektes eine flachere IS-Linie. Schließlich ist die IS-Linie um so steiler, je schwächer die geplante Investitionsnachfrage auf Zinsänderungen reagiert, d.h. je kleiner in der Investitionsfunktion (16) die Größe a ist. Eine Verringerung der **Zinselastizität der Investitionsnachfrage** führt zu einer steileren IS-Linie, da eine bestimmte Zinssatzänderung dann eine geringere Reaktion des Gleichgewichtseinkommens zur Folge hat. Umgekehrt führt eine Zunahme der Zinselastizität der Investitionsnachfrage zu einer flacheren IS-Linie.

Was die **Lage der IS-Linie** anbelangt, so ist aus Abbildung 11.7 ersichtlich, daß diese bei Konstanz von Zinssatz, marginaler Konsumquote und Steuersatz abhängt von der Höhe der autonomen Ausgaben. Eine Zunahme der autonomen Ausgaben führt zu einer Verschiebung der IS-Linie nach rechts, da das zu einem bestimmten Zinssatz gehörende Gleichgewichtseinkommen steigt. Eine Abnahme der autonomen Ausgaben hat entsprechend wegen des kontraktiven Effektes eine Linksverschiebung der IS-Linie zur Folge. Die Änderung der autonomen Ausgaben kann gemäß Gleichung (19) resultieren aus einer Änderung der autonomen Konsumausgaben und/oder der autonomen Investitionsausgaben und/oder der staatlichen Güternachfrage und/oder der Transferzahlungen an private Haushalte. Die autonomen Investitionsausgaben in der Investitionsfunktion (16) sind der Teil der geplanten Investitionsnachfrage, der nicht vom Zins abhängt. Im 10. Kapitel, Ziffer II.2 wurde gezeigt, daß die Investitionen positiv von den langfristigen Absatz- und Gewinnerwartungen und negativ vom Kapitaleinkommensteuersatz abhängen. Eine Verschiebung der IS-Linie kann also z.B. auch daraus resultieren, daß sich die langfristigen Absatz- und Gewinnerwartungen und/oder der Kapitaleinkommensteuersatz entsprechend ändern.

V. Geldmarkt und Zinsbildung

1. Geldfunktionen, Geldnachfrage und Geldangebot

In unseren bisherigen Modell-Überlegungen haben wir noch nicht berücksichtigt, daß zur Abwicklung der wirtschaftlichen Transaktionen Geld benutzt wird. Wir erläutern im folgenden in knapper Form die wesentlichen Aspekte der Rolle des Geldes in dem keynesianischen Modell. Eine eingehende Behandlung des Bereichs Geld und Kredit folgt im 14. Kapitel.

Die Wirtschaftssubjekte benutzen Geld als **Zahlungsmittel, als Recheneinheit und als Wertaufbewahrungsmittel**. Als Zahlungsmittel dient Geld als allgemeines Tauschmittel bei der Abwicklung der wirtschaftlichen Transaktionen. Als Recheneinheit dient Geld, um alle Preise in Einheiten eines einzigen Mediums auszudrücken. Als Wertaufbewahrungsmittel dient Geld als Aktivum, um Vermögen aufzubewahren. Erfüllt ein Objekt diese Funktionen einzeln oder alle zusammen, dann dient dieses Objekt als Geld.

Fragen wir zunächst nach den Größen, die die **Geldnachfrage** der Wirtschaftseinheiten beeinflussen.

Geld wird in erster Linie als Zahlungsmittel benutzt, um die Einnahmen und Ausgaben bei der Entstehung und der Verwendung des Einkommens reibungslos abzuwickeln. Man kann folglich davon ausgehen, daß die Geldnachfrage **positiv vom Einkommen abhängt**. Die Verwendung von Geld als Zahlungsmittel stiftet aber nicht nur Nutzen. Das Halten eines Geldbetrages bedeutet auch Kosten. Geld ist ein unverzinsliches Vermögensobjekt. Die Kosten der Geldhaltung sind die entgangenen Zinsen, die bei einer verzinslichen Anlage des Geldbetrages möglich sind. Man kann aufgrund dieser Überlegung davon ausgehen, daß die Geldnachfrage **negativ vom Zins abhängt**. Sind die Zinsen sehr niedrig, dann hat man kaum eine Veranlassung, seinen unverzinslichen Geldbestand zur Abwicklung der Einnahmen und Ausgaben möglichst gering zu halten. Dagegen wird man bei einem Zinsniveau von z.B. 20% versuchen, mit einem möglichst geringen Geldbestand auszukommen, um jede verfügbare DM verzinslich anlegen zu können.

Man kann diese Überlegungen in folgender gesamtwirtschaftlichen **Geldnachfragefunktion** ausdrücken:

$$L = k \cdot Y - h \cdot i, \quad k, h > 0. \tag{21}$$

In Gleichung (21) ist L die reale Geldnachfrage (L = Liquiditätspräferenz), Y das Realeinkommen und i der Zins. Die reale Geldnachfrage ist positiv vom Realeinkommen und negativ vom Zins abhängig. Die Parameter k bzw. h bringen das Ausmaß der Einkommens- bzw. der Zinsabhängigkeit der realen Geldnachfrage zum Ausdruck.

Die Geldnachfragefunktion (21) ist in Abbildung 11.8 grafisch dargestellt.

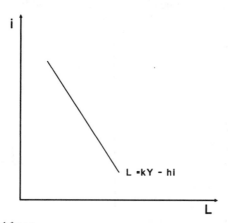

Abb. 11.8 Geldnachfrage

In Abbildung 11.8 bedeutet eine Änderung des **Zinses** eine Bewegung auf der Geldnachfragefunktion. Reagieren die Wirtschaftseinheiten mit ihrer Geldnachfrage auf Zinsänderungen sehr schwach, d.h. ist die Größe h sehr klein, dann ist die Geldnachfragefunktion sehr steil. Unter Verwendung des Elastizitätsbegriffs bedeutet dies eine sehr kleine Zinselastizität der Geldnachfrage. Die Geldnachfragefunktion ist also um so steiler, je niedriger die Zinselastizität der Geldnachfrage ist.

Eine Änderung des **Einkommens** bedeutet in Abbildung 11.8 eine Verschiebung der Geldnachfragefunktion. Wenn sich das Einkommen z.B. erhöht, dann verschiebt sich die Geldnachfragefunktion wegen der steigenden Geldnachfrage nach rechts. Bei gleichen Zinsen wünschen die Wirtschaftssubjekte wegen des gestiegenen Einkommens mehr Geld zu halten.

Wenden wir uns nunmehr der anderen Seite des makroökonomischen Geldmarktes zu, der Seite des **Geldangebots**. Wie kommt das Geld in Umlauf? Die pauschale Antwort lautet: Das Bankensystem bringt das Geld in Umlauf. Zur Vereinfachung nehmen wir an, daß eine fest vorgegebene nominale Geldmenge M in Umlauf ist, deren Höhe von der staatlichen Zentralbank kontrolliert wird. Zusammen mit der Annahme des festen Preisniveaus gilt hiernach für das reale Geldangebot:

$$(M/P) = (\bar{M}/\bar{P}). \tag{22}$$

Die in Umlauf befindliche reale Geldmenge ist fest vorgegeben und wird von der Zentralbank kontrolliert.

2. Gleichgewicht am Geldmarkt – Die LM-Linie

Die Geldangebotsfunktion (22) und die Geldnachfragefunktion (21) können zusammengefaßt werden zu der Bedingung für das **Gleichgewicht am Geldmarkt**:

$$(\bar{M}/\bar{P}) = k \cdot Y - h \cdot i. \tag{23}$$

Die Gleichgewichtsbedingung (23) ist grafisch in Abbildung 11.9 dargestellt.

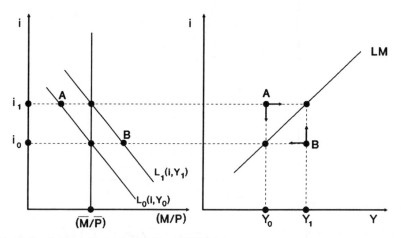

Abb. 11.9   Geldmarktgleichgewicht und LM-Linie

Im linken Teil der Abbildung 11.9 sind 2 Geldnachfragefunktionen und die Geldangebotsfunktion dargestellt. Die Geldangebotsfunktion ist eine Senkrechte. Das Geldangebot ist fest vorgegeben, d.h. zinsunelastisch. Gehen wir z.B. von einem Einkommen Y_0 aus, zu welchem die Geldnachfrage L_0 gehört. Der

Geldmarkt ist bei diesem Einkommen im Gleichgewicht, wenn der Zins i_0 ist. Steigt nun das Einkommen auf $Y_1 > Y_0$, dann erhöht sich die Geldnachfrage auf L_1. Soweit das Geldangebot konstant ist, steigt der Zins auf i_1. Die gestiegene Geldnachfrage treibt den Zins nach oben. Das freie Spiel des Zinses ist der Ausgleichsmechanismus, der den Geldmarkt ins Gleichgewicht bringt.

Man kann den gleichen Sachverhalt in einem i-Y-Achsenkreuz in einer einzigen Linie zum Ausdruck bringen. Dies ist in der rechten Hälfte der Abbildung 11.9 dargestellt. Die Kombinationen aus Zins und Einkommen, die am Geldmarkt mit Gleichgewicht verbunden sind, liegen in dem i-Y-Achsenkreuz auf einer Linie mit einer positiven Steigung. Diese Linie heißt **Linie des geldwirtschaftlichen Gleichgewichts oder kurz LM-Linie** (L steht für Geldnachfrage, und M steht für Geldangebot). Kombinationen von Zins und Einkommen oberhalb der LM-Linie (z.B. Punkt A mit der Kombination i_1 und Y_0) bedeuten einen Angebotsüberschuß am Geldmarkt. Es ist mehr Geld in Umlauf, als bei dieser Kombination aus Zins und Einkommen nachgefragt wird. Es werden Anpassungsprozesse ausgelöst, durch die der Zins sinkt und/oder das Einkommen steigt. Umgekehrt sind Kombinationen unterhalb der LM-Linie (z.B. Punkt B) Situationen eines Nachfrageüberschusses am Geldmarkt, der durch Zinssteigerungen und/oder Einkommenssenkungen ausgeglichen werden kann.

Für die folgenden Überlegungen ist es nützlich zu wissen, wovon die Steigung und wovon die Lage der LM-Linie abhängen.

Fragen wir zunächst nach den Determinanten der **Steigung der LM-Linie**. Aus der Gleichgewichtsbedingung (23) ergibt sich als Funktion für die LM-Linie:

$$i = (1/h) \cdot [k \cdot Y - (M/P)].$$

Die LM-Linie ist also um so steiler, je größer k und je kleiner h ist. Der Parameter h beschreibt die Zinsabhängigkeit der Geldnachfrage. Bei gegebener Einkommensabhängigkeit (Parameter k) ist also die Linie um so steiler, je niedriger die **Zinselastizität der Geldnachfrage** ist. Man kann sich zur Verdeutlichung 2 Extremfälle vorstellen. Der eine Extremfall besteht darin, daß die Zinselastizität der Geldnachfrage Null ist. Die Höhe des Zinses spielt für die Geldnachfrage überhaupt keine Rolle. Die Wirtschaftssubjekte planen, einen bestimmten Anteil k ihres Einkommens Y in Form von Geld zur Abwicklung der laufenden Transaktionen zu halten. Im übrigen ist ihnen die Höhe des Zinses für die Frage der Höhe der Geldhaltung gleichgültig. In diesem Fall verläuft die LM-Linie senkrecht. Der andere Extremfall besteht darin, daß die Zinselastizität der Geldnachfrage im Grenzfall unendlich groß ist. KEYNES nennt dies die **Liquiditätsfalle**. Das Geld wird nicht gehalten, um damit die laufenden Einnahmen und Ausgaben abzuwickeln, sondern nur aus spekulativen Vermögensanlageüberlegungen. Das Geld verschwindet – bildlich gesprochen – in der Liquiditätsfalle. In diesem Fall verläuft die LM-Linie waagrecht.

Wovon hängt die **Lage der LM-Linie** ab? Hierzu können wir uns z.B. vorstellen, daß die Zentralbank die im Umlauf befindliche Geldmenge erhöht. Im linken Teil der Abbildung 11.9 verschiebt sich die senkrechte Geldangebotsfunktion nach rechts, z.B. auf den Punkt B (nicht eingezeichnet). Es kommt mehr Geld in Umlauf. Bei dem ursprünglichen Gleichgewichtszins i_0 herrscht am Geldmarkt ein Angebotsüberschuß. Die Zinsen sinken und/oder das Einkommen steigt. Für die LM-Linie bedeutet das, daß diese sich nach rechts verschiebt und durch den Punkt B verläuft. Die Lage der LM-Linie hängt also ab von der Höhe der umlaufenden **Geldmenge**, d.h. von der **Geldpolitik**, die die Zentralbank verfolgt.

VI. Realeinkommen und Zinssatz – Das IS-LM-Modell

1. Simultanes Gleichgewicht am Geld- und Gütermarkt

Das güterwirtschaftliche Gleichgewicht in Form der IS-Linie kann mit dem geldwirtschaftlichen Gleichgewicht in Form der LM-Linie zu einem simultanen Gleichgewicht zusammengefaßt werden (HICKS, 1937). Die Analyse dieses simultanen Gleichgewichts ist eine Analyse der Anpassungsprozesse am gesamtwirtschaftlichen Geld- und Gütermarkt unter der Voraussetzung eines wegen freier Produktionskapazitäten konstanten Preisniveaus.

Das **simultane Gleichgewicht am Geld- und Gütermarkt** ist dargestellt in Abbildung 11.10.

Abbildung 11.10 macht deutlich, daß nur eine Kombination von Zins und Einkommen mit sowohl güterwirtschaftlichem als auch geldwirtschaftlichem Gleichgewicht vereinbar ist. Alle Kombinationen von Zins und Einkommen, die nicht der Kombination $i_0 - Y_0$ entsprechen, implizieren ein Ungleichgewicht auf mindestens einem der beiden gesamtwirtschaftlichen Märkte.

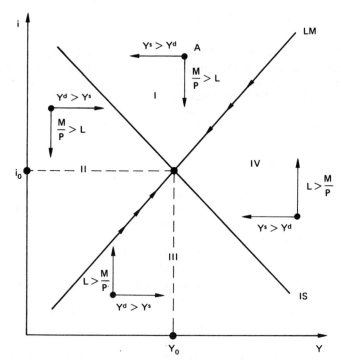

Abb. 11.10 Simultanes Gleichgewicht am Geld- und Gütermarkt

In Punkt A z.B. (allgemein bei allen Zins-Einkommens-Kombinationen in der Region I) liegt auf dem Geldmarkt und auf dem Gütermarkt jeweils ein Angebotsüberschuß vor. Es kommt zu Anpassungsprozessen. Zins und Einkommen ändern sich. Wie diese Anpassungsprozesse im einzelnen ablaufen, kann im Rahmen der hier dargestellten einfachen Analyse nicht näher angegeben werden. Dies ist ein Gegenstand der **dynamischen Wirtschaftstheorie**. Regelmäßig kann jedoch davon ausgegangen werden, daß die Anpassung am Geldmarkt schneller geschieht als am Gütermarkt, da die Produktion Zeit erfordert. Ein sehr einfacher Anpassungsprozeß besteht dann z.b. darin, daß – ausgehend von dem Ungleichgewicht in Punkt A – zunächst bei konstanter Produktion der Zinssatz sinkt. Der Rückgang des Zinssatzes führt zu einer Verringerung des Angebotsüberschusses am Geldmarkt, da die geplante Geldnachfrage steigt. Ist Gleichgewicht am Geldmarkt erreicht (ein Punkt auf der LM-Linie), herrscht jedoch auf dem Gütermarkt noch ein Ungleichgewicht in Form eines Angebotsüberschusses. Dieser Angebotsüberschuß wird nun bei Beibehaltung des geldwirtschaftlichen Gleichgewichts (entlang der LM-Linie) durch eine Kombination aus Zins- und Einkommensreduktion abgebaut. Die Zinssenkung bewirkt eine Zunahme der geplanten Investitionsnachfrage und trägt hierüber zum Abbau des Angebotsüberschusses bei. Die Einkommensreduktion ist Folge des Rückgangs der Produktion, die von den Unternehmen wegen der ungeplanten Lagerbestandszugänge eingeschränkt wird.

Ausgehend von Situationen in den Regionen II bis IV in Abbildung 11.10 finden analoge Anpassungsprozesse in Richtung auf das simultane Gleichgewicht statt. Das simultane Gleichgewicht selbst wird verändert durch Vorgänge auf dem Geld- und/oder dem Gütermarkt, die zu einer Verschiebung der LM- und/oder der IS-Linie führen. Dies kann Folge geld- und fiskalpolitischer Maßnahmen des Staates sein. Diese Zusammenhänge sollen im folgenden näher erläutert werden.

2. Geld- und Fiskalpolitik

Die Geldpolitik und die Fiskalpolitik sind Teil der staatlichen Stabilisierungspolitik. In den heutigen Volkswirtschaften wird der Wirtschaftsablauf in nicht unerheblichem Ausmaß durch den Staat gesteuert. Die Steuerung des Wirtschaftsablaufs durch den Staat heißt Wirtschaftspolitik. Ein wesentlicher Bereich der Wirtschaftspolitik ist die Stabilisierungspolitik. Durch die Stabilisierungspolitik versucht der Staat, gesamtwirtschaftliche Größen wie z.B. Produktion, Beschäftigung, Preisniveau u.ä. mehr auf bestimmten Niveaus zu stabilisieren. Wesentlicher Teil der Stabilisierungspolitik sind die **Geld- und Fiskalpolitik**. Geldpolitik ist staatliche Steuerung des Wirtschaftsablaufs durch den Einsatz des geldpolitischen Instrumentariums der Zentralbank. Fiskalpolitik ist staatliche Steuerung des Wirtschaftsablaufs durch den Vollzug öffentlicher Haushalte. Die Geld- und Fiskalpolitik können eingesetzt werden zur Beeinflussung der Höhe der gesamtwirtschaftlichen Nachfrage. Im folgenden soll erläutert werden, auf welche Weise geld- und fiskalpolitische Maßnahmen die Höhe des Gleichgewichtseinkommens beeinflussen. Die Darstellung ist hierbei beschränkt auf die Analyse der Wirkungsweise einer expansiven Geldpolitik und einer expansiven Fiskalpolitik. Eine kontraktive Geldpolitik und eine kontraktive Fiskalpolitik haben gegenüber einer jeweils expansiven Geld- und Fiskalpolitik im Prinzip einfach umgekehrte Auswirkungen. Auf das Problem, daß die Erfolgsaussichten einer expansiven Stabilisierungspolitik in der Regel größer sind als die einer kontraktiven Stabilisierungspolitik wird hier nicht näher eingegangen. Im Rahmen der nachfrageorientierten Einkommensanalyse wird annahmegemäß davon ausgegangen, daß freie Produktionskapazitäten und Unterbeschäftigung gegeben sind. Das Ziel der Stabilisierungspolitik ist unter diesen Bedingungen, Produktion und Einkommen zu steigern und Vollbeschäftigung herbeizuführen. Mögliche Auswirkungen einer solchen Stabilisierungspolitik auf das Preisniveau werden im Rahmen einer solchen keynesianischen Analyse nicht in Betracht gezogen, da annahmegemäß von der Konstanz des Preisniveaus ausgegangen wird.

a. Geldpolitik

Eine **expansive Geldpolitik** besteht darin, daß die Zentralbank durch Einsatz geldpolitischer Instrumente die Geldmenge ausdehnt. So kann die Zentralbank z.B. durch Ankauf von Devisen von Inländern die Geldmenge erhöhen. Die Auswirkungen der expansiven Geldpolitik auf Einkommen und Zinssatz können anhand der Abbildung 11.11 erläutert werden.

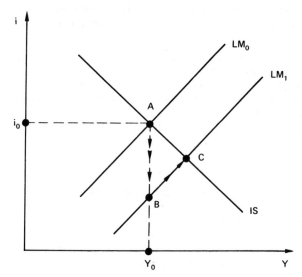

Abb. 11.11 Expansive Geldpolitik

Die Ausdehnung der Geldmenge bedeutet eine Verschiebung der Linie des geldwirtschaftlichen Gleichgewichts nach rechts. Bei der Zins-Einkommens-Kombination $i_0 - Y_0$ (Punkt A) herrscht dann am Geldmarkt ein Angebotsüberschuß. Es soll wie bisher davon ausgegangen werden, daß der Anpassungsprozeß am Geldmarkt schneller geschieht als am Gütermarkt. Der Angebotsüberschuß am Geldmarkt führt also zunächst zu einer **Zinssenkung**, bis die geplante Geldnachfrage auf das Niveau der durch die expansive Geldpolitik ausgedehnten Geldmenge angestiegen ist (geldwirtschaftliches Gleichgewicht in Punkt B). In dieser Situation herrscht jedoch dann am Gütermarkt ein Nachfrageüberschuß. Die Zinssenkung hat eine **Zunahme der geplanten Investitionsnachfrage** zur Folge. Der Nachfrageüberschuß am Gütermarkt verursacht eine Erhöhung von Produktion und Einkommen. Der Anpassungsprozeß geschieht entlang der (neuen) Linie des geldwirtschaftlichen Gleichgewichts LM_1, bis auch der Gütermarkt im Gleichgewicht ist (Punkt C). Die expansive Geldpolitik bewirkt also zunächst eine Zinssenkung, die über die Zinselastizität der Investitionsnachfrage expansiv auf die Nachfrage und damit auf Produktion und Einkommen wirkt.

Der Wirkungsgrad der expansiven Geldpolitik hängt insbesondere ab von der **Zinselastizität der Geldnachfrage** und der **Zinselastizität der Investitionsnachfrage**. Abbildung 11.11 macht deutlich, daß eine bestimmte Ausdehnung der Geldmenge ein um so größeres Nachfragewachstum bewirkt, je steiler die LM-Linie und je flacher die IS-Linie verläuft.

Was die Steigung der LM-Linie anbelangt, so hängt diese insbesondere ab von der **Zinselastizität der Geldnachfrage**. Je größer die Zinselastizität der Geldnachfrage ist, desto flacher verläuft die LM-Linie. Eine bestimmte Ausdehnung der Geldmenge hat also einen um so geringeren Zinssenkungseffekt, je größer die Zinselastizität der Geldnachfrage ist. Im Extremfall einer völlig zinselastischen Geldnachfrage hat eine expansive Geldpolitik keinerlei Einfluß auf Produktion und Einkommen. Die LM-Linie verläuft in diesem Fall waagrecht. Umgekehrt hat eine expansive Geldpolitik im Extremfall einer völlig zinsunelastischen Geldnachfrage eine maximale Expansionswirkung auf Produktion und Einkommen. Die LM-Linie verläuft in diesem Fall senkrecht. Im Sonderfall der völlig zinselastischen Geldnachfrage (**Liquiditätsfalle**) bewirkt die Ausdehnung der Geldmenge keine Zinssenkung, so daß auch keine expansive Wirkung auf Produktion und Einkommen entstehen kann. Abgesehen wird hierbei allerdings von einem möglichen **Vermögenseffekt** der Geldmengenausdehnung auf die private Konsumnachfrage. In dem Ausmaß also, in dem die Geldmengenausdehnung zu einer Erhöhung des realen Geldvermögens des privaten Sektors führt (z. B. bei Finanzierung von Staatsausgaben durch die Zentralbank) ergibt sich über den Vermögenseffekt eine Zunahme der privaten Konsumnachfrage, die direkt (und nicht über eine Zinssenkung) expansiv auf Produktion und Einkommen wirkt. Was die generelle Möglichkeit des Sonderfalles der Liquiditätsfalle anbelangt, so ist dieser wegen der realiter recht geringen Zinselastizität der Geldnachfrage empirisch in der Regel ohne Bedeutung. Höchstens in seltenen Ausnahmefällen kommt es vor, daß eine Ausdehnung der Geldmenge keine Zinssenkung zur Folge hat, weil die Wirtschaftssubjekte das Geld horten. In der Regel ist ein steiler Verlauf der LM-Linie gegeben. Folglich hat eine **expansive Geldpolitik** in der Regel **Zinssenkungen** zur Folge mit einer entsprechend expansiven Wirkung auf die gesamtwirtschaftliche Nachfrage. Speziell in diesem Zusammenhang mit der expansiven Geldpolitik ist allerdings in Erinnerung zu rufen, daß in dem gesamten keynesianischen IS-LM-Modell mit der Annahme eines **konstanten Preisniveaus** gearbeitet wird. Gerade bei einer expansiven Geldpolitik ist aber die Gefahr einer Inflation gegeben, durch die die erhoffte expansive Wirkung auf die Nachfrage zunichte gemacht werden kann. Zur Analyse dieser Zusammenhänge ist das IS-LM-Modell um die Möglichkeit von Preisniveausteigerungen zu erweitern. Ein solches Modell behandeln wir im nächsten Kapitel.

Das Ausmaß der expansiven Wirkung einer bestimmten Zinssenkung auf die gesamtwirtschaftliche Nachfrage hängt auch von der **Zinselastizität der Investitionsnachfrage** ab. Der Wirkungsgrad einer expansiven Geldpolitik ist um so stärker, je flacher die IS-Linie verläuft, d.h. je größer die Zinselastizität der Investitionsnachfrage ist. Zum Verständnis kann man sich den Extremfall vorstellen, daß die Investitionsnachfrage überhaupt nicht auf Zinsänderungen reagiert. Die

IS-Linie verläuft in diesem Fall senkrecht. Eine expansive Geldpolitik hat in diesem Fall überhaupt keine anregende Wirkung auf die Nachfrage, da die Nachfrage zinsunelastisch ist. KEYNES mißt dieser Möglichkeit durchaus eine gewisse Bedeutung zu, woraus sich seine zurückhaltende Beurteilung der Möglichkeiten der Geldpolitik als Beschäftigungspolitik erklärt.

b. Fiskalpolitik

Eine **expansive Fiskalpolitik** wirkt auf die Höhe des Gleichgewichtseinkommens nicht indirekt über eine Zinssenkung, sondern direkt über eine **Erhöhung der gesamtwirtschaftlichen Nachfrage**. Dem Staat stehen hierbei verschiedene Instrumente zur Verfügung. Es kommen alle Maßnahmen in Betracht, die auf das güterwirtschaftliche Gleichgewicht expansiv wirken. Hiernach kommen als **expansive fiskalpolitische Maßnahmen** in Betracht:

- Senkung des **Einkommensteuersatzes**,
- Erhöhung der **Transferzahlungen** an private Haushalte,
- Erhöhung der staatlichen **Nachfrage nach Waren und Diensten**,
- Senkung des **Steuersatzes auf Kapitaleinkünfte**.

Eine Senkung des Einkommensteuersatzes bewirkt, daß die IS-Linie flacher verläuft. Die anderen 3 Maßnahmen bewirken eine Verschiebung der IS-Linie nach rechts. Jede der Maßnahmen hat somit einen expansiven Effekt auf das Gleichgewichtseinkommen. Im folgenden sollen zunächst die Auswirkungen einer Erhöhung der Staatsausgaben für Waren und Dienste erläutert werden, und anschließend soll auch auf die Möglichkeiten und Grenzen dieser und der anderen fiskalpolitischen Maßnahmen eingegangen werden. Die Auswirkungen einer Erhöhung der Staatsausgaben für Waren und Dienste können anhand der Abbildung 11.12 erläutert werden.

Eine **Erhöhung der Staatsausgaben** für Waren und Dienste bedeutet eine Verschiebung der Linie des güterwirtschaftlichen Gleichgewichts nach rechts. Bei der Zins-Einkommens-Kombination $i_0 - Y_0$ herrscht dann am Gütermarkt ein Nachfrageüberschuß. Der Nachfrageüberschuß führt zu einer **Erhöhung von Produktion und Einkommen**. Hierdurch steigt jedoch auch die geplante Geldnachfrage. Dies führt zu Zinssteigerungen, so daß der Geldmarkt im Gleichgewicht bleibt. Der Anpassungsprozeß geschieht also entlang der Linie des geldwirtschaftlichen Gleichgewichts, bis der Nachfrageüberschuß durch entsprechende Ausdehnung von Produktion und Einkommen beseitigt ist. Die Zinssteigerung bewirkt jedoch eine **Dämpfung der zinsabhängigen Investitionsnachfrage**. Die Einkommensexpansion wird also abgeschwächt durch die Zinssteigerung. Analog dem Fall der expansiven Geldpolitik ist in diesem Zusammenhang die Zinselastizität der Geldnachfrage von entscheidender Bedeutung. Bei völlig zinselastischer Geldnachfrage (waagrechte LM-Linie) ist der Wirkungsgrad der expansiven Fiskalpolitik am größten. Die Erhöhung der Staatsausgaben für Waren und Dienste hat in diesem Fall keine Zinssteigerung zur Folge, so daß es auch nicht zu einer Dämpfung der zinsabhängigen Investitionen kommt. In diesem Extremfall der **Liquiditätsfalle** erhöht sich das Gleichgewichtseinkommen im vollen Ausmaß des Staatsausgabenmultiplikators. Dieser Fall ist jedoch empirisch ohne Bedeutung. Umgekehrt hat im Fall der völlig zinsunelastischen Geldnachfrage (senkrechte LM-Linie) die Erhöhung der Staatsausgaben für Waren und Dienste keinerlei Einfluß auf die Höhe des Gleichgewichtseinkommens. In diesem Fall werden von den vermehrten Staatsausgaben über eine entsprechend starke Zins-

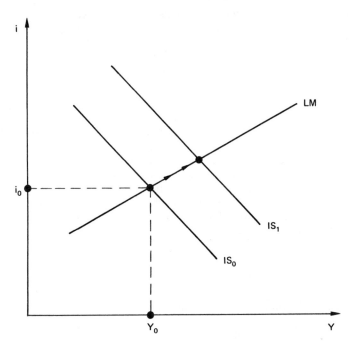

Abb. 11.12 Expansive Fiskalpolitik

erhöhung lediglich zinsabhängige Investitionen verdrängt (sog. **crowding-out**), ohne daß gesamtwirtschaftlich Produktion und Einkommen steigen. Je geringer also die Zinselastizität der Geldnachfrage ist, desto größer ist der Umfang der von den vermehrten Staatsausgaben verdrängten zinsabhängigen Investitionstätigkeit. Dieser Verdrängungseffekt ist wegen der realiter recht niedrigen Zinselastizität der Geldnachfrage empirisch durchaus von Bedeutung. Eine Erhöhung der Staatsausgaben für Waren und Dienste wirkt also per Saldo expansiv auf Produktion und Einkommen, jedoch teilweise zu Lasten der zinsabhängigen privaten Investitionstätigkeit. Gesamtwirtschaftlich bedeutet dies eine durch die Staatsausgabenerhöhung verursachte Änderung der Produktionsstruktur in Richtung auf einen **höheren Staatsanteil am Sozialprodukt**.

Soweit die staatlichen Mehrausgaben überwiegend für Staatskonsum verwendet werden – was erfahrungsgemäß der Fall ist –, bedeutet die Staatsausgabenerhöhung auch eine Änderung der Produktionsstruktur in Richtung auf einen höheren Anteil des Konsums und einen geringeren Anteil der Investitionen am Sozialprodukt.

Auf diese Problematik der Änderung der Produktionsstruktur wird hier nicht weiter eingegangen. Diese Änderung der Produktionsstruktur ist allgemein Ergebnis solcher fiskalpolitischen Maßnahmen, die eine Anregung des gesamtwirtschaftlichen Konsums bedeuten.

Aus dem eingangs erwähnten Katalog der 4 expansiven Maßnahmen sind solche Maßnahmen außer der Erhöhung der Staatsausgaben für Waren und Dienste eine Senkung des Einkommensteuersatzes (flachere IS-Linie) und eine Erhöhung der Transferzahlungen an private Haushalte (Rechtsverschiebung der IS-Linie). Beide Maßnahmen wirken expansiv auf Produktion und Einkommen über eine Anregung der privaten Konsumnachfrage. Hierbei ist allerdings zu beachten, daß die Konsumnachfrage der privaten Haushalte von den langfristigen Einkommenserwartungen abhängt. Eine als nur vorübergehend angesehene Senkung des Einkommensteuersatzes und/oder Erhöhung der Transferzahlungen hat daher nur einen geringen expansiven Effekt.

Die Änderung der Produktionsstruktur in Richtung auf einen höheren Anteil des Konsums am Sozialprodukt kann vom Staat durch expansive fiskalpolitische Maßnahmen vermieden werden, die eine **Anregung der privaten Investitionstätigkeit** bedeuten. Eine solche Maßnahme ist z.B. eine Senkung des Steuersatzes auf das Kapitaleinkommen. Solche Varianten einer expansiven Fiskalpolitik sind dann angebracht, wenn eine stärker auf investive Bereiche ausgerichtete Produktionsstruktur als notwendig erachtet wird. Hierbei ist allerdings – wie bei der steuerlichen Anregung der privaten Konsumnachfrage – zu beachten, daß die private Investitionsnachfrage von den langfristigen Gewinnerwartungen abhängig ist. Eine Steuersenkung, die als eine reversible Maßnahme von nur kurzer Dauer angesehen wird, bewirkt also nur eine geringe Erhöhung der privaten Investitionstätigkeit.

Neben dem bisher erläuterten isolierten Einsatz geld- und fiskalpolitischer Instrumente kann der Staat auch durch eine entsprechende **Kombination geld- und fiskalpolitischer Maßnahmen (sog. policy mix)** Stabilitätspolitik betreiben. So kann z.B. eine Erhöhung der Staatsausgaben für Waren und Dienste kombiniert werden mit einer Ausdehnung der Geldmenge durch die Zentralbank. Durch einen solchen kombinierten Einsatz der Geld- und Fiskalpolitik kann die Zinssteigerung abgeschwächt werden, zu der es bei einer isolierten expansiven Fiskalpolitik kommt und die einen Verdrängungseffekt auf die zinsabhängigen Investitionen ausübt. Allerdings kommt es auch bei dieser Politik zu einer verstärkten Ausrichtung der Produktionsstruktur an konsumtiven Zwecken, soweit die fiskalpolitischen Elemente des Maßnahmebündels vorrangig auf eine Anregung des (staatlichen und/oder privaten) Konsums gerichtet sind. Im übrigen ist insbesondere hinsichtlich dieser Stabilisierungspolitik einer Staatsausgabenerhöhung, die über eine Expansion der Geldmenge finanziert wird, auf die Gefahr einer **Erhöhung des Preisniveaus** hinzuweisen, die im Rahmen des keynesianischen Ansatzes qua Annahme ausgeschlossen ist.

VII. Zusammenfassung

Die gesamtwirtschaftliche Produktion und das gesamtwirtschaftliche Realeinkommen ergeben sich aus der negativ vom Preisniveau abhängigen gesamtwirtschaftlichen Nachfrage und dem positiv vom Preisniveau abhängigen gesamtwirtschaftlichen Angebot. Die **keynesianische Analyse** ist nachfrageorientiert. Es wird ein **konstantes Preisniveau** unterstellt, bei dem wegen freier Kapazitäten und Unterbeschäftigung die Produktion einer steigenden Nachfrage reibungslos angepaßt werden kann. Die gesamtwirtschaftliche Nachfrage, die damit die Höhe von Produktion und Realeinkommen bestimmt, setzt sich aus autonomen, einkommensabhängigen und zinsabhängigen Komponenten zusammen. Bei konstantem Zinssatz haben Änderungen der autonomen Nachfragekomponenten über die einkommensabhängigen Nachfragekomponenten multiplikative Auswirkungen auf das **Gleichgewichtseinkommen**. Das freie Spiel des Zinses bringt auf dem **Geldmarkt** die umlaufende Geldmenge und die von Zins und Einkommen abhängige Geldnachfrage ins Gleichgewicht. Bei variablem Zinssatz ergibt sich das Gleichgewichtseinkommen aus dem güterwirtschaftlichen und dem geldwirtschaftlichen Gleichgewicht. Dieses **simultane Gleichgewicht am Geld- und Gütermarkt** kann von der staatlichen Stabilisierungspolitik durch die Geldpolitik und die Fiskalpolitik beeinflußt werden. Eine expansive **Geldpolitik** wirkt wegen der in der Regel geringen Zinselastizität der Geldnachfrage expansiv auf die gesamtwirtschaftliche Nachfrage. Eine expansive **Fiskalpolitik** geht wegen des Verdrängungseffektes der Zinssteigerungen teilweise zu Lasten der privaten Investitionsnachfrage.

Literatur zum 11. Kapitel

Überblick:

Hansen, A. H.: A guide to Keynes. New York 1953.
Siebke, J. und **H. J. Thieme**: Einkommen, Beschäftigung, Preisniveau. In: D. Bender u.a.: Vahlens Kompendium der Wirtschaftstheorie und Wirtschaftspolitik. Band 1. 4. Aufl. München 1990. S. 87-126, 134-138.

Lehrbücher:

Blümle, G. und **W. Patzig**: Grundzüge der Makroökonomie. Freiburg 1988. S. 88-231.
Cezanne, W.: Grundzüge der Makroökonomie. 5. Aufl. München 1991. S. 89-111.
Claassen, E.-M.: Grundlagen der makroökonomischen Theorie. München 1980. S. 151-178.
Dornbusch, R. und **S. Fischer**: Macroeconomics. 4. Aufl. New York 1987. S. 63-178.
Felderer, B. und **S. Homburg**: Makroökonomik und neue Makroökonomik. 5. Aufl. Berlin 1991. S. 97-134.
Fuhrmann, W. und **J. Rohwedder**: Makroökonomik. Zur Theorie interdependenter Märkte. 2. Aufl. München 1987. S. 130-148.
Helmstädter, E.: Wirtschaftstheorie. Bd. 2: Kreislaufgleichgewicht und Expansionsgleichgewicht. 3. Aufl. München 1986. S. 59-116.
Rittenbruch, K.: Makroökonomie. 7. Aufl. München 1990. S. 156-215, 225-253.
Schmitt-Rink, G.: Makroökonomie. Berlin 1990. S. 91-153.
Stobbe, A.: Volkswirtschaftslehre III. Makroökonomik. 2. Aufl. Berlin 1987. S. 20-50.

12. Kapitel:
Produktion, Beschäftigung und Preisniveau –
Das makroökonomische Standard-Modell

I. Gesamtwirtschaftliche Nachfrage und Preisniveau

In dem bisher behandelten IS-LM-Modell sind wir durchweg davon ausgegangen, daß das Preisniveau konstant ist. Von dieser sehr restriktiven Annahme gehen wir nunmehr ab. Wir berücksichtigen die Möglichkeit von Änderungen des Preisniveaus. Wir fragen zunächst, wie die gesamtwirtschaftliche Nachfrage auf Preisniveauänderungen reagiert. Zur Vereinfachung werden nur die Auswirkungen eines Preisniveauanstiegs erläutert. Eine Preisniveausenkung hat analoge umgekehrte Auswirkungen.

Eine Erhöhung des Preisniveaus wirkt auf das geldwirtschaftliche Gleichgewicht und auf das güterwirtschaftliche Gleichgewicht.

Was das **geldwirtschaftliche Gleichgewicht** anbelangt, so bedeutet eine Preisniveauerhöhung eine Verringerung des Realwerts der umlaufenden Geldmenge, was **Zinserhöhungen** zur Folge hat. Diese Auswirkungen einer Preisniveauerhöhung können anhand der Abbildung 12.1 erläutert werden.

Die Erhöhung des Preisniveaus von P_0 auf $P_1 > P_0$ bedeutet eine Verschiebung der Linie des realen Geldangebots nach links. Die reale Geldmenge sinkt durch die Erhöhung des Preisniveaus. Bei dem Zinssatz i_0 herrscht dann am Geldmarkt

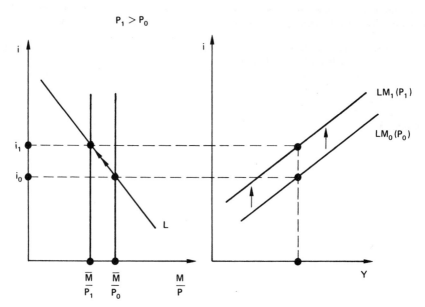

Abb. 12.1 Zinseffekt

ein Nachfrageüberschuß. Der Nachfrageüberschuß löst Zinssteigerungstendenzen aus. Durch die Zinssteigerung sinkt die reale geplante Geldnachfrage (Bewegung auf der Linie der Geldnachfrage nach oben), bis bei dem (im Vergleich zu i_0) höheren Zinssatz i_1 wieder Gleichgewicht am Geldmarkt erreicht ist. Für die Linie des geldwirtschaftlichen Gleichgewichts bedeutet dieser durch die Preisniveauerhöhung ausgelöste Anpassungsprozeß eine Verschiebung nach oben, da der zu einem bestimmten Gleichgewichtseinkommen gehörende Zinssatz steigt. Man nennt diesen Effekt den **Zinseffekt**.

Das Ausmaß der von der Preisniveauerhöhung ausgelösten Zinssteigerung hängt insbesondere ab von der **Zinselastizität der Geldnachfrage**. Aus Abbildung 12.1 wird deutlich, daß die von einer bestimmten Preisniveauerhöhung ausgelöste Erhöhung des Zinssatzes am Geldmarkt um so größer ausfällt, je steiler die Linie der Geldnachfrage verläuft. Die von einer bestimmten Preisniveauerhöhung ausgelöste Zinssteigerung ist also um so größer, je geringer die Zinselastizität der Geldnachfrage ist. Die Zinselastizität der Geldnachfrage ist realiter recht gering. Der zinssteigernde Effekt von Preisniveauerhöhungen ist also auch empirisch von Bedeutung.

Eine Erhöhung des Preisniveaus wirkt auch auf das **güterwirtschaftliche Gleichgewicht**. Durch eine Preisniveauerhöhung verringert sich der Realwert des Geldvermögensbestandes des privaten Sektors, was **kontraktiv auf die private**

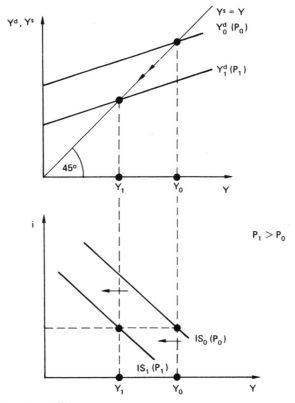

Abb. 12.2 Vermögenseffekt

Konsumnachfrage wirkt. Diese Auswirkungen einer Preisniveauerhöhung können anhand der Abbildung 12.2 erläutert werden.

Die Erhöhung des Preisniveaus von P_0 auf $P_1 > P_0$ bedeutet eine Verschiebung der Linie der geplanten gesamtwirtschaftlichen Nachfrage nach unten. Eine Komponente der geplanten gesamtwirtschaftlichen Nachfrage ist die geplante private Konsumnachfrage, die u.a. positiv abhängt vom realen Geldvermögensbestand des privaten Sektors. Durch die Preisniveauerhöhung sinkt dieser reale Geldvermögensbestand, was kontraktiv auf die private Konsumnachfrage und damit auf die gesamtwirtschaftliche Nachfrage wirkt. Bei dem Realeinkommen Y_0 in Abbildung 12.2 herrscht dann am Gütermarkt ein Angebotsüberschuß. Der Angebotsüberschuß führt zu einer Senkung von Produktion und Einkommen, bis bei dem (im Vergleich zu Y_0) niedrigeren Einkommen Y_1 wieder Gleichgewicht am Gütermarkt erreicht ist. Für die Linie des güterwirtschaftlichen Gleichgewichts bedeutet dieser durch die Preisniveauerhöhung ausgelöste Anpassungsprozeß eine Verschiebung nach links, da das zu einem bestimmten Zinssatz gehörende Gleichgewichtseinkommen sinkt. Das Ausmaß der Kontraktionswirkung der Preisniveauerhöhung auf die gesamtwirtschaftliche Nachfrage hängt ab von der Stärke des **Vermögenseffektes** in der Konsumfunktion.

Der **Zinseffekt** und der **Vermögenseffekt** von **Preisniveauerhöhungen** bewirken eine **Verringerung des Gleichgewichtseinkommens** im simultanen Gleichge-

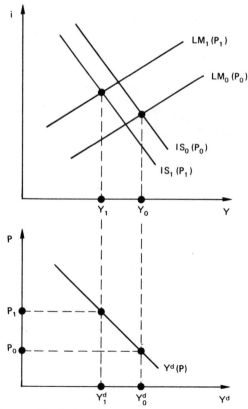

Abb. 12.3 Nachfrage und Preisniveau

wicht am Geld- und Gütermarkt. Diese Zusammenhänge können anhand der Abbildung 12.3 erläutert werden.

Aus Abbildung 12.3 wird deutlich, daß die gesamtwirtschaftliche Nachfrage negativ abhängt von der Höhe des Preisniveaus. Preisniveauerhöhungen verringern die gesamtwirtschaftliche Nachfrage nach Waren und Diensten. Dieser Kontraktionseffekt wird hauptsächlich verursacht von der Zinssteigerung, die resultiert aus der durch eine Preisniveauerhöhung verursachten Verringerung der realen Geldmenge. Der Kontraktionseffekt ist damit um so stärker (die Preiselastizität der Nachfrage ist um so größer), je größer die Zinselastizität der Investitionsnachfrage ist. Preisniveausenkungen wirken analog expansiv auf die gesamtwirtschaftliche Nachfrage nach Waren und Diensten.

II. Gesamtwirtschaftliches Angebot

Wir wenden uns nunmehr der Angebotsseite des Modells zu. Das gesamtwirtschaftliche Angebot wird durch den Einsatz von Produktionsfaktoren im Produktionsprozeß erstellt. Unser Hauptinteresse gilt der Beschäftigung. Wir analysieren daher im folgenden den Produktionsprozeß hauptsächlich unter dem Aspekt der Beschäftigung.

1. Produktion und Arbeitsnachfrage

Der Zusammenhang zwischen der Produktion und dem Einsatz der Produktionsfaktoren wird durch die Produktionsfunktion beschrieben. In der Produktionsfunktion ist die Arbeit einer der Produktionsfaktoren. Wieviel Arbeit fragen die Unternehmer nach, um sie in der Produktion einzusetzen? Diese Frage kann mit Hilfe der Annahme der Gewinnmaximierung seitens der Unternehmer beantwortet werden.

Wir gehen von einer **COBB-DOUGLAS-Produktionsfunktion** aus:

$$Y = K^a \cdot N^{1-a}, \quad 0 < a < 1. \tag{1}$$

In der Produktionsfunktion (1) ist Y die gesamtwirtschaftliche Produktion, K der Kapitalbestand, N der Arbeitseinsatz und $(1 - a)$ die Produktionselastizität des Faktors Arbeit.

Wie hoch ist die **optimale, d.h. gewinnmaximale Arbeitseinsatzmenge**? Wir haben uns mit dieser Frage bereits oben im Teil Mikroökonomik bei der Bestimmung des optimalen Produktionsplans (5. Kapitel, Ziffer IV.1.b) und bei der Frage der Faktorpreisbildung auf dem Arbeitsmarkt (7. Kapitel, Ziffer I) beschäftigt. Der Arbeitseinsatz ist dann optimal, wenn die reale Grenzproduktivität der Arbeit (die reale marginale Arbeitsproduktivität) gleich den realen Grenzkosten des Faktors Arbeit, d.h. gleich dem Reallohn ist. Wir können diesen Zusammenhang anhand der Abbildung 12.4 erläutern.

Im oberen Teil der Abbildung 12.4 ist die Produktionsfunktion dargestellt. Der Kapitaleinsatz ist konstant gehalten, da der Arbeitseinsatz optimiert werden soll.

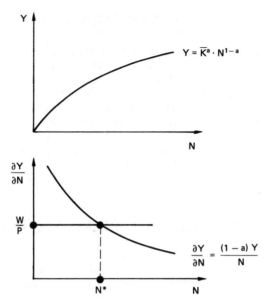

Abb. 12.4 Marginale Arbeitsproduktivität und optimaler Arbeitseinsatz

Bei sukzessive steigendem Arbeitseinsatz steigt die Produktion an, jedoch wegen $(1 - a) < 1$ mit abnehmenden Zuwächsen.

Im unteren Teil der Abbildung 12.4 beschreibt die fallende Linie $\delta Y/\delta N = (1 - a) Y/N$ den Verlauf der **marginalen Arbeitsproduktivität**. Man erhält den Ausdruck $(1 - a) Y/N$, wenn man die erste Ableitung der Produktionsfunktion (1) nach N bildet. Diese marginale Arbeitsproduktivität gibt an, um wieviel sich der reale Output Y ändert, wenn der Arbeitseinsatz marginal um eine Einheit variiert wird. Bei einer COBB-DOUGLAS-Produktionsfunktion sinkt die marginale Arbeitsproduktivität bei steigendem Arbeitseinsatz.

Die waagrechte Linie W/P im unteren Teil der Abbildung 12.4 stellt die **marginalen Arbeitskosten** dar. Die Größe W/P ist der **Reallohn** pro Arbeitseinheit, z.B. pro Arbeitsstunde. Diese marginalen Arbeitskosten sind der reale Faktorpreis, den der Unternehmer für die Nutzung einer Einheit Arbeitsleistung aufwenden muß. Der Reallohn ist hierbei strenggenommen eine Erwartungsgröße. In den Tarifverhandlungen wird nur der Nominallohn ausgehandelt. Das Preisniveau bildet sich zeitlich nach dem Produktionsprozeß auf den Absatzmärkten und ist insofern eine Erwartungsgröße. Der Reallohn ist somit ebenfalls eine Erwartungsgröße. Der erwartete Reallohn ist positiv abhängig vom Nominallohn und negativ abhängig vom erwarteten Preisniveau.

Nach diesen Erläuterungen leuchtet es ein, daß der **Arbeitseinsatz dann optimal ist, wenn die marginale Arbeitsproduktivität gleich dem erwarteten Reallohn ist**. Der optimale Arbeitseinsatz ist in Abbildung 12.4 mit N* gekennzeichnet. Nehmen wir z.B. an, daß der tatsächliche Arbeitseinsatz unter dem optimalen Arbeitseinsatz liegt, d.h. es ist $N < N^*$. Dann lohnt es sich, mehr Arbeit einzusetzen. Denn jede zusätzlich eingesetzte Arbeitsstunde erbringt noch mehr, als sie kostet, da $\delta Y/\delta N > W/P$ ist. Analog steigert es auch den Gewinn, einen Arbeitseinsatz N > N* herunterzufahren, d.h. Arbeitskräfte zu entlassen und/oder Kurzarbeit einzuführen.

Wir können also die Linie der marginalen Arbeitsproduktivität als **Arbeitsnachfragefunktion** interpretieren. Die Arbeitsnachfrage der Unternehmer hängt negativ vom erwarteten Reallohn ab, da die marginale Arbeitsproduktivität bei steigendem Arbeitseinsatz sinkt.

Außer von den Faktorkosten hängt die Arbeitsnachfrage der Unternehmer auch noch von den **Absatzerwartungen** ab. Ein Unternehmer setzt nur dann Arbeit und andere Produktionsfaktoren im Produktionsprozeß ein, wenn erwartet wird, die produzierten Güter auch absetzen zu können. Man kann die Größe Y in $(1 - a)$ Y/N als die Absatzerwartungen der Unternehmer interpretieren. Gemäß dieser Interpretation hängt die Arbeitsnachfrage der Unternehmer positiv von den Absatzerwartungen ab. Wenn sich diese Absatzerwartungen ändern, dann bedeutet das in Abbildung 12.4 eine entsprechende Verschiebung der Linie $(1 - a)$ Y/N.

Man kann die Abhängigkeit der Arbeitsnachfrage vom erwarteten Reallohn und von den Absatzerwartungen auch **formal herleiten**. Hierzu wird die gesamtwirtschaftliche Unternehmergewinngleichung ausformuliert und unter der Nebenbedingung gegebener Absatzerwartungen maximiert. Dies ist im Prinzip die gleiche Methode, die wir oben im 10. Kapitel, Ziffer II.2.a bei der Ableitung des optimalen Kapitalbestandes bereits kennengelernt haben. Die Methode wird jetzt hier einfach auf die Bestimmung des optimalen Arbeitseinsatzes angewendet.

Für den Gewinn gilt:

$G = Y -$ Kapitalkosten $-$ Arbeitskosten,

$G = K^a \cdot N^{1-a} - z \cdot K - (W/P) \cdot N = \max!$,

Nebenbedingung: $Y_0 = Y = K^a \cdot N^{1-a}$.

Die Größe z charakterisiert die realen marginalen Kapitalkosten, die Größe Y_0 die Absatzerwartungen.
Für die LAGRANGE-Funktion ($\lambda =$ LAGRANGE-Multiplikator) gilt:

$L = G + \lambda \cdot (Y_0 - Y)$.

Die partiellen Ableitungen der LAGRANGE-Funktion werden Null gesetzt. Dann ergibt sich für den optimalen Arbeitseinsatz (die Ausrechnung wird hier übergangen):

$$N^* = Y_0 \cdot \left[\frac{(1-a) \cdot z}{a \cdot W/P} \right]^a. \tag{2}$$

Gemäß Gleichung (2) ist der optimale Arbeitseinsatz negativ vom erwarteten Reallohn und positiv von den Absatzerwartungen abhängig.

Zusammengefaßt können wir also die **Arbeitsnachfragefunktion** allgemein wie folgt formulieren:

$$N^d = N^d\left(\frac{W}{P}, Y\right) \tag{3}$$

mit
$$\delta N^d/\delta (W/P) < 0, \qquad \delta N^d/\delta Y > 0.$$

Dieser Sachverhalt ist dargestellt in Abbildung 12.5, wobei der Einfachheit halber eine lineare Arbeitsnachfragekurve unterstellt wird.

Bei gegebenen Absatzerwartungen steigt die Arbeitsnachfrage, wenn der erwartete Reallohn sinkt (und umgekehrt). Dies ist in Abbildung 12.5 eine Bewegung auf der Linie der Arbeitsnachfrage. Bei gegebenem erwarteten Reallohn steigt die Arbeitsnachfrage, wenn sich die Absatzerwartungen verbessern (und umgekehrt). Dies ist in Abbildung 12.5 eine Verschiebung der Linie der Arbeitsnachfrage.

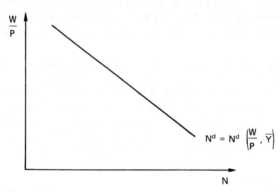

Abb. 12.5 Arbeitsnachfrage

2. Vollbeschäftigung, Arbeitslosigkeit und Überbeschäftigung

a. Arbeitsmarkt

Die Arbeitsnachfrage der Unternehmer trifft auf dem Arbeitsmarkt mit dem Arbeitsangebot der Haushalte zusammen.

Das **Arbeitsangebot** ist in einem Normalbereich positiv vom Reallohn abhängig. Dieser Zusammenhang resultiert aus dem Nutzenmaximierungskalkül der Haushalte. Die Haushalte streben eine nutzenmaximale Kombination aus Arbeitszeit und Freizeit an (vgl. 4. Kapitel, Ziffer III). Im Normalbereich der Arbeitsangebotsfunktion sind die Arbeitnehmer bereit, für höhere Reallöhne ceteris paribus mehr zu arbeiten, z.B. in Form von Überstunden, nebenberuflichen Tätigkeiten usw. Aufgrund natürlicher und institutioneller Gegebenheiten steht gesamtwirtschaftlich nicht mehr als eine maximal einsetzbare Arbeitsmenge zur Verfügung, die mit N_m bezeichnet wird. Für die Arbeitsangebotsfunktion gilt:

$$N^s = N^s(W/P) \qquad (4)$$
mit
$$\delta N^s/\delta (W/P) > 0, \qquad \text{für } N < N_m.$$

Arbeitsnachfrage und Arbeitsangebot treffen auf dem **Arbeitsmarkt** zusammen. Dieser Sachverhalt ist in Abbildung 12.6 dargestellt.

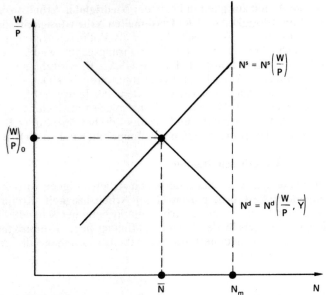

Abb. 12.6 Arbeitsmarkt

b. Vollbeschäftigung

Aus Abbildung 12.6 wird deutlich, daß die geplante Arbeitsnachfrage der Unternehmen bei gegebenen Absatzerwartungen nur bei einem bestimmten Reallohn kompatibel ist mit dem von den Arbeitnehmern geplanten Arbeitsangebot. Die bei diesem Reallohn $(W/P)_0$ herrschende Beschäftigung $N = \bar{N}$ ist die **Vollbeschäftigung**. Der Terminus Vollbeschäftigung ist hierbei als ein definitorischer Begriff zu verstehen. Vollbeschäftigung am Arbeitsmarkt in diesem Sinne bedeutet nicht, daß im Zustand der Vollbeschäftigung keinerlei einsatzfähiges Arbeitskräftepotential existiert. Vielmehr ist auch bei Vollbeschäftigung regelmäßig eine gewisse Arbeitslosigkeit vorhanden. Die auch bei Vollbeschäftigung existierende Arbeitslosigkeit wird als **natürliche** (auch: **freiwillige**) **Arbeitslosigkeit** bezeichnet. Es handelt sich hierbei zum einen um diejenigen nicht beschäftigten Arbeitskräfte, die bei dem (zu niedrigen) Vollbeschäftigungs-Reallohn nicht zur Arbeit bereit sind (Abschnitt $N_m - \bar{N}$ in Abbildung 12.6). Zum anderen existiert im (definitorischen) Zustand der Vollbeschäftigung noch die **strukturelle** und die **friktionelle Arbeitslosigkeit**. Diese beiden Arten der natürlichen Arbeitslosigkeit sind in dem aggregierten Arbeitsmarkt der Abbildung 12.6 nicht dargestellt.

Die **strukturelle Arbeitslosigkeit** resultiert aus der Heterogenität des Arbeitskräftepotentials. Änderungen in der Produktionsstruktur führen regelmäßig zu struktureller Arbeitslosigkeit, da die in schrumpfenden Branchen tätigen Arbeitskräfte nicht ohne weiteres in den expandierenden Branchen zum Einsatz kommen können (z.B. wegen mangelhafter Ausbildung, unbrauchbarer Spezialisierung, unzureichender Mobilität der Arbeitskräfte u.ä. mehr).

Die **friktionelle Arbeitslosigkeit** ergibt sich aus mangelhafter Transparenz am Arbeitsmarkt. Offene Stellen können in diesen Fällen deswegen nicht besetzt werden, weil z.B. dem potentiellen Arbeitnehmer die offene Stelle nicht bekannt ist.

Die **natürliche Arbeitslosigkeit** in Form der **Niedriglohn-Arbeitslosigkeit**, der **strukturellen Arbeitslosigkeit** und der **friktionellen Arbeitslosigkeit** existiert also auch bei dem Zustand am Arbeitsmarkt, der als Vollbeschäftigung bezeichnet wird. Die natürliche Arbeitslosenquote ist erfahrungsgemäß weder international gleich noch im Zeitablauf konstant. Für die USA z.B. wird die natürliche Arbeitslosenquote auf ca. 5% geschätzt. In der Bundesrepublik Deutschland ist die natürliche Arbeitslosenquote von ca. 1% in den 60er Jahren auf über 5% Mitte der 80er Jahre angestiegen. Ursachen für eine solche Entwicklung sind tiefgreifende Änderungen der wirtschafts- und sozialpolitischen Struktur (z.b. Energieverteuerung, Mikroelektronik, zunehmende Immobilität u.ä. mehr).

c. Konjunkturelle Unterbeschäftigung

Von den verschiedenen Arten der natürlichen Arbeitslosigkeit wird unterschieden die **konjunkturelle** (auch: **unfreiwillige**) **Arbeitslosigkeit**. Konjunkturelle Arbeitslosigkeit liegt vor, wenn am Arbeitsmarkt beim herrschenden Reallohn die Beschäftigung unterhalb der Vollbeschäftigung liegt. Konjunkturelle Arbeitslosigkeit kann verschiedene Ursachen haben, was anhand der Abbildung 12.7 erläutert werden kann.

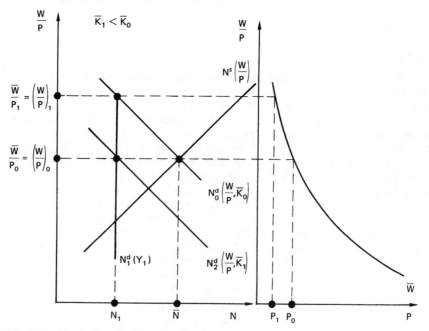

Abb. 12.7 Konjunkturelle Unterbeschäftigung

In Abbildung 12.7 ist in dem linken Achsenkreuz der Arbeitsmarkt mit verschiedenen Arbeitsnachfragefunktionen dargestellt. In dem rechten Achsenkreuz ist der Sachverhalt dargestellt, daß der Nominallohn in Tarifverhandlungen als **Mindestlohn** festgelegt wird. Der Nominallohn ist starr. Das Preisniveau dagegen ist flexibel. Der auf der Ordinate abgetragene Reallohn variiert somit entgegengesetzt zum Preisniveau.

12. Kap.: Produktion, Beschäftigung und Preisniveau

Man kann nun anhand der Abbildung 12.7 drei verschiedene Arten von Arbeitslosigkeit unterscheiden:

- **Mindestlohn-Arbeitslosigkeit** (auch: klassische Arbeitslosigkeit),
- **Nachfragemangel-Arbeitslosigkeit** (auch: keynesianische Arbeitslosigkeit),
- **Kapitalmangel-Arbeitslosigkeit**.

Die Kapitalmangel-Arbeitslosigkeit wird teilweise als ein langfristiges Problem angesehen, welches nicht kurzfristig-konjunktureller Natur ist. Wir behandeln die Kapitalmangel-Arbeitslosigkeit der Vollständigkeit halber trotzdem hier an dieser Stelle zusammen mit den beiden anderen Arten konjunktureller Arbeitslosigkeit.

Die **Mindestlohn-Arbeitslosigkeit** hat ihre Ursache darin, daß der Nominallohn aufgrund institutioneller Gegebenheiten nach unten nicht flexibel ist, so daß es zu einem mit Vollbeschäftigung unvereinbar hohen Reallohn kommen kann. Ausgehend von der Vollbeschäftigung $N = \bar{N}$ sinkt z.B. das Preisniveau von P_0 auf $P_1 < P_0$ (z.B. wegen einer am Gütermarkt entstehenden Nachfragelücke), während der Nominallohn aufgrund tariflicher Vereinbarungen auf der Höhe $W = \bar{W}$ verharrt. Das Sinken des Preisniveaus wird von Unternehmern und Arbeitnehmern korrekt antizipiert, so daß der erwartete Reallohn steigt auf $(W/P)_1 > (W/P)_0$. Die Unternehmer reduzieren aufgrund der Erhöhung des erwarteten Reallohnes die Arbeitseinsatzmenge auf das Niveau N_1, das unterhalb der Vollbeschäftigung $\bar{N}$ liegt.

Eine spezielle Variante der Mindestlohn-Arbeitslosigkeit kann aufgrund **unterschiedlicher Preiserwartungen** entstehen. Die Unternehmer erwarten z.B., daß das Preisniveau von P_0 auf $P_1 < P_0$ sinkt, während die Arbeitnehmer erwarten, daß das Preisniveau P_0 sich nicht ändert. Aus der Sicht der Unternehmer steigt somit der Reallohn auf $(W/P)_1$. Die Unternehmer reduzieren folglich den Arbeitseinsatz auf das Unterbeschäftigungsniveau N_1. Man kann diese Arbeitslosigkeit als eine Variante der Mindestlohn-Arbeitslosigkeit interpretieren, da der Reallohn wegen der Starrheit des Nominallohnes ansteigt. Der Unterschied gegenüber dem zuerst erläuterten Typ von Mindestlohn-Arbeitslosigkeit besteht darin, daß eine Senkung des Nominallohnes nicht aufgrund institutioneller Gegebenheiten (Tariflohn als Mindestlohn) ausgeschlossen ist. Vielmehr kommt es deswegen nicht zu einer Senkung des Nominallohnes, weil dies für die Arbeitnehmer aufgrund des von ihnen erwarteten Preisniveaus, das gegenüber dem von den Unternehmern erwarteten Preisniveau relativ hoch ist, nicht akzeptabel ist.

Wird die Arbeitslosigkeit als Mindestlohn-Arbeitslosigkeit diagnostiziert, dann bietet sich als Therapie eine **Senkung des Reallohnes** an. Dies kann entweder durch eine Inflationspolitik oder durch eine Senkung des Nominallohnes geschehen. Wird z.B. der Nominallohn hinreichend stark gesenkt, dann sinkt der Reallohn, die Beschäftigung steigt, und die erhöhte Produktion ist bei entsprechend preiselastischer Nachfrage über Preissenkungen absetzbar. Wir deuten diese Möglichkeit einer Beschäftigungspolitik hier nur an. Wir beschäftigen uns hiermit ausführlich weiter unten in Ziffer III bei der Behandlung der Möglichkeiten der Beschäftigungspolitik.

Wenden wir uns nunmehr der **Nachfragemangel-Arbeitslosigkeit** zu. Die Nachfragemangel-Arbeitslosigkeit hat ihre Ursache in pessimistischen Absatzerwartungen der Unternehmer. Die Unternehmer sehen sich auf dem Gütermarkt einer völlig starren Absatzschranke konfrontiert. Es ist nicht mehr als eine bestimmte Produktion Y_1 absetzbar, die kleiner ist als die Vollbeschäftigungsproduktion. Auch Preissenkungen locken keine zusätzliche Nachfrage hervor. Die Güternachfrage ist im Niveau Y_1 völlig preisunelastisch. Zur Herstellung der Produktion Y_1 ist nur ein Arbeitseinsatz N_1 notwendig, der unter der Vollbeschäftigung liegt. In dem linken Achsenkreuz der Abbildung 12.7 ist dies durch eine Arbeitsnachfragefunktion gekennzeichnet, die im Niveau N_1 nach unten abknickt. Unabhängig vom Reallohn wird zur Bedienung der starren Nachfrage Y_1 nicht mehr als N_1 an Arbeit benötigt.

Wird die Arbeitslosigkeit als Nachfragemangel-Arbeitslosigkeit diagnostiziert, dann bietet sich als Therapie nur eine **staatliche Anregung der Güternachfrage** an. Eine Reallohnsenkung verpufft, da die Arbeitsnachfrage im Niveau N_1 in bezug auf den Reallohn unelastisch ist. Wir gehen auch hierauf ausführlich weiter unten in Ziffer III bei der Behandlung der Möglichkeiten der Beschäftigungspolitik ein.

Wenden wir uns abschließend der **Kapitalmangel-Arbeitslosigkeit** zu. Die Kapitalmangel-Arbeitslosigkeit hat ihre Ursache darin, daß der Vollbeschäftigungs-Reallohn $(W/P)_0$ wegen mangelhafter Kapitalausstattung der Arbeitsplätze gegenüber der Arbeitsproduktivität zu hoch ist. Die Unternehmer entlassen Arbeitskräfte, weil sie beim herrschenden Reallohn wegen zu niedriger Produktivität Verluste machen. In dem linken Achsenkreuz der Abbildung 12.7 ist dies durch eine nach links auf ein niedrigeres Niveau verschobene Arbeitsnachfragefunktion gekennzeichnet, die auf einen Kapitalstock $\bar{K}_1 < \bar{K}_0$ definiert ist. Die Arbeitsnachfragefunktion beschreibt als erste Ableitung der Produktionsfunktion den Verlauf der realen marginalen Arbeitsproduktivität. Sinkt der Kapitalbestand, dann verlagert sich die Produktionsfunktion und damit die Arbeitsnachfragefunktion auf ein niedrigeres Niveau.

Wird die Arbeitslosigkeit als Kapitalmangel-Arbeitslosigkeit diagnostiziert, dann bietet sich als Therapie eine kräftige **Investitionstätigkeit** zur Erhöhung des Kapitalbestandes und der Arbeitsproduktivität an. Durch die Investitionen wird die im Hinblick auf den hohen Reallohn notwendige Steigerung der Arbeitsproduktivität erreicht. Wir gehen auch hierauf ausführlich weiter unten in Ziffer III bei der Behandlung der Möglichkeiten der Beschäftigungspolitik ein.

d. Konjunkturelle Überbeschäftigung

Außer der Vollbeschäftigung und den verschiedenen Formen der Arbeitslosigkeit kann am Arbeitsmarkt auch eine **konjunkturelle Überbeschäftigung** auftreten. In Analogie zu den Ursachen für die konjunkturelle Arbeitslosigkeit kann eine konjunkturelle Überbeschäftigung entstehen durch **unterschiedliche Preiserwartungen** von Unternehmern und Arbeitnehmern und durch **optimistische Absatzerwartungen** der Unternehmer. Die Möglichkeiten der Entstehung von konjunktureller Überbeschäftigung können anhand der Abbildung 12.8 erläutert werden.

Ausgangspunkt sei die Vollbeschäftigung $N = \bar{N}$ bei dem erwarteten Reallohn $(W/P)_0$, der dem Nominallohn $W = \bar{W}$ und dem erwarteten Preisniveau $P = P_0$ entspricht. Aufgrund **unterschiedlicher Preiserwartungen** kann es zu konjunktureller Überbeschäftigung dann kommen, wenn der von den Unternehmern erwartete Reallohn niedriger ist als der von den Arbeitnehmern erwartete Reallohn. Die Unternehmer erwarten z.B., daß das Preisniveau steigt auf $P_1^u > P_0$, während die Arbeitnehmer erwarten, daß das Preisniveau sinkt auf $P_1^H < P_0$. Der

12. Kap.: Produktion, Beschäftigung und Preisniveau

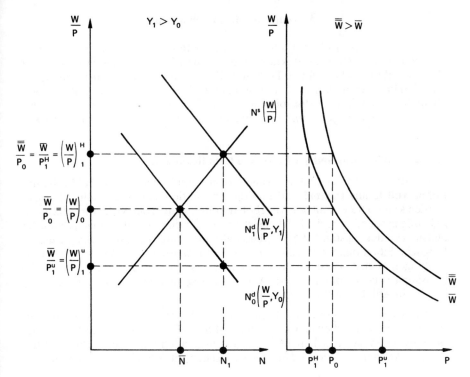

Abb. 12.8 Konjunkturelle Überbeschäftigung

von den Unternehmern erwartete Reallohn sinkt somit auf $(W/P)_1^u < (W/P)_0$, und der von den Arbeitnehmern erwartete Reallohn steigt auf $(W/P)_1^H > (W/P)_0$. Die Unternehmer erhöhen also die Arbeitseinsatzmenge auf das Überbeschäftigungsniveau $N_1 > \bar{N}$, da sie mit dem (niedrigen) Reallohn $(W/P)_1^u$ rechnen. Die Arbeitnehmer sind bereit, auch entsprechend mehr Arbeitsstunden anzubieten, da sie mit dem (hohen) Reallohn $(W/P)_1^H$ rechnen.

Die andere Möglichkeit des Entstehens einer konjunkturellen Überbeschäftigung resultiert aus **optimistischen Absatzerwartungen** der Unternehmer. Die Absatzerwartungen steigen z.B. von Y_0 auf $Y_1 > Y_0$. Dies ist in Abbildung 12.8 eine Verschiebung der Linie der Arbeitsnachfrage von N_0^d nach rechts auf N_1^d. Bei dem erwarteten Reallohn $(W/P)_0$ liegt dann am Arbeitsmarkt ein Nachfrageüberschuß vor. Die von den Unternehmern geplante Arbeitseinsatzmenge ist größer als das von den Arbeitnehmern geplante Arbeitsangebot. Zu der Überbeschäftigung $N_1 > \bar{N}$ kann es nun z.B. dadurch kommen, daß die Unternehmer wegen der optimistischen Absatzerwartungen Lohnerhöhungen von $\bar{W}$ auf $\bar{\bar{W}} > \bar{W}$ zugestehen. Der (von Unternehmern und Arbeitnehmern) erwartete Reallohn steigt dann auf $(\bar{\bar{W}}/P_0) > (\bar{W}/P_0)$. Bei diesem (hohen) erwarteten Reallohn sind geplante Arbeitsnachfrage seitens der Unternehmer und geplantes Arbeitsangebot seitens der Arbeitnehmer miteinander kompatibel, so daß die Beschäftigungsmenge $N_1 > \bar{N}$ eingesetzt wird.

3. Angebot und Preisniveau

Die Höhe der im Produktionsprozeß eingesetzten Arbeitsmenge bestimmt bei Konstanz der anderen Produktionsfaktoren die Menge des gesamtwirtschaftlichen Angebots an Waren und Diensten. Die Höhe der Arbeitseinsatzmenge ist u.a. abhängig vom Preisniveau. Das **gesamtwirtschaftliche Angebot** ist somit ebenfalls abhängig vom **Preisniveau**. Dieser Zusammenhang zwischen gesamtwirtschaftlichem Angebot und Preisniveau soll im folgenden näher erläutert werden.

a. Angebot bei vollständiger Preis- und Lohnflexibilität

Ein theoretischer Grenzfall der Angebotsfunktion besteht darin, daß Preise und Löhne **vollständig flexibel** sind und die Produktion stets vollständig abgesetzt werden kann. Dieser Fall der Angebotsfunktion wird in der Volkswirtschaftslehre häufig als der klassische Fall bezeichnet. Unter diesen Bedingungen ist am Arbeitsmarkt der Zustand der Vollbeschäftigung langfristig stets gewährleistet. Mögliche Situationen von Unter- oder Überbeschäftigung sind unter diesen Bedingungen höchstens kurzfristig denkbar, da es sehr schnell zu Lohn- und/oder Preisanpassungen kommt, die zur Vollbeschäftigung führen. Dieser Zusammenhang ist in Abbildung 12.9 dargestellt.

Das Angebot bei Vollbeschäftigung ist $Y = Y_0$. Diese Produktion kommt zustande, wenn am Arbeitsmarkt der Reallohn $(W/P)_0$ herrscht. Eine Unterscheidung zwischen tatsächlichem und erwartetem Reallohn wird hier nicht getroffen, da qua Annahme nie eine Differenz zwischen tatsächlichem und erwartetem

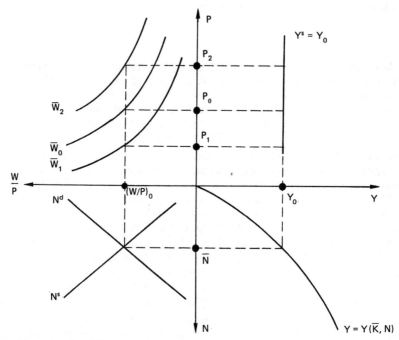

Abb. 12.9 Angebot bei Vollbeschäftigung

Preisniveau auftritt. Bei einem Nominallohn $W = \bar{W}_0$ herrscht der Reallohn $(W/P)_0$ bei dem Preisniveau $P = P_0$. Sinkt das Preisniveau (z.B. wegen sinkender Nachfrage am Gütermarkt) von P_0 auf $P_1 < P_0$, dann herrscht bei dem Nominallohn $W = \bar{W}_0$ am Arbeitsmarkt kurzfristig konjunkturelle Unterbeschäftigung. Der Reallohn liegt über dem Vollbeschäftigungs-Reallohn $(W/P)_0$. Aus diesem Zustand wird jedoch bei vollständiger Preis- und Lohnflexibilität sehr schnell dadurch wieder Vollbeschäftigung, daß der Nominallohn von $\bar{W}_0$ sinkt auf $\bar{W}_1 < \bar{W}_0$. Der bei der Unterbeschäftigung herrschende Angebotsüberschuß am Arbeitsmarkt bewirkt, daß durch die Konkurrenz unter den Arbeitnehmern um Arbeitsplätze der Nominallohn auf das Niveau sinkt, das mit Vollbeschäftigung vereinbar ist. Umgekehrt führt eine Preisniveauerhöhung von P_0 auf $P_2 > P_0$ zu einer Erhöhung des Nominallohnes von $\bar{W}_0$ auf $\bar{W}_2 > \bar{W}_0$, so daß der Reallohn $(W/P)_0$ erhalten bleibt. Dies geschieht dadurch, daß die Unternehmer aufgrund des Nachfrageüberschusses am Arbeitsmarkt den Nominallohn nach oben konkurrieren. Änderungen des Preisniveaus führen also sehr schnell zu Anpassungen des Nominallohnes, so daß stets der Reallohn herrscht, der mit Vollbeschäftigung vereinbar ist. Allgemein bedeutet die vollständige Flexibilität von Preisen und Löhnen, daß es sehr schnell zu den Anpassungen des Reallohnes kommt, die zur Erreichung der Vollbeschäftigung notwendig sind. Dauerhafte Abweichungen vom Zustand der Vollbeschäftigung können somit nicht entstehen. Das gesamtwirtschaftliche Angebot an Waren und Diensten ist unter diesen Bedingungen unabhängig von der Höhe des Preisniveaus. In Abbildung 12.9 bedeutet dies im P-Y-Achsenkreuz eine senkrechte Angebotsfunktion $Y^s = Y_0$. Eine solche Angebotsfunktion wird in der Volkswirtschaftslehre auch als **langfristige Angebotsfunktion** bezeichnet. Hierdurch soll zum Ausdruck gebracht werden, daß die Anpassung des Reallohnes an das Vollbeschäftigungsniveau in den heutigen Volkswirtschaften aus verschiedenen Gründen regelmäßig längere Zeit erfordert, soweit sie überhaupt zustande kommt. Die Produktion von Waren und Diensten, die mit Vollbeschäftigung am Arbeitsmarkt vereinbar ist, wird bei solchen verzögerten Anpassungen – wenn überhaupt – nur langfristig erreicht. Diese Zusammenhänge sollen im folgenden Abschnitt näher erläutert werden.

b. Angebot bei verzögerter Lohnanpassung

Bei **verzögerten Anpassungen** am Güter- und Arbeitsmarkt kann es zu entsprechend dauerhaften Abweichungen des Reallohnes von dem Niveau kommen, das mit Vollbeschäftigung vereinbar ist. Am Arbeitsmarkt herrscht dann mehr oder weniger dauerhaft ein Zustand der Unter- oder Überbeschäftigung. Am Gütermarkt ist dementsprechend die Produktion geringer oder größer als die Produktion bei Vollbeschäftigung. Das gesamtwirtschaftliche Angebot ist unter solchen Bedingungen positiv abhängig vom Preisniveau. Eine wesentliche Ursache für verzögerte Anpassungen sind verschiedene Formen von Lohnstarrheiten. Dieser Sachverhalt soll im folgenden zunächst erläutert werden. Hierbei wird zwischen dem Zustand der Unterbeschäftigung und dem Zustand der Überbeschäftigung unterschieden. Anschließend wird dann auf die Rolle der Absatzerwartungen eingegangen. Die Angebotsfunktion bei Unterbeschäftigung und Lohnstarrheiten ist dargestellt in Abbildung 12.10.

Ausgangspunkt sei die Vollbeschäftigung $N = \bar{N}$ mit dem Reallohn $(W/P)_0$ und der Produktion $Y = Y_0$. Aufgrund von **Lohnstarrheiten** kann es dauerhaft zu einer niedrigeren Produktion als der bei Vollbeschäftigung kommen. Der Nominallohn ist z.B. durch Tarifverhandlungen fixiert auf der Höhe $W = \bar{W}$. Ein sol-

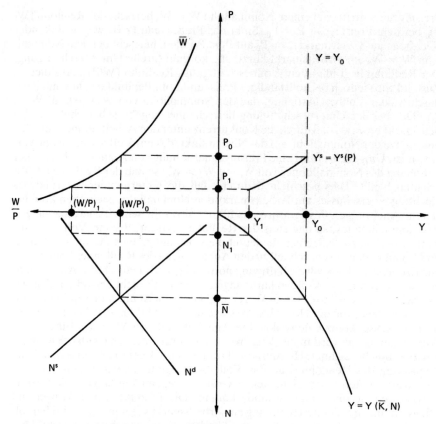

Abb. 12.10 Angebot bei Unterbeschäftigung

cher fest vorgegebener Nominallohn, der auf Änderungen der Verhältnisse am Arbeits- und Gütermarkt überhaupt nicht reagiert, ist eine sehr extreme Form einer Lohnstarrheit. Zur Verdeutlichung der grundsätzlichen Zusammenhänge soll zunächst von diesem Fall ausgegangen werden. Weiterhin wird zur Vereinfachung davon ausgegangen, daß Änderungen des Preisniveaus korrekt antizipiert werden, so daß eine Unterscheidung zwischen erwartetem und tatsächlichem Reallohn irrelevant ist. Sinkt nun das Preisniveau von P_0 auf $P_1 < P_0$ (z.B. wegen sinkender Nachfrage am Gütermarkt), dann sinkt die Produktion von Y_0 auf $Y_1 < Y_0$. Die Beschäftigung geht zurück auf das Unterbeschäftigungsniveau $N_1 < \bar{N}$. Es kommt zu keiner Reaktion des Nominallohnes auf die Verschlechterung der Beschäftigungssituation, so daß der Reallohn wegen des sinkenden Preisniveaus steigt von $(W/P)_0$ auf $(W/P)_1 > (W/P)_0$. Umgekehrt führt – ausgehend von der Unterbeschäftigungssituation N_1 – eine Erhöhung des Preisniveaus von P_1 auf $P_0 > P_1$ bei Konstanz des Nominallohnes $W = \bar{W}$ zu einer Ausdehnung der Produktion von Y_1 auf $Y_0 > Y_1$ und der Beschäftigung von N_1 auf $\bar{N} > N_1$. Die Zunahme der Beschäftigung ist hier Folge der Senkung des Reallohnes. Der Reallohn sinkt, da trotz steigendem Preisniveau der Nominallohn konstant bleibt. Dies wird in der Volkswirtschaftslehre teilweise als **„Geldillusion der Arbeitnehmer"** bezeichnet. Aufgrund der Lohnstarrheit ergibt sich also eine Angebotsfunktion

$Y^s = Y^s(P)$, gemäß der eine positive Abhängigkeit zwischen Produktion (gesamtwirtschaftlichem Angebot) und Preisniveau besteht.

Die Angebotsfunktion in Abbildung 12.10 ist abgeleitet worden für Produktionsniveaus, die am Arbeitsmarkt mit Unterbeschäftigung einhergehen. Eine Erhöhung der Produktion über das Vollbeschäftigungsniveau hinaus kann entstehen durch **unterschiedliche Preiserwartungen** von Unternehmern und Arbeitnehmern. Auch hierbei handelt es sich um eine bestimmte Form von Lohnstarrheit. Die Angebotsfunktion bei Überbeschäftigung und unterschiedlichen Preiserwartungen ist dargestellt in Abbildung 12.11.

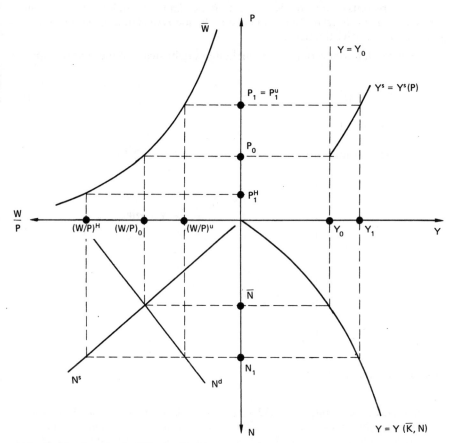

Abb. 12.11 Angebot bei Überbeschäftigung

Ausgangspunkt sei die Vollbeschäftigung $N = \bar{N}$ mit dem Reallohn $(W/P)_0$ und der Produktion $Y = Y_0$. Steigt nun das Preisniveau von P_0 auf $P_1 > P_0$ und wird dieser Preisanstieg von den Unternehmern korrekt antizipiert, dann sinkt der von den Unternehmern erwartete Reallohn von $(W/P)_0$ auf $(W/P)^u < (W/P)_0$ unter der Voraussetzung, daß der Nominallohn $W = \bar{W}$ sich nicht erhöht. Diese Voraussetzung eines konstanten Nominallohnes ist dann plausibel, wenn der Preisanstieg von den Arbeitnehmern unterschätzt wird. Die Arbeitnehmer haben dann keine Veranlassung, Nominallohnerhöhungen zu fordern. Erwarten die Arbeitnehmer z.B. das Preisniveau $P_1^H < P_0$, dann kommt die Arbeitsmenge $N_1 > \bar{N}$ zum Einsatz, die am Arbeitsmarkt eine Situation der Überbeschäftigung bedeutet. Die Produktion steigt entsprechend von Y_0 auf das Überbeschäftigungsniveau $Y_1 > Y_0$. Ursache eines solchen Verlaufs sind Lohnstarrheiten insofern, als die Arbeitnehmer den Preisanstieg unterschätzen und aus diesem Grund nicht höhere Nominallöhne fordern. Dieser Sachverhalt wird in der Volkswirtschaftslehre auch teilweise als **„Geldillusion der Arbeitnehmer"** bezeichnet. Der Nominallohn paßt sich nicht an die Preisniveauerhöhung an (Lohnstarrheit), so daß es zu einer Diskrepanz zwischen dem von Unternehmern einerseits und Arbeitnehmern andererseits erwarteten Reallohn kommen kann, die zu Überbeschäftigung am Arbeitsmarkt führt und zu einer entsprechenden Ausdehnung der Produktion über das Vollbeschäftigungsniveau.

Aufgrund der erläuterten Lohnstarrheiten ergibt sich also die Angebotsfunktion:

$$Y^s = Y^s(P) \tag{5}$$

mit

$$\delta Y^s / \delta P > 0.$$

Die Angebotsfunktion (5) ist dargestellt in Abbildung 12.12.

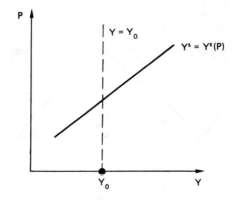

Abb. 12.12 Angebotsfunktion

Die Lage der in Abbildung 12.12 dargestellten Angebotsfunktion (5) ist abhängig von den Absatzerwartungen der Unternehmer und dem Nominallohnniveau, und die Steigung der Angebotsfunktion ist abhängig von der Reaktionsgeschwindigkeit des herrschenden Nominallohnes auf Änderungen der laufenden Produktion und Beschäftigung.

Was die Rolle der **Absatzerwartungen** anbelangt, so gilt eine bestimmte Angebotsfunktion nur für diejenigen Absatzerwartungen der Unternehmer, die mit der jeweils zugrunde liegenden Produktionsfunktion korrespondieren. Werden also die Absatzerwartungen der Unternehmer pessimistischer, dann bedeutet dies in Abbildungen 12.10 und 12.11 eine Verschiebung der Produktionsfunktion durch Verringerung des Kapitaleinsatzes auf ein niedrigeres Niveau und eine Verschiebung der Arbeitsnachfragekurve zum Ursprung. Die bei einem gegebenen Reallohn geplante Arbeitsnachfrage der Unternehmer geht zurück. Die Angebotsfunktion $Y^s = Y^s(P)$ verschiebt sich hierdurch nach links. Umgekehrt verschiebt sich die Angebotsfunktion nach rechts, wenn die Absatzerwartungen der Unternehmer optimistischer werden. Die Lage der Angebotsfunktion ist also in bezug auf die Produktion Y positiv abhängig von den Absatzerwartungen der Unternehmer.

Was die Rolle des **Nominallohnniveaus** anbelangt, so wird aus Abbildungen 12.10 und 12.11 deutlich, daß die Angebotsfunktion in bezug auf das Preisniveau um so höher verläuft, je höher das Nominallohnniveau ist. Eine gegebene Produktion wird von den Unternehmern bei höheren Faktorkosten nur zu entsprechend höheren Preisen angeboten. Die Lage der Angebotsfunktion ist also in bezug auf das Preisniveau positiv abhängig von dem Nominallohnniveau.

Was die Rolle der **Reaktionsgeschwindigkeit** des herrschenden Nominallohnes anbelangt, so verläuft die Angebotsfunktion um so steiler, je schneller der herrschende Nominallohn auf Änderungen der laufenden Produktion und Beschäftigung reagiert. Bei der Ableitung der Angebotsfunktion in Abbildungen 12.10 und 12.11 ist von einem völlig starren Nominallohn ausgegangen worden. In diesem Extremfall ist die Reaktionsgeschwindigkeit des Nominallohnes gleich Null. Die Angebotsfunktion verläuft entsprechend flach. Führt demgegenüber eine Senkung der laufenden Produktion und Beschäftigung zu einer Senkung des herrschenden Nominallohnes und reagiert umgekehrt das herrschende Nominallohnniveau auf eine Zunahme der laufenden Produktion und Beschäftigung mit einer Zunahme, dann verläuft die Angebotsfunktion steiler als bei einem völlig starren Nominallohn. Ist die Reaktionsgeschwindigkeit des Nominallohnes extrem hoch (d.h. ist der Nominallohn vollständig flexibel), dann ergibt sich die in Abbildung 12.9 dargestellte senkrechte Angebotsfunktion. Je schneller also der Nominallohn auf Änderungen der Produktion und Beschäftigung reagiert, desto steiler verläuft die Angebotsfunktion. Abweichungen der Produktion und der Beschäftigung vom Vollbeschäftigungsniveau dauern also um so kürzer an, je größer die Reaktionsgeschwindigkeit des Nominallohnes ist. Die Angebotsfunktion (5) wird daher auch als **kurzfristige Angebotsfunktion** bezeichnet. Hierdurch soll zum Ausdruck gebracht werden, daß die Angebotsfunktion (5) ein kurzfristiges Übergangsstadium charakterisiert in der Entwicklung hin zu der (langfristigen) senkrechten Angebotsfunktion $Y^s = Y_0$, wobei die Länge der Übergangsfrist in der beschriebenen Weise von der Reaktionsgeschwindigkeit des Nominallohnes abhängt. Die kurzfristige Angebotsfunktion ist jedoch offensichtlich dann eine dauerhaft bestehende Angebotsfunktion, wenn der Nominallohn dauerhaft vollständig starr ist und nicht auf Abweichungen der Produktion und der Beschäftigung vom Vollbeschäftigungsniveau reagiert.

Häufig wird davon ausgegangen, daß die Reaktion des Nominallohnes auf Änderungen der Produktion und der Beschäftigung abhängt von der Situation am Arbeitsmarkt. Herrscht am Arbeitsmarkt Unterbeschäftigung, dann führen hiernach Erhöhungen von Produktion, Beschäftigung und Preisniveau zu keinen oder nur mäßigen Nominallohnerhöhungen, während im Zustand der Voll- und Überbeschäftigung insbesondere Preisniveauerhöhungen einhergehen mit Nominallohnerhöhungen. Die Angebotsfunktion verläuft unter diesen Voraussetzungen im Bereich der Unterbeschäftigung relativ flach und ab dem Produktionsniveau bei Vollbeschäftigung relativ steil. Eine diesen Voraussetzungen entsprechende **vereinfachte Angebotsfunktion** ist dargestellt in Abbildung 12.13

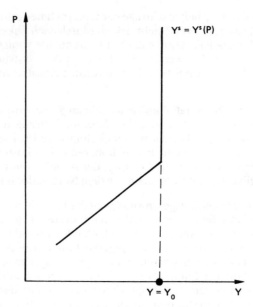

Abb. 12.13 Angebotsfunktion bei Unter- und Vollbeschäftigung

Bei der in Abbildung 12.13 dargestellten Angebotsfunktion ist unterstellt, daß bei Produktionsniveaus im Bereich der Unterbeschäftigung Preisniveauerhöhungen nicht vollständig kompensiert werden durch Nominallohnerhöhungen, so daß der Reallohn sinkt und somit die Preisniveauerhöhung zu einer Zunahme von Produktion und Beschäftigung führt. Ab dem Vollbeschäftigungsniveau dagegen werden Preisniveauerhöhungen vollständig kompensiert durch entsprechende Nominallohnerhöhungen, so daß der Reallohn konstant bleibt und somit keine Überbeschäftigung entstehen kann.

III. Möglichkeiten und Grenzen der Beschäftigungspolitik

1. Unterbeschäftigungs-Gleichgewicht

Die gesamtwirtschaftliche Produktion und das Preisniveau ergeben sich aus dem Zusammenspiel zwischen der Nachfrage nach Waren und Diensten und dem Angebot an Waren und Diensten. Die Nachfrage ist hierbei negativ abhängig vom Preisniveau, da Preisniveausenkungen über den Vermögenseffekt die private Konsumnachfrage und über den Zinseffekt die private Investitionsnachfrage anregen (vgl. oben Ziffer I). Das Angebot an Waren und Diensten ist positiv abhängig vom Preisniveau, soweit Preisniveauerhöhungen wegen verzögerter Lohnanpassungen zu entsprechenden Reallohnsenkungen führen und hierüber die Arbeitseinsatzmenge und damit die Produktion steigt (vgl. oben Ziffer II. 3.b). Unter diesen Bedingungen ist das Gleichgewicht zwischen gesamtwirtschaftlicher

Nachfrage und gesamtwirtschaftlichem Angebot, dem die Volkswirtschaft zustrebt, höchstens zufällig mit derjenigen Produktion verbunden, die am Arbeitsmarkt Vollbeschäftigung bedeuten würde. Es kann vielmehr ohne weiteres zu **dauerhafter unfreiwilliger Arbeitslosigkeit** kommen. Dieser Sachverhalt ist dargestellt in Abbildung 12.14.

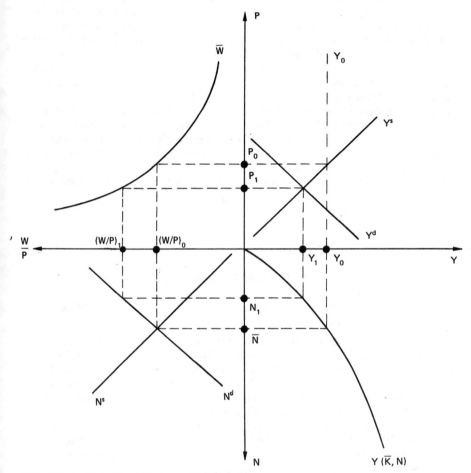

Abb. 12.14 Unterbeschäftigungs-Gleichgewicht

Es herrsche das (starre) Nominallohnniveau $W = \bar{W}$. Bei den durch die Linie Y^d charakterisierten Nachfrageverhältnissen ist dann nur die Produktion Y_1 beim Preisniveau P_1 voll absetzbar. Die Produktion (das Realeinkommen) Y_1 wird jedoch erstellt mit der Arbeitseinsatzmenge N_1, die niedriger ist als die Vollbeschäftigungsmenge $\bar{N}$. Bei dem Preisniveau P_1 und dem Nominallohn $\bar{W}$ beträgt der Reallohn $(W/P)_1$, der höher ist als der Reallohn $(W/P)_0$, der mit Vollbeschäftigung vereinbar ist. Bei den in Abbildung 12.14 schematisch dargestellten Verhältnissen ist die Entwicklung der Volkswirtschaft stets auf diese Unterbeschäftigungssituation gerichtet. Zu einer Situation der Vollbeschäftigung kann es höchstens vorübergehend kommen. Wird z.B. das Preisniveau $P_0 > P_1$ erwartet, dann wird bei dem Nominallohn $\bar{W}$ die mit Vollbeschäftigung einhergehende Arbeitseinsatzmenge $\bar{N}$ eingesetzt, da der erwartete Reallohn $(W/P)_0 < (W/P)_1$ beträgt. Die bei Vollbeschäftigung erstellte Produktion Y_0 ist jedoch bei dem Preisniveau P_0 nicht voll absetzbar, da die geplante Nachfrage kleiner ist als die Produktion Y_0. Es kommt im Unternehmenssektor zu ungeplanten Lagerzugängen. Dieser Angebotsüberschuß am Gütermarkt löst eine Tendenz zur Preissenkung aus. Dies wiederum hat zur Folge, daß bei dem starren Nominallohn $\bar{W}$ der Reallohn über das Vollbeschäftigungsniveau ansteigt und damit Produktion und Beschäftigung zurückgehen. Wird umgekehrt ein niedrigeres Preisniveau als P_1 erwartet, dann kommt es zwar aus analogen Gründen zu Expansionsprozessen, die jedoch im Ergebnis ebenfalls auf das Unterbeschäftigungsniveau N_1 der Beschäftigung und Y_1 der Produktion gerichtet sind. Die Volkswirtschaft entwickelt sich also unter den gegebenen Bedingungen stets auf einen Zustand der dauerhaften unfreiwilligen Arbeitslosigkeit hin. Die in Abbildung 12.14 dargestellten Verhältnisse werden daher häufig auch als **„Unterbeschäftigungs-Gleichgewicht"** bezeichnet. Zu klären ist, wie diesen Verhältnissen durch wirtschaftspolitische Maßnahmen entgegengewirkt werden kann zum Zwecke der Vermeidung einer dauerhaften unfreiwilligen Arbeitslosigkeit. Dies soll im folgenden näher erläutert werden.

2. Beschäftigungspolitik

Man kann Maßnahmen zur Bekämpfung der Arbeitslosigkeit in nachfrageorientierte und angebotsorientierte Beschäftigungspolitk unterscheiden.

Durch eine **nachfrageorientierte Beschäftigungspolitik** wird versucht, durch eine Anregung der Nachfrage Produktion und Beschäftigung zu steigern. In Abbildung 12.14 bedeutet dies eine Verschiebung nach rechts oben der Nachfragefunktion Y^d bei gegebener Angebotsfunktion Y^s. Eine nachfrageorientierte Beschäftigungspolitik ist **keynesianischen** Charakters, da die Beeinflussung der gesamtwirtschaftlichen Nachfrage im Zentrum steht. In der jüngeren Vergangenheit waren insbesondere die 70er Jahre die Hochzeit dieser keynesianisch geprägten Beschäftigungspolitik. Die Ergebnisse blieben hinter den Erwartungen zurück, womit die zu Beginn der 80er Jahre einsetzende Abwendung von nachfrageorientierten Maßnahmen erklärt werden kann.

Durch eine **angebotsorientierte Beschäftigungspolitik** wird versucht, durch eine Verbesserung der Angebotsbedingungen Produktion und Beschäftigung zu steigern. In Abbildung 12.14 bedeutet dies eine Verschiebung nach rechts unten der Angebotsfunktion Y^s bei gegebener Nachfragefunktion Y^d. Eine angebotsorientierte Beschäftigungspolitik ist in **klassischem** Gedankengut verwurzelt, da die Verbesserung der Produktionsbedingungen und weniger die Absatzproblematik im Zentrum der Überlegungen steht. Die Erfahrungen mit dieser Art von Beschäftigungspolitik sind begrenzt, da sich in der Praxis angebotsorientierte Maßnahmen häufig als nur unzureichend durchsetzbar erwiesen haben.

a. Nachfrageorientierte Beschäftigungspolitik

(1) Darstellung

Eine **nachfrageorientierte Beschäftigungspolitik** kann vom Staat betrieben werden in Form einer **expansiven Geldpolitik** und einer **expansiven Fiskalpolitik**.

Die Auswirkungen einer **expansiven Geldpolitik** auf die Linie der gesamtwirtschaftlichen Nachfrage Y^d im P-Y-Achsenkreuz können anhand der Abbildung 12.15 erläutert werden.

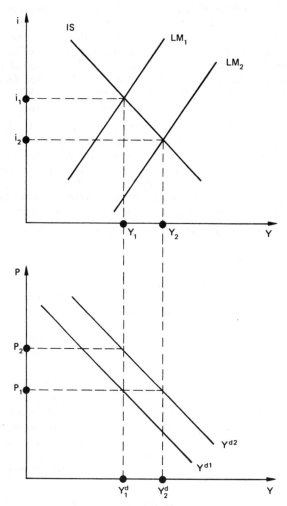

Abb. 12.15 Expansive Geldpolitik und Nachfrage

Eine expansive Geldpolitik bedeutet bei konstantem Preisniveau eine Erhöhung der realen Geldmenge, wodurch sich die Linie des geldwirtschaftlichen Gleichgewichts nach rechts verschiebt von LM_1 nach LM_2. Hierdurch steigt die zu einem bestimmten Preisniveau gehörende gesamtwirtschaftliche Nachfrage, was im P-Y-Achsenkreuz eine Verschiebung der Linie der gesamtwirtschaftlichen Nachfrage nach rechts bedeutet. Bei dem Preisniveau P_1 steigt die gesamtwirtschaftliche Nachfrage durch die Erhöhung der Geldmenge von Y_1^d auf $Y_2^d > Y_1^d$. Die Zunahme der Nachfrage resultiert hierbei aus einer Zunahme der Investitionsnachfrage, die Folge der durch die Erhöhung der realen Geldmenge ausgelösten Zinssenkung ist. Hierbei wird von der expaniven Wirkung des Vermögenseffektes auf die Konsumnachfrage der Einfachheit halber abgesehen. Was den Umfang der durch die Nachfrageerhöhung bewirkten Produktionszunahme anbelangt, so ist dieser abhängig vom Ausmaß der mit der expansiven Geldpolitik verbundenen **Preisniveauerhöhung**. In dem Ausmaß, in dem die expansive Geldpolitik zu Preissteigerungen führt, steigt die Produktion auf ein niedrigeres Niveau an als auf Y_2^d. Kann die gesamtwirtschaftliche Produktion nicht über das Niveau Y_1^d hinaus ausgedehnt werden (z.B. wegen fehlender Produktionskapazitäten), dann steigt das Preisniveau von P_1 auf $P_2 > P_1$. In diesem Fall kommt es wegen der Preisniveauerhöhung zu keiner Erhöhung der realen Geldmenge (die LM-Linie verschiebt sich letztlich nicht nach rechts), da die Wachstumsrate der nominalen Geldmenge gleich ist der Wachstumsrate des Preisniveaus.

Die Auswirkungen einer expansiven Geldpolitik auf Beschäftigung und Produktion können nun erläutert werden anhand der Abbildung 12.14. Eine expansive Geldpolitik bewirkt eine Rechtsverschiebung der Linie der gesamtwirtschaftlichen Nachfrage Y^d. Bei dem Preisniveau P_1 liegt dann am Gütermarkt ein Nachfrageüberschuß vor, der eine Tendenz zur Preissteigerung auslöst. Die Preissteigerung bewirkt bei Konstanz des Nominallohnes eine **Senkung des Reallohnes**, wodurch die Beschäftigung steigt und die Produktion zunimmt.

Was die **expansive Fiskalpolitik** anbelangt, so kommen als mögliche Maßnahmen in Betracht:

- Senkung des Einkommensteuersatzes,
- Erhöhung der Transferzahlungen an private Haushalte,
- Erhöhung der staatlichen Nachfrage nach Waren und Diensten,
- Senkung des Steuersatzes auf Kapitaleinkünfte.

Die Auswirkungen einer expansiven Fiskalpolitik auf die Linie der gesamtwirtschaftlichen Nachfrage Y^d im P-Y-Achsenkreuz können anhand der Abbildung 12.16 erläutert werden.

Eine expansive Fiskalpolitik bedeutet bei konstantem Preisniveau eine Erhöhung der realen Nachfrage nach Waren und Diensten, wodurch sich die Linie des güterwirtschaftlichen Gleichgewichts nach rechts verschiebt von IS_1 nach IS_2. Im P-Y-Achsenkreuz steigt die zu einem bestimmten Preisniveau gehörende gesamtwirtschaftliche Nachfrage, was eine Verschiebung der Linie der gesamtwirtschaftlichen Nachfrage nach rechts bedeutet. Bei dem Preisniveau P_1 steigt die gesamtwirtschaftliche Nachfrage durch die expansive Fiskalpolitik von Y_1^d auf $Y_2^d > Y_1^d$.

Was die **Struktur** der durch die Nachfrageerhöhung bewirkten Produktionszunahme anbelangt, so ist diese abhängig von der Art der fiskalpolitischen Maßnahme. Eine Senkung des Einkommensteuersatzes, eine Erhöhung der Transferzahlungen an private Haushalte und eine Erhöhung der Staatsausgaben bewirken eine Änderung der Produktionsstruktur in Richtung auf einen höheren Anteil des Konsums und einen geringeren Anteil der Investitionen am Sozialprodukt (crowding-out). Diese Strukturverschiebung wird nur in dem Ausmaß abgeschwächt,

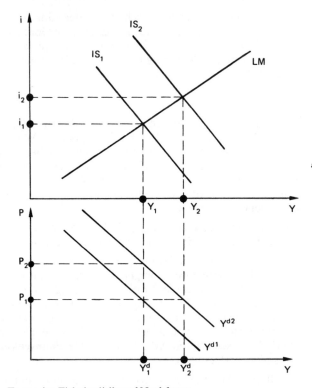

Abb. 12.16 Expansive Fiskalpolitik und Nachfrage

in dem die expansiven fiskalpolitischen Maßnahmen über eine Erhöhung des von den Unternehmen langfristig erwarteten Produktionsvolumens indirekt auch zu einer Anregung der privaten Investitionstätigkeit führt. Wird die Strukturverschiebung zu Lasten investiver Bereiche als nachteilig erachtet, dann ist als expansive fiskalpolitische Maßnahme eine Senkung des Steuersatzes auf Kapitaleinkünfte einzusetzen, wodurch die private Investitionstätigkeit direkt angeregt wird.

Was den **Umfang** der durch die Nachfrageerhöhung bewirkten Produktionszunahme anbelangt, so gilt auch hier – wie bei der expansiven Geldpolitik –, daß dieser abhängig ist vom Ausmaß der mit der expansiven Fiskalpolitik verbundenen **Preisniveauerhöhung**. Eine Preisniveausteigerung bewirkt im i-Y-Achsenkreuz eine Linksverschiebung der Linie des geldwirtschaftlichen Gleichgewichts, da die reale Geldmenge sinkt (in Abbildung 12.16 der Übersichtlichkeit halber nicht eingezeichnet). Für den Fall, daß die Produktion wegen fehlender Produktionskapazitäten nicht über das Niveau Y_1^d hinaus ausgedehnt werden kann, steigt das Preisniveau von P_1 auf $P_2 > P_1$. In diesem Fall sinkt die reale Geldmenge in einem solchen Ausmaß, daß im i-Y-Achsenkreuz das simultane Gleichgewicht (Schnittpunkt zwischen IS_2 und nach links verschobener LM-Linie) im Realeinkommensniveau Y_1 verbleibt bei einem stark erhöhten Zinssatz.

Die Auswirkungen einer expansiven Fiskalpolitik auf Beschäftigung und Produktion können nun erläutert werden anhand der Abbildung 12.14. Eine expansive Fiskalpolitik bewirkt eine Rechtsverschiebung der Linie der gesamtwirtschaftlichen Nachfrage Y^d. Analog dem Fall der expansiven Geldpolitik steigt die Produktion und die Beschäftigung nimmt zu, da der Nachfrageüberschuß am Gütermarkt über eine **Preisniveausteigerung** bei konstantem Nominallohn zu einer **Reallohnsenkung** führt.

(2) Beurteilung

Die bisherigen Ausführungen dienten in erster Linie der Erläuterung der Wirkungsweise einer nachfrageorientieren Beschäftigungspolitik. Wir wollen im folgenden diese Art der Beschäftigungspolitik in zwei Schritten beurteilen. Erstens versuchen wir eine mehr allgemeine Beurteilung unter den Aspekten der Inflation, der Allokation und der Stabilisierung. Zweitens fragen wir uns vor diesem Hintergrund, für welchen Typ von Arbeitslosigkeit die nachfrageorientierte Beschäftigungspolitik geeignet erscheint.

Eine nachfrageorientierte Beschäftigungspolitik kann unter den Aspekten der **Inflation, der Allokation und der Stabilisierung** beurteilt werden.

Eine nachfrageorientierte Beschäftigungspolitik hat wegen der Nachfrageanregung in der Regel **inflationäre Auswirkungen**. Die Preisniveausteigerung ist gewissermaßen der Effekt, über den die für eine Steigerung von Produktion und Beschäftigung notwendige Reallohnsenkung herbeigeführt wird. Der Inflationseffekt ist um so stärker, je geringer das gesamtwirtschaftliche Angebot in Reaktion auf die Preisniveausteigerung ausgeweitet wird. In diesem Zusammenhang ist die Bereitschaft der beschäftigten Arbeitnehmer, **Reallohnsenkungen** zu akzeptieren, von besonderer Bedeutung.

Sind die beschäftigten Arbeitnehmer nicht bereit, Reallohnsenkungen zu akzeptieren, dann führt jede Preisniveausteigerung zu einer entsprechenden Anhebung des Nominallohnniveaus. Preisniveau und Nominallohn entwickeln sich in diesem Fall parallel nach oben, ohne daß es zu expansiven Effekten bei Produktion und Beschäftigung kommt. In Abbildung 12.14 bedeutet dieser Fall, daß sich die Linie des Nominallohnes $\bar{W}$ und die Angebotsfunktion Y^s beide so nach oben verschieben, daß die Nachfrageexpansion (Verschiebung der Linie der gesamtwirtschaftlichen Nachfrage Y^d nach rechts) letztlich zu keiner Erhöhung von Produktion und Beschäftigung führt (Y_1 und N_1 bleiben konstant), sondern lediglich zu einer Steigerung des Preisniveaus. Zu Abläufen dieser Art kommt es insbesondere dann, wenn eine nachfrageorientierte Beschäftigungspolitik des Staates im Bewußtsein der Arbeitnehmer zu einer **„Beschäftigungsgarantie"** wird. Die Bereitschaft der beschäftigten Arbeitnehmer, aus Solidarität mit den Arbeitslosen Reallohnsenkungen zu akzeptieren, wird hierdurch geschwächt.

Bei der Beurteilung einer nachfrageorientierten Beschäftigungspolitik unter dem Aspekt der Inflation ist andererseits darauf hinzuweisen, daß eine Erhöhung von Produktion und Beschäftigung durch Nachfrageexpansion unter bestimmten Bedingungen auch bei **stabilem Preisniveau** möglich ist. In diesem Zusammenhang sind die **Absatzerwartungen** der Unternehmer von besonderer Bedeutung. Werden die Absatzerwartungen der Unternehmer optimistischer (z.B. in Erwartung von Aufträgen im Rahmen einer nachfrageorientierten Beschäftigungspolitik), dann steigt die zu einem gegebenen Reallohn gehörende Arbeitseinsatzmenge und das zu einem gegebenen Preisniveau gehörende Angebot. In Abbildung 12.14 bedeutet dies eine entsprechende Verschiebung der Arbeitsnachfrage-Kurve und eine Verschiebung der Linie des gesamtwirtschaftlichen Angebots

12. Kap.: Produktion, Beschäftigung und Preisniveau 365

Y^S nach rechts. Unter diesen Bedingungen kann also die Nachfrageexpansion auch bei konstantem Preisniveau zu einer Erhöhung von Produktion und Beschäftigung führen. Allerdings kann auch der umgekehrte Fall nicht ausgeschlossen werden, daß nämlich die Absatzerwartungen der Unternehmer pessimistischer werden (z.B. aufgrund von Mißtrauen gegenüber der Wirksamkeit einer nachfrageorientierten Beschäftigungspolitik des Staates), wodurch der inflationäre Effekt der Nachfrageexpansion noch entsprechend verstärkt wird.

Eine nachfrageorientierte Beschäftigungspolitik kann weiterhin beurteilt werden unter dem Aspekt der **Allokation**. In diesem Zusammenhang ist insbesondere von Bedeutung, ob die nachfrageorientierte Beschäftigungspolitik in Form einer expansiven Geldpolitik oder in Form einer expansiven Fiskalpolitik betrieben wird. Im 11. Kapitel, Ziffer VI.2 ist die unterschiedliche Wirkungsweise dieser beiden Möglichkeiten ausführlich erläutert worden. Bei einer **expansiven Geldpolitik** resultiert die Nachfrageexpansion aus einer Anregung der privaten Investitionstätigkeit. Bei einer **expansiven Fiskalpolitik** hängt es von der Art der fiskalpolitischen Maßnahme ab, welche Auswirkungen sich hinsichtlich der Ressourcenallokation und damit der Produktionsstruktur ergeben. Soweit die expansive Fiskalpolitik nicht auf eine indirekte Anregung der privaten Investitionstätigkeit abzielt, ändert sich die gesamtwirtschaftliche Produktionsstruktur infolge der expansiven Fiskalpolitik in Richtung auf einen **höheren Staatsanteil am Sozialprodukt**. Dies kann insbesondere im Fall der **strukturellen Arbeitslosigkeit** langfristig mit erheblichen Nachteilen verbunden sein. Wird eine expansive Fiskalpolitik zur Vermeidung einer ansonsten entstehenden strukturellen Arbeitslosigkeit betrieben, dann werden durch höhere Staatsausgaben häufig lediglich überholte Produktionsstrukturen konserviert und die notwendigen Anpassungsvorgänge nur verzögert. Es kommt zu einer ineffizienten Ressourcenallokation und Wachstumsverlusten.

Eine nachfrageorientierte Beschäftigungspolitik kann schließlich beurteilt werden unter dem Aspekt der **Stabilisierung**. Die Geld- und Fiskalpolitik sind Teil der staatlichen Stabilisierungspolitik, durch die gesamtwirtschaftliche Größen wie Beschäftigung, Produktion und Preisniveau auf bestimmten als wünschenswert erachteten Niveaus stabilisiert werden sollen. In diesem Zusammenhang sind insbesondere das Problem der **Wirkungsverzögerungen (time lags)** und das Problem der **Staatsdefizite** von Bedeutung.

Was das erstgenannte Problem anbelangt, so ist der Einsatz stabilitätspolitischer Instrumente des Staates bestimmten Wirkungsverzögerungen unterworfen, soweit dieser Einsatz fallweise geschieht (sog. **stop-and-go-policy**). Im Rahmen einer nachfrageorientierten Beschäftigungspolitik werden z.B. geld- und/oder fiskalpolitische Instrumente je nach Art und Umfang der Arbeitslosigkeit fallweise eingesetzt. Dies führt dazu, daß die Maßnahmen erst nach einer gewissen Zeit zu wirken beginnen. In diesem Zusammenhang wird häufig unterschieden ein **inside lag** und ein **outside lag**. Der **inside lag** umfaßt die Zeitspanne vom Auftreten der Störung (Arbeitslosigkeit) bis zum Einsatz der stabilitätspolitischen Maßnahme. Es dauert eine gewisse Zeit, bis die Störung erkannt ist (**recognition lag**), bis eine Entscheidung gefällt ist (**decision lag**) und bis schließlich die Entscheidung durchgeführt wird (**administration lag, action lag**). Vom Einsatz der Maßnahme bis zu deren endgültigen Wirkung im Wirtschaftsgeschehen vergeht dann noch eine Zeit (**outside lag**). Diese Wirkungsverzögerungen können dazu führen, daß die jeweilige Maßnahme dann zu wirken beginnt, wenn die Störung, die es zu beseitigen galt, nicht nur nicht mehr vorliegt, sondern eine Störung ganz anderer Art vorliegt, die genau gegenteilige Maßnahmen erfordert. So ist es z.b. möglich, daß eine Nachfrageexpansion wegen der Wirkungsverzögerungen erst zu wirken beginnt, nachdem die Arbeitslosigkeit bereits zurückgegangen ist und nunmehr die Inflationsraten ansteigen. In solch ungünstigen Fällen nutzt der fallweise Einsatz stabilitätspolitischer Instrumente nicht nur nichts, sondern schadet sogar, da der Wirtschaftsablauf nicht stabilisiert wird, sondern vielmehr die Störungen noch verstärkt werden. Die Fiskalpolitik einerseits und die Geldpolitik andererseits sind von dem Problem der Wirkungsverzögerungen unterschiedlich betroffen. Eine expansive Fiskalpolitik in Form einer Erhöhung der Staatsausgaben wirkt direkt auf die gesamtwirtschaftliche Nachfrage und hat somit einen geringeren outside lag als z.b. eine expansive Geldpolitik, die indirekt über Zinssenkungen auf die gesamtwirtschaftliche Nachfrage wirkt. Andererseits dürfte jedoch der inside lag bei fiskalpolitischen Maßnahmen ungleich länger sein als bei geldpolitischen Maßnahmen.

Bei der Beurteilung der nachfrageorientierten Beschäftigungspolitik unter dem Aspekt der Stabilisierung ist weiterhin das Problem der **Staatsdefizite** von Bedeutung. Eine expansive Fiskalpolitik ist mit der Entstehung von Staatsdefiziten verbunden. Staatsdefizite führen dann nicht auf Dauer zu negativen Begleiterscheinungen für den Wirtschaftsablauf, wenn sie mittelfristig über einen Konjunkturzyklus durch entsprechende Überschüsse im Konjunkturaufschwung kompensiert werden, so daß – über einen Konjunkturzyklus betrachtet – der Staatshaushalt ausgeglichen ist. Solche durch Konjunkturschwankungen vorübergehend entstehende Staatsdefizite werden als **konjunkturelle Defizite** bezeichnet. Demgegenüber liegen **strukturelle Staatsdefizite** vor, wenn der Staat im Konjunkturaufschwung keine entsprechenden Finanzierungsüberschüsse zur Neutralisierung früherer Defizite bildet, so daß es zu langfristigen konjunkturresistenten Defiziten im Staatshaushalt kommt. Die dauerhafte fortlaufende Realisierung von Staatsdefiziten kann langfristig für den Wirtschaftsablauf mit erheblichen Nachteilen verbunden sein. Zu erwähnen ist hier insbesondere die Gefahr der Verdrängung privater Investitionen durch Zinssteigerungen (crowding-out). Langfristig kann hierdurch der Kapitalstock der Volkswirtschaft sinken mit negativen Auswirkungen auf die Arbeitsproduktivität und damit bei zu hohen Reallöhnen auch auf die Beschäftigung.

Nach dieser allgemeinen Beurteilung fragen wir uns nun, für **welchen Typ von Arbeitslosigkeit** eine nachfrageorientierte Beschäftigungspolitik geeignet erscheint. Wir haben die Mindestlohn-Arbeitslosigkeit, die Nachfragemangel-Arbeitslosigkeit und die Kapitalmangel-Arbeitslosigkeit als mögliche Arten von Arbeitslosigkeit kennengelernt (vgl. oben Ziffer II.2.c).

Zur Bekämpfung der **Mindestlohn-Arbeitslosigkeit** (klassische Arbeitslosigkeit) kommt die nachfrageorientierte Beschäftigungspolitik unter der Voraussetzung in Frage, daß die Arbeitnehmer die mit dem Preisniveauanstieg verbundene Reallohnsenkung akzeptieren. Wird dagegen – wie geschildert – zur Erhaltung des Reallohnniveaus der Nominallohn entsprechend dem Preisniveauanstieg angehoben, dann erhöht sich das Kostenniveau, die Angebotsfunktion verschiebt sich nach oben, und die expansive Wirkung der Maßnahmen ist zunichte gemacht.

Zur Bekämpfung der **Nachfragemangel-Arbeitslosigkeit** (keynesianische Arbeitslosigkeit) ist die nachfrageorientierte Beschäftigungspolitik unter der gleichen Voraussetzung das einzig taugliche Mittel. Die Nachfragefunktion Y^d verläuft in diesem Fall senkrecht (preisunelastisch), z.B. im Niveau Y_1. Dies ist der reine **keynesianische Fall**, in dem – wenn überhaupt – nur eine staatliche Nachfrageexpansion tauglich ist. Eine angebotsorientierte Beschäftigungspolitik ist in diesem Fall nutzlos. Eine Ausweitung des Angebots mit einer entsprechenden Verschiebung der Angebotsfunktion Y^s nach rechts unten bleibt wegen der unelastischen Nachfrage ohne Wirkung auf Produktion und Beschäftigung. Damit allerdings die nachfrageorientierte Beschäftigungspolitik zum Abbau der Arbeitslosigkeit beiträgt, muß auch in diesem Fall aus dem gleichen Grund wie bei der preiselastischen Nachfragefunktion die Bereitschaft der Arbeitnehmer vorhanden sein, Reallohnsenkungen zu akzeptieren. Im übrigen erscheint dieser Fall der unelastischen Nachfrageschranke recht unrealistisch. Denn dieser Fall ist – da Preissenkungen ja keinerlei Nachfrage hervorlocken – gleichbedeutend mit einer totalen Sättigung der Nachfrager. Dies für das gesamte Güterspektrum anzunehmen, ist unrealistisch.

Zur Bekämpfung der **Kapitalmangel-Arbeitslosigkeit** können einzelne Elemente einer nachfrageorientierten Beschäftigungspolitik geeignet sein, soweit sie nämlich auch eine Verbesserung der Angebotsbedingungen bedeuten. Hier kommen insbesondere die Steuersenkungen im Zusammenhang mit einer expansiven Fiskalpolitik in Betracht. Die Steuersenkungen können eine verstärkte Kapitalbildung zur Folge haben. Produktionsfunktion und Arbeitsnachfragefunktion verlagern sich auf ein höheres Niveau, das Angebot expandiert (die Angebotsfunktion verschiebt sich nach rechts unten), und bei hinreichend elastischer Güternachfrage steigen Produktion und Beschäftigung.

Insgesamt ist es wohl angebracht, an eine nachfrageorientierte Beschäftigungspolitik keine allzu großen Hoffnungen zu knüpfen. Die Politik ist **kurzfristig** angelegt und mag in speziellen Sonderfällen wie der Nachfrageschranke eine gewisse Berechtigung haben. Zur Bekämpfung einer Arbeitslosigkeit, die aus einem Mißverhältnis zwischen Reallohn und Arbeitsproduktivität herrührt, ist die nachfrageorientierte Beschäftigungspolitik wohl nicht geeignet. Dauerhaft praktiziert führt sie zu langfristigen Schäden für die Volkswirtschaft in Form von Inflation, steigenden Staats- und Defizitquoten, sinkendem Kapitalstock, sinkender Arbeitsproduktivität und verstärkten Konjunkturschwankungen.

b. Angebotsorientierte Beschäftigungspolitik

Eine angebotsorientierte Beschäftigungspolitik kann auf eine Beeinflussung des **Lohnniveaus** (allgemein: Kostenniveau), der **Kapitalbildung** und des **Wettbewerbs** auf den Güter- und Arbeitsmärkten gerichtet sein.

(1) Lohnsenkung

Eine Senkung des Nominallohnniveaus bedeutet, daß die Unternehmer wegen der **niedrigeren Kosten** eine bestimmte Produktion zu niedrigeren Preisen kalkulieren. In Abbildung 12.14 verschiebt sich die Linie des Nominallohnniveaus $\bar{W}$ zum Ursprung hin, und die Angebotsfunktion Y^s verschiebt sich nach rechts unten. Bei dem Preisniveau P_1 liegt dann ein Angebotsüberschuß vor, der bei preiselastischer Nachfrage über Preissenkungen zu einer Ausweitung der absetzbaren Produktion führt. Die Beschäftigung steigt aufgrund einer entsprechenden Abnahme des Reallohnes. Die Wirkung auf Beschäftigung und Produktion einer solchen angebotsorientierten Beschäftigungspolitik in Form einer Nominallohnsenkung beruht darauf, daß wegen der Reallohnsenkung die vom Unternehmenssektor nachgefragte Arbeitseinsatzmenge steigt, und daß über den Preisdruck auf den Gütermärkten die vermehrte Produktion auch abgesetzt werden kann. Eine solche Politik setzt – analog der nachfrageorientierten Beschäftigungspolitik – eine Bereitschaft der beschäftigten Arbeitnehmer voraus, Reallohnsenkungen zu akzeptieren. Zudem ist eine entsprechende Flexibilität des Preisniveaus am Gütermarkt nach unten notwendig. Die Möglichkeiten staatlicher Instanzen, im Rahmen einer solchen Art von angebotsorientierter Beschäftigungspolitik auf das Nominallohnniveau einzuwirken, sind recht beschränkt, soweit Tarifautonomie gegeben ist. Die Lohnpolitik ist unter dieser Voraussetzung eine Angelegenheit der Tarifpartner. Der Staat kann hier das Nominallohnniveau direkt nur beeinflussen in seiner Eigenschaft als Arbeitgeber. Der Staat kann versuchen, das Nominallohnniveau indirekt zu beeinflussen durch entsprechende Einflußnahme auf die Tarifpartner durch Überredung, wirtschaftspolitische Leitlinien u. ä. Maßnahmen aus dem Bereich der moral suasion.

(2) Kapitalbildung

Eine angebotsorientierte Beschäftigungspolitik kann auch darauf abzielen, die **Kapitalbildung** zu verbessern. Dies ist eine langfristig orientierte Politik mit dem Ziel, Produktion und Beschäftigung durch dauerhaftes Wachstum zu erhöhen. Gelingt es, die Absatzerwartungen der Unternehmer hinreichend stark und dauerhaft zu verbessern, dann ist es möglich, daß die Unternehmer langfristig durch **Netto-Investitionen** eine deutliche Erhöhung des Kapitalbestandes vornehmen. Hierdurch verschiebt sich in Abbildung 12.14 die Produktionsfunktion auf ein höheres Niveau. Die **Arbeitsproduktivität steigt**. Die als erste Ableitung der Produktionsfunktion ermittelte Arbeitsnachfragekurve verschiebt sich vom Ursprung weg. Die Unternehmer sind bereit, die bei einem gegebenen Reallohn eingesetzte Arbeitsmenge zu erhöhen, da die Arbeitsproduktivität gestiegen ist. Die Linie des gesamtwirtschaftlichen Angebots Y^s verschiebt sich nach rechts. Ist die gesamtwirtschaftliche Nachfrage hinreichend preiselastisch, dann ist es insgesamt möglich, daß bei steigendem Reallohn und sinkendem Preisniveau Produktion und Beschäftigung zunehmen. Unter den verschiedenen Möglichkeiten einer angebotsorientierten Beschäftigungspolitik dürfte dieser außerordentlich positiv zu beurteilenden Variante die größte Bedeutung zukommen. Die Möglichkeiten staatlicher Instanzen zur Beeinflussung der unternehmerischen Absatzerwartungen können recht unterschiedlich beurteilt werden. So kann z.B. eine Erhöhung der Staatsausgaben für Waren und Dienste zu optimistischen Absatzerwartungen führen, wenn die Unternehmer in der Erwartung zunehmender Staatsaufträge ihre Produktion ausdehnen. Die gleiche Politik kann jedoch auch zu pessimistischen Absatzerwartungen führen, wenn die Unternehmer wegen der steigenden Staatsausgaben z.B. stark steigende Zinsen erwarten (crowding-out) oder wenn z.B. ein steigender Staatsanteil am Sozialprodukt allgemein als eine Verschlechterung des „Investitionsklimas" angesehen wird. Die Möglichkeiten des Staates zur positiven Beeinflussung der unternehmerischen Absatzerwartungen bestehen häufig einfach darin, den Wirtschaftsablauf nicht unnötig durch behördliche Reglementierungen zu behindern und weit in die Zukunft reichenden Investitionsvorhaben durch eine stabile Rahmengesetzgebung eine – was Staatseinflüsse anbelangt – sichere Kalkulationsgrundlage zu geben. Zusätzlich kann der Staat die unternehmerischen Investitionsrisiken durch eine entsprechende **Steuergesetzgebung** begrenzen.

(3) Wettbewerb

Eine angebotsorientierte Beschäftigungspolitik kann auf eine Verstärkung des **Wettbewerbs** auf den Güter- und Arbeitsmärkten gerichtet sein. Bei vollständiger Flexibilität von Preisen und Löhnen kann es höchstens kurzfristig zu Abweichungen von der Vollbeschäftigung kommen. Je mehr es also einer staatlichen Wettbewerbspolitik gelingt, die Flexibilität von Preisen auf den Gütermärkten und von Löhnen auf den Arbeitsmärkten zu erhöhen, desto kürzer dauern Abweichungen der Produktion und der Beschäftigung vom Vollbeschäftigungsniveau an. Die Möglichkeiten des Staates, die Flexibilität der Nominallöhne auf den Arbeitsmärkten zu beeinflussen, sind jedoch dann sehr eingeschränkt, wenn Tarifautonomie herrscht und das Nominallohnniveau zwischen den Monopolen der Arbeitgeberverbände und der Gewerkschaften ausgehandelt wird.

(4) Beurteilung

Die Maßnahmen einer angebotsorientierten Beschäftigungspolitik können – genau wie die einer nachfrageorientierten Beschäftigungspolitik – beurteilt werden unter dem Aspekt der **Inflation**, der **Allokation** und der **Stabilisierung**.

Was die Auswirkungen einer angebotsorientierten Beschäftigungspolitik hinsichtlich des **Preisniveaus** anbelangt, so ist die Ausweitung von Produktion und Beschäftigung im Rahmen dieser Politik mit Preissenkungen verbunden. Ein wesentlicher Unterschied zwischen einer angebotsorientierten Beschäftigungspolitik und einer nachfrageorientierten Beschäftigungspolitik besteht gerade darin, daß im Rahmen einer angebotsorientierten Beschäftigungspolitik die Expansion nicht über Inflation und daraus resultierender Reallohnsenkung herbeigeführt wird (nachfrageorientierte Beschäftigungspolitik), sondern über eine Reduktion der Kostenbelastung und/oder eine Verbesserung der Absatzerwartungen der Unternehmer.

Was den Aspekt der **Allokation** anbelangt, so ist eine angebotsorientierte Beschäftigungspolitik vom Ansatz her nicht mit einer Erhöhung des Staatsanteils am Sozialprodukt verbunden.

Was schließlich den Aspekt der **Stabilisierung** anbelangt, so ist das Problem der Wirkungsverzögerungen von Bedeutung, das der Staatsdefizite jedoch nicht.

Maßnahmen einer angebotsorientierten Beschäftigungspolitik sind auch **Wirkungsverzögerungen** unterworfen. Es besteht jedoch ein prinzipieller Unterschied gegenüber den bei einer nachfrageorientierten Beschäftigungspolitik auftretenden Wirkungsverzögerungen. Eine angebotsorientierte Beschäftigungspolitik ist nicht in dem Maße stop-and-go-Politik wie eine nachfrageorientierte Beschäftigungspolitik. Maßnahmen einer angebotsorientierten Beschäftigungspolitik wie z.B. der Abbau behördlicher Reglementierungen des Wirtschaftsablaufs und die Installierung einer dauerhaft stabilen Rahmengesetzgebung haben eher den Charakter langfristig irreversibler Maßnahmen. Soweit dies zutrifft, tritt das Problem der Wirkungsverzögerungen hier gewissermaßen nur einmal auf, während es im Rahmen der nachfrageorientierten Beschäftigungspolitik ein immanentes Problem ist.

Was das Problem der **Staatsdefizite** anbelangt, so sind Maßnahmen einer angebotsorientierten Beschäftigungspolitik vom Ansatz her nicht mit den Belastungen für den Staatshaushalt verbunden wie Maßnahmen einer expansiven Fiskalpolitik.

Wir können uns nach diesen Überlegungen nunmehr fragen, für **welchen Typ von Arbeitslosigkeit** Maßnahmen der angebotsorientierten Beschäftigungspolitik geeignet erscheinen.

Für die **Mindestlohn-Arbeitslosigkeit** (klassische Arbeitslosigkeit) ist die angebotsorientierte Beschäftigungspolitik in Form einer Lohnsenkung eine geeignete Therapie. Die Lohnsenkung verringert die Produktionskosten. Die Mehrproduktion stößt auf aufnahmefähige Märkte. Über Preissenkungen ist die Mehrproduktion absetzbar. Die Beschäftigung steigt. Allerdings ist diese Politik häufig nur von akademischem Interesse, da Lohnsenkungen nicht durchsetzbar sind.

Für die **Nachfragemangel-Arbeitslosigkeit** (keynesianische Arbeitslosigkeit) sind angebotsorientierte Maßnahmen keine geeignete Therapie. Die Nachfrage ist unterhalb dem Vollbeschäftigungsniveau starr, so daß auch Kosten- und Preissenkungen nicht zu mehr Absatz und Beschäftigung führen.

Für die **Kapitalmangel-Arbeitslosigkeit** ist die angebotsorientierte Beschäftigungspolitik in Form einer Anregung der Kapitalbildung die geeignete Therapie. Die Arbeitsproduktivität wird auf das Niveau angehoben, welches durch den relativ hohen Reallohn verlangt wird. Genau wie bei der Lohnsenkung ist die Mehrproduktion über Preissenkungen absetzbar. Im Unterschied zur Methode der Lohnsenkung kann durch die verstärkte Kapitalbildung die ansonsten notwendige Reallohnsenkung vermieden werden.

Insgesamt ist die angebotsorientierte Beschäftigungspolitik eine auf Dauer angelegte, **langfristige** Politik, um eine durch Lohnstarrheiten und eine in Relation zum Reallohn zu niedrige Arbeitsproduktivität gelähmte Wirtschaft aus der Unterbeschäftigung herauszuführen. Bei niedriger Sparbereitschaft, hoher Staatsquote und wenig Unternehmergeist, d.h. allgemein bei festgefahrenen Gewohnheiten und erstarrten Strukturen, ist die Durchsetzung angebotsorientierter Maßnahmen ein schwieriges Unterfangen.

c. Verringerung des Arbeitsangebots

Wir wollen uns abschließend noch mit einem speziellen Vorschlag zum Abbau der Arbeitslosigkeit beschäftigen. Teilweise wird eine **Kürzung des Arbeitsangebots** als beschäftigungspolitische Maßnahme vorgeschlagen. Beispiele sind **Arbeitszeitverkürzungen, vorzeitiger Ruhestand, verlängerte Ausbildungszeiten** usw. Man kann sich den Effekt dieser Vorschläge anhand der Abbildung 12.7 verdeutlichen. Eine Verkürzung der Arbeitszeit u.ä. Maßnahmen bedeutet, daß zu jedem gegebenen Reallohn weniger Arbeit angeboten wird. Die Arbeitsangebotsfunktion N^s (W/P) verschiebt sich nach links. Dies kann so geschehen, daß die neue Arbeitsangebotsfunktion die herrschende Arbeitsnachfragefunktion im Niveau des herrschenden Reallohnes schneidet. Angeboten wird dann nicht mehr $\bar{N}$, sondern N_1. Die Arbeitslosigkeit ist verschwunden, da das überschießende Angebot weggekürzt ist.

Bei Maßnahmen dieser Art handelt es sich offensichtlich nicht um Maßnahmen zur Behebung des Mangels an Arbeit. Es wird lediglich die **knappe Arbeit rationiert**. Die Beschäftigungslosigkeit wird umverteilt, ohne die Arbeitseinsatzmenge insgesamt zu steigern. Der Vorschlag bedeutet eine Kapitulation vor dem eigentlichen Problem. Der Vorschlag besteht einfach darin, nicht zu arbeiten, weil es keine Arbeit gibt, und sich damit zu begnügen, die Nicht-Arbeit auf alle gleichmäßig zu verteilen. Man kann das eine **Wohlstands-Arbeitslosigkeit** nennen.

IV. Zusammenfassung

Die Zusammenhänge zwischen Produktion, Beschäftigung und Preisniveau können mit Hilfe eines makroökonomischen Standard-Modells diskutiert werden. In diesem Modell ist die **gesamtwirtschaftliche Nachfrage** über den Zins- und den Vermögenseffekt negativ vom Preisniveau abhängig. Das gesamtwirtschaftliche Angebot ergibt sich aus der Produktionsfunktion und dem Arbeitsmarkt. Die **Arbeitsnachfrage** der Unternehmer ist negativ vom erwarteten Reallohn und positiv von den Absatzerwartungen abhängig. Das **Arbeitsangebot** der Haushalte ist im Normalbereich positiv vom erwarteten Reallohn abhängig. Am Arbeitsmarkt herrscht **Vollbeschäftigung**, wenn die beim herrschenden Reallohn angebotene Arbeitsmenge auch nachgefragt wird. Außer den verschiedenen Formen der **natürlichen Arbeitslosigkeit** können die **Mindestlohn-Arbeitslosigkeit**, die **Nachfragemangel-Arbeitslosigkeit** und die **Kapitalmangel-Arbeitslosigkeit** unterschieden werden. Das **gesamtwirtschaftliche Angebot** ist im klassischen Fall im Vollbeschäftigungsniveau preisunelastisch, und bei verzögerter Lohnanpassung unterhalb Vollbeschäftigung positiv vom Preisniveau abhängig. Ein **Unterbeschäftigungs-Gleichgewicht** kann entstehen, wenn ein nach unten starrer Nominallohn zu einem Preisniveau auf der Angebotsseite führt, bei dem die Vollbeschäftigungs-Produktion bei der herrschenden Nachfrage nicht abgesetzt werden kann. Beschäftigungspolitik kann unterschieden werden in keynesianisch geprägte **nachfrageorientierte Beschäftigungspolitik** einerseits und klassisch geprägte **angebotsorientierte Beschäftigungspolitik** andererseits. Eine nachfrageorientierte Beschäftigungspolitik kommt insbesondere in dem keynesianischen Fall der Nachfragemangel-Arbeitslosigkeit in Frage. Eine angebotsorientierte Beschäftigungspolitik kommt insbesondere in dem Fall der Kapitalmangel-Arbeitslosigkeit in Frage. Maßnahmen der **Arbeitsangebotsverringerung** bedeuten keine Beseitigung des Mangels an Arbeit, sondern eine Rationierung der knappen Arbeit.

Literatur zum 12. Kapitel

Überblick:

Basseler, U., J. Heinrich und **W. Koch**: Grundlagen und Probleme der Volkswirtschaft. 13. Aufl. Köln 1991. S. 320-334.
Hanusch, H. und **T. Kuhn**: Einführung in die Volkswirtschaftslehre. Berlin 1991. S. 147-175.
Siebke, J. und **H. J. Thieme**: Einkommen, Beschäftigung, Preisniveau. In: D. Bender u.a.: Vahlens Kompendium der Wirtschaftstheorie und Wirtschaftspolitik. Band 1. 4. Aufl. München 1990. S. 139-157.

Lehrbücher:

Cezanne, W.: Grundzüge der Makroökonomik. 5. Aufl. München 1991. S. 111-146.
Claassen, E.-M.: Grundlagen der makroökonomischen Theorie. München 1980. S. 203-268.
Dornbusch, R. und **S. Fischer**: Macroeconomics. 4. Aufl. New York 1987. S. 219-249.
Fuhrmann, W. und **J. Rohwedder**: Makroökonomik. Zur Theorie interdependenter Märkte. 2. Aufl. München 1987. S. 86-100, 145-157.

Majer, H.: Makroökonomik. Theorie und Politik. Eine anwendungsbezogene Einführung. 5. Aufl. München 1992. S. 165-195.
Monissen, H. G.: Makroökonomische Theorie. Bd. 1: Sozialprodukt, Preisniveau und Zinsrate. Stuttgart 1982. S. 211-238.
Rittenbruch, K.: Makroökonomie. 7. Aufl. München 1990. S. 254-286.
Schmitt-Rink, G.: Makroökonomie. Berlin 1990. S. 154-167.

13. Kapitel:
Makroökonomische Lehrmeinungen

In der Makroökonomik haben sich eine Reihe unterschiedlicher Lehrmeinungen entwickelt, über die wir uns im folgenden einen kurzen Überblick verschaffen wollen. Es geht dabei im wesentlichen um die Frage, durch welche Wirtschaftspolitik die beiden Ziele **Vollbeschäftigung und Preisniveaustabilität** angestrebt werden sollen. Zwischen den verschiedenen Schulen bestehen durchaus gewisse Unterschiede. Dies darf jedoch nicht zu der Auffassung verleiten, als ob die Makroökonomik ein Sammelsurium von verbindungslos und unversöhnlich nebeneinander stehenden Paradigmen sei. Vielmehr bietet die Makroökonomik heute eine recht einheitliche Methodik zur Analyse gesamtwirtschaftlicher Zusammenhänge an. Man kann das Fach mit der Medizin vergleichen. Je nach konkretem Befund werden unterschiedliche Diagnosen gestellt und Therapien empfohlen. Die Unterschiedlichkeit der Diagnosen und Therapien ist weniger ein Merkmal der Zerstrittenheit der Disziplin, als vielmehr Folge der im konkreten Fall unterschiedlichen Befunde. Wir haben im letzten Kapitel z.B. verschiedene Arten der Arbeitslosigkeit kennengelernt. Das hat zur Folge, daß eine Lohnsenkung unter bestimmten Umständen eine geeignete Beschäftigungspolitik ist, während sie unter anderen Voraussetzungen keine geeignete Beschäftigungspolitik ist. In der Medizin verordnet man auch nicht einem Kurzsichtigen eine Krücke und einem Lahmen eine Brille.

I. Klassik

Im Modell der Klassik ist Vollbeschäftigung und Preisniveaustabilität im Prinzip durch das **freie Spiel der Marktkräfte** garantiert. Hauptvertreter sind A. SMITH (1723-1790), T. MALTHUS (1766-1834), J. B. SAY (1767-1832), D. RICARDO (1772-1832) und J. S. MILL (1806-1873).

In unserer Modell-Terminologie sind 3 Bauelemente für den klassischen Ansatz charakteristisch.

Erstens sind **Preise und Löhne vollständig flexibel**. Für die Angebotsseite bedeutet dies eine im Vollbeschäftigungsniveau preisunelastische, sog. klassische Angebotsfunktion.

Zweitens wird **Geld nur als Zahlungsmittel** benutzt, d.h. nur zu Transaktionszwecken. Für die Geldnachfragefunktion gilt:

$$L = k \cdot Y \tag{1}$$

Die Größe k ist der Kassenhaltungskoeffizient, der die Zahlungsgewohnheiten charakterisiert. Die Größe Y in der Geldnachfragefunktion (1) kann nur für Güterkäufe verwendet wird, als Güternachfrage interpretier Löst man die Geldnachfragefunktion (1) nach Y auf, ergibt sich:

$$Y^d = (1/k) \cdot L,$$
$$Y^d = V \cdot (M/P). \tag{2}$$

Der Kehrwert des Kassenhaltungskoeffizienten $1/k = V$ ist die Umlaufsgeschwindigkeit des Geldes. Dies ist eine Zahl mit der Dimension [1/Periode], die angibt, wievielmal pro Periode jede Geldeinheit umgeschlagen wird. Ist der Kassenhaltungskoeffizient z.B. 0,1, dann halten die Wirtschaftssubjekte 1/10 des Nominaleinkommens $Y \cdot P$ als Geld M. Folglich wird jede Geldeinheit zur finanziellen Abwicklung der nominalen Nachfrage $Y \cdot P$ im Durchschnitt zehnmal benutzt. Die **Zahlungsgewohnheiten ändern sich nicht**, d.h. k und V sind konstant. Damit besteht zwischen Güternachfrage und realer Geldmenge ein proportionaler Zusammenhang.

Drittens bildet sich der **Zins auf dem Kapitalmarkt** und nicht auf dem Geldmarkt. Auf dem Kapitalmarkt treffen als Kapitalangebot die positiv vom Zins abhängige Ersparnis und als Kapitalnachfrage die negativ vom Zins abhängige Investition zusammen. Das freie Spiel des Zinses bringt Ersparnis und Investition ins Gleichgewicht. Die Zinsbildung muß im klassischen Modell auf den Kapitalmarkt verwiesen werden, da der Zins auf dem Geldmarkt für Angebot und Nachfrage überhaupt keine Rolle spielt.

Das Angebot-Nachfrage-Modell für den klassischen Ansatz ist in Abbildung 13.1 grafisch dargestellt.

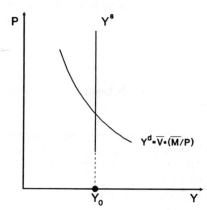

Abb. 13.1 Klassisches Modell

Die **Vollbeschäftigung** ist durch die Flexibilität von Löhnen und Preisen stets gewährleistet (senkrechte Angebotsfunktion im Vollbeschäftigungsniveau). Die **Preisniveaustabilität** ist stets gewährleistet durch die Kontrolle der nominalen Geldmenge. Die Höhe des Preisniveaus hängt nur ab vom Niveau der gesamtwirtschaftlichen Nachfrage (Lage der Y^d-Linie), das seinerseits wegen der konstanten Umlaufsgeschwindigkeit des Geldes nur abhängt von der Höhe der nominalen Geldmenge. Dies erkennt man auch, wenn man Gleichung (2) wie folgt schreibt:

$$M \cdot V = Y \cdot P. \tag{3}$$

Gleichung (3) ist die berühmt-berüchtigte **Verkehrsgleichung**. Diese Gleichung steht für die sog. **Quantitätstheorie des Geldes**. Bei gegebenem Realeinkommen (Y ist stets im Vollbeschäftigungsniveau gegeben) und gegebener Umlaufsgeschwindigkeit (V ist konstant) besteht ein strikt proportionaler Zusammenhang zwischen nominaler Geldmenge und Preisniveau.

Die Botschaft des klassischen Modells ist: Wettbewerb auf Arbeits- und Gütermärkten für die Vollbeschäftigung, und Geldmengenkontrolle für die Preisniveaustabilität.

Wir können uns zur Vertiefung überlegen, welche Implikationen das klassische Modell in der IS-LM-Darstellung hat. Die LM-Linie verläuft im klassischen Modell senkrecht, da die Geldnachfrage völlig zinsunelastisch ist. Die IS-Linie verläuft normal negativ, da die Investitionsnachfrage zinselastisch ist. Steigen nun z.B. autonome Nachfragekomponenten bei konstanter nominaler Geldmenge an, dann kommt es trotz der autonomen Nachfrageexpansion nicht zu Inflation. Die Zunahme der autonomen Nachfrage führt über Zinssteigerungen zu mehr Ersparnis und weniger Konsum, so daß das Nachfragenniveau insgesamt konstant bleibt.

Was ist von dem klassichen Modell zu halten? Positiv ist zu werten, daß die grundsätzliche Bedeutung der Preis- und Lohnflexibilität für die Vollbeschäftigung und der Geldmenge für die Preisniveaustabilität hervortritt. Insbesondere die Bedeutung der Geldmenge für das Inflationsphänomen ist bedeutsam, da die Zinselastizität der Geldnachfrage empirisch im Regelfall sehr gering ist. Negativ ist anzumerken, daß die Annahme der vollständigen Lohnflexibilität in den heutigen Volkswirtschaften recht unrealistisch ist.

II. Neoklassik

Der Unterschied zwischen der Neoklassik und der Klassik wird üblicherweise darin gesehen, daß in der Neoklassik das Marginalprinzip zur Anwendung kommt. Hauptvertreter sind W. S. JEVONS (1835-1882), C. MENGER (1840-1921), L. WALRAS (1834-1910), A. MARSHALL (1842-1924), V. PARETO (1848-1923), I. FISHER (1867-1947), K. WICKSELL (1851-1926) und A. C. PIGOU (1877-1959). Die Anwendung des Marginalprinzips rankt sich insbesondere um den Begriff des Grenznutzens. Damit gewinnt in der Neoklassik die Nachfrageseite gegenüber der Angebotsseite stärker an Gewicht.

Neoklassisches Gedankengut kann in unser makroökonomisches Angebot-Nachfrage-Modell einfließen, indem in der Geldnachfragefunktion der Transaktionskassenbestand mit Hilfe des mikroökonomischen Kostenminimierungskalküls optimiert wird. Im Ergebnis führt das zu einer von Null verschiedenen **Zinselastizität der Geldnachfrage**. Die Geldnachfragefunktion lautet z.B. wie folgt:

$$L = k \cdot Y - h \cdot i \qquad (4)$$

Mit der Geldnachfragefunktion (4) verläuft die LM-Linie nicht mehr genau senkrecht. Das bedeutet, daß z.B. eine Zunahme autonomer Nachfragekomponenten das Nachfrageniveau im P-Y-Achsenkreuz auch bei konstanter Geldmenge erhöht (Rechtsverschiebung der Y^d-Linie). Die Wirtschaftssubjekte können mit der gleichen nominalen Geldmenge ein höheres Nachfrageniveau finanzieren, da über den Zinsanstieg der negativ vom Zins abhängige Teil der Geldnachfrage sinkt und somit der positiv vom Einkommen abhängige Teil der Geldnachfrage zunehmen kann. Anders ausgedrückt ist die Umlaufsgeschwindigkeit in diesem Modell nicht konstant, sondern positiv vom Zins abhängig.

Auf der **Angebotsseite** ist das neoklassische Modell mit dem klassischen Modell identisch. Die vollständige **Flexibilität von Löhnen und Preisen sorgt für Vollbeschäftigung**.

Wir können auf eine grafische Darstellung des neoklassischen Modells verzichten. Angebot und Nachfrage verlaufen im Prinzip so wie in Abbildung 13.1. Der Unterschied zum klassischen Modell fällt nicht sehr ins Gewicht. Es ist lediglich zu beachten, daß das Nachfrageniveau und damit das Preisniveau nicht nur von der Geldmenge abhängt, sondern auch von den autonomen Nachfragekomponenten. Der Unterschied zum klassischen Modell ist, daß in der Neoklassik eine Geldmengenkontrolle für die Preisniveaustabilität nicht voll ausreichend ist. Das Preisniveau kann auch bei konstanter Geldmenge steigen, wenn die autonome Nachfrage steigt. Allerdings ist dieser Unterschied vorwiegend von akademischem Interesse, da die Zinselastizität der Geldnachfrage realiter sehr klein ist.

III. Keynesianismus

Die Kritik von KEYNES (1883-1946) an den klassischen Ansätzen richtet sich in erster Linie gegen die Vorstellung, daß die Vollbeschäftigung durch Lohn- und Preisflexibilität garantiert ist.

Man unterscheidet üblicherweise 2 KEYNES-Fälle, nämlich den Fall der **zinsunelastischen Investitionsnachfrage** und den Fall der **zinselastischen Geldnachfrage**.

Die Implikationen der beiden KEYNES-Fälle sind in Abbildung 13.2 dargestellt.

Die Annahme hinsichtlich der anormalen Zinselastizität der Investitionsnachfrage bedeutet, daß die IS-Linie des güterwirtschaftlichen Gleichgewichts im i-Y-Achsenkreuz senkrecht verläuft. Die Annahme hinsichtlich der anormalen Zinselastizität der Geldnachfrage bedeutet, daß die LM-Linie des geldwirtschaftlichen Gleichgewichts im i-Y-Achsenkreuz waagrecht verläuft. Beide Annahmen bedeuten jeweils, daß die Y^d-Linie der gesamtwirtschaftlichen Nachfrage im P-Y-Achsenkreuz senkrecht verläuft. Preisniveauänderungen haben keine Wirkung auf die gesamtwirtschaftliche Nachfrage, da im Fall der zinsunelastischen Investitionsnachfrage eine Änderung der realen Geldmenge zwar Zinswirkungen aber keine Nachfragewirkungen hervorruft, und da im Fall der völlig zinselastischen Geldnachfrage eine Änderung der realen Geldmenge keine Auswirkungen auf das Zinsniveau hat. Hierbei muß allerdings zusätzlich unterstellt werden, daß die Konsumnachfrage nicht auf Änderungen des Realvermögens reagiert.

Unter diesen Voraussetzungen nutzt eine vollständige Lohn- und Preisflexibilität nicht nur nichts, sondern sie ist unter Umständen sogar gefährlich. Wir stellen

13. Kap.: Makroökonomische Lehrmeinungen 377

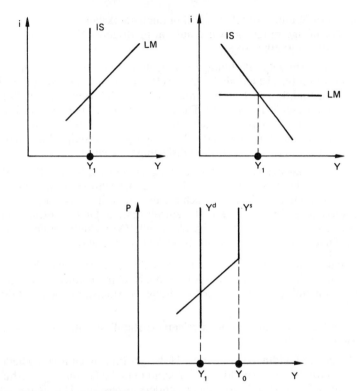

Abb. 13.2 Keynesianische Modelle

uns dazu vor, daß die Nachfrage im Niveau Y_1 preisunelastisch ist, und daß das Angebot entsprechend klassischen Vorstellungen im Vollbeschäftigungsniveau $Y_0 > Y_1$ preisunelastisch ist. Es herrscht dann ein permanenter Angebotsüberschuß. Das Preisniveau sinkt endlos, ohne daß je ein Gleichgewicht in Sicht kommt. Die Wirtschaft gerät in den Strudel einer **kumulativen Depression**.

Damit wenigstens ein stabiles Gleichgewicht erreichbar wird, kann man den Nominallohn fixieren. Es ergibt sich eine nach links abknickende Angebotsfunktion, die im Bereich unterhalb Vollbeschäftigung eine gewisse Preiselastizität aufweist. Dann strebt die Wirtschaft immerhin einem Gleichgewicht zu, das allerdings ein **Unterbeschäftigungs-Gleichgewicht** ist.

Welche Eigenschaften hat dieses keynesianische Unterbeschäftigungs-Gleichgewicht unter dem Aspekt der beiden Ziele Vollbeschäftigung und Preisniveaustabilität? Um das Ergebnis vorwegzunehmen: Die klassischen Empfehlungen, Lohnsenkung und/oder Kapitalbildung für die Vollbeschäftigung und Geldmengenkontrolle für die Preisniveaustabilität, sind nutzlos, ja unter Umständen kontraproduktiv. Auch nutzt eine expansive Geldpolitik nichts zur Anregung von Produktion und Beschäftigung.

Wie wirkt eine **Senkung des Nominallohnes**? Das Kostenniveau sinkt, der preiselastische Teil der Angebotsfunktion verlagert sich nach unten, und das Preisniveau sinkt. Da aber die Nachfrage preisunelastisch ist, bleiben Produktion und Beschäftigung auf dem gleichen Niveau. Die Lohnsenkung kann sogar schädlich sein. Wenn dadurch das Einkommen der Arbeitnehmer sinkt, verlagert sich die Nachfrage möglicherweise auf ein niedrigeres Niveau und Produktion und Beschäftigung sinken sogar.

Eine vermehrte **Kapitalbildung** zur Angebotsausweitung ist auch kontraproduktiv. Das Ergebnis ist lediglich, daß das Preisniveau stark sinkt (Verschiebung der Angebotsfunktion nach rechts unten), der Reallohn entsprechend kräftig ansteigt und die Beschäftigung sinkt. Dies ist der Verlauf, bei dem stark steigende Reallöhne bei Null-Wachstum zu einer Substitution des Faktors Arbeit durch den Faktor Kapital führen und somit die Arbeitslosigkeit ansteigt. Man sagt, die Reallohnsteigerungen wirken als Rationalisierungspeitsche.

Auch eine **expansive Geldpolitik** ist kein geeignetes Mittel der Beschäftigungspolitik. Im Fall der zinsunelastischen Investitionsnachfrage sinken zwar die Zinsen (Verschiebung der LM-Linie nach rechts), aber die Nachfrage reagiert nicht auf die sinkenden Zinsen. Im Fall der zinselastischen Geldnachfrage verschwindet das zusätzliche Geld in der Liquiditätsfalle (Verschiebung der LM-Linie in sich selbst nach rechts), ohne daß die Nachfrage angeregt wird.

Wie man es auch dreht und wendet, die Nachfrage rührt sich nicht. Es bleibt als einziges Mittel der Beschäftigungspolitik, die Nachfrage künstlich durch eine **expansive Fiskalpolitik** in Form einer Erhöhung der Staatsausgaben für Güterkäufe anzuheben.

Wie steht es mit dem Ziel der **Preisniveaustabilität** unter diesen keynesianischen Bedingungen?

Die Höhe der **Geldmenge** ist für die Höhe des Preisniveaus völlig bedeutungslos. In dem Modell der Abbildung 13.2 kann man die Geldmenge verhundertfachen, ohne daß mit dem Preisniveau irgendetwas passiert. Das liegt einfach daran, daß die Nachfrage, wie geschildert, von der Höhe der Geldmenge überhaupt nicht abhängt. Anders ausgedrückt ist die Umlaufsgeschwindigkeit eine völlig instabile Größe. Bei einer Geldmengenerhöhung z.B. sinkt die Umlaufsgeschwindigkeit so stark ab (entweder wegen der Zinssenkung im Fall der zinsunelastischen Investitionsnachfrage, oder wegen der Liquiditätsfalle im Fall der zinselastischen Geldnachfrage), daß es zu überhaupt keiner Nachfragewirkung kommt.

Wovon hängt in diesem Modell dann aber die Höhe des Preisniveaus ab?

Erstens ist das Preisniveau vom **Kostenniveau** bestimmt. Mit jeder Variation des Nominallohnniveaus ändert sich das Preisniveau entsprechend. Der preiselastische Teil der Angebotsfunktion verschiebt sich bei einer Nominallohnänderung und determiniert somit das Preisniveau. Steigen in diesem Modell die Löhne, dann steigen im gleichen Ausmaß die Preise. Das Modell impliziert als Inflationstyp die Kosteninflation.

Zweitens spielt die **Marktmacht** eine Rolle. Diesen Sachverhalt können wir unter Zuhilfenahme des im 12. Kapitel entwickelten 4-Quadranten-Schemas anhand der Abbildung 13.3 erläutern.

Wählen wir als Ausgangspunkt das Unterbeschäftigungsgleichgewicht mit der Beschäftigung N_1, der Produktion Y_1, dem Preisniveau P_1 und dem Reallohn $(W/P)_1$. Ausweislich der Arbeitsangebotsfunktion bieten die Arbeitnehmer die Arbeitsmenge N_1 auch zu dem niedrigeren Reallohn $(W/P)_2$ gerade noch an. Anders ausgedrückt bedeutet das, daß sie bei dem Reallohn $(W/P)_1$ eine Rente beziehen. Dies können sich die Unternehmer zunutze machen, indem sie die Güterpreise

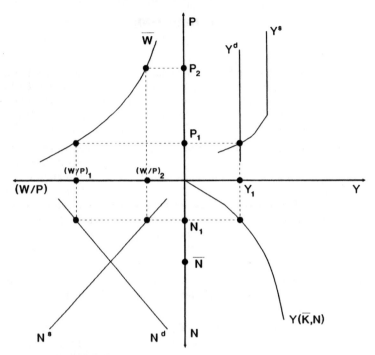

Abb. 13.3 Marktmachtinflation

auf P_2 heraufsetzen. Für den Absatz ist das ungefährlich, da ja die Nachfrage preisunelastisch ist. Durch die Preisanhebung können die Unternehmer ihre Gewinne kräftig steigern. Es kommt durch die Reallohnsenkung zu einer Umverteilung zugunsten der Unternehmer. Der Verlauf setzt voraus, daß die Unternehmer über eine entsprechende Marktmacht verfügen. Soweit dies der Fall ist, kann das Preisniveau steigen, ohne daß die Geldmenge und/oder das Nominallohnniveau steigt. Das Modell impliziert als Inflationstyp neben der Kosteninflation noch die Marktmachtinflation.

Die Botschaft des keynesianischen Modells ist: Expansive Fiskalpolitik für die Vollbeschäftigung, und Brechung der Unternehmermacht für die Preisniveaustabilität.

Was ist von dem keynesianischen Modell zu halten? Das Modell ist an sehr rigide Voraussetzungen geknüpft. Im Gegensatz zu den Modellannahmen ist die Investitionsnachfrage realiter durchaus vom Zins abhängig. Und im Gegensatz zu den Modellannahmen ist insbesondere die Zinselastizität der Geldnachfrage realiter außerordentlich gering, bzw. anders ausgedrückt, die Umlaufsgeschwindigkeit ist recht stabil. Die Annahme der Liquiditätsfalle ist mehr eine gedankliche Spielerei. Die Annahme einer völlig preisunelastischen Güternachfrage ist nur im theoretisch denkbaren Fall einer totalen Sättigung über das gesamte Güterspektrum haltbar. Zusammengefaßt läuft das darauf hinaus, daß die keynesianischen Modellannahmen in besonderen Ausnahmesituationen deflatorischer Art eine gewisse Berechtigung haben können, im Normalfall jedoch nicht zutreffen.

IV. Monetarismus

Nach der keynesianischen Attacke gegen die klassischen Vorstellungen formierte sich in den 50er Jahren als Gegenposition zum Keynesianismus und Rückbesinnung auf klassisches Gedankengut die Chicago-Schule des Monetarismus. Hauptvertreter sind vor allem der Begründer M. FRIEDMAN und daneben K. BRUNNER, P. CAGAN, D. LAIDLER, A. H. MELTZER und J. L. STEIN.

Der Monetarismus kann nicht so ohne weiteres als ein geschlossenes System mit einigen feststehenden und eindeutig identifizierten Lehrsätzen präsentiert werden. Es handelt sich vielmehr um eine Grundhaltung, deren Haupt-Merkmal wohl das grundsätzliche Mißtrauen gegenüber staatlichen Interventionen in den Wirtschaftsablauf ist. Aus monetaristischer Sicht sind Instabilitäten wie Arbeitslosigkeit und Inflation nicht Folge einer Instabilität des Marktsystems, sondern vielmehr umgekehrt Folge von untauglichen, ja sogar schädlichen Interventionen des Staates. Die These von der Stabilität des privaten Sektors wird häufig als die zentrale These der monetaristischen Position angesehen.

Zu welchen konkreten wirtschaftspolitischen Aussagen gelangt der Monetarismus auf der Basis dieser grundsätzlichen Haltung? Man kann **vier Elemente** ausmachen, die für die monetaristische Position charakteristisch sind.

Fragen wir erstens nach der Rolle der **Geldpolitik**. Der Monetarismus knüpft an die klassische Verkehrsgleichung an, die wir oben als Gleichung (3) bereits kennengelernt haben. Der Unterschied zur Klassik besteht darin, daß die Umlaufsgeschwindigkeit nicht als Konstante angesehen wird, sondern als eine stabile Funktion des permanenten Einkommens, verschiedener Zinsen und der Inflationsrate. Auf der Basis dieser Interpretation der Verkehrsgleichung ergeben sich 3 Konsequenzen für die Geldpolitik aus monetaristischer Sicht.

Erstens ist die Höhe der umlaufenden Geldmenge von der **Zentralbank** kontrollierbar. Eine inflationäre Geldmengenerhöhung kann sich nicht gewissermaßen schicksalhaft gegen den Willen der Zentralbank ergeben, sondern die Geldmenge kann von der Zentralbank autonom gesteuert werden. Die Größe M in der Verkehrsgleichung ist exogen.

Zweitens besteht zwischen der nominalen Geldmenge M und der **nominalen Nachfrage** Y · P über die Umlaufsgeschwindigkeit V ein stabiler Zusammenhang. Mit der Steuerung der Geldmenge ist – im Gegensatz zur keynesianischen und in Übereinstimmung mit der klassischen Position – eine Steuerung der nominalen Nachfrage möglich. Damit gewinnt – im Vergleich zum Keynesianismus – die Geldpolitik als wirtschaftspolitisches Steuerungsinstrument gegenüber der Fiskalpolitik die Oberhand.

Drittens ist es möglich, daß eine Geldmengenvariation nicht nur auf das Preisniveau wirkt, sondern auch **reale Wirkungen** in Form einer Beeinflussung des Realeinkommens haben kann. Wenn die Geldmenge z.B. um 9% erhöht wird, dann erhöht sich die nominale Nachfrage bei stabiler Umlaufsgeschwindigkeit auch um 9%. Wie verteilen sich aber diese 9% auf Realwachstum einerseits und Preisniveausteigerung andererseits? Bleibt das Realeinkommen konstant und steigt das Preisniveau um 9%? Oder nimmt das Realeinkommen z.B. um 3% zu und steigt das Preisniveau dementsprechend nur um 6%? In der Klassik bedeutet jede Geldmengenerhöhung nur Inflation, da Y stets im Vollbeschäftigungsniveau gegeben ist. Aus monetaristischer Sicht führt eine Geldmengenerhöhung nicht unbedingt zu einer gleich großen Preisniveauerhöhung. Dies ist ein Unterschied zur Klassik. In monetaristischer Sicht ist durch eine Geldmengenerhöhung eine Beeinflussung des Realeinkommens Y möglich, allerdings nur unter bestimmten Voraussetzungen und nur kurzfristig. Hier spielen die **Erwartungen** der Wirtschaftssubjekte die entscheidende Rolle. Wenn von den Arbeitnehmern die künftige Inflationsrate unterschätzt wird und entsprechend niedrige Nominallohnsteigerungen vereinbart werden, dann sinkt der Reallohn und Produktion und Beschäftigung steigen an. Hierdurch kann also die Geldpolitik kurzfristig reale Expansionswirkungen haben. **Kurzfristig** gilt die keynesianische Sicht. Allerdings entfällt dieser Effekt, wenn die Tarifpartner die Inflation korrekt antizipieren. Hiervon muß man aus monetaristischer Sicht langfristig ausgehen. Langfristig, soll heißen bei korrekten, sog. rationalen Inflationserwartungen, hat eine Geldmengenerhöhung nur Inflation zur Folge. **Langfristig** gilt die klassische Sicht. Mit diesem Ansatz gewinnt der Monetarismus den Charakter einer **Synthese aus Klassik und Keynesianismus**. Allerdings ist die Bedeutung der Erwartungen erst durch die Neue klassische Makroökonomik klar herausgearbeitet worden. Wir gehen hierauf weiter unten ein.

Fragen wir nun zweitens nach der Rolle der **Fiskalpolitik** im monetaristischen Gedankengebäude. Hier ist die monetaristische Position nicht so eindeutig auszumachen. Zwei Aussagen sind wohl charakteristisch. Erstens wird bei Erhöhungen der Staatsnachfrage zur Stimulierung von Produktion und Beschäftigung die Gefahr des crowding-out für wahrscheinlich erachtet. Zweitens werden fallweise Änderungen von Steuersätzen, Subventionen, Transferzahlungen usw. als wirkungslos angesehen. Dieser Standpunkt hängt mit der Betonung des permanenten Einkommens zusammen. Die Wirtschaftssubjekte orientieren sich mit ihrer Nachfrage am permanenten Einkommen. Fiskalisch bedingte transitorische Einkommensänderungen werden durch Ersparnisvariationen neutralisiert und bleiben für die Nachfrage wirkungslos.

Fragen wir drittens nach den **wirtschaftspolitischen Empfehlungen** zur Erreichung von Vollbeschäftigung und Preisniveaustabilität. Die Antwort ergibt sich aus den Ausführungen zur Geld- und Fiskalpolitik.

Was die **Beschäftigung** anbelangt, so ist die Arbeitslosenquote langfristig nicht durch geld- und fiskalpolitische Maßnahmen zu beeinflussen. Höchstens kurzfristig hat die Geldpolitik bei Inflationsverschätzungen die Möglichkeit, auf Produktion und Beschäftigung einzuwirken. Zeigt sich in einer Volkswirtschaft auch langfristig eine gewisse Arbeitslosigkeit, dann ist dies eine natürliche, freiwillige Arbeitslosigkeit. Hier liegt der zentrale Dissens gegenüber der keynesianischen Position, die die Vorstellung einer durch die Fiskalpolitik nicht zu beeinflussenden natürlichen Arbeitslosenquote strikt ablehnt.

Was die **Preisniveaustabilität** anbelangt, so ist Inflation in langfristiger Sicht eindeutig die Folge einer zu starken Geldmengenausdehnung. Positiv gewendet bedeutet das, daß jede Inflation durch eine entsprechende Begrenzung des Geldmengenwachstums verhindert werden kann.

Fragen wir schließlich viertens nach der **generellen Schlußfolgerung**, die sich aus alledem ergibt. Die Botschaft des Monetarismus ist: Rules versus authorities. Zu deutsch etwa: Regelgebundene Wirtschaftspolitik anstatt schädlichem Staats-Interventionismus. Das heißt für die Geldpolitik eine am Potentialwachstum der Wirtschaft orientierte Geldmengenpolitik. Und das heißt für die Finanzpolitik eine Beschränkung der Staatsaktivitäten auf das Maß, welches zur Erfüllung originärer Staatsaufgaben wie Sicherung der Bereitstellung von öffentlichen Gütern, Internalisierung externer Effekte usw. unbedingt notwendig ist. Jede Art von stop-and-go-Wirtschaftspolitik ist abzulehnen, da sie erstens langfristig sowieso keine realen Wirkungen hat, und zweitens kurzfristig wegen unkalkulierbarer Wirkungsverzögerungen sogar kontraproduktiv sein kann.

Wie ist die monetaristische Position zu werten?

Positiv ist wohl die Herausarbeitung der Möglichkeiten und Grenzen der **Geldpolitik** zu werten. Hier gelingt dem Monetarismus mit der Unterscheidung zwischen kurz- und langfristigen Wirkungen der Geldpolitik eine Synthese zwischen Klassik und Keynesianismus. Kurzfristig kann die Geldpolitik bei entsprechender Erwartungsbildung reale Wirkungen haben, langfristig führt jedes über das Produktionspotential hinausschießende Geldmengenwachstum zu Inflation.

Was die **Fiskalpolitik** anbelangt, so erscheint die These von der Unmöglichkeit einer Steuerung der Nachfrage durch die Fiskalpolitik in dieser Rigidität überzogen. Der Monetarismus kann hier als eine berechtigte Warnung vor ausufernden Staatsinterventionen gewertet werden. Der Anstieg der Staatsquote auf z.B. ca. 50% in Deutschland kann kaum damit erklärt werden, daß vermehrte Staatsaktivitäten eine unumgängliche Notwendigkeit zur Korrektur von Marktmängeln sind. Viele Staatsaktivitäten können zu Recht in Frage gestellt werden. Hier kann die monetaristische Position zusammen mit den Erkenntnissen aus der Allokationstheorie helfen, die staatlichen Regulierungen auf die Bereiche zu beschränken, auf denen der Staat den Markt korrigieren und ergänzen kann.

V. Neue keynesianische Makroökonomik

Im Keynesianismus kommt ein gewisses Mißtrauen gegenüber dem Marktmechanismus zum Ausdruck. Es wird bezweifelt, daß durch Preisflexibilität ein allgemeines Gleichgewicht mit Vollbeschäftigung auf dem Arbeitsmarkt garantiert ist. Dieser grundsätzliche Zweifel wird von der Neuen keynesianischen Makroökonomik weiterentwickelt. Hauptvertreter sind R. W. CLOWER, J. DREZE, H. I. GROSSMAN, A. LEIJONHUFVUD und E. MALINVAUD.

Der Grundgedanke ist, daß Preise auf Ungleichgewichtssituationen wenn überhaupt, dann nur verzögert reagieren. Das bedeutet, daß im **Ungleichgewicht** zu bestimmten Preisen bestimmte **Mengenumsätze** getätigt werden, ungeachtet der Tatsache, daß die Preise ihr Gleichgewichtsniveau noch nicht erreicht haben. Die Mengen reagieren gewissermaßen schneller als die Preise. Es finden Geschäfte mit Umsätzen zu sog. falschen, d.h. ungleichgewichtigen Preisen statt. Die zu diesen Preisen eigentlich beabsichtigten, d.h. geplanten Nachfrage- und Angebotsmengen können folglich nicht alle realisiert werden. Irgendwelche Marktteilnehmer werden rationiert, womit ausgedrückt werden soll, daß sie auf Teile der von ihnen zu den herrschenden Preisen eigentlich geplanten Mengentransaktionen verzichten müssen. Die Rationierung auf einem bestimmten Markt bewirkt auf anderen Märkten ebenfalls Rationierungen. Es kommt in einem System interdependenter Märkte zu Übertragungs- und Rückkoppelungseffekten (spill-over-Effekte). Die Methodik kann anhand der Abbildung 13.4 erläutert werden.

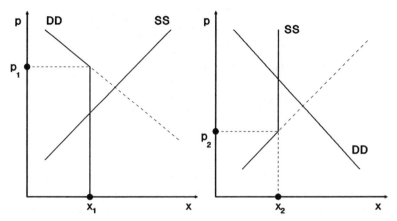

Abb. 13.4 Ungleichgewichtsökonomik

Im linken Teil der Abbildung 13.4 liegt der Preis p_1 über dem Gleichgewichtsniveau. Es herrschen die Verhältnisse eines Angebotsüberschusses und eines Käufermarktes. In neukeynesianischer Sicht löst nun diese Ungleichgewichtssituation keine Preissenkung aus, sondern es wird die ungleichgewichtige Menge x_1 umgesetzt. Die Nachfragefunktion DD knickt bei p_1 nach unten ab. Dies ist die Linie der **effektiven Nachfrage**. Die gestrichelte Linie ist die sog. **notionale Nachfrage**. Die kürzere Marktseite, hier die Nachfrage, bestimmt die umgesetzte Menge. Die längere Marktseite, hier das Angebot SS, wird rationiert. Hiervon werden über andere Märkte Übertragungs- und Rückkoppelungseffekte ausgelöst.

Im rechten Teil der Abbildung 13.4 ist der Fall des Nachfrageüberschusses und des Verkäufermarktes dargestellt. Der Preis p_2 liegt unter dem Gleichgewichtsniveau. Diese Ungleichgewichtssituation löst keine Preissteigerung aus, sondern es wird die ungleichgewichtige Menge x_2 umgesetzt. Die Angebotsfunktion SS knickt bei p_2 nach oben ab. Dies ist die Linie des **effektiven Angebots**. Die gestrichelte Linie ist das **notionale Angebot**. Die kürzere Marktseite, hier das Angebot, bestimmt die umgesetzte Menge. Die längere Marktseite, hier die Nachfrage DD, wird rationiert, was Übertragungs- und Rückkoppelungseffekte über andere Märkte auslöst.

Man nennt diese Art der Analyse auch **Ungleichgewichtstheorie**, **Rationierungstheorie** oder Theorie des temporären Gleichgewichts bei **Mengenrationierung**. Als Charakteristikum wird auch hervorgehoben, daß die Mengen schneller reagieren als die Preise.

Was hat das mit Arbeitslosigkeit und Inflation zu tun? Betrachtet man den Arbeitsmarkt zusammen mit dem Gütermarkt, dann können 4 verschiedene Ungleichgewichtskombinationen vorkommen. Dies ist in Abbildung 13.5 schematisch dargestellt.

Jede der 4 Situationen stellt ein sog. Regime dar. Wesentlich ist, daß die jeweils vorliegende Ungleichgewichtssituation nicht durch schnell ablaufende Preisanpassungen beseitigt wird (klassische bzw. neoklassische Sicht), sondern wegen träge reagierender Preise zumindest vorübergehend, wenn nicht gar auf Dauer, mit den im Ungleichgewicht kontrahierten Mengenumsätzen bestehen bleibt.

		Gütermarkt	
		A-Überschuß	N-Überschuß
Arbeits-markt	A-Über-schuß	Situation 1 Keynesianische Arbeitslosigkeit	Situation 2 Klassische Arbeitslosigkeit
	N-Über-schuß	Situation 4 Unterkonsumtion	Situation 3 Zurückgestaute Inflation

Abb. 13.5 Ungleichgewichtssituationen

Im Hinblick auf das Problem der **Arbeitslosigkeit** sind die Situationen 1 und 2 von besonderem Interesse. Hierauf wollen wir näher eingehen.

In der Situation 1 liegt beim herrschenden Preis- und Lohnniveau sowohl auf dem Arbeitsmarkt als auch auf dem Gütermarkt ein Angebotsüberschuß vor. Dies ist der Fall der **keynesianischen Arbeitslosigkeit**. Wir haben diesen Fall bereits an mehreren Stellen kennengelernt (vgl. 12. Kapitel, Ziffer II.2.c und hier im 13. Kapitel, Ziffer III). Hier wird jetzt eine weitergehende Erklärung für diesen Fall geliefert. Auf dem Gütermarkt ist beim herrschenden Preisniveau die Nachfrage zu gering, um die Produktion, die bei Vollbeschäftigung anfallen würde, auch absetzen zu können. In neukeynesianischer Sicht wird nun, bevor die Preissenkung Mengenreaktionen auslösen kann, zu dem ungleichgewichtigen Preisniveau kontrahiert. Die zu geringe Nachfrage wird als Mengenrationierung aktiv. Das löst den spill-over-Effekt am Arbeitsmarkt aus, daß die Unternehmer weniger Arbeit als die Vollbeschäftigungsmenge einsetzen. Folglich ist auch eine Reallohnsenkung, die aus klassischer Sicht wegen des Angebotsüberschusses am Arbeitsmarkt zur Beschäftigungsanregung geeignet ist, hier in diesem Fall kein taugliches Mittel zum Abbau der Arbeitslosigkeit. Zu niedrigeren Reallöhnen sind die Unternehmer aus Kostengründen zwar bereit, mehr Arbeitskräfte zu beschäftigen, jedoch kann die Mehrproduktion wegen der Nachfrageschranke am Gütermarkt nicht abgesetzt werden. Eine Reallohnsenkung kann sogar zu noch stärker zurückgehender Produktion und Beschäftigung führen, wenn wegen der sinkenden Reallöhne die Konsumgüternachfrage sinkt. Die einzig taugliche Beschäftigungspolitik ist eine künstliche, z.B. durch Staatsausgabenerhöhung erzeugte Nachfrageankurbelung.

Anders liegen die Dinge in der Situation 2, in der eine **klassische Arbeitslosigkeit** vorliegt. Hier herrscht zwar am Arbeitsmarkt auch ein Angebotsüberschuß, d.h. Arbeitslosigkeit, jedoch liegt am Gütermarkt ein Nachfrageüberschuß vor. Die Nachfrager wären gerne bereit, mehr Güter abzunehmen. Dies hat zur Folge, daß eine Reallohnsenkung am Arbeitsmarkt geeignet ist, Produktion und Beschäftigung anzuregen. Die Unternehmer setzen bei niedrigeren Reallöhnen mehr Arbeit im Produktionsprozeß ein, wodurch die Produktion steigt. Diese Mehrproduktion ist jedoch nun auch absetzbar, da am Gütermarkt keine Nachfrageschranke existiert, sondern im Gegenteil ja eine Überschußnachfrage vorliegt.

Die Situationen 3 und 4 sind weniger bedeutsam. Wir wollen nur der Vollständigkeit halber kurz darauf eingehen.

In der Situation 3 herrscht eine **zurückgestaute Inflation**. Im Ungleichgewicht sind Preisniveau und Reallohn zu niedrig. Am Gütermarkt werden die Haushalte rationiert, am Arbeitsmarkt die Unternehmer. Der Reallohn ist so niedrig, daß sich weniger Arbeitskräfte anbieten, als die Unternehmer gerne beschäftigen wollen. Es herrscht Unterbeschäftigung, aber keine unfreiwillige Arbeitslosigkeit. Man kann sich einen solchen Zustand in einer sozialistischen Planwirtschaft vorstellen, wo Reallohn und Güterpreise auf niedrigem Niveau staatlich festgeschrieben sind, mit der Folge, daß wenig gearbeitet und wenig produziert wird.

Die Situation 4 ist die Situation der **Unterkonsumtion**. Der niedrige Reallohn ist hier Folge eines überhöhten Preisniveaus. Auch hier herrscht Unterbeschäftigung, aber keine unfreiwillige Arbeitslosigkeit. Am Gütermarkt ist selbst die niedrige Produktion nicht absetzbar, da das Preisniveau zu hoch ist.

Wie ist der Ansatz der Neuen keynesianischen Makroökonomik zu werten? Zutreffend ist wohl, daß es zumindest **kurzfristig unterschiedliche Situationen geben kann, die unterschiedliche Maßnahmen**, z.B. zur Bekämpfung der Arbeitslosigkeit, erfordern. Der Grundsatz: Erst die Diagnose, dann die Therapie, ist vernünftig. Andererseits dürfte die Annahme unrealistisch sein, daß Mengen grundsätzlich schneller reagieren als Preise, und daß im Fall der keynesianischen Arbeitslosigkeit die mengenmäßige Güternachfrage fixiert ist. Der unstrittige Kern dieser Aussage ist lediglich, daß der Preisflexibilität im Marktgeschehen eine erhebliche Bedeutung zukommt.

VI. Post-Keynesianismus

Während sich die Neue keynesianische Makroökonomik im Prinzip noch der gleichen Methodik wie auch die Klassik und der Keynesianismus bedient, nämlich der Gleichgewichtsanalyse, halten die Vertreter des Post-Keynesianismus den Ansatz von KEYNES für grundsätzlich unvereinbar mit dieser Methodik. Hauptvertreter sind P. DAVIDSON, R. F. HARROD, R. F. KLEIN, N. KALDOR, M. KALECKI, J. A. KREGEL, H. P. MINSKY, J. ROBINSON und G. L. S. SHACKLE. Der Post-Keynesianismus ist eine sehr heterogene Schule, die nur durch einige lose nebeneinander stehende Aussagen beschrieben werden kann.

Gemeinsame Merkmale sind die Betonung der **Unsicherheit** und – damit eng zusammenhängend – die **Ablehnung der Methodik der Gleichgewichtsanalyse**. Fünf wesentliche Aussagen können ausgemacht werden.

Erstens können in postkeynesianischer Sicht zukunftsgerichtete Entscheidungen, d.h. insbesondere **Investitions- und Portfolioentscheidungen**, nur unter Unsicherheit getroffen werden. Nicht antizipierte Informationen lösen Erwartungsänderungen aus, die auf die Entscheidungen zurückwirken und den Wirtschaftsablauf **destabilisieren**. Also – so die Schlußfolgerung – sind Marktwirtschaften mit dezentralisierten Entscheidungsverfahren durch eine ihnen immanent innewohnende Instabilität gekennzeichnet.

Zweitens nehmen postkeynesianische Vertreter an, daß die Wirtschaftssubjekte die Unsicherheit durch entsprechende Vertragsgestaltungen (z.B. Arbeitsverträge) und fest vereinbarte Preise zu vermindern versuchen. Damit wird die in weiten Bereichen realer Marktwirtschaften trotz der unsicheren Zukunft vorhandene relative Stabilität des Wirtschaftsablaufs erklärt. In dieser Sicht sind **Rigiditäten bei Löhnen, Preisen und Zinsen** – und damit Erscheinungen wie ungleichgewichtige Märkte und dauerhafte unfreiwillige Arbeitslosigkeit – nicht Marktunvollkommenheiten, die es durch mehr Konkurrenz zu beseitigen gilt, sondern notwendige Kennzeichen von Marktwirtschaften bei Unsicherheit.

Drittens hat die Betonung der Unsicherheit Konsequenzen für die Interpretation der **Rolle des Geldes**. Erwartungsänderungen verursachen Verschiebungen der Geldnachfrage, so daß der Wirtschaftsablauf auch durch eine instabile Geldnachfrage destabilisiert wird. Was die Seite des Geldangebots anbelangt, so ist in postkeynesianischer Sicht eine Inflation nicht durch Geldmengenbegrenzung vermeidbar. Preissteigerungen sind primär Folge von Kostensteigerungen in Verteilungskämpfen. Die Geldmenge ist nicht seitens der Zentralbank kontrollierbar, da die Wirtschaftssubjekte bei restriktiver Geldpolitik auf geldnahe Surrogate ausweichen. Aufgrund von Verschätzungen hinsichtlich der künftigen Inflationsrate kann die Geldpolitik auf Produktion und Beschäftigung einwirken.

Viertens betonen Postkeynesianer, daß das Wirtschaftsgeschehen kein mechanistisch ablaufender Prozeß ist. **Institutionelle und gesetzliche Rahmenbedingungen** sind wesentliche Einflußfaktoren, die ständigen Wandlungen unterworfen sind. Reale Wirtschaftsprozesse sind folglich nur in ihrer historischen Einmaligkeit zu verstehen und kaum anhand einiger quantitativer Daten prognostizierbar.

Fünftens spielen im Post-Keynesianismus **Einkommenseffekte** analytisch eine vorrangige Rolle und nicht – wie in der Klassik und Neoklassik – Substitutionseffekte relativer Preisänderungen. Hier ist eine enge Verwandtschaft zum traditionellen Keynesianismus gegeben. Die Beschäftigung ist primär nicht durch den Reallohn, sondern durch die gesamtwirtschaftliche Nachfrage, insbesondere die Investitionsnachfrage determiniert.

Die **wirtschaftspolitischen Empfehlungen** ergeben sich aus der für Marktwirtschaften diagnostizierten Neigung zur Instabilität. Die weitestgehende Strategie ist die Ersetzung der Marktwirtschaft durch eine **Zentralplanwirtschaft**. Im Rahmen der marktwirtschaftlichen Ordnung verbleiben die Strategie einer mehr oder weniger weitgehenden **Verstaatlichung** des Industrie- und des Bankensektors zur Kontrolle der Investitions- und Portfolioentscheidungen, und die schwächere Strategie einer interventionistischen **Globalsteuerung** des Wirtschaftsprozesses mit den Instrumenten der Geld- und Fiskalpolitik und der Einkommenspolitik.

Wie ist der Post-Keynesianismus zu werten? Die Problematik liegt bei den zuletzt angesprochenen Strategien. Durch eine Zentralisierung der Entscheidungsprozesse werden lediglich die Entscheidungskompetenzen verlagert, jedoch die **Unsicherheit nicht beseitigt**. Auch und gerade zentrale Entscheidungsträger verfügen nicht über perfekte Voraussicht. Die Frage, ob zentral oder dezentral organisierte Wirtschaftssysteme besser zur notwendigen Informationsbeschaffung und -verarbeitung geeignet sind, ist theoretisch kaum zu beantworten. Die Entwicklung realer Wirtschaftssysteme spricht – bei allen Unvollkommenheiten realer Marktwirtschaften – für die **Überlegenheit dezentraler, marktwirtschaftlicher Organisationsformen**.

VII. Neue klassische Makroökonomik

Die Neue klassische Makroökonomik entstand in den 70er Jahren. Die Volkswirtschaften waren gekennzeichnet durch das gleichzeitige Auftreten von Inflation und Arbeitslosigkeit, genannt Stagflation. In der Neuen klassischen Makroökonomik werden solche Erscheinungen auf bestimmte Erwartungsbildungen zurückgeführt. Die Hypothese der sog. **rationalen Erwartungen** ist ein wesentlicher Baustein der Neuen klassischen Makroökonomik. Die Neue klassische Makroökonomik steht dem Monetarismus sehr nahe und wird teilweise auch als **Monetarismus der zweiten Art** bezeichnet. Hauptvertreter sind R. J. BARRO, R. E. LUCAS, T. J. SARGENT und N. WALLACE.

Die zentrale Bedeutung der Erwartungen für Inflation und Arbeitslosigkeit kann wie folgt erläutert werden. Gehen wir von einem einfachen Fall aus mit konstanter Arbeitsproduktivität, konstantem Reallohn, konstantem Preisniveau und einer bestimmten Arbeitslosenquote. Nun nehmen wir an, daß die tatsächliche Inflation ansteigt, dieser Anstieg von den Arbeitnehmern aber nicht antizipiert wird. Dies ist z.B. bei sog. **extrapolativen Erwartungen** der Fall. Die aktuelle Inflationsrate (in unserem Ausgangsfall wegen des konstanten Preisniveaus Null) wird als die künftige Inflationsrate erwartet. Da eine Inflationsrate von Null erwartet wird, werden auch keine Nominallohnerhöhungen gefordert. Eine produktivitätsbedingte Nominallohnsteigerung ist durch die Annahme der konstanten Arbeitsproduktivität ausgeschlossen. Der konstante Nominallohn bedeutet zusammen mit dem steigenden Preisniveau einen sinkenden Reallohn. Die Beschäftigung steigt, die Arbeitslosenquote sinkt, und die Inflationsrate steigt. Wir haben den Fall des Zielkonflikts zwischen Vollbeschäftigung und Preisniveaustabilität vor uns. Das liegt aber nur daran, daß die künftige Inflationsrate unterschätzt wird.

Wird die künftige Inflationsrate dagegen aufgrund **rationaler Erwartungen** korrekt antizipiert, dann entfällt der beschäftigungsstimulierende Effekt der Inflation. Jeder Inflationsanstieg wird korrekt vorausgesehen und fließt sofort in entsprechende Nominallohnsteigerungen ein. Preisniveau und Nominallohn entwickeln sich parallel nach oben. Der Reallohn bleibt konstant. Die Beschäftigung ändert sich nicht. Lediglich die Inflationsrate steigt.

Das Phänomen der Stagflation kann jetzt einfach dadurch erklärt werden, daß die künftige Inflationsrate weder unterschätzt wird, noch korrekt vorausgesehen wird, sondern **überschätzt wird**. Die Nominallohnsteigerung fällt so hoch aus, daß sie über der tatsächlichen Preisniveausteigerung liegt. Der Reallohn steigt. Die Beschäftigung sinkt. Arbeitslosenquote und Inflationsrate steigen gleichzeitig an.

Wir haben diese Argumentation bereits oben bei der Erläuterung des Monetarismus angeführt. Die konsequente Herausarbeitung der Rolle der Erwartungen für den Zusammenhang zwischen Inflation und Arbeitslosigkeit ist das Verdienst der Neuen klassischen Makroökonomik. Im Monetarismus bleibt dieser Zusammenhang teilweise unerklärt. Die wirtschaftspolitischen Schlußfolgerungen ergeben sich aus der Erkenntnis, daß nur unerwartete, nicht korrekt antizipierte wirtschaftspolitische Maßnahmen reale Wirkungen haben können. Deshalb sollte auf eine diskretionäre Wirtschaftspolitik zugunsten einer **regelgebundenen Wirtschaftspolitik** verzichtet werden.

Wie ist die Neue klassische Makroökonomik zu werten? Hier gelten zunächst einmal die gleichen Wertungen, die bereits oben zum Monetarismus angeführt wurden. Daneben ist die recht **einseitige Verwendung des Begriffs der rationalen Erwartungen** kritisch anzumerken. In den Modellen der Neuen klassischen Makroökonomik sind rationale Erwartungen nur diejenigen, die die vom Modell generierte Prognose als die korrekte ansehen. Es ist jedoch durchaus möglich, daß rationale Erwartungen auf der Basis konkurrierender Modelle gebildet werden, und die Prognosewerte dieser Modelle sich als richtig herausstellen, z.B. im Wege der Selbstverifizierung. Hier erscheint der Ansatz der Neuen klassischen Makroökonomik recht apodiktisch.

VIII. Zusammenfassung

In der Makroökonomik haben sich eine Reihe unterschiedlicher Lehrmeinungen entwickelt, in denen es im wesentlichen um die Frage geht, durch welche Wirtschaftspolitik die beiden Ziele **Vollbeschäftigung und Preisniveaustabilität** angestrebt werden sollen. In der **Klassik und Neoklassik** garantiert der Marktmechanismus durch die Flexibilität von Löhnen und Preisen die Vollbeschäftigung. Die Geldpolitik dient dem Ziel der Preisniveaustabilität und hat keine realen Auswirkungen. Im **Keynesianismus** tendiert die Wirtschaft wegen einer preisunelastischen Nachfrage zu einem Gleichgewicht bei Unterbeschäftigung, aus dem heraus nur eine staatliche Nachfragestimulierung zu mehr Produktion und Beschäftigung führt. Die Geldpolitik ist ein wirkungsloses Instrument. Das Preisniveau ist vom Kostenniveau und von der Marktmacht abhängig. Im **Monetarismus** sind Produktion und Beschäftigung langfristig nicht durch geld- und fiskalpolitische Maßnahmen zu beeinflussen. Kurzfristig kann die Geldpolitik bei Inflationsverschätzungen reale Wirkungen haben. Inflation ist langfristig immer die Folge einer zu starken Geldmengenausdehnung. Weiterentwicklungen dieser Grundsatzpositionen sind im Bereich des Keynesianismus die **Neue keynesianische Makroökonomik** mit dem Ungleichgewichtsansatz und die sehr heterogene Schule des **Post-Keynesianismus** mit der Betonung der Unsicherheit und der Ablehnung der Methodik der Gleichgewichtsanalyse. Im Bereich der Klassik und des Monetarismus hat sich die **Neue klassische Makroökonomik** entwickelt, in der die Erwartungsbildung ein zentrales Element ist.

Literatur zum 13. Kapitel

Überblick:

Lachmann, W.: Volkswirtschaftslehre 1. Grundlagen. Berlin 1990. S. 130-157.
Ziegler, B.: Ökonomische Lehrmeinungen. Übersicht und Orientierung. In: B. Ziegler (Hrsg.): Leitfaden zum Grundstudium der Volkswirtschaftslehre. Gernsbach 1991. S. 9-79.

Lehrbücher:

Felderer, B. und **S. Homburg**: Makroökonomik und neue Makroökonomik. 5. Aufl. Berlin 1991.

13. Kap.: Makroökonomische Lehrmeinungen

Spezielle Themengebiete:

Keynesianismus versus Monetarismus:

Lechner, H. H.: Währungspolitik. Berlin 1988. S. 181-248.

Neue keynesianische Makroökonomik:

Clower, R.: Die keynesianische Gegenrevolution. Eine Kritik. In: Schweizerische Zeitschrift für Volkswirtschaft und Statistik. Bd. 99/1963. S. 8-31.
Hagemann, H. u.a. (Hrsg.): Die neue Makroökonomie. Marktungleichgewicht, Rationierung und Beschäftigung. Frankfurt 1981.

Neue klassische Makroökonomik:

Friedman, M.: A theoretical framework for monetary analysis. In: Journal of Political Economy. Bd. 78/1970. S. 193-238.
McCallum, B. T.: Rational expectations and macroeconomic stabilization policy. In: Journal of Money, Credit and Banking. Bd. 12/1980. S. 716-746.

14. Kapitel:
Geld und Kredit

I. Verwendung von Geld

1. Funktionen von Geld

Die Verwendung von Geld im Wirtschaftsverkehr stiftet erheblichen Nutzen. Geld kann eine Reihe wichtiger Funktionen erfüllen. Häufig wird angeführt, daß Geld als **Zahlungsmittel**, als **Recheneinheit** und als **Wertaufbewahrungsmittel** dient.

Zahlungsmittel werden beim Tausch und bei Kreditgeschäften verwendet. Im Tauschverkehr einer arbeitsteiligen Wirtschaft kommt ohne die Verwendung eines Zahlungsmittels ein Austausch zwischen zwei Wirtschaftssubjekten nur dann zustande, wenn der eine Partner genau die Ware hat, die der andere Partner haben möchte und genau die Ware haben möchte, die der andere Partner hat. Die Verwendung eines Zahlungsmittels dagegen erlaubt es, den Kauf vom Verkauf zu trennen. Dadurch wird der Tauschverkehr erleichtert und viele Tauschakte überhaupt erst ermöglicht. Produktionsfaktoren, die ohne die Verwendung eines Zahlungsmittels zum Zwecke der Beschaffung notwendiger Informationen eingesetzt werden müssen, werden frei für andere Verwendungen. Durch diese Ersparnis von Informationskosten und durch die Intensivierung der Arbeitsteilung führt die Verwendung eines Zahlungsmittels im Tauschverkehr regelmäßig zu einer starken Erhöhung der Produktivität in der Wirtschaft.

Außer beim Tausch werden Zahlungsmittel auch in Kreditgeschäften zur Begleichung von Schulden verwendet. Zahlungsmittel dienen als **Schuldentilgungsmittel**. Auch dies bedeutet eine erhebliche Erleichterung für den Wirtschaftsverkehr gegenüber einem Zustand, in dem unterschiedliche Waren als Schuldentilgungsmittel dienen.

Die Verwendung als Zahlungsmittel wird im allgemeinen als die **zentrale Funktion von Geld** angesehen. Sobald ein Objekt als allgemein akzeptiertes Zahlungsmittel benutzt wird, ist es Geld.

Recheneinheiten werden ebenfalls sowohl im Tauschverkehr als auch bei Kreditgeschäften verwendet. Im Tauschverkehr führt die Verwendung einer einzigen Recheneinheit zu einer erheblichen Einsparung von Informationskosten. Sind n Waren Gegenstand des Wirtschaftsverkehrs, dann gibt es $(n^2 - n)/2$ Austauschrelationen (ohne die Kehrwerte der jeweiligen Austauschrelation) zwischen diesen n Waren. Beträgt die Anzahl der Waren z.B. nur 100, dann gibt es im Wirtschaftsverkehr bereits 4950 Preise in Form von Austauschrelationen. Dient eine bestimmte Ware als Recheneinheit, dann verringert sich die Anzahl der Preise auf 99. Die Recheneinheit braucht jedoch nicht unbedingt identisch zu sein mit der Einheit des als Geld dienenden Zahlungsmittels. Insbesondere bei starker Inflation läßt sich beobachten, daß Preise in Recheneinheiten angegeben werden (z.B. in einer ausländischen Währung), die von der Einheit des Zahlungsmittels abweichen. In solchen Fällen wird Geld zwar als Zahlungsmittel, nicht jedoch als Recheneinheit verwendet. Dies bedeutet jedoch eine Verringerung der

Informationskostenersparnis gegenüber einem Zustand, in dem Geld sowohl Zahlungsmittel als auch Recheneinheit ist.

Recheneinheiten werden auch in Darlehensverträgen verwendet. Die Recheneinheit erfüllt hier die Funktion einer **Schuldbemessungsgrundlage**. Es ist auch hierbei ohne weiteres möglich, daß die Einheit des als Zahlungsmittel dienenden Geldes nicht gleichzeitig Schuldbemessungsgrundlage ist. Dies ist wiederum insbesondere bei hinreichend starker Inflation der Fall. Das Zahlungsmittel wird dann zwar als Schuldentilgungsmittel verwendet, jedoch bestimmt sich der Umfang der zu leistenden Summe nach der Entwicklung des Geldpreises einer als Schuldbemessungsgrundlage dienenden beliebigen (auch abstrakten) Recheneinheit (sog. indexierte Darlehensverträge).

Was die Funktion von **Wertaufbewahrungsmitteln** anbelangt, so dienen diese der Verlagerung von Vermögen in die Zukunft. Als Wertaufbewahrungsmittel werden solche Objekte bevorzugt verwendet, deren realer Wert im Zeitverlauf steigt. Das als Zahlungsmittel dienende Geld wird somit – insbesondere bei hinreichend starker Inflation – nur sehr begrenzt als Wertaufbewahrungsmittel verwendet.Geldbestände werden als Wertaufbewahrungsmittel vorrangig in der Form verzinslicher Guthaben verwendet.

Zusammenfassend läßt sich sagen, daß der Wirtschaftsverkehr erheblich erleichtert wird durch Verwendung bestimmter Objekte als:

1) Zahlungsmittel,
   a) Tauschmittel (Tauschverkehr),
   b) Schuldentilgungsmittel (Kreditverkehr),
2) Recheneinheit,
   a) Recheneinheit (Tauschverkehr),
   b) Schuldbemessungsgrundlage (Kreditverkehr),
3) Wertaufbewahrungsmittel.

Prinzipiell kann ein Objekt als Geld diese Funktionen gleichzeitig erfüllen. Die zentrale Funktion des Geldes ist die Zahlungsmittelfunktion. Als Recheneinheiten und Wertaufbewahrungsmittel dienen auch andere Objekte, wodurch der Verwendungsbereich des als Zahlungsmittel dienenden Geldes eingeschränkt ist.

2. Geldmengendefinitionen

Eine statistisch meßbare „Geldmenge" ist sinnvoll nur zu definieren im Hinblick auf die Funktionen, die Geld erfüllen kann. Die zentrale Funktion des Geldes ist die Zahlungsmittelfunktion. Daher werden zur Geldmenge die Objekte gezählt, die im Wirtschaftsverkehr als Zahlungsmittel verwendet werden. Grundsätzlich können dies unterschiedliche Objekte sein. In der Praxis der Geldmengenstatistik wird regelmäßig so verfahren, daß die direkt als Zahlungsmittel dienenden Objekte und die verhältnismäßig leicht in Zahlungsmittel umwandelbaren Objekte ihrem Liquiditätsgrad nach geordnet werden und dementsprechend unterschiedlich weit gefaßte **Geldmengenaggregate** gebildet werden.

In der Geldmengenstatistik der Deutschen Bundesbank setzt sich die **Geldmenge M1** aus dem Bargeldumlauf (ohne die Kassenbestände der Kreditinstitute) und den Sichteinlagen inländischer Nichtbanken (ohne Einlagen des Bundes im Bankensystem) zusammen. Die Zahlungsmittelfunktion dieser Objekte ist unmittelbar einsichtig.

Die Kassenbestände der Kreditinstitute werden bei M1 nicht mitgezählt, da die Kreditinstitute diese Kassenbestände nicht halten, um damit Güterkäufe zu tätigen. Vielmehr werden die Kassenbestände gehalten, um Barabhebungen von Konten auszahlen zu können. Geschieht dies, dann sind diese Bestände als Bargeldumlauf bei Nichtbanken Teil der Geldmenge.

Die Geldmenge M1 und die weniger liquiden Termingelder inländischer Nichtbanken mit Befristung bis unter 4 Jahren bilden zusammen die **Geldmenge M2**.

Werden zu der Geldmenge M2 noch die Spareinlagen inländischer Nichtbanken mit dreimonatiger Kündigungsfrist hinzugerechnet, ergibt sich die **Geldmenge M3**.

Weiterhin veröffentlicht die Bundesbank seit März 1990 noch eine „Geldmenge M3 erweitert", die seit August 1994 nochmals in **„Geldmenge M3 erweitert plus Geldmarktfonds"** erweitert wurde. Im wesentlichen sind in dieser Abgrenzung zusätzlich noch enthalten erstens die Einlagen inländischer Nichtbanken bei Auslandsfilialen und Auslandstöchtern inländischer Geschäftsbanken (Euroeinlagen), zweitens börsenfähige Inhaberschuldverschreibungen mit Laufzeit bis unter 2 Jahren im Besitz inländischer Nichtbanken (Bankenkurzläufer) und drittens inländische und ausländische Geldmarktfonds im Besitz inländischer Nichtbanken. Hierdurch wird der Internationalisierung des Bankenwesens und dem Aufkommen neuartiger Finanzierungsinstrumente Rechnung getragen.

Die Entwicklung der verschiedenen Geldmengen ist in Tabelle 14.1 dargestellt.

Der Sprung in der Geldmengenentwicklung von 1989 auf 1990 ist durch das herausragende Ereignis der **deutschen Vereinigung** bedingt. Die DM wurde mit dem am 1. Juli 1990 in Kraft getretenen Staatsvertrag gesetzliches Zahlungsmittel auch in der damaligen DDR. Das Umstellungsverhältnis der Bankpassiva der DDR am 1. Juli 1990 betrug im Durchschnitt ca. 1,8 : 1. Die Geldmenge M3 stieg mit dem Tag der Währungsumstellung hierdurch um ca. 180 Mrd DM an. Bei M3 bedeutete dies einen Zuwachs um ca. 15% und bei M1 einen Zuwachs um ca. 42%.

Tab. 14.1 Geldmengen

Bestand am Jahres-ende (Mrd. DM)	Geldmenge M3							Geldmenge M3 erweitert plus Geldmarkt-fonds
	Geldmenge M3 insgesamt	Geldmenge M2			Termingelder inl. Nichtbanken mit Befristung bis unter 4 Jahren	Spareinlagen inländischer Nichtbanken mit Kündigungs-frist von 3 Monaten		
		zusammen	Geldmenge M1					
			zusammen	Bargeldumlauf ohne Kassen-best. der Kreditinst.	Sichteinlagen inl. Nichtbanken ohne Einlagen des Bundes im Bankensystem			
1950	–	18,8	17,0	7,7	9,3	1,7	–	–
1960	107,2	70,5	51,0	20,8	30,2	19,5	34,5	–
1970	291,5	173,4	108,2	36,9	71,3	65,2	118,2	–
1980	739,4	440,6	257,3	83,9	173,3	183,3	298,8	–
1989	1.255,5	776,4	450,6	146,9	303,7	325,8	479,1	1.363,5
1990	1.502,9	987,6	584,3	158,6	425,7	403,3	515,4	1.642,9
1997	2.259,7	1.330,9	938,0	247,0	691,0	392,9	928,8	2.506,5

Quelle: Deutsche Bundesbank, Monatsberichte.

II. Geldnachfrage

Aus Tabelle 14.1 ist ersichtlich, daß die Wirtschaftssubjekte in beträchtlichem Umfang unverzinsliche Geldbestände halten. Diese Tatsache ist erklärungsbedürftig, da das Halten von Bargeldbeständen und Sichteinlagen bei Banken einen Verlust alternativ erzielbarer Zinseinkommen bedeutet. Mit Hilfe der **Theorie der Geldnachfrage** kann erklärt werden, warum welche Geldbestände gehalten werden und von welchen Größen die Geldhaltung abhängt. Zusammen mit der **Theorie des Geldangebots** können damit auch die Auswirkungen auf den Wirtschaftsablauf analysiert werden, die vom Bereich des Geld- und Kreditwesens ausgehen.

1. Determinanten der Geldhaltung

a. Transaktionsmotiv

Bargeldbestände und Sichteinlagen bei Banken werden als Zahlungsmittel benutzt. Die Haltung eines Bestandes an Zahlungsmitteln stiftet den Wirtschaftssubjekten einerseits Nutzen und verursacht andererseits Kosten. Der Nutzen eines Zahlungsmittelbestandes besteht darin, daß das betreffende Wirtschaftssubjekt jederzeit seine Zahlungsverpflichtungen aus einem vorhandenen Zahlungsmittelbestand leisten kann, ohne verzinsliche Vermögensbestände auflösen zu müssen, was mit Umwandlungskosten (Gebühren und Spesen) verbunden ist. Die Kosten eines Zahlungsmittelbestandes bestehen darin, daß das betreffende Wirtschaftssubjekt durch die Haltung eines unverzinslichen Geldbestandes auf alternativ erzielbare Zinseinkommen verzichten muß. Aus der Abwägung des Nutzens und der Kosten von Zahlungsmittelbeständen resultiert ein bestimmter Zahlungsmittelbestand, der zur Abwicklung der **mit Sicherheit** erwarteten laufenden Transaktionen zu halten gewünscht wird. Dieses Motiv zur Geldhaltung wird als **Transaktionsmotiv** und der betreffende Zahlungsmittelbestand als **Transaktionskasse** bezeichnet. Transaktionskasse besteht somit ausschließlich aus Geldbeständen, die zur Geldmenge M1 zählen.

Die Determinanten der Transaktionskasse können exakt bestimmt werden unter der Annahme, daß die Wirtschaftssubjekte einen **optimalen Transaktionskassenbestand** anstreben. Zur Erläuterung des grundsätzlichen Zusammenhangs sei der Einfachheit halber angenommen, daß ein Wirtschaftssubjekt ein nominales Einkommen Y^n bezieht und dieses Einkommen zu Beginn der Periode in Wertpapieren anlegt, deren Zins i beträgt. Im Verlauf der Periode wird das Einkommen vollständig für Käufe verwendet. Die Umwandlung eines bestimmten Betrages A von Wertpapieren in Zahlungsmittel verursacht partiefixe Kosten (Gebühren und Spesen) in Höhe von b. Ist a die Anzahl der Umwandlungen und M der durchschnittliche Bestand an Transaktionskasse, dann gilt:

$$Y^n = a \cdot A,$$

und

$$M = A/2.$$

Diese Zusammenhänge sind in Abbildung 14.1 dargestellt.

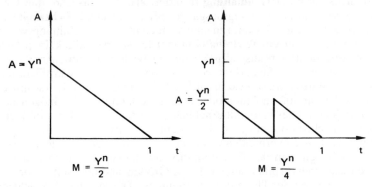

Abb. 14.1 Transaktionskasse

Ist z.B. a = 1, dann ist $A = Y^n$ und $M = Y^n/2$. In diesem Fall wird das gesamte Einkommen zu Beginn der Periode in Transaktionskasse umgewandelt und dieser Zahlungsmittelbestand wird im Verlauf der Periode verausgabt. Der durchschnittliche Transaktionskassenbestand hängt negativ von der Anzahl der Umwandlungen ab. Der optimale Transaktionskassenbestand ist der Bestand an Zahlungsmitteln, der die geringsten Kosten der Geldhaltung verursacht. Für die Kosten der Haltung eines bestimmten Transaktionskassenbestandes gilt:

$$\begin{aligned}\text{Kosten} &= \text{Umwandlungskosten} + \text{entgangene Zinseinkommen},\\ K &= b \cdot a + i \cdot M,\\ K &= b \cdot \frac{Y^n}{A} + i \cdot \frac{A}{2}.\end{aligned}$$

Für den optimalen Abhebungsbetrag ergibt sich (durch Differenzierung von K nach A):

$$A = \sqrt{\frac{2 b Y^n}{i}}.$$

Der optimale Transaktionskassenbestand ist also:

$$M_T = \frac{A}{2} = \sqrt{\frac{b Y^n}{2 i}},$$

oder allgemein:

$$M_T = M_T(Y^n, i) \tag{1}$$

mit

$$\delta M_T/\delta Y^n > 0, \qquad \delta M_T/\delta i < 0.$$

Die **Nachfrage nach Transaktionskasse** ist positiv abhängig vom **Einkommen** und negativ abhängig vom **Zins**.

b. Vorsichtsmotiv

Das **Vorsichtsmotiv der Geldhaltung** resultiert aus der Tatsache, daß Umfang und Zeitpunkt künftiger Zahlungsausgänge teilweise **nicht mit Sicherheit** vorausgesehen werden können. Es kann zu unerwartet eintretenden Zahlungsverpflichtungen kommen. Hält ein Wirtschaftssubjekt für solche Fälle keinen Geldbestand zur Vorsicht (anders ausgedrückt: hält das Wirtschaftssubjekt nur Transaktionskasse für die mit Sicherheit vorhersehbaren Zahlungsverpflichtungen), dann ist dieses Wirtschaftssubjekt in solchen Fällen kurzfristig illiquide und daher gezwungen, Kredit aufzunehmen oder Zwangsverkäufe von Vermögensbeständen vorzunehmen. Dies kann mit erheblichen Kosten verbunden sein. Der Nutzen eines Vorsichtsbestandes an Geld besteht also darin, die aus der Illiquidität resultierenden Kosten vermeiden zu können. Die Höhe des Vorsichtsbestandes ist positiv abhängig von der Eintrittswahrscheinlichkeit und dem Umfang der möglichen Zahlungsverpflichtungen. Diese Größen sind ihrerseits in der Regel positiv abhängig von der Höhe des Einkommens. Der aus dem Vorsichtsmotiv gehaltene Geldbestand ist also positiv abhängig vom **Einkommen**.

Die Kosten eines Vorsichtsbestandes an Geld sind die in alternativen Vermögensanlagen (z.B. Wertpapieren) erzielbaren Zinseinkommen. Der Vorsichtsbestand an Geld ist somit negativ abhängig vom **Zinsniveau**.

Der Vorsichtsbestand an Geld ist also allgemein:

$$M_V = M_V(Y^n, i) \tag{2}$$

mit

$$\delta M_V/\delta Y^n > 0, \qquad \delta M_V/\delta i < 0.$$

Vorsichtskasse besteht vorrangig aus Geldbeständen, die zur Geldmenge M1 zählen. Es ist jedoch auch möglich, daß Vorsichtskasse in Form verzinslicher Bankguthaben gehalten wird, die zur Geldmenge M2 und/oder zur Geldmenge M3 zählen.

c. Spekulationsmotiv

Bei dem **Spekulationsmotiv der Geldhaltung** steht die **Wertaufbewahrungsfunktion** des Geldes im Vordergrund. Vermögen kann in verschiedenen Anlageformen gehalten werden. Die Vermögensanlage in Form eines Geldbestandes bietet den Vorteil, daß Kursverluste vermieden werden (abgesehen von der Möglichkeit des Konkurses der Bank). Andererseits verursacht eine Vermögensanlage in Form von Geld dadurch Kosten, daß in alternativen Anlagen eine höhere Verzinsung möglich ist. Zur Erklärung des grundsätzlichen Sachverhalts sei der Einfachheit halber angenommen, daß die Alternative zur Geldhaltung ein festverzinsliches Wertpapier mit unendlich langer Laufzeit ist. Mit einem solchen Wertpapier ist ein Ertrag pro Periode erzielbar in Höhe von $i^n \cdot N$, wobei i^n der feste (nominale) Zinssatz und N der Nennwert des Wertpapiers ist. Ist K der Marktpreis (Kurs) des Wertpapiers, dann ist der Zinssatz (die Rendite):

$$i = \frac{i^n \cdot N}{K}.$$

Steigt also am Wertpapiermarkt der Zinssatz, dann sinken die Kurse der im Umlauf befindlichen Wertpapiere. Hält ein Anleger Vermögen in Form von Wertpapieren, dann erleidet er bei Zinssteigerungen Kursverluste. Der Nutzen eines Spekulationsbestandes an Geld besteht somit darin, daß mögliche Kursverluste vermieden werden. Die Kosten eines Spekulationsbestandes bestehen in der Möglichkeit, daß in der Wertpapieranlage eine höhere Verzinsung erzielt werden kann. Der Umfang der aus dem Spekulationsmotiv gehaltenen Geldbestände hängt somit ab von der Erwartung über die **künftige Zinsentwicklung**. Ist der herrschende Zins im Vergleich zu dem für die Zukunft erwarteten Zins hinreichend hoch (d.h. werden von vielen Anlegern Zinssenkungen erwartet), dann wird wenig Geld aus Spekulationsüberlegungen gehalten. Die Wertpapieranlage ist für viele Anleger lukrativer als die Geldanlage, da entsprechende Kursgewinne erwartet werden. Umgekehrt werden bei sehr niedrigem Zins (im Vergleich zu dem für die Zukunft erwarteten Zins) hohe Spekulationsbestände an Geld gehalten, um erwartete Kursverluste zu vermeiden.

Für den Spekulationsbestand an Geld gilt also:

mit
$$M_S = M_S(i) \qquad (3)$$
$$\delta M_S / \delta i < 0.$$

Das Spekulationsmotiv der Geldhaltung richtet sich vorrangig auf verzinsliche Bankguthaben, die zur Geldmenge M2 und/oder zur Geldmenge M3 zählen, da bei dem Spekulationsmotiv die Wertaufbewahrungsfunktion des Geldes im Vordergrund steht.

d. Inflationsrate

Preisniveauänderungen bedeuten Änderungen des Realwertes von Geldbeständen und beeinflussen daher die aus den verschiedenen Motiven gewünschte Geldhaltung. Eine Erhöhung des Preisniveaus verringert den Realwert eines nominalen Geldbestandes. Soweit der Realwert des Einkommens von der Preisniveauerhöhung unberührt bleibt, erhöht sich der gewünschte nominale Geldbestand im Ausmaß der Preisniveauerhöhung. Die Wirtschaftssubjekte sind bestrebt, den Realwert des aus dem Transaktions- und Vorsichtsmotiv gehaltenen Geldbestandes bei Konstanz des Realeinkommens ebenfalls konstant zu halten. Allgemein ist hinsichtlich der Abhängigkeit der Geldnachfrage vom Einkommen davon auszugehen, daß die **reale Geldnachfrage** positiv abhängt vom **realen Einkommen**.

Eine Erhöhung des Preisniveaus bedeutet zudem, daß die Haltung eines Geldbestandes nicht nur gegenüber der Wertpapieranlage Alternativkosten verursacht, sondern auch gegenüber einer Vermögensanlage in Sachvermögen. Ist die Inflationsrate $\pi\%$, dann sinkt der Realwert eines unverzinslichen Geldbestandes pro Periode um $\pi\%$, während sich die Wertpapieranlage real mit $(i - \pi)\%$ verzinst und der Wert einer Sachvermögensanlage real konstant bleibt. Die Alternativkosten der Geldhaltung betragen also gegenüber der Wertpapieranlage $i\%$ und gegenüber der Sachvermögensanlage $\pi\%$. Eine Änderung der Inflationsrate hat auf die Geldnachfrage den gleichen Einfluß wie eine Änderung des Zinssatzes, da **Preissteigerungen** genau wie Zinsen **Alternativkosten** der Geldhaltung sind. Die reale Geldhaltung hängt negativ von der Inflationsrate ab.

2. Geldnachfragefunktionen

Die Determinanten der Geldhaltung können in einer gesamtwirtschaftlichen **Geldnachfragefunktion** zusammengefaßt werden. Aus den 3 Motiven der Geldhaltung folgt zusammen mit dem Einfluß der Inflationsrate für die gesamtwirtschaftliche **reale Geldnachfrage:**

$$M^d/P = L = L(Y, i, \pi) \quad (4)$$

mit

$$\delta L/\delta Y > 0, \quad \delta L/\delta i < 0, \quad \delta L/\delta \pi < 0.$$

Die **reale gesamtwirtschaftliche Geldnachfrage** L ist positiv abhängig vom gesamtwirtschaftlichen **Realeinkommen** Y und negativ abhängig vom **Zinssatz** i und von der **Inflationsrate** π. Die Geldnachfragefunktion (4) ist grafisch dargestellt in Abbildung 14.2.

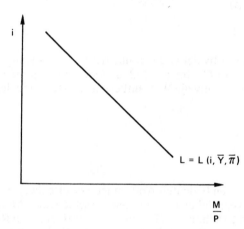

Abb. 14.2 Geldnachfrage

In Abbildung 14.2 bedeutet eine Änderung des **Zinses** bei konstantem Realeinkommen und konstanter Inflationsrate eine Bewegung auf der Linie der Geldnachfrage. Steigt der Zins z.B., dann reduzieren die Wirtschaftssubjekte ihre Geldnachfrage (Bewegung auf der Linie L nach oben). Man versucht, mit weniger unverzinslichen Geldbeständen auszukommen, um mehr verzinsliche Anlagen tätigen zu können.

Eine Änderung des **Realeinkommens** bei konstantem Zins und konstanter Inflationsrate bedeutet eine Verschiebung der Linie der Geldnachfrage. Steigt das Einkommen z.B., dann erhöht sich die Geldnachfrage. Die Linie L verschiebt sich nach rechts oben. Bei gleichem Zins wird wegen des gestiegenen Einkommens mehr Transaktions- und Vorsichtskasse nachgefragt.

Eine Änderung der **Inflationsrate** bei konstantem Realeinkommen und konstantem Zins bedeutet ebenfalls eine Verschiebung der Linie der Geldnachfrage. Steigt die Inflation z.B., dann reduzieren die Wirtschaftssubjekte ihre Geldnachfrage, da Geldbestände verstärkt real an Wert verlieren. Die Linie L verschiebt sich nach links unten.

Die Geldnachfragefunktion (4) ist bisher das Ergebnis theoretischer Überlegungen und hat insofern hypothetischen Charakter. Die in der Geldnachfragefunktion (4) zum Ausdruck kommenden Hypothesen sind zahlreichen empirischen Tests unterzogen worden. Häufig untersucht man hierbei den vermuteten Zusammenhang unter Verwendung der prozentualen Änderungsraten der entsprechenden Größen, also der realen Geldmenge, des Realeinkommens, des Zinses und der Inflationsrate. Für den Ansatz (g = prozentuale Änderung):

$$gL = \alpha \cdot gY + \beta \cdot gi + \gamma \cdot g\pi, \tag{5}$$

ergibt sich nach dieser Methode z.B. für den Zeitraum 1960 bis 1988:

$$gL = +1{,}15 \cdot gY - 0{,}058 \cdot gi - 0{,}025 \cdot g\pi. \tag{6}$$

In der Geldnachfragefunktion (6) ist L die reale Geldmenge M1/P, P ist der Preisindex des BSP (Basis 1980), Y ist das reale BSP (in Preisen von 1980), der Zins i ist der Zinssatz für Dreimonatsgeld, und die Inflationsrate π ist die prozentuale Änderung des Preisindex des BSP.

In der Geldnachfragefunktion (6) ist der Parameter $\alpha = +1{,}15$ die **Einkommenselastizität der Geldnachfrage**. Diese Größe gibt die relative Änderung der Geldnachfrage in Reaktion auf eine relative Änderung des Einkommens an. Das positive Vorzeichen bestätigt den hypothetisch vermuteten positiven Zusammenhang zwischen Geldnachfrage und Einkommen. Der Wert + 1,15 bedeutet, daß z.B. eine Einkommenssteigerung um 10% zu einer Zunahme der Geldnachfrage um 11,5% führt. Die Einkommenselastizität der Geldnachfrage liegt also dicht bei + 1.

Der Parameter $\beta = -0{,}058$ ist die **Zinselastizität der Geldnachfrage**. Diese Größe gibt die relative Änderung der Geldnachfrage in Reaktion auf eine relative Änderung des Zinses an. Das negative Vorzeichen bestätigt auch hier den hypothetisch vermuteten Zusammenhang. Der Wert $-0{,}058$ bedeutet, daß z.B. eine Zinssteigerung von 10% auf 11%, also um 10%, zu einem Rückgang der Geldnachfrage um 0,58% führt. Es zeigt sich also, daß der Einfluß von Zinsänderungen auf die Geldnachfrage äußerst gering ist. Die Zinselastizität der Geldnachfrage liegt dicht bei 0.

Auch die Inflationselastizität der Geldnachfrage ist – wie postuliert – negativ und liegt außerdem dicht bei 0.

Insgesamt kann man vereinfachend sagen, daß die **Geldnachfrage hauptsächlich vom Einkommen abhängt**, und zwar mit einer Elastizität von ungefähr + 1. Die Geldnachfrage entwickelt sich in erster Linie praktisch parallel zur Einkommensentwicklung, während der **Einfluß des Zinses und der Inflationsrate nur von untergeordneter Bedeutung** sind.

Man kann zur Formulierung einer Geldnachfragefunktion auch von der **Quantitätstheorie** ausgehen und die **Verkehrsgleichung** als Geldnachfragefunktion interpretieren. Wir haben die Quantitätstheorie und die Verkehrsgleichung weiter oben im 13. Kapitel bei der Erläuterung des Ansatzes der Klassik kennengelernt (vgl. 13. Kapitel, Ziffer I). Wir gehen hierauf ein, um den Zusammenhang zwischen der Verkehrsgleichung und den Geldnachfragefunktionen der Form (5) bzw. (6) zu erkennen. Die Verkehrsgleichung ist:

$$M \cdot V = Y \cdot P. \tag{7}$$

In Gleichung (7) ist V die **Umlaufsgeschwindigkeit** des Geldes. Die Umlaufsgeschwindigkeit des Geldes gibt an, wievielmal jede Einheit der Geldmenge M pro Periode umgeschlagen wird. Die Verkehrsgleichung (7) kann als die Definitionsgleichung für die Umlaufsgeschwindigkeit interpretiert werden. Die Umlaufsgeschwindigkeit V ist einfach der Quotient aus Nominaleinkommen und Geldmenge. Die Gleichung (7) beschreibt also die **Zahlungsgewohnheiten** und stellt insofern eine Geldnachfragefunktion dar. Das wird deutlich, wenn man Gleichung (7) wie folgt umformt:

$$M/P = (1/V) \cdot Y,$$
$$L = k \cdot Y. \tag{8}$$

In Gleichung (8) ist k der **Kassenhaltungskoeffizient**. Der Kassenhaltungskoeffizient ist der Kehrwert der Umlaufsgeschwindigkeit und gibt an, welcher Teil des Einkommens als Geld nachgefragt wird. Gleichung (8) ist lediglich eine Umformung der Verkehrsgleichung (7) und ist klar als Geldnachfragefunktion erkennbar.

Welcher Zusammenhang besteht nun zwischen der quantitätstheoretischen Geldnachfragefunktion (8) einerseits und der Geldnachfragefunktion (5) andererseits?

Die quantitätstheoretische Geldnachfragefunktion (8) ist ein **Spezialfall**, in dem die Einkommenselastizität der Geldnachfrage genau gleich + 1 ist, und die Zins- und die Inflationselastizität der Geldnachfrage gleich 0 sind. Gemäß der quantitätstheoretischen Geldnachfragefunktion (8) führt eine Einkommensänderung um einen bestimmten Prozentsatz zu einer Geldnachfrageänderung um den gleichen Prozentsatz, und Zins- und Inflationsratenänderungen haben überhaupt keinen Einfluß auf die Geldnachfrage.

Ist die quantitätstheoretische Geldnachfragefunktion (8) eine korrekte Beschreibung der tatsächlichen Verhältnisse? Strenggenommen muß diese Frage verneint werden. Als Näherung ist die quantitätstheoretische Geldnachfragefunktion jedoch durchaus brauchbar, da ausweislich des empirischen Ergebnisses (6) die Einkommenselastizität dicht bei + 1 liegt und die Zins- und die Inflationselastizität dicht bei 0 liegen.

Man kann die in der quantitätstheoretischen Geldnachfragefunktion (8) völlig fehlenden Zins- und Inflationsabhängigkeiten berücksichtigen, indem man (8) wie folgt formuliert:

$$L = k(i, \pi) \cdot Y \tag{9}$$

mit
$$\delta k/\delta i < 0, \qquad \delta k/\delta \pi < 0.$$

In der Geldnachfragefunktion (9) ist die Einkommenselastizität zwar nach wie vor genau gleich + 1. Jedoch sind jetzt über die Abhängigkeit des Kassenhaltungskoeffizienten wenigstens von 0 verschiedene Zins- und Inflationselastizitäten berücksichtigt.

Ein Test des Ansatzes (9) für k mit prozentualen Änderungsraten bestätigt das Ergebnis (6):

$$gk = -0{,}053 \cdot gi - 0{,}023 \cdot g\pi. \tag{10}$$

14. Kap.: Geld und Kredit

Zur Veranschaulichung sind abschließend in den Schaubildern 14.1 und 14.2 die zeitlichen Entwicklungen der relevanten Größen zur Geldnachfrage für den Zeitraum 1960 bis 1988 grafisch dargestellt. Die zugrundeliegenden Daten sind diejenigen der Geldnachfragefunktion (6).

Erstens verdeutlichen die Schaubilder 14.1 und 14.2 die **Abhängigkeit der Geldnachfrage vom Einkommen**, und zwar mit einer Einkommenselastizität von etwa + 1. Man erkennt in Schaubild 14.1, daß der Kassenhaltungskoeffizient zwar schwankt, aber doch in einer relativ engen Bandbreite zwischen ca. 14,5% und 18,5%. Im Durchschnitt beträgt der Kassenhaltungskoeffizient 15,9%. Anders ausgedrückt: Die Umlaufsgeschwindigkeit schwankt zwar kurzfristig, entwickelt sich jedoch langfristig recht stabil. Dies verdeutlicht Schaubild 14.2. Die Umlaufsgeschwindigkeit schwankt um einen langfristig stabilen Trend, der leicht nach unten geneigt ist. Die relative Konstanz des Kassenhaltungskoeffizienten bzw. der Umlaufsgeschwindigkeit in langfristiger Sicht ist ein Ausdruck dafür, daß die Einkommenselastizität etwa gleich + 1 ist.

Zweitens verdeutlicht Schaubild 14.1 die **negative Abhängigkeit der Geldnachfrage vom Zins und von der Inflationsrate**. Man erkennt in Schaubild 14.1 die ge-

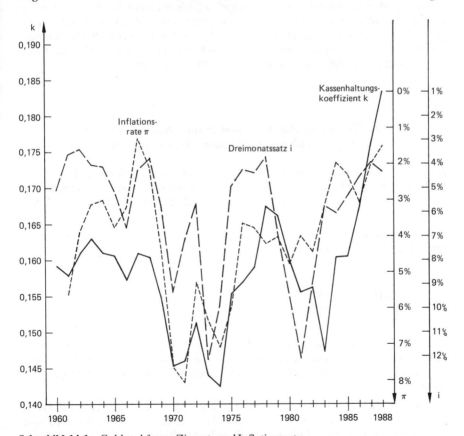

Schaubild 14.1 Geldnachfrage, Zinssatz und Inflationsrate

Quellen: Deutsche Bundesbank, Monatsberichte; SVR, JG; eigene Berechnungen.

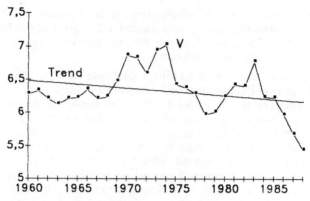

Schaubild 14.2 Umlaufsgeschwindigkeit

Quellen: Deutsche Bundesbank, Monatsberichte; SVR, JG; eigene Berechnungen.

genläufige Bewegung von Kassenhaltungskoeffizient einerseits und Zins und Inflationsrate andererseits. Diese Abhängigkeiten sind jedoch nicht sehr ausgeprägt. Das erkennt man daran, daß die beiden Maßstäbe rechts für die Inflation und den Zins stark gespreizt sind, d.h. es sind hier relativ starke Änderungen notwendig, um Änderungen der Geldnachfrage zu verursachen.

3. Klassische, keynesianische und monetaristische Geldnachfragefunktionen – Ein Vergleich

Nach den Erläuterungen der Determinanten der Geldnachfrage und der Geldnachfragefunktion können wir die in verschiedenen makroökonomischen Lehrmeinungen verwendeten unterschiedlichen Geldnachfragefunktionen vergleichen und beurteilen.

In der **Klassik** wird als Geldnachfragefunktion die Verkehrsgleichung aus der Quantitätstheorie verwendet. Es gilt:

$$M \cdot V = Y \cdot P, \tag{7}$$

$$M/P = (1/V) \cdot Y,$$

$$L = k \cdot Y. \tag{8}$$

Die Geldnachfrage ist mit einer Elastizität von + 1 nur vom Einkommen abhängig. Die Umlaufsgeschwindigkeit bzw. der Kassenhaltungskoeffizient sind konstant. Der Zins und die Inflationsrate spielen für die Geldnachfrage keine Rolle.

Der zutreffende Kern der klassischen Geldnachfrage ist, die positive Einkommensabhängigkeit ganz in den Vordergrund zu stellen. Die Schwäche der klassischen Geldnachfragefunktion ist die völlige Vernachlässigung der Einflußgrößen Zins und Inflationsrate, oder – anders ausgedrückt –, die Vernachlässigung möglicher Schwankungen von Umlaufsgeschwindigkeit bzw. Kassenhaltungskoeffizient in der kurzen Frist. Schlagwortartig kann man sagen, daß die klassische Geldnachfragefunktion langfristig in etwa korrekt ist, kurzfristig aber unzutreffend.

In der **keynesianischen Geldnachfragefunktion** wird die Zinsabhängigkeit der Geldnachfrage ausdrücklich berücksichtigt. Es gilt:

$$L = L(Y, i) \tag{11}$$

mit

$$\delta L/\delta Y > 0, \qquad \delta L/\delta i < 0.$$

Die fehlende Inflationsabhängigkeit ist nicht so von Bedeutung. Wesentlich ist, daß die Zinsabhängigkeit zu einer Instabilität der Geldnachfrage führen kann. Im Fall der Liquiditätsfalle z.b. haben Geldmengenerhöhungen keinerlei Wirkung mehr auf die gesamtwirtschaftliche Nachfrage. Die Umlaufsgeschwindigkeit wird in einem solchen Fall extrem niedrig. Allgemein ausgedrückt wird über die instabile Zinsabhängigkeit die Umlaufsgeschwindigkeit zu einer instabilen Größe.

Der zutreffende Kern der keynesianischen Geldnachfragefunktion ist die Berücksichtigung der Zinsabhängigkeit. Die Schwäche ist, daß die Umlaufsgeschwindigkeit realiter zumindest langfristig nicht erratisch schwankt. Schlagwortartig kann man sagen, daß die keynesianische Geldnachfragefunktion kurzfristig in Ausnahmesituationen zutreffend sein kann, langfristig aber unzutreffend ist.

In der **monetaristischen Geldnachfragefunktion** wird auf die klassische Verkehrsgleichung zurückgegriffen. Jedoch wird nicht von einer völligen Konstanz der Umlaufsgeschwindigkeit ausgegangen. Es wird vielmehr berücksichtigt, daß die Umlaufsgeschwindigkeit kurzfristig schwanken kann. Allerdings sind diese Schwankungen nicht erratisch und völlig unkalkulierbar, sondern die Umlaufsgeschwindigkeit ist eine im Zeitverlauf stabile Funktion des permanenten Realeinkommens, verschiedener Zinsen und der Inflationsrate. Beschränkt man sich zur Vereinfachung auf einen Zins, kann man die monetaristische Version der Verkehrsgleichung abgekürzt wie folgt formulieren:

$$M \cdot V(Y, i, \pi) = Y \cdot P \tag{12}$$

mit

$$\delta V/\delta Y < 0, \qquad \delta V/\delta i > 0, \qquad \delta V/\delta \pi > 0.$$

Gleichung (12) unterscheidet sich von der klassischen Verkehrsgleichung nur dadurch, daß die Umlaufsgeschwindigkeit nicht mehr konstant ist, sondern eine Funktion verschiedener Variablen ist, die die Geldnachfrage beeinflussen. Man bezeichnet die monetaristische Geldnachfragefunktion daher auch als eine Neuformulierung der Quantitätstheorie oder kurz als Neo-Quantitätstheorie.

Gleichung (12) kann auch wie folgt formuliert werden:

$$(M/P) \cdot V(Y, i, \pi) = Y,$$

$$L = \frac{1}{V(Y, i, \pi)} \cdot Y. \tag{13}$$

Gemäß (13) ist die Geldnachfrage positiv vom Einkommen abhängig und negativ vom Zins und von der Inflationsrate.

Der Vorzug der monetaristischen Geldnachfragefunktion (12) bzw. (13) ist, daß die Einflußgrößen Einkommen, Zins und Inflationsrate vollständig und in einer akzeptablen Weise berücksichtigt sind. In gewisser Weise kann die monetaristische Version der Geldnachfragefunktion als der Versuch einer Synthese zwischen klassischer und keynesianischer Sicht interpretiert werden. Die Umlaufsgeschwindigkeit ist weder konstant (klassische Sicht), noch instabil (keynesianische Sicht), sondern eine stabile Funktion diverser Variablen (monetaristische Sicht). Kurzfristig sind Schwankungen der Umlaufsgeschwindigkeit möglich (keynesianische Sicht). Langfristig ist die Umlaufsgeschwindigkeit stabil (klassische Sicht).

III. Geldangebot

1. Geldmengen im Bilanzzusammenhang

Die Geldmenge in den verschiedenen Abgrenzungen (vgl. Tabelle 14.1) umfaßt Objekte, die direkt als Zahlungsmittel verwendet werden und Objekte, die verhältnismäßig leicht in Zahlungsmittel umgewandelt werden können. Allen diesen Objekten ist gemeinsam, daß sie Passiva in Bankbilanzen sind. Der Bargeldumlauf ist ein Passivum in der Bilanz der Bundesbank, die die Noten ausgibt. Die Einlagen verschiedener Fristigkeiten sind Passiva in der Bilanz der Bundesbank (Zentralbankeinlagen) oder in den Bilanzen von Kreditinstituten (Einlagen bei Geschäftsbanken). Somit ist es möglich, aus einer **konsolidierten Bilanz des Bankensystems** die Geldmenge gewissermaßen nach der „Entstehungsseite" aufzugliedern. Eine solche Statistik wird monatlich veröffentlicht als Bestandsrechnung und als Stromrechnung von der Deutschen Bundesbank in den Monatsberichten. Als Konto 14.1 ist eine entsprechende Bestandsrechnung per Ende 1998 dargestellt. Aus dieser konsolidierten Bilanz des Bankensystems ist ersichtlich, daß die Entwicklung der Geldmenge in der weiten Abgrenzung M3 auf vier Determinanten zurückgeführt werden kann (abgesehen von dem Einfluß der sonstigen Aktiva und Passiva). Für die Veränderung der Geldmenge M3 gilt nämlich stets:

$$\Delta M3 = \quad + \Delta \text{ Kredite an inl. Nichtbanken}$$
$$+ \Delta \text{ Netto-Forderungen gegenüber dem Ausland}$$
$$- \Delta \text{ Geldkapital inl. Nichtbanken bei Kreditinstituten}$$
$$- \Delta \text{ Zentralbankeinlagen inl. öfftl. Haushalte}$$
$$+ \Delta \text{ Sonst. Aktiva abzgl. sonst. Passiva}$$

Die Geldmenge M3 nimmt zu, wenn c.p. der Bestand der ausstehenden Kredite des Bankensystems an inländische Nichtbanken steigt. Dies kann z.B. dadurch geschehen, daß Bankschuldner A eine Überweisung zugunsten Bankgläubiger B vornimmt. Dadurch steigen die Bankkredite (Kredit an A) und im gleichen Ausmaß die Geldmenge (Guthaben des B).

Die Geldmenge M3 wächst auch, wenn c.p. die Netto-Auslandsforderungen des Bankensystems zunehmen. Überträgt z.B. ein inländischer Exporteur ein Dollar-Guthaben an seine Hausbank gegen Gutschrift in DM, dann nehmen hierdurch die Netto-Auslandsforderungen des Bankensystems zu und die Geldmenge (Guthaben bei Banken) steigt im gleichen Ausmaß.

Die Geldmenge M3 sinkt, wenn c.p. eine Umbuchung von einem Sichtguthaben auf ein Sparkonto mit einer Kündigungsfrist von mehr als 3 Monaten vorgenommen wird oder wenn Steuerüberweisungen auf Konten des Bundes vorgenommen werden. Beide Vorgänge bedeuten einen Passivtausch in der konsolidierten Bankbilanz.

Die Herleitung der Entwicklung der Geldbestände aus der Entwicklung der Komponenten der konsolidierten Bilanz des Bankensystems ist einfache **Saldenmechanik**. Die Entwicklung der Geldbestände wird aus dem Bilanzzusammenhang abgeleitet, jedoch nicht mit Hilfe von Verhaltensannahmen auf bestimmte Ursachen zurückgeführt. Es wird nicht erklärt, warum z.b. das Volumen der Kredite des Bankensystems an Nichtbanken zunimmt und warum z.B. ein Teil dieser Kreditexpansion sich in einer Zunahme der längerfristigen Bankpassiva niederschlägt. Soweit das Verhalten von Banken und Nichtbanken nicht ursächlich erklärt wird, ist die saldenmechanische Analyse der Entwicklung der Geldbestände keine Theorie im Sinne einer für Prognosezwecke tauglichen Exante-Analyse. Die Analyse der Entwicklung der Geldbestände auf der Grundlage von Verhaltensparametern des Bankensystems und der Nichtbanken ist Gegenstand der **Theorie des Geldangebots**.

2. Theorie des Geldangebots

a. Geldschöpfung

Die konsolidierte Bilanz des Bankensystems (Konto 14.1) kann als ein vereinfachtes Schema (Konto 14.2) dargestellt werden, in dem die grundsätzliche Struktur der Bilanz zum Ausdruck kommt. Die Banken halten als Aktiva Forderungen an Nichtbanken, wobei die Auslandsforderungen netto verbucht werden. Die gesamte Aktivseite der konsolidierten Bilanz des Bankensystems kann somit interpretiert werden als Kredite (K) an inländische Nichtbanken und das Ausland (netto). Die Passivseite enthält den Bargeldbestand (C) und die Guthaben (D) der inländischen Nichtbanken. Beide Elemente bilden zusammen die Geldmenge (M), wobei der Einfachheit halber von den Einlagen des Bundes im Bankensystem und von den verschiedenen Fristigkeiten der Einlagen abgesehen wird.

Konto 14.2 ist eine konsolidierte Bilanz des gesamten Bankensystems. Das Bankensystem besteht aus der **Zentralbank** und den **Geschäftsbanken**. Bei der Aufspaltung der konsolidierten Bilanz des gesamten Bankensystems in eine Bilanz der Zentralbank (Konto 14.3) und in eine konsolidierte Bilanz der Geschäftsbanken (Konto 14.4) werden die Forderungen und Verbindlichkeiten sichtbar, die zwischen der Zentralbank und den Geschäftsbanken bestehen. Dies sind die Bargeldbestände und Zentralbankeinlagen der Geschäftsbanken (Reserven R) und die Verbindlichkeiten der Geschäftsbanken gegenüber der Zentralbank (V). Die Reserven der Geschäftsbanken bilden zusammen mit dem Bargeldbestand der Nichtbanken diejenige Geldmenge, die von der Zentralbank ausgegeben wird. Dieser Geldbestand wird als **Zentralbankgeldmenge** oder **Geldbasis** (B) bezeichnet.

Konto 14.1
Konsolidierte Bilanz des Bankensystems zum Jahresende 1998
in Mrd DM

Kredite an inl. Nichtbanken	5 388,8	Bargeldumlauf (ohne Kassenbestände der Kreditinstitute)	242,6	
davon: – Bundesbank – Kreditinstitute	8,7 5 380,1	Sichteinlagen inl. Nichtbanken (ohne Einlagen des Bundes im Bankensystem)	799,5	
		Termingelder inl. Nichtbanken bis unter 4 Jahren	412,2	
Netto-Forderungen gegenüber dem Ausland	293,1	Spareinlagen inl. Nichtbanken m. Künd.frist 3 Mte.	971,4	
davon: – Bundesbank – Kreditinstitute	116,3 176,8	Geldkapital inl. Nichtbanken bei den Kreditinst. (längerfristige Bankpassiva)	3 043,8	
Sonstige Aktiva abzgl. sonst. Passiva	– 211,2	Einlagen des Bundes im Bankensystem	1,3	
Summe	5 470,7	Summe	5 470,7	

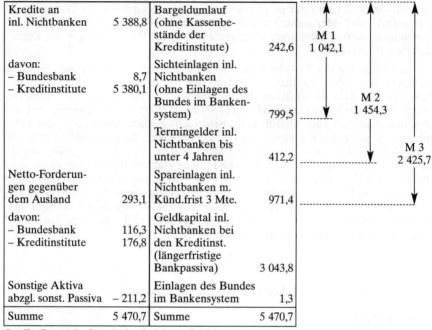

Quelle: Deutsche Bundesbank, Monatsberichte.

Konto 14.2
  Konsolidierte Bilanz des
  Bankensystems

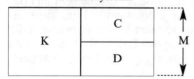

Anhand des Kontensystems 14.2 bis 14.4 kann die **Geldschöpfung in einem zweistufigen Bankensystem** erläutert werden. Bilden wir folgendes Beispiel. A unterhält ein Girokonto bei seiner Hausbank. Er hat auf seinem Konto kein Guthaben mehr. Jedoch räumt ihm die Bank die Möglichkeit der Kontoüberziehung ein. A bekommt bei seiner Bank eine sog. Linie. Nun wird die Mietzahlung über 1.000 DM fällig. A zahlt durch Überweisung, d.h. er überzieht sein Konto um 1.000 DM. A wird dadurch zum Bankschuldner. Die Bank belastet das Konto des A und schreibt den Betrag dem Vermieter B gut . Im einfachsten Fall haben A und B beide bei der gleichen Bank ihr Konto. Was B anbelangt, so soll dieser auf seinem Konto ein Guthaben haben. B ist Bankgläubiger. Dieses Guthaben des B steigt durch die Überweisung um 1.000 DM an.

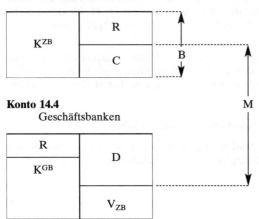

Konto 14.3 Zentralbank

Konto 14.4 Geschäftsbanken

Was ist an diesem Vorgang, der täglich millionenfach vorkommt, so bemerkenswert? Die konsolidierte Bilanz des Bankensystems (Konto 14.2) hat eine Bilanzverlängerung erfahren. Auf der Aktivseite nehmen die Kredite zu. Die Hausbank des A gibt dem A einen Kredit in Höhe von 1.000 DM. Der Kredit an A ist in der Bilanz der Bank auf der Aktivseite eine Forderung der Bank an den A. Auf der Passivseite der Bankenbilanz steigt das Guthaben des B durch die Gutschrift auf dessen Konto, d.h. die Position D nimmt zu. Das Guthaben des B ist aus der Sicht von dessen Hausbank eine Verbindlichkeit der Bank gegenüber dem B. Da die Guthaben auf Konten als Giralgeld zu der Geldmenge M zählen, hat durch diesen Überweisungsvorgang die Geldmenge zugenommen. Es hat eine **Geldschöpfung** stattgefunden. Die Bank hat durch die Kreditgewährung an den A die Geldmenge ausgeweitet. Wir können allgemein sagen, daß durch eine **Überweisung von einem Bankschuldner an einen Bankgläubiger die Geldmenge steigt**.

Der Vorgang ist natürlich auch umgekehrt möglich. Wenn A als **Bankgläubiger eine Überweisung an einen Bankschuldner B tätigt, dann sinkt die Geldmenge**. Die Bilanz des Bankensystems erfährt eine Bilanzverkürzung. Die Schulden des B werden niedriger (K sinkt), und das Guthaben des A nimmt ab (D sinkt). Es liegt eine **Geldvernichtung** vor.

Kehren wir zu dem Fall der Geldschöpfung zurück. Ist es den Geschäftsbanken also möglich, durch Kreditgewährung die Geldmenge beliebig auszudehnen? Diese Frage muß aus 2 Gründen verneint werden.

Erstens müssen die Geschäftsbanken damit rechnen, daß die Inhaber von Guthaben auf Konten von diesen Konten Beträge in bar abheben. In unserem Beispiel muß die Hausbank des B damit rechnen, daß der B von seinem Konto eine **Barabhebung** tätigt. Damit muß die Bank Zentralbankgeld auszahlen. Dies ist jedoch eine Geldart, die sie im Gegensatz zum Giralgeld nicht selbst schaffen kann. Eine Bank kann also nicht beliebig Kredit gewähren, weil sie mit Barabhebungen ihrer Kunden rechnen muß.

Zweitens müssen die Banken einen Teil der bei ihnen unterhaltenen Guthaben aufgrund der **Mindestreservevorschrift** der Zentralbank zwangsweise in

Form von Zentralbankgeld (Guthaben bei der Zentralbank oder Bargeld) halten. Jedes Guthaben, welches über den Akt einer Kreditgewährung bei einer Bank als Giralgeld auf einem Konto entsteht, erfordert in Höhe des gesetzlichen Mindestreservesatzes einen Betrag an Zentralbankgeld, welches die Bank nicht selbst schaffen kann.

Der Bargeldfluß zu den Nichtbanken und die Mindestreservevorschrift seitens der Zentralbank begrenzen also die Geldschöpfungsmöglichkeiten der Geschäftsbanken. Dieser Zusammenhang soll nun in der nächsten Ziffer eingehender erläutert werden.

b. Geldschöpfungsmultiplikator und Geldangebotsfunktion

Auf den Konten 14.3 und 14.4 sind auf der Passivseite die Zusammensetzung der Geldbasis B und die Zusammensetzung der Geldmenge M ersichtlich. Es gilt:

$$B = R + C, \qquad (14)$$

$$M = C + D. \qquad (15)$$

Ausgehend von diesen beiden Definitionsgleichungen (14) und (15) für die Geldbasis und die Geldmenge kann abgeleitet werden, wie die Entwicklung der Geldmenge von dem **Verhalten** der Nichtbanken, der Geschäftsbanken und der Zentralbank abhängt.

Hinsichtlich der **Nichtbanken** ist von Bedeutung, welchen Anteil der Geldmenge die Nichtbanken in Form von Bargeld halten. Dieser Anteil ist die **Bargeldumlaufquote b (auch: Bargeldabflußkoeffizient)**:

$$b = C/M. \qquad (16)$$

Die Bargeldumlaufquote ist in den 70er Jahren kontinuierlich gefallen von ca. 17% auf knapp 10%. Dies ist eine Folge der Zunahme des bargeldlosen Zahlungsverkehrs. Seit ca. 1985 entwickelt die Wirtschaft wieder einen verstärkten Bargeldbedarf. Die Bargeldumlaufquote steigt leicht an und beträgt Ende der 80er Jahre ca. 11%.

Was die **Geschäftsbanken** anbelangt, so halten diese einen Teil der bei ihnen unterhaltenen Guthaben in Form von Zentralbankgeld, also Reserven. Dieser Anteil ist die **Reservequote (auch: Liquiditätsquote)**. Wir nehmen zunächst zur Vereinfachung an, daß die Geschäftsbanken Reserven nur im Umfang der von der Zentralbank vorgeschriebenen Mindestreserven halten. Anders ausgedrückt bedeutet das, daß die Banken keine Überschußreserven halten, d.h. kein Zentralbankgeld halten, welches nicht als Mindestreserve gehalten werden muß. Es gilt für die Reservequote r:

$$r = R/D. \qquad (17)$$

Was schließlich die **Zentralbank** anbelangt, so beeinflußt diese die Entwicklung der Geldmenge durch die Steuerung der **Geldbasis** B. Die Zentralbank setzt hierzu ein **geldpolitisches Instrumentarium** ein, welches neben der Festsetzung des Mindestreservesatzes eine Reihe weiterer Instrumente enthält. Wir behandeln im folgenden die Geldbasis B zunächst als eine vorgegebene Größe.

Wegen der grundsätzlichen Bedeutung der Geldbasis und des geldpolitischen Instrumentariums der Zentralbank für die Geldmengenentwicklung gehen wir hierauf weiter unten in einem separaten Abschnitt ausführlich ein.

Die Verhaltensparameter der Nichtbanken und der Geschäftsbanken können in den definitorischen Gleichungen (14) und (15) berücksichtigt werden. Einsetzen von (16) in (15) ergibt:

$$M = b\,M + D,$$
$$D = (1 - b)\,M.$$

Einsetzen von (16) und (17) in (14) ergibt:

$$B = b\,M + r\,(1 - b)\,M. \qquad (18)$$

In (18) ist $b \cdot M$ der Teil der Geldbasis, der von den Nichtbanken gehalten wird (C) und $r \cdot (1 - b) \cdot M$ ist der Teil der Geldbasis, der von den Geschäftsbanken gehalten wird (R). Gleichung (18) kann interpretiert werden als Nachfrage B^d der Nichtbanken und der Geschäftsbanken nach Zentralbankgeld in Abhängigkeit von der Geldmenge M. Das Angebot an Zentralbankgeld B^s ist die von der Zentralbank in Umlauf gebrachte Geldbasis $\bar{B}$ (Abbildung 14.3).

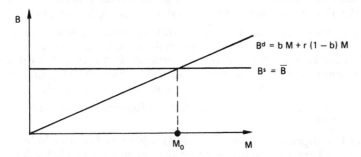

Abb. 14.3 Geldbasis und Geldmenge

Aus Abbildung 14.3 wird deutlich, daß die Höhe der umlaufenden **Geldmenge** abhängt von der **Geldbasis** $\bar{B}$ (Verhalten der Zentralbank), von der **Reservequote** r (Verhalten der Geschäftsbanken) und von der **Bargeldumlaufquote** b (Verhalten der Nichtbanken). Die Höhe der umlaufenden Geldmenge ist größer als die Geldbasis ($M_0 > \bar{B}$), da b und r kleiner 1 sind.

Gleichung (18) kann zu einer **Geldangebotsfunktion** umformuliert werden. Aus (18) ergibt sich durch Auflösung nach M:

$$M = \frac{1}{b + r - br} \cdot B, \qquad b, r < 1,$$

mit
$$M^s = m\,(b, r) \cdot B, \qquad m > 1 \qquad (19)$$
$$\delta M^s / \delta B > 0, \qquad \delta M^s / \delta b < 0, \qquad \delta M^s / \delta r < 0.$$

Der Faktor m ist der Geldschöpfungsmultiplikator. Gleichung (19) ist eine Geldangebotsfunktion. Das **Geldangebot ist positiv abhängig von der Geldbasis und negativ abhängig von der Bargeldumlaufquote und dem Mindestreservesatz.**

Diese Zusammenhänge können anhand der Abbildung 14.4 näher erläutert werden. Ausgangspunkt ist die Gleichgewichtssituation mit der Geldmenge M_0'. Eine Zunahme der Geldmenge kann resultieren aus:

- Erhöhung der Geldbasis durch die Zentralbank,
- Verringerung des Mindestreservesatzes durch die Zentralbank,
- Verringerung der Bargeldumlaufquote der Nichtbanken.

Wird von der Zentralbank die Geldbasis ausgeweitet, dann verschiebt sich die Linie $\bar{B}$ nach oben. Die Ausweitung der Geldbasis kann z.B. dadurch geschehen, daß die Bundesbank von den Geschäftsbanken Devisen ankauft gegen Gutschrift von Zentralbankgeld in DM. Die Geschäftsbanken verfügen dann über Überschußreserven AC in Abbildung 14.4. Diese überschüssigen Zentralbankgeldbestände bauen die Geschäftsbanken durch Kreditvergabe an Nichtbanken ab. Dadurch steigt die Geldmenge, da ein Teil (b) der Kredite von den Nichtbanken in bar abgerufen wird und der Rest $(1-b)$ zu einer Zunahme der Einlagen bei den Geschäftsbanken führt. Dieser Prozeß der Geldschöpfung ist gleichbedeutend mit einer Bilanzverlängerung bei den Konten 14.3 und 14.4. Die zusätzliche Geldmenge $(M_1 - M_0)$ ist größer als die Zunahme der Geldbasis $(\bar{B}_1 - \bar{B}_0)$. Der entsprechende Faktor ist der Geldschöpfungsmultiplikator m.

Verringerungen des Mindestreservesatzes und/oder der Bargeldumlaufquote wirken sich in Abbildung 14.4 dahingehend aus, daß die Linie B^d flacher verläuft. Bei der konstanten Geldbasis $\bar{B}_0$ verfügen die Geschäftsbanken zunächst über unfreiwillige Überschußreserven (Streckenabschnitt AD), und die Geldmenge steigt durch Kreditvergabe und Einlagenwachstum auf M_1.

Wir wollen im folgenden noch kurz auf das Konzept der sog. exogenen Geldbasis eingehen.

In der bisherigen Darstellung sind die Geschäftsbanken nach Vollausnutzung eines vorgegebenen Geldbasisbestandes für eine weitere Geldschöpfung auf die Initiative der Zentralbank angewiesen, die ihnen zusätzliches Zentralbankgeld zur Verfügung stellt. Im faktischen institutionellen Gefüge zwischen Bundesbank und Geschäftsbanken haben die Geschäftsbanken jedoch in begrenztem Umfang gewisse Möglichkeiten, sich neues Zentralbankgeld im Extremfall auch auf eigene Initiative zu beschaffen. So können die Geschäftsbanken den sog. Übernachtkredit nutzen, oder Liquiditätspapiere bei Fälligkeit an die Bundesbank zurückgeben oder Termineinlagen bei Fälligkeit nicht verlängern (vgl. hierzu im Detail weiter unten Ziffer V.2). Solche Möglichkeiten stellen also eine Art potentielles Zentralbankgeld dar, welches von den Geschäftsbanken durch entsprechende Aktivitäten bei der Bundesbank aktiviert werden kann.

Insofern können die Geschäftsbanken durch eigene Initiative die effektive Geldbasis ausweiten. In Abbildung 14.4 verschiebt sich die Linie $\bar{B}$ nach oben. Die Geschäftsbanken kommen in den Besitz von Überschußreserven (Streckenabschnitt AC), die durch Kreditvergabe abgebaut werden und zu einem Anstieg der Geldmenge auf M_1 führen.

Zur Ermittlung derjenigen Geldbasis, die von der Zentralbank autonom gesteuert werden kann, ist von der effektiven Geldbasis die durch Initiative der

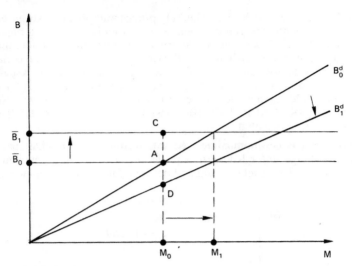

Abb. 14.4 Geldschöpfung

Geschäftsbanken entstehende Refinanzierungskomponente V_{ZB} zu subtrahieren. Zudem kann die effektive Geldbasis um die Änderungen Z der Mindestreserven gegenüber einem Basisjahr bereinigt werden. Hierdurch wird erreicht, daß sich Änderungen des Mindestreservesatzes direkt in dem Geldbasiskonstrukt auswirken, und nicht, wie in Gleichung (19), in dem Geldschöpfungsmultiplikator. Die so bereinigte effektive Geldbasis ist die exogene Geldbasis B^{ex}. Es gilt:

$$B^{ex} = B - V_{ZB} - Z,$$

mit $\quad Z > 0$ für Mindestreservesatzerhöhung,
$\quad\quad\;\, Z < 0$ für Mindestreservesatzsenkung.

Erhöhen z.B. die Geschäftsbanken durch Rückgabe von Liquiditätspapieren die effektive Geldbasis, dann bleibt die exogene Geldbasis hiervon unberührt. Wird der Mindestreservesatz von der Zentralbank erhöht (gesenkt), dann sinkt (steigt) bei Konstanz der effektiven Geldbasis die exogene Geldbasis. Bei Verwendung des Konzeptes der exogenen Geldbasis anstatt der effektiven Geldbasis wirken also Maßnahmen der Zentralbank zur Steuerung der Geldmenge nur über die Beeinflussung der (exogenen) Geldbasis, und die Verhaltensweisen der Geschäftsbanken und der Nichtbanken beeinflussen die Entwicklung der Geldmenge nur über den in bezug auf die (exogene) Geldbasis definierten Geldschöpfungsmultiplikator.

c. Kreditmarkttheorie des Geldangebots

Die Herleitung des Geldschöpfungsmultiplikators und der Beziehung (19) zwischen Geldbasis und Geldmenge beruht auf einer recht mechanistischen Vorstellung über das Verhalten der Geschäftsbanken. Die Banken verwenden jede verfügbare DM an Zentralbankgeld für Ausleihungen, sie finden stets genügend solvente Kreditkunden, und sie weiten durch ihre Kreditvergabe die Geldmenge stets bis an die durch den Geldschöpfungsmultiplikator vorgezeichnete Obergrenze aus. Nun sind Banken realiter nichts anderes als Unternehmen in Sachen Geld, die wie jedes andere Unternehmen auch ihre Gewinne maximieren wollen. Banken vergleichen also die Erträge aus dem Kreditgeschäft mit den Kosten des Kreditgeschäfts. Diese mehr **preistheoretischen Aspekte** des Geldschöpfungsprozesses gehen bei der im letzten Abschnitt erläuterten mechanistischen Geldangebotstheorie völlig unter. In der Kreditmarkttheorie des Geldangebots (BRUNNER, 1961; BRUNNER und MELTZER, 1968) werden diese Aspekte berücksichtigt.

Wie hoch ist das **gewinnmaximale Kreditangebot** einer Geschäftsbank? Wir können diese Frage unter Rückgriff auf die allgemeine Gewinnmaximierungsbedingung für ein Unternehmen anhand der Abbildung 14.5 untersuchen.

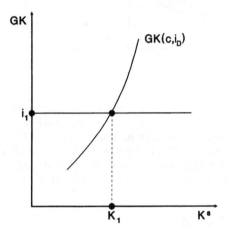

Abb. 14.5 Optimales Kreditangebot

In Abbildung 14.5 ist die Situation einer Geschäftsbank auf einem vollkommenen Kreditmarkt dargestellt.

Auf der Abszisse ist das angebotene Kreditvolumen K^s abgetragen.

Auf der Ordinate sind der Marktzins i für Kredite abgetragen und die Grenzkosten GK des Kreditangebots (der Kreditproduktion).

Der Kreditzins ist aus der Sicht der einzelnen Bank ein Datum, welches sie wegen ihres geringen Marktanteils nicht beeinflussen kann. Die Bank ist ein Preisnehmer und Mengenanpasser.

Die ansteigende Grenzkostenlinie beschreibt den Sachverhalt, daß die Bank ihr Kreditvolumen nur zu **steigenden Grenzkosten** ausweiten kann. Die Bank muß für eine Ausweitung ihres Kreditvolumens zusätzliche Kreditkunden ausfindig machen, die Kredit haben wollen und die ihren Solvenzanforderungen genügen. Das ist mit steigenden Kosten verbunden. Die Bank muß sich – falls sie über keine Überschußreserven mehr verfügt – für neue Kredite zusätzliches Zentralbankgeld beschaffen. Dazu kann sie entweder zusätzliche Einzahlungen einwerben, was mit steigenden Kosten verbunden ist. Oder sie kann von anderen Banken gegen entsprechend höheren Interbankzins Zentralbankgeld leihen, falls diese noch Überschußreserven haben. Oder sie beschafft sich bei der Zentralbank durch Einreichung von Wertpapieren zusätzliches Zentralbankgeld. Hierfür muß die Bank den Leitzins der Zentralbank zahlen.

Die erstgenannten Kostenkomponenten sind mit c angegeben. Der Leitzins ist mit i_D angegeben. Eine Ausweitung des Kreditvolumens bei gegebenem Leitzins ist eine Bewegung auf der Grenzkostenlinie nach oben. Eine Änderung des Leitzinses bedeutet eine Verschiebung der Grenzkostenlinie. Wird der Leitzins von der Zentralbank z.b. heraufgesetzt, dann bedeutet das für die Bank höhere Kosten der Zentralbankgeldbeschaffung durch Wertpapiereinreichung. Die Grenzkostenlinie verschiebt sich nach links oben.

Das gewinnmaximale Kreditangebot der Bank liegt dort, wo die **Grenzkosten der Kreditschaffung gleich dem Marktzins für Kredite** sind. In Abbildung 14.5 ist bei dem Zins i_1 das optimale Kreditangebot K_1. Solange die Grenzkosten der Kreditproduktion z.B noch unterhalb des Marktzinses für Kredite liegen, weitet die Bank ihr Kreditangebot aus. Erhöht sich der Marktzins für Kredite (i_1 verschiebt sich nach oben), dann weitet die Bank ihr Kreditangebot auch aus. Wird der Leitzins erhöht, dann sinkt das optimale Kreditangebot, da sich die Kosten der Zentralbankgeldbeschaffung erhöhen (Verschiebung der GK-Linie nach links oben).

Für das Kreditangebot gilt:

$$K^s = K^s (c, i, i_D) \qquad (20)$$

mit

$$\delta K^s/\delta c < 0, \qquad \delta K^s/\delta i > 0, \qquad \delta K^s/\delta i_D < 0.$$

Das **Kreditangebot ist positiv vom Kreditzins abhängig und negativ vom Leitzins der Zentralbank und von den sonstigen Bankkosten**.

Von welchen Verhältnissen ist hinsichtlich der Kreditnachfrage auszugehen?

Erstens ist die **Kreditnachfrage negativ vom Kreditzins** abhängig. Je höher der Preis des Gutes Kredit ist, desto niedriger ist die Nachfrage nach Krediten. Je billiger Kredite sind, um so größer ist die Bereitschaft, sich zu verschulden. Wir haben diesen Zusammenhang ausführlich weiter oben im 10. Kapitel bei der Analyse der Investitionsnachfrage kennengelernt.

Zweitens ist die **Kreditnachfrage positiv vom Einkommen abhängig**. Die Fähigkeit und die Bereitschaft zur Verschuldung steigt üblicherweise mit dem Einkommen an.

Für die Kreditnachfrage gilt:

$$K^d = K^d (Y, i) \qquad (21)$$

mit

$$\delta K^d/\delta Y > 0, \qquad \delta K^d/\delta i < 0.$$

Auf dem **Kreditmarkt** treffen Kreditangebot und Kreditnachfrage zusammen. Es ergibt sich im Gleichgewicht ein bestimmter Zins und ein bestimmtes Kreditvolumen. Zu jedem Kreditvolumen korrespondiert durch den Geldschöpfungsprozeß ein bestimmtes Geldangebot. Da das Kreditvolumen vom Zins abhängt, hängt also auch das Geldangebot vom Zins ab. Diese Zusammenhänge können anhand der Abbildung 14.6 erläutert werden.

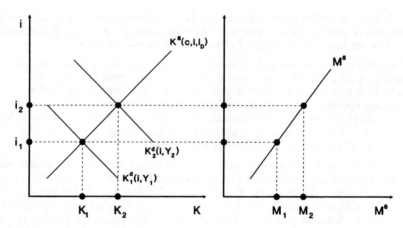

Abb. 14.6 Geldangebot und Zins

Im linken Teil der Abbildung 14.6 ist der Kreditmarkt dargestellt. Durch eine Einkommenssteigerung von Y_1 auf $Y_2 > Y_1$ nimmt die Kreditnachfrage zu. Zins und Kreditvolumen steigen. Im rechten Teil ist das Geldangebot in Abhängigkeit vom Zins dargestellt. Durch die Zinssteigerung erhöht sich das Geldangebot. Die Banken tragen der **steigenden Kreditnachfrage** Rechnung, indem sie durch Kreditvergabe aus Überschußreserven ihre Reservequote abbauen. Die Kehrseite der Kreditexpansion ist das Einlagenwachstum. Die Reservequote sinkt also durch die Kreditvergabe. Anders ausgedrückt bedeutet das, daß der Geldschöpfungsmultiplikator positiv vom Zins abhängt. Die Zinssteigerung führt bei gegebener Geldbasis zu einem erhöhten Geldangebot.

Wird der **Leitzins gesenkt**, dann verringern sich für die Banken die Kosten der Zentralbankgeldbeschaffung. Die Banken können verbilligt in die Refinanzierung gehen und verringern die Kreditmarktzinsen. Die Kreditangebotsfunktion im linken Teil der Abbildung 14.6 und die Geldangebotsfunktion im rechten Teil verschieben sich nach rechts unten. Anders ausgedrückt bedeutet das, daß der Geldschöpfungsmultiplikator negativ vom Leitzins abhängt. Die Leitzinssenkung führt zu einem erhöhten Geldangebot.

Der Geldschöpfungsmultiplikator ist also gemäß der Kreditmarkttheorie nicht nur von der Bargeldumlaufquote und dem Mindestreservesatz abhängig, sondern darüber hinaus auch noch positiv vom Marktzins und negativ vom Leitzins.

Die **Geldangebotsfunktion** (19) kann also wie folgt formuliert werden:

mit
$$M^s = m\,(i, i_D, r_g, b) \cdot B \tag{22}$$

$\delta M^s/\delta i > 0,\qquad \delta M^s/\delta i_D < 0,\qquad \delta M^s/\delta r_g < 0,$
$\delta M^s/\delta b < 0,\qquad \delta M^s/\delta B > 0.$

Die Größe r_g in (22) steht für den gesetzlichen Mindestreservesatz. Eine Veränderung des Zinses bedeutet in Abbildung 14.6 eine Bewegung auf der Linie des Geldangebots. Eine Veränderung des Leitzinses, des Mindestreservesatzes und der Geldbasis (Verhalten der Zentralbank) bedeutet in Abbildung 14.6 eine Verschiebung der Geldangebotsfunktion.

Gemäß der Geldangebotsfunktion (22) ist das **Geldangebot positiv vom Zins und von der Geldbasis abhängig, und negativ vom Leitzins der Zentralbank, vom Mindestreservesatz und von der Bargeldumlaufquote.**
Die Zinselastizität des Geldangebots ist empirisch recht gering. Die Geldangebotsfunktion verläuft also recht steil. Im Extremfall eines zinsunelastischen Geldangebots ist die Geldangebotsfunktion eine Senkrechte.

IV. Gleichgewicht am Geldmarkt

Die Geldangebotsfunktion:

$$M^s/P = m\ (i, i_D, r_g, b) \cdot (\overline{B}/P)$$

und die Geldnachfragefunktion:

$$L = L\ (Y, i)$$

können zusammengefaßt werden zu der Bedingung für das **Gleichgewicht am Geldmarkt**:

$$m\ (i, i_D, r_g, b) \cdot (\overline{B}/P) = L\ (Y, i).$$

Das Geldmarktgleichgewicht ist in Abbildung 14.7 dargestellt.

Das Geldangebot ist positiv vom Zins abhängig, die Geldnachfrage negativ. Der Zins i_1 ergibt sich aus dem Zusammenspiel von Geldangebot und Geldnachfrage. Das freie Spiel des Zinses besorgt, daß die vom Bankensystem angebotene Geldmenge mit der von den Nichtbanken gewünschten Geldmenge in Übereinstimmung gebracht wird.

Wir wollen uns nun im folgenden mit der Frage beschäftigen, wie die Zentralbank durch ihre **Geldpolitik** das Zinsniveau und die Geldmenge beeinflussen kann. Aus der Geldangebotsfunktion (22) ist ersichtlich, daß die Zentralbank hierzu im Prinzip 3 Möglichkeiten hat.

Erstens kann die Zentralbank den Leitzins und damit die **Refinanzierungskosten** für die Geschäftsbanken verändern. Wird der Leitzins z.B. gesenkt, dann verschiebt sich die Geldangebotsfunktion nach rechts unten, die Geldmenge steigt, und der Zins sinkt.

Zweitens kann die Zentralbank den **Mindestreservesatz** verändern. Wird der Mindestreservesatz z.B. gesenkt, dann bedeutet dies ebenfalls eine Rechtsverschiebung der Geldangebotsfunktion und damit eine expansive Geldpolitik mit steigender Geldmenge und sinkendem Zins.

Drittens kann die Zentralbank durch Geschäfte mit den Kreditbanken die **Geldbasis** direkt beeinflussen. Auch hierdurch verschiebt sich die Geldange-

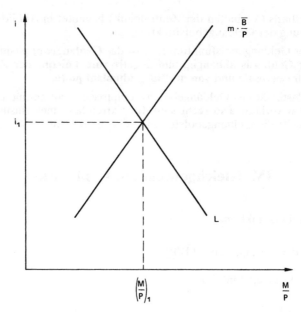

Abb. 14.7 Geldmarktgleichgewicht

botsfunktion mit entsprechenden Auswirkungen auf die Geldmenge und den Zins.

Diese prinzipiellen Möglichkeiten der Zentralbank sollen im nächsten Abschnitt näher erläutert werden.

V. Geldpolitik in der Europäischen Währungsunion

Mit dem Beginn der 3. Stufe der **Europäischen Währungsunion** am 1. Januar 1999 wurde die Zuständigkeit für die Geld- und Währungspolitik von der nationalen Ebene auf das Europäische System der Zentralbanken (ESZB) übertragen. Das ESZB (Eurosystem) besteht aus der Europäischen Zentralbank (EZB) und den nationalen Zentralbanken der teilnehmenden Mitgliedstaaten. Das Eurosystem wird von den Beschlußorganen der EZB (Rat und Direktorium) geleitet. Die **EZB legt die Geldpolitik der Gemeinschaft fest**. Die nationalen Zentralbanken führen die Geldpolitik im jeweiligen Mitgliedstaat aus, also die Deutsche Bundesbank in Deutschland.

1. Die Bilanz des ESZB

Wir wollen im folgenden das **geldpolitische Instrumentarium** der EZB zur Steuerung der Geldmenge in der Gemeinschaft erläutern. Wir gehen dazu von der

Bilanz des ESZB aus, da sich darin die Entstehung und die Verwendung der Geldbasis niederschlägt.

Die Geldbasis ist die zentrale Determinante des Geldangebots. Die Geschäftsbanken und die Nichtbanken können durch ihr Verhalten (Variation des Kreditangebots, der Kreditnachfrage und der Bargeldumlaufquote) lediglich einen gegebenen Bestand an Zentralbankgeld entsprechend dem Geldschöpfungsmultiplikator unterschiedlich stark ausdehnen. Die Zentralbank kann daher über die Steuerung der Geldbasis die Entwicklung der Geldmenge in entscheidendem Maße beeinflussen.

Die im Umlauf befindliche Zentralbankgeldmenge steht in der **Bilanz des ESZB** auf der Passivseite. Das sind im wesentlichen der Banknotenumlauf und die bei der Zentralbank unterhaltenen Einlagen. Die Gegenposten zur Passivseite sind die Positionen auf der Aktivseite. Diese Aktivpositionen geben also Aufschluß darüber, wie das Zentralbankgeld in Umlauf gekommen ist. Damit kann man aus der Bilanz auch ersehen, welche Möglichkeiten die Zentralbank zur Steuerung der Geldbasis hat.

Zur Verdeutlichung ist die Bilanz des ESZB (Zentralbankbilanz) zum 1. Januar 1999 als Konto 14.5 dargestellt.

Konto 14.5

Bilanz des ESZB zum 1. Januar 1999 in Mrd EUR

Aktiva (Entstehung Geldbasis)			Passiva (Verwendung Geldbasis)		
1. Kredite an Ausland (netto)		319,8	5. Banknotenumlauf		341,7
2. Kredite an Kreditinstitute davon: Übernachtkredite 14 Tage Laufzeit 3 Mte. Laufzeit	6,4 144,9 24,7	185,1	6. Einlagen von Kreditinstituten davon: Übernachteinlagen Giroeinlagen Termineinlagen	1,0 84,4 1,9	87,3
3. Wertpapiere		21,7	7. Schuldverschreibungen		13,8
4. Sonst. Aktiv		151,5	8. Sonst. Passiva		235,3
Aktiva		678,1	Passiva		678,1

Quelle: EZB, Monatsberichte.

Die Geldbasis, verstanden als Summe aus Banknotenumlauf und Einlagen (ohne Termineinlagen) beim ESZB, beträgt Anfang 1999 ca. 430 Mrd EUR. Die Geldbasis besteht von der **Verwendungsseite** her zu ca. 80% aus Banknoten und zu ca. 20% aus Zentralbankeinlagen der Geschäftsbanken. Von der **Entstehungsseite** her ist die Geldbasis hauptsächlich durch Kredite an das Ausland und an Geschäftsbanken entstanden. Das bedeutet, daß die Zentralbank von den Geschäftsbanken zentralbankfähige Aktiva in Form von Devisen (Kredite an das Ausland) und Inlandsaktiva (z.B. Wechsel) ankauft und dafür Zentralbankgeld abgibt.

2. Das geldpolitische Instrumentarium

Das geldpolitische Instrumentarium der EZB besteht aus 3 Gruppen von Instrumenten, die anhand der einzelnen Bilanzpositionen erläutert werden können:

- Offenmarktpolitik,
- ständige Fazilitäten,
- Mindestreservepolitik.

a. Offenmarktpolitik

Die Offenmarktpolitik besteht aus einer Reihe verschiedenartiger Instrumente, mit denen die EZB den Geschäftsbanken Zentralbankgeld zuführt oder Liquidität abschöpft. Ganz überwiegend handelt es sich um sog. **Pensionsgeschäfte**, bei denen die EZB den Geschäftsbanken durch Ankauf bestimmter Wertpapiere bei gleichzeitiger Rückkaufsvereinbarung vorübergehend Zentralbankgeld zuführt. Die **Initiative liegt bei der EZB**, d.h. in der Durchführung bei der zuständigen nationalen Zentralbank, in Deutschland also bei der Bundesbank.

Folgende Offenmarktgeschäfte finden Anwendung:

- Hauptrefinanzierungsgeschäfte,
- längerfristige Refinanzierungsgeschäfte,
- Feinsteuerungsoperationen,
- strukturelle Operationen.

Mit den **Hauptrefinanzierungsgeschäften** ist die Bilanzposition 2, Kredite an Kreditinstitute, 14 Tage Laufzeit, angesprochen. Die EZB bietet hierbei den Geschäftsbanken in wöchentlichem Abstand an, gegen Ankauf von Wertpapieren Zentralbankgeld für eine Laufzeit von 14 Tagen zuzuführen. Der Hauptrefinanzierungszins, zu dem das geschieht, ist der **Leitzins** der EZB. Diese Geschäfte entsprechen den bisherigen Wertpapierpensionsgeschäften der Bundesbank. Die Zentralbankbilanz erfährt eine Bilanzverlängerung. Auf der Aktivseite steigt die Position 2, und auf der Passivseite steigt die Position 5 und/oder 6.

Mit den **längerfristigen Refinanzierungsgeschäften** ist die Bilanzposition 2, Kredite an Kreditinstitute, 3 Mte. Laufzeit, angesprochen. Diese Geschäfte werden monatlich erneuert und haben eine Laufzeit von 3 Monaten. Sie entsprechen damit von der Laufzeit her dem bisherigen Diskontkredit der Bundesbank. Auch hierbei erfährt die Zentralbankbilanz eine Bilanzverlängerung.

Die Durchführung dieser beiden Offenmarktgeschäfte geschieht in Form von Ausschreibungen, sog. **Tenderverfahren**. Man unterscheidet Mengentender und Zinstender.

Bei einem **Mengentender** legt die EZB den Zins fest und überlässt es den Geschäftsbanken, in welchem Umfang sie sich zu diesem Zins Zentralbankgeld beschaffen wollen. Eine Mengenbeschränkung behält sich die EZB jedoch vor, wenn ihr das von den Geschäftsbanken gewünschte Volumen zu hoch erscheint.

Bei einem **Zinstender** (in der Regel bei den längerfristigen Refinanzierungsgeschäften) legt die EZB das Volumen an Zentralbankgeld fest, das sie den Geschäftsbanken zuzuführen gedenkt. Die Banken müssen dann neben der gewünschten Menge auch den Zins benennen. Die Zuteilung erfolgt entweder zu

14. Kap.: Geld und Kredit

einem einheitlichen Zins (holländisches Verfahren) oder zu den individuellen Zinsen (amerikanisches Verfahren).

Ergänzend zu den beiden hauptsächlichen Offenmarktgeschäften (Hauptrefinanzierungsgeschäfte und längerfristige Refinanzierungsgeschäfte) können **Feinsteuerungsoperationen** (zum Ausgleich unerwarteter Liquiditätsschwankungen) und **strukturelle Operationen** (zur Anpassung der strukturellen Liquiditätsposition des Finanzsektors) eingesetzt werden. Hierbei stehen folgende Instrumente zur Verfügung:

- Schnelltender,
- Devisenswapgeschäfte,
- definitive Käufe bzw. Verkäufe von Wertpapieren,
- Hereinnahme von Termineinlagen,
- Emission von EZB-Schuldverschreibungen.

Durch **Schnelltender** kann die EZB den Geschäftsbanken kürzestfristig Liquidität zuführen.

Devisenswapgeschäfte sind eine bestimmte Spielart der Devisenpolitik. Mit der **Devisenpolitik** ist die Bilanzposition 1, Kredite an das Ausland, angesprochen. Devisen sind Guthaben in konvertiblen Währungen bei ausländischen Banken, primär bei Zentralbanken, aber auch bei Geschäftsbanken. Durch Ankauf und Verkauf von Devisen kann die Zentralbank die Geldbasis erhöhen (Bilanzverlängerung) und verringern (Bilanzverkürzung). Der Spielraum, den die Zentralbank im Rahmen dieses Instrumentes hat, hängt von dem Wechselkurssystem ab. Der Euro ist nicht mit anderen Währungen in einem System fester Wechselkurse mit Interventionsverpflichtungen verbunden, sondern hat nach außen einen **flexiblen Wechselkurs**, z.B. gegenüber dem US-Dollar. Bei flexiblen Wechselkursen kauft und verkauft die Zentralbank Devisen nach eigenem Ermessen. Ein Devisenswapgeschäft ist vergleichbar einem Pensionsgeschäft in Devisen. Ein Ankauf von Devisen gegen Euro am Kassamarkt durch die EZB ist gleichzeitig gekoppelt mit einem entsprechenden Verkauf der Devisen per Termin. Den Geschäftsbanken wird also Zentralbankgeld vorübergehend zugeführt. Im umgekehrten Fall (Verkauf von Devisen per Kasse und Kauf per Termin) wird Liquidität abgeschöpft.

Durch definitive **Käufe bzw. Verkäufe von Wertpapieren** (Bilanzposition 3) kann die Zentralbank den Geschäftsbanken Liquidität zuführen (Kauf von Wertpapieren, Bilanzverlängerung) bzw. abschöpfen (Verkauf von Wertpapieren, Bilanzverkürzung).

Mit der Hereinnahme von **Termineinlagen** ist die Bilanzposition 6, Einlagen von Kreditinstituten, Termineinlagen, angesprochen. Die EZB kann durch einen attraktiven Zins für Termineinlagen die Geschäftsbanken veranlassen, Zentralbankgeld auf Terminkonten festzulegen und in diesem Sinne restriktiv wirken. In der Zentralbankbilanz ist dies ein Passivtausch. Für die Bundesbank ist dies ein neues Instrument.

Schließlich kann die EZB zur Liquiditätsabschöpfung kurzlaufende abgezinste **Schuldverschreibungen** emittieren (Bilanzposition 7).

b. Ständige Fazilitäten

Mit den ständigen Fazilitäten bietet die EZB den Geschäftsbanken die Möglichkeit, **kürzestfristig** Liquiditätsüberschüsse anzulegen bzw. Liquiditätsengpässe durch Zentralbankkredit zu überbrücken. Die ständigen Fazilitäten dienen dazu, den Tagesgeldsatz in einem bestimmten Kanal um den Leitzins (Zins für die Hauptrefinanzierungsgeschäfte) herum zu halten. Bei diesen Geschäften geht – im Gegensatz zu den Offenmarktgeschäften – die **Initiative von den Geschäftsbanken** aus. Es stehen zwei ständige Fazilitäten zur Verfügung:

- Spitzenrefinanzierungsfazilität,
- Einlagenfazilität.

Mit der **Spitzenrefinanzierungsfazilität** ist die Bilanzposition 2, Kredite an Kreditinstitute, Übernachtkredite, angesprochen. Die Geschäftsbanken können zu einem über dem Leitzins liegenden Zins Übernachtkredite bei der Zentralbank aufnehmen. Die Zentralbankbilanz erfährt eine Bilanzverlängerung. Der Zins legt die **Obergrenze** für den Tagesgeldsatz fest. Dieses Instrument ersetzt in Deutschland den bisherigen Lombardkredit der Bundesbank.

Mit der **Einlagenfazilität** ist die Bilanzposition 6, Einlagen von Kreditinstituten, Übernachteinlagen, angesprochen. Die Geschäftsbanken können zu einem unter dem Leitzins liegenden Zins Übernachteinlagen bei der Zentralbank bilden. In der Zentralbankbilanz findet ein Passivtausch statt. Der Zins legt die **Untergrenze** für den Tagesgeldsatz fest.

c. Mindestreservepolitik

Mit der Mindestreservepolitik ist die Bilanzposition 6, Einlagen von Kreditinstituten, Giroeinlagen angesprochen. Die Geschäftsbanken müssen (abgesehen von wenigen Ausnahmen) bestimmte Prozentsätze (Mindestreservesätze) ihrer reservepflichtigen Verbindlichkeiten bei der Zentralbank als Einlagen in Zentralbankgeld halten. Im ESZB hat man sich nach längeren Diskussionen entschlossen, dieses deutsche Instrument der Geldpolitik im Prinzip zu übernehmen. Neu gegenüber den bisherigen Regelungen der Bundesbank ist, daß die als Reservesoll unterhaltenen Einlagen verzinslich sind.

Die **Mindestreservepolitik** besteht darin, den Mindestreservesatz festzusetzen. Eine Senkung des Mindestreservesatzes z.B. hat zur Folge, daß die Geschäftsbanken dann mehr frei verfügbares Zentralbankgeld haben. Diese **Überschußreserven** können zur Kreditvergabe verwendet werden, bis sie durch den Geldschöpfungsprozeß wieder zu Mindestreserve geworden sind. Parallel zu den steigenden Krediten steigen auch die mindestreservepflichtigen Einlagen. Die Reservequote sinkt, der Geldschöpfungsmultiplikator steigt, und die Geldmenge nimmt zu. Man kann sich diesen Verlauf auch mit Hilfe der Kreditmarkttheorie des Geldangebots (vgl. Ziffer III.2.c) verdeutlichen. Durch die Senkung des Mindestreservesatzes sinken für die Geschäftsbanken die Kosten der Zentralbankgeldbeschaffung. Im Umfang der entstehenden Überschußreserven wird Zentralbankgeld zum Nulltarif zur Verfügung gestellt. Das Kreditangebot erhöht sich, das Zinsniveau sinkt, die Kreditnachfrage steigt, und damit steigt auch die Geldmenge.

3. Potentialorientierte Geldmengenpolitik

Die Bundesbank verfolgt seit Mitte der 70er Jahre eine sog. potentialorientierte Geldmengenpolitik. Durch eine Begrenzung des Geldmengenwachstums auf das Wachstum des Produktionspotentials der Volkswirtschaft soll eine Inflation verhindert werden. Die theoretische Basis dieser Geldmengenpolitik ist die **Neo-Quantitätstheorie**.

Gehen wir zunächst der Einfachheit halber von der klassischen Verkehrsgleichung aus:

$$M \cdot V = Y \cdot P. \tag{7}$$

Ausgedrückt in prozentualen Änderungen und unter der Voraussetzung einer konstanten Umlaufsgeschwindigkeit ergibt sich aus (7):

$$gM = gY + gP,$$
$$gP = gM - gY. \tag{23}$$

Gemäß Gleichung (23) entspricht die Inflationsrate gP stets der Differenz zwischen Geldmengenzuwachs gM und Produktionszuwachs gY. Ein stabiles Preisniveau ist also hiernach dann erreichbar, wenn es gelingt, das Geldmengenwachstum auf das Wachstum der realen Güterproduktion zu begrenzen. Dies ist der Grundgedanke der potentialorientierten Geldmengenpolitik.

Die auf der einfachen Quantitätstheorie basierende Gleichung (23) gilt nur unter der einschränkenden Voraussetzung einer stabilen Geldnachfrage mit einer Einkommenselastizität von + 1 und einer Zinselastizität von 0. Man kann dies verdeutlichen, indem man von folgender vereinfachten Bedingung für das Geldmarktgleichgewicht ausgeht:

Geldangebot = Geldnachfrage,
$$M/P = L(Y, i). \tag{24}$$

Gleichung (24) kann umgeformt werden zu:

$$gP = gM - gL. \tag{25}$$

Gleichung (25) und Gleichung (23) sind sehr ähnlich, aber nur unter bestimmten Voraussetzungen identisch. Gleichung (25) besagt, daß es zu einer Inflation immer dann kommt, wenn die nominale Geldmenge M stärker steigt als die Geldnachfrage (gM > gL). Dies ist zunächst lediglich ein rein definitorischer, tautologischer Zusammenhang. Die Aussage ist einfach die, daß die Preise immer dann steigen, wenn mehr Geld in Umlauf kommt, als die Wirtschaftssubjekte freiwillig bereit sind zu halten. Man kann diesen Sachverhalt zu einer Inflationstheorie weiterentwickeln, indem man die Größen berücksichtigt, von denen die Geldnachfrage abhängt. Gemäß der in (24) verwendeten Geldnachfragefunktion hängt die Geldnachfrage positiv vom Realeinkommen Y und negativ vom Zins i ab. Diese Abhängigkeiten sind empirisch so, daß die Einkommenselastizität etwa gleich + 1 ist, und daß die Zinselastizität kaum ins Gewicht fällt. Es gilt also grob vereinfacht:

$$gL/gY = 1{,}0$$
und
$$gL/gi = 0{,}0.$$

Einsetzen in (25) ergibt:

$$gP = gM - gY. \tag{23}$$

Die einfache quantitätstheoretische Vorstellung gemäß der Gleichung (23) gilt also nur unter der einschränkenden Voraussetzung einer stabilen Geldnachfrage mit einer konstanten Umlaufsgeschwindigkeit. Kurzfristig kann dieser Zusammenhang durch kurzfristig auftretende Änderungen der Geldnachfragegewohnheiten gestört werden. Wollen die Wirtschaftssubjekte z.B. kurzfristig mehr Geld halten als üblicherweise (z.B. wegen erhöhter Unsicherheit usw.), dann sinkt in diesem Fall die Umlaufsgeschwindigkeit unter ihren langfristigen Normalwert. Langfristig kann man jedoch davon ausgehen, daß die Umlaufsgeschwindigkeit eine stabile Funktion einiger Größen wie Realeinkommen, Zinsen und Inflationsrate ist.

Positiv gewendet bedeutet dieser langfristig gegebene Zusammenhang, daß die Zentralbank grundsätzlich in der Lage ist, eine Inflation zu vermeiden. Die Zentralbank braucht hierzu lediglich dafür Sorge zu tragen, daß die Geldmenge nicht stärker ansteigt als die realen Produktionsmöglichkeiten. Diesen Sachverhalt macht sich die Bundesbank in Form der potentialorientierten Geldmengenpolitik zunutze. Zur Vermeidung eines unerwünschten Preisniveauanstiegs versucht man das Geldmengenwachstum auf das Wachstum des Produktionspotentials zu begrenzen. Als Indikator für Y wählt man das Produktionspotential und nicht das tatsächliche reale Sozialprodukt, um das Geldmengenwachstum nicht an den kurzfristig schwankenden Sozialproduktwerten zu orientieren, sondern an dem sich langfristig stetig entwickelnden Potentialwert. Als die zu steuernde Geldmenge gilt zur Zeit M3. Man wählt dieses weite Geldmengenaggregat, um Umschichtungen zwischen den verschiedenen Geldarten Rechnung zu tragen. Jeweils im Dezember eines Jahres gibt die Bundesbank den für das nächste Jahr angestrebten Zielwert für das Wachstum der Geldmenge M3 bekannt. Dieser Zielwert wird in Form eines Zielkorridors (auch: Zieltrichter) formuliert, um auf unerwartete Entwicklungen flexibel reagieren zu können. Im übrigen wird seit 1988 dem langfristig sinkenden Trend der Umlaufsgeschwindigkeit (vgl. Schaubild 14.2) mit einem halben Prozentpunkt Rechnung getragen. So ergibt sich dann z.B. bei einem geschätzten Potentialwachstum von 2,5% plus dem trendmäßigen Sinken der Umlaufsgeschwindigkeit von 0,5% eine untere Grenze für das Geldmengenwachstum von ca. 3%. Als Zielkorridor gibt dann in diesem Beispiel die Bundesbank z.B. 3-5% vor. Durch den Einsatz des geldpolitischen Instrumentariums versucht die Bundesbank sodann, diesen Zielwert für das Geldmengenwachstum einzuhalten.

Seit Beginn der Europäischen Währungsunion am 1. Januar 1999 liegt die Festlegung der geldpolitischen Strategie beim ESZB. Man hat sich dafür entschieden, im **Eurosystem die Geldmengenorientierung** um ausgewählte Elemente der direkten **Inflationskontrolle** zu ergänzen. Die vom EZB-Rat Ende 1998 beschlossene Strategie umfasst 3 Elemente. Erstens ist eine Inflationsrate von mittelfristig unter 2% als quantitatives Ziel für die Preisniveaustabilität festgelegt. Zweitens wird die herausragende Rolle der Geldmenge betont. Und drittens wird eine breit fundierte Beurteilung der Aussichten für die Preisniveaustabilität vorgenommen. Die Strategie ist der potentialorientierten **Geldmengenpolitik** insofern sehr verwandt, als der Geldmenge eine herausragende Rolle zugewiesen wird. So hat der EZB-Rat entsprechend dem Berechnungsmodus bei der potentialorientierten Geldmengenpolitik im Dezember 1998 einen Referenzwert von 4 1/2% pro Jahr für M3 in Euroland bekanntgegeben.

4. Pro und Contra der Geldmengenpolitik

Die Gegenposition zum Konzept einer potentialorientierten Geldmengenpolitik ist die **Mehrindikatorenkonzeption**.

Die Mehrindikatorenkonzeption bedeutet, daß die Zentralbank ihre Geldpolitik nicht nur starr an dem einzigen Indikator Geldmenge orientiert, sondern auch an anderen Größen wie Zins, Wechselkurs, Produktion, Beschäftigung usw. Die starre Regelbindung der Geldpolitik soll aufgegeben werden zugunsten einer an aktuellen Erfordernissen orientierten **diskretionären Politik**. Im Extrem soll auf Geldmengenziele völlig verzichtet werden, um der Zentralbank die Möglichkeit zu eröffnen, flexibel auf wechselnde Herausforderungen reagieren zu können.

Man kann sich die hinter diesem Vorschlag stehenden Befürchtungen über die Nachteile der Geldmengenpolitik am Beispiel der Möglichkeit einer **instabilen Geldnachfrage** verdeutlichen. Bei instabiler Geldnachfrage kann eine Geldmengenpolitik zu einer Destabilisierung des Wirtschaftsprozesses führen. Steigt die Geldnachfrage z.B. aktuell wegen zunehmender Unsicherheiten über die künftige konjunkturelle und monetäre Entwicklung unprognostiziert an, d.h. sinkt die Umlaufsgeschwindigkeit, dann führt eine potentialorientierte Begrenzung des Geldmengenwachstums über Zinssteigerungen und reale Aufwertungen zu einer Verstärkung der rezessiven Entwicklungen. Umgekehrt können konjunkturelle Überhitzungserscheinungen noch verstärkt werden, wenn einer unprognostiziert ansteigenden Umlaufsgeschwindigkeit nicht durch eine Rückführung des Geldmengenwachstums begegnet wird.

Neben der Möglichkeit von Instabilitäten bei der Geldnachfrage werden auch die Möglichkeiten von Änderungen im Geldangebotsprozeß der Banken und Richtungsänderungen der internationalen Kapitalströme gesehen.

Wie ist diese kritische Einstellung zum Konzept der Geldmengenpolitik zu werten?

Grundsätzlich kann eine Zentralbank **entweder Mengen- oder Preispolitik** betreiben. Im ersten Fall wird eine bestimmte Geldmenge angestrebt und somit auf eine Steuerung des Zinses und des Wechselkurses verzichtet. Im zweiten Fall wird ein bestimmtes Zins- und/oder Wechselkursziel angestrebt und somit auf die Verfolgung eines Geldmengenzieles verzichtet. Die Abkehr von der Geldmengenpolitik bedeutet die Verfolgung bestimmter Zins- und Wechselkursziele. So kann z.B. in einer konkreten Situation die Überschreitung des Zielkorridors gefordert werden, um über Zinssenkung und Abwertung (bzw. Verhinderung von Zinssteigerung und Aufwertung) zu mehr Produktion und Beschäftigung beizutragen.

Gegen die Mehrindikatorenkonzeption können jedoch folgende Einwände vorgebracht werden, die letztlich für die Geldmengenpolitik der Bundesbank sprechen.

Zunächst einmal ist festzustellen, daß die Bundesbank den Bedenken gegenüber einer zu starren Regelbindung durch die Art ihrer Politik durchaus Rechnung trägt. Die Bundesbank verfolgt eine **pragmatische Linie** und keine reine Geldmengenpolitik. Man kann die flexible Handhabung des Konzepts durch die Bundesbank an folgenden Merkmalen ihrer Politik erkennen.

Erstens erfolgen die Zielvorgaben für die Geldmenge in Form eines **Zielkorridors**, und nicht in Form eines Punktziels. Hierin kommt zum Ausdruck, daß die Bundesbank sich nicht nur an der Geldmenge orientiert, sondern durchaus auch an anderen Indikatoren. Der Zielkorridor kann nach Meinung der Bundesbank z.B. dann bis zum oberen Wert ausgeschöpft werden, wenn die DM wegen Auslandsgeldzuflüssen stark aufwertet, was über Verbilligung der Importe die Inflationsgefahren mildert. In diesem Fall würde man sich nicht nur an der Geldmenge, sondern auch am Wechselkurs orientieren. Dagegen wäre an der unteren Grenze des Zielkorridors zu verbleiben, wenn es zu einer kräftigen Ausweitung der Euro-DM-Haltung kommt (Quasi-Geldbestände, die nicht in M3 enthalten sind). In diesem Fall würde man der zu engen Geldmengen-Definition M3 Rechnung tragen und die Entwicklung der Geldmenge M3 erweitert berücksichtigen.

Zweitens ist die Bundesbank im Zweifel bereit, kräftige **Überschreitungen des gesteckten Geldmengenziels** zuzulassen, wenn dies aus konjunkturellen Gründen notwendig erscheint und keine Gefahren für die Preisniveaustabilität erkennbar sind. Dies war z.B. 1986 bis 1988 der Fall (1986 Ziel = 3,5-5,5%, Ergebnis = 7,8%; 1987 Ziel = 3-6%, Ergebnis = 8,1%; 1988: Ziel = 3-6%, Ergebnis = 6,7%). Die Bundesbank hat die Zielüberschreitungen toleriert, um der unerwartet stark steigenden Geldnachfrage (Börsen-Crash, Unsicherheit) Rechnung zu tragen. Die Bundesbank orientierte sich also hier nicht an der Geldmenge, sondern am Zinsniveau, welches aus konjunkturellen Gründen niedrig gehalten werden sollte. Die Zinsen wären stark angestiegen, wenn das Geldmengenziel eingehalten worden wäre. Gefahren für die Preisniveaustabilität ergeben sich solange nicht, solange die starke Geldmengenausdehnung Ausdruck einer gestiegenen Geldnachfrage ist (anders ausgedrückt: die Umlaufsgeschwindigkeit sinkt), und nicht als Güternachfrage wirksam wird.

Die weiteren Einwände gegen die Mehrindikatorenkonzeption sind mehr grundsätzlicher Art.

Erstens besteht aufgrund langer und variabler **Wirkungsverzögerungen** geldpolitischer Maßnahmen die Gefahr der Destabilisierung des Wirtschaftsablaufs. Änderungen des Geldmengenwachstums wirken zeitlich verzögert auf die Binnennachfrage. Diese zeitlichen Verzögerungen variieren sehr stark. Änderungen der Geldmenge M1 bewirken nach zwei bis drei Quartalen gleichgerichtete Änderungen der Inlandsnachfrage. Die Wirkungsverzögerung der Geldpolitik auf die Preise beträgt im Mittel ca. zweieinhalb Jahre. Der Transmissionsmechanismus geldpolitischer Impulse ist jedoch zeitlich sehr variabel und nicht hinreichend präzise prognostizierbar. Diese Variabilität hat in den 80er Jahren vermutlich zugenommen. Ursache dürfte die starke Unsicherheit bezüglich der Entwicklung von Wechselkursen und Rohstoffpreisen, sowie die Verschärfung der Verschuldungsproblematik sein. Die Geldpolitik sollte daher nicht zum Zwecke der konjunkturellen Feinsteuerung eingesetzt werden, sondern statt dessen einen mittelfristig am Wachstum des Produktionspotentials orientierten Kurs steuern.

Zweitens ist eine Beeinflussung der relevanten realen Größen realer Kapitalmarktzins und realer Wechselkurs durch die Geldpolitik letztlich überhaupt

nicht möglich. Eine starke Expansion der Geldmenge treibt über einen Anstieg der erwarteten Inflationsrate auch den nominalen Kapitalmarktzins in die Höhe. Der reale Wechselkurs kann zwar durch die Geldpolitik über den nominalen Wechselkurs in der gewünschten Weise beeinflußt werden, jedoch sind die mittel- bis langfristigen Wirkungen der Geldpolitik auf den nominalen Wechselkurs völlig unkalkulierbar.

Drittens besteht die Gefahr, daß die Verfolgung bestimmter Zins- und Wechselkursziele wegen des Verzichts auf eine stabilitätsorientierte Geldmengenkontrolle zu **Inflation** führt. Hieraus ergeben sich schwerwiegende Nachteile für Produktion und Beschäftigung. Bei fehlender Geldillusion ist von einer Zielharmonie zwischen Preisniveaustabilität und Vollbeschäftigung auszugehen.

VI. Zusammenfassung

Auf dem makroökonomischen Geldmarkt treffen die Geldnachfrage der Nichtbanken und das Geldangebot des Bankensystems zusammen.

Die **Geldnachfrage** resultiert aus verschiedenen Kassenhaltungsmotiven. Die reale Geldnachfrage ist positiv abhängig vom Realeinkommen und negativ abhängig vom Zins und von der Inflationsrate. Die Geldnachfragefunktion ist langfristig stabil mit einer Einkommenselastizität von ca. + 1 und einer sehr niedrigen negativen Zinselastiziät. Die **Umlaufsgeschwindigkeit** schwankt kurzfristig um einen langfristig stabilen, leicht sinkenden Trend. Spezialfälle der Geldnachfragefunktion sind die klassische Verkehrsgleichung mit konstanter Umlaufsgeschwindigkeit und die keynesianische Liquiditätspräferenzfunktion mit instabiler Umlaufsgeschwindigkeit. Die monetaristische Neo-Quantitätstheorie kann als Synthese dieser beiden Spezialfälle interpretiert werden.

Das **Geldangebot** in einem zweistufigen Bankensystem entspricht der Geldbasis mal dem Geldschöpfungsmultiplikator. Auf der Grundlage von Verhaltensparametern ist das Geldangebot abhängig vom Verhalten der Nichtbanken über die Bargeldumlaufquote, vom Verhalten der Geschäftsbanken über die Reservequote und vom Verhalten der Zentralbank über die Schaffung von Zentralbankgeld. In einer den **Kreditmarkt** berücksichtigenden Geldangebotsfunktion ist das Geldangebot positiv vom Zins und von der Geldbasis abhängig und negativ vom Leitzins der Zentralbank, vom Mindestreservesatz und von der Bargeldumlaufquote. Die Zinselastizität des Geldangebots ist nur gering. Die zentrale Determinante des Geldangebots ist die **Geldbasis**.

Die Zentralbank kann die Geldbasis und damit die Geldmenge durch den Einsatz des **geldpolitischen Instrumentariums** steuern. Zum Zwecke der Realisierung der Preisniveaustabilität verfolgt die EZB in pragmatischer Form eine **potentialorientierte Geldmengenpolitik**. Die Alternative der Mehrindikatorenkonzeption ist wenig überzeugend.

Literatur zum 14. Kapitel

Überblick:

Kath, D.: Geld und Kredit. In: D. Bender u.a.: Vahlens Kompendium der Wirtschaftstheorie und Wirtschaftspolitik. Band 1. 4. Aufl. München 1990. S. 175-218.

Lehrbücher:

Borchert, M.: Geld und Kredit, Einführung in die Geldtheorie und Geldpolitik. 2. Aufl. München 1992.
Cezanne, W.: Grundzüge der Makroökonomik. 5. Aufl. München 1991. S. 59-87.
Claassen, E.-M.: Grundlagen der Geldtheorie. 2. Aufl. Berlin 1980.
Duwendag, D. u.a.: Geldtheorie und Geldpolitik. Eine problemorienticrte Einführung mit einem Kompendium bankstatistischer Fachbegriffe. 3. Aufl. Köln 1985.
Fuhrmann, W.: Geld und Kredit. Prinzipien monetärer Makroökonomie. 2. Aufl. München 1987.
Issing, O.: Einführung in die Geldpolitik. 3. Aufl. München 1990.
Issing, O.: Einführung in die Geldtheorie. 7. Aufl. München 1990.
Jarchow, H. J.: Theorie und Politik des Geldes.
  Bd. 1: Geldtheorie. 8. Aufl. Göttingen 1990.
  Bd. 2: Geldmarkt, Bundesbank und geldpolitisches Instrumentarium. 5. Aufl. Göttingen 1988.
Köhler, C.: Geldwirtschaft. Bd. 1. Geldversorgung und Kreditpolitik. 2. Aufl. Berlin 1977.
Siebke, J. und M. Willms: Theorie der Geldpolitik. Heidelberg 1974.
Stobbe, A.: Volkswirtschaftslehre III. Makroökonomik. 2. Aufl. Berlin 1987. S. 149-245.
Woll, A. und G. Vogl: Geldpolitik. Stuttgart 1976.

Sammelbände:

Brunner, K., H. G. Monissen und M. J. M. Neumann (Hrsg.): Geldthorie. Köln 1974.
Friedman, M. (Hrsg.): Studies in the quantity theory of money. Chicago 1956.
Friedman, M.: Die optimale Geldmenge und andere Essays. München 1970.
Thieme, H. J. (Hrsg.): Geldtheorie. Entwicklung, Stand und systemvergleichende Anwendung. 2. Aufl. Baden-Baden 1987.

Spezielle Themengebiete:

Geldnachfrage und Geldangebot:

Burger, A. E.: The money supply process. Belmont 1971.
Laidler, D. E. W.: The demand for money. Theories, evidence and problems. 3. Aufl. New York 1985.
Neldner, M.: Die Bestimmungsgründe des volkswirtschaftlichen Geldangebots. Berlin 1976.
Westphal, U.: Theoretische und empirische Untersuchungen zur Geldnachfrage und zum Geldangebot. Tübingen 1970.
Woll, A.: Die Theorie der Geldnachfrage. Analytische Ansätze und statistische Ergebnisse für die Bundesrepublik Deutschland. Zeitschrift für die gesamte Staatswissenschaft. Bd. 125/1969. S. 56-81.

Geldpolitik der Deutschen Bundesbank:

Deutsche Bundesbank (Hrsg.): Die Deutsche Bundesbank. Geldpolitische Aufgaben und Instrumente. Sonderdrucke der Deutschen Bundesbank Nr. 7. 5. Aufl. Frankfurt 1989.
Dickertmann, D. und A. Siedenberg: Instrumentarium der Geldpolitik. 4. Aufl. Düsseldorf 1984.

Geldpolitik in der Europäischen Währungsunion:

Deutsche Bundesbank (Hrsg.): Die Umsetzung der Geldpolitik des ESZB durch die Deutsche Bundesbank und ihre Ausformung in den Allgemeinen Geschäftsbedingungen. In: Monatsbericht November 1998. S. 19-26.

Europäische Zentralbank (Hrsg.): Die einheitliche Geldpolitik in Stufe 3. Allgemeine Regelungen für die geldpolitischen Instrumente und Verfahren des ESZB. Frankfurt 1998.

15. Kapitel: Inflation

I. Inflationstheorien

1. Quantitätstheorie

a. Darstellung

Eine der ältesten Inflationstheorien ist die Quantitätstheorie. Gemäß der Quantitätstheorie ist eine Inflation immer die Folge einer zu starken Aufblähung der **Geldmenge**. Die Höhe des Preisniveaus ist nur abhängig von der Höhe der umlaufenden Geldmenge.

Die formale Darstellung der Quantitätstheorie ist die Quantitätsgleichung oder Verkehrsgleichung des Geldes (FISHER, 1911):

$$M \cdot V = Y \cdot P. \qquad (1)$$

In Gleichung (1) bezeichnet M die nominale Geldmenge, V die Umlaufsgeschwindigkeit des Geldes, Y die reale Produktion und P das Preisniveau. Wir haben diese Gleichung bereits an mehreren Stellen kennengelernt (vgl. 13. Kapitel, Ziffer I). Die entscheidende Größe in (1) ist die **Umlaufsgeschwindigkeit** des Geldes. Beträgt die Geldmenge z.B. 20% des Nominalwertes der Produktion, dann ist die Umlaufsgeschwindigkeit V = 5. Das bedeutet, daß jede Geldeinheit zur finanziellen Abwicklung der Nominalproduktion fünfmal benutzt wird. Die Umlaufsgeschwindigkeit charakterisiert also die Zahlungsgewohnheiten.

Unter inflationstheoretischen Gesichtspunkten ist die Aussage der Gleichung (1), daß bei Konstanz von Umlaufsgeschwindigkeit und gegebenem Wachstum der Realproduktion ein strikt proportionaler Zusammenhang zwischen der Höhe der umlaufenden Geldmenge und der Höhe des Preisniveaus besteht. Verfügen die Wirtschaftssubjekte über mehr Geld und verwenden sie dieses Geld in gewohnter Weise für Güterkäufe, dann steigen die Preise, wenn die reale Güterproduktion beschränkt ist. Ist in Gleichung (1) V konstant, dann gilt für die prozentualen Änderungen:

$$gP = gM - gY.$$

Die **Inflationsrate ist stets gleich dem Geldmengenwachstum abzüglich der Wachstumsrate der Realproduktion**. Im einfachsten Fall ist die Realproduktion im Vollbeschäftigungsniveau gegeben, d.h. wächst nicht. Dann ist die Inflationsrate gleich der Zuwachsrate der Geldmenge.

Man kann sich den Zusammenhang auch anhand eines P-Y-Achsenkreuzes mit Güterangebots- und Güternachfragefunktion verdeutlichen.

Die reale Produktion Y in Gleichung (1) wird als die Nachfrage Y^d interpretiert. Es gilt:

$$Y^d = V \cdot (M/P).$$

15. Kap.: Inflation

Die Güternachfrage entspricht der realen Geldmenge multipliziert mit der Umlaufsgeschwindigkeit des Geldes.

Das Angebot Y^s ist im Vollbeschäftigungsniveau Y_0 gegeben. Diese Verhältnisse sind in Abbildung 15.1 dargestellt.

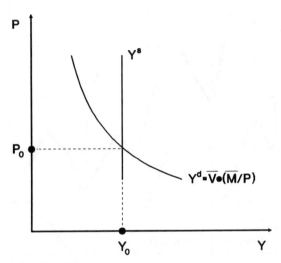

Abb. 15.1 Quantitätstheorie

Die Nachfrage kann bei gegebener Umlaufsgeschwindigkeit nur durch eine Erhöhung der Geldmenge steigen, was dann eine entsprechende Steigerung des Preisniveaus auslöst (Rechtsverschiebung der Y^d-Linie). Dies ist der Inflationstyp der aktiven Geldmengeninflation. Im Modell der Quantitätstheorie ist dies die einzige Möglichkeit für das Entstehen einer Inflation. Der Inflationstyp einer nichtmonetären Nachfrageinflation z.b. ist in diesem Modell nicht möglich. Steigen autonome Nachfragekomponenten wie z.B. die Staatsausgaben, dann werden hierdurch bei konstanter Geldmenge so starke Zinssteigerungen ausgelöst, daß davon zinsabhängige private Nachfragekomponenten wie z.B. die Investitionsnachfrage im gleichen Ausmaß so verdrängt werden **(crowding-out)**, daß die Gesamtnachfrage per Saldo gleich bleibt. Bei konstanter Geldmenge ist es methodisch lediglich möglich, daß die Nachfrage durch eine steigende Umlaufsgeschwindigkeit zunimmt. Dies ist jedoch qua Annahme ausgeschlossen.

Der zutreffende Kern der Quantitätstheorie ist der empirisch nachweisbare Sachverhalt des **langfristig** gegebenen Zusammenhangs zwischen Geldmengen- und Preisentwicklung. Es gibt langfristig keine Inflation, ohne daß die umlaufende Geldmenge entsprechend ausgeweitet wird. In Schaubild 15.1 ist dieser Zusammenhang für den Zeitraum 1970 bis 1990 dargestellt.

Schaubild 15.1 macht deutlich, daß die Geldmengen- und Preisentwicklung mit einer gewissen zeitlichen Verzögerung langfristig praktisch parallel verlaufen. Der recht konstante Abstand zwischen den Zuwachsraten setzt sich aus dem Realwachstum und Änderungen der Umlaufsgeschwindigkeit zusammen.

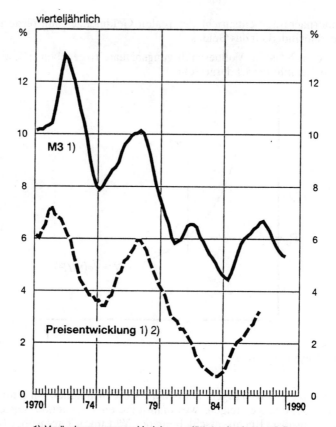

Schaubild 15.1 Längerfristige Geldmengen- und Preisentwicklung

Quelle: Deutsche Bundesbank, Monatsbericht Januar 1992.

b. Kritik

Der Mangel der Quantitätstheorie besteht darin, daß der Zusammenhang zwischen Geldmengen- und Preisentwicklung **kurzfristig** gelockert sein kann.

Erstens ist insbesondere bei hinreichend starken Zinsschwankungen die **Umlaufsgeschwindigkeit** kurzfristig nicht konstant (vgl. Schaubild 14.2). Dadurch kann es zu Abweichungen der Inflationsrate von dem über die Realproduktion hinausschießenden Geldmengenanstieg kommen. Wird die Geldmenge z.B. um 9% ausgedehnt bei einem Realwachstum der Produktion von 2%, dann muß es kurzfristig nicht unbedingt zu einer Inflation von 7% kommen. Es ist kurzfristig möglich, daß die Umlaufsgeschwindigkeit z.B. um 2% sinkt und damit die Inflationsrate nur 5% beträgt.

Zweitens ist es kurzfristig möglich, daß das **reale Wachstum** selbst von der Geldmengenentwicklung beeinflußt wird, d.h. nicht unabhängig von der Geldmengenentwicklung ist. Gehen wir z.B. wiederum von einem Geldmengenanstieg von 9% aus, und nehmen außerdem eine Konstanz der Umlaufsgeschwindigkeit an. Dann ist die Kombination 2% Wachstum und 7% Inflation kurzfristig nicht unbedingt zwingend. Von der Geldmengenentwicklung können reale Wirkungen dergestalt ausgehen, daß z.B. das reale Wachstum auf 6% ansteigt und die Inflation damit nur 3% beträgt. Solche realen Wirkungen der Geldpolitik sind in der einfachen Quantitätstheorie durch die Annahme der exogen vorgegebenen Realproduktion ausgeschlossen.

2. Keynesianische Inflationstheorien

a. Die Höhe des Preisniveaus

Während in der Quantitätstheorie die Geldmenge die zentrale Ursache für die Inflation ist, spielt in den keynesianischen Inflationstheorien die Geldmenge für die Inflation praktisch überhaupt keine Rolle.

Die keynesianischen Inflationstheorien können anhand des P-Y-Achsenkreuzes mit Nachfrage- und Angebotsfunktion erläutert werden. Die Höhe des Preisniveaus ergibt sich aus dem Zusammenspiel zwischen gesamtwirtschaftlicher Nachfrage Y^d und gesamtwirtschaftlichem Angebot Y^s, wie in Abbildung 15.2 dargestellt.

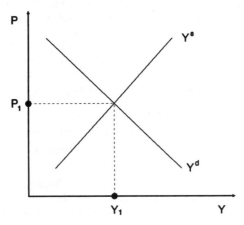

Abb. 15.2 Angebot-Nachfrage-Modell

Die Nachfrage ist über den Zins- und den Vermögenseffekt negativ vom Preisniveau abhängig, und das Niveau der Nachfrage hängt positiv ab von exogenen Nachfragegrößen wie z.B. der Staatsnachfrage. Das Angebot ist aufgrund von verzögerten Lohnanpassungen positiv vom Preisniveau abhängig, und das Niveau des Angebots hängt positiv ab vom Kostenniveau der Produzenten. Auf der Grundlage dieses Modells kann es aus zwei Gründen zu einem Preisniveauanstieg kommen. Entweder führt eine **steigende Nachfrage** oder ein **steigendes Kostenniveau** zu einem Anstieg des Preisniveaus.

b. Nichtmonetäre Nachfrageinflation

Bei der nichtmonetären Nachfrageinflation wird die Inflation durch einen exogenen **güterwirtschaftlichen Nachfragesog** (auch: demand-pull-inflation) ausgelöst. Dies kann eine Erhöhung der Staatsausgaben sein, eine Erhöhung der autonomen privaten Konsum- und/oder Investitionsausgaben, oder eine Erhöhung des Außenbeitrages. Eine Erhöhung der Geldmenge führt natürlich prinzipiell auch zu einer Nachfrageerhöhung, wird jedoch hier wegen der Beschränkung auf nichtmonetäre Inflationsursachen ausgeschlossen. Die Nachfrageerhöhung bewirkt, daß bei dem ursprünglichen Preisniveau zunächst eine Überschußnachfrage vorliegt (Rechtsverschiebung der Y^d-Linie in Abbildung 15.2). Das Preisniveau steigt an, und je nach Elastizität des Güterangebots steigt auch das reale Sozialprodukt mehr oder weniger stark an. Ein fortdauernder Anstieg des Preisniveaus, d.h. eine Inflation im eigentlichen Sinne, kann dann anschließend dadurch entstehen, daß die Lohnempfänger wegen der Reallohnsenkung eine **Nominallohnerhöhung** durchsetzen. Das Kostenniveau der Wirtschaft steigt. Hierdurch wird das Preisniveau wiederum nach oben gedrückt **(induzierte Kosteninflation)**. Gleichzeitig sinkt jedoch das reale Sozialprodukt (Linksverschiebung der Y^s-Linie in Abbildung 15.2). Dies führt dann wieder z.B. zu einer Nachfrageerhöhung durch den Staat, um das Sozialprodukt wieder zu steigern, was den gesamten Ablauf erneut in Gang setzt usw.

c. Kosteninflation

Bei der Kosteninflation (auch: cost-push-inflation) ist das auslösende Moment für den Preisniveauanstieg ein **Kostenschub** auf der Angebotsseite. Die Produzenten setzen aus irgendwelchen Gründen die Produktpreise herauf (Linksverschiebung der Y^s-Linie in Abbildung 15.2). Die Folge ist, daß das Preisniveau steigt und das reale Sozialprodukt sinkt. Ein sich weiter fortsetzender Preisniveauanstieg kann dann daraus resultieren, daß z.B. der Staat durch eine Ausgabenerhöhung versucht, das ursprüngliche Sozialprodukt wieder zu erreichen (Rechtsverschiebung der Y^d-Linie in Abbildung 15.2). Das Preisniveau steigt erneut an **(induzierte Nachfrageinflation)**, was dann zu Nominallohnerhöhungen führt, die eine erneute Runde der Kosteninflation in Gang setzen usw.

Die anfängliche Preisanhebung durch die Produzenten kann verschiedene Ursachen haben.

Erstens kommt eine autonome Erhöhung des **Nominallohnniveaus** in Betracht, die über den Produktivitätsanstieg hinausgeht und durch die die Lohnbezieher versuchen, die Lohnquote zu erhöhen. Die Unternehmer versuchen, die damit einhergehende Senkung der Gewinnquote zu vermeiden, indem sie versuchen, die Lohnkostenerhöhung auf die Preise zu überwälzen. Es handelt sich bei diesem Verlauf um eine **Verteilungskampfinflation**, die von den Lohnbeziehern ausgelöst wird (sog. Lohn-Preis-Spirale).

Zweitens können **andere Produktionsfaktoren** wie z.B. Rohstoffe oder Importe im Preis ansteigen, was dann ebenfalls eine entsprechende Kostendruckinflation auslöst.

Drittens kann der Typ der **Marktmachtinflation** vorliegen. Hierbei üben die Unternehmer einen autonomen Gewinndruck auf die Preise aus, um die Gewinnquote zu Lasten der Lohnquote zu erhöhen. Auch dies ist eine **Verteilungskampf-**

inflation, die allerdings von den Gewinnbeziehern und nicht von den Lohnbeziehern ausgelöst wird (sog. Preis-Lohn-Spirale).

Viertens schließlich wird die **Strukturtheorie der Inflation** unterschieden. In einer wachsenden Wirtschaft kommt es regelmäßig zu einem Strukturwandel. Bestimmte Branchen expandieren, andere Branchen schrumpfen. Wenn nun in den expandierenden Branchen die Preise steigen, ohne daß in den schrumpfenden Branchen die Preise entsprechend sinken, weil dort z.b. die Lohnkosten nach unten starr sind, dann kommt es per Saldo zu einem Preisniveauanstieg. Dieser Strukturanpassungsdruck kann allerdings lediglich begrenzte Preisniveausteigerungen erklären, die teilweise als schleichende Inflation (1-1,5% Preisniveauanstieg) bezeichnet werden.

d. Kritik

Der wesentliche Einwand gegen die keynesianischen Inflationstheorien betrifft die **Vernachlässigung der Rolle des Geldes**. Betrachten wir z.B. die Fälle der nichtmonetären Nachfrageinflation. Wenn die Zentralbank die Ausgabesteigerungen nicht durch eine entsprechende Ausdehnung der Geldmenge finanziert, dann sinkt durch die Inflation der Realwert der umlaufenden Geldmenge. Dies führt aber zu Zinssteigerungen. Kurzfristig kann es dadurch durch einen entsprechenden Anstieg der Umlaufsgeschwindigkeit zu einem Preisniveauanstieg auch bei konstanter Geldmenge kommen. Jedoch muß ein andauernder Preisniveauanstieg vom Typ nichtmonetäre Nachfrageinflation bei Konstanz der Geldmenge mit einem permanent ansteigenden Zinsniveau einhergehen. Auch ein solcher Verlauf ist als theoretischer Extremfall vorstellbar, realiter jedoch völlig unbekannt. Also kann gefolgert werden, daß jede zunächst nichtmonetäre Nachfrageinflation von einer Geldmengenausdehnung begleitet wird, denn nur hierdurch kann der permanente Zinsanstieg verhindert werden. Dann ist es aber auch gerechtfertigt, anstelle einer nichtmonetären Nachfrageinflation eine **passive Geldmengeninflation** zu diagnostizieren, d.h. die Ausdehnung der Geldmenge als das letztlich entscheidende Merkmal dieses Inflationsprozesses anzusehen. Wird die Nachfragesteigerung von vornherein durch eine Ausdehnung der Geldmenge ausgelöst, dann handelt es sich uneingeschränkt um den Typ der **aktiven Geldmengeninflation**.

Die gleichen Überlegungen gelten analog für die diversen Spielarten der Kosteninflation.

Insgesamt kann festgestellt werden, daß eine Ausdehnung der Geldmenge, entweder aktiv oder passiv, ein konstituierendes Merkmal sowohl der Nachfrage- als auch der Kosteninflation ist.

3. PHILLIPS-Kurven-Theorie

Die keynesianischen Inflationstheorien haben durch die PHILLIPS-Kurven-Theorie eine gewisse Erweiterung und Synthese erfahren.

Wir wollen zunächst kurz den Hintergrund der PHILLIPS-Theorie und deren Bezug zur Inflationstheorie skizzieren. PHILLIPS stellte anhand langer Zeitreihen für England eine negative Abhängigkeit zwischen Arbeitslosenquote und Steigerungsrate des Nominallohnes fest (PHILLIPS, 1958). In der Studie von PHILLIPS gehen niedrige Arbeitslosenquoten und eine dementsprechend gute

Konjunkturlage mit hohen Lohnsteigerungen einher, während umgekehrt hohe Arbeitslosenquoten und eine dementsprechend schlechte Konjunkturlage mit relativ niedrigen Lohnsteigerungen einhergehen. Die Verbindung von diesem Befund zur Inflationstheorie kann so gezogen werden, daß man die Lohnsteigerungsraten wegen des Kostencharakters von Löhnen mit Inflationsraten gleichsetzt. Gemäß dieser Interpretation lautet der Befund dann, daß niedrige Arbeitslosenquoten mit hohen Inflationsraten einhergehen, während hohe Arbeitslosenquoten mit niedrigen Inflationsraten verbunden sind. Daraus wurde für die praktische Wirtschaftspolitik insbesondere in den 70er Jahren der Schluß gezogen, daß mit mehr Inflation mehr Beschäftigung zu erzielen ist. Zwischen **Vollbeschäftigung und Preisniveaustabilität** besteht nach dieser Ansicht ein **Zielkonflikt**. In der 2. Hälfte der 70er Jahre kehrte sich die in der PHILLIPS-Theorie unterstellte negative Beziehung zwischen Arbeitslosenquote und Inflationsrate zunehmend um. Es setzte sich aufgrund entsprechender Erfahrungen die Ansicht durch, daß zwischen Vollbeschäftigung und Preisniveaustabilität nicht nur kein Konflikt besteht, sondern sogar umgekehrt eine **Komplementarität**. Für die Wirtschaftspolitik bedeutet dies, Preisniveaustabilität anzustreben auch und gerade zum Zwecke der Erreichung eines hohen Beschäftigungsstandes.

In der PHILLIPS-Theorie wird also eine Verbindung zwischen dem Arbeitsmarkt- und Produktionsbereich und der Inflation hergestellt. Im folgenden sollen die Inflationsgleichung der PHILLIPS-Theorie und die Grundzüge der Diskussion um diese Theorie kurz erläutert werden.

Ausgangspunkt der Analyse ist der Zusammenhang zwischen Reallohn und Beschäftigung. Auf dem Arbeitsmarkt sind Abweichungen der tatsächlichen Beschäftigung von der Vollbeschäftigung mit Abweichungen des Reallohnes von dem Niveau verbunden, welches mit Vollbeschäftigung vereinbar ist (vgl. 12. Kapitel, Ziffer II.2). Ein solcher ungleichgewichtiger Reallohn hat eine Tendenz zur Änderung auf das Gleichgewichtsniveau hin. Das Ausmaß der Reallohnänderung ist hierbei abhängig von der Abweichung der Beschäftigung von der Vollbeschäftigung und von der Reaktionsgeschwindigkeit des Reallohnes. Es gilt (kleine Buchstaben = prozentuale Änderung):

$$w - \pi = \beta \cdot (\bar{U} - U). \tag{2}$$

In Gleichung (2) steht auf der linken Seite die prozentuale Änderung des Reallohnes. Die Größe w ist die prozentuale Änderung des Geldlohnes, und π ist die Inflationsrate. Auf der rechten Seite steht $\bar{U}$ für die natürliche Arbeitslosenquote bei Vollbeschäftigung und U für die tatsächliche Arbeitslosenquote. Der Klammerausdruck auf der rechten Seite steht also für die Abweichung der tatsächlichen Beschäftigung von der Vollbeschäftigung. Von dieser Abweichung hängt die Änderung des Reallohnes über den Proportionalitätsfaktor β ab, der als Reaktionsgeschwindigkeit der Reallohnänderung interpretiert werden kann. In Situationen der Arbeitslosigkeit ist $U > \bar{U}$, und somit sinkt wegen $(w - \pi) < 0$ der Reallohn. Umgekehrt ist in Situationen der Überbeschäftigung $U < \bar{U}$, und somit steigt wegen $(w - \pi) > 0$ der Reallohn. Die Gleichung (2) beschreibt einfach den Anpassungsprozeß des Reallohnes auf dem Arbeitsmarkt bei Abweichungen von der Vollbeschäftigung.

Gleichung (2) kann wie folgt umformuliert werden:

$$w = \pi^* + \beta \cdot (\bar{U} - U). \tag{3}$$

In Gleichung (3) ist π^* die von den Arbeitnehmern erwartete Inflationsrate. Die Geldlohnsteigerung w setzt sich also gemäß Gleichung (3) zusammen aus einer Komponente, die die Inflationserwartung der Arbeitnehmer beschreibt (erster Summand rechts vom Gleichheitszeichen), und aus einer Komponente, die aus der Beschäftigungssituation resultiert (zweiter Summand rechts vom Gleichheitszeichen). Dieser Sachverhalt ist grafisch in Abbildung 15.3 dargestellt.

Abbildung 15.3 ist eine **PHILLIPS-Kurve**.

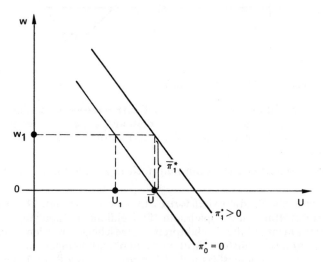

Abb. 15.3 PHILLIPS-Kurve

Wird ein stabiles Preisniveau erwartet ($\pi_0^* = 0$), dann steigt der Lohn in der Überbeschäftigungssituation U_1 um w_1, und der Lohn bleibt in der Vollbeschäftigungssituation $\bar{U}$ konstant. Wird von den Arbeitnehmern eine Inflationsrate $\pi_1^* > 0$ erwartet, dann steigt der Lohn auch in der Vollbeschäftigungssituation um π_1^* an.

Eine Änderung des Nominallohnes bewirkt nun ihrerseits eine Änderung des Preisniveaus in gleicher Richtung. Nominallohnsteigerungen sind Kostensteigerungen und führen dazu, daß von den Unternehmen eine gegebene Produktion nur zu höheren Preisen angeboten wird, während umgekehrt Nominallohnsenkungen zu Preissenkungen führen.

Es soll angenommen werden, daß die Nominallohnänderung gleich der Inflationsrate ist. Dann gilt:

$$w = \pi. \tag{4}$$

Gleichung (3) kann somit modifiziert werden zu:

$$\pi = \pi^* + \beta \cdot (\bar{U} - U). \tag{5}$$

Dieser Sachverhalt ist grafisch in Abbildung 15.4 dargestellt.

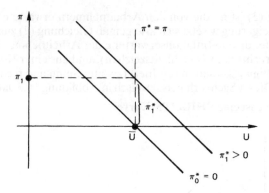

Abb. 15.4 Modifizierte PHILLIPS-Kurve

Abbildung 15.4 ist eine **modifizierte PHILLIPS-Kurve**. Man kann diese Darstellung bzw. die Gleichung (5) als eine **Inflationstheorie** interpretieren. Die Inflationsrate ist abhängig von der Inflationserwartung und von der Beschäftigungssituation.

Die Inflationsgleichung (5) kann nun noch in zweifacher Hinsicht erweitert werden.

Erstens wird ein **Produktivitätsfortschritt** f berücksichtigt. Der Produktivitätsfortschritt eröffnet einen Spielraum für Geldlohnerhöhungen, die von den Unternehmern nicht auf die Produktpreise aufgeschlagen werden. Das Ausmaß, in dem der Produktivitätsfortschritt in Geldlohnerhöhungen umgesetzt wird, wird durch einen Verteilungsfaktor $\gamma \gtreqless 1$ beschrieben. Ist z.B. $\gamma = 1$, dann liegt eine verteilungsneutrale, sog. produktivitätsorientierte **Lohnpolitik** vor. Die Geldlohnsteigerung entspricht dem Produktivitätsfortschritt, und die Verteilungsquoten bleiben folglich konstant. Ist dagegen z.B. $\gamma > 1$, dann liegt die Geldlohnsteigerung über dem Produktivitätsfortschritt. Dies entspricht einer Umverteilung zu Lasten der Unternehmer, die dann die Preise entsprechend anheben. Unter Berücksichtigung dieses Zusammenhangs lautet Gleichung (3) jetzt:

$$w = \pi^* + \beta \cdot (\overline{U} - U) + \gamma \cdot f. \qquad (6)$$

Die Lohngleichung (4) lautet unter Berücksichtigung des Produktivitätsfortschrittes:

$$w = \pi + f. \qquad (7)$$

Gleichung (7) eingesetzt in (6) und aufgelöst nach π ergibt:

$$\pi = \pi^* + \beta \cdot (\overline{U} - U) + (\gamma - 1) \cdot f. \qquad (8)$$

Zweitens kann nun noch in Gleichung (8) bei dem ersten Summanden π^* ein Faktor α berücksichtigt werden, der das Ausmaß beschreibt, in dem die Arbeitnehmer ihre Inflationserwartungen auch tatsächlich in Lohnerhöhungen umsetzen können. Man kann diesen Faktor als Macht-Faktor interpretieren, der die **Verhandlungsmacht** der Gewerkschaften in den Tarifverhandlungen charakterisiert.

Die **Inflationsgleichung der PHILLIPS-Theorie** lautet nunmehr vollständig:

$$\pi = \alpha \cdot \pi^* + \beta \cdot (\bar{U} - U) + (\gamma - 1) \cdot f. \tag{9}$$

Die drei Summanden rechts vom Gleichheitszeichen in (9) stehen für drei mögliche Ursachen für einen Anstieg der Inflationsrate. Dies kann anhand der Abbildung 15.5 erläutert werden.

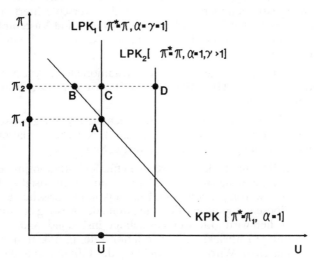

Abb. 15.5 Inflation und Arbeitslosigkeit

Erstens ist es möglich, daß die **erwartete Inflationsrate** ansteigt. Dies wird in den Tarifabschlüssen im Ausmaß α in Nominallohnerhöhungen umgesetzt, woraus dann über den Kostendruck ein Inflationsschub entsteht (Gleichung (9), erster Summand). In Abbildung 15.5 ist dies für den vereinfachten Fall $\alpha = \gamma = 1$ eine Bewegung von A nach C auf der langfristigen PHILLIPS-Kurve LPK_1. Die Linie LPK_1 ist deswegen eine sog. langfristige PHILLIPS-Kurve, weil der Inflationsanstieg korrekt antizipiert und in Lohnsteigerungen umgesetzt wird, d.h. $\pi^* = \pi$. Die Inflationsrate steigt an von π_1 auf π_2, ohne daß sich an der Beschäftigungssituation etwas ändert. Dieser Verlauf ist eine **Kosteninflation**, ausgelöst von der Erwartung eines Anstiegs der künftigen Inflationsrate.

Zweitens ist es möglich, daß durch eine **Überschußnachfrage am Gütermarkt** die Inflation ansteigt, ohne daß dies von den Arbeitnehmern richtig vorhergesehen wird. Die Nominallöhne werden nicht in voller Höhe dem tatsächlichen Anstieg der Inflationsrate angepaßt. Der Reallohn sinkt also, und hierdurch sinkt auch die Arbeitslosenquote (Gleichung (9), zweiter Summand). In Abbildung 15.5 ist dies eine Bewegung von A nach B auf der **kurzfristigen PHILLIPS-Kurve** KPK. Die Linie KPK ist deswegen eine sog. kurzfristige PHILLIPS-Kurve, weil der Inflationsanstieg falsch antizipiert und nicht in Lohnsteigerungen umgesetzt wird, d.h. $\pi^* < \pi$. Die Inflationsrate steigt an bei gleichzeitiger Verbesserung der Beschäftigungssituation. Hier liegt also ein **Zielkonflikt** zwischen Preisniveaustabilität und hohem Beschäftigungsstand vor. Dieser Verlauf entspricht dem Typ der **Nachfrageinflation**.

Drittens ist es möglich, daß die Arbeitnehmer eine **Umverteilung** zu ihren Gunsten durchsetzen (Gleichung (9), dritter Summand, $\gamma > 1$). Die Unternehmer versuchen, diese Kostensteigerung auf die Preise zu überwälzen. Die Inflationsrate steigt an, jedoch wegen der Umverteilung zugunsten der Arbeitnehmer um weniger als die Nominallöhne. Dies ist in Abbildung 15.5 eine Bewegung von A nach D. Die Inflationsrate steigt an, und die Beschäftigungssituation verschlechtert sich. Hier besteht also eine **Zielharmonie** zwischen Preisniveaustabilität und hohem Beschäftigungsstand. Der Anstieg der Inflationsrate verbessert die Beschäftigungssituation nicht nur nicht, sondern verschlechtert diese sogar. Der Verlauf entspricht dem Typ der **Verteilungskampf- und Kosteninflation**, da wegen hoher Lohnsteigerungen die Gewinnquote komprimiert wird und hierdurch die Preise steigen.

Welche Weiterentwicklung gegenüber den traditionellen keynesianischen Inflationstheorien stellt die PHILLIPS-Kurven-Theorie dar? Drei Merkmale erscheinen erwähnenswert.

Erstens gelingt durch den Ansatz gemäß Gleichung (9) eine gewisse **Synthese** aus Kosteninflation (erster und dritter Summand), Nachfrageinflation (zweiter Summand) und Verteilungskampfinflation (dritter Summand).

Zweitens ist die Bedeutung der **Erwartungen** für den Inflationsprozeß berücksichtigt. Der Zusammenhang zwischen Inflation und Arbeitslosigkeit hängt entscheidend von der Erwartungsbildung ab. Ein Zielkonflikt zwischen Preisniveaustabilität und Vollbeschäftigung existiert nur, wenn der Anstieg der Inflationsrate nicht vorhergesehen wird, d.h. wenn es gelingt, insbesondere die Arbeitnehmer über die künftige Entwicklung der Inflationsrate im unklaren zu belassen oder bewußt zu täuschen. Wird die Entwicklung der Inflationsrate dagegen korrekt antizipiert und in den Tarifabschlüssen entsprechend berücksichtigt, dann besteht eine Zielharmonie zwischen Preisniveaustabilität und Vollbeschäftigung.

Drittens ist die Theorie nach wie vor in dem Sinne **keynesianisch**, als die Bedeutung der Geldmengenentwicklung für den Inflationsprozeß vernachlässigt ist.

4. Das monetaristische Inflations-Modell als Synthese

Die verschiedenen Inflationstheorien quantitätstheoretischer und keynesianischer Provenienz haben in dem sog. monetaristischen Modell eine gewisse Synthese erfahren.

Zunächst wird die PHILLIPS-Kurven-Theorie zu einer **Angebotsfunktion für die Inflation** umformuliert. In Gleichung (9) wird zur Vereinfachung $\alpha = \gamma = 1$ gesetzt. Die Inflationsgleichung besagt dann, daß dann Vollbeschäftigung herrscht, wenn die Inflation korrekt antizipiert wird (Gleichung (9), $\pi = \pi^*$). Somit kann die folgende sog. LUCAS-Angebotsfunktion formuliert werden:

$$Y^s = Y_0 + a \cdot (\pi - \pi^*), \qquad a > 0. \tag{10}$$

Die Angebotsfunktion (10) ist grafisch in Abbildung 15.6 dargestellt.

Der Wert Y_0 ist die Produktion bei Vollbeschäftigung. Gemäß der Angebotsfunktion (10) für die Inflation kann das Sozialprodukt von dem Wert bei Vollbeschäftigung abweichen, wenn eine Differenz zwischen der tatsächlichen und der

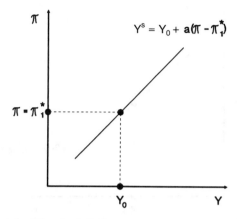

Abb. 15.6 Angebotsfunktion der Inflation

erwarteten Inflationsrate auftritt. Entwickelt sich die tatsächliche Inflationsrate bei einer feststehenden erwarteten Inflationsrate von dieser erwarteten Inflationsrate weg, dann bedeutet dies eine Bewegung auf der Angebotsfunktion. Ändert sich dagegen die erwartete Inflationsrate, dann verschiebt sich die Angebotsfunktion. Der **Erwartungswert für die Inflation** legt gewissermaßen das Niveau der Angebotsfunktion über dem Vollbeschäftigungswert Y_0 fest.

Durch diese Einbeziehung des Gedankengutes der PHILLIPS-Kurven-Theorie in das Inflations-Modell gelingt es, den Mangel der Quantitätstheorie zu beseitigen, daß nämlich ein Abweichen des Sozialproduktes vom Vollbeschäftigungswert unerklärt bleibt (vgl. oben Ziffer I.1; Abbildung 15.1).

Was die **Nachfrage** anbelangt, so ist diese durch die Geldpolitik beeinflußbar. Wird die Geldmenge z.B. nominal stärker ausgedehnt, als die Inflationsrate ausmacht (d.h. es wird eine expansive Geldpolitik betrieben), dann steigt wegen der real zunehmenden Geldmenge über den Zins- und den Vermögenseffekt die Nachfrage. Eine entsprechende **Nachfragefunktion der Inflation** ist:

$$Y^d = Y_{-1} + b \cdot (m - \pi), \quad b > 0. \tag{11}$$

In der Nachfragefunktion (11) für die Inflation steht Y_{-1} für das Nachfrageniveau der Vorperiode und m für die Wachstumsrate der nominalen Geldmenge. Gleichung (11) ist einfach eine umformulierte Quantitätsgleichung. Nach π aufgelöst besagt (11), daß die Inflationsrate gleich ist der Zuwachsrate der nominalen Geldmenge abzüglich der realen Wachstumsrate der Produktion Y.

Die Nachfragefunktion (11) ist grafisch in Abbildung 15.7 dargestellt.

Gemäß der Nachfragefunktion (11) für die Inflation kann das Nachfrageniveau vom bisherigen Wert abweichen, wenn es zu einer Abweichung der Inflationsrate von der Geldmengenwachstumsrate kommt. Dies ist eine Bewegung auf der Nachfragefunktion. Wird die Geldmengenwachstumsrate durch die Zentralbank geändert, dann verschiebt sich die Nachfragefunktion. Durch die **Geldpolitik** wird das Niveau der Nachfragefunktion über dem bisherigen Wert Y_{-1} festgelegt.

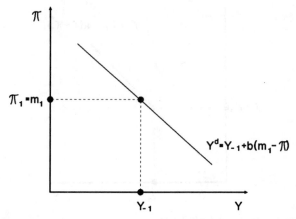

Abb. 15.7 Nachfragefunktion der Inflation

In Gleichung (11) ist also quantitätstheoretisches Gedankengut inkorporiert. Hierdurch ist der Mangel der keynesianischen Inflationstheorien geheilt, wonach die Geldpolitik für das Inflationsphänomen irrelevant ist.

Das System der beiden Gleichungen (10) und (11) ist ein **dynamisches Inflationsmodell**, mit dessen Hilfe zeitliche Anpassungsprozesse an langfristige Gleichgewichtswerte von Inflationsrate und Produktion beschrieben werden können.

Wählen wir als ein Beispiel eine exogen verursachte **Nachfrageinflation**. Das Nachfrageniveau erhöht sich z.B. durch einen Anstieg der exogenen Staatsnachfrage nach Gütern. Je nach Geldpolitik und Erwartungsbildung kann es zu unterschiedlichen Abläufen kommen. Dies kann anhand der Abbildung 15.8 erläutert werden.

Ausgangspunkt ist der Zustand A mit dem Produktionsniveau Y_1, der Geldmengenwachstumsrate m_1 und der Inflationsrate π_1. Da außerdem die erwartete und die tatsächliche Inflationsrate übereinstimmen, herrscht ein Inflationsgleich-

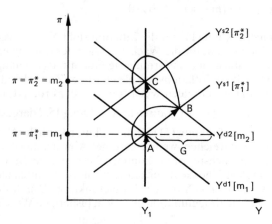

Abb. 15.8 Monetaristisches Inflationsmodell

gewicht. Nun kommt es zu einem Nachfrageschub, charakterisiert durch die Staatsnachfrage G, die das bisherige Nachfrageniveau $Y^{d\,1}$ erhöht. Wie sich nun das Sozialprodukt und die Inflationsrate entwickeln, hängt davon ab, welche **Geldpolitik** betrieben wird und welche Art von **Erwartungsbildung** vorliegt.

Betrachten wir zunächst die Kombination aus einer **stabilitätsorientierten Geldpolitik und extrapolativen Inflationserwartungen**. Stabilitätsorientierte Geldpolitik bedeutet, daß die Zentralbank die bisherige Geldmengenexpansion beibehält, d.h. keine expansive Geldpolitik in Form einer Erhöhung der Geldmengenwachstumsrate verfolgt. Extrapolative Inflationserwartungen bedeuten, daß die aktuelle Inflationsrate in die Zukunft fortgeschrieben wird, d.h. die tatsächliche Inflationsrate in t entspricht der für t + 1 erwarteten Inflationsrate. Unter diesen Bedingungen entwickelt sich die Wirtschaft zunächst von A nach B. Die Inflation steigt an. Dieser Anstieg wird unterschätzt, was zu Reallohnsenkung und dadurch realer Expansion führt. Da das Geldmengenwachstum jedoch konstant bleibt, kommt es auf der Nachfrageseite in der folgenden Periode zu Restriktionstendenzen. Der Anstieg der Inflationsrate liegt über der Geldmengenwachstumrate. Es kommt somit über ein Sinken der realen Geldmenge zu Zinssteigerungen und hierdurch zu einem Nachfragerückgang. Auf der Angebotsseite kommt es ebenfalls zu Restriktionstendenzen. Die höhere Inflationsrate wird mit einer Verzögerung von 1 Periode in den Tarifabschlüssen berücksichtigt, wodurch der Reallohn steigt (Linksverschiebung der $Y^{s\,1}$-Linie). Die Wirtschaft beschreibt eine Zyklusbewegung. Der Endzustand ist letztlich wieder in Punkt A, da ein andauernder Anstieg der Inflationsrate bei dieser Geldpolitik nicht möglich ist.

Ein anderer Fall ist, daß die **Geldpolitik permissiv** gefahren wird und die Inflationserwartungen weiterhin als **extrapolativ** angenommen werden. Permissive Geldpolitik bedeutet, daß die Zentralbank die Geldmengenwachstumsrate auf m_2 ausdehnt, um das erhöhte Nachfrageniveau von der monetären Seite her aufrechtzuerhalten. Dann ist von B aus gegenüber dem vorherigen Verlauf noch eine weitere reale Expansion möglich. In B liegt die Inflationsrate jetzt unter der Geldmengenwachstumsrate m_2. Die reale Geldmenge nimmt hierdurch zu. Auch hier kommt es jedoch von der Angebotsseite her allmählich zu restriktiven Tendenzen, da die Inflationserwartungen entsprechend der extrapolativen Erwartungsbildung nach oben revidiert werden (Linksverschiebung der $Y^{s\,1}$-Linie). Die Wirtschaft beschreibt eine Zyklusbewegung nach C. Das neue Inflationsgleichgewicht in Punkt C ist erreicht, wenn die Inflationsrate sich nicht mehr ändert, korrekt antizipiert wird und gleich der (jetzt höheren) Geldmengenwachstumsrate ist.

Nun ist es natürlich auch denkbar, daß der Anstieg der Inflation immer korrekt vorhergesehen wird. Dies ist der Fall der **rationalen Inflationserwartungen**. Dann entwickelt sich, wiederum den Fall der **permissiven Geldpolitk** unterstellt, die Wirtschaft von A direkt nach C. Denn wenn es nie eine Abweichung der erwarteten Inflationsrate von der tatsächlichen Inflationsrate geben kann, dann kann sich das Sozialprodukt auch nie aus dem Ursprungswert herausbewegen. Dies ist der Fall der einfachen Quantitätstheorie.

Wir haben bisher die möglichen Verläufe im Gefolge einer Nachfragesteigerung erläutert. Eine andere Möglichkeit der exogenen Störung des anfänglichen Inflationsgleichgewichts ist ein **Kostenschub**, z.B. in Form eines über den Produktivitätsanstieg hinausgehenden Lohnkostenanstiegs. Hierdurch verschiebt sich die anfängliche Angebotsfunktion nach links oben. Je nach Erwartungsbildung und Geldpolitik sind wiederum verschiedene Verläufe möglich. Diese Verläufe sind völlig analog zu den geschilderten im Gefolge der Nachfragesteigerung. Auf eine genaue Darstellung kann daher verzichtet werden. Letztlich landet die Wirtschaft wegen der Kostensteigerung in einem niedrigeren Produktionsniveau. Die Geldpolitik kann diesen rezessiven Prozeß bei extrapolativer Erwartungsbildung durch eine expansivere Gangart zwar vorübergehend mit höheren Produktionswerten abmildern, allerdings zu dem Preis einer dauerhaft höheren Inflationsrate.

Insgesamt erscheinen zwei Aussagen des recht allgemeinen monetaristischen Modells besonders erwähnenswert.

Erstens ist ein **andauernder Anstieg der Inflationsrate ohne eine entsprechende Ausdehnung der Geldmenge nicht möglich**. Das bedeutet, daß letztlich jede Inflation größeren Ausmaßes durch die Geldpolitik verhindert werden kann. Insofern sind die keynesianischen Inflationstheorien wegen der Ausklammerung der monetären Seite des Inflationsphänomens unvollständig.

Zweitens erschöpft sich jedoch die Geldpolitik nicht nur in der Festlegung der Inflationsrate. Änderungen der realen Geldmenge können durchaus **kurzfristig Änderungen der realen Produktion** bewirken, nämlich soweit die Inflationsrate nicht korrekt vorhergesehen wird. Insofern ist die einfache Quantitätstheorie unvollständig, da hiernach Geldmengenänderungen keinerlei reale Auswirkungen haben.

II. Inflationswirkungen

1. Konjunkturelle Effekte

Unter den konjunkturellen Wirkungen einer Inflation versteht man die kurzfristigen Wirkungen einer Inflation auf **Produktion und Beschäftigung**, die während der Anpassungsphase an die langfristigen Gleichgewichtswerte möglich sind. Diese Wirkungen treten deutlich im Rahmen des monetaristischen Inflationsmodells hervor. In diesem Modell kann eine Inflation kurzfristig durch Verschätzungen hinsichtlich der tatsächlichen Inflationsrate reale Wirkungen auf Produktion und Beschäftigung haben. Diese realen Inflationswirkungen entfallen jedoch langfristig, d.h. bei korrekter Antizipation der künftigen Inflationsrate. Wird die Inflationsrate korrekt antizipiert, dann kann durch die Geldpolitik nur die Höhe der Inflationsrate bestimmt werden, ohne daß hiervon reale Wirkungen ausgehen.

2. Umverteilungseffekte

Treten Diskrepanzen zwischen tatsächlicher und erwarteter Inflationsrate auf, dann kann dies auch eine **Umverteilung der realen Einkommen und Vermögen** zur Folge haben. So findet durch Lohnabschlüsse, in denen die Inflationsrate zu niedrig bzw. zu hoch antizipiert wird, eine Umverteilung von den Lohnempfängern zu den Gewinnbeziehern bzw. umgekehrt statt. So findet durch Darlehensverträge, in denen die Inflationsrate zu niedrig bzw. zu hoch im Nominalzins antizipiert wird, eine Umverteilung von den Gläubigern zu den Schuldnern bzw. umgekehrt statt. So wird in der Steuergesetzgebung im Progressionstarif die Inflationsrate falsch antizipiert, nämlich überhaupt nicht, was zu einer Umverteilung zu Lasten der Einkommensbezieher führt.

Es gibt verschiedene Praktiken, mit denen sich die Wirtschaftssubjekte vor den negativen Umverteilungswirkungen einer Inflation zu schützen versuchen.

So werden z.B. **Geldwertsicherungsklauseln** (auch: Indexklauseln) in Verträge aufgenommen, in denen Geldsummen geschuldet werden. In einem Darlehensvertrag z.B. erhöhen sich dann Zinszahlungen und Rückzahlungsbetrag gegenüber den Beträgen ohne Inflation entsprechend der Entwicklung des im Vertrag vereinbarten Preisindex. Analog erhöht sich in einem Mietvertrag die Mietzahlung entsprechend der Entwicklung des im Vertrag vereinbarten Preisindex. Mit dieser Methode ist eine weitgehende Ausschaltung der Umverteilungswirkungen der Inflation möglich.

Eine andere Möglichkeit ist, die **erwartete Inflationsrate** in dem Tarifvertrag, dem Darlehensvertrag oder dem Mietvertrag von vornherein **einzukalkulieren**. So wird dann z.B. in einem Darlehensvertrag zu dem bei Preisniveaustabilität herrschenden Nominalzins noch ein Zuschlag für die erwartete Inflationsrate vereinbart, um den angestrebten Realzins zu realisieren. Mit dieser Methode ist eine Ausschaltung der Umverteilungswirkung in der Regel nicht vollständig möglich, da die künftige Inflationsrate nicht mit Sicherheit vorhergesehen werden kann. Es liegt hier die grundsätzlich gleiche Problematik vor wie bei den konjunkturellen Wirkungen der Inflation. Bei Verschätzungen hinsichtlich der künftigen Inflation hat die Inflation reale Wirkungen.

Der Staat kann die durch die Inflation bedingten Umverteilungswirkungen mit ihren negativen Begleiterscheinungen dadurch vermeiden, daß er durch eine entsprechende Geldpolitik die Preisniveaustabilität durchsetzt. Wenn hiervon mit Sicherheit ausgegangen werden kann, dann kann im Wirtschaftsverkehr in allen Verträgen eine bestimmte Inflationsrate mit Sicherheit vorausgesetzt werden, nämlich einfach eine Rate von Null. Dies ist in einer auf **Leistungsgerechtigkeit** basierenden Wirtschaftsordnung ein Gebot für die Wirtschaftspolitik. Denn die durch die Inflation verursachten Umverteilungen haben nichts mit Leistung zu tun. Einige werden auf Kosten anderer real besser gestellt, ohne dafür etwas leisten zu müssen. Die Umverteilungswirkungen der Inflation sind mit dem Prinzip der Leistungsgerechtigkeit nicht vereinbar.

3. Allokations- und Wachstumseffekte

Eine Inflation kann auch den Einsatz der Produktionsfaktoren negativ beeinflussen, d.h. eine suboptimale Ressourcenallokation verursachen. Dies ist insbesondere hinsichtlich des Faktors **Kapital** von Bedeutung.

Kapitalbildung bedeutet die Anlage von Ersparnissen in Sachvermögen über einen längeren Zeitraum. Die Wirtschaftssubjekte sind bei solchen Entscheidungen in der Regel risikoscheu. Besteht nun hinsichtlich der künftigen Preisentwicklung **Unsicherheit**, dann kann das einen Rückgang der Kapitalbildung mit entsprechenden Wachstumsverlusten zur Folge haben.

Eine andere Gefahr ist, daß eine Kapitalbildung in suboptimalen Bereichen stattfindet. Wird die künftige Inflationsrate überschätzt, was insbesondere in Zeiten stark ansteigender Inflation der Fall ist, dann kommt es zu einer sog. **Flucht in die Sachwerte**. Der Realzins als Differenz zwischen Nominalzins und erwarteter Inflationsrate sinkt kurzfristig wegen der hohen erwarteten Inflationsrate. Erweisen sich sodann die Inflationserwartungen als überhöht, d.h. die kalkulierten Preissteigerungen sind nicht realisierbar, dann stellen sich z.b. überteuerte Wohnungen als sog. Betongold heraus. Es hat eine Kapitalbildung in unrentablen **Investitionsruinen** stattgefunden.

Solche und ähnliche Wirkungen sind wie die konjunkturellen Inflationswirkungen Folge einer falschen Antizipation der künftigen Inflationsrate. Aber selbst bei langfristig korrekter Antizipation der künftigen Inflationsrate kann eine Inflation negative Allokationseffekte haben. Dies liegt daran, daß die reale Geldnachfrage negativ von der Inflationsrate abhängt. Bei Inflation reduzieren die Wirtschaftssubjekte ihre reale Kassenhaltung, weil der Realwert von nominalen Geldbeständen durch die Inflation sinkt. Die Inflation ist vergleichbar mit einer Besteuerung nominaler Geldbestände. Dieser inflationsbedingte **Rückgang der realen Kassenhaltung** kann negative Wohlfahrtswirkungen haben, da die reale Geldmenge unter das Allokationsoptimum sinkt.

III. Zusammenfassung

Gemäß der **Quantitätstheorie** ist die alleinige Ursache jeder Inflation eine über das Realwachstum hinausgehende Geldmengenzunahme. In den **keynesianischen Inflationstheorien** werden unter Vernachlässigung der Rolle der Geldmenge nichtmonetäre Nachfrage- und Kosteninflationen unterschieden. Die **PHILLIPS-Theorie** erklärt die Inflation aus dem Geschehen auf dem Arbeits- und Gütermarkt und kann als eine Synthese der keynesianischen Ansätze interpretiert werden. Zwischen **Preisniveaustabilität und Vollbeschäftigung** besteht kein Zielkonflikt, wenn die Inflation korrekt antizipiert wird. Das **monetaristische Inflationsmodell** integriert quantitätstheoretische und keynesianische Elemente in einem Ansatz. Der zentrale wirtschaftspolitische Handlungsparameter für die **Stabilität des Preisniveaus ist die Geldmenge**. Langfristig ist eine Inflation ohne eine entsprechende Ausdehnung der Geldmenge nicht möglich. Kurzfristig kann die Geldpolitik bei Inflationsverschätzungen reale Wirkungen haben. Die **Inflationswirkungen** bestehen aus konjunkturellen Effekten, Umverteilungseffekten und Allokations- und Wachstumseffekten.

Literatur zum 15. Kapitel

Überblick:

Cassel, D.: Inflation. In: D. Bender u.a.: Vahlens Kompendium der Wirtschaftstheorie und Wirtschaftspolitik. Band 1. 4. Aufl. München 1990. S. 265-321.

Lehrbücher:

Claassen, E.-M.: Grundlagen der makroökonomischen Theorie. München 1980. S. 269-339.
Frisch, H.: Theories of inflation. Cambridge 1983.
Heubes, J.: Inflationstheorie. München 1989.
Pohl, R.: Theorie der Inflation. München 1981.
Steinmann, G.: Inflationstheorie. Paderborn 1979.
Ströbele, W.: Inflation. Einführung in Theorie und Politik. 2. Aufl. München 1984.
Wagner, H.: Inflation. Würzburg 1983.

Sammelbände:

Woll, A. (Hrsg.): Inflation. Definitionen, Ursachen, Wirkungen und Bekämpfungsmöglichkeiten. München 1979.

16. Kapitel:
Das Problem der Staatsverschuldung

Die öffentliche Hand in der Bundesrepublik Deutschland hat bis ca. 1973 eine Haushaltspolitik mit einem etwa ausgeglichenen Staatsbudget verfolgt. Die Staatsausgaben wurden im wesentlichen durch reguläre Einnahmen und nicht durch Kreditaufnahme finanziert. Beginnend mit der Rezession wurden erstmals 1974/75 größere Staatsdefizite realisiert. Insbesondere im Gefolge der deutschen Vereinigung sind die Staatsdefizite sodann beträchtlich angestiegen. Wir wollen uns im folgenden etwas eingehender mit dem Problem der Staatsverschuldung beschäftigen. Zunächst wird anhand einiger Kennziffern ein Überblick über Entwicklung und Stand der Staatsverschuldung gegeben.

I. Entwicklung und Stand der Staatsverschuldung

1. Staatsdefizit

Eine Kennziffer zur Staatsverschuldung ist das jährliche Staatsdefizit. Das Staatsdefizit ist die Differenz zwischen den Einnahmen und den Ausgaben des Sektors Staat im Wirtschaftskreislauf. Man kann diese Differenz auch als Budgetsaldo bezeichnen. Sind die Ausgaben größer als die Einnahmen, dann ist der Budgetsaldo negativ, d.h. es liegt ein Staatsdefizit vor.

Allgemein entspricht die Differenz zwischen Einnahmen und Ausgaben der Änderung des Geldvermögens, die auch als **Finanzierungssaldo** bezeichnet wird (vgl. 9. Kapitel, Ziffer II.2.c und Ziffer IV.3). Die Finanzierungssalden der volkswirtschaftlichen Sektoren werden in der Finanzierungsrechnung ausgewiesen, die kontinuierlich von der Deutschen Bundesbank ermittelt und veröffentlicht wird. Der Finanzierungssaldo des Staates, das jährliche Staatsdefizit, ist in Tabelle 16.1 für den Zeitraum 1970 bis 1992 dargestellt.

Das Staatsdefizit schnellt in der Rezession 1975 auf 58 Mrd DM hoch. In den Folgejahren bleiben die Staatsdefizite trotz zwischenzeitlicher Konjunkturerholung relativ hoch. Beginnend 1983 wird eine Konsolidierungspolitik verfolgt. Das

Tab. 16.1 Staatsdefizite (Mrd DM)

Jahr	1970	1971	1972	1973	1974	1975	1976	1977	1978	1979
Budgetsaldo	+1	−1	−4	+11	−13	−58	−38	−29	−31	−36

Jahr	1980	1981	1982	1983	1984	1985	1986	1987	1988	1989
Budgetsaldo	−43	−57	−53	−43	−34	−21	−25	−38	−45	+4

Jahr	1990	1991	1992
Budgetsaldo	−69	−94	−102

Quellen: Forschungsinstitute, Gutachten April 1992; SVR, JG.

Staatsdefizit geht zurück bis auf 25 Mrd DM in 1986. Nach einem kurzen Wiederanstieg der Defizite 1987/88 gelingt 1989 erstmals wieder ein etwa ausgeglichenes Staatsbudget. Im Gefolge der deutschen Vereinigung steigt das Staatsdefizit auf über 100 Mrd DM an.

2. Staatsverschuldung

Das Staatsdefizit gibt als Stromgröße die jährliche Änderung des Geldvermögens des Staates an. Die Staatsverschuldung dagegen ist eine **Bestandsgröße, die den Stand der Verbindlichkeiten** des Staates zu einem bestimmten Zeitpunkt angibt. Zwischen Staatsdefizit und Staatsverschuldung besteht ein Zusammenhang über die Geldvermögensdefinition. Das Staatsdefizit entspricht dem Zuwachs der Verbindlichkeiten des Staates, wenn sich der Bestand der Forderungen des Staates nicht verändert.

In Tabelle 16.2 ist die Entwicklung der Staatsverschuldung seit 1950 dargestellt.

Tab. 16.2 Staatsverschuldung (Mrd DM)

Stand Ende	1950	1960	1970	1980	1990	09/1991
Verschuldung	21	53	126	469	1.053	1.129
Veränd. %	•	152	138	272	125	

Quellen: Deutsche Bundesbank, Monatsberichte; SVR, JG.

Die Staatsverschuldung steigt durch die Staatsdefizite kontinuierlich an und beträgt Ende 1991 ca. 1.200 Mrd DM. In prozentualen Zuwachsraten ausgedrückt ist der Anstieg in den 70er Jahren mit 272% besonders hoch. In den 80er Jahren ist die Zuwachsrate der Staatsverschuldung mit 125% relativ niedrig. Die jährliche prozentuale Zuwachsrate seit Anfang 1991 beträgt knapp 10%.

3. Defizitquote

Ein Nachteil der Größen Staatsdefizit und Staatsverschuldung ist, daß es sich um absolute DM-Beträge handelt. Von Bedeutung ist jedoch letztlich das Verhältnis dieser Größen zu der dahinter stehenden Wirtschaftskraft der gesamten Volkswirtschaft. Die absoluten DM-Beträge müssen also relativiert werden. Dies geschieht in der Regel so, daß man die absoluten DM-Beträge **auf das BSP bezieht**. Im Fall des Staatsdefizits erhält man so die Defizitquote, deren Entwicklung in Schaubild 16.1 dargestellt ist.

Man erkennt in Schaubild 16.1, daß die Defizitquote in der Spitze knapp − 6% beträgt und einen nach unten gerichteten Trend aufweist. Insbesondere in Rezessionszeiten ist die Defizitquote deutlich negativ, und zwar 1967 = − 1,4%, 1975 = − 5,6% und 1981 = − 3,7%. Durch die deutsche Einigung sinkt die Defizitquote auf ca. − 3,4% in 1991.

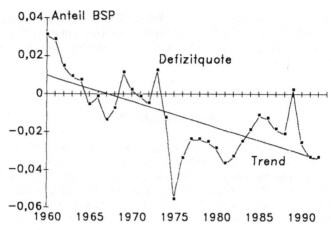

Schaubild 16.1 Defizitquote

Quellen: Forschungsinstitute, Gutachten April 1992; SVR, JG; eigene Berechnungen.

4. Verschuldungsquote

Analog zu der Bildung einer Defizitquote kann auch die Staatsverschuldung **auf das BSP bezogen** werden. Man erhält dann eine Verschuldungsquote, deren Verlauf in Schaubild 16.2 dargestellt ist.

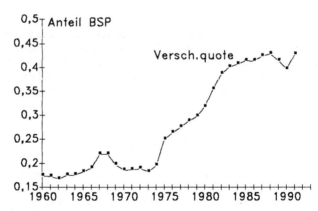

Schaubild 16.2 Verschuldungsquote

Quellen: Deutsche Bundesbank, Monatsberichte; Forschungsinstitute, Gutachten April 1992; SVR, JG; eigene Berechnungen.

Die Verschuldungsquote ist zwischen 1974 und 1983 kräftig angestiegen von 19,6% auf 40,1%. Während also 1974 noch knapp 20% des BSP ausreichen, um die Staatsschulden zurückzubezahlen, sind 1983 bereits über 40% notwendig. Während der Konsolidierungsphase zwischen 1983 und 1990 wird die Verschuldungsquote per Saldo leicht reduziert auf 39,6% in 1990. Bis Ende 1991 steigt durch die deutsche Einigung die Verschuldungsquote an auf 42,7%.

Im **internationalen und historischen Vergleich** ist die deutsche Verschuldungsquote mit ca. 40% nicht allzu hoch. So hatte z.b. Großbritannien nach dem 2. Weltkrieg eine Verschuldungsquote von ca. 230%, die danach kontinuierlich zurückgeführt wurde und Ende 1991 nur noch ca. 37% beträgt. Im internationalen Vergleich haben 1991 z.b. Belgien, Irland und Italien Verschuldungsquoten von deutlich über 100%.

5. Zinsen und Zinsquote

Die Staatsschuld muß verzinst werden, was eine entsprechende Ausgabenbelastung im Staatsbudget bedeutet. Die **Zinsausgaben** des Staates sind durch die ansteigende Staatsverschuldung von 2,2 Mrd DM in 1960 auf 101,5 Mrd DM in 1992 angestiegen. Auch diese Zinszahlungen kann man ins Verhältnis zum BSP setzen und so eine Zinsquote berechnen. Diese Zinsquote liegt in den 60er Jahren deutlich unter 1% und beträgt inzwischen 3,4% in 1992.

II. Ursachen der Staatsverschuldung

1. Trend

Alle Indikatoren über die Staatsverschuldung zeigen einen im Zeitverlauf ansteigenden Trend an. Zur Charakterisierung dieses Trends kann man z.B. die Darstellung in Schaubild 16.1 wählen. Die Defizitquote schwankt um einen eindeutig nach unten gerichteten Trend. Das auf das BSP bezogene **Staatsdefizit steigt im Trend an**. Welche Ursachen sind für diesen trendmäßigen Anstieg der Staatsverschuldung verantwortlich?

Diese Frage ist schwierig zu beantworten. Man kann sich dem Problem nähern, indem man danach fragt, warum die Staatsausgaben wachsen, ohne daß die Steuern angehoben werden. Denn dies ist die einfache arithmetische Ursache der zunehmenden Staatsverschuldung.

Auf die Frage nach dem **Wachstum der Staatsausgaben** hält die ökonomische Theorie der Politik einige Antworten bereit. Wir haben uns hiermit bereits im 3. Kapitel im Zusammenhang mit der Theorie des Staatsversagens beschäftigt (vgl. 3. Kapitel, Ziffer III), und es sollen deswegen hier stichwortartige Bemerkungen genügen. Das Wachstum der Staatsausgaben kann mit den egoistischen Verhaltensweisen von Politikern, Interessengruppen und Bürokraten erklärt werden. In der repräsentativen Demokratie kann es durch Stimmentausch-Koalitionen der Politiker, durch Interessengruppen, die ihre Partikularinteressen unter Druck als öffentliche Güter durchsetzen und durch eine nach dem PARKINSONschen Gesetz wuchernde Bürokratie zu stetig steigenden Staatsausgaben kommen.

Auf der Einnahmenseite **unterbleiben Steuererhöhungen**, weil sich in der Gesellschaft eine zunehmende Gegenwartsbezogenheit ausbreitet und man der Illusion unterliegt, durch die Defizitfinanzierung von Staatsausgaben die Lasten höherer Staatsausgaben bequem in die Zukunft verschieben zu können.

Akzeptiert man diese Diagnose, dann ist die Schlußfolgerung eindeutig. Die Gegenwartsbezogenheit und Schuldenillusion der Bürger auf der einen Seite und die stimmenmaximierenden Politiker, egoistischen Interessengruppen und budgetmaximierenden Bürokraten auf der anderen Seite führen zusammen geradezu zwangsläufig zu einer andauernd ansteigenden Staatsverschuldung.

2. Zyklus

Neben der Trendkomponente weist die Entwicklung der Staatsverschuldung auch eine zyklische Komponente auf. Dies erkennt man deutlich in Schaubild 16.1. In den Rezessionsjahren 1967, 1975, 1981 und 1990/91 (Ostdeutschland) steigt die Defizitquote kräftig an (absolut betrachtet). Die Entwicklung der Staatsverschuldung hängt also auch von der **Konjunkturentwicklung** ab. Im Boom steigen die Einnahmen schneller als die Ausgaben, und in der Rezession steigen die Ausgaben schneller als die Einnahmen. Der Staat versucht hierdurch, die Konjunkturschwankungen zu glätten, d.h. stabilisierend auf die Konjunkturentwicklung einzuwirken. Den konjunkturellen Impuls der Defizitpolitik kann man ermitteln, indem man zwischen dem tatsächlichen Staatsdefizit und dem **strukturellen Staatsdefizit** unterscheidet. Eine solche Rechnung wird z.B. von dem SVR durchgeführt.

Wählen wir als Beispiel zur Erläuterung das Jahr 1990. Das tatsächliche Defizit der Gebietskörperschaften (also ohne Sozialversicherungsträger) beträgt 1990 73 Mrd DM. Das strukturelle Defizit, vom SVR als **konjunkturneutrales Defizit** bezeichnet, beträgt 17 Mrd DM. Die Differenz von 73 − 17 = + 56 Mrd DM ist der konjunkturbedingte Teil des Defizits. Der Staat übt 1990 im Umfang von 56 Mrd DM einen **expansiven Impuls** auf die Wirtschaft aus. Der harte Kern, d.h. der konjunkturunabhängige Teil des Defizits ist das strukturelle Defizit im Umfang von 17 Mrd DM.

Wählen wir als umgekehrtes Beispiel das Jahr 1989, ein Jahr des Aufschwungs und der guten Konjunktur. Das tatsächliche Defizit der Gebietskörperschaften ist 11 Mrd DM. Das konjunkturneutrale Defizit wird vom SVR mit 21 Mrd DM angegeben. Die Differenz beträgt jetzt hier 11 − 21 = − 10 Mrd DM. Der Staat übt in diesem Jahr durch sein Budget einen **kontraktiven Impuls** auf die Wirtschaft im Umfang von 10 Mrd DM aus. Das konjunkturneutrale Defizit ist mit 21 Mrd DM wesentlich höher als das tatsächliche Defizit.

III. Finanzierung von Staatsdefiziten

1. Finanzierungsrechnung

Wir haben eingangs bereits erfahren, daß das Staatsdefizit dem Finanzierungssaldo des Sektors Staat im Wirtschaftskreislauf entspricht. Der Finanzierungssaldo ist die Änderung des Geldvermögens (netto), definiert als Forderungen abzüglich Verbindlichkeiten.

16. Kap.: Das Problem der Staatsverschuldung

Für den Budgetsaldo des Staates gilt:

$$T - G = FS_{St}. \qquad (1)$$

In Gleichung (1) sind T die Staatseinnahmen, G die Staatsausgaben, St steht für den Sektor Staat, und FS_{St} ist der Finanzierungssaldo des Sektors Staat.

In der Finanzierungsrechnung werden die Finanzierungssalden der vier Sektoren der volkswirtschaftlichen Gesamtrechnung ausgewiesen. Die Summe der Finanzierungssalden aller vier Sektoren muß stets Null ergeben, da jeder Forderung in gleicher Höhe eine Verbindlichkeit gegenübersteht. Man kann also aus der Finanzierungsrechnung ersehen, bei **welchen Sektoren in der Volkswirtschaft die Geldvermögensüberschüsse** gebildet werden, die als positive Finanzierungssalden dem negativen Finanzierungssaldo des Staates gegenüberstehen müssen. Nehmen wir zur Erläuterung als Beispiel das Jahr 1990. In der Finanzierungsrechnung für das Jahr 1990 sind die folgenden Finanzierungssalden ausgewiesen:

Finanzierungssalden 1990

Haushalte	Unternehmen	Staat	Ausland	Summe
(+179) +	(−62) +	(−51) +	(−66) =	0

Im Jahre 1990 bilden die privaten Haushalte durch Ersparnis einen Finanzierungsüberschuß von 179 Mrd DM. Von diesem Überschuß absorbiert der Unternehmenssektor 62 Mrd DM, der Staat 51 Mrd DM und das Ausland 66 Mrd DM.

Eine Analyse der Finanzierungsrechnung über längere Zeiträume (vgl. Tabelle 9.5 im 9. Kapitel, Ziffer IV.3) zeigt, daß praktisch nur die **privaten Haushalte regelmäßig Geldvermögensüberschüsse** bilden, die von den anderen Sektoren durch deren Defizite beansprucht werden.

Ein interessanter Fall ergibt sich, wenn der Staat ein so hohes Defizit realisiert, daß dieses zusammen mit dem Finanzierungsdefizit der Unternehmen höher ausfällt als der Finanzierungsüberschuß der privaten Haushalte. Dann steht dem zwingend ein Finanzierungsüberschuß des Auslandes gegenüber, d.h. das **Ausland** übernimmt teilweise die Rolle des Finanziers der inländischen Defizite. Die inländischen Geldersparnisse reichen nicht aus zur Finanzierung der Defizite des Staates und des Unternehmenssektors. In der Zahlungsbilanz schlägt sich dies als ein **Leistungsbilanzdefizit** nieder. Im Gefolge der hohen Staatsdefizite seit 1990 ist dieser Fall für Deutschland eingetreten. Die Leistungsbilanz 1991 ist mit ca. 33 Mrd DM defizitär. Um diesen Betrag ist die Summe aus Staatsdefizit und Finanzierungsdefizit des Unternehmenssektors höher als der Finanzierungsüberschuß der privaten Haushalte. Für die Bundesrepublik war dies vor 1991 untypisch. Durch die hohen Staatsdefizite ist Deutschland nach der Einigung eine Volkswirtschaft, die insgesamt mehr Geldersparnisse absorbiert als im Land selbst gebildet werden.

2. Geldmengenfinanzierung und Kapitalmarktfinanzierung

Die Finanzierungsrechnung gibt nicht unbedingt einen eindeutigen Aufschluß über die direkte Kreditverflechtung zwischen den Sektoren. Die Verhältnisse sind einfach, wenn z.B. ein privater Haushalt mit seinen Geldersparnissen einen Bundesschatzbrief erwirbt. In diesem einfachen Fall entspricht der Finanzierungsüberschuß des Haushalts der Änderung der Nettoforderungsposition des Haushalts gegen den Staat. Häufig treten jedoch Banken zwischen Gläubiger und Schuldner. Es kommt z.B. vor, daß ein privater Haushalt seinen Geldvermögensüberschuß in Form eines Bankguthabens anlegt, und die Bank mit der Einlage eine Staatsschuldverschreibung finanziert. In der Finanzierungsrechnung steht dann zwar auch einem Finanzierungsüberschuß der Haushalte ein Finanzierungsdefizit des Staates gegenüber. Aber die Rolle der Bank geht aus der Finanzierungsrechnung nicht direkt hervor. Der Finanzierungssaldo der Bank ist Null, da sie in ihrer Bilanz auf der Aktivseite eine Forderung an den Staat erworben hat und auf der Passivseite die Einlage des Haushalts. Die Rolle der Bank besteht darin, daß sie eine Nettoforderungsposition gegen den Staat aufbaut, während die Nettoforderungsposition des Haushalts (der Nichtbank) gegen den Staat sich nicht verändert. Die Bank ist zwischen den Haushalt mit dem Finanzierungsüberschuß und den Staat mit dem Finanzierungsdefizit getreten.

Die Rolle des Bankensystems bei der Staatsdefizitfinanzierung wird deutlich, indem der dem Staatsdefizit entsprechende Nettoforderungszugang bei den anderen Sektoren aufgeteilt wird in die Änderung der **Nettoforderungsposition des Bankensystems gegen den Staat einerseits und der Nichtbanken gegen den Staat andererseits**. Es gilt:

$$- (T - G) = - \Delta NF_{St} = \Delta NF_{Ba-St} + \Delta NF_{NB-St}. \qquad (2)$$

In Gleichung (2) steht links und in der Mitte das Staatsdefizit (als positiver Wert). NF steht für Nettoforderungsposition, Ba für Bankensystem und NB für Nichtbanken. Die Änderung der Nettoforderungsposition des Staates (linke Seite und Mitte) entspricht der Änderung der Nettoforderungsposition des Bankensystems gegen den Staat plus der Änderung der Nettoforderungsposition der Nichtbanken gegen den Staat (rechte Seite).

Zur Verdeutlichung sind in Tabelle 16.3 die entsprechenden Werte für einige typische Jahre angegeben.

Tab. 16.3 Staatsdefizitfinanzierung (Mrd DM)

Jahr	Budgetsaldo	Finanzierung Banken	Finanzierung Nichtbanken	Anteil Banken
1975	−57,6	49,0	8,6	85,1%
1981	−56,6	39,5	17,1	69,8%
1982	−52,5	33,9	18,6	64,6%
1985	−21,1	3,4	17,7	16,1%
1986	−23,5	−1,7	25,2	−7,2%

Quellen: Deutsche Bundesbank, Monatsberichte; SVR, JG; eigene Berechnungen.

In Rezessionszeiten mit hohen Staatsdefiziten (1975, 1981/82) ist der Anteil des durch das Bankensystem finanzierten Staatsdefizits relativ hoch. Die Banken übernehmen beträchtliche Teile der Staatsschulden, wahrscheinlich als Ausgleich für die wegen der schlechten Konjunktur schwachen privaten Kreditnachfrage.

Im Trend reduzieren die Banken ihren Anteil an der Staatsdefizitfinanzierung. In einzelnen Jahren (1986) führen die Banken ihre Nettoforderungsposition gegen den Staat sogar zurück. Das bedeutet, daß die durch auslaufende Staatsschuldtitel frei werdenden Mittel nicht erneut in Staatspapieren angelegt werden.

Wir wollen nunmehr zu mehr systematischen Überlegungen übergehen. Gemäß Gleichung (2) kann der Staat sein Defizit durch Verschuldung beim Bankensystem und/oder durch Verschuldung bei den Nichtbanken finanzieren. Die erstgenannte Finanzierung wird als **Finanzierung über das Bankensystem oder Geldmengenfinanzierung** bezeichnet. Die zweitgenannte Finanzierung wird als **Kapitalmarktfinanzierung oder Staatsschuldtitelfinanzierung oder Finanzierung beim Publikum** bezeichnet.

Wenden wir uns zunächst der **Finanzierung über das Bankensystem** zu. Die Konsequenzen dieser Finanzierungsart können anhand der konsolidierten Bilanz des Bankensystems verdeutlicht werden. Auf der Aktivseite der konsolidierten Bankenbilanz stehen die Kredite (Forderungen), die die Banken vergeben haben. Auf der Passivseite stehen die Geldmengen in den verschiedenen Abgrenzungen und die längerfristigen Bankpassiva (vgl. 14. Kapitel, Ziffer III.1). Die Forderungen auf der Aktivseite können unterteilt werden in die Nettoforderungsposition des Bankensystems gegen das Ausland, die Nettoforderungsposition des Bankensystems gegen den Staat und in die Forderungen (Kredite brutto) gegen inländische private Nichtbanken. Von den sonstigen Aktiva und Passiva wird zur Vereinfachung abgesehen. Eine so gegliederte Bilanz ist als Konto 16.1 dargestellt.

Konto 16.1 Konsolidierte Bilanz des Bankensystems

1. NF Banken gegen Ausland	4. Geldmenge M3
2. NF Banken gegen Staat	5. Längerfristige Bankpassiva
3. F Banken gegen inl. priv. NB	

Durch ein bankenfinanziertes Staatsdefizit steigt die Position 2 an. Bei Konstanz der Positionen 1, 3 und 5 muß die Geldmenge entsprechend zunehmen. Wählen wir zur Verdeutlichung ein einfaches Beispiel. Die Bundesbank gewährt dem Bund einen Kassenkredit über 3 Mrd DM. Der Gesundheits- und der Sozialminister verausgaben das Geld in Form von Sozialleistungen des Staates. Die 3 Mrd DM landen als Bargeld oder als Gutschriften auf Konten bei den Empfängern der Sozialleistungen und/oder derjenigen, bei denen diese Empfänger Güterkäufe tätigen. Auf der Aktivseite der konsolidierten Bilanz des Bankensystems nimmt die Nettoforderungsposition der Bundesbank (Teil des Bankensystems) gegen den Staat um 3 Mrd DM zu. Auf der Passivseite steigt die Geldmenge um 3 Mrd DM an. Das **Staatsdefizit wird monetisiert**. Durch eine Kreditgewährung des Bankensystems an den Staat nimmt die Geldmenge zu (bei Konstanz der restlichen Positionen der konsolidierten Bankenbilanz).

In dem Beispiel monetisiert die Bundesbank das Staatsdefizit durch direkte Kreditgewährung an den Staat. Eine etwas sophistischere Methode sind Offenmarktkäufe von Staatsschuldtiteln durch die Bundesbank. In prinzipiell gleicher Weise können auch die Geschäftsbanken durch Kreditgewährung an den Staat die Geldmenge erhöhen. Allerdings ist hierzu letztlich eine Mitwirkung der Bundesbank erforderlich, da für den Bargeldabfluß und die Mindestreserve Zentralbankgeld benötigt wird.

Zusammenfassend können wir festhalten, daß durch ein **bankenfinanziertes Staatsdefizit** ein expansiver Effekt auf das Geldmengenwachstum ausgeübt wird. Daher wird diese Finanzierung von Staatsdefiziten auch als **Geldmengenfinanzierung** bezeichnet. Die Gefahr dieser Art von Defizitfinanzierung ist, daß ein zu starkes Geldmengenwachstum auf Dauer zu **Inflation** führt. Geldmengenfinanzierte Staatsdefizite bergen die Gefahr einer Inflation in sich. Wenn der Staat als Schuldner selbst die Möglichkeit der inflationären Geldvermehrung hat, ist dies eine bequeme und einfach zu praktizierende Methode zur realen Entschuldung durch Inflation. Im System der **Papiergeldwährung** ist diese Gefahr prinzipiell stets gegeben. Daher ist im **Bundesbankgesetz** die Kreditgewährung in Form von Kassenkrediten an die öffentliche Hand auch strikt begrenzt.

Wenden wir uns nunmehr der **Kapitalmarktfinanzierung** von Staatsdefiziten zu. Bei dieser Methode übernehmen die Nichtbanken direkt ohne Einschaltung des Bankensystems die Staatsschuldtitel. Zu einer Wirkung auf die Geldmenge kann es also bei dieser Methode nicht kommen. Was ist das entscheidende Merkmal dieser Art von Defizitfinanzierung? Der Staat tritt gegenüber den privaten Kreditgebern in Konkurrenz zum Unternehmenssektor, der zur Finanzierung von Investitionen auch auf die Geldersparnisse der Haushalte angewiesen ist. Damit besteht die Gefahr, daß der Staat durch die von ihm verursachte zusätzliche Kreditnachfrage den Zins in die Höhe treibt und dadurch zinsempfindliche private **Investitionen verdrängt**. Wir haben diese Problematik bei der Behandlung der Fiskalpolitik im Rahmen der keynesianischen Makroökonomik als den sog. **Crowding-out-Effekt** bereits kennengelernt (vgl. 11. Kapitel, Ziffer VI.2.b). Die Diskussion um den Crowding-out-Effekt ist ziemlich komplex, und wir werden uns hiermit in der nächsten Ziffer eingehender beschäftigen. Im Moment halten wir lediglich fest, daß kapitalmarktfinanzierte Staatsdefizite die Gefahr von Verdrängungseffekten in sich bergen.

Zur Orientierung sind in Abbildung 16.1 die verschiedenen Finanzierungsmöglichkeiten für Staatsdefizite und die damit verbundenen Gefahren in einer Übersicht dargestellt.

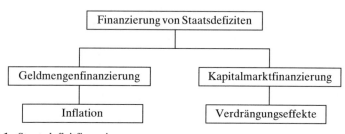

Abb. 16.1 Staatsdefizitfinanzierung

IV. Pro und Contra der Staatsverschuldung

In der Diskussion um das Pro und Contra der Staatsverschuldung kann man kurzfristige und langfristige Effekte unterscheiden. Die **kurzfristigen Effekte** betreffen das Problem der Konjunkturstabilisierung. Die **langfristigen Effekte** betreffen das Problem der Wachstumswirkungen von Staatsdefiziten und die Frage der Lastenverschiebung durch Defizite.

1. Kurzfristige Effekte

Was die kurzfristigen Effekte anbelangt, so ist das Hauptargument für Staatsdefizite das der **Konjunkturstabilisierung**. Der Staat soll durch die Fiskalpolitik in der Rezession Defizite eingehen, dadurch die Nachfrage stützen, und dadurch anregend auf Produktion und Beschäftigung wirken. Die theoretische Basis der Argumentation ist die keynesianische Multiplikatoranalyse. Der Nachfrageeffekt von defizitfinanzierten Staatsausgaben ist ausweislich der einschlägigen Multiplikatoren größer als derjenige von steuerfinanzierten Staatsausgaben (vgl. 11. Kapitel, Ziffer III).

Ein Gegenargument bezieht sich auf die **Wirkungsverzögerungen** einer Defizitpolitik mit dem Ziel der Konjunkturstabilisierung (vgl. 12. Kapitel, Ziffer III.2.a.(2)). Die Maßnahmen einer defizitären Fiskalpolitik wirken auf die Nachfrage erst nach einer gewissen Zeit. Das Wissen über die Länge der Wirkungsverzögerungen ist ziemlich dürftig. Die Gefahr, daß die Maßnahmen erst zu wirken beginnen, wenn die inzwischen geänderte Konjunkturlage bereits wieder gegenteilige Maßnahmen erfordert, ist durchaus gegeben. Die Konjunktur wird dann nicht nur nicht stabilisiert, sondern wegen der Wirkungsverzögerungen sogar destabilisiert.

Ein zweites Gegenargument stellt die expansive Wirkung einer Defizitfinanzierung gegenüber einer Steuerfinanzierung grundsätzlich in Frage. Die Hypothese ist, daß die Privaten die Einkommenserhöhung der Steuersenkung in Erwartung künftiger, wegen der Staatsverschuldung notwendiger Steuererhöhungen einfach zusätzlich sparen. Steuerfinanzierung und Defizitfinanzierung sind hinsichtlich ihrer Nachfragewirkungen äquivalent. Wir gehen auf dieses sog. **RI-CARDO-BARRO-Äquivalenztheorem** weiter unten bei der Behandlung der Verdrängungseffekte ein.

Man mag über die Gewichtigkeit dieser Argumente unterschiedlicher Auffassung sein. Von Bedeutung ist, daß diese mehr kurzfristigen Effekte der zweitrangige Aspekt der Staatsverschuldung sind. Defizite und Schuldenfinanzierung von Ausgaben werfen – genau wie im privaten Bereich auch – vorwiegend langfristige Probleme auf. Die langfristigen Effekte der Staatsverschuldung sind daher bedeutsamer als die kurzfristigen.

2. Langfristige Effekte

Was die langfristigen Effekte der Staatsverschuldung anbelangt, so stehen die Wirkungen auf den **Kapitalstock und damit auf das Wachstum der Volkswirtschaft** im Vordergrund. Das zentrale Argument für Staatsdefizite ist, daß der Staat bestimmte Investitionen tätigen muß (z.B. im Bereich der Infrastruktur), und daß eine intertemporale Lastenverschiebung der mit diesen Staatsausgaben verbundenen Belastungen angebracht und durch die Defizitfinanzierung möglich ist. Die Gegenthese lautet, daß durch Staatsdefizite der Kapitalstock der Volkswirtschaft über Verdrängungseffekte langfristig sinkt, und daß eine Lastenverschiebung durch Defizitpolitik bei rationalen Erwartungen überhaupt nicht möglich ist.

a. Geldmengenfinanzierung, Inflation und Kapitalauszehrung

Werden die Staatsdefizite über das Bankensystem finanziert und steigt hierdurch die Geldmenge, dann führt dies nach aller Erfahrung langfristig zu einer **Inflation**. Die Inflation hat in der langen Frist negative Allokations- und Wachstumseffekte. Die Kapitalbildung geht wegen der Unsicherheit über die künftige Preisentwicklung zurück und/oder es wird in unproduktiven Investitionsruinen Kapital gebildet (vgl. 15. Kapitel, Ziffer II.3). Durch den langfristigen Rückgang des Kapitalstocks sinkt die Arbeitsproduktivität, es sinken die künftigen Wachstumsraten des BSP, und es wird durch die Verringerung des Angebots die Inflation zusätzlich akzentuiert. Bei einer Geldmengenfinanzierung von Staatsdefiziten überwiegen also in langfristiger Sicht tendenziell die Argumente, die gegen Staatsdefizite sprechen.

b. Kapitalmarktfinanzierung und Verdrängungseffekte

Werden die Staatsdefizite über den Kapitalmarkt finanziert, dann ist die Gefahr eines Zinsanstiegs und hierüber einer Verdrängung privater Investitionen mit der Folge einer Kapitalstockverringerung gegeben. Die Frage, ob kapitalmarktfinanzierte Staatsdefizite private Investitionen verdrängen oder vielleicht sogar begünstigen, wird kontrovers diskutiert. In der Diskussion erscheinen 3 Komplexe bedeutsam, die im folgenden skizziert werden sollen.

(1) Transaktions-crowding-out im IS-LM-Modell

Die traditionelle Argumentation wird im Rahmen des keynesianischen IS-LM-Modells geführt (vgl. 11. Kapitel, Ziffer VI.2.b). Man bezeichnet diesen Fall auch als Transaktions-crowding-out. Die expansive Fiskalpolitik erhöht das Sozialprodukt, wodurch die einkommensabhängige Geldnachfrage steigt. Da das Staatsdefizit annahmegemäß nicht über das Bankensystem finanziert wird, bleibt die Geldmenge konstant. Somit werden durch die gestiegene Geldnachfrage Zinssteigerungen ausgelöst. Durch die Zinssteigerung geht am Geldmarkt der negativ vom Zins abhängige Teil der Geldnachfrage (z.B. die Spekulationskasse) zurück, wodurch Raum geschaffen wird für die gestiegene Transaktionskasse (daher der Name Transaktions-crowding-out). Im güterwirtschaftlichen Bereich verdrängt der **Anstieg des Zinsniveaus die zinsabhängige private Investitionsnachfrage**. Im Extremfall der völlig zinsunelastischen Geldnachfrage steigt trotz der expansiven Fiskalpolitik die güterwirtschaftliche Nachfrage per Saldo nicht an, da die Zinsen so stark steigen, daß im vollen Umfang der Zunahme staatlicher Nachfrage private Investitionsnachfrage verdrängt wird. Im IS-LM-Modell verläuft in diesem Fall des vollständigen Transaktions-crowding-out die LM-Linie senkrecht. Je niedriger also die Zinselastizität der Geldnachfrage ist, desto größer ist die Gefahr von Verdrängungseffekten. Da die Zinselastizität der Geldnachfrage realiter sehr gering ist (vgl. 14. Kapitel, Ziffer II.2), spricht die Argumentation im Rahmen des IS-LM-Modells für die Crowding-out-Hypothese. Wird versucht, den Verdrängungseffekt durch eine expansive Geldpolitik abzumildern, dann entspricht dies methodisch dem Fall eines geldmengenfinanzierten

Staatsdefizits, und es kommen die im vorherigen Abschnitt erläuterten Argumente zum Zuge.

(2) Vermögenseffekte

Im Rahmen des IS-LM-Modells werden in einem zweiten Schritt in der Diskussion Vermögenseffekte berücksichtigt (OTT und OTT, 1965; CHRIST, 1968). Ein kapitalmarktfinanziertes Staatsdefizit bedeutet, daß die Privaten die Staatsschuldtitel erwerben. Die Geldmenge bleibt konstant. Also erhöht sich durch die Realisierung eines Staatsdefizits das Geldvermögen der Privaten, da diese jetzt zusätzlich zur Geldmenge noch die Forderungen an den Staat besitzen. Diese Argumentation ist nicht unumstritten, und wir kommen hierauf weiter unten (Ziffer c) nochmals zurück. Wird die **Zunahme des privaten Geldvermögens** als Argument akzeptiert, dann gehen von diesem Geldvermögenszuwachs Vermögenseffekte auf die Geldnachfrage und auf die Güternachfrage aus. Es wird unterstellt, daß beide Nachfragen positiv vom Vermögen abhängen. Sowohl die Geldnachfrage als auch die Güternachfrage nehmen also im Gefolge des Staatsdefizits zu. Der positive Vermögenseffekt bei der Geldnachfrage wirkt restriktiv, da hiervon Zinssteigerungen ausgelöst werden. Im IS-LM-Modell verschiebt sich die LM-Linie nach links oben. Der positive Vermögenseffekt bei der Konsumnachfrage wirkt expansiv bei ebenfalls ansteigenden Zinsen. Im IS-LM-Modell verschiebt sich die IS-Linie nach rechts oben.

Unter Berücksichtigung von Vermögenseffekten ergeben sich also im IS-LM-Modell auf jeden Fall Zinssteigerungen mit Verdrängungseffekten für die private Investitionsnachfrage. Das negative Urteil über die Staatsdefizite wird lediglich dadurch abgemildert, daß sich die Möglichkeit eines per Saldo expansiven Effektes auf die Nachfrage auftut, wenn nämlich der Vermögenseffekt in der Geldnachfrage schwächer ist als derjenige in der Konsumnachfrage. Dann verschiebt sich die IS-Linie stärker nach rechts, als sich die LM-Linie nach links verschiebt, so daß die Nachfrage per Saldo expandiert. Dagegen wirkt das Staatsdefizit restriktiv, wenn der Vermögenseffekt in der Geldnachfrage stärker ist. Das entspricht dann einem speziellen Fall des Crowding-out, daß nämlich die gesamtwirtschaftliche Nachfrage im Gefolge der Staatsdefizite wegen des starken Vermögenseffektes in der Geldnachfrage per Saldo schrumpft.

Welcher der beiden Vermögenseffekte überwiegt, ist theoretisch offen und kann nur empirisch geprüft werden. Die Stärke der Vermögenseffekte hängt von der **Substitutionsbeziehung zwischen Geld und Staatsschuldtiteln** ab. Dieser Zusammenhang steht im Zentrum der portfoliotheoretischen Analyse kapitalmarktfinanzierter Staatsdefizite, mit der wir uns im folgenden beschäftigen.

(3) Unvollkommene Kapitalmärkte und Portfolio-crowding-out

Unter bestimmten Voraussetzungen braucht eine Defizitfinanzierung von Staatsausgaben nicht zu einem Zinsanstieg zu führen, sondern kann im Gegenteil sogar eine Verbesserung der Investitionsbedingungen bewirken (TOBIN, 1961; B. FRIEDMAN, 1978). Ausgangspunkt der Überlegungen in diesen portfoliotheoretischen Ansätzen sind unvollkommene Kapitalmärkte. Es gibt nicht nur einen einzigen Zinssatz, sondern auf den Kapitalmärkten existieren **unterschiedliche Anlagemöglichkeiten** mit unterschiedlichen Renditen. In einem einfachen Fall kann man 3 alternative Vermögensanlagen unterscheiden. Auf dem Sachkapitalmarkt werden Unternehmensbeteiligungen gehandelt, auf dem Bonds-Markt Staatsschuldtitel und auf dem Geldmarkt unverzinsliches Geld. Anbieter sind auf dem Sachkapitalmarkt die Unternehmen, auf dem Bonds-Markt der Staat und auf dem Geldmarkt die Banken. Nachfrager sind die Anleger. Die Renditen von Unternehmensbeteiligungen und Staatsschuldtiteln können unterschiedlich sein. Der Zins auf Unternehmensbeteiligungen stellt aus der Sicht der investierenden Unternehmer die Kapitalkosten dar. Der Zins auf Staatsschuldtitel ist der Kapitalmarktzins. Geld ist das unverzinsliche Aktivum in der Anlagepalette.

Die zentrale Frage ist nun, wie durch eine vermehrte Emission von Staatsschuldtiteln (Staatsdefizite) die **Kapitalkosten** beeinflußt werden. Durch eine defizitäre Finanzpolitik steigt das Angebot an Bonds. Dies bewirkt eindeutig eine Erhöhung des Kapitalmarktzinses und – soweit man das Argument der Vermögenseffekte akzeptiert – eine Zunahme des Geldvermögens der Privaten. Die von der Steigerung des Kapitalmarktzinses und der Vermögenszunahme ausgehenden Wirkungen auf die Kapitalkosten sind gegenläufig.

Einerseits löst die Zunahme des Vermögens eine Nachfragesteigerung nach Unternehmensbeteiligungen aus, durch die die Kurse der Unternehmensbeteiligungen steigen, d.h. die Kapitalkosten sinken. Dieser direkte **Vermögenseffekt** begünstigt die Investitionen. Andererseits bewirkt die Zunahme des Vermögens auf dem Geldmarkt eine steigende Geldnachfrage, was zusammen mit dem steigenden Kapitalmarktzins (Zins auf Bonds) bei den Anlegern eine Vermögensumstrukturierung zu Lasten der Unternehmensbeteiligungen auslöst. Die Kurse der Unternehmensbeteiligungen sinken hierdurch, d.h. die Kapitalkosten steigen. Dieser **Vermögensstruktureffekt** schwächt die Investitionen. Welcher der beiden Effekte überwiegt, ist theoretisch offen.

Betrachten die Anleger Unternehmensbeteiligungen und Staatsschuldtitel als enge Substitute, dann wird eine Umstrukturierung des Portfolios zu Lasten der verzinslichen Teile und zugunsten von unverzinslichem Geld gewünscht. Die Nachfrage nach Unternehmensbeteiligungen nimmt aufgrund des Struktureffektes stärker ab, als sie aufgrund des direkten Vermögenseffektes zunimmt. Per Saldo steigen die Kapitalkosten. Dies ist der **monetaristische Fall des Crowding-out**. Die Eigenschaft der Staatsschuldtitel, genau wie Unternehmensbeteiligungen verzinsliche Aktiva zu sein, steht hierbei für die Anleger im Vordergrund. Wenn im Extremfall Bonds und Unternehmensbeteiligungen perfekte Substitute sind, dann kann eine Differenz zwischen der Rendite von Staatsschuldtiteln und der Rendite von Unternehmensbeteiligungen überhaupt nie auftreten. Die Staatsdefizite ziehen dann in diesem Fall mit dem Zins auf Bonds in gleichem Maße auch die Kapitalkosten nach oben.

Der umgekehrte Fall eines Crowding-in dagegen tritt auf, wenn die Anleger Geld und Staatsschuldtitel als enge Substitute ansehen. In diesem Fall löst der gestiegene Bonds-Bestand den Wunsch nach einer Umstrukturierung des Portfolios zugunsten von Sachkapital-Anteilen aus. Die Nachfrage nach Unternehmensbeteiligungen nimmt aufgrund des direkten Vermögenseffektes stärker zu, als sie aufgrund des Struktureffektes abnimmt. Per Saldo sinken die Kapitalkosten. Dies ist der **neokeynesianische Fall des Crowding-in**. Hier steht für die Anleger die Eigenschaft der Staatsschuldtitel im Vordergrund, ein Geld-Aktivum zu sein.

In empirischen Tests des Problems überwiegen die Ergebnisse, die für die Crowding-out-Hypothese sprechen (LEHMENT, 1985). Eine enge Substitutionsbeziehung zwischen Geld und Staatsschuldtiteln läßt sich nicht nachweisen.

c. Sind Staatsschuldtitel Vermögen? – Das RICARDO-BARRO-Äquivalenztheorem

Die Argumentation auf der Basis von Vermögenseffekten kann grundsätzlich in Frage gestellt werden. Die Gegenposition ist, daß die aus Staatsdefiziten resultierenden Staatsschuldtitel bei den Privaten von diesen nicht als Netto-Vermögenszugang angesehen werden. Die Privaten kalkulieren vielmehr außerdem auch noch im Sinne der Hypothese rationaler Erwartungen als negativen Gegenposten die künftigen Steuererhöhungen ein, mit denen zur Bedienung und Rückzahlung der Staatsschulden zu rechnen ist. Per Saldo ändert sich also durch die Staatsschuldtitel das Netto-Vermögen überhaupt nicht (RICARDO, 1817; BARRO, 1974).

Diese Hypothese ist das sog. RICARDO-BARRO-Äquivalenztheorem. Äquivalenztheorem deswegen, weil eine **Steuerfinanzierung und eine Defizitfinanzierung von Staatsausgaben hinsichtlich ihrer Wirkungen äquivalent** sind. Drei Konsequenzen dieser Hypothese sind besonders bedeutsam.

Erstens ist durch die Defizitfinanzierung **keine Lastenverschiebung** der Finanzierung der Staatsausgaben in die Zukunft möglich. Der abdiskontierte Wert der künftigen Steuerzahlungen ist eine gegenwärtige Last, die der gegenwärtigen Steuererhöhung entspricht, die vorzunehmen wäre, wenn alternativ zur Defizitfinanzierung die Steuerfinanzierung gewählt werden würde. Der Vorteil der gegenwärtigen Steuererleichterung im Fall der Defizitfinanzierung wird kompensiert durch die gegenwärtige Last der Staatsschuld.

Zweitens bewirkt bei Geltung des Äquivalenztheorems die Defizitfinanzierung gegenüber der Steuerfinanzierung **keine konjunkturstimulierende Nachfrageexpansion**. Die Privaten erhöhen im Umfang der Staatsdefizite ihre Ersparnis, um damit die Staatsschuldtitel zu kaufen. Das gesamtwirtschaftliche Nachfrageniveau ist bei Defizitfinanzierung und Steuerfinanzierung eines gegebenen Staatsausgabenniveaus gleich hoch. Anders ausgedrückt bedeutet dies, daß eine Steuersenkung bei gegebenen Staatsausgaben keine expansiven Wirkungen auf die gesamtwirtschaftliche Nachfrage hat. Die Multiplikatoren einer expansiven Fiskalpolitik sind unabhängig von der Finanzierungsart durchweg gleich 1, d.h. gleich dem Wert gemäß dem HAAVELMO-Theorem.

Drittens hat bei Geltung des Äquivalenztheorems wegen Wegfall der Vermögenseffekte die Defizitfinanzierung weder Crowding-out- noch Crowding-in-Effekte, sondern übt **auf die Finanzierungsbedingungen für Investitionen überhaupt keinen Einfluß** aus. Auf dem Kreditmarkt steht im Fall der Defizitfinanzierung der zusätzlichen Kreditnachfrage des Staates ein zusätzliches Kreditangebot der Privaten aus eben dem durch die niedrigeren Steuern höheren verfügbaren Einkommen gegenüber. Jedoch können sich langfristig auch hier negative Wirkungen auf die Höhe des gesamtwirtschaftlichen Kapitalstocks ergeben. Die Defizitfinanzierung führt langfristig in der Regel zu einem Anstieg der Staatsquote, was über einen Rückgang der Investitionsquote dann letztlich doch zu einem **Rückgang des Kapitalstocks** führt.

Die empirische Relevanz des RICARDO-BARRO-Theorems ist umstritten. Wie man die Ergebnisse auch immer bewerten mag, es ergibt sich jedenfalls kein Argument, welches die Crowding-in-Hypothese stützt.

d. Die Last der Staatsschuld

Insgesamt ist davon auszugehen, daß durch die Staatsverschuldung langfristig zumindest die Gefahr eines Rückgangs des gesamtwirtschaftlichen Kapitalstocks mit langfristigen Wachstums- und Wohlstandsverlusten gegeben ist. Man kann sich nun die Frage stellen, ab welcher Größenordnung von Staatsdefiziten in einer wachsenden Wirtschaft der **Wirtschaftsablauf instabil** wird. Die zentrale Größe in diesem Zusammenhang ist die Verschuldungsquote, die wir weiter oben in Ziffer I.4 bereits kennengelernt haben. Wählen wir als Beispiel zur Verdeutlichung die Jahre 1991 und 1992. Die Staatsschulden betragen Ende 1991 ca. 1.200 Mrd DM. Bei einem BSP von ca. 2.800 Mrd DM entspricht dies einer Verschuldungsquote von ca. 43%. Die Zinsen auf die Staatsschulden betragen 1991 ca. 77 Mrd DM, was einer Quote von ca. 2,8% des BSP entspricht. Man kann sagen, daß diese Verschuldungsquote von ca. 43% grundsätzlich unproblematisch ist, da diese Schuld mit nur 2,8% des BSP bedienbar ist. Nur 1 Jahr später ist aber die Zinsquote bereits deutlich höher. Die Staatsschulden sind so angewachsen, daß die Zinsausgaben 1992 ca. 102 Mrd DM betragen. Bei einem BSP von ca. 3.000 Mrd DM entspricht dies einer Zinsquote von ca. 3,4%. Auch diese Zinsquote ist von der Größenordnung her unbedenklich. Wenn sich jedoch die Geschwindigkeit des Anstiegs der Zinsquote (in einem Jahr von 2,8% auf 3,4%) fortsetzt, kann man sich ausrechnen, ab wann selbst eine vollständige Besteuerung des BSP nicht mehr ausreicht, die Staatsschulden zu verzinsen. Spätestens dann ist der Zeitpunkt des Staatsbankrotts erreicht. Der Wirtschaftsablauf ist instabil.

Zu einer solchen Instabilität kommt es langfristig dann, wenn die Verschuldungsquote permanent ansteigt. Die **Bedingung für einen Anstieg der Verschuldungsquote** ist (auf eine Herleitung wird hier verzichtet; vgl. hierzu DORNBUSCH/FISCHER, 1987, S. 619-621):

$$b \cdot (r - y) - x > 0. \qquad (3)$$

In der Ungleichung (3) ist b die Verschuldungsquote, r ist der Realzins, y ist die reale BSP-Wachstumsrate und x ist die primäre Defizitquote. Die primäre Defizitquote ist der Anteil des primären Staatsdefizits am BSP. Das primäre Staatsdefizit ist das Staatsdefizit ohne die Zinsausgaben für die Staatsschulden.

Die Ungleichung (3) ist die Bedingung für eine instabile Entwicklung. Ist die linke Seite der Ungleichung (3) negativ, dann sinkt die Verschuldungsquote und der Verlauf ist stabil.

Gemäß der Bedingung (3) hängt die Entwicklung der Verschuldungsquote von dem Verhältnis zwischen **Realzins, realer Wachstumsrate und primärer Defizitquote** ab. Je höher der Realzins, je niedriger die Wachstumsrate und je größer (absolut) die primäre Defizitquote ist, desto eher ergibt sich eine instabile Entwicklung. Ist z.B. der Realzins größer als die Wachstumsrate, und liegt ein primäres Defizit vor (x < 0), dann ist die Entwicklung auf jeden Fall instabil. Ist dagegen die Wachstumsrate größer als der Realzins, und liegt ein primärer Budgetüberschuß vor, dann ist die Entwicklung auf jeden Fall stabil. Ein gemischtes Bild zeigt folgendes Beispiel. Wählen wir eine Verschuldungsquote von 50%, einen Realzins von 3% und eine Wachstumsrate von 4%. Das sind halbwegs realistische Werte, die Wachstumsrate ist recht optimistisch. Es ergibt sich für $b \cdot (r - y)$ = − 0,005 = − 0,5%. Dann muß in diesem Fall das primäre Defizit (absolut) unter 0,5% des BSP bleiben, wenn die Verschuldungsquote sinken soll. Man sieht,

16. Kap.: Das Problem der Staatsverschuldung 461

daß der Spielraum für eine Defizitpolitik, die die Gefahr der Instabilität vermeiden will, langfristig recht eng gesteckt ist.

Wie bereits erwähnt, ist die Gefahr einer instabilen Entwicklung um so wahrscheinlicher, je schwächer das reale BSP wächst. Dies ist der Fall, wenn wegen zunehmender Staatsschulden der Kapitalstock der Wirtschaft sinkt und damit die BSP-Wachstumsraten niedriger ausfallen. Die langfristige Last der Staatsschuld besteht aus dieser negativen Wirkung auf das Wachstum und die dadurch gegebene Möglichkeit einer instabilen Wirtschaftsentwicklung.

V. Zusammenfassung

Die Staatsverschuldung kann mit Hilfe verschiedener Indikatoren beschrieben werden, die alle einen ansteigenden Trend aufweisen. Die **Verschuldungsquote** beträgt in Deutschland Ende 1991 ca. 43% des BSP mit steigender Tendenz. Mögliche Ursachen für den **trendmäßigen Anstieg der Staatsverschuldung** liegen im politischen System. Die Entwicklung der Staatsverschuldung weist daneben eine zyklische Komponente im Konjunkturverlauf auf. Den Staatsdefiziten steht in der Finanzierungsrechnung in erster Linie die Geldersparnis der privaten Haushalte gegenüber. Die Finanzierung eines Staatsdefizits kann in Form der **Geldmengenfinanzierung** über das Bankensystem oder in Form der **Kapitalmarktfinanzierung** über die Nichtbanken geschehen. Die Geldmengenfinanzierung wirft das Problem der **Inflation** auf, die Kapitalmarktfinanzierung das Problem der **Verdrängung privater Investitionen**. Neben den kurzfristigen konjunkturellen Effekten der Staatsverschuldung sind insbesondere die langfristigen Wachstumseffekte der Staatsverschuldung bedeutsam. Die **langfristige Last der Staatsschuld** besteht in den negativen Wirkungen auf den Kapitalstock und das Wachstum, woraus sich langfristig eine instabile Wirtschaftsentwicklung ergeben kann.

Literatur zum 16. Kapitel

Überblick:

Caesar, R.: Öffentliche Verschuldung in Deutschland seit der Weltwirtschaftskrise. Wandlungen in Politik und Theorie. In: D. Petzina (Hrsg.): Probleme der Finanzgeschichte des 19. und 20. Jahrhunderts. Schriften des Vereins für Socialpolitik. N. F. Bd. 188. Berlin 1989. S. 9-55.

Lehrbücher:

Barro, R. J.: Macroeconomics. 3. Aufl. New York 1990. Übers. v. H.-J. Ahrns: Makroökonomie. 3. Aufl. München 1992. S. 397-434.
Blankart, C. B.: Öffentliche Finanzen in der Demokratie. Eine Einführung in die Finanzwissenschaft. München 1991. S. 287-302.
Dornbusch, R. und **S. Fischer**: Macroeconomics. 4. Aufl. New York 1987. S. 581-657.
Samuelson, P. A. und **W. D. Nordhaus**: Economics. 12. Aufl. New York 1985. Dt. Ausgabe: Volkswirtschaftslehre. Grundlagen der Makro- und Mikroökonomie. 1. Band. Köln 1987. S. 533-565.

Spezielle Themengebiete:

Verdrängungseffekte:

Ketterer, K.-H.: Monetäre Aspekte der Staatsverschuldung. Berlin 1984.
Lehment, H.: Crowding-out in der Bundesrepublik. Wechselkurseffekte, Zinseffekte und empirischer Befund. In: Außenwirtschaft. Bd. 40/1985. S. 53-70.

17. Kapitel:
Konjunktur

I. Konjunkturschwankungen – Der Befund

Die wirtschaftliche Entwicklung im Zeitablauf kann mit Hilfe zahlreicher ökonomischer Größen beschrieben werden. So dienen in der Praxis der Konjunkturstatistik die Auftragseingänge, die Produktion in bestimmten Branchen, das Sozialprodukt, die Kapazitätsauslastung, die Zahl der Arbeitsplätze und offenen Stellen, Löhne und Gehälter, verschiedene Preisindices usw. als Indikatoren für die Entwicklung der wirtschaftlichen Aktivität. Bei der Beobachtung solcher Indikatoren fällt auf, daß diese zwar einem trendmäßigen Wachstum folgen, daß dieses Wachstum jedoch nicht stetig und gleichmäßig verläuft, sondern in Schwankungen. Solche wellenartigen Schwankungen der wirtschaftlichen Aktivität um einen Wachstumstrend bezeichnet man als Konjunkturschwankungen. In Schaubild 17.1 sind drei verbreitete Konjunkturindikatoren dargestellt, nämlich **Auftragseingang, Produktion und Löhne.**

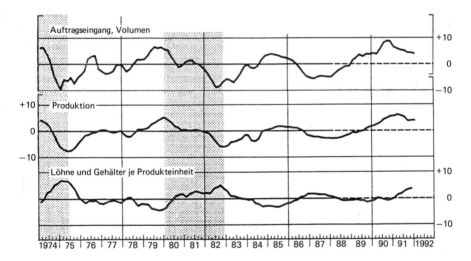

Schaubild 17.1   Konjunkturindikatoren

Quelle: Deutsche Bundesbank, Statistische Beihefte zu den Monatsberichten, Reihe 4.

Solche Zeitreihen werden z.B. monatlich von der Deutschen Bundesbank veröffentlicht. In Schaubild 17.1 ist die Entwicklung in der Bundesrepublik im Zeitraum von 1974 bis 1992 dargestellt. Die dunkel hervorgehobenen Zeiträume (1974/75 und 1980/82) sind Phasen eines Konjunkturabschwungs. Die hellen Zeiträume (1976/79 und 1983/92) sind Phasen eines Konjunkturaufschwungs. Man erkennt eine gewisse gegenseitige zeitliche Verschiebung der 3 Indikatoren. Nehmen wir als Beispiel den dunkel hervorgehobenen Zeitraum 1980 bis 1982.

Diese 3 Jahre waren der längste und tiefste Einbruch der wirtschaftlichen Entwicklung in der Geschichte der Bundesrepublik. Zuerst beginnt Ende 1979 die Linie der Auftragseingänge zu sinken. Der Anfang des Produktionseinbruchs liegt bereits etwas später Anfang 1980. Demgegenüber steigt in der gesamten bis ca. Ende 1982 dauernden Abschwungphase dieser beiden Indikatoren die Linie der Löhne und Gehälter noch an. In der anderen Abschwungphase und in den Aufschwungphasen erkennt man analoge Verläufe.

Die Auftragseingänge können also als ein **Frühindikator** der Konjunktur interpretiert werden. Zudem schwankt dieser Indikator besonders stark. Produktionsindices dagegen werden als **Präsenzindikatoren** der Konjunktur verwendet, die gewissermaßen den aktuellen Stand der Konjunktur charakterisieren. Als **Spätindikatoren** dienen Löhne und Gehälter und auch Preise, die der konjunkturellen Entwicklung nachhinken. Löhne und Gehälter werden in Tarifverträgen für gewisse Zeiträume festgeschrieben und ziehen häufig erst dann an, wenn sich bei den Auftragseingängen bereits wieder der Beginn des Abschwungs ankündigt. Auch die Preisentwicklung zeigt häufig erst gegen Ende eines Aufschwungs nach oben, wenn die Kapazitätsauslastung hoch ist und Produktionsengpässe auftreten.

Die Interpretation eines Indikators als Früh-, Präsenz- oder Spätindikator setzt natürlich eine als Bezug dienende **Referenzgröße** voraus. Hierzu dient in der Regel die gesamtwirtschaftliche **Produktion**, wobei zwei verschiedene Varianten verwendet werden. Zum einen werden die Schwankungen der Wachstumsraten des realen BSP verwendet, zum anderen aber auch die Schwankungen der Kapazitätsauslastung. Die erstgenannte Vorgehensweise ist insofern nachfrageorientiert, als lediglich auf die Nachfragekomponenten des BSP Bezug genommen

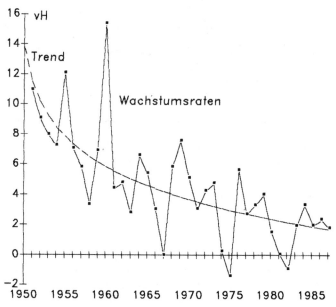

Schaubild 17.2 Wachstumsraten des realen BSP

Quelle: SVR, JG; eigene Berechnungen.

wird. Bei der zweitgenannten Vorgehensweise kommt die unterschiedliche Auslastung der Produktionsfaktoren in den verschiedenen Konjunkturphasen explizit zum Ausdruck. Diese Darstellung kann insofern als mehr angebotsorientiert bezeichnet werden.

In Schaubild 17.2 sind die jährlichen **Wachstumsraten des realen BSP** zusammen mit dem Trend dargestellt.

Man erkennt deutlich, daß die Wachstumsraten des realen BSP im Trend nach unten gerichtet sind, und daß dieser Trend von zyklischen Schwankungen, den Konjunkturschwankungen, überlagert ist. Weiterhin ist erkennbar, daß ein Konjunkturzyklus in dieser Darstellung eine Länge von ca. 4 bis 5 Jahren hat. Jedoch sind sowohl Frequenz als auch Amplitude der einzelnen Zyklen so unterschiedlich, daß von einem gewissermaßen gesetzmäßig wiederkehrenden typischen Konjunkturzyklus nicht gesprochen werden kann.

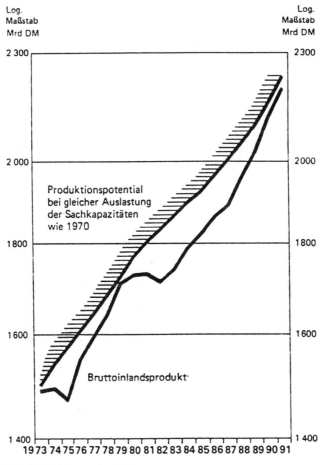

Schaubild 17.3 Produktionspotential

Quelle: SVR, JG.

Die angebotsorientierte Variante zur Charakterisierung der Konjunkturschwankungen ist die **Kapazitätsauslastung**. Diese Größe und ihre Entwicklung können anhand der Schaubilder 17.3 und 17.4 erläutert werden.

In Schaubild 17.3 sind das **Produktionspotential** und die tatsächliche Produktion dargestellt. Das Produktionspotential ist die rechnerische Produktion, die sich – in der Darstellung des SVR – bei einer Auslastung der Sachkapazitäten wie 1970 ergibt. Man erkennt, daß sich das Produktionspotential recht stetig nach oben entwickelt. Dagegen sind bei der tatsächlichen Produktion deutliche Schwankungen im Zeitablauf erkennbar. Den Investitionen kommt hierbei eine Schlüsselrolle zu. Einerseits sind die Investitionen ein Teil der gesamtwirtschaftlichen Nachfrage und damit der tatsächlichen Produktion. Dies ist der Einkommenseffekt der Investitionen. Andererseits erhöhen die Investitionen aber auch den Kapitalbestand und damit das Produktionspotential. Dies ist der Kapazitätseffekt der Investitionen. Da sich beide Effekte höchstens zufällig genau entsprechen, kommt es regelmäßig zu Schwankungen in der Kapazitätsauslastung. Die Entwicklung der Kapazitätsauslastung ist in Schaubild 17.4 dargestellt.

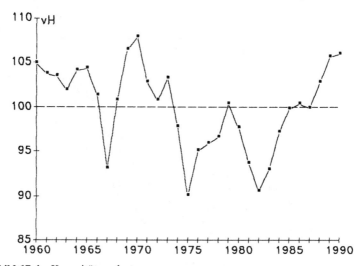

Schaubild 17.4 Kapazitätsauslastung

Quelle: Ifo-Institut, Unternehmensbefragungen; eigene Berechnungen.

Die Darstellung der Konjunkturschwankungen als Schwankungen der Kapazitätsauslastung ist heute in der Konjunkturforschung sehr verbreitet. Die Definition von Konjunkturschwankungen als Schwankungen im Auslastungsgrad des Produktionspotentials ist allgemein akzeptiert. Dieses Konzept verwenden z.B. auch der SVR und die Deutsche Bundesbank in ihren periodischen Veröffentlichungen. In Schaubild 17.4 ist der Durchschnitt der Kapazitätsauslastung zwischen 1960 und 1990 als Basiswert 100% gesetzt. Man erkennt in Schaubild 17.4 deutlich die konjunkturellen Abschwungphasen 1966/67, 1974/75 und 1980/82. Außerdem ist zu erkennen, daß die Überwindung des jeweiligen konjunkturellen Einbruchs immer zögerlicher gelingt. Nach der Rezession 1980/82 wird die Normalauslastung erst 1985/86 wieder erreicht. Die Länge eines Konjunkturzyklus beträgt bei dieser Darstellung ca. 7 Jahre. Aber auch bei dieser Darstellung sind die einzelnen Zyklen so unterschiedlich, daß von der Existenz eines einzigen typischen Konjunkturzyklus nicht die Rede sein kann.

In Abbildung 17.1 sind ein **Konjunkturzyklus und die verschiedenen Konjunkturphasen** in idealisierter Form dargestellt.

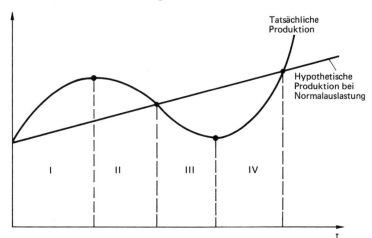

Abb. 17.1 Konjunkturphasen

Die Bezeichnungen für die einzelnen Konjunkturphasen haben im Laufe der Zeit einen Wandel erfahren. Das Vier-Phasen-Schema geht zurück auf SCHUMPETER (1939). Nach SCHUMPETER ist Phase I die Prosperität, Phase II die Rezession, Phase III die Depression und Phase IV die Erholung. Nach HABERLER (1937) ist die Zeitspanne zwischen unterem und oberem Wendepunkt der Aufschwung, die zwischen oberem und unterem Wendepunkt der Abschwung. Heute sind für Phase I die Bezeichnungen Boom oder Hochkonjunktur verbreitet, Phase II heißt Konjunkturabschwächung oder Konjunkturabschwung, Phase III ist die Rezession, und Phase IV wird als Erholung oder Konjunkturaufschwung bezeichnet. Der Ausdruck Depression ist für Phase III nicht mehr gebräuchlich, da wegen des Wachstumstrends die Produktion auch in Phase III häufig noch höhere Werte aufweist als in der entsprechenden Phase des vorlaufenden Zyklus.

Neben der Einteilung des Konjunkturzyklus in verschiedene Phasen werden die Konjunkturzyklen auch hinsichtlich ihrer **Länge** unterschieden. Wiederum nach SCHUMPETER werden KITCHIN-, JUGLAR- und KONDRATIEFF-Zyklen unterschieden. KITCHIN (1923) stellte für die Zeit um die Jahrhundertwende für England und die USA eine Zyklusdauer von ca. 40 Monaten fest. Diesem kürzesten Konjunkturzyklus entsprechen in der heutigen Zeit am ehesten die Lagerzyklen. Der von JUGLAR (1860) entdeckte und nach ihm benannte JUGLAR-Zyklus hat die Länge von ca. 8 bis 10 Jahren und entspricht damit etwa dem Konjunkturzyklus der Schwankungen der Kapazitätsauslastung. KONDRATIEFF-Zyklen (KONDRATIEFF, 1926) sind sehr lange Konjunkturwellen. Ein KONDRATIEFF-Zyklus wird von grundsätzlichen technologischen Umwälzungen ausgelöst (z.B. Eisenbahnbau, Elektrizität, Motorisierung usw.) und umfaßt einen Zeitraum von 50 bis 60 Jahren.

II. Konjunkturtheorien – Die Diagnose

Konjunkturschwankungen sind Schwankungen im Auslastungsgrad des Produktionspotentials. Das Ziel einer Konjunkturtheorie muß es demgemäß sein, ein Auseinanderklaffen zwischen Produktionskapazität einerseits und Nachfrage andererseits zu erklären. Entwickelt sich die Produktionskapazität durch die Investitionstätigkeit über den durch die Nachfrage gegebenen Absatz hinaus, dann führt dies – nach einer gewissen Zeitspanne, in der die Lagerbildung als Konjunkturpuffer (KITCHIN-Zyklen) dient – zu einer Drosselung der Produktion und damit zu einer Unterauslastung der Kapazitäten. Umgekehrt steigt die Kapazitätsauslastung an, wenn die Nachfrage (die tatsächliche Produktion) stärker expandiert als das Produktionspotential.

1. Das SAY'sche Theorem

Im Modell der **Klassik** kann eine Über- oder Unterauslastung der Produktionskapazitäten über die gesamte Volkswirtschaft nicht entstehen. Im Zentrum steht die Hypothese von der inhärenten **Stabilität des Marktsystems**. Eine direkt einleuchtende und weithin bekannte Formulierung dieser klassischen Hypothese ist das SAY'sche Theorem. Nach SAY (1803) widmen sich die Menschen nur deswegen der Produktion von Gütern, um mit dem durch die Produktion erzielten Einkommen wiederum Güter zur Bedürfnisbefriedigung nachzufragen. Die logische Konsequenz dieser Annahme ist, daß es **nie zu einer Überkapazität** wegen eines eventuellen Nachfrageausfalls kommen kann. Gemäß dieser Vorstellung ändert hieran auch nichts die Verwendung von Geld im Wirtschaftsverkehr. Geld dient nur als Tauschmittel und nicht zur Wertaufbewahrung. Anders ausgedrückt bedeutet dies, daß keine Geldersparnisse gebildet werden, die über Nachfrageausfall zu Produktionsdrosselung und sinkender Kapazitätsauslastung führen könnten. Höchstens in bestimmten Teilbereichen der Wirtschaft können Absatzkrisen entstehen und die Kapazitätsauslastung sinken, wenn sich z.B. über Geschmacksverschiebungen die Bedürfnisstrukturen ändern und die Produktionsstruktur diesen Änderungen nur mit Verzögerung angepaßt werden kann. Das heißt aber, daß in anderen Bereichen die Kapazitätsauslastung steigt, so daß gesamtwirtschaftlich gesehen die Kapazitätsauslastung letztlich konstant bleibt.

Zumindest in der kurzen bis mittleren Frist ist diese Vorstellung unrealistisch. Realiter versickern gewissermaßen Teile des in der Produktion erzielten Einkommens in Form der Geldvermögensbildung.

Dieser Nachfrageausfall wird gemäß der klassischen Hypothese über den Zinsmechanismus am Kapitalmarkt exakt durch den Einkommenseffekt der Investitionen (der Sachvermögensbildung) kompensiert. Dies ist jedoch nicht zwingend, und bei einer vom Einkommen abhängigen Ersparnis kommt es zu diesem Ausgleich höchstens zufällig. Die ex-post stets geltende Identität I = S bedeutet lediglich, daß die Investition (Sachvermögensbildung) ex-post immer gleich der Ersparnis (im Sinne der Reinvermögensbildung) sein muß, da sich die Summe der Finanzierungssalden (Geldvermögenszu- und -abgänge) stets zu Null addieren muß. Die Gleichgewichtsbedingung I = S ex-ante bedeutet bei einer vom Einkommen abhängigen Ersparnis lediglich, daß es einen Gleichgewichtswert des Sozialprodukts gibt, der jedoch keineswegs zwingend mit einer Voll- oder

Normalauslastung aller Produktionskapazitäten einhergehen muß. Der Erklärungsgehalt des SAY'schen Theorems für den nicht zu leugnenden Sachverhalt teilweise recht ausgeprägter Konjunkturschwankungen ist recht dürftig.

2. Ältere Konjunkturerklärungen

HABERLER hat in seinem grundlegenden Werk „Prosperität und Depression" 1937 die damals existierenden Konjunkturtheorien systematisch dargestellt und kommentiert. Hieran angelehnt können einige Konjunkturtheorien entsprechend der folgenden Gliederung unterschieden werden. Ein Merkmal dieser Theorien ist die ausschließlich verwendete verbale Argumentationsweise.

a. Nichtmonetäre Überinvestitionstheorien

Schon frühzeitig wurde die klassische Vorstellung des SAY'schen Theorems bestritten. Im Zentrum der nichtmonetären Überinvestitionstheorien steht der Gedanke, daß es aus verschiedenen Gründen zu einer **zu starken Investitionstätigkeit** kommen kann, die zu einem Überschießen der Produktionskapazitäten über die Nachfrage führt. Zunächst löst eine steigende Investitionstätigkeit einen Aufschwung aus. Im Verlauf des Aufschwungs werden die Investitionen jedoch so stark ausgeweitet, daß Überkapazitäten entstehen, die Kapazitätsauslastung sinkt, die Investitionstätigkeit schrumpft, und hierdurch wird der Abschwung herbeigeführt.

Die Vertreter der nichtmonetären Überinvestitionstheorien führen die den Aufschwung einleitende Ausdehnung der Investitionen auf verschiedene Ursachen zurück. Bei MALTHUS (1820) ist eine Umverteilung zugunsten der Gewinneinkommen das auslösende Moment. VON TUGAN-BARANOWSKY (1904) sieht im Fehlen einer gesamtwirtschaftlichen Koordinierung der Investitionstätigkeit das Hauptproblem. CASSEL (1918) geht davon aus, daß die Investitionsgüterproduktion generell stärker als die Konsumgüterproduktion schwankt. SPIETHOFF (1955) weist auf die hohen Ertragschancen in der Sachkapitalbildung im Vergleich zu dem im Konjunkturtief niedrigen Zinsniveau hin.

Gemeinsam ist allen diesen Erklärungsvarianten, daß das Auf und Ab der **Investitionstätigkeit als Hauptursache** der Konjunkturschwankungen angesehen wird. Dies ist auch der empirisch gehaltvolle Kern der nichtmonetären Überinvestitionstheorien. Die Investitionen sind tatsächlich der am stärksten schwankende Teil der gesamtwirtschaftlichen Produktion und enger mit den Konjunkturschwankungen verbunden als andere Komponenten des Sozialprodukts wie z.B. der private Konsum. Andererseits haben aber die nichtmonetären Überinvestitionstheorien auch unverkennbare Schwächen. So bleibt unklar, wieso es zwingend zu einem oberen Wendepunkt der Konjunktur kommen muß. Man kann sich durchaus vorstellen, daß eine verstärkte Investitionstätigkeit die Produktionskapazitäten zunächst zwar ausweitet, daß aber daran anschließend die Konsumgüternachfrage in diese Kapazitäten hineinwächst, ohne daß es zu einem Abschwung kommen muß. Weiterhin bleibt die Rolle des Geld- und Kreditwesens für das Konjunkturphänomen ungeklärt. Daher rührt auch die Bezeichnung nichtmonetäre Überinvestitionstheorien.

b. Unterkonsumtionstheorien

Im Zentrum der Unterkonsumtionstheorien steht die Frage, wieso es zu einem **Konjunkturabschwung** kommt. Die wesentliche Ursache wird in der Umverteilung zu Lasten der Lohneinkommen gesehen. Im Aufschwung hinken die Lohneinkommen hinter den Gewinneinkommen her. Wegen der **sinkenden Lohnquote reicht die Konsumnachfrage nicht** aus, um die Kapazitäten auszulasten. Die mangelhafte Kapazitätsauslastung löst schließlich den Abschwung aus.

Häufig genannte Vertreter dieser Erklärungsvariante sind z.b. HOBSON (1930), LEDERER (1925) und PREISER (1933).

Aber auch MARX (1867) kann hier eingeordnet werden. Seine Krisenlehre ist eine extreme Form der Unterkonsumtionstheorie. Die Möglichkeit einer zyklischen Konjunkturbewegung, d.h., daß der Abschwung einem unteren Wendepunkt zustrebt und schließlich wieder in einen Aufschwung einmündet, wird – zumindest in langfristiger Betrachtung – bestritten. Das kapitalistische System ist inhärent so instabil, daß es schließlich durch die permanente Kapitalakkumulation oder Unterkonsumtion an diesen Widersprüchen zugrunde gehen muß.

Unter konjunkturtheoretischen Aspekten kann auch KEYNES (1936) den Unterkonsumtionstheorien zugeordnet werden. Die Unterauslastung insbesondere des Produktionsfaktors Arbeit ist eine Folge mangelhafter Nachfrage, die demzufolge durch Schaffung von mehr Einkommen angehoben werden muß.

Was den Realitätsgehalt der Unterkonsumtionstheorien anbelangt, so ist der zentrale Gedanke, daß nämlich die **Einkommensverteilung mit dem Konjunkturverlauf zusammenhängt**, empirisch durchaus zutreffend. Es läßt sich regelmäßig beobachten, daß die Einkommen aus unselbständiger Arbeit hinter der konjunkturellen Entwicklung nachhinken, bzw., was das gleiche bedeutet, die Einkommen aus Unternehmertätigkeit und Vermögen der konjunkturellen Entwicklung vorauseilen. Es darf allerdings hieraus nicht der Schluß gezogen werden, daß es folglich darauf ankomme, durch ein Anheben der Lohnquote zu Beginn des Aufschwungs den nächsten Abschwung möglichst zu dämpfen oder am besten von vornherein zu vermeiden. Zum einen ist die Verbesserung der Gewinnsituation eine notwendige Voraussetzung für eine verstärkte Investitionstätigkeit, ohne die weder eine konjunkturelle Erholung noch ein befriedigendes Potentialwachstum möglich sind. Zum zweiten ist die Anhebung der Lohnquote zur Stärkung der Massenkaufkraft kein geeignetes Mittel zur Lösung solcher Probleme, die in erster Linie durch einen Strukturwandel bedingt sind. Nehmen wir als Beispiel die konjunkturelle Situation Ende der 80er Jahre. Die Situation ist hier gekennzeichnet durch eine hohe Kapazitätsauslastung bei weiter bestehender Arbeitslosigkeit. Eine Umverteilung zugunsten der Einkommen aus unselbständiger Arbeit trägt in einer solchen Situation wahrscheinlich zur Verringerung der Arbeitslosigkeit kaum etwas bei. Die zur Kapazitätsausweitung notwendigen Investitionen unterbleiben mangels ausreichender Renditeerwartungen, und die steigende Nachfrage verpufft in Preissteigerungen.

c. Monetäre Theorien

Die monetären Theorien betonen die Rolle des **Geld- und Kreditwesens** für die Konjunkturschwankungen. Als Vertreter gilt in erster Linie HAWTREY (1928). Man kann auch VON HAYEK (1929) und WICKSELL (1898) hier einordnen, die jedoch teilweise auch den Überinvestitionstheorien als Unterfall in Form der monetären Überinvestitionstheorien zugerechnet werden. Nach HAWTREY wird ein Aufschwung ausgelöst durch eine monetäre Expansion mit Zinssenkung und Kreditausweitung. Nachfrage und Preise steigen. Der Aufschwung läuft aus, wenn die Überschußreserven des Bankensystems erschöpft sind. Der Abschwung ist eine Phase monetärer Restriktion mit schrumpfender Nachfrage und sinkenden Preisen.

WICKSELL (ähnlich VON HAYEK) kombiniert Elemente der nichtmonetären Überinvestitionstheorien mit monetären Erklärungsmustern. Er unterscheidet den **Geldzins vom sog. natürlichen Zins**. Der Geldzins bildet sich am Geldmarkt aus Geldnachfrage und Geldangebot. Der natürliche Zins ist die in der Sachkapitalbildung erzielbare Rendite und bildet sich im Gleichgewicht zwischen Nachfrage nach Investitionskrediten und Angebot von Anlagekapital. Im Aufschwung ist der Geldzins niedriger als der natürliche Zins. Eine Ausweitung des Kapitalstocks ist lohnend. Investitionen und Preise steigen. Durch die verstärkte Investitionstätigkeit zieht der Geldzins an und der natürliche Zins – sinkende marginale Kapitalproduktivität vorausgesetzt – geht zurück. Die Investitionstätigkeit wird gedämpft, was den Abschwung auslöst. Im Abschwung ist umgekehrt der Geldzins höher als der natürliche Zins, was am Geldmarkt den Geldzins wegen der mangelnden Kreditnachfrage nach unten drückt und so die Voraussetzung für einen erneuten Aufschwung schafft.

Das Verdienst der monetären Theorien besteht zweifellos darin, die Bedeutung der **Zinsen als Kapitalkosten** und damit des Geld- und Kreditwesens für die Konjunkturschwankungen zu betonen. Andererseits dürfte es nicht gerechtfertigt sein, in Zinsschwankungen die alleinige Ursache von Konjunkturschwankungen zu sehen. Eine weitere Schwäche ist die Gleichsetzung von Aufschwung mit Inflation und Abschwung mit sinkendem Preisniveau. Auch Abschwungphasen gehen teilweise mit einem steigenden Preisniveau einher, wie z.B. die Rezessionen 1974/75 und 1980/82 zeigen.

d. SCHUMPETERsche Konjunkturtheorie

Nach SCHUMPETER (1911) sind sog. **dynamische Unternehmer** in Kombination mit Erfindungen die Triebfeder der Konjunktur. Eine technologische Neuentwicklung wird von risikofreudigen Unternehmern in ein marktfähiges Produkt umgesetzt. Hierdurch lassen sich hohe Gewinne erzielen. Dies lockt weitere Unternehmer an, die Wirtschaft gerät in einen Konjunkturaufschwung. Durch die immer zahlreicher in den expandierenden Markt drängenden Unternehmer werden die Gewinne heruntergekonkurriert, was schließlich zum Abschwung führt. Für einen erneuten Aufschwung bedarf es einer neuen Erfindung. Nach SCHUMPETER sind die oben bereits erwähnten KONDRATIEFF-Zyklen Folge von sog. **Basiserfindungen**. Die Dampfmaschine löste den ersten Aufschwung aus (1790-1813), der Eisenbahnbau den zweiten (1844-1874) und die Elektrizität und die Motorisierung den dritten (1885-1916). Der nach dem 2. Weltkrieg einsetzende Aufschwung wird teilweise als der Beginn eines vierten KONDRATIEFF-Zyklus interpretiert, der Mitte der 70er und Anfang der 80er Jahre seine Abschwungphase durchschreitet. Nach dieser Vorstellung ist es möglich, daß sich die Weltwirtschaft nach Überwindung des Abschwungs seit Anfang der 80er Jahre am Beginn eines fünften KONDRATIEFF-Zyklus befindet mit der Informationstechnologie als Basiserfindung.

Durch die Konjunkturtheorie von SCHUMPETER wird richtig herausgearbeitet, daß die Konjunktur nicht ausschließlich ein mechanistisch ablaufender Prozeß ist, sondern in hohem Maße von solchen Unwägbarkeiten wie dynamischen Unternehmerpersönlichkeiten und technologischen Neuentwicklungen abhängt.

3. Modelltheoretische Konjunkturerklärungen

a. Multiplikator-Akzelerator-Modelle

Das wohl bekannteste konjunkturtheoretische Modell ist von SAMUELSON/ HICKS (1939/1950) formuliert worden. In diesem Modell werden Multiplikator und Akzelerator miteinander verknüpft. Nach der Multiplikatortheorie führt eine Zunahme der gesamtwirtschaftlichen Nachfrage zu einer Steigerung des Sozialproduktes, die letztlich größer ist als die anfängliche Nachfragesteigerung. Dies liegt daran, daß der Nachfrageschub, der den Expansionsprozeß einleitet, bei den Beschäftigten zu zusätzlichem Einkommen führt, welches diese im Umfang der marginalen Konsumquote ausgeben und dadurch zusätzliche Nachfrage bewirken. Die Steigerung des Sozialproduktes wirkt nun aber über den Akzelerator auf die Investitionstätigkeit zurück. Die Unternehmer tragen der durch den Multiplikator gestiegenen Nachfrage durch eine Ausweitung der Kapazitäten Rechnung. Wegen des Akzelerators steigt die Investition überproportional stark an. Dies wirkt nun wieder über den Einkommenseffekt multiplikativ auf die Nachfrage, wodurch wiederum Rückwirkungen auf die Investitionen ausgelöst werden usw. SAMUELSON hat nachgewiesen, daß dieser Prozeß bei geeigneten Annahmen zu **Schwankungen des Sozialproduktes** führt. Man kann diesen Prozeß bildlich mit dem Schwingen eines Pendels vergleichen, das durch einen Anstoß ausgelöst wird.

Wir wollen im folgenden das Zusammenwirken von Multiplikator und Akzelerator an einem Beispiel demonstrieren. Zunächst gehen wir von der Gleichung für das Sozialprodukt nach der Verwendungsseite aus. Zur Vereinfachung nehmen wir den Fall einer geschlossenen Wirtschaft ohne staatliche Aktivität an. Das Sozialprodukt besteht aus Konsum und Investitionen, die teilweise autonom sind, d.h. unabhängig von der Höhe des Sozialproduktes. Es gilt:

$$Y_t = C_t + I_t + A_t. \tag{1}$$

In Gleichung (1) steht Y für das Sozialprodukt, C für den einkommensabhängigen Teil des Konsums, I für die Nettoinvestitionen und A für die autonomen Ausgabekomponenten.

Für den einkommensabhängigen Teil des Konsums nehmen wir an, daß dieser vom Einkommen der Vorperiode abhängt. Es wird sich im folgenden zeigen, daß solche **zeitverzögerten Anpassungen** ein zentrales Element aller modelltheoretisch formulierten Konjunkturerklärungen sind. Hier im Beispiel gehen wir also davon aus, daß die Haushalte eine Änderung ihres Einkommens erst in der folgenden Periode zum Anlaß nehmen, ihre Konsumausgaben entsprechend ihrer marginalen Konsumquote anzupassen. Es gilt also:

$$C_t = c \cdot Y_{t-1}. \tag{2}$$

17. Kap.: Konjunktur

Nun muß noch angegeben werden, wovon die **Investitionstätigkeit** abhängt. Die Nettoinvestitionen erhöhen den Kapitalstock K, d.h. sie entsprechen der Änderung des Kapitalstocks. Es gilt:

$$I_t = K_t - K_{t-1}.$$

Einen bestimmten Kapitalstock bauen die Unternehmer auf, um eine bestimmte Produktionskapazität zur Bedienung der erwarteten Nachfrage zur Verfügung zu haben. Kapitalstock und Produktionskapazität sind über den **Akzelerator** (Kapitalkoeffizient) β miteinander verknüpft. Wir nehmen an, daß vom Aufbau eines bestimmten Kapitalstocks bis zum Vorhandensein der entsprechenden Produktionskapazität auch eine Periode vergeht. Es gilt also:

$$K_t = \beta \cdot Y^*_{t+1}.$$

Nun muß noch festgelegt werden, wie sich die **Absatzerwartungen** der Unternehmer bilden, d.h. wovon die für eine bestimmte Periode geplante Produktionskapazität abhängt. Hierzu nehmen wir an, daß die Unternehmer diejenige Nachfrage, die sie in der vergangenen Periode erfahren haben, als Produktionskapazität für die nächste Periode anstreben. Es gilt somit für die Nettoinvestitionen:

$$I_t = \beta \cdot (Y_{t-1} - Y_{t-2}). \tag{3}$$

Kurz: Von der Erfahrung einer Nachfragesteigerung bis zum Vorhandensein der zur Bedienung notwendigen Produktionskapazität vergehen zwei Perioden. Der Faktor β, über den die Nachfrageänderung mit den Investitionen gekoppelt ist, ist der Akzelerator.

Die Gleichungen (1), (2) und (3) ergeben folgende Bestimmungsgleichung für das Sozialprodukt:

$$Y_t - (c + \beta) \cdot Y_{t-1} + \beta \cdot Y_{t-2} = A. \tag{4}$$

Gleichung (4) sagt aus, daß das Sozialprodukt einer bestimmten Periode über die marginale Konsumquote und den Akzelerator auch von den Werten des Sozialproduktes aus den letzten beiden Perioden abhängt.

Zur Verdeutlichung des Zusammenhanges bilden wir folgendes Zahlenbeispiel. Wir nehmen für die marginale Konsumquote c = 0,8 an, für den Akzelerator β = 0,7, für den autonomen Konsum einen Anfangs-Wert von 20 und für die Bruttoinvestitionen einen Anfangs-Wert von 150. In der zweiten Periode soll nun eine Störung auftreten, und zwar soll der autonome Konsum von 20 um 35 auf 55 ansteigen. Dadurch gerät das System aus dem Gleichgewicht, welches in der Periode 1 noch herrscht. Das Pendel wird gewissermaßen angestoßen. Die Annahme, daß der Konsum und die Investitionen nur mit einer zeitlichen Verzögerung auf die Störung reagieren, hat zur Folge, daß das neue Gleichgewicht nicht sofort erreicht wird, sondern unter Schwankungen der einzelnen Komponenten, eben den Konjunkturschwankungen. Die zeitliche Entwicklung der Nachfragekomponenten, des Sozialproduktes und des Kapitalstocks sind in Tabelle 17.1 dargestellt. Außerdem ist auch die Produktionskapazität angegeben, so daß die Kapazitätsauslastung berechnet werden kann (rechte Spalte KA).

Tab. 17.1 Multiplikator-Akzelerator-Modell

Periode	C	I	Y	Y*	K	KA
1	700,0	150,0	850,0	850,0	595,0	1,00
2	735,0	150,0	885,0	850,0	595,0	1,04
3	763,0	174,5	937,5	850,0	619,5	1,10
4	805,0	186,8	991,8	885,0	656,3	1,12
5	848,4	188,0	1.036,4	937,5	694,3	1,11
6	884,1	181,2	1.065,3	991,8	725,5	1,07
7	907,2	170,2	1.077,4	1.036,4	745,7	1,04
8	916,9	158,5	1.075,4	1.065,3	754,2	1,01
9	915,3	148,6	1.063,9	1.077,4	752,8	0,99
10	906,1	142,0	1.048,1	1.075,4	744,7	0,97
11	893,5	138,9	1.032,4	1.063,9	733,7	0,97
12	880,9	139,0	1.019,9	1.048,1	722,7	0,97
13	870,9	141,3	1.012,2	1.032,4	713,9	0,98
14	864,8	144,6	1.009,4	1.019,9	708,5	0,99
15	862,5	148,0	1.010,5	1.012,2	706,6	1,00
16	863,4	150,8	1.014,2	1.009,4	707,4	1,00
17	866,4	152,6	1.019,0	1.010,5	709,9	1,01
18	870,2	153,4	1.023,6	1.014,2	713,3	1,01
•	•	•	•	•	•	•
•	•	•	•	•	•	•
n	875,0	150,0	1.025,0	1.025,0	717,5	1,00

In der Periode 2 erfahren die Unternehmer zum ersten Mal eine Nachfragesteigerung von 35. Die Kapazitäten sind noch nicht angepaßt, d.h. sind noch auf dem bisherigen Niveau. Dadurch steigt die Kapazitätsauslastung an auf 104%. Die Nachfragesteigerung wird von den Unternehmern zum Anlaß genommen, in der Periode 3 die Kapazitätsausweitung durch Investitionen in Angriff zu nehmen. Der Kapitalstock steigt zwar an, jedoch ist die erhöhte Produktionskapazität erst in der nächsten Periode 4 einsatzbereit. In der Periode 3 ist nun die Investitionsnachfrage angestiegen, und die Konsumnachfrage ist durch den Multiplikatoreffekt sogar weiter angestiegen, so daß die Kapazitätsauslastung insgesamt stark ansteigt auf 110%. Erst in der Periode 4 steht die um 35 erhöhte Puktionskapazität zum ersten Mal zur Verfügung. Jedoch ist die Nachfrage durch den Multiplikator und die weiter steigende Investitionstätigkeit immer noch stärker angestiegen, so daß die Kapazitätsauslastung nochmals ansteigt auf 112%. Erst ab Periode 5 beginnt die Kapazitätsauslastung leicht zu sinken, jedoch nehmen Konsum- und Investitionsnachfrage noch weiter zu. Allerdings wird wegen der sinkenden Kapazitätsauslastung sodann in der Periode 6 bereits die Investitionstätigkeit verringert. Das Sozialprodukt steigt jedoch wegen des Multiplikators noch weiter an. Erst in der Periode 8 sind die wegen der sinkenden Kapazitätsauslastung sukzessive weiter verringerten Investitionen so niedrig geworden, daß das Sozialprodukt zurückgeht. Die weitere Entwicklung kann der Tabelle entnommen werden.

Am Ende des Anpassungsprozesses ist die Konsumnachfrage um den vollen Wert des Multiplikators angestiegen, nämlich um 35 · 5 = 175. Die Kapazität ist dieser erhöhten Nachfrage vollständig angepaßt worden, d.h. der Kapitalstock ist um 175 · 0,7 = 122,5 ausgeweitet worden. Dieser Anpassungsprozeß ist unter Schwankungen des Sozialproduktes und der anderen Größen des Systems, eben den Konjunkturschwankungen, vonstatten gegangen. Im übrigen ist an der Entwicklung der Investitionen erkennbar, daß diese Komponente des Sozialproduktes besonders stark schwankt, und zwar auch dann, wenn der Akzelerator kleiner als 1 ist.

Abschließend muß auf **drei Eigenheiten des Modells** besonders hingewiesen werden.

Erstens ist in dem Beispiel eine Kombination von marginaler Konsumquote und Akzelerator gewählt, die eine **stabile Entwicklung** des Systems garantiert. Das Sozialprodukt und die anderen Größen entwickeln sich in dem Beispiel auf die neuen Gleichgewichtswerte hin und nicht explosiv von diesen weg. Dies ist jedoch keineswegs zwingend. Die Schwingungen können bei geeigneter Wahl der genannten Parameter auch explosiv verlaufen. Auf die Erläuterung der genauen Stabilitätsbedingungen wird hier verzichtet. Es muß allerdings betont werden, daß das System dann instabil wird, wenn für den Akzelerator realistische Werte unterstellt werden. Der Akzelerator liegt realiter bei Werten von ca. 3 bis 5. Für solche Werte wird das System instabil. Zur Lösung dieser Problematik führt HICKS (1950) **Ober- und Untergrenzen** ein, innerhalb deren sich die Entwicklung vollzieht. Diese Vorgehensweise ist jedoch unbefriedigend, weil unter diesen Voraussetzungen die Wirtschaft immer länger andauernde Zeitspannen an der oberen bzw. unteren Kapazitätsgrenze verharrt.

Zweitens ist zu betonen, daß das Modell aufgrund eines formalen Kunstgriffs Schwingungen erzeugt, der – wie sich im folgenden noch zeigen wird – durchweg in allen modelltheoretisch formulierten Konjunkturerklärungen angewendet wird. Es handelt sich um die **Annahme zeitverzögerter Anpassungen**. Im Multiplikator-Akzelerator-Modell werden zeitverzögerte Anpassungen der Konsum- und der Investitionsnachfrage unterstellt. Im Ergebnis läuft das darauf hinaus, daß die Bestimmungsgleichung (4) für das Sozialprodukt – mathematisch ausgedrückt – eine Differenzengleichung zweiter Ordnung wird. Durch eine solche Gleichung wird ein zeitliches Auf und Ab des Sozialproduktes beschrieben. Die zeitlichen Schwankungen entfallen jedoch sofort, wenn sich die Variablen des Modells an Datenänderungen ohne zeitliche Verzögerungen anpassen.

Drittens bedarf das System – ausgehend von einem Gleichgewichtszustand – irgendeiner **exogenen Störung**, damit es zu den Konjunkturschwankungen kommt. In dem Zahlenbeispiel steigt der autonome Konsum an. Diese exogene Störung wird aber überhaupt nicht näher erklärt, was ebenfalls unbefriedigend ist.

b. Exogene Schocks oder inhärente Instabilität? – Zur Frage der Stabilität des Marktsystems

Ist es für einen Konjunkturaufschwung unbedingt notwendig, daß die autonome Nachfrage steigt, oder eine Basiserfindung getätigt wird, oder ein staatliches Investitionsprogramm veranstaltet wird, oder ein sonstiges, die wirtschaftliche Aktivität anregendes Ereignis stattfindet? Das Beispiel des vorigen Abschnittes legt diese Vermutung nahe. Ohne die Steigerung der autonomen Konsumausgaben verharrt das System im anfänglichen Gleichgewicht. Bedarf es – das ist die umgekehrte Fragestellung für den Fall des Abschwungs – einer Ölpreisexplosion oder eines Börsenzusammenbruchs oder eines sonstigen, die wirtschaftliche Aktivität lähmenden Ereignisses, damit es zu einem Konjunkturabschwung kommt? Wenn diese Sichtweise zutrifft, dann sind Konjunkturschwankungen stets Folge solcher exogener Schocks. Das Marktsystem wird in diesem Fall als ein an sich stabiles

System interpretiert, das exogene Schocks so verarbeitet, daß im Zeitablauf – zwar unter Konjunkturschwankungen, aber immerhin – ein neues Gleichgewicht erreicht wird. Dieses Gleichgewicht kann wiederum nur durch Auftreten eines neuen exogenen Schocks gestört werden. Wird dem Marktsystem in diesem Sinne eine **inhärente Stabilität** attestiert, dann bedarf es permanent auftretender exogener Schocks, damit andauernde Konjunkturschwankungen entstehen können.

Diese Diagnose ist von zwei Arten von Konjunkturtheorien weiterentwickelt worden, und zwar von den stochastischen Konjunkturtheorien und den Konjunkturtheorien der Neuen Politischen Ökonomie.

In den **stochastischen Konjunkturtheorien** (z.B. KRELLE, 1959) sind zufällige Ereignisse (Streiks, Mißernten, Entdeckungen usw.) eine wesentliche Ursache für das Entstehen von Konjunkturschwankungen.

In dem Ansatz der **Neuen Politischen Ökonomie** (z.B. NORDHAUS, 1975) verursacht der Staat durch seine Wirtschaftspolitik die Konjunkturschwankungen. Die Regierung betreibt Wählerstimmenmaximierung. Sie verfolgt deshalb vor den Wahlen eine expansive Politik, um Produktion und Beschäftigung zu erhöhen, und nach den Wahlen eine restriktive Politik, um die Inflation unter Kontrolle zu bringen.

Diese beiden Ansätze sollen hier nicht weiter detailliert erläutert werden. Es soll lediglich darauf hingewiesen werden, daß Multiplikator-Akzelerator-Modelle nur ein erster Ansatz zur Erklärung des Konjunkturphänomens sein können. Denn ohne einen exogenen Schock (in dem Beispiel im vorigen Abschnitt ist dies die anfängliche Erhöhung der autonomen Konsumnachfrage) bewegt sich das System nicht aus dem anfänglichen Gleichgewicht heraus, d.h. es entstehen keine Konjunkturschwankungen. Wenn jedoch das Marktsystem exogene Schocks in einer befriedigenden Weise verarbeitet, indem es aus sich selbst heraus ein neues Gleichgewicht herbeiführt, dann ist es im Prinzip nicht notwendig, das Marktsystem wegen der dauernd auftretenden Konjunkturschwankungen durch eine staatliche Planwirtschaft zu ersetzen. Die staatliche Wirtschaftspolitik übernimmt – wenn überhaupt – eine ergänzende Funktion in einem im Prinzip stabilen Marktsystem.

Die Hypothese von der inhärenten Stabilität des Marktsystems ist jedoch nicht unbestritten. Es wird auch die Ansicht vertreten, daß das **Marktsystem nicht stabil, sondern inhärent instabil** ist, d.h. aus sich selbst heraus zu Konjunkturschwankungen mit erheblichen Nachteilen neigt, ohne daß es dazu exogener Schocks bedarf. In diesem Fall wird das Marktsystem grundsätzlich in Frage gestellt. Im folgenden soll deshalb der Frage nachgegangen werden, welche anderen Erklärungsmuster außer dem Multiplikator-Akzelerator-Ansatz die ökonomische Theorie anzubieten hat und welche Konsequenzen sich daraus für die staatliche Konjunkturpolitik ergeben.

c. Konjunktur und Kapitalbildung – Ein Anwendungsbeispiel aus der Chaos-Theorie

Ein Element des Multiplikator-Akzelerator-Modells ist die Annahme, daß die Investitionsnachfrage auf Änderungen der Gesamtnachfrage mit einer zeitlichen Verzögerung positiv reagiert. Wir nehmen jetzt eine Erweiterung dieser Sichtweise vor. Wir gehen davon aus, daß die Investitionen außer auf Änderungen der

Gesamtnachfrage auch auf Änderungen des Kapitalstocks reagieren. Der Ansatz geht zurück auf KALDOR (1940). Die folgende Darstellung basiert hauptsächlich auf NEUMANN (1988, S. 267-269).

Wir gehen davon aus, daß zwischen **Investition und Kapitalstock** im Prinzip eine negative Abhängigkeit besteht. Bei steigendem Kapitalstock sinkt die Investitionstätigkeit, während sie bei abnehmendem Kapitalstock forciert wird. Dies beruht darauf, daß Investitionen dem Aufbau eines bestimmten erwünschten Kapitalbestandes dienen. Je näher der tatsächliche Kapitalbestand dem erwünschten Kapitalbestand ist, desto weniger wird investiert. Ein Unternehmer, der zur Bedienung einer bestimmten von ihm erwarteten Nachfrage einen Bestand von 20 Maschinen anstrebt, wird mehr Maschinen ordern, wenn er nur über 2 Maschinen verfügt, als wenn er bereits einen Kapitalbestand von 19 Maschinen hat.

Die Investitionen sind also positiv vom Sozialprodukt (der Nachfrage) abhängig und negativ vom Kapitalbestand. Es gilt:

$$I = I(Y, K) \tag{5}$$
mit
$$\delta I/\delta Y > 0, \qquad \delta I/\delta K < 0.$$

Von dieser Investitionsfunktion (5) machen wir nun Gebrauch bei der Beschreibung der zeitlichen Entwicklung, die das Sozialprodukt und der Kapitalstock nehmen.

Das Sozialprodukt wächst, wenn die geplante Investition größer als die geplante Ersparnis ist; im umgekehrten Fall sinkt es. Die Ersparnis ist positiv vom Einkommen abhängig. Es gilt also:

$$\dot{Y} = a \cdot [I(Y, K) - S(Y)], \qquad a > 0 \tag{6}$$
mit
$$\delta I/\delta Y > 0, \qquad \delta I/\delta K < 0, \qquad \delta S/\delta Y > 0.$$

Gleichung (6) ist die **Sozialprodukt-Gleichung des Modells**. Ein Punkt über einer Größe (in Gleichung (6) über Y) bedeutet die Änderung dieser Größe bei kontinuierlicher Zeitbetrachtung. Gemäß Gleichung (6) wächst das Sozialprodukt um so mehr, je größer die Lücke zwischen geplanter Investition und geplanter Ersparnis ist.

Als nächstes wird die zeitliche Entwicklung des Kapitalstocks beschrieben. Die Änderung des Kapitalstocks entspricht den Nettoinvestitionen, d.h. der Differenz zwischen Bruttoinvestitionen und Abschreibungen. Es gilt:

$$\dot{K} = I(Y, K) - I_0. \tag{7}$$

In Gleichung (7) steht I_0 für die Abschreibungen. Gleichung (7) ist die **Kapitalstock-Gleichung des Modells**.

In Abbildung 17.2 sind die beiden Gleichungen (6) und (7) in einem K-Y-Achsenkreuz dargestellt.

Die YY-Linie beschreibt Kombinationen von Kapitalstock und Sozialprodukt, bei denen das **Sozialprodukt im Gleichgewicht ist**, d.h. dY = 0 wegen S = I. Die Linie durchläuft unterschiedliche Steigungen, wodurch die vom jeweiligen Konjunkturzustand abhängige unterschiedliche Investitionstätigkeit dargestellt wird.

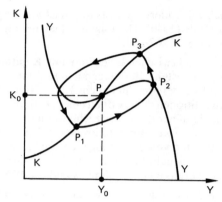

Abb. 17.2 Konjunktur und Kapitalbildung

In der Rezession, d.h. bei relativ niedrigem Sozialprodukt, nehmen die Unternehmer wegen der schlechten Konjunktur auch bei steigendem Sozialprodukt keine Nettoinvestitionen vor. Der Kapitalstock sinkt also hier. Die YY-Linie hat somit eine negative Steigung. Das gleiche ist in der Hochkonjunktur der Fall, d.h. bei relativ hohem Sozialprodukt. Im auslaufenden Boom wird von den Unternehmern der Kapitalstock in Erwartung des nahenden Abschwungs auch bei zunächst noch weiter steigendem Sozialprodukt nicht mehr ausgeweitet. Der Kapitalstock wird nur bei mittleren Werten des Sozialproduktes ausgeweitet, d.h. etwa in der Phase, in der der Konjunkturaufschwung allmählich in die Hochkonjunktur übergeht. Die Kapazitätsauslastung ist etwa normal, Preise und Kosten sind noch stabil, und die Absatzerwartungen sind gut. In diesem mittleren Bereich hat die YY-Linie eine positive Steigung.

Oberhalb der YY-Linie sinkt das Sozialprodukt wegen S > I; unterhalb davon hat das Sozialprodukt eine Tendenz zu steigen wegen S < I.

Die KK-Linie beschreibt Kombinationen von Kapitalstock und Sozialprodukt, bei denen der **Kapitalstock im Gleichgewicht** ist, d.h. sich bei einem gegebenen Sozialprodukt nicht mehr verändert. Diese Linie hat durchweg eine positive Steigung. Annahmegemäß wird um so mehr investiert, je höher das Sozialprodukt ist und je niedriger der Kapitalstock ist. Oberhalb der KK-Linie sinkt der Kapitalstock, unterhalb davon steigt er.

Im Schnittpunkt P der beiden Linien ist das System im Gleichgewicht, d.h. Sozialprodukt und Kapitalstock ändern sich nicht mehr. Ist dieses Gleichgewicht stabil? Oder treten unter bestimmten Bedingungen zentrifugale Kräfte auf, die das Sozialprodukt und den Kapitalstock in einen permanenten Schwingungszustand andauernder Konjunkturschwankungen versetzen? Und welche sind dann diese Bedingungen? Dies sind die zentralen Fragen.

Eine Antwort ist, daß das System dann instabil wird, wenn das Sozialprodukt auf ein I-S-Ungleichgewicht schneller reagiert als die Investitionstätigkeit auf eine Änderung des Kapitalstocks. Ohne sich in mathematische Details der Lösung von Differentialgleichungen zu verlieren, kann dies wie folgt erläutert werden. Gehen wir z.B. aus von dem Punkt P_1 in Abbildung 17.2. Der Kapitalstock befindet sich zwar im Gleichgewicht. Jedoch befindet sich das Sozialprodukt in einem Ungleichgewichtszustand. Es herrscht Rezession (I > S), und das Sozialprodukt hat eine Tendenz zu steigen. Ist nun die Reaktionsgeschwindigkeit des Sozialproduktes relativ hoch, dann entwickelt sich die Wirtschaft nicht entlang der KK-Linie auf P zu, sondern die Bewegung bricht nach rechts aus. Das Sozialprodukt wächst, und der Kapitalstock steigt aufgrund der positiven Nettoinvestitionen langsam an. Allerdings wird dieses Wachstum allmählich abgebremst, da der Kapitalstock wächst, was dämpfend auf die Investitionstätigkeit wirkt. Im Punkt P_2 hat das Sozialprodukt seinen Gleichgewichtswert erreicht, jedoch ist nun der Kapitalstock zu niedrig. Kann man sich nun eine Bewegung auf der YY-Linie bis zu dem Punkt P vorstellen, in dem dann auch der Kapitalstock im Gleichgewicht ist? Dies würde bedeuten, daß das Sozialprodukt bei einem irgendwann sinkenden Kapitalstock abnimmt. Wenn der Kapitalstock sinkt, dann löst dies jedoch annahmegemäß eine allmählich steigende Investitionstätigkeit aus. Wenn nun wiederum das Sozialprodukt auf diese allmählich ansteigende Investitionstätigkeit relativ schnell reagiert, dann bricht die Bewegung nach oben aus.

Im Punkt P_3 gelten die umgekehrten Überlegungen wie in Punkt P_1. Kurz: Das Gleichgewicht in Punkt P wird nie erreicht; es ist instabil. Die Bewegungen des Sozialproduktes und des Kapitalstocks werden durch einen Grenzzyklus beschrieben, der ein andauerndes Auf und Ab der beiden Größen bedeutet, eben die Konjunkturschwankungen. Diese Konjunkturschwankungen sind Folge davon, daß die Investitionen relativ träge auf Änderungen des Kapitalstocks reagieren, während das Sozialprodukt auf Änderungen der Investitionen schneller reagiert. Diese **Unterschiedlichkeit der Reaktionsgeschwindigkeiten** spielt hier die gleiche Rolle wie die Annahme der zeitverzögerten Anpassungen in dem Multiplikator-Akzelerator-Modell, die dort zu den Schwankungen führte.

Das System der beiden Gleichungen (6) und (7) entspricht einer bestimmten Art von Modellen aus einem relativ jungen interdisziplinären Wissenschaftszweig, der sog. **Chaos-Theorie** (vgl. z.B. SEIFRITZ, 1987). Merkmal des Modells ist, daß die Änderung einer Variablen auch vom Niveau der jeweils anderen Variablen abhängt. Gemäß Gleichung (6) hängt die Änderung des Sozialproduktes auch vom Niveau des Kapitalstocks ab, und gemäß Gleichung (7) hängt die Änderung des Kapitalstocks auch vom Niveau des Sozialproduktes ab. Wenn in einem solchen Modell zudem unterschiedliche Reaktionsgeschwindigkeiten unterstellt werden, kann es – wie gezeigt – zu instabilen Gleichgewichten kommen. Es entstehen chaotische Verhältnisse. Aber auch das Chaos ist nicht völlig regellos. Es herrscht eine gewisse Ordnung, repräsentiert durch den Grenzzyklus, den die Variablen durchlaufen.

d. Konjunktur und Verteilung – Ein Anwendungsbeispiel für den Raubtier-Beutetier-Fall aus der Ökologie

Die Grundidee der oben bereits erwähnten Unterkonsumtionstheorien, daß nämlich die **Einkommensverteilung** im Konjunkturverlauf schwankt, ist von GOODWIN (1967) modelltheoretisch formuliert worden. Die folgende Darstellung basiert hauptsächlich auf NEUMANN (1988, S. 259-262).

Das Modell besteht im Prinzip aus einer Beschäftigungsgleichung und einer Lohngleichung. Wir entwickeln zunächst die **Beschäftigungsgleichung**.

Wir gehen von dem definitorischen Zusammenhang zwischen Wachstum, Produktivitätsfortschritt und Beschäftigungsentwicklung aus. Das Sozialprodukt entspricht stets dem Produkt aus Arbeitsproduktivität Y/E, Beschäftigungsgrad

(Anteil der Erwerbstätigen E an den insgesamt Erwerbsfähigen EF) und Zahl der Erwerbsfähigen. Es gilt:

$$Y = (Y/E) \cdot (E/EF) \cdot EF = \alpha \cdot b \cdot EF.$$

Dieser Zusammenhang läßt sich auch in Änderungsraten formulieren. Dann gilt:

$$\dot{Y}/Y = f + \dot{b}/b + n. \tag{8}$$

In Gleichung (8) ist f der Produktivitätsfortschritt und n die Wachstumsrate des Erwerbsfähigenpotentials. Gleichung (8) drückt den rein definitorischen Zusammenhang aus, wonach die Wachstumsrate des Sozialproduktes stets gleich der Summe aus dem Produktivitätsfortschritt, der Änderungsrate des Beschäftigungsgrades und der Wachstumsrate des Erwerbsfähigenpotentials ist. Man kann Gleichung (8) z.B. nach der Änderungsrate des Beschäftigungsgrades auflösen. Die Aussage ist dann, daß der Beschäftigungsgrad steigt, wenn das Wachstum des Sozialproduktes höher ausfällt, als der Produktivitätsfortschritt zusammen mit dem Zuwachs an Erwerbsfähigen ausmacht.

Nach der **Verteilungsseite** entspricht das Sozialprodukt stets der Summe aus Einkommen aus unselbständiger Arbeit (L) und Einkommen aus Unternehmertätigkeit und Vermögen (G). Die entsprechenden Anteile am Sozialprodukt, d.h. die Lohnquote (L/Y = l) und die Gewinnquote (G/Y = g), ergeben zusammen stets 1. Es gilt:

$$1 - l = g.$$

Nun treffen wir eine sehr einfache Annahme über das **Investitionsverhalten** der Unternehmer. Wir nehmen an, daß die gesamten Einkommen aus Unternehmertätigkeit und Vermögen vollständig investiert werden, d.h. es gilt stets I = G. Anders ausgedrückt bedeutet dies, daß die Investitionsquote I/Y stets der Gewinnquote g entspricht. Es gilt:

$$1 - l = I/Y.$$

Unter Verwendung des Kapitalkoeffizienten $\beta = K/Y$ ergibt sich hieraus:

$$(1 - l)/\beta = (I/Y)/(K/Y),$$
$$(1 - l)/\beta = \dot{K}/K.$$

Wenn wir nun annehmen, daß der Kapitalkoeffizient konstant ist, dann wächst der Kapitalstock mit der gleichen Rate wie das Sozialprodukt. Es gilt somit:

$$(1 - l)/\beta = \dot{Y}/Y. \tag{9}$$

Gleichung (9) besagt, daß bei konstantem Kapitalkoeffizienten Schwankungen des Sozialproduktes (rechte Seite) mit entsprechenden Schwankungen der Gewinnquote (linke Seite; 1 − l = g) einhergehen. Bei hoher Wachstumsrate ist die Gewinnquote hoch, während bei niedrigem Wachstum auch die Gewinnquote klein ist.

17. Kap.: Konjunktur

Für die Wachstumsrate berücksichtigen wir nun den in Gleichung (8) dargestellten Zusammenhang. Einsetzen von (8) in (9) ergibt:

$$(1-1)/\beta = f + \dot{b}/b + n,$$
$$\dot{b} = [(1/\beta) - (f+n)] \cdot b - (1/\beta) \cdot b \cdot l. \tag{10}$$

Gleichung (10) ist das eine Bauelement des Modells, nämlich die **Beschäftigungsgleichung**. Gemäß Gleichung (10) hängt die Beschäftigungsentwicklung negativ von der Lohnquote ab. Die Lohnquote $l = L/Y$ steht auf der rechten Seite mit negativem Vorzeichen. Ist die Lohnquote hoch, dann wächst wegen der niedrigen Investitionsquote die Beschäftigung nur schwach. Dagegen bedeutet eine niedrige Lohnquote ein starkes Beschäftigungswachstum. Werden überhaupt keine Löhne gezahlt ($l = 0$), dann könnte gemäß Gleichung (10) die Beschäftigung permanent zunehmen. Durch diese Interpretation wird natürlich sofort die Unvollständigkeit des Ansatzes klar. Wir benötigen noch eine Aussage über die Lohnentwicklung in Abhängigkeit vom Beschäftigungsgrad.

Wir entwickeln nun die **Lohngleichung des Modells**. Die Lohnentwicklung hinkt regelmäßig hinter der konjunkturellen Entwicklung her. Von diesem Sachverhalt machen wir nunmehr Gebrauch. Als Indikator für die konjunkturelle Situation wählen wir den Beschäftigungsgrad. Wir gehen also davon aus, daß zwischen dem Beschäftigungsgrad und der Reallohnentwicklung ein positiver Zusammenhang besteht. Im Boom steigen die Reallöhne stärker an als in der Rezession, d.h. im Verlauf des Aufschwungs nimmt die Änderungsrate des Reallohns zu. Dieser Sachverhalt entspricht demjenigen, den wir bereits im Zusammenhang mit der **PHILLIPS-Theorie** (vgl. 15. Kapitel, Ziffer I.3) kennengelernt haben. Zur Vereinfachung nehmen wir ein konstantes Preisniveau an. Nominallohnänderungen und Reallohnänderungen sind somit gleich. Es gilt (W = Lohn):

$$\dot{W}/W = -d + h \cdot b, \qquad d, h > 0. \tag{11}$$

Da die Lohnquote dem Quotient aus Reallohn und Arbeitsproduktivität entspricht, kann (11) auch wie folgt formuliert werden:

$$\dot{l}/l = \dot{W}/W - f,$$
$$\dot{l} = -(d+f) \cdot l + h \cdot b \cdot l. \tag{12}$$

Gleichung (12) ist die **Lohngleichung des Modells**. Gemäß Gleichung (12) ist das Wachstum der Löhne positiv abhängig von der Beschäftigungssituation.

Die gegenseitige **Abhängigkeit zwischen Beschäftigungs- und Lohnentwicklung**, wie sie in dem System der beiden Gleichungen (10) und (12) zum Ausdruck kommt, mag auf den ersten Blick widersprüchlich erscheinen. Denn gemäß Gleichung (10) nimmt die Beschäftigung um so stärker zu, je niedriger die Lohnquote ist. Dies liegt daran, daß Wachstum und Beschäftigung steigen, wenn wegen niedriger Löhne viel investiert wird. Gemäß Gleichung (12) wächst die Lohnquote aber um so stärker, je höher die Beschäftigung ist. Das liegt daran, daß mit zunehmend besser laufender Konjunktur allmählich auch die Löhne beginnen stärker zu steigen.

Dies ist kein Widerspruch, sondern bringt einfach einen Sachverhalt zum Ausdruck, der in der **Ökologie als Raubtier-Beutetier-Fall** bekannt ist. Es handelt sich hierbei um zwei im Lebenskampf miteinander konkurrierende Populationen. Man denkt häufig an das Beispiel von Hase und Fuchs. Die eine Population, das Raubtier, ernährt sich von der anderen Population, dem Beutetier. Gibt es keine Füchse (in unserem Beispiel: Löhne), dann können sich gemäß Gleichung (10) die Hasen (in unserem Beispiel: Beschäftigung) unbeschränkt vermehren, da in (10) l = 0 ist. Der Bestand an Hasen, d.h. also die Beschäftigung, kann nur sinken, wenn es auch Füchse, d.h. also Löhne, gibt. Gemäß Gleichung (12) gibt es ohne Hasen irgendwann mangels Futter keine Füchse mehr, d.h. also ohne Beschäftigung (b = 0) keine Löhne. Die Füchse vermehren sich aber durchaus verstärkt, wenn es viele Hasen gibt, d.h. die Löhne steigen bei hoher Beschäftigung relativ stark an. Der Fuchsbestand sinkt jedoch dann wieder ab, da die Hasen wegen der zahlreichen hungrigen Füchse zu knapp werden, d.h. die Beschäftigung geht wegen der hohen Löhne zurück. Die Entwicklung durchläuft in einem b–l–Achsenkreuz einen Grenzzyklus, wie es in Abbildung 17.3 dargestellt ist.

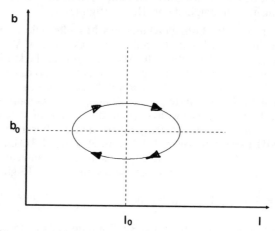

Abb. 17.3 Konjunktur und Verteilung

Die Beschäftigung und die Lohnquote schwanken im Konjunkturverlauf unaufhörlich auf und ab, wenn nicht gerade zufällig die Gleichgewichtskombination $[b_0/l_0]$ erreicht ist, in der sich der Beschäftigungsgrad und die Lohnquote nicht mehr verändern.

Dieser **Gleichgewichtspunkt** ist von gewissem Interesse. In dem Gleichgewicht gelten nämlich genau die Bedingungen, die erfüllt sein müssen, damit es nicht zu umverteilungsbedingten Konjunkturschwankungen der Beschäftigung kommt. Wir ermitteln den Gleichgewichtswert für den Beschäftigungsgrad, indem wir Gleichung (12) durch die Lohnquote l dividieren und die sich dadurch ergebende Änderung der Lohnquote Null setzen. Dann gilt:

$$0 = -(d + f) + h \cdot b_0,$$
$$b_0 = (d + f)/h. \tag{13}$$

Gleichung (13) ist die Bedingung, die der Regel einer **produktivitätsorientierten Lohnpolitik** entspricht. Denn wenn die Veränderungsrate des Reallohnes gleich dem Produktivitätsfortschritt ist, dann gilt gemäß Gleichung (11) f = − d + h · b und somit b = (f + d)/h. Wenn also der Reallohn stets entsprechend dem Produktivitätsfortschritt angehoben wird, dann ist es hierdurch möglich, die aus Verteilungskämpfen resultierenden Konjunkturschwankungen der Beschäftigung zu vermeiden. In der wirtschaftspolitischen Diskussion in Deutschland hat hieraus insbesondere der SVR den Schluß gezogen, als Richtschnur für die Tarifauseinandersetzungen eine produktivitätsorientierte Lohnpolitik zu propagieren zur Vermeidung umverteilungsbedingter Konjunkturschwankungen.

Allerdings bleibt auch bei Befolgung der Regel einer produktivitätsorientierten Lohnpolitik ein Problem ungelöst. Das Niveau der Lohn- bzw. Gewinnquote, das durch eine solche Lohnpolitik festgeschrieben wird, ist durch diese Regel noch nicht festgelegt. Dieses Problem enthält somit auch bei dieser Regel noch den entsprechenden Zündstoff.

e. Konjunktur und Inflation – Konjunkturtheoretische Aspekte der Neuen klassischen Makroökonomik

Wir haben in den vorigen Abschnitten bereits kennengelernt, wie verzögerte Anpassungen zu Konjunkturschwankungen führen können. Wir wenden nun diese Methode erneut an und gehen der Frage nach, wie verzögerte Anpassungen zum einen der Preisentwicklung und zum anderen der Nachfrage im Zusammenwirken zu Konjunkturschwankungen führen können. Wir greifen hierzu auf die **monetaristische Inflationserklärung** zurück, die wir bei der Behandlung des monetaristischen Inflationsmodells (vgl. 15. Kapitel, Ziffer I.4) bereits kennengelernt haben. Der Ansatz geht zurück auf FRIEDMAN (1970) und LAIDLER (1976). Die folgende Darstellung basiert hauptsächlich auf NEUMANN (1988, S. 262-265).

Wir machen zunächst Gebrauch von der Angebotsfunktion für die Inflation. Die Produktion kann von dem Vollbeschäftigungswert abweichen, wenn eine Differenz zwischen der tatsächlichen und der erwarteten Inflationsrate auftritt. Wenn die Inflation über die erwartete Rate hinaus ansteigt, dann sinkt die Arbeitslosenquote unter ihr natürliches Niveau, und die Produktion steigt entsprechend an. Die Unternehmer profitieren von den unerwartet am Markt durchsetzbaren Preiserhöhungen, da die Lohnkosten nicht entsprechend ansteigen. Umgekehrt wirken unerwartet niedrig ausfallende Inflationsraten restriktiv auf die Produktion, da in den Löhnen eine zu hohe Inflationsrate einkalkuliert ist. Es gilt:

$$Y_t = \bar{Y}_t + a \cdot (\pi_t - \pi_t^*), \qquad a > 0. \tag{14}$$

In der Angebotsfunktion (14) steht $\bar{Y}$ für die Vollbeschäftigungsproduktion, π für die tatsächliche Inflationsrate und π^* für die erwartete Inflationsrate. Gemäß Gleichung (14) weicht die tatsächliche Produktion (linke Seite) von dem Vollbeschäftigungswert ab in Abhängigkeit von der Lücke zwischen tatsächlicher und erwarteter Inflationsrate.

Für die Inflationserwartung unterstellen wir, daß die erwartete Inflationsrate der tatsächlichen Inflationsrate der gerade vergangenen Periode entspricht, d.h. die herrschende Inflation wird einfach in die Zukunft fortgeschrieben. Wir nehmen sog. extrapolative Inflationserwartungen an. Einsetzen dieser Annahme in (14) und Auflösung nach der Inflationsrate ergibt:

$$\pi_t = \pi_{t-1} + (1/a) \cdot (Y_t - \bar{Y}_t). \tag{15}$$

Die Aussage von Gleichung (15) ist, daß die Inflationsrate steigt, wenn die Produktion über ihren Vollbeschäftigungswert (interpretierbar als die Produktion bei Normalauslastung der Kapazitäten) hinaus gesteigert wird. Umgekehrt geht die Inflation wegen niedriger Kapazitätsauslastung zurück, wenn weniger als das Vollbeschäftigungs-Sozialprodukt produziert wird. Der Zusammenhang ist einleuchtend. Die Aussage ist einfach, daß die Inflation von den Schwankungen in der Kapazitätsauslastung abhängt.

Um Konjunkturschwankungen ins Spiel zu bringen, nehmen wir nun einfach an, daß die Inflationsrate auf ein Auseinanderklaffen von Produktion und Vollbeschäftigungswert des Sozialproduktes nicht sofort reagiert, sondern mit einer Verzögerung von einer Periode. Hier zeigt sich wieder der nun schon mehrfach erwähnte formale Kunstgriff, der dann im Ergebnis zu den Konjunkturschwankungen führt. Wird diese zeitverzögerte Anpassung berücksichtigt, dann gilt für die Inflationsrate:

$$\pi_t = \pi_{t-1} + (1/a) \cdot (Y_{t-1} - \bar{Y}_{t-1}),$$
$$\dot{\pi} = (1/a) \cdot (Y - \bar{Y}). \tag{16}$$

Gleichung (16) ist die **Inflationsgleichung des Modells**. Gemäß Gleichung (16) ändert sich die Inflationsrate, wenn es zu einer Abweichung der Produktion von ihrem Vollbeschäftigungswert kommt.

Als zweites benötigen wir eine **Nachfragegleichung**. Wir machen Gebrauch von der Nachfragefunktion der Inflation. Die Nachfrage ändert sich gegenüber der letzten Periode, wenn – gemessen an der Inflationsrate – eine expansive oder restriktive Geldpolitik betrieben wird. Wird die Geldmenge z.B. nominal stärker ausgedehnt als die Inflationsrate ausmacht (d.h. es wird eine expansive Geldpolitik betrieben), dann steigt wegen der real zunehmenden Geldmenge die Nachfrage. Wird die Änderungsrate der Geldmenge mit m bezeichnet, dann gilt für die Nachfrage:

$$Y_t = Y_{t-1} + b \cdot (m_t - \pi_t), \qquad b > 0. \tag{17}$$

Wir nehmen nun auch für die Nachfrage eine zeitverzögerte Anpassung an, d.h. wir gehen davon aus, daß die Nachfrage auf eine Änderung der realen Geldmenge nicht sofort, sondern erst in der nächsten Periode reagiert. Somit ist Gleichung (17) wie folgt zu formulieren:

$$Y_t = Y_{t-1} + b \cdot (m_{t-1} - \pi_{t-1}), \qquad b > 0,$$
$$\dot{Y} = b \cdot (m - \pi). \tag{18}$$

Gleichung (18) ist die **Nachfragegleichung des Modells**. Gleichung (18) sagt aus, daß das Nachfrageniveau sich ändert, wenn die nominale Geldmengenänderungsrate m von der Inflationsrate π abweicht.

Das System der beiden Gleichungen (16) und (18) hat eine im Prinzip analoge Struktur, wie wir sie oben bei der Behandlung des Chaos-Falles mit der relativ träge reagierenden Investitionsnachfrage bereits kennengelernt haben. Gemäß Gleichung (16) hängt die Änderung der Inflationsrate auch vom Niveau des Sozialproduktes ab, und gemäß Gleichung (18) hängt die Änderung des Sozialproduktes auch vom Niveau der Inflationsrate ab. Die Entwicklung der Inflationsrate und des Sozialproduktes durchlaufen auch hier – wenn nicht gerade das Gleichgewicht vorliegt – einen Zyklus, wie es schematisch in Abbildung 17.4 dargestellt ist.

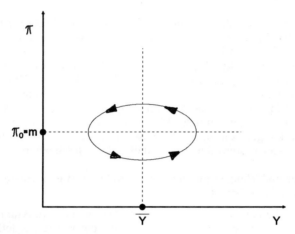

Abb. 17.4 Konjunktur und Inflation

Der Ablauf soll an einem Beispiel für den nordöstlichen Bereich der Abbildung kurz erläutert werden. Die Produktion liegt über dem Normalauslastungswert, und die Inflationsrate ist dementsprechend relativ hoch. Wird nun eine relativ restriktive Geldpolitik betrieben, d.h. wird die Geldmenge nominal schwächer ausgedehnt als der Preisanstieg ausmacht, dann wirkt dies dämpfend auf die Nachfrage. Das Sozialprodukt sinkt. Die Inflationsrate steigt allerdings noch an, da der aktuelle Wert wegen der extrapolativen Erwartungen die Entwicklung gemäß Gleichung (16) mit beeinflußt. Wir haben in diesem Bereich das Phänomen der Stagflation vor uns. Die Produktion sinkt bei steigender Inflation. Die Inflationsrate geht erst zurück, wenn die Produktion unter den Vollbeschäftigungswert sinkt. Das Gleichgewicht wird aufgrund der zeitverzögerten Anpassungen nie erreicht.

Der Zyklus, den die Inflationsrate und das Sozialprodukt endlos durchlaufen, stellt andauernd sich wiederholende Konjunkturschwankungen dar. Die andauernden Schwankungen entfallen jedoch sofort, wenn man die Annahme aufgibt, daß die gerade herrschende Inflationsrate einfach in die Zukunft extrapoliert und somit falsch vorhergesehen wird, und wenn man die Annahme aufgibt, daß die Anpassungen nur zeitverzögert erfolgen. Denn geht man demgegenüber davon aus, daß die **Inflationsrate richtig vorausgesehen** wird ($\pi = \pi^*$), dann ist gemäß Gleichung (14) die Produktion immer gleich dem Vollbeschäftigungswert. Und geht man davon aus, daß sich **Anpassungen sofort** und nicht zeitverzögert vollziehen, dann verläuft die Entwicklung nicht in einem Zyklus, sondern strebt einem stabilen Gleichgewicht zu, in dem die Inflationsrate gleich dem Geldmengenwachstum ist. Unter diesen Voraussetzungen können Abweichungen der Produktion von dem Vollbeschäftigungswert – dies zeigt sich an der Angebotsfunktion (14) – nur entstehen, wenn sich die Tarifpartner bei den Lohnverhandlungen über die künftige Inflationsrate irren. Anders ausgedrückt bedeutet dies, daß sich dann, wenn die Inflationsrate korrekt vorhergesehen wird, das Sozialprodukt überhaupt nicht aus dem Vollbeschäftigungswert herausbewegen kann. Das einzige, über das die Wirtschaftspolitik dann nur noch entscheiden kann, ist die Festlegung der Inflationsrate π_0 über die Wahl einer bestimmten Geldmengenwachstumsrate m.

Dies ist eine zentrale Aussage der Neuen klassischen Makroökonomik (LUCAS, 1981; McCALLUM, 1980). Konjunkturschwankungen sind in dieser Sicht das Ergebnis von **zeitverzögerten Anpassungen** und von einer Geldpolitik, deren Wirkungen von den Marktteilnehmern **nicht richtig vorausgesehen** wird. Sind die Leute entsprechend klug geworden und haben sie gelernt, die Zusammenhänge richtig zu erkennen und entsprechend schnell zu reagieren, dann ist die Geldpolitik nicht mehr in der Lage, das Sozialprodukt zu beeinflussen. Wenn also die Geldpolitik – oder allgemein jede Wirtschaftspolitik – zur Dämpfung der Konjunkturschwankungen beitragen soll, dann kann sie dies – so die Botschaft dieser Überlegungen – am besten dadurch tun, daß sie **berechenbar** wird.

f. Konjunktur und Mengenrationierung – Konjunkturtheoretische Aspekte der Neuen keynesianischen Makroökonomik

Bei dem zuletzt behandelten Zusammenhang zwischen Konjunktur und Inflation spielen verzögerte Preisanpassungen bereits eine gewisse Rolle. Jedoch sind bei allen bisher behandelten Modellansätzen zeitverzögerte Anpassungen der Investitionstätigkeit oder der Gesamtnachfrage die wesentlichen Ursachen für das Auftreten von Konjunkturschwankungen. Wir wollen uns nunmehr im folgenden dem Ansatz der Neuen keynesianischen Makroökonomik zur Erklärung von Konjunkturschwankungen zuwenden, bei dem **verzögerte Anpassungen von Preisen** ganz ins Zentrum der Überlegungen gerückt werden.

Wir haben den Ansatz der Neuen keynesianischen Makroökonomik weiter oben bei der Behandlung unterschiedlicher makroökonomischer Lehrmeinungen bereits kennengelernt (vgl. 13. Kapitel, Ziffer V). Wir wollen uns daher im folgenden auf die konjunkturtheoretischen Aspekte des Ansatzes beschränken.

Ausgangspunkt ist die Annahme, daß Preise auf Ungleichgewichtssituationen nur verzögert reagieren. Das bedeutet, daß im Ungleichgewicht zu bestimmten Preisen bestimmte Mengenumsätze getätigt werden, ungeachtet der Tatsache, daß die Preise ihr Gleichgewichtsniveau noch nicht erreicht haben. Die Mengen reagieren gewissermaßen schneller als die Preise. Es finden Geschäfte mit Umsätzen zu falschen, d.h. ungleichgewichtigen Preisen statt. Die zu diesen Preisen eigentlich beabsichtigten, d.h. geplanten Nachfrage- und Angebotsmengen können folglich nicht alle realisiert werden. Irgendwelche Marktteilnehmer werden rationiert, womit ausgedrückt werden soll, daß sie auf Teile der von ihnen zu den herrschenden Preisen eigentlich geplanten Mengentransaktionen verzichten müssen. Die Rationierung auf einem bestimmten Markt bewirkt dann auf anderen Märkten ebenfalls Rationierungen (spill-over-Effekte), von denen ihrerseits wieder entsprechende Rückwirkungen ausgehen usw.

Betrachtet man den Arbeitsmarkt zusammen mit dem Gütermarkt, dann können 4 verschiedene Ungleichgewichtssituationen vorkommen (vgl. 13. Kapitel, Abbildung 13.5). Je nachdem auf welchem Markt ein Ungleichgewicht in Form eines Angebots- oder Nachfrageüberschusses vorliegt, handelt es sich um eine andere konjunkturelle Situation, auch Regime genannt. Das Wesentliche dieser Betrachtungsweise ist, daß die jeweils vorliegende Ungleichgewichtssituation nicht durch schnell ablaufende Preisanpassungen beseitigt wird, sondern wegen träge reagierender Preise zumindest vorübergehend, wenn nicht gar auf Dauer, mit den im Ungleichgewicht kontrahierten Mengenumsätzen bestehen bleibt. Konjunkturschwankungen sind in dieser Sicht der Dinge ein ständiger Wechsel von einer Ungleichgewichtssituation zu einer anderen. Ein **Gleichgewicht auf allen Märkten**, d.h. also im anstehenden Fall Vollbeschäftigung am Arbeitsmarkt und Normalauslastung der Kapazitäten am Gütermarkt, wird wegen der nur träge reagierenden Preise praktisch **nie erreicht**.

Wie sind diese Überlegungen zu werten? Zutreffend ist wohl, daß es zumindest kurzfristig unterschiedliche konjunkturelle Situationen geben kann, die unterschiedliche Maßnahmen, z.B. zur Bekämpfung der Arbeitslosigkeit, erfordern. Andererseits dürfte die Annahme unrealistisch sein, daß Mengen grundsätzlich schneller reagieren als Preise. Der unstrittige Kern der aus der Annahme starrer Preise abgeleiteten Aussagen ist lediglich, daß der Preisflexibilität im Marktgeschehen eine erhebliche Bedeutung zukommt.

III. Konjunkturpolitik – Die Therapie

1. Antizyklische Nachfragesteuerung – Die keynesianische Position

Konjunkturschwankungen sind nach keynesianischer Ansicht ein typisches Merkmal von Marktwirtschaften. Eine Marktwirtschaft neigt hiernach zur Instabilität, was sich u.a. in den Konjunkturschwankungen äußert. Unliebsame Begleiterscheinungen der permanenten Konjunkturschwankungen sind Arbeitslosigkeit und Inflation. Das Marktsystem, der private Sektor, ist nicht stabil, wie es nach klassischer Ansicht gemäß dem SAY'schen Theorem der Fall ist. Das Marktsystem wird auch nicht lediglich durch exogene Schocks wie unvorhergesehene Nachfrageschübe, Ölpreisexplosionen usw. gestört, sondern das **Marktsystem ist aus sich selbst heraus instabil**. Dies zeigen z.B. die Konjunkturtheorien, in denen instabile Gleichgewichte im Modell nachgewiesen werden, d.h. das System erzeugt endogene Schwingungen, ohne daß es eines äußeren Anstoßes bedarf.

Aus dieser Diagnose ist die notwendige Therapie einfach abzuleiten. Gemäß einer aggressiven Therapie-Variante ist das Marktsystem durch eine Planwirtschaft zu ersetzen. Gemäß einer abgemilderten Therapie-Variante müssen die Konjunkturschwankungen durch die Wirtschaftspolitik gedämpft werden. Dies hat so zu geschehen, daß je nach Konjunkturlage die wirtschaftspolitischen Instrumente in antizyklischer, diskretionärer Art und Weise eingesetzt werden. Bei übernormal ausgelasteten Kapazitäten ist also durch restriktive Maßnahmen zum Zwecke der Inflationsbekämpfung dämpfend auf die Nachfrage einzuwirken. Bei zu niedriger Kapazitätsauslastung sind ensprechend zum Abbau der Arbeitslosigkeit expansive Maßnahmen zu ergreifen, die die Nachfrage anregen.

Wir wollen im folgenden erläutern, wie nach dieser Ansicht die 3 wesentlichen Bereiche der Wirtschaftspolitik, nämlich die **Geldpolitik, die Finanzpolitik und die Lohnpolitik**, im Falle von Arbeitslosigkeit und unterausgelasteten Kapazitäten eingesetzt werden sollen. Im Boom sind die Instrumente entsprechend restriktiv einzusetzen.

Das **geldpolitische Instrumentarium** ist im Falle von Arbeitslosigkeit und unterdurchschnittlich ausgelasteten Kapazitäten expansiv einzusetzen. Die Geldmenge muß so ausgedehnt werden, daß die Zinsen sinken und die Währung abwertet. Hierdurch wird über sinkende Zinsen die Investitionsnachfrage angeregt, und über die Abwertung steigt der Außenbeitrag. Die gesamtwirtschaftliche Nachfrage steigt also. Produktion und Beschäftigung nehmen zu. Ergeben sich wegen der starken Geldmengenexpansion Preissteigerungen, so sind diese gegebenenfalls in Kauf zu nehmen. Allerdings dürfen im Falle keynesianischer Arbeitslosigkeit die Reallöhne nicht sinken, damit die Konsumnachfrage nicht gedämpft wird.

Die Möglichkeiten der Geldpolitik, expansiv auf Produktion und Beschäftigung wirken zu können, werden tendenziell **skeptisch eingeschätzt**. In den extremen keynesianischen Fällen der zinsunelastischen Investitionsnachfrage und der zinselastischen Geldnachfrage ist es mit der Geldpolitik überhaupt nicht möglich, expansive Wirkungen auf die Nachfrage auszuüben (vgl. 13. Kapitel, Ziffer III). Damit rückt die Finanzpolitik ins Zentrum der Überlegungen.

Die **Finanzpolitik** ist zum Zwecke der Anregung von Produktion und Beschäftigung ebenfalls expansiv einzusetzen. Der Staat soll zur Anregung der Nachfrage die Steuern senken und die Ausgaben erhöhen. Staatsdefizite sind gegebenenfalls bewußt in Kauf zu nehmen (sog. deficit-spending).

Im Bereich der **Lohnpolitik** ist eine Reallohnsenkung zu vermeiden, da am Gütermarkt bei unterausgelasteten Kapazitäten eine Nachfragelücke diagnostiziert wird (keynesianische Arbeitslosigkeit). Die Reallöhne sind im Zweifel sogar über den Produktivitätsfortschritt hinaus anzuheben, damit es zu einer Umverteilung zugunsten der Lohneinkommen und damit der Konsumnachfrage kommt. Hierdurch soll ein kumulativer Abschwung wegen mangelnder Massenkaufkraft (Angebotsüberschuß am Gütermarkt) vermieden werden.

Der erläuterte Einsatz des wirtschaftspolitischen Instrumentariums wird auch als nachfrageorientierte Politik bezeichnet. Es wird versucht, die gesamtwirtschaftliche Nachfrage so zu beeinflussen, daß sie möglichst genau dem durch die Produktionskapazitäten gegebenen Angebotsspielraum entspricht, d.h. daß Schwankungen der Kapazitätsauslastung (Konjunkturschwankungen) möglichst vermieden werden. Mit dieser nachfrageorientierten Politik keynesianischen Zuschnitts haben praktisch alle westlichen Industriestaaten versucht, die etwa Mitte der 70er Jahre (erste Ölpreisexplosion 1973/74) aufkommende Dauerarbeitslosigkeit und Produktionsabschwächung zu bekämpfen. Beschäftigung und Produktion nahmen jedoch nicht im erhofften Maße zu, wohingegen die Inflation teilweise dramatisch anstieg und die Staatsdefizite besorgniserregende Ausmaße annahmen. Dies mag mit ein Grund dafür gewesen sein, daß zu Beginn der 80er Jahre dieser Art von Politik allmählich reservierter gegenübertrat und es zu einer Renaissance klassischer Denkweisen kam.

2. Angebotspolitik und Verstetigungsstrategie – Die neoklassisch-monetaristische Position

Ausgangspunkt der neoklassisch-monetaristischen Position für eine geeignete Konjunkturpolitik ist – ganz im Gegensatz zur keynesianischen Position – die Annahme, daß eine **Marktwirtschaft (der private Sektor) ein im Prinzip stabiles Sy-**

stem ist. Konjunkturschwankungen sind in dieser Sicht der Dinge nicht Folge einer inhärenten Instabilität des marktwirtschaftlichen Systems, sondern sind Folge von exogenen Schocks und Marktunvollkommenheiten, denen das System ausgesetzt ist und die es verarbeiten und mit denen es fertig werden muß.

Unter Berücksichtigung der diversen Konjunkturtheorien, die zur Erklärung der Konjunkturschwankungen vorliegen, hat diese Ansicht einiges für sich. Das Multiplikator-Akzelerator-Modell erzeugt nur Schwankungen aufgrund exogener Schocks, und auch dann nur, wenn man von zeitverzögerten Anpassungen, d.h. von einer bestimmten Art von Marktunvollkommenheit ausgeht. Verzögerte Anpassungen in verschiedenster Form, auch in der Form unterschiedlicher Anpassungsgeschwindigkeiten in den Chaos-Modellen und in dem Modell der Mengenrationierung, sind ebenfalls Kennzeichen aller anderen Konjunkturtheorien, die wir im vorigen Abschnitt kennengelernt haben. Außerdem spielen in der Konjunkturtheorie, die die Schwankungen der Inflationsrate und des Sozialproduktes mit Hilfe inflationstheoretischer Elemente erklärt, Verschätzungen hinsichtlich der künftigen Inflationsrate eine entscheidende Rolle. Alles dies sind im Grunde genommen nichts anderes als **Marktunvollkommenheiten**. Die Theorien zur Erklärung des Konjunkturphänomens kommen also anscheinend nicht ohne die Annahme solcher Marktunvollkommenheiten aus. Die neoklassisch-monetaristische Schlußfolgerung hieraus ist, daß es eben zur Vermeidung von Konjunkturschwankungen auf die **Beseitigung solcher Marktunvollkommenheiten** ankomme – eine durchaus plausible und zulässige Konsequenz.

Für die Wirtschaftspolitik bedeuten diese Überlegungen zweierlei.

Zunächst einmal hat der Staat generell eine dauernde wettbewerbspolitische Aufgabe. Es müssen Preisflexibilität und Konkurrenz sichergestellt werden, damit die Marktteilnehmer sich möglichst ohne Zeitverzögerungen schnell an geänderte Daten anpassen.

Zweitens ist ein je nach konjunktureller Situation diskretionärer Einsatz der Finanz- und Geldpolitik keine geeignete Konjunkturpolitik. Eine solche antizyklische Globalsteuerung der Nachfrage (stop-and-go-Politik) nutzt aus verschiedenen Gründen nicht nur nichts, sondern schadet sogar.

Wenden wir uns zunächst dem Bereich der **Geldpolitik** zu.

Hier ist erstens einmal zu berücksichtigen, daß der Einsatz geldpolitischer Instrumente selbst nur mit einer zeitlichen Verzögerung auf den Wirtschaftsablauf wirkt. Die Erfahrung lehrt, daß diese Zeitverzögerung unsystematisch und nicht kalkulierbar ist. So weiß man zwar, daß eine Änderung der Geldmenge M1 im Mittel nach ca. zwei bis drei Quartalen gleichgerichtete Änderungen der Nachfrage bewirkt und die Wirkungsverzögerung der Geldpolitik auf die Preise im Mittel ca. zweieinhalb Jahre beträgt. Der Transmissionsmechanismus geldpolitischer Impulse ist jedoch zeitlich sehr variabel und nicht hinreichend präzise prognostizierbar. Die Geldpolitik sollte daher – so die neoklassisch-monetaristische Ansicht – nicht je nach konjunktureller Situation diskretionär eingesetzt werden. Vielmehr sollte die Geldpolitik statt dessen an einer unabhängig von der gerade herrschenden konjunkturellen Situation geltenden allgemeinen Regel orientiert sein. Durch eine solche **Verstetigungsstrategie** soll die Gefahr vermieden werden, daß die Geldpolitik wegen der unkalkulierbaren Wirkungsverzögerungen die Konjunkturschwankungen letztlich noch verstärkt, da die Instrumente u.U. dann zu wirken beginnen, wenn die aktuelle Situation eigentlich genau gegenteilige Maßnahmen erfordert. Als Regelbindung wird empfohlen, die **Geldmenge entsprechend dem Wachstum des Produktionspotentials auszudehnen**.

Nicht nur die unkalkulierbaren Wirkungsverzögerungen machen einen diskretionären Einsatz der Geldpolitik fragwürdig. Zins und Wechselkurs, um deren Beeinflussung es im Falle eines diskretionären Einsatzes der Geldpolitik geht, sind durch die Geldpolitik häufig überhaupt nicht genau zu steuern.

Was den **Zins** anbelangt, so geht es um die Beeinflussung des realen Kapitalmarktzinses, von dem die Investitionen abhängen. Der reale Kapitalmarktzins ergibt sich als Differenz zwischen dem nominalen Zins abzüglich der Inflationsrate. Wird durch eine starke Geldmengenausdehnung versucht, das Zinsniveau zu drücken, so gelingt dies hinsichtlich des Kapitalmarktzinses häufig nicht. Die aufkommende Inflationsfurcht treibt den nominalen Zins so in die Höhe, daß die beabsichtigte Senkung des realen Zinses ausbleibt. Häufig gelingt es durch eine expansive Geldpolitik lediglich, die kurzfristigen Geldmarktzinsen zu senken, die jedoch für langfristige Investitionsentscheidungen recht irrelevant sind.

Was den **Wechselkurs** anbelangt, so sind die kurzfristigen Wirkungen geldpolitischer Maßnahmen auf den Wechselkurs häufig völlig unkalkulierbar. Die Wechselkurse schwanken kurzfristig in einer unprognostizierbaren Weise. Langfristig folgen die Wechselkurse etwa der Entwicklung der Kaufkraftparität. Das bedeutet jedoch, daß die durch eine expansive Geldpolitik verursachte Abwertung lediglich die stärkere Inflation kompensiert, ohne für das Land Wettbewerbsvorteile und dadurch höhere Außenbeiträge zu erbringen.

Aufgrund dieser Überlegungen wird aus neoklassisch-monetaristischer Sicht die erwähnte **Regelbindung der Geldpolitik** empfohlen, wonach zur Verstetigung des Wirtschaftsablaufs das Wachstum der Geldmenge am Wachstum des Produktionspotentials orientiert sein sollte.

Wenden wir uns nunmehr dem Bereich der **Finanzpolitik** zu.

Ein diskretionärer Einsatz der Finanzpolitik ist ebenfalls mit dem Problem der Wirkungsverzögerungen behaftet. Darüber hinaus haben die in der Rezession entstehenden Budgetdefizite insbesondere langfristig außerordentlich negative Nebenwirkungen auf den Wirtschaftsablauf. Hiermit haben wir uns bei der Behandlung der Problematik der **Staatsverschuldung** beschäftigt (vgl. 16. Kapitel, Ziffer IV.2). Langfristig bergen Staatsdefizite die Gefahr in sich, daß der Kapitalstock der Wirtschaft sinkt und damit Wachstum und Beschäftigung negativ tangiert werden. Aus diesen Gründen ist aus neoklassisch-monetaristischer Sicht ein diskretionärer Einsatz der Finanzpolitik mit einer zunehmenden Staatsverschuldung abzulehnen. Der Staat sollte sich mit seiner Finanzpolitik darauf beschränken, durch ein geeignetes Steuersystem die Mittel aufzubringen, die zur Erfüllung öffentlicher Aufgaben notwendig sind. Die Finanzpolitik ist zum Zwecke der Dämpfung von Konjunkturschwankungen nicht geeignet.

Wie sehen schließlich die Empfehlungen im Bereich der **Lohnpolitik** aus? In neoklassisch-monetaristischer Sicht ist die Lohnpolitik geeignet, die Verhältnisse am Arbeitsmarkt zu beeinflussen. Besteht Arbeitslosigkeit, so ist dies ein Indiz für zu hohe Reallöhne. Zum Abbau der Arbeitslosigkeit, d.h. also zur Konjunkturankurbelung durch lohnpolitische Maßnahmen, ist eine Umverteilung zugunsten der Gewinneinkommen ein geeignetes Mittel. Der Anstieg der Reallöhne hat also bei Arbeitslosigkeit hinter dem Produktivitätsfortschritt zurückzubleiben. Die Verbesserung der Gewinnquote veranlaßt die Unternehmer zu Neueinstellungen. Die Mehrproduktion ist absetzbar. Der keynesianische Fall einer starr vorgegebenen Nachfrage ist unrealistisch. Über Preissenkungen und Neuerschließung von Märkten ist die Nachfrage steigerungsfähig. Arbeitslosigkeit wird also in erster Linie als ein Problem auf der Angebotsseite der Wirtschaft interpretiert. Die Korrektur der zu hohen Reallöhne wird dementsprechend als angebotspolitische Maßnahme verstanden. Im Idealfall sollte eine produktivitätsorientierte Lohnpolitik verfolgt werden. Halten sich die Reallohnsteigerungen im Ausmaß des Produktivitätsfortschrittes, dann bleiben die Lohn- und Gewinnquote konstant. Folglich kann es auch nicht zu Konjunkturschwankungen kommen, die Folge von Umverteilungen zwischen den Lohn- und Gewinneinkommen sind.

3. Beurteilung der unterschiedlichen konjunkturpolitischen Ansätze

Was ist eine vernünftige, eine richtige Konjunkturpolitik? Ist die keynesianische Ansicht eines diskretionären Einsatzes wirtschaftspolitischer Instrumente zutreffend? Oder sollte besser gemäß neoklassisch-monetaristischer Ansicht eine regelgebundene Wirtschaftspolitik zur Verstetigung des Wirtschaftsablaufs verfolgt werden?

Vermutlich wird eine ausschließliche Therapie der Komplexität des Problems nicht gerecht. Vieles spricht dafür, eine **ursachenadäquate Konjunkturpolitik** zu verfolgen. Damit ist gemeint, daß Konjunkturschwankungen unterschiedliche Ursachen haben können, und daß einer bestimmten Störung möglichst mit der jeweils geeigneten Therapie zu begegnen ist.

Vergegenwärtigen wir uns als ein **Beispiel den Zustand der Volkswirtschaft in der Bundesrepublik etwa 1989**. Der seit 1983 andauernde mäßige Aufschwung zeigt ein in gewisser Weise zwiespältiges Bild. Einerseits sind die Kapazitäten voll, in einzelnen Branchen gar überdurchschnittlich hoch ausgelastet. Andererseits herrscht aber nach wie vor eine nicht unbeträchtliche Arbeitslosigkeit. Sollen entsprechend keynesianischen Empfehlungen die Geldmenge und die Staatsausgaben ausgedehnt werden? Dies dürfte vermutlich keine adäquate Politik sein, da wegen fehlender Produktionskapazitäten die steigende Nachfrage lediglich zu Preissteigerungen führt. Was in einer solchen Situation vermutlich notwendig ist, ist eine Anregung der Investitionen zur Kapazitätsausweitung und Einkommensschaffung. Hierzu ist seitens der Finanzpolitik eine Rückführung der Gewinnsteuern und seitens der Lohnpolitik eine Verbesserung der Gewinnquote durch Zurückbleiben des Reallohnanstiegs hinter dem Produktivitätsfortschritt geeignet.

Nehmen wir als ein anderes Beispiel den **Fall einer Rezession** mit niedriger Kapazitätsauslastung und hoher Arbeitslosigkeit. Hier kommt es darauf an, welche Ursachen den Konjunkturabschwung ausgelöst haben.

Sind starke **Kostensteigerungen**, z.B. Reallohnsteigerungen über dem Produktivitätsfortschritt oder eine Rohstoffpreisexplosion, die Ursache für den Produktionsrückgang, dann liegt eine Störung auf der Angebotsseite der Wirtschaft vor. Dies entspricht z.B. dem Fall der Rezession 1974/75. Dementsprechend dürfte es in einem solchen Fall angebracht sein, durch eine Verbesserung der Gewinnsituation, d.h. entsprechend neoklassischen Empfehlungen, Konjunkturpolitik zu betreiben. In Frage kommen eine Lohnpolitik, die die Reallohnsteigerungen unter dem Produktivitätsfortschritt beläßt und eine Finanzpolitik, die die Gewinnbesteuerung reduziert.

Die Wirtschaftspolitik sollte dagegen anders reagieren, wenn ein **Nachfrageausfall** einen Konjunkturabschwung auszulösen droht. Nehmen wir als ein Beispiel den Börsencrash von Ende 1987. Die drastischen Kurseinbußen an den Wertpapiermärkten lösten bei den Wirtschaftssubjekten eine ausgeprägte Liquiditätsvorliebe aus. Die Angst, daß die Wertpapierkurse künftig weiter fallen, führte dazu, daß Vermögen überwiegend in Geld gehalten wurde. Anders ausgedrückt: Die Geldnachfrage stieg stark an, die Umlaufsgeschwindigkeit des Geldes sank entsprechend. Die Zentralbanken trugen dem durch eine Geldmengenausdehnung Rechnung, die weit über das Wachstum des Produktionspotentials hinausging. Der monetaristischen Empfehlung der regelgebundenen Geldpolitik wurde nicht gefolgt. In der betreffenden Situation war dies vermutlich eine richtige Entscheidung. Denn wenn die Geldmengenausdehnung auf das Wachstum des Produktionspotentials beschränkt worden wäre, dann hätte die stark gestiegene Geldnachfrage über Zinssteigerungen u.U. einen Konjunktureinbruch ausgelöst. Die Kunst der Konjunkturpolitik besteht im folgenden darin, die übermäßige Geldmenge zur Vermeidung von Inflation in dem Ausmaß langsam zurückzuführen, in dem die Geldnachfrage sich wieder normalisiert.

Abgesehen von solchen Sonderfällen dürfte dagegen die Regel einer potentialorientierten Geldmengenpolitik eine geeignete Richtschnur zur Dämpfung der Konjunkturschwankungen sein. Der Abschwung wird gemildert, da in der Rezession die Geldmenge mit dem Produktionspotential stärker wächst als die Güternachfrage. Im Boom wird die Nachfrage gedämpft, da die Geldmenge hier mit dem Produktionspotential schwächer wächst als die Güternachfrage. Ein darüber hinausgehender diskretionärer Einsatz der Geldpolitik ist wohl wegen der unkalkulierbaren Wirkungsverzögerungen und Verschätzungsrisiken eher nachteilig. Durch eine Begrenzung des Geldmengenwachstums auf das Wachstum des Produktionspotentials ist insbesondere das Aufkommen hoher Inflationsraten grundsätzlich vermeidbar.

Nehmen wir schließlich als Beispiel besonderer Art den drastischen Einbruch von Produktion und Beschäftigung in **Ostdeutschland** nach der deutschen Einigung. Die Frage ist, mit welcher Konjunkturpolitik der Staat hierauf reagieren soll. Hier ist es zunächst wichtig, die Entwicklung in Ostdeutschland primär als ein langfristiges **Wachstums- und Strukturproblem** zu diagnostizieren, welches mit kurzfristigen konjunkturpolitischen Therapien nicht zu lösen ist. Das grundsätzliche Problem ist, daß die ostdeutsche Arbeitsproduktivität wegen mangelhafter Kapitalausstattung nur ca. 1/3 der westdeutschen beträgt. Es geht also in erster Linie darum, durch Investitionen diesen Produktivitätsabstand auszugleichen. Dies ist ein langfristiges Problem, welches weder in kurzer Zeit, noch durch nachfragestimulierende Konjunkturspritzen lösbar ist. Die Bereiche der Geld-, Finanz- und Lohnpolitik können diesen Prozeß lediglich unterstützen, indem sie die Investitionsbedingungen positiv beeinflussen. Das bedeutet im Grundsatz eine Geldpolitik, die die Inflation unter Kontrolle hält, eine Finanzpolitik, die sich auf staatliche Investitionen konzentriert und die Staatsverschuldung begrenzt, und eine Lohnpolitik, die in der Anpassungsphase der niedrigen Arbeitsproduktivität in Ostdeutschland Rechnung trägt.

IV. Zusammenfassung

Konjunkturschwankungen sind Schwankungen der wirtschaftlichen Aktivität im Zeitverlauf, die mit Hilfe verschiedener Indikatoren beschrieben werden können. Eine verbreitete Methode ist, Konjunkturschwankungen an den **Schwankungen der Kapazitätsauslastung** zu messen. Die Ansätze zur Erklärung des Konjunkturphänomens sind sehr zahlreich. In **modelltheoretischen Konjunkturerklärungen** werden die Schwankungen wirtschaftlicher Größen im Zeitverlauf mit Marktunvollkommenheiten in Form **verzögerter Anpassungen** ökonomischer Größen an ihre Gleichgewichtswerte, **unterschiedlichen Reaktionsgeschwindigkeiten** und **Verschätzungen** der Marktteilnehmer erklärt. Die **keynesianische Position** zieht hieraus den Schluß, daß das Marktsystem wegen der Unvollkommenheiten inhärent instabil ist, und daß es zur Bekämpfung von Inflation und Arbeitslosigkeit einer Konjunkturpolitik in Form einer antizyklischen Nachfragesteuerung bedarf. Die **neoklassisch-monetaristische Position** geht von der Stabilität des privaten Sektors aus und empfiehlt zur Beseitigung eventuell auftretender Marktunvollkommenheiten eine regelgebundene Wirtschaftspolitik zur Verstetigung des Wirtschaftsablaufs. Eine ausschließliche Therapie wird der Komplexität des Problems vermutlich nicht gerecht. Anzustreben ist eine **ursachenadäquate Konjunkturpolitik**, deren Schwierigkeit allerdings die Lösung des Diagnoseproblems ist.

Literatur zum 17. Kapitel

Überblick:

Gabisch, G.: Konjunktur und Wachstum. In: D. Bender u.a.: Vahlens Kompendium der Wirtschaftstheorie und Wirtschaftspolitik. Band 1. 4. Aufl. München 1990. S. 323-351.
Kromphardt, J.: Konjunkturtheorie heute. Ein Überblick. In: Zeitschrift für Wirtschafts- und Sozialwissenschaften. Bd. 109/1989. S. 173-231.
Vosgerau, H.-J.: Konjunkturtheorie. In: Handwörterbuch der Wirtschaftswissenschaft. Band 4. Stuttgart 1978. S. 478-507.

Standardwerke:

Giersch, H.: Allgemeine Wirtschaftspolitik. Bd. 2: Konjunktur- und Wachstumspolitik in der offenen Wirtschaft. Wiesbaden 1977.
Haberler, G.: Prosperität und Depression. 2. Aufl. Tübingen 1955. (1. Aufl. Genf 1937).
Schumpeter, J. A.: Konjunkturzyklen. Eine theoretische, historische und statistische Analyse des kapitalistischen Prozesses. 2 Bände. Göttingen 1961. (Originalfassung 1939).

Lehrbücher:

Assenmacher, W.: Konjunkturtheorie. 4. Aufl. München 1990.
Friedrich, H.: Grundkonzeptionen der Stabilisierungspolitik. 2. Aufl. Opladen 1986.
Gabisch, G. und **H.-W. Lorenz**: Business cycle theory. A survey of methods and concepts. 2. Aufl. Berlin 1989.
Glastetter, W.: Konjunkturpolitik. Ziele, Instrumente, alternative Strategien. Köln 1987.
Heubes, J.: Grundzüge der Konjunkturtheorie. München 1986.
Kromphardt, J.: Wachstum und Konjunktur. Grundlagen ihrer theoretischen Analyse und wirtschaftspolitischen Steuerung. 2. Aufl. Göttingen 1977.
Kromphardt, J.: Arbeitslosigkeit und Inflation. Göttingen 1987.

Ramser, H. J.: Beschäftigung und Konjunktur. Versuch einer Integration verschiedener Erklärungsansätze. Berlin 1987.
Teichmann, U.: Grundriß der Konjunkturpolitik. 4. Aufl. München 1988.
Tichy, G.: Konjunkturpolitik. Quantitative Stabilisierungspolitik bei Unsicherheit. Berlin 1988.
Wagner, A.: Makroökonomik. Volkswirtschaftliche Strukturen II. Stuttgart 1990. S. 205-245.

Sammelbände:
Bombach, G., B. Gahlen und **A. E. Ott** (Hrsg.): Perspektiven der Konjunkturforschung. Tübingen 1984.
Weber, W. (Hrsg.): Konjunktur- und Beschäftigungstheorie. 2. Aufl. Köln 1969.

18. Kapitel: Wachstum

I. Messung des Wirtschaftswachstums

1. Produktion

Was versteht man unter Wirtschaftswachstum? In Schaubild 18.1 ist der grundsätzliche Sachverhalt am Beispiel Deutschlands dargestellt. In dem Schaubild ist die langfristige Entwicklung der Produktion an Waren und Dienstleistungen seit 1850 angegeben. Die Produktion ist gemessen am realen Nettosozialprodukt in Preisen von 1913. Durch die einheitliche Bewertung mit Preisen von 1913 sind Preissteigerungen ausgeschaltet. Für die Zeiträume von 1914 bis 1924 und von 1936 bis 1949 liegen keine Angaben vor. Die Linie der Produktion weist daher hier Bruchstellen auf. Die gestrichelte Trendlinie ist durchgängig eingezeichnet.

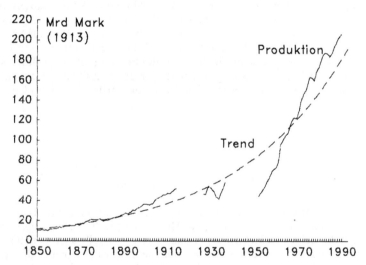

Schaubild 18.1 Wachstum des NSP (Deutsches Reich bzw. BRD)

Quellen: HOFFMANN (1965); SVR, JG; eigene Berechnungen.

Im Jahre 1850 betrug das Nettosozialprodukt in Deutschland ca. 10 Mrd Mark, 1925 waren es bereits knapp 50 Mrd Mark. 1960 wurden in der Bundesrepublik für knapp 100 Mrd Mark Waren und Dienstleistungen hergestellt, und 1990 betrug die Güter-Produktion ca. 220 Mrd Mark. Dieser bemerkenswerte Anstieg der gesamtwirtschaftlichen Produktion ist ein Beispiel für wirtschaftliches Wachstum.

Der Indikator für das Wirtschaftswachstum ist bei dieser Methode die **gesamtwirtschaftliche Produktion** an Waren und Dienstleistungen. Dem Schaubild 18.1

liegen Werte für das Nettosozialprodukt zugrunde. Häufig werden auch verwandte Größen wie das Inlandsprodukt, das Bruttosozialprodukt, das Volkseinkommen usw. verwendet. Die Unterschiede zwischen diesen Größen spielen, soweit es um Fragen des Wirtschaftswachstums geht, keine entscheidende Rolle. Worauf es ankommt, ist die grundsätzliche Vorgehensweise, das Wirtschaftswachstum an Indikatoren zu messen, die die gesamtwirtschaftliche Produktion an Waren und Dienstleistungen beschreiben.

Schaubild 18.1 macht deutlich, daß das **Wirtschaftswachstum nicht linear, sondern exponentiell verläuft**. Die Produktionswerte steigen im Zeitverlauf immer stärker an. In sehr langfristiger Betrachtung explodiert die Entwicklung gewissermaßen. Diese Eigenschaft des Wachstumsprozesses hat unter dem Schlagwort „Grenzen des Wachstums" eine intensive Diskussion entfacht. Wir werden uns in einem späteren Abschnitt hiermit eingehender beschäftigen. Hier soll zunächst lediglich auf diese Eigenschaft des Wachstumsprozesses hingewiesen werden. Eine solche exponentiell ansteigende Entwicklung entspricht einem Wachstum, bei dem die einzelnen Werte von Jahr zu Jahr mit gleicher Wachstumsrate ansteigen. Legt man z.B. eine Trendlinie durch die Linie der tatsächlichen Produktionswerte von Schaubild 18.1, so zeigt dieser Trend eine Wachstumsrate von ca. 2% pro Jahr an. Wächst die Produktion jedoch konstant mit 2% pro Jahr, dann bedeutet dies, daß die Produktion sich ca. alle 35 Jahre verdoppelt. Demgemäß produziert im Jahre 1990 die Wirtschaft der Bundesrepublik im Trend das 16fache dessen, was im Deutschland des Jahres 1850 produziert worden war. Wie aus Schaubild 18.1 ersichtlich ist, unterzeichnen seit etwa 1965 die Trendwerte die tatsächliche Entwicklung sogar noch. Die tatsächliche Produktion beträgt in der Bundesrepublik im Jahre 1987 bereits das ca. 20fache derjenigen von Deutschland im Jahre 1850 – ein erstaunlicher Anstieg der dem Land zur Verfügung stehenden Gütermenge.

2. Produktion pro Kopf

Will man einen Indikator für den Wohlstand der Bevölkerung eines Landes festlegen, so bietet sich im ersten Schritt die Menge der produzierten Güter an. Dahinter steht die sicherlich im Grundsatz akzeptable Vorstellung, daß in der Regel der Wohlstand der Bevölkerung um so höher sein dürfte, je größer die gesamtwirtschaftliche Produktion eines Landes ist. Hierbei ist allerdings zu berücksichtigen, daß neben der Produktion auch die Bevölkerung selbst wachsen kann. Nehmen wir als ein Beispiel die Entwicklung in den USA zwischen 1960 und 1987. In diesem Zeitraum beträgt die durchschnittliche jährliche Wachstumsrate des realen Bruttoinlandsproduktes 3,3%. Diese Zunahme der insgesamt zur Verfügung stehenden Menge an Gütern ist jedoch nicht in gleicher Höhe eine Zunahme des durchschnittlichen Wohlstands der Bevölkerung. Denn im gleichen Zeitraum ist die Bevölkerung ebenfalls angestiegen, und zwar mit einer durchschnittlichen jährlichen Wachstumsrate von 1,1%. Um dies zu berücksichtigen, wird häufig die Wachstumsrate der Produktion pro Kopf angegeben. In dem Beispiel für die USA ergibt sich, daß die Produktion pro Kopf nur um 2,2% (3,3% – 1,1%) ansteigt. Allgemein gilt, daß die Wachstumsrate der Produktion abzüglich der Wachstumsrate der Bevölkerung stets die Wachstumsrate der Produktion pro

Kopf ergibt. Dieser **Indikator Produktion pro Kopf** ist eher als Wohlstandsmaß geeignet als die Indikatoren, bei denen das Bevölkerungswachstum nicht berücksichtigt ist.

3. Produktionspotential

In den bisher erläuterten Wachstumsindikatoren ist eine bestimmte Eigenheit des Wachstumsprozesses der Wirtschaft überhaupt noch nicht berücksichtigt. Es handelt sich um die Tatsache, daß das Wachstum der Produktion regelmäßig nicht stetig verläuft, sondern in Schwankungen um einen langfristigen Trend (vgl. 17. Kapitel, Ziffer I). Es kann z.B. vorkommen, daß die tatsächliche Produktion vorübergehend nur so schwach ansteigt oder sogar sinkt, daß Produktionsfaktoren teilweise brachliegen. Die Produktionskapazitäten sind dann nicht voll ausgelastet, und es herrscht eine gewisse Arbeitslosigkeit. Im Anschluß an einen solchen Einbruch der Produktion kommt es nach einer gewissen Zeit wieder zu einem verstärkten Produktionsanstieg. Gemessen an den Produktionszahlen als Wachstumsindikatoren weist dann die Wirtschaft in dieser Aufschwungphase ein starkes Wachstum aus. Dieses Wachstum beschreibt jedoch lediglich eine Entwicklung der Wirtschaft aus dem Zustand der Unterbeschäftigung hin zu mehr Beschäftigung. Um dem langfristigen Charakter des Wachstumsphänomens Rechnung zu tragen, ist es sinnvoll, einen solchen Fall nicht als Wachstum zu bezeichnen, sondern als einen Prozeß steigender Kapazitätsauslastung. Dies bedeutet jedoch, daß Wachstum im eigentlichen Sinne nur dann vorliegt, wenn die gesamtwirtschaftlichen **Produktionskapazitäten** wachsen. Der Indikator zur Messung des Wirtschaftswachstums ist hier also das gesamtwirtschaftliche **Produktionspotential**. Sind die Wachstumsraten der tatsächlichen Produktion niedriger als die Wachstumsraten des Produktionspotentials, dann sinkt der Auslastungsgrad der Produktionskapazitäten. Umgekehrt steigt der Auslastungsgrad, wenn die tatsächliche Produktion stärker wächst als das Produktionspotential.

Wir haben die Entwicklung des Produktionspotentials und der tatsächlichen Produktion bereits bei der Behandlung der Konjunkturschwankungen kennengelernt, und wir können hierzu auf das Schaubild 17.3 verweisen (vgl. 17. Kapitel, Ziffer I). Schaubild 17.3 macht deutlich, daß die tatsächliche Produktion 1974/75 und 1980/82 stark unter das Produktionspotential absinkt. Die 3 Jahre 1980 bis 1982 sind der längste und ausgeprägteste Einbruch der wirtschaftlichen Entwicklung in der Bundesrepublik. Seit Anfang 1983 wächst die Produktion wieder. Die Wirtschaft befindet sich in der Konjunkturphase der Erholung. Am Arbeitsmarkt nimmt die Zahl der Arbeitsplätze seit 1983 wieder zu. Jedoch ist die Vollbeschäftigung noch nicht erreicht. Trotzdem sind die Kapazitäten normal bis überdurchschnittlich ausgelastet (Westdeutschland). Die Tatsache, daß trotz Normal- bis Überauslastung der Kapazitäten immer noch eine Arbeitslosigkeit besteht, deutet darauf hin, daß diese **Arbeitslosigkeit ein langfristiges Wachstumsproblem** ist und nicht ein Problem kurzfristig zu niedrig ausgelasteter Kapazitäten. Dies ist eine wichtige Erkenntnis für die Wirtschaftspolitik. Denn wenn die Arbeitslosigkeit ein langfristiges Wachstumsproblem ist, dann sind von staatlicher Seite auch nur langfristig das Wachstum stärkende Maßnahmen sinnvoll und nicht kurzfristige Maßnahmen der Konjunkturpolitik zur Nachfragestärkung.

II. Determinanten des Wachstums – Definitorische Zusammenhänge

Eine Analyse der Ursachen des Wirtschaftswachstums stößt schnell auf große Schwierigkeiten. Wachstum ist immer das Ergebnis komplizierter historischer Prozesse, und die Bestimmungsgründe des Wachstums liegen nicht immer nur im ökonomischen Bereich. Von Bedeutung sind auch nicht-ökonomische Faktoren wie Motivationen (z.b. asketische oder verschwenderische Bedürfnisse nach Gütern), Arbeitsintensität (Faulenzer oder Arbeitstiere), sozialer Status und berufliches Image, Rechtsordnung (Ausmaß und Grenzen freier Aktivitäten, Regierungssystem) und natürliche Ressourcen (Bevölkerung, Umfang der Bodenschätze und ihre Topologie). In der Volkswirtschaftslehre ist die Analyse gewöhnlich beschränkt auf die **ökonomischen Bestimmungsgrößen** im engeren Sinn. Diese ökonomischen Faktoren sind in Abbildung 18.1 in einer Übersicht dargestellt.

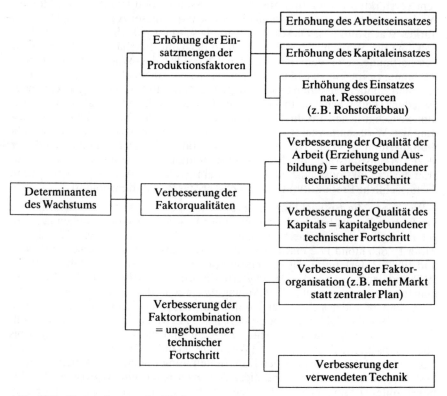

Abb. 18.1 Determinanten des Wachstums

Die Höhe des wirtschaftlichen Wachstums hängt zunächst von der Menge der im Produktionsprozeß eingesetzten Produktionsfaktoren ab. Hierbei kommen zunächst einmal **Arbeit und Kapital** in Betracht. Je mehr ein Volk arbeitet und je mehr es Kapital einsetzt, desto höher ist unter sonst gleichen Bedingungen die Produktion. In Abbildung 18.1 ist außer den Produktionsfaktoren Arbeit und Kapital als dritter Produktionsfaktor noch die Menge an **natürlichen Ressourcen** aufgeführt. Dieser Produktionsfaktor wird häufig einfach als Boden bezeichnet.

Wirtschaftliches Wachstum kann jedoch auch bei Konstanz der eingesetzten Mengen an Produktionsfaktoren auftreten. Hierbei kommen zwei Möglichkeiten in Betracht.

Zum einen kann sich die **Qualität der Produktionsfaktoren** verbessern. Mit gut ausgebildeten Leuten und neuen Maschinen wird auch bei gleicher Arbeitszeit und gleicher Maschinenanzahl mehr produziert, als mit schlecht ausgebildeten Leuten und alten Maschinen.

Zum anderen kann sich aber auch die Art und Weise verbessern, wie die Produktionsfaktoren im Produktionsprozeß eingesetzt werden. Die Bevölkerung eines Landes kann z.B. trotz langer Arbeitszeiten und durchaus akzeptablen Maschinenausrüstungen in Armut leben, wenn die Wirtschaft durch eine zentrale Planung so unglücklich organisiert ist, daß eben die Produktion nur dürftig ausfällt. Durch eine Umorganisation der Wirtschaft hin zu mehr marktwirtschaftlichen Elementen und zu mehr Flexibilität kann die Produktion regelmäßig erheblich gesteigert werden, ohne daß mehr gearbeitet werden muß und ohne daß mehr Maschinen eingesetzt werden müssen. Wachstumsdeterminanten dieser Art werden als eine **Verbesserung der Faktorkombination** bezeichnet.

Die Verbesserung der Faktorqualitäten und der Faktorkombination werden häufig kurz als der **technische Fortschritt** bezeichnet. Der technische Fortschritt charakterisiert also eine Wachstumsdeterminante, die neben den reinen Mengenausweitungen der Produktionsfaktoren zur Wirkung kommt. Bemerkenswert hierbei ist, daß diese Ursachen des Wirtschaftswachstums nicht unbedingt nur den Einfluß der Technik im üblichen Sprachgebrauch beschreiben, sondern auch solche schwer zu fassenden Dinge wie Ausbildung, Qualität, Organisation usw. Wir werden im folgenden noch erfahren, daß es gerade diese Wachstumsdeterminanten sind, die hauptsächlich für den Wachstumsprozeß entscheidend sind.

III. Wachstum und Arbeitsmarktentwicklung

Wir wollen uns im folgenden mit dem Zusammenhang zwischen Wachstum und Arbeitseinsatz beschäftigen. Es läßt sich regelmäßig beobachten, daß ein Anstieg der Produktion mit einem Anstieg der Beschäftigung verbunden ist. Allerdings schlägt sich der Produktionsanstieg in der Regel nicht in vollem Umfang in mehr Arbeitsplätzen nieder. Hier spielen noch einige andere Faktoren eine Rolle, auf die nun eingegangen werden soll.

Wir führen zunächst einige Abkürzungen ein. Die Produktion wird mit Y bezeichnet, N steht für den Arbeitseinsatz in Erwerbstätigenstunden und E ist die Zahl der Erwerbstätigen, d.h. die Zahl der Arbeitsplätze. Dann gilt stets der rein definitorische Zusammenhang:

$$Y = (Y/N) \cdot (N/E) \cdot E,$$
$$Y = \alpha \cdot Z \cdot E.$$

Die Größe $\alpha = Y/N$ ist die Arbeitsproduktivität je Erwerbstätigenstunde, und $Z = N/E$ ist die durchschnittliche Arbeitszeit pro Erwerbstätigen. Nun schreiben wir diese Beziehung in Form von Wachstumsraten (g = prozentuale Änderung = Wachstumsrate). Es gilt:

$$gY = g\alpha + gZ + gE. \tag{1}$$

Die Größe $g\alpha$ in Gleichung (1) ist der Produktivitätsfortschritt. Gleichung (1) bringt den rein definitorischen Zusammenhang zum Ausdruck, wonach die **Wachstumsrate des Sozialproduktes stets der Summe aus dem Produktivitätsfortschritt, der Änderungsrate der durchschnittlichen Arbeitszeit und der Änderungsrate der Zahl der Arbeitsplätze** entspricht. Die Wachstumsrate schlägt sich also nicht voll in einem Zuwachs an Arbeitsplätzen nieder, sondern nur verringert um den Produktivitätsfortschritt und die Arbeitszeitveränderung. Zur Verdeutlichung ist die Entwicklung dieser Größen in Tabelle 18.1 dargestellt.

Tab. 18.1 Wachstum und Arbeitsmarktentwicklung

Zeitraum	Produktion	Arbeits-produktivität	Arbeitseinsatz		
			gesamt	durchschn. Arbeitszeit	Erwerbstätige
		jährliche Veränderung in %			
	gY	gα	gN	gZ	gE
JD 61/64	+4,8	+5,2	−0,4	−0,9	+0,5
JD 65/69	+4,4	+5,3	−0,8	−0,5	−0,3
JD 70/73	+4,4	+4,6	−0,2	−0,5	+0,3
JD 74/79	+2,4	+3,8	−1,4	−0,6	−0,8
JD 80/84	+1,1	+2,1	−1,0	−0,5	−0,5
JD 85/87	+2,0	+2,1	−0,1	−0,9	+0,8
1979	+4,0	+3,1	+0,9	−0,5	+1,4
1982	−1,0	+1,1	−2,1	−0,4	−1,7
1984	+3,3	+3,2	+0,1	0,0	+0,1
1986	+2,3	+2,2	+0,1	−0,9	+1,0
1987	+1,8	+2,1	−0,3	−1,0	+0,7

Quellen: Deutsche Bundesbank, Monatsberichte; Deutsche Bundesbank, Statistische Beihefte zu den Monatsberichten, Reihe 4; SVR, JG; eigene Berechnungen.

Im Jahre 1979 z.B. – ein Jahr guter Konjunktur – steigt die Arbeitsproduktivität relativ stark um 3,1% an. Das Produktionswachstum fällt jedoch mit +4,0% noch höher aus. Die Folge davon ist, daß der Arbeitseinsatz um +0,9% (4,0% − 3,1% = 0,9%) ansteigt. Die Zahl der Arbeitsplätze nimmt sogar um +1,4% zu, da die Arbeitszeit um 0,5% verkürzt wird. Diese Kombination – hoher Produktivitätsfortschritt, höheres Wachstum und entsprechend steigender Arbeitseinsatz mit positiven Auswirkungen am Arbeitsmarkt – ist typisch für eine gute Konjunktur. Für das Jahr 1986 – ebenfalls ein Jahr guter Konjunktur – liegen in abgeschwächtem Maß gleiche Verhältnisse vor.

Dagegen liegt z.B. für das Jahr 1982 – ein Jahr schlechter Konjunktur – der Fall vor, daß die Produktion um 1% sinkt und damit unter dem positiven Produktivitätsfortschritt von +1,1% liegt. Die Folge ist, daß der Arbeitseinsatz um 2,1%

zurückgeht. Im Ergebnis werden 1,7% der Arbeitsplätze vernichtet, da die Arbeitszeit um 0,4% sinkt.

Tabelle 18.1 macht deutlich, daß sich nach dem Produktionseinbruch 1974 bis zu Beginn der 80er Jahre die Schere zwischen Produktionswachstum und Produktivitätsfortschritt zu Lasten der Beschäftigung öffnet. Seit dem 1983 beginnenden Aufschwung ist eine gewisse Umkehr dieser Entwicklung festzustellen. Die wieder ansteigenden Wachstumsraten schaffen Raum für mehr Beschäftigung. Allerdings ist das Wachstum zur Erreichung der Vollbeschäftigung zu schwach.

Tabelle 18.1 macht darüber hinaus deutlich, daß auch bei relativ hohen Produktivitätsfortschritten die Beschäftigung durchaus zunehmen kann (JD 1961/64, JD 1970/73, JD 1985/87). Solche Verläufe sind möglich, wenn es gelingt, die durch die Produktivitätssteigerungen ermöglichten Produktionssteigerungen auf aufnahmefähige Märkte zu lenken und nicht mit der Produktion und dem Arbeitseinsatz auf gesättigten und nur noch schwach expandierenden Märkten zu verharren. Ein solcher Umlenkungs- und Strukturänderungsprozeß erfordert eine hinreichende Flexibilität des Wirtschaftssystems, die es dementsprechend zur Wiedergewinnung der Vollbeschäftigung anzuregen gilt.

Wir wollen nun im folgenden den Zusammenhang zwischen Wachstum und Arbeitsplatzentwicklung, wie er in Gleichung (1) zum Ausdruck kommt, weiter verfeinern. Wir führen dazu als zusätzliche Größen, die es zu berücksichtigen gilt, die Zahl der Erwerbsfähigen EF und die Zahl der Bevölkerung B ein. Es gilt der definitorische Zusammenhang:

$$Y = (Y/N) \cdot (N/E) \cdot (E/EF) \cdot (EF/B) \cdot B,$$
$$Y = \alpha \cdot Z \cdot b \cdot c \cdot B.$$

Die Größe b = E/EF gibt den Beschäftigungsgrad an, d.h. wie hoch der Anteil derjenigen Personen an den insgesamt Erwerbsfähigen ist, die einen Arbeitsplatz haben. Anders ausgedrückt ist die Differenz 1,00 − b die Arbeitslosenquote. Die Größe c = EF/B gibt den Anteil der Erwerbsfähigen an der Gesamtbevölkerung an. Diese Größe wird z.B. beeinflußt vom Altersaufbau der Bevölkerung oder auch von der Erwerbsbeteiligung. Wollen z.B. mehr Frauen am Erwerbsleben teilhaben, d.h. suchen einen Arbeitsplatz, dann steigt c.

Wir schreiben nun diese Gleichung wieder in Form von Wachstumsraten. Es gilt:

$$gY = g\alpha + gZ + gb + gc + gB. \qquad (2)$$

Gleichung (2) aufgelöst nach dem Wachstum des Beschäftigungsgrades ergibt:

$$gb = (gY - g\alpha - gZ) - (gc + gB). \qquad (3)$$

Der Zusammenhang gemäß Gleichung (3) wird regelmäßig bei der Erstellung von **langfristigen Arbeitsmarktszenarien** verwendet.

In Gleichung (3) gibt der erste Klammerausdruck auf der rechten Seite die Entwicklung des **Bedarfs an Arbeitskräften** an. Es entsteht ein Bedarf an Arbeitskräften, wenn die Wachstumsrate den Produktivitätsfortschritt, bereinigt um die Arbeitszeitverkürzung, übersteigt. Wachstum schafft Arbeitsplätze.

Der zweite Klammerausdruck auf der rechten Seite von Gleichung (3) gibt die Entwicklung des **Potentials an Arbeitskräften** an. Das Arbeitskräftepotential steigt, wenn sich der Erwerbsfähigenanteil erhöht und/oder wenn die Bevölkerung wächst.

Im Ergebnis nimmt also der Beschäftigungsgrad dann zu, wenn der Bedarf an Arbeitskräften (erster Klammerausdruck) stärker steigt als das Potential an Arbeitskräften (zweiter Klammerausdruck). Je nachdem, welche Entwicklung für die Größen auf der rechten Seite von Gleichung (3) prognostiziert wird, ergeben sich optimistische oder düstere Aussichten für die Beschäftigung.

Zur Verdeutlichung dieses Zusammenhanges sind in Schaubild 18.2 verschiedene mögliche Arbeitsmarktszenarien aus der Sicht des Jahres 1986 bis zum Jahre 2000 dargestellt.

Das ungünstigste Szenario (oberste Linie des Potentials gepaart mit unterster Linie des Wachstums) unterstellt auf der Potentialseite eine hohe Erwerbsbeteiligung von Frauen und eine starke Ausländerzuwanderung, während auf der Bedarfsseite das Wirtschaftswachstum nur schwach ausfällt. In diesem ungünstigen Szenario entsteht im Jahre 2000 ein Potentialüberschuß von über 7 Mio Arbeitslosen einschließlich der stillen Reserve.

Dagegen steigert ein kräftiges Wirtschaftswachstum die Zahl der Arbeitsplätze, so daß, gepaart mit relativ schwacher Erwerbsbeteiligung und Ausländerzuwanderung, der Potentialüberschuß einschließlich der stillen Reserve nur ca. 1,2 Mio beträgt (unterste Linie des Potentials gepaart mit oberster Linie des Wachstums).

In solchen Arbeitsmarktszenarien zeigt sich der grundsätzliche **positive Zusammenhang zwischen Wachstum und Beschäftigung**. Je höher die Wachstumsrate ausfällt, um so günstiger ist dies für die Entwicklung am Arbeitsmarkt. Allerdings ist dieser Zusammenhang bei detaillierter Betrachtungsweise wie gezeigt von einer ganzen Reihe zusätzlicher Faktoren überlagert.

Eine besondere Bedeutung erlangt in diesem Zusammenhang in der aktuellen Diskussion regelmäßig die **Arbeitszeitverkürzung**. Je stärker die Arbeitszeit verkürzt wird, desto mehr Arbeitsplätze werden unter ansonsten gleichen Bedingungen (Wachstumsrate usw.) rein rechnerisch geschaffen. Dies geht unmittelbar aus den Gleichungen (1) und (2) hervor. Betrachten wir zur Verdeutlichung den Zusammenhang gemäß Gleichung (1) in Tabelle 18.1 für das Jahr 1986. Wenn die Arbeitszeit nicht um 0,9% verringert worden wäre, dann – so die Argumentation – wäre bei den gegebenen Werten für das Wachstum und den Produktivitätsfortschritt die Zahl der Arbeitsplätze praktisch nicht gestiegen (genau: lediglich um +0,1%). Rein rechnerisch ist also eine Arbeitszeitverkürzung ein geeignetes Instrument zur Schaffung von Arbeitsplätzen. Gegen diese Sicht der Dinge können jedoch **Einwände** geltend gemacht werden.

Erstens werden die zu niedrigen Wachstumsraten als unabänderlich hingenommen. Das läuft auf die Behauptung einer totalen **Sättigung** der Märkte hinaus, d. h. auf eine Leugnung der Existenz unbefriedigter Bedürfnisse.

Zweitens werden durch Arbeitszeitverkürzung **keine zusätzlichen Arbeitsmöglichkeiten** netto geschaffen, sondern der Mangel an rentabler Beschäftigung wird lediglich umverteilt. Die Arbeitszeitverkürzung um 0,9% in 1986 erhöht den schwachen Zuwachs des Arbeitseinsatzes um nur 0,1% nicht, sondern die vorhandene knappe Arbeit wird lediglich unter mehr Personen verteilt.

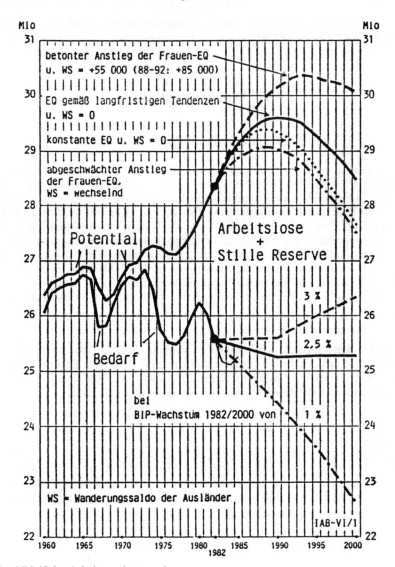

Schaubild 18.2 Arbeitsmarktszenarien

Quelle: KLAUDER (1986), S. 49.

Drittens besteht die Gefahr, daß durch Arbeitszeitverkürzung über Kostensteigerungen **Arbeitsplätze sogar vernichtet** werden. Ist die Arbeitszeitverkürzung mit einer deutlichen Steigerung der Arbeitskosten verbunden (z.B. bei vollem Lohnausgleich), dann ist es wahrscheinlich, daß durch Rationalisierungsinvestitionen die Arbeitsproduktivität so stark ansteigt, daß die Zahl der Arbeitsplätze letztlich abnimmt.

Und schließlich viertens stellt die Argumentation allein auf den rein quantitativen Zusammenhang zwischen den Größen Wachstum, Produktivitätsfortschritt usw. ab. Es wird vernachlässigt, daß die Arbeitslosigkeit in erheblichem Umfang **struktureller Natur** ist und Arbeitszeitverkürzung insoweit alleine ungeeignet ist.

IV. Wachstumstheorie

1. Postkeynesianische Wachstumstheorie

Wir wollen uns nun den theoretischen Aspekten des Wirtschaftswachstums zuwenden. Ein einfaches Wachstumsmodell geht auf HARROD (1939) und DOMAR (1946) zurück. Im Mittelpunkt der Überlegungen stehen die **Investitionen**. Einerseits bedeuten Investitionen eine Zunahme des Kapitalbestandes und erhöhen somit die Produktionskapazität. Diese Wirkung der Investitionstätigkeit auf die Angebotsseite der Wirtschaft ist der **Kapazitätseffekt** der Investitionen. Andererseits schaffen Investitionen aber auch Einkommen. Dieser **Einkommenseffekt** der Investitionen betrifft die Nachfrageseite der Wirtschaft. Im HARROD-DOMAR-Modell wird nun einfach unterstellt, daß der Kapazitätseffekt und der Einkommenseffekt von Investitionen sich immer gerade genau entsprechen.

Wir wollen dieses Modell genauer erläutern, um eine Reihe von wichtigen Eigenschaften herauszuarbeiten.

Auf der **Angebotsseite** wird unterstellt, daß die Produktionskapazität Y_0 stets in einem festen Verhältnis σ zum Kapitalbestand K steht. Der Proportionalitätsfaktor σ ist die durchschnittliche Kapitalproduktivität. Der Kehrwert $β = 1/σ$ wird als Kapitalkoeffizient oder Akzelerator bezeichnet. Es gilt:

$Y_0 = (1/β) \cdot K,$

$Y_0 = σ \cdot K.$

Die **fest vorgegebene Kapitalproduktivität** entspricht der keynesianischen Akzeleratorhypothese (vgl. 10. Kapitel, Ziffer II.2.b). Das HARROD-DOMAR-Modell wird daher auch als postkeynesianische Wachstumstheorie bezeichnet.

Für Änderungen von Y_0 und K gilt:

$\dot{Y}_0 = σ \cdot \dot{K} = σ \cdot I.$ \hfill (4)

Gleichung (4) bringt den Kapazitätseffekt der Investitionen zum Ausdruck. Die Investition multipliziert mit der Kapitalproduktivität gibt den Zuwachs bei der Produktionskapazität an.

Wir wenden uns nunmehr der **Nachfrageseite** zu. Wir nehmen an, daß die Investition I stets gleich der Ersparnis S ist, d.h. daß auf dem Gütermarkt ein I-S-Gleichgewicht herrscht. Die Sparquote s ist der Teil des Sozialproduktes Y, der gespart und folglich auch investiert wird. Es gilt:

$S = s \cdot Y = I,$

$Y = (1/s) \cdot I,$

$\dot{Y} = (1/s) \cdot \dot{I}.$ \hfill (5)

Gleichung (5) beschreibt den Einkommenseffekt der Investitionen.

Setzen wir nun Gleichung (4) gleich Gleichung (5), erhalten wir die grundsätzliche **Gleichung des HARROD-DOMAR-Modells**. Es gilt:

$$\sigma \cdot I = (1/s) \cdot \dot{I},$$
$$\dot{I}/I = \sigma \cdot s,$$
$$gI = \sigma \cdot s. \tag{6}$$

Gemäß Gleichung (6) ist $\sigma \cdot s$ die Rate, mit der die Investitionen wachsen müssen (gI = Wachstumsrate der Investitionen), damit der Kapazitäts- und der Einkommenseffekt der Investitionen gleich sind. Denn unter dieser Annahme ist Gleichung (6) ermittelt worden.

Die Rate $\sigma \cdot s$ wird als **Gleichgewichts-Wachstumsrate** der Investitionen bezeichnet. Bilden wir zur Verdeutlichung das folgende Beispiel. Ein Wert von 3 für den Akzelerator β, d.h. $\sigma = 0{,}33$, und ein Wert von 0,2 für die Sparquote sind durchaus realistische Größenordnungen. Daraus ergibt sich gemäß Gleichung (6) eine Gleichgewichts-Wachstumsrate der Investitionen von $\sigma \cdot s = 0{,}07$. Zur Aufrechterhaltung des Gleichgewichts zwischen neu geschaffener Kapazität und zusätzlicher Nachfrage ist es also notwendig, daß die Investitionen mit einer konstanten Rate von 7% wachsen. Eine konstante Wachstumrate bedeutet jedoch, daß der absolute Wert der Investitionen exponentiell ansteigt. Bei einer Wachstumsrate von 7% z.B. verdoppeln sich die Investitionen alle 10,2 Jahre. Ein solches Wachstum dauerhaft zu gewährleisten, dürfte praktisch unmöglich sein. Es deutet sich hier bereits eine Instabilität des Modells an, die wir noch näher kennenlernen werden.

Die Gleichgewichts-Wachstumsrate $\sigma \cdot s$ der Investitionen ist auch die Gleichgewichts-Wachstumsrate des Sozialproduktes. Dies ergibt sich, wenn man Gleichung (4) durch $Y = (1/s) \cdot I$ dividiert. Es gilt:

$$\dot{Y}/Y = \sigma \cdot s,$$
$$gY = \sigma \cdot s. \tag{7}$$

Wächst das Sozialprodukt mit dieser Gleichgewichts-Wachstumsrate, dann ist dies insofern befriedigend, als keine Lücke zwischen neu geschaffenen Kapazitäten und zusätzlicher Nachfrage auftritt. Die Wachstumsrate des Sozialproduktes gemäß Gleichung (7) wird deswegen als **befriedigende (auch: erforderliche) Wachstumsrate** bezeichnet. Geht man von einer vorgegebenen Sparquote aus, dann gibt es nur eine ganz bestimmte Kapitalproduktivität, nämlich die befriedigende Kapitalproduktivität, die zu der befriedigenden Wachstumsrate führt.

Von der befriedigenden Wachstumsrate ist die **tatsächliche Wachstumsrate** des Sozialproduktes zu unterscheiden. Was passiert, wenn die tatsächliche unter der befriedigenden Wachstumsrate liegt? Ist die Sparquote vorgegeben, dann ist in diesem Fall die tatsächliche Kapitalproduktivität kleiner als die befriedigende, die gemäß Gleichung (7) bei der vorgegebenen Sparquote für eine befriedigende Wachstumsrate notwendig wäre. Wegen der tatsächlich niedrigen Kapitalproduktivität werden die Unternehmer auch nur wenig investieren, so daß das ohnehin zu niedrige Wachstum noch weiter abgeschwächt wird. Die Wirtschaft gerät in eine Depression. Analog gerät die Wirtschaft in einen endlosen Expansionsprozeß, wenn die tatsächliche Wachstumsrate über der befriedigenden liegt. Die tatsächliche Kapitalproduktivität ist in diesem Fall zu hoch, so daß viel investiert wird und damit die Nachfrage überschießt. Das Modell ist offensichtlich instabil. Nur in dem Spezialfall, in dem bei vorgegebener Sparquote die Kapitalproduktivität zufällig genau den gemäß Gleichung (7) erforderlichen Wert hat, ergibt sich ein Gleichgewicht. Man spricht daher auch von einem **Wachstum auf des Messers Schneide**. Es muß jedoch hier bereits darauf hingewiesen werden, daß diese Instabilität einzig die Folge davon ist, daß die Kapitalproduktivität entsprechend keynesianischer Tradition als eine fixe Größe unterstellt wird. Nimmt man demgegenüber realistischerweise an, daß die Kapitalproduktivität mit der Investitionstätigkeit variiert, dann wird das System stabil. Dies führt zu den neoklassischen Wachstumsmodellen, die im nächsten Abschnitt erläutert werden.

Eine weitere Größe im HARROD-DOMAR-Modell ist die **natürliche Wachstumsrate**. Die natürliche Wachstumsrate ist die durch das Bevölkerungswachstum und den technischen Fortschritt vorgegebene Obergrenze für die tatsächliche Wachstumsrate. Ist nun die befriedigende Wachstumsrate größer als die natürliche, dann ist sie auch größer als die tatsächliche, und die Wirtschaft gerät in den geschilderten Depressionsstrudel. Dagegen entsteht in dem Fall, wenn die befriedigende Wachstumsrate kleiner als die natürliche und die tatsächliche größer als die befriedigende Wachstumsrate ist, ein endloser Expansionsprozeß der geschilderten Art.

Während die Tendenz des HARROD-DOMAR-Modells zur Instabilität mehr zu pessimistischen Sichtweisen über den Wachstumsprozeß einlädt, kann das Modell über die **Sparquote auch positiv interpretiert werden**. Je höher die Sparquote ist, desto höher ist auch – gleichgewichtiges Wachstum vorausgesetzt – die Wachstumsrate. Ein Land kann somit durch eine Anregung der Sparquote die nationale Wachstumsrate über die anderer Länder anheben. Damit ist es aber möglich, jedes auch noch so hohe Sozialprodukt eines anderen reichen Landes irgendwann zu übertreffen. Denn wenn die eigene nationale Wachstumsrate höher ist als die des reichen Landes, dann ist irgendwann das eigene Sozialprodukt höher als dasjenige des reichen Landes. Dies ist ein dem HARROD-DOMAR-Modell innewohnender Wachstumsoptimismus.

2. Neoklassische Wachstumstheorie

Wir wollen uns nun der neoklassischen Wachstumstheorie zuwenden (SOLOW, 1956). Neben dem Produktionsfaktor Kapital wird auch der Produktionsfaktor Arbeit ausdrücklich in die Analyse mit einbezogen. Die Produktionsfaktoren sind substituierbar, und die Produktivität ändert sich mit dem Faktoreinsatz. Die Produktionsfunktion gibt an, in welcher Weise die Produktion Y von der Menge der eingesetzten Produktionsfaktoren Arbeit N und Kapital K abhängt.

Wir gehen von einer COBB-DOUGLAS-Produktionsfunktion aus:

$$Y = K^a \cdot N^{1-a}, \quad 0 < a < 1. \tag{8}$$

Wir haben diesen Typ von Produktionsfunktion bereits an mehreren Stellen kennengelernt (vgl. 5. Kapitel, Ziffer II.3; 10. Kapitel, Ziffer II.2.a; 12. Kapitel, Ziffer II.1). Es genügt daher, nur kurz auf die Eigenschaften dieser Produktionsfunktion einzugehen. Betrachten wir z.B. den Fall, daß bei konstantem Arbeitseinsatz von dem Faktor Kapital sukzessive mehr eingesetzt wird. Die Produktion steigt dann zwar an, jedoch wegen a < 1 mit abnehmenden Zuwächsen. Das bedeutet, daß die marginale Kapitalproduktivität (auch: Grenzproduktivität des Kapitals) sinkt. Je mehr Kapital bereits im Produktionsprozeß eingesetzt ist, desto kleiner ist die zusätzliche Produktion, die durch den Mehreinsatz einer Einheit Kapital erzielbar ist.

Man kann den Sachverhalt der sinkenden marginalen Kapitalproduktivität auch formal beschreiben. Die erste Ableitung der Produktionsfunktion nach K ergibt für die marginale Kapitalproduktivität den Ausdruck $\delta Y/\delta K = aY/K$. Je höher K ist, desto kleiner ist die marginale Kapitalproduktivität. Wenn eine konstante Menge an Arbeitern immer mehr Maschinen zur Verfügung gestellt bekommt, dann steigt die Produktion zwar an, jedoch fällt der Zuwachs allmählich immer kleiner aus.

Während im HARROD-DOMAR-Modell die (marginale) Kapitalproduktivität σ unabhängig von der eingesetzten Kapitalmenge konstant ist, sinkt sie hier im neoklassischen Wachstumsmodell mit steigendem Kapitaleinsatz. Die Sichtweise des neoklassischen Ansatzes dürfte die Realität besser widerspiegeln.

Die gleichen Überlegungen, die für die marginale Kapitalproduktivität gelten, gelten analog auch für die marginale Arbeitsproduktivität. Durch erste Ableitung der Produktionsfunktion nach dem Faktor Arbeit ergibt sich für die marginale Arbeitsproduktivität $\delta Y/\delta N = (1 - a) Y/N$. Mit steigendem Arbeitseinsatz steigt bei konstantem Kapitalbestand die Produktion an, jedoch mit abnehmenden Zuwächsen.

Man kann nun der Frage nachgehen, wie die beiden Produktionsfaktoren Kapital und Arbeit bei der Entstehung eines Wachstums der Produktion zusammenwirken. Wenn der Kapitalbestand erhöht wird, dann wächst die Produktion um die marginale Kapitalproduktivität multipliziert mit der zusätzlichen Kapitaleinsatzmenge. Analoges gilt für einen Mehreinsatz von Arbeit. Insgesamt gilt also für das Produktionswachstum:

$$\dot{Y} = (\delta Y/\delta K) \cdot \dot{K} + (\delta Y/\delta N) \cdot \dot{N}.$$

Einsetzen der jeweiligen marginalen Produktivitäten ergibt:

$$\dot{Y} = a \cdot Y \cdot (\dot{K}/K) + (1 - a) \cdot Y \cdot (\dot{N}/N),$$
$$\dot{Y}/Y = a \cdot (\dot{K}/K) + (1 - a) \cdot (\dot{N}/N),$$
$$gY = a \cdot gK + (1 - a) \cdot gN. \tag{9}$$

Gemäß Gleichung (9) **entspricht die Wachstumsrate der Produktion der Summe aus den mit ihren Produktionselastizitäten gewichteten Wachstumsraten der Produktionsfaktoren.**

Bilden wir zur Verdeutlichung das folgende Beispiel. Ein Wert von a = 0,3 ist größenordnungsmäßig realistisch. Dann sagt Gleichung (9) aus, daß ein Wachstum des Kapitalbestandes um z.B. 10% zu einem Produktionswachstum von 3% führt. Wenn der Arbeitseinsatz um 10% gesteigert wird, dann wächst die Produktion um 7%. Dies ist ein wichtiger **Unterschied gegenüber dem HARROD-DOMAR-Modell.** Dort können zusätzliche Arbeiter bei Konstanz des Kapitalbestandes keine Arbeit finden. Denn Wachstum ist bei Konstanz des Kapitaleinsatzes nicht möglich. Die Produktion wächst nur, wenn über Investitionen der Kapitaleinsatz wächst. Hier im **neoklassischen Modell werden die zusätzlichen Arbeiter auch ohne Investitionen eingestellt**. Ein Mehreinsatz von Arbeit führt auch bei Konstanz des Kapitalbestandes zu Wachstum. Allerdings nimmt die marginale Arbeitsproduktivität ab, was Zugeständnisse auf der Lohnseite verlangt.

Bei der Charakterisierung des Wohlstandes eines Volkes interessiert häufig weniger die einfache Wachstumsrate des Sozialproduktes, sondern in erster Linie die Wachstumsrate des Sozialproduktes pro Kopf (auch: Pro-Kopf-Einkommen). Wir wollen deshalb der Frage nachgehen, wovon in dem entwickelten Modell das **Wachstum des Pro-Kopf-Einkommens** abhängt. Wir gehen hierzu zunächst von dem definitorischen Zusammenhang aus, der zwischen dem Sozialprodukt Y, dem Arbeitseinsatz N, der Zahl der Erwerbstätigen E, der Zahl der Erwerbsfähigen EF und der Bevölkerungszahl B besteht. Es gilt:

$$Y = (Y/N) \cdot (N/E) \cdot (E/EF) \cdot (EF/B) \cdot B,$$
$$Y = \alpha \cdot Z \cdot b \cdot c \cdot B,$$
$$Y/B = \alpha \cdot Z \cdot b \cdot c. \tag{10}$$

In Gleichung (10) ist die Größe $\alpha = Y/N$ die Arbeitsproduktivität, $Z = N/E$ ist die durchschnittliche Arbeitszeit, $b = E/EF$ ist der Beschäftigungsgrad und $c = EF/B$ steht für Altersaufbau, Erwerbsbeteiligung usw. Bei Konstanz der demographischen Größen Arbeitszeit, Beschäftigungsgrad, Altersaufbau usw. kann gemäß Gleichung (10) das Pro-Kopf-Einkommen nur wachsen, wenn die **Arbeitsproduktivität** wächst. Dieses Ergebnis ist unmittelbar einleuchtend. Wenn ein Volk nicht zusätzlich arbeitet, dann kann – wenn **von technischem Fortschritt abgesehen** wird (und dies ist immer noch eine Voraussetzung des hier behandelten Modells) – das Pro-Kopf-Einkommen nur wachsen, wenn die Produktivität der eingesetzten Arbeit zunimmt.

Wovon hängt es nun ab, wie stark die Arbeitsproduktivität wächst? Zunächst einmal gilt rein definitorisch:

$$g(Y/N) = g\alpha = gY - gN.$$

Das Wachstum der Arbeitsproduktivität entspricht stets dem Produktionswachstum abzüglich dem Wachstum des Arbeitseinsatzes. Setzen wir in diese Beziehung für gY die Wachstumsrate des Sozialproduktes gemäß Gleichung (9) ein, so ergibt sich:

$$g\alpha = a \cdot (gK - gN),$$
$$g\alpha = a \cdot g(K/N). \tag{11}$$

Der Quotient K/N in Gleichung (11) ist die **Kapitalintensität**. Diese Größe gibt an, in welchem Ausmaß eine Arbeitseinheit mit dem Produktionsfaktor Kapital ausgestattet ist. Gleichung (11) besagt, daß die Arbeitsproduktivität dann wächst, wenn die Kapitalintensität zunimmt. Dies leuchtet ein. Je mehr Kapital der Produktionsfaktor Arbeit im Produktionsprozeß zur Verfügung hat, um so höher ist seine Produktivität. Allerdings schlägt sich ein Wachstum der Kapitalintensität nicht im gleichen Umfang in einem Wachstum der Arbeitsproduktivität nieder, da die Produktionselastizität a < 1 ist.

Bilden wir zur Verdeutlichung ein Beispiel. Nehmen wir für a = 0,3 an und gehen davon aus, daß ein Produktivitätswachstum von $g\alpha$ = 3% erzielt werden soll. Dann muß die Kapitalintensität gemäß Gleichung (11) um 10% zunehmen. Wenn nun noch von einem Wachstum des Arbeitseinsatzes von z.B. gN = 2% ausgegangen wird, dann muß der Kapitaleinsatz um 12% gesteigert werden, um das angestrebte Produktivitätswachstum zu erzielen. Dieses recht ernüchternde Ergebnis liegt natürlich daran, daß der Produktionsfaktor Kapital wegen a = 0,3 gewissermaßen nur zu 30% zum Wachstum beiträgt. **Ohne technischen Fortschritt sind also einer Steigerung der Arbeitsproduktivität durch eine höhere Kapitalausstattung recht enge Grenzen gesetzt.**

Wie entwickelt sich eine Wirtschaft, in der durch steigende Kapitalintensität über ein Produktivitätswachstum das Pro-Kopf-Einkommen ansteigt? Setzt sich das **Wachstum des Pro-Kopf-Einkommens** endlos fort oder strebt der Prozeß einem Gleichgewicht zu? Die Antwort auf diese Frage kann anhand der Abbildung 18.2 gegeben werden.

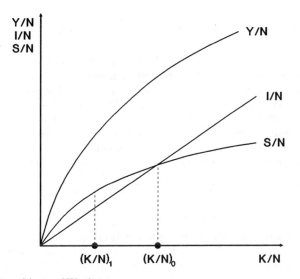

Abb. 18.2 Investition und Wachstum

In Abbildung 18.2 ist zunächst einmal die Entwicklung der Arbeitsproduktivität (Ordinate) in Abhängigkeit von der Kapitalintensität (Abszisse) gemäß Gleichung (11) dargestellt. Die Arbeitsproduktivität Y/N steigt mit sinkenden Zuwächsen, wenn die Kapitalintensität K/N ansteigt.

Außerdem ist auf der Ordinate die Ersparnis pro Arbeitseinheit S/N = sY/N angegeben. Da nur ein Teil s von der Produktion Y gespart wird, verläuft diese Linie in Abhängigkeit von der Kapitalintensität unterhalb der Linie der Arbeitsproduktivität.

Schließlich ist eine Gerade I/N eingezeichnet. Diese Gerade gibt an, wieviel pro Arbeitseinheit investiert werden muß, wenn eine bestimmte Kapitalintensität aufrechterhalten werden soll. Für eine höhere Kapitalintensität ist eine höhere Investition pro Arbeitseinheit notwendig. Die Steigung dieser Linie ist gleich dem Wachstum des Arbeitseinsatzes gN. Bei wachsendem Arbeitseinsatz bleibt die Kapitalintensität nur dann konstant, wenn der Kapitalbestand mit der gleichen Rate wie der Arbeitseinsatz wächst, d.h. also wenn I/K = gN ist. Hieraus ergibt sich I/N = gN · (K/N), d.h. die Linie I/N hat die Steigung gN.

Gehen wir nun z.B. von der Kapitalintensität $(K/N)_1$ aus. Hier fällt mehr Ersparnis = Investition an, als zur Aufrechterhaltung dieser Kapitalintensität notwendig ist. Es ist $(S/N)_1 > (I/N)_1$. Die Kapitalintensität steigt also an und folglich auch die Arbeitsproduktivität. Dieser Prozeß setzt sich jedoch nicht endlos fort, sondern strebt dem Gleichgewicht $(K/N)_0$ zu. Bei der Kapitalintensität $(K/N)_0$ wird von dem Sozialprodukt gerade genauso viel gespart = investiert, wie für die Konstanz dieser Kapitalintensität notwendig ist. Dieses Gleichgewicht ist ein **Wachstums-Gleichgewicht**. Der Kapitaleinsatz und der Arbeitseinsatz wachsen mit der gleichen Rate, nämlich mit dem **Bevölkerungswachstum**, welches exogen vorgegeben ist. Da Kapital- und Arbeitseinsatz mit der gleichen Rate wachsen, bleibt die Kapitalintensität und damit auch die Arbeitsproduktivität konstant. Folglich bleibt im **Wachstums-Gleichgewicht auch das Pro-Kopf-Einkommen konstant**.

Anhand dieses Modells lassen sich einige interessante Fragestellungen untersuchen.

Erstens kann man sich fragen, welche Wirkungen es hat, wenn in einer Volkswirtschaft mehr gespart wird. Eine **höhere Sparquote** hat zur Folge, daß auch die Ersparnis pro Arbeitseinheit ansteigt. In Abbildung 18.2 verschiebt sich die Linie S/N folglich nach oben (nicht eingezeichnet). Damit steigt aber auch die gleichgewichtige Kapitalintensität an. Wenn aber die Kapitalintensität steigt, steigt auch die Arbeitsproduktivität und damit letztlich auch das Pro-Kopf-Einkommen. Allerdings sind – wenn das neue Wachstums-Gleichgewicht erreicht ist – die Wachstumsraten dann wieder genauso hoch wie vorher, nämlich gleich gN, d.h. gleich dem Bevölkerungswachstum. Ein Volk kann also durch eine höhere Ersparnis zwar die absolute Höhe des Pro-Kopf-Einkommens steigern, nicht aber die Wachstumsraten.

Zweitens kann man sich fragen, welche Wirkungen unter sonst gleichen Bedingungen ein **Anstieg des Bevölkerungswachstums** hat. Mit steigender Bevölkerung wächst unter sonst gleichen Bedingungen der Arbeitseinsatz N. Dadurch sinkt in Abbildung 18.2 die gleichgewichtige Kapitalintensität, wenn die Ersparnis gleich bleibt. Die sinkende Kapitalintensität bewirkt über ein Sinken der Arbeitsproduktivität, daß das Pro-Kopf-Einkommen zurückgeht. Wenn also ein Volk bei einem Anstieg des Bevölkerungswachstums die Ersparnis nicht erhöht, dann sinkt das Pro-Kopf-Einkommen. Mehr Menschen machen zur Aufrechterhaltung des gleichen Pro-Kopf-Einkommens eine größere Ersparnis notwendig.

Insgesamt läßt sich bisher sagen, daß das Pro-Kopf-Einkommen in einer Volkswirtschaft um so höher ist, je größer die Sparquote ist und je kleiner das Bevölkerungswachstum ist. Allerdings muß an dieser Stelle zum wiederholten Mal betont werden, daß diese Aussage nur unter der Annahme gilt, daß es keinen technischen Fortschritt gibt. **Technischer Fortschritt** ist als Wachstumsdeterminante im Modell bisher nicht berücksichtigt.

Wir wollen uns nun noch der Frage zuwenden, ob es eine **optimale Sparquote** gibt. An welcher Regel soll sich das Volk orientieren, wenn es um die Festlegung des Teils des Sozialproduktes geht, der gespart, d.h. nicht konsumiert werden soll? Sparen bedeutet Konsumverzicht in der Gegenwart. Jedoch steigt – wie gezeigt – durch eine höhere Sparquote das künftige Pro-Kopf-Einkommen im Wachstums-Gleichgewicht an. Da jede Produktion letztlich dem Verbrauch dienen soll, ist es vernünftig, diejenige Sparquote und damit Kapitalintensität anzustreben, bei der der **Verbrauch im Wachstumsgleichgewicht maximal** ist. In Abbildung 18.2 bedeutet dies, daß die Kapitalintensität optimal ist, bei der im Wachstumsgleichgewicht der Abstand zwischen der (Y/N)-Linie und der (I/N)-Linie maximal ist. Denn dieser Abstand gibt die Differenz zwischen Produktion und Investition, d.h. also den Verbrauch (jeweils bezogen auf eine Arbeitseinheit) an. Wodurch zeichnet sich dieser Punkt aus? Offensichtlich dadurch, daß die Steigung der beiden Linien Y/N und I/N gleich groß ist. Die Bedingung für dieses Optimum ist also:

$$\delta Y/\delta K = gN.$$

Für die marginale Kapitalproduktivität gilt $\delta Y/\delta K = aY/K$. Die Wachstumsrate des Arbeitseinsatzes gN ist im Wachstums-Gleichgewicht gleich der Wachstumsrate des Kapitaleinsatzes, d.h. gleich gK. Also gilt in dem Optimum:

$$\begin{aligned} aY/K &= \dot{K}/K, \\ aY &= I, \\ a &= I/Y. \end{aligned} \qquad (12)$$

Gleichung (12) bringt die sog. **goldene Regel der Akkumulation** zum Ausdruck. Der Konsum im Wachstums-Gleichgewicht ist dann maximal, wenn das Sozialprodukt im Umfang der Produktionselastizität des Kapitals investiert wird.

Welche **Schlußfolgerungen** kann man aus diesen Ergebnissen für die praktische Wirtschaftspolitik ziehen? Ist es sinnvoll, einem armen Entwicklungsland mit einem niedrigen Pro-Kopf-Einkommen die Empfehlung zu geben, durch Konsumverzicht die Sparquote anzuheben, um das künftige Pro-Kopf-Einkommen im Sinne der goldenen Regel der Akkumulation zu steigern? Dies dürfte nicht gerechtfertigt sein. Denn die Modellüberlegungen geben keine Auskunft darüber, wie der Konsumverzicht in der Gegenwart im Vergleich zu dem höheren Pro-Kopf-Einkommen in der Zukunft bewertet werden soll. Wahrscheinlich dürfte wegen der vorherrschenden Armut ein weiterer Konsumverzicht in der Gegenwart nicht als eine akzeptable Lösung angesehen werden. Der einzige Weg, der dann aber verbleibt, ist eine Reduktion des Bevölkerungswachstums.

Auf der anderen Seite kann es vorkommen, daß in einer Volkswirtschaft eine – gemessen an dem Optimum der goldenen Regel der Akkumulation – zu hohe Kapitalintensität vorliegt. Hier ist eine eindeutige Empfehlung möglich. Dieses Land sollte seine Ersparnis reduzieren, weil hierdurch sowohl in der Gegenwart als auch in der Zukunft ein höherer Konsum möglich ist.

3. Wachstum und technischer Fortschritt

In den bisherigen theoretischen Überlegungen haben wir nur Arbeit und Kapital als Produktionsfaktoren berücksichtigt. Wir haben erfahren, daß durch eine Steigerung der Kapitalintensität die Arbeitsproduktivität und das Sozialprodukt-

Wachstum zwar angehoben werden können, daß aber diesem Prozeß recht enge Grenzen gesetzt sind. Das recht kräftige Wachstum vieler Volkswirtschaften läßt sich durch die Produktionsfaktoren Arbeit und Kapital alleine somit nicht erklären. Die in der Wirklichkeit vorkommenden relativ hohen Wachstumsraten müssen noch eine andere Ursache haben. Dies ist der technische Fortschritt. Der technische Fortschritt bewirkt, daß auch bei Konstanz der Einsatzmengen der Produktionsfaktoren Arbeit und Kapital, also auch bei Konstanz der Kapitalintensität, das Sozialprodukt wachsen kann. Dieser Sachverhalt ist für eine Reihe von Ländern in Tabelle 18.2 dargestellt.

Tab. 18.2 Wachstum und technischer Fortschritt 1950-1962

Land	Wachstumsrate Sozialprodukt	Anteil Produktionsfaktoren		
		N	K	F
Belgien	3,20	0,76	0,41	2,03
BRD	7,26	1,37	1,41	4,48
Dänemark	3,51	0,59	0,96	1,96
Frankreich	4,92	0,45	0,79	3,68
Großbritannien	2,29	0,60	0,51	1,18
Italien	5,96	0,96	0,70	4,30
Niederlande	4,73	0,87	1,04	2,82
Norwegen	3,45	0,15	0,89	2,41
USA	3,32	1,12	0,83	1,37

Quelle: DENISON (1967), S. 298ff.

Die Größe F charakterisiert den technischen Fortschritt. Tabelle 18.2 macht deutlich, daß der technische Fortschritt zum Wachstum des realen Sozialproduktes regelmäßig mehr beiträgt als die Mengenausweitung der Produktionsfaktoren Arbeit und Kapital. Für die Bundesrepublik ergibt sich z.B., daß das Wachstum zwischen 1950 und 1962 zu 62% (4,48/7,26 = 0,62), d.h. zu mehr als der Hälfte, nicht durch mehr Arbeit und Kapital, sondern durch den technischen Fortschritt verursacht wird. Nach allen vorliegenden Erkenntnissen ist der **technische Fortschritt die entscheidende Determinante des Wirtschaftswachstums**.

Wie kann dieser Sachverhalt in die Produktionsfunktion vom COBB-DOUGLAS-Typ eingebaut werden? Dieser Frage wollen wir uns nunmehr zuwenden.

Die verschiedenen Phänomene, die zusammen den technischen Fortschritt ausmachen, sind als Einflußfaktoren direkt kaum meßbar. Man kann jedoch über einen formalen Umweg den Einfluß des technischen Fortschritts wenigstens ansatzweise quantifizieren. In die Produktionsfunktion wird der Zeitablauf formal so eingebaut, daß auch bei Konstanz von Arbeit und Kapital alleine durch den Fortgang der Zeit die Produktion von Jahr zu Jahr wächst. Ein entsprechender Ansatz ist z.B.:

$$Y_t = K_t^a \cdot N_t^{1-a} \cdot e^{ft}, \quad 0 < f < 1. \tag{13}$$

In der Produktionsfunktion (13) wächst die Produktion Y im Zeitablauf auch dann, wenn die Einsatzmengen der Produktionsfaktoren Kapital K und Arbeit N nicht erhöht werden. Anders ausgedrückt bedeutet dies, daß sich die **Produktivitäten der Faktoren erhöhen**. Die Wachstumsrate der Produktion bei Konstanz von K und N ist f. Für die Bundesrepublik beträgt diese Größe etwa 2%. Auch durch diese Größenordnung wird deutlich, daß das Wachstum überwiegend eine Folge des technischen Fortschritts ist.

In dem Ansatz gemäß Gleichung (13) ist der technische Fortschritt strenggenommen nur in der Form des **ungebundenen technischen Fortschritts** berücksichtigt (vgl. hierzu die Übersicht oben in Abbildung 18.1). Anders ausgedrückt bedeutet dies, daß die Produktionsfaktoren Kapital und Arbeit als homogen angenommen werden. Dies ist eine sehr unrealistische Annahme. Arbeit und Kapital sind durch Weiterbildung, neue Maschinen usw. in einem andauernden Verbesserungsprozeß begriffen. Diese Verbesserung der Faktorqualitäten fällt auch unter den Oberbegriff des technischen Fortschritts. Es handelt sich um den arbeitsgebundenen und den kapitalgebundenen technischen Fortschritt. Dieser an die Produktionsfaktoren Arbeit und Kapital gebundene technische Fortschritt ist in dem Ansatz gemäß Gleichung (13) überhaupt nicht berücksichtigt.

Man kann den an die Produktionsfaktoren **gebundenen technischen Fortschritt** z.B. dadurch berücksichtigen, daß man die Produktionselastizitäten von der Zeit abhängig macht. Ein solcher Ansatz ist im Prinzip wie folgt zu formulieren:

$$Y_t = K_t^{a(t)} \cdot N_t^{1-a(t)}. \tag{14}$$

In dem Ansatz gemäß Gleichung (14) wirkt sich der technische Fortschritt in einer Änderung der Produktionselastizitäten im Zeitverlauf aus. Hierüber ergibt sich eine Änderung der Produktivitäten der Faktoren.

Eine im Zusammenhang mit dem technischen Fortschritt immer wieder diskutierte Frage ist, wie der technische Fortschritt das **Faktoreinsatzverhältnis und die Einkommensverteilung** beeinflußt. Welcher Faktor wird im Gefolge des technischen Fortschritts gegen welchen substituiert und wie ändert sich hierdurch die Verteilung des Einkommens aus der Produktion auf die Faktoren? Hier sind die verschiedensten Verläufe möglich. Für einen ersten Überblick unterstellt man eine Entlohnung der Faktoren nach ihren Grenzproduktivitäten und unterscheidet zur Klassifikation verschiedene Neutralitätsbegriffe für den technischen Fortschritt.

Der technische Fortschritt heißt **HICKS-neutral** (HICKS, 1932), wenn sich die Grenzproduktivitäten der Faktoren beide so erhöhen, daß das Verhältnis der Produktivitäten konstant bleibt. Das Faktoreinsatzverhältnis bleibt folglich auch konstant. Die gleiche Produktion kann mit weniger Kapital und weniger Arbeit hergestellt werden bei konstantem Einsatzverhältnis der Faktoren. Die Produktionssteigerung erfolgt nicht durch Faktorsubstitution, sondern durch eine Verbesserung der Produktionstechnologie. Man sagt auch, daß sich der HICKS-neutrale technische Fortschritt so auswirkt, als wären Arbeit und Kapital gleichmäßig vermehrt worden.

Der Begriff des **HARROD-neutralen technischen Fortschritts** (HARROD, 1948) basiert auf dem postkeynesianischen HARROD-DOMAR-Wachstumsmodell. Der technische Fortschritt beläßt die Grenzproduktivität des Kapitals konstant, während die Grenzproduktivität der Arbeit steigt. Die gleiche Produktion kann mit gleich viel Kapital und weniger Arbeit hergestellt werden. Die Verteilungsquoten bleiben bei HARROD-neutralem technischen Fortschritt konstant, da der Arbeitseinsatz gerade so verringert wird, daß mit dem wegen der höheren Produktivität höheren Lohnsatz die Lohnsumme konstant bleibt. Man sagt auch, daß sich der HARROD-neutrale technische Fortschritt so auswirkt, als wäre die Arbeit vermehrt worden.

Die Vorstellung des HARROD-neutralen technischen Fortschritts liegt der **marxistischen Krisentheorie** zugrunde. Die Kapitalproduktivität ist konstant. Die laufende Kapitalakkumulation setzt über die Steigerung der Arbeitsproduktivität bei mangelhaftem Wachstum permanent Arbeitskräfte frei, d.h. führt zu Massenarbeitslosigkeit. Jedoch ist dieser Verlauf keineswegs zwingend. Erstens ist die Annahme der Konstanz der Kapitalproduktivität unrealistisch. Und zweitens ist es auch bei einer Steigerung der Arbeitsproduktivität möglich, Arbeitslosigkeit durch Wachstum zu vermeiden (vgl. z.B. oben die Erläuterungen zu Tabelle 18.1).

Schließlich unterscheidet man noch den **SOLOW-neutralen technischen Fortschritt**. Dieser Begriff ist gewissermaßen die Umkehrung des HARROD-neutralen technischen Fortschritts. Hier bleibt jetzt die Arbeitsproduktivität konstant, während die Kapitalproduktivität steigt. Die Ausführungen zum HARROD-neutralen technischen Fortschritt gelten analog umgekehrt.

V. Wachstums- und Strukturpolitik

Wir wollen uns nunmehr der Frage zuwenden, wie der Staat durch die Wirtschaftspolitik den Wachstumsprozeß beeinflussen kann. Zunächst einmal ist zu fragen, worauf staatliche Wachstumspolitik überhaupt abzielen soll. Wachstum ist ein langfristiges Phänomen. Wachstumspolitik kann daher nicht bedeuten, die kurzfristigen Konjunkturschwankungen des realen Sozialproduktes um den langfristigen Trend des sich relativ stetig entwickelnden Produktionspotentials zu dämpfen. Maßnahmen zur Verringerung der Konjunkturschwankungen sind Konjunkturpolitik. Wachstumspolitik dagegen kann nur bedeuten, die langfristige Entwicklung des Produktionspotentials durch staatliche Maßnahmen positiv zu beeinflussen. Wovon hängt es nun in erster Linie ab, wie stark das Produktionspotential wächst? Wir haben erfahren, daß hier die wesentliche Determinante der technische Fortschritt ist. Also muß eine staatliche Wachstumspolitik versuchen, den **technischen Fortschritt durch geeignete Maßnahmen positiv zu beeinflussen**. Welche Maßnahmen kommen hierzu in Frage? Zur Beantwortung dieser Frage kann man sich an der Übersicht über die Determinanten des Wirtschaftswachstums orientieren, die in Abbildung 18.1 dargestellt ist.

Aus Abbildung 18.1 geht hervor, daß Maßnahmen zur Beeinflussung des technischen Fortschritts gerichtet sein können auf eine Verbesserung der Faktorqualitäten, der Faktororganisation und der verwendeten Technik.

Was die Verbesserung der **Faktorqualitäten** anbelangt, so dienen Investitionen in die Infrastruktur und in die Ausbildung und die Mobilität der Arbeitskräfte der Verbesserung der Qualität der Produktionsfaktoren Kapital und Arbeit.

Was die Verbesserung der **Faktororganisation** anbelangt, so dienen diesem Ziel alle Maßnahmen der Strukturpolitik. Die Struktur einer Volkswirtschaft ist einem andauernden Wandlungsprozeß unterworfen. Auf der Angebotsseite entstehen durch Forschung, Erfindungen, Weiterentwicklungen usw. andauernd neue Produktionstechniken. Auf der Nachfrageseite wandeln sich permanent die

Bedürfnisstrukturen. Die langfristige Wachstumsrate einer Volkswirtschaft ist um so höher, je reibungsloser es gelingt, die sich wandelnden Produktionstechniken und die sich wandelnden Bedürfnisstrukturen aufeinander abzustimmen. Ein Wirtschaftssystem sollte im Idealfall dazu in der Lage sein, sowohl auf der Angebotsseite Effizienz sicherzustellen, d.h. die besten Produktionstechniken zum Einsatz zu bringen, als auch die Produktionsstruktur so zu gestalten, daß die Dinge produziert werden, die die Nachfrager haben wollen. Welches Wirtschaftssystem diesem Strukturanpassungszwang am besten gerecht wird, ist eine strittige Frage. Bevor wir hierauf kurz eingehen, wollen wir zunächst eine Vorstellung über das **Ausmaß dieses Strukturwandels** gewinnen. Hierzu kann die Tabelle 18.3 dienen.

Tab. 18.3 Produktions- und Erwerbstätigenstruktur in Deutschland (Deutsches Reich bzw. BRD)

Zeitraum	Anteile der Sektoren an der Produktion (%)			Anteile der Sektoren an den Erwerbstätigen (%)		
	Primär	Sekundär	Tertiär	Primär	Sekundär	Tertiär
1850/59	44,8	22,0	33,3	54,6	25,2	20,2
1890/99	31,5	37,7	30,9	41,3	35,0	23,8
1925/34	18,4	44,9	36,8	32,7	36,4	30,9
1955/59	8,2	59,9	31,9	16,5	46,8	36,7
1965	2,7	48,1	49,2	10,8	49,2	40,1
1970	2,6	48,3	49,0	8,5	48,9	42,6
1975	2,4	45,2	52,4	6,9	45,1	48,0
1980	2,1	44,4	53,4	5,5	44,1	50,4
1985	1,8	41,7	56,5	4,5	40,8	54,7
1990	1,7	40,6	57,8	3,4	39,8	56,8

Quellen: HOFFMANN (1965); SVR, JG; eigene Berechnungen.

In Tabelle 18.3 ist die gesamte Volkswirtschaft in drei Sektoren unterschieden. Der primäre Sektor enthält die Bereiche Landwirtschaft, Forstwirtschaft und Fischerei. Der sekundäre Sektor ist das warenproduzierende Gewerbe, bestehend aus den Bereichen Energie- und Wasserversorgung, Bergbau, verarbeitendes Gewerbe und Baugewerbe. Der tertiäre Sektor schließlich stellt das Dienstleistungsgewerbe dar, welches untergliedert ist in die Bereiche Handel und Verkehr, Dienstleistungsunternehmen, Staat und private Haushalte.

Tabelle 18.3 macht drei Entwicklungstendenzen des Strukturwandels deutlich.

Erstens gehen die Anteile des **primären Sektors** kontinuierlich zurück. Während etwa in der Mitte des 19. Jahrhunderts in Deutschland noch knapp die Hälfte der gesamtwirtschaftlichen Produktion aus dem primären Sektor stammt und mehr als die Hälfte der Erwerbstätigen dort tätig ist, sind die entsprechenden Anteile heute auf ca. 2% bzw. 3% abgesunken. Das Gewicht des primären Sektors ist heute verschwindend gering.

Zweitens nehmen die Anteile des **sekundären Sektors** im Verlauf der Industrialisierung zunächst zu. Etwa in den 70er Jahren des 20. Jahrhunderts erreicht diese Entwicklung jedoch einen Höhepunkt. Seitdem gehen die Anteile des sekundären Sektors zurück.

Drittens schließlich ist zu bemerken, daß die Anteile des **Dienstleistungssektors** langfristig ansteigen. Während etwa in der Mitte des 19. Jahrhunderts nur ca. 1/3 der Produktion dem Dienstleistungssektor entstammt und nur ca. jeder fünfte Erwerbstätige in diesem Sektor tätig ist, stammen heute knapp 60% der Produktion aus dem Dienstleistungssektor, und deutlich mehr als die Hälfte aller Erwerbstätigen ist in diesem Sektor beschäftigt. Seit etwa den 70er Jahren des 20. Jahrhunderts übertreffen die Anteile des Dienstleistungssektors diejenigen des warenproduzierenden Gewerbes. Wir befinden uns auf dem Weg in die Dienstleistungsgesellschaft.

Je reibungsloser dieser Strukturwandel von einem Wirtschaftssystem bewältigt wird, um so höher ist die langfristige Wachstumsrate. Je reibungsloser es z.B. gelingt, die von der Industrie auf gesättigten Märkten freigesetzten Arbeitskräfte in wachsende Dienstleistungsbereiche umzulenken, desto stärker wächst die betreffende Volkswirtschaft. Aus dem Katalog der Wachstumsdeterminanten ist in diesem Zusammenhang die Verbesserung der Faktororganisation angesprochen. Der Staat kann die notwendigen Substitutionsvorgänge unterstützen. Ob hierzu der Marktmechanismus oder eine Zentralplanwirtschaft besser geeignet ist, mag theoretisch strittig sein. Die reale Entwicklung der Wirtschaftssysteme spricht dafür, daß die **Marktwirtschaft der Zentralplanwirtschaft weit überlegen** ist. Wettbewerb, marktwirtschaftliche Organisationsformen und privates Unternehmertum sind zur Lösung der Anpassungsprobleme besser geeignet als eine zentrale Lenkung durch den Staat. Unbeschadet dieser grundsätzlichen Sichtweise kann der Staat durch Anpassungssubventionen den Strukturwandel unterstützen. Vermieden werden müssen allerdings Erhaltungssubventionen, die überkommene Strukturen auf gesättigten Märkten künstlich am Leben erhalten.

Schließlich und letztlich kann eine staatliche Wachstumspolitik versuchen, die **verwendete Technik** zu verbessern (vgl. die Wachstumsdeterminanten oben in Abbildung 18.1). In diesem Zusammenhang kommen in einem marktwirtschaftlich organisierten Wirtschaftssystem wohl in erster Linie alle Maßnahmen in Betracht, die auf eine Internalisierung externer Effekte abzielen. Der Staat kann versuchen, durch eine entsprechende Gesetzgebung den Verbrauch begrenzter Rohstoffe und die Umweltverschmutzung zu begrenzen. Ziel muß es sein, durch Anregung von notwendigen Substitutionsvorgängen und von technisch verbesserten Produktionsverfahren einen reibungslosen Übergang von dem rein quantitativen Wachstum zu mehr qualitativem Wachstum zu sichern. Wir werden uns mit diesem Aspekt staatlicher Wachstumspolitik im nächsten Abschnitt im Zusammenhang mit dem Problem der Begrenztheit natürlicher Ressourcen noch eingehender beschäftigen.

VI. Wachstum und Wohlstand

1. Argumente für Wirtschaftswachstum

Wenn eine Volkswirtschaft ein Wirtschaftswachstum aufweist, dann wird dies häufig gleichgesetzt mit einem Zuwachs an Wohlstand.

Dies ist insofern gerechtfertigt, als durch das Wirtschaftswachstum eine Reihe positiv zu beurteilender Entwicklungen überhaupt erst ermöglicht werden. Diese positiven Aspekte des Wachstums können wie folgt aufgelistet werden, ohne daß mit dieser Aufzählung ein Anspruch auf Vollständigkeit erhoben werden soll:

- Wachstum bedeutet, daß die mögliche Gesamtproduktion an Waren und Dienstleistungen steigt. Hierdurch werden die Auseinandersetzungen um die Verteilung des Volkseinkommens entschärft. Denn wenn eine Wirtschaft wächst, dann kann an jedes Mitglied der Gesellschaft real mehr verteilt werden, ohne daß einzelnen Gesellschaftsmitgliedern etwas weggenommen werden muß. Man sagt, wirtschaftliches Wachstum ist ein **Konfliktregelungs-Mechanismus**.

- Die Bedürfnisse der Gesellschaft nach der Bereitstellung von **öffentlichen Gütern** können verstärkt befriedigt werden, ohne daß auf private Waren und Dienstleistungen verzichtet werden muß.

- Den Anforderungen nach **Entwicklungshilfe** kann verstärkt Rechnung getragen werden, ohne daß die heimische Versorgung mit Gütern eingeschränkt werden muß.

- Steigt die Arbeitsproduktivität, dann kann die **Arbeitszeit verkürzt** werden, ohne daß die Güterproduktion sinkt. Wachstum wird in diesem Zusammenhang als eine Zunahme der Arbeitsproduktivität verstanden.

- Wird der Produktivitätsfortschritt nicht vollständig in eine Arbeitszeitverkürzung umgesetzt, dann ist Wachstum eine Voraussetzung für mehr **Arbeitsplätze**.

Allgemein bedeutet wirtschaftliches Wachstum eben, daß sich die wirtschaftlichen Möglichkeiten und Handlungsspielräume eines Volkes erhöhen. Es können mehr Wünsche befriedigt werden, ohne daß an anderer Stelle bei der Verwendung von Gütern Verzicht geübt werden muß.

Allerdings ist Wirtschaftswachstum nicht nur mit Vorteilen verbunden. Hierauf soll nun eingegangen werden.

2. Einwände gegen das Wachstumsziel

a. Mängel der Indikatoren

Wirtschaftliches Wachstum wird häufig mit einer Steigerung des Wohlstandes (der Wohlfahrt) der Gesellschaft gleichgesetzt. Hiergegen können kritisch folgende Punkte vorgebracht werden:

- In den Wachstumsindikatoren (Produktion und Produktionspotential) sind negative Aspekte des Produktionsprozesses wie z.B. Umweltverschmutzung, Lärm, Rohstoffverbrauch usw. nicht entsprechend berücksichtigt.

- In den Wachstumsindikatoren sind nur solche Güter enthalten, die am Markt gehandelt werden. Geschenke, Funde, freiwillige Dienstleistungen usw. gehen nicht in die Indikatoren ein.

- Viele Güter können aus erfassungstechnischen Gründen in den Indikatoren überhaupt nicht berücksichtigt werden. Hier sind insbesondere die in privaten Haushalten erbrachten unentgeltlichen Dienstleistungen (Arbeit von Hausfrauen, Do-it-yourself-Tätigkeiten usw.) zu nennen.

Diese Kritik lautet letztlich, daß die verwendeten Wachstumsindikatoren **keine geeigneten Indikatoren** zur Charakterisierung des Wohlstandes einer Gesellschaft sind. Diesen Argumenten kann durch zwei verschiedene Methoden Rechnung getragen werden. Entweder wird der verwendete **Indikator modifiziert.** Dies kann z.B. dadurch geschehen, daß Aufwendungen, die der Beseitigung der negativen Begleiterscheinungen des Produktionsprozesses dienen, in Abzug gebracht werden. Die andere Möglichkeit besteht darin, daß zusätzlich zu dem üblicherweise verwendeten Indikator noch **andere Indikatoren** zur Charakterisierung des Wohlstandes herangezogen werden, wie z.B. Luftverschmutzungsgrad, Säuglingssterblichkeit, Selbstmordrate, Verkehrstote usw. Dies ist das Konzept der **Wohlfahrts- oder auch Sozialindikatoren.**

b. Grenzen des Wachstums?

Ein weiteres Argument gegen das Wachstumsziel lautet, daß ein andauerndes Wachstum der produzierten Gütermenge kein dauerhaftes Ziel des Wirtschaftsprozesses sein kann, da die natürlichen Ressourcen, die im Produktionsprozeß verbraucht werden, begrenzt sind. Die Grenzen des Wachstums sind spätestens dann erreicht, wenn die natürlichen Lebensgrundlagen der Menschheit durch ein **exponentielles Produktionswachstum** zerstört sind. Eine unkontrollierte Entwicklung hin zu einem solchen globalen Zusammenbruch muß demnach verhindert werden, auch wenn dies nur unter Verzicht auf wirtschaftliches Wachstum möglich sein sollte. Diese Diskussion ist insbesondere ausgelöst worden durch eine weithin bekannte Studie aus dem Jahre 1972 von D. H. MEADOWS u.a. mit dem Titel "Die Grenzen des Wachstums – Bericht des Club of Rome zur Lage der Menschheit". Die Verfasser dieser Studie kommen zu recht pessimistischen Ergebnissen. Es wird in aufwendig durchgerechneten Langfristprognosen dargetan, daß die Weltwirtschaft ca. im Jahre 2050 kollabiert, wenn sich das exponentielle Bevölkerungs- und Wirtschaftswachstum fortsetzt. Zur Abwendung dieser Entwicklung ist es nach dieser Studie notwendig, daß bereits ca. 1975 einschneidende Maßnahmen zur Stabilisierung der Bevölkerung, zur Reduzierung des Rohstoffverbrauchs und zur Rückführung der Umweltverschmutzung ergriffen werden. Was ist von solchen Prognosen zu halten?

Es ist zweifellos richtig, daß die Erde nicht eine beliebig große Zahl von Menschen tragen kann. Insofern ist ein ungezügeltes Bevölkerungswachstum letztlich die Ursache der prognostizierten Apokalypse. Um dieses Problem zu lösen, sind international koordinierte Maßnahmen notwendig. Die Erfahrung zeigt, daß eine erfolgreiche international abgestimmte Begrenzung des Bevölkerungswachstums illusorisch ist. Ist die Menschheit also zum selbst verschuldeten Untergang verdammt? Oder ergeben sich aus wirtschaftswissenschaftlicher Sicht Lösungsmöglichkeiten?

Ein wesentlicher Einwand gegen Prognosen der Art der MEADOWS-Studie ist, daß **wirtschaftliche Steuerungsmechanismen** überhaupt nicht berücksichtigt werden.

Zunächst einmal ist eine Ressource kein feststehender Vorrat, der durch Verbrauch in einem vorausberechenbaren Zeitraum aufgebraucht wird. Rohstoffvorkommen weisen z.B. unterschiedliche Abbaukosten auf. Bei der Reservenberechnung ist es üblich, die Trennungslinie dort zu ziehen, wo ein wirtschaftlicher Abbau heute gerade noch möglich ist. Ob eine Reserve wirtschaftlich abbauwürdig ist, hängt aber stark vom Preis des gewonnenen Rohstoffes ab. Außerdem kann auch eine Verbesserung der Abbautechniken dazu führen, daß Vorkommen, die bisher nicht wirtschaftlich abzubauen waren, abbauwürdig werden. Wenn also die Grenzen der Reserve nach der üblichen Reservedefinition erreicht sind, dann ergibt sich, daß nach gestiegenem Rohstoffpreis und damit einer veränderten Abbauwürdigkeit bekannter Vorkommen eben diese jetzt zusätzlich als neue Reserven zur Verfügung stehen. Es ergibt sich also der Effekt, daß bei **höheren Preisen auch höhere Reserven** vorhanden sind.

Zusätzlich ist zu bedenken, daß ein Teil der Materialien wiederverwendet werden kann (Recycling). Die **Rückgewinnung** von Rohstoffen aus Abfall ist ebenfalls preisabhängig. Je höher der Rohstoffpreis ist, um so höhere Kosten für die Rückgewinnung des Rohstoffes sind tragbar, um so mehr wird also aus dieser Quelle am Rohstoffmarkt angeboten.

Neben diesen beiden Quellen des Angebotes, nämlich der Hinzuziehung bisher nicht abbauwürdiger bekannter Reserven und der Wiedergewinnung von Rohstoffen, gibt es noch eine dritte Quelle, nämlich die Suche nach **neuen Rohstoffvorkommen**. Je höher der Preis eines Rohstoffes ist, um so mehr lohnt es sich, die risikoreiche Explorationstätigkeit durchzuführen. Bei allen Rohstoffen und sogar auch beim Erdöl gibt es immer wieder neue Möglichkeiten, zusätzliche Vorkommen zu finden.

Die Erschöpfung der billig abzubauenden Vorräte ist nicht der einzige Grund für einen Preisanstieg. Ein Ressourcenbesitzer, der mit einer Preissteigerung seiner Ressource rechnen kann, steht vor der Frage, ob er die Ressource abbauen soll, oder ob die Ausnutzung des Wertzuwachses der Ressource für ihn der günstigere Weg ist. Solche Überlegungen sind aus den Ölländern bekannt und können zu einer **Verminderung der Abbaurate** führen. Der Effekt wird noch gesteigert, wenn die Produzenten des Rohstoffes ein Monopol besitzen. Durch solche Entwicklungen verlagert sich der Erschöpfungszeitpunkt der Ressource weiter in die Zukunft.

Neben der Angebotsseite von Rohstoffen ist auch die Nachfrageseite von Bedeutung. Hier zeigt sich, daß **Rohstoffe durchaus substituiert** werden können. Welcher Rohstoff verwendet wird, hängt stark von den Preisverhältnissen ab. Rohstoffe, die im Preis steigen, werden durch andere substituiert. Je leichter ein Rohstoff substituierbar ist, um so stärker wird die Nachfrage nach ihm zurückgehen. Das bedeutet, daß Kostensteigerungen auf der Angebotsseite sich in einem Rückgang des Verbrauchs niederschlagen. Wenn Ressourcen nicht leicht substituierbar sind, dann können die Preissteigerungen erheblich sein. Aber auch dadurch werden noch Anreize zur Substitution gegeben, denn die erheblich gestiegenen Preise machen die Suche nach Technologien lohnend, bei denen auf den verteuerten Rohstoff zugunsten billigerer verzichtet wird. Die Rohstoffsituation kann also auch die Struktur des technischen Fortschritts beeinflussen.

Die erläuterten wechselseitigen Zusammenhänge sind in einer Übersicht in Abbildung 18.3 dargestellt.

Insgesamt ergibt sich also, daß Verknappungstendenzen zu Preissteigerungen führen, und daß diese Preissteigerungen – soweit man sie zuläßt – ihrerseits **Substitutionsvorgänge und technischen Fortschritt** auslösen. Die Grenzen des Wachstums können durch solche Entwicklungen erweitert werden.

Wie ausgeprägt und wie rasch Substitutionsvorgänge und technischer Fortschritt bei natürlichen Ressourcen verlaufen können, verdeutlicht die Entwick-

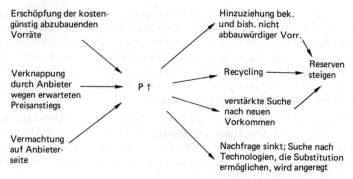

Abb. 18.3 Substitutionsvorgänge und technischer Fortschritt bei natürlichen Ressourcen

lung des **Energie- und Ölverbrauchs im Gefolge der Energieverteuerungen** 1973/74 und 1979/80. Die Entwicklung der realen Energiepreise und der Produktionsintensitäten von Energie und Öl in der OECD von 1972 bis 1982 sind in Schaubild 18.3 dargestellt.

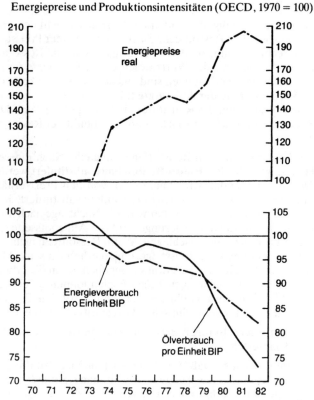

Schaubild 18.3 Energiepreise und Produktionsintensitäten (OECD, 1970 = 100, log. Maßstab)

Quelle: OECD, Economic Outlook, Bd. 31/1982, S. 45.

Bis Anfang der 80er Jahre verdoppeln sich etwa die Energiepreise real gegenüber dem Niveau von 1970. Dies führt zu einer Verringerung des Primärenergieverbrauchs pro Produktionseinheit um knapp 20% und des Ölverbrauchs pro Produktionseinheit um knapp 30%. Der Abstand zwischen der Entwicklung der Energieintensität und der Ölintensität zeigt die Substitution des Öls durch andere Energieträger an.

Öl ist heute der Hauptenergielieferant. Die Menschheit hat sich jedoch in ihrer Geschichte sehr unterschiedlicher Ressourcen zur Energieproduktion bedient. Die Substitution der verschiedenen Energieträger ist ein lehrreiches Beispiel dafür, wie im Bereich **natürlicher Ressourcen langfristige Substitutionsvorgänge** ablaufen. Wir wollen uns daher hiermit etwas eingehender beschäftigen. In Schaubild 18.4 ist die Entwicklung des Marktanteils der verschiedenen Energieträger des Weltenergieverbrauchs seit 1850 und extrapoliert bis zum Jahre 2100 dargestellt.

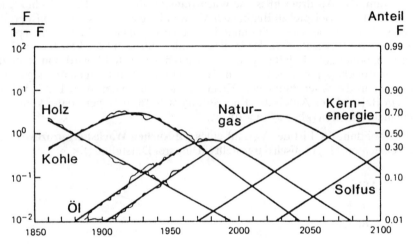

Schaubild 18.4 Zeitabhängige Substitution der Energieträger des primären Weltenergieverbrauchs (log. Maßstab)

Quelle: SEIFRITZ (1987), S. 24.

Auf der senkrechten Achse ist der Anteil F bzw. F/(1−F) der jeweiligen Energieträger am gesamten Weltenergieverbrauch abgetragen (log. Maßstab). Man sieht, daß bis ca. 1870 das Holz der Hauptenergielieferant ist. Das Holz wird von der Kohle abgelöst, die ca. 1920 ihr Maximum mit ca. 70% Marktanteil erreicht. Die Kohle wird durch das Öl substituiert, das in der heutigen Zeit sein Maximum mit ca. 45% Marktanteil durchschreitet. Für das Naturgas wird erwartet, daß dieses ca. im Jahre 2020 sein Maximum mit einem Anteil von ca. 70% erreicht. Die Kernenergie wird mit ca. 60% gegen Ende des 21. Jahrhunderts ihren höchsten Marktanteil erreichen und allmählich durch Solfus (ein Phantasiename für Solar- und Fusionsenergie) substituiert werden. Die langfristig angelegten Substitutionsprozesse ermöglichen es, daß dem wirtschaftlichen Wachstum von der Energieseite her in dieser sehr langfristigen Betrachtung eigentlich keine Grenzen gesetzt sind.

Die Verläufe in Schaubild 18.4 machen deutlich, was das Schlagwort von den Grenzen des Wachstums letztlich bedeutet. Es kommt darauf an, Wachstumsprozesse jeglicher Art – auch z.B. das Bevölkerungswachstum – nicht ohne Ende exponentiell verlaufen zu lassen, sondern – wie es Schaubild 18.4 verdeutlicht – allmählich in ein sog. **logistisches (auch: natürliches) Wachstum** zu überführen.

Dieser grundsätzliche Sachverhalt kann am Beispiel der formalen Struktur der Entwicklung der verschiedenen Energieträger im Zeitverlauf gemäß Schaubild 18.4 erläutert werden. Ein genaueres Studium ergibt, daß für den Anteil F im Zeitablauf mit wechselndem Vorzeichen folgende Funktion gilt:

$$\dot{F} = a \cdot F - a \cdot F^2,$$
$$\dot{F}/F = gF = a - a \cdot F. \tag{15}$$

Gleichung (15) charakterisiert das sogenannte logistische oder natürliche Wachstum. Der Ausdruck gF ist die Wachstumsrate der Größe F. Ist F sehr klein, d.h. also in dem Beispiel zu Beginn der Verwendung eines bestimmten Energieträgers, dann fällt der zweite Summand $a \cdot F$ rechts vom Gleichheitszeichen praktisch nicht ins Gewicht. F wächst in dieser Anlaufphase mit der konstanten Rate a, d.h. exponentiell. Je höher jedoch hierdurch der Anteil F wird, um so mehr fällt das Rückkopplungsglied $a \cdot F$ ins Gewicht und bremst wegen des negativen Vorzeichens das Wachstum von F. Erreicht F schließlich den Wert 1, d.h. würde in dem Beispiel der Anteil des Energieträgers 100% betragen, dann könnte F nicht mehr wachsen ($gF = a - a = 0$).

In Abbildung 18.4 ist der Verlauf eines **natürlichen Wachstumsprozesses** gemäß Gleichung (15) grafisch dargestellt (in linearer Darstellung).

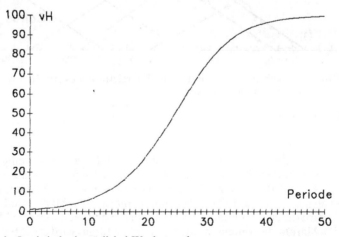

Abb. 18.4 Logistische (natürliche) Wachstumskurve

Zunächst entwickelt sich das Wachstum praktisch exponentiell. Das Rückkopplungsglied $a \cdot F$ fällt noch nicht ins Gewicht. Allmählich wird jedoch das exponentielle Wachstum gebremst. Die Wachstumsraten werden niedriger, und die Entwicklung nähert sich asymptotisch einem Grenzwert. Wegen des S-förmigen Verlaufs der Wachstumskurve nennt man diese Art von Wachstum auch häufig einfach S-Wachstum. In der Natur ist dieser Wachstumstyp sehr verbreitet, woraus sich die Bezeichnung natürliches Wachstum herleitet.

Die Entwicklung der verschiedenen als Energieträger verwendeten Ressourcen in Schaubild 18.4 entspricht im Prinzip einem logistischen Wachstumsprozeß mit wechselndem Vorzeichen. Während der Wachstumsphase steigt der Anteil des betreffenden Energieträgers exponentiell an. Wegen der log-Darstellung in Schaubild 18.4 erscheint dies als eine Gerade. Der Anteil steigt jedoch nicht weiter bis zum 100%-Wert. Vielmehr wird der Energieträger durch einen anderen substituiert. In der Abklingphase gilt Gleichung (15) mit umgekehrtem Vorzeichen, d.h. der Energieträger verschwindet gewissermaßen schneller als exponentiell aus dem Markt.

Welche **Schlußfolgerungen** lassen sich aus dieser zeitabhängigen Substitution natürlicher Ressourcen ziehen? Man erkennt aus Schaubild 18.4, daß die Substitution vor allem Zeit benötigt. Das Erreichen des jeweiligen Marktanteil-Gipfels beansprucht durchweg mehrere Jahrzehnte. Zwischen jeweils zwei Maxima verschiedener Energieträger vergeht mehr als ein halbes Jahrhundert. Aufgabe der Wachstumspolitik muß es also sein, bei Verknappungstendenzen rechtzeitig Marktprozesse zuzulassen, damit über **Preissteigerungen Substitution und technischer Fortschritt** angeregt werden. Eine langfristig falsche Politik ist es, das exponentielle Wachstum sich weiter fortsetzen zu lassen oder gar noch zu unterstützen. Der Wachstumsprozeß stößt dann abrupt an seine Grenzen und stürzt ab. Dagegen eröffnet ein allmählicher **Übergang zu natürlichem Wachstum ein Verschieben der Wachstumsgrenzen** nach oben. Es ist bei einem solchen Verlauf genügend Zeit vorhanden, damit Substitutionsprozesse und technischer Fortschritt wirken können.

VII. Zusammenfassung

Wirtschaftliches Wachstum ist ein langfristiger Prozeß der stetigen Ausweitung des **Produktionspotentials**. Determinanten des Wachstums sind neben der Erhöhung der **Faktoreinsatzmengen** die Verbesserung der Faktorqualitäten und der Faktorkombination, die zusammen als der **technische Fortschritt** bezeichnet werden. Zwischen Wachstum und Arbeitsmarktentwicklung besteht ein im Prinzip positiver Zusammenhang, der allerdings von einer Reihe weiterer Einflußfaktoren überlagert ist. In der **postkeynesianischen Wachstumstheorie** wird das Wachstum einseitig auf den Kapazitätseffekt von Investitionen bei konstanter Kapitalproduktivität zurückgeführt. In der **neoklassischen Wachstumstheorie** werden Substitutionsbeziehungen zwischen den Produktionsfaktoren berücksichtigt bei variablen Faktorproduktivitäten. Bei einer **optimalen Kapitalakkumulation** wird der Verbrauch im Wachstumsgleichgewicht maximiert. Die wesentliche Determinante des Wachstums ist der technische Fortschritt. Eine staatliche **Wachstums- und Strukturpolitik** ist auf eine Anregung des technischen Fortschritts ausgerichtet. Einwände gegen das Wachstumsziel betreffen die Mängel der Wachstumsindikatoren und die **Begrenztheit natürlicher Ressourcen**. In sehr langfristiger Sicht kommt es darauf an, exponentielles Wachstum in natürliches

Wachstum zu überführen. Dies eröffnet auch die Möglichkeit, über **Substitutionsprozesse und technischen Fortschritt** die Wachstumsgrenzen nach oben zu verschieben.

Literatur zum 18. Kapitel

Überblick:

Gabisch, G.: Konjunktur und Wachstum. In: D. Bender u.a.: Vahlens Kompendium der Wirtschaftstheorie und Wirtschaftspolitik. Band 1. 4. Aufl. München 1990. S. 352-382.
Hahn, F. A. und R. C. O. Matthews: The theory of economic growth. A survey. In: Economic Journal. Bd. 74/1964. S. 779-902.

Standardwerke:

Giersch, H.: Allgemeine Wirtschaftspolitik. Bd. 2: Konjunktur- und Wachstumspolitik in der offenen Wirtschaft. Wiesbaden 1977.

Lehrbücher:

Dürr, E.: Wachstumspolitik. Stuttgart 1977.
Frey, R. L.: Wachstumspolitik. Stuttgart 1979.
Gahlen, B.: Einführung in die Wachstumstheorie. Bd. 1. Makroökonomische Produktionstheorie. Tübingen 1973.
Hardes, H.-D., F. Rahmeyer und A. Schmid: Volkswirtschaftslehre. Eine problemorientierte Einführung. 17. Aufl. Tübingen 1990. S. 180-276.
Henrichsmeyer, W., O. Gans und I. Evers: Einführung in die Volkswirtschaftslehre. 6. Aufl. Stuttgart 1985. S. 548-589.
Krelle, W.: Theorie des wirtschaftlichen Wachstums. 2. Aufl. Berlin 1988.
Krelle, W. und G. Gabisch: Wachstumstheorie. Berlin 1972.
Müller, K. W. und W. Ströbele: Wachstumstheorie. München 1985.
Oppenländer, K. H.: Wachstumstheorie und Wachstumspolitik. München 1988.
Rose, K.: Grundlagen der Wachstumstheorie. Eine Einführung. 3. Aufl. Göttingen 1977.
Schmitt-Rink, G.: Wachstumstheorie. Tübingen 1975.
Stobbe, A.: Volkswirtschaftslehre III. Makroökonomik. 2. Aufl. Berlin 1987. S. 119-140.
Teichmann, U.: Wachstumspolitik. München 1987.
Vogt, W.: Theorie des wirtschaftlichen Wachstums. Berlin 1968.
Wagner, A.: Makroökonomik. Volkswirtschaftliche Strukturen II. Stuttgart 1990. S. 175-204.

Sammelbände:

Gahlen, B. und A. E. Ott (Hrsg.): Probleme der Wachstumstheorie. Tübingen 1972.
König, H. (Hrsg.): Wachstum und Entwicklung der Wirtschaft. Köln 1968.

19. Kapitel: Einkommensverteilung

I. Messung der Einkommensverteilung

1. Arten der Einkommensverteilung

Zur Beschreibung der Einkommensverteilung werden verschiedene Arten der Einkommensverteilung verwendet. Man unterscheidet einerseits die funktionelle und die personelle Einkommensverteilung und andererseits die primäre und die sekundäre Einkommensverteilung.

Bei der **funktionellen Einkommensverteilung** wird das Einkommen nach Einkommensarten aufgegliedert. Hierbei wird an die Produktionsfaktoren angeknüpft, durch deren Einsatz im Produktionsprozeß das zu verteilende Einkommen entsteht. In der Statistik wird die funktionelle Einkommensverteilung üblicherweise dargestellt als die Verteilung des Volkseinkommens in Einkommen aus unselbständiger Arbeit und in Einkommen aus Unternehmertätigkeit und Vermögen.

Von der funktionellen Einkommensverteilung wird die **personelle Einkommensverteilung** unterschieden. Zum Verständnis des Zusammenhangs kann man sich überlegen, unter welchen speziellen Voraussetzungen zwischen der funktionellen und der personellen Einkommensverteilung kein Unterschied besteht. Wenn es in der Volkswirtschaft eindeutig voneinander unterscheidbare Personengruppen (Klassen) gibt, die bestimmten Funktionen im Produktionsprozeß zugeordnet werden können und die jeweils nur eine Art von Einkommen beziehen, dann ist zwischen den beiden Einkommensarten kein Unterschied. Die Klassen sind in dieser Sichtweise z.B. die Arbeiter, die Kapitalisten und die Grundbesitzer. Das Einkommen der Arbeiter besteht nur aus Lohneinkommen, das der Kapitalisten nur aus Zinseinkommen und das der Grundbesitzer nur aus Pachteinkommen (Renten). Unter solchen speziellen Voraussetzungen gibt es keine **Querverteilung**.

Neben dem Begriffspaar funktionelle und personelle Einkommensverteilung wird das Begriffspaar primäre und sekundäre Einkommensverteilung unterschieden. Bei der Unterscheidung in primäre und sekundäre Einkommensverteilung sind die **staatlichen Umverteilungsmaßnahmen** das Unterscheidungskriterium.

Die funktionelle und die personelle Einkommensverteilung beschreiben die Einkommensverteilung (ohne oder mit Berücksichtigung der Querverteilung), wie sie sich unmittelbar aus dem Marktgeschehen ergibt. Diese Einkommensverteilungen sind Ausprägungen der **primären Einkommensverteilung (auch: Primärverteilung)**. Durch die Bezeichnung primäre Einkommensverteilung soll zum Ausdruck kommen, daß dies noch nicht die endgültige Verteilung nach Berücksichtigung von Steuern, Sozialversicherung und Staatsausgaben ist. Die primäre Einkommensverteilung charakterisiert insofern die Verteilung vor der staatlichen Umverteilung. Es ist jedoch zu beachten, daß auch das Marktgeschehen selbst bereits durch den Staat beeinflußt ist.

Zwangsabgaben, Transferzahlungen und öffentliche Güter beeinflussen die Marktpreise und das Angebot und die Nachfrage von Gütern und Faktoren. Insofern ist auch die primäre Einkommensverteilung bereits durch die staatliche Umverteilung beeinflußt. Die primäre Einkommensverteilung ist jedoch insofern eine Einkommensverteilung **vor staatlicher Umverteilung**, als sie die Aufteilung der sich unmittelbar aus dem Produktionsprozeß ergebenden Einkommen vor Steuern, Sozialversicherung und Staatsausgaben beschreibt.

Werden in der sich am Markt ergebenden Primärverteilung die Umverteilungswirkungen des Staatsbudgets berücksichtigt, dann ergibt sich die **sekundäre Einkommensverteilung (auch: Sekundärverteilung)**.

Die Zusammenhänge zwischen den verschiedenen Einkommensarten sind in Abbildung 19.1 in Form einer Übersicht dargestellt.

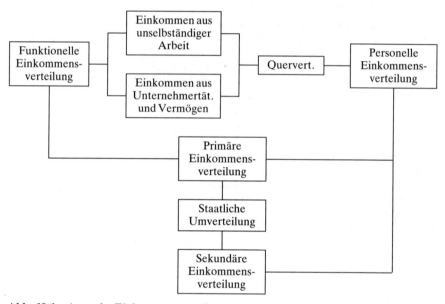

Abb. 19.1 Arten der Einkommensverteilung

Das Schema darf nicht so interpretiert werden, daß die staatliche Umverteilung keine Auswirkungen auf die primäre Einkommensverteilung hat. Die primäre Einkommensverteilung gibt lediglich die personelle Einkommensverteilung an, wie sie sich am Markt vor Steuern, Sozialversicherung und Staatsausgaben ergibt.

2. Funktionelle Einkommensverteilung

a. Volkseinkommen nach der Verteilungsseite

Einkommen entsteht durch den Einsatz von Produktionsfaktoren im Produktionsprozeß. Für Fragen der Einkommensverteilung ist also zunächst aus dem gesamtwirtschaftlichen Produktionswert das zur Verteilung anstehende Volkseinkommen zu ermitteln. Das Volkseinkommen wird aus dem BSP errechnet, indem von dem BSP die Teile der gesamtwirtschaftlichen Produktion subtrahiert werden, die nicht zur Verteilung an die Produktionsfaktoren zur Verfügung stehen. Dies sind die Abschreibungen und die um die Subventionen korrigierten indirekten Steuern (vgl. 9. Kapitel, Ziffer IV.1.c).

Das so ermittelte Volkseinkommen wird in der Statistik der funktionellen Einkommensverteilung aufgegliedert in Einkommen aus unselbständiger Arbeit einerseits und in Einkommen aus Unternehmertätigkeit und Vermögen andererseits.

In Tabelle 19.1 ist eine funktionelle Einkommensverteilung für das Jahr 1990 dargestellt.

Aus Tabelle 19.1 ist ersichtlich, daß das Volkseinkommen zu ca. 70% in Form von **Einkommen aus unselbständiger Arbeit** verteilt wird und dementsprechend zu ca. 30% in Form von **Einkommen aus Unternehmertätigkeit und Vermögen**. Die weitere Unterteilung dieser beiden Einkommensarten ist der Tabelle zu entnehmen.

Was die Einkommen aus unselbständiger Arbeit anbelangt, so ist der große Unterschied zwischen den Brutto-Einkommen aus unselbständiger Arbeit und der Nettolohn- und -gehaltssumme bemerkenswert. Letztere beträgt 1990 nur ca. 57% der Brutto-Einkommen. Hierin kommt die starke Belastung der im Produktionsprozeß erzielten Brutto-Einkommen mit **staatlichen Zwangsabgaben** zum Ausdruck.

Innerhalb der Einkommen aus Unternehmertätigkeit und Vermögen ist der geringe Anteil der **einbehaltenen Gewinne** bemerkenswert. Mit 95 Mrd DM verbleiben 1990 bezogen auf das Volkseinkommen nur ca. 5% des Volkseinkommens als einbehaltene Gewinne im Unternehmenssektor zur Selbstfinanzierung von Investitionen.

b. Kennziffern

Zur näheren Beschreibung der funktionellen Einkommensverteilung werden verschiedene Kennziffern verwendet. In Tabelle 19.2 ist die Entwicklung einiger dieser Kennziffern dargestellt.

In der linken Spalte in Tabelle 19.2 ist die **tatsächliche (auch: unbereinigte) Bruttolohnquote** angegeben. Die Bruttolohnquote ist der Anteil der Brutto-Einkommen aus unselbständiger Arbeit am Volkseinkommen. Man erkennt, daß diese unbereinigte Lohnquote insbesondere in den 70er Jahren stark ansteigt bis zu einem Maximum im Jahre 1982 mit 76,9%. Die Lohnquote sinkt dann bis 1990 auf 70,2% und steigt seitdem wieder an.

Der tendenzielle Anstieg der unbereinigten Lohnquote ist zu einem beträchtlichen Teil darauf zurückzuführen, daß der **Arbeitnehmeranteil an den Erwerbstätigen** ansteigt. Die Lohnquote kann allein dadurch steigen, daß Selbständige zu unselbständigen Arbeitnehmern werden. Hierdurch steigt c.p. das Einkommen aus unselbständiger Arbeit, und es sinkt das Einkommen aus Unternehmertätigkeit. Die Änderung der Erwerbstätigenstruktur geht aus der zweiten Spalte von rechts in Tabelle 19.2 hervor. Der Anteil der Selbständigen an den Erwerbstätigen sinkt permanent und beträgt 1990 noch ca. 10% gegenüber ca. 23% in 1960. Eine Ursache hierfür ist, daß sich die Risiken der Unternehmer und Freiberufler

Tab. 19.1 Volkseinkommen nach der Verteilungsseite (1990, Mrd DM)

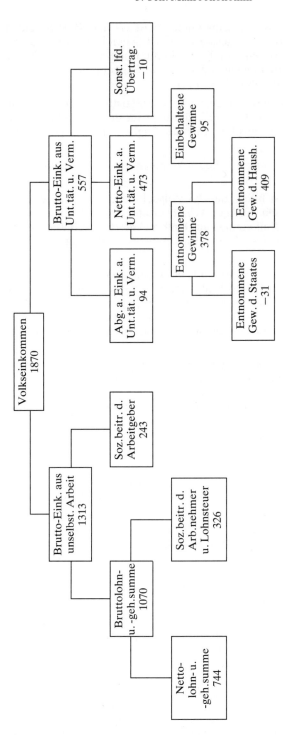

Quelle: Statistisches Jahrbuch 1991, Tab. 24.13.

Tab. 19.2 Lohnquoten, Erwerbstätigenstruktur und Gewinn-Erlös-Relation (%)

Jahr	Bruttolohnquote		Arbeit-nehmer-anteil	Gewinn-Erlös-Relation
	tatsächlich	bereinigt		
1960	60,1	60,1	77,2	13,97
1965	65,3	62,3	80,9	10,25
1970	68,0	62,9	83,4	7,80
1975	73,1	65,6	86,0	1,01
1980	75,8	66,2	88,3	1,79
1981	76,8	67,0	88,4	0,06
1982	76,9	67,1	88,5	−0,83
1983	74,6	65,1	88,4	1,02
1984	73,4	64,0	88,5	1,52
1985	73,0	63,6	88,6	2,17
1986	72,1	62,7	88,7	3,75
1987	72,6	63,0	88,9	4,03
1988	71,5	62,0	89,0	5,05
1989	70,5	61,0	89,3	4,75
1990	70,2	60,5	89,6	4,49
1991	71,4	•	•	3,55
1992	71,9	•	•	•

Quelle: SVR, JG; eigene Berechnungen.

erhöht haben und die Chancen gesunken sind, u.a. wegen zunehmender staatlicher Reglementierungen. Eine weitere Ursache dürfte in den Kostenvorteilen großer Produktionseinheiten liegen.

Den Effekt der Änderung der Erwerbstätigenstruktur auf die Entwicklung der Lohnquote kann man dadurch eliminieren, daß man den Anteil der Arbeitnehmer an den Erwerbstätigen rechnerisch konstant hält und diejenige Lohnquote berechnet, die sich bei Konstanz des Arbeitnehmeranteils ergibt. Diese hypothetische Lohnquote wird als **bereinigte Lohnquote** bezeichnet. So erhält man z.B. die bereinigte Lohnquote von 1980, indem man $75,8 \cdot (0,7718/0,8831) = 66,25$ berechnet. Die bereinigte Lohnquote liegt wegen des durchweg steigenden Arbeitnehmeranteils unter der tatsächlichen Lohnquote und erreicht 1990 praktisch wieder den Wert von 1960.

Welche der beiden Lohnquoten bei einer konkreten Fragestellung zu verwenden ist, ist eine Frage der Zweckmäßigkeit. Wenn die Fragestellung ist, welcher Teil des Volkseinkommens tatsächlich als Einkommen aus Unternehmertätigkeit und Vermögen für Investitionen zur Verfügung steht, dann ist von der tatsächlichen Bruttolohnquote ausgehend die entsprechende tatsächliche Bruttogewinnquote (100% minus tatsächliche Bruttolohnquote) eine geeignete Kennziffer. Wenn es dagegen um die Frage der Stellung der Arbeitnehmer im Verteilungskampf geht, dann ist die bereinigte Bruttolohnquote geeignet.

Angaben über die Bruttolohnquote enthalten implizit Angaben über die **Bruttogewinnquote**. Die Bruttogewinnquote ist der Anteil der Brutto-Einkommen aus Unternehmertätigkeit und Vermögen am Volkseinkommen. Da die Brutto-Einkommen aus unselbständiger Arbeit und die Brutto-Einkommen aus Unternehmertätigkeit und Vermögen zusammen das Volkseinkommen ergeben, entspricht die Brutto-Gewinnquote der Differenz zwischen 100% und der Bruttolohnquote. Bei Verwendung des Begriffs Bruttogewinnquote ist allerdings Vorsicht geboten. Die Ausdrucksweise Bruttogewinnquote wird teilweise so verstanden, als ob das Volkseinkommen im Umfang der Bruttogewinnquote aus einbehaltenen Unternehmergewinnen besteht. Dies ist unzutreffend. In der Bruttogewinnquote sind auch Einkünfte wie z.B. Zinsen auf Sparguthaben u.ä. Dinge enthalten. Es ist also falsch, den Anteil der Einkommen aus Unternehmertätigkeit und Vermögen am Volkseinkommen als Gewinnquote im Sinne des Gewinnanteils am Volkseinkommen zu interpretieren. Ist man an der Größenordnung der anteiligen Gewinne interessiert, so bietet sich als Anhaltspunkt die **Gewinn-Erlös-Relation** an, die in Tabelle 19.2 in der rechten Spalte angegeben ist. Die Gewinn-Erlös-Relation ist einer gesamtwirtschaftlichen **Umsatzrendite** vergleichbar. Aus Tabelle 19.2 ist ersichtlich, daß diese Umsatzrendite in den 70er Jahren außerordentlich stark gesunken ist. Im Jahre 1982 (Tiefpunkt der Rezession) ist diese Umsatzrendite im Durchschnitt sogar negativ. Von 1983 bis 1988 steigt die Umsatzrendite auf ca. 5% an und geht seit 1989 wieder leicht zurück.

Außer der Bruttolohn- und -gewinnquote werden auch entsprechende **Nettoquoten** ermittelt. Hierbei werden im Zähler der Quote einfach die jeweiligen Nettogrößen verwendet. Eine Nettolohnquote ist z.B. der Anteil der Nettolohn- und -gehaltssumme am Volkseinkommen. Aus Tabelle 19.1 ergibt sich für diese Nettolohnquote für das Jahr 1990 der Wert 39,8%. Der große Abstand zur Bruttolohnquote von 70,2% resultiert aus den staatlichen Zwangsabgaben in Form von Sozialversicherungsbeiträgen, Steuern usw. Diese Abgaben haben aber auch Umverteilungswirkungen, so daß eine isolierte Verwendung von Nettolohnquoten irreführend ist.

Die Einkommen aus unselbständiger Arbeit sind nicht gleich dem gesamten **Arbeitseinkommen**. Das gesamte Arbeitseinkommen kann man ermitteln, indem man einen kalkulatorischen Unternehmerlohn schätzt und dieses Arbeitseinkommen der Selbständigen zu dem Einkommen aus unselbständiger Arbeit hinzurechnet. Nach dieser Vorgehensweise kann das Volkseinkommen in **Arbeitseinkommen und Vermögenseinkommen** aufgeteilt werden. In Tabelle 19.3 ist eine solche Aufteilung angegeben.

In Tabelle 19.3 ist im Arbeitseinkommen (linke Spalte) ein **kalkulatorischer Unternehmerlohn** enthalten. Zur Berechnung des kalkulatorischen Unternehmerlohns ist unterstellt, daß jeder Selbständige und mithelfende Familienangehörige das durchschnittliche Brutto-Einkommen eines beschäftigten Arbeitnehmers enthält. Man erkennt aus Tabelle 19.3 einen bestimmten Zusammenhang zwischen Konjunkturverlauf und Arbeitseinkommen. Die Arbeitseinkommen entwickeln sich im Vergleich zum Konjunkturverlauf relativ träge, so daß sie jeweils in der Rezessionsphase des Konjunkturzyklus ihr Maximum erreichen (1975, 1982).

Die **Vermögenseinkommen** der privaten Haushalte sind die Summe der von den anderen Sektoren (Unternehmen, Staat, Ausland) empfangenen Vermögenseinkommen zuzüglich der Einkommen aus Wohnungsvermietung und abzüglich der Schulden auf Konsumentenkredite. Der Anteil am Volkseinkommen steigt im Zeitverlauf an und beträgt 1990 knapp 10%. Die Vermögenseinkommen des Staates fallen anteilmäßig nicht sehr ins Gewicht.

Die in der rechten Spalte ausgewiesenen **Gewinneinkommen** sind als Restgröße zu 100% ermittelt. Der Ausdruck Gewinneinkommen kann daher zu Mißverständnissen führen. Diese einfach als Rest zu 100% ermittelte Größe darf nicht

Tab. 19.3 Anteile der Erwerbs- und Vermögenseinkommen am Volkseinkommen (%)

Jahr	Arbeits-einkommen	Vermögens-einkommen pr. Haushalt	Vermögens-einkommen Staat	Gewinn-einkommen
1970	81,5	5,1	0,4	13,0
1971	82,6	5,0	0,3	12,1
1972	82,7	5,2	0,0	12,1
1973	83,5	5,6	0,1	10,8
1974	86,0	5,6	−0,2	8,6
1975	86,2	6,2	−0,5	8,2
1976	84,2	6,0	−0,8	10,6
1977	84,5	6,1	−1,0	10,5
1978	83,3	5,8	−0,9	11,8
1979	83,2	5,8	−0,8	11,8
1980	85,8	6,4	−1,0	8,8
1981	86,8	7,0	−1,2	7,5
1982	87,0	7,6	−1,1	6,5
1983	84,4	7,2	−1,5	9,9
1984	82,9	7,6	−1,5	11,0
1985	82,4	8,0	−1,5	11,1
1986	81,3	7,8	−1,6	12,4
1987	81,6	7,7	−2,0	12,6
1988	80,3	7,9	−2,4	14,2
1989	78,9	8,6	−1,7	14,2
1990	78,4	9,0	−1,6	14,2
1991	79,4	•	−1,9	•

Quelle: SVR, JG.

als der Anteil der Unternehmergewinne am Volkseinkommen interpretiert werden.

Die wesentliche Aussage der Tabelle 19.3 ist, daß das Volkseinkommen zum ganz überwiegenden Teil, nämlich zu ca. 80%, aus Arbeitseinkommen besteht, und daß sich diese Arbeitseinkommen mit einer Zeitverzögerung parallel zum Konjunkturverlauf entwickeln.

Wie sind die Angaben aus der Statistik der funktionellen Einkommensverteilung zu würdigen?

Die **Vorteile** sind die Zuverlässigkeit der Datenbasis der Volkswirtschaftlichen Gesamtrechnung und die schnelle Berechnung und Verfügbarkeit der Daten.

Andererseits haben die Angaben der funktionellen Einkommensverteilung aber auch nicht unerhebliche **Nachteile**.

Erstens enthalten die Angaben keine Informationen über die Verteilung der verschiedenen Einkommensarten auf die Personen, die diese Einkommen beziehen. In den heutigen Volkswirtschaften beziehen die Personen Einkommen aus unterschiedlichen Quellen, d.h. unterschiedliche Einkommensarten. So bezieht z.B. der typische Arbeitnehmer nicht nur Einkommen aus unselbständiger Arbeit, sondern auch Einkommen aus Vermögen, z.B. in Form von Zinsen, selbstgenutztem Wohnungseigentum usw. Die sog. **Querverteilung** kommt in den Angaben der funktionellen Einkommensverteilung nicht zum Ausdruck.

Zweitens enthalten die Angaben keine Informationen über die **Einkommensunterschiede** innerhalb und zwischen Personengruppen. Die Frage nach dem Grad der Gleichheit bzw. der Ungleichheit der Einkommensverteilung kann nicht beantwortet werden.

Drittens schließlich geben die Angaben keine Auskunft über Ausmaß und Wirkung der **staatlichen Umverteilungsmaßnahmen**.

3. Personelle Einkommensverteilung

a. LORENZ-Kurve und staatliche Umverteilung

Eine gängige Darstellung der personellen Einkommensverteilung ist die LORENZ-Kurve. Auf der Abszisse wird der Anteil der Einkommensbezieher abgetragen und auf der Ordinate der Anteil des Einkommens. Beginnend mit der untersten Einkommensklasse werden sukzessive sowohl die relativen Anteile der Einkommensbezieher als auch die relativen Anteile des Einkommens bis 100% addiert. Damit entsteht eine **kumulierte Häufigkeitsverteilung von Einkommen und Einkommensbeziehern**. In Schaubild 19.1 sind zwei LORENZ-Kurven der Einkommensverteilung 1988 dargestellt.

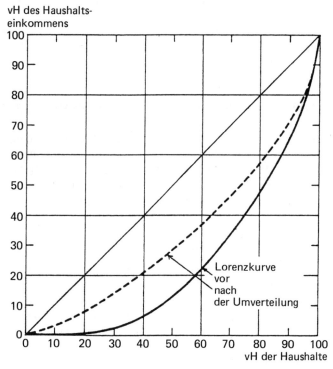

Schaubild 19.1 LORENZ-Kurven der Einkommensverteilung (1988)

Quelle: DIW, Wochenbericht 22/1990, S. 313.

Machen wir uns zunächst die Darstellung anhand einiger Extremfälle deutlich. Wenn alle Einkommensbezieher das gleiche Einkommen haben, fallen die kumulierten Anteile beider Datenreihen zusammen. Es liegt Gleichverteilung vor. Ein Prozent der Einkommensbezieher haben ein Prozent des Gesamteinkommens, zehn Prozent der Einkommensbezieher haben zehn Prozent des Gesamteinkommens usw. Die LORENZ-Kurve ist in diesem Sonderfall die Diagonale von links unten nach rechts oben. Dagegen liegt eine totale Ungleichverteilung vor, wenn im Extremfall ein Einkommensbezieher das gesamte Einkommen auf sich vereinigt. Die LORENZ-Kurve verläuft in diesem Fall solange auf der Abszisse, bis der Anteil des letzten Einkommensbeziehers erreicht ist. Dann schießt die Linie zur rechten oberen Ecke hoch.

Eine tatsächliche LORENZ-Kurve verläuft zwischen diesen Extremverläufen. Die Verteilung ist um so ungleicher, je weiter die Kurve nach Südosten einen Bauch hat. Ein Vorteil der Darstellung ist, daß die Gleichheit bzw. Ungleichheit der Verteilung in der Grafik anschaulich zum Ausdruck kommt. Problematisch wird der Vergleich von zwei oder mehr Kurven. Eine Quantifizierung ist optisch nicht möglich, eine Differenzierung also ungenau. Schneiden sich die Kurven, läßt sich eine Rangfolge nur ermitteln, wenn eine Gewichtung der erkennbaren Ungleichheiten durch die Einbeziehung von Nutzenfunktionen vorgenommen wird.

Diese Schwierigkeiten lassen die Verwendung von Ungleichheitsmaßen sinnvoll erscheinen. Als gängiges Maß für die Ungleichheit wird der **GINI-Koeffizient** verwendet. Der GINI-Koeffizient ist definiert als das Verhältnis der Fläche zwischen der ermittelten LORENZ-Kurve und der 45-Grad-Linie zu der Fläche des gesamten Dreiecks unter der Diagonalen. Bei Gleichverteilung ist der GINI-Koeffizient also Null, bei vollständiger Ungleichheit nahe Eins.

In Schaubild 19.1 sind zwei für 1988 ermittelte LORENZ-Kurven dargestellt. Die durchgezogene Linie charakterisiert die Primärverteilung. Die gestrichelte Linie charakterisiert die Sekundärverteilung, die sich nach Abzug der direkten Steuern und Sozialbeiträge und Addition der empfangenen Transferzahlungen ergibt. Man erkennt deutlich, daß diese **staatlichen Umverteilungsmaßnahmen die personelle Einkommensverteilung egalisieren.**

Die in Schaubild 19.1 verwendete Methode ist nur ein erster Ansatz zur Messung der Umverteilungswirkungen des Staatshaushalts. Wir wollen uns kurz systematisch mit diesem Problem befassen.

Auf der **Einnahmenseite des Staatsbudgets** wirken die Steuern und Sozialbeiträge umverteilend. Diese Abgaben belasten die Haushalte und Unternehmen unterschiedlich stark, wodurch sich die Einkommensverteilung ändert. Unmittelbar einsichtig ist die Umverteilungswirkung des **Progressionstarifs bei der Einkommensteuer.** In Schaubild 19.2 sind die Einkommensteuertarife 1985 und 1990 dargestellt.

In Schaubild 19.2 sind die **Durchschnitts- und die Grenzbelastung** durch die Einkommensteuer vor und nach der 1990er Steuerreform dargestellt. Die Grenzbelastung (auch: marginaler Steuersatz) gibt die prozentuale Steuerbelastung eines Einkommenszuwachses an. Schaubild 19.2 verdeutlicht die mit steigendem Einkommen nicht nur absolut, sondern auch prozentual ansteigende Steuerbelastung. Die Progression hat folglich eine Nivellierung der Einkommen zur Folge. Durch die Steuerreform von 1990 sind insbesondere die marginalen Steuersätze im mittleren Einkommensbereich verringert worden. Der Höchstsatz der Grenz-

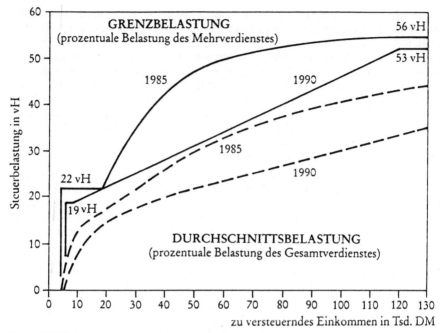

Schaubild 19.2 Einkommensteuertarif vor und nach der Steuerreform

Quelle: Presse- und Informationsamt der Bundesregierung, Aktuelle Beiträge zur Wirtschafts- und Finanzpolitik, Nr. 49/1989, S. 9.

belastung ist allerdings mit 53% gegenüber 56% praktisch unverändert geblieben.

Der Progressionstarif der Einkommensteuer ist nur ein Umverteilungselement auf der Einnahmenseite des Staatsbudgets. Für eine vollständige Ermittlung der Umverteilungswirkung von Steuern und sonstigen Abgaben sind strenggenommen diejenigen Personen zu ermitteln, die letztlich die Steuerlast tragen. Dies ist das empirisch außerordentlich schwer zu fassende Problem der sog. **Steuerinzidenz**. Es ist die Frage möglicher **Überwälzungen** zu klären. In empirischen Untersuchungen für die Bundesrepublik Deutschland (GRÜSKE, 1985) werden in diesem Zusammenhang Überwälzungen insbesondere bei den Arbeitgeberanteilen der Sozialversicherungsbeiträge und bei den Umsatz- und Verbrauchsteuern unterstellt.

Auf der **Ausgabenseite des Staatsbudgets** bewirkt der Staat eine Umverteilung durch unentgeltliche Transferzahlungen, durch das Angebot öffentlicher Dienstleistungen und durch die Bereitstellung von öffentlichen Gütern. Die **Transferzahlungen** sind überwiegend Rentenzahlungen der Rentenversicherungsträger (aber auch Kindergeld, Arbeitslosengeld usw.), deren umverteilende Wirkung unmittelbar einsichtig ist. Bei den **öffentlichen Dienstleistungen** (Schulen, Sportstätten, Museen, Theater usw.) und den **öffentlichen Gütern** (z.B. Landesverteidigung) ist die Frage der Umverteilungswirkung schon komplizierter. Die Inanspruchnahme ist schwer feststellbar. Analog zu der Steuerinzidenz bei den Staatseinnahmen ist hier jetzt die Frage der **Ausgabeninzidenz** zu untersuchen. Hier wird in empirischen Untersuchungen (GRÜSKE, 1985) für die öffentlichen Dienstleistungen eine einkommensabhängige Inanspruchnahme unterstellt und für die öffentlichen Güter eine gleichmäßige Inanspruchnahme.

Man kann nun die Umverteilungswirkung der einzelnen Elemente des Staatsbudgets messen, indem man die **jeweilige Auswirkung auf den GINI-Koeffizienten der Einkommensverteilung** berechnet. In Tabelle 19.4 sind die Ergebnisse einer solchen Untersuchung für die Bundesrepublik Deutschland für 1978 dargestellt.

Tabelle 19.4 macht deutlich, daß die **Sozialversicherung den größten Umverteilungseffekt** hat. Der GINI-Koeffizient G2 ist 21,8% niedriger als G1. Die Umverteilungswirkungen der Steuern und Staatsausgaben dagegen fallen deutlich weniger ins Gewicht.

Tab. 19.4 Umverteilungswirkungen des Staatshaushalts

Einkommen	GINI-Koeffizient
vor Steuern und Staatsausgaben	G1 = 0,3901
nach Sozialversicherung	G2 = 0,3049
nach Sozialversicherung und direkten und indirekten Steuern	G3 = 0,2849
nach Sozialversicherung, Steuern und Staatsausgaben	G4 = 0,2694

Quelle: GRÜSKE (1985), S. 252; zitiert nach: BLANKART (1991), S. 430.

Zur Vermeidung von Mißverständnissen muß betont werden, daß diese Art der Messung der Umverteilungswirkungen des Staatsbudgets zwar vollständiger ist als diejenige in Schaubild 19.1, jedoch ein grundsätzliches Problem auch nicht löst. Es handelt sich um die im vorigen Abschnitt bereits erwähnte Tatsache, daß die Primärverteilung selbst durch das Staatsbudget bereits geprägt ist. Zur Lösung dieses Problems müßte die Primärverteilung ermittelt werden, die sich ohne Staat ergeben würde, was praktisch unlösbare Ermittlungsprobleme aufwirft.

b. Entwicklung der Einkommensschichtung im Zeitverlauf

Eine Darstellung der personellen Einkommensverteilung in Form von LORENZ-Kurven liefert keine Informationen über die **absolute Höhe der Einkommen**. Hierfür werden Häufigkeitsverteilungen der Haushalte nach **Einkommensklassen** verwendet. Es wird ermittelt, wieviel Haushalte in den einzelnen Einkommensklassen vorkommen. Diese Darstellung wird auch als **Einkommensschichtung** bezeichnet.

Solche Häufigkeitsverteilungen können entweder ein historischer Vergleich sein oder eine Gegenüberstellung verschiedener Haushaltsgruppen (Landwirte, Selbständige, Angestellte usw.), und sie können entweder die absolute Zahl der Haushalte oder die prozentualen Anteile der Haushalte in den Einkommensklassen enthalten.

In Tabelle 19.5 ist die zeitliche Entwicklung der Einkommensschichtung aller privaten Haushalte in Form von Angaben der prozentualen Anteile dargestellt.

Tabelle 19.5 macht im stationären Vergleich deutlich, daß die unteren Einkommensklassen stärker besetzt sind als die oberen Einkommensklassen. Dies ist bei dieser Darstellung ein Ausdruck für die **Ungleichheit** der Einkommensvertei-

Tab. 19.5 Verteilung der Haushalte nach Einkommensklassen

Monatl. verfügb. Einkommen von ... bis unter in DM	Haushalte in %					
	1978	1980	1983	1985	1988	1990
unter 1.000	14,5	7,3	6,5	3,2	2,0	2,6
1.000 ... 2.000	26,2	29,1	20,5	21,2	13,9	14,7
2.000 ... 3.000	26,6	23,7	25,6	26,0	26,3	22,1
3.000 ... 4.000	15,4	16,9	21,2	21,2	27,8	21,6
4.000 ... 5.000	7,4	9,6	10,8	10,7	10,3	11,9
5.000 ... 6.000	4,3	5,5	6,1	6,1	6,7	8,8
6.000 ... 7.000	2,2	3,1	3,3	3,5	4,0	5,9
7.000 ... 8.000	0,9	1,8	2,0	2,3	2,6	3,8
8.000 ... 9.000	0,7	1,0	1,2	1,6	1,7	2,5
9.000 ... 10.000	0,5	0,6	0,7	1,0	1,1	1,6
10.000 ... 15.000	1,2	1,5	1,2	1,6	1,6	1,9
15.000 ... 20.000			0,6	0,9	1,1	1,2
20.000 ... 25.000			0,3	0,5	0,6	0,8
25.000 und mehr			0,1	0,2	0,4	0,6
Insgesamt	100	100	100	100	100	100

Quelle: DIW.

lung. Grafische Darstellungen solcher Angaben erfolgen in der Regel so, daß in ansteigender Folge auf der Abszisse die Einkommenshöhe und auf der Ordinate die Zahl der Haushalte abgetragen werden. Dies ergibt wegen der empirischen Ungleichheit der Verteilung eine schiefe Kurvenform. Die Kurve steigt steil zu einem Maximum an und läuft nach rechts langsam in Richtung Höchsteinkommen aus. Dies hat zu der Bezeichnung **links-steile bzw. rechts-schiefe Verteilung** geführt.

Von besonderem Interesse ist regelmäßig die Frage, wie sich die **Ungleichheit im Zeitverlauf entwickelt**. Findet eine Umverteilung von unten nach oben statt, wie es in aktuellen Debatten häufig behauptet wird, oder nimmt der Grad der Ungleichheit ab? Eine genaue Analyse der Zahlen aus Tabelle 19.5 ergibt, daß die Anteile der Niedrigverdiener tendenziell zunehmen. Die Ungleichheit geht zurück. Die Kluft zwischen Arm und Reich wird kleiner. Es ist im historischen Vergleich eine **Tendenz zu mehr Gleichverteilung** feststellbar. Man kann diesen Sachverhalt gut mit Hilfe einer sog. **Quintilsdarstellung** demonstrieren, wie sie in Tabelle 19.6 dargestellt ist.

Tabelle 19.6 macht deutlich, daß sich der Abstand zwischen den oberen Einkommensklassen und den unteren Einkommensklassen bis 1988 permanent verringert und danach wieder ansteigt. Zwischen 1973 und 1988 geht der Abstand zwischen dem Fünftel der Höchsteinkommen und dem Fünftel der Niedrigsteinkommen von 6,8 kontinuierlich zurück auf 5,4. Zwischen 1988 und 1990 steigt der Abstand auf den Wert von 1980 wieder an.

Die bisherigen Darstellungen liefern keine Informationen über die **Einkommensunterschiede zwischen verschiedenen Berufsgruppen**. Solche Angaben zusammen mit der zeitlichen Entwicklung enthält Tabelle 19.7.

Tabelle 19.7 verdeutlicht die berufsspezifischen Einkommensunterschiede. Hier kann man die **zeitliche Entwicklung der Stellung der Berufsgruppen in der Verteilungshierarchie** messen. Wer fällt gegenüber der durchschnittlichen Ein-

Tab. 19.6 Verteilung der Haushalte nach Einkommensquintilen

Haushalte	Anteil am Einkommen in %				
	1973	1980	1985	1988	1990
1. Fünftel	6,4	6,9	7,3	7,9	6,9
2. Fünftel	11,0	11,2	12,1	12,8	11,8
3. Fünftel	16,1	16,2	16,1	16,2	15,8
4. Fünftel	23,0	22,5	21,4	20,5	21,8
5. Fünftel	43,5	43,3	43,1	42,5	43,6
Summe	100	100	100	100	100
Abstand 5.:1. Fünftel	6,8	6,3	5,9	5,4	6,3

Quelle: DIW.

Tab. 19.7 Verteilung der verfügbaren Haushaltseinkommen nach Berufsgruppen (DM/Monat)

Haushalte	1950	1960	1970	1980	1985	1988	1990
Landwirte Selbständige	} 570	} 1.420	} 3.270	4.000 9.000	3.730 11.810	4.665 13.618	6.178 14.789
Angestellte Beamte	} 430	} 970	} 1.840	3.480 3.910	4.140 4.480	4.365 4.777	} 4.834
Arbeiter	330	780	1.520	2.950	3.180	3.474	3.899
Rentner	200	500	910	1.830	2.340	2.628	2.892
alle Haushalte	–	–	–	3.160	3.710	4.024	4.380

Quelle: DIW.

kommenssteigerung zurück, wer steigert sein Einkommen überdurchschnittlich? Die durchschnittliche Einkommenssteigerung aller Haushalte von 1980 bis 1990 beträgt 38,6%. Hieran gemessen schneiden Landwirte, Selbständige und Rentner mit 54,5%, 64,3% und 58,0% überdurchschnittlich gut ab. Angestellte und Beamte liegen mit durchschnittlich 30,8% und Arbeiter mit 32,2% deutlich unter dem Durchschnitt.

II. Verteilungstheorien

1. Grenzproduktivitätstheorie

Die Grenzproduktivitätstheorie erklärt die funktionelle Einkommensverteilung auf der Grundlage des Marktgeschehens bei vollständiger Konkurrenz und Gewinnmaximierung der Unternehmer.

Wir gehen aus von einer COBB-DOUGLAS-Produktionsfunktion:

$$Y = K^a \cdot N^{1-a} \tag{1}$$

In der Produktionsfunktion (1) ist Y die Produktion, die unter die Produktionsfaktoren Kapital K und Arbeit N zu verteilen ist. Die Exponenten a und $1 - a$ sind die Produktionselastizitäten der Faktoren.

Die Produktionsfunktion (1) hat eine bestimmte formale Eigenschaft, die für verteilungstheoretische Überlegungen bedeutsam ist. Die Funktion ist linear homogen. Nach dem EULERschen Theorem gilt (auf den mathematischen Nachweis wird hier verzichtet):

$$1 \cdot Y = (\delta Y/\delta K) \cdot K + (\delta Y/\delta N) \cdot N. \tag{2}$$

In Gleichung (2) steht der Faktor 1 vor Y für den Homogenitätsgrad, der bei der linear homogenen Produktionsfunktion (1) gleich Eins ist. Die Ausdrücke $\delta Y/\delta K$ und $\delta Y/\delta N$ sind die Grenzproduktivitäten der beiden Faktoren.

Bei vollständiger Konkurrenz und Gewinnmaximierung werden die **Faktoren mit ihren Grenzproduktivitäten entlohnt**. Es gilt:

$$\delta Y/\delta K = z,$$
$$\delta Y/\delta N = W/P.$$

Die Größe z steht für die realen marginalen Kapitalkosten. Diese Größe ist der reale Faktorpreis pro Kapitaleinheit. Die Größe W/P ist der Reallohnsatz. Dies ist der reale Faktorpreis pro Arbeitseinheit. Einsetzen in (2) und Division durch Y ergibt:

$$1 = \frac{z \cdot K}{Y} + \frac{(W/P) \cdot N}{Y}. \tag{3}$$

Das Ergebnis (3) ist unter 2 Aspekten bemerkenswert.

Erstens wird durch Gleichung (3) die **funktionelle Einkommensverteilung erklärt**. In Gleichung (3) ist der erste Summand rechts vom Gleichheitszeichen der Anteil der Kapitaleinkommen $z \cdot K$ am Gesamteinkommen Y. Der zweite Summand rechts vom Gleichheitszeichen ist der Anteil der Arbeitseinkommen (W/P) $\cdot$ N am Gesamteinkommen Y, also kurz die Lohnquote. Gleichung (3) beschreibt somit die funktionelle Einkommensverteilung des aus der Produktion entstehenden Einkommens auf die beiden Faktoren Kapital und Arbeit. Bei Geltung einer linear homogenen COBB-DOUGLAS-Produktionsfunktion und einer Faktorentlohnung zu Grenzproduktivitäten wird die Produktion gerade vollständig unter den Faktoren aufgeteilt. Dieser Sachverhalt wird auch als das **Ausschöpfungstheorem** bezeichnet.

Die Grenzproduktivitätstheorie kann also mit Hilfe plausibler Annahmen über die Technik des Produktionsprozesses (COBB-DOUGLAS-Produktionsfunktion) und einfacher Verhaltensannahmen (Gewinnmaximierung, vollständige Konkurrenz) die funktionelle Einkommensverteilung erklären.

Ein zweiter Aspekt der Grenzproduktivitätstheorie wird deutlich, wenn man die Werte der Grenzproduktivitäten berechnet und gleich den Faktorpreisen setzt. Gemäß der Produktionsfunktion (1) gilt für die Grenzproduktivitäten:

$$\delta Y/\delta K = a \cdot Y/K,$$
$$\delta Y/\delta N = (1 - a) \cdot Y/N.$$

19. Kap.: Einkommensverteilung

Da die Faktorpreise diesen Grenzproduktivitäten entsprechen, gilt:

$z = a \cdot Y/K$,

Anteil der Kapitaleinkommen $= z \cdot K/Y = a$,

$W/P = (1 - a) \cdot Y/N$,

Lohnquote $= (W/P) \cdot N/Y = 1 - a$.

Die Einkommensquoten der funktionellen Einkommensverteilung entsprechen den Produktionselastizitäten der beiden Faktoren. Dieses Ergebnis ist insofern bemerkenswert, als hiernach die **funktionelle Einkommensverteilung durch die Technik des Produktionsprozesses determiniert** ist. Verteilungskämpfe zum Zwecke einer Änderung der Verteilungsrelationen sind hiernach zwecklos, da diese Relationen eben nur von technischen Bedingungen, den Produktionselastizitäten, abhängen.

Wir wollen noch 2 Richtungen andeuten, in die die Grenzproduktivitätstheorie weiterentwickelt werden kann.

Erstens kann die Produktionsfunktion (1) im Hinblick auf die sog. **Substitutionselastizität** variiert werden (vgl. 5. Kapitel, Ziffer II.3). Die Substitutionselastizität gibt die relative Änderung des Faktoreinsatzverhältnisses in Reaktion auf eine relative Änderung des Faktorpreisverhältnisses an. Die COBB-DOUGLAS-Produktionsfunktion ist insofern ein Spezialfall, als hier die Substitutionselastizität gerade den Wert Eins hat. Das hat zur Folge, daß sich an der Einkommensverteilung im Gefolge einer Änderung der Faktorpreisrelation nichts ändert. Wenn z.B. der Faktor Arbeit sich gegenüber dem Faktor Kapital verteuert, dann substituieren die Unternehmer Arbeit gegen Kapital. Die Kapitalintensität steigt. Aber die Lohnquote bleibt gleich, weil sich der höhere Lohn und der geringere Arbeitseinsatz gerade so kompensieren, daß bei gleicher Produktion das gesamte Lohneinkommen gerade gleich bleibt. Ist dagegen die Substitutionselastizität der Produktionsfunktion ungleich Eins, dann hat eine Änderung des Faktoreinsatzverhältnisses, also der Kapitalintensität, eine entsprechende Änderung der Verteilungsquoten zur Folge. Empirische Untersuchungen zur Substitutionselastizität zeigen kein einheitliches Bild, so daß eine eindeutige Aussage noch nicht möglich ist.

Eine zweite Weiterentwicklung der Grenzproduktivitätstheorie besteht in der Berücksichtigung des **technischen Fortschritts** in der Produktionsfunktion. Dies kann so geschehen, daß man die Produktionselastizitäten in (1) von der Zeit abhängig macht. Der technische Fortschritt bewirkt dann über eine Änderung der Produktionselastizitäten im Zeitverlauf eine Änderung der Faktorproduktivitäten. Je nachdem, wie hierdurch das Verhältnis der Grenzproduktivitäten beeinflußt wird, sind ganz unterschiedliche Verläufe möglich. Dies soll hier nur angedeutet und nicht weiter vertieft werden. Wir haben uns mit Fragen des technischen Fortschritts bei der Behandlung der Wachstumstheorie näher beschäftigt (vgl. 18. Kapitel, Ziffer IV.3).

Bei einer Wertung der Grenzproduktivitätstheorie ist wohl als Vorzug anzuführen, daß die Einkommensverteilung auf der Grundlage bestimmter technischer (Produktionsfunktion), institutioneller (Konkurrenz) und verhaltensmäßiger (Gewinnmaximierung) Annahmen abgeleitet wird. Es handelt sich um eine Theorie, die über bloße Tautologien hinausgeht. Ein Mangel ist das Fehlen der

Nachfrageseite. Die Theorie ist mit der Beschränkung auf die Produktionsseite der Einkommensentstehung zu sehr angebotsorientiert.

2. Produktivitätsorientierter Ansatz, Lohnpolitik und Zielkonflikte

In aktuellen Diskussionen zur Einkommenspolitik wird häufig ein produktivitätsorientierter Ansatz verwendet, der in der Grenzproduktivitätstheorie wurzelt. Als Anknüpfungspunkt zur Erläuterung kann man den definitorischen Zusammenhang wählen, wonach die Gewinnquote G/Y und die Lohnquote L/Y sich stets zu Eins addieren. Es gilt:

$$L + G = Y, \quad (4)$$
$$L/Y + G/Y = 1,$$
$$\text{Lohnquote} + \text{Gewinnquote} = 100\%.$$

Gleichung (4) ist einfach eine Gleichung für die funktionelle Einkommensverteilung.

In Gleichung (3) haben wir für die Lohnquote bereits eine Beziehung verwendet, die wir jetzt wieder aufgreifen. Es gilt:

$$\text{Lohnquote} = (W/P) \cdot N/Y,$$
$$\text{Lohnquote} = (W/P)/(Y/N) = (W/P)/\alpha. \quad (5)$$

In Gleichung (5) steht α für die durchschnittliche Arbeitsproduktivität. Gemäß Gleichung (5) entspricht die Lohnquote stets dem Quotienten aus Reallohn durch Arbeitsproduktivität. Dies ist zunächst einmal lediglich ein rein definitorischer Zusammenhang.

Auf der Grundlage des Zusammenhangs gemäß Gleichung (5) lautet die Forderung nach einer **produktivitätsorientierten Lohnpolitik**, den Reallohn stets nur im Ausmaß der Steigerung der Arbeitsproduktivität anzuheben. Wenn diese Regel befolgt wird, bleiben die **Verteilungsrelationen konstant**. Wenn dagegen der Reallohn z.B. stärker steigt als die Arbeitsproduktivität, dann steigt gemäß (5) die Lohnquote und es sinkt dementsprechend die Gewinnquote.

Die Forderung nach einer produktivitätsorientierten Lohnpolitik wird damit begründet, daß eine Nichtbefolgung dieser Regel zum Zwecke der Umverteilung langfristig zwecklos ist und kurzfristig mit den Zielen Vollbeschäftigung und Preisniveaustabilität in Konflikt gerät.

Mit diesen Begründungen gewinnt der Ansatz der produktivitätsorientierten Lohnpolitik eine über rein definitorische Zusammenhänge hinausgehende Qualität. Worauf basieren die der Empfehlung zugrunde liegenden Begründungen?

Die Hypothese, daß **Umverteilungskämpfe langfristig zwecklos** sind, wurzelt in der Grenzproduktivitätstheorie. Wie im vorhergehenden Abschnitt erläutert, hängt die Verteilung unter den Bedingungen der Grenzproduktivitätstheorie von den Produktionselastizitäten der Produktionsfaktoren ab, d.h. von den technischen Eigenschaften der Produktionsfunktion.

Die Hypothese, daß Umverteilungen zugunsten der Lohneinkommen **kurzfristig nachteilige Folgen für Beschäftigung und Preisniveaustabilität** haben, ist in der Konjunkturforschung begründet. Wir haben weiter oben an verschiedenen Stellen erfahren, daß zwischen einem überproportionalen Anstieg der Arbeitseinkommen und dem Konjunkturverlauf ein systematischer Zusammenhang besteht. Im Zusammenhang mit der empirischen Seite des Konjunkturphänomens haben wir erfahren, daß überproportional steigende Arbeitseinkommen in der Regel mit steigenden Inflationsraten und steigenden Arbeitslosenquoten einhergehen (vgl. 17. Kapitel, Ziffer I; 19. Kapitel, Ziffer I.2.b, Tabelle 19.3). Im Zusammenhang mit der theoretischen Seite des Konjunkturphänomens haben wir erfahren, wie unter bestimmten Bedingungen die Befolgung einer produktivitätsorientierten Lohnpolitik die Konjunkturschwankungen vermeiden hilft (vgl. 17. Kapitel, Ziffer II.3.d, das GOODWIN-Modell).

Man kann sich die stabilisierende Wirkung einer produktivitätsorientierten Lohnpolitik verdeutlichen, indem man sich die Wirkungen einer Lohnpolitik überlegt, die sich nicht an diese Regel hält und eine Umverteilung zugunsten der Arbeitseinkommen anstrebt. Wenn der Reallohn stärker steigt als die Arbeitsproduktivität, dann steigt die Lohnquote und es sinkt dementsprechend die Gewinnquote. Die Unternehmer versuchen, diese Umverteilung zu ihren Ungunsten wieder rückgängig zu machen, indem sie über Preiserhöhungen den Reallohn wieder auf sein Ausgangsniveau zu senken versuchen. Soweit ihnen das gelingt, gerät die Umverteilungspolitik in **Konflikt mit dem Ziel der Preisniveaustabilität**. Soweit den Unternehmern die Rückverteilung über Preiserhöhungen nicht gelingt, weil z.B. die Bundesbank eine restriktive Geldpolitik betreibt, führt die Senkung der Gewinnquote über einen Investitionsrückgang zum Anstieg der Arbeitslosenquote. In diesem Fall gerät die Umverteilungspolitik in **Konflikt mit dem Ziel der Vollbeschäftigung**.

Wie ist die Empfehlung zu werten, stets die Regel einer produktivitätsorientierten Lohnpolitik zu beachten? Positiv ist, daß durch die Beachtung dieser Regel die Einkommenspolitik wohl zur **Glättung der Konjunkturschwankungen** beitragen kann. In Deutschland hat daher insbesondere der SVR in den 70er Jahren diese Regel propagiert.

Andererseits ist jedoch zu beachten, daß eine **Abnahme der Lohnquote nicht zwingend zur Vollbeschäftigung** führt. Die Erfahrung seit ca. 1983 (Beginn des Aufschwungs) zeigt, daß auch ein deutlicher Rückgang der Lohnquote nicht unbedingt zu Vollbeschäftigung führt (vgl. Tabelle 19.2). Dies liegt daran, daß die Lohnquote nicht nur abnimmt, wenn der Reallohn schwach ansteigt (Zähler des Quotienten Lohnquote), sondern auch, wenn durch **Rationalisierungsinvestitionen** die Arbeitsproduktivität stark ansteigt (Nenner des Quotienten Lohnquote). Der SVR hat daher auch als Indikator für die beschäftigungswirksamen Investitionsbedingungen die Gewinn-Erlös-Relation gegenüber der Lohnquote in den Vordergrund gerückt.

3. Kreislauftheoretischer Ansatz

Die Grenzproduktivitätstheorie und der in dieser Theorie wurzelnde produktivitätsorientierte Ansatz sind einseitig angebotsorientiert. Die Nachfrageseite der Einkommensverteilung wird in dem kreislauftheoretischen Ansatz von KALDOR (1955) berücksichtigt.

Das KALDOR-Modell ist ein auf einige wenige Beziehungen reduziertes **makroökonomisches Nachfrage-Modell**. Als Ausgangspunkt kann man die Verteilungsgleichung (4) wählen:

$$Y = L + G. \tag{4}$$

Weiterhin gilt im güterwirtschaftlichen Gleichgewicht:

$$I = S. \tag{6}$$

Die Ersparnis setzt sich zusammen aus der Ersparnis der Lohnbezieher und der Ersparnis der Gewinnbezieher. Von der Querverteilungsproblematik und der staatlichen Umverteilung wird zur Vereinfachung abgesehen. Es gilt:

$$S = S_L + S_G. \tag{7}$$

Für die Sparfunktion der beiden Gruppen gilt:

$$S_L = s_L \cdot L, \tag{8}$$
$$S_G = s_G \cdot L, \tag{9}$$

mit

$$0 < s_L < s_G < 1.$$

Die Größen s_L und s_G sind die marginalen (hier auch gleich durchschnittlichen) Sparquoten der beiden Gruppen.

Gleichungen (8) und (9) eingesetzt in (7) ergibt:

$$S = s_L \cdot L + s_G \cdot G. \tag{10}$$

Aus Gleichungen (4), (6) und (10) ergibt sich:

$$G/Y = \frac{(I/Y) - s_L}{s_G - s_L} \tag{11}$$

Gleichung (11) ist die **Verteilungsgleichung** des KALDOR-Modells. Der Ausdruck $1/(s_G - s_L)$ wird als Sensitivitätskoeffizient bezeichnet.

Gemäß Gleichung (11) ist die **Gewinnquote positiv abhängig von der Investitionsquote**. Die Unternehmer bestimmen selbst durch ihre Investitionen die Höhe ihrer Gewinnquote. Dieses Ergebnis mag auf den ersten Blick überraschend erscheinen. Wie kann man sich dieses Ergebnis plausibel machen?

Nehmen wir als einen Extremfall an, daß die Sparquote der Lohnbezieher Null ist. Dann ist die Sparquote der Gewinnbezieher gleich Eins, und die Investitionen sind stets gleich den Gewinnen. Das sind Verhältnisse, in denen die Lohnbezieher nichts sparen (z.B. wegen eines hohen Nachholbedarfs) und die Gewinnbezieher wegen der guten Absatzchancen die Gewinne stets vollständig investieren. Dann führt jede Investitionszunahme bei gleicher Lohnsumme zu einer Zunahme des Volkseinkommens (der Produktion), die sich in gleicher Höhe als Gewinnsteigerung niederschlagen muß. Das ist aufgrund des Kreislaufzusammenhanges zwischen diesen Größen rein tautologisch. Daran ändert sich grundsätzlich auch dann nichts, wenn man für die Lohnbezieher eine positive Sparquote zuläßt. Die Wirkung einer Investitionssteigerung auf die Gewinnquote wird gemäß Gleichung (11) über den Sensitivitätskoeffizienten lediglich abgeschwächt.

Man kann sich die Wirkung einer Investitionszunahme auf die Gewinnquote gemäß Gleichung (11) auch auf eine etwas sophistischere Art klarmachen. Wenn die Investitionen zunehmen, dann steigt die gesamtwirtschaftliche Nachfrage. Das treibt über kurz oder lang die Preise in die Höhe. Dadurch sinkt bei verzögerter Lohnanpassung der Reallohn und damit die Lohnquote. Das ist aber gleichbedeutend mit einer Zunahme der Gewinnquote.

Der zutreffende Kern des kreislauftheoretischen Ansatzes ist die Tatsache, daß die Gewinne bei gegebenem Sparverhalten der Lohnbezieher positiv von den Investitionen abhängen. Diese Aussage ist aber aufgrund des **Kreislaufzusammenhanges rein tautologisch**. Dies ist der entscheidende Nachteil dieses Ansatzes. Die Verteilung wird letztlich nicht aus Verhaltensannahmen abgeleitet. Die **Investitionsquote**, die gemäß Gleichung (11) die Gewinnquote determiniert, ist im Modell eine **exogene Größe** und wird nicht z.B. aus einer Produktionsfunktion mit substitutionalen Faktoren erklärt. Das Modell bleibt in tautologischen Beziehungen stecken.

4. Machttheoretischer Ansatz

In den bisher behandelten Ansätzen wird der für die Einkommensverteilung zweifellos bedeutsame Einfluß von Marktmacht praktisch überhaupt nicht berücksichtigt. Lediglich in dem produktivitätsorientierten Ansatz spielt Marktmacht bei der Frage der Überwälzung von Lohnsteigerungen auf die Preise eine gewisse Rolle. In dem Ansatz von KALECKI (1954) wird der Einfluß von Marktmacht explizit berücksichtigt.

Das Modell besteht im Prinzip aus 3 Gleichungen, nämlich einer Gleichung für den gesamtwirtschaftlichen Umsatz, einer Definitionsgleichung für die Marktmacht und einer Gleichung für den Einfluß der Rohstoffkosten.

Der **gesamtwirtschaftliche Umsatz** besteht definitionsgemäß aus dem Volkseinkommen und den Vorleistungskäufen. Von Abschreibungen, indirekten Steuern und Subventionen wird zur Vereinfachung abgesehen. Es gilt:

$$E = Y + VL,$$
$$E = L_F + L_V + G + VL. \tag{12}$$

In Gleichung (12) ist E der gesamtwirtschaftliche Umsatz (Erlös), L_F sind die fixen Lohnkosten, L_V sind die variablen Lohnkosten, G sind die Gewinne, und VL sind die Ausgaben für Vorleistungen. Die ersten 3 Summanden rechts vom Gleichheitszeichen in (12) bilden das Volkseinkommen nach der Verteilungsseite. Die fixen Lohnkosten werden als Angestelltengehälter interpretiert, die variablen Lohnkosten als Arbeiterlöhne und die Vorleistungsausgaben als Rohstoffkosten.

Nun wird eine Definitionsgleichung für die **Marktmacht** formuliert. Es wird eine Aufschlagskalkulation unterstellt, wonach die Unternehmer auf die Ausgaben für Arbeiterlöhne und Rohstoffe einen Zuschlagssatz kalkulieren, aus dem sich ihre Erlöse ergeben. Der Abstand der durch diese Kalkulation entstehenden Erlöse zu den variablen Lohnkosten und den Rohstoffkosten ist ein Maß für die Marktmacht der Unternehmer. Dieses Maß kann als **Monopolgrad** bezeichnet werden, für den somit gilt:

$$k = E/(L_V + VL). \tag{13}$$

Die **Rohstoffkosten** sind ein Teil der variablen Kosten. Für die Zusammensetzung der variablen Kosten gilt:

$$j = VL/L_V. \tag{14}$$

Aus Gleichungen (12), (13) und (14) ergibt sich die **Verteilungsgleichung** des KALECKI-Modells:

$$L_V/Y = \frac{1}{1 + (k-1) \cdot (j+1)}. \tag{15}$$

Gleichung (15) ist eine Gleichung für die **Lohnquote der Arbeiterlöhne**. Gemäß Gleichung (15) hängt diese Lohnquote **negativ vom Monopolgrad und vom Anteil der Rohstoffkosten an den variablen Kosten** ab. Das ist unmittelbar einsichtig. Je mehr Marktmacht die Unternehmer haben und je höher der Anteil der Rohstoffkosten an den variablen Kosten ist, desto stärker können die Unternehmer via Preisanhebungen und Kostenüberwälzungen ihre Stellung im Verteilungskampf zu Lasten der Arbeiterschaft verbessern.

Die Aussagen des machttheoretischen Ansatzes sind – ähnlich wie bei dem KALDOR-Modell – **tautologisch**. Die Aussagen folgen unmittelbar aus den definitorischen Festlegungen der verwendeten Begriffe. Es wird insbesondere nicht erklärt, wovon der Monopolgrad abhängt, und wovon die Entwicklung des Rohstoffkostenanteils und der Rohstoffpreise abhängen.

III. Zusammenfassung

In empirischen Einkommensverteilungen werden verschiedene Arten der Einkommensverteilung verwendet. Man unterscheidet das Begriffspaar funktionelle und personelle Einkommensverteilung und das Begriffspaar primäre und sekundäre Einkommensverteilung. Die **funktionelle Einkommensverteilung** ist nach Einkommensarten gegliedert. Häufig verwendete Kennziffern sind die Lohnquote, die ca. 70% des Volkseinkommens beträgt und die Arbeitseinkommensquote, die ca. 80% beträgt. Die **personelle Einkommensverteilung** ist nach Einkommensbeziehern gegliedert und berücksichtigt damit die Querverteilung. Bei der Unterscheidung in primäre und sekundäre Einkommensverteilung sind die staatlichen Umverteilungsmaßnahmen das Unterscheidungskriterium. Die **primäre Einkommensverteilung** ist die unmittelbar aus dem Marktgeschehen resultierende Einkommensverteilung vor staatlicher Umverteilung. Die **sekundäre Einkommensverteilung** ist die Einkommensverteilung unter Berücksichtigung der

19. Kap.: Einkommensverteilung

Umverteilungswirkungen des Staatsbudgets. Das Staatsbudget wirkt hauptsächlich durch die Sozialversicherung umverteilend, während die Umverteilungswirkungen der Steuern und Staatsausgaben weniger ins Gewicht fallen. Die Einkommensschichtung weist im Zeitverlauf eine Tendenz zu mehr Gleichverteilung auf. Theorien zur Erklärung der Einkommensverteilung sind die Grenzproduktivitätstheorie, der produktivitätsorientierte Ansatz, der kreislauftheoretische und der machttheoretische Ansatz. Die **Grenzproduktivitätstheorie** und der auf ihr basierende **produktivitätsorientierte Ansatz** erklären die funktionelle Einkommensverteilung aus den Faktorproduktivitäten, zu denen die Faktoren entlohnt werden. Eine produktivitätsorientierte Lohnpolitik kann zur Verringerung der Konjunkturschwankungen beitragen. Der **kreislauftheoretische und der machttheoretische Ansatz** berücksichtigen den Einfluß der Nachfrageseite und der Marktmacht, führen jedoch über tautologische Aussagen nicht hinaus.

Literatur zum 19. Kapitel

Überblick:

Siebke, J.: Verteilung. In: D. Bender u.a.: Vahlens Kompendium der Wirtschaftstheorie und Wirtschaftspolitik. Band 1. 4. Aufl. München 1990. S. 383-415.
Woll, A.: Allgemeine Volkswirtschaftslehre. 9. Aufl. München 1987. S. 427-451.

Standardwerke:

Bronfenbrenner, M.: Income distribution theory. 4. Aufl. New York 1979.
Johnson, H. G.: The theory of income distribution. London 1973.

Lehrbücher:

Bartmann, H.: Verteilungstheorie. München 1981.
Blümle, G.: Theorie der Einkommensverteilung. Berlin 1975.
Brinkmann, T.: Verteilungs- und Konjunkturzyklen in der Bundesrepublik Deutschland. Köln 1979.
Krelle, W.: Verteilungstheorie. Tübingen 1962.
Külp, B.: Verteilungstheorie. 2. Aufl. Stuttgart 1981.
Ramser, H. J.: Verteilungstheorie. Berlin 1987.
Roberts, C.: Verteilungstheorie und Verteilungspolitik. Köln 1980.
Schlicht, E.: Einführung in die Verteilungstheorie. Hamburg 1976.
Schmitt-Rink, G.: Verteilungstheorie. Tübingen 1978.
Weizsäcker, R. von: Theorie der personellen Einkommensverteilung. Tübingen 1988.
Werner, J.: Verteilungspolitik. Stuttgart 1979.

Sammelbände:

Asimakopulos, A. (Hrsg.): Theories of income distribution. Boston 1987.

Spezielle Themengebiete:

Molitor, B.: Das Konzept einer „Kostenniveau-neutralen" Lohnpolitik. In: Das Wirtschaftsstudium. 3. Jg./1974. S. 271-275.

4. Teil:
Außenwirtschaft

Im 4. Teil beschäftigen wir uns mit den Besonderheiten, die sich aus der **wirtschaftlichen Verflechtung der Volkswirtschaft mit dem Ausland** ergeben. Welche Bedeutung hat der internationale Handel für den Wohlstand der beteiligten Länder? Wie bilden sich die realen Tauschverhältnisse im Außenhandel? Welche Ursachen und welche Wirkungen haben Zölle und andere protektionistische Maßnahmen? Was ist eine Zahlungsbilanz? Was ist ein Wechselkurs? Was ist ein Zahlungsbilanzgleichgewicht und wie kommt es zustande? Wie funktioniert ein System fester bzw. flexibler Wechselkurse? Welche Möglichkeiten und Grenzen ergeben sich für die nationale Geld- und Fiskalpolitik bei offenen Grenzen? Wieso kommt es zu den starken Wechselkursschwankungen? Wie funktioniert das EWS und wie sind die Pläne für eine europäische Währungsunion zu beurteilen? Was ist und wozu dient eine internationale Währungspolitik? Dies sind typische Fragestellungen aus dem Bereich der Außenwirtschaft.

Im 20. Kapitel werden Fakten, Ursachen und Bedingungen des **internationalen Handels** und Grundsätze der **internationalen Handelspolitik** behandelt. Daran anschließend beschäftigen wir uns im 21. Kapitel mit der **Zahlungsbilanz** und den Zahlungsbilanzausgleichsmechanismen. Das 22. Kapitel ist den Möglichkeiten und Grenzen der **Geld- und Fiskalpolitik bei offenen Grenzen** gewidmet. Im abschließenden 23. Kapitel behandeln wir die Determinanten der **Wechselkursentwicklung** und Fragen der **internationalen Währungspolitik** im europäischen und weltweiten Rahmen.

20. Kapitel:
Internationaler Handel

Welche Bedeutung hat der internationale Handel für einzelne Länder und Regionen? Wovon hängen Richtung und Ausmaß der internationalen Handelsströme ab? Wie bilden sich die realen Tauschverhältnisse, zu denen die Export- und Importgüter ausgetauscht werden? Wie wird der Wohlstand der am internationalen Handel beteiligten Nationen durch den internationalen Handel beeinflußt? Welche Ursachen und welche Wirkungen haben Zölle und andere protektionistische Maßnahmen? Mit diesen und ähnlichen Fragen beschäftigen wir uns in diesem Kapitel.

Die Analyse des internationalen Handels ist ein Gegenstand der **realen Außenwirtschaftstheorie**. Man analysiert isoliert die internationalen Güterströme. Es wird von den Zahlungsströmen abstrahiert, die mit den Güterströmen einhergehen und zusätzlich noch in Form reiner Kapitaltransaktionen auftreten. Diese monetären Aspekte der Außenwirtschaftsbeziehungen stehen in der **monetären Außenwirtschaftstheorie** im Vordergrund. Hiermit beschäftigen wir uns in den nachfolgenden Kapiteln.

Zunächst werden einige Fakten über den Welthandel und die Außenhandelsverflechtung der Bundesrepublik dargestellt. Daran anschließend werden die Grundzüge der klassischen und neoklassischen Außenhandelstheorie erläutert. Das Kapitel schließt mit einem Abschnitt über die internationale Handelspolitik.

I. Welthandel und Außenhandelsverflechtung der Bundesrepublik Deutschland

1. Entwicklung und Struktur des Welthandels

Der Umfang des Weltaußenhandels wird üblicherweise an dem aggregierten Exportwert gemessen. In der Weltwirtschaft ist jeder Export gleichzeitig ein Import, so daß die gesamte Exportsumme das Welthandelsvolumen repräsentiert. In Tabelle 20.1 ist die Entwicklung des **Volumens des Weltaußenhandels** dargestellt.

Gemessen an den Exporten in US-Dollar beträgt der Weltaußenhandel 1988 das 26fache dessen von 1958. Der Weltaußenhandel wächst damit stärker als die Weltproduktion. Hierdurch drücken sich die zunehmende internationale Verflechtung der Volkswirtschaften und die zunehmende Bedeutung des internationalen Handels aus. In den 70er Jahren wächst der Weltaußenhandel besonders stark. In den verschiedenen Regionen ist das Wachstum unterschiedlich stark. Das stärkste Wachstum weist Japan auf, dessen Exporte 1988 das 91fache des Wertes von 1958 betragen. Das geringste Wachstum hat Lateinamerika, dessen Exporte 1988 das 11fache des Wertes von 1958 betragen. Der Export der Bundesrepublik wächst von 1958 bis 1988 auf das 34fache.

Tab. 20.1 Weltaußenhandel (Exporte, fob, Mrd US-Dollar)

Region	1958	1968	1978	1988
Welt	108,6	239,7	1.301,0	2.834,1
USA und Kanada	23,0	47,4	187,4	425,3
Lateinamerika	9,6	13,9	63,2	108,5
Marktwirtsch. Europas	42,0	101,5	516,6	1.236,3
BR Deutschland	9,4	25,2	142,1	323,3
Planwirtsch. Europas	10,3	25,2	113,5	223,2
Japan	2,9	13,0	97,5	265,0
Asien (o. China, Mongolei, Jap., Israel)	10,5	19,8	190,3	395,3

Quellen: UN, Statistical Yearbook 1974; UN, Monthly Bulletin of Statistics; zitiert nach: SIEBERT (1991), S. 8.

Für strukturelle Fragestellungen werden die am Weltaußenhandel beteiligten Staaten häufig in Industrieländer, ölexportierende Entwicklungsländer, Entwicklungsländer und Planwirtschaften gegliedert. Die **Struktur des Weltaußenhandels** 1990 gegenüber 1970 gemäß dieser Gliederung ist in Tabelle 20.2 dargestellt.

Tab. 20.2 Welthandelsstruktur (Exporte, fob, % des Weltexportvolumens 1990, Zahlen in Klammern = 1970)

an \ von	Industrieländer	Ölexportier. Entwicklungsl.	Entwicklungsl.	Planwirtschaften
Industrieländer	55,9 (53,5)	3,9 (4,5)	12,6 (11,1)	1 (1,9)
Ölexportier. Entwicklungsl.	2,4 (2,6)	0,1 (0,0)	0,7 (0,0)	0 (0,1)
Entwicklungsländer	13,4 (16,1)	1,3 (1,3)	6,3 (3,5)	0,7 (1,5)
Planwirtschaften	1,1 (2,4)	0 (0,0)	0,8 (1,5)	• •
Anteil am Weltexportvol.	72,8 (74,6)	5,3 (5,8)	20,4 (16,1)	1,7 (3,5)

Quelle: IMF, Direction of Trade Statistics; zitiert nach: SIEBERT (1992), S, 364.

Tabelle 20.2 macht deutlich, daß der Welthandel in erster Linie eine Angelegenheit der Industrieländer ist. Zwischen den Industrieländern finden ca. 56% des Welthandels statt. Der Anteil der Industrieländer insgesamt am Welthandel beträgt ca. 73% mit abnehmender Tendenz. An zweiter Stelle sind die Entwicklungsländer mit ca. 20% am Welthandel beteiligt, wobei dieser Anteil eine steigende Tendenz aufweist. Die Anteile der ölexportierenden Entwicklungsländer und der Planwirtschaften sind unbedeutend.

Aus der Sicht eines einzelnen Landes ist das Ausmaß der nationalen Verflechtung der Volkswirtschaft in den Welthandel von Bedeutung. Ein häufig verwendeter Indikator hierfür ist der **Offenheitsgrad** der Volkswirtschaft. Dies ist der Anteil des Durchschnitts aus Güterex- und -importen am BSP (Offenheitsgrad =

Tab. 20.3 Offenheitsgrad verschiedener Länder (1990)

Land	Offenheitsgrad (% BIP)
USA	12,7
Japan	14,3
BR Deutschland (W)	33,1
Frankreich	23,7
Großbritannien	26,1
Italien	20,8
Belgien	70,3
Niederlande	54,1
Schweiz	36,1

Quelle: SVR, JG; eigene Berechnungen

(Export + Import)/2 · BSP). In Tabelle 20.3 ist der Offenheitsgrad einiger Länder dargestellt, wobei das BIP als Bezugsgröße dient.

Länder mit einem großen Binnenmarkt wie z.b. die USA und Japan haben relativ niedrige Offenheitsgrade von ca. 13-14%. Die großen EG-Staaten haben Offenheitsgrade zwischen 20 und knapp 35%. Die Bundesrepublik (Gebietsstand vor der deutschen Einigung) liegt hier mit ca. 33% im oberen Bereich. Kleinere EG-Staaten wie z.b. Belgien und die Niederlande sind außerordentlich stark in die internationale Arbeitsteilung eingebunden, was sich z.b. im Fall Belgiens an einem Offenheitsgrad von ca. 70% zeigt. Aber auch ein Staat wie z.B. die Schweiz, die nicht Mitglied der EG ist, ist heute mit einem Offenheitsgrad von ca. 36% in einem hohen Maß mit der Weltwirtschaft verflochten.

Ein hoher Offenheitsgrad ist einerseits von Vorteil, da durch eine intensive internationale Arbeitsteilung die nationale Arbeitsproduktivität gesteigert werden kann. Auf der anderen Seite ist jedoch die nationale Volkswirtschaft bei einem hohen Offenheitsgrad in hohem Maß von der wirtschaftlichen Entwicklung im Ausland abhängig. Dies gilt auch schon für ein Land wie die Bundesrepublik. Bei einem Offenheitsgrad von ca. 1/3 des BSP ist es nur noch eingeschränkt möglich, eine von den Entwicklungen im Ausland unabhängige eigenständige Wirtschaftspolitik zu verfolgen. In einem Land wie Belgien ist das praktisch überhaupt nicht mehr möglich.

2. Außenhandelsverflechtung der Bundesrepublik Deutschland

Wir wollen uns im folgenden einen Eindruck von der Außenhandelsverflechtung der Bundesrepublik verschaffen. In Tabelle 20.4 ist die historische Entwicklung des **Offenheitsgrades** dargestellt.

Tab. 20.4 Offenheitsgrad BRD

Jahr	Offenheitsgrad (% BSP)
1950	12,7
1960	19,5
1970	21,5
1980	28,8
1990	30,8

Quelle: SVR, JG; eigene Berechnungen.

Tab. 20.5 Qualitative Struktur des Außenhandels

Zeitraum	Waren- importe (Mrd DM)	davon %					Dienstleistungsimporte		davon %			
		Roh- stoffe	Halb- waren	Fertig- waren	Nahrungs- mittel		(Mrd DM)	in % der Warenimp.	Reise- verkehr	Frachten	Kapital- erträge	Arbeits- entgelte
JD 1950/54	15,530	32,2	15,0	13,8	33,0		2,744	17,7	12,1	38,3	5,4	2,8
JD 1955/59	30,218	27,0	18,1	23,2	24,7		9,004	29,8	17,3	26,1	11,2	4,4
JD 1960/64	49,540	19,3	16,7	37,3	20,9		16,255	32,8	25,0	19,6	13,7	3,9
JD 1965/69	78,491	16,2	15,9	44,2	18,6		26,078	33,2	24,0	16,7	14,0	5,9
JD 1970/74	136,723	14,2	14,8	51,0	15,9		49,930	36,5	29,1	14,6	16,4	5,8
JD 1975/79	235,482	16,1	15,8	52,4	13,1		83,182	35,3	31,7	9,6	15,6	5,7
JD 1980/84	382,294	15,4	18,3	52,0	10,7		134,957	35,3	29,0	7,8	20,7	6,0
JD 1985/89	446,691	7,9	12,0	64,0	12,3		155,513	34,9	26,5	10,0	28,7	4,6

Quellen: LAMPERT (1980), S. 731; Statistisches Jahrbuch; Deutsche Bundesbank, Statistische Beihefte, Reihe 3; eigene Berechnungen.

Tab. 20.5 Qualitative Struktur des Außenhandels (Forts.)

Zeitraum	Waren-exporte (Mrd DM)	davon %				Dienstleistungsexporte		davon %				
		Roh-stoffe	Halb-waren	Fertig-waren	Nahrungs-mittel	(Mrd DM)	in % der Warenexp.	Reise-ver-kehr	Frach-ten	Kapital-erträge	Arbeits-entgelte	Leist. f.a.m. D.
JD 1950/54	16,081	9,3	15,2	72,9	1,7	2,761	17,1	14,6	18,3	1,7	4,9	26,0
JD 1955/59	34,145	5,3	11,5	80,5	1,9	8,582	25,1	19,5	20,9	4,6	1,9	30,1
JD 1960/64	55,025	4,3	9,7	83,4	1,7	13,063	23,7	17,4	18,5	7,2	1,6	31,5
JD 1965/69	90,486	3,3	8,5	84,9	2,1	20,657	22,8	15,7	18,7	11,0	3,1	24,5
JD 1970/74	163,856	2,4	7,7	85,3	3,2	38,202	23,3	14,8	14,9	23,1	4,2	17,6
JD 1975/79	270,244	2,2	7,3	85,1	3,9	65,873	24,4	13,7	12,1	23,7	5,1	12,9
JD 1980/84	419,094	1,8	8,2	83,8	4,5	111,488	26,6	12,3	10,0	26,8	4,5	13,2
JD 1985/89	559,980	1,3	6,0	87,0	5,1	155,919	27,8	9,3	16,2	35,9	2,6	13,0

Quellen: LAMPERT (1980), S. 731; Statistisches Jahrbuch; Deutsche Bundesbank, Statistische Beihefte, Reihe 3; eigene Berechnungen.

Tabelle 20.4 macht deutlich, daß der Offenheitsgrad der Bundesrepublik im Zeitablauf kontinuierlich ansteigt und 1990 (Gebietsstand nach der deutschen Einigung) knapp 1/3 des BSP beträgt. In diesem Ausmaß ist die deutsche Volkswirtschaft inzwischen eine offene Wirtschaft. Der kontinuierliche Anstieg des Offenheitsgrades ist ein Ausdruck einer **liberalen Außenwirtschaftspolitik**, durch die konsequent das Ziel einer zunehmenden Intensivierung der Außenwirtschaftsbeziehungen und eine zunehmende Einbindung der deutschen Wirtschaft in die Weltwirtschaft verfolgt wird. Ein Ergebnis dieser Politik ist auch, daß die Bundesrepublik seit Anfang der 80er Jahre neben den USA und Japan einer der drei größten Exportstaaten der Welt ist.

Die **qualitative Struktur des Außenhandels** der Bundesrepublik ist in Tabelle 20.5 dargestellt.

Bemerkenswert sind bei den Warenimporten die deutliche Rückführung des Anteils der Rohstoffimporte und der deutliche Anstieg der Fertigwarenimporte. Rohstoffimporte spielen zwar nach wie vor für die deutsche Wirtschaft eine wichtige Rolle, jedoch ist ihr relativer Anteil inzwischen auf unter 10% gesunken. Dagegen machen die Fertigwarenimporte mit ca. 64% mehr als die Hälfte aller Warenimporte aus. Bei den Warenexporten ist der Anteil der Fertigwarenexporte mit knapp 90% charakteristisch.

Die **regionale Struktur des Außenhandels** (ohne Dienstleistungen) der Bundesrepublik ist in Tabelle 20.6 dargestellt.

Tab. 20.6 Regionale Struktur des Außenhandels

Herstellungs- bzw. Verbrauchsland	Einfuhr (% der Warenimporte)					Ausfuhr (% der Warenexporte)				
	1950	1960	1970	1980	1990	1950	1960	1970	1980	1990
Europa	54,9	58,0	67,1	66,0	72,0	75,7	67,4	73,2	74,3	76,9
EWG/EG-Länder	25,1	29,8	49,6	46,1	52,1	35,2	29,5	46,3	48,0	54,5
Frankreich	6,1	9,4	12,7	10,7	11,8	7,3	8,8	12,4	13,3	13,0
Großbritannien	4,3	4,6	3,9	6,7	6,7	4,3	4,5	3,6	6,5	8,5
Italien	4,5	6,2	9,9	7,9	9,4	5,8	5,9	8,9	8,6	9,3
Niederlande	11,0	8,5	12,2	11,5	10,2	13,9	8,8	10,6	9,5	8,4
ehem. Ostblockländer	•	4,7	4,0	5,1	5,4	•	4,7	4,3	5,5	4,2
ehem. Sowjetunion	0,0	1,6	1,1	2,2	1,7	0,0	1,6	1,2	2,3	1,6
Amerika	23,4	24,8	17,6	11,9	10,2	13,6	15,9	14,2	10,0	9,9
USA	15,3	14,0	11,0	7,5	6,7	5,1	7,9	9,1	6,1	7,3
Asien	9,3	9,9	7,3	13,7	14,1	5,5	9,8	7,0	9,1	9,8
Japan	0,3	0,7	1,9	3,1	6,0	0,4	1,1	1,6	1,1	2,7
Afrika	9,1	5,8	7,2	7,8	3,0	3,5	5,3	4,3	5,5	2,5

Quelle: Statistisches Jahrbuch; eigene Berechnungen.

Der Außenhandel der Bundesrepublik spielt sich ganz überwiegend im europäischen Raum ab. Auf Europa entfallen ca. 72% der Warenimporte und ca. 77% der Warenexporte. Innerhalb Europas haben die EG-Mitgliedstaaten die größte Bedeutung, auf die jeweils mehr als 50% der Einfuhr und Ausfuhr entfallen.

II. Ursachen und Bedingungen des internationalen Handels

1. Überblick

Ursachen des internationalen Handels können im Prinzip alle Faktoren sein, die Angebot und Nachfrage im In- und Ausland beeinflussen. Auf der **Angebotsseite** kommen insbesondere Kostendifferenzen in Frage, auf der **Nachfrageseite** insbesondere Verfügbarkeit und Produktdifferenzierung.

Was die **Verfügbarkeit** anbelangt, so werden z.B. Güter importiert, die aus naturbedingten Gründen in dem Land überhaupt nicht vorhanden sind. Der internationale Handel mit Rohstoffen und primären Agrarprodukten beispielsweise fällt in diese Kategorie.

Was die **Produktdifferenzierung** anbelangt, so führen Unterschiede der Produkte wie z.B. Qualitätsdivergenzen, besondere Markennamen usw. zu unterschiedlichen Präferenzen auf der Konsumentenseite. Insbesondere Industrieländer weisen heute solche Merkmale unvollkommener Märkte auf. Unter diesen Bedingungen werden Güter selbst dann importiert, wenn sie teurer als vergleichbare nationale Güter sind.

Diese mehr nachfrageseitig orientierten Fragestellungen werden in der traditionellen Außenhandelstheorie weitgehend außer acht gelassen. Die klassische und neoklassische Außenhandelstheorie konzentriert sich auf die **angebotsseitigen Ursachen** des Außenhandels, wobei **Kostenunterschiede** die dominierende Rolle spielen.

Ein besonderes Phänomen ist neuerdings der internationale Handel von Gütern, die zur gleichen Produktkategorie gehören. Insbesondere zwischen Industrieländern werden Güter der gleichen Produktkategorie sowohl exportiert als auch importiert (sog. **intraindustrieller Handel**). So exportiert z.B. Deutschland Luxusautos der Marken Mercedes und BMW, importiert aber gleichzeitig Mittelklassewagen aus Japan und Sportwagen aus Italien. Mit solchen Phänomen beschäftigt sich die sog. **Neue Außenhandelstheorie**. Hiernach spielen für den intraindustriellen Handel sowohl nachfrageseitige Ursachen (Wunsch der Nachfrager nach Produktdifferenzierung) als auch angebotsseitige Ursachen (oligopolistische Marktstrukturen) eine Rolle.

Wir beschäftigen uns im folgenden mit den angebotsseitigen Ursachen für den internationalen Handel. Der einfachste und unmittelbar einleuchtende Fall sind **absolute Kostenunterschiede** bei internationalen Handelsgütern. Kann ein Land z.B. eine bestimmte Produktion mit niedrigeren Kosten als ein anderes Land herstellen, dann spezialisiert sich das Land auf diese Produktion. Das Land kann wegen der niedrigeren Produktionskosten dieses Gut billiger anbieten als das Ausland. Im Ergebnis werden Güter exportiert, die im Inland billiger als im Ausland sind, und es werden Güter importiert, die im Inland teurer sind als im Ausland. Die absoluten Kosten- und damit Preisunterschiede führen zu einem internationalen Güteraustausch.

Nach diesem Ansatz kommt ein internationaler Handel zwischen zwei Ländern dann nicht zustande, wenn ein Land gegenüber einem anderen Land bei allen Produktionen höhere Kosten und damit höhere Preise hat. Das Land mit den in allen Branchen höheren Produktionskosten hat – wenn man sich an den absoluten Kostenunterschieden orientiert – keine Chance, im internationalen Wettbewerb mit dem Land mit den niedrigeren Produktionskosten zu bestehen. Nach dieser Vorstellung sind große Teile des internationalen Handels unverständlich, weil der Fall des in allen Branchen absolut teureren Landes zahlreich zu beobachten ist und solche Länder trotzdem mit Erfolg am Welthandel beteiligt sind. Wie läßt sich das erklären?

2. Theorie der komparativen Kostenunterschiede

a. Unterschiedliche Arbeitsproduktivität

Nach RICARDO (1772-1823) sind nicht unbedingt absolute Kostenunterschiede für einen internationalen Handel notwendig, sondern es genügen bereits **relative, sog. komparative Kostenunterschiede**. RICARDO zeigte anhand seines seither berühmten Tuch-Wein-Beispiels für England und Portugal, daß Spezialisierung und Handel auch dann für beide Länder von Vorteil sein können, wenn ein Land beide Güter billiger herstellt als das andere Land.

Wir wollen den RICARDO-Fall anhand eines konkreten Zahlenbeispiels erläutern. Zwei Länder A und B produzieren jeweils die zwei Güter Tuch (X) und Wein (Y). Arbeit ist der einzige Produktionsfaktor und wird in beiden Ländern in gleichem Umfang von jeweils 7.200 Einheiten eingesetzt. Die Produktion geschieht zu konstanten Grenzkosten gemäß folgender Tabelle.

Land A hat in beiden Produktionen eine höhere Arbeitsproduktivität als Land B. Das bedeutet, daß Land A in beiden Produktionen billiger ist als Land B.

Die Produktionsbedingungen gemäß Tabelle 20.7 können auch durch folgende Produktionsfunktionen ausgedrückt werden:

Tab. 20.7 Komparative Kostenvorteile

	Arbeitseinsatz je Produkteinheit	
	Land A	Land B
Tuch	80	120
Wein	90	100

$$80 \cdot x + 90 \cdot y = 7.200 \quad \text{(Land A)},$$
$$120 \cdot x + 100 \cdot y = 7.200 \quad \text{(Land B)}.$$

Man kann nun zeigen, daß beide Länder ihren Verbrauch von beiden Gütern steigern können, ohne mehr Arbeit einsetzen zu müssen, indem sie von der Autarkie zu Spezialisierung und Handel übergehen. Dieser Sachverhalt kann anhand der Tabelle 20.8 erläutert werden.

Im linken Drittel der Tabelle 20.8 ist eine Situation der **Autarkie** angegeben. Die gemeinsame Produktion ist 76 Einheiten Wein und 75 Einheiten Tuch.

Im mittleren Drittel ist eine Situation der **Spezialisierung** angegeben. Land A spezialisiert sich auf die Produktion von Tuch. Tuch kann in A nicht nur absolut (gemessen in Arbeitseinheiten), sondern auch relativ (gemessen in Einheiten Wein) billiger als in B produziert werden. Der relative, in Einheiten Wein ausge-

Tab. 20.8 Handelsgewinn durch Spezialisierung

	Produktion und Versorgungsniveau bei Autarkie			Produktion bei Spezialisierung			Versorgungsniveau nach Handel (terms of trade = 1 : 1)		
	A	B	Σ	A	B	Σ	A	B	Σ
Wein	40	36	76	8,9	72	80,9	41,9	39	80,9
Tuch	45	30	75	80	0	80	47	33	80

drückte Kostenpreis pro Einheit Tuch ist in A 80/90 = 0,89, während er in B 120/100 = 1,20 beträgt. Land B demgegenüber spezialisiert sich auf die Produktion von Wein. In B kann Wein zwar absolut (gemessen in Arbeitseinheiten) nur teurer als in A produziert werden, jedoch relativ (gemessen in Einheiten Tuch) billiger. Der relative, in Einheiten Tuch ausgedrückte Kostenpreis pro Einheit Wein ist in B 100/120 = 0,83, während er in A 90/80 = 1,13 beträgt. Die relativen Kostenunterschiede sind entscheidend, nicht die absoluten. Spezialisieren sich die beiden Länder wie in Tabelle 20.8 angegeben, dann beträgt die gemeinsame Produktion 80,9 Einheiten Wein und 80 Einheiten Tuch. Das ist von beiden Gütern mehr als im Zustand der Autarkie. Die Mehrproduktion von 4,9 Einheiten Wein und 5 Einheiten Tuch ist der gemeinsame **Handelsgewinn**. Es hängt nun von dem **Realaustauschverhältnis (auch: realer Wechselkurs, terms of trade)** ab, wie sich der Handelsgewinn unter die beteiligten Länder aufteilt.

In dem Beispiel ist ein Realaustauschverhältnis von 1 : 1 unterstellt, d.h. 1 Einheit Wein wird gegen 1 Einheit Tuch getauscht. Zu diesem Realaustauschverhältnis kann durch Handel z.B. ein Versorgungsniveau realisiert werden, wie es im rechten Drittel der Tabelle 20.8 angegeben ist. Land A exportiert 33 Einheiten Tuch, die von B importiert werden. Land B exportiert 33 Einheiten Wein, die von A importiert werden. Dadurch erreichen beide Länder ein **Versorgungsniveau, bei dem sie beide von allen Gütern mehr haben als im Zustand der Autarkie**. Dies ist eine mögliche Aufteilung der gemeinsamen Produktion durch den Handel. Es sind auch andere Fälle denkbar, in denen sich die Konsumkombination zugunsten eines Gutes und zu Lasten des anderen Gutes ändert. Aber auch in diesen Fällen erhöht sich das Wohlstandsniveau eindeutig, da die gemeinsame Produktion von beiden Gütern höher ist als bei Autarkie.

Insgesamt kann festgestellt werden, daß **Spezialisierung und Handel für die beteiligten Länder eindeutig eine Wohlstandsmehrung** bedeuten. Es ist von allen Gütern mehr vorhanden, ohne daß mehr Produktionsfaktoren eingesetzt werden müssen. Dies ist **auch in dem Fall möglich, daß ein Land in allen Produktionen absolut teurer produziert als das Konkurrenzland mit der höheren Arbeitsproduktivität**.

Der Handelsgewinn des einzelnen Landes hängt entscheidend von dem **Realaustauschverhältnis** (realer Wechselkurs, terms of trade) ab, zu dem die Export- und Importgüter getauscht werden. In dem Beispiel mit dem Realaustauschverhältnis 1 : 1 ist der Handelsgewinn für das absolut teurere Land B größer als für A, da der Abstand der relativen Autarkie-Preise von dem Realaustauschverhältnis für B (1,20 und 0,83) größer ist als für A (0,89 und 1,13). Allgemein ist der **Handelsgewinn für ein Land um so höher, je größer die Differenz zwischen nationalem (ohne Außenhandel) und internationalem (mit Außenhandel) Austauschverhältnis ist**. Im Fall des sog. kleinen Landes profitieren alle Beteiligten etwa gleichmäßig von dem internationalen Handel, da das Realaustauschverhältnis irgendwo zwischen den relativen Autarkie-Preisen der am Handel beteiligten Länder liegt. Keines der Länder ist so groß, daß es den Weltmarkt dominiert und das Realaustauschverhältnis determiniert. Beteiligen sich dagegen ein kleines und ein großes Land am internationalen Handel, dann stellt sich das Realaustauschverhältnis in der Regel sehr nahe bei dem Autarkie-Preisverhältnis des großen Landes ein. Im Extremfall ist das Realaustauschverhältnis identisch mit dem Autarkie-Preisverhältnis des großen Landes vor Aufnahme des Außenhandels. In solchen Fällen profitiert das kleine Land deutlich mehr von dem internationalen Handel als das große Land. Hiermit kann man den in der Regel hohen Offenheitsgrad kleiner Länder erklären, wie z.B. Belgien oder die Niederlande. Der Offenheitsgrad ist deswegen so hoch, weil das kleine Land in so hohem Maß vom internationalen Handel profitiert.

b. Unterschiedliche Faktorausstattung

(1) Faktorproportionentheorie

Ein Mangel der RICARDO-Theorie ist, daß nur die Arbeit als einziger Produktionsfaktor berücksichtigt wird. Die komparativen Kostenunterschiede sind Folge der unterschiedlichen Arbeitsproduktivität, die nicht näher erklärt wird. Eine Weiterentwicklung dieses Ansatzes ist die Außenhandelstheorie von HECKSCHER (1919) und OHLIN (1931). Neben dem Faktor Arbeit wird auch der Faktor Kapital berücksichtigt. Komparative Kostenunterschiede werden in dieser Theorie auf die **unterschiedliche Faktorausstattung** der Länder zurückgeführt.

Wir nehmen an, daß in Land A relativ viel Kapital K zur Verfügung steht und in Land B relativ viel Arbeit N. Die Faktorproportionen K/N, d.h. die Kapitalintensitäten, sind folglich in den beiden Ländern unterschiedlich. Man nennt diesen Ansatz daher auch **Faktorproportionentheorie**. Wir nehmen weiter an, daß die beiden Güter X und Y mit unterschiedlichen Produktionstechniken hergestellt werden. Gut X wird in einem kapitalintensiven Produktionsverfahren hergestellt, und Gut Y wird in einem arbeitsintensiven Produktionsverfahren hergestellt. Schließlich wird angenommen, daß die Produktion nur mit steigenden Grenzkosten möglich ist.

Die **Autarkie-Situation**, die sich unter diesen Bedingungen in den beiden Ländern herausbildet, ist in Abbildung 20.1 dargestellt.

Die Produktionsmöglichkeiten in den beiden Ländern werden durch je eine konkav zum Ursprung verlaufende Transformationskurve beschrieben. Auf einer Transformationskurve liegen alle effizient produzierten Gütermengenkombinationen (vgl. hierzu 1. Kapitel, Ziffer III.1; 8. Kapitel, Ziffer II.2). Die Transformationskurven verlaufen konkav wegen der Annahme der steigenden Grenzkosten. Die Ausdehnung der Produktion eines Gutes ist nur durch Aufgabe ansteigender Mengen des jeweils anderen Gutes möglich.

In Land A steht im Vergleich zu Land B relativ viel Kapital zur Verfügung. Daher schneidet die Transformationskurve von A die Abszisse bei einem höheren Produktionswert des Gutes, welches mit dem relativ kapitalintensiven Produktionsverfahren hergestellt wird. Land A kann wegen seiner reichlicheren Kapitalausstattung einen größeren Maximalwert von Gut X produzieren als Land B. Aus

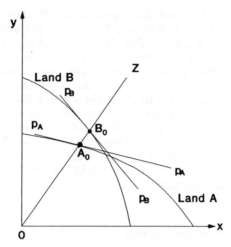

Abb. 20.1 Autarkie-Situation bei unterschiedlicher Faktorausstattung

analogem Grund schneidet die Transformationskurve von Land B die Ordinate bei einem höheren y-Wert als die von Land A.

Welche Gütermengenkombination wird nun jeweils in den beiden Ländern produziert? Das hängt von dem Preisverhältnis zwischen den beiden Gütern ab. Die Preisverhältnisse in den beiden Ländern sind durch 2 Preislinien $p_A p_A$ und $p_B p_B$ angegeben. Die Gütermengenkombination ist dort optimal, wo die Grenzrate der Transformation $-$ dy/dx gleich ist dem umgekehrten Preisverhältnis p_x/p_y. Dies ist die Bedingung für eine optimale Produktionsstruktur (vgl. 8. Kapitel, Ziffer II.3). Die Produktionsstruktur von Land A liegt im Punkt A_0, die von Land B im Punkt B_0. Zur Vereinfachung ist das Beispiel so konstruiert, daß in beiden Ländern die Mengenrelationen der Produktionsstruktur gleich sind. Die Punkte A_0 und B_0 liegen auf einer Linie Z durch den Ursprung.

Was passiert, wenn die beiden Länder von der Autarkie abgehen, sich **spezialisieren und internationalen Handel** betreiben? Diese Frage kann anhand der Abbildung 20.2 mit je einem separaten Achsenkreuz für jedes Land erläutert werden.

Überlegen wir zunächst grundsätzlich, welches **Spezialisierungsmuster** sich herausbildet. Der Absolutwert der Steigung der jeweiligen Autarkie-Preislinie gibt den in Einheiten Y ausgedrückten relativen Preis von X an ($-$ dy/dx). Die Autarkie-Preislinie von Land A verläuft flacher als die von Land B. Das heißt, daß das Gut X, ausgedrückt in Einheiten von Y, in B teurer als in A ist. Also spezialisiert sich Land B auf die Produktion von Gut Y. Aus analogem Grund spezialisiert sich Land A auf die Produktion von Gut X. Dieses Spezialisierungsmuster leuchtet auch unmittelbar ein. Denn das Gut Y wird arbeitsintensiv produziert, und Land B ist mit relativ viel Arbeit ausgestattet. Dagegen wird das Gut X kapitalintensiv produziert, und Land A ist mit relativ viel Kapital ausgestattet.

Zu welchen Bedingungen wird der Handel zwischen den beiden Ländern abgewickelt? Das ist – genau wie bei der RICARDO-Theorie – die Frage nach dem **Realaustauschverhältnis**. Im Regelfall stellt sich das Realaustauschverhältnis irgendwo zwischen den Autarkie-Preisrelationen der am Handel beteiligten Län-

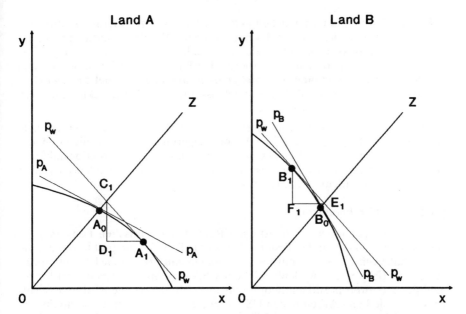

Abb. 20.2 Spezialisierung und Handel bei unterschiedlicher Faktorausstattung

der ein. In Abbildung 20.2 kommt das dadurch zum Ausdruck, daß eine Weltmarkt-Preislinie $p_w p_w$ eingezeichnet ist, die steiler als die Autarkie-Preislinie von Land A und flacher als die Autarkie-Preislinie von Land B verläuft. Bei dieser Austauschrelation verändern die Länder ihre Produktionsstruktur jeweils zugunsten des Gutes, bei dem sie komparative Vorteile haben. Die jeweils optimale Produktionsstruktur ist erreicht, wenn die jeweilige nationale Grenzrate der Transformation an die Weltmarkt-Preisrelation angepaßt ist. In Abbildung 20.2 sind das die Punkte A_1 und B_1.

Wie verlaufen die **internationalen Handelsströme**? Zur Vereinfachung nehmen wir an, daß die jeweilige Mengenrelation der Konsumstruktur nach Aufnahme des Handels konstant bleibt, d.h. auf der Linie Z verbleibt. Die Konsumpunkte sind dann C_1 in Land A und E_1 in Land B. Land A produziert von Gut X mehr, als es selbst verbraucht. Die Differenz $A_1 D_1$ wird exportiert. Dagegen exportiert Land B die überschüssige Menge $B_1 F_1$ von Gut Y. Der Export von Land A ist der Import von Land B, und der Export von Land B ist der Import von Land A. Es ist $A_1 D_1 = E_1 F_1$ und $B_1 F_1 = C_1 D_1$. Im Sprachgebrauch der Außenhandelstheorie sind die eingezeichneten Dreiecke die sog. Handelsdreiecke.

Wer profitiert von dem internationalen Handel? Diese Frage ist nach den Vorüberlegungen anhand der Abbildung 20.2 sehr einfach zu beantworten. Sowohl Land A als auch Land B verbessern eindeutig ihre Situation gegenüber der Autarkie. Beide Länder können mit C_1 und E_1 Gütermengenkombinationen realisieren, bei denen sie gegenüber der Autarkie von beiden Gütern mehr zur Verfügung haben, ohne mehr Produktionsfaktoren einsetzen zu müssen. Das ist eine eindeutige Wohlstandssteigerung.

Zusammengefaßt kann man aus der Faktorproportionentheorie zwei **Schlußfolgerungen** ziehen.

Erstens führen unterschiedliche Faktorausstattungen zu einer internationalen Arbeitsteilung, bei der sich Länder mit reichlicher Kapitalausstattung auf kapitalintensive Produktionen und Länder mit reichlicher Arbeitsausstattung auf arbeitsintensive Produktionen spezialisieren. Die Faktorproportionentheorie kann mit diesem Ansatz den **interindustriellen internationalen Handel** z.B. zwischen Industrieländern mit reichlicher Kapitalausstattung und Entwicklungsländern mit reichlicher Arbeitsausstattung erklären.

Zweitens bringt die Spezialisierung nach diesem Muster und der internationale Handel **für alle Beteiligten eine Wohlstandssteigerung**. Es steht in allen Ländern von allen Gütern mehr zur Verfügung, ohne daß dazu mehr Produktionsfaktoren eingesetzt werden müssen. Das Ausmaß des jeweiligen nationalen Vorteils hängt von den Realaustauschverhältnissen ab.

(2) LEONTIEF-Paradoxon

Die Faktorproportionentheorie ist einer Reihe von **empirischen Tests** unterzogen worden, von denen der Test von LEONTIEF (1953) die größte Bedeutung erlangt hat. Anhand eines Input-Output-Modells von 1947 für die USA überprüfte LEONTIEF, ob der Außenhandel der USA dem Spezialisierungsmuster gemäß der Faktorproportionentheorie entspricht. In der Studie wird untersucht, wieviel Kapital und Arbeit in den USA freigesetzt werden würde, wenn die Exporte und Importe jeweils um 1 Million Dollar sinken würden. Die Hypothese der Faktorproportionentheorie lautet, daß der relative Freisetzungseffekt von Kapital gegenüber Arbeit bei den Exporten größer als bei den Importen ist, da die USA in den 40er Jahren das kapitalreichste Land waren. Das wesentliche Ergebnis der Studie ist in Tabelle 20.9 dargestellt.

Tab. 20.9 LEONTIEF-Paradoxon (Kapital- und Arbeitsfreisetzung bei Reduzierung von Ex- und Importen um 1 Mio Dollar in den USA 1947)

	Kapital K (Dollar)	Arbeit N (Mann/Jahr)	K/N
Exportgüter	2.550.780	182.213	13,999
Importgüter	3.091.339	170.004	18,184

Quelle: LEONTIEF (1953).

Das Ergebnis widerspricht der Hypothese der Faktorproportionentheorie. Man kann das Ergebnis auch so interpretieren, daß die USA – im **Widerspruch zur Faktorproportionentheorie** – als kapitalreiches Land arbeitsintensive Güter exportieren und kapitalintensive Güter importieren. Dieses überraschende Ergebnis setzte eine breite Diskussion in Gang. Zwei Aspekte sind besonders erwähnenswert.

Erstens kann die damals im Vergleich zum Ausland dreimal so hohe **Produktivität der US-Arbeitskräfte** berücksichtigt werden. Zur internationalen Vergleichbarkeit des Faktors ist also die Zahl der US-Arbeitskräfte mit 3 zu multiplizieren, so daß die USA hiernach ein relativ arbeitsreiches Land sind. Das Ergebnis ist dann mit der Faktorproportionentheorie vereinbar.

Zweitens kann der Produktionsfaktor Arbeit in einfache Arbeit und **Humankapital** (Manager, Ingenieure usw.) aufgeteilt werden. Das in den USA relativ reichlich vorhandene Humankapital ist in den Exporten verkörpert. Bei entsprechender rechnerischer Berücksichtigung erhöht sich der K/N-Quotient bei den Exporten. Das so korrigierte Ergebnis ist dann mit der Faktorproportionentheorie vereinbar.

Die Diskussion führt zu dem Ergebnis, die LEONTIEF-Studie nicht als eine Widerlegung der Faktorproportionentheorie zu werten. Vielmehr liefert die LEONTIEF-Studie Anstöße für eine Verfeinerung und Weiterentwicklung der Theorie.

c. Ausblick

In der klassischen und neoklassischen Außenhandelstheorie von RICARDO und HECKSCHER-OHLIN werden u.a. vollständige Konkurrenz und konstante bzw. steigende Grenzkosten angenommen. Diese Ansätze können internationalen Handel auch bei absoluten Kostennachteilen erklären. Die Faktorproportionentheorie von HECKSCHER-OHLIN erklärt zudem den interindustriellen internationalen Handel zwischen Industrieländern und Entwicklungsländern wegen deren unterschiedlicher Faktorausstattung.

In neuerer Zeit ist jedoch zunehmend ein **intraindustrieller Handel** zwischen Industrieländern mit etwa gleicher Faktorausstattung zu beobachten. Es werden Güter der gleichen Produktkategorie sowohl exportiert als auch importiert, z.B. Autos. Die RICARDO- und HECKSCHER-OHLIN-Theorie vermögen diese Art von internationalem Handel zwischen Ländern mit ähnlichen Wirtschaftsstrukturen nicht zu erklären.

Mögliche Ursachen für den intraindustriellen Handel zwischen Industrieländern sind auf der Angebotsseite **oligopolistische Industriestrukturen**, die ihrerseits teilweise Folge von Produktionstechniken mit **sinkenden Grenzkosten** sind. Dazu kommt auf der Nachfrageseite der Wunsch der Konsumenten nach **Produktdifferenzierung**. Dies sind unvollkommene Marktverhältnisse, die im Widerspruch zu den einfachen Annahmen der RICARDO- und HECKSCHER-OHLIN-Theorie stehen. In der **Neuen Außenhandelstheorie** (GRUBEL und LLOYD, 1975; HELPMAN und KRUGMAN, 1985) wird versucht, die beiden Phänomene des interindustriellen und des intraindustriellen Handels zusammen zu erklären. Es werden Modelle mit mehr als 2 Gütern und mit unvollständiger Konkurrenz und sinkenden Grenzkosten entwickelt. Hierdurch gelingt in der Neuen Außenhandelstheorie eine sinnvolle Modifikation und Weiterentwicklung der traditionellen klassischen und neoklassischen Ansätze.

3. Realaustauschverhältnisse

Internationaler Handel ist für alle beteiligten Länder von Vorteil. Dies ist eine wesentliche Erkenntnis der erläuterten Außenhandelstheorien. Das Ausmaß der Vorteilhaftigkeit des Außenhandels hängt entscheidend von dem **Realaustauschverhältnis** (realer Wechselkurs, terms of trade) ab. Zur Verdeutlichung wollen wir im folgenden die Entwicklung des realen Wechselkurses im Zeitverlauf kurz beschreiben und erläutern.

Der reale Wechselkurs kann statistisch ermittelt werden als das Verhältnis der in einer Währung ausgedrückten Exportpreise zu den Importpreisen. Es gilt:

$$\tau = \frac{P\,[DM/ME\,X]}{e\,[DM/\$] \cdot P^*\,[\$/ME\,Q)]} = \frac{P}{e \cdot P^*}\,[ME\,Q/ME\,X].$$

Im Zähler steht P für den DM-Preis pro Mengeneinheit der Exporte X. ME steht für Mengeneinheiten. Im Nenner steht e für den nominalen Wechselkurs in DM pro Dollar (wir wählen als Beispiel den Dollar als die Auslandswährung) und P^* für den Dollar-Preis pro Mengeneinheit der Importe Q. Der Nenner $e \cdot P^*$ ist damit der DM-Preis pro Mengeneinheit der Importe. Kürzt man in den Dimensionen die Währungseinheiten weg, dann ergibt sich als Dimension für den realen Wechselkurs Mengeneinheiten Importgüter pro Mengeneinheit Exportgut. Der reale Wechselkurs gibt also an – wie es in den obigen Beispielen auch deutlich wird –, wieviel Importgüter für eine Einheit Exportgüter eingetauscht werden können. Wie sich dieser reale Wechselkurs entwickelt, hängt gemäß der Definitionsgleichung von der Entwicklung der Exportpreise, der Importpreise und des nominalen Wechselkurses ab. In Tabelle 20.10 ist die Entwicklung des **realen Wechselkurses der Bundesrepublik** angegeben.

Tab. 20.10 Realaustauschverhältnis BRD (1980 = 100)

Jahr	1965	1970	1973	1974	1975	1978	1979	1980
Terms of Trade	104,5	111,7	115,2	104,3	111,1	112,9	106,8	100,0

Jahr	1981	1982	1983	1984	1985	1986	1987	1988
Terms of Trade	93,4	96,6	98,5	96,3	97,5	112,2	116,4	116,3

Jahr	1989	1990	1991
Terms of Trade	113,2	114,8	112,3

Quelle: Deutsche Bundesbank, Monatsberichte.

Man kann an den Schwankungen des Realaustauschverhältnisses den **Einfluß der verschiedenen Determinanten** studieren, die auf den realen Wechselkurs einwirken. Für den nominalen Wechselkurs wählen wir zur Vereinfachung den DM-Dollar-Kurs.

Wählen wir als ein Beispiel die Zeiträume 1970/73 und 1985/87. Das Realaustauschverhältnis verbessert sich von 111,7 auf 115,2 bzw. von 97,5 auf 116,4. Diese Verbesserungen sind wesentlich verursacht durch nominale Aufwertungen der DM. Die DM wertet in den beiden Zeiträumen gegenüber dem Dollar nominal auf von 3,64 DM/Dollar auf 2,66 DM/Dollar bzw. von 2,94 DM/Dollar auf 1,79 DM/Dollar (jeweils Jahresdurchschnittswerte).

Wählen wir als ein anderes Beispiel den Zeitraum 1978/81. Das Realaustauschverhältnis verschlechtert sich hier von 112,9 auf 93,4. Die wesentlichen Ursachen sind die Importpreissteigerungen durch die Ölpreisexplosion und die nominale Abwertung der DM. Die DM wertet in diesem Zeitraum gegenüber dem Dollar nominal ab von 2,01 DM/Dollar auf 2,26 DM/Dollar.

Wählen wir schließlich als Beispiel den Zeitraum 1988/91. Das Realaustauschverhältnis verschlechtert sich hier von 116,3 auf 112,3. Dies ist das Ergebnis teilweise gegenläufiger Einflüsse. Die DM wertet nominal auf gegenüber dem Dollar von 1,76 DM/Dollar auf 1,66 DM/Dollar, wodurch sich das Realaustauschverhältnis für sich genommen verbessert. Jedoch steigen die Importpreise in einem solchen Maß stärker als die Exportpreise (wegen der im Ausland deutlich stärkeren Inflation), daß sich das Realaustauschverhältnis per Saldo verschlechtert.

Die Entwicklung der **terms of trade verschiedener Ländergruppen** ist dargestellt in Tabelle 20.11.

Tab. 20.11 Realaustauschverhältnisse verschiedener Ländergruppen (1976 = 100)

	1967	1977	1978	1979	1980	1981	1982
Industrieländer	108,5	98,6	101,6	98,6	91,8	89,9	91,5
Entwicklungsl. (EL)	69,7	103,5	96,8	107,2	123,5	125,0	122,9
Nicht-Ölexport. EL	103,7	106,3	102,0	102,0	98,4	93,1	90,5
Ölexportierende EL	34,4	100,0	89,5	114,5	164,6	183,2	183,2
Rohstoffexport. EL	104,6	108,7	100,9	100,5	93,1	83,6	79,4
Fertigwarenexport. EL	105,6	104,2	102,8	100,5	94,7	92,7	92,6
Niedrig-Einkommen EL	89,8	113,3	107,4	102,6	96,4	92,8	92,3

	1983	1984	1985
Industrieländer	93,3	93,1	93,1
Entwicklungsl. (EL)	120,3	120,6	119,7
Nicht-Ölexport. EL	92,2	92,7	92,4
Ölexportierende EL	167,5	167,3	164,6
Rohstoffexport. EL	83,0	84,3	83,4
Fertigwarenexport. EL	92,9	92,3	92,4
Niedrig-Einkommen EL	95,8	98,7	99,0

Quelle: IMF, World Economic Outlook, April 1985, Tab. 19 und 27.

Tabelle 20.11 macht deutlich, daß sich in den 70er Jahren die Realaustauschverhältnisse der Gesamtgruppe der Entwicklungsländer zu Lasten der Realaustauschverhältnisse der Industrieländer verbessern. Die Verbesserung für die Entwicklungsländer ist allerdings überwiegend auf die ölexportierenden Entwicklungsländer zurückzuführen. Die Ursache sind die extrem starken Ölpreissteigerungen. Aber auch die Niedrig-Einkommen-Entwicklungsländer verbessern sich deutlich. Für die anderen Gruppen aus der Gesamtgruppe der Entwicklungsländer verschlechtern sich die Realaustauschverhältnisse. Seit Anfang der 80er Jahre verbessern sich die Realaustauschverhältnisse der Industrieländer wieder. Im Rückblick auf die theoretischen Überlegungen muß nochmals betont werden, daß der Außenhandel für alle Beteiligten von Vorteil ist. Bei einer Interpretation von Angaben wie in Tabelle 20.11 ist also zu beachten, daß eine Veränderung der terms of trade nur anzeigt, wie sich das Ausmaß der Vorteilhaftigkeit des Außenhandels ändert.

III. Internationale Handelspolitik

1. Freihandel oder Protektionismus?

Die ersten drei Jahrzehnte nach dem Zweiten Weltkrieg zeichnen sich durch eine weitgehende Liberalisierung des Welthandels unter der Federführung des **Allgemeinen Zoll- und Handelsabkommens (GATT = General Agreement on Tariffs and Trade)** von 1947 aus. Die theoretische Grundlage dieser Politik ist im wesentlichen die Faktorproportionentheorie von HECKSCHER-OHLIN. Industrieländer und Entwicklungsländer betreiben gemeinsam mit großem Erfolg eine weitgehende Intensivierung der weltwirtschaftlichen Arbeitsteilung. Das Welthandelsvolumen wächst zeitweise doppelt so stark wie die Weltproduktion. Es kommt das Schlagwort von der Lokomotiv-Rolle des Außenhandels auf.

Seit etwa Mitte der 70er Jahre ist im Gefolge der Ölpreisexplosionen und der Verschlechterung der Weltkonjunktur eine deutliche Abschwächung, ja teilweise sogar Umkehrung dieser Liberalisierungstendenz festzustellen. Die Länder greifen verstärkt auf protektionistische Maßnahmen zurück, von denen sie sich insbesondere eine Lösung ihrer Beschäftigungsprobleme erhoffen. Die protektionistischen Maßnahmen sind hierbei weniger die traditionellen handelspolitischen Instrumente wie Quoten und Importzölle, sondern überwiegend sog. **nichttarifäre Handelshemmnisse** wie z.B. nationale Sicherheitsbestimmungen, Subventionen heimischer Produktionszweige, komplizierte Grenzabfertigungsformalitäten usw. Man bezeichnet dies auch als den **Neuen Protektionismus**. Einschlägige Untersuchungen zeigen, daß der internationale Handel heute stärker durch nichttarifäre Handelshemmnisse behindert wird als durch Importzölle.

Die **Uruguay-Runde** der multilateralen Handelsgespräche bedeutet einen neuen Versuch, dem Freihandelsprinzip wieder mehr Geltung zu verschaffen. Die Erfolgschancen solcher multilateralen Verhandlungen werden jedoch zunehmend schlechter. Dies ist hauptsächlich durch die gegenüber früher größeren Unterschiede in den nationalen Interessen der Länder bedingt. Auch die Interessenkonflikte innerhalb eines Landes bestimmen oft seinen handelspolitischen Kurs bei internationalen Verhandlungsrunden, selbst wenn dieser Kurs ökonomisch nachteilig ist. Die Frage, ob Liberalisierung oder Protektionismus der Grundsatz des internationalen Handels sein soll, ist nicht mehr allein eine Frage der ökonomischen Vernunft, sondern auch und immer stärker eine Frage politischer Entscheidungen.

2. Ökonomische Effekte von Importzöllen

Importzölle sind ein traditionelles protektionistisches Instrument zur Behinderung des Freihandels. Die Begründung lautet im wesentlichen, die inländische Produktion und damit Arbeitsplätze vor ausländischer Konkurrenz zu schützen. Was ist von diesem Argument zu halten?

Die ökonomischen Effekte eines Importzolls können anhand der Abbildung 20.3 erläutert werden.

In Abbildung 20.3 ist die Situation eines kleinen Landes dargestellt. SS und DD sind die inländische Angebots- und Nachfragefunktion für das Gut Y. Die

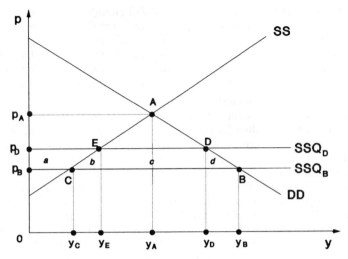

Abb. 20.3 Importzoll

horizontale Linie SSQ_B charakterisiert die Angebotsfunktion für den Import Q. Das Angebot ist völlig preiselastisch, da das kleine Land wegen seiner geringen Größe durch seine Importnachfrage keinen Einfluß auf den Weltmarktpreis ausüben kann.

Das Gleichgewicht bei Autarkie stellt sich in Punkt A ein. Zum Preis p_A wird die Menge y_A umgesetzt, d.h. angeboten und auch nachgefragt.

Öffnet das Land nun seine Grenzen für billige Importe, dann fällt der Preis auf p_B, die inländische Produktion sinkt wegen der billigeren ausländischen Konkurrenz auf y_C, und die Nachfrage einschließlich der Importe erhöht sich auf y_B. Die Differenz $y_B - y_C$ ist der Import von Gut Y.

Welche **Wohlstandswirkung** hat der Übergang von der Autarkie zum Freihandel mit Importen? Diese Frage kann mit Hilfe des **Rentenkonzeptes** beantwortet werden (vgl. zur Konsumentenrente 4. Kapitel, Ziffer II.2.a, und zur Produzentenrente 6. Kapitel, Ziffer III.2). Die inländischen Produzenten erleiden einen Rentenverlust im Umfang der Fläche des Vierecks $p_A AC p_B$. Im Autarkiezustand können sie in diesem Umfang zum Preis p_A ihr Produkt absetzen, der über ihren Produktionskosten, dargestellt durch die Angebotslinie, liegt. Dagegen fließt den Nachfragern eine zusätzliche Konsumentenrente im Umfang der Fläche des Vierecks $p_A AB p_B$ zu. Insgesamt ergibt sich also durch den Import eine **positive Netto-Wirkung** im Umfang der Fläche des Dreiecks ABC. Die Konsumenten profitieren von den billigen Importen mehr, als die Produzenten Nachteile erleiden. Der gesamtwirtschaftliche Wohlstand steigt.

Was passiert, wenn der Staat nun einen **Importzoll** erhebt? Hierdurch verteuern sich die Importe. Dies bedeutet in Abbildung 20.3 eine Verschiebung der Importangebotsfunktion nach oben auf SSQ_D. Der Abstand zu der ursprünglichen Angebotslinie SSQ_B ist der Zoll pro Stück. Der Marktpreis stellt sich jetzt bei p_D ein. Die inländische Produktion ist y_E, und die Nachfrage einschließlich der Importe ist y_D. Wie ist dieser Zustand gegenüber dem Zustand ohne Importzoll zu beurteilen? Die Produzenten erfahren eine Rentenerhöhung im Umfang der Fläche des Vierecks a. Der Staat erzielt Zolleinnahmen im Umfang der Fläche des Vierecks c. Die Konsumenten erleiden einen Rentenverlust im Umfang der Fläche des Vierecks $p_D\, DBp_B = (a + b + c + d)$. Insgesamt ergibt sich also ein **Nettoverlust** im Umfang der Fläche der beiden Dreiecke b + d. Das Dreieck b charakterisiert die durch den Zoll verursachte Produktionsineffizienz. Das Dreieck d charakterisiert die durch den Zoll verursachte Konsumineffizienz.

Die Argumentation bis hierhin beschreibt den Fall des kleinen Landes, welches auf dem Weltmarkt in der Situation eines Mengenanpassers, d.h. Preisnehmers ist. Im **Fall des großen Landes**, welches durch seine Größe die Weltmarktpreise zu beeinflussen vermag, ist eine zusätzliche Überlegung in Betracht zu ziehen. Wenn das große Land einen Importzoll erhebt, dann steigt wegen der hohen Inlandsproduktion das Weltmarktangebot des betreffenden Gutes fühlbar an, so daß dessen Preis sinkt. Dies bedeutet aber eine Verbesserung des realen Wechselkurses des großen Landes. Der Importpreis sinkt, so daß sich die terms of trade verbessern. Dieser **terms-of-trade-Effekt** bedeutet einen positiven Wohlstandseffekt, der in die Renten-Wirkungen einzurechnen ist. Für ein großes Land kann sich so unter bestimmten Voraussetzungen eine nationale positive Gesamtwirkung des Importzolls ergeben. Allerdings setzt dies insbesondere voraus, daß nicht andere Länder zu Gegenmaßnahmen greifen, die auch für das große Land negative Rückwirkungen haben.

IV. Zusammenfassung

Das **Welthandelsvolumen** ist nach dem Zweiten Weltkrieg im Rahmen einer zunehmenden internationalen Verflechtung der Volkswirtschaften stark angestiegen. Der Welthandel findet überwiegend zwischen **Industrieländern** statt. Das Ausmaß der nationalen Verflechtung einer Volkswirtschaft in den Welthandel kann an dem durchschnittlichen Export-Import-Anteil am BSP gemessen werden. Dieser **Offenheitsgrad** beträgt für Deutschland ca. 30%. Deutschland ex- und importiert überwiegend Fertigwaren. Regional ist der deutsche Außenhandel überwiegend auf Europa ausgerichtet, insbesondere auf die EG. **Ursachen des internationalen Handels** können alle Faktoren sein, die Angebot und Nachfrage im In- und Ausland beeinflussen. Auf der Angebotsseite kommen insbesondere Kostendifferenzen in Frage, auf der Nachfrageseite insbesondere Verfügbarkeit und Produktdifferenzierung. Ein besonderes Phänomen ist neuerdings der intraindustrielle Handel zwischen Industrieländern. Bei **komparativen Kostenunterschieden** kann ein internationaler Handel für alle beteiligten Länder von Vorteil sein, auch wenn ein Land in allen Produkten absolut teurer ist. Bei **unterschiedlicher Faktorausstattung** kommt es zu einem den Faktorproportionen entsprechenden Spezialisierungsmuster. Das Ausmaß der Vorteilhaftigkeit des Außenhandels hängt für ein Land entscheidend von dem **Realaustauschverhältnis (realer Wechselkurs, terms of trade)** ab, welches als Quotient aus Exportpreisen zu Importpreisen gemessen werden kann. Nach dem Zweiten Weltkrieg dominiert auf der Basis des GATT das **Freihandelsprinzip** mit großem Erfolg für drei Jahrzehnte die Handelspolitik. Seit etwa Mitte der 70er Jahre ist ein zunehmender Protektionismus in Form **nichttarifärer Handelshemmnisse** festzustellen.

Importzölle haben für ein kleines Land eindeutig negative ökonomische Effekte in Form von Wohlstandsverlusten. Für ein großes Land sind daneben positive terms-of-trade-Effekte möglich.

Literatur zum 20. Kapitel

Überblick:

Bender, D.: Außenhandel. In: D. Bender u.a.: Vahlens Kompendium der Wirtschaftstheorie und Wirtschaftspolitik. Band 1. 4. Aufl. München 1990. S. 417-474.
Chipman, J. S.: A survey of the theory of international trade. Teil I-III. In: Econometrica. Bd. 33/1965. S. 477-519 (Teil I). S. 685-760 (Teil II). Bd. 34/1966. S. 18-76 (Teil III).

Standardwerke:

Haberler, G.: Der internationale Handel. Berlin 1933.
Kemp, M. C.: The pure theory of international trade. Englewood Cliffs 1964.

Lehrbücher:

Adebahr, H. und W. Maennig: Außenhandel und Weltwirtschaft. Berlin 1987.
Birnstiel, E.: Theorie und Politik des Außenhandels. Stuttgart 1982.
Blümle, G.: Außenwirtschaftstheorie. Freiburg 1982. S. 11-85.
Borchert, M.: Außenwirtschaftslehre. Theorie und Politik. 2. Aufl. Wiesbaden 1983.
Dieckheuer, G.: Internationale Wirtschaftsbeziehungen. 2. Aufl. München 1991. S. 10-104.
Glismann, H. H., E.-J. Horn, S. Nehring und R. Vaubel: Weltwirtschaftslehre. Eine problemorientierte Einführung. Bd. 1. Außenhandels- und Währungspolitik. 4. Aufl. Göttingen 1992. S. 11-148.
Grubel, H. G.: International economics. Homewood 1977.
Krugman, P. und M. Obstfeld: International economics. Theory and policy. Glenview 1987. S. 13-41, 70-94.
Külp, B.: Außenwirtschaftspolitik. Tübingen 1978.
Rose, K.: Theorie der Außenwirtschaft. 10. Aufl. München 1989. S. 271-510.
Samuelson, P. A. und W. D. Nordhaus: Economics. 12. Aufl. New York 1985. Dt. Ausgabe: Volkswirtschaftslehre. Grundlagen der Makro- und Mikroökonomie. Bd. 2. 8. Aufl. Köln 1987. S. 633-690.
Siebert, H.: Außenwirtschaft. 5. Aufl. Stuttgart 1991. S. 1-190.

Sammelbände:

Caves, R. E. und H. G. Johnson (Hrsg.): Readings in international economics. London 1968.
Giersch, H. und H. D. Haas (Hrsg.): Probleme der weltwirtschaftlichen Arbeitsteilung. Berlin 1974.
Luckenbach, H. (Hrsg.): Theorie der Außenwirtschaftspolitik. Heidelberg 1979.

Spezielle Themengebiete:

Intraindustrieller Handel:

Grubel, H. G. und P. J. Lloyd: Intra-industry trade. New York 1975.

Neue Außenhandelstheorie:

Helpman, E. und P. Krugman: Market structure and foreign trade. Brighton 1985.

Neuer Protektionismus:

Salvatore, D. (Hrsg.): The new protectionist threat to world welfare. New York 1987.

21. Kapitel:
Zahlungsbilanz und Zahlungsbilanzausgleich

Wir haben uns im 20. Kapitel mit der Analyse des internationalen Handels beschäftigt. Diese Analyse ist auf die realen Aspekte der Außenwirtschaftsbeziehungen beschränkt. Es wird nur ein Teil der Außenwirtschaftsbeziehungen behandelt, nämlich nur der Güterex- und -import. Eine Statistik, in der sämtliche außenwirtschaftlichen Transaktionen eines Landes erfaßt sind, ist die Zahlungsbilanz.

I. Zahlungsbilanz

Eine Zahlungsbilanz ist eine systematische Aufzeichnung aller ökonomischen Transaktionen zwischen Inländern und Ausländern unter Anwendung der Grundsätze der doppelten Buchführung.

Wir wollen die Methodik der Zahlungsbilanzstatistik anhand einer bestimmten Zahlungsbilanz mit empirischen Werten erläutern. In Tabelle 21.1 ist die Zahlungsbilanz Deutschlands für das Jahr 1998 dargestellt.

In der **Handelsbilanz** werden die Ex- und Importe von Waren registriert. Die Einnahmen aus Warenexporten betragen 949 Mrd DM, die auf der Aktivseite gebucht werden. Die Ausgaben für Warenimporte betragen 824 Mrd DM und werden auf der Passivseite gebucht. Die Handelsbilanz weist somit einen Überschuß von 125 Mrd DM auf.

In der **Dienstleistungsbilanz** werden Ex- und Importe von Dienstleistungen registriert. Hierzu zählen z.B. der Reiseverkehr, Transportleistungen, Versiche-

Tab. 21.1 Zahlungsbilanz 1998 (Mrd DM)

Teilbilanz	Aktiva	Passiva	Saldo
Außenhandel	949	824	125
Dienstleistgn.	150	212	–62
Erw.Verm.Eink.	139	155	–16
Lfd. Übertrag.	29	82	–53
Leistungsbilanz	1.266	1.272	–6
Verm.Übertrag.	6	5	1
Kapitalbilanz	583	559	24
Restposten		12	–12
Summe	1.855	1.848	7
Devisenbilanz		7	
Summe total	1.855	1.855	

Quelle: Deutsche Bundesbank, Statistisches Beiheft zum Monatsbericht 3.

rungen usw. Die Einnahmen sind hier 150 Mrd DM und die Ausgaben 212 Mrd DM, woraus sich ein Defizit von 62 Mrd DM ergibt.

In der Bilanz der **Erwerbs- und Vermögenseinkommen** werden z.B. registriert der Lohn eines Pendlers, der im Ausland arbeitet, oder auch die Kapitalerträge, die aus Kapitalanlagen im Ausland erzielt werden. Diese Bilanz weist Einnahmen von 139 Mrd DM und Ausgaben von 155 Mrd DM auf, woraus sich ein Defizit von 16 Mrd DM ergibt.

In der Bilanz der **laufenden Übertragungen** werden regelmäßig anfallende unentgeltliche Leistungen vom Ausland und an das Ausland registriert. Hier ergibt sich ein beachtliches Defizit von 53 Mrd DM. Die Übertragungen an das Ausland betragen 82 Mrd DM, während die Übertragungen vom Ausland nur 29 Mrd DM betragen. Das hohe Defizit in dieser Übertragungsbilanz ist überwiegend Folge von Überweisungen der Gastarbeiter und von öffentlichen Leistungen an internationale Organisationen.

Die vier Teilbilanzen des Außenhandels, der Dienstleistungen, der Erwerbs- und Vermögenseinkommen und der laufenden Übertragungen bilden zusammen die Leistungsbilanz. Die **Leistungsbilanz** weist Einnahmen von 1.266 Mrd DM auf und Ausgaben von 1.272 Mrd DM, woraus sich ein Leistungsbilanzdefizit von 6 Mrd DM ergibt.

In der Bilanz der **Vermögensübertragungen** werden unregelmäßig anfallende Übertragungen zwischen In- und Ausländern registriert. Diese Bilanz weist Einnahmen von 6 Mrd DM und Ausgaben von 5 Mrd DM auf, was einen Überschuß von 1 Mrd DM ergibt.

In der **Kapitalbilanz** wird der Kapitalverkehr zwischen In- und Ausländern registriert. Die Kapitalbilanz weist Kapitalexporte von 559 Mrd DM auf, die Abflüsse ins Ausland sind und folglich auf der Passivseite gebucht werden. Die Kapitalimporte in Höhe von 583 Mrd DM stehen auf der Aktivseite. Aus den beiden Werten ergibt sich ein Kapitalbilanzüberschuß von 24 Mrd DM.

Die Zahlungsbilanzstatistik ist wie jede empirische Statistik lückenhaft. Nicht alle Transaktionen zwischen In- und Ausländern kommen der offiziellen Statistik zur Kenntnis. Die nicht erfaßten Posten und statistischen Ermittlungsfehler werden als Restposten aus der Summe aller anderen Werte ermittelt, die sich bei perfekter Statistik zu Null addieren müssen. Dieser **Restposten** ist nicht unbedeutend und macht immerhin den beachtlichen Wert von -12 Mrd DM aus.

Die Summe der Positionen der Leistungsbilanz, der Vermögensübertragungen und der Kapitalbilanz einschließlich des Restpostens ergeben 1.855 Mrd DM Zuflüsse und 1.848 Mrd DM Abflüsse. Die einzige inländische Wirtschaftseinheit, die hierbei mit ihren Auslandstransaktionen noch nicht berücksichtigt ist, ist die Bundesbank. Also muß sich die Differenz von 1.855 − 1.848 = + 7 Mrd DM bei der Bundesbank als Zugang der Devisenreserven niederschlagen. Dieser Betrag von 7 Mrd DM wird zum Ausgleich der gesamten Zahlungsbilanz auf der Passivseite gebucht. Diese Position darf also nicht so mißverstanden werden, daß – da die Position auf der Passivseite erscheint – die Devisenreserven sinken. Vielmehr nehmen die Devisenreserven zu, da die Zuflüsse auf der Aktivseite ohne Bundesbank die Abflüsse auf der Passivseite ohne Bundesbank um 7 Mrd DM übersteigen.

Die **Änderung der Devisenreserven der Bundesbank** wird häufig als **Devisenbilanzsaldo oder auch als Zahlungsbilanzsaldo** bezeichnet. Hiernach hat

Deutschland also 1998 einen Zahlungsbilanzüberschuß von 7 Mrd DM. Das bedeutet einfach, daß die Devisenreserven um 7 Mrd DM gestiegen sind. Die Summe aller Leistungs- und Kapitaltransaktionen einschließlich des Restpostens beträgt + 7 Mrd DM. Wenn sich diese Transaktionen gerade die Waage halten, so daß die Devisenreserven der Bundesbank konstant bleiben, dann bezeichnet man dies als ein **Zahlungsbilanzgleichgewicht**.

Wir können uns zum Verständnis der Methodik der Zahlungsbilanzstatistik einige **Beispiele** und deren Buchung in einer Zahlungsbilanz überlegen. Nehmen wir z.B. folgenden Fall an. Ein deutsches Unternehmen exportiert Waren, die Rechnung ist auf Dollar valutiert und wird durch Überweisung des Dollar-Betrages auf ein Konto des deutschen Unternehmens bei einer US-Bank beglichen. Wie schlägt sich dieser Vorgang in der Zahlungsbilanz nieder? Der Warenverkauf wird als Export auf der Aktivseite der Handelsbilanz gebucht. Der Zugang auf dem Dollar-Konto des inländischen Unternehmens wird als Kapitalexport einer inländischen Wirtschaftseinheit auf der Passivseite der Kapitalbilanz gebucht. Die Leistungsbilanz ist im Überschuß, die Kapitalbilanz ist im Defizit, und die Devisenbilanz ist nicht berührt. Es liegt insgesamt ein **Zahlungsbilanzgleichgewicht** vor.

Wir können den Fall dergestalt abwandeln, daß der deutsche Exporteur das Dollar-Guthaben über seine Hausbank in ein DM-Guthaben umwandelt und das Dollar-Guthaben von der Hausbank durch Verkauf am Devisenmarkt auf die Bundesbank übergeht. Dann entspricht der Aktivbuchung in der Handelsbilanz ein Devisenzugang bei der Bundesbank, der in der Buchungssystematik auf der Passivseite erscheint. In diesem Fall sind die Leistungsbilanz und die Devisenbilanz im Überschuß. Es liegt ein **Zahlungsbilanzüberschuß** vor.

Wählen wir schließlich noch einen Vorgang mit Kapitaltransaktionen ohne Leistungstransaktion. Ein Inländer wandelt ein DM-Guthaben in ein Dollar-Guthaben um. Seine Hausbank, die den Auftrag abwickelt, beschafft sich die notwendigen Dollar am Devisenmarkt bei der Bundesbank. Hier betreibt der Inländer einen Kapitalexport, der in der Kapitalbilanz auf der Passivseite gebucht wird. Die Gegenbuchung erfolgt in der Devisenbilanz, in der auf der Aktivseite eine Abnahme der Devisenreserven gebucht wird. Die Kapitalbilanz ist im Defizit, und die Devisenreserven nehmen ab. Es liegt ein **Zahlungsbilanzdefizit** vor. Wenn der Kapitalexport des Inländers der offiziellen Statistik nicht zur Kenntnis kommt, dann wird der Devisenabgang, der bei der Bundesbank zweifellos auftritt, in der Zahlungsbilanzstatistik ausgewiesen und als Gegenposten ein entsprechender Restposten mit einem in diesem Fall negativen Vorzeichen.

Tab. 21.2 Zahlungsbilanz 1971 bis 1998 (Mrd DM)

Teilbilanz	1971	1973	1980	1985	1989	1991	1992	1993	1998
Leistungsbilanz	4	14	–24	54	109	–28	–21	–15	–6
Verm.Übertragungen	–0	–0	–2	–2	–2	–5	–2	–2	1
Kapitalbilanz einschl. Restposten	12	13	–2	–47	–102	23	76	–6	12
Änderung der Devisenreserven	16	27	–28	5	5	–10	53	–23	7

Quellen: Deutsche Bundesbank, Monatsberichte; SVR, JG; eigene Berechnungen.

Verschaffen wir uns schließlich noch einen Überblick über die **Entwicklung der deutschen Zahlungsbilanz** im längerfristigen Zeitvergleich.

Von 1970 bis 1973 weist die Devisenbilanz hohe Überschüsse auf. Insbesondere die Kapitalbilanz ist in diesem Zeitraum durch hohe Kapitalimporte gekennzeichnet, so daß – zusammen mit den Leistungsbilanzüberschüssen – die Devisenreserven entsprechend stark zunehmen. Von 1979 bis 1981 ist die Leistungsbilanz wegen der Ölpreisexplosion stark defizitär. Im Jahre 1980 führt dies wegen fehlender Kapitalimporte zu entsprechend stark sinkenden Devisenreserven. Danach weist die Leistungsbilanz wieder hohe und bis vor der deutschen Einigung stark steigende Überschüsse auf. Wegen gleichzeitig hoher Kapitalexporte ist die Zahlungsbilanz jedoch etwa ausgeglichen. Durch die **deutsche Einigung** wird die Leistungsbilanz defizitär. In Ostdeutschland sinkt die Produktion sehr stark, während die Nachfrage durch Finanztransfers aus Westdeutschland hochgehalten wird. Die Nachfrage erzeugt einen Importsog, durch den der Handelsbilanzüberschuß stark schrumpft. Die Zahlungsbilanz weist Anfang der 90er Jahre wegen spekulativer Kapitalbewegungen kurzfristig hohe Salden auf, ist jedoch im längerfristigen Durchschnitt etwa ausgeglichen.

II. Zahlungsbilanz und inländischer Wirtschaftskreislauf

Die ökonomischen Transaktionen zwischen In- und Ausländern haben notwendigerweise Auswirkungen auf den Wirtschaftsablauf im Inland. Die Zahlungsbilanz wirkt über zwei Kanäle auf den inländischen Wirtschaftskreislauf. Über die Leistungsbilanz wirkt die Zahlungsbilanz auf den Gütermarkt und über die Devisenbilanz auf den Geldmarkt.

Der Zusammenhang zwischen der **Leistungsbilanz und dem inländischen Gütermarkt** ist ein Gegenstand des Volkswirtschaftlichen Rechnungswesens. Wir haben uns hiermit weiter oben bei der Behandlung des Kreislaufschemas für eine offene Volkswirtschaft bereits ausführlich beschäftigt (vgl. 9. Kapitel, Ziffer II.4, Ziffer IV.2 und Ziffer V.4). Exporte in der Leistungsbilanz bedeuten eine Nachfrage seitens des Auslands nach inländischen Waren und Dienstleistungen. Umgekehrt sind Importe für die inländische Volkswirtschaft ein Güterangebot vom Ausland. Es gilt für die gesamtwirtschaftliche Nachfrage in einer offenen Volkswirtschaft:

$$Y^d = C + I + G + X - Q,$$
$$Y^d = C + I + G + NX. \tag{1}$$

In Gleichung (1) haben die Symbole die bisher verwendeten üblichen Bedeutungen. NX steht für die Differenz zwischen Güterexporten X und Güterimporten Q, d.h. für den Außenbeitrag. Zwischen dem Außenbeitrag und der Nachfrage nach inländischen Gütern besteht eine positive Beziehung.

Wenden wir uns nun den Auswirkungen der Zahlungsbilanz über die **Devisenbilanz auf den Geldmarkt** zu. Die Devisenreserven der Zentralbank sind ein Bestandteil der inländischen Geldbasis. Die Geldbasis entsteht, indem die Zentralbank zentralbankfähige Aktiva ankauft. Diese Aktiva können Forderungen

(Kredite) an das Ausland (Devisen) sein, an den Staat oder an Geschäftsbanken. Es gilt:

$$\text{Geldbasis} = \begin{array}{c}\text{Kredite an}\\ \text{das Ausland}\\ \text{(netto)}\end{array} + \begin{array}{c}\text{Kredite an}\\ \text{den Staat}\\ \text{(netto)}\end{array} + \begin{array}{c}\text{Kredite an}\\ \text{Geschäfts-}\\ \text{banken}\end{array},$$

$$B = R + NF_{ZB\text{-}St} + F_{ZB\text{-}GB}. \tag{2}$$

Gleichung (2) ist die Bilanz der Zentralbank in Gleichungsform. Links vom Gleichheitszeichen steht das Symbol B für die Geldbasis auf der Passivseite der Zentralbankbilanz. Rechts vom Gleichheitszeichen stehen die Aktiva der Zentralbankbilanz, durch deren Ankauf die Zentralbank die Geldbasis in Umlauf gebracht hat. Hier steht R für die Netto-Devisenreserven der Zentralbank, NFZB bzw. FZB bedeutet Netto-Forderungen bzw. Forderungen der Zentralbank, und zwar gegenüber dem Staat St und gegenüber den Geschäftsbanken GB. Wir haben diesen Zusammenhang weiter oben bei der Behandlung der Geldpolitik des ESZB bereits kennengelernt (vgl. Konto 14.5 im 14. Kapitel, Ziffer V.1). Liegt nun ein Zahlungsbilanzungleichgewicht vor, dann ändern sich die Devisenreserven der Zentralbank. Im Fall eines Zahlungsbilanzüberschusses erhöhen sich die Devisenreserven, die Zentralbank gibt im Austausch für die angekauften Devisen inländisches Geld aus, die Geldbasis nimmt zu, und über die Geldschöpfung steigt die inländische Geldmenge. In Gleichung (2) erhöht sich der erste Summand rechts vom Gleichheitszeichen, und die Geldbasis nimmt dementsprechend zu. Im umgekehrten Fall eines Zahlungsbilanzdefizits sinken die Devisenreserven der Zentralbank, was einen restriktiven Effekt auf die inländische Geldmenge ausübt. Nur im Fall eines Zahlungsbilanzgleichgewichts kommt es zu keinen Wirkungen von der Zahlungsbilanz auf die inländische Geldmenge. Insgesamt können wir feststellen, daß zwischen dem Zahlungsbilanzsaldo und der inländischen Geldmenge eine positive Beziehung besteht.

III. Zahlungsbilanzgleichgewicht als Ziel der Wirtschaftspolitik

Der Ausgleich der Zahlungsbilanz gilt als eines der 4 Ziele des magischen Vierecks der Wirtschaftspolitik. Dies rührt daher, daß dauerhafte Zahlungsbilanzungleichgewichte negative Auswirkungen auf den Wirtschaftsablauf haben.

Fragen wir zunächst nach den negativen Konsequenzen eines **Zahlungsbilanzdefizits**. Ein Zahlungsbilanzdefizit bedeutet, daß die Zentralbank Devisen verliert. Die inländische Geldmenge wird verknappt, die Zinsen steigen, es kommt zu **deflatorischen Wirkungen**. Dem kann die Zentralbank zwar durch eine expansive Geldpolitik mit ihren anderen geldpolitischen Instrumenten entgegenwirken. Der Verlust an Devisenreserven ist allerdings damit nicht auszugleichen. Wegen der Begrenztheit der Devisenreserven sind Zahlungsbilanzdefizite nicht auf Dauer realisierbar. Wenn die Devisenreserven zur Neige gehen, greifen die betroffenen Länder regelmäßig zu behördlichen Reglementierungen des grenzüberschreitenden Güter- und Kapitalverkehrs. Solche **protektionistischen Maßnahmen** sind im Fall von Defizitländern z.B. Zölle, Importkontingente, Kapitalexportverbote, Devisenrationierung usw. Maßnahmen dieser Art werden allgemein als **Devisenzwangswirtschaft oder auch Devisenbewirtschaftung** bezeichnet. Durch solche Eingriffe in die Freiheit des grenzüberschreitenden Wirtschaftsverkehrs wird eine optimale Ressourcenallokation verhindert. Es kommt nicht mehr zu einem ungehinderten internationalen Güter- und Kapitalaustausch. Es ergeben sich **Wohlstandsverluste**.

Wie sieht es im Fall eines Ungleichgewichts in Form eines **Zahlungsbilanzüberschusses** aus? Ein Zahlungsbilanzüberschuß bedeutet, daß die Devisenreserven der Zentralbank zunehmen. Hierdurch steigt die inländische Geldmenge, was über kurz oder lang zu **inflatorischen Prozessen** führt. Hiergegen versuchen sich die betroffenen Länder ebenfalls durch **protektionistische Maßnahmen** zu schützen, z.B. durch Exportbesteuerung, Importsubventionierung, Kapitalimportverbote, Verzinsungsverbote für Ausländerguthaben, Begünstigungen des Kapitalexports usw. Solche Maßnahmen werden teilweise als **Devisenbannwirtschaft** bezeichnet. Im Prinzip wird auch durch solche Maßnahmen durch die Behinderung eines freien internationalen Güter- und Kapitalaustausches eine optimale Ressourcenallokation verhindert mit der Folge von **Wohlstandsverlusten**.

Die Forderung nach einem Ausgleich der Zahlungsbilanz ist also letztlich darin begründet, einen freien internationalen Güter- und Kapitalverkehr als notwendige Bedingung für eine optimale Ressourcenallokation zu gewährleisten. Die Frage ist, durch welche Maßnahmen ein Ausgleich der Zahlungsbilanz erreicht werden kann. Dies ist die Frage nach den Zahlungsbilanzausgleichsmechanismen, die wir im folgenden Abschnitt behandeln.

IV. Zahlungsbilanzausgleich

1. Devisenmarkt, Wechselkursmechanismus und das System flexibler Wechselkurse

Der Versuch einer Radikalmethode zum Ausgleich der Zahlungsbilanz ist, den Wechselkurs frei schwanken zu lassen. Die Argumentation ist im Prinzip denkbar einfach. Wenn Zahlungsbilanzungleichgewichte gleichbedeutend mit Änderungen der Devisenreserven der Zentralbank sind, dann ist die Zahlungsbilanz offensichtlich immer dann im Gleichgewicht, wenn die Zentralbank weder Devisen ankauft, noch welche verkauft. Denn wenn die Zentralbank sich in dieser Weise nicht am Devisenhandel beteiligt, dann können sich ihre Devisenreserven auch nicht ändern, und folglich ist die Zahlungsbilanz gewissermaßen automatisch stets ausgeglichen. Ein solches Wechselkurssystem ist ein **System flexibler (auch: freier) Wechselkurse**. In einem solchen Wechselkurssystem gibt es keine Interventionen der Zentralbanken an den Devisenmärkten. In der Praxis kommt es allerdings auch im System flexibler Wechselkurse zu ungeregelten Interventionen der Zentralbanken. Dies wird teilweise als **schmutziges Floating** bezeichnet. Ein solches Verhältnis besteht z.B. zwischen der DM und dem US-Dollar.

Im System flexibler Wechselkurse wird der Zahlungsbilanzausgleich durch den **Wechselkursmechanismus** besorgt. Dieser Wechselkursmechanismus kann anhand der Abbildung 21.1 erläutert werden.

Die Darstellung in Abbildung 21.1 ist eine einfache Anwendung der Methode des Marktmechanismus auf den Devisenmarkt. **Devisen** sind auf konvertible ausländische Währung lautende Guthaben bei Zentralbanken, aber auch bei Geschäftsbanken. Banknoten in ausländischer Währung werden als Sorten bezeichnet. Der Handel in Devisen findet auf dem **Devisenmarkt** statt. Devisen sind gewissermaßen das Gut, welches auf dem Devisenmarkt gehandelt wird. Die Devisenmenge ist folglich in Abbildung 21.1 auf der Abszisse abgetragen. Wir wählen als Beispiel den US-Dollar.

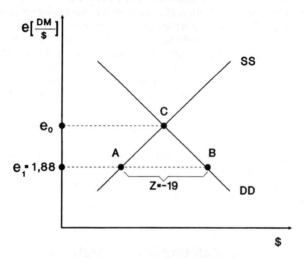

Abb. 21.1 Devisenmarkt und Wechselkursmechanismus

Auf der Ordinate eines Markt-Achsenkreuzes steht der Preis des betreffenden Gutes. Im Fall des Devisenmarktes ist der Preis der Devisen der Wechselkurs. Der **Wechselkurs** ist der in inländischen Währungseinheiten ausgedrückte Preis einer ausländischen Währungseinheit. In Abbildung 21.1 mit dem Dollar als Beispiel ist also auf der Ordinate der DM-Dollar-Kurs, ausgedrückt in DM pro Dollar abgetragen. Die Änderung des Wechselkurses kann eine Aufwertung oder eine Abwertung sein. Bei einer **Aufwertung** der DM sinkt der Wechselkurs. Der Dollar wird in DM ausgedrückt billiger. Die DM wird in Dollar ausgedrückt wertvoller. Umgekehrt steigt bei einer **Abwertung** der DM der Wechselkurs. Der Dollar wird in DM ausgedrückt teurer. Die DM verliert in Dollar ausgedrückt an Wert.

Wie auf jedem Markt, so gibt es auch auf dem Devisenmarkt eine Nachfrage und ein Angebot. Die Nachfrage auf dem Devisenmarkt stammt aus den Passivpositionen der Zahlungsbilanz, und das Angebot stammt aus den Aktivpositionen der Zahlungsbilanz. Für Güterimporte und Kapitalexporte werden Devisen benötigt. Diese Positionen der Zahlungsbilanz bedeuten also am Devisenmarkt eine Nachfrage. Dies gilt auch dann, wenn z.B. im Fall eines Güterimports die Rechnung des ausländischen Lieferanten aus irgendwelchen Gründen auf DM valutiert ist. In diesem Fall bietet der ausländische Lieferant die für ihn fremde Währung gegen eigene Währung, also gegen Dollar an, d.h. er entfaltet eine Nachfrage nach Dollar. Analog zur Nachfrage nach Devisen ergibt sich auf der Angebotsseite des Devisenmarktes ein Angebot an Devisen, wenn Güterexporte und Kapitalimporte stattfinden.

Wovon hängen nun die Devisennachfrage und das Devisenangebot ab? Die Hypothese im Wechselkursmechanismus lautet hierzu einfach, daß **Nachfrage und Angebot vom Preis der Devisen, also vom Wechselkurs abhängen**. Je billiger der Dollar ist, desto mehr Dollar werden für Güterimporte und Kapitalexporte nachgefragt, und desto weniger Dollar werden aus Güterexporten und Kapitalimporten angeboten. Umgekehrt werden um so weniger Dollar nachgefragt und um so mehr Dollar angeboten, je teurer der Dollar ist.

Wir wollen diesen Mechanismus für die Güterim- und -exporte kurz erläutern. Nehmen wir als Beispiel den Fall einer Abwertung der DM. Zur Veranschaulichung ist in Abbildung 21.1 die deutsche Zahlungsbilanzsituation 1989 angegeben. Zur Vereinfachung nehmen wir an, daß nur Dollar Gegenstand des Devisenhandels sind. Die Zahlungsbilanz weist 1989 ein Defizit von Z = – 19 Mrd DM auf (Z = Zahlungsbilanzsaldo). In diesem Umfang nehmen 1989 die Devisenreserven der Bundesbank ab. Die Bundesbank interveniert am Devisenmarkt in Form von Dollarabgaben im Umfang von 19 Mrd DM. Also ist 1989 am Devisenmarkt zu dem durchschnittlichen Wechselkurs von e_1 = 1,88 DM/Dollar die Devisennachfrage größer als das Devisenangebot. Denn der Devisenabgang bei der Bundesbank bedeutet, daß eine am Markt herrschende Überschußnachfrage nach Devisen in diesem Umfang von der Bundesbank befriedigt wird. Man kann sich nun die Funktionsweise des Wechselkursmechanismus anhand des hypothetischen Verlaufs ohne die Interventionen der Bundesbank überlegen. Wenn die Bundesbank nicht interveniert hätte, dann wäre der Wechselkurs gestiegen, d.h. die DM hätte abgewertet. Der Wechselkursmechanismus hätte dann besorgt, daß die Zahlungsbilanz ausgeglichen worden wäre. Durch die Abwertung sinkt der Dollar-Preis der Exportgüter. Deutsche Güter werden für Ausländer billiger, die Exportnachfrage seitens des Auslands nimmt zu, und das Devisenangebot aus Güterexporten steigt. Dies ist eine Bewegung auf der SS-Linie des Devisenangebots von A nach rechts oben. Auf der anderen Seite erhöht sich durch die DM-Abwertung der DM-Preis der Importgüter. Ausländische Güter werden für deutsche Kunden teurer, die inländische Importnachfrage geht zurück, und die Devisennachfrage für Güterimporte sinkt. Dies ist eine Bewegung auf der DD-Linie der Devisennachfrage von B nach links oben. Beide Effekte zusammen bewirken, daß die Überschußnachfrage nach Devisen durch die Abwertung zurückgeht, bis sich Devisenangebot und Devisennachfrage im Punkt C bei dem Gleichgewichts-Wechselkurs e_0 decken. Die Zahlungsbilanz ist im Gleichgewicht.

In Abbildung 21.1 ist beim Wechselkurs e_1 der Fall eines Zahlungsbilanzdefizits dargestellt. Analog liegt bei einem Wechselkurs über dem Gleichgewichtskurs e_0 ein Zahlungsbilanzüberschuß vor. In diesem Fall bewirkt der Wechselkursmechanismus über eine Aufwertung der Inlandswährung ein Zahlungsbilanzgleichgewicht.

Zusammenfassend können wir festhalten, daß im System **flexibler Wechselkurse das Zahlungsbilanzgleichgewicht durch das freie Spiel des Wechselkurses** besorgt wird. Die Zentralbanken nehmen nicht am Devisenhandel teil. Die

Wechselkurse bilden sich aus Angebot und Nachfrage am Devisenmarkt ohne Interventionen seitens der Zentralbanken.

Unter Beschränkung auf die Leistungsbilanz kann der Wechselkursmechanismus formal durch folgende Gleichung charakterisiert werden:

mit
$$NX = NX(e) \tag{3}$$
$$\delta NX/\delta e > 0.$$

Gemäß Gleichung (3) ist der **Leistungsbilanzsaldo positiv vom Wechselkurs abhängig** (von Übertragungen wird zur Vereinfachung abgesehen). Eine Abwertung (e steigt) erhöht den Leistungsbilanzsaldo durch Verbilligung der Exporte und Verteuerung der Importe. Eine Aufwertung (e sinkt) verringert den Leistungsbilanzsaldo durch Verteuerung der Exporte und Verbilligung der Importe. Stammen Devisenangebot und Devisennachfrage nur aus Güterexporten und Güterimporten, besorgt das freie Spiel des Wechselkurses einen Ausgleich der Leistungsbilanz.

Wie ist der Wechselkursmechanismus zum Ausgleich der Zahlungsbilanz zu beurteilen? Richtig ist wohl, daß Wechselkursänderungen in der Zahlungsbilanz auf den Außenbeitrag wirken. Durch die Höhe des Wechselkurses wird die internationale Wettbewerbsfähigkeit eines Landes mit beeinflußt. Wechselkursänderungen wirken über entsprechende Preisänderungen auf die Güterex- und -importströme. Allerdings ist der Wechselkursmechanismus kein Allheilmittel gegen Zahlungsbilanzungleichgewichte. Es sind insbesondere vier Punkte kritisch anzumerken.

Erstens wird eine **Normalreaktion** der Güterim- und -exporte auf Wechselkursänderungen gemäß Gleichung (3) vorausgesetzt. Die Bedingungen für diese Normalreaktion sind im Rahmen von **Elastizitätsanalysen** ausgiebig untersucht worden (BICKERDIKE, 1920; MARSHALL, 1923; LERNER, 1944; ROBINSON, 1947). Wir verzichten hier auf eine ausführliche Herleitung und Darstellung dieser Elastizitätsbedingungen. Im Grundsatz lauten diese Elastizitätsbedingungen, daß für eine Normalreaktion der Leistungsbilanz auf Wechselkursänderungen die Nachfrage nach Ex- und Importen hinreichend preiselastisch sein muß (MARSHALL-LERNER-Bedingung) und die Angebotselastizitäten gering sein müssen (ROBINSON-Bedingung). Man kann sich diese Bedingungen klarmachen, indem man sich die Wirkung von z.B. einer Abwertung für den Fall überlegt, daß diese Bedingungen nicht erfüllt sind. Stellen wir uns ein Land mit einem Leistungsbilanzdefizit vor, welches zum Ausgleich seiner Leistungsbilanz den Wechselkurs frei schwanken läßt. Die Hoffnung ist, daß sich die Leistungsbilanz über eine Abwertung ausgleicht. Wenn nun in diesem Land die Importe z.B. absolut notwendige Rohstoffimporte sind, dann ist im Extremfall die Preiselastizität der Nachfrage nach Importen Null. Die Abwertung führt lediglich zu einem kräftigen Anstieg der Inlandspreise der Importgüter, ohne daß die mengenmäßige Nachfrage zurückgedrängt wird. Für die Exportseite nehmen wir an, daß die Preiselastizität des inländischen Angebots hoch ist und die ausländische Nachfrage preisunelastisch reagiert. Die Exportpreise in Inlandswährung, der mengenmäßige Export und damit der Exportwert bleiben weitgehend konstant. Zusammen genommen bedeutet dies, daß sich der Leistungsbilanzsaldo durch die Abwertung nicht nur nicht verbessert, sondern wegen der höheren Importausgaben sogar verschlechtert. Es kommt zu einer anormalen Reaktion der Leistungsbilanz auf die Wechselkursänderung, weil die Elastizitätsbedingungen für eine Normalreaktion nicht erfüllt sind. Man nennt diesen Effekt den **J-Kurven-Effekt**. Der Verlauf des Buchstabens J geht zunächst nach unten (Verschlechterung der Leistungsbilanz), bis ein Tiefpunkt erreicht ist, von dem aus der Verlauf nach oben geht (Verbesserung der Leistungsbilanz, wenn nach einer Anpassungszeit durch Substitutionsprozesse die Elastizitäten normale Werte annehmen).

Zweitens handelt es sich bei dem Wechselkursmechanismus um eine sehr eingeschränkte **Partialanalyse**. Es werden insbesondere die Wirkungen von Wechselkursänderungen auf das Preisniveau und das Realeinkommen und die davon ausgehenden Rückwirkungen auf die Zahlungsbilanz nicht berücksichtigt. So kann z.B. im Fall einer Abwertung durch den Anstieg der Importpreise die inländische Inflation ansteigen und durch die Exportzunahme das inländische Realeinkommen. Beide Effekte wirken negativ auf die Leistungsbilanz, da die Exporte gedämpft und die Importe angeregt werden. Diese Rückwirkungen können die anfänglich positive Wirkung der Abwertung auf die Leistungsbilanz zunichte machen.

Drittens ist der Wechselkursmechanismus eine auf einen Teil der Zahlungsbilanz, nämlich auf den Außenbeitrag eingeschränkte Analyse. Der **Kapitalverkehr** ist ausgeschlossen bzw. kann nicht adäquat berücksichtigt werden. Die Elastizitätsanalyse ist eine völlig auf den Güterverkehr eingeschränkte Analyse. Der Ansatz, den Wechselkurs auch als Einflußgröße für den Kapitalverkehr zu berücksichtigen, ist inakzeptabel, da Kapitalex- und -importe von Zinsdifferenzen und **Wechselkursänderungserwartungen** abhängen.

Viertens können flexible Wechselkurse dann, wenn der Kapitalverkehr zum dominierenden Bestandteil der Zahlungsbilanz wird, nachteilige Wirkungen für den Wirtschaftsablauf haben. Hohe Kapitalverkehrsströme erzeugen bei freien Wechselkursen u.U. außerordentlich **stark schwankende Wechselkurse**. Hierdurch wird die internationale Wettbewerbssituation von Ländern u.U. so stark verzerrt, daß sich die betroffenen Länder durch protektionistische Maßnahmen hiergegen zu schützen versuchen. In diesem Fall ist das System flexibler Wechselkurse mit erheblichen Nachteilen verbunden, da durch den Protektionismus eine effiziente Ressourcenallokation verhindert wird und es zu Wohlstandsverlusten kommt.

2. Geldmengen-Preismechanismus und das System fester Wechselkurse

Die Alternative zu einem System flexibler Wechselkurse ist ein System fester Wechselkurse. Im System fester Wechselkurse bestehen zwischen den am System beteiligten Zentralbanken internationale Vereinbarungen, wonach durch Zentralbankinterventionen am Devisenmarkt die Wechselkurse zwischen den beteiligten Währungen innerhalb einer geringen **Schwankungsbreite (sog. Bandbreite)** um vertraglich vereinbarte **Leitkurse (auch: Parität)** gehalten werden. Ein solches System war z.B. das **Europäische Währungssystem EWS**, dem auch die DM angehörte. Allerdings ist zu beachten, daß im System fester Wechselkurse, auch im EWS, die Leitkurse nicht unveränderlich festgelegt sind, sondern bei Bedarf geändert werden.

Wir erläutern zunächst die Funktionsweise eines Festkurssystems und anschließend den Geldmengen-Preismechanismus, der in einem solchen System den Zahlungsbilanzausgleich besorgen kann.

Die Funktionsweise eines Festkurssystems kann anhand der Abbildung 21.2 erläutert werden. Wir wählen zur Veranschaulichung das Verhältnis DM zu Französischer Franc FF zu Zeiten des EWS.

Auf der Abszisse ist die Devisenmenge FF abgetragen, auf der Ordinate der Wechselkurs in DM/100 FF. Der Leitkurs zwischen DM und FF betrug seit dem 12. Januar 1987 29,8164 DM/100 FF. Die Bandbreite war auf +2,275% nach oben und −2,225% nach unten vom Leitkurs festgelegt. Das entspricht einem **oberen Interventionspunkt** von 30,495 DM/100 FF und einem **unteren Interventionspunkt** von 29,150 DM/100 FF.

Am Devisenmarkt sind nun drei Fälle möglich. Wenn der Marktkurs **innerhalb der Bandbreite** liegt, brauchen die Zentralbanken nicht einzugreifen. Die zweite Möglichkeit ist, daß der Marktkurs aus der **Bandbreite nach oben auszubrechen droht**. Die DM wird schwach, der FF wird stark. Nun muß seitens der Zentralbanken ein zusätzliches Angebot an FF in den Markt gegeben werden, das mindestens so groß sein muß, daß der Wechselkurs am oberen Interventionspunkt verbleibt. Ob die Deutsche Bundesbank in Frankfurt oder die Banque de France in Paris interveniert, ist im Prinzip gleichgültig und eine Frage der Abstimmung zwischen den beiden Zentralbanken. Der DM-FF-Kurs kann zwischen Paris und Frankfurt nicht unterschiedlich sein, da selbst geringste Unterschiede durch den Handel (sog. Arbitrage) sofort ausgeglichen werden. Wenn die Bundesbank in diesem Beispiel interveniert, stellt ihr die französische Notenbank aufgrund des EWS-Vertrages die bei Bedarf benötigten Devisen als Kredit zur Verfügung. Die Devisenreserven der Bundesbank sinken. Die deutsche Zahlungsbilanz ist defizitär. Die dritte Möglichkeit ist, daß der Wechselkurs unter den **unteren Interventionspunkt abzusinken droht**. Die DM wird stark, der FF wird schwach. Nun muß seitens der Zentralbanken das überschüssige Angebot an FF gegen DM aus dem Markt genommen werden. Die Devisenreserven der Bundesbank steigen. Die deutsche Zahlungsbilanz weist einen Überschuß auf. Der **Wechselkurs wird also durch die Interventionen der Zentralbanken innerhalb der festgelegten Bandbreite gehalten**. Wenn die Interventionen den nationalen Interessen einer Zentralbank zuwiderlaufen, kann der Leitkurs im gegenseitigen Einvernehmen geändert werden. Im EWS sind solche **Realignments** mehrfach vorgenommen worden. So ist z.B. die DM gegenüber dem FF sechsmal aufgewertet worden. Der Leitkurs zwischen DM und FF ist hierdurch seit Beginn des EWS von 43,2995 DM/100 FF insgesamt auf 29,8164 DM/100 FF gesunken.

Welcher Mechanismus besorgt in einem System fester Wechselkurse den Zahlungsbilanzausgleich? Die Interventionen der Zentralbanken sind kurzfristige Maßnahmen, durch die der Wechselkursmechanismus des Zahlungsbilanzausgleichs verhindert wird. Die Zahlungsbilanzen werden durch Interventionen im Ungleichgewicht gehalten. Änderungen der Devisenreserven sind nichts anderes als Zahlungsbilanzungleichgewichte. Ein möglicher Mechanismus zur langfristigen Herbeiführung des Zahlungsbilanzausgleichs ist der **Geldmengen-Preismechanismus**. Die Vorstellung wurzelt in der **Quantitätstheorie** (vgl. 15. Kapitel, Ziffer I.1) und geht zurück auf Klassiker wie HUME (1752) und MILL (1848). Der Mechanismus beruht auf den Geldmengenwirkungen der Zentral-

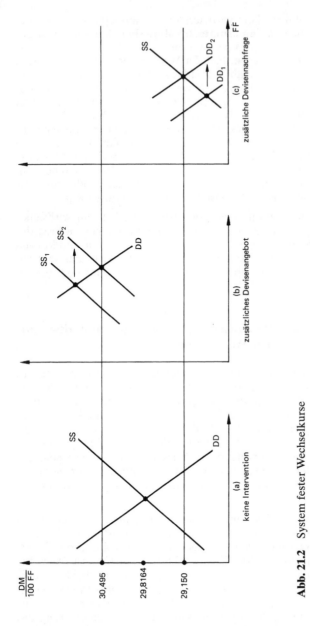

Abb. 21.2 System fester Wechselkurse

bankinterventionen und den davon langfristig verursachten Preisniveauänderungen. Nehmen wir als Beispiel den Fall des deutschen Zahlungsbilanzüberschusses in Abbildung 21.2, Teil c. Mit jedem Franc, den die Bundesbank zur Aufrechterhaltung der Bandbreite ankauft, erhöht sich die umlaufende DM-Geldmenge. Hierdurch steigt über kurz oder lang das inländische Preisniveau. Dies verteuert die deutschen Exporte und macht Importe wettbewerbsfähiger. Der deutsche Außenbeitrag sinkt. Der deutsche Zahlungsbilanzüberschuß geht zurück. Die deutsche Zahlungsbilanz wird tendenziell ausgeglichen. Man bezeichnet diesen Verlauf auch als **importierte Inflation**. Für den Ausgleich der Zahlungsbilanz ist dieser Anpassungsmechanismus nützlich. Jedoch wird das Ziel der Preisniveaustabilität in diesem Fall der Wechselkursstabilität geopfert. Ist dies nicht erwünscht, muß die Währung aufgewertet werden (der Leitkurs und damit die Bandbreite in Abbildung 21.2 werden nach unten verschoben) oder im Extremfall der Wechselkurs freigegeben werden. Dies war die Situation der Bundesrepublik Anfang der 70er Jahre gegenüber dem Dollar. Die Interventionsverpflichtung im Rahmen des damals herrschenden Festkurssystems (Bretton-Woods-System) lief schließlich den deutschen Stabilitätsvorstellungen in einem solchen Ausmaß zuwider, daß der DM-Dollar-Kurs freigegeben wurde. Für den Fall eines Zahlungsbilanzdefizits führen gemäß dem Geldmengen-Preismechanismus die Devisenverluste zu einer Abnahme der Geldmenge, was über deflatorische Wirkungen die Zahlungsbilanz langfristig ausgleicht.

Der Geldmengen-Preismechanismus ist langfristig sicherlich ein wirksames Mittel zum Ausgleich der Zahlungsbilanz. Jedoch kann in der kurzen Frist der Zusammenhang zwischen Geldmengenänderungen und Preisniveauänderungen recht locker sein, so daß sich das Zahlungsbilanzungleichgewicht nur sehr zögerlich zurückbildet und die Gefahr protektionistischer Maßnahmen der betroffenen Länder entsteht.

3. Direkter internationaler Preiszusammenhang, Kaufkraftparität und realer Wechselkurs

In der quantitätstheoretischen Vorstellung des Geldmengen-Preismechanismus sind geldmengeninduzierte Preisanpassungen der Mechanismus, durch den die Zahlungsbilanz bei festen Wechselkursen ausgeglichen wird. Man kann sich jedoch den Anpassungsmechanismus der Preise bei festen Wechselkursen auch sehr viel einfacher und wirkungsvoller als direkten internationalen Preiszusammenhang vorstellen (STÜTZEL, 1960; SVR, JG 1967/68). Die Theorie des direkten internationalen Preiszusammenhangs besagt, daß die **Preise homogener internationaler Handelsgüter auf Dauer nicht wesentlich voneinander abweichen können** und sich daher internationale Unterschiede in den Inflationsraten direkt ausgleichen.

Wählen wir zur Erläuterung des grundsätzlichen Zusammenhangs ein einfaches Beispiel. Nehmen wir an, zwischen USA und Deutschland findet ein ungehinderter Handel in Automobilen statt. Ein gängiger Chevrolet kostet 30.000 Dollar, ein vergleichbarer Opel 60.000 DM. Der DM-Dollar-Kurs ist fixiert bei 2 DM/Dollar. Die in einer Währung ausgedrückten Preise der beiden Autos sind also gerade gleich. In Deutschland ist das Preisniveau stabil. In USA steigt wegen der Inflation der Preis des Chevrolet um 10% an. Die Theorie des internationalen Preiszusammenhangs besagt nun, daß sich die Preissteigerung des US-Autos unabhängig von irgendwelchen Zahlungsbilanzsalden direkt auf das deutsche Auto überträgt. Der Opel wird auch in Deutschland um 10% im Preis ansteigen, weil der Produzent und auch jeder Händler in USA für einen Opel ohne Probleme einen um 10% höheren Preis erzielen kann. Homogene Güter können auf Dauer bei freiem Handel keine unterschiedlichen Preise haben. Der Preisanstieg in der deutschen Automobilindustrie zieht dann über Lohnanpassungen usw. das gesamte deutsche Preisniveau nach oben. Wenn die US-Handelsbilanz wegen der Inflation ins Defizit gerät, dann wird über den durch den internationalen Preiszusammenhang in Deutschland aufkommenden Preisniveauanstieg die deutsche Handelsbilanz allmählich verschlechtert, d.h. die US-Handelsbilanz verbessert. Deutschland kann sich gegen diesen Inflationsimport nur abschirmen, wenn in dem Beispiel die DM gegenüber dem Dollar um die Inflationsratendifferenz von 10% aufgewertet wird. Dann bleibt nämlich für den deutschen Autokäufer der DM-Preis des Chevrolet entsprechend der deutschen Inflationsrate von Null konstant, und der Dollar-Preis des Opel steigt ohne DM-Inflation alleine durch die DM-Aufwertung entsprechend der US-Inflation um 10% an. Die Wechselkursänderung neutralisiert genau die Inflationsratendifferenz.

Die Theorie des internationalen Preiszusammenhangs läuft darauf hinaus, daß die **Kaufkraftparität** und der **reale Wechselkurs** als reale Größen von monetären Phänomenen wie z.B. Inflationsratenunterschieden nicht berührt werden. In dem Beispiel ist im Ausgangszustand die Kaufkraftparität gerade gewahrt. Das bedeutet im einfachsten Fall, daß ein bestimmtes Gut (allgemein: ein Güterbündel) in beiden Ländern gleich viel kostet. Ein gängiges Auto kostet in USA 30.000 Dollar und in Deutschland 60.000 DM. Bei einem Wechselkurs von 2 DM/Dollar sind 30.000 Dollar = 60.000 DM. Der reale Wechselkurs ist in diesem einfachen Beispiel gerade gleich Eins. Der reale Wechselkurs ist das **Realaustauschverhältnis** zwischen Exportgütern und Importgütern. Wir haben diese Größe bereits im 20. Kapitel bei der Behandlung des internationalen Handels kennengelernt (vgl. 20. Kapitel, Ziffer II.2 und II.3). Es gilt:

$$\tau = \frac{P\ [DM/ME\ X]}{e\ [DM/\$] \cdot P^*\ [\$/ME\ Q]} = \frac{P}{e \cdot P^*}\ [ME\ Q/ME\ X]. \tag{4}$$

Gleichung (4) ist eine **Definitionsgleichung für den realen Wechselkurs (auch: Realaustauschverhältnis, terms of trade)**. Im Zähler steht P für den DM-Preis pro Mengeneinheit der Exporte. ME steht für Mengeneinheiten. Im Nenner steht e für den nominalen Wechselkurs in DM pro Dollar und P* für den Dollar-Preis pro Mengeneinheit der Importe. Der Nenner e · P* ist damit der DM-Preis pro Mengeneinheit der Importe. Kürzt man in den Dimensionen die Währungseinheiten weg, dann ergibt sich als Dimension für den realen Wechselkurs Mengeneinheiten Importgüter pro Mengeneinheit Exportgut. Der reale Wechselkurs gibt also an, wieviel Einheiten Importgüter für eine Einheit Exportgut importiert werden können, d.h. welche reale Importgütermenge mit einer Exporteinheit gekauft werden kann. In der statistischen Praxis kann der reale Wechselkurs aufgrund der Definition (4) als **Quotient aus DM-Exportpreisen durch DM-Importpreise gemessen werden**. In dem obigen Beispiel ergibt sich der reale Wechselkurs zu 60.000/2 · 30.000 = 1. Wenn es nun im Ausland zu einer Inflation kommt, dann steigt P*. Bei einem festen nominalen Wechselkurs überträgt sich diese Inflation durch den direkten internationalen Preiszusammenhang auf das Inland, so daß P im gleichen Maß ansteigt. Der reale Wechselkurs bleibt konstant. Die Kaufkraftparität ist gewahrt. Der Anpassungsprozeß geschieht durch eine Angleichung der Inlandsinflation an die Auslandsinflation. Dieser Inflationsimport kann vermieden werden, wenn die Währung im Ausmaß der Inflationsratendifferenz aufgewertet wird. Der nominale Wechselkurs e sinkt so (Aufwertung), daß der Anstieg von P* gerade kompensiert wird. Der reale Wechselkurs bleibt konstant. Die Kaufkraftparität ist gewahrt.

Das Inland hat sich durch die Aufwertung von der Auslandsinflation abgekoppelt.

Die Theorie des internationalen Preiszusammenhangs beschreibt zutreffend den Preisanpassungsprozeß auf verbundenen Märkten unabhängig von Zahlungsbilanzsalden. Der Mangel der Theorie ist die vollständige Vernachlässigung der Geldmenge in ihrer Bedeutung für Inflationsprozesse. Wenn im Fall einer drohenden importierten Inflation die inländische Zentralbank die Geldmenge konstant hält, dann kann es auf Dauer nicht zu einer Anpassungsinflation kommen. Das Zahlungsbilanzungleichgewicht schlägt sich dann in andauernden Devisenzugängen bei der stabilitätsorientierten Zentralbank bei gleichzeitiger Verringerung der Inlandsaktiva dieser Zentralbank nieder. Langfristig wird dies von der betroffenen Zentralbank nicht hingenommen, und eine Aufwertung oder die Freigabe des Wechselkurses wird unumgänglich.

4. Einkommensmechanismus

In den bisher behandelten Ansätzen besorgen Anpassungen von Preisrelationen den Zahlungsbilanzausgleich. Diese Ansätze können in diesem Sinne als klassische Ansätze interpretiert werden. Größen wie die gesamtwirtschaftliche Nachfrage und das gesamtwirtschaftliche Einkommen werden nicht explizit berücksichtigt. Solche Größen werden in dem **keynesianisch** orientierten Einkommensmechanismus berücksichtigt.

Wir gehen zur Erläuterung von der BSP-Gleichung nach der Verwendungsseite aus. Zur Vereinfachung wird der Sektor Staat vernachlässigt. Es gilt:

$$Y^d = C + \overline{I} + X - Q. \tag{5}$$

Nun formulieren wir für die Exporte und die Importe Verhaltensfunktionen. Die Exporte werden als eine exogene Größe behandelt. Die Exporte sind die ausländischen Importe, und für das Ausland wird keine Verhaltensannahme ausformuliert. Für die Importe wird angenommen, daß diese positiv vom Sozialprodukt Y abhängen. Je höher das Sozialprodukt ist, desto höher ist das Einkommen, und desto mehr werden Importe nachgefragt. Es gilt:

$$X = \overline{X}, \tag{6}$$
$$Q = Q(Y) = q \cdot Y, \qquad q > 0. \tag{7}$$

Gleichung (6) ist eine sehr einfache **Exportfunktion**. Gleichung (7) ist eine **Importfunktion**, wonach die Importe positiv vom Sozialprodukt abhängen. Der Faktor q ist die marginale (hier auch durchschnittliche) Importquote.

Wir gehen weiterhin von der keynesianischen Konsumfunktion aus:

$$C = \overline{C} + c \cdot Y. \tag{8}$$

Einsetzen der Verhaltensfunktionen (6), (7) und (8) in die Definitionsgleichung (5) und Auflösen nach Y ergibt:

$$Y_0 = \frac{1}{1 - c + q} \cdot (\overline{C} + \overline{I} + \overline{X}). \tag{9}$$

Gleichung (9) ist die Bestimmungsgleichung für das **Gleichgewichtseinkommen**.

Man kann aus diesen Überlegungen drei Schlußfolgerungen ableiten.

Erstens besteht zwischen Leistungsbilanzsaldo und Sozialprodukt (Einkommen, Nachfrage) eine negative Abhängigkeit. Einsetzen der Verhaltensfunktionen (6) und (7) in die Definitionsgleichung (5) und Auflösen nach dem Leistungsbilanzsaldo ergibt:

$$Y = C + \bar{I} + \bar{X} - Q(Y),$$
$$NX = \bar{X} - Q(Y) = NX(Y) \tag{10}$$

mit

$$\delta Q/\delta Y > 0, \qquad \delta NX/\delta Y < 0.$$

Gleichung (10) beschreibt den Zusammenhang zwischen Leistungsbilanzsaldo (von Übertragungen wird zur Vereinfachung abgesehen) und Sozialprodukt. Wegen der positiven Einkommensabhängigkeit der Importe ist der **Leistungsbilanzsaldo negativ vom Sozialprodukt abhängig**.

Zweitens hat eine Änderung der Exporte einen multiplikativen Effekt auf das Gleichgewichtseinkommen. Gemäß (9) gilt:

$$dY_0 = \frac{1}{1 - c + q} \cdot dX. \tag{11}$$

Gleichung (11) gibt die Änderung des Gleichgewichtseinkommens in Reaktion auf eine Änderung der Exporte an. Der Faktor $1/(1 - c + q)$ ist der **Exportmultiplikator**. Nehmen wir z.B. für $c = 0,8$ und für $q = 0,3$ an, dann erhöht sich das Gleichgewichtseinkommen durch eine Exportsteigerung um das zweifache der Exportsteigerung.

Drittens werden **Zahlungsbilanzungleichgewichte durch die Einkommensabhängigkeit der Importe abgemildert**, jedoch nicht unbedingt vollständig abgebaut. Dies wird deutlich, wenn man die Bedingung für das Gleichgewichtseinkommen als Übereinstimmung von gesamtwirtschaftlicher Nachfrage und gesamtwirtschaftlichem Angebot formuliert. Es gilt:

$$Y^d = Y^s,$$
$$C(Y) + \bar{I} + \bar{X} = Y_0 + Q(Y),$$
$$\bar{I} + \bar{X} = S(Y) + Q(Y). \tag{12}$$

Gleichung (12) ist eine I-S-Formulierung der Bedingung für das Gleichgewichtseinkommen. Die Gleichung (12) kann anhand der Abbildung 21.3 erläutert werden.

Das Sozialprodukt ist im Gleichgewicht, wenn die Summe aus Investitionen plus Exporten der Summe aus einkommensabhängiger Ersparnis und einkommensabhängigen Importen entspricht. Wenn z.B. die Exporte steigen (die Linie $\bar{I} + \bar{X}$ verschiebt sich nach oben), dann wächst Y_0, und damit steigen auch die Importe. Der durch den Exportanstieg verursachte Zahlungsbilanzüberschuß (genauer: Leistungsbilanzüberschuß) wird also durch die einkommensabhängige Zunahme der Importe verringert. Jedoch müssen bei einem Gleichge-

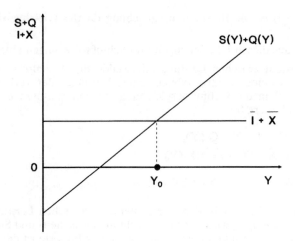

Abb. 21.3 Gleichgewichtseinkommen in der offenen Volkswirtschaft

wichtseinkommen Ex- und Importe nicht unbedingt gleich sein, d.h. die Leistungsbilanz nicht unbedingt ausgeglichen sein. Das ist höchstens zufällig der Fall, wenn nämlich die Ersparnis S(Y) gleich der Investition I ist. Es ist jedoch durchaus möglich, daß die Ersparnis z.B. größer als die Investition ist. Dann übersteigt die Ersparnis die Investition um den positiven Leistungsbilanzsaldo $X - Q > 0$. Die Reinvermögensbildung (Ersparnis) setzt sich dann zusammen aus der Sachvermögensbildung (Investition) und einer positiven Geldvermögensänderung (Leistungsbilanzüberschuß).

Dies ist eine kurzfristige (keynesianische) Argumentation. In langfristiger Betrachtung kann man sich vorstellen, daß andauernd realisierte Leistungsbilanzüberschüsse wegen der damit einhergehenden Geldvermögensanhäufung allmählich zu einer Zunahme der Investitionen, d.h. der Sachvermögensbildung führen. Dann wird das Sozialprodukt verstärkt im Inland investiert und in geringerem Maße exportiert. Dies kann bis zu einem Ausgleich der Leistungsbilanz geschehen. Gemäß dieser **langfristigen (klassischen)** Argumentation wohnt dem Einkommensmechanismus letztlich doch eine Tendenz zum **Ausgleich der Leistungsbilanz** inne.

5. Einkommen-Absorption-Ansatz

In den bisher erläuterten Ansätzen sind Wechselkurse, Preise und Einkommen (Produktion, Nachfrage) als Determinanten der Leistungsbilanz berücksichtigt. Eine wichtige Einflußgröße, nämlich der Zins, ist noch nicht berücksichtigt. Zinsen haben zweifellos einen Einfluß auf die gesamtwirtschaftliche Nachfrage und damit auch auf die Leistungsbilanz. Eine Theorie zur Analyse dieses Zusammenhangs ist der Einkommen-Absorption-Ansatz (ALEXANDER, 1951; STÜTZEL, 1969). Wir können zur Erläuterung von der BSP-Gleichung nach der Verwendungsseite ausgehen:

$$Y = C + I + G + X - Q,$$

$$Y = C + I + G + NX,$$
$$Y = A + NX. \tag{13}$$

In Gleichung (13) steht A für die Absorption und NX für den Leistungsbilanzsaldo (von Übertragungen wird zur Vereinfachung abgesehen). Die **Absorption** setzt sich aus dem privaten Konsum, dem Staatskonsum und den Investitionen zusammen. Die Absorption gibt an, in welchem Maße das gesamtwirtschaftliche Güterangebot von der Inlandsnachfrage absorbiert wird. Ist die Absorption gleich der Produktion, dann ist die Leistungsbilanz ausgeglichen. Ist die Absorption kleiner als die Produktion, dann wird die Produktion im Umfang der Differenz $Y - A = NX > 0$ nicht vollständig im Inland absorbiert, sondern zum Teil an das Ausland verkauft. Es liegt ein Leistungsbilanzüberschuß vor. Ist dagegen die Absorption größer als die Produktion, dann liegt im Umfang $Y - A = NX < 0$ ein Leistungsbilanzdefizit vor. Vom Ausland werden zusätzlich zur nationalen Produktion Importgüter zur Befriedigung der die Inlandsproduktion übersteigenden Absorption geliefert.

Die Gleichung (13) ist zunächst lediglich eine Definitionsgleichung für die Absorption.

Wovon hängt nun die Absorption ab? Hierzu kann man eine **negative Abhängigkeit vom Zins** annehmen. Es gilt:

$$A = A(i) \tag{14}$$
mit
$$\delta A/\delta i < 0.$$

Die Verhaltensfunktion (14) kann damit begründet werden, daß die Ersparnis positiv vom Zins und damit der Konsum negativ vom Zins abhängt. Von dem Sozialprodukt wird also um so weniger konsumiert und damit absorbiert, je höher der Zins ist. Man kann die Hypothese (14) auch mit dem Hinweis darauf begründen, daß Leistungsbilanzsalden Änderungen des Geldvermögens bedeuten. Die Annahme ist somit plausibel, daß der Leistungsbilanzsaldo um so höher ist, d.h. die Absorption um so niedriger ist, je höher der Zins auf Geldvermögen ist.

Zusammen mit der Hypothese (14) wird die definitorische Beziehung (13) zu einer Theorie des Zusammenhangs zwischen Zins und Leistungsbilanzsaldo. Einsetzen von (14) in (13) ergibt:

$$NX = Y - A(i) = NX(i) \tag{15}$$
mit
$$\delta A/\delta i < 0, \qquad \delta NX/\delta i > 0.$$

Gemäß Gleichung (15) ist der **Leistungsbilanzsaldo positiv vom Zins abhängig**. Soll also z.B. ein Leistungsbilanzdefizit abgebaut werden, dann ist hierzu eine Zinserhöhung notwendig. Bei konstanter Produktion wird durch die Zinserhöhung die Absorption verringert, was für eine Zunahme des Leistungsbilanzsaldos notwendig ist. Im allgemeinen Fall einer Produktionsänderung besorgt die Zinserhöhung, daß die Absorption sich um weniger ändert als die Produktion. Steigt die Produktion z.B. im Rahmen eines Expansionsprozesses an, dann ist die Zinserhöhung notwendig, damit die Absorption um weniger zunimmt als die Produktion, denn nur dann steigt der Leistungsbilanzsaldo.

Das Verdienst des Einkommen-Absorption-Ansatzes ist es, die Bedeutung der Zinsen als Einflußgrößen für die Leistungsbilanz zu berücksichtigen. Allerdings darf die Gleichung (15) nicht so mißverstanden werden, daß der Leistungsbilanzsaldo nur von dem Zins abhängt. Wechselkurse, Preise und Einkommen spielen daneben auch eine Rolle.

6. Monetärer Ansatz der Zahlungsbilanztheorie

Bei dem Einkommen-Absorption-Ansatz deutet sich durch die Berücksichtigung des Zinses bereits an, daß die Zahlungsbilanz vollständig nur unter Einbeziehung monetärer Aspekte beurteilt werden kann. Diese Aspekte werden von dem monetären Ansatz der Zahlungsbilanztheorie ganz ins Zentrum der Analyse gerückt.

Man kann zur Erläuterung des Ansatzes von der Gleichgewichtsbedingung für den Geldmarkt ausgehen und auf der Geldangebotsseite den Zusammenhang zwischen der Zahlungsbilanz und der Geldbasis berücksichtigen. Für das **Gleichgewicht am Geldmarkt** gilt:

$$\text{Geldangebot} = \text{Geldnachfrage},$$
$$m \cdot B = P \cdot L(Y, i). \tag{16}$$

In Gleichung (16) ist m der Geldschöpfungsmultiplikator, B die Geldbasis und P das Preisniveau. Die Funktion $L(Y, i)$ steht für die reale Geldnachfrage, die positiv vom Realeinkommen Y und negativ vom Zins i abhängt. Die Geldbasis auf der Angebotsseite entsteht durch den Ankauf zentralbankfähiger Aktiva durch die Zentralbank, wozu u.a. Devisen gehören. Dieser Zusammenhang zwischen der Zahlungsbilanz und dem inländischen Geldkreislauf ist in Gleichung (2) berücksichtigt. Einsetzen von Gleichung (2) ergibt:

$$m \cdot (R + NF_{Z\,B\text{-}S\,t} + F_{Z\,B\text{-}G\,B}) = P \cdot L(Y, i),$$
$$m \cdot (R + \text{Kredite}) = P \cdot L(Y, i) \tag{17}$$

mit

$$\Delta R = Z.$$

In Gleichung (17) sind R die Devisenreserven der Zentralbank. Der Ankauf von Devisen durch die Zentralbank ist die eine Quelle der Entstehung von inländischem Zentralbankgeld. Die Änderung der Devisenreserven ΔR entspricht dem Zahlungsbilanzsaldo Z. Die zweite Quelle der Entstehung von inländischem Zentralbankgeld ist der Erwerb von Forderungen an den Staat und an die Geschäftsbanken durch die Zentralbank. Diese **inländische Komponente der Geldbasisschaffung** ist in (17) kurz als „Kredite" bezeichnet.

Anhand der Gleichung (17) kann erläutert werden, wie der **Zahlungsbilanzsaldo durch die Geldpolitik beeinflußt** wird. Wählen wir als ein Beispiel den Fall einer übermäßigen Geldschaffung durch die Zentralbank. Realeinkommen und Zins sollen zur Vereinfachung konstant sein. Damit ist die reale Geldnachfrage konstant. Nun weitet die Zentralbank die Kredite aus, so daß am Geldmarkt ein Angebotsüberschuß entsteht. Das Geldmarktgleichgewicht gemäß

Gleichung (17) ist gestört. Gemessen an Realeinkommen und Zins ist zu viel Geld in Umlauf. Das Geldmarktgleichgewicht kommt nun über zwei mögliche Anpassungsprozesse wieder zustande, die vom Wechselkurssystem abhängen. Bei **festen Wechselkursen** sinken die Devisenreserven der Zentralbank. Der Geldangebotsüberschuß wird durch eine Verringerung des Geldangebots durch Devisenabgaben der Zentralbank abgebaut. In (17) reduziert sich über ein Sinken von R die linke Seite der Gleichung. Die Wirtschaftssubjekte tauschen das überschüssige weiche Inlandsgeld bei der Zentralbank gegen harte Devisen ein. Es kommt zu einem Zahlungsbilanzdefizit. Bei **flexiblen Wechselkursen** dagegen steigt durch die übermäßige Geldmengenexpansion das Preisniveau, was am Devisenmarkt eine Abwertung der Inlandswährung wegen der Inflation auslöst. Bei diesem Verlauf wird der Geldangebotsüberschuß durch Inflation auf den Realwert der Geldnachfrage zurückgeführt.

Allgemein ist die Aussage der Gleichung (17), daß Zahlungsbilanzungleichgewichte immer dann entstehen, wenn das Geldangebot aus Inlandskreditgewährung sich anders entwickelt als die Geldnachfrage. Bei festen Wechselkursen schlagen sich die Ungleichgewichte in Zahlungsbilanzsalden nieder, d.h. in Änderungen der zentralen Devisenreserven. Bei flexiblen Wechselkursen schlagen sich die Ungleichgewichte in Wechselkursänderungen nieder. Übersteigt die Inlandskreditgewährung die Geldnachfrage, dann wird die Zahlungsbilanz defizitär, bzw. es kommt zu einer Abwertung der Inlandswährung. Bleibt dagegen die Geldschaffung durch Inlandskreditgewährung hinter dem Wachstum der Geldnachfrage zurück, dann kommt es zu einem Zahlungsbilanzüberschuß bzw. zu einer Aufwertung der Inlandswährung.

Unter Berücksichtigung des monetären Ansatzes bedürfen die Aussagen des **Einkommensmechanismus einer gewissen Modifikation.** Dort führt ein Wachstum des Sozialprodukts über Importsteigerung stets zu einem Zahlungsbilanzdefizit bzw. zu einer Abwertung. Das Wachstum des Sozialprodukts bedeutet jedoch eine Zunahme der Geldnachfrage. Wie die Überlegungen zum monetären Ansatz zeigen, führt das nur dann zu einem Zahlungsbilanzdefizit bzw. zu einer Abwertung, wenn die Zentralbank die Inlandskreditgewährung stärker ausweitet, als es der höheren Geldnachfrage entspricht. Bleibt die Ausweitung des Geldangebots dagegen hinter der steigenden Geldnachfrage zurück, dann ergibt sich sogar wegen des Wachstums ein Zahlungsbilanzüberschuß bzw. eine Aufwertung der Inlandswährung.

Der monetäre Ansatz der Zahlungsbilanztheorie kann sehr gut die häufig zu beobachtenden Phänomene erklären, daß Länder mit **weicher Geldpolitik Zahlungsbilanzdefizite bzw. Abwertungen** erfahren, während Länder mit **harter Geldpolitik Zahlungsbilanzüberschüsse bzw. Aufwertungen** erfahren. Die Erklärung ist einfach die, daß im erstgenannten Fall ein Geldangebotsüberschuß entsteht, der den Wert der betreffenden Währung mindert, weil zuviel von der Währung in Umlauf ist, während im zweitgenannten Fall ein Geldnachfrageüberschuß den Wert der betreffenden Währung erhöht, weil zu wenig davon in Umlauf ist.

7. Resümee – Determinanten der Zahlungsbilanz

Die diversen Zahlungsbilanztheorien können in einer Funktion zusammengefaßt werden, die die verschiedenen Einflußfaktoren des Zahlungsbilanzsaldos enthält. Wir gehen zunächst von der Definition des Zahlungsbilanzsaldos aus. Es gilt:

$$Z = (X - Q) + (KI - KE),$$
$$Z = NX + NK = \Delta R. \tag{18}$$

Gleichung (18) ist die **Definitionsgleichung für den Zahlungsbilanzsaldo**. NX steht hier für den Leistungsbilanzsaldo, d.h. einschließlich der Übertragungen. KI, KE bzw. NK steht für Kapitalimporte, Kapitalexporte bzw. Kapitalbilanzsaldo. Der Zahlungsbilanzsaldo, identisch mit der Änderung der Devisenreserven, entspricht stets der Summe aus Leistungsbilanzsaldo und Kapitalbilanzsaldo.

Der **Leistungsbilanzsaldo** ist gemäß der diversen theoretischen Ansätze negativ vom Sozialprodukt abhängig, positiv vom Zins und negativ vom realen Wechselkurs. Es gilt:

$$NX = NX\,(Y, i, \tau) \tag{19}$$

mit

$$\delta NX/\delta Y < 0, \qquad \delta NX/\delta i > 0, \qquad \delta NX/\delta \tau < 0.$$

Gleichung (19) ist eine Zusammenfassung der Gleichungen (3), (4), (10) und (15).

Bei der Interpretation der **negativen Abhängigkeit der Leistungsbilanz vom Sozialprodukt** ist besondere Vorsicht geboten. Die in (19) formulierten Abhängigkeiten gelten generell nur unter der Bedingung der Konstanz der jeweils anderen Einflußgrößen (c.-p.-Klausel). Die negative Abhängigkeit der Leistungsbilanz vom Sozialprodukt resultiert aus der positiven Einkommensabhängigkeit der Importe. Dies entspricht dem Einkommensmechanismus. Der Zins ist bei dieser Partialbetrachtung als konstant unterstellt. Wie jedoch der monetäre Ansatz zeigt, führt ein Realwachstum nicht unbedingt zu einer negativen Zahlungsbilanz, sondern kann unter bestimmten Bedingungen einer restriktiven Geldpolitik auch zu einer positiven Zahlungsbilanz führen. Dieser Einfluß ist in Gleichung (19) durch den Zins berücksichtigt. Wenn ein Realwachstum nicht von einer entsprechenden Ausweitung der Geldmenge begleitet wird, steigt der Zins. Das verbessert die Zahlungsbilanz und wirkt somit dem Einfluß der Einkommenssteigerung entgegen. Die Wirkung einer Einkommensänderung auf die Zahlungsbilanz kann also nicht isoliert analysiert werden, sondern es ist zusätzlich die Geldpolitik mit ihrer Wirkung auf den Zins zu berücksichtigen.

Der **Leistungsbilanzsaldo ist positiv vom Zins** abhängig. Dies kann mit dem Einkommen-Absorption-Ansatz und dem monetären Ansatz begründet werden.

Der **Leistungsbilanzsaldo ist negativ vom realen Wechselkurs** abhängig. Dies kann mit dem Wechselkursmechanismus begründet werden. Der Leistungsbilanzsaldo steigt (sinkt), wenn die Inlandswährung nominal abwertet (aufwertet) und/oder wenn das Inlandspreisniveau schwächer (stärker) steigt als das Auslandspreisniveau. Durch solche Entwicklungen ändert sich der reale Wechselkurs und damit die internationale Wettbewerbsfähigkeit des Landes.

Fragen wir nunmehr, wovon der **Kapitalbilanzsaldo** abhängt. Zu dieser Frage liefern die bisher erläuterten Ansätze strenggenommen keine ausreichende Antwort. Die Richtung der internationalen Kapitalströme ist abhängig von dem

Unterschied zwischen der Rendite einer Kapitalanlage im Inland gegenüber der Anlage im Ausland. Dieser Unterschied wird allgemein bestimmt von der Differenz zwischen in- und ausländischem Zinssatz und der für die Anlagedauer erwarteten Änderung des Wechselkurses. Wir wollen diesen Zusammenhang hier noch nicht weiter vertiefen. Wir nehmen zur Vereinfachung zunächst an, daß der Auslandszins fest vorgegeben ist und der Wechselkurs als konstant erwartet wird. Unter diesen stark vereinfachenden Bedingungen hängt der **Kapitalbilanzsaldo positiv vom Zins** ab. Es gilt:

mit
$$NK = NK(i) \tag{20}$$
$$\delta NK/\delta i > 0.$$

Gleichungen (19) und (20) eingesetzt in (18) ergibt:

mit
$$Z = NX(Y, i, \tau) + NK(i),$$
$$Z = Z(Y, i, \tau) \tag{21}$$
$$\delta Z/\delta Y < 0, \qquad \delta Z/\delta i > 0, \qquad \delta Z/\delta \tau < 0.$$

Der **Zahlungsbilanzsaldo hängt negativ vom Sozialprodukt, positiv vom Zins und negativ vom realen Wechselkurs ab**.

Die Gleichung (21) darf nicht so interpretiert werden, daß es bei flexiblen Wechselkursen – da sich die Devisenreserven ex definitione nicht ändern – keine Zahlungsbilanzungleichgewichte gibt. Es kann durchaus am Devisenmarkt ex-ante ein Zahlungsbilanzungleichgewicht auftreten. Dies ist dann entweder ein Angebotsüberschuß oder ein Nachfrageüberschuß am Devisenmarkt. Der Unterschied zum System fester Wechselkurse ist lediglich, daß sich bei flexiblen Wechselkursen bei Zahlungsbilanzungleichgewichten nicht die zentralen Devisenreserven ändern, sondern andere Größen, insbesondere der nominale Wechselkurs.

V. Zusammenfassung

Die gängige Statistik der Außenwirtschaftsbeziehungen eines Landes ist die **Zahlungsbilanz**. Die Zahlungsbilanz ist eine systematische Aufzeichnung aller ökonomischen Transaktionen zwischen Inländern und Ausländern unter Anwendung der Grundsätze der doppelten Buchführung. Die vier Teilbilanzen der Zahlungsbilanz sind die **Leistungsbilanz, die Bilanz der Vermögensübertragungen, die Kapitalbilanz und die Devisenbilanz**. Die Leistungsbilanz ist gegliedert in die Bilanz des Außenhandels, der Dienstleistungen, der Erwerbs- und Vermögenseinkommen und der laufenden Übertragungen. Handels- und Dienstleistungsbilanzsaldo bilden den Außenbeitrag. Der Devisenbilanzsaldo gibt die Änderung der Devisenreserven der Zentralbank an und wird als **Zahlungsbilanzsaldo** bezeichnet. Die Zahlungsbilanz wirkt über den Außenbeitrag auf den Gütermarkt und über den Devisenbilanzsaldo auf den Geldmarkt. Ein **Zahlungsbilanzgleichgewicht** ist ein Ziel der Wirtschaftspolitik, um protektionistische Maßnahmen mit negativen Wohlstandswirkungen zu vermeiden. Im System **flexibler Wechselkurse** bilden sich die Wechselkurse ohne Interventionen der Zentralbanken. Im System **fester Wechselkurse** werden die Wechselkurse durch Interventionen der Zentralbanken innerhalb einer Bandbreite um einen Leitkurs gehalten, der bei Bedarf geändert werden kann. Vom **nominalen Wechselkurs** wird der **reale Wechselkurs** unterschieden, der ein Realaustauschverhältnis zwischen Im- und Exportgütern darstellt. Ein **Zahlungsbilanzausgleich** kann durch Anpassungen von Wechselkursen (Wechselkursmechanismus), Preisen (Geldmengen-Preismechanismus, internationaler Preiszusammenhang), Einkommen (Einkommensmechanismus) und Zinsen (Einkommen-Absorption-Ansatz) erfolgen. Eine besondere Bedeutung kommt der **Geldpolitik** zu (monetärer Ansatz). Die Zahlungsbilanz ist negativ vom Sozialprodukt abhängig, positiv vom Zins und negativ vom realen Wechselkurs.

Literatur zum 21. Kapitel

Überblick:

Bechler, E.: Zahlungsbilanz und Wechselkurs. In: B. Ziegler (Hrsg.): Leitfaden zum Grundstudium der Volkswirtschaftslehre. Gernsbach 1991. S. 449-488.
Stadermann, H.-J.: Weltwirtschaft. Tübingen 1988. S. 1-47.
Willms, E.: Währung. In: D. Bender u.a.: Vahlens Kompendium der Wirtschaftstheorie und Wirtschaftspolitik. Band 1. 4. Aufl. München 1990. S. 221-240.

Lehrbücher:

Adebahr, H.: Währungstheorie und Währungspolitik. Berlin 1978. S. 27-208.
Blümle, G.: Außenwirtschaftstheorie. Freiburg 1982. S. 187-291.
Glismann, H. H., E.-J. Horn, S. Nehring und **R. Vaubel**: Weltwirtschaftslehre. Eine problemorientierte Einführung. Bd. 1. Außenhandels- und Währungspolitik. 4. Aufl. Göttingen 1992. S. 157-177.
Jarchow, H. J. und **P. Rühmann**: Monetäre Außenwirtschaft. Bd. 1. Monetäre Außenwirtschaftstheorie. 3. Aufl. Göttingen 1991. S. 14-107.
Köhler, C.: Geldwirtschaft. Bd. 2. Zahlungsbilanz und Wechselkurse. Berlin 1979.
Konrad, A.: Zahlungsbilanztheorie und Zahlungsbilanzpolitik. München 1979. S. 1-160.
Rose, K.: Theorie der Außenwirtschaft. 10. Aufl. München 1989. S. 1-97, 115-194.
Siebert, H.: Außenwirtschaft. 5. Aufl. Stuttgart 1991. S. 191-223.
Stobbe, A.: Volkswirtschaftliches Rechnungswesen. 7. Aufl. Berlin 1989. S. 200-228.
Woll, A.: Allgemeine Volkswirtschaftslehre. 9. Aufl. München 1987. S. 557-579.

Sammelbände:

Rose, K. (Hrsg.): Theorie der internationalen Wirtschaftsbeziehungen. Köln 1965.

Spezielle Themengebiete:
Wechselkursmechanismus:

Schneider, E.: Zahlungsbilanz und Wechselkurs. Eine Einführng in die monetären Probleme internationaler Wirtschaftsbeziehungen. Tübingen 1968.
Sohmen, E.: Wechselkurs und Währungsordnung. Tübingen 1973.

Monetärer Ansatz der Zahlungsbilanztheorie:

Claassen, E.-M.: Der monetäre Ansatz der Zahlungsbilanztheorie. In: Weltwirtschaftliches Archiv. Bd. 111/1975. S. 1-23.

22. Kapitel:
Makroökonomik der offenen Volkswirtschaft

Eine Volkswirtschaft mit offenen Grenzen ist von den Entwicklungen im Ausland abhängig. Die Einbindung in die internationale Arbeitsteilung bringt zwar einerseits durch die Wohlstandssteigerung erhebliche Vorteile mit sich. Sie bedeutet jedoch andererseits auch, daß die nationale Wirtschaftspolitik nicht mehr unbedingt so autonom betrieben werden kann, wie dies bei geschlossenen Grenzen möglich ist. Mit dieser Problematik beschäftigen wir uns in diesem Kapitel. Wir fragen nach den **Möglichkeiten und Grenzen der Geld- und Fiskalpolitik in einer offenen Volkswirtschaft**. Wir beschränken uns im wesentlichen auf den Fall des kleinen Landes, welches durch seine Aktionen die ökonomischen Variablen auf dem Weltmarkt nicht beeinflussen kann. Es wird zunächst der Fall fester Wechselkurse behandelt und in einem zweiten Abschnitt der Fall flexibler Wechselkurse.

I. Die Wirtschaft bei festen Wechselkursen

1. Zahlungsbilanz, Zins und Sozialprodukt

Ausgangspunkt unserer Überlegungen sind die im vorhergehenden Kapitel erläuterten Einflußfaktoren für den Zahlungsbilanzsaldo. Für den Zahlungsbilanzsaldo gilt:

$$Z = NX(Y, i, \tau) + NK(i),$$
$$Z = Z(Y, i, \tau) = \Delta R$$

mit

$$\delta Z/\delta Y < 0, \qquad \delta Z/\delta i > 0, \qquad \delta Z/\delta \tau < 0.$$

Hierbei steht Z für den Zahlungsbilanzsaldo, NX für den Leistungsbilanzsaldo und NK für den Kapitalbilanzsaldo. R sind die Devisenreserven der Zentralbank. Der Zahlungsbilanzsaldo, identisch mit der Änderung der Devisenreserven, entspricht stets der Summe aus Leistungs- und Kapitalbilanzsaldo.

Die Größen, von denen der Zahlungsbilanzsaldo abhängt, sind das Sozialprodukt Y, der Zins i und der reale Wechselkurs τ. Rekapitulieren wir kurz diese Abhängigkeiten.

Der Zahlungsbilanzsaldo hängt **negativ vom Sozialprodukt** ab, da die Importe in der Leistungsbilanz positiv vom Einkommen und damit vom Sozialprodukt abhängen.

Der Zahlungsbilanzsaldo hängt über zwei Kanäle **positiv vom Zins** ab. Erstens besteht zwischen der Absorption nach Gütern und dem Zins als Rendite auf Geldvermögen eine negative Abhängigkeit, so daß zwischen Leistungsbilanz und damit Zahlungsbilanz und Zins eine positive Abhängigkeit besteht. Zweitens hängt auch die Kapitalbilanz positiv vom Zins ab, soweit wir konstante Auslandszinsen und Wechselkurse voraussetzen.

Der Zahlungsbilanzsaldo hängt über die Leistungsbilanz **negativ vom realen Wechselkurs** ab. Hierin kommt die Abhängigkeit der Güterex- und importe vom nominalen Wechselkurs und vom in- und ausländischen Preisniveau zum Ausdruck. Wenn die Inlandswährung nominal abwertet (aufwertet) und/oder wenn das Inlandspreisniveau schwächer (stärker) steigt als das Auslandspreisniveau, dann verbessert sich die internationale Wettbewerbsfähigkeit des Landes, der reale Wechselkurs sinkt (steigt), und der Leistungs- und damit Zahlungsbilanzsaldo steigt (sinkt).

Man kann diese Zusammenhänge auch in einem Zins-Sozialprodukt-Achsenkreuz entsprechend der Abbildung 22.1 darstellen.

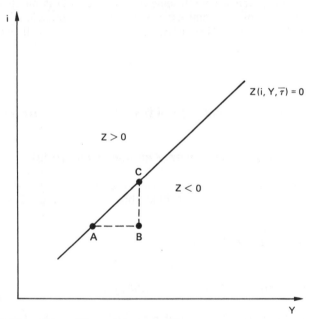

Abb. 22.1 Zahlungsbilanz, Zins und Sozialprodukt

Die Z-Linie in Abbildung 22.1 beschreibt Zins-Sozialprodukt-Kombinationen, die bei gegebenem in- und ausländischen Preisniveau und gegebenem nominalen Wechselkurs, d.h. also bei gegebenem realen Wechselkurs, ein Zahlungsbilanzgleichgewicht bedeuten. Die Z-Linie beschreibt in grafischer Darstellung den gleichen Sachverhalt wie die obige Gleichung für den Zahlungsbilanzsaldo.

Überlegen wir zunächst, wie die **Steigung der Z-Linie** zustande kommt. Wir gehen z.B. von Punkt A auf der Linie aus, der annahmegemäß ein Zahlungsbilanzgleichgewicht ist. Steigt nun z.B. das Sozialprodukt an, während der Zins konstant bleibt, dann entwickelt sich die Wirtschaft von A nach B. Diese Bewegung führt zu einem Zahlungsbilanzdefizit, da sich die Leistungsbilanz über steigende Importe verschlechtert. Das Zahlungsbilanzgleichgewicht kann gewahrt bleiben, wenn parallel zur Zunahme des Sozialprodukts der Zins ansteigt, wodurch die

Absorption zurückgedrängt wird und Kapitalimporte angeregt werden. Die Wirtschaft entwickelt sich von A nach C unter Aufrechterhaltung einer ausgeglichenen Zahlungsbilanz. Insgesamt bedeutet dies, daß die Z-Linie eine positive Steigung hat und daß unterhalb der Z-Linie die Zahlungsbilanz defizitär und oberhalb im Überschuß ist.

Die Steigung der Linie hängt von der **marginalen Importquote und der internationalen Kapitalmobilität** ab. Die Linie verläuft um so flacher, je kleiner die marginale Importquote ist und je größer die Kapitalmobilität ist. Eine niedrige marginale Importquote und eine hohe Kapitalmobilität erfordern bei einem bestimmten Sozialproduktzuwachs nur eine verhältnismäßig geringe Zinserhöhung zur Aufrechterhaltung des Zahlungsbilanzgleichgewichts.

Ist im Extremfall die **Kapitalmobilität unendlich hoch**, dann verläuft die Linie waagrecht. Für das kleine Land ist der Weltmarktzins ein vorgegebenes Datum. Geht das Land mit seinem nationalen Zins auch nur geringfügig nach unten, dann kommt es sofort zu so massiven Kapitalexporten, daß die Zahlungsbilanz über alle Maßen ins Defizit gerät. Umgekehrt ist auch der Versuch einer Hochzinspolitik gegenüber dem Ausland zum Scheitern verurteilt, da es endlos zu Kapitalimporten kommt. Eine vom Weltzinsniveau unabhängige nationale Zinspolitik ist in diesem Extremfall nicht möglich.

Ein anderer Extremfall besteht darin, daß die **marginale Importquote Unendlich** ist. Die Z-Linie verläuft folglich senkrecht. Dann ist eine Beeinflussung der Produktion durch eine die Nachfrage anregende nationale Wirtschaftspolitik unmöglich. Die Nachfrageexpansion richtet sich vollständig auf Importe, ohne daß die inländische Produktion durch die Nachfrageexpansion angeregt wird.

Die **Lage der Z-Linie** hängt von dem realen Wechselkurs ab. Bei konstantem in- und ausländischen Preisniveau kann der reale Wechselkurs durch eine Änderung des nominalen Wechselkurses, also durch eine Ab- und Aufwertung geändert werden. Eine nominale Abwertung z.B. verbessert über eine Anregung der Exporte und Dämpfung der Importe die Zahlungsbilanz. Die terms of trade sinken. Die internationale Wettbewerbsfähigkeit des Landes verbessert sich. Für die Z-Linie bedeutet dies eine Verschiebung nach rechts in den Bereich, der ohne die Abwertung ein Zahlungsbilanzdefizit bedeuten würde. Aus analogem Grund verschiebt sich die Z-Linie nach links, wenn die Inlandswährung nominal aufgewertet wird.

2. Geld- und Fiskalpolitik bei konstantem Preisniveau

a. Internes und externes Gleichgewicht und zahlungsbilanzorientierte Geldpolitik

Bei konstantem Preisniveau besteht die Aufgabe der Geld- und Fiskalpolitik (Stabilisierungspolitik) darin, das interne Ziel der Vollbeschäftigung und das externe Ziel des Zahlungsbilanzgleichgewichts anzustreben.

Die Wirkungsweise der Geld- und Fiskalpolitik unter der Voraussetzung eines konstanten Preisniveaus kann für den Fall der geschlossenen Wirtschaft mit Hilfe des IS-LM-Modells analysiert werden (vgl. 11. Kapitel, Ziffer VI). Dieser Modell-Rahmen ist jetzt für den Fall der offenen Wirtschaft um die Zahlungsbilanz zu erweitern. Es ergibt sich ein **keynesianisches Festpreismodell für eine offene**

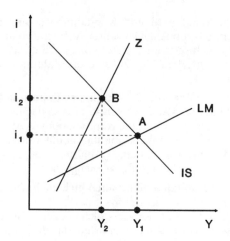

Abb. 22.2 IS-LM-Modell bei festen Wechselkursen

Wirtschaft mit festem Wechselkurs (MUNDELL, 1961; FLEMING, 1962). Die Mechanik des Modells kann anhand der Abbildung 22.2 erläutert werden.

In Abbildung 22.2 sind eine normal verlaufende IS-Linie für das güterwirtschaftliche Gleichgewicht und eine normal verlaufende LM-Linie für das geldwirtschaftliche Gleichgewicht eingezeichnet. Zusätzlich ist die Z-Linie des Zahlungsbilanzgleichgewichts gemäß Abbildung 22.1 eingezeichnet. Es ist ein Fall gewählt, wonach die Z-Linie steiler verläuft als die LM-Linie. Hierdurch soll der keynesianische Charakter des Modells durch eine relativ niedrige internationale Kapitalmobilität und eine relativ hohe Zinselastizität der Geldnachfrage unterstrichen werden. Es ist eine Konstellation auf dem Güter- und dem Geldmarkt angegeben, wonach die Wirtschaft dem Punkt A mit dem Sozialprodukt Y_1 und dem Zins i_1 zustrebt. In diesem Punkt herrscht ein außenwirtschaftliches Ungleichgewicht in Form eines **Zahlungsbilanzdefizits**. Der Zins ist zu niedrig und die Nachfrage ist zu hoch, um die Zahlungsbilanz ins Gleichgewicht zu bringen. Welche Entwicklungsrichtung nimmt die Wirtschaft von A aus?

Das Zahlungsbilanzdefizit bedeutet, daß die Geldmenge sinkt. Die Zentralbank muß bei festen Wechselkursen zum Ausgleich des Zahlungsbilanzdefizits Devisen abgeben, wodurch die inländische Geldmenge sinkt. Hierdurch steigt der Zins, und die Nachfrage sinkt. Beide Wirkungen reduzieren das Zahlungsbilanzdefizit, bis die Zahlungsbilanz im Gleichgewicht ist. Die LM-Linie verschiebt sich nach links bis zum Punkt B mit dem höheren Zins i_2 und der niedrigeren Produktion Y_2. Das Zahlungsbilanzgleichgewicht kommt also gewissermaßen automatisch zustande, wenn die Zentralbank die Wirkungen eines kurzfristig entstehenden Zahlungsbilanzungleichgewichts auf die Geldmenge zuläßt und nicht durch andere geldpolitische Instrumente neutralisiert. Die Zentralbank kann z.B. durch eine expansive Offenmarktpolitik den restriktiven Wirkungen der Devisenabgaben entgegenwirken. Unterbleiben solche geldpolitischen Neutralisierungsmaßnahmen, dann wird eine **nicht-neutralisierende (auch: nicht-sterilisierende, nicht-kompensierende) Geldpolitik** mit der Folge eines automatischen Zahlungsbilanzausgleichs betrieben. Die Geldpolitik ist zahlungsbilanzorientiert, sie ist dem Ziel des Zahlungsbilanzausgleichs untergeordnet.

b. Zuordnungsproblem und Policy-Mix

Neben dem externen Ziel des Zahlungsbilanzgleichgewichts ist das interne Ziel der Vollbeschäftigung anzustreben. Als zweites wirtschaftspolitisches Instrument steht neben der Geldpolitik die Fiskalpolitik zur Verfügung. Wenn die Geldpolitik in Form der nicht-neutralisierenden Geldpolitik dem externen Ziel untergeordnet wird, dann kann im Prinzip das interne Ziel mit der Fiskalpolitik angestrebt werden. Damit erhebt sich jedoch die Frage, ob diese **Ziel-Mittel-Zuordnung** ökonomisch effizient ist. Die Alternative ist, mit der Fiskalpolitik die Zahlungsbilanz auszugleichen und mit der Geldpolitik die Vollbeschäftigung anzustreben. Es handelt sich hierbei um ein sog. **Zuordnungsproblem (auch: assignment-problem)**. Es geht um die Frage, welches Instrument welchem Ziel zugeordnet werden soll. Dieses Zuordnungsproblem und seine Lösung durch einen **effizienten Policy-Mix** (MUNDELL, 1960/1962) können anhand der Abbildung 22.3 erläutert werden.

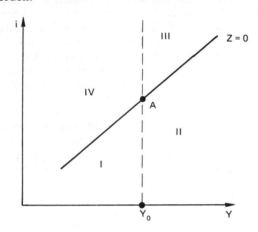

Abb. 22.3 Geld- und Fiskalpolitik bei festen Wechselkursen und konstantem Preisniveau

In Abbildung 22.3 ist das externe Gleichgewicht durch die Linie des Zahlungsbilanzgleichgewichts $Z = 0$ dargestellt. Das interne Gleichgewicht ist bei der Vollbeschäftigungsproduktion Y_0 gegeben. Die Zins-Sozialprodukt-Kombination, der die Wirtschaft zustrebt, ist durch das simultane Gleichgewicht am Geld- und Gütermarkt gegeben. Entsprechende LM-Linien und IS-Linien sind der Übersichtlichkeit halber nicht eingezeichnet.

Das simultane Gleichgewicht am Geld- und Gütermarkt (Schnittpunkt zwischen LM- und IS-Linie) kann mit unterschiedlichen Zins- und Sozialprodukt-Kombinationen verbunden sein. Internes und externes Gleichgewicht sind gleichzeitig nur dann gegeben, wenn das simultane Gleichgewicht am Geld- und Gütermarkt in A liegt. Das ist reiner Zufall. Im Regelfall befindet sich das simultane Gleichgewicht am Geld- und Gütermarkt in den Regionen I, II, III oder IV, in denen unterschiedliche Kombinationen internen und externen Ungleichgewichts vorliegen.

Unproblematisch sind die Regionen II und IV. In der Region II ist die Zahlungsbilanz im Defizit, und es herrscht Überbeschäftigung. Beides erfordert einen restriktiven Einsatz des stabilisierungspolitischen Instrumentariums. Entsprechend ist in Region IV wegen des Zahlungsbilanzüberschusses und der Unterbeschäftigung das stabilisierungspolitische Instrumentarium expansiv einzusetzen. Bei allen Zins-Sozialprodukt-Kombinationen in den Regionen II und IV ist also der Einsatz der Geld- und Fiskalpolitik unproblematisch, da beide Instrumente zur Herbeiführung von Vollbeschäftigung und Zahlungsbilanzausgleich mit der jeweils gleichen Wirkungsrichtung einzusetzen sind.

Dies ist in den Regionen I und III nicht der Fall. Die typische Konfliktsituation ist in der Region I gegeben. Die Zahlungsbilanz ist defizitär, und es herrscht Unterbeschäftigung. In diesem Fall steht die **Wirtschaftspolitik vor einem Dilemma**. Die interne Situation erfordert zur Bekämpfung der Arbeitslosigkeit eine Expansionspolitik. Hierdurch wird jedoch die externe Situation des Zahlungsbilanzdefizits noch verschlimmert. Die externe Situation erfordert zum Ausgleich der Zahlungsbilanz eine Restriktionspolitik, die aber die Arbeitslosigkeit noch weiter erhöht. Was ist zu tun? Eine **effiziente Kombination des Einsatzes der Geld- und Fiskalpolitik** besteht darin, die Geldpolitik restriktiv einzusetzen zum Abbau des Zahlungsbilanzdefizits und die Fiskalpolitik expansiv einzusetzen zur Erhöhung von Produktion und Beschäftigung. Eine restriktive Geldpolitik erhöht den Zins und reduziert die Nachfrage. Beides bewirkt einen Abbau des Zahlungsbilanzdefizits. Eine restrikte Fiskalpolitik dagegen reduziert die Nachfrage und senkt dadurch den Zins. Die positive Wirkung der Nachfragereduktion auf die Zahlungsbilanz wird gedämpft durch die Zinssenkung, die die Zahlungsbilanz über Absorptionszunahme und Kapitalexporte verschlechtert. Die **Geldpolitik ist also zur Erreichung des externen Gleichgewichts besser geeignet als die Fiskalpolitik**. Eine analoge Überlegung kann man hinsichtlich des internen Ziels der Vollbeschäftigung anstellen. Hier ist die Fiskalpolitik gegenüber der Geldpolitik im Vorteil. Eine expansive Geldpolitik zur Anregung von Produktion und Beschäftigung senkt den Zins und erhöht die Nachfrage. Beides verschlechtert die ohnehin defizitäre Zahlungsbilanz. Eine expansive Fiskalpolitik dagegen erhöht den Zins und die Nachfrage. Durch die Zinserhöhung, die die Zahlungsbilanzsituation verbessert, ist die Zahlungsbilanzwirkung gegenüber der expansiven Geldpolitik weniger negativ. **Die Fiskalpolitik ist also zur Erreichung des internen Gleichgewichts der Geldpolitik vorzuziehen**.

Die im Prinzip gleiche Regel gilt für die Dilemmasituation in Region III, die allerdings weniger häufig vorkommt als die Dilemmasituation I. In der Region III liegen ein Zahlungsbilanzüberschuß und eine Überbeschäftigung vor. Die Geldpolitik ist hier expansiv einzusetzen und die Fiskalpolitik restriktiv.

Insgesamt ist es also bei festen Wechselkursen effizient, die Geldpolitik dem Ziel des Zahlungsbilanzausgleichs unterzuordnen und mit der Fiskalpolitik das interne Ziel der Vollbeschäftigung zu verfolgen. Wie die Überlegungen in dem vorhergehenden Abschnitt zeigen, ist der Zahlungsbilanzausgleich durch die Geldpolitik automatisch gesichert, wenn eine nicht-neutralisierende Geldpolitik praktiziert wird.

Völlig unproblematisch ist jedoch dieser Policy-Mix nicht. Es können insbesondere drei **kritische Einwände** vorgebracht werden. Erstens ist die Fiskalpolitik ein recht inflexibles Instrument, welches mit erheblichen **Wirkungsverzögerungen** behaftet ist und damit u.U. destabilisierend wirkt. Zweitens wird in der typischen Dilemmasituation mit Unterbeschäftigung und Zahlungsbilanzdefizit die Fiskalpolitik expansiv eingesetzt, was über **Zinssteigerungen** die Gefahr einer Verdrängung privater Investitionen und eines nachteiligen Anstiegs der Staatsquote in sich birgt. Schließlich wird drittens das Zahlungsbilanzgleichgewicht bei dieser typischen Dilemmasituation über Kapitalimporte hergestellt. Produktion und Nachfrage steigen bis zur Vollbeschäftigung, was zusätzliche Importe und damit eine Verschlechterung der Leistungsbilanz bedeutet. Die Zahlungsbilanz wird über den steigenden Zins und dadurch attrahierte Kapitalimporte ausgeglichen. Das Land gerät also in eine zunehmende **Auslandsverschuldung**, was langfristig negative Folgewirkungen haben kann.

3. Geld- und Fiskalpolitik bei Preisniveauanpassung

Wir haben bisher im Rahmen eines Festpreismodells argumentiert, d.h. wir sind von einem konstanten Preisniveau ausgegangen. Diese Annahme wird jetzt aufgehoben. Wir berücksichtigen die Möglichkeit von Preisniveauanpassungen, insbesondere die Möglichkeit inflationärer Entwicklungen.

a. Zahlungsbilanz, Preisniveau und Sozialprodukt

In Abbildung 22.4 sind die Determinanten des Zahlungsbilanzsaldos unter Berücksichtigung von Preisniveauanpassungen dargestellt.

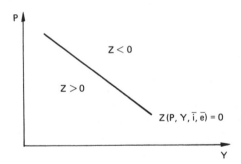

Abb. 22.4 Zahlungsbilanz, Preisniveau und Sozialprodukt

Überlegen wir zunächst, wie die **Steigung der Z-Linie** des Zahlungsbilanzgleichgewichts jetzt in einem Preis-Produktion-Achsenkreuz zustande kommt. Ausgehend von einem Zahlungsbilanzgleichgewicht (Punkt auf der Linie Z = 0) führt z.B. eine Preisniveauerhöhung bei gegebener Produktion zu einer Verschlechterung der Leistungs- und damit Zahlungsbilanz. Das Land verliert durch die Verteuerung seiner Produkte an internationaler Wettbewerbsfähigkeit. Die terms of trade steigen an. Exportgüter werden in Auslandswährung gerechnet gegenüber ausländischen Gütern teurer, so daß die Exporte sinken. Importgüter werden in Inlandswährung gerechnet im Vergleich zu inländischen Gütern relativ billiger, so daß die Importe steigen. Das Zahlungsbilanzgleichgewicht kann gewahrt bleiben, wenn parallel zum Preisniveauanstieg das Sozialprodukt sinkt, wodurch Nachfrage und Importe abnehmen.

Ausgehend von einem Punkt auf der Z-Linie ergibt sich ein Leistungs- und damit Zahlungsbilanzdefizit auch, wenn bei konstantem Preisniveau die Produktion zunimmt. Nachfrage und Importe steigen hierdurch. Das Zahlungsbilanzgleichgewicht kann in diesem Fall durch eine Preisniveausenkung gewahrt bleiben, die die internationale Wettbewerbsfähigkeit des Landes verbessert.

Insgesamt bedeutet dies, daß die Z-Linie im P-Y-Achsenkreuz eine negative Steigung hat und daß unterhalb der Z-Linie die Zahlungsbilanz im Überschuß und oberhalb defizitär ist.

Die **Lage der Z-Linie** hängt vom Zins und vom Wechselkurs ab. Bei einer Zinserhöhung verschiebt sich die Z-Linie nach rechts oben, da die Zinserhöhung über eine Dämpfung der Absorption und steigende Kapitalimporte die Zahlungsbilanz verbessert. Bei einer Zinssenkung verschiebt sich die Linie entsprechend nach links unten. Eine Abwertung verschiebt die Linie nach rechts oben, da die Abwertung die Leistungsbilanz verbessert. Bei einer Aufwertung verschiebt sich die Linie entsprechend nach links unten. Das Ausmaß der jeweiligen Verschiebung in Reaktion auf eine Wechselkursänderung hängt von der mit der Wechselkursänderung verbundenen Änderung der terms of trade ab. Ist z.B. der Prozentsatz der Abwertung gleich der inländischen Inflationsrate, dann bleiben die terms of trade konstant. Die Z-Linie verschiebt sich zwar durch die Abwertung für gegebene Sozialproduktwerte in dem Ausmaß nach oben, in dem das Preisniveau ansteigt. Die für die Zahlungsbilanz negativen Auswirkungen des Preisniveauanstiegs werden durch die Abwertung gerade kompensiert. Das Ausmaß der Verschiebung ist jedoch geringer als in dem Fall, in dem das Preisniveau z.B. konstant ist und sich dementsprechend die terms of trade ändern.

b. Geld- und Fiskalpolitik

Wir können nunmehr die Zahlungsbilanz zusammen mit den internen Nachfrage- und Angebotsbedingungen darstellen. In diesem Rahmen können wir die Möglichkeiten und Grenzen der Geld- und Fiskalpolitik in einer offenen Wirtschaft bei festen Wechselkursen unter Berücksichtigung von Preisniveauanpassungen analysieren. Angebot, Nachfrage und Zahlungsbilanz sind zusammen in Abbildung 22.5 dargestellt.

Die gesamtwirtschaftliche Nachfrage ist negativ vom Preisniveau abhängig. Das Nachfrageniveau kann seitens der Stabilisierungspolitik durch die **Geldpolitik** (Geldmenge M), die **Fiskalpolitik** (Staatsnachfrage G) und durch die **Wechselkurspolitik** (Wechselkurs e) beeinflußt werden. Die Linie der gesamtwirtschaftlichen Nachfrage verläuft qua Annahme flacher als die Linie des Zahlungsbilanzgleichgewichts. Das gesamtwirtschaftliche Angebot ist positiv vom Preisniveau abhängig. Das Angebotsniveau ist vom Kostenniveau abhängig und kann insbesondere seitens der **Lohnpolitik** durch eine Änderung des Lohnkostenniveaus (W) beeinflußt werden.

Wir beschränken uns auf den typischen **Dilemma-Fall, in dem sich die Wirtschaft intern in einer Situation der Unterbeschäftigung befindet und extern ein Zahlungsbilanzdefizit** vorliegt. Wir analysieren 4 verschiedene Strategien, die die Stabilisierungspolitik beim gleichzeitigen Auftreten dieser beiden Störungen verfolgen kann.

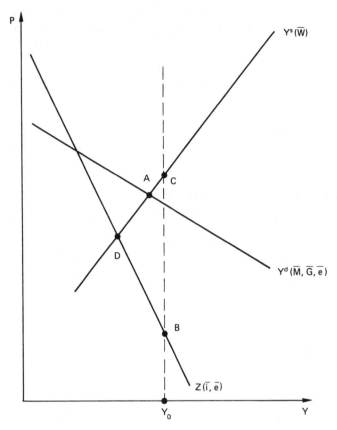

Abb. 22.5 Stabilisierungspolitik bei festen Wechselkursen und Preisniveauanpassung

(1) Klassischer Anpassungsmechanismus

Ausgangspunkt ist die Situation A, in der die Zahlungsbilanz defizitär ist und ein Unterbeschäftigungsgleichgewicht herrscht. Eine Möglichkeit zur Erreichung von Zahlungsbilanzgleichgewicht und Vollbeschäftigung besteht darin, die Nachfrage durch die Geld- und Fiskalpolitik zu dämpfen (Verschiebung der Linie Y^d nach links unten), und das Angebot durch eine Reduzierung des Lohnkostenniveaus anzuregen (Verschiebung der Linie Y^s nach rechts unten). Die Geld- und Fiskalpolitik (oder auch lediglich die Geldpolitik bei konstanten Staatsausgaben) wird restriktiv eingesetzt, um über eine Nachfragedämpfung die Zahlungsbilanzsituation zu verbessern. Die Löhne werden reduziert, um über eine Kostensenkung Produktion und Beschäftigung anzuregen. Die Wirtschaft entwickelt sich von Punkt A nach Punkt B. Diese Stabilisierungspolitik ist der **klassische Anpassungsmechanismus** zum Ausgleich der Zahlungsbilanz und zur Schaffung von Arbeitsplätzen.

Der Anpassungsmechanismus kommt dann automatisch zustande, wenn eine **nicht-neutralisierende Geldpolitik** praktiziert wird und wenn das Kosten- und Preisniveau entsprechend der zahlungsbilanzbedingten Geldmengenveränderung reagiert. In A liegt ein Zahlungsbilanzdefizit vor, das unter diesen Voraussetzungen durch die Devisenabgaben der Zentralbank zu einer Reduktion der Geldmenge führt. Hierdurch verschiebt sich die Linie der gesamtwirtschaftlichen Nachfrage nach links unten. Die Abnahme der Geldmenge und der gesamtwirtschaftlichen Nachfrage bewirken einen Rückgang des Preisniveaus. Durch sinkende Löhne verschiebt sich die Linie des gesamtwirtschaftlichen Angebots nach rechts unten. Die Wirtschaft entwickelt sich zu Punkt B, in dem sowohl die Zahlungsbilanz im Gleichgewicht ist, als auch Vollbeschäftigung herrscht.

Das Problem bei dem klassischen Anpassungsmechanismus ist, daß es realiter wegen **starrer Löhne** praktisch nicht zu solchen Verläufen kommen kann. Das Lohnniveau ist in der Regel nach unten nicht hinreichend flexibel.

(2) Zahlungsbilanzorientierte Geldpolitik

Die Variante der zahlungsbilanzorientierten Geldpolitik beschreibt den Fall, bei dem der **Zahlungsbilanzausgleich** in der Rangfolge der wirtschaftspolitischen Ziele einen sehr hohen Stellenwert einnimmt. Das zur Erreichung dieses Ziels bestens geeignete Instrument der Geldpolitik wird bedingungslos eingesetzt. Im übrigen wird auch keine Politik verfolgt (z.B. eine expansive Fiskalpolitik zur Schaffung von Arbeitsplätzen), die dem Ziel des Zahlungsbilanzausgleichs abträglich sein könnte. Bei dieser Art von Stabilisierungspolitik kommt es – wie im Fall des klassischen Anpassungsmechanismus – zu einer zahlungsbilanzbedingten Reduktion der Geldmenge, die gesamtwirtschaftliche Nachfrage verlagert sich auf ein niedrigeres Niveau, und Preisniveau, Produktion und Beschäftigung gehen zurück. Die Wirtschaft entwickelt sich von A nach D bis zum Ausgleich der Zahlungsbilanz.

Auch diese Variante ist **unrealistisch**. Es gibt heute praktisch kein Land, welches so bedingungslos die Geldpolitik dem Ziel des Zahlungsbilanzausgleichs bei festen Wechselkursen unterordnet. In praktisch keinem Land ist die Bereitschaft vorhanden, dem Zahlungsbilanzausgleich bei festen Wechselkursen durch eine monetäre Deflationspolitik Arbeitsplätze zu opfern.

(3) Expansive Fiskalpolitik und stabilitätsorientierte Geldpolitik

Das Ziel der **Vollbeschäftigung** genießt in den meisten Ländern eine hohe Priorität. Dieses Ziel kann parallel zum Ziel des Zahlungsbilanzausgleichs verfolgt werden, indem entsprechend dem bereits erläuterten Policy-Mix eine **Kombination aus expansiver Fiskalpolitik und stabilitätsorientierter Geldpolitik** versucht wird. Die expansive Fiskalpolitik verlagert das Nachfrageniveau bis zum Punkt C, in dem Vollbeschäftigung herrscht. Der damit verbundene Preisniveauanstieg wird von der Geldpolitik noch toleriert. Allerdings wird die Geldpolitik so stabilitätsorientiert gefahren, daß das Zinsniveau kräftig ansteigt. Dies verbessert die Zahlungsbilanzsituation. Die Zahlungsbilanzlinie verschiebt sich nach rechts oben bis zum Punkt C. Die Wirtschaft entwickelt sich insgesamt von A nach C. Zahlungsbilanzausgleich und Vollbeschäftigung sind erreicht. Allerdings steigt das Preisniveau bei dieser Politik an.

Für ein kleines Land ist das ein u.U. möglicher, jedoch auf Dauer äußerst **problematischer Weg**. Vier Punkte sind kritisch anzumerken, die teilweise bereits weiter oben für den Fall der expansiven Fiskalpolitik bei konstantem Preisniveau erwähnt wurden. Erstens muß der Inflationsanstieg akzeptiert werden, ohne daß es über Lohnanpassungen zu restriktiven Effekten von der Angebotsseite kommt. Zweitens ist die Fiskalpolitik mit dem Problem der Wirkungsverzögerungen behaftet. Drittens können das steigende Zinsniveau und die steigende Staatsquote negative Wirkungen haben. Und schließlich muß viertens eine steigende Auslandsverschuldung in Kauf genommen werden. Die Zahlungsbilanz wird über das hohe Zinsniveau durch Kapitalimporte ausgeglichen.

(4) Expansive Geld- und Fiskalpolitik

Wenn das Ziel der **Vollbeschäftigung absolute Priorität** genießt, dann werden u.U. die Geld- und Fiskalpolitik beide expansiv zur Anregung von Produktion und Beschäftigung eingesetzt. Es wird gewissermaßen ohne Rücksicht auf die Ziele Zahlungsbilanzgleichgewicht und Preisniveaustabilität eine hemmungslose Beschäftigungspolitik betrieben.

In der Regel wird in einem solchen Fall über kurz oder lang der Inflationsanstieg in den Nominallöhnen antizipiert. Unter dieser Bedingung ist dann erfahrungsgemäß ein außerordentlich negativer Verlauf wahrscheinlich. Die Nachfrage verlagert sich durch die Expansionspolitik auf ein höheres Niveau (Rechtsverschiebung der Linie Y^d). Die Expansionspolitik schleust über eine Ausdehnung der Geldmenge das Zinsniveau nach unten. Die Linie des Zahlungsbilanzgleichgewichts verschiebt sich hierdurch nach links unten. Die Lohnsteigerung bedeutet einen restriktiven Angebotseffekt. Die Angebotsfunktion verschiebt sich nach links oben, bei Überschätzung der künftigen Inflationsrate sogar um mehr als zum Ausgleich des Inflationsanstiegs notwendig ist. Insgesamt bedeutet dies, daß die **Zahlungsbilanz noch defizitärer wird und die Arbeitslosigkeit noch zunimmt**. Die Wirtschaft entwickelt sich von A aus nach links oben, bei gleichzeitiger Entfernung von der sich nach links unten verlagernden Z-Linie.

(5) Resümee

Die Erläuterungen zu den 4 Fällen machen deutlich, daß sich die Wirtschaft bei defizitärer Zahlungsbilanz und Unterbeschäftigung in einem System fester Wechselkurse einem unlösbaren Problem gegenübersieht. Die Situation ist schlagwortartig so zu charakterisieren, daß es bei einem **international überhöhten Preis- und Kostenniveau** in einem System fester Wechselkurse offensichtlich keine realistische Möglichkeit gibt, sowohl Zahlungsbilanzausgleich als auch Vollbeschäftigung zu erreichen. Daraus erwächst die Frage, ob eine Änderung des Wechselkurses hier einen Ausweg eröffnet.

c. Wechselkurspolitik

Im System fester Wechselkurse kann der Wechselkurs zu einem Aktionsparameter der Wirtschaftspolitik werden. Auch bei festen Wechselkursen ist der Wechselkurs nicht unabänderlich fixiert, sondern Wechselkursänderungen können vorgenommen werden. In der Dilemma-Situation mit Unterbeschäftigung und Zahlungsbilanzdefizit versuchen die betreffenden Länder regelmäßig, durch eine **Abwertung** dem Zahlungsbilanzausgleich und der Vollbeschäftigung näher zu kommen. Was ist davon zu halten?

Die Möglichkeiten und Grenzen einer Wechselkursänderung können anhand der Abbildung 22.5 erläutert werden, wobei wir uns auf den Fall der Abwertung beschränken. Die **Abwertung** bedeutet eine Verbesserung der Leistungsbilanz.

Die Linie des Zahlungsbilanzgleichgewichts verschiebt sich nach rechts oben, bei hinreichend starker Abwertung bis in den Punkt C. Die Abwertung regt außerdem über den steigenden Außenbeitrag die gesamtwirtschaftliche Nachfrage an. Die Linie der gesamtwirtschaftlichen Nachfrage verschiebt sich auch nach rechts oben. Durch eine **expansive Geld- und/oder Fiskalpolitik** kann nun die gesamtwirtschaftliche Nachfrage so ausgeweitet werden, daß sich die Wirtschaft insgesamt von A nach C entwickelt. Die Y^d-Linie verschiebt sich nach rechts oben bis in den Punkt C. Es herrscht Vollbeschäftigung, und die Zahlungsbilanz ist ausgeglichen. Die Abwertung hat das Land von dem Zwang befreit, zum Zwecke des Zahlungsbilanzausgleichs unter Aufrechterhaltung des festen Wechselkurses eine Deflationspolitik betreiben zu müssen. Die Frage ist, ob diese einfache Lösung stets so problemlos funktioniert.

Der geschilderte Verlauf ist nur unter bestimmten Voraussetzungen möglich. Die Kombination aus Abwertung und Expansionspolitik kann dann **nicht erfolgreich** sein, wenn die positiven Wirkungen der Abwertung und der Nachfrageexpansion durch Inflation, Kostenanstieg und niedriges Zinsniveau zunichte gemacht werden.

Was die **Inflation und den Kostenanstieg** anbelangt, so resultiert ein gewisser Preisniveauanstieg bereits aus der Nachfrageexpansion. Dieser Preisniveauanstieg kann nun von der Angebotsseite her verstärkt werden, wenn die Unternehmer aufgrund von Kostensteigerungen eine gegebene Produktion nur zu höheren Preisen anbieten können (Verschiebung der Y^s-Linie nach links oben). Eine gewisse Kostensteigerung resultiert aus der Abwertung selbst, da die Importpreise steigen. Führt der allgemeine Preisniveauanstieg außerdem zu höheren Lohnforderungen, dann steigt das Kostenniveau zusätzlich.

Was das **Zinsniveau** anbelangt, so steigt dieses nicht an, ja sinkt u.U. sogar, wenn die Expansionspolitik auch und insbesondere in Form einer expansiven Geldpolitik ohne Rücksicht auf die Zahlungsbilanz betrieben wird.

Insgesamt bedeutet dies eine Abschwächung der positiven Wirkung der Abwertung auf die Leistungsbilanz (die Z-Linie verschiebt sich nur relativ schwach nach rechts oben), und eine Abschwächung der positiven Wirkung der Nachfrageexpansion auf Produktion und Beschäftigung (die Y^s-Linie verschiebt sich nach links oben). Steigen z.B. das Preis- und Kostenniveau genau entsprechend der Abwertungsrate an, und wird das Zinsniveau konstant gehalten, dann bleiben die terms of trade konstant, und es kommt per Saldo zu keiner Anregung von Produktion und Beschäftigung. Die Wirtschaft entwickelt sich von A aus senkrecht nach oben. Die Abwertungs- und Expansionspolitik bringt unter diesen Bedingungen keinerlei Verbesserungen des Zahlungsbilanzdefizits und der Arbeitslosigkeit, sondern führt lediglich zu einem kräftig steigenden Preisniveau.

Natürlich kann diesem ungünstigen Verlauf durch eine entsprechend **restriktive Geldpolitik** entgegengewirkt werden. Wird die Geldmenge nicht ausgeweitet, dann impliziert die Nachfrageexpansion eine Zinssteigerung, die die Zahlungsbilanz verbessert und den induzierten Kostenanstieg reduziert. Damit ist aber die Geldpolitik dann letztlich doch wieder dem Ziel des Zahlungsbilanzausgleichs zugeordnet und steht nicht zur Verfolgung des internen Ziels der Vollbeschäftigung zur Verfügung. Hierdurch wird die nun schon mehrfach erwähnte zentrale **Bedeutung der Geldpolitik für den Zahlungsbilanzausgleich** deutlich. Auch im Fall der Abwertung (allgemein: Wechselkursänderung) ist die Geldpolitik unter bestimmten Bedingungen zur Erreichung des Zahlungsbilanzausgleichs einzusetzen.

II. Die Wirtschaft bei flexiblen Wechselkursen

Bei festen Wechselkursen schlägt sich ein Zahlungsbilanzungleichgewicht in einer Änderung der Devisenreserven der Zentralbank nieder. Liegt am Devisenmarkt ein Angebotsüberschuß vor, dann kauft die Zentralbank die überschüssigen Devisen gegen eigene Währung an. Ein Nachfrageüberschuß wird von der Zentralbank durch Devisenabgaben befriedigt. Eine behördlich vorgenommene Wechselkursänderung ist in diesem System ein Instrument der Wirtschaftspolitik. In einem System flexibler Wechselkurse dagegen schlägt sich ein Zahlungsbilanzungleichgewicht nicht in einer Änderung der Devisenreserven nieder, sondern in einer Änderung des Wechselkurses. Ein Angebotsüberschuß am Devisenmarkt führt zu einer Aufwertung und ein Nachfrageüberschuß zu einer Abwertung. Der Wechselkurs ist damit nicht mehr ein fallweise zur Verfügung stehender Aktionsparameter der Wirtschaftspolitik. Vielmehr reagiert der Wechselkurs auf wirtschaftspolitische Maßnahmen, soweit diese Auswirkungen auf die Verhältnisse am Devisenmarkt haben. Wir beschäftigen uns im folgenden mit der Wirkungsweise der Geld- und Fiskalpolitik unter diesen außenwirtschaftlichen Bedingungen. Wir gehen, wie in der vorhergehenden Ziffer bei der Behandlung des Systems fester Wechselkurse, zunächst von der Annahme eines konstanten Preisniveaus aus und berücksichtigen daran anschließend die Möglichkeit von Preisniveauanpassungen.

1. Geld- und Fiskalpolitik bei konstantem Preisniveau

Im System flexibler Wechselkurse bewirken geld- und fiskalpolitische Maßnahmen Änderungen des Wechselkurses, die ihrerseits auf die binnenwirtschaftliche Situation zurückwirken. Die Wirkungsweise der Fiskalpolitik kann anhand der Abbildung 22.6 erläutert werden.

Ausgangspunkt ist die Situation in Punkt A, in der simultanes Gleichgewicht am Geld- und Gütermarkt und Zahlungsbilanzgleichgewicht herrschen. Das Zahlungsbilanzgleichgewicht ist durch das freie Spiel des Wechselkurses zustande gekommen. Das Land entschließt sich nun zu einer **expansiven Fiskalpolitik** zur Anregung von Produktion und Beschäftigung. Durch die expansive Fiskalpolitik steigen Sozialprodukt und Zins (Verschiebung der Linie IS$_1$ nach rechts bis durch den Punkt B). Die Sozialproduktsteigerung bewirkt eine Importzunahme und hierüber eine Abwertungsbewegung des flexiblen Wechselkurses. Die Zinssteigerung führt zu Kapitalimporten und bewirkt hierüber eine Aufwertungsbewegung des flexiblen Wechselkurses. Welche Wechselkursbewegung sich per Saldo ergibt, ist somit offen. Dies hängt entscheidend von dem Grad der Kapitalmobilität ab.

Ist die **Kapitalmobilität hoch**, dann verläuft die Linie des Zahlungsbilanzgleichgewichts flacher als die Linie des geldwirtschaftlichen Gleichgewichts. Das kleine Land hat nur einen sehr geringen Spielraum für eine eigenständige nationale Zinspolitik, d.h. es kann nur geringfügig vom Weltzinsniveau abweichen. Dieser Fall ist in Abbildung 22.6 dargestellt. Die Aufwertungsbewegung fällt wegen der hohen Kapitalmobilität stärker aus als die aus der Leistungsbilanzverschlechterung resultierende Abwertungsbewegung. Per Saldo kommt es zu einer

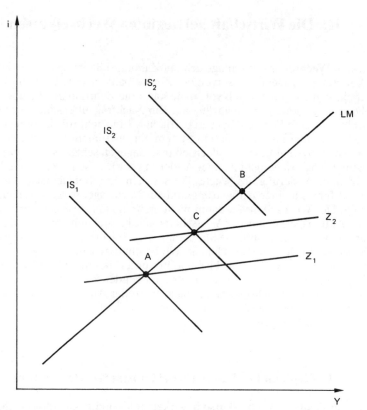

Abb. 22.6 Fiskalpolitik bei flexiblen Wechselkursen und konstantem Preisniveau

Aufwertung der Inlandswährung. In Abbildung 22.6 liegt das simultane Gleichgewicht am Geld- und Gütermarkt nach der expansiven Fiskalpolitik zunächst in Punkt B oberhalb der Linie Z_1 des Zahlungsbilanzgleichgewichts. Es herrscht also kurzfristig ein Zahlungsbilanzüberschuß, der durch die Aufwertung beseitigt wird (Verschiebung der Linie Z_1 nach Z_2 und der durch B verlaufenden IS-Linie nach IS_2). Neues simultanes Gleichgewicht und Zahlungsbilanzgleichgewicht ergeben sich schließlich in Punkt C.

Ist dagegen die **Kapitalmobilität gering**, dann führt die expansive Fiskalpolitik per Saldo zu einer Abwertung. Die Linie des Zahlungsbilanzgleichgewichts verläuft steiler als die Linie des geldwirtschaftlichen Gleichgewichts. Die expansive Fiskalpolitik führt kurzfristig zu einem Zahlungsbilanzdefizit, das durch eine Abwertung abgebaut wird.

Der Wirkungsgrad einer expansiven Fiskalpolitik hängt also entscheidend von der Kapitalmobilität ab. Je größer die Kapitalmobilität ist, desto stärker fällt der Aufwertungseffekt einer expansiven Fiskalpolitik ins Gewicht, der sich aufgrund der durch die expansive Fiskalpolitik ausgelösten Zinssteigerung ergibt und der die expansive Wirkung der Fiskalpolitik dämpft. Ein Extremfall besteht darin, daß die **Kapitalmobilität unendlich hoch** ist. In Abbildung 22.6 bedeutet dieser Fall eine waagrechte Zahlungsbilanzlinie. Eine expansive Fiskalpolitik hat unter dieser Bedingung keinerlei Auswirkung auf Nachfrage und Produktion. Die durch die expansive Fiskalpolitik bewirkte Zinssteigerung führt so lange zu Kapitalimporten und Aufwertungsbewegungen, bis das Sozialprodukt und das Zinsniveau wieder auf ihr Ausgangsniveau gesunken sind. Die Zahlungsbilanz ist völlig dominiert vom Kapitalverkehr. Geringfügigste Zinssteigerungen rufen so starke Kapitalimporte hervor, daß durch die Aufwertung die Nachfrageeffekte der Expansionspolitik völlig kompensiert werden.

Insgesamt kann somit festgestellt werden, daß bei flexiblen Wechselkursen und hoher Kapitalmobilität das Instrument der Fiskalpolitik zur Beeinflussung von Produktion und damit Beschäftigung nicht mehr geeignet ist.

Wenden wir uns dem Bereich der Geldpolitik zu. Die Wirkungsweise der Geldpolitik kann anhand der Abbildung 22.7 erläutert werden.

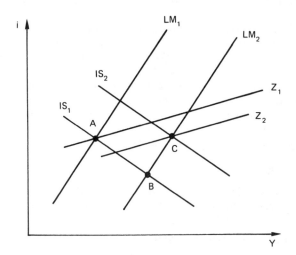

Abb. 22.7 Geldpolitik bei flexiblen Wechselkursen und konstantem Preisniveau

Ausgangspunkt ist die Situation in Punkt A, in der simultanes Gleichgewicht am Geld- und Gütermarkt und Zahlungsbilanzgleichgewicht herrschen. Eine **expansive Geldpolitik** (Verschiebung der Linie LM_1 nach LM_2) bewirkt eine Sozialproduktsteigerung und eine Zinssenkung. Aus beiden Effekten ergibt sich eine **Abwertungsbewegung**. In Abbildung 22.7 liegt das simultane Gleichgewicht am Geld- und Gütermarkt zunächst in Punkt B rechts von der Linie Z_1. Es herrscht kurzfristig ein Zahlungsbilanzdefizit, das durch eine Abwertung beseitigt wird (Verschiebung der Linie Z_1 nach Z_2 und der Linie IS_1 nach IS_2). Neues simultanes Gleichgewicht am Geld- und Gütermarkt und Zahlungsbilanzgleichgewicht ergeben sich schließlich in Punkt C.

Der expansive Effekt der Geldpolitik ist um so stärker, je höher die **Kapitalmobilität** ist. Bei vollständiger Kapitalmobilität (waagrechte Z-Linie) führt die durch die expansive Geldpolitik bewirkte Zinssenkung so lange zu Kapitalexporten und Abwertungsbewegungen, bis der Zins wieder auf das Ausgangsniveau angestiegen ist und Nachfrage und Produktion aufgrund der Abwertung entsprechend stark angestiegen sind.

Insgesamt erweist sich also unter den Bedingungen flexibler Wechselkurse die Geldpolitik als ein äußerst wirkungsvolles Instrument zur Beeinflussung von Produktion und damit Beschäftigung (MUNDELL, 1961; SOHMEN, 1961). Im Gegensatz zur Fiskalpolitik wird der Expansionseffekt nicht durch eine Aufwertung gedämpft, sondern durch die aus der Zinssenkung resultierende Abwertung noch verstärkt. An dieser Stelle muß jedoch auf die einschränkende Annahme des bisher behandelten Modells verwiesen werden, nämlich die Annahme der Konstanz des Preisniveaus. Die Kombination aus expansiver Geldpolitik und Abwertung hat häufig inflationäre Wirkungen. Es muß also die Möglichkeit von Preisniveauanpassungen berücksichtigt werden.

2. Wechselkurserwartungen und überschießende Wechselkursreaktion

Wenn das Preisniveau nicht konstant ist und es insbesondere zu Inflation kommen kann, gewinnen im System flexibler Wechselkurse die Wechselkurserwartungen als Determinante für die Zahlungsbilanzentwicklung eine entscheidende Bedeutung. Wir haben bisher als Einflußgröße für die Kapitalbilanz nur den Inlandszins berücksichtigt. Neben dem Inlandszins sind jedoch für den grenzüberschreitenden Kapitalverkehr auch noch der Auslandszins und die erwartete Wechselkursänderung von Bedeutung. Die Erwartung über die künftige Wechselkursentwicklung spielt bei flexiblen Wechselkursen und der Möglichkeit von Preisniveauänderungen für den Kapitalverkehr eine entscheidende Rolle.

a. Zinsparität-Theorie

In das Kalkül eines Anlegers, einen bestimmten Geldbetrag in einer bestimmten Währung anzulegen, gehen der Inlandszins, der Auslandszins und die für die Anlageperiode erwartete Wechselkursänderungsrate ein.

Für die **erwartete Wechselkursänderungsrate** gilt:

$$ge = \frac{E(e) - e_t}{e_t}. \tag{1}$$

In Gleichung (1) ist g das Symbol für prozentuale Änderung, e steht für Wechselkurs, E(e) für den für das Ende der Anlageperiode erwarteten Wechselkurs (E = Erwartungswert) und e_t für den im Zeitpunkt t herrschenden tatsächlichen Wechselkurs. Bilden wir zur Verdeutlichung ein Zahlenbeispiel. Wir wählen als Währungen DM und US-Dollar. Ist der in t herrschende Wechselkurs z.B. 1,50 DM/Dollar, und wird für die Zukunft ein Wechselkurs von 1,35 DM/Dollar erwartet, dann ergibt sich gemäß (1):

$$ge = \frac{1{,}35 - 1{,}50}{1{,}50} = -0{,}10 = -10\%.$$

In diesem Beispiel ist also die erwartete Wechselkursänderungsrate − 10%, d.h. es wird eine 10%ige Aufwertung der DM gegenüber dem Dollar erwartet.

Überlegen wir nun, wie die erwartete Wechselkursänderungsrate zusammen mit dem Inlands- und dem Auslandszins den internationalen Kapitalverkehr beeinflußt. Wir bleiben bei dem Beispiel der DM gegenüber dem Dollar. Wovon hängt es ab, ob ein Anleger einen DM-Betrag A in DM oder in Dollar investiert? Der Anleger ist gegenüber den beiden Alternativen indifferent, wenn gilt:

$$A \cdot (1 + i) = A \cdot (1/e_t) \cdot (1 + i^*) \cdot E(e). \tag{2}$$

In Gleichung (2) steht links vom Gleichheitszeichen der Betrag, auf den die Anlage des Betrages A in DM durch die Verzinsung zum Zins i bis zum Ende der Anlageperiode anwächst. Rechts vom Gleichheitszeichen steht der DM-Betrag, der sich bei der Alternativanlage in Dollar ergibt. Der DM-Betrag A wird zunächst zum herrschenden Wechselkurs e_t in Dollar umgetauscht, verzinst sich dann zum Dollar-Zins i*, und wird am Ende der Anlageperiode zum künftigen Kurs E (e) wieder in DM zurückgetauscht. Wenn das Gleichheitszeichen erfüllt ist, sind die beiden Anlagealternativen gleichwertig.

Auflösung der Gleichung (2) nach der Zinsdifferenz $i - i^*$ ergibt (bis auf einen vernachlässigbar kleinen Fehler):

$$i - i^* = ge. \tag{3}$$

Gemäß Gleichung (3) ist der Anleger zwischen einer Anlage in Inlandswährung und einer Anlage in Auslandswährung indifferent, wenn die **Zinsdifferenz zwischen Inlands- und Auslandszins der erwarteten Wechselkursänderungsrate entspricht**. Dies ist die Bedingung der sog. **Zinsparität**. Die Bedingung kann anhand des obigen Zahlenbeispiels verdeutlicht werden. Wenn z.B. für die DM eine 10%ige Aufwertung erwartet wird (ge = − 0,10), dann sind die Kapitalanleger zwischen einer Anlage in DM und einer Anlage in Dollar nur dann indifferent, wenn der Kursverlust des Dollar gegenüber der DM durch einen entsprechend höheren Dollar-Zins wettgemacht wird (i − i* = − 0,10). In diesem Beispiel muß also der Dollar-Zins um 10 Prozentpunkte über dem DM-Zins liegen. Ist der DM-Zins z.B. i = 5%, dann muß der Dollar-Zins i* = 15% sein, wenn die beiden Anlagealternativen gleichwertig sein sollen.

Wenn die Zinsparität gemäß Gleichung (3) nicht erfüllt ist, dann kommt es kurzfristig je nach Konstellation zu Kapitalim- oder -exporten. Ist die Zinsdifferenz größer als die erwartete Wechselkursänderungsrate (i − i* > ge), dann kommt es zu Kapitalimporten. Dies ist z.B. dann der Fall, wenn für die Inlandswährung eine Abwertung erwartet wird (ge > 0), die kleiner ist als der Zinsvorsprung des Inlandes (i − i* > ge > 0). Der Gewinn aus der relativ höheren Verzinsung der Inlandswährung ist größer als der aufgrund der Abwertung erwartete Verlust gegenüber der Anlage in Auslandswährung. Umgekehrt kommt es zu Kapitalexporten, wenn die Zinsdifferenz kleiner ist als die erwartete Wechselkursänderungsrate.

Für die Richtung des Kapitalverkehrs ist also die um die erwartete Wechselkursänderungsrate korrigierte **Nettozinsdifferenz** entscheidend. Für diese Nettozinsdifferenz gilt:

$$i_n = i - i^* - ge. \tag{4}$$

Der Zahlungsbilanzsaldo ist über die **Kapitalbilanz positiv abhängig von der Nettozinsdifferenz**.

Aufgrund dieses Zusammenhangs können nun Zins- und Wechselkursänderungen über die Kapitalbilanz je nach Entwicklung der Nettozinsdifferenz ganz unterschiedliche Wirkungen auf die Zahlungsbilanz haben. So führt z.B. eine Abwertung bei Konstanz von Inlandszins und Auslandszins nur dann zu einer Verbesserung der Kapitalbilanz, wenn nach vollzogener Abwertung auf der Basis des neuen Wechselkurses eine Aufwertung erwartet wird. Eine Aufwertungserwartung bedeutet eine negative erwartete Wechselkursänderungsrate (ge < 0), so daß in diesem Fall die Nettozinsdifferenz gemäß (4) ansteigt. Führt dagegen die Abwertung z.B. dazu, daß auf der Basis des neuen Wechselkurses für die Zukunft eine weitere Abwertung erwartet wird (ge > 0), dann kommt es zu Kapitalexporten und die Kapitalbilanz verschlechtert sich. Aus analogen Gründen können auch Zinsänderungen ganz unterschiedliche Wirkungen auf die Kapitalbilanz haben. Eine Senkung des Inlandszinses z.B., von der man gemeinhin annimmt, daß sie zu einer Verschlechterung der Kapitalbilanz führt, kann nach anfänglichen Kapitalexporten durchaus unter bestimmten Umständen zu einer Verbesserung der Kapitalbilanz führen. Dies ist dann der Fall, wenn die Zinssenkung zu einer so starken Abwertung führt, daß sich auf der Basis des neuen Wechselkurses eine Aufwertungserwartung (ge << 0) bildet, die die negative Zinsdifferenz (i − i* < 0) überkompensiert, so daß die Nettozinsdifferenz gemäß (4) per Saldo ansteigt.

Die **Wechselkursänderungserwartungen sind also eine entscheidende Determinante für die Kapital- und damit für die Zahlungsbilanz**. Wie bilden sich die Erwartungen über den künftigen Wechselkurs? Darüber gibt die Zinsparität-Theorie keine Auskunft. Die Gleichung (3) für die Zinsparität beschreibt nur den prozentualen Abstand zwischen dem herrschenden Wechselkurs und dem für die Zukunft erwarteten Wechselkurs, ohne über das absolute Niveau der Wechselkurse etwas auszusagen. Hierzu müssen andere Überlegungen angestellt werden.

b. Kaufkraftparität-Theorie

Eine einfache Theorie über die langfristige Entwicklung des Wechselkurses ist die Kaufkraftparität-Theorie. Es wird davon ausgegangen, daß bei Konstanz realer Faktoren (Produktivität, Produktionsstruktur usw.) die Kaufkraftparität zwischen verschiedenen Währungen konstant bleibt. Das **Realaustauschverhältnis (realer Wechselkurs, terms of trade) bleibt im Zeitverlauf konstant**. Es gilt:

$$\tau = \frac{P}{e \cdot P^*} = \text{konstant}. \tag{5}$$

In der Definitionsgleichung (5) für die terms of trade ist P das Inlandspreisniveau, e der nominale Wechselkurs und P* das Auslandspreisniveau. Wir haben diese Definitionsgleichung bereits weiter oben bei der Behandlung der Realaustauschverhältnisse (vgl. 20. Kapitel, Ziffer II.3) und der Theorie des direkten internationalen Preiszusammenhangs (vgl. 21. Kapitel, Ziffer IV.3) kennengelernt. Die terms of trade gemäß Gleichung (5) sind ein Realaustauschverhältnis und geben an, wieviel Importgüter für eine Einheit Exportgüter getauscht werden. Für P und P* sind strenggenommen die Preisniveaus der internationalen Handelsgüter anzusetzen. Zur Vereinfachung wird hier das jeweils nationale Gesamt-Preisniveau gewählt.

Gleichung (5) ausgedrückt in Änderungsraten (g = prozentuale Änderung) ergibt:

$$\begin{aligned} &g\tau = gP - (ge + gP^*) = 0, \\ &ge = \pi - \pi^*. \end{aligned} \tag{6}$$

22. Kap.: Makroökonomik der offenen Volkswirtschaft

In Gleichung (6) steht π und π^* für die inländische (gP) bzw. ausländische (gP*) Inflationsrate. Gemäß Gleichung (6) ist die **Änderungsrate des nominalen Wechselkurses gleich der Differenz zwischen in- und ausländischer Inflationsrate**. Gleichung (6) besagt, daß die Kaufkraftparität dann erfüllt ist, wenn sich der tatsächliche Wechselkurs im Zeitverlauf entsprechend der Differenz zwischen in- und ausländischer Inflationsrate ändert. Die Änderung des nominalen Wechselkurses gleicht die unterschiedlichen nationalen Inflationsraten gerade so aus, daß die terms of trade (der reale Wechselkurs) konstant bleiben.

Bilden wir zur Verdeutlichung ein Zahlenbeispiel. Wenn die US-Inflationsrate 5% ist und die deutsche Inflationsrate 3%, dann bleibt die Kaufkraftparität zwischen DM und Dollar gewahrt, wenn die DM gegenüber dem Dollar nominal um 2% aufwertet:

$$ge = \pi - \pi^*,$$
$$-0{,}02 = 0{,}03 - 0{,}05.$$

Man kann den Sachverhalt auch wie folgt erläutern. Ein bestimmtes Güterbündel wird in den USA um 5% teurer, während es in Deutschland nur um 3% teurer wird. Mit dem zum Erwerb notwendigen DM-Betrag kann auch in den USA das Güterbündel trotz der höheren US-Inflation dann gekauft werden, wenn für die DM durch die Aufwertung ein um 2% höherer Dollar-Betrag erworben werden kann.

In Schaubild 22.1 ist die Entwicklung der Kaufkraftparität und des tatsächlichen nominalen Wechselkurses zwischen DM und Dollar dargestellt.

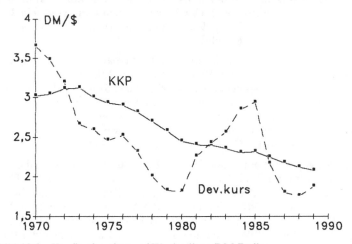

Schaubild 22.1 Kaufkraftparität und Wechselkurs DM-Dollar

Quellen: Deutsche Bundesbank, Monatsberichte; Statistisches Jahrbuch; eigene Berechnungen.

In Schaubild 22.1 gibt die KKP-Linie die Entwicklung des nominalen DM-Dollar-Kurses an, die der Kaufkraftparität (KKP) entspricht. Die Werte sind berechnet als der Durchschnitt aus den beiden KKP-Kursen, die sich erstens nach dem für deutsche Verbrauchsgewohnheiten typischen Güterbündel und zweitens nach dem für amerikanische Verbrauchsgewohnheiten typischen Güterbündel ergeben. Wenn der DM-Dollar-Kurs diese Entwicklung genommen hätte, dann wäre die Kaufkraftparität jederzeit erfüllt gewesen.

Die tatsächliche Kursentwicklung ist in Schaubild 22.1 durch die Linie des Devisenkurses dargestellt. Es zeigt sich, daß die **KKP-Theorie nur in sehr langfristiger Sicht** zutreffend ist. Der tatsächliche Wechselkurs weicht kurzfristig erheblich von dem KKP-Kurs ab. Von 1970 bis 1980 wertet die DM gegenüber dem Dollar im Trend auf, und zwar von 3,65 DM/Dollar auf 1,82 DM/Dollar. 1980 ist der Dollar mit 1,82 DM/Dollar, gemessen an dem KKP-Kurs von 2,45, stark unterbewertet. Von 1980 bis 1985 wertet die DM gegenüber dem Dollar ab von 1,82 DM/Dollar auf 2,94 DM/Dollar. 1985 ist der Dollar mit 2,94 DM/Dollar, gemessen an dem KKP-Kurs von 2,32, stark überbewertet. Von 1985 bis 1988 wertet die DM wieder auf von 2,94 DM/Dollar auf 1,76 DM/Dollar. Der Dollar ist 1988 mit einem Devisenkurs von 1,76 DM/Dollar gegenüber dem KKP-Kurs von 2,12 deutlich unterbewertet.

Man bezeichnet dieses Phänomen, daß der Wechselkurs kurzfristig erheblich von dem langfristigen KKP-Kurs abweicht, als **überschießende Wechselkursreaktion (overshooting)**. Wie kann dieses Phänomen erklärt werden, und welche Konsequenzen ergeben sich daraus für die Geld- und Fiskalpolitik im System flexibler Wechselkurse?

c. Überschießende Wechselkursreaktion

Das Überschießen des Wechselkurses kann durch Kombination der Zinsparität-Theorie mit der Kaufkraftparität-Theorie unter der Annahme erklärt werden, daß **Wechselkurse und Preise unterschiedlich schnell auf monetäre Ungleichgewichte reagieren** (DORNBUSCH, 1976). Der Sachverhalt ist mit einem Zahlenbeispiel in Abbildung 22.8 dargestellt.

Im Ausgangszeitpunkt $t = 1$ ist das Inlandspreisniveau $P_1 = 100$, das Auslandspreisniveau $P^* = 50$ und der KKP-Wechselkurs $e_1 = 2,00$, z.B. DM/Dollar. Die terms of trade sind dementsprechend $\tau_1 = 100/(2,00 \cdot 50) = 1,00$. Im In- und Ausland herrscht Preisniveaustabilität. Inlands- und Auslandszins sind gleich ($i = i^*$). Die Zinsparität ist erfüllt. Nun verfolgt das Inland im Zeitpunkt $t = 2$ eine **expansive Geldpolitik**. Die Geldmenge wird kräftig ausgeweitet. Diese monetäre Störung hat einen kurzfristigen Effekt und einen langfristigen Effekt.

Der **kurzfristige Effekt der expansiven Geldpolitik** besteht darin, daß der Inlandszins sinkt, während das Inlandspreisniveau noch konstant bleibt. Dadurch wird die Zinsdifferenz $i - i^*$ negativ. Es kommt zu Kapitalexporten, die die Inlandswährung abwerten. Das bedeutet, daß der Wechselkurs von $e_1 = 2,00$ ansteigt. Von Punkt A aus entwickelt sich der Wechselkurs nach oben. Wie stark fällt diese Abwertung aus? Wir nehmen an, daß der Inlandszins um 5 Prozentpunkte unter den Auslandszins sinkt. Der nominale Wechselkurs muß also so ansteigen, daß sich auf der Basis des neuen Wechselkurses eine Aufwertungserwartung von 5% bildet. Denn die Inlandswährung hat durch die expansive Geldpolitik mit der Folge der Zinssenkung einen Zinsnachteil gegenüber der Auslandswährung von 5 Prozentpunkten, der durch eine entsprechende Aufwertungserwartung wettgemacht werden muß. Aufgrund der Zinsparität-Theorie muß gelten:

$$i - i^* = -0,05 = ge = \frac{e_3 - e_2}{e_2}.$$

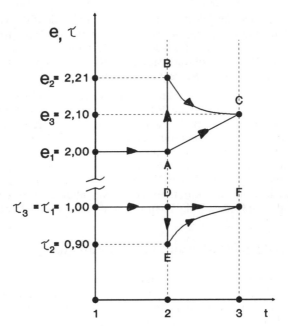

Abb. 22.8 Überschießende Wechselkursreaktion

Der Wechselkurs e_2, der sich in t = 2 durch die Abwertungsbewegung bildet, muß also 5% über dem erwarteten Wechselkurs e_3 liegen, der in t = 2 für den Zeitpunkt t = 3 erwartet wird. Wie bildet sich dieser Erwartungswert für den künftigen Wechselkurs?

Hier kommt jetzt der **langfristige Effekt der expansiven Geldpolitik** zur Wirkung. Das Preisniveau im Inland steigt wegen der Geldmengenexpansion an. Dieser Preisniveauanstieg geschieht jedoch nicht sofort (wie die Wechselkursanpassung), sondern aufgrund kurzfristiger Preisstarrheiten mit einer zeitlichen Verzögerung. Wir nehmen an, daß sich das Inlandspreisniveau in dem Zeitraum zwischen t = 2 und t = 3 um 5% erhöht. Auf der Grundlage dieser Inlandsinflation von 5% bildet sich der in t = 2 für t = 3 erwartete Wechselkurs gemäß der KKP-Theorie. Es wird gemäß der langfristig geltenden KKP-Theorie erwartet, daß die Inlandswährung, bezogen auf den Wechselkurs e_1 = 2,00, langfristig um 5% abwertet (Bewegung von A nach C). Der KKP-Kurs e_3 liegt also 5% über dem Kurs e_1 = 2,00, d.h. es ist e_3 = 2,10.

Wird jedoch in t = 2 für t = 3 der Wechselkurs e_3 = 2,10 erwartet, und muß sich in t = 2 wegen der negativen Zinsdifferenz eine Aufwertungserwartung von 5% bilden, dann muß der Wechselkurs in t = 2 auf e_2 = 2,21 abwerten. Denn nur ein Wechselkurs von 2,21 entspricht bei einem erwarteten Wechselkurs von 2,10 einer Aufwertungserwartung von 5%. **Kurzfristig** schießt also der Wechselkurs in t = 2 von A nach B nach oben.

Die Abwertung von A nach B bedeutet eine **überschießende Wechselkursreaktion**. Das Preisniveau bleibt wegen der trägen Preisanpassung zunächst konstant. Das bedeutet, daß die **terms of trade sich ändern**, nämlich von D nach E auf 100/(2,21 · 50) = 0,90 sinken.

Langfristig paßt sich der Wechselkurs an den durch die KKP vorgegebenen Wert an. Im Zeitraum zwischen t = 2 und t = 3 wertet die Inlandswährung von 2,21 auf 2,10 auf (Bewegung von B nach C). Das Inlandspreisniveau steigt um 5% von 100 auf 105 an. Die terms of trade steigen wieder auf ihren langfristigen KKP-Wert 105/(2,10 · 50) = 1,00 an (Bewegung von E nach F).

Mit Hilfe der Annahme unterschiedlicher Reaktionsgeschwindigkeiten von Wechselkursen einerseits (schnelle Reaktion gemäß der Zinsparität-Theorie) und Preisen andererseits (langsame Reaktion gemäß der KKP-Theorie) gelingt es also, die überschießende Wechselkursreaktion zu erklären. Wenn Wechselkurse und Preise sich durchweg sofort an monetäre Störungen anpassen würden, dann käme es nicht zu überschießenden Reaktionen und die terms of trade blieben folglich konstant. In Abbildung 22.8 ist dies die Entwicklung des Wechselkurses von A nach C ohne den kurzfristigen Umweg über B, und die Entwicklung der terms of trade von D nach F ohne den kurzfristigen Umweg über E.

3. Geld- und Fiskalpolitik bei Preisniveauanpassung

Wir können nunmehr die Möglichkeiten und Grenzen der Geld- und Fiskalpolitik bei flexiblen Wechselkursen und variablem Preisniveau unter Berücksichtigung des Einflusses von Wechselkursänderungserwartungen analysieren. Wir legen wieder den Fall zugrunde, wonach sich die Wirtschaft im Zustand der Unterbeschäftigung befindet, die durch eine expansive Stabilisierungspolitik bekämpft wird. Der Ausgleich der Zahlungsbilanz wird dem Mechanismus des flexiblen Wechselkurses anvertraut. Die Wirkungsweise der Geld- und Fiskalpolitik kann anhand der Abbildung 22.9 erläutert werden.

Die Angebots-, Nachfrage- und Zahlungsbilanzlinien entsprechen bis auf den Zinseinfluß auf die Zahlungsbilanz der Darstellung in Abbildung 22.5. Die Zahlungsbilanz ist hier in Abbildung 22.9 nicht nur einfach positiv abhängig vom Inlandszins, sondern positiv abhängig von der Nettozinsdifferenz gemäß Gleichung (4). Hierdurch wird der Einfluß der **Wechselkursänderungserwartung** berücksichtigt.

Im Ausgangszustand befindet sich die Wirtschaft in Punkt A. Die Zahlungsbilanz ist durch den flexiblen Wechselkurs ausgeglichen, und es herrscht **Unterbeschäftigung** ($Y_1 < Y_0$). Unter bestimmten Voraussetzungen ist es nun der Stabilisierungspolitik möglich, durch eine **Expansionspolitik** unter Inkaufnahme einer unvermeidlichen **Preisniveausteigerung** die **Vollbeschäftigung** herbeizuführen bei Aufrechterhaltung des **Zahlungsbilanzgleichgewichts** (Bewegung von A nach C). Die Geld- und Fiskalpolitik werden in der Weise expansiv eingesetzt, daß der Zins sinkt und das Nachfrageniveau steigt (Verschiebung der Nachfragelinie bis durch den Punkt C). Die Zinssenkung führt am Devisenmarkt sofort zu einer Abwertung. Diese Abwertung kommt schneller zustande als der aus der Geldmengen- und Nachfragesteigerung resultierende Preisniveauanstieg. Im einfachsten Fall herrschen zunächst noch das Produktionsniveau Y_1 und das Preisniveau P_1 bei dem Nachfrageüberschuß AB. Die sofortige Abwertung und das kurzfristig konstante Preisniveau bedeuten, daß die terms of trade stark unter den langfristigen Wert sinken, der der KKP entspricht. Auf der Basis des neuen Wechselkurses bildet sich also eine Aufwertungserwartung. Ist diese Aufwertungserwartung hinreichend groß, dann kann die Nettozinsdifferenz positiv werden, so daß sich die Linie des Zahlungsbilanzgleichgewichts über den Abwertungseffekt hinaus

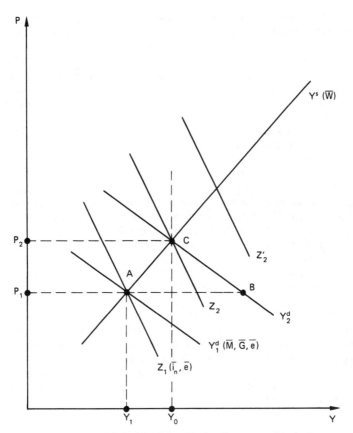

Abb. 22.9 Stabilisierungspolitik bei flexiblen Wechselkursen und Preisniveauanpassung

zusätzlich nach rechts oben verschiebt (Verschiebung von Z_1 nach rechts oben über C hinausgehend). Hinsichtlich des Preis- und Produktionsniveaus befindet sich die Wirtschaft jedoch noch in Punkt A, da die Anpassung am Gütermarkt gegenüber der am Devisenmarkt verzögert stattfindet. Es herrscht also in A nach der Abwertung intern ein Nachfrageüberschuß und extern ein Zahlungsbilanzüberschuß. Von dieser Situation aus entwickelt sich die Wirtschaft entlang der Linie des gesamtwirtschaftlichen Angebots nach C. Die Inlandswährung wertet aufgrund der kurzfristig überschießenden Abwertung auf, so daß sich die Linie des Zahlungsbilanzgleichgewichts wieder nach links verschiebt (die kontraktive Wirkung der Aufwertung auf die gesamtwirtschaftliche Nachfrage ist in Abbildung 22.9 zur Vereinfachung nicht berücksichtigt). Der allmähliche Preisniveauanstieg (von P_1 auf P_2) und die Aufwertung erhöhen die terms of trade wieder auf den der KKP entsprechenden langfristigen Wert. Am Ende des Anpassungsprozesses herrschen in C Vollbeschäftigung und wieder Zahlungsbilanzgleichgewicht. Die Expansionspolitik verläuft also insgesamt recht erfolgreich, ohne durch außenwirtschaftliche Zwänge von der Verfolgung des Vollbeschäftigungsziels abgehalten zu werden. Ist dieser Verlauf stets so gewährleistet?

Der geschilderte Verlauf einer erfolgreichen Expansionspolitik mit unterschiedlichen Wechselkursbewegungen ist an **bestimmte Voraussetzungen** geknüpft. Die Expansionspolitik scheitert, wenn die Geldpolitik nicht das Aufkommen einer Kosteninflation und permanenter Abwertungserwartungen verhindert. Die Expansionspolitik kann nicht erfolgreich sein, wenn nach der anfänglichen Abwertung auf der Basis des neuen Wechselkurses eine weitere Abwertung erwartet wird und wenn der Preisniveauanstieg durch induzierte Lohnforderungen zu einer Erhöhung des Kostenniveaus führt, so daß sich von der Angebotsseite her kontraktive Einflüsse ergeben. Eine Abwertungserwartung auf der Basis des neuen Wechselkurses kann entstehen, wenn ein starker Preisniveauanstieg erwartet wird, so daß der der KKP entsprechende langfristig erwartete nominale Wechselkurs steigt. Zu dem Kostenniveauanstieg kann es kommen, wenn ein Preisniveauanstieg in den Lohnforderungen antizipiert wird und wenn die durch die Abwertung bedingte Importpreissteigerung das Kostenniveau stark nach oben drückt. Unter diesen Umständen ist es dann insgesamt möglich, daß die Zahlungsbilanz defizitär wird, das Preisniveau ansteigt und Produktion und Beschäftigung sinken. Die Nettozinsdifferenz wird wegen der Abwertungserwartung negativ, was die Zahlungsbilanz über Kapitalexporte defizitär werden läßt (Verschiebung der Linie Z_1 nach links unten). Das Preisniveau steigt, und Produktion und Beschäftigung sinken aufgrund des steigenden Kostenniveaus (Verschiebung der Linie Y^s nach links oben). Dieser ungünstige Verlauf ist allerdings nur bei einer entsprechend **expansiven Geldpolitik** möglich, die den Preisniveauanstieg monetär alimentiert. Eine stabilitätsorientierte Begrenzung der Geldmengenexpansion, die über ein entsprechend hohes Zinsniveau einem Sinken der Nettozinsdifferenz und einem induzierten Kostenanstieg entgegenwirkt, kann eine negative Entwicklung dieser Art jederzeit verhindern. Insofern ist der geschilderte negative Verlauf lediglich Reflex einer inflationären Geldpolitik. Damit wird auch an dieser Stelle wiederum deutlich, daß unabhängig vom Wechselkurssystem für den **Zahlungsbilanzausgleich letztlich eine stabilitätsorientierte Geldpolitik** notwendig ist.

III. Zusammenfassung

In einer **kleinen offenen Volkswirtschaft** sind die Möglichkeiten der **Geld- und Fiskalpolitik** gegenüber dem Fall einer geschlossenen Volkswirtschaft **eingeschränkt**.

Bei **festen Wechselkursen** ist bei konstantem Preisniveau eine Orientierung der Geldpolitik am Ziel des Zahlungsbilanzausgleichs und der Fiskalpolitik am Ziel der Vollbeschäftigung eine effiziente Kombination der Stabilisierungspolitik. Bei Preisniveauanpassungen gibt es bei festen Wechselkursen und international unterschiedlichen Preis- und Kostentrends keine realistische Möglichkeit für die Stabilisierungspolitik, sowohl internes als auch externes Gleichgewicht zu realisieren. Wechselkursänderungen sind ein geeignetes Instrument, wenn sie von einer zahlungsbilanzorientierten Geldpolitik begleitet werden.

Bei **flexiblen Wechselkursen** ist bei konstantem Preisniveau die Fiskalpolitik bei hinreichend hoher Kapitalmobilität wegen des internationalen Zinsverbundes ungeeignet zur Beeinflussung von Produktion und Beschäftigung, während die Geldpolitik ein sehr wirkungsvolles Instrument ist. Bei Preisniveauanpassungen sind die Wechselkurserwartungen eine wesentliche Determinante für die

Zahlungsbilanz. Die kurzfristige Wechselkursentwicklung weicht erheblich von der durch die Kaufkraftparität vorgegebenen langfristigen Entwicklung ab. Diese **überschießende Wechselkursreaktion** kann durch Kombination der Zinsparität-Theorie mit der Kaufkraftparität-Theorie unter der Annahme unterschiedlicher Reaktionsgeschwindigkeiten von Wechselkursen und Preisen erklärt werden. Unter Berücksichtigung von Wechselkurserwartungen ist eine expansive Stabilisierungspolitik bei flexiblen Wechselkursen nur erfolgreich, wenn durch eine stabilitätsorientierte Geldpolitik das Aufkommen permanenter Abwertungserwartungen verhindert wird.

Literatur zum 22. Kapitel

Überblick:

Siebke, J. und **H. J. Thieme**: Einkommen, Beschäftigung, Preisniveau. In: D. Bender u.a.: Vahlens Kompendium der Wirtschaftstheorie und Wirtschaftspolitik. Band 1. 4. Aufl. München 1990. S. 157-174.

Lehrbücher:

Carlberg, M.: Markoökonomik der offenen Wirtschaft. München 1989.
Cezanne, W.: Grundzüge der Makroökonomik. 5. Aufl. München 1991. S. 164-183.
Claassen, E.-M.: Grundlagen der makroökonomischen Theorie. München 1980. S. 340-434.
Dieckheuer, G.: Internationale Wirtschaftsbeziehungen. 2. Aufl. München 1991. S. 169-264.
Dornbusch, R.: Open economy macroeconomics. New York 1980. S. 119-235.
Dornbusch, R. und **S. Fischer**: Macroeconomics. 4. Aufl. New York 1987. S. 733-762.
Frenkel, M.: Ausgewählte markoökonomische Modelle offener Volkswirtschaften. 2. Aufl. St. Gallen 1983.
Jarchow, H. J. und **P. Rühmann**: Monetäre Außenwirtschaft. Bd. 1: Monetäre Außenwirtschaftstheorie. 3. Aufl. Göttingen 1991. S. 89-211.
Rittenbruch, K.: Makroökonomie. 7. Aufl. München 1990. S. 316-342.
Rose, K.: Theorie der Außenwirtschaft. 10. Aufl. München 1989. S. 195-227.
Siebert, H.: Außenwirtschaft. 5. Aufl. Stuttgart 1991. S. 277-333.

23. Kapitel:
Wechselkursentwicklung und internationale Währungspolitik

I. Der Zusammenbruch des Bretton-Woods-Systems und die Problematik von Wechselkursschwankungen

Die Währungsordnung der westlichen Welt nach dem Zweiten Weltkrieg war bis etwa Anfang 1973 ein System fester, aber fallweise veränderlicher Wechselkurse. Dieses sog. **Bretton-Woods-System** basierte auf dem Abkommen über den Internationalen Währungsfonds (IWF-Abkommen), welches 1944 in Bretton Woods, USA, begründet wurde. Die Wechselkurse der Währungen der beteiligten Mitgliedstaaten waren in Form von Paritäten als eine spezifische Goldmenge in US-Dollar im Gewicht und in der Feinheit vom 1. Juli 1944 fixiert. Die Zentralbanken intervenierten zur Aufrechterhaltung dieser Paritäten auf den Devisenmärkten ihrer Länder in US-Dollar. Die USA ihrerseits erklärten sich bereit, Gold im Verkehr mit nicht-amerikanischen Zentralbanken zu der Gold-Parität des US-Dollar zu kaufen und zu verkaufen. Das Bretton-Woods-System war damit ein Leitwährungssystem mit dem **US-Dollar als Leitwährung**. Wegen der Goldeinlösungsgarantie der USA wird das System auch als **Dollar-Gold-Standard** bezeichnet.

Beginnend etwa Mitte der 60er Jahre verfolgten die USA trotz ihrer begrenzten Goldvorräte zunehmend eine expansive, d.h. nicht mehr zahlungsbilanzorientierte Geldpolitik mit der Folge einer starken Zunahme der umlaufenden Dollar-Geldmenge. Parallel zu dieser Entwicklung wuchsen die Dollar-Bestände nicht-amerikanischer Zentralbanken übermäßig an. Zur Verteidigung der festen Wechselkurse mußte auf den Devisenmärkten das überschüssige Dollar-Angebot gegen eigene Währung angekauft werden. Die durch die Dollar-Interventionen verursachte **inflationäre Geldmengenvermehrung** im Inland geriet zunehmend in Konflikt mit den nationalen Stabilitätsinteressen (importierte Inflation), insbesondere in der Bundesrepublik Deutschland Anfang der 70er Jahre. Nachdem die USA im August 1971 die Goldeinlösung des US-Dollar auch de jure einstellten, gingen im **Frühjahr 1973** praktisch alle bedeutenden Mitgliedstaaten des Bretton-Woods-Abkommens zu **flexiblen Wechselkursen** über.

Seit dieser Zeit schwanken die Wechselkurse zwischen den großen Währungen entsprechend Angebot und Nachfrage auf den Devisenmärkten. Seitens der Zentralbanken wird nicht zu bestimmten, vertraglich vereinbarten Kursen interveniert. Zwar finden Interventionen teilweise erheblichen Ausmaßes statt. Jedoch erfolgen diese Interventionen lediglich aufgrund lockerer Absprachen zwischen den Zentralbanken und letztlich nur nach eigenem Ermessen der jeweils intervenierenden Zentralbank.

Innerhalb der EU wurde zunächst 1979 in Form des Europäischen Währungssystems (EWS) ein regionales Festkurssystem mit festen, aber bei Bedarf veränderlichen Wechselkursen geschaffen. Aus diesem System ging am 1. Januar 1999 die Europäische Währungsunion (EWU) hervor, an der zunächst 11 der 15 EU-Mitgliedstaaten teilnehmen. In der EWU sind die Wechselkurse zwischen den Währungen der teilnehmenden Mitgliedstaaten definitiv festgeschrieben und die Geldpolitik ist vergemeinschaftet.

In Schaubild 23.1 ist die **Entwicklung des Außenwerts der 4 großen Währungen US-Dollar (USD), DM, Pfund Sterling (GBL) und Yen** seit 1972 dargestellt.

Der Außenwert einer Währung ist in Schaubild 23.1 gemessen als ein gewogener Durchschnitt der nominalen Wechselkurse der Währung gegenüber 18 Industrieländern. Die Linien in Schaubild 23.1 geben die jeweilige Entwicklung des Außenwerts gegenüber einem Indexstand von 1972 = 100 an. Man erkennt, daß die DM unter Schwankungen im Trend nominal aufwertet, und zwar bis 1991 auf ca. 180% gegenüber dem Stand von 1972. Der Dollar wertet zunächst ab, zwischen 1980 und 1985 deutlich auf und danach tendenziell wieder ab. Das Pfund Sterling wertet unter Schwankungen im Trend ab, und zwar bis 1991 auf ca. 60% des Standes von 1972. Der japanische Yen wertet unter Schwankungen im Trend auf, und zwar bis 1991 auf ca. 220% des Standes von 1972.

Bei der Beurteilung dieser Wechselkursschwankungen ist die Problematik der kurzfristigen Schwankungen von der Problematik der mittel- bis langfristigen Schwankungen zu unterscheiden.

Erstens zeigen die Wechselkurse **kurzfristig** teilweise sehr heftige Schwankungen, die man beim Übergang zum System flexibler Wechselkurse in diesem Ausmaß nicht erwartet hatte. Man bezeichnet dieses kurzfristige Phänomen als **Volatilität**. Für die im Außenhandel tätigen Unternehmen bringen diese Schwankungen sicherlich zahlreiche Beschwernisse mit sich. Jedoch zeigt die Erfahrung, daß der Wirtschaftsverkehr diese kurzfristigen Wechselkursschwankungen zu verarbeiten in der Lage ist (z.B. durch Sicherungsgeschäfte), ohne daß ernsthafte Störungen auftreten.

Zweitens zeigen die nominalen Wechselkurse aber auch **langfristig** Veränderungen, die dauerhaft über die Inflationsratendifferenzen hinausgehen. Das be-

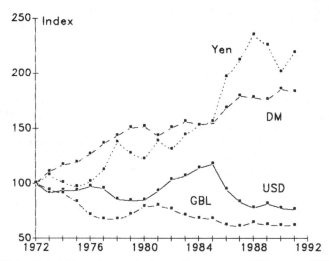

Schaubild 23.1 Entwicklung des nominalen Außenwerts von Währungen (1972 = 100)

Quelle: Deutsche Bundesbank, Statistische Beihefte zu den Monatsberichten, Reihe 5.

deutet, daß die terms of trade langfristig von dem durch die Kaufkraftparität (KKP) vorgegebenen Entwicklungstrend abweichen. Die nominalen Wechselkursschwankungen in Schaubild 23.1 gehen anhaltend über längere Zeiträume weit über die Inflationsratendifferenzen hinaus mit der Folge entsprechender Änderungen der terms of trade. Solche **dauerhaften Abweichungen der terms of trade vom KKP-Wert** bezeichnet man zur Unterscheidung von dem kurzfristigen Phänomen der Volatilität als **misalignment** (etwa: Fehlentwicklung) der Wechselkurse (WILLIAMSON, 1983). Allerdings ist hierbei zu beachten, daß nicht jede Änderung der terms of trade ein misalignment bedeuten muß. Die terms of trade können sich durchaus auch aufgrund realer Ursachen (Unterschiede des Wachstums, der Produktivität usw.) ändern. Ein misalignment liegt vor, wenn bei Konstanz realer Faktoren überschießende nominale Wechselkursänderungen zu Änderungen der terms of trade führen. Ob im konkreten Fall ein misalignment oder eine durch reale Ursachen ausgelöste Änderung der terms of trade vorliegt, ist schwierig zu entscheiden. Unabhängig von dieser Komplikation führt aber ein misalignment der Wechselkurse zu **Wettbewerbsverzerrungen** im realwirtschaftlichen Bereich der Volkswirtschaften. Volkswirtschaften mit übermäßigen realen Abwertungen erzielen Wettbewerbsvorteile, während Volkswirtschaften mit übermäßigen realen Aufwertungen Wettbewerbsnachteile erleiden. Die Folgen solcher Wettbewerbsverzerrungen können Investitionsrückgang und Protektionismus sein. Die Unternehmen versuchen, sich z.B. durch Standortverlagerungen an die nicht nur kurzfristigen Änderungen der terms of trade anzupassen und sind dann nach einigen Jahren mit einer Umkehr in der Entwicklung der terms of trade konfrontiert, durch die die langfristige Entscheidung für eine Standortverlagerung wieder obsolet wird. Solche durch die Änderungen der terms of trade verursachten Strukturverwerfungen können zu einem allgemeinen **Rückgang der Investitionstätigkeit** führen, da keine langfristig verläßlichen Kalkulationsgrundlagen mehr existieren. Außerdem kommt es zu **protektionistischen Maßnahmen** seitens der negativ betroffenen Länder, durch die sich diese Länder gegen solche Entwicklungen zu schützen versuchen. So werden z.B. Wirtschaftsbranchen, die durch eine reale Aufwertung ihre internationale Wettbewerbsfähigkeit verlieren, häufig durch Subventionen, nichttarifäre Handelshemmnisse, Importzölle usw. gestützt. Hierdurch wird letztlich eine optimale internationale Arbeitsteilung verhindert.

Die Erfahrung des misalignments der Wechselkurse nach dem Zusammenbruch des Bretton-Woods-Systems hat dazu geführt, daß man die negativen Folgen zwar durch eine **währungspolitische Zusammenarbeit** abzumildern versucht, ohne sich jedoch den Zwängen eines Systems fester Wechselkurse unterwerfen zu wollen. Wir behandeln im nächsten Abschnitt einige Wechselkurstheorien, die die Volkswirtschaftslehre zur Erklärung der Wechselkursschwankungen anzubieten hat, und beschäftigen uns daran anschließend mit Plänen und Maßnahmen für eine verstärkte währungspolitische Zusammenarbeit.

II. Determinanten der Wechselkursentwicklung

1. Keynesianische Leistungsbilanztheorie des Wechselkurses

In der keynesianisch geprägten Leistungsbilanztheorie des Wechselkurses wird der Wechselkurs bestimmt durch die **Güterströme** in der Handels- und Dienstleistungsbilanz. Es handelt sich um einen **stromökonomischen Ansatz**. Wir haben diesen Ansatz bereits weiter oben bei der Behandlung der Zahlungsbilanzausgleichsmechanismen kennengelernt (vgl. 21. Kapitel, Ziffer IV.1, der Wechselkursmechanismus; 22. Kapitel, Ziffer I.1-2 und II.1, das MUNDELL-FLEMING-Modell). Der Leistungsbilanzsaldo hängt u.a. von der Höhe des nominalen Wechselkurses ab (zur Vereinfachung wird von Übertragungen abgesehen). Eine Abwertung verbessert den Leistungsbilanzsaldo, eine Aufwertung verringert den Leistungsbilanzsaldo (normale Elastizitäten vorausgesetzt).

Man kann die Kausalrichtung dieses Zusammenhanges nun gewissermaßen umdrehen, indem man die Höhe des Leistungsbilanzsaldos als Einflußgröße für die Höhe des Wechselkurses ansieht. Hiernach kommt es zu einer Abwertung, wenn ein Leistungsbilanzdefizit vorliegt, und zu einer Aufwertung bei einem Leistungsbilanzüberschuß. Die Wechselkursgleichung ist:

$$e = e(NX) \tag{1}$$

mit

$$\delta e / \delta NX < 0.$$

Der **Wechselkurs ist negativ abhängig vom Leistungsbilanzsaldo**. Stammen Devisenangebot und Devisennachfrage nur aus den grenzüberschreitenden Güterströmen, dann bedeutet ein Leistungsbilanzdefizit ($NX < 0$) einen Nachfrageüberschuß am Devisenmarkt. Dieser Nachfrageüberschuß wird durch eine Abwertung (der Devisenkurs e steigt) abgebaut. Entsprechend bedeutet ein Leistungsbilanzüberschuß ($NX > 0$) einen Angebotsüberschuß am Devisenmarkt, der durch eine Aufwertung (der Devisenkurs e sinkt) abgebaut wird.

Zutreffend an dieser Vorstellung ist lediglich, daß zwischen Wechselkurs und Leistungsbilanzsaldo ein Zusammenhang besteht, gewisse Elastizitätsbedingungen vorausgesetzt. Ansonsten ist die Gleichung (1) ein außerordentlich primitiver und deswegen auch sehr unvollständiger Ansatz für die Wechselkursbestimmung. Es bleibt insbesondere völlig außer Betracht, daß am Devisenmarkt ganz überwiegend Kapitaltransaktionen das Geschehen bestimmen. Kapitaltransaktionen können jedoch mit Hilfe stromökonomischer Methoden nicht adäquat analysiert werden. Vielmehr sind, da Bestände aus Renditeüberlegungen über Zeiträume hinweg gehalten werden, bestandsökonomische Überlegungen anzustellen. Dieser Aspekt der Wechselkursbestimmung steht bei den Finanzmarktansätzen im Zentrum. In den Finanzmarktansätzen wird u.a. die Kaufkraftparität-Theorie verwendet, so daß wir uns zunächst mit dieser Theorie beschäftigen.

2. Kaufkraftparität-Theorie mit handelsfähigen und nicht-handelsfähigen Gütern

Nach der Kaufkraftparität-Theorie (KKP-Theorie) entspricht bei offenen Grenzen und Freihandel der Preis eines Gutes in Inlandswährung dem Preis in Auslandswährung, multipliziert mit dem Wechselkurs. Das bedeutet, daß die terms of trade gleich Eins sind. Schränkt man die Betrachtung auf **international handelsfähige Güter** ein, so gilt:

$$\tau = \frac{P_T}{e \cdot P^*_T} = 1,$$

$$e = P_T/P^*_T. \tag{2}$$

In Gleichung (2) steht P für das Inlandspreisniveau, P* für das Auslandspreisniveau, T für handelsfähige Güter und e für den nominalen Wechselkurs. Da in Gleichung (2) absolute Größen verwendet werden, bezeichnet man diese Form auch als die **absolute Form** der KKP-Theorie.

Ausgedrückt in prozentualen Änderungsraten (g) ergibt sich aus (2) für die **relative Form** der KKP-Theorie:

$$g_e = \pi_T - \pi^*_T. \tag{3}$$

Gemäß Gleichung (3) entspricht die Wechselkursänderungsrate der Differenz zwischen der inländischen (π) und der ausländischen (π^*) Inflationsrate der handelsfähigen Güter (T).

Man kann nun für die nationalen Preisniveaus Bestimmungsgleichungen formulieren, in denen die Relationen zwischen handelsfähigen und nicht-handelsfähigen Gütern explizit berücksichtigt sind.

Das Preisniveau sämtlicher Güter ist ein gewogener Durchschnitt aus dem Preisniveau der handelsfähigen und der nicht-handelsfähigen Güter (N):

$$P = a \cdot P_T + (1 - a) \cdot P_N. \tag{4}$$

Der relative Preis zwischen nicht-handelsfähigen Gütern und handelsfähigen Gütern kann mit $b = P_N/P_T$ abgekürzt werden. Einsetzen in (4) und Umformen ergibt:

$$P = [a + (1 - a) \cdot b] \cdot P_T,$$
$$P_T = P/c. \tag{5}$$

In (5) ist c die Abkürzung für den Ausdruck in der eckigen Klammer. Dieser Ausdruck hängt von dem Anteil a des Preisniveaus der handelsfähigen Güter und von dem relativen Preis b zwischen nicht-handelsfähigen und handelsfähigen Gütern ab.

Eine analoge Beziehung gilt für das Ausland. Einsetzen der beiden Preisniveau-Gleichungen für die nationalen Preisniveaus der handelsfähigen Güter gemäß (5) in die Gleichung (2) und Formulierung in prozentualen Änderungsraten ergibt die Wechselkursgleichung der KKP-Theorie (DORNBUSCH, 1976):

$$ge = (\pi - \pi^*) + (gc^* - gc). \tag{6}$$

In Gleichung (6) ist der erste Klammerausdruck rechts vom Gleichheitszeichen die **monetäre Komponente** der Wechselkursentwicklung. Die Wechselkursänderungsrate ist positiv abhängig von der Differenz zwischen in- und ausländischer Inflationsrate.

Der zweite Klammerausdruck auf der rechten Seite ist die **reale Komponente** der Wechselkursentwicklung. Hierin kommt die bereits weiter oben in Ziffer I erwähnte Möglichkeit einer nominalen Wechselkursänderung zum Ausdruck, die auch ohne eine Inflationsratendifferenz auftreten kann. Wenn es z.B. im Inland bei den handelsfähigen Gütern c.p. zu einem Produktivitätsfortschritt kommt, dann steigt der relative Preis b, damit steigt c, in (6) wird $gc > gc^*$, d.h. die Inlandswährung wertet auf (ge < 0, e sinkt).

3. Monetärer Ansatz bei flexiblen Preisen

In den Finanzmarktansätzen der Wechselkursbestimmung wird der Wechselkurs als eine Größe interpretiert, die sich aus Angebot und Nachfrage auf den **Bestandsmärkten für Finanzaktiva** bildet. Man kann die Finanzmarktansätze in monetäre Ansätze und Portfolio-Ansätze unterscheiden. In den monetären Ansätzen sind in- und ausländische Wertpapiere vollkommene Substitute, die sich nur im Zins unterscheiden. Dagegen spielen in den Portfolio-Ansätzen neben dem Zins zusätzlich Risikoprämien eine Rolle. Wir behandeln zunächst zwei typische monetäre Ansätze und danach einen Portfolio-Ansatz.

Der monetäre Ansatz bei flexiblen Preisen besteht aus drei Bauelementen. Ausgangspunkt ist die jederzeitige Gültigkeit der **Kaufkraftparität-Theorie**, die durch voll flexible Preise garantiert ist. Im einfachsten Fall ist der reale Wechselkurs (terms of trade, Realaustauschverhältnis) gleich Eins, und es wird vom Einfluß der realen Wechselkurskomponente c bzw. c* in (6) abgesehen. Analog zu Gleichung (2) gilt dann in Logarithmen-Schreibweise (ln = natürlicher Logarithmus, $d \ln = g$):

$$\begin{aligned} \ln \tau &= \ln P - (\ln e + \ln P^*) = \ln 1{,}00 = 0, \\ \ln e &= \ln P - \ln P^* \\ ge &= \pi - \pi^*. \end{aligned} \tag{7}$$

Man macht in diesem Zusammenhang üblicherweise von der log-linearen Schreibweise Gebrauch. Diese additive und lineare Darstellung ist einfacher zu handhaben als die multiplikative und nicht-lineare Darstellung wie in Gleichung (2).

Gleichung (7) bringt die KKP-Theorie zum Ausdruck. Der nominale Wechselkurs ändert sich entsprechend der Differenz zwischen in- und ausländischer Inflationsrate, so daß die terms of trade konstant bleiben.

Das zweite Bauelement des Ansatzes sind die beiden nationalen **Geldmarktgleichgewichtsbedingungen zur Bestimmung der Preisniveaus** P und P*. Hierin kommt der bestandsökonomische Charakter des Ansatzes zum Ausdruck. Die Preisniveaus, die über die KKP-Theorie den Wechselkurs determinieren, bilden sich auf den nationalen Geldmärkten. Für die Geldmarktgleichgewichtsbedingungen gelten die üblichen Annahmen M/P = L (Y, i) und M*/P* = L* (Y*, i*) mit der positiv vom Einkommen und negativ vom Zins abhängigen realen Geldnachfrage. Diese Geldmarktgleichgewichtsbedingungen werden nach P und P* aufgelöst, und diese P und P* werden in (7) eingesetzt. Der genaue Rechenweg wird hier übergangen. Es ergibt sich folgende Wechselkursgleichung:

$$\ln e = a_1 \cdot (m - m^*) + a_2 \cdot (y - y^*) + a_3 \cdot (i - i^*) \tag{8}$$

mit

$$a_1 > 0, \quad a_2 < 0, \quad a_3 > 0.$$

Die kleinen Buchstaben m, m*, y und y* in (8) stehen für die entsprechenden ln-Werte.

Das dritte Bauelement ist die jederzeitige Gültigkeit der **Zinsparität-Theorie**:

$$ge = i - i^*. \tag{9}$$

Die Gleichung (9) der Zinsparität-Theorie besagt, daß die erwartete Wechselkursänderungsrate bei Abwesenheit von Risikoprämien der Zinsdifferenz entsprechen muß (vgl. 22. Kapitel, Ziffer II.2.a). Gleichung (9) eingesetzt in Gleichung (7) ergibt (d ln = g):

$$i - i^* = \pi - \pi^*.$$

Einsetzen in (8) ergibt die Wechselkursgleichung des monetären Ansatzes bei flexiblen Preisen:

$$\ln e = a_1 \cdot (m - m^*) + a_2 \cdot (y - y^*) + a_3 \cdot (\pi - \pi^*) \tag{10}$$

mit

$$a_1 > 0, \quad a_2 < 0, \quad a_3 > 0.$$

Gemäß Gleichung (10) hängt der Wechselkurs positiv von der Relation der **Geldmengen**, negativ von der Relation des **Sozialprodukts** und positiv von der Relation der **Inflationsraten** ab.

Der erste Summand rechts vom Gleichheitszeichen beschreibt den Einfluß der **Geldmengen** auf den Wechselkurs. Wird z.B. im Inland die Geldmenge stärker ausgedehnt als im Ausland, dann wertet die Inlandswährung ab (e steigt). Durch die Geldmengensteigerung kommt es zu Inflation, was über den KKP-Zusammenhang zu einer Abwertung führt.

Der zweite Summand rechts vom Gleichheitszeichen beschreibt den Einfluß des **Sozialprodukts** auf den Wechselkurs. Weist z.B. das Inland ein stärkeres Wachstum als das Ausland auf, dann wertet die Inlandswährung auf (e sinkt). Durch das Sozialproduktwachstum nimmt die Geldnachfrage zu, am Geldmarkt entsteht ein Nachfrageüberschuß, das Preisniveau sinkt, und über den KKP-Zusammenhang ergibt sich eine Aufwertung. Man kann auch sagen, daß die steigende Geldnachfrage den Preis der Inlandswährung nach oben treibt (Aufwertung). Hier unterscheidet sich der monetäre Ansatz von dem keynesianischen Ansatz, bei dem ein Wachstum über Importsteigerung und Leistungsbilanzverschlechterung zu einer Abwertung führt. Der monetäre Ansatz kann sehr gut das empirisch zu beobachtende Phänomen erklären, daß kräftig wachsende Wirtschaften eine Aufwertung ihrer Währung erfahren und nicht eine Abwertung.

Der dritte Summand rechts vom Gleichheitszeichen beschreibt den Einfluß der **Inflationsraten** auf den Wechselkurs. Fällt z.B. die inländische Inflationsrate höher aus als die ausländische, dann wertet die Inlandswährung gemäß der KKP-Theorie ab (e steigt). Das gleiche Resultat ergibt sich, wenn z.B. der Inlandszins bei Konstanz der Geldmenge über den Auslandszins steigt. Durch den Zinsanstieg im Inland sinkt die Geldnachfrage, es kommt zu einem Angebotsüberschuß am Geldmarkt, das Preisniveau steigt dementsprechend, und somit ergibt sich eine Abwertung der Inlandswährung. Die Annahme der jederzeitigen Gültigkeit der KKP-Theorie und auch der Zinsparität-Theorie bedeutet, daß Zinsen die Inflationsraten reflektieren.

Der Nachteil des monetären Ansatzes bei flexiblen Preisen ist, daß das Phänomen der überschießenden Wechselkursreaktion nicht erklärt werden kann. Das liegt daran, daß die jederzeitige Gültigkeit der KKP-Theorie unterstellt wird. Das bedeutet auch, daß der kurzfristige, d.h. bei Konstanz der Preise, Einfluß von Zinsänderungen auf den Wechselkurs nicht berücksichtigt ist. Zinsen reflektieren in diesem Ansatz die Inflationsraten.

4. Monetärer Ansatz bei rigiden Preisen

Der monetäre Ansatz bei rigiden Preisen entspricht bis auf die Annahme unterschiedlicher Anpassungsgeschwindigkeiten von Wechselkursen und Preisen dem monetären Ansatz bei flexiblen Preisen. Es wird angenommen, daß **Wechselkurse sich schneller an monetäre Ungleichgewichte anpassen als Güterpreise**, die mit einer zeitlichen Verzögerung reagieren. Durch diese Annahme gelingt es, den kurzfristigen Einfluß der Zinsen auf den Wechselkurs gemäß der Zinsparität-Theorie von dem langfristigen Einfluß der Preise auf den Wechselkurs gemäß der KKP-Theorie zu trennen. Im Ergebnis lautet die Wechselkursgleichung dieses Ansatzes:

mit
$$\ln e = a_1 \cdot (m - m^*) + a_2 \cdot (y - y^*) + a_3 \cdot (i - i^*) + a_4 \cdot (\pi - \pi^*) \quad (11)$$

$$a_1 > 0, \quad a_2 < 0, \quad a_3 < 0, \quad a_4 > 0.$$

Gemäß Gleichung (11) hängt der Wechselkurs positiv von der Relation der **Geldmengen**, negativ von der Relation des **Sozialprodukts**, negativ von der Relation der **Zinsen** und positiv von der Relation der **Inflationsraten** ab.

Der erste und zweite Summand rechts vom Gleichheitszeichen haben die gleiche Bedeutung wie in der Wechselkursgleichung (10).

Der dritte Summand rechts vom Gleichheitszeichen beschreibt die **kurzfristige Wirkung der Geldpolitik über die Zinsen** bei konstanten Preisniveaus auf den Wechselkurs. Steigt z.B. der Inlandszins über den Auslandszins an, dann wertet die Inlandswährung gemäß der **Zinsparität-Theorie** auf (e sinkt). Die Inlandswährung muß gemäß der Zinsparität-Theorie so stark aufwerten, daß sich auf der Basis des neuen Wechselkurses eine Abwertungserwartung bildet, da die Inlandswährung einen Zinsvorteil gegenüber der Auslandswährung hat. Da die Preisniveaus kurzfristig konstant bleiben, bedeutet die nominale Wechselkursänderung eine Änderung der terms of trade. Es kommt zu einer **überschießenden Wechselkursreaktion**.

Der vierte Summand rechts vom Gleichheitszeichen beschreibt die **langfristige Wirkung der Geldpolitik über die Inflationsraten** auf den Wechselkurs. Der Wechselkurs ändert sich langfristig gemäß der **KKP-Theorie** entsprechend der Differenz zwischen den nationalen Inflationsraten.

Man kann in Gleichung (11) auch den dritten und vierten Summanden rechts vom Gleichheitszeichen zusammenfassen. Die Wechselkursgleichung lautet dann:

$$\ln e = a_1 \cdot (m - m^*) + a_2 \cdot (y - y^*) + a_3 \cdot [(i - \pi) - (i^* - \pi^*)] \quad (12)$$

mit

$$a_1 > 0, \quad a_2 < 0, \quad a_3 < 0.$$

Gleichung (12) ist ein **Realzins-Modell** der Wechselkursbestimmung. Der dritte Summand rechts vom Gleichheitszeichen enthält den inländischen Realzins $i - \pi$ und den ausländischen Realzins $i^* - \pi^*$. Der Summand beschreibt somit den Einfluß der Differenz zwischen den nationalen Realzinsen auf den Wechselkurs. Der Geldpolitik ist es bei kurzfristig rigiden Preisen möglich, über eine Änderung des Nominalzinses den Realzins zu beeinflussen. Steigt z.B. der inländische Realzins über den ausländischen Realzins an, dann wertet die Inlandswährung auf (e sinkt). Da die Preise kurzfristig konstant sind, bedeutet dies eine überschießende Wechselkursreaktion.

5. Portfolio-Ansatz und Risikoprämien

Anleger, die nicht von vornherein auf eine bestimmte Währung festgelegt sind, streben eine international orientierte, optimale Struktur ihres Vermögensportefeuilles (ihres Portfolios) an. Die Anlageentscheidung wird von Zinsen, Wechselkursänderungen und der **Risikoneigung** beeinflußt. Risikoaspekte werden in dem Portfolio-Ansatz der Wechselkursbestimmung berücksichtigt (BRANSON, 1977). Man kann den Einfluß der Risikoneigung durch Hinzufügung einer **Risikoprämie in der Zinsparität-Gleichung** (9) berücksichtigen. Bei Existenz einer Risikoprämie muß diese im Zins zusätzlich zu der erwarteten Wechselkursänderung abgegolten werden. Es gilt:

$$i - i^* = \frac{E(e) - e_t}{e_t} + RP. \quad (13)$$

In Gleichung (13) ist der erste Summand rechts vom Gleichheitszeichen die erwartete Wechselkursänderungsrate. $E(e)$ ist der für die Zukunft erwartete Wechselkurs, e_t ist der aktuell herrschende Wechselkurs. Der zweite Summand rechts vom Gleichheitszeichen, RP, steht für die Risikoprämie. Durch den Ansatz gemäß Gleichung (13) soll ausgesagt werden, daß ein Anstieg der Risikoprämie c.p. zu einer Abwertung der Währung führt. Man kann sich dies anhand der Gleichung (13) wie folgt klarmachen. Wenn die Zinsen und der erwartete Wechselkurs konstant sind und die Risikoprämie des Haltens von DM z.B. steigt, dann muß gemäß Gleichung (13) zum Ausgleich der aktuelle Wechselkurs e_t ansteigen, d.h. die DM wertet ab. Die Abwertung kann vermieden werden, wenn zum Ausgleich der steigenden Risikoprämie (rechte Seite der Gleichung) der Inlandszins angehoben wird (linke Seite der Gleichung).

Die Frage ist nun, wovon die Risikoprämie abhängt. Hierzu kann angenommen werden, daß die Risikoprämie für das Halten von Finanzaktiva, die auf eine bestimmte Währung lauten, positiv von dem umlaufenden **Bestand der auf diese Währung lautenden Finanzaktiva** abhängt und negativ von dem **Vermögensstatus** des betreffenden Landes abhängt. Einfach ausgedrückt bedeutet das, daß z.B. die Risikoprämie des Haltens von DM-Titeln um so höher ist, je mehr DM-Titel im Umlauf sind, und um so niedriger ist, je reicher die gesamte Volkswirtschaft der BRD ist. Der Bestand an Finanzaktiva erhöht sich insbesondere durch **Staatsdefizite**, die über Emission von Staatsschuldtiteln finanziert werden. Der Vermögensstatus eines Landes gegenüber dem Ausland hängt positiv vom **Leistungsbilanzsaldo** ab, d.h. erhöht sich durch Leistungsbilanzüberschüsse bzw. sinkt durch Leistungsbilanzdefizite. Diese Überlegungen gelten für das In- und Ausland. Wählt man für den umlaufenden Bestand an Finanzaktiva das Symbol B (Bonds) und für den Vermögensstatus das Symbol V, so lautet die Wechselkursgleichung jetzt unter Berücksichtigung dieser Zusammenhänge:

$$\ln e = a_1 \cdot (m - m^*) + a_2 \cdot (y - y^*) + a_3 \cdot (i - i^*) +$$
$$+ a_4 \cdot (\pi - \pi^*) + a_5 \cdot (B/V) + a_6 \cdot (B^*/V^*) \quad (14)$$

mit

$$a_1 > 0, \quad a_2 < 0, \quad a_3 < 0, \quad a_4 > 0, \quad a_5 > 0, \quad a_6 < 0.$$

Gemäß Gleichung (14) hängt der Wechselkurs positiv von der Relation der **Geldmengen**, negativ von der Relation des **Sozialprodukts**, negativ von der Relation der **Zinsen**, positiv von der Relation der **Inflationsraten**, positiv von der **inländischen Bonds-Vermögen-Relation** und negativ von der **ausländischen Bonds-Vermögen-Relation** ab.

Die ersten vier Summanden rechts vom Gleichheitszeichen haben die gleiche Bedeutung wie in der Wechselkursgleichung (11).

Der fünfte Summand rechts vom Gleichheitszeichen beschreibt die Wirkung inländischer **Staatsdefizite** und des inländischen **Leistungsbilanzsaldos** auf den Wechselkurs. Staatsdefizite führen zu einer Abwertung der Inlandswährung. Ein steigender Leistungsbilanzsaldo führt zu einer Aufwertung der Inlandswährung. An dieser Stelle ist in der Gleichung (14) die keynesianische Leistungsbilanztheorie des Wechselkurses mit berücksichtigt.

Der sechste Summand rechts vom Gleichheitszeichen beschreibt analog die Wirkungen ausländischer Staatsdefizite und des ausländischen Leistungsbilanzsaldos auf den Wechselkurs.

6. Effiziente Devisenmärkte, unvollständige Voraussicht und die Bedeutung unerwarteter Ereignisse

Die in der Volkswirtschaftslehre heute verfügbaren Wechselkurstheorien ermöglichen es, den Einfluß zahlreicher Faktoren auf die Wechselkursentwicklung systematisch zu analysieren und zu verstehen. Diese Einflußfaktoren wie Geldmengen, Wachstum, Zinsen, Inflationsraten, Staatsdefizite, Leistungsbilanzsalden usw. sind sog. **Fundamentalfaktoren** der Wechselkursentwicklung.

Man kann davon ausgehen, daß die Informationen über diese Fundamentalfaktoren von den Devisenmärkten effizient verarbeitet werden. Der Begriff des

effizienten Devisenmarktes bedeutet, daß alle relevanten Informationen von den Marktteilnehmern vollständig und korrekt verarbeitet werden und durch entsprechende Angebots- und Nachfrageentscheidungen an den Devisenmärkten in die Wechselkursbildung einfließen. Dies ist heute durch die ausgefeilte Technik der Informationsübertragung, die perfekte Organisation des Devisenhandels rund um die Uhr, äußerst geringe Transaktionskosten und Konkurrenz unter den Marktteilnehmern gewährleistet. Auf effizienten Devisenmärkten fließen alle Informationen, also auch die aus gegenwärtiger Sicht für die Zukunft erwarteten Ereignisse, in die aktuelle Wechselkursbildung ein. Das hat zur Folge, daß der **aktuelle Wechselkurs bereits gegenwärtig auch durch die erst für die Zukunft erwarteten Ereignisse beeinflußt** wird. Man kann diesen Sachverhalt anhand der Zinsparität-Gleichung verdeutlichen. Wir gehen von der ursprünglichen Überlegung aus, wonach ein Anleger gegenüber den beiden Währungs-Alternativen indifferent ist, wenn gilt (vgl. 22. Kapitel, Ziffer II.2.a):

$$A \cdot (1 + i) = A \cdot (1/e_t) \cdot (1 + i^*) \cdot E(e). \tag{15}$$

Auflösen dieser Bedingung (15) für die Zinsparität nach dem aktuellen Wechselkurs ergibt:

$$e_t = \frac{1 + i^*}{1 + i} \cdot E(e). \tag{16}$$

Wenn aktuelle Informationen über die künftige Entwicklung der Fundamentalfaktoren Geldmenge, Wachstum, Zinsen, Staatsdefizite usw. sofort korrekt in dem heute für die Zukunft erwarteten Wechselkurs E (e) verarbeitet werden, dann bestimmen diese für die Zukunft erwarteten Entwicklungen heute in t bereits gemäß Gleichung (16) den aktuellen Kurs e_t.

Wenn die Marktteilnehmer über eine **vollständige Voraussicht** verfügen würden, könnte man auf der Basis der Theorie **rationaler Erwartungen** davon ausgehen, daß der Wechselkurs nur von den in den Wechselkurstheorien vollständig und adäquat berücksichtigten **Fundamentalfaktoren** beeinflußt wird. Jedoch ist der empirische Erklärungsgehalt der diversen Wechselkurstheorien für die empirisch zu beobachtenden Wechselkursschwankungen ziemlich dürftig. Die tatsächlichen Wechselkursschwankungen gehen weit über das durch die Wechselkurstheorien erklärbare Maß hinaus. Das liegt daran, daß die Wechselkurse auch noch von **unerwarteten Ereignissen (news, Schocks)** beeinflußt werden, die zu den zu beobachtenden erratischen Wechselkursschwankungen führen. Anders ausgedrückt bedeutet das, daß die Marktteilnehmer nur über eine **unvollständige Voraussicht** verfügen. Die aktuelle Wechselkursentwicklung folgt wegen zufällig auftretender unerwarteter Ereignisse einem **Zufallsprozeß (auch: random walk)**.

7. Resümee

In den Wechselkurstheorien ist zwar eine Vielzahl von Fundamentalfaktoren berücksichtigt, die die Wechselkursentwicklung beeinflussen. Auch das Phänomen der überschießenden Wechselkursreaktion ist erklärbar. Jedoch ist der Erklärungsgehalt der theoretischen Ansätze für die empirisch zu beobachtenden

Wechselkursschwankungen recht gering. Welche Konsequenzen lassen sich hieraus für die **einzelwirtschaftliche Praxis** ziehen?

Für die Praxis bietet sich eine Kombination aus den in der Volkswirtschaftslehre entwickelten Wechselkurstheorien und der in der Händlerpraxis entwickelten Technischen Analyse (Chart-Analyse) an. Für **langfristige Trendanalysen** kann man die **Wechselkurstheorien** als nützliches Instrument zur Analyse des Einflusses von Fundamentalfaktoren verwenden. Für **kurzfristige Analysen (Handelstaktik) verwendet man mit Erfolg die Technische Analyse**, die ohne theoretische Grundlagen allein aufgrund der Marktbeobachtung Regelmäßigkeiten bei der kurzfristigen Kursbildung aufspürt.

III. Währungsintegration und Währungskooperation

1. Arten, Ziele, Vor- und Nachteile einer währungspolitischen Zusammenarbeit

Eine währungspolitische Zusammenarbeit zwischen Ländern kann unterschiedlich weitgehend vereinbart werden. Man unterscheidet in diesem Zusammenhang die Währungsintegration von der Währungskooperation.

Eine **Währungsintegration** bedeutet eine weitgehende währungspolitische Zusammenarbeit insbesondere in Form einer Vereinbarung über feste Wechselkurse. Diese Art der Zusammenarbeit wurde z.B. im EWS praktiziert. Eine sehr weitgehende Art der währungspolitischen Zusammenarbeit ist die Währungsunion (WU) mit unwiderruflich festen Wechselkursen, wie sie z.B. seit 1. Januar 1999 in der EU besteht. Die weitestgehende Art der währungspolitischen Zusammenarbeit ist die Einheitswährung, die materiell gleichbedeutend ist mit einem System unwiderruflich fester Wechselkurse.

Der Begriff der **Währungskooperation** dagegen bedeutet eine lockere währungspolitische Zusammenarbeit ohne feste Bindung insbesondere der Wechselkurse. Ein Beispiel ist das Verhältnis der DM zum US-Dollar. Es findet zwar eine gewisse Kooperation zwischen den Regierungen und Zentralbanken statt, ohne jedoch die nationale Wirtschaftspolitik, insbesondere die Geld- und Währungspolitik, vertraglich fixierten Bindungen zu unterwerfen.

Das generelle **Ziel** einer währungspolitischen Zusammenarbeit ist die Aufrechterhaltung eines freien internationalen Kapitalverkehrs ohne behördliche Reglementierungen. Hierzu gehört auch eine Stabilisierung der Wechselkurse. Es gilt, wettbewerbsverzerrende Wechselkursschwankungen (misalignment) mit der Folge protektionistischer Eingriffe in den freien Güter- und Kapitalverkehr zu verhindern. **Instrumente** zur Erreichung dieses Ziels sind kurzfristig Devisenmarktinterventionen der Zentralbanken und langfristig eine Abstimmung der Wirtschaftspolitik, die auf die Wechselkursentwicklung stabilisierend wirkt. Das **Problem** sind die mangelhaften Informationen staatlicher Institutionen. Woher sollen die Zentralbanken und Regierungen wissen, welche Wechselkursänderung notwendig und nützlich zum Ausgleich divergierender nationaler realwirtschaftlicher Entwicklungen ist, und welche Wechselkursänderung ein misalignment mit der Folge nachteiliger Wettbewerbsverzerrungen ist? Zwar ist dieses Problem praktisch unlösbar, jedoch sind die Länder nicht der Aufgabe enthoben, sich zum Zwecke der Verhinderung protektionistischer Eingriffe in den freien Güter- und Kapitalverkehr um eine erfolgreiche währungspolitische Zusammenarbeit zu bemühen.

Wie jede Zusammenarbeit, so hat auch eine währungspolitische Zusammenarbeit Vor- und Nachteile.

Die **Vorteile** können unterschieden werden in die Vermeidung der Nachteile wettbewerbsverzerrender Wechselkursänderungen und die Reduzierung von währungsbedingten Risiken und Kosten der Existenz von Separatwährungen.

Bei Separatwährungen mit flexiblen Wechselkursen werden **wettbewerbsverzerrende Wechselkursänderungen** teilweise von einzelnen Ländern durch nationale wirtschaftspolitische Maßnahmen bewußt in Gang gesetzt, um auf Kosten der Handelspartner wechselkursbedingte Wettbewerbsvorteile (durch Abwertungen) oder auch wechselkursbedingte Stabilitätsvorteile (durch Aufwertungen) zu erlangen (sog. **Sankt-Florians-Politik**: Heiliger Sankt Florian, verschon mein Haus, zünd andere an). Außerdem kommt es autonom auf den Devisenmärkten zu Wechselkursänderungen, die zu anhaltenden Abweichungen der terms of trade von dem realwirtschaftlich begründeten Trend führen. Solche Entwicklungen können zu einem Rückgang der Investitionstätigkeit und/oder zu protektionistischen Maßnahmen seitens der negativ betroffenen Länder führen. Eine währungspolitische Zusammenarbeit kann solche nachteiligen Entwicklungen verhindern oder zumindest in Grenzen halten.

Bei Separatwährungen entstehen dem Wirtschaftsverkehr **währungsbedingte Risiken und Kosten** in Form von Wechselkursrisiken, Konvertibilitätsrisiken, Transaktionskosten, Sicherungskosten, Informationsbeschaffungskosten usw. Diese Risiken und Kosten entfallen bei einer Einheitswährung bzw. sind in einer WU mit festen Wechselkursen kleiner als bei Separatwährungen mit flexiblen Wechselkursen. Hierbei ist allerdings zu beachten, daß feste Wechselkurse häufig mit Konvertibilitätsbeschränkungen verteidigt werden, wodurch die Vorteile erheblich gemindert werden. Die Reduzierung der währungsbedingten Risiken und Kosten bedeutet eine gesamtwirtschaftliche Ressourcenersparnis und Intensivierung des Wettbewerbs mit positiven Konsequenzen für Produktion und Beschäftigung.

Die Nachteile einer währungspolitischen Zusammenarbeit treten am deutlichsten bei der Einheitswährung bzw. bei der WU mit unwiderruflich festen Wechselkursen hervor. Bei weniger weitgehenden Formen der währungspolitischen Zusammenarbeit sind die Nachteile weniger gewichtig.

Die **Nachteile** einer WU können unterschieden werden in Verlust der nationalen geldpolitischen Autonomie und Verstärkung regionaler Disparitäten.

In einer WU sind die Inflationsraten in den Mitgliedstaaten etwa gleich. Die Mitgliedstaaten haben **keine Möglichkeit, einen ihren nationalen Vorstellungen gemäßen Grad an Preisniveaustabilität zu verwirklichen**. Im Vergleich zum Durchschnitt relativ stabilitätsbewußte Länder müssen gegen ihre Interessen eine importierte Inflation hinnehmen. Umgekehrt kommt es in Mitgliedstaaten mit einer im Vergleich zum Durchschnitt relativ hohen Inflationspräferenz zu unerwünschten deflatorischen Entwicklungen. Die Ursache hierfür ist letztlich, daß die Mitgliedstaaten in einer WU keine Autonomie mehr in der Geldpolitik besitzen. Die Geldpolitik und damit die Entscheidung über die zu realisierende durchschnittliche Inflationsrate liegt in der Kompetenz einer für die gesamte WU zuständigen zentralen Währungsbehörde.

In einer WU haben die Mitgliedstaaten **keine Möglichkeit, das Instrument der Wechselkursänderung als Puffer zum Ausgleich divergierender realwirtschaftlicher Entwicklungen einzusetzen**. Die Anpassungslast ist vollständig auf die Arbeits- und Gütermärkte verlagert. In Ländern mit unterdurchschnittlichem Produktivitätsfortschritt und überdurchschnittlichen Lohnsteigerungen kommt es verstärkt zu Arbeitslosigkeit, da das Instrument einer neutralisierenden Abwertung nicht mehr eingesetzt werden kann. Umgekehrt kommt es in Ländern mit überdurchschnittlichem Produktivitätsfortschritt und unterdurchschnittlichen Lohnsteigerungen verstärkt zu konjunkturellen Überhitzungserscheinungen, da das Instrument einer neutralisierenden Aufwertung nicht mehr eingesetzt werden kann. Die Regionen entwickeln sich wirtschaftlich zunehmend auseinander. In diesem Zusammenhang wird häufig eine Regionalpolitik mit ausgleichenden Umverteilungsmaßnahmen als notwendiges Element einer WU angesehen.

2. Theorie des optimalen Währungsgebiets

Die Überlegungen zu den Vor- und Nachteilen einer währungspolitischen Zusammenarbeit machen deutlich, daß die Frage nach dem Nettovorteil einer WU nicht eindeutig beantwortet werden kann. Es ergeben sich schwerwiegende Abwägungsprobleme. In der Theorie des optimalen Währungsgebiets sind einige Kriterien zur Beantwortung der Frage entwickelt worden, **welches Wechselkurssystem für eine mehrere Länder umfassende Region empfehlenswert** ist. Ein optimales Währungsgebiet ist eine Region, in der es für die Mitgliedstaaten vorteilhaft ist, untereinander feste Wechselkurse bzw. eine Einheitswährung einzuführen. Im folgenden sollen einige der Kriterien erläutert werden, ohne daß ein Anspruch auf Vollständigkeit erhoben wird.

a. Faktormobilität

Nach dem Kriterium der Faktormobilität (MUNDELL, 1961) bietet sich eine WU für Länder mit einer **hohen Faktormobilität** an. Die Argumentation ist, daß bei hinreichend hoher Faktormobilität das Instrument der Wechselkursänderung nicht mehr als Puffer zum Ausgleich divergierender realwirtschaftlicher Entwicklungen benötigt wird. In den Regionen mit Nachfragemangel und Rezession löst sich das Problem der Arbeitslosigkeit durch Abwanderung von Arbeit und Kapital. In den Regionen mit Nachfrageüberschuß und Boom löst sich das Problem der Inflation durch Zuwanderung der Produktionsfaktoren und Angebotssteigerung. Anders ausgedrückt bedeutet dies, daß die Vorteile der WU die Nachteile überwiegen. Vernachlässigt werden bei dieser Argumentation die negativen externen Effekte, die mit den Wanderungsbewegungen einhergehen.

b. Offenheitsgrad

Nach dem Kriterium des Offenheitsgrads einer Wirtschaft (McKINNON, 1963) ist eine WU für Länder mit einem **hohen Anteil der Ex- und Importe am BSP** per Saldo von Vorteil, da Wechselkursänderungen als Anpassungsreaktion mit erheblichen Nachteilen verbunden sind. Eine Abwertung führt über Importpreissteigerungen wegen des hohen Importanteils an der Inlandsabsorption lediglich zu Inflation, und eine Aufwertung hat entsprechend deflatorische Auswirkungen. Je offener also eine Wirtschaft ist, d.h. je höher der Anteil der handelsfähigen Güter ist, um so mehr fallen die Vorteile einer WU ins Gewicht.

c. Diversifizierungsgrad

Nach dem Kriterium des Diversifizierungsgrads der Produktionsstruktur (KENEN, 1969) bietet sich eine WU für Länder mit einer stark **diversifizierten Produktionsstruktur** an. Die Argumentation ist analog derjenigen bei dem Kriterium der Faktormobilität. Je diversifizierter eine Wirtschaft ist, um so weniger werden Wechselkursänderungen als Puffer zum Ausgleich von Störungen im Außenwirtschaftsbereich benötigt, und um so mehr fallen damit die Vorteile einer WU ins Gewicht.

d. Reale Wechselkursvariabilität

Das Kriterium der realen Wechselkursvariabilität (VAUBEL, 1978) knüpft an die Definition der terms of trade an:

$$\tau = \frac{P}{e \cdot P^*} \; .$$

In einer WU ist der nominale Wechselkurs e fixiert. Die Möglichkeit, daß sich durch nominale Wechselkursänderungen die terms of trade ändern, entfällt somit. Wenn nun ein **Bedarf an realen Wechselkursänderungen** (Unterschiede bei Wachstum, Produktivität usw.) auftritt, dann sind solche realen Wechselkursänderungen gemäß der Definitionsgleichung nur noch über Variationen des Preisniveaus möglich. Entsteht im Inland z.B. ein Bedarf an einer realen Aufwertung, dann ist die reale Aufwertung wegen der Konstanz des nominalen Wechselkurses nur über einen Anstieg des inländischen Preisniveaus möglich. Umgekehrt kann eine reale Abwertung nur über eine Senkung des Preisniveaus zustande kommen. Solche Entwicklungen können in Widerspruch zu den Zielen Preisniveaustabilität und Vollbeschäftigung geraten und so in den betroffenen Ländern zu erheblichen Konflikten führen.

Daraus kann man folgern, daß eine WU nur für Länder von Vorteil ist, deren reale Wechselkurse untereinander stabil sind. Dagegen ist eine WU für Länder von Nachteil, deren wirtschaftliche Entwicklung noch nicht so konvergiert, daß keine realen Wechselkursänderungen mehr notwendig sind. Denn diese Länder müssen auf das Instrument der nominalen Wechselkursänderung verzichten, was wegen der Notwendigkeit realer Wechselkursänderungen unerwünschte Inflations- bzw. Deflationsprozesse bedeutet.

Ein Vorteil des Kriteriums ist, daß es empirisch verhältnismäßig einfach geprüft werden kann. Reale Wechselkursänderungen können gemäß der Definitionsgleichung als die um Inflationsratendifferenzen bereinigten nominalen Wechselkursänderungen gemessen werden. Das Problem bei der Anwendung dieses Kriteriums entspricht grundsätzlich dem Problem der mangelhaften Information der die währungspolitische Zusammenarbeit betreibenden staatlichen Institutionen. Es ist im Einzelfall praktisch unmöglich, realwirtschaftlich notwendige und nützliche Wechselkursänderungen von nachteiligen wettbewerbsverzerrenden Wechselkursänderungen zu unterscheiden.

3. Strategien der Währungsintegration

a. Kartellstrategie

Die Kartellstrategie bedeutet die Etablierung einer WU durch ein System **fester Wechselkurse** zwischen den Währungen der Mitgliedstaaten. Die beteiligten Zentralbanken bilden ein Kartell mit verbindlichen Absprachen über die zu verfolgende Geldpolitik. Der gemeinsam festgelegte Kartellpreis (außer den fixierten Leitkursen) ist die **einheitliche Inflationsrate** in der WU. Denn bei festen Wechselkursen können die Inflationsraten in den Mitgliedstaaten nicht voneinander abweichen. Da bei dieser Strategie das Festkurssystem am Anfang und nicht am Ende des Integrationsprozesses steht, wird diese Strategie teilweise auch als **Grundstein-Strategie** bezeichnet.

Der Vorteil dieser Strategie ist die direkte Stabilisierung der Wechselkurse. Nachteile sind alle erläuterten Nachteile einer WU, insbesondere der Nachteil der Inflationsübertragung in relativ stabilitätsbewußte Mitgliedstaaten.

Die Kartellstrategie kann nur bei **übereinstimmenden Vorstellungen über die seitens der Geldpolitik zu realisierende Inflationsrate** funktionieren. Wenn hierüber unter den Mitgliedstaaten kein Konsens besteht, ist die Kartellstrategie zum Scheitern verurteilt. Über kurz oder lang geben Mitgliedstaaten den Wechselkurs ihrer Währung frei, wenn die Inflationsübertragungen bzw. Stabilitätsanforderungen mit ihren nationalen Vorstellungen in Konflikt geraten.

Ein besonderes Problem der Kartellstrategie ist das sog. **Problem der n-ten Währung**. Zwischen n Währungen gibt es nur n – 1 frei zu bestimmende Leitkurse, da ein Wechselkurs immer ein relativer Preis zwischen zwei Währungen ist. Wählen wir als ein einfaches Beispiel zur Erläuterung die 2 Währungen DM und FF. Wenn z.B. Frankreich seinen Wechselkurs mit 335,386 FF/100 DM fixiert (Umrechnungskurs in der EWU), dann ist damit gleichzeitig der Wechselkurs der DM mit 29,8164 DM/100 FF festgelegt. Deutschland kann nicht einen Wechselkurs für die DM von z.B. 35 DM/100 FF festlegen, da dies im Widerspruch zu dem fixierten Leitkurs des FF zur DM steht. Allgemein bedeutet dies, daß bei der Kartellstrategie n – 1 Länder ein Wechselkursziel und somit kein Preisniveauziel verfolgen, während das n-te Land kein Wechselkursziel verfolgt, sondern ein Preisniveauziel. Das n-te Land ist der **Preisführer** im Kartellverbund, der durch seine Geldpolitik die Inflationsrate bestimmt. Die anderen n – 1 Länder sind die **Trabantenländer**, die sich durch die Wechselkursfixierung an die geldpolitische Vorgabe des n-ten Landes anpassen. Damit tritt bei der Kartellstrategie das politisch delikate Problem auf, wer die Führungsrolle des n-ten Landes übernehmen soll. Das Problem ist relativ einfach zu lösen, wenn im Verbund ein Land eine überragende ökonomische Potenz hat. Dieses Land übernimmt die Rolle der économie dominante mit der Hegemonialwährung (auch: Anker-Währung). Dagegen ergeben sich kaum lösbare Abstimmungsprobleme, wenn mehrere Mitgliedstaaten im Verbund wirtschaftlich annähernd gleich stark sind.

b. Leitwährungsstrategie

Die Leitwährungsstrategie unterscheidet sich von der Kartellstrategie lediglich dadurch, daß die Frage der Führungsrolle eindeutig zugunsten des **wirtschaftlich stärksten Landes** geklärt ist. Die bei der Kartellstrategie gegebenen Abstimmungsprobleme zwischen wirtschaftlich annähernd gleich starken Ländern lösen sich durch die faktischen Verhältnisse. Das große Land legt die geldpolitische Linie fest, an die sich die kleinen Länder durch die Fixierung ihres Wechselkurses anpassen.

c. Konkurrenzstrategie

Die Konkurrenzstrategie bedeutet ein System **flexibler Wechselkurse**. Die Mitgliedstaaten des Verbundes setzen sich mit ihren Währungen einem freien Wettbewerb um die Gunst der Geldbenutzer aus. Absprachen zwischen den Mitgliedstaaten über die zu verfolgende Geldpolitik (wie bei der Kartellstrategie) sind nicht notwendig, ja schädlich. Der tägliche Wirtschaftsverkehr entscheidet darüber, welche Währung die Einheitswährung sein soll. Das setzt flexible Wechselkurse voraus, damit das gute wertstabile Geld das schlechte inflationierte Geld verdrängen kann. Feste Wechselkurse verbieten sich bei dieser Strategie, da es über die festen Wechselkurse zu einer Inflationsübertragung kommt.

Am Ende eines Entwicklungsprozesses, in dem sich die Strukturen der Volkswirtschaften allmählich einander angleichen (Konvergenz), steht die WU mit einem einheitlichen Geld. Die Strategie flexibler Wechselkurse wird daher teilweise auch als **Krönungs-Strategie** bezeichnet.

Eine besondere Variante der Konkurrenzstrategie sind die Vorschläge zur Einführung einer **Parallelwährung**, die im Zusammenhang mit den Plänen zur monetären Integration in der EG eine gewisse Bedeutung erlangt haben. Der Vorschlag (VAUBEL, 1978) ist, in der EG zusätzlich zu den 12 nationalen Währungen eine 13. Währung zu emittieren, die in jedem Mitgliedstaat parallel zu der nationalen Währung als Geld benutzt werden kann. Diese Parallelwährung soll wertstabiler als die nationalen Währungen sein und einen flexiblen Wechselkurs haben. Wenn in der Einschätzung des Wirtschaftsverkehrs die Verwendung der Parallelwährung per Saldo Vorteile gegenüber der Verwendung der nationalen Währungen hat, bildet sich die WU mit der Parallelwährung als Einheitswährung von selbst heraus, indem die Parallelwährung die nationalen Währungen allmählich verdrängt.

Die Mängel der Konkurrenzstrategie liegen insbesondere im Bereich der praktischen Umsetzung.

Erstens setzt die Strategie voraus, daß sich die nationalen Zentralbanken mit ihrer Geldpolitik einem internationalen **Verdrängungswettbewerb aussetzen. Dies ist unwahrscheinlich**, da ja die nationale Währung mit dem flexiblen Wechselkurs gerade dazu dient, unbehindert von außenwirtschaftlichen Zwängen für nationale binnenwirtschaftliche Ziele insbesondere im Bereich der Beschäftigung eingesetzt zu werden.

Zweitens bleibt das Problem wettbewerbsverzerrender **Wechselkursschwankungen** mit der Gefahr protektionistischer Maßnahmen ungelöst.

Drittens – dies betrifft insbesondere die Vorschläge zur Einführung einer Parallelwährung – ist es aufgrund der über lange Zeit gewachsenen Gewohnheiten im Umgang mit den nationalen Zahlungsmitteln unwahrscheinlich, daß es zu einer Währungssubstitution zugunsten der Parallelwährung kommt. Damit besteht aber die Gefahr, daß die Wettbewerbsnachteile der Parallelwährung zu **fragwürdigen behördlichen Unterstützungsmaßnahmen** für diese Währung führen, die das Konzept hinfällig machen.

d. Resümee

Was bedeuten die Überlegungen zur Integrationsstrategie zusammen mit den Überlegungen zum optimalen Währungsgebiet für die Frage, welche Art der währungspolitischen Zusammenarbeit zwischen Staaten sich faktisch herausbildet?

Zwischen **Ländern unterschiedlicher Größe** ist ein **Leitwährungsstandard** wahrscheinlich, wenn das große Land eine Geldpolitik praktiziert, die in etwa mit den Interessen der kleinen Länder konform geht. Für die kleinen Länder mit einem hohen Offenheitsgrad ist ein fester Wechselkurs gegenüber der Leitwährung per Saldo von Vorteil. Das große Land verfolgt als Preisführer ungehindert ein seinen nationalen Stabilitätsvorstellungen entsprechendes Preisniveauziel. Die kleinen Länder akzeptieren dies und verfolgen als Trabantenländer Wechselkursziele. Der Leitwährungsstandard bricht auseinander, wenn das große Land eine Geldpolitik betreibt, die die Anpassungsbereitschaft der kleinen Länder überstrapaziert.

Zwischen **annähernd gleich großen Ländern** ist im Prinzip entweder die Kartellstrategie oder die Konkurrenzstrategie möglich.

Die **Kartellstrategie** mit festen Wechselkursen setzt wegen der konvergierenden Inflationsraten gleiche Inflationspräferenzen voraus. Da eine solche Gleichartigkeit zwischen gleich großen Ländern eher Zufall ist, ergeben sich kaum lösbare **Abstimmungsprobleme**. Eine Lösungsmöglichkeit ist die Entwicklung der Kartellstrategie zur Leitwährungsstrategie mit einer anerkannten Hegemonialwährung. Verbleibt es bei der Kartellstrategie, dann wird diese wegen der andauernden Abstimmungsprobleme zu einem **labilen Unterfangen**. Der Zerfall ist wegen unüberbrückbarer Interessengegensätze zwischen annähernd gleich großen Staaten wahrscheinlich. Die währungspolitische Zusammenarbeit reduziert sich auf eine **lockere Kooperation** zum Zwecke der Verhinderung eines Handels- und Währungskrieges aller gegen alle mit massivem Protektionismus.

Die **Konkurrenzstrategie** mit flexiblen Wechselkursen setzt bei den Staaten die Bereitschaft voraus, sich mit ihrer Geldpolitik einem freien internationalen Verdrängungswettbewerb auszusetzen. Auch dies ist – ähnlich wie die Gleichartigkeit der Inflationspräferenzen bei festen Wechselkursen – eher unwahrscheinlich. Die Staaten praktizieren das System flexibler Wechselkurse gerade deswegen, um die Geldpolitik unbehindert von außenwirtschaftlichen Zwängen für nationale Ziele einsetzen zu können. Es besteht also bei der Konkurrenzstrategie die Gefahr, daß einzelne Länder durch einschlägige Maßnahmen der **Sankt-Florians-Politik** Vorteile auf Kosten anderer zu erlangen versuchen. Auch bei dieser Strategie ist es somit wahrscheinlich, daß sich die währungspolitische Zusammenarbeit auf eine **lockere Kooperation** zur Verhinderung von massivem Protektionismus reduziert.

4. Die Europäische Währungsunion

In der EU haben sich seit dem 1. Januar 1999 zunächst 11 der 15 Mitgliedstaaten (außer Dänemark, England, Griechenland und Schweden) zu einer **Europäischen Währungsunion (EWU)** zusammengeschlossen. Der Euro ersetzt seit dem 1. Januar 1999 als gemeinsame Währung die nationalen Währungen. Allerdings ist der Euro für eine Übergangszeit von drei Jahren nur in Form von

Buchgeld vorhanden. Die nationalen Währungen sind zunächst noch als nicht-dezimale Untereinheiten in Umlauf und sollen erst ab dem 1. Januar 2002 durch Euro-Banknoten und -Münzen ersetzt werden.

Zwei Merkmale der EWU sind entscheidend.

Erstens sind die **Wechselkurse zwischen den Währungen der teilnehmenden Mitgliedstaaten unwiderruflich und ohne Bandbreiten festgeschrieben**. Jede dieser Währungen hat einen festen Umrechnungskurs zum Euro. Das Verhältnis zweier solcher Umrechnungskurse ergibt den bilateralen Wechselkurs zwischen diesen beiden Währungen. In Tabelle 23.1 sind die Umrechnungskurse zwischen dem Euro und den EWU-Mitgliedswährungen dargestellt.

Tab. 23.1 Umrechnungskurse zwischen dem Euro und den EWU-Mitgliedswährungen

Währung	Umrechnungskurs (WE/Euro)
Belgische Francs	40,3399
Deutsche Mark	1,95583
Spanische Peseten	166,386
Französische Francs	6,55957
Irisches Pfund	0,787564
Italienische Lire	1.936,27
Luxemburgische Francs	40,3399
Niederländische Gulden	2,20371
Österreichische Schilling	13,7603
Portugiesische Escudos	200,482
Finnmark	5,94573

Quelle: Deutsche Bundesbank, Statistisches Beiheft zum Monatsbericht 5, Devisenkursstatistik.

Der bilaterale Wechselkurs zwischen DM und FF z.B. ergibt sich durch $(1{,}95583/6{,}55957) \cdot 100 = 29{,}8164$ DM/100 FF.

Das zweite entscheidende Merkmal der EWU ist, daß die Kompetenz für die Geld- und Währungspolitik nicht mehr bei den nationalen Zentralbanken liegt, sondern bei dem Europäischen System der Zentralbanken (ESZB). Das ESZB (Eurosystem) besteht aus der Europäischen Zentralbank (EZB) und den nationalen Zentralbanken der teilnehmenden Mitgliedstaaten. Die **EZB legt die Geldpolitik der Gemeinschaft fest**. Die nationalen Zentralbanken führen die Geldpolitik im jeweiligen Mitgliedstaat aus, also die Deutsche Bundesbank in Deutschland.

Die EWU ist der Schlußpunkt jahrzehntelanger Versuche, zwischen den Mitgliedstaaten eine verstärkte Währungsintegration zu verwirklichen.

Nach diversen gescheiterten Versuchen einer verstärkten monetären Integration (ein erster Versuch aus den Jahren 1971/72 mißlang) haben die EG-Mitgliedstaaten 1979 zunächst das **Europäische Währungssystem (EWS)** gegründet. Das EWS war ein System fester, aber bei Bedarf veränderlicher Wechselkurse. Zwischen den Währungen der Mitgliedstaaten waren bilaterale Leitkurse mit Bandbreiten festgelegt. Durch Interventionen der beteiligten Zentralbanken wurden die Wechselkursschwankungen auf diese Bandbreiten begrenzt. Bei Bedarf wurden die bilateralen Leitkurse in mehreren sog. Realignments geändert.

Ein Kennzeichen des EWS war auch die Verwendung der **Europäischen Währungseinheit ECU** (European Currency Unit) als Recheneinheit. Die ECU ist als Währungskorb aus festgelegten Beträgen der Währungen der 1993er EU-Mitgliedstaaten konstruiert. Im EWS hatte jede Währung gegenüber der ECU einen Leitkurs. Das Verhältnis zweier solcher Leitkurse ergab den bilateralen Leitkurs zwischen diesen beiden Währungen.

Die Umrechnungskurse in Tabelle 23.1 knüpfen an den Marktwert der ECU Ende 1998 vor dem Übergang in die EWU an. Hierdurch bleibt der Außenwert der ECU durch die Festsetzung der Umrechnungskurse unverändert, und der Euro ersetzt die ECU 1:1.

Wie ist das EWS im Rückblick zu werten? In Schaubild 23.2 ist die Entwicklung des realen Wechselkurses der DM (also nach Ausschaltung der unterschiedlichen Inflationsraten) gegenüber den EWS-Währungen und gegenüber den 3 großen Währungen US-Dollar (USD), Pfund Sterling (GBL) und Yen dargestellt.

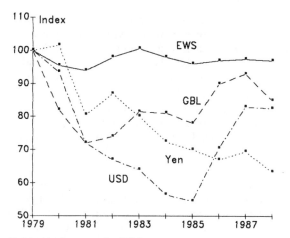

Schaubild 23.2   Realer Außenwert der DM

Quellen: Deutsche Bundesbank; OECD; zitiert nach: Institut der deutschen Wirtschaft, iwd, Nr.9/1989, S.3.

Schaubild 23.2 macht deutlich, daß sich die **realen Wechselkurse im EWS sehr stabil** entwickeln, während der reale Wechselkurs der DM gegenüber Dollar, Pfund und Yen sehr stark schwankt. Zwar sind die nominalen Wechselkurse im EWS mehrfach geändert worden. Jedoch dienten diese Realignments lediglich dazu, unterschiedliche Inflationsraten auszugleichen, so daß die realen Wechselkurse etwa konstant blieben.

Gemessen an der Zielsetzung, die Schwankungen der realen Wechselkurse einzugrenzen, war das EWS also ein erfolgreiches Unternehmen. Allerdings ist es fraglich, ob den Mitgliedstaaten nicht eine zu große interne Anpassungslast abverlangt wurde, die vielleicht besser durch eine größere Beweglichkeit der Wechselkurse hätte abgemildert werden sollen.

Die Konstruktion des EWS erweckt u. U. den Eindruck, daß es sich um ein Festkurssystem entsprechend der Kartellstrategie ohne Leitwährung handelte. Faktisch entwickelte sich jedoch das EWS zu einem **DM-Leitwährungs-Standard**. Die DM ist in die Rolle der Leitwährung (der n-ten Währung) hineingewachsen. Die Deutsche Bundesbank bestimmte die geldpolitische Linie, an die sich die anderen Mitgliedstaaten durch die Wechselkursfixierung anzupassen hatten. Das Vorhaben, bis spätestens 1999 eine Europäische Währungsunion zu realisieren, kann man unter diesem Aspekt als einen Versuch interpretieren, durch Übergang zu der Kartellstrategie ohne Leitwährung die Vormachtstellung der Deutschen Bundesbank zu brechen.

Durch den „Vertrag über die Europäische Union" von Maastricht vom 10. Dezember 1991 haben die EG-Mitgliedstaaten sodann den Versuch unternommen, die Gemeinschaft zu einer **Wirtschafts- und Währungsunion (WWU)** weiterzuentwickeln. Für die Geld- und Währungspolitik wurde festgelegt, nach einem **stufenweisen Vorgehen** frühestens 1997 und spätestens 1999 eine Währungsunion mit einer europäischen Zentralbank und unwiderruflich festen Wechselkursen zu errichten.

Vor dem Übergang in die Endstufe waren zwei Vorstufen vorgesehen. In diesen Vorstufen sollte eine **Konvergenz** der wirtschaftlichen Entwicklung in den Mitgliedstaaten erreicht werden, so daß beim Eintritt in die Endstufe zwischen den Volkswirtschaften der Mitgliedstaaten keine gravierenden Unterschiede mehr bestehen, die Wechselkursänderungen erforderlich machen könnten.

In der **ersten Stufe**, die am 1. Juli 1990 begann, wurden die Wirtschafts- und Währungspolitiken in den Mitgliedstaaten verstärkt auf Preisniveaustabilität und Begrenzung der Staatsdefizite ausgerichtet, um so die EG zu einer Stabilitätsgemeinschaft zu entwickeln. Außerdem wurde das Vorhaben EG 92 vollendet, durch das ein Gemeinsamer Binnenmarkt mit freiem Güter-, Personen- und Kapitalverkehr verwirklicht wurde.

In der **zweiten Stufe**, die am 1. Januar 1994 begann, wurde dieser Konvergenzprozeß vertieft, und es wurde ein Europäisches Währungsinstitut (EWI) errichtet. Das EWI sollte die Geldpolitiken der Zentralbanken koordinieren und den Übergang in die Endstufe vorbereiten. Das EWI hatte noch keine geldpolitischen Kompetenzen. Die Geldpolitik blieb in dieser Übergangsphase vollständig in der Kompetenz der nationalen Zentralbanken und auch Wechselkursanpassungen im EWS waren weiter möglich.

Für den **Eintritt in die Endstufe** war ein kompliziertes bürokratisches Verfahren vorgesehen. Entscheidend war, daß zwar vier Konvergenzkriterien eine gewisse Rolle spielten, letztlich jedoch den Staats- und Regierungschefs die Entscheidung über den Teilnehmerkreis der spätestens 1999 beginnenden Endstufe übertragen wurde.

Die **vier Konvergenzkriterien** betreffen die Preisniveaustabilität, das Staatsdefizit, die Wechselkursstabilität im EWS und die Zinsentwicklung in den einzelnen Mitgliedstaaten. Auf der Grundlage dieser vier Konvergenzkriterien wurden die 11 Mitgliedstaaten bestimmt, welche an der seit dem 1. Januar 1999 bestehenden 3. Stufe der WWU teilnehmen.

Für den Bestand der EWU kommt es entscheidend darauf an, daß die **Unabhängigkeit** des ESZB gesichert ist, und daß das Eurosystem einen hohen Grad an **Preisniveaustabilität** verwirklicht.

Für das ESZB ist die **Unabhängigkeit** von Weisungen der nationalen Regierungen und der EU-Organe gewährleistet. Die Rechtsgrundlagen der am Eurosystem teilnehmenden nationalen Zentralbanken sind – soweit notwendig – entsprechend geändert worden. Das ESZB ist eine von Weisungen der Exekutiven unabhängige Institution.

Für die **Stabilitätspolitik** des Eurosystems ist es entscheidend, daß nur Staaten Mitglied sind, die die Konvergenzbedingungen erfüllen, und daß das ESZB politischem Druck standhält, mehr Inflation zuzulassen. Zu einem Druck seitens der Exekutiven kommt es dann, wenn der Staat eine defizitäre Haushaltspolitik betreibt und die Zentralbank eine stabilitätsorientierte Geldpolitik verfolgt. Zwar ist gemäß den EU-Beschlüssen eine Finanzierung von Staatsdefiziten durch die Zentralbank unzulässig. Jedoch sind die Bestimmungen zur Begrenzung der Staatsdefizite und der staatlichen Kreditaufnahme sehr weich. Damit ist nicht auszuschließen, daß bei steigenden Staatsdefiziten das ESZB dem politischen Verlangen nach einer weniger stabilitätsorientierten Geldpolitik nachgibt. Soweit die Stabilitätsvorstellungen der Mitgliedstaaten unterschiedlich sind, wird die EWU dann nicht von Bestand sein können.

5. Zum Problem einer internationalen Währungskooperation zwischen US-Dollar, DM und Yen

Im weiteren Rahmen haben die starken Wechselkursschwankungen nach dem Zusammenbruch des Bretton-Woods-Systems zu Versuchen einer währungspolitischen Zusammenarbeit zwischen den großen Währungen US-Dollar, DM und Yen geführt. Seitens der Volkswirtschaftslehre sind in diesem Zusammenhang insbesondere der Vorschlag einer koordinierten Steuerung der Weltgeldmenge und der Vorschlag einer Vereinbarung von Wechselkurszielzonen gemacht worden.

a. Koordinierte Steuerung der Weltgeldmenge

Von McKINNON stammt der Vorschlag, die Wechselkursentwicklung durch eine Verstetigung des Wachstums der Weltgeldmenge und nicht-sterilisierte Devisenmarktinterventionen zu stabilisieren (McKINNON, 1984). Die Ursache für die starken Wechselkursschwankungen wird auf der Geldangebotsseite in den für die Devisenmärkte unkalkulierbaren Änderungen der nationalen Geldpolitiken gesehen und auf der Geldnachfrageseite in Verschiebungen der Geldhaltungsgewohnheiten. Das Konzept besteht aus 3 Elementen. Erstens soll auf der Geldangebotsseite das **Wachstum der Weltgeldmenge so begrenzt werden**, daß das Preisniveau der internationalen Handelsgüter stabilisiert wird. Die Weltgeldmenge wird zu 45% auf den US-Dollar, zu 20% auf den Yen und zu 35% auf die DM aufgeteilt. Zweitens sollen **KKP-Kurse als Gleichgewichtskurse** mit einer Bandbreite vereinbart werden. Drittens sollen **nicht-sterilisierte Devisenmarktinterventionen** zur Stabilisierung der Gleichgewichtskurse erfolgen, wenn sich die Wechselkurse durch Verschiebungen der Geldnachfrage aus der Bandbreite herausbewegen. Die Geldmengenwirkungen der Interventionen sollen nicht neutralisiert werden, damit bei gegebener Weltgeldmengenentwicklung durch eine entsprechende Veränderung der Struktur des Weltgeldangebots den veränderten Geldnachfragen Rechnung getragen wird.

Positiv an dem Vorschlag ist zu werten, daß unerwartete Schocks aus dem Bereich der Geldpolitik als Ursache für die Wechselkursschwankungen ausgeschaltet werden sollen. Kritisch anzumerken ist die Ausklammerung der übrigen Bereiche der Wirtschaftspolitik, insbesondere der Fiskalpolitik. Von der Fiskalpolitik gehen Wirkungen auf die Zinsen aus, von denen wiederum in erheblichem Maße die Wechselkursentwicklung abhängt. Notwendig zur Begrenzung der Wechselkursschwankungen ist eine für die Marktteilnehmer kalkulierbare stabilitätsorientierte Wirtschaftspolitik generell und nicht nur beschränkt auf die Geldpolitik.

b. Wechselkurszielzonen

Von WILLIAMSON stammt das Konzept, Gleichgewichtskurse mit Zielzonen als Bandbreiten festzulegen, die durch Interventionen und/oder eine Abstimmung der nationalen Wirtschaftspolitiken aufrechterhalten werden sollen (WILLIAMSON, 1983). Die Gleichgewichtskurse (Fundamental equilibrium exchange rates, FEER) sind **reale Wechselkurse** (in diesem Sinne also auch KKP-Kurse), die darüber hinaus aber auch noch für die Länder sowohl **internes Gleichgewicht** (Vollauslastung der Kapazitäten ohne Inflation) als auch **externes Gleichgewicht** (Zahlungsbilanzgleichgewicht im Sinne der Entsprechung von Leistungsbilanzsaldo und erwünschtem Kapitalbilanzsaldo) bedeuten sollen. Diese Gleichgewichtskurse sollen innerhalb von relativ **breiten Zielzonen** gehalten werden. Wenn sich die Wechselkurse aus diesen Zielzonen herausbewegen, sollen **Interventionen** auf den Devisenmärkten und/oder eine **Abstimmung der Wirtschaftspolitiken** dies abwehren. Interventionen sind also nicht unbedingt als Instrument vorgesehen.

Positiv an dem Vorschlag ist die grundsätzliche Befürwortung einer währungspolitischen Zusammenarbeit zum Zwecke der Verhinderung wettbewerbsverzerrender Wechselkursschwankungen zu werten. Fragwürdig ist erstens die ungenaue FEER-Konstruktion. Bei welchen Arbeitslosenquoten und Inflationsraten soll internes Gleichgewicht realisiert sein? Wie hoch soll der erwünschte Kapitalbilanzsaldo angesetzt werden? Solche Fragen lassen einen breiten Ermessensspielraum bei der Bestimmung der Gleichgewichtskurse. Zweitens ist das Vertrauen in den Erfolg internationaler politischer Absprachen anstatt in Marktprozesse fragwürdig. Wechselkursschwankungen sind häufig Reflex staatlicher Wirtschaftspolitiken, die die Märkte unkalkulierbaren Schocks aussetzen, und sind weniger Folge unbegründeter, von den Fundamentalfaktoren völlig losgelöster spekulativer Übertreibungen. Wenn die Länder bereit sind, eine kalkulierbare Stabilitätspolitik zu verfolgen, dann entfällt die Ursache für die durch wirtschaftspolitische Schocks ausgelösten Wechselkursschwankungen. Wenn diese Bereitschaft nicht gegeben ist, dann ist auch durch unverbindliche Absprachen eine erfolgreiche währungspolitische Zusammenarbeit nicht möglich.

IV. Zusammenfassung

Seit dem Zusammenbruch des Bretton-Woods-Systems Anfang 1973 herrscht zwischen den großen Währungen ein System **flexibler Wechselkurse**. Entgegen den ursprünglich gehegten Erwartungen ist das System flexibler Wechselkurse nicht nur durch kurzfristige Wechselkursschwankungen (**Volatilität**) gekennzeichnet, sondern auch durch langfristige wettbewerbsverzerrende Schwankungen der realen Wechselkurse (**misalignment**). In der Volkswirtschaftslehre sind zahlreiche Wechselkurstheorien entwickelt worden, mit denen eine Erklärung der Wechselkursentwicklung durch Fundamentalfaktoren nur mangelhaft gelingt. Auch bei effizienten Devisenmärkten und rationalen Erwartungen kann es wegen unterschiedlicher Anpassungsgeschwindigkeiten auf Güter- und Devisenmärkten und insbesondere wegen unvorhergesehener Schocks zu starken Wechselkursschwankungen kommen. Zur Begrenzung wettbewerbsverzerrender Wechselkursschwankungen können unterschiedlich weitgehende Arten einer **währungspolitischen Zusammenarbeit** praktiziert werden. Die weitgehende Art der **Währungsintegration** bis zur Währungsunion eignet sich für Länder, die ein optimales Währungsgebiet bilden. Von den möglichen Strategien der Währungsintegration ist zwischen Ländern unterschiedlicher Größe die Leitwährungsstrategie wahrscheinlich, da hier das Problem der n-ten Währung geklärt ist. Zwischen annähernd gleich großen Ländern sind die Kartellstrategie und die Konkurrenzstrategie zwar möglich, jedoch erlaubt die Existenz unterschiedlicher Stabilitätsvorstellungen lediglich eine **Währungskooperation** und keine Währungsintegration. In der EU besteht seit 1. Januar 1999 eine **Wirtschafts- und Währungsunion** mit unwiderruflich festen Wechselkursen, zu der sich die Mitgliedstaaten mit einer hinreichenden Konvergenz der Wirtschaftsentwicklungen zusammengeschlossen haben. Vorschläge zur **Währungskooperation zwischen den großen Währungen US-Dollar, DM und Yen** sind u.a. eine koordinierte Steuerung der Weltgeldmenge und die Einführung von Wechselkurszielzonen. Diese Vorschläge setzen ein Maß an Bereitschaft zu währungspolitischer Zusammenarbeit voraus, welches nicht gegeben ist.

Literatur zum 23. Kapitel

Überblick:

Willms, E.: Währung. In: D. Bender u.a.: Vahlens Kompendium der Wirtschaftstheorie und Wirtschaftspolitik. Band 1. 4. Aufl. München 1990. S. 240-262.

Lehrbücher:

Adebahr, H.: Währungstheorie und Währungspolitik. Berlin 1978. S. 390-493.
Dieckheuer, G.: Internationale Wirtschaftsbeziehungen. 2 Aufl. München 1991. S. 315-439.
Dornbusch, R. und **S. Fischer**: Macroeconomics. 4. Aufl. New York 1987. S. 751-770.
Glismann, H. H., E.-J. Horn, S. Nehring und **R. Vaubel**: Weltwirtschaftslehre. Eine problemorientierte Einführung. Bd. 1. Außenhandels- und Währungspolitik. 4. Aufl. Göttingen 1992. S. 178-264.
Jarchow, H. J. und **P. Rühmann**: Monetäre Außenwirtschaft. Bd. 2: Internationale Währungspolitik. 2. Aufl. Göttingen 1989.
Lechner, H. H.: Währungspolitik. Berlin 1988. S. 425-497.
Siebert, H.: Außenwirtschaft. 5. Aufl. Stuttgart 1991. S. 345-385.

Sammelbände:

Filc, W. und **C. Köhler** (Hrsg.): Stabilisierung des Währungssystems. Berlin 1985.
Mundell, R. A. und **K. A. Swoboda** (Hrsg.): Monetary problems of the international economy. Chicago 1969.

Spezielle Themengebiete:

Wechselkurstheorien:

Baltensperger, E. und **P. Böhm**: Stand und Entwicklungstendenzen der Wechselkurstheorie. Ein Überblick. In: Außenwirtschaft. Bd. 37/1982. S. 109-157.
Dornbusch, R.: Exchange rate economics – Where do we stand? In: Brookings Papers on Economic Activity. Bd. 1/1980. S. 143-185.

Misalignment von Wechselkursen:

Baldwin, R. und **P. Krugman**: Persistent trade effects of large exchange rate shocks. In: Quarterly Journal of Economics. Bd. 104/1989. S. 635-654.
Marston, R. C. (Hrsg.): Misalignment of exchange rates. Effects on trade and industry. A National Bureau of Economic Research Project Report. Chicago 1988.

Theorie des optimalen Währungsgebiets:

Rühl, F.: Abgrenzung von Währungsgebieten. Ein Literaturüberblick. In: Kredit und Kapital. Heft 1/1975. S. 123-151.
Salin, P.: Die Theorie des optimalen Währungsgebiets. In: E.-M. Claassen (Hrsg.): Kompendium der Währungstheorie. München 1977. S. 177-200.

Monetäre Integration:

De Grauwe, P.: The economics of monetary integration. Oxford 1992.
Vaubel, R.: Monetary integration theory. In: G. Zis (Hrsg.): International economics. London 1988. S. 223-262.

Europäische Währungsunion:

Deutsche Bundesbank (Hrsg.): Das Europäische Währungssystem. Aufbau und Arbeitsweise. In: Monatsbericht März 1979. S. 11-18.
Die Beschlüsse von Maastricht zur Europäischen Wirtschafts- und Währungsunion. Zur Weitergeltung der D-Mark und ihrer späteren Ablösung durch eine europäische Einheitswährung. In: Monatsbericht Februar 1992. S. 45-56.
Der Beginn der Wirtschafts- und Währungsunion am 1. Januar 1999. In: Monatsbericht Januar 1999. S. 19-32.
Fratianni, M., J. von Hagen und **C. Waller**: The Maastricht way to EMU. Princeton 1992.
Kommission der EG: Ein Markt, eine Währung. Potentielle Nutzen und Kosten der Errichtung einer Wirtschaftsunion. Eine Bewertung. Europäische Wirtschaft. Nr. 44/Oktober 1990.
Scharrer, H.-E. und **W. Wessels** (Hrsg.): Das Europäische Währungssystem. Bilanz und Perspektiven eines Experiments. Bonn 1983.

Internationale Organisationen und Gremien im Bereich von Währung und Wirtschaft:

Deutsche Bundesbank (Hrsg.): Internationale Organisationen und Gremien im Bereich von Währung und Wirtschaft. Sonderdrucke der Deutschen Bundesbank Nr. 3. 4. Aufl. Frankfurt 1992.

Literaturverzeichnis

Adebahr, H.: Währungstheorie und Währungspolitik. Berlin 1978.
Adebahr, H. und W. Maennig: Außenhandel und Weltwirtschaft. Berlin 1987.
Alexander, S. S.: Effects of a devaluation on a trade balance. In: International Monetary Fund Staff Papers. Bd. 2/1951-1952. S. 263-278.
Ando, A. K. und F. Modigliani: The „Life-Cycle" hypothesis of saving. Aggregate implications and tests. In: American Economic Review. Bd. 53/1963. S. 55-84.
Arrow, K. J.: Social choice and individual values. 2. Aufl. NewYork 1963. (1. Aufl. 1951).
Arrow, K. J. und G. Debreu: Existence of equilibrium for a competitive economy. In: Econometrica. Bd. 22/1954. S. 265-290.
Arrow, K. J. und F. H. Hahn: General competitive analysis. San Francisco 1971.
Asimakopulos, A. (Hrsg.): Theories of income distribution. Boston 1987.
Assenmacher, W.: Konjunkturtheorie. 4. Aufl. München 1990.
Baldwin, R. und P. Krugman: Persistent trade effects of large exchange rate shocks. In: Quarterly Journal of Economics. Bd. 104/1989. S. 635-654.
Baltensperger, E. und P. Böhm: Stand und Entwicklungstendenzen der Wechselkurstheorie. Ein Überblick. In: Außenwirtschaft. Bd. 37/1982. S. 109-157.
Baran, P. A. und P. M. Sweezy: Monopoly capital. New York 1966.
Barro, R. J.: Are government bonds net wealth? In: Journal of Political Economy. Bd. 82/1974. S. 1095-1117.
Barro, R. J.: Macroeconomics. 3. Aufl. New York 1990. Übers. v. H. – J. Ahrns: Makroökonomie. 3. Aufl. München 1992.
Bartling, H. und F. Luzius: Grundzüge der Volkswirtschaftslehre. 7. Aufl. München 1989.
Bartmann, H.: Verteilungstheorie. München 1981.
Basseler, U., J. Heinrich und W. Koch: Grundlagen und Probleme der Volkswirtschaft. 13. Aufl. Köln 1991.
Bechler, E.: Zahlungsbilanz und Wechselkurs. In: B. Ziegler (Hrsg.): Leitfaden zum Grundstudium der Volkswirtschaftslehre. Gernsbach 1991. S. 449-531.
Bedau, K.-D.: Verbrauch und Ersparnis sozialer Haushaltsgruppen in der Bundesrepublik Deutschland im Jahr 1985. In: DIW-Wochenbericht. 54. Jg./1987. S. 69-78.
Bender, D.: Angebot des Haushalts I: Arbeitsangebot. In: Handwörterbuch der Wirtschaftswissenschaft. Bd. 9. Stuttgart 1976. S. 223-232.
Bender, D.: Außenhandel. In: D. Bender u. a.: Vahlens Kompendium der Wirtschaftstheorie und Wirtschaftspolitik. Band 1. 4. Aufl. München 1990. S. 417-474.
Bentham, J.: An introduction to the principles of morals and legislation. Neudruck 1970. (1. Aufl. London 1789).
Berg, H. und D. Cassel: Theorie der Wirtschaftspolitik. In: D. Bender u.a.: Vahlens Kompendium der Wirtschaftstheorie und Wirtschaftspolitik. Band 2. 4. Aufl. München 1990. S. 157-232.
Bickerdike, C. F.: The instability of foreign exchange. In: Economic Journal. Bd. 30/1920. S. 118-122.
Birnstiel, E.: Theorie und Politik des Außenhandels. Stuttgart 1982.
Blankart, C. B.: Öffentliche Finanzen in der Demokratie. Eine Einführung in die Finanzwissenschaft. München 1991.
Blümle, G.: Theorie der Einkommensverteilung. Berlin 1975.
Blümle, G.: Außenwirtschaftstheorie. Freiburg 1982.
Blümle, G. und W. Patzig: Grundzüge der Makroökonomie. Freiburg 1988.
Blum, U.: Volkswirtschaftslehre. Studienhandbuch. München 1992.
Böhm-Bawerk, E. von: Kapital und Kapitalzins.
  Erste Abteilung: Geschichte und Kritik der Kapitalzinstheorien. Jena 1921.
  Zweite Abteilung: Positive Theorie des Kapitals. Erster Band. Jena 1921.
Böventer, E. von u.a.: Einführung in die Mikroökonomie. 7. Aufl. München 1991.

Bombach, G.: Kreislauftheorie und Volkswirtschaftliche Gesamtrechnung. In: Jahrbuch für Sozialwissenschaft. Bd. 11/1960. S. 217-242 und S. 331-350.
Bombach, G. und N. Blattner: Technischer Fortschritt. Kritische Beurteilung von Meß- und Prognosekonzepten. Göttingen 1976.
Bombach, G., B. Gahlen und A. E. Ott (Hrsg.): Perspektiven der Konjunkturforschung. Tübingen 1984.
Borchert, M.: Außenwirtschaftslehre. Theorie und Politik. 2. Aufl. Wiesbaden 1983.
Borchert, M.: Geld und Kredit. Einführung in die Geldtheorie und Geldpolitik. 2. Aufl. München 1992.
Branson, W. H.: Asset markets and relative prices in exchange rate determination. In: Sozialwissenschaftliche Annalen. Bd. 1/1977. S. 69-89.
Brinkmann, T.: Verteilungs- und Konjunkturzyklen in der Bundesrepublik Deutschland. Köln 1979.
Bronfenbrenner, M.: Income distribution theory. 4. Aufl. New York 1979.
Brümmerhoff, D.: Gesamtwirtschaftliches Rechnungswesen. Eine problemorientierte Einführung. 2. Aufl. Köln 1982.
Brunner, K.: A schema for the supply theory of money. In: International Economic Review. Bd. 2/1961. S. 79-109.
Brunner, K. und A. H. Meltzer: Liquidity traps for money, bank credit, and interest rates. In: Journal of Political Economy. Bd.76/1968. S. 1-37.
Brunner, K., H. G. Monissen und M. J. M. Neumann (Hrsg.): Geldtheorie. Köln 1974.
Buchanan, J. M.: Cost and choice. Chicago 1969.
Buchanan, J. M. und G. Tullock: The calculus of consent. Ann Arbor 1962.
Burger, A. E.: The money supply process. Belmont 1971.
Caesar, R.: Öffentliche Verschuldung in Deutschland seit der Weltwirtschaftskrise. Wandlungen in Politik und Theorie. In: D. Petzina (Hrsg.): Probleme der Finanzgeschichte des 19. und 20. Jahrhunderts. Schriften des Vereins für Socialpolitik. N. F. Bd. 188. Berlin 1989. S. 9-55.
Carlberg, M.: Makroökonomik der offenen Wirtschaft. München 1989.
Cassel, D.: Inflation. In: D. Bender u.a.: Vahlens Kompendium der Wirtschaftstheorie und Wirtschaftspolitik. Band 1. 4. Aufl. München 1990. S. 265-321.
Cassel, D., G. Gutmann und H. J. Thieme (Hrsg.): 25 Jahre Marktwirtschaft in der Bundesrepublik Deutschland. Stuttgart 1972.
Cassel, D. und H. Müller: Kreislaufanalyse und volkswirtschaftliche Gesamtrechnung. Einführung in die ex-post-Analyse des Sozialprodukts. 2. Aufl. Stuttgart 1983.
Cassel, G.: Theoretische Sozialökonomie. Leipzig 1918.
Caves, R. E. und H. G. Johnson (Hrsg.): Readings in international economics. London 1968.
Cezanne, W.: Grundzüge der Makroökonomik. 5. Aufl. München 1991.
Cezanne, W. und J. Franke: Volkswirtschaftslehre. Einführung. 5. Aufl. München 1991.
Chamberlin, E. H.: The theory of monopolistic competition. 8. Aufl. Cambridge 1965.
Chipman, J. S.: A survey of the theory of international trade. Teil I-III. In: Econometrica. Bd. 33/1965. S. 477-519 (Teil I), S. 685-760 (Teil II). Bd. 34/1966. S. 18-76 (Teil III).
Christ, C. F.: A simple macro-economic model with a government budget restraint. In: Journal of Political Economy. Bd. 76/1968. S. 53-67.
Claassen, E.-M.: Der monetäre Ansatz der Zahlungsbilanztheorie. In: Weltwirtschaftliches Archiv. Bd. 111/1975. S. 1-23.
Claassen, E.-M.: Grundlagen der Geldtheorie. 2. Aufl. Berlin 1980.
Claassen, E.-M.: Grundlagen der makroökonomischen Theorie. München 1980.
Claassen, E.-M.: Ökonomische Aspekte gesellschaftlicher Probleme. In: D. Bender u.a.: Vahlens Kompendium der Wirtschaftstheorie und Wirtschaftspolitik. Band 2. 4. Aufl. München 1990. S. 121-155.
Clark, J. M.: Business acceleration and the law of demand. A technical factor in economic cycles. In: Journal of Political Economy. Bd. 25/1917. S. 217-239.
Clower, R.: Die keynesianische Gegenrevolution. Eine Kritik. In: Schweizerische Zeitschrift für Volkswirtschaft und Statistik. Bd. 99/1963. S. 8-31.

Coase, R.: The problem of social cost. In: Journal of Law and Economics. Bd. 3/1960. S. 1-44.
Cobb, C. W. und **P. H. Douglas**: A theory of production. In: American Economic Review. Papers and Proceedings. Bd. 18/1928. S. 139-165.
De Grauwe, P.: The economics of monetary integration. Oxford 1992.
Demmler, H.: Einführung in die Volkswirtschaftslehre. Elementare Preistheorie. 2. Aufl. München 1991.
Denison, E. F.: Why growth rates differ. Postwar experience in nine western countries. Washington 1967.
Deutsche Bundesbank (Hrsg.): Das Europäische Währungssystem. Aufbau und Arbeitsweise. In: Monatsbericht März 1979. S. 11-18.
Deutsche Bundesbank (Hrsg.): Die Deutsche Bundesbank. Geldpolitische Aufgaben und Instrumente. Sonderdrucke der Deutschen Bundesbank Nr. 7. 5. Aufl. Frankfurt 1989.
Deutsche Bundesbank (Hrsg.): Die Beschlüsse von Maastricht zur Europäischen Wirtschafts- und Währungsunion. Zur Weitergeltung der D-Mark und ihrer späteren Ablösung durch eine europäische Einheitswährung. In: Monatsbericht Februar 1992. S. 45-56.
Deutsche Bundesbank (Hrsg.): Internationale Organisationen und Gremien im Bereich von Währung und Wirtschaft. Sonderdrucke der Deutschen Bundesbank Nr. 3. 4. Aufl. Frankfurt 1992.
Deutsche Bundesbank (Hrsg.): Die Umsetzung der Geldpolitik des ESZB durch die Deutsche Bundesbank und ihre Ausformung in den Allgemeinen Geschäftsbedingungen. In: Monatsbericht November 1998. S. 19-26.
Deutsche Bundesbank (Hrsg.): Der Beginn der Wirtschafts- und Währungsunion am 1. Januar 1999. In: Monatsbericht Januar 1999. S. 19-32.
Dicke, H. und **P. Trapp**: Zinsen, Gewinne, Nettoinvestitionen. Zu den Bestimmungsfaktoren der Sachvermögensbildung westdeutscher Unternehmen. Kieler Diskussionsbeiträge. Nr. 99/1984.
Dickertmann, D. und **A. Siedenberg**: Instrumentarium der Geldpolitik. 4. Aufl. Düsseldorf 1984.
Dieckheuer, G.: Internationale Wirtschaftsbeziehungen. 2. Aufl. München 1991.
Domar, E. D.: Capital expansion, rate of growth, and employment. In: Econometrica. Bd. 14/1946. S. 137-147.
Dornbusch, R.: Expectations and exchange rate dynamics. In: Journal of Political Economy. Bd. 84/1976. S. 1161-1176.
Dornbusch, R.: The theory of flexible exchange rate regimes and macroeconomic policy. In: Scandinavian Journal of Economics. Bd. 87/1976. S. 255-275.
Dornbusch, R.: Exchange rate economics – Where do we stand? In: Brookings Papers on Economic Activity. Bd. 1/1980. S. 143-185.
Dornbusch, R.: Open economy macroeconomics. New York 1980.
Dornbusch, R. und **S. Fischer**: Macroeconomics. 4. Aufl. New York 1987.
Downs, A.: An economic theory of democracy. New York 1957.
Duesenberry, J. S.: Income, saving and the theory of consumer behaviour. Cambridge 1949.
Dürr, E.: Wachstumspolitik. Stuttgart 1977.
Duwendag, D. u.a.: Geldtheorie und Geldpolitik. Eine problemorientierte Einführung mit einem Kompendium bankstatistischer Fachbegriffe. 3. Aufl. Köln 1985.
Eckstein, A. (Hrsg.): Comparison of economic systems. Theoretical and methodological approaches. Berkeley 1971.
Eucken, W.: Die Grundlagen der Nationalökonomie. 8. Aufl. Berlin 1965. (1. Aufl. 1940).
Eucken, W.: Grundsätze der Wirtschaftspolitik. 5. Aufl. Tübingen 1975. (1. Aufl. 1952).
Europäische Zentralbank (Hrsg.): Die einheitliche Geldpolitik in Stufe 3. Allgemeine Regelungen für die geldpolitischen Instrumente und Verfahren des ESZB. Frankfurt 1998.

Fehl, U. und **P. Oberender**: Grundlagen der Mikroökonomie. Eine Einführung in die Produktions-, Nachfrage- und Markttheorie. Ein Lehr- und Arbeitsbuch mit Aufgaben und Lösungen. 5. Aufl. München 1992.
Felderer, B. und **S. Homburg**: Makroökonomik und neue Makroökonomik. 5. Aufl. Berlin 1991.
Ferber, R.: Consumer economics. A survey. In: Journal of Economic Literature. Bd. 11/1973. S. 1303-1342.
Ferguson, C. E.: The neoclassical theory of production and distribution. Cambridge 1969.
Filc, W. und **C. Köhler** (Hrsg.): Stabilisierung des Währungssystems. Berlin 1985.
Fisher, I.: The purchasing power of money. New York 1911.
Fisher, I.: The theory of interest. New York 1930.
Fleming, J. M.: Domestic financial policies under fixed and under floating exchange rates. In: International Monetary Fund Staff Papers. Bd. 9/1962. S. 369-379.
Franke, J.: Grundzüge der Mikroökonomik. 5. Aufl. München 1992.
Fratianni, M., J. von Hagen und **C. Waller**: The Maastricht way to EMU. Princeton 1992.
Frenkel, M.: Ausgewählte makroökonomische Modelle offener Volkswirtschaften. 2. Aufl. St. Gallen 1983.
Frey, B. S.: Die ökonomische Theorie der Politik oder die neue politische Ökonomie. Eine Übersicht. In: Zeitschrift für die gesamte Staatswissenschaft. Bd. 126/1970. S. 1-23.
Frey, R. L.: Wachstumspolitik. Stuttgart 1979.
Friedman, B.: Crowding out or crowding in? Economic consequences of financing government deficits. In: Brookings Papers on Economic Activity. Bd. 9/1978. S. 593-641.
Friedman, M.: A theory of the consumption function. Princeton 1957.
Friedman, M.: A theoretical framework for monetary analysis. In: Journal of Political Economy. Bd. 78/1970. S. 193-238.
Friedman, M.: Die optimale Geldmenge und andere Essays. München 1970.
Friedman, M. (Hrsg.): Studies in the quantity theory of money. Chicago 1956.
Friedrich, H.: Grundkonzeptionen der Stabilisierungspolitik. 2. Aufl. Opladen 1986.
Frisch, H.: Theories of inflation. Cambridge 1983.
Fuhrmann, W.: Die Investition als Anpassungsprozeß. In: Wirtschaftswissenschaftliches Studium. Heft 3/1985. S. 113-118.
Fuhrmann, W.: Geld und Kredit. Prinzipien monetärer Makroökonomie. 2. Aufl. München 1987.
Fuhrmann, W. und **J. Rohwedder**: Makroökonomik. Zur Theorie interdependenter Märkte. 2. Aufl. München 1987.
Gabisch, G.: Haushalte und Unternehmen. In: D. Bender u.a.: Vahlens Kompendium der Wirtschaftstheorie und Wirtschaftspolitik. Band 2. 4. Aufl. München 1990. S. 1-57.
Gabisch, G.: Konjunktur und Wachstum. In: D. Bender u.a.: Vahlens Kompendium der Wirtschaftstheorie und Wirtschaftspolitik. Band 1. 4. Aufl. München 1990. S. 323-382.
Gabisch, G. und **H.-W. Lorenz**: Business cycle theory. A survey of methods and concepts. 2. Aufl. Berlin 1989.
Gäfgen, G. (Hrsg.): Grundlagen der Wirtschaftspolitik. 3. Aufl. Köln 1974.
Gahlen, B.: Einführung in die Wachstumstheorie. Bd. 1. Makroökonomische Produktionstheorie. Tübingen 1973.
Gahlen, B. und **A. E. Ott** (Hrsg.): Probleme der Wachstumstheorie. Tübingen 1972.
Giersch, H.: Allgemeine Wirtschaftspolitik.
Bd. 1: Grundlagen. Wiesbaden 1961.
Bd. 2: Konjunktur- und Wachstumspolitik in der offenen Wirtschaft. Wiesbaden 1977.
Giersch, H. und **H. D. Haas** (Hrsg.): Probleme der weltwirtschaftlichen Arbeitsteilung. Berlin 1974.
Glastetter, W.: Konjunkturpolitik. Ziele, Instrumente, alternative Strategien. Köln 1987.
Glismann, H. H., E.-J. Horn, S. Nehring und **R. Vaubel**: Weltwirtschaftslehre. Eine problemorientierte Einführung. Bd. 1. Außenhandels- und Währungspolitik. 4. Aufl. Göttingen 1992.

Göseke, G. und **K.-D. Bedau**: Einkommens- und Verbrauchsschichtung für die größeren Verwendungsbereiche des privaten Verbrauchs und die privaten Ersparnisse in der Bundesrepublik Deutschland 1955 bis 1974. Berlin 1978.
Goodwin, R.: A growth cycle. In: C. H. Feinstein (Hrsg.): Socialism, capitalism and economic growth. Cambridge 1967. S. 54-58.
Gossen, H. H.: Entwicklung der Gesetze des menschlichen Verkehrs und der daraus fließenden Regeln für menschliches Handeln. 3. Aufl. Berlin 1927.
Grosser, D. u.a.: Soziale Marktwirtschaft. Geschichte – Konzept – Leistung. Stuttgart 1988.
Grubel, H. G.: International economics. Homewood 1977.
Grubel, H. G. und **P. J. Lloyd**: Intra-industry trade. New York 1975.
Gruber, U. und **M. Kleber**: Grundlagen der Volkswirtschaftslehre. München 1992.
Grüske, K.-D.: Redistributive effects of the integrated financial and social budgets in west germany. In: G. Terny und A. J. Culyer (Hrsg.): Public finance and social policy. Detroit 1985. S. 239-257.
Gutenberg, E.: Grundlagen der Betriebswirtschaftslehre.
Bd. 1: Die Produktion. 23. Aufl. Berlin 1979. (1. Aufl. 1951).
Bd. 2: Der Absatz. 16. Aufl. Berlin 1979. (1. Aufl. 1955).
Haavelmo, T.: Multiplier effects of a balanced budget. In: Econometrica. Bd. 13/1945. S. 311-318.
Haberler, G.: Der internationale Handel. Berlin 1933.
Haberler, G.: Prosperität und Depression. 2. Aufl. Tübingen 1955. (1. Aufl. Genf 1937).
Hagemann, H. u.a. (Hrsg.): Die neue Makroökonomie. Marktungleichgewicht, Rationierung und Beschäftigung. Frankfurt 1981.
Hahn, F. A. und **R. C. O. Matthews**: The theory of economic growth. A survey. In: Economic Journal. Bd. 74/1964. S. 779-902.
Hansen, A. H.: A guide to Keynes. New York 1953.
Hansen, B.: General equilibrium systems. New York 1970.
Hanusch, H. und **T. Kuhn**: Einführung in die Volkswirtschaftslehre. Berlin 1991.
Hardes, H.-D. und **J. Mertes**: Grundzüge der Volkswirtschaftslehre. 3. Aufl. München 1991.
Hardes, H.-D., F. Rahmeyer und **A. Schmid**: Volkswirtschaftslehre. Eine problemorientierte Einführung. 17. Aufl. Tübingen 1990.
Harrod, R. F.: An essay in dynamic theory. In: Economic Journal. Bd. 49/1939. S. 14-33.
Harrod, R. F.: Towards a dynamic economics. London 1948.
Haslinger, F.: Volkswirtschaftliche Gesamtrechnung. 4. Aufl. München 1986.
Hawtrey, R. G.: Trade and credit. London 1928.
Hayek, F. A. von: Geldtheorie und Konjunkturtheorie. Wien 1929.
Hayek, F. A. von: Recht, Gesetz und Freiheit.
Bd. 1: Regeln und Ordnung. München 1980.
Bd. 2: Die Illusion der sozialen Gerechtigkeit. München 1981.
Bd. 3: Die Verfassung einer Gesellschaft freier Menschen. München 1981.
Heckscher, E. F.: The effect of foreign trade on the distribution of income. In: Ekonomisk Tidskrift. Bd. 21/1919. S. 1-32.
Hedtkamp, G.: Wirtschaftssysteme. Theorie und Vergleich. München 1974.
Helmstädter, E.: Wirtschaftstheorie.
Bd. 1: Mikroökonomische Theorie. 4. Aufl. München 1991.
Bd. 2: Kreislaufgleichgewicht und Expansionsgleichgewicht. 3. Aufl. München 1986.
Helpman, E. und **P. Krugman**: Market structure and foreign trade. Brighton 1985.
Henrichsmeyer, W., O. Gans und **I. Evers**: Einführung in die Volkswirtschaftslehre. 6. Aufl. Stuttgart 1985.
Hensel, K. P.: Grundformen der Wirtschaftsordnung. Marktwirtschaft – Zentralverwaltungswirtschaft. 3. Aufl. München 1978.
Herberg, H.: Preistheorie. 2. Aufl. Stuttgart 1989.
Hesse, H. und **R. Linde**: Gesamtwirtschaftliche Produktionstheorie. Würzburg 1976.
Heubes, J.: Grundzüge der Konjunkturtheorie. München 1986.

Heubes, J.: Inflationstheorie. München 1989.
Hicks, J. R.: The theory of wages. London 1932.
Hicks, J. R.: Mr. Keynes and the „Classics". A suggested interpretation. In: Econometrica. Bd. 5/1937. S. 147-159.
Hicks, J. R.: A contribution to the theory of the trade cycle. Oxford 1950.
Hillinger, C. und **J. M. Holler** (Hrsg.): Ökonomische Theorie der Politik. Eine Einführung. München 1979.
Hirshleifer, J.: Price theory and applications. 3. Aufl. Englewood Cliffs 1984.
Hobson, J. A.: Rationalisation and unemployment. An economic dilemma. London 1930.
Hoffmann, W. G.: Das Wachstum der deutschen Wirtschaft seit der Mitte des 19. Jahrhunderts. Berlin 1965.
Holesovsky, V.: Economic systems. Analysis and comparison. New York 1977.
Holub, H.-W. und **H. Schnabl**: Input-Output-Rechnung. Input-Output-Tabellen. 2. Aufl. München 1985.
Houthakker, H. S.: An international comparison of household expenditure patterns. Commemorating the centenary of Engel's law. In: Econometrica. Bd. 25/1987. S. 69-78.
Hübl, L.: Wirtschaftskreislauf und Gesamtwirtschaftliches Rechnungswesen. In: D. Bender u.a.: Vahlens Kompendium der Wirtschaftstheorie und Wirtschaftspolitik. Band 1. 4. Aufl. München 1990. S. 51-86.
Hübl, L., R. Harting und **W. Schepers**: Einführung in das gesamtwirtschaftliche Rechnungswesen. Darmstadt 1986.
Hübl, L., W. Meyer und **W. Ströbele**: Grundkurs in Volkswirtschaftslehre. 4. Aufl. Berlin 1989.
Hume, D.: Political discourses. Edinburgh 1752.
Issing, O.: Einführung in die Geldpolitik. 3. Aufl. München 1990.
Issing, O.: Einführung in die Geldtheorie. 7. Aufl. München 1990.
Jarchow, H. J.: Theorie und Politik des Geldes.
  Bd. 1: Geldtheorie. 8. Aufl. Göttingen 1990.
  Bd. 2: Geldmarkt, Bundesbank und geldpolitisches Instrumentarium. 5. Aufl. Göttingen 1988.
Jarchow, H. J. und **P. Rühmann**: Monetäre Außenwirtschaft.
  Bd. 1: Monetäre Außenwirtschaftstheorie. 3. Aufl. Göttingen 1991.
  Bd. 2: Internationale Währungspolitik. 2. Aufl. Göttingen 1989.
Johnson, H. G.: The theory of income distribution. London 1973.
Johnston, J.: Statistical cost analysis. New York 1960.
Jorgenson, D. W.: Econometric studies of investment behaviour. A survey. In: Journal of Economic Literature. Bd. 9/1971. S. 1111-1147.
Juglar, C.: Des crises commerciales et leur p,riodique en France, en Angleterre et aux États Unis. Paris 1862.
Kaldor, N.: A model of the trade cycle. In: Economic Journal. Bd. 50/1940. S. 78-92.
Kaldor, N.: Alternative theories of distribution. In: Review of Economic Studies. Bd. 23/1955. S. 94-100.
Kalecki, M.: Theory of economic dynamics. London 1954.
Kath, D.: Geld und Kredit. In: D. Bender u.a.: Vahlens Kompendium der Wirtschaftstheorie und Wirtschaftspolitik. Band 1. 4. Aufl. München 1990. S. 175-218.
Kemp, M. C.: The pure theory of international trade. Englewood Cliffs 1964.
Kenen, P. B.: The theory of optimum currency areas. An eclectic view. In: R. A. Mundell und K. A. Swoboda (Hrsg.): Monetary problems of the international economy. Chicago 1969. S. 41-60.
Ketterer, K.-H.: Monetäre Aspekte der Staatsverschuldung. Berlin 1984.
Keynes, J. M.: The general theory of employment, interest and money. London 1936.
Kirsch, G.: Neue Politische Ökonomie. 2. Aufl. Düsseldorf 1983.
Kitchin, J.: Cycles and trends in economic factors. In: Review of Economics and Statistics. Bd. 5/1923. S. 10-16.
Klauder, W.: Arbeitsmarktperspektiven bis 2000. In: Sozialer Fortschritt. 35. Jg./1986. S. 49-57.

Knorring, E. von: Die makroökonomische Konsumtheorie. Ein Überblick. In: Wirtschaftswissenschaftliches Studium. Heft 7/1972. S. 288-293.
Köhler, C.: Geldwirtschaft.
Bd. 1: Geldversorgung und Kreditpolitik. 2. Aufl. Berlin 1977.
Bd. 2: Zahlungsbilanz und Wechselkurse. Berlin 1979.
König, H.: Neoklassische Investitionstheorie und Investitionsverhalten in der Bundesrepublik Deutschland. In: Jahrbücher für Nationalökonomie und Statistik. Bd. 190/1976. S. 316-348.
König, H.: Konsumfunktionen. In: Handwörterbuch der Wirtschaftswissenschaft. Bd. 4. Stuttgart 1978. S. 513-528.
König, H. (Hrsg.): Wachstum und Entwicklung der Wirtschaft. Köln 1968.
Kommission der EG: Ein Markt, eine Währung. Potentielle Nutzen und Kosten der Errichtung einer Wirtschaftsunion. Eine Bewertung. Europäische Wirtschaft. Nr. 44/Oktober 1990.
Kondratieff, N.: Die langen Wellen der Konjunktur. In: Archiv für Sozialwissenschaft und Sozialpolitik. Bd. 56/1926. S. 573-609.
Konrad, A.: Zahlungsbilanztheorie und Zahlungsbilanzpolitik. München 1979.
Krelle, W.: Grundlinien einer stochastischen Konjunkturtheorie. In: Zeitschrift für die gesamte Staatswissenschaft. Bd. 115/1959. S. 472-494.
Krelle, W.: Preistheorie. I. und II. Teil. 2. Aufl. Tübingen 1976. (1. Aufl. 1961).
Krelle, W.: Verteilungstheorie. Tübingen 1962.
Krelle, W.: Volkswirtschaftliche Gesamtrechnung einschließlich input-output-Analyse mit Zahlen für die Bundesrepublik Deutschland. 2. Aufl. Berlin 1967.
Krelle, W.: Produktionstheorie. Tübingen 1969.
Krelle, W.: Investitionsfunktionen. In: Handwörterbuch der Wirtschaftswissenschaft. Bd. 4. Stuttgart 1978. S. 275-293.
Krelle, W.: Theorie des wirtschaftlichen Wachstums. 2. Aufl. Berlin 1988.
Krelle, W. und **G. Gabisch**: Wachstumstheorie. Berlin 1972.
Kromphardt, J.: Wachstum und Konjunktur. Grundlagen ihrer theoretischen Analyse und wirtschaftspolitischen Steuerung. 2. Aufl. Göttingen 1977.
Kromphardt, J.: Arbeitslosigkeit und Inflation. Göttingen 1987.
Kromphardt, J.: Konjunkturtheorie heute. Ein Überblick. In: Zeitschrift für Wirtschafts- und Sozialwissenschaften. Bd. 109/1989. S. 173-231.
Krugman, P. und **M. Obstfeld**: International economics. Theory and policy. Glenview 1987.
Kruse, J.: Ordnungstheoretische Grundlagen der Deregulierung. In: H. S. Seidenfus (Hrsg.): Deregulierung. Eine Herausforderung an die Wirtschafts- und Sozialpolitik in der Marktwirtschaft. Berlin 1989. S. 9-33.
Külp, B.: Wohlfahrtsökonomik II. Maßnahmen und Systeme. Düsseldorf 1976.
Külp, B.: Außenwirtschaftspolitik. Tübingen 1978.
Külp, B.: Verteilungstheorie. 2. Aufl. Stuttgart 1981.
Külp, B., u.a.: Einführung in die Wirtschaftspolitik. Freiburg 1980.
Külp, B. und **E. Knappe**: Wohlfahrtsökonomik I. Die Wohlfahrtskriterien. 2. Aufl. Düsseldorf 1984.
Kuznets, S.: National product since 1869. National Bureau of Economic Research. New York 1946.
Lachmann, W.: Volkswirtschaftslehre 1. Grundlagen. Berlin 1990.
Laidler, D. E. W.: An elementary monetarist model of simultaneous fluctuations in prices and output. In: H. Frisch (Hrsg.): Inflation in small countries. Berlin 1976. S. 75-89.
Laidler, D. E. W.: The demand for money. Theories, evidence and problems. 3. Aufl. New York 1985.
Lampert, H.: Die Wirtschaft der Bundesrepublik Deutschland. In: Handwörterbuch der Wirtschaftswissenschaft. Bd. 8. Stuttgart 1980. S. 705-735.
Lampert, H.: Die Wirtschafts- und Sozialordnung der Bundesrepublik Deutschland. 9. Aufl. München 1988.
Lechner, H. H.: Währungspolitik. Berlin 1988.

Lederer, E.: Konjunktur und Krisen. Tübingen 1925.
Lehment, H.: Crowding-out in der Bundesrepublik. Wechselkurseffekte, Zinseffekte und empirischer Befund. In: Außenwirtschaft. Bd. 40/1985. S. 53-70.
Leipold, H.: Wirtschafts- und Gesellschaftssysteme im Vergleich. Grundzüge einer Theorie der Wirtschaftssysteme. 4. Aufl. Stuttgart 1985.
Leontief, W.: The structure of american economy, 1919-1939. 2. Aufl. New York 1951. (1. Aufl. Cambridge 1941).
Leontief, W.: Domestic production and foreign trade: The american capital position reexamined. In: Proceedings of the American Philosophical Society. Bd. 97/1953. S. 332f.
Lerner, A. P.: The concept of monopoly and the measurement of monopoly. In: Review of Economic Studies. Bd. 1/1933. S. 157-175.
Lerner, A. P.: The economics of control. New York 1944.
Lucas, R. E.: Studies in business cycle theory. Cambridge 1981.
Luckenbach, H.: Theorie des Haushalts. Göttingen 1975.
Luckenbach, H.: Grundzüge der Theorie des Arbeitsangebots. In: Wirtschaftswissenschaftliches Studium. 8. Jg./1979. S. 49-54.
Luckenbach, H. (Hrsg.): Theorie der Außenwirtschaftspolitik. Heidelberg 1979.
Lutz, F. A.: Zinstheorie. 2. Aufl. Tübingen 1967.
Lutz, F. A. und **J. Niehans**: Faktorpreisbildung III: Zinstheorie. In: Handwörterbuch der Wirtschaftswissenschaft. Bd. 2. Stuttgart 1980. S. 530-548.
Majer, H.: Makroökonomik. Theorie und Politik. Eine anwendungsbezogene Einführung. 5. Aufl. München 1992.
Malinvaud, E.: Profitability and unemployment. Oxford 1980.
Malthus, T.: Principles of political economy. New York 1964. (1. Aufl. 1820).
Marshall, A.: Principles of economics. 8. Aufl. London 1920. (1. Aufl. 1890).
Marshall, A.: Money, credit and commerce. London 1923.
Marston, R. C. (Hrsg.): Misalignment of exchange rates. Effects on trade and industry. A National Bureau of Economic Research Project Report. Chicago 1988.
Marx, K.: Das Kapital. Kritik der politischen Ökonomie. Berlin 1969. (1. Aufl. 1867).
McCallum, B. T.: Rational expectations and macroeconomic stabilization policy. In: Journal of Money, Credit and Banking. Bd. 12/1980. S. 716-746.
McKinnon, R. I.: Optimum currency areas. In: American Economic Review. Bd. 53/1963. S. 717-725.
McKinnon, R. I.: An international standard for monetary stabilization. Washington 1984.
Meadows, D. H. u.a.: Die Grenzen des Wachstums. Bericht des Club of Rome zur Lage der Menschheit. Dt. Ausgabe. Frankfurt 1980.
Mill, J. S.: Grundsätze der politischen Ökonomie. Bd. 1/Jena 1924. Bd. 2/Jena 1921. (1. Aufl. 1848).
Mishan, E. J.: A survey of welfare economics. 1939-1959. In: Economic Journal. Bd. 70/1960. S. 197-265.
Mishan, E. J.: The postwar literature on externalities. An interpretative essay. In: Journal of Economic Literature. Bd. 9/1971. S. 1-28.
Molitor, B.: Das Konzept einer „Kostenniveau-neutralen" Lohnpolitik. In: Das Wirtschaftsstudium. 3. Jg./1974. S. 271-275.
Molitor, B.: Wirtschaftspolitik. 2. Aufl. München 1990.
Monissen, H. G.: Makroökonomische Theorie.
   Bd. 1: Sozialprodukt, Preisniveau und Zinsrate. Stuttgart 1982.
   Bd. 2: Geldmenge, Beschäftigung und Inflation. Stuttgart 1982.
Müller, J. und **R. Hochreiter**: Stand und Entwicklungstendenzen der Konzentration in der Bundesrepublik Deutschland. Göttingen 1975.
Müller, K. W. und **W. Ströbele**: Wachstumstheorie. München 1985.
Münnich, F. E.: Einführung in die empirische Makroökonomik. 3. Aufl. Berlin 1982.
Mundell, R. A.: The monetary dynamics of international adjustment under fixed and flexible exchange rates. In: Quarterly Journal of Economics. Bd. 74/1960. S. 227-257.
Mundell, R. A.: A theory of optimum currency areas. In: American Economic Review. Bd. 51/1961. S. 656-665.

Mundell, R. A.: Flexible exchange rates and employment policy. In: Canadian Journal of Economics and Political Science. Bd. 27/1961. S. 509-517.
Mundell, R. A.: The international disequilibrium system. In: Kyklos. Bd. 14/1961. S. 153-172.
Mundell, R. A.: The appropriate use of monetary and fiscal policy for internal and external stability. In: International Monetary Fund Staff Papers. Bd. 9/1962. S. 70-79.
Mundell, R. A. und **K. A. Swoboda** (Hrsg.): Monetary problems of the international economy. Chicago 1969.
Musgrave, R. A.: The theory of public finance. New York 1959.
Neldner, M.: Die Bestimmungsgründe des volkswirtschaftlichen Geldangebots. Berlin 1976.
Neuberger, E. und **W. J. Duffy**: Comparative economic systems. A decision-making approach. Boston 1976.
Neumann, M.: Theoretische Volkswirtschaftslehre I. Makroökonomische Theorie. Beschäftigung, Inflation und Zahlungsbilanz. 3. Aufl. München 1988.
Neumann, M.: Theoretische Volkswirtschaftslehre II. Produktion, Nachfrage und Allokation. 3. Aufl. München 1991.
Niskanen, W. A.: Bureaucracy and representative government. Chicago 1971.
Nordhaus, W. D.: The political business cycle. In: Review of Economic Studies. Bd. 42/1975. S. 169-190.
Nozick, R.: Anarchy, state and utopia. New York 1974.
Ohlin, B.: Die Beziehungen zwischen internationalem Handel und internationalen Bewegungen von Kapital und Arbeit. In: Zeitschrift für Nationalökonomie. Bd. 2/1931. S. 161-199.
Okun, A. M.: Equalitiy and efficiency. The big tradeoff. Washington 1975.
Olson, M.: The rise and decline of nations. Economic growth, stagflation, and social rigidities. New Haven 1982.
Oppenländer, K. H.: Wachstumstheorie und Wachstumspolitik. München 1988.
Ott, A. E.: Grundzüge der Preistheorie. 3. Aufl. Göttingen 1984.
Ott, A. E. (Hrsg.): Preistheorie. Köln 1965.
Ott, D. J. und **A. F. Ott**: Budget balance and equilibrium income. In: Journal of Finance. Bd. 20/1965. S. 71-77.
Pareto, V.: Cours d',conomie politique. Lausanne 1897.
Parkinson, N. C.: Parkinson's law or the pursuit of progress. London 1957.
Phillips, A. W.: The relation between unemployment and the rate of change of money wage rates in the United Kingdom, 1861-1957. In: Economica. Bd. 25/1958. S. 283-299.
Pigou, A. C.: The economics of welfare. London 1912.
Pilz, F.: Das System der Sozialen Marktwirtschaft. Konzeption, Wirklichkeit, Perspektiven. München 1974.
Pohl, R.: Theorie der Inflation. München 1981.
Preiser, E.: Grundzüge einer Konjunkturlehre. Tübingen 1933.
Pütz, T.: Grundlagen der theoretischen Wirtschaftspolitik. 4. Aufl. Stuttgart 1979.
Ramser, H. J.: Beschäftigung und Konjunktur. Versuch einer Integration verschiedener Erklärungsansätze. Berlin 1987.
Ramser, H. J.: Verteilungstheorie. Berlin 1987.
Rawls, J.: A theory of justice. Cambridge 1971.
Rettig, R. und **D. Voggenreiter**: Makroökonomische Theorie. 5. Aufl. Düsseldorf 1985.
Ricardo, D.: On the principles of political economy and taxation. London 1817.
Richter, R.: Preistheorie. Wiesbaden 1970.
Richter, R.: Volkswirtschaftliche Gesamtrechnung, Volkswirtschaftliche Finanzierungsrechnung, Zahlungsbilanz. Ein Grundriß. 2. Aufl. Wiesbaden 1982.
Richter, R., U. Schlieper und **W. Friedmann**: Makroökonomik. Eine Einführung. 4. Aufl. Berlin 1981.
Rittenbruch, K.: Makroökonomie. 7. Aufl. München 1990.
Roberts, C.: Verteilungstheorie und Verteilungspolitik. Köln 1980.

Robinson, J.: The foreign exchanges. In: H. S. Ellis und L. S. Metzler (Hrsg.): Readings in the theory of international trade. London 1953. S. 83-103. (Abdruck des Originaltextes aus Robinson, J.: Essays in the theory of employment. Oxford 1947).
Robinson, J.: The economics of imperfect competition. 13. Aufl. London 1972.
Rose, K.: Grundlagen der Wachstumstheorie. Eine Einführung. 3. Aufl. Göttingen 1977.
Rose, K.: Theorie der Außenwirtschaft. 10. Aufl. München 1989.
Rose, K. (Hrsg.): Theorie der internationalen Wirtschaftsbeziehungen. Köln 1965.
Rothschild, K. W.: Lohntheorie. Berlin 1963.
Rühl, F.: Abgrenzung von Währungsgebieten. Ein Literaturüberblick. In: Kredit und Kapital. Heft 1/1975. S. 123-151.
Salin, P.: Die Theorie des optimalen Währungsgebiets. In: E.-M. Claassen (Hrsg.): Kompendium der Währungstheorie. München 1977. S. 177-200.
Salvatore, D. (Hrsg.): The new protectionist threat to world welfare. New York 1987.
Samuelson, P. A.: Interactions between the multiplier analysis and the principle of acceleration. In: Review of Economics and Statistics. Bd. 21/1939. S. 75-78.
Samuelson, P. A. und **W. D. Nordhaus**: Economics. 12. Aufl. New York 1985. Dt. Ausgabe: Volkswirtschaftslehre. Grundlagen der Makro- und Mikroökonomie. 2 Bände. 8. Aufl. Köln 1987.
Say, J. B.: A treatise on political economy and the production distribution and consumption of wealth. New York 1964. (1. Aufl. 1803).
Scharrer, H.-E. und **W. Wessels** (Hrsg.): Das Europäische Währungssystem. Bilanz und Perspektiven eines Experiments. Bonn 1983.
Scherer, F. M.: Industrial market structure and economic performance. 2. Aufl. Chicago 1980.
Scherer, F. M. u.a.: The economics of multi-plant operation. An international comparison study. Cambridge 1975.
Scherf, H.: Inflation. In: Handwörterbuch der Wirtschaftswissenschaft. Bd. 4. Stuttgart 1978. S. 159-184.
Schlecht, O.: Grundlagen und Perspektiven der Sozialen Marktwirtschaft. Tübingen 1990.
Schlicht, E.: Einführung in die Verteilungstheorie. Hamburg 1976.
Schmidt, K.-H.: Wirtschaftspolitik. Stuttgart 1979.
Schmidt, L.: Integration der Vermögensbilanzen in die internationalen Systeme Volkswirtschaftlicher Gesamtrechnungen. In: U. P. Reich, C. Stahmer u.a.: Internationale Systeme Volkswirtschaftlicher Gesamtrechnungen. Revision und Erweiterungen. Stuttgart 1986.
Schmitt-Rink, G.: Wachstumstheorie. Tübingen 1975.
Schmitt-Rink, G.: Verteilungstheorie. Tübingen 1978.
Schmitt-Rink, G.: Makroökonomie. Berlin 1990.
Schneider, E.: Zahlungsbilanz und Wechselkurs. Eine Einführung in die monetären Probleme internationaler Wirtschaftsbeziehungen. Tübingen 1968.
Schönwitz, D. und **H. J. Weber**: Wirtschaftsordnung. Eine Einführung in Theorie und Politik. München 1983.
Schumann, J.: Wohlfahrtsökonomik. In: Wirtschaftswissenschaftliches Studium. Heft 10/1983. S. 512-520.
Schumann, J.: Grundzüge der mikroökonomischen Theorie. 4. Aufl. Berlin 1984.
Schumpeter, J. A.: Theorie der wirtschaftlichen Entwicklung. 6. Aufl. Berlin 1964. (1. Aufl. 1911).
Schumpeter, J. A.: Konjunkturzyklen. Eine theoretische, historische und statistische Analyse des kapitalistischen Prozesses. 2 Bände. Göttingen 1961. (1. Aufl. 1939).
Seidenfus, H. S.: Deregulierung. Eine Herausforderung an die Wirtschafts- und Sozialpolitik in der Marktwirtschaft. Berlin 1989.
Seifritz, W.: Wachstum, Rückkopplung und Chaos. Eine Einführung in die Welt der Nichtlinearität und des Chaos. München 1987.
Shephard, R. W.: Theory of cost and production functions. Princeton 1970.
Siebert, H.: Außenwirtschaft. 5. Aufl. Stuttgart 1991.
Siebert, H.: Einführung in die Volkswirtschaftslehre. 11. Aufl. Stuttgart 1992.

Siebke, J.: Preistheorie. In: D. Bender u.a.: Vahlens Kompendium der Wirtschaftstheorie und Wirtschaftspolitik. Band 2. 4. Aufl. München 1990. S. 59-119.
Siebke, J.: Verteilung. In: D. Bender u.a.: Vahlens Kompendium der Wirtschaftstheorie und Wirtschaftspolitik. Band 1. 4. Aufl. München 1990. S. 383-415.
Siebke, J. und **H. J. Thieme**: Einkommen, Beschäftigung, Preisniveau. In: D. Bender u.a.: Vahlens Kompendium der Wirtschaftstheorie und Wirtschaftspolitik. Band 1. 4. Aufl. München 1990. S. 87-174.
Siebke, J. und **M. Willms**: Theorie der Geldpolitik. Heidelberg 1974.
Smith, A.: Der Wohlstand der Nationen. Eine Untersuchung seiner Natur und seiner Ursachen. London 1776. Übers. v. H. Recktenwald. München 1974.
Smithies, A.: Forecasting postwar demand. In: Econometrica. Bd. 13/1945. S. 1-14.
Sohmen, E.: Flexible exchange rates. Chicago 1961.
Sohmen, E.: Wechselkurs und Währungsordnung. Tübingen 1973.
Sohmen, E.: Allokationstheorie und Wirtschaftspolitik. Tübingen 1976.
Solow, R. M.: A contribution to the theory of economic growth. In: Quarterly Journal of Economics. Bd. 70/1956. S. 65-94.
Spiethoff, A.: Die wirtschaftlichen Wechsellagen. Aufschwung, Krise, Stockung. Tübingen 1955.
Stackelberg, H. von: Marktform und Gleichgewicht. Wien 1934.
Stadermann, H.-J.: Weltwirtschaft. Tübingen 1988.
Steinmann, G.: Inflationstheorie. Paderborn 1979.
Stigler, G. J.: Director's law public income redistribution. In: Journal of Law and Economics. Bd. 13/1970. S. 1-10.
Stobbe, A.: Volkswirtschaftslehre III. Makroökonomik. 2. Aufl. Berlin 1987.
Stobbe, A.: Volkswirtschaftliches Rechnungswesen. 7. Aufl. Berlin 1989.
Stobbe, A.: Mikroökonomik. 2. Aufl. Berlin 1991.
Streissler, M.: Theorie des Haushalts. Stuttgart 1974.
Streissler, E. und **M. Streissler** (Hrsg.): Konsum und Nachfrage. Köln 1966.
Streissler, E. und **C. Watrin** (Hrsg.): Zur Theorie marktwirtschaftlicher Ordnungen. Tübingen 1980.
Streit, M. E.: Theorie der Wirtschaftspolitik. 4. Aufl. Düsseldorf 1991.
Ströbele, W.: Inflation. Einführung in Theorie und Politik. 2. Aufl. München 1984.
Stützel, W.: Ist die schleichende Inflation durch monetäre Maßnahmen zu beeinflussen?. Beihefte der Konjunkturpolitik. Zeitschrift für angewandte Konjunkturforschung. Heft 7. Berlin 1960.
Stützel, W.: Über einige Währungstheorien. Tübingen 1969.
Stützel, W. u.a. (Hrsg.): Grundtexte zur Sozialen Marktwirtschaft.
Bd. 1: Zeugnisse aus zweihundert Jahren ordnungspolitischer Diskussion. Stuttgart 1981.
Bd. 2: Das Soziale in der Sozialen Marktwirtschaft. Stuttgart 1988.
Sweezy, P. M.: Demand under conditions of oligopoly. In: Journal of Political Economy. Bd. 47/1939. S. 568-573.
Teichmann, U.: Wirtschaftspolitik. Eine Einführung in die demokratische und instrumentelle Wirtschaftspolitik. 2. Aufl. München 1983.
Teichmann, U.: Wachstumspolitik. München 1987.
Teichmann, U.: Grundriß der Konjunkturpolitik. 4. Aufl. München 1988.
Teichmann, U. (Hrsg.): Probleme der Wirtschaftspolitik.
Bd. 1: Zielfindung und politischer Entscheidungsprozeß. Ordnungspolitik. Darmstadt 1978.
Bd. 2: Konjunkturpolitik, Wachstums- und Strukturpolitik. Verteilungs- und Sozialpolitik. Darmstadt 1978.
Thieme, H. J.: Wirtschaftspolitik in der Sozialen Marktwirtschaft. 2. Aufl. Bad Harzburg 1976.
Thieme, H. J.: Wirtschaftssysteme. In: D. Bender u.a.: Vahlens Kompendium der Wirtschaftstheorie und Wirtschaftspolitik. Band 1. 4. Aufl. München 1990. S. 1-49.

Thieme, H. J.: Soziale Marktwirtschaft. Ordnungskonzeption und wirtschaftspolitische Gestaltung. München 1991.
Thieme, H. J. (Hrsg.): Geldtheorie. Entwicklung, Stand und systemvergleichende Anwendung. 2. Aufl. Baden-Baden 1987.
Tichy, G.: Konjunkturpolitik. Quantitative Stabilisierungspolitik bei Unsicherheit. Berlin 1988.
Tinbergen, J.: Economic policy. Principles and design. Amsterdam 1956.
Tobin, J.: Money, capital and other stores of value. In: American Economic Review. Bd. 51/1961. S. 26-37.
Tuchtfeldt, E. (Hrsg.): Soziale Marktwirtschaft im Wandel. Freiburg 1973.
Tugan-Baranowsky, M. von: Periodische wirtschaftliche Krisen. Jena 1904.
Tullock, G.: Problems of majority voting. In: Journal of Political Economy. Bd. 67/1959. S. 571-579.
Varian, H. R.: Microeconomic analysis. 2. Aufl. New York 1984. Übers. v. M. Weigert: Mikroökonomie. 2. Aufl. München 1985.
Vaubel, R.: Real exchange-rate changes in the European Community. A new approach to the determination of optimum currency areas. In: Journal of International Economics. Bd. 8/1978. S. 319-339.
Vaubel, R.: Strategies for currency unification. The economics of currency competition and the case for a european parallel currency. Tübingen 1978.
Vaubel, R.: Eine marktwirtschaftliche Lösung der Beschäftigungsprobleme. In: Zeitschrift für Wirtschaftspolitik. Bd. 31/1982. S. 111-122.
Vaubel, R.: Monetary integration theory. In: G. Zis (Hrsg.): International economics. London 1988. S. 223-262.
Vaubel, R. und H. D. Barbier (Hrsg.): Handbuch Marktwirtschaft. Pfullingen 1986.
Vogt, W.: Theorie des wirtschaftlichen Wachstums. Berlin 1968.
Vosgerau, H.-J.: Konjunkturtheorie. In: Handwörterbuch der Wirtschaftswissenschaft. Bd. 4. Stuttgart 1978. S. 478-507.
Wagner, A.: Makroökonomik. Volkswirtschaftliche Strukturen II. Stuttgart 1990.
Wagner, H.: Inflation. Würzburg 1983.
Walras, L.: El‚ments d',conomie politique pure ou th‚orie de la richesse social. Paris 1926. (1. Aufl. 1874).
Walters, A. A.: Production and cost functions. An econometric survey. In: Econometrica. Bd. 31/1963. S. 1-66.
Weber, W. (Hrsg.): Konjunktur- und Beschäftigungstheorie. 2. Aufl. Köln 1969.
Weck, W., W. W. Pommerehne und B. S. Frey: Schattenwirtschaft. München 1984.
Weizsäcker, R. von: Theorie der personellen Einkommensverteilung. Tübingen 1988.
Werner, J.: Verteilungspolitik. Stuttgart 1979.
Westphal, U.: Theoretische und empirische Untersuchungen zur Geldnachfrage und zum Geldangebot. Tübingen 1970.
Westphal, U.: Makroökonomik. Theorie, Empirie und Politikanalyse. Berlin 1988.
Wicksell, K.: Geldzins und Güterpreise. Jena 1898.
Williamson, J.: The exchange rate system. Washington 1983.
Willms, E.: Währung. In: D. Bender u.a.: Vahlens Kompendium der Wirtschaftstheorie und Wirtschaftspolitik. Bd. 1. 4. Aufl. München 1990. S. 221-263.
Woll, A.: Die Theorie der Geldnachfrage. Analytische Ansätze und statistische Ergebnisse für die Bundesrepublik Deutschland. Zeitschrift für die gesamte Staatswissenschaft. Bd. 125/1969. S. 56-81.
Woll, A.: Allgemeine Volkswirtschaftslehre. 9. Aufl. München 1987.
Woll, A.: Wirtschaftspolitik. München 1984.
Woll, A. (Hrsg.): Inflation. Definitionen, Ursachen, Wirkungen und Bekämpfungsmöglichkeiten. München 1979.
Woll, A. und G. Vogl: Geldpolitik. Stuttgart 1976.
Zameck, W. von: Soziale Wohlfahrtsfunktionen. In: Wirtschaftswissenschaftliches Studium. Heft 1/1988. S. 255-258.

Ziegler, B.: Ökonomische Lehrmeinungen. Übersicht und Orientierung. In: B. Ziegler (Hrsg.): Leitfaden zum Grundstudium der Volkswirtschaftslehre. Gernsbach 1991. S. 9-79.

Ziercke, M.: Faktorpreisbildung III: Rente, Bodenpreise. In: Handwörterbuch der Wirtschaftswissenschaft. Bd. 2. Stuttgart 1980. S. 548-567.

Symbolverzeichnis

Die Symbole haben teilweise verschiedene Bedeutungen, die hier untereinander aufgeführt sind. Die jeweilige Bedeutung im Text geht aus dem Zusammenhang hervor.

1. Allgemeine Regeln und Zeichen

b	hochgestellt	brutto
d		totale 1. Ableitung
d	hochgestellt	Nachfragegröße
δ		partielle 1. Ableitung
f	tiefgestellt	zu Faktorkosten
g		prozentuale Änderung, relative Änderung, Wachstumsrate
m	tiefgestellt	zu Marktpreisen
n	hochgestellt	netto
		nominale Größe
s	hochgestellt	Angebotsgröße
t	tiefgestellt	Zeitindex
.	hochgestellt	Änderung bei kontinuierlicher Zeitbetrachtung
*		Auslandsgröße
		Erwartungsgröße
		Kapazität (Produktion)
		Optimalwert

2. Buchstaben

A	Absorption
	Ausland
	autonome Ausgaben
α	Arbeitsproduktivität
	Elastizität
	Machtfaktor
B	Bevölkerung
	Bonds, Staatsschuldtitel
	Geldbasis
b	Bargeldabflußkoeffizient, Bargeldumlaufquote
	Beschäftigungsgrad
	Konsumquote
	Verschuldungsquote
β	Akzelerator, Kapitalkoeffizient
	Elastizität
	Proportionalitätsfaktor
Ba	Bankensystem
BIP	Bruttoinlandsprodukt
BpW	Bruttoproduktionswert
BSP	Bruttosozialprodukt
C	Bargeldbestand
	Konsum
c	Anteil der Erwerbsfähigen an der Bevölkerung
	Kosten der Kreditausweitung
	marginale Konsumquote

Symbolverzeichnis

γ	Elastizität
	Verteilungsfaktor
D	Abschreibungen
	Einlagen, Guthaben
d	Abschreibungsrate
DD	Nachfragekurve
DIW	Deutsches Institut für Wirtschaftsforschung
E	Erlös, Umsatz
	Erwartungswert
	Erwerbstätige
	Faktorentgelte
e	Devisenkassakurs, Wechselkurs
	Eulersche Zahl
ECU	European Currency Unit, Europäische Währungseinheit
EF	Erwerbsfähige
EG	Europäische Gemeinschaften
ESZB	Europäisches System der Zentralbanken
EU	Europäische Union
EUR	Euro
EWI	Europäisches Währungsinstitut
EWS	Europäisches Währungssystem
EWU	Europäische Währungsunion
EZB	Europäische Zentralbank
F	Forderungen, Kredite
	Freizeit
	Marktanteil
	technischer Fortschritt
f	Produktivitätsfortschritt
FK	Fixkosten
FS	Finanzierungssaldo
G	Einkommen aus Unternehmertätigkeit und Vermögen
	Gewinn
	Staatsausgaben
	Staatskonsum
	Staatsnachfrage
g	Gewinnquote
GATT	Allgemeines Zoll- und Handelsabkommen
GB	Geschäftsbanken, Kreditinstitute
GBL	Pfund Sterling
GE	Grenzerlös
GK	Grenzkosten
GV	Geldvermögen
H	Haushalte
i	Nominalzins
IWF	Internationaler Währungsfonds
JG	Jahresgutachten
K	Kapital
	Kosten
	Kredite

Symbolverzeichnis

k	Kurs (Marktpreis) eines Wertpapiers
	Kassenhaltungskoeffizient
	Monopolgrad
	Steuersatz auf Kapitaleinkommen
KKP	Kaufkraftparität
L	Einkommen aus unselbständiger Arbeit
	reale Geldnachfrage
l	Lohnquote
M	nominale Geldmenge
m	Geldschöpfungsmultiplikator
	Logarithmus der Geldmenge
	Wachstumsrate der Geldmenge
μ	Monopolgrad nach Lerner
ME	Mengeneinheiten
N	Arbeit
	Nennwert eines Wertpapiers
	nicht-handelsfähige Güter
n	Wachstumsrate der Erwerbsfähigen
η	Nachfrageelastizität
NB	Nichtbanken
NE	Niveauelastizität, Skalenelastizität
NF	Nettoforderungsposition
NK	Kapitalbilanzsaldo
NpW	Nettoproduktionswert
NSP	Nettosozialprodukt
NX	Außenbeitrag
	Leistungsbilanzsaldo
P	Preisindex, Preisniveau
p	Preis eines Gutes
π	Inflationsrate
PAF	Preis-Absatz-Funktion
PE	Produktionselastizität
Q	Importe
q	Faktorpreis
	marginale Importquote
R	Devisenreserven der Zentralbank
	Reserven, Zentralbankgeld der Geschäftsbanken
r	Realzins
	Reservequote
RP	Risikoprämie
RV	Reinvermögen
S	Ersparnis
s	marginale Sparquote
σ	Kapitalproduktivität
SE	Substitutionselastizität
SS	Angebotskurve
St	Staat
SV	Sachvermögen
SVR	Sachverständigenrat zur Begutachtung der gesamtwirtschaftlichen Entwicklung

T	Handelsgüter
	Staatseinnahmen
	Steuern
t	Steuersatz
τ	Realaustauschverhältnis, realer Wechselkurs, terms of trade
TDK	totale Durchschnittskosten
U	Arbeitslosenquote
	Nutzen
	Unternehmen
V	Umlaufsgeschwindigkeit des Geldes
	Verbindlichkeiten
	Vermögen
v	Menge eines Produktionsfaktors
VDK	variable Durchschnittskosten
VK	variable Kosten
VL	Vorleistungen
W	Geldlohn, Nominallohn
	gesellschaftliche Wohlfahrt
	Präferenzordnung (eines Haushalts)
	technisches Wissen
w	Wachstumsrate des Geldlohnes
WE	Währungseinheiten
WTO	Welt-Handels-Organisation
WU	Währungsunion
WWU	Wirtschafts- und Währungsunion
X	Bezeichnung eines Gutes
	Exporte
x	Menge eines Gutes
Y	Bezeichnung eines Gutes
	Nominaleinkommen (einzelwirtschaftlich)
	Produktion, Sozialprodukt, Inlandsprodukt
	Realeinkommen (gesamtwirtschaftlich)
	Volkseinkommen
y	Logarithmus der Produktion
	Menge eines Gutes
	Wachstumsrate der Produktion
Z	Arbeitszeit pro Erwerbstätigen
	Devisenbilanzsaldo, Zahlungsbilanzsaldo
	Mindestreserveänderung
	Subventionen, Transfers, Zuschüsse
	Zahlungsbilanz
z	marginale reale Kapitalkosten, rental cost of capital
	Subventionssatz
ZB	Zentralbank

Abbildungsverzeichnis

		Seite
Abbildung 1.1	Güterklassifikation nach der Struktur	3
Abbildung 1.2	Güterklassifikation nach der Knappheit	3
Abbildung 1.3	Transformationskurve	7
Abbildung 1.4	Faktorallokationsproblem	8
Abbildung 1.5	Konjunkturschwankungen	17
Abbildung 2.1	Güter- und Geldkreislauf	20
Abbildung 2.2	Nachfrage in Abhängigkeit vom Preis	21
Abbildung 2.3	Angebot in Abhängigkeit vom Preis	22
Abbildung 2.4	Markt und Marktgleichgewicht	23
Abbildung 2.5	Marktmechanismus und Faktorallokation	25
Abbildung 2.6	Steigende Nachfrage	26
Abbildung 2.7	Marktmechanismus und Höchstpreisvorschrift	29
Abbildung 2.8	Marktmacht	32
Abbildung 2.9	Zentralplanwirtschaft	36
Abbildung 3.1	Öffentliche Güter, private Güter und Mischgüter	50
Abbildung 3.2	Externe Effekte	52
Abbildung 3.3	Gesetz gegen Wettbewerbsbeschränkungen	59
Abbildung 3.4	Wirtschaftsordnung der Sozialen Marktwirtschaft	74
Abbildung 4.1	Nutzenfunktion	83
Abbildung 4.2	Indifferenzkurve	84
Abbildung 4.3	Haushaltsoptimum	87
Abbildung 4.4	Preisänderung und Nachfrage	89
Abbildung 4.5	Nachfragefunktion	90
Abbildung 4.6	Einkommens- und Substitutionseffek	91
Abbildung 4.7	Einkommen-Konsum-Kurve	93
Abbildung 4.8	ENGEL-Kurve	94
Abbildung 4.9	Beziehungen zwischen Gütern	95
Abbildung 4.10	Gesamtnachfrage	97
Abbildung 4.11	Optimales Arbeitszeitangebot	101
Abbildung 4.12	Arbeitsangebotsfunktion	102
Abbildung 4.13	Ersparnis und Zins	104
Abbildung 5.1	Klassisches Ertragsgesetz	112
Abbildung 5.2	Partielle Faktorvariation bei einer COBB-DOUGLAS-Produktionsfunktion	115
Abbildung 5.3	Substitutionselastizitäten	117
Abbildung 5.4	Isoquanten einer limitationalen Produktionsfunktion	123
Abbildung 5.5	Partielle Faktorvariation bei einer limitationalen Produktionsfunktion	124
Abbildung 5.6	Technischer Fortschritt	125
Abbildung 5.7	Ertragsgesetzliche Kostenverläufe	128
Abbildung 5.8	Kostenverläufe mit durchweg steigenden Grenzkosten	129
Abbildung 5.9	Kostenverläufe bei linearen Gesamtkosten	130
Abbildung 5.10	Minimalkostenkombination	131
Abbildung 5.11	Langfristige Kostenverläufe	133
Abbildung 5.12	Kurz- und langfristige Kostenverläufe	135
Abbildung 5.13	Langfristige Durchschnittskosten und mindestoptimale Betriebsgröße (MOB)	138
Abbildung 5.14	Optimaler Produktionsplan des Mengenanpassers mit ertragsgesetzlichem Kostenverlauf	141
Abbildung 5.15	Optimaler Produktionsplan des Monopolisten	146
Abbildung 5.16	Güterangebotsfunktion des Mengenanpassers	147
Abbildung 5.17	Faktornachfragefunktion des Mengenanpassers	148

ers
Abbildung 6.1	Preisbildung	151
Abbildung 6.2	Marktformen	152
Abbildung 6.3	Produzentenrente	156
Abbildung 6.4	Langfristiges Gleichgewicht ohne Produzentenrente	157
Abbildung 6.5	Langfristiges Gleichgewicht mit Differentialrenten	158
Abbildung 6.6	Vergleich Monopol gegenüber Konkurrenz	159
Abbildung 6.7	Preisdifferenzierung	162
Abbildung 6.8	Tangentenlösung	165
Abbildung 6.9	Doppelt geknickte Preis-Absatz-Kurve	166
Abbildung 6.10	Geknickte Preis-Absatz-Kurve	167
Abbildung 6.11	Isogewinnlinien und Reaktionslinien im Dyopol	169
Abbildung 6.12	LAUNHARDT-HOTELLING-Lösung	170
Abbildung 6.13	Höchst- und Mindestpreis	173
Abbildung 6.14	Verbrauchsteuer	175
Abbildung 6.15	Subvention	177
Abbildung 6.16	Preisstabilisierung	178
Abbildung 7.1	Arbeitsmarkt	186
Abbildung 7.2	Optimaler Kapitalbestand	190
Abbildung 7.3	Kapitalmarkt	192
Abbildung 7.4	Bodenrente	194
Abbildung 7.5	Differentialrenten bei Böden	195
Abbildung 8.1	Tauschoptimum	200
Abbildung 8.2	Gleichgewicht durch Preisflexibilität	201
Abbildung 8.3	Effiziente Faktorallokation	205
Abbildung 8.4	Soziale Wohlfahrtsfunktionen	209
Abbildung 8.5	Soziale Wohlfahrtsfunktionen und Optimalität	211
Abbildung 8.6	Natürliches Monopol	215
Abbildung 8.7	Externe Effekte	217
Abbildung 8.8	Externe Kosten	218
Abbildung 8.9	Optimale Umweltqualität	220
Abbildung 8.10	Fehlallokation durch Gemeineigentum	226
Abbildung 8.11	Externe Erträge	227
Abbildung 8.12	Öffentliches Gut	229
Abbildung 8.13	Öffentliche Güter, private Güter und Mischgüter	230
Abbildung 9.1	Kreislaufschema	240
Abbildung 9.2	Einzelwirtschaftliche Produktionskonten und konsolidiertes gesamtwirtschaftliches Produktionskonto	243
Abbildung 9.3	Produktion und Einkommensverwendung	245
Abbildung 9.4	Kreislaufschema einer geschlossenen Volkswirtschaft ohne staatliche Aktivität	248
Abbildung 9.5	Vereinfachtes Kreislaufschema einer geschlossenen Volkswirtschaft ohne staatliche Aktivität	248
Abbildung 9.6	Kontensystem einer geschlossenen Volkswirtschaft mit staatlicher Aktivität	253
Abbildung 9.7	Kreislaufschema einer geschlossenen Volkswirtschaft mit staatlicher Aktivität	254
Abbildung 9.8	Kontensystem einer offenen Volkswirtschaft mit staatlicher Aktivität	258
Abbildung 9.9	Kreislaufschema für die Bundesrepublik Deutschland 1983 (Mrd DM)	259
Abbildung 9.10	Input-Output-Tabelle	260
Abbildung 9.11	Input-Output-Tabelle in allgemeiner Form	262
Abbildung 9.12	Makroökonomische Märkte	286
Abbildung 10.1	Konsum- und Sparfunktion	290
Abbildung 10.2	Durchschnittliche und marginale Konsumquote	291
Abbildung 10.3	Absolute Einkommenshypothese	293

Abbildungsverzeichnis 661

Abbildung 10.4   Relative Einkommenshypothese 294
Abbildung 10.5   Einkommen, Konsum und Ersparnis im Zeitablauf 295
Abbildung 10.6   Permanente Einkommenshypothese 296
Abbildung 10.7   Optimaler Kapitalbestand 302
Abbildung 10.8   Akzelerationsprinzip 310
Abbildung 11.1   Produktion, Nachfrage und Preisniveau 314
Abbildung 11.2   Nachfrageorientierte Einkommensanalyse 315
Abbildung 11.3   Gleichgewichtseinkommen 316
Abbildung 11.4   Ersparnis, Investition und Gleichgewichtseinkommen 317
Abbildung 11.5   Multiplikator 320
Abbildung 11.6   Gleichgewichtseinkommen und staatliche Aktivität 322
Abbildung 11.7   Güterwirtschaftliches Gleichgewicht 327
Abbildung 11.8   Geldnachfrage 329
Abbildung 11.9   Geldmarktgleichgewicht und LM-Linie 330
Abbildung 11.10 Simultanes Gleichgewicht am Geld- und Gütermarkt 332
Abbildung 11.11 Expansive Geldpolitik 334
Abbildung 11.12 Expansive Fiskalpolitik 337
Abbildung 12.1   Zinseffekt 340
Abbildung 12.2   Vermögenseffekt 341
Abbildung 12.3   Nachfrage und Preisniveau 342
Abbildung 12.4   Marginale Arbeitsproduktivität und optimaler Arbeitseinsatz 344
Abbildung 12.5   Arbeitsnachfrage 346
Abbildung 12.6   Arbeitsmarkt 347
Abbildung 12.7   Konjunkturelle Unterbeschäftigung 348
Abbildung 12.8   Konjunkturelle Überbeschäftigung 351
Abbildung 12.9   Angebot bei Vollbeschäftigung 352
Abbildung 12.10 Angebot bei Unterbeschäftigung 354
Abbildung 12.11 Angebot bei Überbeschäftigung 355
Abbildung 12.12 Angebotsfunktion 356
Abbildung 12.13 Angebotsfunktion bei Unter- und Vollbeschäftigung 358
Abbildung 12.14 Unterbeschäftigungs-Gleichgewicht 359
Abbildung 12.15 Expansive Geldpolitik und Nachfrage 361
Abbildung 12.16 Expansive Fiskalpolitik und Nachfrage 363
Abbildung 13.1   Klassisches Modell 374
Abbildung 13.2   Keynesianische Modelle 377
Abbildung 13.3   Marktmachtinflation 379
Abbildung 13.4   Ungleichgewichtsökonomik 383
Abbildung 13.5   Ungleichgewichtssituationen 384
Abbildung 14.1   Transaktionskasse 395
Abbildung 14.2   Geldnachfrage 398
Abbildung 14.3   Geldbasis und Geldmenge 409
Abbildung 14.4   Geldschöpfung 411
Abbildung 14.5   Optimales Kreditangebot 412
Abbildung 14.6   Geldangebot und Zins 414
Abbildung 14.7   Geldmarktgleichgewicht 416
Abbildung 15.1   Quantitätstheorie 429
Abbildung 15.2   Angebot-Nachfrage-Modell 431
Abbildung 15.3   PHILLIPS-Kurve 435
Abbildung 15.4   Modifizierte PHILLIPS-Kurve 436
Abbildung 15.5   Inflation und Arbeitslosigkeit 437
Abbildung 15.6   Angebotsfunktion der Inflation 439
Abbildung 15.7   Nachfragefunktion der Inflation 440
Abbildung 15.8   Monetaristisches Inflationsmodell 440
Abbildung 16.1   Staatsdefizitfinanzierung 454
Abbildung 17.1   Konjunkturphasen 467
Abbildung 17.2   Konjunktur und Kapitalbildung 478

Abbildung 17.3	Konjunktur und Verteilung	482
Abbildung 17.4	Konjunktur und Inflation	485
Abbildung 18.1	Determinanten des Wachstums	498
Abbildung 18.2	Investition und Wachstum	509
Abbildung 18.3	Substitutionsvorgänge und technischer Fortschritt bei natürlichen Ressourcen	520
Abbildung 18.4	Logistische (natürliche) Wachstumskurve	522
Abbildung 19.1	Arten der Einkommensverteilung	526
Abbildung 20.1	Autarkie-Situation bei unterschiedlicher Faktorausstattung	558
Abbildung 20.2	Spezialisierung und Handel bei unterschiedlicher Faktorausstattung	559
Abbildung 20.3	Importzoll	565
Abbildung 21.1	Devisenmarkt und Wechselkursmechanismus	574
Abbildung 21.2	System fester Wechselkurse	579
Abbildung 21.3	Gleichgewichtseinkommen in der offenen Volkswirtschaft	584
Abbildung 22.1	Zahlungsbilanz, Zins und Sozialprodukt	592
Abbildung 22.2	IS-LM-Modell bei festen Wechselkursen	594
Abbildung 22.3	Geld- und Fiskalpolitik bei festen Wechselkursen und konstantem Preisniveau	595
Abbildung 22.4	Zahlungsbilanz, Preisniveau und Sozialprodukt	597
Abbildung 22.5	Stabilisierungspolitik bei festen Wechselkursen und Preisniveauanpassung	599
Abbildung 22.6	Fiskalpolitik bei flexiblen Wechselkursen und konstantem Preisniveau	604
Abbildung 22.7	Geldpolitik bei flexiblen Wechselkursen und konstantem Preisniveau	605
Abbildung 22.8	Überschießende Wechselkursreaktion	611
Abbildung 22.9	Stabilisierungspolitik bei flexiblen Wechselkursen und Preisniveauanpassung	613

Kontenverzeichnis

		Seite
Konto 9.1	Bilanz	236
Konto 9.2	Volksvermögensrechnung für die Bundesrepublik Deutschland Ende 1982 in Mrd DM	238
Konto 9.3	Produktionskonto eines Unternehmens	241
Konto 9.4	Gesamtwirtschaftliches Produktionskonto	242
Konto 9.5	Einkommensverwendungskonto der Haushalte	244
Konto 9.6	Einkommensverwendungskonto der Unternehmen	245
Konto 9.7	Vermögensänderungskonto der Unternehmen	246
Konto 9.8	Vermögensänderungskonto der Haushalte	247
Konto 9.9	Gesamtwirtschaftliches Vermögensänderungskonto	247
Konto 9.10	Produktionskonto des Staates	250
Konto 9.11	Einkommensverwendungskonto des Staates	250
Konto 9.12	Vermögensänderungskonto des Staates	250
Konto 9.13	Produktionskonto der Unternehmen	251
Konto 9.14	Einkommensverwendungskonto der Unternehmen	251
Konto 9.15	Einkommensverwendungskonto der Haushalte	252
Konto 9.16	Produktionspläne der Unternehmen	284
Konto 9.17	Vermögensbildungspläne der Unternehmen	285
Konto 9.18	Einkommenspläne der Haushalte	285
Konto 9.19	Vermögensbildungspläne der Haushalte	285
Konto 14.1	Konsolidierte Bilanz des Bankensystems zum Jahresende 1998 in Mrd DM	406
Konto 14.2	Konsolidierte Bilanz des Bankensystems	406
Konto 14.3	Zentralbank	407
Konto 14.4	Geschäftsbanken	407
Konto 14.5	Bilanz des ESZB zum 1. Januar 1999 in Mrd EUR	417
Konto 16.1	Konsolidierte Bilanz des Bankensystems	453

Schaubilderverzeichnis

		Seite
Schaubild 10.1	Investitionstätigkeit und Konjunktur	299
Schaubild 10.2	Struktur der Investitionstätigkeit	300
Schaubild 10.3	Investitionsquote und Renditedifferential	304
Schaubild 14.1	Geldnachfrage, Zinssatz und Inflationsrate	401
Schaubild 14.2	Umlaufsgeschwindigkeit	402
Schaubild 15.1	Längerfristige Geldmengen- und Preisentwicklung	430
Schaubild 16.1	Defizitquote	448
Schaubild 16.2	Verschuldungsquote	448
Schaubild 17.1	Konjunkturindikatoren	463
Schaubild 17.2	Wachstumsraten des realen BSP	464
Schaubild 17.3	Produktionspotential	465
Schaubild 17.4	Kapazitätsauslastung	466
Schaubild 18.1	Wachstum des NSP (Deutsches Reich bzw. BRD)	495
Schaubild 18.2	Arbeitsmarktszenarien	503
Schaubild 18.3	Energiepreise und Produktionsintensitäten (OECD, 1970 = 100, log. Maßstab)	520
Schaubild 18.4	Zeitabhängige Substitution der Energieträger des primären Weltenergieverbrauchs (log. Maßstab)	521
Schaubild 19.1	LORENZ-Kurven der Einkommensverteilung (1988)	532
Schaubild 19.2	Einkommensteuertarif vor und nach der Steuerreform	534
Schaubild 22.1	Kaufkraftparität und Wechselkurs DM-Dollar	609
Schaubild 23.1	Entwicklung des nominalen Außenwertes von Währungen (1972 = 100)	617
Schaubild 23.2	Realer Außenwert der DM	635

Tabellenverzeichnis

		Seite
Tabelle 1.1	Produktionsfaktoren und Produktion	5
Tabelle 1.2	Effiziente und nicht-effiziente Allokationen	8
Tabelle 3.1	Staatshaushalt (1999, Mrd DM)	44
Tabelle 3.2	Staatsquoten, Abgabequoten und Defizitquoten	45
Tabelle 4.1	Nachfrageelastizitäten	97
Tabelle 5.1	COBB-DOUGLAS-Produktionsfunktion	114
Tabelle 5.2	Mindestoptimale Betriebsgröße	138
Tabelle 8.1	Wahlparadoxon	213
Tabelle 9.1	Entstehung des Inlandsprodukts	267
Tabelle 9.2	Verwendung des Inlandsprodukts	269
Tabelle 9.3	Verteilung des Volkseinkommens	270
Tabelle 9.4	Zahlungsbilanz (Mrd DM, Kapitalbilanz einschl. Restposten)	271
Tabelle 9.5	Finanzierungsrechnung (Mrd DM, Sektor Unternehmen einschl. Banken, Versicherungen usw.)	273
Tabelle 9.6	Inflationsraten	275
Tabelle 9.7	Preisindex für die Lebenshaltung	277
Tabelle 9.8	Internationaler Vergleich der Inflationsraten	277
Tabelle 9.9	Inflation im Deutschen Reich 1922/23	278
Tabelle 9.10	Bruttoinlandsprodukt	279
Tabelle 9.11	Wachstumsraten (bis 1991 Westdeutschland)	279
Tabelle 9.12	Arbeitsmarkt	281
Tabelle 9.13	Arbeitslosenquoten (bis 1990 Westdeutschland)	281
Tabelle 9.14	Außenbeitrag (bis 1989 Westdeutschland)	282
Tabelle 10.1	Staatsanteil am BIP	311
Tabelle 10.2	Anteile von Aus- und Einfuhr am BIP	311
Tabelle 14.1	Geldmengen	393
Tabelle 16.1	Staatsdefizite (Mrd DM)	446
Tabelle 16.2	Staatsverschuldung (Mrd DM)	447
Tabelle 16.3	Staatsdefizitfinanzierung (Mrd DM)	452
Tabelle 17.1	Multiplikator-Akzelerator-Modell	474
Tabelle 18.1	Wachstum und Arbeitsmarktentwicklung	500
Tabelle 18.2	Wachstum und technischer Fortschritt 1950-1962	512
Tabelle 18.3	Produktions- und Erwerbstätigenstruktur in Deutschland (Deutsches Reich bzw. BRD)	515
Tabelle 19.1	Volkseinkommen nach der Verteilungsseite (1990, Mrd DM)	528
Tabelle 19.2	Lohnquoten, Erwerbstätigenstruktur und Gewinn-Erlös-Relation (%)	529
Tabelle 19.3	Anteile der Erwerbs- und Vermögenseinkommen am Volkseinkommen (%)	531
Tabelle 19.4	Umverteilungswirkungen des Staatshaushalts	535
Tabelle 19.5	Verteilung der Haushalte nach Einkommensklassen	536
Tabelle 19.6	Verteilung der Haushalte nach Einkommensquintilen	537
Tabelle 19.7	Verteilung der verfügbaren Haushaltseinkommen nach Berufsgruppen (DM/Monat)	537
Tabelle 20.1	Weltaußenhandel (Exporte, fob, Mrd US-Dollar)	549
Tabelle 20.2	Welthandelsstruktur (Exporte, fob, % des Weltexportvolumens 1990, Zahlen in Klammern = 1970)	549
Tabelle 20.3	Offenheitsgrad verschiedener Länder (1990)	550
Tabelle 20.4	Offenheitsgrad BRD	550
Tabelle 20.5	Qualitative Struktur des Außenhandels	551f.
Tabelle 20.6	Regionale Struktur des Außenhandels	553

Tabelle 20.7	Komparative Kostenvorteile	555
Tabelle 20.8	Handelsgewinn durch Spezialisierung	556
Tabelle 20.9	LEONTIEF-Paradoxon (Kapital- und Arbeitsfreisetzung bei Reduzierung von Ex- und Importen um 1 Mio Dollar in den USA 1947)	560
Tabelle 20.10	Realaustauschverhältnis BRD (1980 = 100)	562
Tabelle 20.11	Realaustauschverhältnisse verschiedener Ländergruppen (1976 = 100)	563
Tabelle 21.1	Zahlungsbilanz 1998 (Mrd DM)	568
Tabelle 21.2	Zahlungsbilanz 1971 bis 1998 (Mrd DM)	570
Tabelle 23.1	Umrechnungskurse zwischen dem Euro und den EWU-Mitgliedswährungen	634

Stichwortverzeichnis

Abgaben (Umweltpolitik) 55f., 222
Abgabenquote 44
Abgabesatz 419
Absatzerwartungen s. Erwartungen,
  Absatzerwartungen
Abschreibungen 241f., 244
Absorption 584f.
Abwertung 574, 601f., 612f.
Agrarmarkt 65, 172
Akzelerator 308-310, 472, 480f.
Allokation 9, 24-26, 31, 34, 37-39, 48-65,
  75, 198, 203-207, 213-232, 364, 369f.,
  443f.
Alternativkosten s. Opportunitätskosten
AMOROSO-ROBINSON-Relation 160
Angebot
– an Arbeit 100-103, 184f., 346
– an Boden 195f.
– an Gütern (makroökonomisch) 343-358
– an Gütern (mikroökonomisch) 21f., 142,
  147f., 151f.
– an Ersparnis 103-106, 188f.
– und Preisniveau 352-360
Anker-Währung 631
Anpassung (Marktverhalten) 154
Anpassungsprozesse 285f., 319
– am Geld- und Gütermarkt 332f.
– am Kapitalmarkt 307
Arbeitsangebot s. Angebot an Arbeit
Arbeitseinkommen 530
Arbeitskosten s. Kosten, Arbeitskosten
Arbeitslosenquote 280-282
Arbeitslosigkeit
– Arten 349f.
– Entwicklung und Messung 280-282
– friktionelle 347
– Kapitalmangel-Arbeitslosigkeit 188, 350,
  367, 370
– keynesianische 349, 366f., 370, 384, 488
– klassische 348, 366, 370, 384
– konjunkturelle (unfreiwillige) 348-350,
  359f.
– Mindestlohn-Arbeitslosigkeit 187, 349,
  366, 370
– Nachfragemangel-Arbeitslosigkeit 188,
  350, 367, 370
– natürliche (freiwillige) 347f.
– strukturelle 347, 366, 505
– und Inflation 358-360, 369, 376-388,
  433-442, 541
– und Investitionen 188f., 306, 350, 368,
  378

– und Konjunktur 16f., s.a. Konjunktur
  und Beschäftigung
– und Löhne 187, 306, 349, 353f., 367f.,
  488, 490f., 598-601,614
– und Nachfrage 98, 188, 350, 359-366
– und Wachstum s. Wachstum und Beschäftigung
– und Zahlungsbilanz 598-606, 612-614
– versteckte 16
– Wohlstands-Arbeitslosigkeit 188, 370
Arbeitsmarkt 184-186, 280-282, 346-351,
  499-504
Arbeitsmarktszenarien 501f.
Arbeitsmarktnachfrage s. Nachfrage nach
  Arbeit
Arbeitsplätze 281, 503
Arbeitsproduktivität s. Produktivität,
  Arbeitsproduktivität
Arbeitsteilung 9, 138, 550, 560
Arbeitszeitverkürzung 188, 370, 502f., 517
ARROW-Paradoxon 213
Assignment-Problem 595-597
Auflagen (Umweltpolitik) 54f., 219-221
Auftragseingänge 463f.
Aufwertung 574, 578, 580
Ausgabeninzidenz 72, 535f.
Ausgabenmultiplikator s. Multiplikator
Ausland (in der Kreislaufanalyse) 255-260
Auslandsposition s. Geldvermögen einer
  offenen Volkswirtschaft
Auslandsverschuldung 597, 601
Ausschöpfungstheorem 121, 538
Außenbeitrag 256, 282f., 311f., 571,
  576-580, 602
Außenhandel 548-566
– der Bundesrepublik Deutschland 550,
  553
– Entwicklung und Struktur 548-550
– und Wohlstandswirkung 555-560,
  564-566
– Ursachen und Bedingungen 560-566
Außenhandelspolitik 564-566
Außenwirtschaft 549ff.
Außenwirtschaftliches Gleichgewicht s.
  Gleichgewicht, außenwirtschaftliches
Außenwirtschaftsgesetz 70
Außenwirtschaftspolitik 69-71
Außenwirtschaftstheorie
– monetäre 568-639
– reale 548-563
Autarkie 555-558, 565

Bandbreite 577, 580, 634
Bankensystem, zweistufiges 406f.
Bargeldumlaufquote 408-410, 415
Basisjahr 274
Bedürfnisse 2, 11, 13f., 82
Beschäftigung
– Entwicklung und Messung 280-282
– und Einkommensverteilung s. Einkommensverteilung und Beschäftigung
– und Konjunktur s. Konjunktur und Beschäftigung
– und Inflation s. Arbeitslosigkeit und Inflation
– und Wachstum s. Wachstum und Beschäftigung
– und Zahlungsbilanz s. Arbeitslosigkeit und Zahlungsbilanz
Beschäftigungsgarantie 364
Beschäftigungspolitik 118, 186-188
– angebotsorientierte 367-370, 490f.
– bei festen Wechselkursen 595-602
– bei flexiblen Wechselkursen 603-606, 612-614
– keynesianische 361-367, 377f.
– nachfrageorientierte 361-367, 488
Bestandsgröße 238, 246
Bestreitbare Märkte 63, 163-165, 216
Betriebsminimum 142
Betriebsoptimum 142
Bevölkerungswachstum 510, 518
Bilanz
– des Bankensystems 405f., 453
– des ESZB 417
– einer Volkswirtschaft 237f.
– eines Wirtschaftssubjektes 236f.
Bildungswesen 33, 53
Boden 4, 193-196
Bretton-Woods-System 580, 616-618, 637
Bruttoinlandsprodukt s. Inlandsprodukt
Bruttoproduktionswert 241, 261
Bruttosozialprodukt s. Sozialprodukt
Bruttovermögen 236
Budgetgleichung 87, 104
Bürokratie 77
Bundesbankgesetz 65, 70

Chaos-Theorie 476-479, 484, 489
COASE-Theorem 222-225
COURNOTscher Punkt 146
Crowding-in 458
Crowding-out 336f., 381, 429, 456-458

Deckungsbeitrag 143
Defizitquote 45f.
Demokratie 77, 213

Deutsche Bundesbank 65f., 410, 416-424, 453f., 636
Devisen 574
Devisenbannwirtschaft 70, 573
Devisenbewirtschaftung 70, 573
Devisenbilanz 271f., 569
Devisenmarkt 574
Devisenpolitik 419
Devisenzwangswirtschafft 573
Dienstleistungsbilanz 271, 568
Direkter internationaler Preiszusammenhang 580f.
Diskriminierung 13
Distribution s. staatliche Umverteilung
Dollar-Gold-Standard 616
Drei-Sektoren-Hypothese 268

ECU 635
EDGEWORTH-Box 199f.
Effiziente Devisenmärkte 625f.
Effizienz 8
Effizienzbedingungen s. Marginalbedingungen
EG 69f.
EG-92 71
Egalitätsprinzip 210
Eigentumsrechte 28f., 49, 52, 222-225
Einigung, deutsche s. Wiedervereinigung
Einkommen
– aus unselbständiger Arbeit 270, 527, 529
– aus Unternehmertätigkeit und Vermögen 270, 527, 529
– permanentes 295-297
– transitorisches 297
– und Geldnachfrage s. Geldnachfrage
– und gesamtwirtschaftliche Nachfrage s. Nachfrage und Realeinkommen
– und Investitionen s. Akzelerator
– und Konsum der Haushalte 289-298
– und Leistungsbilanz s. Gleichgewichtseinkommen und Leistungsbilanz
– und Zahlungsbilanz s. Zahlungsbilanz und Sozialprodukt
– und Zins 333-338
– verfügbares Einkommen der Haushalte 321
Einkommen-Absorption-Ansatz 584f.
Einkommen-Konsum-Kurve 93
Einkommenseffekt
– der Investitionen 469, 504
– einer Preisänderung 91-93
Einkommenshypothesen (des Konsums) 293-297
Einkommensmechanismus (Leistungsbilanz) 582-584, 587
Einkommensschichtung 535-537

Einkommensteuertarif 533f.
Einkommensverteilung 525-544
– Arten 525f.
– funktionelle 526-532, 538, 539
– Messung 242, 244, 254, 270, 525-537
– personelle 525, 532-537
– primäre 525, 533
– Querverteilung 525, 531
– sekundäre 525, 533
– und Beschäftigung 541
– und Faktorpreisrelation 116f. 539
– und Gerechtigkeit 13-16, 27f., 208-213, 442f.
– und Inflation 378f., 432, 438, 442f., 540
– und Konjunktur s. Konjunktur und Verteilung
– und Kreislauftheorie 541-543
– und Marktmacht 378f., 432f., 543f.
– und technischer Fortschritt 513f., 539
– und Wohlfahrtsökonomik 198-203, 208 213
Einkommensverwendungskonto
– der Haushalte 244, 251f.
– der Unternehmen 245, 251
– des Staates 250
Elastizität
– Definition 95f.
– Einkommenselastizität der Geldnachfrage 399-401, 421
– Einkommenselastiztiät der Nachfrage 96, 98f.
– Kreuzpreiselastizität der Nachfrage 95
– Niveauelastizität 119f.
– Preiselastizität der Nachfrage 95, 160, 163
– Produktionselastizität 118-121, 302, 507 513, 539-541
– Substitutionselastizität 116f., 539
– Zinselastizität der Geldnachfrage 331, 335-337, 341, 375-377, 399, 421, 456
– Zinselastizität der Investitionsnachfrage 328, 334-337
– Zinselastizität des Geldangebots 415
ENGELsches Gesetz 93f.
Entfremdung 10
Erlösstabilisierung 179
Ersparnis
– Definition 239, 246
– der Haushalte 103-106, 188f., 244f., 289
– der Unternehmen 245
– des Staates 250
– einer geschlossenen Volkswirtschaft 237, 246, 255
– einer offenen Volkswirtschaft 237f., 257

– und Investitionen s. Investitionen und Ersparnis
Erwartungen
– Absatzerwartungen 305, 308-310, 345, 351, 356f., 364f., 368, 473
– extrapolative 387, 441
– Gewinnerwartungen 306f.
– Inflationserwartungen 381, 387, 434-443, 485f.
– Preiserwartungen 349f.
– rationale 387f., 441, 626
– Wechselkurserwartungen 577, 606-612, 621-626
– Zinserwartungen 397
Erwerbspersonen 280f.
Erwerbstätige 281, 515f., 527, 529
Europäische Union 636
Europäische Währungseinheit s. ECU
Europäische Währungsunion 66, 71, 416, 616, 633-637
Europäisches System der Zentralbanken 66, 71, 416, 634, 636f.
Europäische Zentralbank 66, 416-420, 422, 634
EWS 577f., 616, 634-636
Expansionspfad 133
Export 255f., 271, 553
Exportmultiplikator s. Multiplikator
Externe Effekte 32-34, 52-57, 69, 216-227
– Internalisierung 219-225

Faktorallokation s. Allokation
Faktoreinkommen 244f.
Faktorentgelte 245, 254
Faktornachfragefunktion 148f.
Faktorproportionentheorie 557-560
Faktorverbrauchsfunktion 126
Fazilitäten (Geldpolitik) 420f.
Finanzierungsrechnung 245f., 272-274, 446, 450f.
Finanzierungssaldo
– Definition 246
– der Haushalte 246f., 272
– der Unternehmen 246f., 272
– des Staates 44, 250f., 273f.
Finanzmarktansätze der Wechselkursbestimmungen 621-626
Finanzpolitik 67, 307, 488-491
Fiskalpolitik 66f., 333, 336-338
– bei festen Wechselkursen 595-602
– bei flexiblen Wechselkursen 603-606
– und Beschäftigung 360-367, 376f., 380-382, s.a. Fiskalpolitik bei festen (flexiblen) Wechselkursen
– und gesamtwirtschaftliche Nachfrage 336-338, 361-367, 453f.

– und Investitionsnachfrage 336-338, 364
Freihandel 69, 564-566
Freizeit 100-102
Fundamentalfaktoren (der Wechselkursentwicklung) 625f.
Funktionelle Einkommensverteilung s. Einkommensverteilung, funktionelle

GATT 70, 564
Gegenwartsvorliebe 192f., 207
Geld
– Funktionen von 11, 181, 202, 328, 390f., 468f.
– Geldmengendefinitionen 391f.
Geldangebot 330, 405-415
Geldbasis 405ff.
– effektive 411
– exogene 410f.
Geldillusion 356
Geldmarkt 328-332, 415f.
Geldmenge
– Definition 392f.
– und konsolidierte Bankenbilanz 404f.
Geldmengenfinanzierung von Staatsdefiziten 66, 451-454, 456
Geldmengeninflation s. Inflation, Geldmengeninflation
Geldmengenpolitik, potentialorientierte 421-425, 489f.
Geldmengen-Preismechanismus 577-580
Geldmengenziel 422, 424
Geldnachfrage 328-330, 335, 373-375, 386, 394-404, 421f.
Geldpolitik
– bei festen Wechselkursen 586, 593-602
– bei flexiblen Wechselkursen 587, 605, 610-614
– Instrumentarium 418-420
– und Beschäftigung 360-367, 376f., 382, 441f., s.a. Geldpolitik bei festen (flexiblen) Wechselkursen
– und gesamtwirtschaftliche Nachfrage 334-336, 361f., 380f., 439, 483-488
– und Investitionsnachfrage 307, 335f., 361f.
– und Preisniveaustabilität 66f., 361f., 374, 378-382, 421-425, 428-431, 441f., 483-486
– und Zahlungsbilanz 585-587, 593-602, 610-614
– und Zins 307, 330-332, 416ff.
– zahlungsbilanzorientierte (nicht-neutralisierende, nicht-sterilisierende, nicht kompensierende) 593-596, 600
Geldschöpfung 405-411
Geldschöpfungsmultiplikator 410, 414
Geldvermögen

– Definition 236
– der Bundesrepublik Deutschland 238
– einer geschlossenen Volkswirtschaft 237, 247
– einer offenen Volkswirtschaft 237f., 256f.
– eines Wirtschaftssubjektes 236f.
– und Konsum der Haushalte s. Vermögenseffekt
Geldwertsicherungsklausel 443
Gemeineigentum 225f., 231
Gerechtigkeit 13f., 71, 208-213, 443
Gesundheitswesen 33, 53, 230
Gewerkschaften 103, 187, 436
Gewinn
– als Anreiz- und Sanktionsmechanismus 24ff., 203-207
– Definition 25, 110
– Bedingungen für das Gewinnmaximum 140ff.
Gewinneinkommen 530f.
Gewinn-Erlös-Relation 270f., 303, 530
Gewinnerwartungen s. Erwartungen, Gewinnerwartungen
Gewinnquote 432, 438, 480-483, 529f., 540-543
GIFFEN-Gut s. Güter, GIFFEN-Gut
GINI-Koeffizient 533-535
Gleichgewicht
– allgemeine Gleichgewichtstheorie 179-181
– am Arbeitsmarkt 186, 346f.
– am Geldmarkt 330f., 415f.
– am Gütermarkt s. Gleichgewichtseinkommen
– außenwirtschaftliches 65, 70, 281f., s.a. Zahlungsbilanz, Gleichgewicht
– bei vollständiger Konkurrenz 155-159
– Definition 23f., 151, 286
– der Zahlungsbilanz s. Zahlungsbilanz, Gleichgewicht
– externes und internes 593f., 638
– geldwirtschaftliches 330-332
– güterwirtschaftliches 325-328
– simultanes am Geld- und Gütermarkt 332f.
– totales mikroökonomisches Konkurrenzgleichgewicht 179-181
– Unterbeschäftigungs-Gleichgewicht 187, 360, 377
– Wachstums-Gleichgewicht 509-511
Gleichgewichtseinkommen
– bei autonomen Investitionen 315-320
– bei zinsabhängigen Investitionen s. Gleichgewicht, güterwirtschaftliches
– und Leistungsbilanz 582-584

– und Preisniveau 340-343
– und staatliche Aktivität 320-325, 333-338
Goldene Regel der Akkumulation 511
GOSSENsche Gesetze 83, 88
Grenzen des Wachstums 518-523
Grenznutzen 83, 105
Grenzproduktivitätstheorie der Verteilung 121, 537-540
Grenzrate
– der Faktorsubstitution 115f., 125f., 132, 203f.
– der Substitution 85f., 202, 207
– der Transformation 206f., 214
– der Zeitpräferenz 105f.
Grenzwertprodukt s. Wertgrenzprodukt
Grundsteinstrategie der Währungsintegration 631
Güter
– Definition 2
– demeritorische 57
– freie 3
– GIFFEN-Gut 92, 96f.,
– inferiore 92, 96
– knappe 3
– komplementäre 94-96
– meritorische 54
– Mischgüter 51, 231.
– öffentliche 34f., 48-51, 72, 97f., 228-230
– private 50, 97, 230
– Substitutionsgüter 94-96
– superiore 92, 96
– unverbundene 94-96
– wirtschaftliche 3
Güterkorb 274, 277
GWB 58, 64

HAAVELMO-Theorem 324, 459
Handelsbilanz 271, 568
Handelspolitik 564-566
HARROD-DOMAR-Modell 504-506
Haushalte, private 11, 82-107
Haushaltsoptimum 86-89
HECKSCHER-OHLIN-Theorie des Außenhandels 557-560
Höchstpreise 30f., 172-175

Import 256f., 271, 553
Importfunktion 582
Importquote 582, 593
Importzoll s. Zoll
Indexklausel 391, 443
Indifferenzkurvenanalyse 84-86
Inflation 428-444
– Entwicklung und Messung 274-277
– Geldmengeninflation 428-431, 433, 441f., 453f.

– importierte 580f.
– Kosteninflation 378, 432-438
– Marktmachtinflation 378, 432f.
– Nachfrageinflation 432f., 437, 440f.
– Strukturtheorie der Inflation 433
– und Arbeitslosigkeit s. Arbeitslosigkeit und Inflation
– und Einkommensverteilung s. Einkommensverteilung und Inflation
– und Geldpolitik s. Geldpolitik und Preisniveaustabilität
– und Investitionen 443f., 455f.
– und Konjunktur s. Konjunktur und Inflation
– Verteilungskampfinflation 432f., 438
– zurückgestaute 384f.
Inflationserwartungen s. Erwartungen, Inflationserwartungen
Inflationsrate 274-277
Inflationstheorien 428-442
Inflationswirkungen 442-444
Informationskosten s. Kosten, Informationskosten
Inländerprodukt 256
Inlandsprodukt 255f., 261, 266-269, 278f.
Input-Output-Analyse 38, 261-266
Interindustrieller Handel 558
Intraindustrieller Handel 554, 561
Investitionen
– als Sachvermögensänderung 239, 241f., 246f., 307, 473
– Aufgliederung 299-307
– des Staates 44, 250f., 301
– Finanzierung 272f.
– Rationalisierungsinvestitionen 503, 541
– und Absatzerwartungen 306-308, 368, 473
– und Arbeitslosigkeit s. Arbeitslosigkeit und Investitionen
– und Besteuerung 305-307
– und Einkommen s. Gleichgewichtseinkommen
– und Ersparnis ex-ante 318, 374, 468
– und Ersparnis ex-post 239, 245-247, 254f., 257, 318, 468
– und Gewinnerwartungen 306-308
– und Inflation s. Inflation und Investitionen
– und Konjunktur s. Konjunktur und Investitionen
– und Produktion s. Akzelerator
– und Wachstum s. Wachstum und Investitionen
– und Zins 306-308, 455-458, 471
Investitionsfunktion 190f., 301-310, 325

Interventionen (am Devisenmarkt) 572, 577-580, 616, 638f.
IS-Linie 325-328, 375-377
IS-LM-Modell 332-338, 456f.
Isoquante 115-118
IWF 70, 616f.

J-Kurven-Effekt 577
JUGLAR-Zyklen 467

Kapazitätsauslastung 16f., 299, 463-466, 473f., 484, 497
Kapazitätseffekt der Investitionen 466-469, 504
Kapital 4, 15f., 188-193, 301-310
Kapitalbilanz
– als Teil der Zahlungsbilanz 271f., 569
– der Bundesrepublik Deutschland 271f., 568-571
– und Wechselkurs 577, 588f., 606-608
– und Zins 588f., 606-608
Kapitalintensität 508, 539
Kapitalkoeffizient s. Akzelerator
Kapitalkosten s. Kosten, Kapitalkosten
Kapitalmarkt 27f., 188-193, 374, 457f., 468
Kapitalmarktfinanzierung von Staatsdefiziten 451-454, 456
Kapitalmobilität 593, 603-605
Kapitalproduktivität s. Produktivität, Kapitalproduktivität
Kapitalrentabilität 303
Kartellstrategie der Währungsintegration 631
Kassenhaltungskoeffizient 373f., 400-402
Kaufkraftparität 581, 609, 620f., 638
Kaufkraftparität-Theorie 608-610, 620f.
Keynesianische Inflationstheorien 431-433
Keynesianische Konjunkturpolitik 487f.
Keynesianische Konsumfunktion 292, 314f., 582
Keynesianische Makroökonomik 314-338
Keynesianische Wechselkurstheorie 619
Keynesianismus 376-379
KITCHIN-Zyklen 467
Klassik 373-375, 468
Klassischer Anpassungsmechanismus (der Zahlungsbilanz) 599f.
Klassisches Ertragsgesetz 111-113
Knappheit 2f., 13
Kollektivgüter s. Güter, öffentliche
Kommunistische Gesellschaft 3
Komparative Kostenunterschiede 555-561
KONDRATIEFF-Zyklen 467, 471
Konjunktur 463-492
– und Beschäftigung 479-483
– und Inflation 16, 483-486

– und Investitionen 298, 308, 468-479
– und Mengenrationierung 486f.
– und Verteilung 470, 479-483, 541
Konjunkturindikatoren 463-467
Konjunkturphasen 17, 467
Konjunkturpolitik 487-492
Konjunkturschwankungen 16f., 68, 298, 308, 450, 455, 463-467, 541
Konjunkturtheorien 468-487
Konjunkturzyklus 17, 467
Konkurrenz 24-26, 57, 62
– Marktform 155
– monopolistische 163-166
– vollständige 109, 139f., 155-159
Konkurrenzsozialismus 37f.
Konkurrenzstrategie der Währungsintegration 632
Konsum
– autonomer 290
– der Haushalte 11, 244f., 289-298
– des Staates 43, 250
Konsumentenrente s. Rente, Konsumentenrente
Konsumentensouveränität 26-27, 53
Konsumfunktion 99, 289-298, 315, 582
Konsumquote 290ff.
Konsolidierung 237, 240f., 246, 252
Kontraktkurve 202
Kooperation 155, 172
Koordinierung 12, 16, 22-24, 38, 151
Kosten 126-139
– Arbeitskosten 305, 345
– des Kreditangebots 412f.
– Informationskosten 11, 201
– Kapitalkosten 189f., 302f., 345, 458, 471
– Transaktionskosten 181, 224
– versunkene 62f., 164
Kostenfunktion
– Empirie 136f.
– ertragsgesetzliche 127f.
– kurzfristige 127-130
– langfristige 131-134
– lineare 130
– Zusammenhang zwischen kurz- und langfristiger 134-136
Kostengerade 132
Kostengleichung 126, 131
Kosteninflation s. Inflation, Kosteninflation
Kostentheorie 126-139
Kreditmarkttheorie 412-415
Kreislauf, wirtschaftlicher 19f., 240
Kreislaufanalyse 238-260
– und Einkommensverteilung 541-543
Krönungsstrategie der Währungsintegration 632

Lagerinvestitionen 299-301, 316
Lastenverschiebungskontroverse 455f., 459
Lebenszyklus-Hypothese 297f.
Leistungsbilanz
– als Teil der Zahlungsbilanz 257, 271f., 569
– der Bundesrepublik Deutschland 271f., 569-571
– und Gleichgewichtseinkommen s. Gleichgewichtseinkommen und Leistungsbilanz
– und inländischer Gütermarkt 571
– und Nachfrage 582-584
– und terms of trade 580f., 591f.
– und Wechselkurs 573-577, 592, 598, 619
– und Zins 584f., 591f., 598
Leitkurs 577, 634
Leitwährung 616, 631f., 636
Leitwährungsstrategie der Währungsintegration 631f.
Leitzins 66, 418, 420
LEONTIEF-Inverse 263
LEONTIEF-Paradoxon 560f.
Liquiditätsfalle 331, 335f.
Liquiditätsquote s. Reservequote
Liquiditätsreserven, freie 418f.
LM-Linie 330-332, 375f.
Löhne
– und Arbeitslosigkeit s. Arbeitslosigkeit und Löhne
– und Konjunkturschwankungen 463, 470, 479-483
Lohn 100-103, 184-188, 305, 434-438
Lohnpolitik s. Arbeitslosigkeit und Löhne
– produktivitätsorientierte 436, 482f., 540
Lohn-Preis-Spirale 432
Lohnquote 270, 432, 470, 480f., 527, 529f., 537-541, 544
Lohnstarrheit 353-357
LORENZ-Kurve 532-535
LUCAS-Angebotsfunktion 438

Magisches Viereck 65, 274-283
Makler 201
Marginalbedingungen 199-207, 214, 218f., 224
Marktformen 152ff.
Marktformenschema 152
Marktmacht 25, 32, 57-63, 159-161, 213-216, 378, 432, 543f.
– und Einkommensverteilung 378, 432, 543f.
Marktmachtinflation s. Inflation, Marktmachtinflation
Marktmängel 31-35, 48, 199, 213-231

Marktmechanismus 19-35, 48, 50
Markttransparenz 64, 153
Marktunvollkommenheit 32-34, 52, 153, 231-227, 432, 489
Marktverhalten 154f., 166f.
Marktversagen 34f., 52, 228f.
Marktvollkommenheit 153f.
Marktwirtschaft
– freie 19-35
– soziale 43ff., 74f.
– und Staat 31-35, 43-78, 198-231
Marxismus 210, 470, 514
Mehrindikatorenkonzeption 428
Mengenanpasser 155
Mengenrationierung 383-385, 486f.
Mindestlohn 187
Mindestoptimale Betriebsgröße 138f.
Mindestpreise 65, 172-175
Mindestreservepolitik 410f., 420
Mindestreservesatz 410f.
Minimalkostenkombination 131-134
Misalignment (der Wechselkurse) 618, 627f.
Monetäre Konjunkturtheorie 470f.
Monetärer Ansatz der Wechselkurstheorie 621-624
Monetärer Ansatz der Zahlungsbilanztheorie 586f.
Monetarismus 380-382
Monetaristisches Inflationsmodell 438-442, 483-486
Monopol 32, 109, 145-147, 159-163, 213-215
– natürliches 32, 58, 62f., 139, 144, 159, 215f., 231
– Wohlfahrts- und Verteilungswirkung 161f., 213-215
Monopolgrad 160, 544
Monopolistische Konkurrenz s. Konkurrenz, monopolistische
Monopolkommission 58
Multiplikator
– Ausgabenmultiplikator 319
– Exportmultiplikator 583
– Staatsausgabenmultiplikator 323
– Steuermultiplikator 323
– Transfermultiplikator 323
Multiplikator-Akzelerator-Modell 472-475

Nachfrage
– nach Arbeit 185f., 343-346
– nach Boden 193f.
– nach Geld s. Geldnachfrage
– nach Gütern (makroökonomisch) 289-311

– nach Gütern (mikroökonomisch) 20f., 86ff., 151
– nach Kapital 189-191, 301-307
– nach Produktionsfaktoren 148f.
– und Arbeitslosigkeit s. Arbeitslosigkeit und Nachfrage
– und Leistungsbilanz s. Leistungsbilanz und Nachfrage
– und Preisniveau 340-343
– und Realeinkommen 314-338
– und Zahlungsbilanz s. Zahlungsbilanz und Sozialprodukt
– und Zins 332-338
Nachfrageinflation, s. Inflation, Nachfrageinflation
Natürliche Ressourcen 51, 517-523, s.a. Umweltpolitik
Natürliches Monopol s. Monopol, natürliches
Naturrecht 209
Neoklassik 375f.
Neo-Quantitätstheorie 403, 421-423
Neue Politische Ökonomie 476
Nettoposition s. Geldvermögen
Nettoproduktionswert 241
Nettosozialprodukt 241, 252, 254, 270
Nettovermögen s. Reinvermögen
Neue Außenhandelstheorie 554, 561
Neue keynesianische Makroökonomik 382-385, 486
Neue klassische Makroökonomik 387f.
Nichttarifäre Handelshemmnisse 564
N-te Währung 631f.
Numéraire 181
Nutzen 82ff.
Nutzenfunktion 82ff.
Nutzenmessung 84
Nutzentheorie 82-86
Nutzentransformationsfunktion 211

Öffentliche Güter s. Güter, öffentliche
Ökologie 481
Ökonomisches Prinzip 8
Offene Stellen 280
Offenheitsgrad 549, 553, 629f.
Offenmarktpolitik 418f.
Oligopol 166-172
Opportunitätskosten 7, 27
Optimale Ressourcenallokation s. Allokation
Optimale Sparquote 510f.
Optimaler Arbeitseinsatz 343f.
Optimaler Haushaltsplan s. Haushaltsoptimum
Optimaler Kapitalbestand 301-307
Optimaler Produktionsplan

– bei vollständiger Konkurrenz 139-145
– des Monopolisten 145-147
Optimales Währungsgebiet 629f.
Overshooting s. überschießende Wechselkursreaktion

Parallelpolitik 323f.
Parallelwährung 632
PARETO-Kriterium 199-208, 218, 230
Parität 577, 616
Pensionsgeschäfte 418
Personelle Einkommensverteilung s. Einkommensverteilung, personelle
PHILLIPS-Kurven-Theorie 433-438, 481
PIGOU-Steuer 221
Planwirtschaft 19, 36-41, 476
Policy-mix 338, 595-597
Portfolio-Ansatz der Wechselkurstheorie 624f.
Post-Keynesianismus 385f.
Präferenzen 95, 104f., 153, 213
Preisdifferenzierung 162f.
Preiserwartungen s. Erwartungen, Preiserwartungen
Preisindex 274-277
Preis-Lohn-Spirale 433
Preisniveaustabilität
– Messung 274-277
– und Vollbeschäftigung s. Vollbeschäftigung und Preisniveaustabilität
– und Geldpolitik s. Geldpolitik und Preisniveaustabilität
Preisstabilisierung 64, 178f.
Preisstarrheit 167
Preistheorie 151-181
Primäre Einkommensverteilung s. Einkommensverteilung, primäre
Produktion
– der Unternehmen 111-126
– des Staates 249-252
– gesamtwirtschaftliche 2-6, 267f., 301f., 343-358, 464, 495f.
– und Arbeitsnachfrage 343-346
– und Investitionen s. Akzelerator
– und Kapitalbestand 301-307
– und Preisniveau s. Angebot und Preisniveau
Produktionserwartungen s. Absatzerwartungen
Produktionsfaktoren 4, 9, 15f., 111ff., 240, 443, 498f., 506-514
Produktionsfunktion 5, 8, 15, 111-126, 301f., 343, 506f.
–, neoklassische 113-121, 506f.
–, limitationale 121-124
Produktionskoeffizient 122

Produktionskonto
- der Unternehmen 240f., 251, 255
- des Staates 249f.
- gesamtwirtschaftliches 241f.
Produktionsmöglichkeitenkurve s. Transformationskurve
Produktionspotential 422, 466, 489f., 497
Produktionsschwelle 142
Produktionsstruktur 6f., 26f., 37f., 206f., 267
Produktionstheorie 111-126
Produktivität
- Arbeitsproduktivität 5, 9f., 185, 343f., 350, 368f., 482f., 492, 499-504, 507-514, 517, 537-540, 555-557, 560
- Definition 5
- Durchschnittsproduktivität 114, 122
- Grenzproduktivität 114, 121, 132, 143, 537-540
- Kapitalproduktivität 190, 302, 309, 471, 504-514
Produktivitätsfortschritt 436, 441, 480f., 499-504, 509, 512f.
Produzentenrente s. Rente, Produzentenrente
Protektionismus 70, 564-566, 573, 577f., 618, 628, 632

Quantitätstheorie 374f., 399-404, 422, 428-431
Querverteilung s. Einkommensverteilung, Querverteilung

Random-walk-Theorie 626
Rationierungstheorie 383f.
Realaustauschverhältnis s. terms of trade
Realignment 634
Reallohn 184-188, 305f., 434, 481, 540f.
Realvermögen s. Sachvermögen
Realzins s. Zins, realer
Realzins-Modell der Wechselkursbestimmung 624
Recheneinheit 11f., 181, 328, 390, 635
Recycling 519
Refinanzierungsgeschäfte 418
Reinvermögen 236f., 246
Rendite s. Zins, Rendite
Rente
- Bodenrente 193-196
- Differentialrente 157-159
- Konsumentenrente 90f., 161, 173-175
- Lagerente 195
- Qualitätsrente 195
- Produzentenrente 155-157, 161, 174f.
- Rentenkonzept 161
- Rentenkonzept und Importzoll 565

Reservequote 409
Ressourcenallokation s. Allokation
RICARDO-BARRO-Äquivalenztheorem 455, 459
RICARDO-Theorie des Außenhandels 555-557
Risikoprämie 624f.
Rohvermögen s. Bruttovermögen

Sachvermögen 236, 246, 272
Sankt-Florians-Politik 633
SAYsches Theorem 468f.
Schattenpreise s. Verrechnungspreise
Schmutziges Floating 573
Schuldbemessungsgrundlage 391
Schuldentilgungsmittel 390
SCHUMPETERsche Konjunkturtheorie 471f.
SCHWABEsches Gesetz 94
Schwarzarbeit 280
Sektoren 239
Sekundäre Einkommensverteilung s. Einkommensverteilung, sekundäre
Skalenerträge 119f. 132ff.
Soziale Marktwirtschaft s. Marktwirtschaft, soziale
Sozialprodukt
- Entstehung 240-244
- in einer geschlossenen Volkswirtschaft 240-255
- in einer offenen Volkswirtschaft 256
- nominales und reales 278f.
- Verteilung 242, 252, 254f., 268-271
- Verwendung 244f., 251
Sozialversicherungsbeiträge 72, 250, 535
Sparfunktion 189, 291
Sparquote 291, 504-506, 510
Spekulationsmotiv 396f.
Spezialisierung 555ff.
Staat
- Definition 43, 249
- in der keynesianischen Makroökonomik 320-325, 332-338
- in der Kreislaufanalyse 249-260
- Rolle in der Marktwirtschaft 31-35, 43-78, 198-232
Staatliche Umverteilung 71f., 532-535
Staatsausgaben 43f., 320ff.
Staatsausgabenmultiplikator s. Multiplikator
Staatsbudget s. Staatshaushalt
Staatsdefizit 44, 251, 260, 273f., 365f., 369, 446ff.
- Finanzierung 450-454
- konjunkturelles 450
- strukturelles 274, 450

Staatshaushalt 44
Staatsinvestitionen s. Investitionen des Staates
Staatskonsum s. Konsum des Staates
Staatsnachfrage 46, 311, 320ff.
Staatsquote 45
Staatsschulden 45, 447
Staatsschuldtitelfinanzierung 453f.
Staatsverbrauch s. Konsum des Staates
Staatsversagen 75-78
Staatsverschuldung 446-461, 490
Stabilisierung 65-71, 365f., 369
Stabilisierungspolitik 65-68, 332-338, s.a. Fiskalpolitik, Geldpolitik, Lohnpolitik
Stabilität des Marktsystems 380, 475f., 488f.
Stabilitätsindikatoren 274-283
Stabilitäts- und Wachstumsgesetz 65ff.
Stagflation 387
Steuerinzidenz 72, 534
Steuermultiplikator s. Multiplikator
Steuern 43, 49, 71, 175-178, 250
– als Instrument der Stabilisierungspolitik 307, 320-324, 336-338, 362, 367
– als Instrument der Umweltpolitik 54f., 221f.
– auf Kapitaleinkommen 305-307
– direkte 250, 533f.
– Grundsteuern 196
– indirekte 250f., 270, 534
Strategie 154, 168ff.
Stromgröße 239, 246
Strukturpolitik 63, 68f., 492, 514-516
Strukturtheorie der Inflation s. Inflation, Strukturtheorie
Strukturwandel 268, 515f.
Substitution
– von Gütern 84
– von Produktionsfaktoren 115-118, 519-521
Substitutionseffekt 91f.
Subventionen 69, 175-178, 216, 227, 251, 270

Tangentenlösung 164
Tausch 10f., 199-203
Tauschmittel 11, 181
Technische Analyse 627
Technischer Fortschritt 68, 124-126, 499, 511-514, 519f., 539
Technisches Wissen 4
Terms of trade
– Definition und Messung 562f., 581, 630
– Entwicklung 562f., 618, 635
– und Handelsgewinn 556, 559, 565f.

– und Leistungsbilanz s. Leistungsbilanz und terms of trade
– und Wechselkurs 562f., 608-612
– und Zahlungsbilanz s. Zahlungsbilanz und terms of trade
Transaktionskosten s. Kosten, Transaktionskosten
Transaktionsmotiv 394f.
Transferzahlungen 251, 256, 321, 336, 534
Transfermultiplikator s. Multiplikator
Transformationskurve 6f., 27, 39, 205
Treuhandanstalt 273

Überbeschäftigung 350f.
Überinvestitionstheorie 469
Überschießende Wechselkursreaktion 610-612, 623
Überschußreserven 408, 410f., 420
Übertragungsbilanz 256, 271, 569
Überwälzung 72, 176, 534
Umlaufsgeschwindigkeit 374, 379f., 400-404, 421-424, 428-430, 433
Umsatzrendite 271, 530
Umverteilung s. staatliche Umverteilung
Umweltpolitik 33, 54-56, 69, 217-225, 518-523
Ungleichgewichtstheorie 383-385, 486f.
Unsicherheit 385f., 626
Unteilbarkeiten s. Monopol, natürliches
Unterbeschäftigungs-Gleichgewicht s. Gleichgewicht, Unterbeschäftigungs-Gleichgewicht
Unterkonsumtion 385
Unterkonsumtionstheorie 470, 479
Unternehmen 11, 109-149
Uruguay-Runde 564
Utilitarismus 209

Verbindlichkeiten 236
Verbrauch s. Konsum
Verbraucherpolitik 64
Verdrängungseffekt s. Crowding-out
Verfügungsrechte s. Eigentumsrechte
Verhandlungen (Umweltpolitik) 222
Verkehrsgleichung 375, 380, 399, 402f., 421, 428
Vermögen 236f., 246, 256f., 272
Vermögensänderungskonto
– der Haushalte 247
– der Unternehmen 246
– des Staates 250
– gesamtwirtschaftliches 247
Vermögenseffekt 298, 335, 341f., 457, 459
Vermögenseinkommen 530
Vermögensrechnungen 237f.
Vermögensübertragungen 257

Verrechnungspreise 37
Verstaatlichung 386
Verstetigungsstrategie 488-491
Verteilung s. Einkommensverteilung, staatliche Umverteilung, Verteilungstheorien
Verteilungskampfinflation s. Inflation, Verteilungskampfinflation
Verteilungstheorien 537-544
Volatilität (der Wechselkurse) 617
Volkseinkommen 242, 244, 270
Volksvermögen 237f., 257
Volkswirtschaft
– geschlossene 237, 240-255
– offene 237f., 255-260, 547ff.
Volkswirtschaftliches Rechnungswesen 236-284
Volkswirtschaftliche Gesamtrechnung 255-260
Vollbeschäftigung 16, 65, 186, 280, 347
– und Preisniveaustabilität 373-388, 435-442, 541
Vorsichtsmotiv 396

Wachstum 495-523
– Determinanten 498f.
– Entwicklung und Messung 278-280, 464f., 495-497
– natürliches 522
– und Beschäftigung 499-504
– und Investitionen 504-511
– und technischer Fortschritt 511-514
– und Wohlstand 516-523
Wachstum auf des Messers Schneide 506
Wachstums-Gleichgewicht s. Gleichgewicht, Wachstums-Gleichgewicht
Wachstumspolitik 63, 68-69, 492, 514-516
Wachstumsrate
– befriedigende (erforderliche) 505
– natürliche 506
– tatsächliche 278f., 505
Wachstumstheorie 504-514
Währungsintegration 627, 631-637
Währungskooperation 618, 627, 637f.
Währungspolitik, internationale 618, 627-639
Währungsunion 627-637
WALRASsches Gesetz 180
Wechselkurse
– Definition 574
– Determinanten s. Wechselkurstheorien
– Entwicklung 617, 635, s.a. Wechselkurstheorien
– fester 577-580
– flexibler (freier) 573f.
– realer s. terms of trade

– und Kapitalbilanz s. Kapitalbilanz und Wechselkurs
– und Leistungsbilanz s. Leistungsbilanz und Wechselkurs
– und Zahlungsbilanz s. Zahlungsbilanz und Wechselkurs
Wechselkurserwartungen s. Erwartungen, Wechselkurserwartungen
Wechselkursmechanismus 573-577
Wechselkurspolitik 601f.
Wechselkurssystem 419, 573-580
Wechselkurstheorien 619-626
Wechselkurszielzonen 638
Weltgeldmenge 637
Welthandel 548f.
Welthandelsorganisation (WTO) 70
Wertlehre 82
Wertaufbewahrungsmittel 12, 328, 391
Wertgrenzprodukt 143, 185, 189, 206, 214, 219, 224
Wertschöpfung 241, 254
Wettbewerb 24, 369
Wettbewerbsfähigkeit, internationale 576, 588, 592f., 597, 618
Wettbewerbspolitik 25, 32, 57-61, 215
WICKSELL-JOHNSON-Theorem 120
Wiedervereinigung 5f., 46, 268, 272f., 281f., 311, 392, 451, 492, 570f.
Wirkungsverzögerungen 365f., 369, 424, 455, 472ff., 596, 601
Wirtschaftlichkeit 7f., 31
Wirtschaftspolitik 43-78, 486
Wirtschaftssysteme 19-41
Wirtschafts- und Währungsunion 636
Wohlfahrtsökonomik 47, 75, 198-212
Wohlfahrtsfunktionen 208-211
Wohlstand 283, 516-521
Wohnungspolitik 30f.

Zahlungsbilanz 271f., 568-589
– Ausgleichsmechanismus 573-589
– Definition 255, 568
– der Bundesrepublik Deutschland 271, 568-571
– Gleichgewicht 70, 282, 569f.
– Gleichgewicht als Ziel der Wirtschaftspolitik 70, 572f.
– Teilbilanzen 568f.
– und Arbeitslosigkeit s. Arbeitslosigkeit und Zahlungsbilanz
– und Geldpolitik s. Geldpolitik und Zahlungsbilanz
– und inländischer Wirtschaftskreislauf 571f.
– und Preisniveau 597f.
– und Sozialprodukt 591f., 597f.

– und terms of trade 592, 598
– und Wechselkurs 592, 598, 606-612
– und Zins 591f., 598, 606-608, 610-612
Zahlungsmittel 11, 236, 328, 373, 390, 394f., 404
Zeitpräferenz 105
Zentralbankgeldmenge s. Geldbasis
Zentralplanwirtschaft 36-41, 386, 516
Zentralverwaltungswirtschaft 37
Zertifikate (Umweltpolitik) 56, 225
Ziele der Wirtschaftspolitik 47ff., 65, 73f.
Zielkonflikt 73f., 434, 437, 541
Zins
– Geldzins 471
– natürlicher 471
– nominaler 325, 396, 444, 490
– realer 190f., 303-307, 325, 444, 460, 490, 624
– Rendite 396, 457
– und Einkommen s. Einkommen und Zins
– und Ersparnis 103-106

– und Geldangebot s. Geldpolitik und Zins
– und Geldmarkt 328-332, 415f.
– und Geldnachfrage s. Geldnachfrage
– und Geldpolitik s. Geldpolitik und Zins
– und Investitionen s. Investitionen und Zins
– und Kapitalbilanz s. Kapitalbilanz und Zins
– und Kapitalmarkt 27f., 188-193, 374, 425, 469
– und Leistungsbilanz s. Leistungsbilanz und Zins
– und Nachfrage s. Nachfrage und Zins
– und Zahlungsbilanz s. Zahlungsbilanz und Zins
Zinseffekt 340f.
Zinserwartungen s. Erwartungen, Zinserwartungen
Zinsparität-Theorie 606-608, 622, 624, 626
Z-Linie 592f., 597f.
Zoll 564-566
Zuordnungsproblem 595-597